〈한국목간학회 연구총서 02〉

한국고대
문자자료연구

백제(하) – 주제별 –

권인한 · 김경호 · 윤선태 공동편집

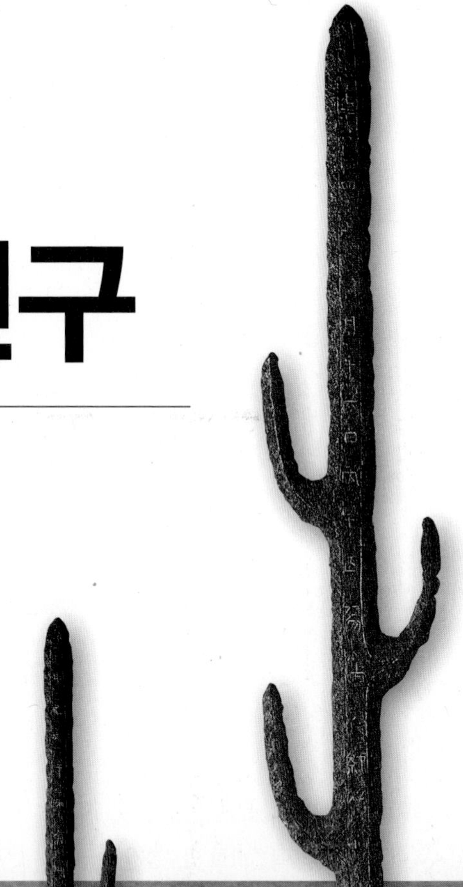

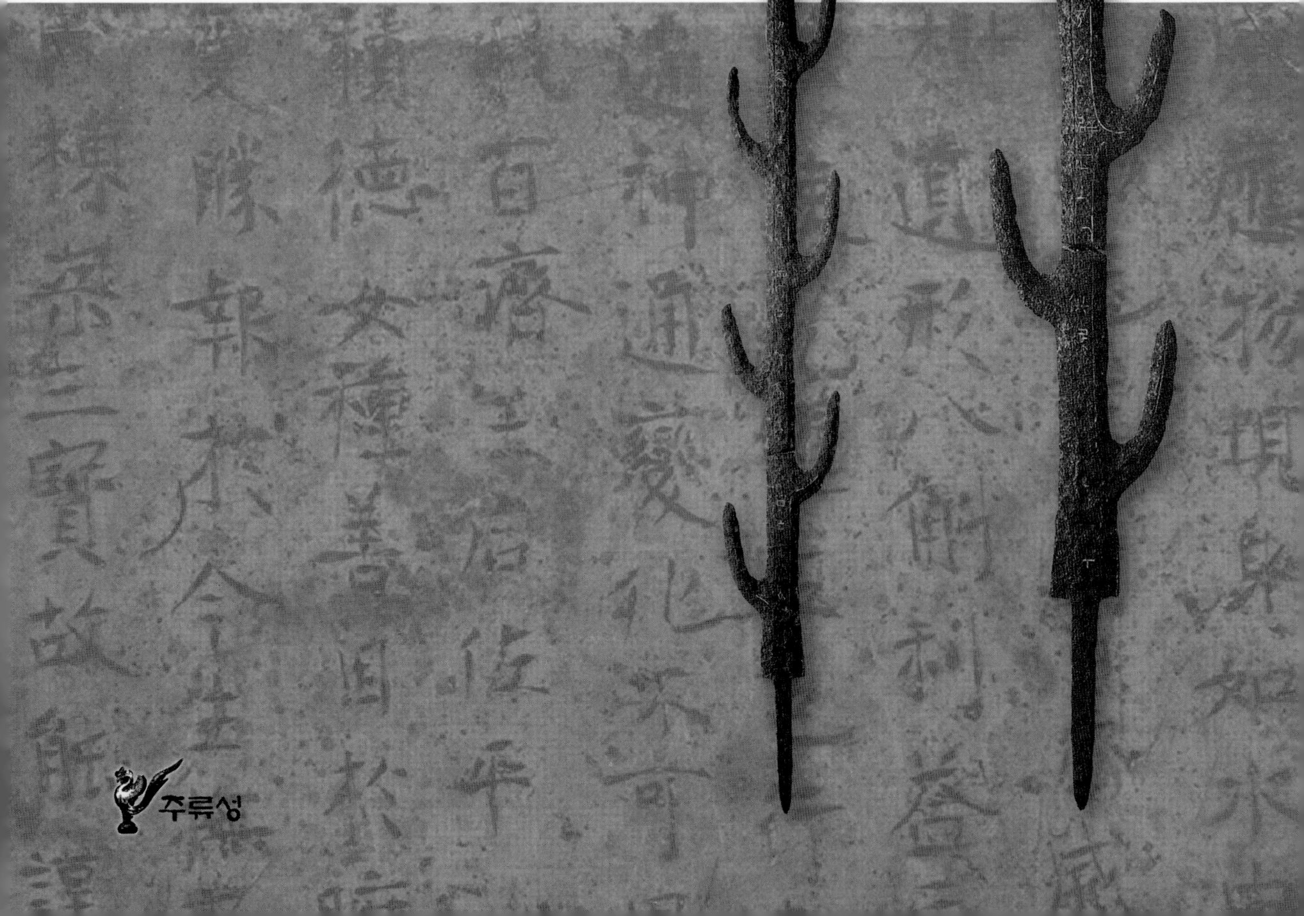

– 집필진(가나다 순) –
강진원 | 서울대학교 국사학과
박지현 | 서울대학교 국사학과
안정준 | 연세대학교 사학과
오택현 | 동국대학교 사학과
이은솔 | 원광대학교 서예학과
이재철 | 동국대학교 사학과
임혜경 | 서울대학교 국사학과
정동준 | 한성대학교 한국고대사연구소
최경선 | 연세대학교 사학과
최상기 | 서울대학교 국사학과

한국목간학회 연구총서 02

한국고대문자자료 연구
백제 (하)
– 주제별 –

1판 1쇄 인쇄 2015년 8월 31일 / 1판 1쇄 발행 2015년 8월 31일

공동편집 | 권인한 · 김경호 · 윤선태 / 편집실무 | 오택현 · 이재환
펴낸이 | 최병식 / 펴낸곳 | 주류성출판사 02)3481-1024
주 소 | 06612 서울특별시 서초구 강남대로 435 주류성빌딩 15층(서초동 1305-5)

값 45,000원
ISBN 978-89-6246-256-2 94910
978-89-6246-254-8 94910 (세트)

본 출판물은 성균관대학교 동아시아학술원과 HK한국학사업단의 지원을 받아 수행된 연구임

본 출판물은 2007년 정부(교육부)의 재원으로 한국연구재단의 지원을 받아 수행된 연구임
(NRF-2007-361-AL0014)

한국고대
문자자료연구

백제(하) – 주제별 –

책 머리에

2013년 3월 23일은 "한국고대문자자료 연구모임"이 출범한 뜻깊은 날이다. 한국목간학회와 성균관대학교 동아시아학술원이 공동으로 주최해온 문자문화사 강의가 "『삼국지』·동이전의 세계"를 끝으로 점차 동력을 잃어가던 중 동아시아학술원 인문과학연구소(HK)의 김경호 교수가 세운 중점과제 연구계획서에 의거하여 학문 후속세대 양성에 중점을 둔 연구발표회 모임으로 새 출발을 한 것이기 때문이다. 동아시아자료학 연구를 주제로 한 동 계획서에 의거하여 김경호 교수는 중국출토자료 연구모임을, 권인한은 한국고대문자자료 연구모임을 주관하여 현재에 이르고 있다.

한국고대문자자료 연구모임이 출범하기까지 여러분의 도움이 있었지만, 우선 한국목간학회의 주축을 담당하고 있는 윤선태 교수(동국대학교 역사교육과)의 노고를 잊을 수 없다. 윤 교수의 기획과 섭외로 한국고대문자자료 연구에 관심이 있는 10여 명의 대학원생들을 모을 수 있었을 뿐만 아니라, 그들을 이 방면의 전문가로 성장할 수 있도록 수많은 격려와 지도편달을 해오셨기 때문이다. 이 밖에도 모임 초기에 5회에 걸쳐 서체에 관한 특강을 통하여 글자의 판독에 대한 기초를 다져주신 정현숙 선생님(열화당책박물관), 틈틈이 모임에 참석하시어 토론에 임해주신 김수태 교수(충남대), 김영관 교수(충북대), 최연식 교수(동국대), 조경철 교수(연세대), 정승혜 교수(수원여대) 등도 우리 모임을 키워오신 분들이다. 그리고 우리 모임의 간사로 임명된 강진원 박사(서울대 국사학과)는 백방으로 헌신적인 봉사를 해온 바 있다. 이 모든 분들께 감사의 인사를 올리는 바이다.

성균관대학교 600주년 기념관 4층 10408호 강의실에서 열린 제1회 월례발표회에서는 20여 명의 회원이 참석한 가운데 이재환(서울대 국사학과)의 "무령왕릉 출토 문자자료에 대하여"라는 제목의 발표와 윤선태 교수를 비롯한 참석자 전원의 심도있는 토론이 이루어진 바 있다. 이렇게 힘찬 첫 걸음을 내디딘 우리 모임은 본 백제편의 출판을 위하여 13회의 월례발표회와 3회의 워크숍을 개최한 바 있다. 발표 일정을 일일이 소개하면 다음과 같다.

1회 월례발표회: 2013년 3월 23일(토)
– 무령왕릉 출토 문자자료의 이해/ 이재환(서울대)

2회 월례발표회: 2013년 4월 27일(토)
– 창왕명사리감과 사택지적비의 이해/ 이은솔(원광대)

3회 월례발표회: 2013년 5월 25일(토)
– 특강 '서체와 서풍'/ 정현숙(원광대)
– 왕흥사지 출토 문자자료의 판독과 해석/ 이은솔(원광대)

2013년 하계워크숍: 2013년 7월 26·27일(금·토)
– 부여 관북리·궁남리 출토 목간과 인각와 검토/ 기경량(서울대)
– 공주 출토 문자자료의 재검토/ 박지현(서울대)
– 禰軍 墓誌 검토 –한·중·일 학계의 관심사항을 중심으로–/ 최상기(서울대)
– 古阜 舊邑城 출토 명문와 및 高敞 五湖리 出土 청동인장의 이해/ 강진원(서울대)
– '羅州 伏岩里' 遺蹟 出土 木簡 檢討/ 이재철(동국대)
– 흑치상지 일가 묘지명 검토/ 오택현(동국대)

4회 월례발표회: 2013년 8월 31일(토)
– 특강 '장법'/ 정현숙(원광대)
– 미륵사지 출토 문자자료의 이해/ 임혜경(서울대)
– 흑치상지 묘지명 역주/ 오택현(동국대)
– 예식진 묘지 검토/ 최상기(서울대)

5회 월례발표회: 2013년 9월 28일(토)
– 특강 '집필법, 완법'/ 정현숙(열화당책박물관)

– 나주 복암리 출토 문자자료의 이해/ 이재철(동국대)
– 예소사 묘지 검토/ 최상기(서울대)

6회 월례발표회: 2013년 11월 2일(토)
– 유인원 기공비의 재검토/ 박지현(서울대)
– 예인수 묘지 검토/ 최상기(서울대 국사학과)

7회 월례발표회: 2013년 11월 30일(토)
– 특강 '결구'/ 정현숙(열화당책박물관)
– 부여 쌍북리 출토 문자자료(1)/ 정동준(한성대)
– 익산 및 전주 지역 출토 명문와의 이해/ 이은솔(원광대)

8회 월례발표회: 2013년 12월 28일(토)
– 특강 '서체의 변화와 특징'/ 정현숙(열화당책박물관)
– 부여 쌍북리 출토 문자자료(2)/ 정동준(한성대)
– 미륵사지 출토 기타 문자자료 검토/ 임혜경(서울대)
– 고흥 안동고분 출토 동경 명문 검토/ 기경량(서울대)

2014년 동계워크숍: 2014년 2월 6일(목)
– 능산리사지 출토 목간의 판독과 해석 / 이재환(서울대)
– 익산 연동리 출토 동경 명문 검토 / 기경량(서울대)
– 칠지도 명문 검토 / 오택현(동국대)
– 백제 불상 명문 검토 / 임혜경(서울대)
– 백제 왕손 부여융·태비부여씨 묘지명의 역주와 기초적 검토 / 안정준(연세대)
– 백제 인각와의 재검토 / 이은솔(원광대)

9회 월례발표회: 2014년 2월 28일(금)
– 부여 동남리 및 구아리 출토 문자자료 검토/ 오택현(동국대)
– 부여 지역 출토 인각와와 기타 명문자료(1)/ 최경선(연세대)

10회 월례발표회: 2014년 3월 29일(토)

- 당평제비의 판독과 해석(1)/ 박지현(서울대)
- 진법자묘지명 역주/ 정동준(한성대)

11회 월례발표회: 2014년 4월 25일(금)

- 百濟 義慈王의 外孫 李濟 墓誌銘에 대한 검토/ 안정준(연세대)
- 부여 지역 출토 인각와와 기타 명문자료(2)/ 최경선(연세대)
- 부여 북나성 명문석과 부소산성 출토 광배 검토/ 기경량(서울대)

12회 월례발표회: 2014년 5월 31일(토)

- 능산리 사지 출토 문자자료의 판독과 해석/ 이재환(서울대)
- 미륵사지 출토 기타 문자자료 검토/ 임혜경(서울대)
- 부여 동남리·구아리 출토 문자자료 검토/ 오택현(동국대)
- 금산 백령산성 출토 문자자료의 이해/ 이재철(동국대)

13회 월례발표회: 2014년 6월 28일(토)

- 능산리 사지 출토 문자자료의 판독과 해석(2)/ 이재환(서울대)
- 당평제비의 판독과 해석(2)/ 박지현(서울대)
- 〈난원경묘지명〉의 판독과 해석/ 최경선(연세대)
- 계유명아미타불삼존석상과 계유명삼존천불비상 명문의 이해/ 강진원(서울대)
- 경기 지역 출토 문자자료의 이해/ 안정준(연세대)

2014년 하계워크숍: 2014년 8월 2일(토)

- 무령왕릉 및 능산리사지 출토 문자자료 정리 보고/ 이재환(서울대)
- 공주 출토 문자자료 및 유인원기공비와 당평제비 정리 보고/ 박지현(서울대)
- 흑치상지 일가 묘지명과 칠지도 및 동남리·구아리·낙양 용문석굴 출토 문자자료 정리 보고 / 오택현(동국대)
- 진법자 묘지명 및 쌍북리 출토 문자자료 정리 보고/ 정동준(한성대)
- 복암리·정암리·백령산성 출토 문자자료 정리 보고/ 이재철(동국대)
- 예씨 일가 묘지명 정리 보고/ 최상기(서울대)
- 부여씨 일가 묘지명 및 풍납토성 출토 문자자료 정리 보고/ 안정준(연세대)

– 난원경 묘지명 및 명문와 정리 보고/ 최경선(연세대)

– 사택지적비 및 창왕명 석조사리감·왕흥사지 출토 사리함과 명문와 정리 보고/ 이은솔(원광대)

– 관북리·궁남지·북나성 출토 문자자료와 부소산성 광배 및 동경 정리 보고/ 기경량(서울대)

– 연기 지역 출토 불상명문과 고창 출토 청동인장 정리 보고/ 강진원(서울대)

– 미륵사지 출토 문자자료와 계미명·갑인명·갑신명·정지원명 불상 명문 정리 보고/ 임혜경(서울대)

이렇게 1년 6개월에 걸친 16차례의 발표 원고들을 수정·보완한 끝에 이 책이 상재되었으니 부족함이 없진 않겠으나, 학계에 축하의 인사를 부탁하기에 큰 손색은 없을 줄로 믿는다.

이 책은 백제 문자자료들을 지역별, 주제별로 묶은 것이다.

상권 지역별에는 서울 지역, 공주 지역, 부여 지역, 익산 지역, 기타 지역(국내)로 나누어 각 문자자료에 대한 판독과 해석, 그리고 연구 쟁점사항들에 대한 정리 등을 담은 것이다. 백제의 수도 변천에 따른 문자자료의 사적 전개를 조망할 수 있는 체재인 셈이다.

하권 주제별에는 인각와, 불상 명문, 중국 출토 백제유민 묘지명, 국내 소재 중국계 자료, 기타 해외자료로 구분하여 비슷한 성격의 문자자료들이 한 자리에서 비교·검토가 가능하도록 하였다. 그리고 부록으로 백제 문자자료 이미지 자료들이 한 자리에 모이도록 배려하였다.

여기에서 다루어진 백제 문자자료들은 일찍부터 알려진 자료들도 있지만, 최근에 발굴되어 학계에 소개된 자료들도 적지 않다. 예를 들어 중국 출토 백제유민 묘지명 자료 중 예씨 일가 묘지명, 진법자 묘지명, 난원경 묘지명 등은 최근에 와서 그 존재가 확인되고, 논의가 이루어진 최신의 자료로 주목되는 것들이다. 인각와 자료만 해도 그 동안 곳곳의 도록이나 발굴보고서에 흩어져 있던 것들을 한 자리에 모일 수 있도록 각고의 노력을 기울인 소산이라는 점을 강조하고 싶다. 아무튼 본서의 간행을 계기로 앞으로 백제 문자자료에 대한 연구가 발전하는 데에 밑거름이 될 수 있기를 바라마지 않는다.

성균관대학교 동아시아학술원과 한국목간학회가 손을 잡고서 고대 문자자료들 중에서 그동안 널리 알려졌지만 다시금 음미해볼 만한 가치가 있거나, 혹은 새롭게 발견된 문자자료 등 한국 고대 문자자료 전반을 대상으로 꾸준한 연구 활동을 해보고자 뜻있는 소장학자들이 모여 출범한 "한국고대문자자료 연구모임"의 이름으로 첫 번째로 상재하는 본서의 내용들이 처음에 의도하였던 목표에 어느 정도로 다가섰을지는 조심스럽고 두려움이 앞설 수밖에 없다. 독자 제현의 아낌없는 질책과 비판을 겸허히 받아들이고자 하며, 본서의 출판을 계기로 백제 연구 발전에 조금이나마 이바지할 수 있기를 기대할 뿐이다.

『목간과 문자』의 휘보란을 통하여 소개된 바와 같이 한국고대문자자료 연구모임에서는 현재 고구려편 문자자료에 대한 발표와 검토를 계속해오고 있다. 앞으로 신라편에 이르기까지 한국 고대 문자자료 전반을 대상으로 꾸준한 연구를 행하여 본서의 속편으로 간행할 예정에 있다. 대체로 2017년 8월까지의 여정을 계획하고 있는 바, 앞으로 사계 전문가들의 아낌없는 성원과 지도편달을 바라마지 않는다.

끝으로 본서의 출판을 위하여 바쁜 가운데서도 발표와 원고 작성에 각고의 노력을 기울인 집필자 전원과 행정적·재정적 지원을 아끼지 않으신 성균관대학교 동아시아학술원 HK사업단 관계자, 그리고 어려운 경제 상황에서도 기꺼이 출판을 맡아주신 주류성 관계자들께도 깊이 감사드린다.

2015년 8월

편·저자를 대표하여

성균관대학교 국어국문학과/동아시아학과

권 인 한 謹識

범 례

- 2014년 2월까지 출토 및 공개된 자료들만을 대상으로 하였다.
- 자료의 명칭은 발굴보고서나 최초 보고 자료의 명칭에 기반하여 각 필자가 설정하였다.
- 상권에서는 서울, 공주, 부여 등 각 지역에서 발견된 문자자료들을 유적별로 모아서 소개하였다. 인각와의 경우는 발견 사실만을 간략히 밝히고, 구체적인 사항은 하권 인각와편에서 종합적으로 검토하였다.
- 하권에서는 인각와, 불상 명문, 중국 출토 백제유민 묘지명, 舊백제 지역 소재 중국계 자료 등 유사한 성격을 가진 자료들을 주제별로 모아서 소개하였다. 인각와의 경우 상권의 지역별 유적에서 발견 사실이 소개되었다 하더라도, 하권에서 다른 인각와들과 함께 구체적으로 다시 다루었다.
- 글자임이 분명하나 판독이 불가능한 경우는 '▨'로 표기하였다.
- 묵흔은 확인되지만 몇 글자인지 알기 어려운 경우는 세로쓰기에서 '⊓⊔', 가로쓰기에서 '⊏ ⊐'로 표시하였다.
- 일부만 남은 획을 통해서 전체 글자를 판독하거나, 앞뒤 문맥에 근거하여 추독한 경우 및 판독이 확실하지 않은 추정자의 경우 '[ ]' 안에 글자를 넣어 이를 표시하였다. 井間을 구획한 판독표에서는 해당 글자가 위치한 칸에 음영을 넣는 방식으로 대신하였다.
- 목간의 판독에서 다음과 같은 기호를 사용하였다.

  ◎ → 구멍

  × → 파손

  〉〈 → 절입부
- 판독 비교 자료로 다음 자료를 사용한 경우 약칭을 사용하였다.

  『海東金石苑』 → 海東

  『朝鮮金石總覽』 → 總覽

  『譯註 韓國古代金石文』 → 譯註

  『金石遺文』 → 遺文

  『韓國金石全文』 → 全文
- 목간의 경우, 『한국의 고대목간』, 『백제목간』, 『나무속 암호목간』, 『목간자전』 등을 참고자료로 활용할 때 다음과 같이 약칭하였다.

  국립창원문화재연구소, 2004, 『한국의 고대목간』 → 창원

  국립부여박물관, 2008, 『백제목간 -소장품조사자료집』 → 백제

  국립부여박물관·국립가야문화재연구소, 2009, 『나무 속 암호 목간』 → 나무

  손환일 편, 2011, 『목간자전』, 국립가야문화재연구소 → 자전

차 례

인각와

1. 인각와 개관 ········· 17
2. 공주 지역 출토 인각와 ········· 21
3. 부여 지역 출토 인각와 ········· 29
4. 청양 왕진리 요지 출토 인각와 ········· 169
5. 익산 지역 출토 인각와 ········· 185
6. 기타 지역 출토 인각와 ········· 233

불상 명문

1. 갑신명금동석가좌상 명문 ········· 265
2. 갑오명금동일광삼존불상 명문 ········· 271
3. 갑인명금동광배 명문 ········· 277
4. 계미명금동삼존불입상 명문 ········· 285
5. 계유명삼존천불비상 명문 ········· 293
6. 계유명아미타삼존사면석상 명문 ········· 301
7. 무인명연화사사면석상 명문 ········· 317
8. 기축명아미타불석상 명문 ········· 321
9. 금동정지원명석가여래삼존입상 명문 ········· 325

중국 출토 백제유민 묘지명

1. 부여융 묘지명 ········· 335
2. 태비 부여씨 묘지명 ········· 351
3. 이제 묘지명 ········· 363
4. 흑치상지 묘지명 ········· 379

5. 흑치준 묘지명 ········· 397
6. 예군 묘지명 ········· 411
7. 예식진 묘지명 ········· 437
8. 예소사 묘지명 ········· 453
9. 예인수 묘지명 ········· 465
10. 진법자 묘지명 ········· 473
11. 난원경 묘지명 ········· 493

국내 소재 중국계 자료

1. 대당평백제국비명 ········· 537
2. 유인원기공비 ········· 571

기타 해외 자료

1. 칠지도 ········· 601
2. 물부순장군공덕기 ········· 617
3. 낙양 용문석굴 소재 백제 관련 명문자료 ········· 637

지역별

서울 지역
풍납토성 출토 문자자료

공주 지역
공산성 출토 문자자료
송산리 6호분 출토 문자자료
무령왕릉 출토 문자자료

부여 지역
관북리 출토 문자자료
구아리 출토 문자자료
궁남지 출토 문자자료
능산리사지 출토 문자자료
동남리 출토 문자자료
부소산성 출토 문자자료
북나성 출토 명문석 문자자료
쌍북리 출토 문자자료
왕흥사지 출토 문자자료
왕흥사지 요지 출토 문자자료
정암리 출토 문자자료
사택지적비

익산 지역
미륵사지 출토 문자자료
연동리 출토 문자자료

기타 지역(국내)
고창 오호리 출토 문자자료
고흥 안동고분 출토 문자자료
고흥 야막고분 출토 문자자료
금산 백령산성 출토 문자자료
나주 복암리 유적 출토 문자자료
청주 봉명동 출토 문자자료

도판

인각와

印刻瓦 槪觀

公州 地域 出土 印刻瓦

扶餘 地域 出土 印刻瓦

靑陽 汪津里 窯址 出土 印刻瓦

益山 地域 出土 印刻瓦

其他 地域 出土 印刻瓦

1 印刻瓦 槪觀

이은솔·최경선

인각와는 기와의 등면에 대체로 원형 또는 방형의 테두리 안에 1-6자의 문자나 기호가 있는 문자 자료이다. 이 문자자료의 명칭에 관해서는 처음 일본 학자 齋藤忠에 의해 '刻印瓦'라고 붙여졌지만(齋藤忠 1954), 우리나라에서는 이를 채택하지 않고 인장와, 인각와, 인명와 등으로 통용하고 있으며, 본고에서는 인각와로 통칭한다.

인각와의 지역적 출토 양상을 살펴보면 부여, 익산, 공주, 논산, 정읍, 청주, 대전, 금산, 장수, 여수, 순천, 광양 등지에서 확인된다. 크게 부여, 익산, 기타 지역으로 나눌 수 있는데, 그중 부여와 익산에서 전체 인각와의 90% 이상이 집중적으로 출토되었으며 현재 판독 가능한 인각와의 종류는 약 90종이다.[1)]

가장 많은 양이 출토된 부여와 익산지역을 살펴보면, 부여는 사비도성 내부 유적에서 대부분 출토되었다. 사비도성 내부 중에서도 王宮으로 유력한 관북리 백제유적·구아리 백제유적·쌍북리 유적과 부소산성에서 많은 양이 출토되어 인각와가 백제 중앙 권력과 관련이 있음을 보여주고 있다. 다만 나성 외부 유적의 경우는 주로 窯址에서만 확인되는 것이 특징이다. 익산은 대부분 미륵사지와 왕궁리 유적에서 출토

1) 인각와가 소량 출토되었으나, 인각의 상태가 좋지 않거나 극히 일부만 남아 판독이 되지 않는 경우는 일부 제외하였다. 쌍북리 173-8번지 유적에서 인각와가 1점 출토되었으며, 인각의 흔적은 보이나 명문을 판독하기 어렵다((재)동방문화재연구원, 2013, 『(부여 사비119 안전센터 신축부지내) 쌍북리 173-8번지 유적』). 구아리 319번지 부여중앙성결교회 유적에서는 인각와편 2점이 출토되었으나, 판독에 어려움이 있다(재단법인 부연군문화재보존센터, 2012, 『부여 구아리319 부여중앙성결교회 유적 발굴조사 보고서』). 부여 뒷개 유적에서는 인각와편 1점 출토되었는데, 명문을 확인하기 어렵다(재단법인 부연군문화재보존센터, 2013, 『부여 뒷개 유적』).

되었는데, 이 두 유적은 문헌기록과 다른 출토 유물들을 비교해 보았을 때 상한연대가 백제 무왕대임이 거의 확실시되어 부여 지역과 마찬가지로 백제 중앙권력의 핵심지로 추측된다(심상육 2005, p.25).

그 밖에 기타지역에서는 대전, 진안, 여수 등지에서 약 3-5% 정도 출토되었는데 대부분이 산성 유적, 신라와의 접경지대인 군사적 요충지로서 이 지역들을 중요시 한 것으로 보인다(심상육 2005, p.27). 기타 지역에서 발견된 인각와는 중앙 지역과는 다른 형태를 띠고 있으며, 개별 유적마다 인장의 형태나 글자가 달라, 개별 유적 내에서 자체적으로 기와를 생산하여 공급한 것으로 보인다(김환희 2014, pp.76-79).

또 웅진기의 수도였던 공주지역에서는 공산성과 대통사지에서 인각와가 소량만 발견되어 웅진기에는 인각와가 보편화되지 않은 것으로 추측된다(심상육 2005, p.27). 이를 통해 인각와는 성왕 이후 6세기대에 출현하여 소수 사용되었다가 무왕과 의자왕대인 7세기에 인각와의 수량이 폭발적으로 증가하고 종류도 다양해진다. 이는 7세기대의 왕권 강화에 따라 대규모 토목 건설이 증가함에 따라 기와의 수요 또한 증대된 것과 관련이 있을 것으로 추측된다(충청남도역사문화원 2008, pp.766-767). 웅진기에 인각와의 생산이 시작되어, 사비기에 이르러서 일반화되었다고 할 수 있다.

인각와의 형태는 인각부의 수, 평면 형태, 크기와 문자의 음양각, 권선의 유무, 문자의 수 등으로 분류할 수 있는데, 본고에서는 공주, 부여와 익산지역에서 출토된 인각와의 경우 심상육의 유형 분류안을 따라 분류하였다. 인각부가 1개인 경우 'Ⅰ'로, 2개인 경우 'Ⅱ'로 구분하며 인각의 평면이 원형일 경우 'A'로, 방형일 경우 'B'로 구분한다. 글자의 수가 1자인 경우 '가'로, 2자인 경우 '나'로, 4자인 경우 '다'로, 6자인 경우 '라'로 표기한다.

인각의 내용은 대체로 干支, 地名+干支, 5부명, 행정구역 및 부서명 등으로 추측하고 있다. 그중 5부명 인각와와 2개의 인각부가 1조를 이루고 있는 ⅡA나형 인각와는 여러 가지 견해들이 있다. 5부명 인각와는 백제 중앙의 5부제[2]와 관련한 인각와로 모두 14종이다. 백제 도성의 5부를 기록한 인각와는 甲瓦와 乙瓦로 크게 나뉘며(이다운 1999, pp.111-113), 같은 部 내에서도 기와의 제작, 공급, 사용에 이르는 일련의 과정에 별도의 조직적 구분이 있었던 것으로 보고 있다(충청남도역사문화원 2008, p.778).

2개의 인각부가 1조를 이루고 있는 ⅡA나형 인각와는 위쪽의 글자는 생산년도를 나타내는 간지 중 한 글자, 아래쪽의 글자는 인명과 관련된 것으로, 기와제작을 담당한 瓦工을 나타내고 있는 것으로 파악하는 의견(藤澤一夫 1976, pp.157-159), 공급이나 생산 집단을 나타내는 인장으로 보는 의견(심상육 2005, p.50), 또는 기와 제작을 담당했던 와공도 조영주체도 아닌 검사관으로 판단된다는 주장도 있다(이다운 2007, pp.103-104).

기와의 제작과정을 살펴보면 인각은 특별한 기와에 찍었던 것이 아니라 일반 평기와를 제작할 때 일정 분량 단위별로 찍은 것으로 확인된다. 또 도장 찍음에 일정한 규칙성이 보이며 부여와 익산 두 지역의 인

---

2) "都下有萬家, 分爲五部, 日上部前部中部下部後部, 統兵五百人"(『周書』, 百濟傳); "畿內爲五部, 部有五巷, 士人居焉"(『隋書』, 百濟傳); "王所都城內 又爲五都(部), 皆建(達)率領之, 又城中五巷, 士庶居焉"(『翰苑』 所引 『括地志』).

각와에 찍힌 도장이 일치한다는 점에서 한정된 인원이 제작년도, 공급 집단 등을 표시하기 위해 찍은 것으로 보인다. 이러한 측면에서 인각와는 백제에서 대량생산체제로 돌입한 기와의 생산과 공급을 관리, 통제하기 위해 나왔다고 판단하고 있다(심상육 2005, p.28).

公州 地域 出土 印刻瓦

이은솔

1. 공산성

공산성은 충청남도 공주시 산성동·금성동 일원에 위치한 성으로 고대에는 熊津城 혹은 熊川城, 고려시대에는 공주산성, 조선시대에는 쌍수산성이라고 불렸다. 공산성은 조선시대까지 유지되고 사용되어 내부에는 다양한 유적과 유물들이 확인되었다. 백제시대의 것으로 추정되는 유적은 공산성 성곽 일부를 구성하는 土城址와 石城, 추정 왕궁지, 성안마을 백제유적, 연못, 쌍수정 북쪽 백제 건물지, 용수저장시설이 있는 백제 건물지, 공산성 북쪽 구릉의 저장시설 등이다.

보고서에 따르면 인각와는 池塘2 구역, 백제 굴건식 건물지, 통일신라 28칸 건물지, 통일신라 12각 건물지1·2, 광복루 광장 등에서 출토되었다.

池塘2 구역은 1984년, 1993년에 조사되었으며 출토 유물로 미루어 보아 백제시대로 추정하고 있다. 통일신라 28칸 건물지는 1989년, 통일신라 12각 건물지는 1990년도에 발굴·조사되었으며 통일신라시대에 축조된 것으로 추정한다. 광복루 광장은 1989년에 조사되었고, 조선시대 말기에 조성되었음이 확인되었다. 세 유구 각각 일부 백제시대 유물들이 출토되어 이곳에서 출토된 인각와 역시 백제시대의 것으로 추측할 수 있다. 공주에서는 인각와가 소량만 출토되어, 웅진기에는 인각와의 제작이 보편화되지 않은 것으로 추측한다(심상육 2005, p.27). 공산성에서 출토된 인각와는 '主'銘, '乇'銘, '北'銘, '下'銘, '中'銘 등이 있다.

1) I A가형

(1) '主'銘

통일신라 28칸 건물지에서 출토되었다. '主'銘은 원형의 도장에 양각으로 원형의 테두리와 主를 반대로 새겨 기와면에는 우서·음각으로 나타난다. 인각의 크기는 1.5–1.9㎝ 정도이다.

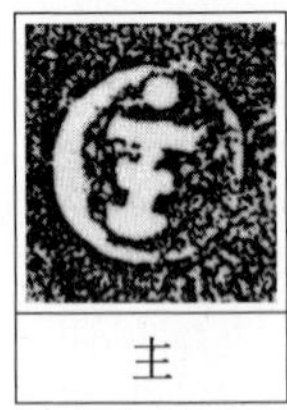

主

출처: 安承周·李南奭, 1992, p.135.

(2) '七'銘

백제 굴건식 건물지에서 출토되었다. 원형의 도장에 양각으로 원형의 테두리와 七을 반대로 새겨 기와면에는 우서·음각으로 나타난다. 인각의 크기는 2.8㎝ 정도이다. 보고서에서는 '大'와 '十'이 결합된 형태로 보고 있으나(공주대학교박물관 1992, p.79) 후에 출토된 '七'銘과 유사함을 볼 수 있다. '十'으로 본 것은 훼손된 것을 오인한 것으로 보이며 '七'로 판독함이 타당할 것으로 생각된다.

七	능산리사지	부소산성

출처: 安承周·李南奭, 1992, p.77.

2) I B가형

(1) '北'銘

池塘2 구역, 광복루 광장에서 출토되었다. 방형의 도장에 음각으로 北을 바로 새겨 기와면에는 우서·양각으로 나타난다. 보고서에서는 '山'자 두 개가 서로 마주보고 있는 형태로 판독하기도 하였으나(공주대학교박물관 1999, p.229) '北'으로 판독하는 것이 옳은 듯하다.

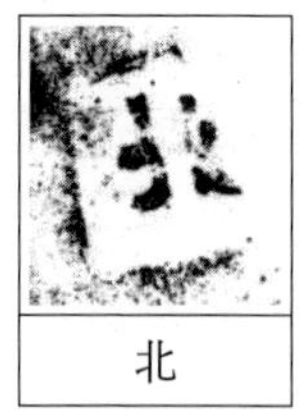

北

출처: 安承周·李南奭, 1992, p.276.

(2) '▨'銘

池塘2 구역, 통일신라 28칸 건물지에서 출토되었다. 방형의 도장에 음각으로 글자를 바로 새겨 기와면에는 우서·양각으로 나타난다. 보고서에서는 '興(兴)'으로 추독하거나(공주대학교박물관 1999, p.235), 문자가 아닌 기호로 보기도 했다(공주대학교박물관 1992, p.134). '興'으로 추독하기에는 글자 상단부가 거의 훼손되어 미상자로 남겨두겠다.

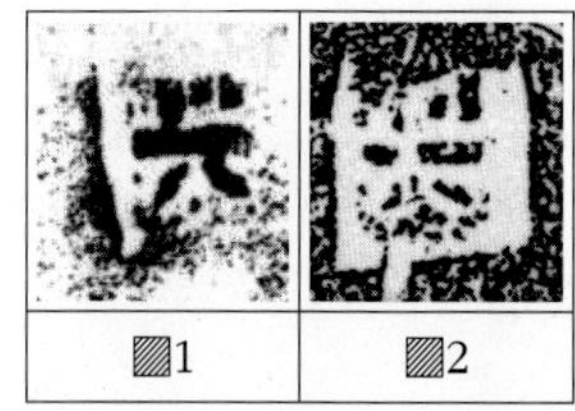

▨1	▨2

▨1 출처: 李南奭·李勳, 1999, p.236.
▨2 출처: 安承周·李南奭, 1992, p.135.

(3) '下'銘

池塘2 구역, 통일신라 12각 건물지2에서 출토되었다. 방형의 도장에 음각으로 글자를 바로 새겨 기와면에는 우서·양각으로 나타난다. 인각의 크기는 가로, 세로 각각 3.5㎝ 정도이다. 五部銘 인각와 중 '下卩甲·乙瓦'의 사례가 있으므로 '下'는 '下部'와 관련이 있을 수 있으나(김환희 2014, p.28), 그 의미를 단정짓기는 어렵다.

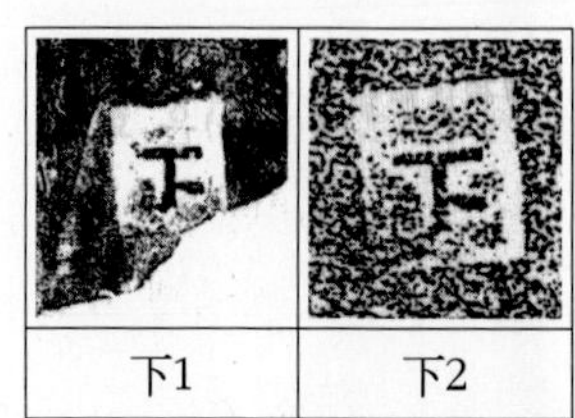

下1	下2

下1 출처: 李南奭·李勳, 1999, p.280.
下2 출처: 安承周·李南奭, 1992, p.162.

(4) '中'銘

통일신라 12각 건물지1에서 출토되었다. '中'銘은 방형의 도장에 음각으로 글자를 바로 새겨 기와면에는 우서·양각으로 나타난다. 인각의 크기는 가로, 세로 각각 2.5㎝ 정도이다.

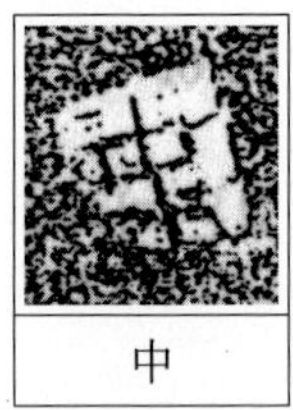

中

출처: 安承周·李南奭, 1992, p.162.

3) 참고문헌

(1) 보고서 및 자료집

국립부여박물관, 1989, 『百濟의 瓦塼』, 국립부여박물관.

국립부여박물관, 2002, 『百濟의 文字』, 국립부여박물관.

국립부여박물관, 2010, 『百濟瓦塼: 기와에 담긴 700년의 숨결』, 씨티파트너.

公州大學博物館, 1990, 『公山城 城址發掘調査報告書』.

公州大學校 博物館, 1992, 『公山城 建物址』.

公州大學校博物館, 1999, 『公山城池塘』.

安承周·李南奭, 1987, 『公山城 百濟推定王宮址 發掘調査報告書』, 公州師範大學校 博物館.

韓國古代社會研究所, 1992, 『(譯註)韓國古代金石文 1 -고구려·백제·낙랑편-』, 駕洛國史蹟開發研究.

(2) 논저류

김환희, 2014, 「百濟 泗沘期 印章瓦의 변천과 제작공정 체계화」, 충남대학교대학원 석사학위논문.

朴容塡, 1973, 「公州出土의 百濟瓦·塼에 關한 研究」, 『百濟文化』 6, 공주대학교 백제문화연구소.

심상육, 2005, 「百濟時代 印刻瓦에 關한 研究」, 공주대학교대학원 문학석사학위논문.

이병호, 2004, 「기와 조각에서 찾아낸 백제 문화, 인각와」, 『고대로부터의 통신』, 푸른역사.

2. 공산성 성안마을 백제유적

성안마을 백제유적은 공산성 내에 위치하고 있으며, 공산성 내에서도 가장 넓은 평탄지대를 형성하고 있다. 이 일대는 2005년에 본격적인 조사가 이루어졌으며, 백제시대 문화층과 조선시대 문화층이 확인되었다. 출토 유물로는 백제시대 토기와 기와류, 철제품, 중국제 자기와 특수용기 등이 있다. 이 중 인각와는 백제시대 와적 폐기층에서 발견되었으며, '中水'銘 인각와와 문양 인각와가 있다.

1) ⅠB나형

(1) '中水'銘

'中水'銘은 세로로 긴 방형의 도장에 음각으로 '中水'를 반대로 새겨 기와면에는 우서·양각으로 나타난다. '中水'銘 인각와는 임실 성미산성에서도 출토된 사례가 있다.

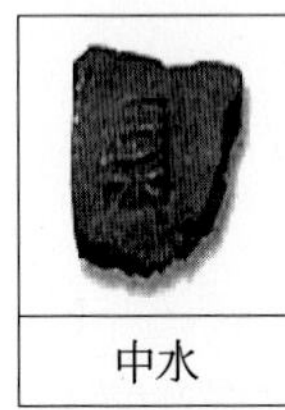
中水

출처: 공주대학교박물관·공주시, 2013, p.113.

2) 문양 인각와

모두 와적 폐기층에서 출토된 것으로 추정되며 인각의 세부상황에 관해서는 발표된 바가 없다. 세 개의 문양 인각와는 원형의 도장에 음각으로 문양을 새겨 기와면에는 양각으로 나타난다.

(1) 문양1

문양1

출처: 공주대학교박물관, 2011, p.20.

(2) 문양2

문양2

출처: 공주대학교박물관, 2011, p.20.

(3) 문양3

문양3

출처: 공주대학교박물관, 2011, p.20.

3) 참고문헌

(1) 보고서 및 자료집

공주대학교박물관, 2011, 『사적 12호 공산성 성안마을 내 유적 제4차 발굴조사 약보고서』, 공주대학교박물관.

공주대학교박물관·공주시, 2013, 『웅진성 공산성』, 공주대학교박물관.

3. 대통사지

『三國遺事』에는 聖王 5년(527)에 梁 武帝를 위해 大通寺를 창건하였다는 기록이 남아 있는데, 이 사찰은 충청남도 공주시 반죽동 일대에 위치한 것으로 전해져 왔다. 이곳에 현재 幢竿支柱가 남아 있고, 이에 더하여 일제시기 때 '大通'銘 평기와 및 연화문 막새기와 등이 출토된 것이 추정의 근거가 되었다. 그러나 1999년에 시굴조사가 시행되기 전까지 구체적인 고고학 발굴조사가 이루어진 적이 없어서 구체적인 가람배치나 규모 등에 대해서는 알려진 바가 없었다.

그런데 1999년 시굴조사 결과에 따르면 이 일대에서는 寺址와 관련된 遺構나 遺物이 전혀 확인되지 않았다고 한다. 또한 이곳을 寺址로 보았던 결정적인 유물인 당간지주도 통일신라시대의 특징을 보이고 있으며, 당간지주 지대석 아래 부분을 조사한 결과 이 당간지주가 처음부터 현재의 위치에 있었던 것이 아니라 일제시기에 옮겨진 것으로 추정되어 이 일대가 사지인지는 불확실하다.

하지만 일제시기 때 대통사지를 조사했던 輕部慈恩의 도면에 따르면 대통사지의 중심지는 1999년의 조사 지역에서 조금 더 북쪽으로 올라간 곳이므로, 추가적인 조사가 요구된다. 따라서 아직 이 일대를 대통사지로 볼 것인지 아닌지는 확정하기 어려운 상태이다.

1) ⅠA나형

(1) '大通'銘

원형의 도장에 음각으로 글자를 반대로 새겨 기와면에는 우서·양각으로 나타난다. '大通'銘 인각와는 부소산성에서도 발견된 바가 있어 공주 대통사지에서 사용되었던 '大通'銘 인각와가 부소산성에 轉用된 것으로 추정되며, 이를 부소산성이 사비천도 이전에 축조되었다는 근거로 보았다(박순발 2010, pp.231-232).

大通

출처: 국립부여박물관, 2002, p.68.

2) 참고문헌

(1) 보고서 및 자료집

공주대학교박물관, 2000, 『大通寺址』, 학연문화사.

국립부여박물관, 2010, 『百濟瓦塼:기와에 담긴 700년의 숨결』, 씨티파트너.

(2) 논저류

국립부여박물관, 2002, 『百濟의 文字』, 국립부여박물관.

박순발, 2010, 『백제의 도성』, 충남대학교출판부.

朴容塡, 1973, 「公州出土의 百濟瓦·塼에 關한 硏究」, 『百濟文化』 6.

李南奭, 2002, 「百濟 大通寺址와 그 出土遺物」, 『湖西考古學』 6·7.

扶餘 地域 出土 印刻瓦

이은솔·이재철·최경선

1. 부소산성

부소산성은 부여 시가지 북편 해발 106m의 부소산에 위치한다. 부소산성에 대한 조사는 1981년 군창지를 시작으로 2002년까지 총 22년에 걸쳐 이루어졌다. 산의 외곽을 아우르는 포곡식산성은 백제시대에 축조되었고, 성 내부를 구획하는 테뫼식산성은 통일신라시대와 조선시대 초기에 조성되었다. 그 외에 성과 관련된 문지, 장대지, 치성, 성 내부의 건물지, 주거지 등 다양한 유구 또한 확인되었다.

인각와는 부소산 서편 백제 폐사지, 수혈 주거지 일대, 매점 광장 북편 와적기단 건물지, 남문지 일대, 동문지 일대, 군창지 남·동 주변 성벽, 남편 테뫼식성 북문지, 사비루 일대, 서북편 테뫼식성 동편, 북문지 서편 일대, 북문지 동편 일대 등 부소산성 전역에 걸쳐 출토되었다. 출토된 인각와는 총 269점으로 '辰'銘, '丙'銘, '寅'銘, '土'銘, '阝'銘, '木'銘, '北'銘, '刀'銘, '七'銘, '大'銘, '福'銘, '卯'銘, '己丑'銘, '丁巳'銘, '乙巳'銘, '大通'銘, '大也'銘, '刀下'銘, '本文'銘, '下卩甲瓦'銘, '前卩甲瓦'銘, '申卩甲瓦'銘, '右城甲瓦'銘, '巳-古'銘, '巳-刀'銘, '巳-毛'銘, '巳-斯'銘, '巳-助'銘, '巳-止'銘, '午-斯'銘, '午-助'銘, '午-止'銘, '申-斯'銘, '申-市'銘, '未-斯'銘, '己-酉'銘, '戈-斯'銘, '功'銘, '下'銘, '犬'銘, '七'銘, '首府'銘 등이 있다.

1) I A가형

(1) '辰'銘

서문지 주변 와적기단 건물지, 사비루 일대, 서북편테뫼식성 동편 등지에서 출토되었다. 인각의 직경은 2.0~2.5cm 정도이다. '辰'銘은 원형의 도장에 음각으로 바로 새겨 기와면에는 좌서·양각으로 나타난다. 十二支 중 '辰'에 해당한다.

辰

출처: 국립부여문화재연구소, 1999a, p.110.

(2) '丙'銘

동문지 일대, 서문지 주변 와적기단 건물지, 사비루 일대, 서북편 테뫼식성 동편, 북문지 서편 일대 등지에서 출토되었다. '丙'銘은 원형의 도장에 양각으로 원형의 테두리와 '丙'을 반대로 새겨 기와면에는 우서·음각으로 나타난다. 인각의 직경은 2.6~2.9cm 정도이다. 十干 중 '丙'에 해당한다고 보고 있다. 북문지 서편 일대에서 출토된 '丙3'은 보고서에서 '士'로 판독하고 있으나(국립부여문화재연구소 2000, p.42), '丙'의 오독으로 판단된다.

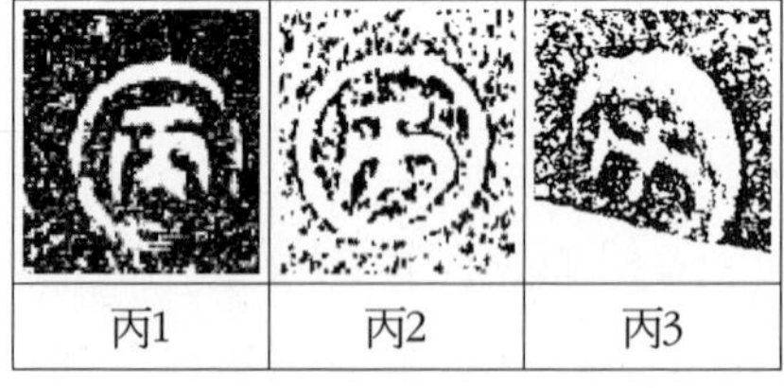

丙1	丙2	丙3

丙1 출처: 국립부여문화재연구소, 1995, p.488.
丙2 출처: 국립부여문화재연구소, 1999b, p.390.
丙3 출처: 국립부여문화재연구소, 2000, p.43.

(3) '寅'銘

동문지 일대, 군창지 주변 성벽, 사비루 일대 등지에서 출토되었다. '寅'銘은 원형의 도장에 음각으로 반대로 새겨 기와면에는 우서·양각으로 나타난다. 인각의 직경은 2.5~3.0cm 정도이다. '寅'銘 또한 '辰'銘과 마찬가지로 十二支에 해당한다.

寅1	寅2	寅3

寅1 출처: 국립부여문화재연구소, 1999b, p.390.

寅2 출처: 국립부여문화재연구소, 1997, p.643.

寅3 출처: 국립부여문화재연구소, 1995, p.489.

(4) '士'銘

서남편 일대 수혈주거지, 서문지 주변 와적기단 건물지, 사비루 일대 등지에서 출토되었다. '士'銘은 원형의 도장에 음각으로 원형 테두리와 '士'를 반대로 새겨 기와면에는 우서·양각으로 나타난다. 인각의 직경은 3.0cm 이내이다. '士'銘의 기능과 의미는 파악되지 않는다. 서문지 주변 와적기단 건물지에서 출토된 '士'는 보고서상에서 '十'으로 판독되었고(국립문화재연구소 1996, p.207), 수혈건물지에서 출토된 '士'는 '丑'으로 판독되었는데(국립문화재연구소 1996, p.131), '士'의 오독으로 보인다.

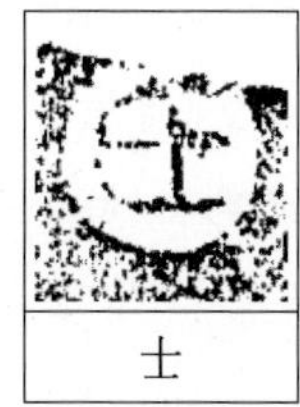

士

출처: 국립부여문화재연구소, 1999a, p.111.

(5) '阝'銘

군창지 주변 성벽 및 남편 등지에서 출토되었다. '阝'銘은 원형의 도장에 음각으로 원형의 테두리와 '阝'을 바로 새기거나 반대로 새겨 기와면에는 우서·양각 또는 좌서·양각으로 나타난다. 인각의 직경은 3.0cm이다. '阝'銘의 의미에 대해서는 도장 찍는 주체를 나타내기 위해 어려운 한자를 단순화하여 기호로서 표현한 것으로 파악하거나(심상육 2005, pp.45-46), '部'의 別字로 어느 部인지는 알 수 없으나 관부에 속한 집단의 기증 혹은 공급행위가 있었다고 추측하기도 한다(김환희 2014, pp.27-28).

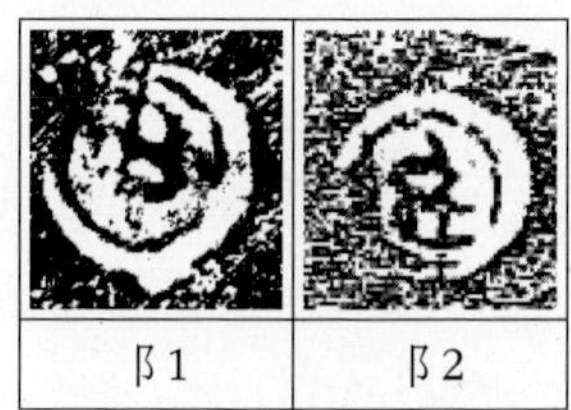

阝1	阝2

출처: 국립부여문화재연구소, 1997, pp.635-636.

(6) '木'銘

서남편 일대 수혈주거지, 군창지 남편 등지에서 출토되었다. '木'銘은 원형의 도장에 음각으로 원형 테두리와 '木'을 반대로 새겨 기와면에는 우서·양각으로 나타난다. '木'을 백제의 八大姓에 속한 성씨로 판단하여 木씨 집단에 의해 인각와가 공급 혹은 기증되었던 것으로 보기도 하며(심상육 2005, p.45), 백제 22부의 하나인 木部에서 기와를 기증 혹은 공급한 것으로 추정하기도 한다(김환희 2014, p.26).

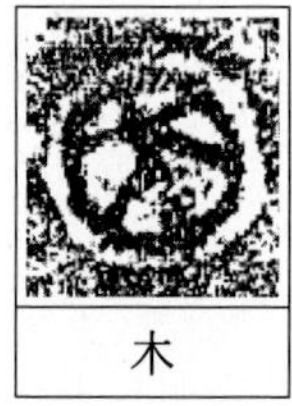

木

출처: 국립부여문화재연구소, 1997, p.616.

(7) '北'銘

동문지 일대에서 출토되었다. '北'銘은 원형의 도장에 음각으로 원형 테두리와 '北'을 반대로 새겨 기와면에는 우서·양각으로 나타난다. 인각의 직경은 3.5cm이다. '北'의 의미를 北部와 같은 행정구역 또는 방위개념으로 추측하기도 했으나(국립부여문화재연구소 1995, p.92) 확실하지 않다. 이 인각와는 '北'銘 바로 아래에 글자가 하나 더 들어갈 공간이 보여 ⅠA나형 인각와일 가능성이 있다.

北

출처: 국립부여문화재연구소, 1995, p.492.

(8) '刀'銘

사비루 일대에서 출토되었다. '刀'銘은 원형의 도장에 음각으로 원형 테두리와 '刀'를 반대로 새겨 기와면에는 우서·양각으로 나타난다. '刀'銘의 기능과 의미는 파악되지 않는다.

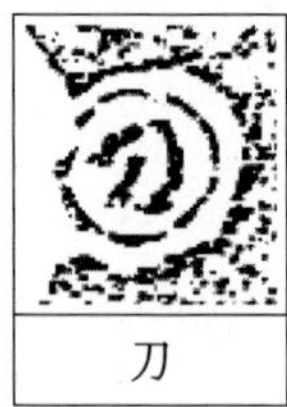

刀

출처: 국립부여문화재연구소, 1999b, p.392.

(9) '七'銘

북문지 동편 '나'지구에서 출토되었다. '七'銘은 원형의 도장에 양각으로 원형 테두리와 '七'을 반대로 새겨 기와면에는 우서·음각으로 나타난다. '七'銘 또한 의미를 알 수 없는 것으로 파악되고 있다.

七

출처: 국립부여문화재연구소, 2003, p.107.

(10) '大'銘

동문지 일대에서 출토되었다. '大'銘은 원형의 도장에 음각으로 '大'를 반대로 새겨 기와면에는 우서·양각으로 나타난다. 인각의 직경은 2.9cm이다. '大'銘 또한 그 기능과 의미는 파악되지 않는다.

大

출처: 국립부여문화재연구소, 1995, p.491.

(11) '福'銘

서남편 수혈 주거지 일대에서 출토되었다. '福'銘은 원형의 도장에 음각으로 '福'을 반대로 새겨 기와면에는 우서·양각으로 나타난다. '福'銘 인각와는 군수리유적에서도 출토된 바 있다. '福'銘에 대한 기능과 의미는 파악되지 않는다.

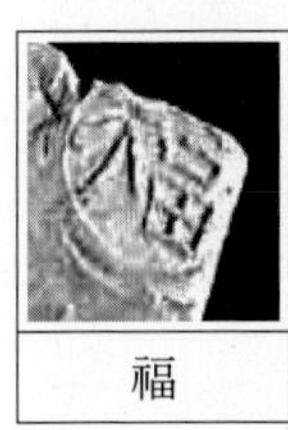

福

출처: 국립부여문화재연구소, 1995, p.491.

(12) '卯'銘

군창지 동편, 북문지 서편 일대에서 출토되었다. '卯'銘은 원형의 도장에 음각으로 '卯'를 새겨 기와면에는 양각으로 나타난다. 인각의 직경은 2.4cm 정도이다. 이 인각와는 초기에는 'PB'로 표기하기도 하였으나(노기환 2007), '卯'자로 판독하는 의견(高正龍 2007, pp.74-75; 김선기 2010, p.156)이 있다.

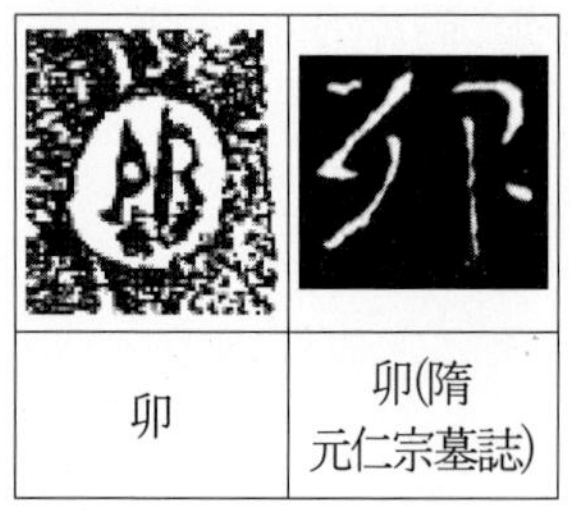

卯	卯(隋 元仁宗墓誌)

출처: 국립부여문화재연구소, 1997, p.623.

2) I A나형

(1) '己丑'銘

동문지 일대, 군창지 주변 성벽 및 동편 등지에서 출토되었다. '己丑'銘은 원형의 도장에 음각으로 원형의 테두리와 '己丑'을 바로 또는 반대로 새겨 기와면에는 우서·양각 또는 좌서·양각으로 나타난다. 인각의 직경은 3.4~3.7cm 정도이다.

인각의 명문을 처음에는 '中部'로 추정하였으나(윤덕향 1989, p.228), 지금은 연도를 나타내는 간지로 파악하고 있으며, 대체로 629년으로 비정한다. 동문지 일대에서 출토된 '己丑'銘의 '己'를 '乙'로 판독하였으나(국립부여문화재연구소 1995, p.90), 오독으로 판단된다. '丑'에 관한 판독 또한 의문점이 제기되고 있는데, 편년과 상관없이 자형으로는 '申'이나 '田'으로도 볼 수 있겠다.

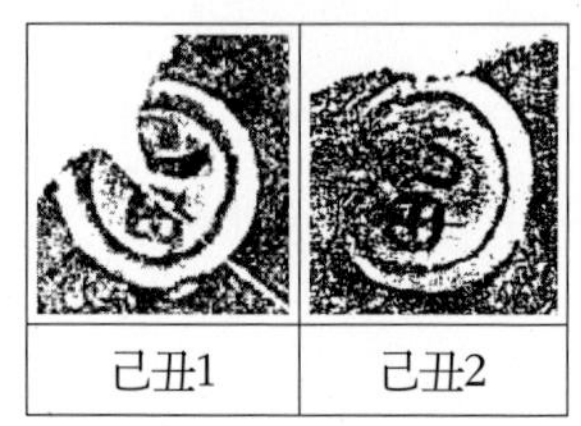

己丑1	己丑2

己丑1 출처: 국립부여문화재연구소, 1995, p.491.
己丑2 출처: 국립부여문화재연구소, 1997, p.643.

(2) '丁巳'銘

서남편 일대 수혈주거지, 남문지 일대, 서문지 주변 와적기단 건물지, 군창지 동편, 사비루 일대 등지에서 출토되었다. '丁巳'銘은 원형의 도장에 음각으로 원형의 테두리와 '丁巳'를 바로 새겨 기와면에는 우서·양각으로 나타난다. 인각의 직경은 3.0~3.7cm 정도이다.

'丁巳'는 연도를 나타내는 간지로 파악하고 있으며 편년에 관해서 藤澤一夫, 홍재선, 이다운(2007, p.97), 김선기(2010, p.158)는 597년으로 보는 데 반해 윤덕향(1989, p.250), 윤선태(2008, p.777), 심상육(2005, p.47), 노기환(2007, p.63)은 657년으로 보고 있다. 서문지 주변 와적기단 건물지에서 출토된 '丁

巳'銘은 '富'로 판독하였으나(국립문화재연구소 1996, p.207), 오독으로 판단된다.

丁巳

출처: 국립부여문화재연구소, 1997, p.623.

(3) '乙巳'銘

군창지 동편에서 출토되었다. '乙巳'銘은 원형의 도장에 음각으로 원형의 테두리를 여러 개 새기고 '乙巳'를 반대로 새겨 기와면에는 우서·양각으로 나타난다. 인각의 직경은 3.0cm이다. '乙巳'는 연도를 나타내는 간지로 추정하며, '乙'의 밑 획을 길고 둥글게 처리하여 공간을 만들어 놓고 그 안에 '巳'를 새겨 넣은 것으로 보고 있다(국립부여문화재연구소 1997, p.102).

乙巳

출처: 국립부여문화재연구소, 1997, p.623.

(4) '大通'銘

동문지 일대, 남문지 일대에서 출토되었다. '大通'銘은 원형의 도장에 음각으로 반대로 새겨 기와면에는 우서·양각으로 나타난다. 인각의 직경은 3.0~3.8cm 정도이다.

'大通'銘 인각와는 공주 반죽동과 부여 부소산성에서 출토되었다. '大通'은 중국 양나라 무제 8-9년(527-528)에 사용된 연호이며, 『三國遺事』에는 '대통 원년에 梁帝를 위하여 熊川州에 절을 창건했다'라는 기록이 있어(『三國遺事』 卷3, 原宗興法猒髑滅身), 공주 반죽동이 大通寺址임이 밝혀졌다. 부소산성에서 출토된 '大通'銘 인각와는 공주 대통사지에서 사용되었던 것이 부소산성에 轉用된 것으로 추정되며, 부소산성이 사비 천도 이전에 축조되었다는 근거가 되었다(박순발 2010, pp.231-232).

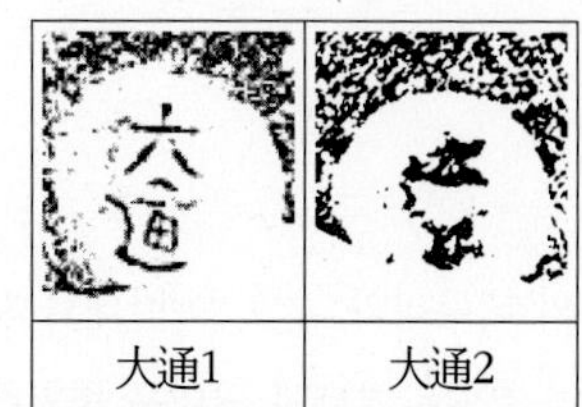
大通1	大通2

大通1 출처: 국립부여문화재연구소, 1995, p.490.

大通2 출처: 국립부여문화재연구소, 2000, p.135.

(5) '大也'銘

군창지 주변 성벽에서 출토되었다. '大也'銘은 원형의 도장에 음각으로 반대로 새겨 기와면에는 우서·양각으로 나타난다. 인각의 직경은 3.0cm이다. '大也'는 '훌륭하거나 큰 상태'를 감탄사식으로 표현한 것이라는 의견과 당시 德治를 표방한 것이라는 의견이 있다(국립부여문화재연구소 1997, p.215).

大也

출처: 국립부여문화재연구소, 1997, p.643.

(6) '刀下'銘

동문지 일대, 북문지 동편 일대 1피트 북편 탐색트렌치에서 출토되었다. '刀下'銘은 원형의 테두리와 '刀下'를 바로 새겨 기와면에는 좌서·음각으로 나타난다. 부소산성의 '刀下'銘은 '刀'가 좌서로 새겨져 있고 '下'는 우서로 새겨져 있는데, 인장에 잘못 새긴 것을 그대로 사용하는 것으로 추정된다. 인각의 직경은 2.5~3.1cm이다.

'刀'를 部(卩)로 여겨 5부 아래에 소속된 구역이나 부서를 지칭하는 것으로 보기도 하고(국립부여문화재연구소, 1995), 『隨書』와 『北史』의 '部有五巷'이라는 기록에 따라 '五巷'을 뜻하는 것으로 보기도 하였다(이다운 2007, p.105). 하나의 인장 안에 두 문자를 인각하였을 경우, 干支, 首府 등과 같이 두 문자가 합쳐져 하나의 뜻을 나타내기도 하는데, 이것 또한 하나의 뜻이 있는 것으로 추정할 수 있겠다.

刀下

출처: 국립부여문화재연구소, 2003, p.160.

(7) '本文'銘

북문지 동편에서 출토되었다. '本文'銘은 원형의 도장에 양각으로 원형의 테두리와 '本文'을 반대로 새겨 기와면에는 우서·양각으로 나타난다. 초기에 '本文'銘이라 소개된 이 인각와는 명문의 의미를 파악하기 힘든 인각와로 분류되고 있는데, '本文'은 문서와 관련된 글자로 추정되어 부서와 연관성이 있을 것이라는 의견이 있다(김환희 2014, p.23).

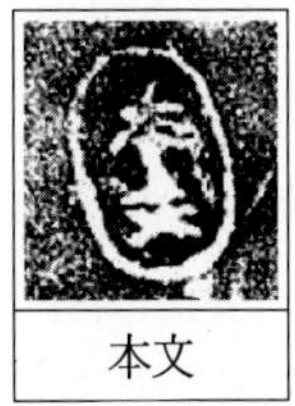

本文

출처: 국립부여문화재연구소, 2003, p.113.

3) ⅠA다형

(1) '下卩甲瓦'銘

사비루 일대에서 출토되었다. '下卩甲瓦'銘은 원형의 도장에 음각으로 원형의 테두리와 '下卩甲瓦'를 반대로 새겨 기와면에는 우서·양각으로 나타난다. 판독순서는 세로 읽기로 우측에서 좌측 순이다. 인각의 직경은 3.1~3.6cm 정도이다.

下卩甲瓦

출처: 국립부여문화재연구소, 1999b, p.391.

(2) '前卩甲瓦'銘

동문지 일대에서 출토되었다. '前卩甲瓦'銘은 원형의 도장에 음각으로 원형의 테두리와 '前卩甲瓦'를 반대로 새겨 기와면에는 우서·양각으로 나타난다. 판독순서는 세로 읽기로 우측에서 좌측 순이다. 인각의 직경은 3.6cm이다.

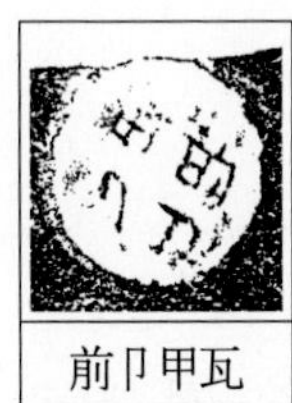

前卩甲瓦

출처: 국립부여문화재연구소, 1995, p.490.

(3) '申卩甲瓦'銘

사비루 일대에서 출토되었다. '申卩甲瓦'銘은 원형의 도장에 음각으로 원형의 테두리와 '申卩甲瓦'를 반대로 새겨 기와면에는 우서·양각으로 나타난다. 판독순서는 세로 읽기로 우측에서 좌측 순이다. 인각의 직경은 3.2cm이다.

인각의 명문은 기존에 '甲申▨▨'으로 판독되어 연도를 표시한 인각와로 이해되었으나(국립부여문화재연구소 1996, p.257), 후에 '申卩甲瓦'銘으로 새로이 판독되었다. 보통 5부명 인각와에서 中部를 제외하고 모두 '…甲瓦'·'…乙瓦'銘 인각와가 출토되었는데, 中部는 '中卩乙瓦'銘 인각와만이 확인되었다. 따라서 '申卩甲瓦'銘 인각와의 '申部'가 '中部'의 오자일 가능성이 제기되었다(이다운 1999, pp.101-102). 그러나 申部가 백제 5부에 속하지 않을 뿐더러 異名에도 확인되지 않아 5부의 하나로 볼 수 있을지는 의문이다.

申卩甲瓦

출처: 국립부여문화재연구소, 1999b, p.391.

(4) '右城甲瓦'銘

동문지 일대에서 출토되었다. '右城甲瓦'銘은 원형의 도장에 음각으로 원형의 테두리와 '右城甲瓦'를 반대로 새겨 기와면에는 우서·양각으로 나타난다. 판독순서는 세로 읽기로 우측에서 좌측 순이다. 인각의 직경은 3.6cm이다.

右城甲瓦

출처: 국립부여문화재연구소, 1995, p.487.

4) IIA나형

(1) '巳-古'銘

서문지 주변 와적기단 건물지에서 출토되었다. '巳-古'銘은 원형의 도장에 음각으로 원형 테두리와 '巳-古'를 반대로 새겨 기와면에는 우서·양각으로 나타난다. 인각의 직경은 1.5cm이다.

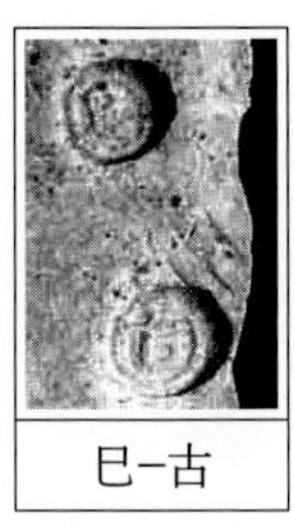
巳-古

출처: 국립문화재연구소, 1996, p.463.

(2) '巳-刀'銘

동문지 일대, 사비루 일대, 남문지 일대에서 출토되었다. '巳-刀'銘은 원형의 도장에 양각으로 원형의 테두리와 그 안에 '巳-刀'를 반대로 새겨 기와면에는 우서·음각으로 나타난다. 인각의 직경은 대략 1.8~2.3cm이다.

巳-刀

출처: 국립부여문화재연구소, 1995, p.487.

(3) '巳-毛'銘

동문지 일대, 서문지 주변 와적기단 건물지, 사비루 일대에서 출토되었다. '巳-毛'銘은 원형의 도장에 양각으로 원형의 테두리와 그 안에 '巳-毛'를 반대로 새겨 기와면에는 우서·음각으로 나타난다. 인각의 직경은 대략 1.8~2.2cm이다.

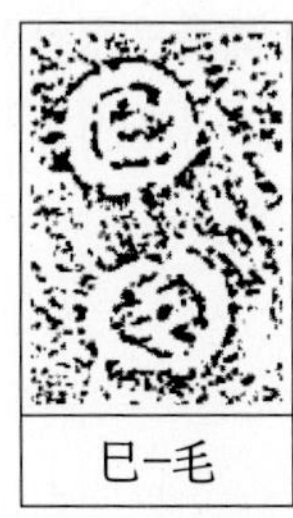
巳-毛

출처: 국립부여문화재연구소, 1999b, p.392.

(4) '巳-斯'銘

사비루 일대에서 출토되었다. '巳-斯'銘은 원형의 도장에 음각으로 원형 테두리와 '巳-斯'를 반대로 새겨 기와면에는 우서·양각으로 나타난다. 인각의 직경은 1.5cm이다.

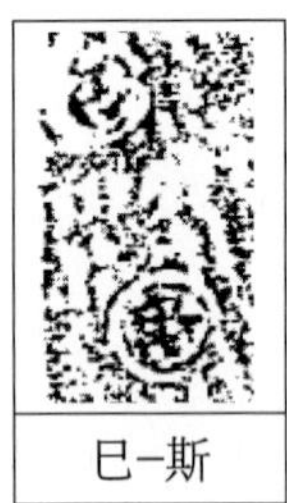

巳-斯

출처: 국립부여문화재연구소, 1999a, p.108.

(5) '巳-助'銘

서문지 주변 와적기단 건물지에서 출토되었다. '巳-助'銘은 원형의 도장에 양각으로 원형의 테두리와 그 안에 '巳-助'를 반대로 새겨 기와면에는 우서·음각으로 나타난다. 인각의 직경은 2.3cm이다. '助'명에 관해서는 '肋', '叻'로 판독이 되기도 하는데 압인을 할 때 밀린 흔적들 때문에 달리 판독이 되는 듯하다.

巳-助

출처: 국립문화재연구소, 1996, p.462.

(6) '巳-止'銘

서문지 주변 와적기단 건물지, 남문지 일대, 북문지 동편 일대에서 출토되었다. '巳-止'銘은 원형의 도장에 양각으로 원형의 테두리와 그 안에 '巳-止'를 반대로 새겨 기와면에는 우서·음각으로 나타난다. 인각의 직경은 1.9cm이다.

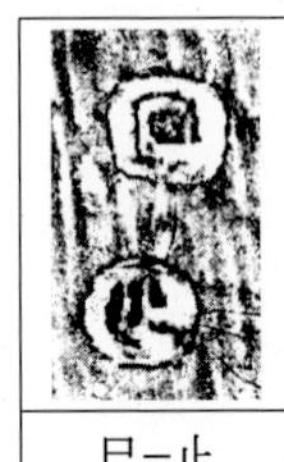

巳-止

출처: 국립부여문화재연구소, 2003, p.104.

(7) '午-斯'銘

동문지 일대, 부소산 서편 백제 폐사지, 군창지 남편, 군창지 주변 성벽, 북문지 동편 일대에서 출토되었다. '午-斯'銘은 원형의 도장에 음각으로 원형 테두리와 '午-斯'를 반대로 새겨 기와면에는 우서·양각으로 나타난다. 인각의 직경은 1.3~1.8cm이다.

午-斯

출처: 국립부여문화재연구소, 1997, p.642.

(8) '午-助'銘

동문지 일대, 부소산 서편 백제 폐사지, 군창지 남편, 군창지 주변 성벽에서 출토되었다. '午-助'銘은 원형의 도장에 음각으로 원형 테두리와 '午-助'를 반대로 새겨 기와면에는 우서·양각으로 나타난다. 인각의 직경은 대략 1.2~1.8cm이다. 보고서에서는 동문지 일대에서 출토된 기와의 하단 인각부 글자는 '助'로 판독하였다(국립부여문화재연구소 1995, p.82). '助'銘에 관해서는 '肋', '助'로 판독이 되기도 하는데 압인을 할 때 밀린 흔적들 때문에 달리 판독이 되는 듯하다.

午-助

출처: 국립부여문화재연구소, 1997, p.616.

(9) '午-止'銘

부소산 서편 백제 폐사지, 남문지 일대, 군창지 남편, 북문지 동편 일대에서 출토되었다. '午-止'銘은 원형의 도장에 음각으로 원형 테두리와 '午-止'를 반대로 새겨 기와면에는 우서·양각으로 나타난다. 인각의 직경은 1.7cm이다.

午-止

출처: 국립부여문화재연구소, 1997, p.616.

(10) '申-斯'銘

군창지 주변 성벽, 사비루 일대에서 출토되었다. '申-斯'銘은 원형의 도장에 음각으로 원형 테두리와 '申-斯'를 반대로 새겨 기와면에는 우서·양각으로 나타난다. 인각의 직경은 2.0cm이다.

申-斯

출처: 국립부여문화재연구소, 1997, p.635.

(11) '申-市'銘

부소산 서편 백제 폐사지, 군창지 주변 성벽에서 출토되었다. '申-市'銘은 원형의 도장에 음각으로 원형 테두리와 '申-市'를 반대로 새겨 기와면에는 우서·양각으로 나타난다. 인각의 직경은 1.8cm이다. 보고서에서는 하단 인각부 글자를 '布'로 판독하였으나(국립문화재연구소 2009, p.292), 두 번째 획인 '丿'획이 분명하지 않아 '市'에 더 가까운 듯하다.

申-市

출처: 국립부여문화재연구소,1997, p.643.

(12) '未-斯'銘

북문지 동편 일대에서 출토되었다. '未-斯'銘은 원형의 도장에 음각으로 원형 테두리와 '未-斯'를 반대로 새겨 기와면에는 우서·양각으로 나타난다. 하단 인각부가 훼손되어 글자의 판독에 어려움이 있으나 '斯'의 우변인 '斤'이 남아 있어 '斯'로 볼 수 있겠다.

未-斯

출처: 국립부여문화재연구소, 2003, p.48.

(13) '己-酉'銘

동문지 일대, 남문지 일대, 북문지 동편 일대에서 출토되었다. '己-酉'銘은 원형의 도장에 양각으로 원형의 테두리와 그 안에 '己-酉'를 반대로 새겨 기와면에는 우서·음각으로 나타난다. 인각의 직경은 1.8~2.2cm이다. 북문지 동편 일대에서 출토된 기와의 하단 인각부 글자를 보고서에서는 '首'로 판독하고 있다(국립부여문화재연구소 2003, p.109).

己-酉

출처: 국립부여문화재연구소, 1995, p.491.

(14) '戈-斯'銘

북문지 동편 일대에서 출토되었다. '戈-斯'銘은 원형의 도장에 음각으로 원형 테두리와 '戈-斯'를 반대로 새겨 기와면에는 우서·양각으로 나타난다. 하단 인각부가 훼손되어 글자의 판독에 어려움이 있으나 '斯'의 우변인 '斤'이 남아 있어 '斯'로 볼 수 있겠다.

戈-斯

출처: 국립부여문화재연구소, 2003, p.50.

5) ⅠB가형

⑴ '功'銘

군창지 주변 성벽에서 출토되었다. '功'銘은 방형의 도장에 음각으로 방형의 테두리와 '功'을 바로 새겨 기와면에는 좌서·양각으로 나타난다. 인각의 크기는 가로·세로 모두 대략 3.2cm이다. 기와에 찍힌 '功'의 의미로는 백제 22부 중 功德部를 표기한 것으로 추정하는 의견이 있다(김환희 2014, p.27).

功

출처: 국립부여문화재연구소, 1997, p.631.

⑵ '下'銘

동문지 일대, 북문지 서편 일대에서 출토되었다. '下'銘은 방형의 도장에 음각으로 '下'를 바로 새겨 기와면에는 우서·양각으로 나타난다. 인각의 크기는 가로 2.9~4.0cm, 세로 2.8~3.5cm이다. 명문은 방향을 가리키는 것인지, 특정 부를 기준으로 그 아래를 나타낸 것인지, 下部를 의미하는 것인지 알 수 없다. 5부명 인각와 중 '下卩甲瓦' 또는 '下卩乙瓦'와의 관련성이 제기된 바 있다(김환희 2014, p.28).

下

출처: 국립부여문화재연구소, 1995, p.489.

(3) '犬'銘

동문지 일대에서 출토되었다. '犬'銘은 방형의 도장에 음각으로 '犬'을 바로 새겨 기와면에는 좌서·양각으로 나타난다. 인각의 크기는 가로 2.4cm, 세로 2.8cm이다. '犬'의 의미는 파악되지 않는다.

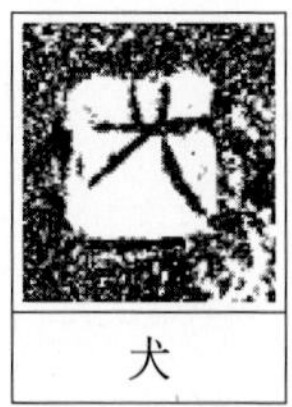

犬

출처: 국립부여문화재연구소, 1995, p.489.

(4) '七'銘

동문지 일대에서 출토되었다. '七'銘은 방형의 도장에 음각으로 '七'을 반대로 새겨 기와면에는 좌서·양각으로 나타난다. 인각의 크기는 가로 1.3cm, 세로 1.5cm이다. '七'의 의미는 파악되지 않는다.

七

출처: 국립부여문화재연구소, 1995, p.489.

6) I B나형

(1) '首府'銘

군창지 남편에서 출토되었다. '首府'銘은 세로로 긴 방형의 도장에 양각으로 '首府'를 반대로 새겨 기와면에는 우서·양각으로 나타난다. 인각의 직경은 대략 가로 2.0cm, 세로 4.3cm이다. '首府'銘의 '首府'는 한 나라의 중앙 정부나 임금이 있는 곳을 나타내는 단어로, 이 인각와는 왕궁지로 추정되는 부여의 관북리 백제유적과 부소산성, 그리고 천도설이 분분한 왕궁리 유적에서 발견되어 '首府'는 한정된 사용처를 나타내는 것으로 이해된다(심상육 2005, p.49). 또는 부소산성의 '北舍'銘처럼 관청을 지칭하는 것으로 보기도 한다(윤선태 2008, p.777). 사비시기 백제의 중앙 정부나 관청과 관련짓는 견해와 달리 '首府'銘 인각와가 당이 백제고지를 지배하던 시기에 만들어졌을 가능성을 제시하며, 백제 고지 지배를 위해 당이 설치한 관부, 즉 웅진도독부를 가리킨다는 주장도 있다(박순발 2013, pp.24-26).

首府

출처: 국립부여문화재연구소, 1997, p.617.

7) 문양 인각와

(1) 문양1

북문지 동편에서 출토되었다. 원형의 도장에 음각으로 원형 테두리와 문양을 반대로 새겨 기와면에는 우서·양각으로 나타난다. 보고서에서는 문자로 판단하여 판독 미상자로 보았는데(국립부여문화재연구소 2003, pp.109-110), 문자라기보다는 문양이나 기호로 보는 것이 좋을 듯하다.

문양1

출처: 국립부여문화재연구소, 2003, p.116.

(2) 문양2

동문지 일대에서 출토되었다. 원형의 도장에 음각으로 문양을 새겨 기와면에는 양각으로 나타난다. 인각의 직경은 1.3cm이다.

문양2

출처: 국립부여문화재연구소, 1995, p.489.

(3) 문양3

서북편 테뫼식성 동편에서 출토되었다. 원형의 도장에 음각으로 문양을 새겨 기와면에는 양각으로 나타난다. 인각의 직경은 2cm이다. 보고서에서는 '米'자로 판독하였으나(국립부여문화재연구소 1999b, p.187), 문자보다는 문양에 가깝다고 할 수 있다.

문양3

출처: 국립부여문화재연구소, 1999b, p.446.

(4) 문양4

동문지 일대에서 출토되었다. 원형의 도장에 음각으로 문양을 새겨 기와면에는 양각으로 나타난다. 인각의 직경은 4.1cm이다.

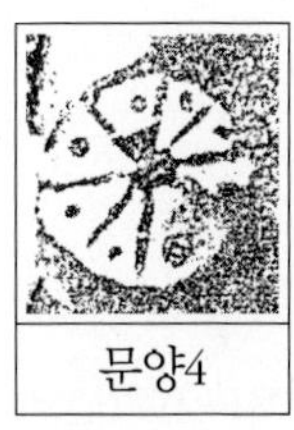
문양4

출처: 국립부여문화재연구소, 1995, p.492.

8) 참고문헌

(1) 보고서 및 자료집

국립문화재연구소, 1996, 『扶蘇山城 : 1980, 1983~1987年 : 發掘調査報告書』.

국립부여문화재연구소, 1995, 『扶蘇山城 : 發掘調査中間報告』.

국립부여문화재연구소, 1996, 『彌勒寺 : 遺蹟發掘調査報告書 2』.

국립부여문화재연구소, 1997, 『扶蘇山城 : 發掘調査 中間報告 Ⅱ』.

국립부여문화재연구소, 1999a, 『扶蘇山城 : 整備에 따른 緊急發掘調査』.

국립부여문화재연구소, 1999b, 『扶蘇山城 : 發掘調査 中間報告 Ⅲ』.

국립부여문화재연구소, 2000, 『扶蘇山城 : 發掘中間報告書 Ⅳ』.

국립부여문화재연구소, 2003, 『扶蘇山城 : 發掘調査報告書 Ⅴ』.

문화재관리국, 1989, 『彌勒寺 1, 本文篇』.

충청남도역사문화연구원, 2008, 『百濟史資料譯註集 : 韓國篇 1』, 충청남도역사문화원.

(2) 논저류

김선기, 2010, 「益山地域 百濟 寺址 硏究」, 동아대학교대학원 박사학위논문.
김환희, 2014, 「百濟 泗沘期 印章瓦의 변천과 제작공정 체계화」, 충남대학교대학원 석사학위논문.
노기환, 2007, 「彌勒寺址 出土 百濟 印刻瓦 硏究」, 전북대학교 대학원석사학위논문.
藤澤一夫, 1976, 「百濟 別都 益山 王宮理 廢寺卽 大官寺考」, 『馬韓·百濟文化』 2, 圓光大學校 馬韓百濟文化硏究所.
박순발, 2010, 『백제의 도성』, 충남대학교출판부.
심상육, 2005, 「百濟時代 印刻瓦에 關한 硏究」, 공주대학교대학원 문학석사학위논문.
이다운, 2007, 「印刻瓦를 통해 본 益山의 기와 연구」, 『고문화』 70.

高正龍, 2007, 「百濟印刻瓦覺書」, 『朝鮮古代硏究』 8, 朝鮮古代硏究刊行會.
李 タウン, 1999, 「百濟五部名刻印瓦について」, 『古文化談叢』 43.

2. 관북리 유적

관북리 유적은 부여 읍내 북쪽에 있는 부소산 남쪽 및 서쪽 기슭 일대에 위치한다. 1982~1992년에 걸

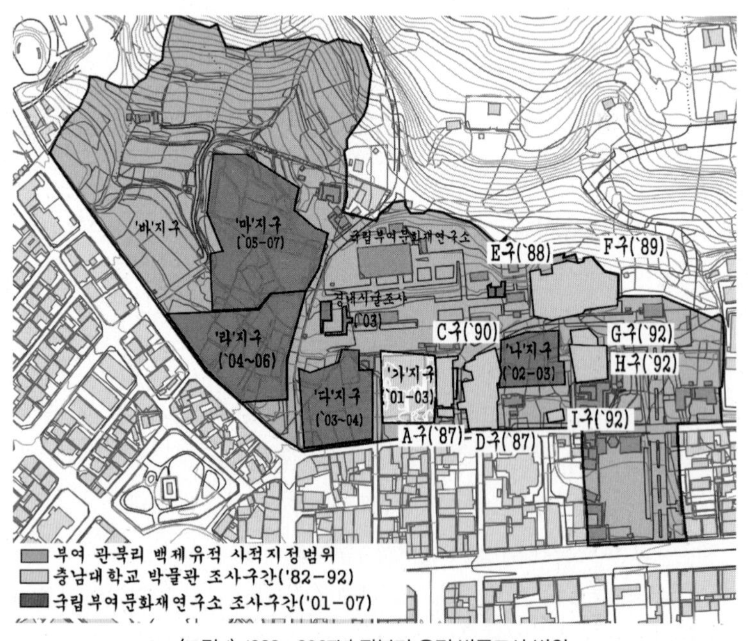

〈그림 1〉 1982~2007년 관북리 유적 발굴조사 범위
(국립부여문화재연구소, 2009, 『부여 관북리백제유적 발굴보고서 Ⅲ』, p.43)

쳐 충남대학교박물관에서 조사하였고, 2001~2008년까지 국립부여문화재연구소에 의해 발굴조사가 실시되었다. 백제 사비기 연못이 발굴되고, 다수의 유물들이 출토되어 1983년 충청남도기념물 제43호 傳百濟王宮址로 지정되었다. 지속적인 조사를 통해 백제시대의 유구와 유물이 많이 확인되어 2001년에 사적 제428호 '부여 관북리 백제유적'으로 지정되었다.

인각와는 관북리 유적 전 구역에 걸쳐 출토되었다(그림 1). 적게는 10~20여 점 가량이고 많게는 60여 점 가량이다. 그중 가장 많이 출토된 지점은 가 지구와 라 지구이다. 관북리 유적에서 출토된 인각와는 총 263점으로 '辰'銘, '寅'銘, '丙'銘, '斯'銘, '官'銘, '木'銘, '月'銘, '阝'銘, '己丑'銘, '丁巳'銘, '己申'銘, '刀下'銘, '目次'銘, '本文'銘, '上卩甲瓦'銘, '上卩乙瓦'銘, '中卩乙瓦'銘, '下卩乙瓦'銘, '前卩甲瓦'銘, '前卩乙瓦'銘, '申卩甲瓦'銘, '巳-古'銘, '巳-刀'銘, '巳-毛'銘, '巳-助'銘, '午-斯'銘, '午-助'銘, '午-止'銘, '申-斯'銘, '申-市'銘, '未-斯'銘, '戈-止'銘, '兄-斯'銘, '功'銘, '七'銘, '首府'銘 인각와와 문양 인각와가 있다.

1) ⅠA가형

(1) '辰'銘

전 국립부여박물관 광장 부근, A구 또는 D구, F구, '가'지구 연못내부·남북방향 도랑 내부·흑색부식토(Ⅰ층군), '나'지구 주추기둥 건물터 서쪽·노시설 집중분포지·도랑 내부, '다'지구 통일신라시대 1호 움집터 내부·황갈색사질점토층, '라'지구 남북방향 도랑내부·갈색혼합층(사비기 제2차 성토지대)·흑색부식토(Ⅰ층군), '마'지구 제Ⅱ호 목곽수조 북동편 경사면·교란층·흑색부식토(Ⅰ층군) 등지에서 총 26점이 출토되었다.

'辰'銘은 원형의 도장에 음각으로 글자를 바로 새겨 기와면에는 좌서·양각으로 나타난다. 인각의 직경은 2.3~2.8cm이다. 十二支에 해당한다.

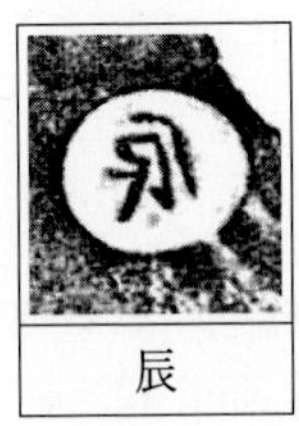

辰

출처: 국립부여문화재연구소, 2009, p.261.

(2) '寅'銘

'가'지구 연못 내부·석축배수로 하부 황갈색성토층·남북방향 도랑 내부, '나'지구 방형저수장 내부, 경내시굴조사장, '라'지구 적갈색사질층(Ⅴ층군), '바'지구 2구역 부와시설에서 총 8점이 출토되었다.

'寅'銘은 원형의 도장에 음각으로 글자를 반대로 새겨 기와면에는 우서·양각으로 나타난다. 인각의 직경은 2.5cm이다. '寅'銘 또한 '辰'銘과 마찬가지로 十二支에 해당한다.

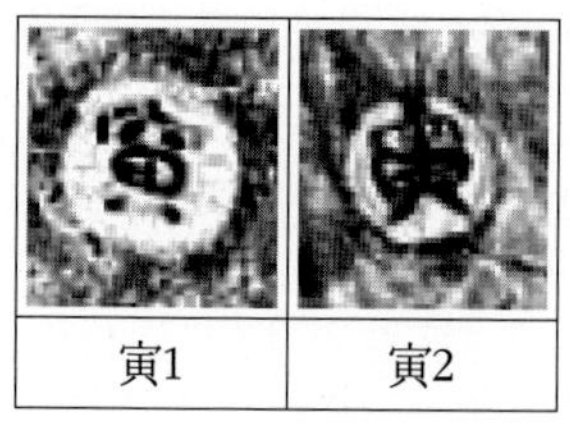

寅1	寅2

출처: 국립부여문화재연구소, 2009, pp.129-130.

(3) '丙'銘

전 국립부여박물관 광장 부근, A구 또는 D구, C구, F구, '가'지구 연못 내부 회흑색점질층군·흑갈색사질토(Ⅲ층군)·C구역 흑색부식토(Ⅱ층군)·A구역 흑갈색사질토(Ⅲ층군), '나'지구 방형저수장 내부, '다'지구 황갈색사질점토층, '라'지구 남북방향 도랑 내부·4호 목곽곳간 내부·흑갈색사질토(Ⅱ층군) 등지에서 총 18점이 출토되었다.

'丙'銘은 원형의 도장에 양각으로 원형의 테두리와 '丙'을 반대로 새겨 기와면에는 우서·음각으로 나타나는 것과 원형의 도장에 음각으로 '丙'을 반대로 새겨 기와면에 우서·양각으로 나타나는 것이 있다. 인각의 직경은 2.5~3.5cm이다. 十干 중 丙에 해당한다고 보고 있다. 마지막 우서·양각으로 나타나는 丙3은 백령산성에서 출토된 '丙'銘 인각와와 유사하다.

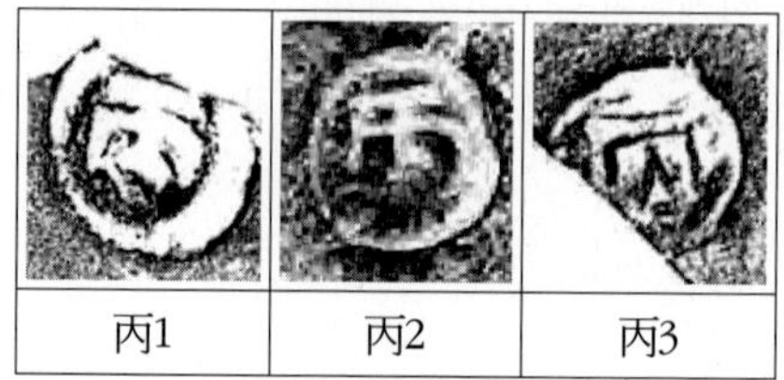

丙1	丙2	丙3

출처: 국립부여문화재연구소, 2009, pp.272-273.

(4) '斯'銘

'가'지구 연못 내부 회흑색점질층군에서 총 1점이 출토되었다. '斯'銘은 원형의 도장에 음각으로 원형 테두리와 '斯'를 반대로 새겨 기와면에는 우서·양각으로 나타난다. 인각의 직경은 3.0cm이다. 명문의 상태가 좋지 않아 판독에 어려움이 있지만, 다른 유적에서 출토된 인각와와 비교해 보았을 때 왼쪽 변이 '其'로 보이며 오른쪽 변이 희미하지만 '斤'으로 볼 수 있겠다. 기와에 찍힌 '斯'는 공급 혹은 기증집단을 나타내는 것으로 추정한다(심상육 2005, p.45).

斯

출처: 국립부여문화재연구소, 2009, p.269.

(5) '官'銘

'가'지구 연못 내부 회흑색점질층군에서 총 1점 출토되었다. 원형의 도장에 음각으로 원형 테두리와 '官'을 바로 새겨 기와면에는 좌서·양각으로 나타난다. 인각의 직경은 2.4~2.8cm이다. '官'銘은 그 의미를 파악할 근거가 전혀 없으므로 도장을 찍은 의미나 기능을 파악할 수 없다는 의견이 있다(심상육 2005, pp.48-49). 하지만 유적 내에 백제의 官衙가 있었을 가능성을 제시하는 의견도 있고(윤선태 2008, p.780), 백제 22부 중 日官部의 '官'자로 추정하는 견해도 있다(김환희 2014, p.27).

官

출처: 국립부여문화재연구소, 2009, p.259.

(6) '木'銘

F구, '라'지구 남북방향 도랑 내부에서 총 4점이 출토되었다. 원형의 도장에 음각으로 원형 테두리와 '木'을 반대로 새겨 기와면에는 우서·양각으로 나타난다. 인각의 크기는 3.6~4.0cm이다. 백제의 八大姓에 속한 성씨로 판단하여 木씨 집단에 의해 공급 혹은 기증되었던 것으로 보기도 하며(심상육 2005, p.45), 백제 22부의 하나인 木部에서 기와를 기증 혹은 공급한 것으로 추정하기도 한다(김환희 2014, p.26).

木

출처: 국립부여문화재연구소, 2009, p.279.

(7) '月'銘

'라'지구 갈색혼합층(사비기 제2차 성토지대), '바'지구 2구역 2차 석렬북편(N9W19) 기와매립층(백제성토)에서 총 2점이 출토되었다. '月'銘은 원형의 도장에 음각으로 원형의 테두리와 '月'을 반대로 새겨 기와면에는 우서·양각으로 나타난다. 인각의 크기는 1.7cm이다. '月'의 의미나 기능은 알 수 없다.

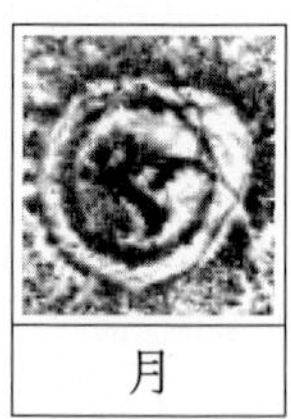
月

출처: 국립부여문화재연구소, 2009, p.285.

(8) '阝'銘

'라'지구 남북방향 도랑 내부에서 1점이 출토되었다. '阝'銘은 원형의 도장에 음각으로 원형의 테두리와 '阝'를 반대로 새겨 기와면에는 우서·양각 또는 좌서·양각으로 나타난다. 인각의 크기는 3.0cm이다. '阝'銘의 의미에 대해서는 도장 찍는 주체를 나타내기 위해 어려운 한자를 단순화하여 기호로서 표현한 것으로 파악하거나(심상육 2005, pp.45-46), '部'의 別字로 어느 部인지는 알 수 없으나 관부에 속한 집단의 기증 혹은 공급행위가 있었다고 추측하기도 한다(김환희 2014, pp.27-28).

阝

출처: 국립부여문화재연구소, 2009, p.289.

(9) '卯'銘

A구 또는 D구, E구, C구, '가'지구 연못 내부 회색점질층군, '다'지구 남북석렬 주변, '라'지구 대형전각건물 기단석렬 주변에서 총 7점이 출토되었다. '卯'銘은 원형의 도장에 음각으로 문양을 새겨 기와면에는 양각으로 나타난다. 인각의 직경은 대략 2.2~2.9cm이다. 이 인각와의 명문은 초기에는 'PB'로 표기하기도 하였으나(노기환 2007), '卯'자로 판독하는 의견(高正龍 2007, pp.74-75; 김선기 2010, p.156)이 있다. 이것을 좌서된 것으로 본다면 '卯'자의 이체자로 볼 수 있겠다.

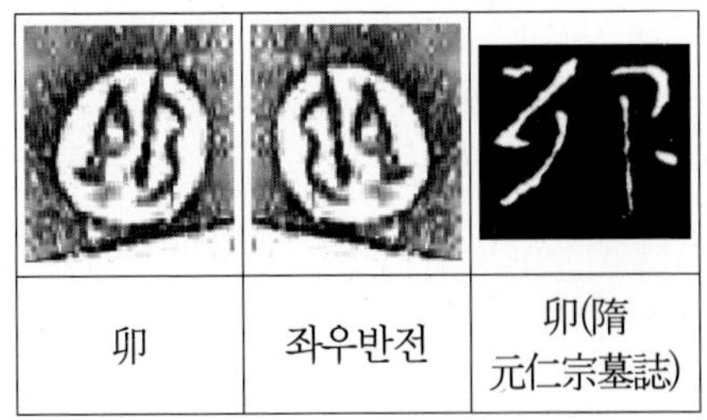

卯	좌우반전	卯(隋元仁宗墓誌)

출처: 국립부여문화재연구소, 2009, p.287.

2) ⅠA나형

(1) '己丑'銘

전 국립부여박물관 광장부근, A구 또는 D구, C구, '다'지구 흑갈색부식토, '라'지구 적갈색사질층(Ⅴ층군)·양흑갈색사질층(Ⅲ층군), '마'지구 제Ⅰ호 도수관로에서 총 7점이 출토되었다.

'己丑'銘은 원형의 도장에 음각으로 원형의 테두리와 '己丑'을 바로 새겨 기와면에는 좌서·양양각으로 나타난다. 인각의 직경은 3.5~4.0cm이다. 인각의 명문은 처음에는 '中部'로 판독하였으나(윤덕향 1989, p.228), 이후에는 연도를 나타내는 간지로 파악하였으며 629년으로 비정한다. '丑'에 관한 판독 또한 의문점이 제기되고 있는데, 편년과 상관없이 자형만을 보자면 '申'이나 '田'으로도 볼 수 있겠다.

己丑

출처: 국립부여문화재연구소, 2009, p.319.

(2) '丁巳'銘

'가'지구 E구역 동서방향 석렬 남쪽 황갈색성토층, '라'지구 1호 대형 구덩이 상부 기와무지·통일신라시대 가마 내부, '마'지구 부정형 웅덩이 내부, '바'지구 1구역 호안석렬 웅덩이 내부 흑색점토층·1차 대지 경계석렬 안쪽 회갈색사질점토층(백제성토 2층)에서 총 6점이 출토되었다.

'丁巳'銘은 원형의 도장에 음각으로 원형의 테두리와 '丁巳'를 바로 새겨 기와면에는 우서·양각으로 나타난다. 인각의 직경은 3.5~3.7cm이다. 연도를 나타내는 간지로 파악하고 있으며, 편년에 관해서 藤澤一夫, 홍재선, 이다운(2007, p.97), 김선기(2010, p.158)는 597년으로 보는 데 반해, 윤덕향(1989, p.250), 윤선태(2008, p.777), 심상육(2005, p.47), 노기환(2007, p.63)은 657년으로 보고 있다.

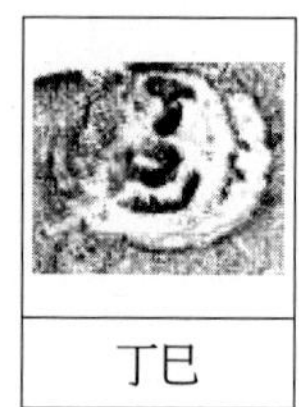

丁巳

출처: 국립부여문화재연구소, 2009, p.317.

(3) '己申'銘

'바'지구 2구역 부와시설에서 총 1점이 출토되었다. 도장에 양각으로 원형 테두리와 '己申'을 바로 새겨 기와면에는 우서·음각으로 나타난다. 인각의 직경은 3.0~3.5cm이다. '己申'은 天干과 地支의 결합으로 보고 연대를 설정하는 인각와로 추측하였으나, 이와 같은 六十甲子 조합은 확인되지 않아 연대 추정이 어렵다고 보고 있다(김환희 2014, p.23).

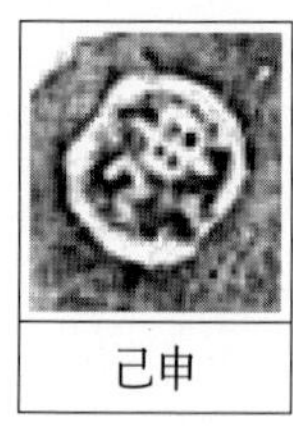

己申

출처: 국립부여문화재연구소, 2009, p.39.

(4) '刀下'銘

C구, '라'지구 남북방향 도랑 내부·회황갈색사질점토층(Ⅵ층군)·대형전각건물 동쪽 기단 외곽·암회갈색층(Ⅵ층군), '마'지구 부정형 웅덩이 내부, '바'지구 2구역 부와시설·2구역 2차 석렬 북편 기와매립층(백제성토 2층)·1구역 석조집수정 주변 황갈색사질점토층(백제성토 2층)·2구역 기와암거시설에서 총 17점이 출토되었다.

'刀下'銘은 원형의 테두리와 '刀下'를 새겨 기와면에는 음각으로 나타난다. '刀下'銘의 '刀'가 좌서로 새겨져 있고 '下'는 우서로 새겨져 있는데, 인장을 잘못 새긴 것을 그대로 사용한 것으로 추정된다. 인각의 직경은 3.2~3.8cm이다.

'刀'를 部(阝)로 여겨 5부 아래에 소속된 구역이나 부서를 지칭하는 것으로 보기도 하고(국립부여문화재연구소 1995), 『隨書』와 『北史』의 '部有五巷'이라는 기록에 따라 '五巷'을 뜻하는 것으로 보기도 하였다(이다운 2007, p.105). 하나의 인장 안에 두 문자를 인각하였을 경우, 干支, 首府 등과 같이 두 문자가 합쳐져 하나의 뜻을 나타내기도 하는데, 이것 또한 하나의 뜻이 있는 것으로 추정할 수 있겠다.

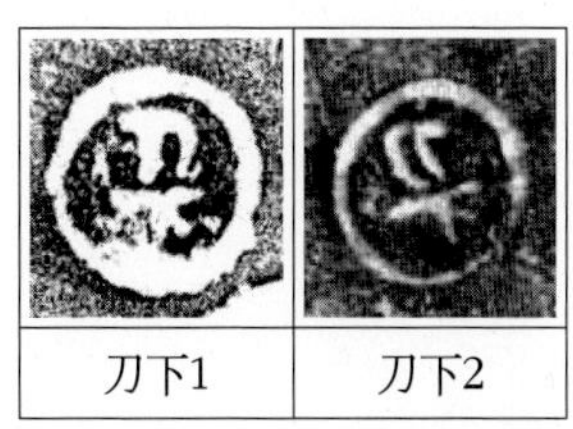

刀下1	刀下2

刀下1 출처: 국립부여문화재연구소, 2009, p.321.

刀下2 출처: 국립부여문화재연구소, 2009, p.127.

⑸ '目次'銘

E구에서 총 1점이 출토되었다. '目次'銘은 원형의 도장에 음각으로 원형의 테두리와 '目次'를 반대로 새겨 기와면에는 우서·양각으로 나타난다. 인각의 직경은 3.8cm이다. 의미를 파악하기 힘든 인각와로 분류되고 있는데, '目次'는 문서와 관련된 글자로 추정되어 부서와 연관성이 있을 것으로 추정하는 견해가 있다(김환희 2014, p.23).

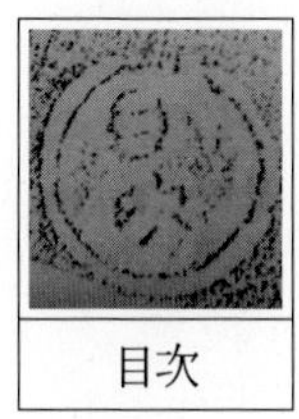

目次

출처: 충남대학교박물관, 1999, p.56.

⑹ '本文'銘

'라'지구 남북방향 도랑 내부·2호 대형구덩이 내부·4호 목곽곳간 내부, '마'지구 Ⅱ-②호 목곽수조 주변, '바'지구 2구역 부와시설·2구역 2차 석렬 북편(N9W19) 기와매립층(백제성토 2층)·2구역 황갈색사질점토층(백제성토 2층)에서 총 7점이 출토되었다.

'本文'銘은 원형의 도장에 양각으로 원형의 테두리와 '本文'을 반대로 새겨 기와면에는 우서·양각으로 나타난다. 초기에 '本文'銘이라 소개된 이 인각와는 명문의 의미를 파악하기 힘든 인각와로 분류되고 있으나, 한편으로 '本文'은 문서와 관련된 글자로 추정되어 부서와 연관성이 있을 것으로 추정하는 의견이 있다(김환희 2014, p.23). '本'으로 판독되는 글자는 '左'의 이체자로 볼 가능성도 있다. '文'으로 판독되는 것은 '夫' 또는 '丈'으로도 판독되고 있는데, 형태상으로는 '支'에 가까운 듯하다.

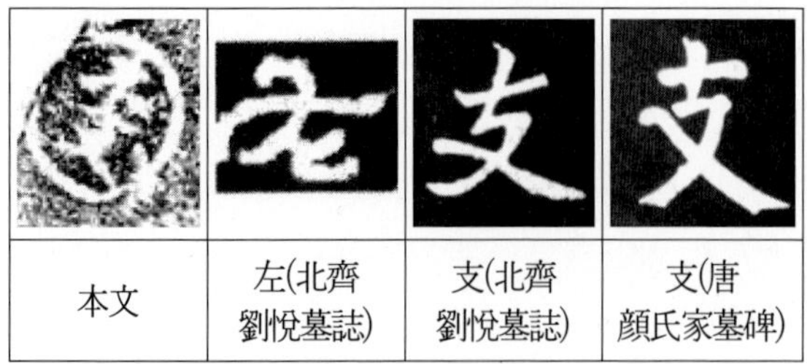

本文	左(北齊 劉悅墓誌)	支(北齊 劉悅墓誌)	支(唐 顔氏家墓碑)

출처: 국립부여문화재연구소, 2009, p.325.

3) ⅠA다형

(1) '上卩甲瓦'銘

'다'지구 흑갈색부식토에서 총 1점이 출토되었다. '上卩甲瓦'銘은 원형의 도장에 음각으로 원형의 테두리와 '上卩甲瓦'를 반대로 새겨 기와면에는 우서·양각으로 나타난다. 판독순서는 세로 읽기로 좌측에서 우측 순이다. 인각의 직경은 3.8cm이다.

上卩甲瓦

출처: 국립부여문화재연구소, 2009, p.332.

(2) '上卩乙瓦'銘

A구 또는 D구, E구, '가'지구 연못 내부 회흑색점질층군·남북방향 도랑 내부에서 총 5점이 출토되었다. '上卩乙瓦'銘은 원형의 도장에 양각으로 원형의 테두리와 그 안에 '上卩乙瓦'를 반대로 새겨 기와면에는 우서·음각으로 나타난다. 판독순서는 세로 읽기로 우측에서 좌측 순이다. 인각의 직경은 3.1~3.5cm이다.

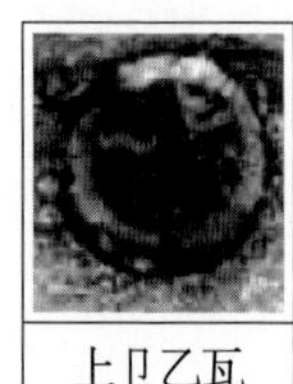

上卩乙瓦

출처: 국립부여문화재연구소, 2009, p.331.

(3) '中卩乙瓦'銘

전 국립부여박물관 광장 부근, '가'지구 남북방향 도랑 내부에서 총 2점이 출토되었다. '中卩乙瓦'銘은 원형의 도장에 양각으로 원형의 테두리와 그 안에 '中卩乙瓦'를 반대로 새겨 기와면에는 우서·음각으로 나타난다. 판독순서는 세로 읽기로 우측에서 좌측 순이다.

中卩乙瓦

출처: 국립부여문화재연구소, 2009, p.335.

(4) '下卩乙瓦'銘

'가'지구 연못 내부 회흑색점질층군에서 총 1점이 출토되었다. '下卩乙瓦'銘은 원형의 도장에 양각으로 원형의 테두리와 그 안에 '下卩乙瓦'를 반대로 새겨 기와면에는 우서·음각으로 나타난다. 판독순서는 세로 읽기로 우측에서 좌측 순이다. 인각의 직경은 3.6cm이다.

下卩乙瓦

출처: 국립부여문화재연구소, 2009, p.332.

(5) '前卩甲瓦'銘

'가'지구 연못 내부 회흑색점질층군에서 총 1점이 출토되었다. '前卩甲瓦'銘은 원형의 도장에 음각으로 원형의 테두리와 '前卩甲瓦'를 반대로 새겨 기와면에는 우서·양각으로 나타난다. 판독순서는 세로 읽기로 우측에서 좌측 순이다. 인각의 직경은 3.5cm이다.

前卩甲瓦

출처: 국립부여문화재연구소, 2009, p.332.

(6) '前卩乙瓦'銘

'가'지구 연못 내부 회색점질층군, '나'지구 기와폐기장 내부, '다'지구 통일신라시대 움집터 내부에서 총 4점이 출토되었다. '前卩乙瓦'銘은 원형의 도장에 양각으로 원형의 테두리와 그 안에 '前卩乙瓦'를 반대로 새겨 기와면에는 우서·음각으로 나타난다. 판독순서는 세로 읽기로 우측에서 좌측 순이다. 인각의 직경은 3.6~3.8cm이다.

前卩乙瓦

출처: 국립부여문화재연구소, 2009, p.333.

(7) '申卩甲瓦'銘

A구 또는 D구, '라'지구 1호 대형구덩이 내부에서 총 2점이 출토되었다. '申卩甲瓦'銘은 원형의 도장에 음각으로 원형의 테두리와 '申卩甲瓦'를 반대로 새겨 기와면에는 우서·양각으로 나타난다. 판독순서는 세로 읽기로 우측에서 좌측 순이다. 인각의 직경은 3.5~3.7cm이다.

'申卩甲瓦'銘은 기존의 보고서에서 '甲申▨▨'으로 판독되어 연도을 표시한 인각와로 이해되었으나(국립부여문화재연구소 1996, p.247), 후에 '申卩甲瓦'銘으로 새로이 판독되었다. 5부명 인각와는 中部의 경우를 제외하고 모두 '…甲瓦'·'…乙瓦'의 대칭조로 나타난다. 따라서 '申卩甲瓦'銘 인각와의 '申卩'를 '中部'의 오자로 보아 '申卩甲瓦'銘 인각와도 5부명 인각와의 일종으로 추정하기도 한다(이다운 1999, pp.101-102). 그러나 '申卩甲瓦'銘 인각와가 관북리 추정왕궁지, 미륵사지 유적, 부소산성, 정림사지, 동남리, 가탑리사지 등에서도 출토되어 이를 잘못 새긴 것으로 보기는 어렵다(김영심 2007, pp.254-255). 다만 '申部'를 그대로 인정할 경우, 그 의미하는 바를 파악하기 어렵다. '申部'는 백제 5부의 異名에서 확인되지 않아, 5부의 하나로 볼 수 없다. 또 백제 도성의 5부 외에 또 다른 부가 있었을 가능성도 고려해 볼 수 있겠으나, 이는 신중한 검토가 필요하리라 생각된다.

申卩甲瓦

출처: 국립부여문화재연구소, 2009, p.335.

4) IIA나형

(1) '巳-古'銘

'라'지구 회황갈색사질점토층에서 총 1점이 출토되었다. '巳-古'銘은 원형의 도장에 음각으로 원형 테두리와 '巳-古'를 반대로 새겨 기와면에는 우서·양각으로 나타난다. 인각의 직경은 1.4~1.6cm이다. 보고서에서는 하단 인각부의 명문을 '右'로 판독하였으나(국립문화재연구소 2009, p.308), 두 번째 획인 '丿' 획이 분명하지 않아 '古'에 더 가까운 듯하다.

巳-古

출처: 국립부여문화재연구소, 2009, p.311.

(2) '巳-刀'銘

'가'지구 암갈색사질점토층, '라'지구 남북방향 도랑 내부에서 총 2점이 출토되었다. '巳-刀'銘은 원형의 도장에 양각으로 원형의 테두리와 그 안에 '巳-刀'를 반대로 새겨 기와면에는 우서·음각으로 나타난다. 인각의 직경은 2.0~2.3cm이다.

巳-刀

출처: 국립부여문화재연구소, 2009, p.307.

(3) '巳-毛'銘

A구 또는 D구, '가'지구 연못 남벽 뒷채움토, '나'지구 북동구역 흑갈색사질토(Ⅲ층군), '라'지구 남북방향 도랑 내부·흑갈색부식토(Ⅰ층군)에서 총 7점이 출토되었다. '巳-毛'銘은 원형의 도장에 양각으로 원형의 테두리와 그 안에 '巳-毛'를 반대로 새겨 기와면에는 우서·음각으로 나타난다. 인각의 직경은 대략 1.7~2.4cm이다.

巳-毛

출처: 국립부여문화재연구소, 2009, p.301.

(4) '巳-助'銘

A구 또는 D구, '라'지구 남북방향 도랑 내부·대형전각건물 주변 콘트리트 배수로 파괴부·암회갈색층에서 총 6점이 출토되었다. '巳-助'銘은 원형의 도장에 양각으로 원형의 테두리와 그 안에 '巳-助'를 반대로 새겨 기와면에는 우서·음각으로 나타난다. 인각의 직경은 대략 2.2~2.5cm이다.

巳-助

출처: 국립부여문화재연구소, 2009, p.289.

(5) '午-斯'銘

A구 또는 D구, F구, C구, '가'지구 연못 내부 회흑색점질층·C구역 흑갈색사질층(Ⅲ층군), '다'지구 흑갈색부식토에서 총 8점 출토되었다. '午-斯'銘은 원형의 도장에 음각으로 원형 테두리와 '午-斯'를 반대로 새겨 기와면에는 우서·양각으로 나타난다. 인각의 직경은 대략 1.8~2.0cm이다.

午-斯

출처: 국립부여문화재연구소, 2009, p.291.

(6) '午-助'銘

A구 또는 D구, F구, C구, '가'지구 연못 내부 회색점질층군·상부방향 석축배수로 주변황갈색사질층 C구역 흑갈색사질토(Ⅲ층군)·남북방향 도랑 내부, '라'지구 남북방향 도랑 내부에서 총 8점이 출토되었다. '午-助'銘은 원형의 도장에 음각으로 원형 테두리와 '午-助'를 반대로 새겨 기와면에는 우서·양각으로 나타난다. 인각의 직경은 대략 1.6~2.0cm이다.

午-助

출처: 국립부여문화재연구소, 2009, p.305.

(7) '午-止'銘

C구, '가'지구 연못 내부 회색점질층군·남북방향 도랑 내부·도랑 내부·흑갈색사질점토층(Ⅴ층군), '다'지구 기와무지 내부에서 총 7점이 출토되었다. '午-止'銘은 원형의 도장에 음각으로 원형 테두리와 '午-止'를 반대로 새겨 기와면에는 우서·양각으로 나타난다. 인각의 직경은 대략 1.5~2.0cm이다.

午-止

출처: 국립부여문화재연구소, 2009, p.293.

(8) '申-斯'銘

'가'지구 연못 내부 회색점질층군에서 총 2점이 출토되었다. '申-斯'銘은 원형의 도장에 음각으로 원형 테두리와 '申-斯'를 반대로 새겨 기와면에는 우서·양각으로 나타난다. 인각의 직경은 대략 1.9~2.3cm이다.

申-斯

출처: 국립부여문화재연구소, 2009, p.295.

(9) '申-市'銘

A구 또는 D구, C구, '가'지구 연못 내부 회흑색점질층군에서 총 3점이 출토되었다. '申-市'銘은 원형의 도장에 음각으로 원형 테두리와 '申-市'를 반대로 새겨 기와면에는 우서·양각으로 나타난다. 인각의 직경은 1.7~1.9cm이다. 보고서에서는 하단 인각부의 명문을 '布'로 판독하였으나(국립문화재연구소 2009, p.292) '布'의 두 번째 획인 'ノ'획이 분명하지 않아 '市'에 더 가까운 듯하다.

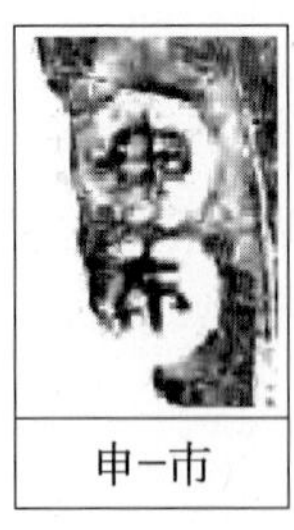
申-市

출처: 국립부여문화재연구소, 2009, p.295.

(10) '未-斯'銘

E구, F구, '가'지구 남북방향 도랑 내부에서 총 3점이 출토되었다. '未-斯'銘은 원형의 도장에 음각으로 원형 테두리와 '未-斯'를 반대로 새겨 기와면에는 우서·양각으로 나타난다. 인각의 직경은 대략 1.6~2.1cm이다.

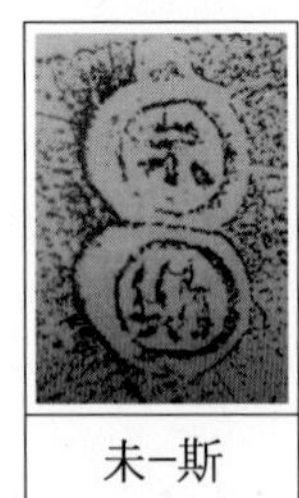
未-斯

출처: 충남대학교박물관, 1999, p.57.

(11) '戈-止'銘

E구에서 총 1점이 출토되었다. '戈-止'銘은 원형의 도장에 음각으로 원형 테두리와 戈-止를 반대로 새겨 기와면에는 우서·양각으로 나타난다. 인각의 직경은 2.9~3.1cm이다. 보고서에서는 미상자로 두었다(충남대학교박물관 1999, p.52). 상단 인각부의 명문은 확실치 않으나 보이는 그대로 판독하자면 '戈'와 유사해 보이며, 하단 인각부의 명문은 '止'로 판독할 수 있겠다.

戈-止

출처: 충남대학교박물관, 1999, p.56.

(12) '兄-斯'銘

C구에서 총 1점이 출토되었다. '兄-斯'銘은 원형의 도장에 음각으로 원형 테두리와 '兄-斯'를 반대로 새겨 기와면에는 우서·양각으로 나타난다. 인각의 직경은 대략 1.2~1.9cm이다. 상단 인각부의 명문에 대해 '癸'자의 別字로 보는 견해(심상육 2005, p.50; 김환희 2014, p.44)가 있고, '兄'자의 別字로 보는 견해(신광섭 2006, pp.88-93)가 있다. 창왕명석조사리감의 '兄'과 부여 능산리사지에서 출토된 인각와의 '兄'과도 일치한다는 점에서 '兄'의 別字로 보는 것이 타당하다.

兄-斯	관북리 인각와	능산리 인각와	창왕명석조 사리감

출처: 충남대학교박물관, 1999, p.233.

5) I B가형

(1) '功'銘

'라'지구 남북방향 도랑 내부·4호 목곽곳간 내부·4호 목곽곳간 상부 기와무지층, '바'지구 1구역 토제 도수관 주변 황갈색 사질점토층(유물 폐기층)에서 총 11점이 출토되었다.

'功'銘은 방형의 도장에 음각으로 방형의 테두리와 '功'을 바로 새겨 기와면에는 좌서·양각으로 나타난다. 인각의 직경은 가로·세로 모두 대략 3.7~4.0cm이다. 기와에 찍힌 '功'은 백제 22부 중 功德部를 표기한 것이라고 추정하는 의견이 있다(김환희 2014, p.27).

功

출처: 국립부여문화재연구소, 2009, p.285.

(2) '七'銘

F구, '가'지구 남북방향 도랑 내부에서 총 2점이 출토되었다. '七'銘은 방형의 도장에 방형의 테두리 또는 테두리를 제외한 '七'銘을 바로 새겨 기와면에는 좌서·양각으로 나타난다. 인각의 직경은 대략 1.1~1.4cm이다. 보고서에서는 미상자로 두고 있으나(충남대학교박물관 1999, p.54) 좌서로 된 '七'자로 볼 수 있겠다. '七'이 의미하는 바는 알 수 없다.

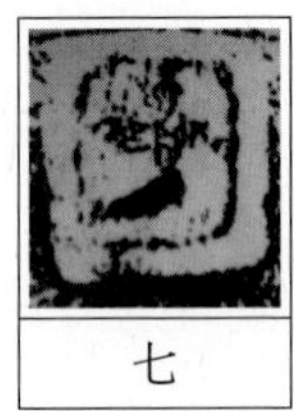

七

출처: 충남대학교박물관, 1999, p.58.

6) ⅠB나형

(1) '首府'銘

E구, '다'지구 3호 목곽곳간 상부 기와무지, '라'지구 사비기 성토지대 남북방향 도랑 내부에서 총 7점이 출토되었다. 세로로 긴 방형의 도장에 양각으로 '首府'를 반대로 새겨 기와면에는 우서·양각으로 나타난다. 인각의 직경은 대략 가로 2.0~2.5cm, 세로 4.2~4.5cm이다.

'首府'銘의 '首府'는 한 나라의 중앙 정부나 임금이 있는 곳을 나타내는 단어로, 이 인각와는 왕궁지로 추정되는 부여의 관북리 백제유적과 부소산성, 그리고 천도설이 분분한 왕궁리 유적에서 발견되어 '首府'는 한정된 사용처를 나타내는 것으로 이해된다(심상육 2005, p.49). 또는 부소산성의 '北舍'銘처럼 관청을 지칭하는 것으로 보기도 한다(윤선태 2008, p.777). 사비시기 백제의 중앙 정부나 관청과 관련짓는 견해와 달리 '首府'銘 인각와가 당이 백제고지를 지배하던 시기에 만들어졌을 가능성을 제시하며, 백제 고지 지배를 위해 당이 설치한 관부, 즉 웅진도독부를 가리킨다는 주장도 있다(박순발 2013, pp.24-26).

首府

출처: 국립부여문화재연구소, 2009, p.318.

7) 문양 인각와

(1) 문양1

E구에서 1점이 출토되었다. 원형의 도장에 음각으로 원형 테두리와 문양을 반대로 새겨 기와면에는 우서·양각으로 나타난다. 인각의 직경은 2.9~3.1cm이다. 보고서에서는 미상자로 두었는데(충남대학교 박물관 1999, p.52), 문자라기보다는 문양이나 기호로 보는 것이 좋을 듯하다.

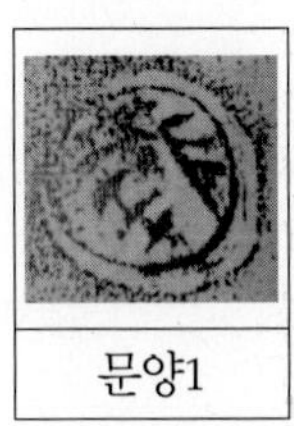

문양1

출처: 충남대학교박물관, 1999, p.57.

(2) 문양2

A구 또는 D구에서 총 1점이 출토되었다. 원형의 도장에 음각으로 문양을 새겨 기와면에는 양각으로 나타난다. 인각의 직경은 2.2cm이다.

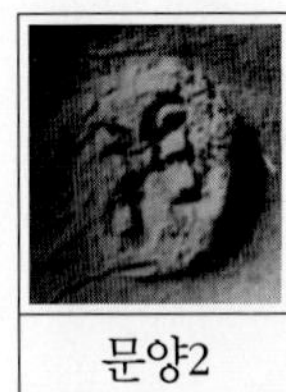

문양2

출처: 충남대학교박물관, 1999, p.232.

(3) 문양3

'라'지구 대형전각건물 북서쪽 외곽에서 1점이 출토되었다. 원형의 도장에 양각으로 문양을 새겨 기와면에는 음각으로 나타난다. 인각의 직경은 2.4cm이다.

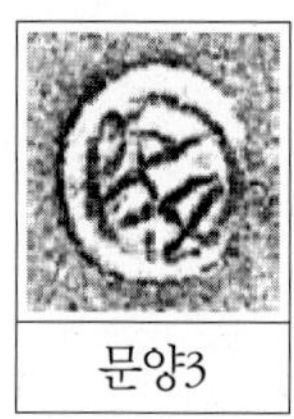

문양3

출처: 국립부여문화재연구소, 2009, p.253.

8) 참고문헌

(1) 보고서 및 자료집

충남대학교박물관, 1985,『扶餘官北里百濟遺蹟發掘報告(Ⅰ)』.

국립부여문화재연구소, 1995,『扶蘇山城: 發掘調查中間報告』.

국립부여문화재연구소, 1996,『彌勒寺: 遺蹟發掘調查報告書 2』.

충남대학교박물관, 1999,『扶餘官北里 百濟遺蹟 發掘報告(Ⅱ)』.

국립부여문화재연구소, 2009,『扶餘 官北里百濟遺蹟 發掘報告 Ⅲ』.

국립부여문화재연구소, 2009,『扶餘 官北里百濟遺蹟 發掘報告 Ⅳ』.

문화재관리국, 1989,『彌勒寺 1, 本文篇』. 충청남도역사문화연구원, 2008,『百濟史資料譯註集: 韓國篇 1』, 충청남도역사문화원.

(2) 논저류

김선기, 2010,「益山地域 百濟 寺址 硏究」, 동아대학교대학원 박사학위논문.

김환희, 2014,「百濟 泗沘期 印章瓦의 변천과 제작공정 체계화」, 충남대학교대학원 석사학위논문.

노기환, 2007,「彌勒寺址 出土 百濟 印刻瓦 硏究」, 전북대학교 대학원석사학위논문.

藤澤一夫, 1976,「百濟 別都 益山 王宮理 廢寺卽 大官寺考」,『馬韓·百濟文化』2, 圓光大學校 馬韓百濟文化研究所.

박순발, 2013,「百濟 都城의 始末」,『중앙고고연구』13, 중앙문화재연구원.

신광섭, 2006,「百濟 泗沘時代 陵寺 硏究」, 중앙대학교 박사학위논문.

심상육, 2005,「百濟時代 印刻瓦에 關한 硏究」, 공주대학교대학원 문학석사학위논문.

이다운, 2007,「印刻瓦를 통해 본 益山의 기와 연구」,『고문화』70.

高正龍, 2007,「百濟印刻瓦覺書」,『朝鮮古代硏究』8, 朝鮮古代研究刊行會.

李 タウン, 1999,「百濟五部名刻印瓦について」,『古文化談叢』43.

3. 부여 관북리 160번지 백제유적

부여 관북리 160번지 백제유적은 부여읍 시가지 한가운데에 해당한다. 주택신축 예정부지로 2010년 12월에 시굴조사를 실시하여 2011년 2월에 정밀발굴조사를 진행하였다. 유물로는 토기 및 와전류가 주로 출토되었다. 인각와는 총 13점이며 '寅'銘 1점, '▨-刀'銘 1점, '午-助'銘 2점, '午-斯'銘 3점, '午-止'銘 4점, '戈-止'銘 1점, 판독불명 1점이다.

1) ⅠA가형

(1) '寅'銘

Ⅱ-2층에서 수키와 1점이 출토되었다. '寅'銘은 원형의 도장에 음각으로 반대로 새겨 기와면에는 우서·양각으로 나타난다. 인각의 직경은 대략 2.2cm이다. '寅'은 十二支에 해당한다.

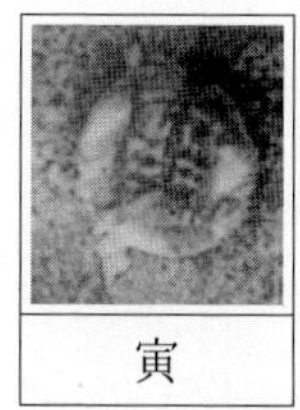

寅

출처: 부여군문화재보존센터, 2013, p.77.

2) ⅡA나형

(1) '▨-刀'銘

Ⅱ-2층에서 수키와 1점이 출토되었다. '▨-刀'銘은 원형의 도장에 양각으로 원형의 테두리와 그 안에 '▨-刀'를 반대로 새겨 기와면에는 우서·음각으로 나타난다. 인각의 직경은 2.4cm이다.

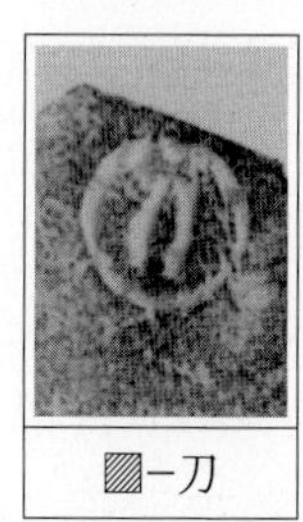

▨-刀

출처: 부여군문화재보존센터, 2013, p.77.

(2) '午-助'銘

Ⅲ층에서 암키와 1점, Ⅳ-1·2층에서 암키와 1점이 출토되었다. '午-助'銘은 원형의 도장에 음각으로 원형 테두리와 '午-助'를 반대로 새겨 기와면에는 우서·양각으로 나타난다. 인각의 직경은 약 1.7cm 정도이다. 보고서에서는 '午'를 '牛'로 판독하였으나(부여군문화재보존센터 2013, p.80), 다른 유적의 '午-助'銘 인각와와 비교하였을 때 간지를 뜻하는 '午'로 판독하는 것이 옳을 듯하다.

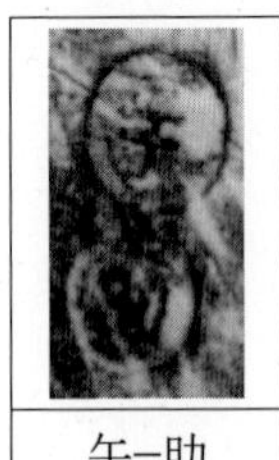

午-助

출처: 부여군문화재보존센터, 2013, p.82.

(3) '午-斯'銘

Ⅱ-2층에서 암키와 2점, Ⅲ층에서 암키와 1점이 출토되었다. '午-斯'銘은 원형의 도장에 음각으로 원형 테두리와 '午-斯'를 반대로 새겨 기와면에는 우서·양각으로 나타난다. 인각의 직경은 약 2.0cm 정도이다. 보고서에서는 '午'를 '牛'로 판독하였으나(부여군문화재보존센터 2013, p.80) 다른 유적의 '午-助'銘 인각와와 비교하였을 때 간지를 뜻하는 '午'로 판독하는 것이 옳을 듯하다.

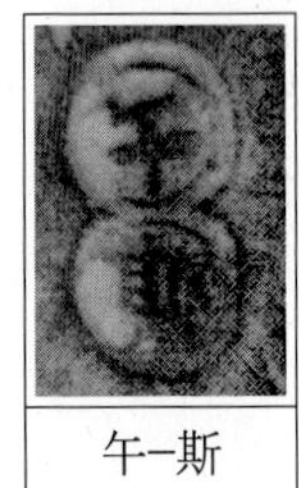

午-斯

출처: 부여군문화재보존센터, 2013, p.79.

(4) '午-止'銘

Ⅱ-2층에서 수키와 3점, Ⅲ층에서 수키와 1점이 출토되었다. '午-止'銘은 원형의 도장에 음각으로 원형 테두리와 '午-止'를 반대로 새겨 기와면에는 우서·양각으로 나타난다. 인각의 직경은 약 2.0cm 정도이다. 보고서에서는 '午'를 '牛'로 판독하거나(부여군문화재보존센터 2013, p.75), '干'으로 판독하였으나(부여군문화재보존센터 2013, p.80), 다른 유적의 '午-助'銘 인각와와 비교하였을 때 간지를 뜻하는 '午'로 판독하는 것이 옳을 듯하다.

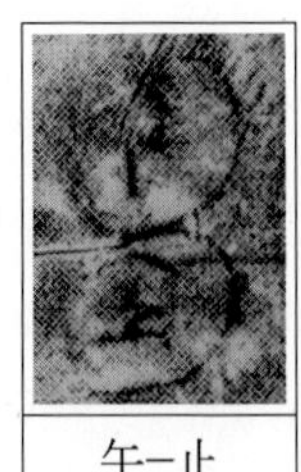

午-止

출처: 부여군문화재보존센터, 2013, p.78.

(5) '戈-止'銘

Ⅲ층에서 수키와 1점이 출토되었다. '戈-止'銘은 원형의 도장에 음각으로 원형 테두리와 '戈-止'를 반대로 새겨 기와면에는 우서·양각으로 나타난다. 인각의 직경은 1.7cm이다.

戈-止

출처: 부여군문화재보존센터, 2013, p.81.

3) 참고문헌

(1) 보고서 및 자료집

부여군문화재보존센터, 2013, 『부여 관북리 160번지 백제유적』.

(2) 논저류

藤澤一夫, 1976, 「百濟 別都 益山 王宮理 廢寺卽 大官寺考」, 『馬韓·百濟文化』 2, 圓光大學校 馬韓百濟文化研究所.

심상육, 2005, 「百濟時代 印刻瓦에 關한 研究」, 공주대학교대학원 문학석사학위논문.

이다운, 2007, 「印刻瓦를 통해 본 益山의 기와 연구」, 『고문화』 70.

4. 부여 쌍북리 유적

쌍북리 유적은 641-5, 641-6, 642-10번지에 위치한다. 1982년 8월에 발굴 조사되었으며, 출토 유물로는 와전류 및 도자기편이 있다. 출토된 인각와는 총 17점으로 '寅'銘 5점, '丙'銘 2점, '斯'銘 1점, '卯'銘 1점, '刀下'銘 1점, '本文'銘 1점, '中卩乙瓦'銘 1점, '午-斯'銘 1점, '午-助'銘 1점, '午-止'銘 1점, '戈-斯'銘 1점, '戈-止'銘 1점이다.

1) Ⅰ A가형

(1) '寅'銘

'寅'銘은 원형의 도장에 음각으로 반대로 새겨 기와면에는 우서·양각으로 나타난다. 인각의 직경은 2.0~2.8cm이다. '寅'銘은 十二支에 해당한다.

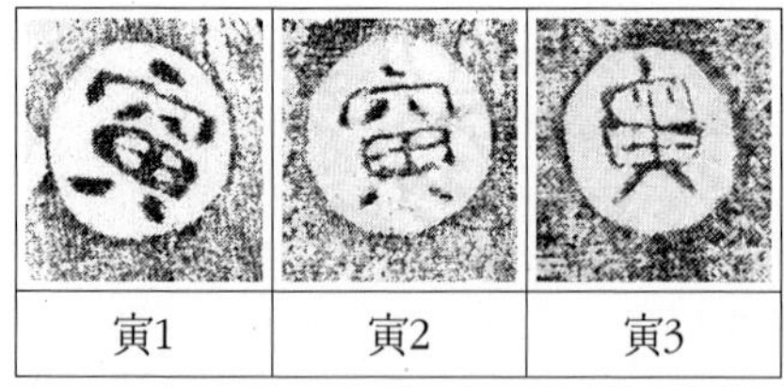

寅1	寅2	寅3

출처: 충남대학교박물관, 1982, p.20.

(2) '丙'銘

'丙'銘은 원형의 도장에 양각으로 원형의 테두리와 '丙'을 반대로 새겨 기와면에는 우서·음각으로 나타난다. 인각의 직경은 3.0~3.2cm이다. 十干 중 '丙'에 해당한다.

丙

출처: 충남대학교박물관, 1982, p.20.

(3) '斯'銘

'斯'銘은 원형의 도장에 음각으로 원형 테두리와 '斯'를 반대로 새겨 기와면에는 우서·양각으로 나타난다. 인각의 직경은 2.0cm이다. 기와에 찍힌 '斯'는 공급 혹은 기증집단을 나타내는 것으로 추정한다(심상육 2005, p.45).

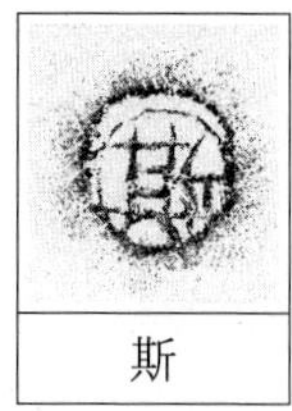

斯

출처: 충남대학교박물관, 1982, p.21.

(4) '卯'銘

'卯'銘은 원형의 도장에 음각으로 '卯'를 새겨 기와면에는 양각으로 나타난다. 인각의 직경은 2.2cm이다. 이 인각와의 명문은 초기에는 'PB'로 표기하기도 하였으나(노기환 2007, p.29), '卯'자로 판독하는 의견(高正龍 2007, pp.74-75; 김선기 2010, p.156)이 있다.

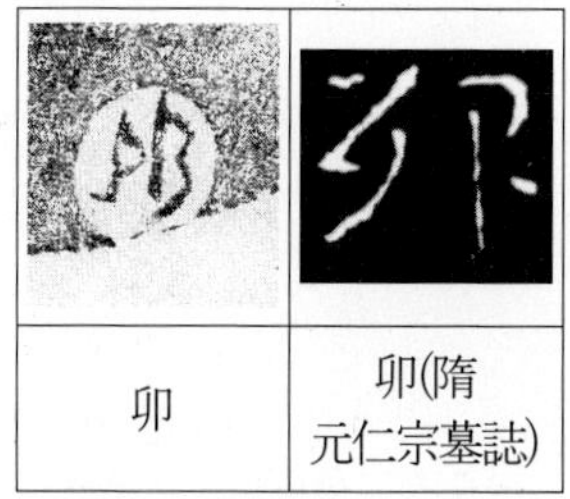

卯	卯(隋 元仁宗墓誌)

출처: 충남대학교박물관, 1982, p.21.

2) ⅠA나형

(1) '刀下'銘

'刀下'銘은 원형의 테두리와 '刀下'를 반대로 새겨 기와면에는 우서·음각으로 나타난다. 인각의 직경은 3.5cm이다. '刀'를 部(卩)로 보아 5부 아래에 소속된 구역이나 부서를 지칭하는 것으로 보기도 하고(국립부여문화재연구소 1995), 『隨書』와 『北史』의 '部有五巷'이라는 기록에 따라 '五巷'을 뜻하는 것으로 보기도 하였다(이다운 2007, p.105). 하나의 인장 안에 두 문자를 인각하였을 경우 干支, 首府 등과 같이 두 문자가 합쳐져 하나의 뜻을 나타내기도 하는데, 이것 또한 하나의 뜻이 있는 것으로 추정할 수 있겠다.

刀下

출처: 충남대학교박물관, 1982, p.21.

(2) '本文'銘

'本文'銘은 원형의 도장에 양각으로 원형의 테두리와 '本文'을 반대로 새겨 기와면에는 우서·양각으로 나타난다. 인각의 직경은 3.4cm이다. 초기에 '本文'銘이라 소개된 이 인각와는 명문의 의미를 파악하기 힘든 인각와로 분류되고 있으나, '本文'은 문서와 관련된 글자로 추정되어 부서와 연관성이 있을 것이라는 의견이 있다(김환희 2014, p.23). '本'이라고 판독되고 있는 글자는 '左'의 이체자로 볼 가능성도 있다. '文'으로 판독되는 것은 '夫' 또는 '丈'으로도 판독되고 있는데 형태상으로는 '支'에 가까울 듯하다.

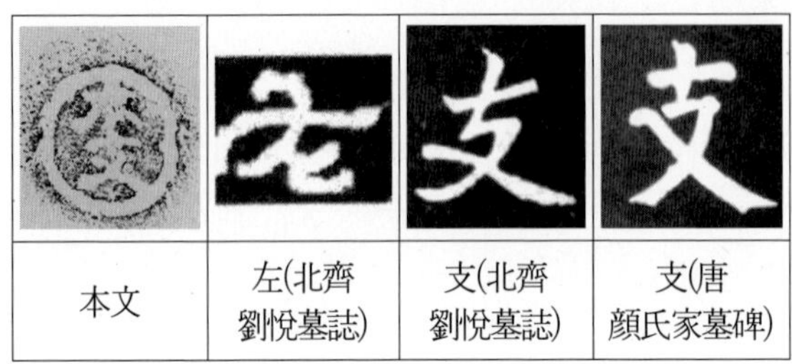

本文	左(北齊 劉悅墓誌)	支(北齊 劉悅墓誌)	支(唐 顔氏家墓碑)

출처: 충남대학교박물관, 1982, p.21.

3) I A다형

(1) '中卩乙瓦'銘

'中卩乙瓦'銘은 원형의 도장에 양각으로 원형의 테두리와 그 안에 '中卩乙瓦'를 반대로 새겨 기와면에는 우서·음각으로 나타난다. 판독순서는 세로 읽기로 우측에서 좌측 순이다.

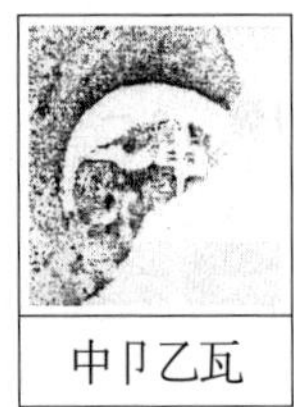

中卩乙瓦

출처: 충남대학교박물관, 1982, p.21.

4) IIA나형

(1) '午-斯'銘

'午-斯'銘은 원형의 도장에 음각으로 원형 테두리와 '午-斯'를 반대로 새겨 기와면에는 우서·양각으로 나타난다. 인각의 직경은 대략 1.8~1.9cm이다.

午-斯

출처: 충남대학교박물관, 1982, p.21.

(2) '午-助'銘

'午-助'銘은 원형의 도장에 음각으로 원형 테두리와 '午-助'를 반대로 새겨 기와면에는 우서·양각으로 나타난다. 인각의 직경은 약 1.7~1.8cm 정도이다.

午-助

출처: 충남대학교박물관, 1982, p.21.

(3) '午-止'銘

'午-止'銘은 원형의 도장에 음각으로 원형 테두리와 '午-止'를 반대로 새겨 기와면에는 우서·양각으로 나타난다. 인각의 직경은 약 1.7cm 정도이다.

午-止

출처: 충남대학교박물관, 1982, p.21.

(4) '戈-斯'銘

'戈-斯'銘은 원형의 도장에 음각으로 원형 테두리와 '戈-斯'를 반대로 새겨 기와면에는 우서·양각으로 나타난다. 인각의 직경은 2.0cm이다.

戈-斯

출처: 충남대학교박물관, 1982, p.21.

(5) '戈-止'銘

'戈-止'銘은 원형의 도장에 음각으로 원형 테두리와 '戈-止'를 반대로 새겨 기와면에는 우서·양각으로 나타난다. 인각의 직경은 1.8cm이다.

戈-止

출처: 충남대학교박물관, 1982, p.21.

5) 참고문헌

(1) 보고서 및 자료집

국립부여문화재연구소, 1995, 『扶蘇山城: 發掘調査中間報告』.

충남대학교박물관, 1982, 『부여 쌍북리 유적발굴 조사보고서』.

충청남도역사문화연구원, 2008, 『百濟史資料譯註集: 韓國篇 1』, 충청남도역사문화원.

(2) 논저류

김환희, 2014, 「百濟 泗沘期 印章瓦의 변천과 제작공정 체계화」, 충남대학교대학원 석사학위논문.

藤澤一夫, 1976, 「百濟 別都 益山 王宮理 廢寺卽 大官寺考」, 『馬韓·百濟文化』 2, 圓光大學校 馬韓百濟文化研究所.

심상육, 2005, 「百濟時代 印刻瓦에 關한 研究」, 공주대학교대학원 문학석사학위논문.

이다운, 2007, 「印刻瓦를 통해 본 益山의 기와 연구」, 『고문화』 70.

高正龍, 2007,「百濟印刻瓦覺書」,『朝鮮古代硏究』8, 朝鮮古代硏究刊行會.
李 タウン, 1999,「百濟五部名刻印瓦について」,『古文化談叢』43.

5. 부여 쌍북리 두시럭골 유적

부여 쌍북리 두시럭골 유적은 대전지방국토관리청에서 시행한 부여–탄천 간 도로확장 및 포장공사 구간(제3공구)에 위치한다. 2002년 4월 지표조사 후 2004년 6월에 발굴조사가 실시되었다. 백제시대 건물지와 주거지, 고려시대 석곽묘, 조선시대 토광묘 등이 다수 확인되었다. 출토 유물로는 器臺 및 三足器, 蓋杯, 대형 壺, 瓦片 등이 있다. 출토된 인각와는 총 4점으로 '寅'銘 3점, 판독불명 1점이 있다.

1) ⅠA가형

(1) '寅'銘

2지점 1호 건물지에서 암키와 총 3점이 출토되었다. '寅'銘은 원형의 도장에 음각으로 반대로 새겨 기와면에는 우서·양각으로 나타난다. '寅'은 十二支에 해당한다.

寅

출처: 충청문화재연구원, 2008, p.299.

2) 참고문헌

(1) 보고서 및 자료집

충청문화재연구원, 2008,『扶餘 雙北理 두시럭골 遺蹟』.

6. 부여 쌍북리 현내들·북포 유적

부여 쌍북리 현내들·북포 유적은 백제큰길 연결도로 건설공사 추진 중 발견된 유적으로 쌍북 동문 삼거리부터 부소산성 뒤편의 쌍북양수장에 이르는 도로변을 따라 남북방향에 위치한 쌍북리 일원의 Ⅰ-1

3구간이다. 2005년에 시굴조사에 들어가 2006년에 본격적인 발굴을 시작하였다. 현내들, 북포 유적에서 각각 2개 면의 백제시대 문화층이 확인되었으며, 토기류, 기와류, 목간, 목기류, 칠기류 등 다양한 유물이 출토되었다. 이 유적에서 출토된 인각와는 총 7점으로 '辰'銘 1점, '斯'銘 1점, '官'銘 1점, '⻏'銘 1점, 판독불명 3점이 있다.

1) ⅠA가형

(1) '辰'銘

북포유적 백제시대 Ⅰ단계 도로 및 측구 주변의 상부 퇴적토에서 수키와 1점이 출토되었다. '辰'銘은 원형의 도장에 음각으로 바로 새겨 기와면에는 좌서·양각으로 나타난다. 十二支에 해당한다.

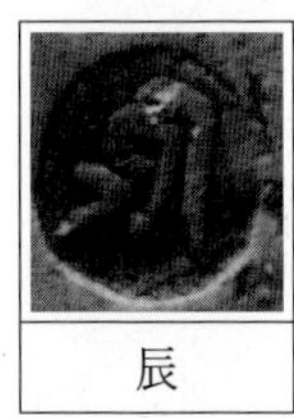

辰

출처: 충청문화재연구원, 2009, p.459.

(2) '斯'銘

북포유적 백제시대 Ⅰ단계 도로 및 측구 주변의 상부 퇴적토에서 암키와 1점이 출토되었다. '斯'銘은 원형의 도장에 음각으로 원형 테두리와 '斯'를 반대로 새겨 기와면에는 우서·양각으로 나타난다. '斯'는 공급 혹은 기증집단을 나타내는 것으로 추정한다(심상육 2005, p.45).

斯

출처: 충청문화재연구원, 2009, p.458.

(3) '官'銘

북포유적 백제시대 Ⅰ단계 도로 및 측구 주변의 상부 퇴적토에서 암키와 1점이 출토되었다. 원형의 도장에 음각으로 원형 테두리와 '官'을 바로 새겨 기와면에는 좌서·양각으로 나타난다.

'官'銘은 그 의미를 파악할 근거가 전혀 없으므로 도장을 찍은 의미나 기능을 파악할 수 없다는 의견이 있다(심상육 2005, pp.48-49). 하지만 유적 내에 백제의 官衙가 있었을 가능성을 제시하는 의견도 있고

(윤선태 2008, p.780), 백제 22부 중 日官部의 '官'자로 추정하는 견해도 있다(김환희 2014, p.27).

官

출처: 충청문화재연구원, 2009, p.458.

(4) 'ß'銘

북포유적 백제시대 Ⅰ단계 도로 및 측구 주변의 상부 퇴적토에서 암키와 1점이 출토되었다. 'ß'銘은 원형의 도장에 음각으로 원형의 테두리와 'ß'를 반대로 새겨 기와면에는 우서·양각 또는 좌서·양각으로 나타난다. 보고서에서는 '왕조'나 '시대', '맏'을 의미하는 '卋'의 속자로 보았으나(충청문화재연구소 2009, p.112), 다른 유적의 인각와 사례와 비교하였을 때 'ß'銘으로 보는 것이 옳을 듯하다.

'ß'銘의 의미에 대해서는 도장 찍는 주체를 나타내기 위해 어려운 한자를 단순화하여 기호로써 표현한 것으로 파악하거나(심상육 2005, pp.45-46), '部'의 別字로 어느 部인지는 알 수 없으나 관부에 속한 집단의 기증 혹은 공급행위가 있었다고 추측하기도 한다(김환희 2014, pp.27-28).

ß

출처: 충청문화재연구원, 2009, p.457.

2) 참고문헌

(1) 보고서 및 자료집

충청남도역사문화연구원, 2008, 『百濟史資料譯註集: 韓國篇 1』, 충청남도역사문화원.

충청문화재연구원, 2009, 『(백제큰길 連結道路 建設工事 區間(Ⅰ-1 3區間)內) 扶餘 雙北里 현내들·北浦遺蹟』.

(2) 논저류

김환희, 2014, 「百濟 泗沘期 印章瓦의 변천과 제작공정 체계화」, 충남대학교대학원 석사학위논문.

심상육, 2005, 「百濟時代 印刻瓦에 關한 硏究」, 공주대학교대학원 문학석사학위논문.

7. 부여 쌍북리 602-10번지 유적

부여 쌍북리 602-10번지 유적은 국민건강보험공단 부여청양지사 사옥 신축 공사 중 발견된 유적이다. 이 유적은 부여 쌍북리 602-10번지 및 706-2번지에 위치한다. 2007년 시굴조사에 들어가 2008년에 현장조사를 실시하였다. 조사결과 백제 사비기 생활유구와 문화층 등이 확인되었고, 출토유물로는 토기류, 와편 및 목기 등이 있다. 출토된 인각와는 총 2점으로 '辰'銘 1점, '丙'銘 1점이다.

1) I A가형

(1) '辰'銘

1호 수로에서 암키와 1점이 출토되었다. '辰'銘은 원형의 도장에 음각으로 바로 새겨 기와면에는 좌서·양각으로 나타난다. 인각의 직경은 2.5cm이다. 十二支에 해당한다.

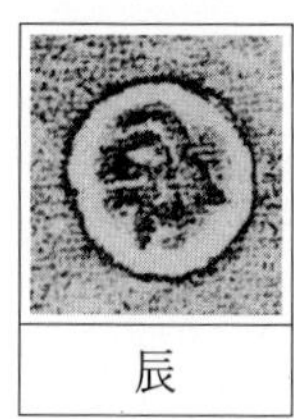

辰

출처: 백제문화재연구원, 2010, p.54.

(2) '丙'銘

문화층에서 암키와 1점이 출토되었다. '丙'銘은 원형의 도장에 양각으로 원형의 테두리와 丙을 반대로 새겨 기와면에는 우서·음각으로 나타난다. 인각의 직경은 2.8cm이다. 十干 중 '丙'에 해당한다.

丙

출처: 백제문화재연구원, 2010, p.98.

2) 참고문헌

(1) 보고서 및 자료집

백제문화재연구원, 2010, 『扶餘 雙北里 602-10番地 遺蹟』.

8. 부여 쌍북리 유적Ⅱ

이 유적은 대한주택공사 충남지사에서 아파트 단지를 조성하는 과정에서 발견되었다. 부여 쌍북리 102번지 일원으로 현재 논으로 사용되고 있는 저지성 습지 및 밭 일대이다. 지표 및 시굴조사 결과 쌍북리 101, 102번지 논 일대에서 백제시대 토기편 및 대옹 파편들이 발견되었고, 밭 일대에는 백제-고려시대에 걸치는 각종 유물들이 구덩이 내에서 다량 수습되었다. 출토된 인각와는 총 3점으로 문양 인각와 1점, 판독불명 2점이다.

1) 문양 인각와

(1) 문양1

A지점 백제시대 수로 내부에서 암키와 1점이 출토되었다. 원형의 도장에 음각으로 원형 테두리와 문양을 반대로 새겨 기와면에는 우서·양각으로 나타난다.

문양1

출처: 충남대학교박물관, 2013, p.39.

2) 참고문헌

(1) 보고서 및 자료집

충남대학교박물관, 2013, 『부여 쌍북리 유적Ⅱ』.

9. 청산성

쌍북리에 위치한 부여 청산성은 백제시기 부소산성의 추정 북문지 동편에서 시작된 부여 나성 중 북나성이 능산리사지의 동나성으로 연결되는 회절부에 위치한 산성이다. 605년에 사비에서 웅진으로 통하는 길목을 지키기 위하여 축조된 것으로 생각된다. 2011년 7월부터 8월까지 트렌치 조사가 이루어졌고, 청산 남사면의 트렌치 1과 북사면의 트렌치 3에서 인각와가 모두 3점이 출토되었다.

1) IA나형

(1) '▨丑'銘

청산 북사면에 설치한 트렌치 3에서 성벽 폐기 후 퇴적층에서 출토된 암키와편이다. 전체 기와의 1/3 가량이 남아 있다. 측단에서 약 2.0cm 떨어진 지점에 인각이 있다. 지름 3.6cm의 원형 인각 내에는 양각의 테두리가 둘러져 있고, 두 글자가 양각되어 있다. 보고서에서는 두 글자 모두 미상자로 처리하였으나, 하부의 글자는 보통 '丑'으로 읽는 글자로 자형은 '卅'이나 '毌'에 가깝다.

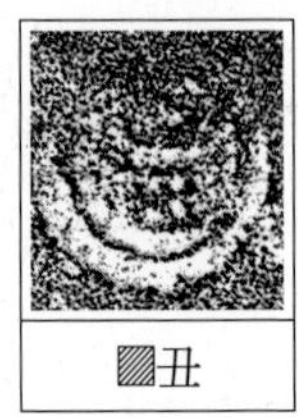

▨丑

출처: 부여군문화재보존센터, 2013, 도면 14.

2) IA다형

(1) '前卩甲瓦'銘

청산 남사면의 트렌치 1-1에서 2점이 출토되었다. 하나는 연화문 수막새와 함께 정상부 평탄면에서 출토된 수키와편으로 전체의 1/3 가량 남아 있다. 다른 하나는 트렌치 1-1의 첫 번째 평탄면에서 떨어지는 아래쪽 단에서 출토된 암키와편으로 전체의 1/4 가량이 남아 있다. 수키와편의 경우에는 잔존하는 측단면에서 약 0.7cm 떨어진 곳에 인각이 확인되며, 암키와편의 경우에는 측단쪽에 인각이 남아 있다. 둘 다 인각의 지름이 3.6cm이며, 양각의 테두리 안에 글자 네 자가 양각되어 있다. 수키와편의 인각은 오른쪽 상단 글자 부분이 박락되어 명문을 확인하기 어려운데, 보고서에서는 '前卩甲瓦'로 보았다. 암키와편의 인각 명문은 '前卩甲瓦'가 뚜렷하다.

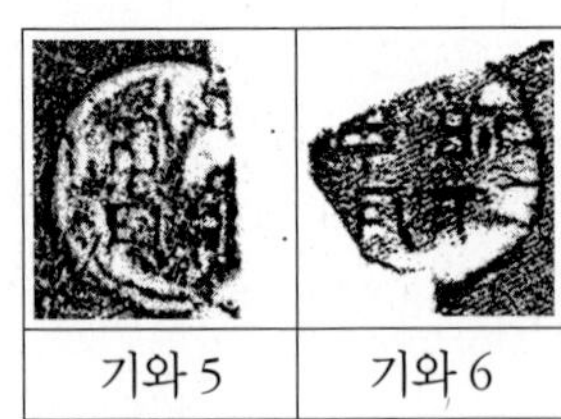

기와 5	기와 6

출처: 부여군문화재보존센터, 2013, 도면 8.

3) 참고문헌

(1) 보고서 및 자료집

부여군문화재보존센터, 2013, 『(부여나성 정비사업) 부여나성 -북나성 1, 청산성 시굴조사-』.

10. 구아리 백제유적

구아리 백제유적은 부여군 부여읍 구아리 64·65번지 일대에 위치한다. 1944년 경찰서 신축 과정에서 '天王'銘 수막새, 연화문수막새편 등이 출토되어 당시 일본인들에 의해 발굴·조사되었으나 보고서 未刊으로 정확한 상황은 알 수 없다(부여문화재연구소 1993). 하지만 당시 '天王'銘 수막새가 수습되면서 天王寺 절터 위치를 비정할 수 있게 되었다. 그 외 유물로는 백제 수막새, 토기편, 기와편, 약간의 조선시대 백자편, 일제시기 사기그릇, 도가니편 등 다양한 유물들이 출토되었다. 인각와는 우물지 외부에서 '辰'銘, '丁巳'銘, '巳-助'銘이, 북편 우물지 내에서는 '丁巳'銘이 출토되었다.

1) I A가형

(1) '辰'銘

우물지 외부 동남쪽 황갈색 부식토에서 암, 수키와 각 1점씩 수습되었다. '辰'銘은 원형의 도장에 음각으로 바로 새겨 기와면에는 좌서·양각으로 나타난다. 인각의 직경은 2.4cm이다. 十二支에 해당한다.

辰

출처: 부여문화재연구소, 1993, p.114.

2) I A나형

(1) '丁巳'銘

2점은 우물지 외부 폐와층, 1점은 북편 우물지에서 출토되었다. '丁巳'銘은 원형의 도장에 음각으로 원형의 테두리와 '丁巳'를 반대로 새겨 기와면에는 우서·양각으로 나타난다. 인각의 직경은 2점은 3.1cm, 1점은 3.6cm이다. '丁巳'는 연도를 나타내는 간지로 파악되며 편년에 관해서 藤澤一夫, 홍재선, 이다운

(2007, p.97), 김선기(2010, p.158)는 597년으로 보는 데 반해 윤덕향(1989, p.250), 윤선태(2008, p.777), 심상욱(2005, p.47), 노기환(2007, p.63)은 657년으로 보고 있다.

丁巳

출처: 부여문화재연구소, 1993, p.114.

3) IIA나형

(1) '巳-助'銘

우물지 외부 와적층에서 암키와 1점이 출토되었다. '巳-助'銘은 원형의 도장에 양각으로 원형의 테두리와 '巳-助'명을 반대로 새겨 기와면에는 우서·음각으로 나타난다. 인각의 직경은 2.2cm이다.

巳-助

출처: 부여문화재연구소, 1993, p.114.

4) 참고문헌

(1) 보고서 및 자료집

문화재관리국, 1989,『彌勒寺 1, 本文篇』.

부여문화재연구소, 1993,『夫餘 舊衙里 百濟遺蹟: 發掘調査報告書』.

충청남도역사문화연구원, 2008,『百濟史資料譯註集: 韓國篇 1』, 충청남도역사문화원.

(2) 논저류

김선기, 2010,「益山地域 百濟 寺址 硏究」, 동아대학교대학원 박사학위논문.

노기환, 2007,「彌勒寺址 出土 百濟 印刻瓦 硏究」, 전북대학교 대학원석사학위논문.

藤澤一夫, 1976,「百濟 別都 益山 王宮理 廢寺卽 大官寺考」,『馬韓·百濟文化』2, 圓光大學校 馬韓百濟文化研究所.

심상육, 2005,「百濟時代 印刻瓦에 關한 硏究」, 공주대학교대학원 문학석사학위논문.

이다운, 2007,「印刻瓦를 통해 본 益山의 기와 연구」,『고문화』70.

11. 부여 구아리 434번지 백제유적

충남 부여군 부여읍 구아리 434번지에 위치하며 문화관광형시장 조성사업 부지이다. 발굴조사 지역은 관북리 유적에서 남동 방향으로 약 1km 이내 거리에 위치하며, 부여 시가지 중심부의 권역 안에 속해 있는 곳으로 백제시대 유적이 집중적으로 분포해 있을 것으로 추정되는 곳이다. 발굴조사는 2009년 12월~2010년 2월까지 이루어졌으며, 토기, 토제품, 기와, 석기, 목기 등이 출토되었다. 인각와는 우물 초축단계인 1차 구지표면 즙와열 상하층에서 '午-助'銘 2점이 출토되었다.

1) IIA나형

(1) '午-助'銘

우물 초축단계인 1차 구지표면 즙와열 상하층에서 암키와 2점이 출토되었다. 원형의 도장에 음각으로 원형의 테두리와 '午-助'銘을 반대로 새겨 기와면에는 우서·양각으로 나타난다. 인각의 직경은 1.5~2.0cm, 1.4~2.2cm이다. 상부 인각부의 명문은 '干' 혹은 '午'로, 하단 인각부의 명문은 '叻' 혹은 '昉'으로 판독하기도 하였으나(한얼문화유산연구원 2012, p.121), 다른 유적에서 출토된 인각와의 명문과 비교하였을 때 '午-助'銘이라는 것을 확인할 수 있다.

午-助

출처: 한얼문화유산연구원, 2012, p.121.

2) 참고문헌

(1) 보고서 및 자료집

한얼문화유산연구원, 2012,『부여 구아리 434번지 백제유적: 부여 문화관광형시장 조성사업 부지 내문화유적 발굴조사』.

(2) 논저류

심상욱, 2005, 「百濟時代 印刻瓦에 關한 硏究」, 공주대학교대학원 문학석사학위논문.

이다운, 2007, 「印刻瓦를 통해 본 益山의 기와 연구」, 『고문화』 70.

藤澤一夫, 1976, 「百濟 別都 益山 王宮理 廢寺卽 大官寺考」, 『馬韓·百濟文化』 2, 圓光大學校 馬韓百濟文化硏究所.

12. 능산리사지

부여 능산리사지는 부여나성과 능산리고분군 사이인 계단식 전답으로 조성된 산정골에 위치한다. 이곳은 1992~1993년에 첫 시굴조사가 이루어졌고 이후 2007년까지 총 10차례에 걸쳐 조사가 진행되었다. 유물로는 백제금동대향로, 창왕명석조사리감, 다량의 목간, 목제품, 기와, 토기 등 다수의 유물이 출토되었다. 인각와는 '斯'銘 1점, '七'銘 1점, '己丑'銘 1점, '前卩乙瓦'銘 1점, '巳-▨'銘 1점, '▨-助'銘 1점, '巳-毛'銘 1점, '巳-▨'銘 1점, '咒-▨' 2점, 문양 인각와 2점이 출토되었다.

1) ⅠA가형

(1) '斯'銘

자연수로 부근(S140W80 서남단 지점)에서 암키와 1점이 출토되었다. '斯'銘은 원형의 도장에 음각으로 원형 테두리와 '斯'를 반대로 새겨 기와면에는 우서·양각으로 나타난다. 인각의 직경은 2.9cm이다. 기와에 찍힌 '斯'는 공급 혹은 기증집단을 나타내는 것으로 추정한다(심상욱 2005, p.45).

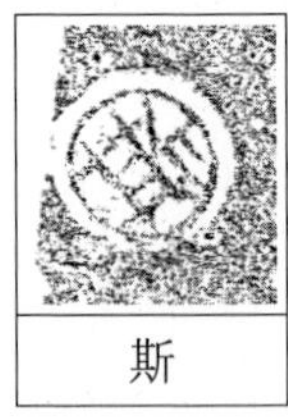

斯

출처: 국립부여박물관, 2007, p.133.

(2) '七'銘

동배수로 및 서배수로에서 암키와 1점이 출토되었다. '七'銘은 양각의 원형 테두리 안에 '七'銘을 반대로 새겨 기와면에는 우서·음각으로 나타난다. 인각의 직경은 2.3cm이다. 보고서에서는 인각의 명문을 '乇'로 판독하고 있으나(국립부여박물관 2007, p.132), 다른 유적에서 출토된 인각와의 명문과 비교하였을 때 '乇'로 보는 것이 옳을 듯하다. '乇'의 의미는 알 수 없다.

七

출처: 국립부여박물관, 2007, p.133.

2) ⅠA나형

(1) '己丑'銘

집수유구 남쪽(S180W50 지점)에서 암키와 1점이 출토되었다. '己丑'銘은 원형의 도장에 음각으로 원형의 테두리와 '己丑'을 반대로 새겨 기와면에는 우서·양각으로 나타난다. 인각의 직경은 3.7cm이다. 인각의 명문은 처음에는 '中部'로 판독되었으나(윤덕향 1989, p.228), 이후에는 연도를 나타내는 간지로 파악하고 있으며, 629년으로 비정한다.

보고서에서는 '乙丑'銘으로 판독하였으나(국립부여박물관 2007, p.130), '乙'보다는 '己'에 가깝다고 볼 수 있다. '丑'에 관한 판독 또한 의문이 제기되고 있는데, 편년과 상관없이 자형으로는 '申'이나 '田'으로도 볼 수 있겠다.

己丑

출처: 국립부여박물관, 2007, p.131.

3) ⅠA다형

(1) '前卩乙瓦'銘

공방지Ⅱ 서실내부에서 암키와 1점이 출토되었다. '前卩乙瓦'銘은 원형의 도장에 양각으로 원형의 테두리와 그 안에 '前卩乙瓦'를 반대로 새겨 기와면에는 우서·음각으로 나타난다.

前卩乙瓦

출처: 부여군·국립부여박물관, 2000, p.148.

4) IIA나형

(1) '巳-▨'銘

서배수로에서 암키와 1점이 출토되었다. '巳-▨'銘은 원형의 도장에 양각으로 원형의 테두리와 그 안에 '巳-▨'명을 반대로 새겨 기와면에는 우서·음각으로 나타난다. 상단의 인각부는 '巳'자로 판독되며, 하단의 인각부는 소실된 것으로 보인다.

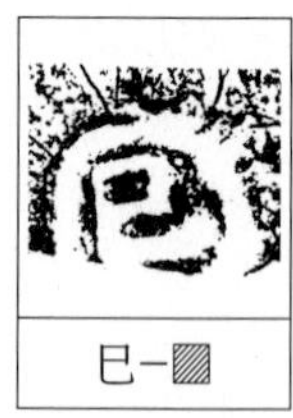

巳-▨

출처: 부여군·국립부여박물관, 2000, p.206.

(2) '▨-助'銘

서쪽 자갈석렬 부근(S130W50 지점)과 서석교 부근 제1수로 바닥에서 각각 암키와 1점씩 출토되었다. '▨-助'銘은 원형의 도장에 양각으로 원형의 테두리와 그 안에 '▨-助'를 반대로 새겨 기와면에는 우서·음각으로 나타난다. 인각의 직경은 2.1cm, 2.4cm이다. 상단의 인각부는 소실된 것으로 보이며, 하단의 인각부는 '助'자로 판독된다.

▨-助

출처: 국립부여박물관, 2007, p.131.

(3) '巳-毛'銘

제3 석축배수시설 부근(S160W50 지점)에서 암키와 1점이 출토되었다. '巳-毛'銘은 원형의 도장에 양각으로 원형의 테두리와 그 안에 '巳-毛'를 반대로 새겨 기와면에는 우서·음각으로 나타난다. 인각의 직경은 상부는 1.7~1.9cm이며, 하부는 1.7~2.1cm이다.

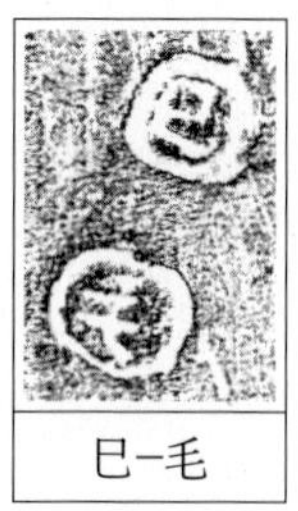
巳-毛

출처: 국립부여박물관, 2007, p.133.

(4) '巳-▨'銘

제4 석축배수시설 부근(S160W40 지점)에서 암키와 1점이 출토되었다. '巳-▨'銘은 원형의 도장에 양각으로 원형의 테두리와 그 안에 '巳-▨'을 반대로 새겨 기와면에는 우서·음각으로 나타난다. 인각의 직경은 상부는 2.2~2.5cm이며, 하부는 2.3cm이다. 상부는 '巳'자로 판독되며 하부는 인각부가 훼손되어 판독이 어려우나 '斯'자로 추측된다.

巳-▨

출처: 국립부여박물관, 2007, p.133.

(5) '兄-▨'銘

3건물지에서 출토된 인각와 1점과 출토지 미상의 인각와 1점이다. '兄-▨'銘은 원형의 도장에 음각으로 원형 테두리와 '兄-▨'을 반대로 새겨 기와면에는 우서·양각으로 나타난다. 인각의 직경은 2cm이다. 상단 인각부의 명문을 '癸'자의 別字로 보는 견해가 있고(심상육 2005, p.50; 김환희 2014, p.44), '兄'자의 別字로 보는 견해가 있는다(신광섭 2006, pp.88-93). 창왕명석조사리감의 '兄'자와 부여 관북리유적에서 출토된 인각와의 '兄'자와도 일치한다는 점에서 兄의 別字로 보는 것이 타당하다.

兄-▨	능산리 인각와	관북리 인각와	창왕명 석조사리감

출처: 부여군·국립부여박물관, 2000, p.148.

5) 문양 인각와

(1) 문양1

나성 성벽 동단부 기와퇴적층에서 암키와 1점이 출토되었다. 원형의 도장에 음각으로 원형 테두리와 문자를 반대로 새겨 기와면에는 우서·양각으로 나타난다. 인각의 직경은 2.8cm이다. 문자라기보다는 문양이나 기호로 보는 것이 좋을 듯하다.

문양1

출처: 국립부여박물관, 2007, p.318.

(2) 문양2

3건물지에서 수키와 1점이 출토되었다. 원형의 도장에 음각으로 문양을 새겨 기와면에는 양각으로 나타난다. 인각의 직경은 2cm이다.

문양2

출처: 국립부여문화재연구소, 2008, p.55.

6) 참고문헌

(1) 보고서 및 자료집

국립부여문화재연구소, 2008,『陵寺 –부여 능산리사지 10차 발굴조사보고서–』.

국립부여박물관, 2007,『陵寺 –부여 능산리사지 6~8차 발굴조사보고서–』.

문화재관리국, 1989,『彌勒寺 1, 本文篇』.

부여군·국립부여박물관, 2000,『陵寺 –夫餘 陵山里寺址發掘調査 進展報告書–』.

충청남도역사문화연구원, 2008,『百濟史資料譯註集 : 韓國篇 1』, 충청남도역사문화원.

(2) 논저류

김환희, 2014,「百濟 泗沘期 印章瓦의 변천과 제작공정 체계화」, 충남대학교대학원 석사학위논문.

藤澤一夫, 1976,「百濟 別都 益山 王宮理 廢寺卽 大官寺考」,『馬韓·百濟文化』第2, 圓光大學校 馬韓百濟文化研究所.

신광섭, 2006,「百濟 泗비時代 陵寺 研究」, 중앙대학교 박사학위논문.

심상육, 2005,「百濟時代 印刻瓦에 關한 研究」, 공주대학교대학원 문학석사학위논문.

이다운, 2007,「印刻瓦를 통해 본 益山의 기와 연구」,『고문화』70.

李 タウン, 1999,「百濟五部名刻印瓦について」,『古文化談叢』43.

13. 동남리

동남리에서 '上卩乙瓦'銘 인각와가 출토된 것으로 전한다(성주탁 1982, p.35; 이다운 1999, p.99).

1) '上卩乙瓦'銘

인각의 지름이 3.2cm이며, 글자가 음각되어 있고, 기와의 두께가 1.1~1.0cm인 것으로 기록되어 있다(홍재선 1981, p.48-1). 출토지는 동남리와 교육청(관북리)[1]이 함께 기록되어 있는데, 한 유물에 출토지가 2곳으로 기록된 것은 출토지가 불분명하기 때문이 아닌가 생각된다.

1) 1952년에 설치된 부여교육청은 1967년 2월에 교육청 청사가 신축되어 관북리로 이전하였다가, 1992년 12월에 다시 교육청 청사를 신축하여 현재의 가탑리 413-4번지로 이전한 상태이다(부여군지편찬위원회, 2003,『부여군지 제3권 –부여의 정치와 행정–』, pp.193-194).

2) 참고문헌

(1) 논저류

成周鐸, 1982, 「百濟泗沘都城 研究」, 『百濟研究』 13.

洪在善, 1981, 「百濟 泗沘城研究」, 동국대학교 석사학위논문.

李タウン, 1999, 「百濟五部銘刻印瓦について」, 『九州古文化研究會』 43.

14. 동남리 향교 부근 田地

일제시기에 부여 향교 부근 田地에서 '前部'銘 표석과 '左卩乙瓦', '首卩甲瓦', '石卩乙瓦', '後卩乙瓦' 등의 인각와가 출토된 것으로 전한다(홍사준 1971, p.122). 부여향교는 본래 부여읍 구교리의 부소산 서쪽에 있던 것을 18세기 말에 정림사지 북쪽의 현 위치(부여읍 동남리 445-1)로 이전하였으며, 1916년 부여군수 안기선이 중수하였다고 한다(충청남도·충남대학교 박물관 2002, p.168). 인각와는 지금의 동남리 445-1번지 주변에서 수습되었을 것이다.

1) IA다형

(1) '左卩乙瓦'銘

실물을 확인할 수 없다. 실제 명문은 '上卩乙瓦'일 것으로 추정되기도 하나(김영심 1992, p.194; 충청남도역사문화연구원 2008, p.767), '左卩乙瓦'로 판독되었던 왕궁리와 미륵사지의 인각와가[2] '寺下乙瓦'로도 판독된 점을 고려하면, '上卩乙瓦'로 추정하기는 어렵다고 판단된다.

(2) '前卩甲瓦'銘

'首卩甲瓦'로 소개되었으나, 실제 명문은 '前卩甲瓦'로 판독된다고 한다(김영심 1992, p.195; 충청남도역사문화연구원 2008, p.767). 해당 인각와의 출토지나 소재가 불분명하여 확인할 수 없다고 한다(이다운 1999, p.122). 『百濟瓦塼圖錄』(1983)에 수록된 534번 인각와의 경우, '前卩甲瓦'로 판단되는데, 인각의 우측 상단이 결실되어 남은 부분만 보면 '首'자로 읽었을 개연성이 있다.[3] 해당 인각와가 향교 부근 田地에

---

2) 李タウン, 1999, 「百濟五部銘刻印瓦について」, 『九州古文化研究會』 43, pp.100-101, p.103 圖5-12 참조. 오른쪽 상단 글자만 좌서되었다고 보아, '左'로 읽었다.

3) '前卩甲瓦'명 인각와는 관북리에서 3점, 부소산성에서 7점 출토되었으며, 출토지 미상인 것이 1점이다(沈相六, 2005, 「百濟時

서 출토된 인각와일 가능성을 제시해둔다. 『백제와전도록』에서는 이 기와의 명문을 '甲田瓦' 또는 '甲旨(?)'로 읽었다(재단법인 백제문화개발연구원 1983, p.413). 글자는 음각되어 있다.[4]

기와(534번)	명문

출처: 財團法人 百濟文化開發研究院, 1983, 534번.

(3) '右卩乙瓦'銘

실물을 확인할 수 없다. 맨처음에는 '石卩乙瓦'로 소개되었으나(홍사준 1971, p.122), '石'이 아니라 '右'일 가능성이 클 것이다. 지금까지 '右卩乙瓦'銘 인각와에 대한 보고 사례가 없기 때문에, '上卩乙瓦'나 '下卩乙瓦'의 오독이거나, 부소산성에서 출토된 '右城甲瓦'명 인각와일 가능성이 제기되었다(충청남도역사문화연구원 2008, p.767). 그러나 '甲瓦'를 '乙瓦'로 오독할 가능성은 낮을 것이며, 지금까지의 사례 중에서 '右寺乙瓦'와 가장 유사한 것으로 생각된다.

(4) '後卩乙瓦'銘

좌변을 '氵'로 표기한 경우도 있으나(김영심 1992, p.195), 이는 '後'를 잘못 읽은 것으로 판단된다(충청남도역사문화연구원 2008, p.769). '後卩乙瓦'銘 인각와는 관북리 왕궁지와 부소산성 등에서도 출토된 바 있다.[5] 『百濟瓦塼圖譜』(1972)에 실린 '後卩乙瓦'銘 인각와는 출토지 미상으로 소개되었는데(이다운 1999, p.100), 이것이 관북리 왕궁지나 부소산성에서 출토된 것이 아니라면[6] 동남리에서 출토되었을 가능성이 있다. 음각으로 원형의 테두리가 둘려져 있으며, 글자도 음각되어 있다.

後卩乙瓦
(도145)

代 印刻瓦에 關한 研究』, 공주대학교 석사학위논문, p.14 〈표 2〉 참조). 『백제와전도록』에 수록된 '前卩甲瓦'銘 인각와는 출토지 미상으로 파악된 것으로 생각된다.

4) '○○甲瓦'는 양각이고, '○○乙瓦'는 음각인 점이 특징으로 지적된 바 있는데(李 タウン, 1999, 앞의 글, pp.99-100), 이 경우는 예외적인 사례인가 의문이다.

5) 沈相六, 2005 앞의 글, p.14 〈표 2〉 부여지역 인각와 출토현황 참조.

6) 沈相六, 2005 위의 글, p.14 〈표 2〉에는 관북리 출토 3점, 부소산성 출토 1점, 기타 유적 출토 1점으로 정리되어 있다.

출처: 忠南大學校 百濟硏究所, 1972, 도 145.

2) 참고문헌

(1) 보고서 및 자료집

金英心, 1992, 「扶餘地域 出土 瓦·塼銘」 韓國古代社會硏究所 編, 『譯註 韓國古代金石文 Ⅰ, 고구려·백제·낙랑편』, 駕洛國史蹟開發硏究所.

財團法人 百濟文化開發硏究院, 1983, 『百濟瓦塼圖錄』.

忠南大學校 百濟硏究所, 1972, 『百濟瓦塼圖譜』.

충청남도역사문화연구원, 2008, 『百濟史資料譯註集: 韓國篇 Ⅰ』, 충청남도역사문화연구원.

(2) 논저류

洪思俊, 1971, 「百濟城址硏究」, 『百濟硏究』 2.

15. 錦城山

금성산은 부여 시가지 동쪽에 자리하고 있는 표고 121m의 산으로 가마터와 사지 등 백제시기의 유적이 다수 분포하고 있다. 그중 '금성산백제와적기단건물지'(동남리 산 10-1, 34-1·2, 35번지)는 금성산 서남록에 위치한다. 이 건물지는 1944년 금성산 순환도로를 만들기 위한 작업을 하던 도중 발견되어 당시 藤澤一夫에 의하여 긴급 조사되었다(문화재청, 국립부여문화재연구소 2008, p.100). 이때 석조여래입상, 청동제소탑편과 더불어 부여읍 구아리 구경찰서 부지에서 출토된 '天王'銘 수키와와 동일한 명문기와가 발견되어 '傳 天王寺址'라고 부르게 되었다.[7] 국립부여박물관이 금성산의 신부지로 이전하게 되면서 1989년 이 지역에 대한 발굴조사가 이루어졌다. 발굴조사 결과 寺址로 볼 만한 유적이 확인되지 않고 와적기단으로 된 건물지 1동만 발견되어 '금성산백제와적기단건물지'로 명명되었다.

'금성산백제와적기단건물지'는 이층기단으로 되어 있으며, 하층기단은 기와를 이용하여 만든 와적기단으로 기단규모가 동서 18.04m, 남북 14.72m이다. 이층기단에서 남쪽으로 3m 가량 떨어진 곳에 풍화암반층을 U자형으로 파내고 기와편, 토기편, 치미편, 잡석, 점토를 섞어 보강한 溝 시설이 발견되었다. 인각와는 溝 시설 내부에서 '己-酉'銘 인각와 1점, 지표에서 '己-助'銘 인각와 2점이 수습되었다. 금성산의

7) 고려시기 기와로 추정되며(충청남도·충남대학교 박물관, 2002, 『부여의 문화유산』, p.692), 1989년 조사가 이루어진 곳에서 북동쪽으로 떨어진 곳에서 발견된 것으로 전한다(國立扶餘博物館, 1992, 『扶餘錦城山百濟瓦積基壇建物址 發掘調査報告書』, p.14).

서남록에서는 '巳-▨'銘 인각와 1점이 출토되었다.

금성산 출토
'天王'銘 수키와

출처: 국립부여박물관, 2002, 『百濟의 文字』, p.67.

1) IIA나형

(1) '己-酋'銘

이층기단 앞 溝 시설 안에서 발견된 것으로 직경 2.5cm의 원형 안에 글자가 한 자씩 음각되어 있다. 발굴보고서에서는 '己-▨'로 하부 인각의 명문을 미상자로 처리하였는데, 탁본으로 보아 왼쪽 부분이 일부 결실되었으나 '酋'자로 판단된다. 보통 '己-酉'로 읽어 간지를 의미하는 것으로 보았지만, '酉'자 위에 획(丷)이 더 있기 때문에 '酋'로 판독된다.[8] 음각으로 테두리가 둘러져 있으며, 글자도 음각되어 있다.

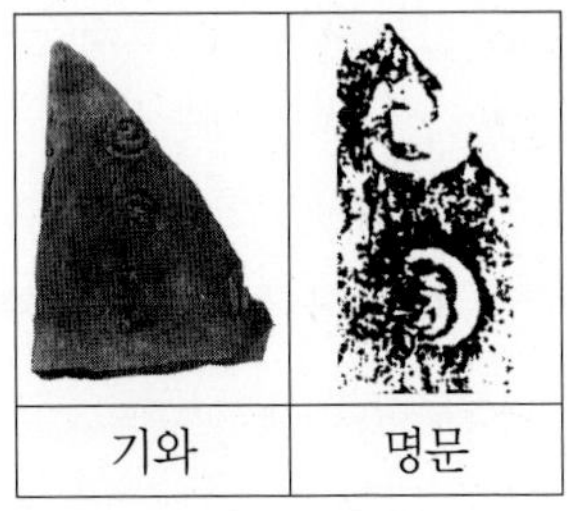

기와	명문

출처: 國立扶餘博物館, 1992, 삽도 7-④, 도판 46-①.

(2) '巳-助'銘

지표에서 수습된 인각와 2점에는 직경 1.5cm의 원형 안에 '巳', '助'자가 찍혀져 있다. 이 중 1점은 불완전하다. 아래 인각의 명문을 '昉(=旨)'로 보기도 하는데(노명호 외 2004, p.331), 탁본으로는 획을 확인하기 어려우며, 사진으로는 '助'인지 '昉'인지 명확하지 않다. 다른 사례를 참조하면 '肋'자일 가능성도 있다. 양각으로 테두리가 둘러져 있으며, 글자도 양각이다.

8) 沈相六, 2005, 앞의 글, p.14 〈표 2〉에서도 '己-酋'로 판독하였다. 정림사지에서 출토된 인각와(도판 106-d)의 경우, 동일한 글자로 '酋'자가 뚜렷하다.

기와	명문(사진)	명문(탁본)

출처: 國立扶餘博物館, 1992, 삽도 7-⑤, 도판 46-②.

(3) '巳-▨'銘

금성산 서남록에서 출토된 인각와로 금성산백제와적기단건물지와 직접적으로 관련된 유물은 아니다. 등면에 인각이 2개 찍혀 있으며, 인각 부분이 일부 결실되어 상부의 '巳'자만 판독 가능하다. 글자는 양각되어 있다.

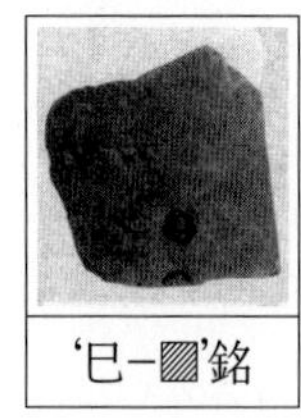

'巳-▨'銘

출처: 충청남도·충남대학교 박물관, 2002, p.614.

2) 참고문헌

(1) 보고서 및 자료집

國立扶餘博物館, 1992, 『扶餘錦城山百濟瓦積基壇建物址 發掘調査報告書』.

노명호 외, 2004, 『韓國古代中世 地方制度의 諸問題』, 집문당.

문화재청·국립부여문화재연구소, 2008, 『백제폐사지 학술조사보고서 -扶餘郡 篇-』.

충청남도·충남대학교 박물관, 2002, 『부여의 문화유산』.

16. 東南里寺址

동남리사지는 동남리 211-1번지 외 4필지 일대에 위치한다. 1938년 일본인 石田茂作에 의해 발굴조사가 이루어져 다양한 와전류와 함께 납석제 불상과 수조 2개 등이 확인되었으며, 그의 보고서에 의하면 남북을 축으로 하여 중문, 금당, 강당만이 배치되고 탑이 없는 특이한 형태의 절터로 주목되었다(충남대학교박물관 2013). 여기에서는 '申卩甲瓦'銘 인각와가 1점 출토되었다.

1) IA다형

(1) '申卩甲瓦'銘

『百濟瓦塼圖譜』(1972)에 동남리사지에서 출토된 명문기와로 소개되어 있다.[9] 잔존 폭은 7~8cm이며, 길이는 8.7cm, 두께는 1.7cm이다. 연회색이며, 태토는 정선되고 견고하다. 인각의 지름은 3.5cm이며, 글자 크기는 1.2~1.3cm 정도이다. 양각의 원형 테두리 안에 글자가 양각되어 있다.

'申卩甲瓦'에 대해서는 五部銘 인각와 중 '中卩甲瓦'銘 인각와가 지금까지 출토되지 않은 점을 근거로 '申卩甲瓦'를 '中卩甲瓦'로 잘못 새긴 것으로 보아 五部銘 인각와의 하나로 파악하기도 한다(이다운 1999, p.99). 하지만 '申卩甲瓦' 인각와가 적지 않게 발견되고 있기 때문에 이를 잘못 새긴 것으로 보기는 어렵다(김영심 2007, pp.254-255).

기와	명문

출처: 財團法人 百濟文化開發硏究院, 1983, p.278; 忠南大學校 百濟硏究所, 1972, p.71.

2) 참고문헌

(1) 보고서 및 자료집

財團法人 百濟文化開發硏究院, 1983, 『百濟瓦塼圖錄』.

忠南大學校 百濟硏究所, 1972, 『百濟瓦塼圖譜』.

충남대학교박물관, 2013, 『부여 동남리유적』.

(2) 논저류

김영심, 2007, 「백제의 지방통치에 관한 몇 가지 재검토 -木簡, 銘文瓦 등의 문자자료를 통하여-」, 『韓

9) 忠南大學校 百濟硏究所, 1972, 『百濟瓦塼圖譜』, p.63. p.71에는 탁본 사진(147번)이 수록되어 있다. 財團法人 百濟文化開發硏究院, 1983, 『百濟瓦塼圖錄』, p.278에도 동일한 기와의 사진이 수록되어 있다.
國立扶餘博物館, 1989, 『(特別展)百濟의 瓦塼』, p.52에서는 동일한 '申卩甲瓦'銘 기와를 가탑리사지에서 출토된 것으로 소개하고 있다.

國古代史研究』 48.
洪思俊, 1971, 「百濟城址研究」, 『百濟研究』 2.

李 タウン, 1999, 「百濟五部銘刻印瓦について」, 『古文化談叢』 43, 九州古文化研究會.

17. 화지산

화지산은 부여읍의 남편 동남리 105번지 일대에 위치하며, 부여읍의 중심부에 있는 금성산에서 서남편으로 뻗어 내린 지맥에 해당한다. 서편으로는 일명 '군수뜰'로 불리는 매우 평탄한 대지가 형성되어 있고, 현 화지산 서편으로는 궁남지가 인접해 있다. 화지산이 백제 오천결사대 충혼탑 건립지로 선정되면서 2000년에 구제발굴조사가 이루어졌으며, 이때 '刀'銘 인각와를 비롯하여 4점의 인각와와 명문토기 등이 수습되었다.

1) IA가형

(1) '▨'銘

가 지구 건물지 2의 주변을 조사하던 중 표토층에서 수습되었다. 인각은 지름 2.7cm 크기이며, 양각된 명문은 다소 마모되어 있다. 어느 방향을 위로 보아야 할지 모호한데, 남은 획은 'y'자 혹은 '人'자와 비슷해 보인다. 글자인지 문양인지 판별하기 어렵다.

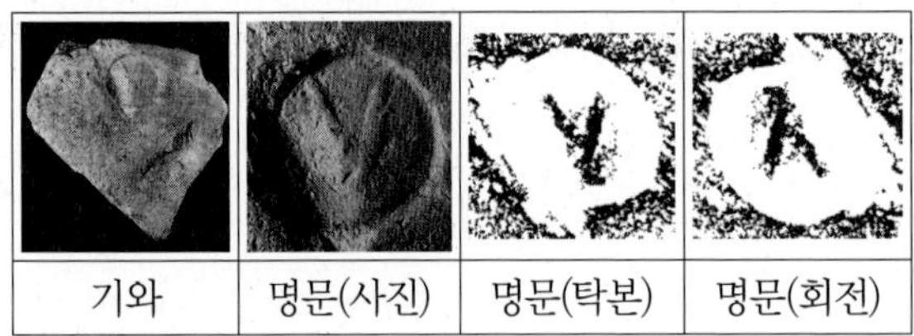

기와	명문(사진)	명문(탁본)	명문(회전)

출처: 국립부여문화재연구소, 2002, 도판 239-7·8, 탁본 1-2.

(2) '刀'銘

석곽묘 8의 남편인 암반층의 남측 황갈색 사질점토층에서 수습된 회청색 경질의 수키와편이다. 인각에는 지름 2.4cm 정도의 테두리가 음각으로 둘러져 있으며, 그 안의 명문도 역시 음각되어 있다. 기와가 상단 부분이 유실되었는데, 다른 인각와의 사례로 보아 인각 2개가 짝을 이루는 ⅡA나형일 가능성도 있다.

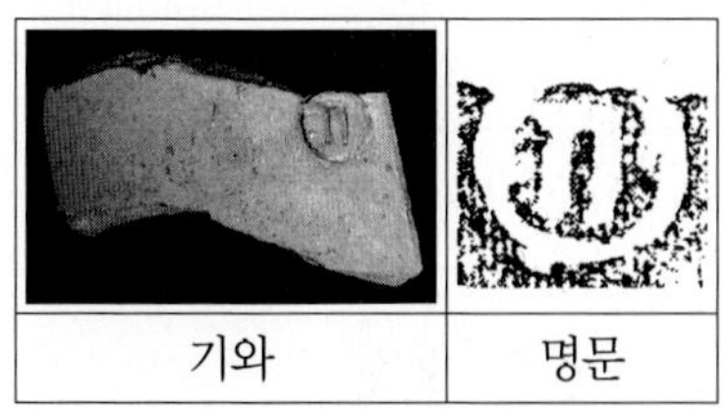

출처: 국립부여문화재연구소, 2002, 도판 240-3, 탁본 41-1.

2) IIA나형

(1) '▨-▨'銘

가 지구 건물지 2의 내부 와적층에서 출토된 회색의 경질 기와이다. 인각은 2개가 아래위로 배치되어 있는데, 반파된 상태여서 정확한 명문은 파악할 수 없다. 아래 인각의 남은 부분에서 '力'자가 보이므로 '助'나 '[illegible]', '肋' 등으로 추정해 볼 수 있다. 보고서에서는 '午-助'로 추정하였다. 인각은 지름이 1.5cm 정도이며, 양각의 테두리 안에 글자가 양각되어 있다.

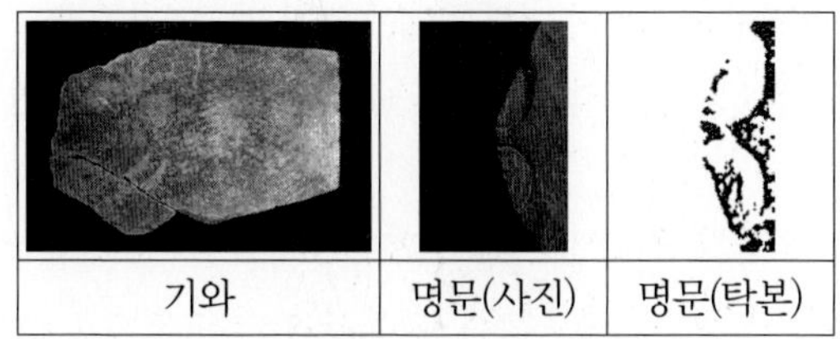

출처: 국립부여문화재연구소, 2002, 도판 240-1, 2, 탁본 6.

(2) '▨'銘

가 지구 건물지 2를 조사하던 중에 표토층에서 수습되었다. 인각은 지름이 1.7cm이며, 테두리를 양각으로 둘렀고, 글자도 양각되어 있는데, 반 정도가 결실되어 정확하게 판독하기 어렵다. 다만 '日'자 혹은 '月'자와 비슷한 획이 남아 있는 상태이다. 발굴보고서에서는 다른 사례를 참조하여 '午-助'銘 인각와로 추정하였다.

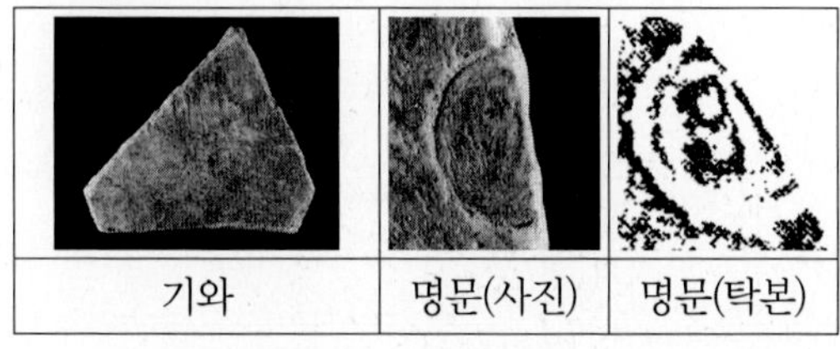

출처: 국립부여문화재연구소, 2002, 도판 239-5, 6, 탁본 1-1.

3) 참고문헌

(1) 보고서 및 자료집

국립부여문화재연구소, 2002,『화지산 유적발굴조사보고서』.

18. 정림사지

정림사지는 부여읍 동남리 254번지 일대에 위치한다. 사지에는「大唐平百濟國碑銘」이 새겨져 있는 오층석탑 1기가 있고, 신라통일기-고려시대의 양식인 석불좌상이 백제시대 강당지 자리에 안치되어 있다.

정림사지에 대한 최초의 조사는 일제강점기 1940년대에 유적이 부여의 신궁조성계획과 도시계획 대상에 포함되면서 藤澤一夫에 의해 이루어졌다. 1942년 1차 발굴조사에서는 '太平八年戊辰定林寺大藏當草' 銘 기와가 출토되었고, 명문에 기록된 '定林寺'를 근거로 정림사지로 부르게 되었다.

해방 이후 정림사지에 대한 본격적인 발굴조사는 충남대학교 박물관의 윤무병 교수에 의해 1979년부터 1992년까지 6차례에 걸쳐 실시되었다. 일제시기부터 최근까지의 여러 차례에 걸친 발굴조사를 통하여 '酋', '戊', '斯', '刀下', '申卩甲瓦', '後卩乙瓦', '前卩乙瓦', '未-斯', '午-助', '巳-刀' 등 다양한 명문의 인각와와 문양 인각와가 출토·수습되었다.

1) IA가형

(1) '▨'銘

2008년부터 2010년까지 정림사지의 중심사지에 대한 전면적인 재조사를 실시하였을 때 동승방지 동서탐색 트렌치(N0E3) 내부의 적갈색사질점토층(백제시대층)에서 출토되었다. 인각은 지름이 2.3cm이며, 글자는 양각된 것으로 보이나, 판독하기 어렵다.

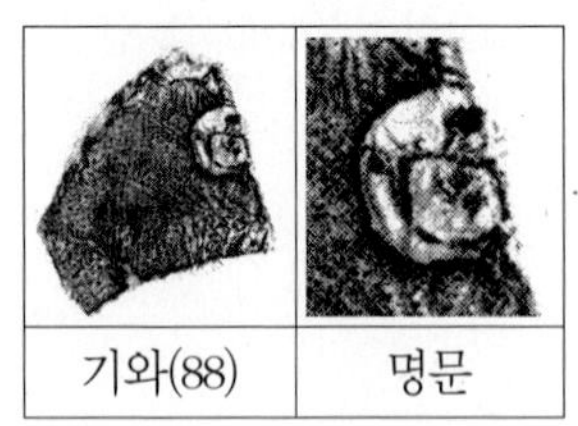

기와(88)	명문

출처: 국립부여문화재연구소, 2011, p.168, 도면 56-88.

2) IA나형

(1) '刀下'銘

2008년 제8차 조사 때 강당지 동편 와적기단의 적갈색사질점토층(백제 성토층)에서 출토되었다. 인각은 측면에서 8.6cm 떨어진 지점에 찍혀 있다. 인각의 지름은 3.3×3.1cm이며, 0.1cm 깊이의 테두리가 음각으로 둘러져 있으며, 그 안에 '刀下'가 상하로 음각되어 있고, '刀'자는 좌서로 되어 있다.

'巳-刀'의 '刀'와 '刀下'의 '刀'가 자형이 다른 점을 근거로, '刀'를 '卩(部)'와 같은 것으로 보기도 한다. 즉 '刀下'를 '部下'로 보고, 5부 아래에 편성되어 있는 5巷를 뜻하는 것으로 해석하였고, 나아가 5부는 물론이고 5부 아래의 5항도 기와를 생산하여 왕실 중심의 국가적 조영사업에 기와를 기진한 것으로 보았다(이다운, 2007, pp.105-106). 하지만 인각와에 보이는 '卩(部)'자와 '刀下'의 '刀'자는 자형이 다르거니와, 단순히 '卩下'라고만 표기할 경우 어느 부의 어느 항인지, 생산주체를 제대로 밝힐 수가 없다는 점도 문제이다. 여기에서는 '刀下'로 판독해 둔다.

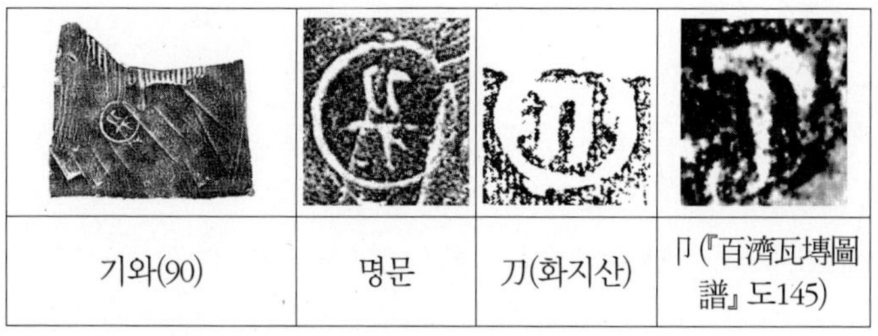

기와(90)	명문	刀(화지산)	卩(『百濟瓦塼圖譜』 도145)

출처: 국립부여문화재연구소, 2011, p.168, 도면 56-90.

(2) '▨▨'銘

1980년에 정림사지 주변에 대한 환경정비 사업계획이 세워지고, 주차장 예정지역을 대상으로 발굴조사를 실시한 결과, 중문지 정면으로 인접한 지점에서 동, 서 2개의 연못이 발견되었다. 이에 1980~1984년에 3차 걸쳐 발굴 조사하여, 정림사의 입구로 생각되는 남문지 기단과 동, 서 2개의 연지, 그리고 두 연못 사이를 경유하는 중앙통로가 발견되었다. 東池 북반부에서 가장 많은 유물이 나왔고, 여기에서 나온 와편은 일부를 제외하고 모두 수집하였다고 하였으므로, 인각와도 東池에서 나온 것으로 추정된다.

삽도 2-6의 인각와는 글자의 획이 분명하지 않아 다소 판독하기 어려운데, '本文'이나 '本夫'으로 추정된 바 있다(윤무병 1987, p.12; 노명호 외 2004, p.349). 다른 지역에서 출토된 인각와의 사례를 참조한다면, '本攴' 또는 '本文' 등으로 읽히는 인각와와 비교해 볼 수 있겠는데, 상부의 글자가 '本'보다는 '木'자에 가깝고, 하부의 글자는 획이 거의 보이지 않아 단정 짓기 어려워, 미상자로 둔다. 인각의 지름은 2.8cm이며, 음각의 테두리 안에 글자가 음각되어 있다.

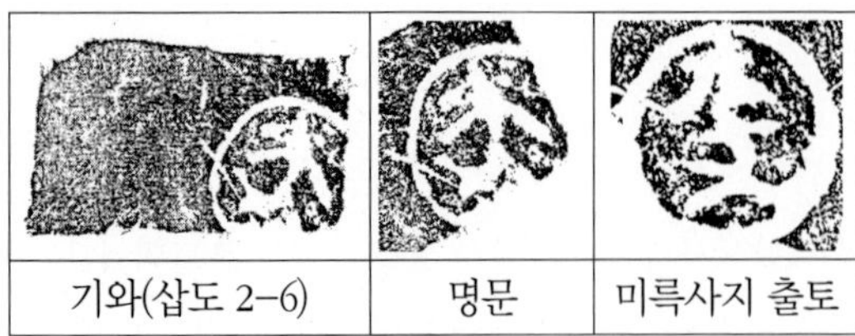

기와(삽도 2-6)	명문	미륵사지 출토

출처: 尹武炳, 1987, p.18, 삽도 2-6.

(3) '▨▨'銘

1979년 10월부터 1980년 3월까지 사지를 전면적으로 발굴조사하는 과정에서 발견되었다.[10] 음각의 테두리가 둘러져 있으며, 글자도 음각되어 있다. 보통 '刀下'로 읽는 인각와의 명문과 비슷해 보이기는 하나, 자획이 분명하지 않아 미상자로 둔다.

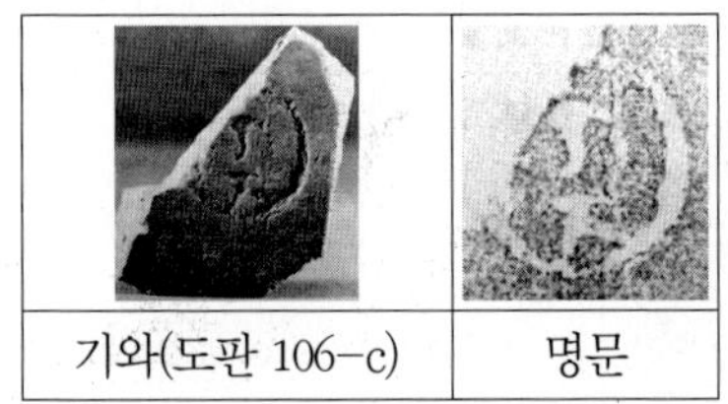

기와(도판 106-c)	명문

출처: 忠南大學校博物館·忠淸南道廳, 1981, 도판 106-c, 삽도 12.

3) IA다형

(1) '申卩甲瓦'銘

1979년 10월부터 1980년 3월까지 사지를 전면적으로 발굴조사하는 과정에서 출토되었다. 발굴보고서에서는 '甲申'으로 읽었으며, '甲申乙瓦'로 소개되기도 하였으나(김영심 1992, p.195), 인각와 출토 사례를 고려하였을 때 '申卩甲瓦'로 판단된다. 명문의 하단부가 결실되어 있으며, 인각의 지름은 약 3.6cm이다. 양각으로 테두리가 둘러져 있으며, 글자는 양각되어 있다.[11]

---

10) 인각와가 출토된 정확한 지점을 파악할 수 없다. 발굴조사 당시 백제시대 와편들이 집중적으로 유기된 지역이 몇 개소에 발견되었는데, 그중에서 가장 와당류의 출토수가 풍부하였던 E6, S6의 그리드 내의 와퇴적의 전량을 표본자료로 삼아 채취하여 분류하였다고 하므로(忠南大學校博物館·忠淸南道廳, 1981, 위의 책, p.42), 인각와도 여기에서 출토되었을 가능성이 클 것이다.

11) 李 タウン, 1999, 앞의 글, p.99의 표2에서는 이 기와와 별개로 정림사지에서 '申?甲?'銘 인각와(인각 지름 3.7cm, 두께 1.1~1.4cm)가 출토된 것으로 정리하였는데, 사실상 동일한 기와라고 판단된다. 표2에 나온 '申?甲?'銘 인각와의 수치는 洪在善, 1981, 「百濟 泗沘城研究」, 동국대학교 석사학위논문, p.48-1의 표 36번 '甲申??'銘 인각와의 수치를 옮긴 것으로 보인다. 또 동남리에서 '申卩甲瓦'銘 인각와가 출토된 것으로 전한다(成周鐸, 1982, 「百濟泗沘都城 研究」, 『百濟研究』 13, p.35; 李 タウン, 1999, 위의 글, p.99). 이는 홍재선의 논문을 근거로 한 것인데, 이다운의 논문에서 동남리 출토로 정리된 '申卩甲瓦'

기와[12]	명문

출처: 忠南大學校博物館·忠淸南道廳, 1981, 도판 106-b.

⑵ '後卩乙瓦'銘

1980년 연지를 발굴하는 과정에서 출토된 인각와이다. 인각의 우측 상단이 일부 결실되었고, 기와면이 훼손되어 우측 줄의 글자를 판독하기 어렵다. 발굴보고서에서는 '中卩乙瓦'로 판독하였고, 이후 대체로 이를 따랐으나(윤무병 1987, p.12; 문동석 2011, p.185), 탁본상에 '氵'로 보이는 획이 일부 보이므로, '後卩乙瓦'로 추정해 볼 수 있다. 음각의 테두리 안에 글자가 음각되어 있다.

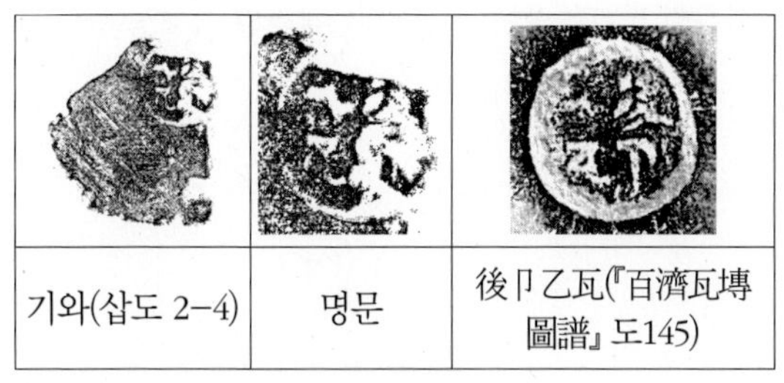

기와(삽도 2-4)	명문	後卩乙瓦(『百濟瓦塼圖譜』 도145)

출처: 尹武炳, 1987, p.18, 삽도 2-4.

⑶ '前卩乙瓦'銘

2008년부터 2010년까지 정림사지의 중심사지에 대한 전면적인 재조사를 실시하였을 때, 동회랑지 동편부(N0E3)의 기와 다량 포함층인 적갈색사질점토층(백제시대층)에서 출토되었다. 측면에서 1.1cm 떨어진 지점에 인각이 있다. 직경 3.4×3.3cm, 깊이 0.2cm인 음각 테두리 안에 글자가 음각되어 있다. 발굴보고서에서는 상단 우측 글자를 미상으로 처리하였으나, '前'자로 읽는 데 무리가 없다고 판단된다.

(인각 지름 3.8cm, 두께 1.4cm)는 홍재선의 논문에서 동남리에서 출토된 '甲申乙瓦'에 대한 정보를 옮긴 것으로 보인다. 그런데 홍재선은 '甲申乙瓦'銘 인각와가 부소산성 서복지 및 정림사지에서 발견된 유일한 인각와라고 밝히고 있으므로(홍재선, 1981, 위의 글, p.48), 결국 홍재선 글의 동남리 출토 '甲申乙瓦'銘 인각와는 정림사지에서 출토된 '申卩甲瓦'銘 인각와라고 판단된다.

12) 忠南大學校博物館·忠淸南道廳, 1981, 앞의 책과 忠南大學校, 1983, 『博物館圖錄(百濟資料 篇)』에 수록된 기와 사진의 좌우가 반대이다. 기와의 방향을 돌렸을 때 오른쪽에 申, 왼쪽에 甲이 위치한 『定林寺』의 사진을 수록하였다.

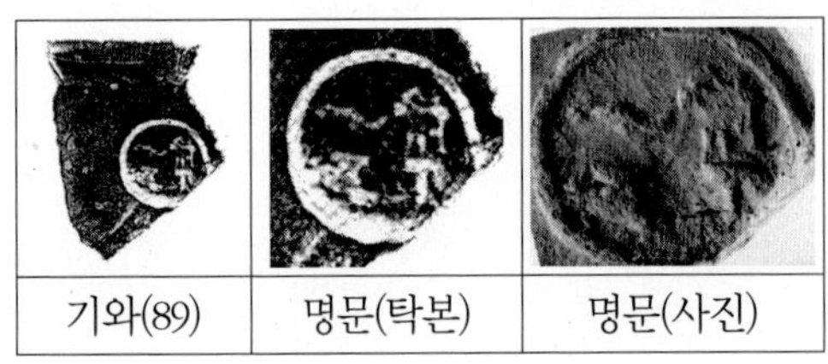

기와(89)	명문(탁본)	명문(사진)

출처: 국립부여문화재연구소, 2011, p.168, 도면 56-89, p.452, 사진 309-89.

(4) 기타

정림사지에서 '▨▨上卩'銘 인각와와 '右城甲瓦'銘 인각와 등이 출토되었다고 하는데(이다운 1999, p.99, 102), 발굴보고서에서는 확인되지 않는다. '▨▨上卩'銘 인각와는 기와의 두께나, 글자가 음각되어 있었다는 기록이 남아 있기 때문에 실재할 가능성이 높다.[13] 다만 보통 五部銘 인각와의 경우, '○○甲瓦', '○○乙瓦'의 형식으로 되어 있는데, '上卩甲瓦'銘 인각와만 그 좌우가 바뀌어 오른쪽 줄부터 읽으면 '甲瓦上卩'로 읽힌다. '▨▨上卩'銘 인각와의 경우 판독이 맞다면 '甲瓦上卩'銘 인각와일 가능성이 있겠다. '右城甲瓦'銘 인각와는 정림사지에서 출토되었는지 여부가 확실하지 않다.

4) IIA나형

(1) '未-斯'銘

일제시기에 정림사지 오층석탑 부근에서 '未-斯'銘 인각와가 출토된 바 있다고 한다(齋藤忠 1939, p.311). 齋藤忠의 논문에는 '未-斯'銘 인각와 탁본이 하나 수록되어 있는데, 이것이 정림사지에서 출토된 것인지는 불확실하다. 양각으로 테두리가 둘러져 있으며, 글자도 양각으로 되어 있다. '未'는 간지 즉, 기와의 생산시기와 관련된 것으로, '斯'는 인명과 관련된 것으로 이해된다. 544년에 백제의 사신으로 임나에 파견된 '斯那奴次酒'란 인물이 있으며(『日本書紀』 卷19, 欽明紀 5年 2月條), 근초고왕 때 고구려의 내침에 책략을 올린 인물로 '斯紀'가 있다(『三國史記』 卷24, 近仇首王 元年). 인각와에서 인명으로 파악된 글자는 기와 생산집단을 표시한 것으로 보거나(齋藤忠 1939, pp.312-313; 심상육 2005, p.50; 김환희 2014 pp.92-94). 기와의 생산을 파악하고 책임진 검사관과 관련된 것으로 본다(이다운 2007, pp.103-104).

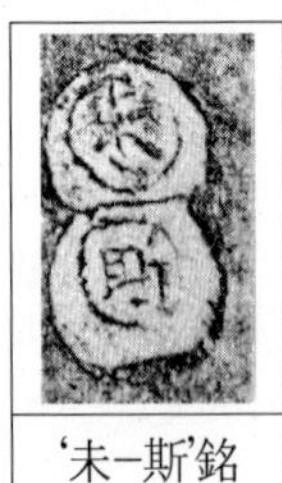

'未-斯'銘

13) 洪在善, 1981, 앞의 글, p.48-3 표의 128번에 해당 인각와의 기록이 보인다.

출처: 齋藤忠, 1939, p.309.

(2) '午-助'銘

2008년부터 2010년까지 정림사지의 중심사지에 대한 전면적인 재조사를 실시하였을 때, 남회랑지 교란 수혈(S4W3) 내부토 제거과정 중에 출토되었다. 직경 1.8×1.7cm, 깊이 0.3cm의 인각과 직경 1.8×1.6cm, 깊이 0.2cm의 인각이 0.3cm 간격으로 압인되어 있다. 2개의 인각 모두 양각의 테두리가 둘러져 있으며, 글자도 양각되어 있다. 아래 인각의 '助'자는 좌변이 '日'자가 아니라 '巳'자처럼 보이기도 한다.

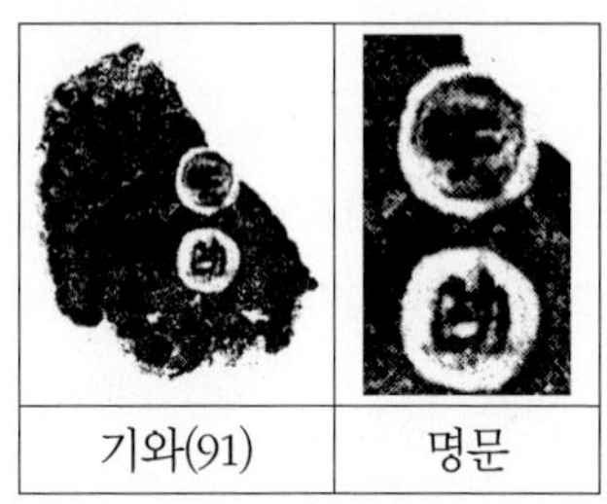

기와(91) 명문

출처: 국립부여문화재연구소, 2011, p.170, 도면 57-91.

(3) '巳-刀'銘

2009년에 서회랑지 서편부 미상원형수혈 상면 기와무지(N0W4) 내에서 출토되었다. 인각은 직경 2.0×2.0cm, 깊이 0.2cm의 인각과 직경 2.3×2.0cm, 깊이 0.2cm의 인각이 상하로 1.6cm 간격으로 압인되어 있다. 인각은 남아 있는 측면에서 5.5cm 떨어진 지점에 위치하며, 2개의 인각 모두 음각의 테두리로 둘러져 있으며, 글자도 음각되어 있다.

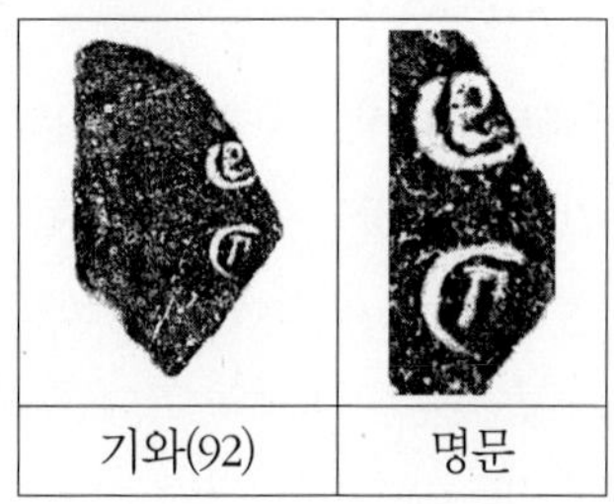

기와(92) 명문

출처: 국립부여문화재연구소, 2011, p.170, 도면 57-92.

(4) '酋'銘

1979년 10월부터 1980년 3월까지 사지를 전면적으로 발굴조사하는 과정에서 출토되었다. 보고서에서는 미상으로 처리되었는데, '酉'자 위에 획(ヽ丿)이 더 있어서 '酋'로 판독된다(심상육 2005, p.17). 음각의 테두리가 둘러져 있으며, 글자도 음각이다. 와편이어서 인각와의 유형을 파악하기 어려우나, 인각 2개가 짝을 이루어 찍힌 경우가 아닐까 생각된다.

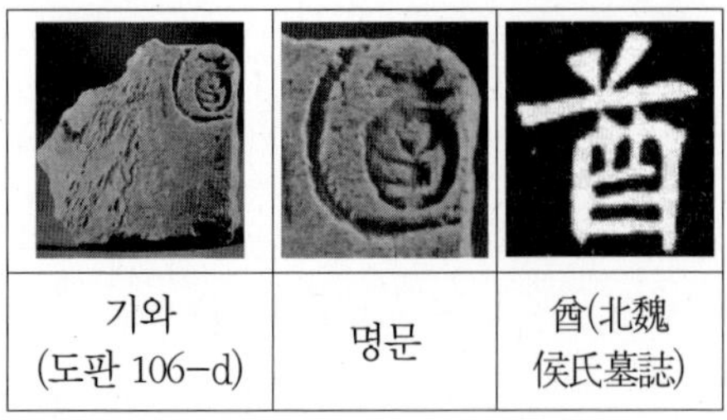

기와 (도판 106-d)	명문	酋(北魏 侯氏墓誌)

출처: 忠南大學校博物館·忠淸南道廳, 1981, 도판 106-d.

(5) '戊'銘

1980년에 정림사지 연지를 발굴조사하면서 출토되었다. 인각와의 명문은 탁본으로 '戈'로 판독되었는데, 다른 사례를 참조하였을 때 ⅡA나형의 상부 인각으로 간지와 관련되므로, 천간의 하나인 '戊'자로 볼 수 있다(김환희 2014, p.41). 희미하지만 양각의 테두리가 있으며, 글자도 양각되어 있다. 인각의 지름은 2cm이다.

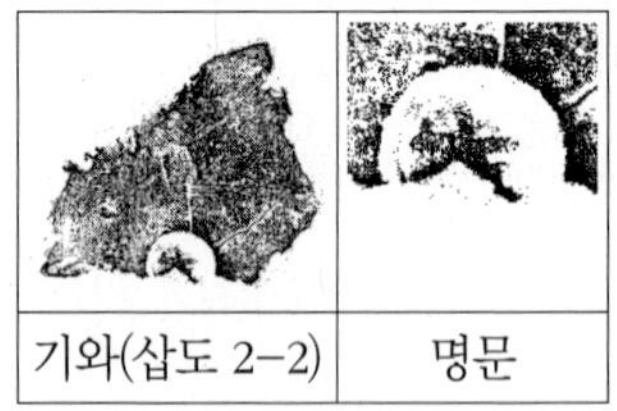

기와(삽도 2-2)	명문

출처: 尹武炳, 1987, p.18, 삽도 2-2.

(6) '斯'銘

1980년에 정림사지 연지를 발굴조사하면서 출토되었다. 발굴보고서에서는 미상자로 처리하였는데, '斯'자로 볼 수 있다. '斤'을 거의 '丅'자에 가깝게 썼는데, 초서처럼 획을 간략히 한 것이 아닌가 생각된다. 음각의 테두리가 둘러져 있으며, 글자도 음각되어 있다. 인각의 지름은 2.1cm이다. 인각 두 개가 조합을 이루는 ⅡA나형으로 추정된다.

기와(삽도 2-3)	명문

출처: 尹武炳, 1987, p.18, 삽도 2-3.

5) 문양 인각와

도판 106-a 인각와(삽도 12)는 1979년 10월부터 1980년 3월까지 사지를 전면적으로 발굴조사하는 과정에서 출토되었으며, 삽도 2-5의 인각와는 1980-1984년에 연지를 조사하면서 출토된 것이다. 둘 다 문양이 양각되어 있으며, 삽도 2-5의 인각와는 인각의 지름이 2cm이다.

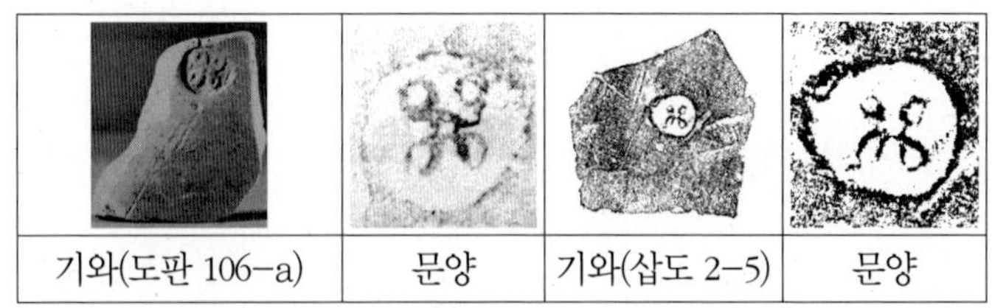

기와(도판 106-a)	문양	기와(삽도 2-5)	문양

출처: 忠南大學校博物館·忠淸南道廳, 1981, 도판 106-a; 尹武炳, 1987, p.18, 삽도 2-5.

6) 참고문헌

(1) 보고서 및 자료집

국립부여문화재연구소, 2011, 『부여 정림사지』.

國立扶餘博物館, 1989, 『(特別展)百濟의 瓦塼』.

金英心, 1992, 「扶餘地域 出土 瓦·塼銘」, 韓國古代社會研究所 編, 『譯註 韓國古代金石文 Ⅰ -고구려·백제·낙랑편-』, 駕洛國史蹟開發研究所.

노명호 외, 2004, 『韓國古代中世 地方制度의 諸問題』, 집문당.

尹武炳, 1987, 『扶餘定林寺址蓮池遺蹟發掘調査報告書』, 忠南大學校 博物館.

忠南大學校, 1983, 『博物館圖錄(百濟資料 篇)』.

忠南大學校博物館·忠淸南道廳, 1981, 『定林寺』.

(2) 논저류

金桓熙, 2014, 「百濟 泗沘期 印章瓦의 변천과 제작공정 체계화」, 충남대학교 고고학과 석사학위논문.

문동석, 2011, 「신발견 백제의 문자자료에 대한 역주」, 『인문논총』 23, 서울여자대학교 인문과학연구소.

沈相六, 2005, 「百濟時代 印刻瓦에 關한 硏究」, 공주대학교 석사학위논문.

심상육, 2013, 「백제 사비도성 출토 문자유물」, 『목간과 문자』 11.

이다운, 2007, 「印刻瓦를 통해 본 益山의 기와에 대한 연구」, 『고문화』 70.

李 タウン, 1999, 「百濟五部銘刻印瓦について」, 『九州古文化研究會』 43.

齋藤忠, 1939, 「百濟平瓦に見られる刻印銘に就いて」, 『考古學雜誌』 29-5.

19. 동남리 부장골

궁남초등학교 서쪽의 성왕로와 계백로 사이 일대에 위치한 부장골에서 인각와(소장번호 부여 2618)가 1점 출토되었다(충청남도·충남대학교 박물관 2002, pp.613-614).[14)]

1) 인각와

위는 좁고 아래는 넓은 암키와로 등면에 인각이 찍혀 있으나 판독이 불가능하다.

출처: 충청남도·충남대학교 박물관, 2002, p.614.

2) 참고문헌

(1) 보고서 및 자료집

충청남도·충남대학교 박물관, 2002, 『부여의 문화유산』.

20. 부여 중앙로-백강로 연결도로부지

부여 중앙로-백강로 연결도로부지는 동남리 일원에 위치하며 구릉의 말단부와 저지대가 만나는 지역에 자리하고 있다. 발굴 결과 사비기의 건물지와 구상유구 1기와 건물지 이전 및 이후 시기에 해당하는 구상유구 1기, 주혈이 확인되었다. 건물지는 정면 2칸, 측면 2칸의 기와건물로 동서 약 3.6m, 남북 약 6.6m의 크기였다. 출토유물은 건물지에 사용되었던 기와류가 대부분이며, 이 중 '木'銘, '▨-▨'銘 인각와가 출토되었다.

14) 부장골의 위치는 忠淸南道·忠南大學校博物館, 1998, 『文化遺蹟 分布 地圖 -扶餘郡-』, p.55 참조.

1) IA가형

(1) '木'銘

건물지 내의 와적층에서 출토된 회청색을 띠는 경질의 암키와편이다. 인각은 3.3~3.8cm 지름의 타원형이며, 양각으로 테두리가 둘러져 있고, 글자도 양각되어 있다. '木'자로 판독된다. '木'銘에 대해서는 백제의 大姓八族 중 하나인 木氏로 판단하여 木氏 집단에서 공급 혹은 기증한 기와로 보기도 한다(심상육 2005, p.45). 이와 달리 백제 22부의 하나인 木部를 표기하였을 가능성도 제기된 바 있다(김환희 2014, p.26).

출처: 충청남도역사문화원, 2008, p.261, 도판 21-④.

2) IIA나형

(1) '▨-▨'銘

표면은 회색, 속심은 적갈색을 띠는 연질의 수키와이다. 중상부 좌측에 인각이 두 개가 연접해서 찍혀 있다. 하나는 지름이 1.8cm 정도이다. 글자가 양각되어 있는데, 하나는 그나마 일부 획이 보이나 다른 하나는 박리되어 자획을 확인하기 어렵다. 자획이 보이는 인각을 보고서에서는 하부 인각으로 보고, 글자를 '土'로 판독하였는데, 상부 인각으로 볼 경우, '午'자에 가까워 보인다.

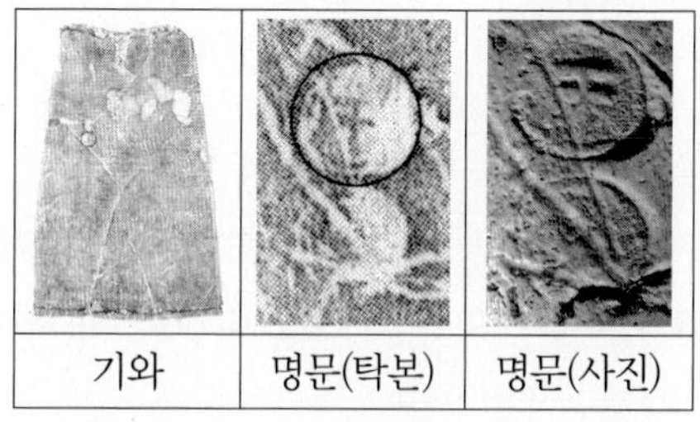

출처: 충청남도역사문화원, 2008, p.205, 도면 10-②; 국립부여박물관·충청남도역사문화원, 2007, p.127.

3) 참고문헌

(1) 보고서 및 자료집

국립부여박물관·충청남도역사문화원, 2007, 『그리운 것들은 땅 속에 있다 -충청남도역사문화원의 신 발굴 백제문화재-』.

충청남도역사문화원, 2008, 『扶餘 中井里建物址·사비로 -백강로 연결도로부지 내 扶餘 東南里遺蹟-』.

(2) 논저류

金桓熙, 2014, 「百濟 泗沘期 印章瓦의 변천과 제작공정 체계화」, 충남대학교 고고학과 석사학위논문.

沈相六, 2005, 「百濟時代 印刻瓦에 關한 硏究」, 공주대학교 석사학위논문.

21. 동남리 136-4번지 백제유적

궁남지를 서동공원으로 확대하면서, 서동공원의 부속시설 및 편의시설을 확대, 정비하기 위한 과정에서 2011년에 발굴조사된 지역이다. 시굴조사 과정에서 상, 하층으로 확인된 유물포함층은 백제 사비기에 사비도성 내 가용공간을 확보하기 위해 궁남지 주변의 저습지 및 저지대에 1, 2차에 걸쳐서 토목공법으로 대지를 조성하면서 이루어진 것으로 밝혀졌다. 하층 대지조성토는 '1차 공정층', 상층 대지조성토는 '2차 공정층'으로 명명되었으며, 2차 공정층에서는 굴립주 건물지 1동, 성격미상의 석축유구 1기, 목주열이 확인되었다. 대지조성 시점은 출토유물로 보아 7세기 2/4분기를 전후한 시점으로 판단되며, 인각와는 1차 공정층에서 '申-▨'銘 인각와가 1점, 2차 공정층에서는 글자가 판독되지 않는 인각와 2점이 출토되었다.

1) IA가형

(1) '▨'銘

굴립주 건물지 및 미상석축유구가 확인된 Pit D의 2차 공정층에서 출토되었다. 기와의 좌측 하단부에 치우쳐 인각 하나가 확인된다. 인각의 지름은 2.1cm이며, 글자는 양각되어 있다. 보고서에서는 '申'자 내지 '田'자로 추정하였으나, 남은 부분으로는 글자인지 문양인지 판단하기 어렵다.

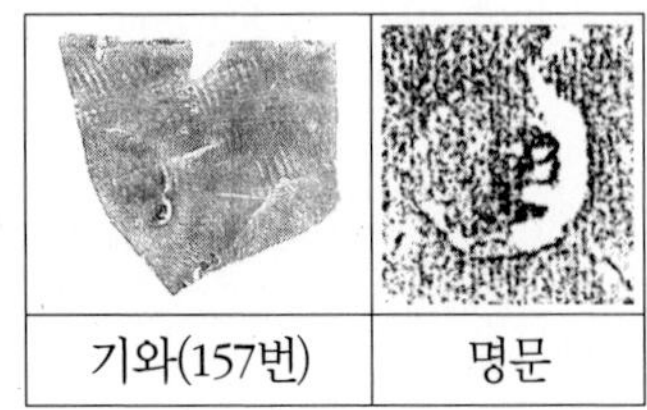

기와(157번)	명문

출처: 재단법인 한얼문화유산연구원, 2013, p.125, 도면 53-157.

2) IIA나형

(1) '申-▨'銘

Pit C의 1차 공정층에서 출토된 경질소성의 암키와편으로, 회색을 띠고 있다. 인각의 지름 1.8cm이며, 양각의 테두리를 두르고, 글자도 양각되어 있다. 상부의 명문은 '申'자로 확인되나, 하부의 인각의 명문은 상당 부분이 결실되어 알 수 없다.

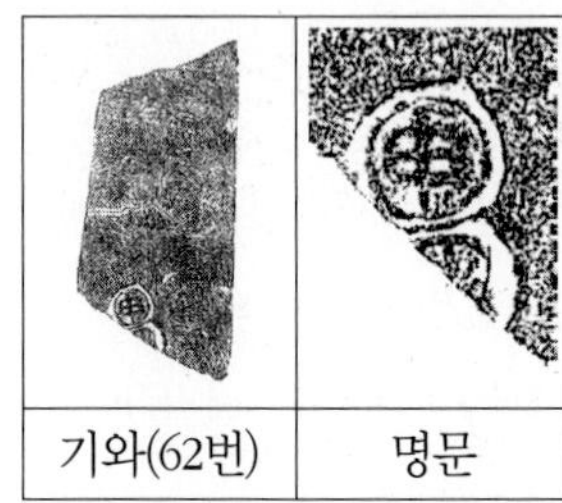

기와(62번)	명문

출처: 재단법인 한얼문화유산연구원, 2013, p.100, 도면 28-62.

3) IB형

(1) 인각와

굴립주 건물지 및 미상석축유구가 확인된 Pit D의 2차 공정층에서 출토되었다. 경질소성의 암키와편으로 회백색을 띠고 있다. 기와의 좌측 하단에 1개의 인각이 찍혀 있다. 인각은 장방형이며, 글자는 양각되어 있다. 보고서에서는 '申'자 내지는 '田'자로 추정하였는데, 남은 자형을 보았을 때 '申'자로 볼 수는 없으며, '田'자나 가운데 세로획이 짧게 처리된 '甲'자일 가능성이 있다. 인각이 장방형이며, 하단부에 여백이 남아 있는 것으로 보아 글자가 한 자 더 있었을 가능성이 있으나, 임실 성미산성에서 출토된 인각와 사례를 참고하면 글자가 한 자만 있을 가능성도 고려해 볼 수 있다.

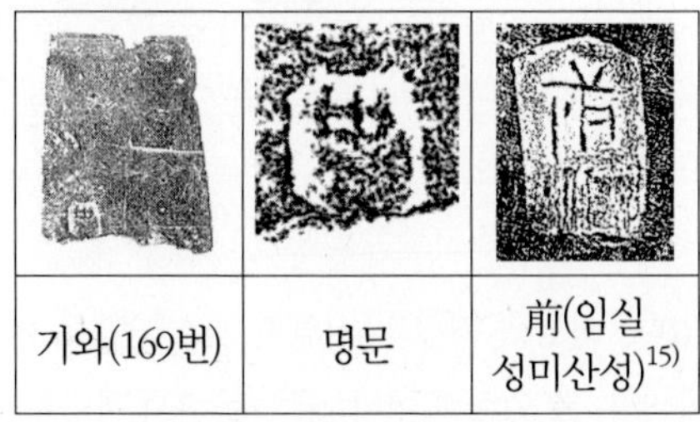

기와(169번)	명문	前(임실 성미산성)[15]

출처: 재단법인 한얼문화유산연구원, 2013, p.130, 도면 58-169.

4) 참고문헌

(1) 보고서 및 자료집

재단법인 한얼문화유산연구원, 2013, 『부여 동남리 136-4번지 백제유적』.

22. 동남리 백제생활유적

부여 동남리 백제생활유적은 충남 부여군 동남리에서 조사된 백제시대 생활유적이다. 2012년에 구제 발굴 조사되어 백제시대 굴립주건물지 3동, 우물 2기, 매납 유구 2기, 수혈유구 52기, 구상유구 30기를 비롯하여 조선시대 경작 유구 등 모두 90여 기의 생활유구가 확인되었다. 수혈유구와 구상유구는 백제생활유적에서 가장 많이 확인된 유구이며, 내부에서는 토기와 토제품, 인각와를 비롯한 기와류가 상당수 출토되었다. 그 성격을 단정 지을 만한 특정시설이나 유물은 확인되지 않았으며, 일부는 폐기장 기능을 했을 것으로 추정된다. 인각와는 '寅'銘, '己-助'銘, '未-斯'銘 등 5점이 출토되었다.

1) IA가형

(1) '寅'銘

조사지역의 중앙에 위치한 17호 구상유구에서 출토된 담황색 연경질의 기와편이다. 등면에 원형의 인각이 하나 찍혀 있으며, 글자는 양각되어 있다. 보고서에서는 글자를 '虫'으로 추정하였으나, '寅'으로 판독할 수 있다.

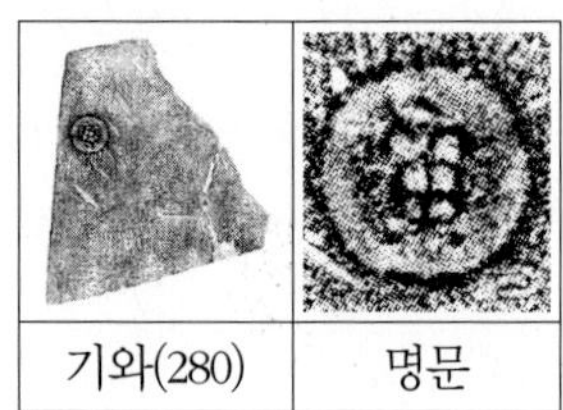

기와(280)	명문

출처: 한국농어촌공사·백제문화재연구원, 2014, 도면 97-280.

(2) '▨'銘

조사지역의 북서쪽에 위치한 11호 수혈유구에서 출토되었다. 회청색 경질의 기와편으로 등면에 원형 인각 하나가 확인된다. 양각의 테두리 안에 글자가 양각되어 있는 것으로 보이나, 글자를 판독하기는 어

15) 전북문화재연구원, 2009, 『任實 城嵋山城』.

렵다.

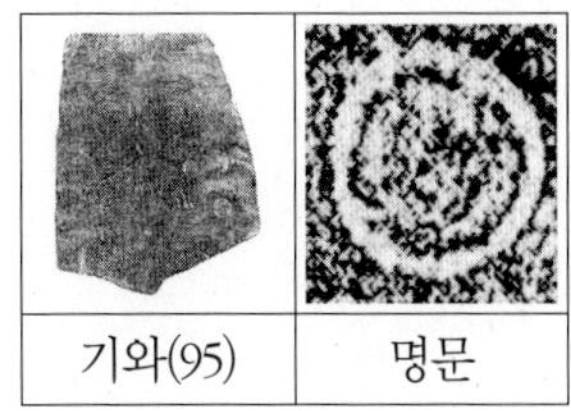

기와(95)	명문

출처: 한국농어촌공사·백제문화재연구원, 2014, 도면 29-95.

2) IIA나형

(1) '己-昉'銘

11호 수혈유구에서 출토된 회청색 경질의 기와편이다. 등면에 두 개의 원형 인각이 찍혀 있으며, 글자가 양각되어 있다. 보고서에서는 미상자로 처리하였으나, 상부 인장의 명문은 '己'이며, 하부 인장의 명문은 '昉'로 보인다. '昉'는 '旨'나 '助', '時'와 통하는 글자이다.

기와(96)	명문

출처: 한국농어촌공사·백제문화재연구원, 2014, 도면 29-96.

(2) '未-斯'銘

11호 수혈유구에서 출토되었다. 회청색 경질의 기와편이며, 등면에 두 개의 원형 인각이 찍혀 있다. 양각의 테두리 안에 글자가 양각되어 있다.

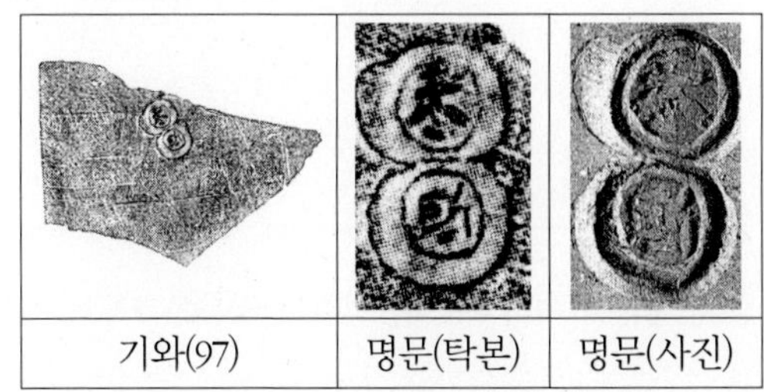

기와(97)	명문(탁본)	명문(사진)

출처: 한국농어촌공사·백제문화재연구원, 2014, 도면 30-97, 도판 35-97.

(3) '▨-▨'銘

11호 수혈유구에서 출토되었다. 회청색의 완형에 가까운 기와이다. 원형의 인각이 두 개 찍혀 있는데, 희미하여 명문을 확인하기 어렵다. 글자는 양각되어 있는 것으로 추정된다.

기와(94)	명문

출처: 한국농어촌공사·백제문화재연구원, 2014, 도판 34-94.

3) 참고문헌

(1) 보고서 및 자료집

한국농어촌공사·백제문화재연구원, 2014, 『扶餘 東南里 百濟生活遺蹟 -한국농어촌공사 사옥 신축부지 내-』.

23. 궁남지

궁남지 유적은 행정구역상 충남 부여군 부여읍 동남리 117번지 등 군수리, 왕포리 일대에 걸쳐 약 261,311㎡의 면적을 차지하며, 현재 사적 제 135호로 되어 있다. 1990~1993년도에 궁남지 일대에 대한 조사가 진행된 바 있으며, 그 이후 8개년의 조사계획이 수립되어 연차적인 발굴조사가 이루어져 왔다. 여기에서는 '後卩甲瓦', '前卩乙瓦' 등의 인각와와 '卄', '井'銘 기와, '北舍', '中', '舍'銘 등의 토기, 開元通寶 등의 다양한 명문자료가 출토되었다.

1) IA다형

(1) '後卩甲瓦'銘

동서수로 Ⅲ의 다갈색점토층에서 출토되었다. 회청색 경질의 수키와이다. 인각의 지름은 3.6cm이고, 글자는 양각의 테두리 안에 양각되어 있다.

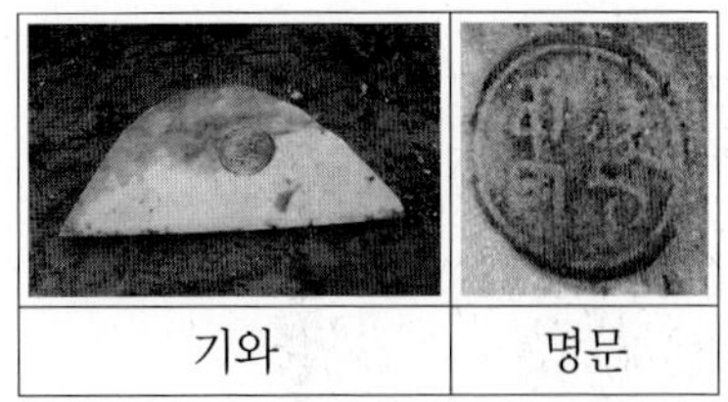

기와	명문

출처: 國立扶餘文化財研究所, 2001b, p.39, 도판 58.

(2) '前卩乙瓦'銘

백제시대 층인 적갈색사질점토층에서 출토되었다. 선문 위에는 인각이 찍혀 있는데, 인장을 찍고 뗄 때 글자가 흔들린 것으로 보인다. 발굴보고서에서는 '上卩甲瓦'로 판독하였으나, '前卩乙瓦'로 판단된다. 보고서에서 '上'으로 읽은 글자가 '卩'에 해당하며, '甲'으로 본 글자가 '前'에 해당한다고 본다. 인각의 지름은 3.1cm 내외이며, 음각으로 테두리를 둘렀으며, 글자도 음각되어 있다.

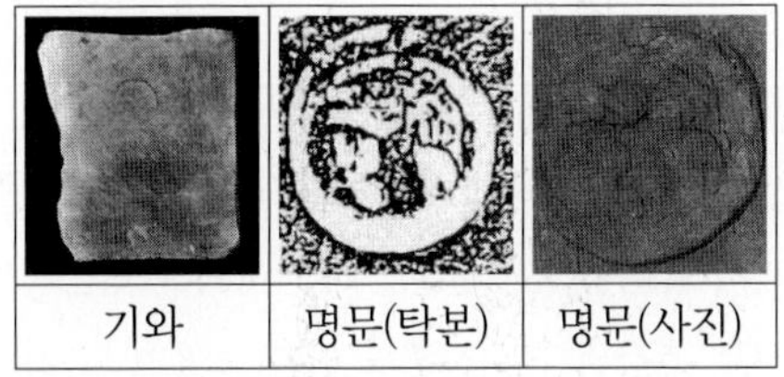

기와	명문(탁본)	명문(사진)

출처: 國立扶餘文化財研究所, 2001a, p.340, 탁본 22; 國立扶餘文化財研究所, 2001b, p.121, 도판 184-1.

2) IIA나형

(1) '▨-▨'銘

1991~1992년에 이루어진 2차 조사 시에 출토되었으며, 출토 위치를 알 수 없다. 연질소성의 암키와로 회백색을 띤다. 외면에 지름 1.8cm의 원형 명문 인각이 찍혀 있다. 양각의 테두리가 둘러져 있고, 그 내부에는 양각으로 글자가 찍혀 있으나 인각의 내부가 많이 마모되어 명문의 내용은 알 수 없다.

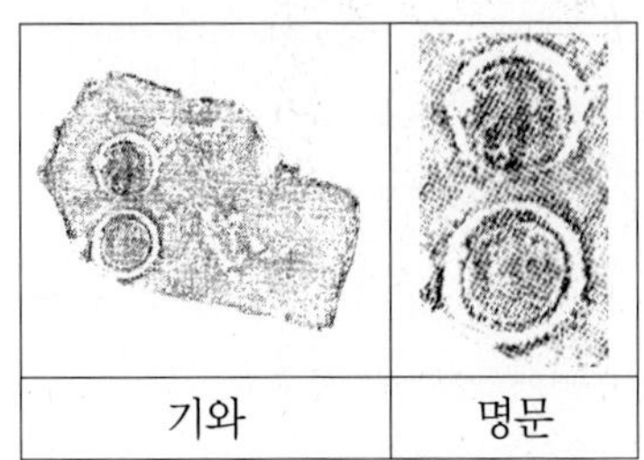

기와	명문

출처: 국립부여박물관, 2007, p.87, 도면 29-4.

3) 참고문헌

(1) 보고서 및 자료집

國立扶餘文化財硏究所, 2001a,『宮南池 Ⅱ －現 宮南池 西北便一帶－』.

國立扶餘文化財硏究所, 2001b,『宮南池 Ⅱ －現 宮南池 西北便一帶, 圖版－』.

국립부여박물관, 2007,『궁남지』.

24. 가탑리

1) IA다형

(1) '官卩甲瓦'銘

홍재선의 논문에는 국립부여박물관이 소장한 인각와 중 가탑리에서 출토된 '官卩甲瓦'銘 인각와가 있는 것으로 정리되어 있다(홍재선 1981, p.48－1). 인각의 지름은 3.6cm, 글자 크기는 0.9cm, 기와의 두께는 1.6cm이며, 글자는 양각되어 있다고 한다. 현재에는 소재가 불분명하여 실물을 확인하기 어려운 상태이다.[16] 지금까지 '官卩甲瓦'의 사례가 없었으므로 다른 글자로 추정된다는 견해도 있다(노명호 외 2004, p.322).

2) IIA나형

(1) '甲－毛'銘

齋藤忠의 논문에서 가탑리에서 '甲－毛'銘 인각와가 발견된 바 있다고 밝히고 있다. 동일 논문에 수록된 탁본 중 이에 해당하는 것이 2점 있는데, 이 중 어느 것이 가탑리에서 출토된 것인지는 알 수 없다. 이와 같은 명문을 '田－毛'로 읽기도 하는데, ⅡA나형의 상부 인각의 경우 보통 간지와 관련되며, 인각와에서 '甲'의 가운데 세로획을 짧게 처리하기도 한다는 점을 고려하면, '甲'으로 볼 수 있다고 판단된다. '甲'은 간지, 즉 기와의 생산시기와 관련된 것으로 이해되며, '毛'는 인명과 관련된 것으로 추정된다.『新撰姓氏錄』에는 백제인 인명으로 '毛甲'이라는 姓이 나오며, 신라인의 이름 중에는 毛가 들어간 경우가 있음을 근거로 '毛'가 인명과 관련 있을 가능성이 제시된 바 있다(齋藤忠 1939, pp.34－35).

---

16) 李タウン, 1999, 앞의 글, p.122 각주 20번, 이 논문에서는 '官卩乙瓦'라고 하였는데, 이는 오기이다.

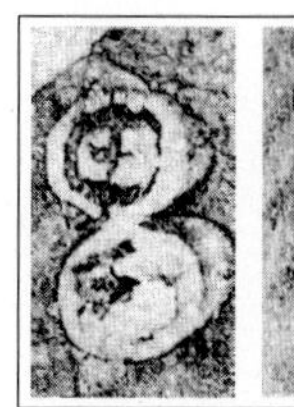 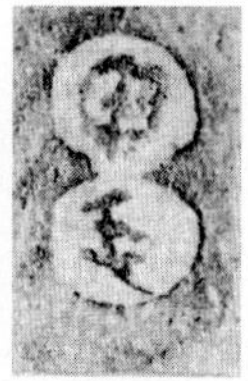

'甲-毛'銘

3) 참고문헌

(1) 보고서 및 자료집

노명호 외, 2004,『韓國古代中世 地方制度의 諸問題』, 집문당.

(2) 논저류

洪在善, 1981,「百濟 泗沘城硏究」, 동국대학교 석사학위논문.

齋藤忠, 1939,「百濟平瓦に見られる刻印銘について」,『考古學雜誌』29-5.

25. 가탑리사지

가탑리사지(가탑리 273-1)는 부여읍 가탑리에 있는 금성산 남쪽 기슭에 위치한 부여고등학교 후면과 인접한 지역에 있다. 이 사지는 1938년에 발굴조사가 실시되어 건물지 기단일부가 확인되었다. 발굴조사 시 출토된 유물은 연꽃무늬수막새, 인동문전편, 치미편 등과 다수의 암·수키와가 있고, 그중 '上卩乙瓦'銘 인각와도 있는 것으로 전한다.

1) IA다형

(1) '上卩乙瓦'銘

『(特別展) 百濟의 瓦塼』에 가탑리사지에서 출토된 인각와로 소개되어 있다(국립부여박물관 1989, p.52). 그런데 도록에서 가탑리사지 출토 인각와로 같이 소개된 것 중에 동남리사지에서 출토된 것으로 알려진 '申卩甲瓦'銘 인각와가 포함되어 있으며,[17]『백제의 문자』에서는 동일한 '上卩乙瓦'銘 인각와가 관북리 출토 유물로 소개되어 있다(국립부여박물관 2002, p.76). 해당 유물의 출토지가 불분명하다고 판단

된다.[18)]

주황색의 암키와편이며(忠南大學校 百濟硏究所 1972), 인각의 지름은 3.5cm이고, 음각의 테두리가 둘러져 있고, 글자도 음각되어 있다.

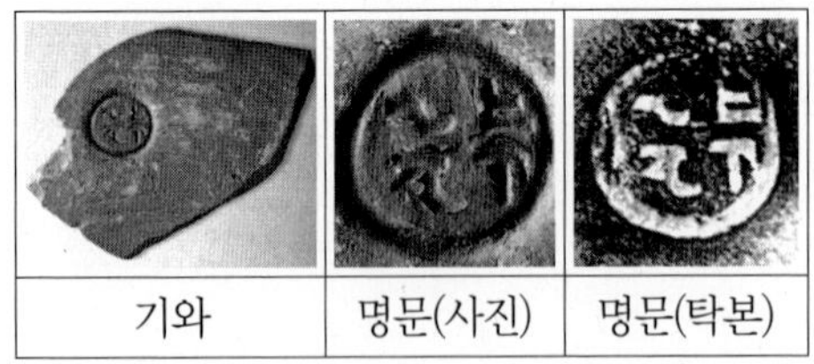

기와	명문(사진)	명문(탁본)

출처: 국립부여박물관, 2002, p.76; 忠南大學校 百濟硏究所, 1972, p.70, 142번.

2) 참고문헌

(1) 보고서 및 자료집

國立扶餘博物館, 1989,『(特別展) 百濟의 瓦塼』.

국립부여박물관, 2002,『百濟의 文字』.

忠南大學校 百濟硏究所, 1972,『百濟瓦塼圖譜』.

26. 가탑리 유적(부여–논산간 확·포장공사 구간)

2000년에 부여–논산 간 확·포장공사 구간에 대해 발굴조사가 이루어져 가탑리 유적에서는 백제시대 사비기의 수혈유구 22기, 고상건물 3동, 구상유구 1기, 우물 2기, 옹관묘 3기, 그리고 수전과 함께 고려시대 와요지 1기 등이 조사되었다. 고려시대 와요지에서 '辰'銘 인각와가 1점 출토되었다.

1) IA가형

(1) '辰'銘

고려시대 와요지에서 출토된 수키와로 측면에서 약 1.0cm 정도 떨어진 지점에 인각이 찍혀 있다. 발

17) 李 タウン, 1999, 앞의 글, p.99에서 가탑리사지 출토로 소개된 '신?갑와'명 인각와는 동남리사지 '신부갑와'명 인각와로 판단된다.

18) 충청남도·충남대학교 박물관, 2002,『부여의 문화유산』, p.617의 281번 인명와편에는 '부여 258'의 동일한 소장번호 아래 31점의 인각와가 포함되어 있는데, '부여읍'으로 출토지가 표기되어 있다. 이 가운데 '上卩乙瓦'銘 인각와와 '申卩甲瓦'銘 인각와가 포함되어 있다.

굴보고서에서는 '圓'으로 추정하였으나, 좌서된 '辰'자로 볼 수 있으며, '辰'은 地支의 하나이다. 인각 내의 글자는 양각되어 있다.

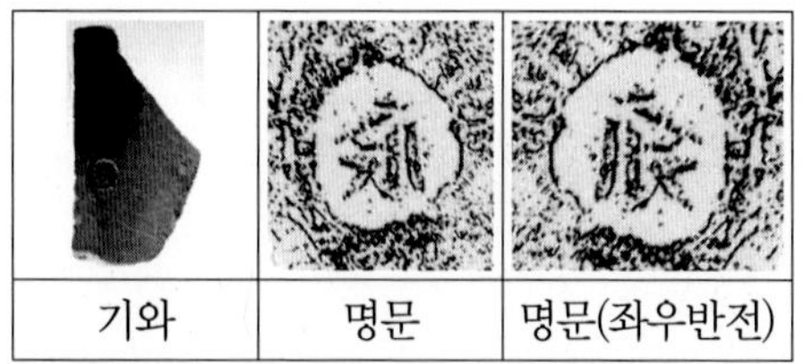

기와	명문	명문(좌우반전)

출처: (재) 충청문화재연구원·대전지방국토관리청, 2003, 도면 52-1, 사진 184-3.

2) 참고문헌

(1) 보고서 및 자료집

(재) 충청문화재연구원·대전지방국토관리청, 2003, 『부여 가탑리, 왕포리, 군수리 유적』.

27. 가탑리 백제유적

부여군 부여읍 가탑리 152-11번지 일대로, 금성산, 필서봉, 오석산으로 둘러싸인 석불들에 위치한다. 도로와 건물지, 우물, 폐기장, 수로 등이 발견되었으며, '後卩乙瓦', '甲-毛', '申-斯'銘 인각와와 여러 점의 명문토기가 출토되었다.

1) IA다형

(1) '後卩乙瓦'銘

2EN 트렌치 Ⅱ층에서 출토된 암키와편으로 인장이 압인된 일부만 남아 있다. 인장이 희미하게 압인되어 있고, 일부 유실되어 두세 자 정도만 판독이 가능한 상태이다. 보고서에서는 '後卩乙瓦'로 추정하였다. 오른쪽 하부의 글자는 '卩'로 볼 수 있다. 상부의 글자는 획이 희미하고 훼손되어 불분명하지만, 하단부의 획이 '後'의 '夊'와 유사하며, '氵'(=彳)에 해당하는 획이 보이므로 '後'자로 판독할 수 있다. '後'자 왼편에 획이 일부 보이는 듯한데, 보고서에서는 이를 '乙'자로 본 듯하다. 보고서의 판독을 따른다. 음각의 테두리가 둘러져 있으며, 글자도 음각되어 있다.

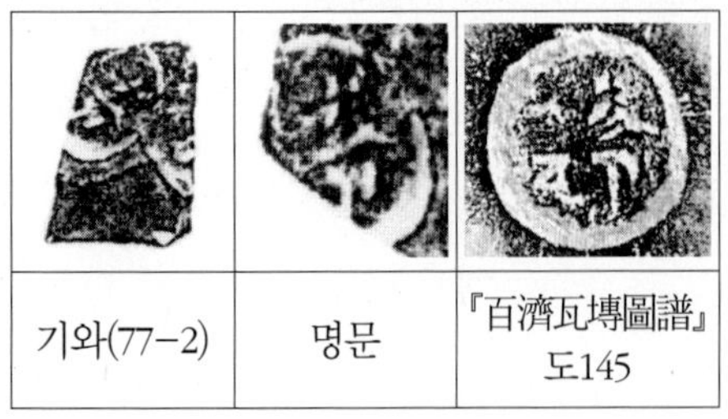

출처: 재단법인 부여군문화재보존센터, 2010, 그림 77-2.

2) IIA나형

(1) '甲-毛'銘

동서소로1과 동서중앙로 사이의 1폐기장에서 2점이 출토되었다. 둘 다 암키와편이며, 원형의 인각 2개가 접해서 찍혀 있다. 인각의 지름은 직경 1.8~2.2cm 정도이며, 글자는 양각되어 있다.

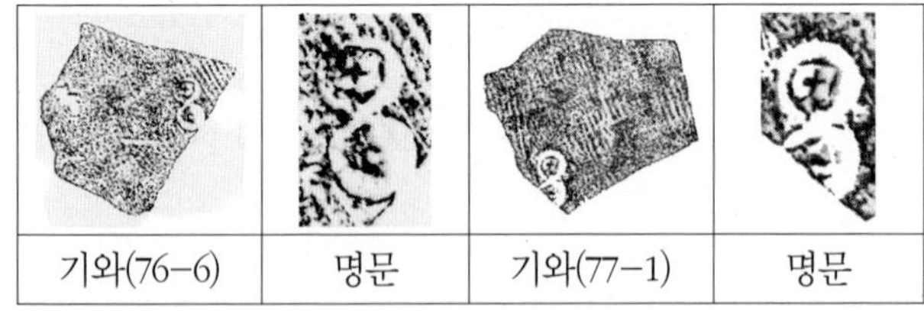

출처: 재단법인 부여군문화재보존센터 2010, 그림 76-6, 77-1.

(2) '申-斯'銘

5EN Pit에서 출토된 암키와편이다. 원형의 인각 2개가 접해서 찍혀 있는데, 지름은 1.8cm 정도이다. 양각으로 테두리가 둘러져 있으며, 글자도 양각되어 있다.

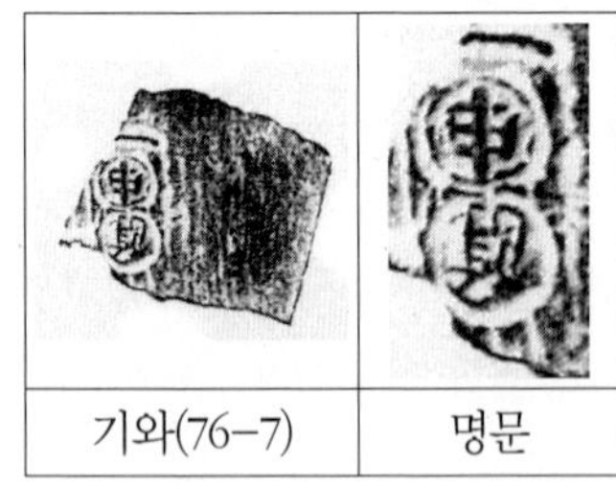

출처: 재단법인 부여군문화재보존센터, 2010, 그림 76-7.

3) 참고문헌

(1) 보고서 및 자료집

재단법인 부여군문화재보존센터, 2010, 『부여 가탑리 백제유적』.

28. 가탑리 358-3번지 유적

2009년에 가탑리 358-3번지 단독주택 신축부지에 대해 발굴조사가 이루어졌다. 이곳은 백제시기의 건물지, 석축 등이 확인된 '부여 우회국도연결 도시계획도로 개설공사 구간내 유적'과 인접한 곳이다. 조사 결과, 백제시기 문화층인 청색사질점토층과 흑색유기물층에서 다량의 사비시기의 토·도기류와 굴립주 2기 등이 확인되었다. 여기에서 '午-斯'銘 인각와 1점이 출토되었다.

1) IIA나형

(1) '午-斯'銘

사비시기 문화층의 최하층면에서 노출된 구상유구를 덮고 있는 흑회색점토층에서 출토되었다. 회청색 경질의 암키와편으로 등면에는 2개의 인각이 서로 인접하여 찍혀 있다. 인각의 지름은 1.8cm이며, 양각으로 테두리가 둘러져 있고, 글자도 양각되어 있다.

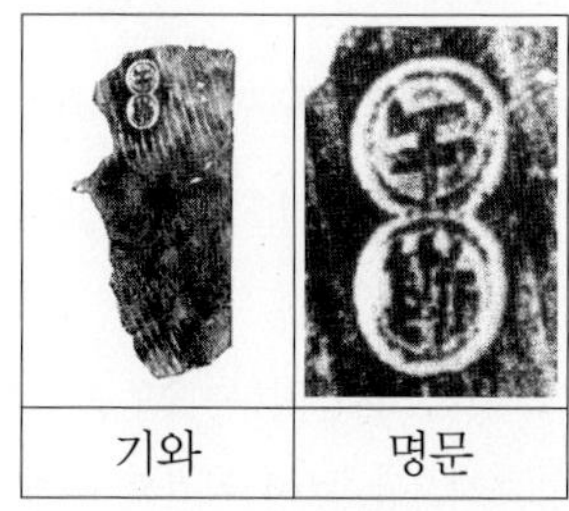

기와	명문

출처: 재단법인 부여군문화재보존센터, 2011, 그림 52-9.

2) 참고문헌

(1) 보고서 및 자료집

재단법인 부여군문화재보존센터, 2011, 『부여지역 소규모 발굴유적(2008~2009)』.

29. 관음사지

관음사지는 부여군 부여읍 가탑리 201번지에 위치한 백제 사지로 사명이나 유래에 대해서는 전혀 알려지지 않았지만, 1972년에 고려시대 청동제 여래입상 1점과 1996년에 치미편이 유적 주변에서 수습되어 사지로 추정되어오던 곳이다. 2004년도에 부여군 일대에 산재한 백제시대 폐사지 28개소에 대한 예비조사가 이루어지면서, 관음사지에 대한 시굴조사도 이루어졌으며, 건물지 2기가 확인되었다. 조사 과정에서 인각와가 2점 출토되었으며, 그 외에 '▨卩乙瓦'銘 인각와가 나온 것으로 전한다.

1) IA가형

(1) '▨'銘

트렌치6의 회갈색사질점토층에서 출토되었다. 음각의 테두리 안에 명문이 음각되어 있는데, 인각이 일부만 남아 있어 글자인지 문양인지 판단하기 어렵다.

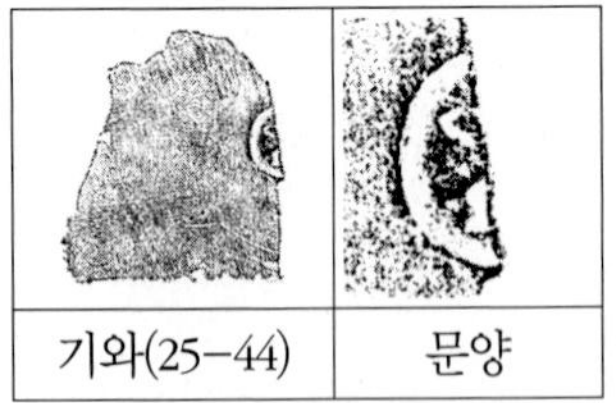

기와(25-44)	문양

출처: 국립부여문화재연구소, 2006, 도면 25-44.

2) IA다형

(1) '▨▨▨▨'銘

트렌치6의 회갈색사질점토에서 출토되었다. 양각의 테두리 안에 글자도 양각되어 있는 것으로 보인다. 기와가 일부 결실되고, 마모가 심하여 명문을 확인하기 어렵다. 자획의 흔적으로 보아 인각의 글자는 네 자이다. 상단 우측의 글자는 '氵'과 '夂'와 같은 획이 보여, '後'자로 볼 수 있다면, '後卩▨瓦'로 추정해 볼 수 있을 것이다.

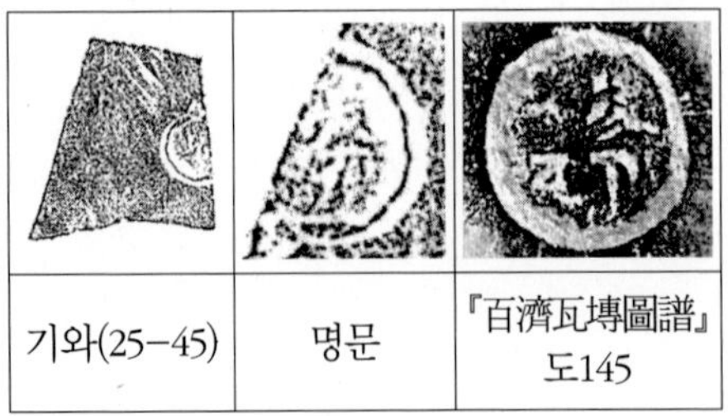

기와(25-45)	명문	『百濟瓦塼圖譜』 도145

출처: 국립부여문화재연구소, 2006, 도면 25-45.

(2) '▨卩乙瓦'銘

이다운의 논문에 소개되어 있으나, 실물을 확인할 수 없다(이다운 1999, p.99). 인각의 지름은 3.7cm 이며, 테두리는 없고, 글자는 음각되어 있다고 한다.

3) 참고문헌

(1) 보고서 및 자료집

국립부여문화재연구소, 2006,『부여 관음·밤골사지 시굴조사보고서』.

(2) 논저류

李 タウン, 1999,「百濟五部銘刻印瓦について」,『九州古文化研究會』43.

30. 가탑리 금성산 두시럭골

2009~2010년에 부여군의 '부여 굿뜨래 웰빙마을 조성사업'의 부지에 대한 발굴조사가 이루어졌다. 발굴조사는 1, 2차에 걸쳐 이루어졌고, 조사 결과 백제시대 도로유구, 수혈식 주거지, 벽주건물지, 굴립주건물지, 초석건물지, 기와건물지, 집수시설, 우물, 매납유구, 경작유구, 암거시설, 화장실유구, 수혈유구, 목주열, 초석렬, 담장시설, 기단석렬, 야외노지, 토기가마, 기와가마, 추정건물시설 등을 비롯하여 다수의 주공이 확인되었다. 이 가운데 2차 조사지역 내의 기와건물지와 와적층, 백제 사비기 문화층에서 '▨丑'銘, '甲-毛'銘, '甲-▨'銘, '戊-斯'銘, '戊-助'銘 등 여러 명문의 인각와와 명문토기가 출토, 수습되었다.

1) IA가형

(1) '▨'銘

기와 건물지에서 출토된 명회색 연질의 수키와편이다. 등면에는 두 개의 인각이 찍혀 있는데, 동일한 명문의 인각을 두 번 찍은 것이다. 인각의 명문은 '巳'자와 유사하나, 다소 자획이 차이가 있다. '巴'의 이체자일 가능성이 있지 않을까 생각된다. 양각의 테두리 안에 글자가 양각되어 있다.

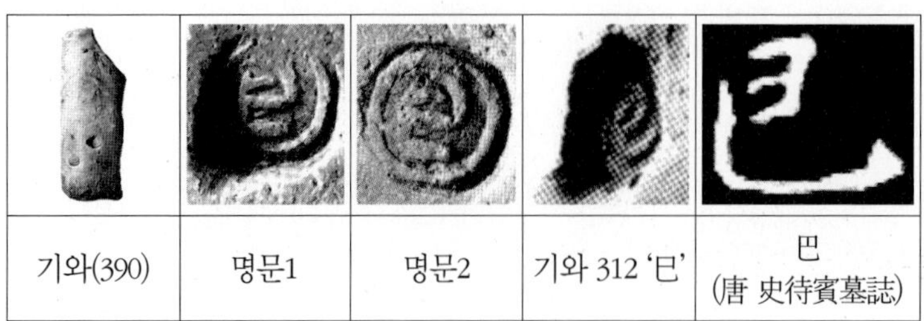

기와(390)	명문1	명문2	기와 312 '巳'	巴 (唐 史待賓墓誌)

출처: 한국전통문화대학교 고고학연구소, 2013, 사진 61-③.

(2) '▨'銘

기와의 등면에 인각이 1개 찍혀 있으나, 마모되거나 흔적이 없어 명문을 알 수 없는 기와가 8점 있다. 기와 건물지에서 3점, 와적층에서 4점 출토되었고, 문화층에서 1점이 수습되었다. 이 중 수키와는 3점, 암키와는 5점이다. 384번, 392번, 277번, 307번 기와의 명문에 대해서 보고서에는 인각의 윤곽은 있으나, 안에 글자가 원래 없었던 것으로 추정하였다. 그리고 214번 기와의 경우, 지름이 3.5cm 정도로 다른 인각보다 크기가 크다. 인각 내의 명문이 한 자 또는 두 자였을 가능성이 있다.

기와(214)	명문

출처: 한국전통문화대학교 고고학연구소, 2013, 사진 69-②.

2) IA나형

(1) '▨丑'銘

와적층에서 출토된 암회색 연질의 암키와편이다. 인각의 지름은 약 3cm이며, 일부만 남아 있다. 보고서에서는 미상으로 처리하였는데, 기존에 丑으로 읽은 글자의 획이 보인다. 기존의 인각와 사례를 참조하면 인각의 명문은 '己丑'일 가능성이 있을 것이다. 다만 기존에 '丑'으로 보았던 글자는 자형이 毌나 冊에 더 가깝다. 양각의 테두리 안에 글자가 양각되어 있다.

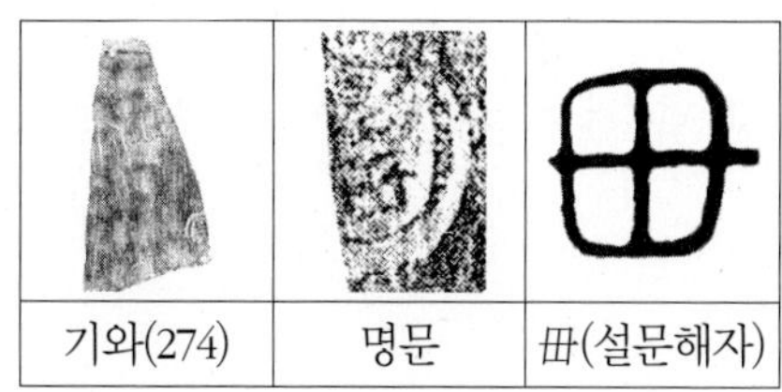

기와(274)	명문	卌(설문해자)

출처: 한국전통문화대학교 고고학연구소, 2013, 도면 170-②.

3) IIA나형

(1) '甲-毛'銘

기와 건물지에서 4점, 와적층에서 1점이 출토되었다. 모두 암키와이며, 경질의 것이 3점, 연질의 것이 2점이며, 대체로 회색을 띠며, 암회색을 띠는 것도 있다. 두 개의 인각이 인접해서 찍혀 있으며, 원형의 인각 안에 글자가 양각되어 있다. 291번 기와의 경우 하부 인각이 일부만 남아 있는데, '毛'자의 상단부가 일부 보인다.

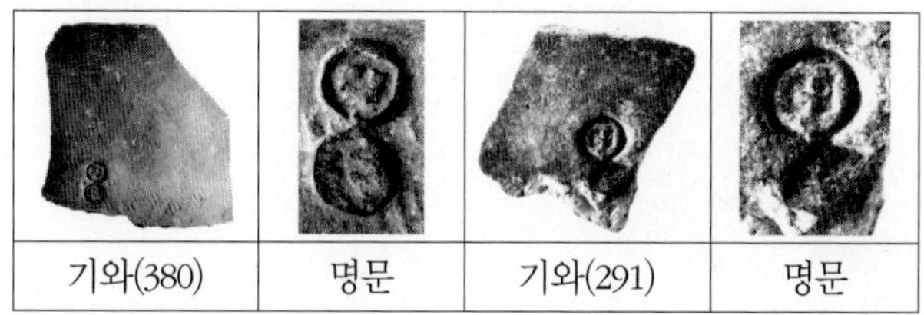

기와(380)	명문	기와(291)	명문

출처: 한국전통문화대학교 고고학연구소, 2013, 사진 72-③, 217-⑨.

(2) '甲-▨'銘 인각와

기와 건물지에서 출토된 회청색 경질의 암키와편이다. 두 개의 인각이 인접해서 찍혀 있는데, 하부의 인각은 거의 결실되어서 명문을 확인하기 어렵다. 보고서에서는 '毛'자로 추정하였다. 글자가 양각되어 있다.

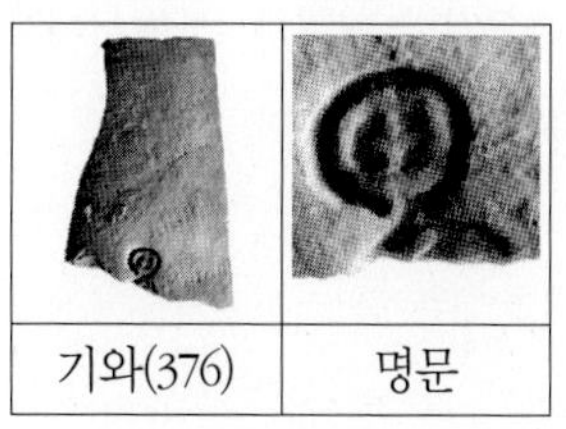

기와(376)	명문

출처: 한국전통문화대학교 고고학연구소, 2013, 사진 72-①.

(3) '戊-斯'銘 인각와

와적층에서 출토된 회색 연질의 암키와편이다. 두 개 인각이 인접해서 찍혀 있으며, 양각의 테두리 안에 글자가 양각되어 있다.

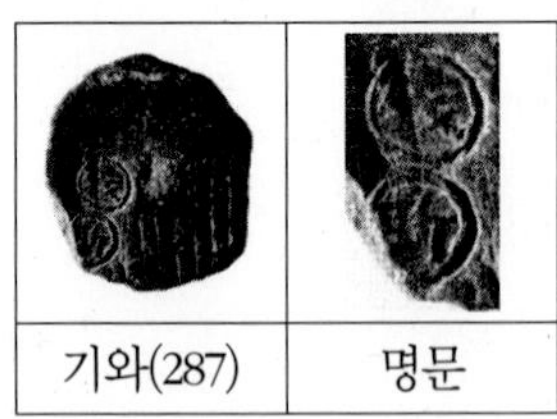

기와(287)	명문

출처: 한국전통문화대학교 고고학연구소, 2013, 사진 217-⑥.

(4) '戊-𠡠'銘

와적층에서 1점이 출토되었고, 문화층에서 1점이 수습되었다. 둘 다 암키와편으로 한 점은 회색 경질의 와편이며, 다른 한 점은 회백색 연질의 와편이다. 323번 기와의 경우 하부 인각의 자획이 다소 불분명하나 오른쪽에 力자가 보이므로 𠡠자로 판단된다. 양각의 테두리 안에 글자가 양각되어 있다.

기와(323)	명문	기와(663)	명문

출처: 한국전통문화대학교 고고학연구소, 2013, 사진 223-④, 사진 274-②.

(5) '戊-▨'銘

2점 모두 기와 건물지에서 출토된 연질의 수키와편이다. 인각 두 개가 인접해서 찍혀 있다. 379번 기와의 경우, 하부 인각이 반 이상 결실되어 명문을 판독하기 어렵다. 양각의 테두리 안에 글자가 양각되어 있다. 377번 인각와의 경우에는 보고서의 탁본이나 사진으로는 명문을 확인하기 어렵다. 보고서에서는 상부 인각은 '戊'자로 추정하고, 하부 인각은 일부만 잔존하여 글자를 알 수 없다고 하였다.

기와(379)	명문

출처: 한국전통문화대학교 고고학연구소, 2013, 사진 58-③.

(6) '己-酋'銘

와적층에서 출토된 암회색 연질의 수키와편이다. 인각이 두 개가 찍혀 있으며, 음각의 테두리 안에 글자가 음각되어 있다. 보고서에서는 인각의 명문을 '巳-▨'로 보았으나, 상부 인각의 명문은 '己'자로 보이며, 하부 인각의 명문은 보통 '酉'자로 판독하는 글자로, '酉'자 위에 획(丷)이 더 있기 때문에 '酋'자로 볼 수 있다.

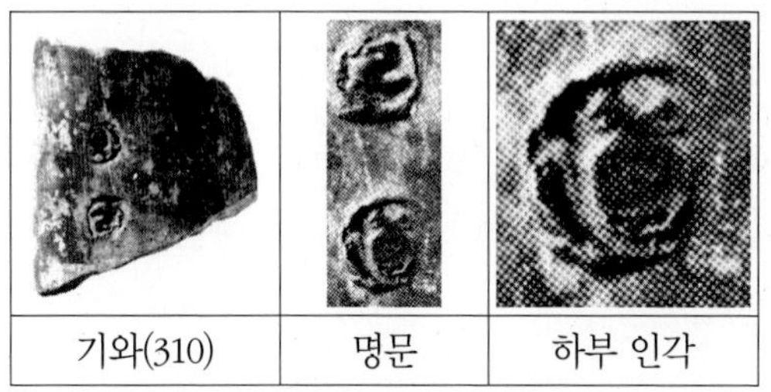

기와(310)	명문	하부 인각

출처: 한국전통문화대학교 고고학연구소, 2013, 사진 213-③.

(7) '己-叻'銘

모두 7점의 암키와편이 출토되었다. 기와건물지에서 4점, 와적층에서 2점이 출토되었고, 문화층에서 1점이 수습되었다. 두 개의 인각이 찍혀 있으며, 글자가 양각되어 있다. 보고서에서는 하부 인각의 명문을 미상자로 처리하였는데, 좌변은 '日'로, 우변은 '力'으로 볼 수 있으므로 '叻'로 판독한다. 372번 기와의 경우, 상부 인각이 반 정도 결실되었는데, '己'자의 하단부로 볼 수 있다. 378번 기와의 경우에는 하부 인각이 반 정도만 보이나 '叻'자로 보는 데 무리가 없다.

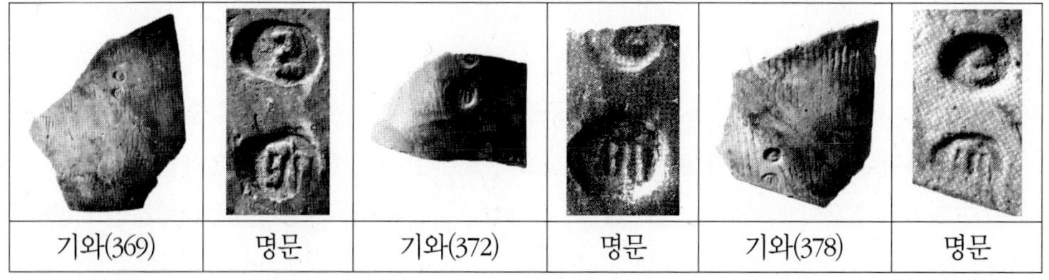

기와(369)	명문	기와(372)	명문	기와(378)	명문

출처: 한국전통문화대학교 고고학연구소, 2013, 사진 70-③, 71-②, 72-②.

(8) '己-▨'銘

와적층에서 출토된 회색 경질의 수키와편이다. 인각은 두 개가 찍혀 있으며, 음각의 테두리 안에 글자가 음각되어 있다. 보고서에서는 '巳-▨'로 판독하였으나, 상부 인각의 명문은 '己'자로 보이며, 하부 인각은 획이 일부만 남아 분명하지 않으나, '酋'자에 가까워 보인다.

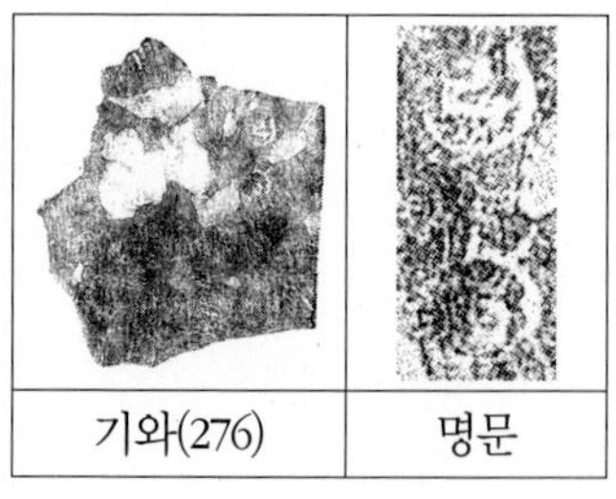

기와(276)	명문

출처: 한국전통문화대학교 고고학연구소, 2013, 도면 166-②.

(9) '己-▨'銘

기와 건물지에서 출토된 회색 경질의 암키와편이다. 인각 두 개가 찍혀 있으며, 글자가 양각되어 있다. 보고서에 수록된 사진이나 탁본으로는 명문을 확인하기 어려운데, 상부 인각은 '己'로 보이며, 하부 인각은 '助'자에 가까우나 분명하지 않아 미상자로 둔다.

기와(366)	명문

출처: 한국전통문화대학교 고고학연구소, 2013, 사진 69-④.

(10) '申-布'銘

문화층에서 수습된 회백색 연질의 수키와편이다. 인각 두 개가 인접해서 찍혀 있으며, 글자는 양각되어 있다. 하부인각의 명문은 보통 '市' 또는 '布'로 판독되었는데, 여기에서는 상부에서 비스듬하게 내려오는 획이 뚜렷하여 '布'로 볼 수 있다고 판단된다. 飛鳥寺 건립 시 도래한 百濟瓦師 중에 『日本書紀』에 '陵貴文'이라고 기록된 인물이 『元興寺伽藍緣起並流記資財帳』에는 '布陵貴'로 되어 있음을 바탕으로 '布'가 와사 집안과 관련이 있음이 지적된 바 있다(藤澤一夫 1977, p.152). 『新撰姓氏錄』에도 백제인의 인명으로 '布須麻乃古意彌'가 나오므로, '布'는 인명과 관련 있을 가능성이 있다.

기와(666)	명문

출처: 한국전통문화대학교 고고학연구소, 2013, 사진 268-④.

(11) '午-止'銘

모두 7점의 수키와편이 출토되었는데, 기와건물지에서 5점, 와적층에서 1점이 출토되었고, 문화층에서 1점이 수습되었다. 양각의 테두리 안에 글자가 양각되어 있다. 383번 기와에는 동일한 명문의 인각을 두 번 찍은 것으로 보인다.

기와(388)	명문

출처: 한국전통문화대학교 고고학연구소, 2013, 사진 61-①.

(12) '午-斯'銘

와적층에서만 모두 14점의 암키와편이 출토되었다. 경질이 6점, 연질이 8점이며, 색조는 회색, 암회색, 회백색, 명회색 등으로 다양하다. 두 개의 인각이 인접해서 찍혀 있으며, 양각의 테두리 안에 글자가 양각되어 있다. 295번과 303번 기와의 경우, 하부 인각의 명문이 다소 희미하지만, '斯'자로 볼 수 있다.

기와(271)	명문	기와(295)	명문	기와(303)	명문

출처: 한국전통문화대학교 고고학연구소, 2013, 사진 215-③, 218-②, 219-③.

(13) '午-助'銘

와적층에서 4점이 출토되고, 문화층에서 1점이 수습되었다. 모두 암키와편이며, 한 점만 빼고 모두 경질이며, 대체로 회색을 띠고, 한 점만 갈색을 띤다. 양각의 테두리 안에 글자가 양각되어 있다. 755번 기와는 보고서에서는 글자를 알 수 없다고 했으나, '午', '助'의 자획이 비교적 선명하다.

출처: 한국전통문화대학교 고고학연구소, 2013, 사진 215-④, 275-④.

(14) '午-▨'銘

기와 건물지에서 1점, 와적층에서 3점이 출토되었다. 기와 건물지에서 출토된 와편은 회색 경질의 수키와편이며, 와적층에서 출토된 것은 모두 암키와편이다. 인각 두 개가 짝을 이루어 찍힌 것은 확인되나, 하부인각의 명문이 희미하거나, 인각이 일부만 남아 명문을 확인하기 어렵다. 양각의 테두리 안에 글자가 양각되어 있다.

출처: 한국전통문화대학교 고고학연구소, 2013, 사진 60-③, 219-②.

(15) '▨-止'銘

기와 건물지에서 출토된 암회색 연질의 수키와편이다. 보고서에서는 인각의 명문을 '午-止'로 판독하였으나, 상부 인각의 명문은 흔적만 남아 있어 판독하기 어렵다. 양각의 테두리 안에 글자가 양각되어 있다.

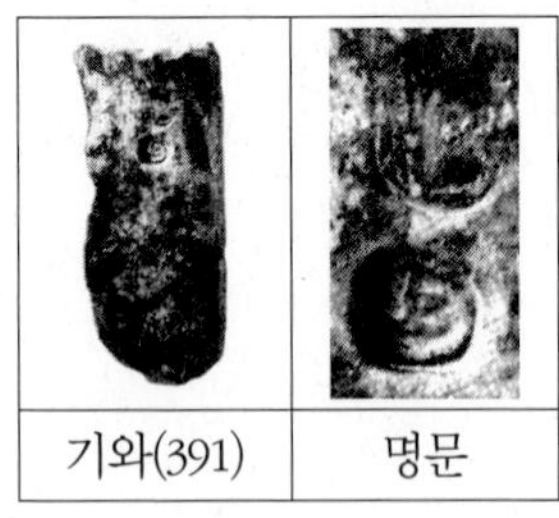

출처: 한국전통문화대학교 고고학연구소, 2013, 사진 62-②.

(16) '未-斯'銘

와적층에서 출토된 갈색 연질의 암키와편이다. 두 개 인각이 인접해서 찍혀 있으며, 양각의 테두리 안에 글자가 양각되어 있다. 보고서에서는 인각의 명문을 午-斯로 보았는데, 상부 인각은 未에 가까워 보인다.

기와(317)	명문

출처: 한국전통문화대학교 고고학연구소, 2013, 사진 222-③.

(17) '未-▨'銘

와적층에서 2점이 출토되었다. 연질의 암키와편으로 하나는 암회색을 띠고, 다른 하나는 적갈색을 띤다. 두 개의 인각이 인접해서 찍혀 있는데, 하부 인각이 일부만 남아 명문을 확인할 수 없다. 321번 기와의 경우, 보고서에서는 상부 인각의 명문을 '午'자로 보았으나, '未'자로 보인다. 양각의 테두리 안에 글자가 양각되어 있다.

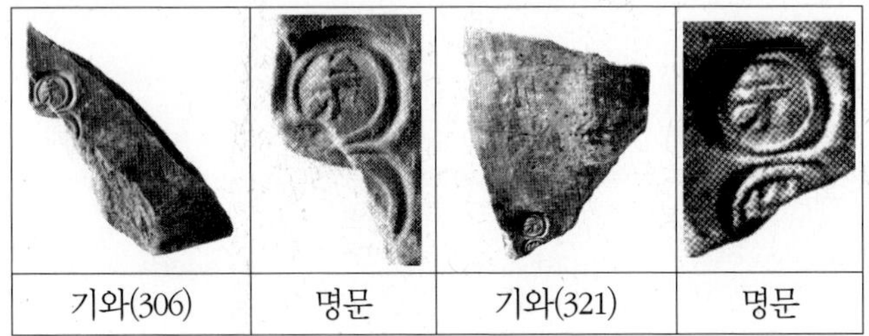

기와(306)	명문	기와(321)	명문

출처: 한국전통문화대학교 고고학연구소, 2013, 사진 220-③, 223-②.

(18) '▨-斯'銘

와적층에서 출토된 암회색 연질의 암키와편이다. 인각이 두 개가 인접해서 찍혀 있는데, 상부 인각은 극히 일부만 남아 글자를 알 수 없다. 하부 인각의 경우, 다소 마모가 되었으나, '斯'자로 판독할 수 있다. 양각의 테두리 안에 글자가 양각되어 있다.

기와(318)	명문

출처: 한국전통문화대학교 고고학연구소, 2013, 사진 222-④.

(19) '甲'銘

기와 건물지에서 1점, 와적층에서 2점이 출토되었다. 모두 경질의 암키와편이며, 기와의 색조는 회색, 회청색 등이다. 인각이 한 개 찍혀 있는데, 아마도 두 개 인각이 짝을 이루는 경우로 상부 인각에 해당한다고 생각된다. 인각의 글자는 양각되어 있다.

기와(374)	명문	기와(313)	명문

출처: 한국전통문화대학교 고고학연구소, 2013, 사진 71-④, 222-①.

(20) '戊'銘

기와 건물지에서 출토된 명회색 경질의 수키와편이다. 인각이 한 개만 찍혀 있는데, 아마도 두 개의 인각이 짝을 이루는 경우로 상부 인각에 해당될 것이다. 양각의 테두리 안에 글자가 양각되어 있다.

기와(387)	명문

출처: 한국전통문화대학교 고고학연구소, 2013, 사진 60-④.

(21) '己'銘

기와 건물지에서 1점, 와적층에서 1점이 출토되었다. 연질의 암키와편으로 하나는 회색을, 다른 하나는 암회색을 띤다. 인각의 글자는 양각되어 있다. 아마도 두 개의 인각이 짝을 이루는 경우로 상부 인각에 해당하는 것으로 추정된다.

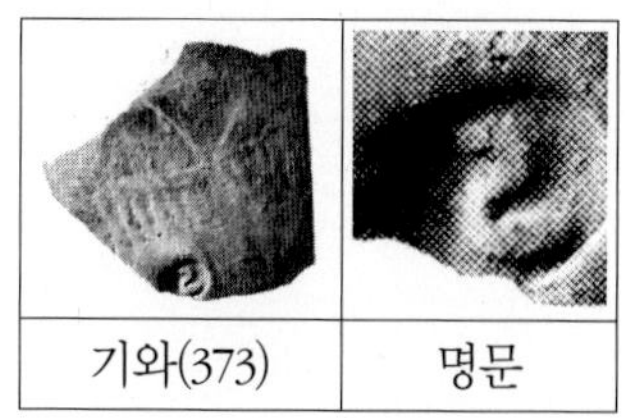

기와(373) 명문

출처: 한국전통문화대학교 고고학연구소, 2013, 사진 71-③.

(22) '巳'銘

와적층에서 2점이 출토되었다. 경질의 수키와편으로 하나는 회색을, 다른 하나는 명회색을 띤다. 인각이 한 개 찍혀 있으며, 글자는 양각되어 있다. 290번 기와의 경우, 보고서에 수록된 탁본이나 사진으로는 명문을 확인하기 어렵다.

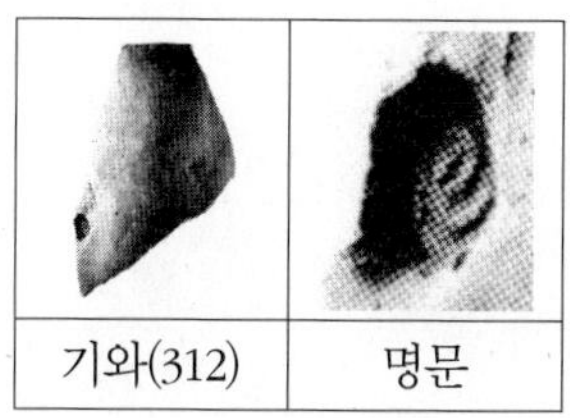

기와(312) 명문

출처: 한국전통문화대학교 고고학연구소, 2013, 사진 213-④.

(23) '午'銘

와적층에서 3점이 출토되었고, 문화층에서 2점이 수습되었다. 와적층에서 출토된 1점은 수키와편이며, 나머지는 암키와편이다. 인각이 한 개 찍혀 있으며, 양각의 테두리 안에 글자가 양각되어 있다. 두 개의 인각이 짝을 이루는 경우로 상부 인각에 해당되는 것으로 추정된다.

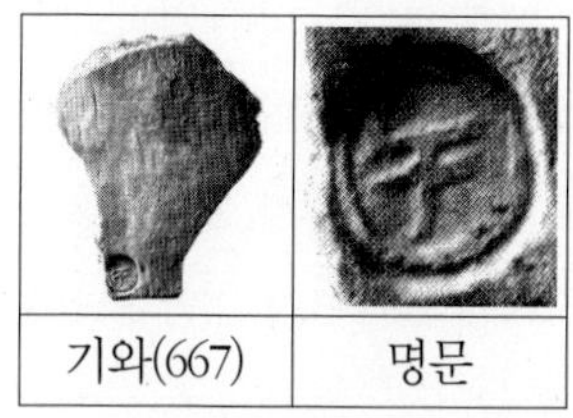

기와(667) 명문

출처: 한국전통문화대학교 고고학연구소, 2013, 사진 271-③.

(24) '毛'銘

기와 건물지에서 2점이 출토되었으며, 2점 모두 회색 경질의 암키와편이다. 기와에는 인각이 한 개 찍혀 있는데, 두 개의 인각이 짝을 이룬 경우로 하부 인각에 해당될 것이다. 인각의 글자는 양각되어 있다.

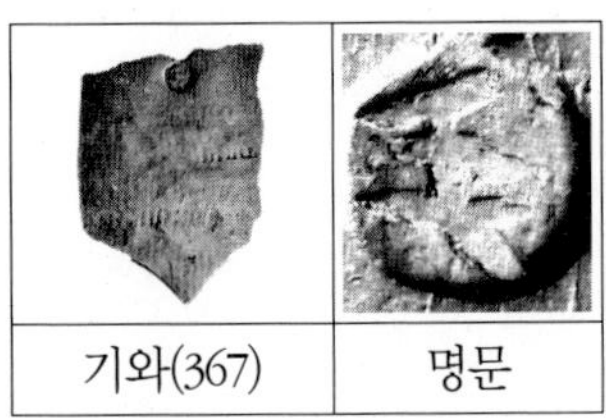

기와(367)	명문

출처: 한국전통문화대학교 고고학연구소, 2013, 사진 70-①.

(25) '助'銘

와적층에서 3점이 발굴되었고, 문화층에서 1점이 수습되었으며, 4점 모두 암키와편이다. 인각이 한 개 찍혀 있는데, 양각의 테두리 안에 글자가 양각되어 있다. 283번과 286번 기와의 명문에 대해 보고서에서는 '午-助'로 추정하였는데, '戊-助', '己-助'로 조합되는 경우도 있기 때문에 상부 인각의 명문이 무엇인지는 알 수 없다.

기와(283)	명문	기와(286)	명문	기와(320)	명문

출처: 한국전통문화대학교 고고학연구소, 2013, 사진 217-②, 217-⑤, 222-⑤.

(26) '▨-▨'銘

기와의 등면에 인각이 2개 찍혀 있는데, 인각의 일부가 결실되었거나, 자획이 마모되어 명문을 판독하기 어려운 인각와가 8점 있다. 기와 건물지에서 1점, 와적층에서 5점 출토되었으며, 와적층에서 2점이 수습되었다. 이 중 2점이 수키와이며, 6점이 암키와이다. 289번 기와의 경우, 인각 하나는 일부 결실되어 자획이 일부만 보이며, 다른 하나는 자획이 보이나, 글자를 판독하기 어렵다. 300번 기와의 경우에는 상부 인각은 흔적이 희미하게 남아 있으며, 하부 인각의 명문은 '助'와 비슷하나 분명하지 않다. 665번 기와는 인각 2개의 자획이 어느 정도 보인다. 보고서에서는 '己-助'로 봤으나, 자획이 분명하지 않아 미상자로 처리하였다. 자획이 보이는 경우, 글자가 양각되어 있음을 알 수 있다.

기와(289)	명문	기와(300)	명문	기와(665)	명문

출처: 한국전통문화대학교 고고학연구소, 2013, 사진 217-⑧, 218-⑤, 274-③.

4) 참고문헌

(1) 보고서 및 자료집

한국전통문화대학교 고고학연구소, 2013, 『扶餘 佳塔里 錦城山 두시럭골 遺蹟』.

(2) 논저류

藤澤一夫, 1977, 「百濟別都 益山王宮里 廢寺 卽大官寺考」, 『馬韓·百濟文化』 2.

31. 군수리

1) IIA나형

(1) '▨-部'銘

수키와편으로 적색 연질이며, 내면에는 포목 흔적이 선명하게 남아 있다. 2개의 도장이 찍혀 있는데, 상부 인각은 판독이 불가능하며, 하부 인각은 '部'로 판독되었다. 지금까지 2개의 인각이 짝을 이뤄서 찍힌 인각와 중 '▨-部'銘 인각와의 사례가 없기 때문에 판독이 의심된다.

'▨-部'銘

출처: 충청남도·충남대학교 박물관, 2002, p.613.

2) 참고문헌

(1) 보고서 및 자료집

충청남도·충남대학교 박물관, 2002, 『부여의 문화유산』.

32. 군수리사지

군수리사지는 현재 군수리 19-1번지 일대에 위치하며, 백제 사비기에 조성된 사지이다. 군수리사지에 대한 조사는 1935년과 1936년에 石田茂作와 齋藤忠 등에 의해 두 차례 이루어졌다. 이때 가람의 형태를 밝히기 위한 간략한 조사가 이루어졌으며, 그 결과 군수리 사지가 1탑 1금당의 전형적인 백제식 가람구조임이 밝혀졌다(石田茂作 1937).

2003년에 군수리사지 동편에 위치한 궁남지의 종합정비 기본계획의 대상에 포함되면서, 1935년 이후 70년 만인 2005년에 본격적인 학술발굴조사가 이루어졌다. 2005~2007년의 3차례에 걸친 발굴조사를 통해 군수리사지 금당지, 목탑지 등의 정확한 위치와 규모가 확인되었다. 사지에서는 다수의 인각와가 출토되었는데, 주로 금당지와 목탑지, 그 주변에서 출토되었으며, '辰'銘, '卯'銘, '丁巳'銘, '巳-斯'銘, '午-斯'銘, '巳-止'銘, '巳-肋'銘, '巳-毛'銘, '巳-▨'銘, '▨-止'銘 등의 인각와가 있다.

1) '巳-斯'銘

1935~1936년 군수리사지를 발굴조사하는 과정에서 '巳-斯'銘 인각와를 포함하여 두세 점의 인각와가 출토되었고, 이는 당시 부여고적보존회의 진열관에 진열되었다.[19] 齋藤忠의 논문에 수록된 29개 인각와 탁본 중 '巳-斯'銘 인각와 탁본은 하나뿐이고, 이것이 군수리에서 출토된 인각와의 탁본일 가능성이 있다.

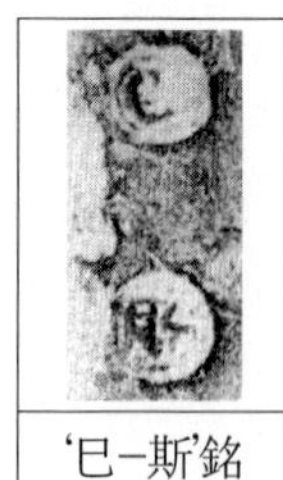

'巳-斯'銘

출처: 齋藤忠, 1939, p.309.

2) 군수리사지 탑지 출토 인각와

국립부여박물관에 군수리사지 탑지에서 출토된 11점의 인각와편이 '부여 1315'라는 소장번호로 소장되어 있는데, 출토시기를 알 수 없다. 『부여의 문화유산』에는 '午-斯', '辰', '止' 등의 글자가 도장을 찍혀 있다고 소개되어 있다. 수록된 사진에는 모두 4점의 인각와가 나와 있는데, 이 중 판독이 가능한 3점만 살펴보겠다. 판독이 불가능한 한 점은 인각이 2개 찍혀 있다.

19) 齋藤忠, 1939, 「百濟平瓦に見られる刻印銘に就いて」, 『考古學雜誌』 29-5, p.311.
1939년 4월 1일 조선총독부박물관 부여분관이 설립되면서 재단법인 부여고적보존회 소장하고 있던 유물을 기부하였고, 기부된 유물을 정리한 목록에 부여 구읍내에서 출토된 삼국시대 문자와류 29개가 포함되어 있었다(이순자, 2009, 『일제강점기 고적조사사업 연구』, 景仁文化社, pp.433-437 참조). 부여분관이 소장하고 있던 유물 중에는 군수리사지 출토 인각와도 포함되었을 것이며, 이는 해방 이후 국립중앙박물관 부여분관에 그대로 소장되었을 것으로 추측된다.

(1) IA가형

① '辰'銘

좌서된 '辰'자가 원형의 인각 안에 양각으로 찍혀 있다.

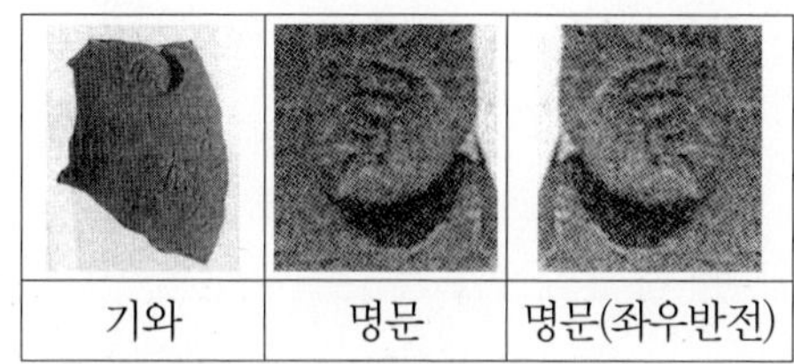

기와	명문	명문(좌우반전)

출처: 충청남도·충남대학교 박물관, 2002, p.613.

(2) IIA나형

① '午-斯'銘

'午–斯'銘 인각와가 2점 수록되어 있다. 한 점은 사진상으로 명문을 확인하기가 다소 어렵지만, '午–斯'로 판독할 수 있다. 둘 다 양각의 테두리가 둘러져 있으며, 글자도 양각되어 있다.

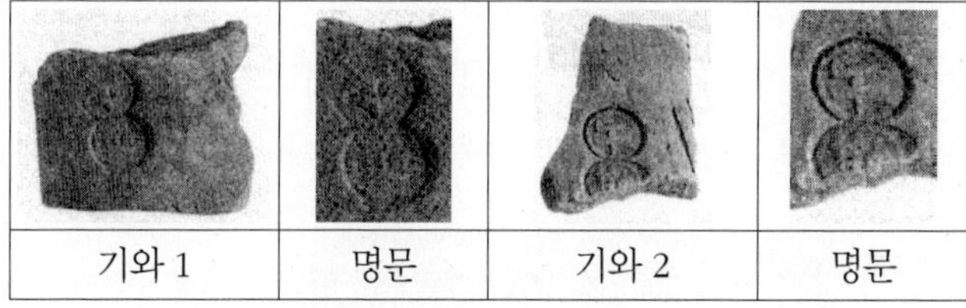

기와 1	명문	기와 2	명문

출처: 충청남도·충남대학교 박물관, 2002, p.613.

3) 2005년-2007년 조사

명문 \ 출토지	금당지	목탑지와 금당지 사이	목탑지	동편일대	비고
卯	2점	1점	–	–	3점
巳	–	1점	–	1점	2점
肋	1점	–	1점	1점	3점
斯	1점	–	2점	–	3점
丁巳	–	2점	2점	–	4점
巳–止	1점	–	–	1점	2점

출토지 / 명문	금당지	목탑지와 금당지 사이	목탑지	동편일대	비고
巳-斯	-	-	1점	-	1점
巳-肋	1점	-	1점	-	2점
巳-毛	-	1점	-	-	1점
巳-▨	-	1점	1점	-	2점
▨-止	-	-	1점	-	1점
불명	1점	-	2점	1점	4점
합계	7점	6점	11점	4점	28점

※ 국립부여문화재연구소, 2010, 『부여군수리사지 I -목탑지, 금당지 발굴조사보고서-』, p.160에 수록된 표 1을 일부 수정하였음.

(1) ⅠA가형

① '卯'銘

금당지에서 2점, 목탑지와 금당지 사이에서 1점이 출토되었다. 인각의 지름은 2.3~2.7cm 정도이다. 보통 'PB'로 표기하는 인각와에 대해서 이를 글자로 보고 '卯'자로 판독한 견해가 제시되었다(高正龍 2007; 심상육 2013, pp.74-75). 이 글자를 좌서된 것으로 본다면, '卯'의 이체자(夘, 戼)로 볼 가능성이 있다.

기와(47)	명문	명문(좌우반전)	卯(北魏 元侔墓誌)	卯(隋 元仁宗墓誌)

출처: 국립부여문화재연구소, 2010, 도면 48-47, 사진 143-47.

(2) ⅠA나형

① '丁巳'銘

목탑지와 금당지 사이에서 2점, 목탑지에서 2점이 출토되었다. 2점(도면 64, 66)은 양각의 테두리 안에 글자가 양각되어 있고, 한 점(도면 63)은 글자의 외곽선이 양각되어 있는 것이 특징이며, 다른 한 점(도면 65)은 음각의 테두리가 두 번 둘러져 있고, 글자도 음각되어 있다. 인각의 지름은 3.0~3.5cm 정도이다.

기와의 측면이 남아 있는 경우, 인각은 측면으로부터 0.3cm나 9.6cm 떨어진 곳에 찍혀 있음을 확인할 수 있다. 명문이 일부만 남은 경우도 있으나, '丁巳'銘 인각와로 파악되며, '丁巳'는 간지로서 597년이나 657년으로 비정된다.

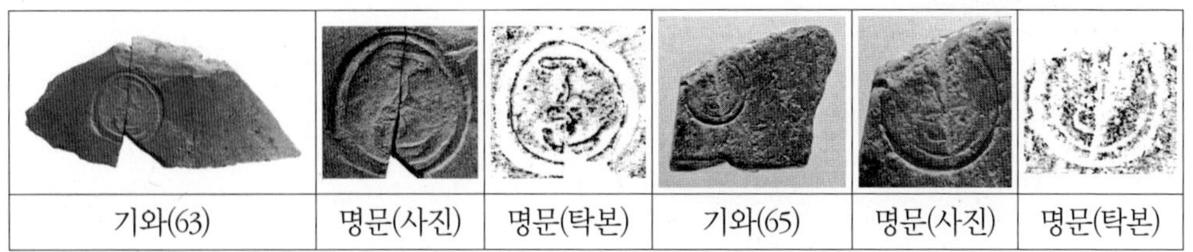

기와(63)	명문(사진)	명문(탁본)	기와(65)	명문(사진)	명문(탁본)

출처: 국립부여문화재연구소, 2010, 도면 50-63, 사진 147-63, 도면 50-65, 사진 148-65.

(3) IIA나형

① '巳-止'銘

금당지 서측 기단 서편외곽[20]과 동편일대에서 각각 1점이 출토되었다. 인각 두 개가 짝을 이루어 찍혔는데, 인각의 지름은 대체로 1.9cm 내외이고, 인각 간의 거리는 1.4cm, 1.9cm로 차이가 있다. 음각의 테두리 안에 글자가 음각되어 있다. 보고서에서는 하부 인각의 명문을 형태를 본떠 '止'라고 표시하였는데, '止'자로 판독할 수 있다.

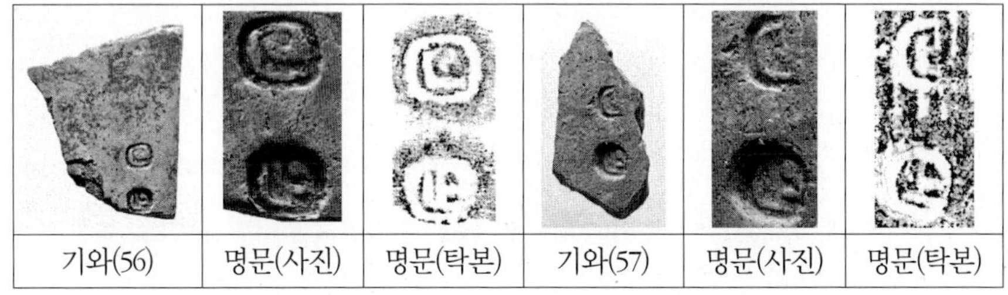

기와(56)	명문(사진)	명문(탁본)	기와(57)	명문(사진)	명문(탁본)

출처: 국립부여문화재연구소, 2010, 도면 49-56, 사진 146-56, 도면 49-57, 사진 146-57.

② '巳-斯'銘

목탑지 내부 황갈색사질점토층에서 1점이 출토되었다. 상부의 인각은 길이 2.4cm, 너비 2.3cm이며, 하부 인각은 길이 2.2cm, 너비 2.3cm이고, 인각 간 거리는 2.0cm이다. 음각의 테두리 안에 글자가 음각되어 있다.

20) 금당지 북측의 수직횡렬식 와적기단을 보축한 기와에도 '巳-止'가 찍힌 기와가 사용되었다고 하는데(국립부여문화재연구소, 2010, 『부여군수리사지 I -목탑지, 금당지 발굴조사보고서-』, p.112), 아마도 이 인각와라고 생각된다. 출토 위치가 다르게 설명되어 있다.

기와(58)	명문

출처: 국립부여문화재연구소, 2010, 도면 49-58, 사진 146-58.

③ '巳-肋'銘

금당지 내부와 목탑지에서 각각 1점씩 출토되었다. 금당지에서 출토된 인각와의 인각 지름은 2.2cm, 2.4~2.5cm이며, 목탑지에서 출토된 것은 2.0cm 내외이다. 음각의 테두리 안에 글자가 음각되어 있다. 보통 아래 인각의 글자를 '助'로 판독하기도 하나, 이 경우에는 좌변을 '月'자로 볼 수 있어 '肋'으로 판독한다.

기와(54)	명문	기와(55)	명문(사진)

출처: 국립부여문화재연구소, 2010, 도면 49-54, 사진 145-54.

④ '巳-毛'銘

금당지와 목탑지 사이의 적갈색사질점토층에서 출토되었다.[21] 인각이 2개 찍혀 있는데, 상부 인각은 길이 2.0cm, 너비 1.9cm이며, 하부 인각은 길이 2.3cm, 너비 1.7cm이다. 인각 간의 거리는 1.4cm이고, 측면에서 1.4cm 떨어져 있다. 음각의 테두리 안에 글자가 음각되어 있다.

기와(59)	명문

21) 국립부여문화재연구소, 2010, 위의 책, p.177 사진 34에서 금당지 남측 합장식 와적기단 내에서 출토된 인각와과 비교하여 해당 기와가 와적기단에서 출토된 인각와임을 알 수 있다.

출처: 국립부여문화재연구소, 2010, 도면 49-59, 사진 146-59.

⑤ '巳-▨'銘

금당지와 목탑지 사이에서, 그리고 목탑지 서편 외곽에서 각각 1점씩 출토되었다. 인각이 2개 찍혀 있으나, 상부 인각만 온전하게 남아 있다. 인각의 지름은 1.8~2.0cm이며, 인각 간의 거리는 1.3cm, 1.7cm이다. 음각의 테두리 안에 글자가 음각되어 있는데, 도면 61의 경우에는 글자와 테두리가 연결되어 있어 다른 '巳'銘 인각와와는 형태상 차이가 있다.

기와(60)	명문(사진)	명문(탁본)	기와(61)	명문(사진)	명문(탁본)

출처: 국립부여문화재연구소, 2010, 도면 49-60, 사진 147-60, 도면 49-61, 사진 147-61.

⑥ '巳'銘

목탑지와 금당지 사이와 동편 일대에서 각각 한 점씩 출토되었다. 인각의 지름은 2.4~2.5cm이며, 음각의 테두리가 둘러져 있고, 글자도 음각되어 있다. 인각이 하나만 남아 있으나 두 개의 인각이 조합을 이루는 경우로 추정된다.

기와(52)	명문

출처: 국립부여문화재연구소, 2010, 도면 48-52, 사진 145-52.

⑦ '▨-止'銘

목탑지 북측 기단 외곽의 황갈색사질점토층에서 출토되었다. 인각이 두 개 찍혔는데, 위의 인각은 흔적만 남아 있다. 남아 있는 인각의 지름은 1.8cm 내외이고, 인각 간의 간격은 1.5cm이다. 음각의 테두리 안에 글자가 음각되어 있으며, '止'자로 볼 수 있다.

기와(62)	명문(사진)	명문(탁본)

출처: 국립부여문화재연구소, 2010, 도면 50-62, 사진 147-62.

⑧ '肋'銘

금당지와 목탑지, 동편일대에서 각각 1점씩 출토되었다. 인각의 지름은 각각 2.1~2.3cm, 2.6cm 정도이며, 음각의 테두리 안에 글자가 음각되어 있다. 인각의 일부만 남아 있는 경우에도 좌변을 '月'자로 볼 수 있어 '肋'으로 판독한다. 인각이 하나만 남아 있으나 두 개의 인각이 조합된 경우로 추정된다.

기와(67)	명문

출처: 국립부여문화재연구소, 2010, 도면 50-67, 사진 148-67.

⑨ '斯'銘

금당지에서 1점, 목탑지에서 2점이 출토되었다. 금당지에서 출토된 인각와는 인각의 지름이 1.7~1.8cm이며, 양각의 테두리 안에 글자가 양각되어 있다. 목탑지에서 출토된 2점은 인각의 지름이 2.2cm 내외이며, 음각의 테두리 안에 글자가 음각되어 있다. 보고서에서는 목탑지에서 출토된 2점에 대해서는 '其卜'로 표기하였는데, 斤의 초서체를 고려한다면 '斯'자로 판독할 수 있다고 생각된다. 인각이 하나만 남아 있으나, 두 개의 인각이 조합을 이루는 경우로 추정된다.

기와(70)	명문	기와(71)	명문	斤의 초서체

출처: 국립부여문화재연구소, 2010, 도면 51-70, 사진 149-70, 도면 51-71, 사진 149-71.

⑩ '▨'銘

보고서에서는 '巳'자로 판독하였으나, 인각의 반 정도가 결실된 상태이며, 남은 획으로 판단컨대 '巳'로 읽기 어려워 미상자로 둔다. 인각와는 금당지에서 1점, 목탑지에서 2점 출토되었다. 인각의 지름은 2.0~2.4cm이고 측면이 남은 경우, 측면에서 1.6cm 떨어진 지점에 찍혀 있는 것이 확인된다. 테두리 없이 글자가 양각되어 있는 것이 2점이고, 나머지 하나는 음각의 테두리 안에 글자가 음각되어 있다.

기와(49)	명문(사진)	명문(탁본)
기와(50)	명문(사진)	명문(탁본)
기와(51)	명문(사진)	명문(탁본)

출처: 국립부여문화재연구소, 2010, 도면 48-49, 사진 144-49, 도면 48-50, 사진 144-50, 도면 48-51, 사진 144-51.

⑪ '▨'銘

동편일대의 동서트렌치 내부 황갈색사질점토층에서 출토되었다. 인각은 2.0cm 내외의 크기로 절반 가량이 결실된 상태이다. 음각의 테두리 안에 글자가 음각되어 있으나 판독하기 어렵다.

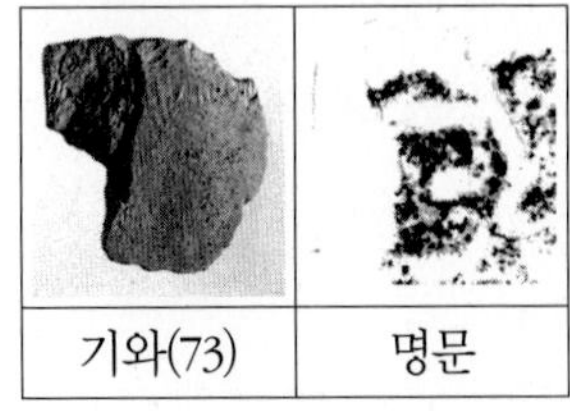

기와(73)	명문

출처: 국립부여문화재연구소, 2010, 도면 51-73, 사진 150-73.

4) 참고문헌

(1) 보고서 및 자료집

국립부여문화재연구소, 2010,『부여군수리사지 I －목탑지, 금당지 발굴조사보고서－』.
충청남도·충남대학교 박물관, 2002,『부여의 문화유산』.

石田茂作, 1937,「扶餘軍守里廢寺址發掘調査(概要)」,『昭和11年度 古蹟調査報告』, 朝鮮古蹟硏究會.

(2) 논저류

齋藤忠, 1939,「百濟平瓦に見られる刻印銘に就いて」,『考古學雜誌』29－5.

33. 군수리 유적

부여－논산 간 확, 포장공사 구간 내에서 확인된 유적 중 하나이다. 군수리 유적은 군수리사지 일대 경작지에 위치하고 있다. 이 유적의 북서쪽에 군수리사지가 약 100m 정도 떨어져 위치하고 있으며, 북동쪽으로 약 100m 정도 떨어져 궁남지와 화지산이 위치하고 있다. 2000년 8월부터 2001년 6월까지 발굴조사가 실시되었다. 조사 결과, 잔존상태가 불량하여 전체적인 유구의 형태는 알 수 없으나 일정한 간격을 두고 2기의 와적기단이 확인되었으며, 이를 사이에 두고 구상유구 1기가 조사되었고, 이외 고상건물 1기 등이 확인되었다. 1호 건물지와 2호 건물지에서 '解'銘, '福'銘, '申－▨'銘 인각와가 출토되었다.

1) IA가형

(1) '解'銘

1호 건물지에서 출토된 회색 연질의 암키와편이다. 등면 상단에 원형의 인각이 찍혀 있다. 양각의 테두리 안에 글자가 양각되어 있는데, 보고서에서는 '角干'으로 추정하였으나, '解'자가 맞다(심상육 2005, p.14). '解'는 백제의 大姓八族에 해당하는 성씨로 해씨 집단에 의해 인각와가 공급, 기진되었을 가능성이 제기되었다(심상육 2005, p.45). IA가형인지, 두 개의 인장이 조합을 이루는 ⅡA나형인지 불분명하다.

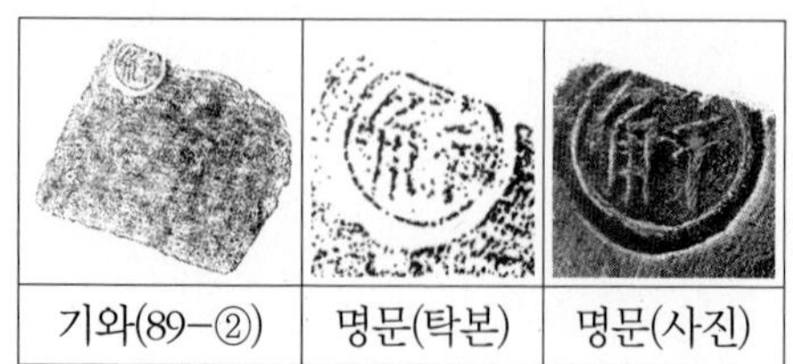

기와(89－②)	명문(탁본)	명문(사진)

출처: (재) 충청문화재연구원·대전지방국토관리청, 2003, 도면 89-②, 사진 234-②.

(2) '福'銘

2호 건물지에서 출토된 적갈색 연질의 암키와편이다. 등면의 좌측 중앙에 인각이 찍혀 있는데, 양각의 테두리 안에 글자가 양각되어 있다. 보고서에서는 불명자로 처리하였으나, '福'자로 판독된다(심상육 2005, p.14). '福'銘 인각와는 부소산성에서도 출토된 바 있다(국립문화재연구소 1996, p.175).

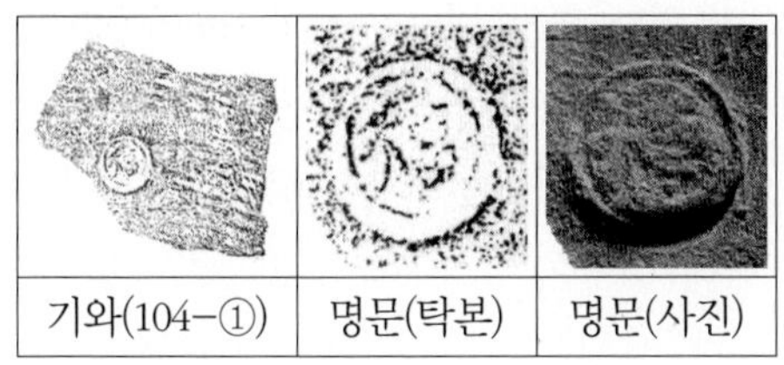

기와(104-①)	명문(탁본)	명문(사진)

출처: (재) 충청문화재연구원·대전지방국토관리청, 2003, 도면 104-①, 사진 245-③.

2) IIA나형

(1) '申-▨'銘 인각와

1호 건물지에서 출토된 회청색 경질의 암키와편이다. 등면 우측에는 원형의 인각 2개가 확인되나 명문을 판독하기 어려운 상태이다. 탁본으로 보아 상부 인각의 명문은 '申'자일 가능성이 있다. 글자는 양각되어 있는 것으로 보인다.

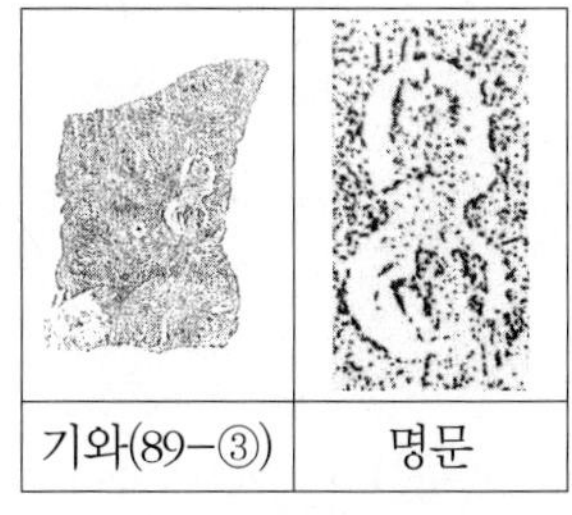

기와(89-③)	명문

출처: (재) 충청문화재연구원·대전지방국토관리청, 2003, 도면 89-③, 사진 234-③.

3) 참고문헌

(1) 보고서 및 자료집

國立文化財研究所, 1996,『扶蘇山城: 發掘調査報告書』.

(재) 충청문화재연구원·대전지방국토관리청, 2003,『부여 가탑리·왕포리·군수리 유적』.

(2) 논저류

沈相六, 2005, 「百濟時代 印刻瓦에 關한 硏究」, 공주대학교 석사학위논문.

34. 정동리요지

부여읍 정동리에 위치한 대규모 가마터군으로 금강에 접해 있다. 가마터는 정동리의 뒤편에 위치한 낮은 산의 남편기슭의 동편에서부터 서편에 이르기까지 A, B, C지구가 거의 일직선을 이루며 분포하고 있다. 발굴조사는 실시되지 않았지만, 1970년대 연화문전이 한 농부에 의해 발견되어 매장문화재로 신고됨으로써 알려지게 되었고, 1988년에 국립부여박물관에 의해 지표조사가 실시되었다. 문양전 및 명문전의 잔편과 다량의 암·수키와, 토기편 등이 수습되었으며, 그 가운데 '已-肋'銘, '毛'銘, '已-刀'銘 인각와와 문양 인각와가 있다.

1) B지구

정동리 마을과 주장산 사이에 펼쳐져 있는 농경지 일대인데, C지구와 함께 1988년도에 실시된 지표조사에서 새롭게 발견되었다. 그 당시 이 일대에서는 농경지의 정리공사가 진행되어, 많은 가마가 훼손되었다. A지구와 B지구는 서로 인접해 있으나, B지구 가마의 개요 시기는 사비도읍기에 해당되어 A지구보다 늦다. 채집된 유물로는 수막새와 암·수키와, 그리고 약간의 토기편이 있다. B지구에서 수집된 8엽의 연화문이 장식된 수막새는 용정리사지에서 사용된 예가 보여 그 수급관계를 파악할 수 있다. 그리고 7세기로 추정되는 '毛', '已-肋' 등의 명문이 새겨진 암키와가 수집되었다.[22]

(1) ⅡA나형

① '已-肋'銘

두 개의 인각이 찍혀 있다. 상부 인각의 명문은 '已'로 판독되었는데, '己'로 판단되며, 하부 인각의 명문은 '肋'으로 판독되었는데, '助' 또는 '昉'일 가능성도 있으나 사진으로는 모호하다. 글자는 양각되어 있다.

기와	명문

출처: 국립부여박물관, 2006, p.149.

② '毛'銘

일부 파편만 남아 있는데, 음각의 테두리가 둘러져 있고, 글자도 음각되어 있다. 두 개의 인각이 조합을 이루는 유형으로 추정된다.

기와	명문

출처: 국립부여박물관, 2006, p.149.

2) C지구

C지구는 정동리 마을의 서편에 있는 와봉산의 남서쪽 구릉지일대이다. 이전부터 기와 및 토기편이 가끔 수집되어 백제시대의 건물지로 알려져 왔던 유적지였으나, 1988년도에 실시한 지표조사로 가마터임이 밝혀졌다. 수집된 유물은 약간의 기와편과 토기편 등인데, 대부분 7세기 전후의 것으로 추정된다. 그 중 '巳-刀'銘 수키와와 화엽문 암키와도 있다.

(1) II A나형

① '巳-刀'銘

기와편에 두 개의 인각이 찍혀 있는데, 상부 인각의 일부가 결실된 상태이며, 음각의 테두리 안에 글자가 음각되어 있다. 상부 인각의 명문은 다른 인각와 사례를 참조하면 '巳'일 가능성이 크나 사진으로는 판단하기 어렵다.

기와	명문

출처: 국립부여박물관, 2006, p.149.

22) 국립부여박물관, 2006, 『백제의 공방』, p.149에 부여 정동리(C지구)에서 출토된 인각와로 소개된 사진 중 2점은 B지구에서 출토된 인각와로 판단된다.

(2) 문양 인각와

화엽문 암키와라고도 하나, 문양인지 글자인지 다소 모호해 보인다. 사진으로는 '申'이나 '冊'로도 볼 수 있을 듯하나 불확실하다.

화엽문 암키와	문양	문양(회전)

출처: 국립부여박물관, 2006, p.149.

3) 참고문헌

(1) 보고서 및 자료집

국립부여박물관, 2006, 『백제의 공방』.

국립부여박물관, 2010, 『百濟瓦塼』.

(2) 논저류

金誠龜, 1990, 「扶餘의 百濟窯址와 出土遺物에 대하여」, 『百濟硏究』 21.

35. 정동리 샘골

정동리요지에 근접한 정동리 샘골에서 '上卩乙瓦'銘 암키와편이 채집되었다(이다운 1999, p.108). 이 인각와가 채집된 장소가 요지인지는 불확실하나, 만약 요지라면 정동리요지군에 속하는 官窯일 가능성이 있을 것이다.

1) IA다형

(1) '上卩乙瓦'銘

인각의 지름은 3.2cm이며, 음각의 테두리 안에 글자는 음각되어 있다. 우측 상단의 '上'자 옆의 테두리에 세로로 흠집이 있는 것이 가탑리사지에서 출토된 것으로 전하는 '上卩乙瓦'銘 인각와와 동일해 보인다. 같은 인장을 사용한 것으로 추정되며, 이 인각와가 요지에서 채집된 것이라면, 정동리에서 생산된 기와가 가탑리사지에 공급되었을 가능성도 고려해 볼 수 있을 것이다.

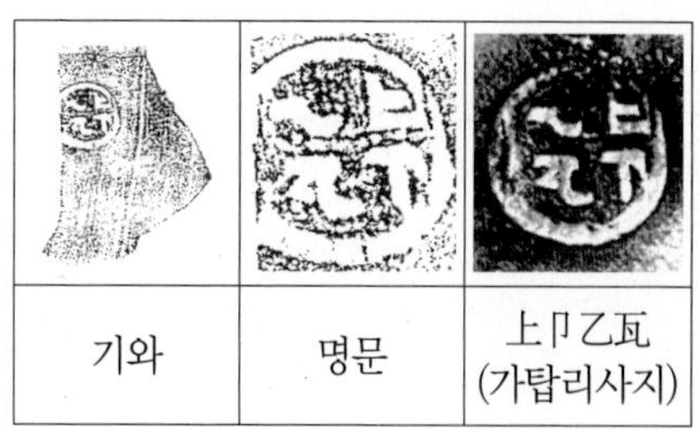

기와	명문	上卩乙瓦 (가탑리사지)

출처: 李 タウン, 1999, p.103, 圖5-②, p.106, 圖7-②.

2) 참고문헌

(1) 논저류

李 タウン, 1999, 「百濟五部銘刻印瓦について」, 『九州古文化硏究會』 43.

36. 가증리사지

가증리사지는 1985년 밭(가증리 137번지)을 개간하던 중 남북방향의 석렬이 발견되었으며, 주변에서 연꽃으로 장식된 불상대좌편과 인각와, 개배편 등이 발견되어 알려진 유적이다. 사지는 '수작골'로 불리는 계곡 안쪽에 위치한 것으로 추정되는데, 농장이 만들어지면서 유적지가 사라져 구체적이 사찰의 범위를 확인할 수 없다.

'부여 3039'라는 소장번호가 부여된 유물들은 가증리 137번지에서 출토된 것인데, 그중에는 인각와편 14점이 있으며, 사진이 제시된 것은 '刀下'銘 인각와 3점과 '申-▨'銘 인각와 1점이다. 그리고 '부여 2991' 이라는 소장번호가 부여된 유물은 출토지가 '가증리'로만 표시되어 있는데, '午-斯', '申-斯'銘 인각와로 가증리사지에서 수습된 인각와로 파악된다(문화재청·국립부여문화재연구소 2008, pp.26-27). 관련 사진으로는 '刀下'銘 인각와와 '▨-▨'銘 인각와 2점만 제시되었다.

1) IA나형

(1) '刀下'銘

가증리에서 수습된 '刀下'銘 인각와 중에서 사진으로 확인되는 것은 모두 네 점이 있다(충청남도·충남대학교 박물관 2002, p.610). 모두 음각의 테두리 안에 글자가 음각되어 있다. '부여 2991'의 '刀下'銘 인각와만 '刀'자가 좌서로 되어 있다.

부여 3039	명문	부여 2991	명문

출처: 충청남도·충남대학교 박물관, 2002, p.610.

2) IIA나형

(1) '申-▨'銘

소장번호 '부여 3039' 유물 사진 중 '申-▨'銘 인각와가 있는데, 하부 인각의 절반이 결실되어 이것이 '申-斯'銘 인각와인지는 불확실하다. 양각의 테두리 안에 글자가 양각되어 있는 것으로 보인다.

부여 3039 '申-▨'	명문

출처: 충청남도·충남대학교 박물관, 2002, p.610.

(2) '▨-▨'銘

소장번호 '부여 2991'의 유물 사진으로 제시된 인각와인데, 자획은 뚜렷하나 책에 수록된 사진으로는 글자를 판독하기 어렵다. 가증리사지에서 수습된 '午-斯'銘 인각와가 아닐까 짐작되나, 사진으로 상부 인각의 명문은 '中'자에 가까워 보이며, 하부 인각의 명문은 '斯'보다는 '肪'에 가까워 보인다. 일단 미상자로 둔다. 양각의 테두리 안에 글자가 양각되어 있다.

부여 2991	명문

출처: 충청남도·충남대학교 박물관, 2002, p.610.

3) 참고문헌

(1) 보고서 및 자료집

문화재청·국립부여문화재연구소, 2008, 『백제 폐사지 학술조사보고서 -扶餘郡 篇-』.

충청남도·충남대학교 박물관, 2002, 『부여의 문화유산』.

37. 석목리

『부여의 문화유산』에는 석목리에서 출토된 것으로 소장번호 '부여 2862'가 부여된 인각와편이 수록되어 있다. 전체 수량을 알 수 없으며, 그중 '未-斯', '巳', '寅'銘 인각와가 있음을 알 수 있다(충청남도·충남대학교 박물관 2002, p.611). 사진에는 '未-斯'와 '巳'로 판독된 인각와 2점만이 제시되어 있다. 그리고 『韓國의 기와』(1983)에는 석목리에서 출토된 인각와로 '未-斯'銘 인각와(41번)가 수록되어 있다(연세대학교 박물관 1983, p.31).

1) IA가형

(1) '巳'銘

기존에 '巳'로 판독되었는데, 자형은 '己'에 가까워 보인다. 원형의 음각면 안에 글자는 양각되어 있다. 기와가 완형이 아니기 때문에 인장이 2개가 짝을 이루는 ⅡA나형일 가능성도 있다.

부여 2862	명문

출처: 충청남도·충남대학교 박물관, 2002, p.611.

2) IIA나형

(1) '未-斯'銘

『부여의 문화유산』에 수록된 '未-斯'로 판독된 인각와는 2개의 인각이 서로 인접해서 찍혀 있고, 떨어진 곳에 '未'자 인각이 또 찍혀 있다. 동일한 인각을 두 번 찍은 것인데, 일부만 남은 것으로 보인다. 양각의 테두리 안에 글자가 양각되어 있다. 『韓國의 기와』에 수록된 '未-斯'銘 인각와는 양각의 테두리 안에 글자가 양각되어 있다.

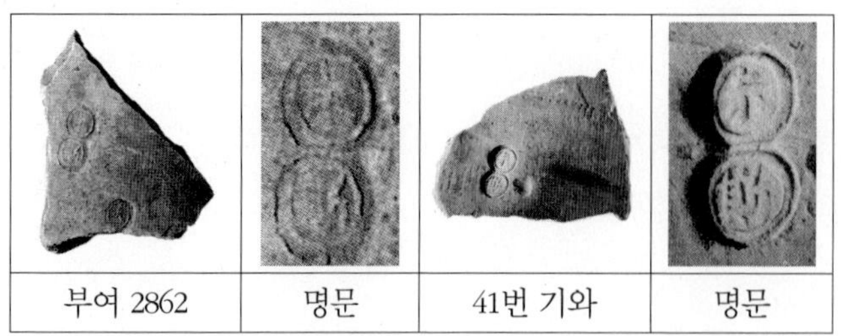

부여 2862	명문	41번 기와	명문

출처: 충청남도·충남대학교 박물관, 2002, p.611; 연세대학교 박물관, 1983, p.31.

3) 참고문헌

(1) 보고서 및 자료집

연세대학교 박물관, 1983, 『한국의 기와』.

충청남도·충남대학교 박물관, 2002, 『부여의 문화유산』.

38. 석목리 남건물지

석목리 남건물지는 관음사지의 북서쪽 방향에 있는데(이다운 1999, p.96), 정확한 소재지는 파악되지 않는다. 여기에서 '甲瓦上卩'銘 인각와가 출토된 것으로 전한다(이다운 1999, p.99).

1) IIA나형

(1) '甲瓦上卩(上卩甲瓦)'銘

IIA나형 인각와의 명문은 보통 '○○갑와/을와'의 형식인데, 이 경우에는 그 순서가 바뀌어 있다. 관북리와 부소산성에서도 '上卩甲瓦'명 인각와가 출토된 바 있는데,[23] 그중에서 확인 가능한 인각와의 탁본을 보면 역시 '甲瓦上卩'로 되어 있다. 인각의 지름은 3.7cm이고, 양각의 테두리 안에 글자가 양각되어 있다.

---

23) 沈相六, 2005, 앞의 글, p.14 〈표 2〉에서 관북리에서 1점, 부소산성에서 3점으로 총 4점이 출토된 것으로 정리되어 있는데, 부소산성에서 출토된 '上卩甲瓦'銘 인각와는 1점밖에 확인하지 못하였다.

기와	명문	관북리 출토[24]	부소산성 출토[25]

출처: 李 タウン, 1999, p.103, 圖5-①, p.106, 圖7-①.

2) 참고문헌

(1) 논저류

李 タウン, 1999,「百濟五部銘刻印瓦について」,『古文化談叢』43, 九州古文化硏究會.

39. 석목리 나성 유적

석목리 논절마을 일대는 부여나성이 통과하는 지역으로 2000년에 충남대학교 백제연구소에서 정밀지표조사를 실시한 결과, 동나성 구간이 존재하고 있음이 확인된 바 있다. 2004-2005년에 부여-탄천 간 도로확장 및 포장공사 구간에 대한 발굴조사가 이루어졌다.

1차 발굴조사 때에는 공주에서 부여로 향하는 국도 40호선 도로의 양쪽에서 32.8m의 나성 성벽이 확인되었으며, 성벽 내외부에서 백제시대 건물지 7기, 주거지 5기, 매납유구 1기, 구상유구 1기, 미상유구 1기, 조선시대 주거지 1기, 시대미상 수혈유구 1기 등 17여 기의 유구가 확인되었다. 그리고 2차 발굴조사에서는 도로 하부에서 최대 높이 약 5m 정도의 나성 성벽이 확인되었다. 출토유물 가운데, 3점의 인각와와 바닥면에 문양이 새겨진 목제 대부완이 있다.[26] 인각와의 명문은 '巳'銘, '申-斯'銘 등이 확인된다.

24) 국립부여문화재연구소, 2009,『扶餘 官北里百濟遺蹟 發掘報告. 3, 2001-2007年 調査區域 百濟遺蹟篇』, p.332 도면 138-324.

25) 國立扶餘文化財硏究所, 2003,『扶蘇山城 : 發掘調査報告書. 5』, p.104 탁본 4-③.

26) 인각과 유사한 문양을 바닥면에 새긴 것이 특징인데, 지표에서 수습되어 백제시기의 유물인지는 불확실하다.

1) IIA나형

(1) '巳'銘

회청색 경질소성 암키와편으로 지표에서 수습되었다. 인각의 지름은 2.1cm이며, 글자가 양각되어 있다. 두 개의 인각이 조합을 이루는 유형일 가능성이 있으나, 기와의 아랫 부분이 깨져서 인각이 더 찍혀 있었는지는 확인할 수 없다.

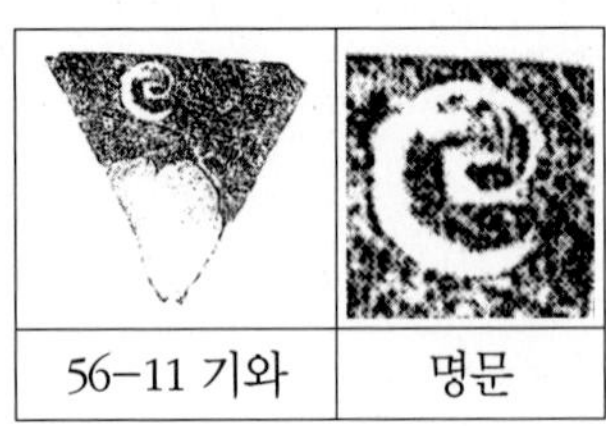

56-11 기와	명문

출처: (재)충청문화재연구원, 2009, p.110, 도면 56-11.

(2) '申-斯'銘

도로를 기준으로 남동쪽 구간의 서쪽 경계 부분에 조성되어 있는 백제시기 건물지(2호 건물지)와 2호 주거지, 성벽 외부의 저습지에서 각각 1점씩 출토되었다. 2개의 인각이 연접해서 찍혀 있으며, 인각의 지름은 2.0cm이다. 양각의 테두리 안에 글자가 양각되어 있다.

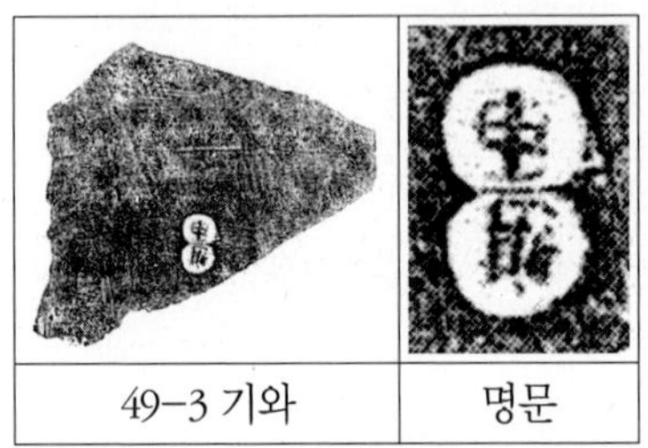

49-3 기와	명문

출처: (재)충청문화재연구원, 2009, p.91, 도면 49-3.

(3) '▨-▨'銘

나성 성벽 내부에 인접하여 조성되어 있는 백제시기 건물지인 7호 건물지에서 출토되었다. 회갈색 경질소성 암키와편이며, 지름 2.0cm 크기의 인각 2개가 연접해서 찍혀 있다. 획이 일부 보이는 듯도 하나, 인각 내의 글자는 판독하기 어려운 상태이다. 글자는 양각되어 있는 것으로 보인다.

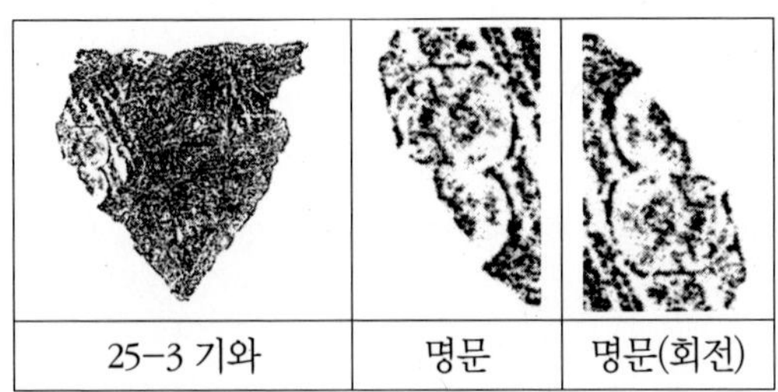

25-3 기와	명문	명문(회전)

출처: (재)충청문화재연구원, 2009, p.53, 도면 25-3.

2) 참고문헌

(1) 보고서 및 자료집

(재)충청문화재연구원, 2009, 『부여 석목리 나성 유적』.

40. 구교리

『부여의 문화유산』에는 소장번호 '부여 2257'와 '부여 1331'로 구교리에서 수습된 인각와편 4점이 소개되어 있다.

1) IA나형

(1) '己丑'銘

소장번호 '부여 1331'로, 양각의 테두리 안에 글자가 양각된 것으로 보이며, 한 인각 내에 두 글자가 있다. 기존에 '丑'으로 읽었던 글자는 '毌'나 '冊'자에 가까워 보인다. '丑'이 아니라 '毌'나 '冊'으로 읽을 경우, 간지(己丑)가 아니라 간지(己)와 인명(毌/冊)을 각각 가리키는 것으로 볼 수도 있을 것이다. 특이하게 글자 좌우에 세로선 두 개가 양각되어 있다.

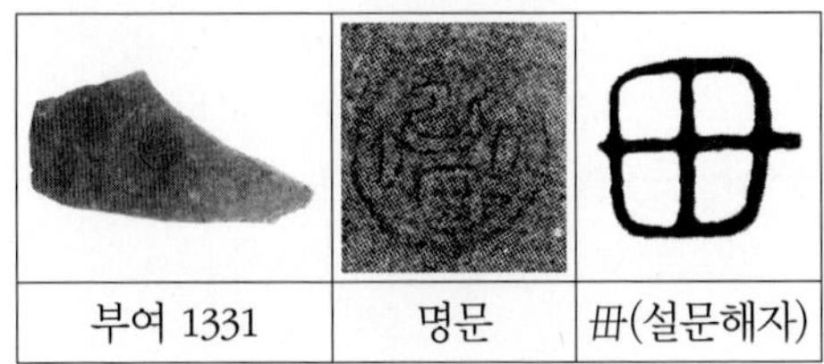

부여 1331	명문	冊(설문해자)

출처: 충청남도·충남대학교 박물관, 2002, p.611.

2) IIA나형

(1) '巳'銘

소장번호가 '부여 1331'인 인각와로 음각의 테두리 안에 글자가 음각되어 있다. 사진으로는 '巳'나 '己'에 가까워 보인다. 인각 2개가 조합을 이루는 ⅡA나형으로 추정된다.

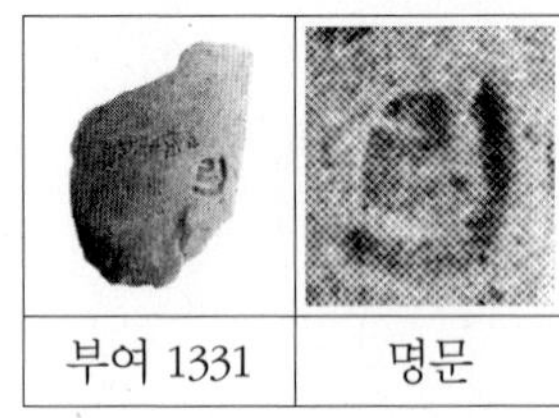

부여 1331	명문

출처: 충청남도·충남대학교 박물관, 2002, p.611.

(2) '巳-止'銘

'부여 2257' 1번 기와는 암키와편으로 인각 두 개가 짝을 이루어 찍혀 있다. 각각 '巳', '止'로 읽힌다. 음각의 테두리 안에 글자가 음각되어 있다.

부여 2257-1	명문

출처: 충청남도·충남대학교 박물관, 2002, p.610.

(3) '巳-毛'銘

'부여 2257' 2번 기와는 암키와편이다. '巳'와 '毛'가 짝을 이룬 동일한 인각이 두 군데 찍혀 있다. 음각의 테두리 안에 글자가 음각되어 있다.

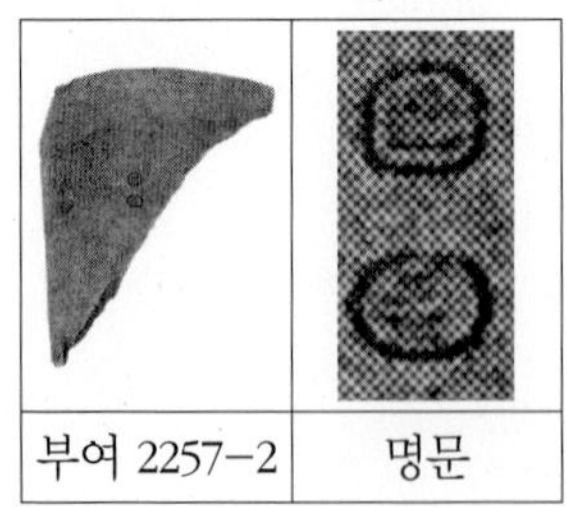

부여 2257-2	명문

출처: 충청남도·충남대학교 박물관, 2002, p.610.

3) 참고문헌

(1) 보고서 및 자료집

충청남도·충남대학교 박물관, 2002,『부여의 문화유산』.

41. 규암면

일제시기에 규암면에서 '巳-毛'銘 인각와가 채집된 바 있다(齋藤忠 1939, p.311). 齋藤忠의 논문에 수록된 인각와 탁본 중 '巳-毛'銘 인각와는 한 점뿐인데, 이것이 규암면에서 채집된 것인지는 불확실하다.

1) IIA나형

(1) '巳-毛'銘

원형의 음각 테두리 안에 글자가 음각되어 있다.

'巳-毛'銘

출처: 齋藤忠, 1939, p.309.

2) 참고문헌

(1) 논저류

齋藤忠, 1939,「百濟平瓦に見られる刻印銘について」,『考古學雜誌』29-5.

42. 규암리 54-4번지

2009년에 규암면 규암리 54-4번지에 건축부지가 들어서면서 문화유적 시굴 조사가 이루어졌다. '刀下', '辰'銘 인각와가 구릉 정상부와 동쪽 사면일대의 부정형의 수혈 2기에서 출토되었다(문동석 2011,

pp.187-188). 이 중 '刀下'銘 인각와는 회색 연질의 암키와편으로 기와 등면은 태선문을 타날한 후 물손질하였다. 원형의 인각에는 '刀下'가 음각되어 있다.

1) 참고문헌

(1) 논저류

문동석, 2011, 「신발견 백제의 문자자료에 대한 역주」, 『인문논총』 23, 서울여자대학교 인문과학연구소.

43. 왕흥사지

왕흥사지는 현재의 백마강변으로부터 약 500m 정도 떨어져 있으며, 부소산과 마주보고 있는 드무재산(해발 131m)의 남동향한 산자락 아래 해발 10~20m 부근에 위치해 있다. 행정구역상으로는 규암면 신리 37-2번지 일대에 해당한다.

1934년에 '王興'명 기와편이 수습되어 『三國史記』와 『三國遺事』 등에 기록이 전하는 '王興寺'로 비정되었다. 2000년부터 연차적인 발굴조사가 실시되어 발굴조사 결과 목탑지, 금당지를 비롯하여 동, 서회랑 및 동, 서건물지, 강당지 및 서편 부속건물지 등 사역 중심부의 건물지 등이 확인되었으며, 사역의 축대인 동서석축, 진입시설인 남북석축과 사역 동편 외곽의 백제-고려시대 기와가마터가 확인되었다. 왕흥사지에서는 명문기와, 명문토기, 상평오수전, 오수전, 청동제 사리함 등의 명문자료와 더불어 '木'銘, '巳-毛'銘 인각와가 출토되었다.

'王興'銘 기와편

출처: 鄭僑源 編, 1934, 『扶餘古蹟名勝案內記』, 扶餘古蹟保存會, p.38.

1) IA가형

(1) '木'銘

2007~2008년에 목탑지와 금당지를 조사하면서 목탑지 남편의 방형 기와무지에서 출토된 암키와편이다. 짙은 회색의 연질계 기와이며, 지름 3.4cm의 인각이 찍혀 있는데, 양각의 테두리 안에 글자가 양각되어 있다. 보고서에서는 미상자로 처리하였는데, '木'자로 추정된다.

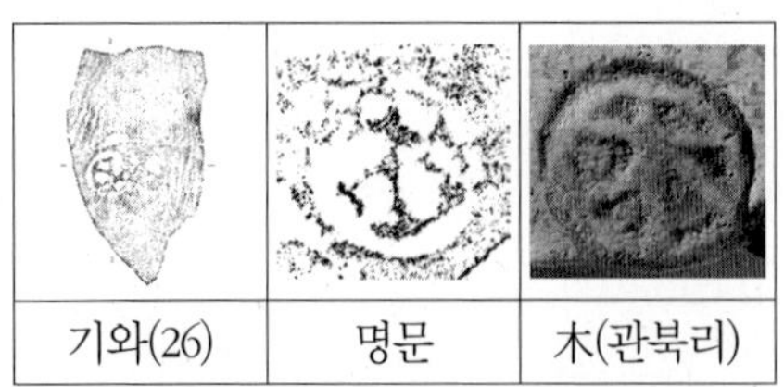

기와(26)	명문	木(관북리)

출처: 국립부여문화재연구소, 2009, p.113, 26번.

2) IIA나형

(1) '巳-毛'銘

왕흥사지의 중앙 진입시설 내 석재무지 주변에서 출토되었다. 유구와 직접적인 관련성이 떨어지는 지점의 상부 퇴적층에서 확인되었기 때문에 사찰의 운영시기와 관련짓기에는 무리가 따르는 것으로 지적되었다(국립부여문화재연구소 2012, p.320).

회백색을 띠는 연경질 소성의 암키와이며, 등면에는 두 개의 인각이 찍혀 있는데, 아래의 인각은 반 정도가 결실되었다. '毛'의 가로획 일부가 보이기 때문에 '巳-毛'로 충분히 판독할 수 있다. 음각의 테두리 안에 글자가 음각되어 있다.

기와(328)	명문

출처: 국립부여문화재연구소, 2012, p.223, 도면 109-328.

3) 참고문헌

(1) 보고서 및 자료집

국립부여문화재연구소, 2009, 『왕흥사지 Ⅲ -목탑지·금당지 발굴조사 보고서-』.
국립부여문화재연구소, 2012, 『왕흥사지 Ⅳ』.
부여군지편찬위원회, 1987, 『扶餘郡誌』.

(2) 논저류

洪思俊, 1974, 「虎岩寺址와 王興寺址考」, 『百濟硏究』 5.

44. 규암면 오수리

부여 오수리 큰독골·오실골 유적은 충청남도 부여군 규암면 오수리 80번지 일원에 위치하고 있다. 이 중 인각와가 출토된 큰독골 A-2지점은 함양리 일대의 태봉(115m)에서 동쪽 방향으로 뻗어 내려온 가지 능선 상에 위치하며, 구릉의 남향사면에 해당한다. 여기에서는 분구유구가 집중적으로 확인되었다. 사면의 상단부에서 중하단부에 이르기까지 삼국(백제)시대 고분이 수 기 확인되었고, 횡혈식 석실분이 2기, 횡구식 석곽분이 4기, 횡혈묘가 2기이다.

이 중 인각와가 출토된 1호 석실분은 큰독골 A-2지점 하단부 동쪽에 치우쳐 자리 잡고 있다. 묘광은 장타원형에 가까운 평면 형태이며, 경사방향을 따라 풍화암반토를 'L'자로 깊게 굴광하여 석실이 지하로 완전히 들어가도록 조성하였다. 묘광의 잔존 규모는 290cm, 너비 206cm, 깊이 251cm이며, 장축방향은 북서방향이다.

석실은 정교하게 치석된 판석을 이용하여 조성한 전형적인 단면 육각형의 고임식 석실이다. 평면 형태는 장방형이며, 묘광의 중앙에서 다소 서쪽으로 치우쳐 축조되었다. 남쪽에는 중앙에서 약간 오른쪽에 치우쳐 문틀시설과 연도이 갖춰져 있다. 내부에서 관정이 수 점 수습됨에 따라 목관을 안치하였던 것으로 생각된다.

바닥을 마감하는 방식이 특이한데, 석재가 아닌 암키와를 이용하였다. 대략 석실의 너비 방향으로 3매, 길이 방향으로 5매씩 열을 맞추어 배열하였으나 현문에 가까운 쪽은 다소 불규칙한 양상을 보인다. 바닥에서 확인된 거의 모든 기와에서 인각이 확인되었다. 인각와의 명문은 '卯'銘이 확인되며, 그 외에 자획은 분명하나 어떤 글자인지 알 수 없는 것과 마모되어 글자를 확인하기 어려운 것이 있다.

1) IA가형

(1) '卯'銘

암키와로 1호 석실분의 바닥에서 6점이 출토되었다. 협단부가 남아 있는 경우, 그로부터 약 4.8~6cm 아래에 인각이 찍혀 있는 것이 확인된다. 인각의 지름은 대체로 1.0cm 내외인데, 도면 24-31번 기와의 경우에는 인각의 지름이 2.1cm이다. 도면 10-1번과 14-9번 기와의 경우에는 동일한 명문의 인각이 두 번 찍혀 있음을 확인할 수 있다. 글자는 양각되어 있는데, 보고서에서는 '防'자로 추정하였으나, 좌서된 '卯'자로 볼 수 있다.

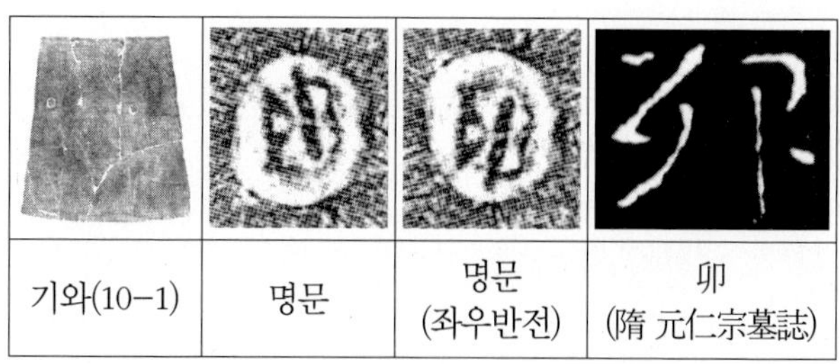

출처: 재단법인 한얼문화유산연구원, 2013, 도면 10-1.

(2) '▨'銘

1호 석실 바닥에서 6점이 출토되었다. 4점은 완형으로 복원되었고, 2점은 일부만 남아 있다. 협단부가 남아 있는 경우, 협단부에서 약 4.0~5.4cm 아래에 인각이 찍혀 있다. 인각의 지름은 1.1cm 내외인 것과 2.0cm 내외인 것이 확인된다. 도면 12-4번과 13-7번, 14-8번의 기와에는 동일한 명문의 인각이 두 번 찍혀 있다. 인각의 글자는 양각되어 있다. 보고서에서는 도면 12-4번, 13-7번, 15-10번 기와의 명문을 '防'자로 추정하였는데, '防'자로 보기는 어렵다. 자획이 뚜렷하나(▨) 어떤 글자인지 알 수 없다. 도면 14-8번과 23-27번, 23-28번 기와의 명문은 일부가 마모가 되어 자획이 분명하지 않지만, 오른쪽 자획이 12-4번, 13-7번, 15-10번 기와의 명문과 동일하므로, 같은 인각으로 파악된다.

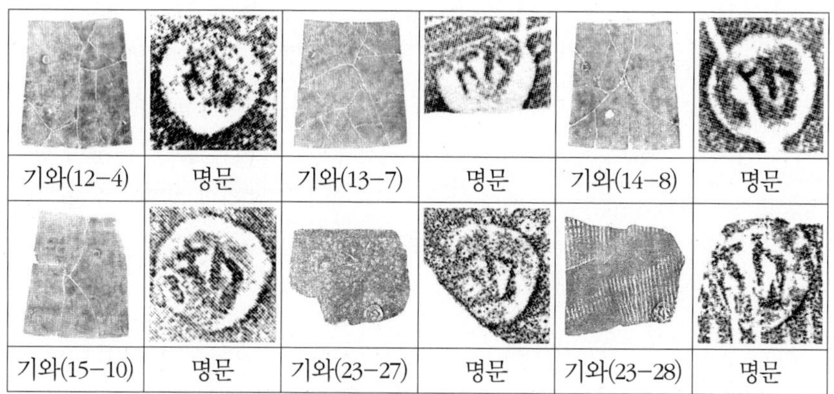

출처: 재단법인 한얼문화유산연구원, 2013, 도면 12-4, 13-7, 14-8, 15-10, 23-27, 23-28.

(3) '▨'銘

1호 석실 바닥에서 2점이 출토되었으며, 둘 다 연질의 암키와편이며, 하나는 회백색, 다른 하나는 연한 적갈색을 띤다. 협단부에서 23.7cm나 18.1cm 아래에 인각이 찍혀 있으며, 인각의 지름은 각각 2.4cm, 2.6cm이다. 글자는 양각되어 있으며, 두 기와에 찍힌 인각의 자형이 비슷해 보이나, 마모로 명문을 판독하기 어렵다.

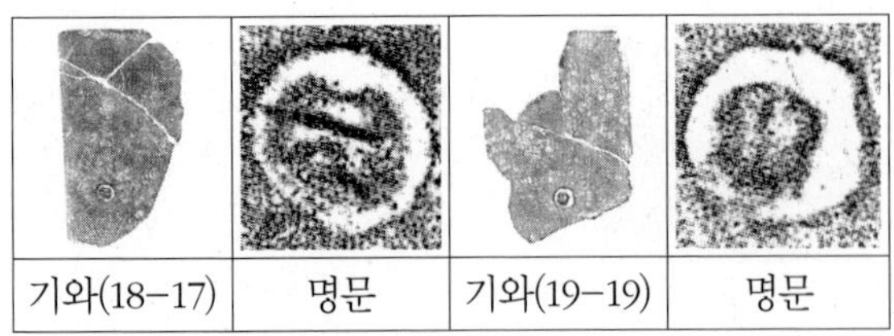

기와(18-17) | 명문 | 기와(19-19) | 명문

출처: 재단법인 한얼문화유산연구원, 2013, 도면 18-17, 19-19.

(4) '▨'銘

1호 석실 바닥에서 출토된 암키와편이다. 경도는 연질이며, 색조는 회백색이다. 동일한 명문의 인각이 두 개 찍혀 있다. 지름 1.8cm의 인각 안에 글자가 양각되어 있는데, 모두 마모되어 판독하기 어렵다.

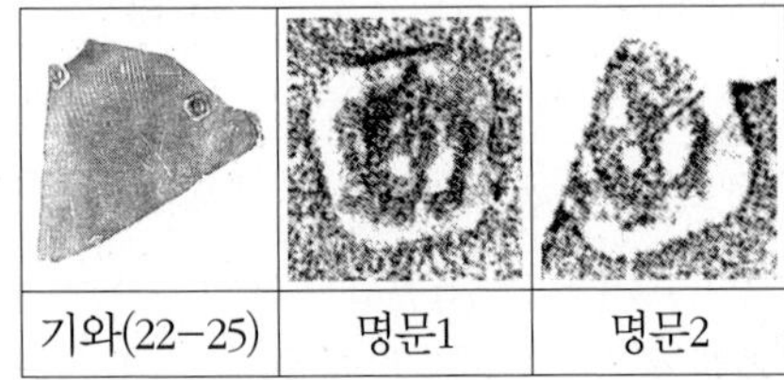

기와(22-25) | 명문1 | 명문2

출처: 재단법인 한얼문화유산연구원, 2013, 도면 22-25.

(5) '▨'銘

1호 석실 바닥에서 출토되었다. 마모가 심하거나, 표면이 박리되어 명문을 판독하기 어렵거나, 일부만 잔존하여 명문을 확인할 수 없는 경우로, 5점이 있다. 모두 연질의 암키와이다. 협단부가 남아 있는 경우, 협단부에서 약 4.4~8cm 아래나 15.5cm 아래에 인각이 찍혀 있으며, 인각의 지름은 1.0cm 내외인 것과 2.1cm, 2.6cm인 것이 확인된다. 글자는 양각되어 있다.

2) 참고문헌

(1) 보고서 및 자료집

재단법인 한얼문화유산연구원, 2013, 『부여 오수리 큰독골·오실골유적』.

45. 부여 출토 및 출토지 미상

1) 『百濟瓦塼圖譜』(1972)

『百濟瓦塼圖譜』에 수록된 144번 인각와 탁본은 부여박물관에 소장된 유물로 출토지가 밝혀져 있지 않

다.[27]

(1) IA다형

① '寺下乙瓦'銘

음각의 테두리 안에 글자가 음각되어 있다. 이를 '寺下乙瓦'(국립부여박물관 2002, p.81) 또는 '左卩乙瓦'로 판독하기도 한다. 후자의 경우, 상단 우측의 글자만 좌서된 것으로 보아 '左'로 읽고, '左卩'가 곧 백제 중앙 5부의 東部(上部)의 이칭임을 근거로 이 또한 五部銘 인각와의 하나로 파악하였다(이다운 1999, pp.100-101). 그러나 하단 우측의 글자를 '卩'자로 보기 어려우며, 상단 우측의 글자를 좌서로 보더라도 '左'의 '匕'(工)에 해당할 자획은 세로획과 점으로 서로 떨어져 있기 때문에 '左'자로 보기 어렵다고 판단된다. 『백제와전도보』에 수록된 탁본에서는 상단 우측의 글자가 '子'자와도 비슷하게 보이나, 『백제의 문자』에 수록된 동일한 인각의 기와 사진으로는 긴 가로획 위에 짧은 가로획이 하나 더 보이므로 '寺'로 보는 편이 맞다고 판단된다.

'寺下乙瓦'로 판독하며, IA다형의 인각와로는 五部銘 인각와 외에도 '寺下乙瓦'銘 인각와를 비롯하여 '右城甲瓦'銘, '右▨乙瓦'銘 인각와의 사례가 있다. 생산주체로서 五部와 비슷하게 취급된 '寺下', '右城' 등이 가리키는 바는 앞으로 좀 더 검토가 필요할 것이다.

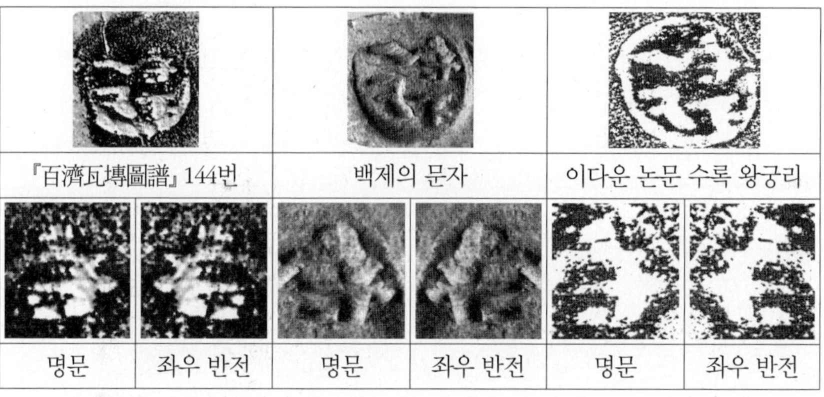

출처: 忠南大學校 百濟研究所, 1972, p.70; 국립부여박물관, 2002, p.81; 李タウン, 1999, p.103.

27) 탁본의 먹이 묻은 모양이 곧 기와의 형태와 일치하는 것이라면, 『百濟의 文字』, p.81에 수록된 동일한 인각의 기와(출토지는 부여 부소산성 또는 익산 왕궁리)와는 다르며, 李タウン, 1999, 앞의 글, p.103 도5-⑫나 p.107 도8-③과도 다른 것이다. 부여에서 출토되었을 가능성이 있으나, 확실하지 않다.

(2) 참고문헌

① 보고서 및 자료집

국립부여박물관, 2002,『百濟의 文字』.

忠南大學校 百濟研究所, 1972,『百濟瓦塼圖譜』.

② 논저류

李タウン, 1999,「百濟五部銘刻印瓦について」,『古文化談叢』43, 九州古文化研究會.

2) 유창종 기증 기와

법조인으로서 문화유산에 많은 관심을 가졌던 유창종이 2002년에 국립중앙박물관에 기증한 瓦塼 1,873점 가운데에 16점의 인각와가 포함되어 있다. 증1792만 부여에서 출토된 유물임을 알 수 있고, 나머지는 출토지를 알 수 없다.

(1) IA가형

① '卯'銘

증1792은 암키와 파편이며, 양각되어 있는 자형을 본 따 보통 'PB'로 표기하는 인각와이다. 최근에 이를 글자로 보고 '卯'자로 판독한 견해가 제시되었다(高正龍 2007; 심상욱 2013, pp.74-75). 이 글자를 좌서된 것으로 본다면, 명문을 좌우 반전한 것과 같은 자형으로 볼 수 있으며, 이를 '卯'의 이체자(夘, [illegible])로 볼 가능성도 있다.

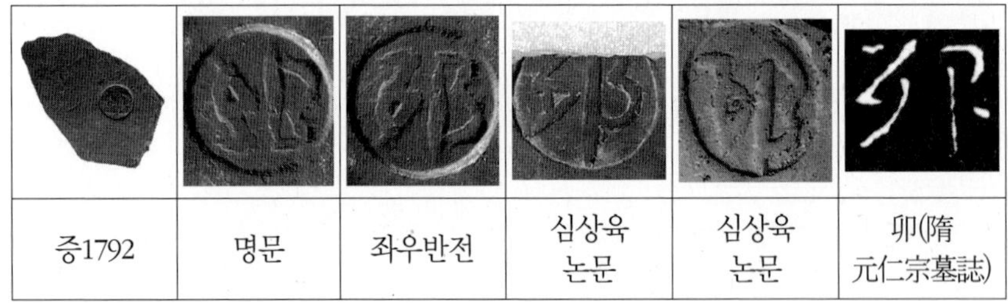

증1792	명문	좌우반전	심상욱 논문	심상욱 논문	卯(隋 元仁宗墓誌)

출처: 국립중앙박물관, 2002, p.36; 심상욱, 2013, p.75.

② '寅'銘

증1782, 1786, 1787, 1788은 모두 '寅'자 인장이 양각으로 찍혀 있다. 증1782, 1787은 수키와이며, 증1783, 1788은 암키와이다.

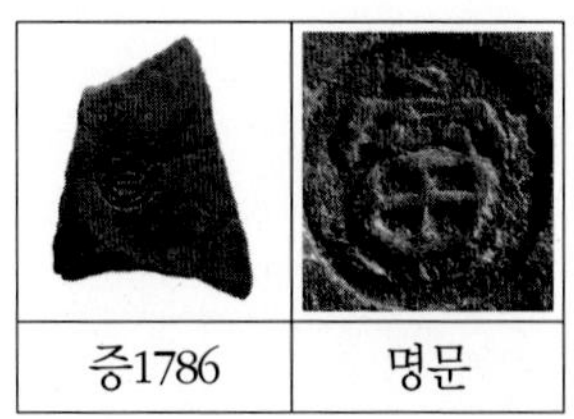

증1786	명문

출처: 국립중앙박물관, 2002, p.36.

(2) ⅡA나형

① '未-斯'銘

증1789, 증1790, 1791, 증3072은 모두 암키와이며, 등면에 두 개의 인장이 인접해서 찍혀 있다. 양각의 테두리 안에 '未', '斯'자가 각각 양각되어 있다.

증1791	명문	증3072	명문

출처: 국립중앙박물관, 2002, p.36; 국립중앙박물관 편저, 2007, p.52.

(3) 문양 인각와

증1778, 1779, 1780, 1781, 1783, 1784, 1785는 문양을 인각으로 찍은 것으로 보인다. 증1778, 1779, 1780, 1781은 수키와이며, 증1783, 1784, 1785는 암키와이다. 증1779, 1780은 도판으로는 문양을 확인하기 어려우며, 증1795는 문양이 양각되어 있는 것은 보이나, 뚜렷하게 보이지는 않는다. 증1778과 1781은 동일한 꽃문양이 찍혀 있음을 알 수 있다. 증1783과 1784은 비슷한 문양이 양각으로 찍혀 있는데, 글자인지 문양인지 다소 모호하다.

증1778	문양	증1784	문양	증1795	문양

출처: 국립중앙박물관, 2002, p.37; 국립중앙박물관 편저, 2007, p.47.

(4) 참고문헌

① 보고서 및 자료집
국립중앙박물관, 2002, 『유창종 기증 기와, 전돌』.
국립중앙박물관 편저, 2007, 『國立中央博物館 寄贈遺物 : 柳昌宗 寄贈』.

② 논저류
심상육, 2013, 「백제 사비도성 출토 문자유물」, 『목간과 문자』 11.

高正龍, 2007, 「百濟印刻瓦覺書」, 『朝鮮古代研究』 8, 朝鮮古代研究刊行會.

3) 『백제기와』(2012)

경희대학교 중앙박물관에서 소장하고 있는 백제 기와 중에 5점의 인각와가 있으며, 모두 부여에서 채집된 것으로 되어 있다.

(1) IA가형

① '▨'銘
완형의 무단식 수키와로 표면은 암회색 및 황색을 띤다. 성형의 마지막 단계에서 등면에 원형의 인각을 찍었다. 인각의 명문은 명확하지 않은데, 도록에서는 좌서된 '辰'자와 유사한 것으로 보았다. 그보다는 '阝'(혹은 'B')자에 더 가까워 보이나 확실하지 않기 때문에 미상자로 둔다.

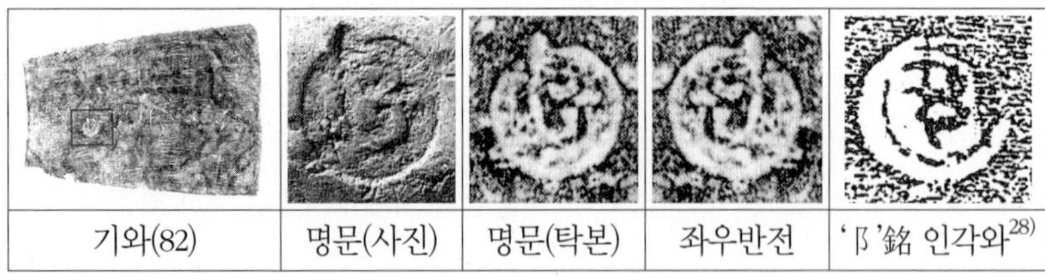

기와(82)	명문(사진)	명문(탁본)	좌우반전	'阝'銘 인각와[28]

출처: 경희대학교 중앙박물관, 2012, p.111.

② '▨'銘
반 정도만 남은 수키와로 무단식으로 추정된다. 표면은 적갈색 및 적황색을 띠며. 외면은 심하게 마모되었고, 타날흔은 남아 있지 않다. 성형의 마지막 단계에서 원형의 인각을 찍었다. 인각의 명문은 양각되

28) 國立扶餘文化財研究所, 1997, 『扶蘇山城 -發掘調査 中間報告Ⅱ』, p.623.

어 있는데, 판독하기 어려운 상태이다.

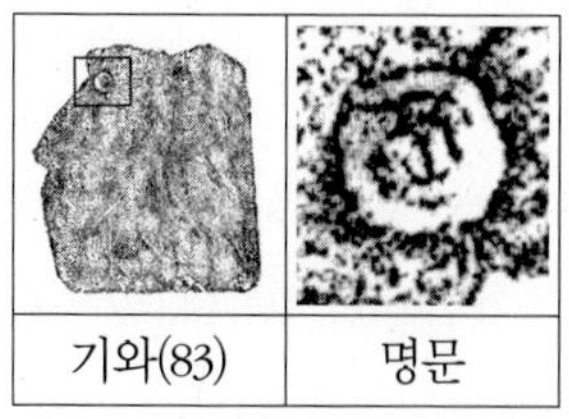

기와(83)	명문

출처: 경희대학교 중앙박물관, 2012, p.113.

③ '辰'銘

극히 일부만 남아 암키와, 수키와의 구분이 어렵다. 외면에는 선문의 타날흔이 남아 있고, 표면은 적갈색을 띤다. 등면에 원형의 인장을 찍었는데, 좌서된 '辰'자가 양각되어 있다.

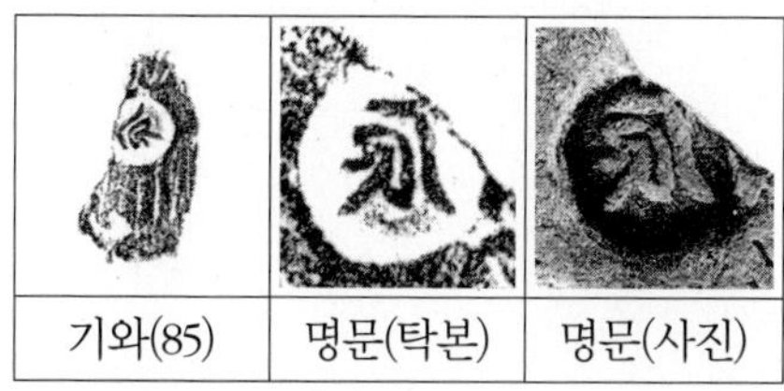

기와(85)	명문(탁본)	명문(사진)

출처: 경희대학교 중앙박물관, 2012, p.116.

(2) ⅡA나형

① '▨-▨'銘

극히 일부만 남아 있어 암키와, 수키와의 구분이 어렵다. 기와의 표면과 단면 모두 암회색을 띤다. 등면에는 원형의 인장이 두 개 찍혀 있는데, 상부의 인장은 상단 부분 결실되어 흔적만 남아 있다. 하부의 인장 역시 반 정도가 결실된 상태여서 명문이 일부만 확인되는데, '肋'이나 '助', '叻'자의 일부로 보인다.

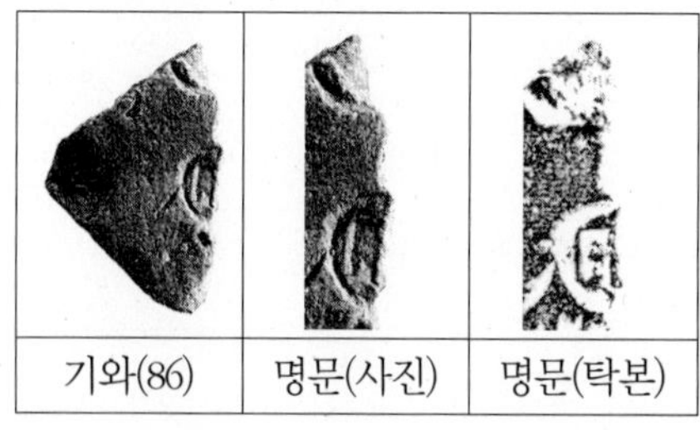

기와(86)	명문(사진)	명문(탁본)

출처: 경희대학교 중앙박물관, 2012, p.117.

(3) ⅠB다형

① ‘黃山戊辰’銘

완형의 암키와로, 상하 폭이 다른 梯形이다. 표면은 암회색 및 회황색을 띠며, 성형의 마지막 단계에서 방형의 인각을 찍었다. 이와 동일한 인각이 있는 기와가 논산 황산성에서도 채집된 바 있는데, 인각뿐 아니라 선문의 타날흔도 비슷하다. 인각의 명문은 ‘黃山寅方’으로 판독되어, 이 기와가 채집된 산성이 ‘황산성’이며, ‘寅方’은 東方의 득안성과 관련된 것으로 해석되기도 하였다(성주탁 1975, pp.72-79). 그러나 명문이 좌서된 것으로 ‘黃山戊辰’으로 판독할 수 있다. 황산은 제작지와 관련된 것이며, 무진은 제작시기를 의미하는 것이다.

도록에서는 논산 황산성에서 동일한 인각와가 발견된 점을 근거로 84번 인각와의 출토지를 재검토할 필요성을 제기하였다. 하지만 ‘葛那城丁巳瓦’銘 인각와가 쌍북리에서 출토되었고,[29] 또 논산 황화산성에서 채집된 점을 고려하면(홍재선 1983, pp.43-45), ‘黃山戊辰’銘 인각와도 각기 다른 지역에서 출토되었을 가능성이 충분히 있다.

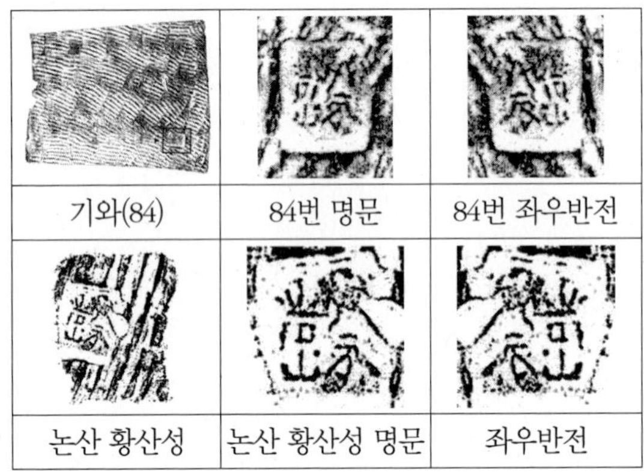

출처: 경희대학교 중앙박물관, 2012, p.115.

(4) 참고문헌

① 보고서 및 자료집

경희대학교 중앙박물관, 2012,『백제기와 -문양과 기술로 남은 瓦工의 자취-』.

29) 鄭僑源 編, 1934,『扶餘古蹟名勝案內記』, 扶餘古蹟保存會, p.78에서는 ‘葛那城’ 인각와가 부여소학교 운동장에서 출토되었다고 전한다. 충청남도·충남대학교 박물관, 2002, 앞의 책, p.616에는 부여 쌍북리 神宮裏參道東方에서 출토된 것으로 나오는데 동일한 장소를 가리키는 것으로 생각된다.

② 논저류

成周鐸, 1975, 「百濟山城 硏究 -忠南 論山郡 連山面 所在 '黃山城'을 中心으로-」, 『百濟硏究』 6.

洪再善, 1983, 「論山 皇華山城考」, 『古文化』 23.

4 인각와 印刻瓦

青陽 汪津里 窯址 出土 印刻瓦

최경선

1. 개관

1971년 충남 청양군 청남면 왕진1리 답 16번지와 산 1번지에 있는 백제시기 기와가마터 6기에 대한 발굴 조사가 이루어졌다. 왕진리는 부여군과 청양군이 경계를 이루는 금강 하류의 서북안에 위치한다. 수십 년 전만 해도 이 일대에 대단위 요지군이 강변을 따라 노출되어 있었던 것으로 전해지는데, 수로 변경으로 인해 점차 강안이 침식되면서 많은 가마터가 유실되었다. 1971년 답 16번지 일대의 토사가 급류로 내려앉으면서 강변에 분포하던 가마들이 다수 노출되었으며, 우기를 맞아 추가적인 피해가 예상되어 긴급 발굴조사가 이루어지게 되었다.

왕진리 요지는 주로 강변(A지구)에 집중 분포하고 있으며, 인근 야산(B지구)에서도 몇 기의 요지가 확인되었다. 1971년 조사 당시 강변에 노출되어 있던 10기의 가마 중 4기와 야산의 2개 가마에 대해 조사가 이루어졌다. 6기의 가마는 모두 지하식이며, 平窯인 4호 가마를 제외하면 나머지는 모두 登窯에 해당한다.

왕진리 요지에서 출토된 유물은 암·수키와와 인각와가 대부분을 차지하며, 막새류나 전, 치미 등은 상대적으로 적은 편이다. '寅'銘, '阝'銘, '斯'銘, '辰'銘, '卯'銘, '午-斯'銘, '午-止'銘, '午-助'銘, '巳-毛'銘, '巳-肋'銘, '巳-止'銘, '巳-刀'銘, '巳-▨'銘, '己-酉'銘, '己-助'銘, '己-▨'銘, '申-斯'銘, '申-▨'銘, '癸-▨'銘, '戊-止'銘, '戊-助'銘, '戊-▨'銘 등 다양한 명문의 인각와가 출토되었다.

왕진리 요지에서 출토된 인각와는 부여 부소산성과 관북리 유적, 익산 왕궁리 유적과 미륵사지 등에서 출토된 문자기와와 자형과 규격, 제작기법 등이 동일한 것으로 판단된다. 왕진리 요지는 왕흥사지 요지나 정암리 요지와 마찬가지로 사비도성으로 통하는 백마강변에 입지하여 기와 제작에 필요한 물자의 조달 및 생산품의 운송이 용이하였을 것이다. 수운을 이용하여 청양 왕진리 요지에서 생산된 기와가 부여와 익산에 공급되었을 것으로 추정된다.

2. 인각와

1) IA가형

(1) '寅'銘

A지구 3호 가마에서 출토된 것이 1점, A지구 5호 가마 적심에서 출토된 것이 2점, 1971년에 지표에서 수습된 것이 1점 있다. 이 중 수키와는 2점, 암키와가 2점이다. 인각의 지름은 2.2cm, 2.8cm, 3.0cm 등으로 다소간 차이가 있다. 모두 인각 내부에 테두리 없이 글자가 양각되어 있다. 자형은 크게 두 종류로 나타난다.

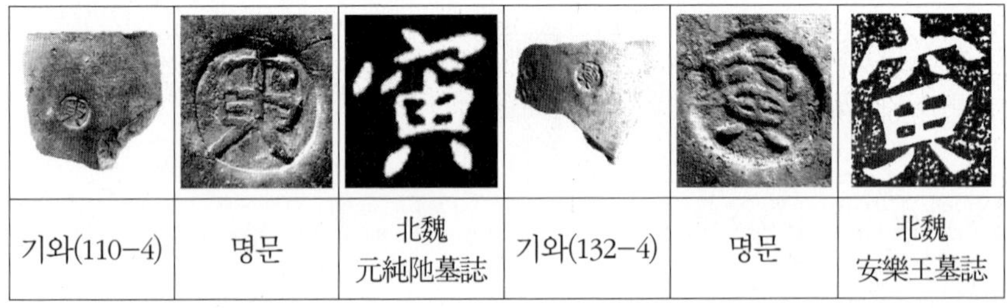

기와(110-4)	명문	北魏 元純陁墓誌	기와(132-4)	명문	北魏 安樂王墓誌

출처: 國立扶餘博物館, 2008, 도판 110-4, 132-4.

(2) 'ß'銘

A지구 3호 가마 소성실 하부 퇴적층에서 2점이 출토되었다. 2점 모두 회청색 경질의 암키와이다. 인각의 지름은 3.2cm, 3.3cm로 거의 비슷하며, 양각의 테두리 안에 글자가 양각되어 있다. 보통 'B'모양의 문양으로 파악하는데, 'ß'로 추정한 견해를 따라 'ß'로 표기한다(이은솔 2014, pp.35-36).

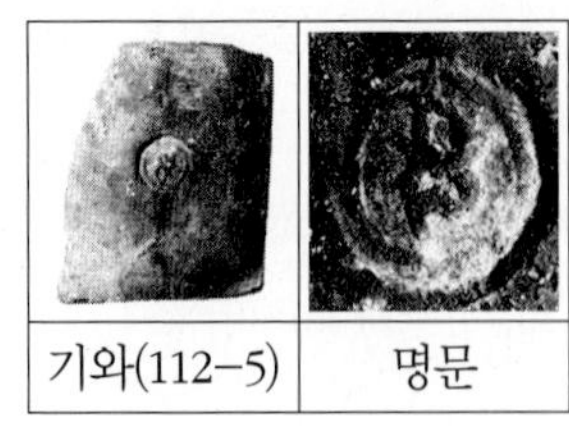

기와(112-5)	명문

출처: 國立扶餘博物館, 2008, 도판 112-5.

⑶ '斯'銘

A지구 3호 가마 소성실의 상부퇴적층과 하부퇴적층, B지구 산 2호 가마에서 각각 1점씩 출토되었으며, 1971년에 지표에서 수습된 것이 1점 있다. 모두 암키와이며, 인각의 지름은 3.0~3.1cm로 거의 비슷하다. 양각의 테두리 안에 글자가 양각으로 되어 있다. 1971년에 수습된 인각와는 인각이 반 정도 결실되어 보고서에서는 미상자로 처리하였으나, '斯'의 하단부로 볼 수 있다.

기와(152-2)	명문	기와(157-4)	명문

출처: 國立扶餘博物館, 2008, 도판 152-2, 157-4.

⑷ '辰'銘

A지구 6호 가마 소성실 하부퇴적층에서 2점이 출토되었다. 2점 모두 회청색 경질의 암키와이다. 인각의 지름은 2.5cm이며, 내부에는 테두리 없이 글자가 양각으로 되어 있다. 글자는 모두 좌서로 되어 있다.

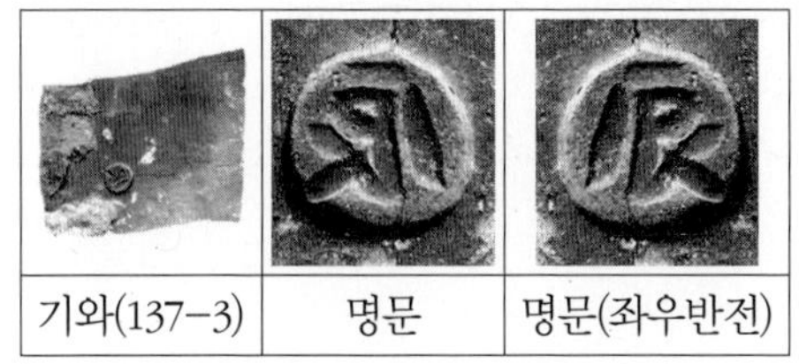

기와(137-3)	명문	명문(좌우반전)

출처: 國立扶餘博物館, 2008, 도판 137-3.

⑸ '卯'銘

B지구 산 2호 가마에서 출토된 회백색 연질의 암키와이다. 등면에 1개의 원형 인각이 찍혀 있으며, 인각의 지름은 2.3cm로 추정된다. 인각의 내부에는 글자가 양각으로 되어 있는데, 보통 'PB' 형태의 문양으로 보는 글자이다. 최근에 이를 글자로 보고 '卯'자로 판독한 견해가 제시되었다(高正龍 2007; 심상육 2013, pp.74-75). 이 글자를 좌서된 것으로 본다면, '卯'의 이체자(夘, 丣)로 볼 수 있다.

기와(151-2)	명문	명문 (좌우반전)	隋 元仁宗墓誌

출처: 國立扶餘博物館, 2008, 도판 151-2.

(6) '▨'銘

A지구 3호 가마 소성실 하부 퇴적층에서 2점이 출토되었다. 2점 모두 암키와이며, 각각 흑회색과 회청색을 띤다. 인각의 지름은 3.2cm이며, 양각의 테두리 안에 글자가 양각되어 있다. 자획이 비교적 뚜렷하나([illegible]), 어떤 글자인지 알기 어려우므로 미상자로 둔다.

기와(111-4)	명문	기와(112-3)	명문

출처: 國立扶餘博物館, 2008, 도판 111-4, 112-3.

(7) '▨'銘

B지구 산 2호 가마에서 출토된 회백색 연질의 암키와이다. 인각의 지름은 2.8cm이며, 인각의 내부에는 테두리가 없이 글자가 양각으로 되어 있다. 보고서에서는 '故'자와 비슷한 것으로 보았다. 글자일 것으로 생각되나, 현재로서는 어떤 글자인지 알기 어렵다.

기와(151-5)	명문

출처: 國立扶餘博物館, 2008, 도판 151-5.

(8) '▨'銘

A지구 3호 가마의 소성실 하부퇴적층에서 출토된 회청색 경질의 수키와이다. 측면에서 9.5cm 떨어진 곳에 1개의 둥근 인각이 찍혀 있다. 인각의 지름은 2.5cm이며, 양각의 테두리 안에 글자가 양각으로 되어 있다. 인각이 반 정도 결실되어 '寅'자인지 불분명하다. 미상자로 둔다.

기와(110-3)	명문	寅(132-4)

출처: 國立扶餘博物館, 2008, 도판 110-3.

(9) '▨'銘

A지구 5호 가마 소성실 상부퇴적층에서 출토되었다. 흑회색 경질의 암키와이다. 측면에서 약 17.0cm 떨어진 곳에 원형 인각이 찍혀 있다. 인각의 지름은 2.5cm이며, 내부에는 테두리가 없고 글자가 양각으로 되어 있다. 보고서에서는 '辰'자로 판독하였으나, 인각의 하단부 일부만 남아 있어 판독하기 어렵다. A지구 6호 가마 소성실 하부퇴적층에서 출토된 '辰'銘 인각와의 자획과 비교하면, 다른 글자일 가능성이 있다고 판단된다. 미상자로 둔다.

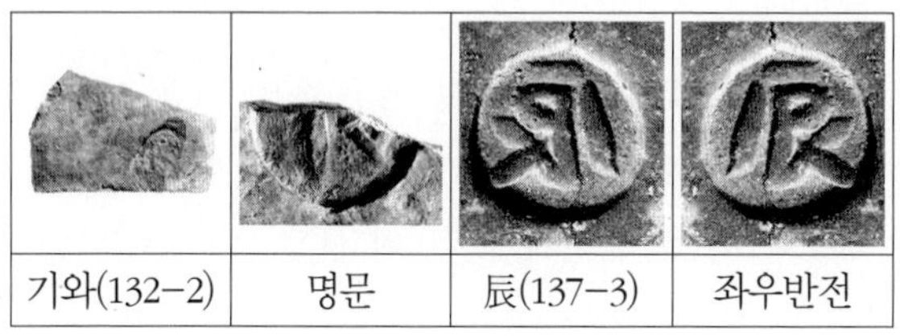

기와(132-2)	명문	辰(137-3)	좌우반전

출처: 國立扶餘博物館, 2008, 도판 132-2.

2) IIA나형

(1) '午-斯'銘

A지구 3호 가마 소성실 하부 퇴적층에서 2점이 출토되었으며, 1971년에 지표에서 수습된 것이 1점 있다. 3점 모두 암키와이다. 등면에 2개의 원형 인각이 찍혀 있는데, 인각의 지름은 1.8cm 또는 2.0cm 정도이다. 양각의 테두리 안에 글자가 양각으로 되어 있다.

기와(112-1)	명문

출처: 國立扶餘博物館, 2008, 도판 112-1.

(2) '午-止'銘

A지구 3호 가마 소성실 하부퇴적층에서 7점이 출토되었으며, 1977년과 1989년에 지표에서 수습된 것이 4점 있다. 11점 모두 수키와이다. 인각의 지름은 대체로 1.9cm이고, 두 개 인각의 지름이 1.4cm와 1.9cm, 2.0cm와 1.7cm로 차이가 있는 경우도 있다. 양각의 테두리 안에 글자가 양각으로 되어 있다.

기와(104-1)	명문

출처: 國立扶餘博物館, 2008, 도판 104-1.

(3) '午-昉'銘

B지구 산 2호 가마 소성실 하부퇴적층에서 2점이 출토되었으며, 1977년에 지표에서 1점이 수습되었다. 세 점 모두 암키와이며 인각의 지름은 1.8~1.9cm 정도이다. 양각의 테두리 안에 글자가 양각되어 있다. 보고서에서는 하부 인각의 명문을 '助' 또는 '肋'로 보았는데, 글자의 좌변이 '日'로 보이므로, '昉'로 판독하였다.

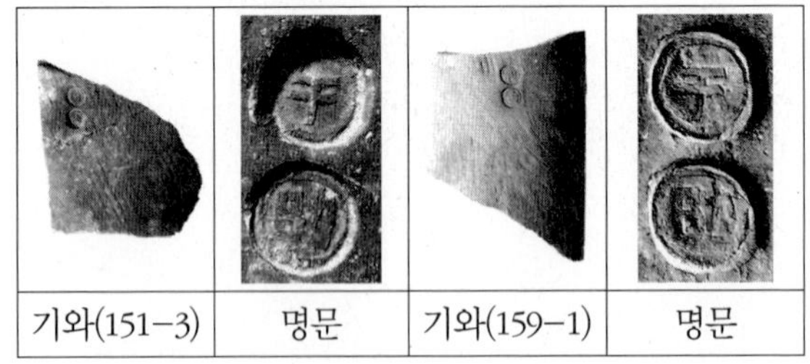

기와(151-3)	명문	기와(159-1)	명문

출처: 國立扶餘博物館, 2008, 도판 151-3, 159-1.

(4) '巳-毛'銘

A지구 3호 가마의 소성실 하부퇴적층에서 출토되었다. 흑회색 경질의 암키와이며, 측면에서 9.2cm 떨어진 곳에 2개의 원형 인각이 찍혀 있다. 인각의 지름은 1.8cm이며, 인각의 내부에는 테두리 없이 글자가 양각으로 되어 있다. 하부의 인각은 반 정도 결실되었으나, 남은 자획으로도 '毛'자로 볼 수 있다.

기와(112-2)	명문

출처: 國立扶餘博物館, 2008, 도판 112-2.

(5) '巳-肋'銘

A지구 4호 가마에서 출토된 황갈색 연질의 암키와이다. 인각의 지름은 2.4cm이며, 음각의 테두리 안에 글자가 음각으로 되어 있다. 보고서에서는 하부 인각의 명문을 '助'나 '昉'로 보았는데, 좌변이 月로 보이므로, '肋'으로 판독하였다.

출처: 國立扶餘博物館, 2008, 도판 119-1.

(6) '巳-止'銘

A지구 4호 가마 소성실과 A지구 6호 가마 소성실 하부퇴적층에서 각각 1점씩 출토되었으며, 1971년에 지표에서 한 점이 수습되었다. 세 점 다 암키와이며, 4호 가마에서 출토된 것은 인각의 지름이 1.8cm이며, 6호 가마에서 출토된 것은 상부의 인각이 1.9~2.2cm, 하부의 인각이 1.7~2.0cm 정도로 다소 차이가 있다. 1971년에 지표에서 수습된 인각와의 인각은 지름이 1.8~2.1cm이다. 인각 내부에는 음각의 테두리가 둘러져 있고, 글자가 음각으로 되어 있다. 1971년에 수습된 인각와의 명문에 대해 보고서에서는 巳 또는 己로 판독하였는데, 巳에 가까워 보인다.

출처: 國立扶餘博物館, 2008, 도판 137-2, 157-6.

(7) '巳-刀'銘

B지구 산 2호 가마 소성실 하부퇴적층에서 2점이 출토되었다. 하나는 흑갈색 경질의 수키와이며, 다른 하나는 흑회색 경질의 수키와이다. 인각의 지름은 2.1cm이며, 음각의 테두리 안에 글자가 음각으로 되어 있다.

기와(148-1) | 명문

출처: 國立扶餘博物館, 2008, 도판 148-1.

(8) '巳-▨'銘

A지구 3호 가마 소성실 하부퇴적층에서 출토되었다. 황갈색 연질의 적색기와이며, 측면에서 1.2cm 떨어진 곳에 1개의 원형 인각이 찍혀 있다. 두 개의 인각이 조합을 이루는 유형으로, 나머지 인각이 결실된 것으로 추정된다. 인각의 지름은 2.3cm이며, 음각의 테두리 안에 글자가 음각으로 되어 있다.

기와(114-1) | 명문

출처: 國立扶餘博物館, 2008, 도판 114-1.

(9) '己-酋'銘

B지구 산 2호 가마 소성실 하부퇴적층에서 1점이 출토되었다. 회색 연질의 수키와이며, 우측면에서 6.2cm 거리와 좌측면의 2.8cm 거리에 각각 2개의 원형 인각이 찍혀 있다. 인각의 지름은 2.1cm이며, 음각 테두리 안에 글자가 음각으로 되어 있다. 보고서에서는 '乙-酉', '己-酉'로 추정하였는데, 상부 인각의 명문은 '己', 하부 인각의 명문은 '酋'로 생각된다.

기와(148-2) | 명문 | 하부 인각 | 北魏 侯氏墓誌

출처: 國立扶餘博物館, 2008, 도판 148-2.

(10) '己-昉'銘

B지구 산 2호 가마 소성실 하부퇴적층에서 2점이 출토되었고, 1977년에 지표에서 1점이 수습되었다. B지구 산 2호 가마에서 출토된 기와는 흑갈색 경질의 암키와이며, 인각의 지름은 1.5~1.9cm 정도이다. 인각 내부에는 테두리 없이 글자가 양각되어 있다. 1977년에 수습된 인각와의 경우에는 인각 내부에 양각의 테두리가 있는 듯하다. 보고서에서는 상부 인각의 명문을 '乙'로 보았으나, '己'로 판단되며, 하부 인각의 명문은 酉, 卯, 昉로 추정하였는데, '昉'로 판단된다.

기와(151-1)	명문	기와(159-3)	명문

출처: 國立扶餘博物館, 2008, 도판 151-1, 159-3.

(11) '己-▨'銘

B지구 산 2호 가마에서 3점이 출토되었다. 1점은 수키와이며, 나머지 2점은 암키와이며, 모두 흑갈색을 띤다. 원형의 인각이 한 개 찍혀 있는데, 2개의 인각이 조합을 이루는 유형으로 나머지 인각은 결실된 것으로 생각된다. 인각의 지름은 수키와의 경우에는 2.1cm이며, 암키와의 경우에는 1.7~2.0cm 정도이다. 수키와는 음각의 테두리 안에 글자가 음각되어 있으며, 암키와의 경우에는 인각의 내부에 테두리가 없이 글자가 양각되어 있다. 보고서에서는 '己' 또는 '乙'을 추정하였는데, '己'에 가까워 보인다.

기와(149-1)	명문	기와(149-4)	명문

출처: 國立扶餘博物館, 2008, 도판 149-1, 149-4.

(12) '申-斯'銘

A지구 3호 가마 3차 소성실에서 2점이 출토되었다. 모두 회청색 경질의 암키와로 인각의 지름은 1.8cm이며, 양각의 테두리 안에 글자가 양각으로 되어 있다.

기와(113-6)	명문

출처: 國立扶餘博物館, 2008, 도판 113-6.

(13) '申-▨'銘

B지구 산 2호 가마 소성실 하부퇴적층에서 2점이 출토되었다. 한 점은 흑갈색 경질의 암키와이며, 다른 한 점은 흑회색 경질의 수키와이다. 인각의 지름은 2.0~2.1cm이며, 인각 내부에는 테두리 없이 글자가 양각되어 있다. 하나는 하부 인각의 자획이 보이는 듯하나, 불분명하다. 보고서에서는 '酉', '卯', '助'로 추정하였으나, 미상자로 둔다. 다른 하나는 하부 인각이 제대로 찍히지 않아 글자를 알 수 없다.

기와(149-2)	명문	기와(152-1)	명문

출처: 國立扶餘博物館, 2008, 도판 149-2, 152-1.

(14) '申-▨'銘

B지구 산 2호 가마의 소성실 하부퇴적층에서 출토된 회백색 연질의 암키와이다. 측면에서 14.8cm 떨어진 곳에 2개의 원형 인각이 찍혀 있다. 인각의 지름은 2.0~2.2cm이며, 인각 내부에는 테두리 없이 글자가 양각으로 되어 있다. 상부 인각의 명문은 '申'이나 '甲'으로 보이는데, 다른 인각의 '申'과 비교하여 자형이 달라 보인다. 하부 인각의 명문은 자획은 잘 남아 있으나([illegible]) 글자를 알 수 없다.

기와(150-1)	명문	상부 인각	申(149-2)	하부 인각

출처: 國立扶餘博物館, 2008, 도판 150-1, 149-2.

(15) '癸-▨'銘

A지구 3호 가마의 소성실 하부퇴적층에서 출토된 회청색 경질의 암키와이다. 측면에 접한 지점에 2개의 원형 인각이 찍혀 있다. 인각의 지름은 하나는 1.6cm이며, 다른 하나는 인각 과정에서 약간 밀려서 찍혔는데 원형을 유지하는 곳의 지름은 1.8cm이다. 상부의 인각은 능산리사지의 창왕명석조사리감의 '兄' 자와 유사하다고 보아 '兄'으로 판독하기도 하나, 2개의 인각이 조합을 이루는 경우, 상부의 인각은 간지와 관련되기 때문에 '癸'로 판독된다. 하부의 인각은 자획이 일부 남아 있으나, 글자를 알 수 없다. 양각의 테두리 안에 글자가 양각되어 있다.

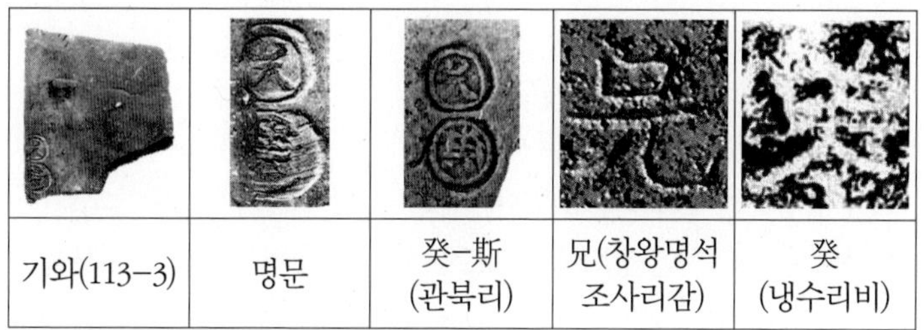

기와(113-3)	명문	癸-斯 (관북리)	兄(창왕명석 조사리감)	癸 (냉수리비)

출처: 國立扶餘博物館, 2008, 도판 113-3.

(16) '戊-止'銘

A지구 3호 가마에서 3점, A지구 6호 가마의 소성실 하부퇴적층에서 1점 출토되었다. 모두 수키와이다. 인각의 지름은 1.9cm이며, 양각의 테두리 안에 글자가 양각되어 있다.

기와(104-2)	명문	기와(136-3)	명문

출처: 國立扶餘博物館, 2008, 도판 104-2, 136-3.

(17) '戊-昉'銘

A지구 3호 가마의 소성실 상부퇴적층에서 출토된 흑회색 경질의 암키와이다. 측면에서 1.6cm 떨어진 곳에 2개의 원형 인각이 찍혀 있다. 인각의 지름은 1.8cm이며, 양각의 테두리 안에 글자가 양각되어 있다. 보고서에서는 하부의 인각의 명문을 '助'나 '昉'로 보았는데, 좌변이 '日'로 되어 있으므로 '昉'로 판독하였다.

출처: 國立扶餘博物館, 2008, 도판 113-1.

(18) '戊-▨'銘

A지구 3호 가마의 소성실 하부퇴적층에서 1점이 출토되었으며, 1989년에 지표에서 1점이 수습되었다. 둘 다 회색 경질의 암키와이다. 인각의 지름은 1.8cm이며, 양각의 테두리 안에 글자가 양각으로 되어 있다. A지구 3호 가마에서 출토된 인각와는 인각이 반 정도 측면으로 인해 잘려서 하부 인각의 명문을 판독할 수 없다. 1989년에 지표에서 수습된 인각와는 하단부 인각의 반 정도가 결실되어 글자를 알 수 없다.

출처: 國立扶餘博物館, 2008, 도판 111-2, 162-2.

(19) '▨-▨'銘

B지구 산 2호 가마의 소성실 하부퇴적층에서 출토된 흑갈색 경질의 수키와이다. 측면에서 6.0cm 떨어진 곳에 2개의 원형 인각이 찍혀 있다. 인각의 지름은 1.8cm이며, 인각 내부에는 테두리 없이 글자가 양각으로 되어 있다. 보고서에서는 하부 인각의 명문을 '木' 또는 '市'로 추정하였는데, '市'나 '布' 중 하나로 생각된다. 飛鳥寺 건립시 도래한 百濟瓦師 중에 『日本書紀』에 '陵貴文'이라고 기록된 인물이 『元興寺伽藍緣起並流記資財帳』에는 '布陵貴'로 되어 있음을 바탕으로 '布'가 와사 집안과 관련이 있음이 지적된 바 있다(藤澤一夫 1977, p.152). 『新撰姓氏錄』에도 백제인의 인명으로 '布須麻乃古意彌'가 나오므로, '布'는 인명과 관련 있을 가능성이 있다.

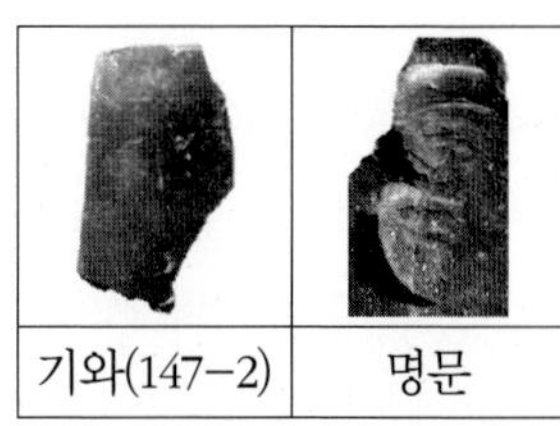

기와(147-2)	명문

출처: 國立扶餘博物館, 2008, 도판 147-2.

(20) '▨-▨'銘

A지구 3호 가마의 소성실 하부퇴적층에서 출토되었다. 흑회색 경질의 암키와로 측면에 접한 지점에 2개의 원형 인각이 찍혀 있는데, 반 정도는 측면으로 인해 잘린 상태이다. 인각의 지름은 1.8cm이며, 양각의 테두리 안에 글자가 양각으로 되어 있다. 보고서에서는 '午-斯'로 판독했으나, 남은 부분으로는 그렇게 보기는 어려운 듯하다. 미상자로 둔다.

기와(111-1)	명문	명문(회전)	午-斯(112-1)

출처: 國立扶餘博物館, 2008, 도판 111-1, 112-1.

(21) '▨-▨'銘

A지구 5호 가마에서 출토된 회색 경질의 암키와이다. 측면에서 약 18.0cm 떨어진 곳에 2개의 원형 인각이 찍혀 있는데, 반 이상 결실된 상태이다. 인각의 지름은 약 2.1cm이며, 양각의 테두리 안에 글자가 양각으로 되어 있다. 상부의 글자는 '甲'자에 가까워 보이나 불확실하며, 하부의 인각은 결실되어 글자를 알 수 없다.

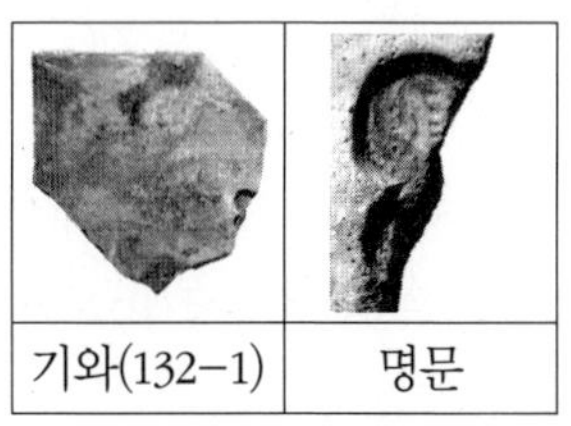

기와(132-1)	명문

출처: 國立扶餘博物館, 2008, 도판 132-1.

(22) '▨'銘

A지구 3호 가마 소성실 하부퇴적층에서 1점, A지구 6호 가마 소성실 하부퇴적층에서 1점이 출토되었다. 황갈색 연질의 수키와와 회청색 경질의 암키와로 인각이 측면에 의해 3/4 정도 잘려서 글자를 판독할 수 없다. A지구 3호 가마에서 출토된 것은 인각의 지름은 알 수 없고, 내부에는 양각의 테두리가 보인다. A지구 6호 가마에서 출토된 것은 인각의 지름은 2.5cm로 추정되며, 내부에는 테두리 없이 글자가 양각으로 되어 있다.

기와(109-2)	명문	기와(136-4)	명문

출처: 國立扶餘博物館, 2008, 도판 109-2, 136-4.

(23) '▨'銘

B지구 산 2호 가마의 소성실 하부퇴적층에서 출토된 회갈색 경질의 암키와이다. 측면에서 10.4cm 떨어진 곳에 1개의 원형 인각이 찍혀 있다. 인각의 지름은 2.1cm로 추정된다. 둥근 양각의 테두리 안에 글자가 양각으로 되어 있다. 보고서에서는 '甲', '申', '来' 등으로 추정하였는데, 자획이 불분명하여 미상자로 둔다.

기와(150-3)	명문

출처: 國立扶餘博物館, 2008, 도판 150-3.

(24) '▨-▨'銘

등면에 2개의 원형 인각이 찍혀 있는데, 인각의 내부가 마모되거나 일부가 결실되어 글자를 판독하기 어렵다. A지구 3호 가마에서 4점, A지구 5호 가마 소성실 상부퇴적층에서 1점, 하부퇴적층에서 1점이 출토되었다. 모두 수키와이며, 인각의 지름은 1.4cm, 1.5cm, 1.8cm, 1.9cm로 조금씩 차이가 있다.

3) IB형

⑴ 방형 인각와

A지구 4호 가마의 소성실 하부퇴적층에서 출토되었다. 회백색 연질 암키와로 측면에서 약 12.0cm 떨어진 곳에 1개의 방형 인각이 찍혀 있다. 인각의 극히 일부만 남아 있는 상태인데, 한 변의 길이는 3.7cm이다. 양각의 테두리 안에 글자도 양각으로 되어 있을 것으로 추정된다. 인각의 상당 부분이 결실되어 인각 내부에 몇 자가 있는지 알 수 없다.

기와(118-4) | 명문

출처: 國立扶餘博物館, 2008, 도판 118-4.

3. 참고문헌

1) 보고서 및 자료집

國立扶餘博物館, 2008, 『청양 왕진리 가마터』.

2) 논저류

심상육, 2013, 「백제 사비도성 출토 문자유물」, 『목간과 문자』 11, 한국목간학회.

이은솔, 2014, 「백제 印刻瓦 서풍 연구」, 『목간과 문자』 12, 한국목간학회.

高正龍, 2007, 「百濟印刻瓦覺書」, 『朝鮮古代研究』 8, 朝鮮古代研究刊行會.

益山 地域 出土 印刻瓦

이은솔

1. 왕궁리 유적

익산 왕궁리 유적은 전라북도 익산시 왕궁면 왕궁리 산 80-1번지 일대에 위치한다. 백제문화권 유적정비사업의 일환으로 1989년부터 문화재관리국 문화재연구소(현 국립부여문화재연구소)에 의해 발굴조사가 시행되었으며 2013년까지 25년간 지속적인 조사가 추진되었다. 조사 결과 왕궁리유적은 남북 490m, 동서 240m 가량의 성벽으로 둘러싸인 대규모 궁성 및 사찰 관련시설이 확인되었다. 그 외에도 백제시대 성벽, 석축, 대형 화장실, 정원, 와적기단 건물지, 공방폐기지, 후원영역의 다양한 도수시설 등 다양한 궁성관련 유구와 왕궁리 5층 석탑과 관련한 금당지, 강당지 등 통일신라시대 사찰관련 유구 또한 확인되었다. 또 유물로는 명운와, 인각와, 연화문수막새, 각종 도가니, 금제 영락, 유리구슬, 뒤처리용 나무막대, 각종 토기 및 중국제 청자 편 등 총 5000여 점 이상의 중요 유물들이 출토되었다.

이곳에서 출토된 인각와는 총 1,010여 점으로 '辰'銘, '寅'銘, '丙'銘, '官'銘, '斯'銘, '阝'銘, '卯'銘, '己丑'銘, '丁巳'銘, '刀下'銘, '目次'銘, '本文'銘, '上卩'銘, '上水'銘, '上卩乙瓦'銘, '中卩乙瓦'銘, '下卩甲瓦'銘, '下卩乙瓦'銘, '前卩甲瓦'銘, '前卩乙瓦'銘, '後卩乙瓦'銘, '申卩甲瓦'銘, '寺下乙瓦'銘, '丁卩甲瓦'銘, '巳-古'銘, '巳-刀'銘, '巳-毛'銘, '巳-斯'銘, '巳-助'銘, '巳-止'銘, '午-斯'銘, '午-助'銘, '午-止'銘, '申-斯'銘, '申-市'銘, '未-斯'銘, '田-毛'銘, '戈-止'銘, '首府'銘, '福巡'銘 등으로 익산지역에서는 미륵사지 다음으로 많은 양이 출토되었다.

1) ⅠA가형

(1) '辰'銘

금당지, 강당지, 5층 석탑 동편 건물지, 남성벽 일대, 북성벽 동반부·서반부 및 북문지 일대, 서성벽, 성 내측, 석탑 동서축대 남측, 고려시대 건물지 동·서편, 동성벽 내측 기와무지층, 동서 석축 배수로와 연결된 서벽 암거 부근 및 대형화장실, 동서석축1·2, 동서석축4, 남북석축1, 건물지11·12·14·15·27·30, 금당지 동측, 금당지 서쪽 배수로, 남측 외곽, 중앙문지 내측 동서 기와무지층 등지에서 출토되었다.

'辰'銘은 원형의 도장에 음각으로 바로 새겨 기와면에는 좌서·양각으로 나타난다. 인각의 직경은 약 2.0~2.5cm 정도이다. 十二支에 해당한다.

辰

출처: 국립부여문화재연구소, 1992, p.28.

(2) '寅'銘

금당지, 서성벽 체성부 내측, 동서석축4, 건물지29, 곡수로2 서편 등지에서 출토되었다. '寅'銘은 원형의 도장에 음각으로 반대로 새겨 기와면에는 우서·양각으로 나타난다. 인각의 직경은 약 2.5cm 정도이다. '寅'銘 또한 '辰'銘과 마찬가지로 十二支에 해당한다.

寅

출처: 국립부여문화재연구소, 2010, p.160.

(3) '丙'銘

금당지, 금당지 서편 배수로, 동성벽 내측 및 동측 외곽, 남성벽 서반부 및 남측 외곽, 서벽 내층 동서 도수로, 건물지11·26·27, 동서석축2 등지에서 출토되었다. '丙'銘은 원형의 도장에 양각으로 원형의 테두리와 '丙'을 반대로 새겨 기와면에는 우서·음각으로 나타난다. 인각의 직경은 약 2.7~3.5cm 정도이다. 十干 중 '丙'에 해당한다.

丙

출처: 국립부여문화재연구소, 1992, p.28.

(4) '官'銘

강당지, 남성벽 서반부, 동서석축 배수로 내부, 곡수로 1과 말각장방형 석축시설 사이 등지에서 출토되었다. '官'명은 원형의 도장에 음각으로 원형 테두리와 '官'을 바로 새겨 기와면에는 좌서·양각으로 나타난다. 인각의 직경은 약 2.4~2.7cm 정도이다.

'官'銘은 그 의미를 파악할 근거가 전혀 없으므로 도장의 의미나 기능을 파악할 수 없다는 의견이 있다(심상육 2005, pp.48-49). 하지만 유적 내에 백제의 官衙가 있었을 가능성을 제시하는 의견도 있고(윤선태 2008, p.780), 백제 22부 중 日官部의 '官'자로 추정하는 견해도 있다(김환희 2014, p.27).

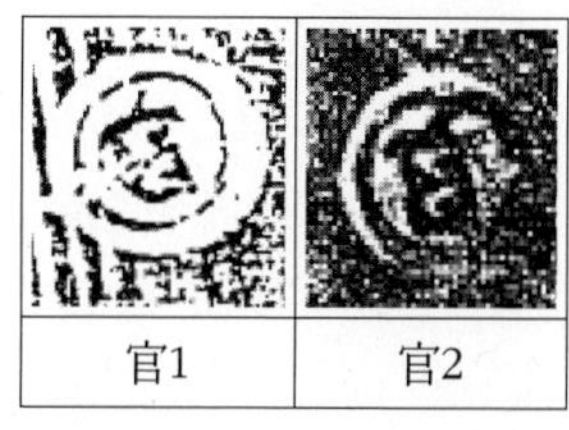

官1	官2

官1 출처: 국립부여문화재연구소, 1992, p.94.
官2 출처: 국립부여문화재연구소, 2001, p.43.

(5) '斯'銘

금당지 일대, 남성벽 서반부, 서성벽 부근, 서측 환수구 남편, 곡수로1 주변 등지에서 출토되었다. '斯'銘은 원형의 도장에 음각으로 원형 테두리와 '斯'를 반대로 새겨 기와면에는 우서·양각으로 나타난다. 인각의 직경은 약 2.5~3.0cm 정도이다. 기와에 찍힌 '斯'의 의미로는 공급 혹은 기증집단을 나타내는 것으로 추정한다(심상육 2005, p.45).

斯

출처: 국립부여문화재연구소, 1992, p.28.

(6) '阝'銘

동측 성벽, 남성벽 서반부, 고려시대 건물지, 동서석축 배수로, 중앙문지 탑 동편 등지에서 출토되었다. '阝'銘은 원형의 도장에 음각으로 원형의 테두리와 '阝'을 반대로 새겨 기와면에는 우서·양각으로 나타난다 인각의 직경은 약 3.1~3.4cm 정도이다. '阝'銘의 의미에 대해서는 오늘날의 서명과 같이 도장을 찍는 주체가 속한 집단이나 그 주체를 기호화하여 표현한 것으로 파악하거나(심상육 2005, pp.45-46), 部의 別字로 어느 部인지는 알 수 없으나 관부에 속한 집단의 기증 혹은 공급행위가 있었다고 추측한다(김환희 2014, pp.27-28).

阝

출처: 국립부여문화재연구소, 2001, p.43.

(7) '卯'銘

금당지 남서편, 서편기단 외부, 남성벽, 성 내측, 동서석축2·3, 동서석축 배수로와 연결된 서벽 암거, 남북석축1, 서북편 지역 통일신라 건물지, 건물지22 서측 외곽 기와무지층, 건물지23 등지에서 출토되었다. '卯'銘은 원형의 도장에 음각으로 문양을 새겨 기와면에는 양각으로 나타난다. 인각의 직경은 약 2.0~2.5cm 정도이다. 이 인각와는 초기에는 'PB'로 표기하기도 하였으나(노기환 2007), '卯'자로 판독하는 의견(고정용 2007, pp.74-75; 김선기 2010, p.156)이 있다.

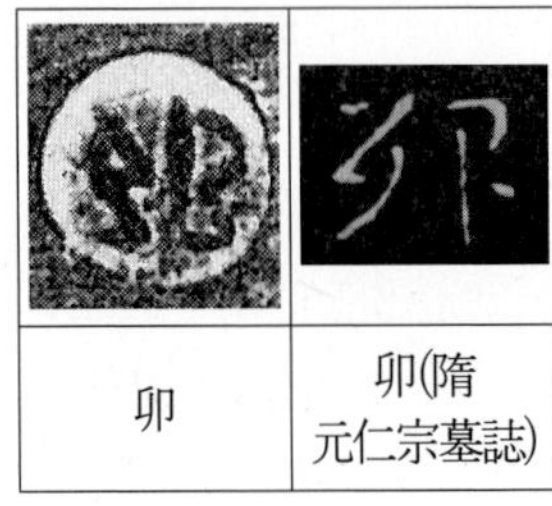

卯	卯(隋元仁宗墓誌)

출처: 국립부여문화재연구소, 1992, p.28.

(8) '▨'銘

북편기단 외부, 성 내측, 고려시대 건물지, 동서석축4, 동서석축 배수로, 서벽 체성부 남북방향 석렬시설, 건물지12 등지에서 출토되었다. 원형의 도장에 음각으로 문양을 새겨 기와면에는 양각으로 나타난다. 인각의 직경은 약 2.7~2.8cm 정도이다. 문자([illegible])로 판단되나 현재로서는 어떤 글자인지 알기 어려우므로 미상자로 두겠다.

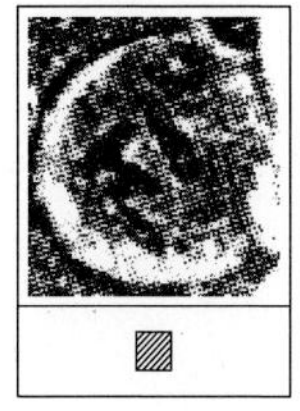

출처: 국립부여문화재연구소, 2006, p.94.

2) I A나형

(1) '己丑'銘

금당지, 강당지, 석대 남측, 고려시대 건물지, 서성벽 부근, 동서석축 배수로 서단부, 동서석축 배수로와 연결된 서벽 암거, 대형화장실, 정원 남측 건물지11 부근 등지에서 출토되었다. '己丑'銘은 원형의 도장에 음각 또는 양각으로 원형의 테두리와 '己丑'을 반대로 새겨 기와면에는 우서·양각 또는 우서·음각으로 나타난다. 인각의 직경은 약 3.2~4.7cm 정도이다.

'己丑'銘은 처음에는 中部로 추정하였으나(윤덕향 1989, p.228), 지금은 대체로 연도를 나타내는 간지로 파악하고 있으며 편년에 관해서는 629년으로 비정한다. '丑'에 관한 판독에 의문점이 제기되고 있는데, 편년과 상관없이 자형으로는 '申'이나 '田'으로도 볼 수 있겠다.

己丑1	己丑2

己丑1 출처: 국립부여문화재연구소, 1992, p.29.
己丑2 출처: 국립부여문화재연구소, 1992, p.94.

(2) '丁巳'銘

금당지, 남성벽, 성 내측 등지에서 출토되었다. '丁巳'銘은 원형의 도장에 음각으로 원형의 테두리와 '丁巳'를 반대로 새겨 기와면에는 우서·양각으로 나타난다. 인각의 직경은 약 2.8~3.6cm 정도이다. '丁巳'銘은 연도를 나타내는 간지로 파악하고 있으며 편년에 관해서 藤澤一夫, 홍재선, 이다운(2007, p.97), 김선기(2010, p.158)는 597년으로 보는 데 반해 윤덕향(1989, p.250), 윤선태(2008, p.777), 심상육(2005, p.47), 노기환(2007, p.63)은 657년으로 보고 있다.

丁巳

출처: 국립부여문화재연구소, 2008, p.155.

(3) '刀下'銘

금당지 일대, 남북석축1, 동성벽, 서성벽, 남성벽 서반부 및 남측 외부, 북성벽 동반부, 성 내측, 고려시대 건물지, 동서석축 배수로, 소토 폐기지 주변, 건물지14·22 등지에서 출토되었다. '刀下'銘은 원형의 테두리와 '刀下'를 새겨 기와면에는 음각으로 나타난다. '刀下'銘 중에 '刀'는 좌서로 새겨져 있고 '下'는 우서로 새겨져 있는데, 표기상의 오류로 인장에 새겨 그대로 사용하는 것으로 추정된다. 인각의 직경은 약 3.2~3.7cm 정도이다.

'刀'를 部(卩)로 여겨 5부 아래 소속된 구역이나 부서를 지칭하는 것으로 보기도 하고(국립부여문화재연구소 1995), 『隨書』와 『北史』의 '部有五巷'이라는 기록에 따라 '五巷'을 뜻하는 것으로 보기도 하였다(이다운 2007, p.105).

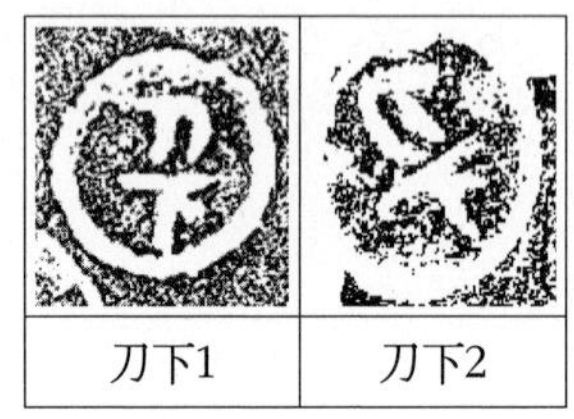

刀下1	刀下2

刀下1 출처: 국립부여문화재연구소, 1992, p.31.

刀下2 출처: 국립부여문화재연구소, 2001, p.46.

(4) '目次'銘

탑 남측 동서석축, 동성벽, 남성벽, 성 내측 등지에서 출토되었다. '目次'銘은 원형의 도장에 음각으로 원형의 테두리와 '目次'를 반대로 새겨 기와면에는 우서·양각으로 나타난다. 인각의 직경은 약 3.6~3.7cm 정도이다. 의미를 파악하기 힘든 인각와로 분류되고 있으나 문서와 관련된 글자로 추정되어 부서와 연관성이 있을 것이라는 의견이 있다(김환희 2014, p.23).

目次

출처: 국립부여문화재연구소, 1997, p.139.

(5) '本文'銘

북성벽, 서문지, 동서석축 배수로 동단부, 동서석축2 등지에서 출토되었다. '本文'銘은 원형의 도장에 양각으로 원형의 테두리와 '本文'을 반대로 새겨 기와면에는 우서·양각으로 나타난다. 인각의 직경은 약 3.1~3.5cm 정도이다.

초기에 '本文'銘이라 소개된 이 인각와는 명문의 의미를 파악하기 힘든 인각와로 분류되고 있으나 문서와 관련된 글자로 추정되어 부서와 연관성이 있을 것이라는 의견이 있다(김환희 2014, p.23). 왕궁리 유적의 '本文'銘은 여러 형태의 '本'銘이 나타나고 있는데, 압인의 정도에 따라 '左'의 이체자로 보이기도 한다. '文'으로 판독되는 것은 '夫' 또는 '丈', '支'로 보이기도 한다.

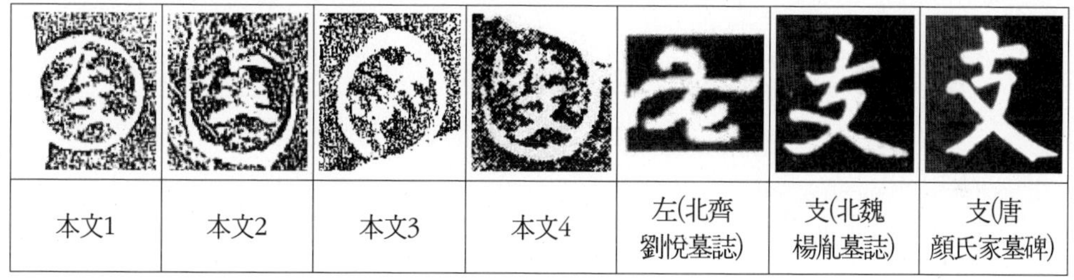

本文1	本文2	本文3	本文4	左(北齊 劉悅墓誌)	支(北魏 楊胤墓誌)	支(唐 顔氏家墓碑)

本文1·本文2 출처: 국립부여문화재연구소, 1997, p.137.

本文3 출처: 국립부여문화재연구소, 2001, p.46.

本文4 출처: 국립부여문화재연구소, 2002, p.96.

(6) '上卩'銘

왕궁리 유적 서편 일대, 동성벽, 성 외측 등지에서 출토되었으며 왕궁리 유적에서만 확인이 된다. '上卩'銘은 원형의 도장에 음각으로 원형의 테두리와 '上卩'를 반대로 새겨 기와면에는 우서·양각으로 나타난다. 인각의 직경은 약 2.0~2.3cm 정도이다. 형태의 유사성을 근거로 5부명과 관련이 있는 것으로 추정하나(김환희 2014, pp.18-19), 근거를 확인하기가 힘든 것으로 보인다.

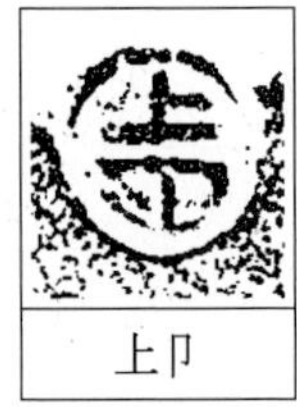

上卩

출처: 국립부여문화재연구소, 1997, p.140.

(7) '上水'銘

남북석축1에서 출토되었다. '上水'銘은 원형의 도장에 음각으로 '上'은 바로 새기고 '水'는 반대로 새겨 기와면에는 양각으로 '上'은 좌서, '水'는 우서로 나타난다. 인각의 직경은 약 3.0cm 정도이다. 의미를 알 수 없는 인각와이다. 임실 성미산성에서 '上水'銘 인각와가 출토된 바 있다.

上水

출처: 국립부여문화재연구소, 2008, p.124.

3) ⅠA다형

(1) '上卩乙瓦'銘

남성벽, 소토구 조사 중, 남측 외곽 등지에서 출토되었다. '上卩乙瓦'銘은 원형의 도장에 양각으로 원형의 테두리와 그 안에 '上卩乙瓦'를 반대로 새겨 기와면에는 우서·음각으로 나타난다. 판독순서는 세로 읽기로 우측에서 좌측 순이다. 인각의 직경은 약 3.2cm 정도이다.

上卩乙瓦

출처: 국립부여문화재연구소, 2012, p.249.

(2) '中卩乙瓦'銘

금당지, 남성벽 서반부, 서벽 내측, 건물지1 서벽 외진주 초석 아래 등지에서 출토되었다. '中卩乙瓦'銘

은 원형의 도장에 양각으로 원형의 테두리와 그 안에 '中卩乙瓦'를 반대로 새겨 기와면에는 우서·음각으로 나타난다. 판독순서는 세로 읽기로 우측에서 좌측 순이다. 인각의 직경은 약 3.0~3.6cm 정도이다.

中卩乙瓦

출처: 국립부여문화재연구소, 2008, p.142.

(3) '下卩甲瓦'銘

체성부 남측 외부 등지에서 출토되었다. '下卩甲瓦'銘은 원형의 도장에 음각으로 원형의 테두리와 '下卩甲瓦'를 반대로 새겨 기와면에는 우서·양각으로 나타난다. 판독순서는 세로 읽기로 우측에서 좌측 순이다. 인각의 직경은 약 3.6~3.8cm 정도이다.

下卩甲瓦

출처: 국립부여문화재연구소, 2001, p.51.

(4) '下卩乙瓦'銘

금당지, 대형화장실3, 동성벽 내측·동측 외각, 중앙 문지 내층 기와무지층, 중앙문지 탑 동편 탐색, 말갈장방형 석축시설 등지에서 출토되었다. '下卩乙瓦'銘은 원형의 도장에 양각으로 원형의 테두리와 그 안에 '下卩乙瓦'를 반대로 새겨 기와면에는 우서·음각으로 나타난다. 판독순서는 세로 읽기로 우측에서 좌측 순이다. 인각의 직경은 약 3.3~3.5cm 정도이다.

下卩乙瓦

출처: 국립부여문화재연구소, 2012, p.110.

⑸ '前卩甲瓦'銘

금당지와 강당지 사이, 강당지 외부 남동편 등지에서 출토되었다. '前卩甲瓦'銘은 원형의 도장에 음각으로 원형의 테두리와 '前卩甲瓦'를 반대로 새겨 기와면에는 우서·양각으로 나타난다. 판독순서는 세로 읽기로 우측에서 좌측 순이다. 인각의 직경은 약 3.5cm 정도이다.

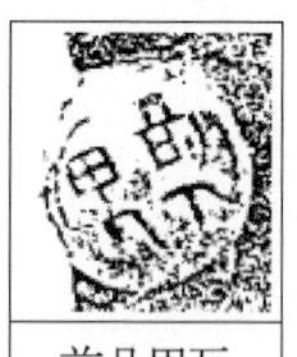

前卩甲瓦

출처: 국립부여문화재연구소, 1997, p.141.

⑹ '前卩乙瓦'銘

5층 석탑의 남측 동서석축, 남측 성벽, 공방폐기지 내부, 소토구 남단부 등지에서 출토되었다. '前卩乙瓦'銘은 원형의 도장에 양각으로 원형의 테두리와 그 안에 '前卩乙瓦'를 반대로 새겨 기와면에는 우서·음각으로 나타난다. 판독순서는 세로 읽기로 우측에서 좌측 순이다. 인각의 직경은 약 3.2~3.5cm 정도이다.

前卩乙瓦

출처: 국립부여문화재연구소, 1997, p.137.

⑺ '後卩乙瓦'銘

동서석축 배수로와 연결된 서벽 암거, 정원 남측 건물지11 부근 등지에서 출토되었다. '後卩乙瓦'銘은 원형의 도장에 양각으로 원형의 테두리와 그 안에 '後卩乙瓦'를 반대로 새겨 기와면에는 우서·음각으로 나타난다. 판독순서는 세로 읽기로 우측에서 좌측 순이다. 인각의 직경은 약 3.1cm 정도이다.

後卩乙瓦

출처: 국립부여문화재연구소, 2006, p.96.

(8) '申卩甲瓦'銘

남측 외부, 서벽 일대, 북편 기단 외부 등지에서 출토되었다. '申卩甲瓦'銘은 원형의 도장에 음각으로 원형의 테두리와 '申卩甲瓦'를 반대로 새겨 기와면에는 우서·양각으로 나타난다. 판독순서는 세로 읽기로 우측에서 좌측 순이다. 인각의 직경은 약 3.5cm 정도이다.

'申卩甲瓦'銘은 기존의 보고서에서 '甲申▨▨'으로 판독되어 연도를 표시한 인각와로 이해되었으나(국립부여문화재연구소 1996, p.247), 후에 '申卩甲瓦'銘으로 새로이 판독되었다. 5부명 인각와는 中部의 경우를 제외하고 모두 '…甲瓦'·'…乙瓦'의 대칭조로 나타난다. 따라서 '申卩甲瓦'銘 인각와의 '申卩'를 '中部'의 오자로 보아 '申卩甲瓦'銘 인각와도 5부명 인각와의 일종으로 추정하기도 한다(이다운 1999, pp.101-102). 그러나 '申卩甲瓦'銘 인각와가 관북리 추정왕궁지, 미륵사지 유적, 부소산성, 정림사지, 동남리, 가탑리사지 등에서도 출토되어 이를 잘못 새긴 것으로 보기는 어렵다(김영심 2007, pp.254-255). 다만 '申部'를 그대로 인정할 경우, 그 의미를 파악하기는 어려울 것으로 보인다.

申卩甲瓦

출처: 국립부여문화재연구소, 2001, p.51.

(9) '寺下乙瓦'銘

금당지, 강당지, 서성벽 남단 수구, 고려시대 건물지, 건물지6, 말각장방형 석축시설 남편 등지에서 출토되었다. '寺下乙瓦'銘은 원형의 도장에 양각으로 원형의 테두리와 그 안에 '寺下乙瓦'를 반대로 새겨 기와면에는 우서·음각으로 나타난다. 판독순서는 세로 읽기로 우측에서 좌측 순이다. 인각의 직경은 약 3.1cm 정도이다.

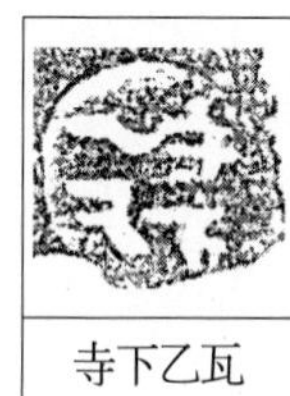
寺下乙瓦

출처: 국립부여문화재연구소, 1992, p.94.

(10) '丁卩甲瓦'銘[1]

금당지, 성 내측, 서북편 통일신라 건물지18 등지에서 출토되었다. '丁卩甲瓦'銘은 원형의 도장에 음각으로 원형의 테두리와 그 안에 2줄의 십자형의 선, '丁卩甲瓦'를 반대로 새겨 기와면에는 우서·양각으로 나타난다. 인각의 직경은 약 5.0cm 정도이다. 다른 ⅠA다형 인각와의 명문과 다르게 우→좌→상→하의 순서로 읽힌다.

丁卩甲瓦

출처: 국립부여문화재연구소, 2001, p.266.

4) ⅡA나형

(1) '巳-古'銘

금당지에서 출토되었다. '巳-古'銘은 원형의 도장에 음각으로 원형 테두리와 '巳-古'를 반대로 새겨 기와면에는 우서·양각으로 나타난다. 인각의 직경은 1.5cm이다.

巳-古

출처: 국립부여문화재연구소, 1992, p.30.

(2) '巳-刀'銘

서반부, 성 상층 퇴적층, 고려시대 건물지, 공방폐기지, 동서석축3 등지에서 출토되었다. '巳-刀'銘은 원형의 도장에 양각으로 원형의 테두리와 그 안에 '巳-刀'를 반대로 새겨 기와면에는 우서·음각으로 나타난다. 인각의 직경은 약 2.1~2.4cm 정도이다.

---

1) 丁卩甲瓦명의 판독순서는 (3 1 / 2 4) 이다.

巳-刀

출처: 국립부여문화재연구소, 2008, p.91.

(3) '巳-毛'銘

금당지, 포석시설3 남단부, 동서석축4, 건물지12 등지에서 출토되었다. '巳-毛'銘은 원형의 도장에 양각으로 원형의 테두리와 그 안에 '巳-毛'를 반대로 새겨 기와면에는 우서·음각으로 나타난다. 인각의 직경은 약 1.6~2.2cm 정도이다.

巳-毛

출처: 국립부여문화재연구소, 2010, p.181.

(4) '巳-斯'銘

건물지25에서 출토되었다. '巳-斯'銘은 원형의 도장에 양각으로 원형의 테두리와 그 안에 '巳-斯'를 반대로 새겨 기와면에는 우서·음각으로 나타난다. 인각의 직경은 약 2.0~2.4cm 정도이다.

巳-斯

출처: 국립부여문화재연구소, 2001, p.358.

(5) '巳-助'銘

금당지, 동서석축, 동서석축 배수로, 동서석축4 북편 등지에서 출토되었다. '巳-助'銘은 원형의 도장에 양각으로 원형의 테두리와 그 안에 '巳-助'를 반대로 새겨 기와면에는 우서·음각으로 나타난다. 인각의 직경은 약 2.2cm 정도이다.

巳-助

출처: 국립부여문화재연구소, 1992, p.30.

(6) '巳-止'銘

금당지, 성 내측, 동서석축3, 동서석축4 부근 건물지30, 금당지 동측 등지에서 출토되었다. '巳-止'銘은 원형의 도장에 양각으로 원형의 테두리와 그 안에 '巳-止'를 반대로 새겨 기와면에는 우서·음각으로 나타난다. 인각의 직경은 약 1.6~2.2cm 정도이다.

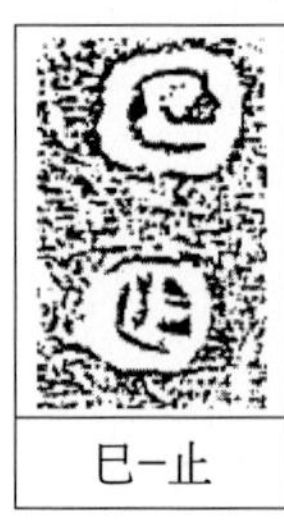
巳-止

출처: 국립부여문화재연구소, 1992, p.30.

(7) '午-斯'銘

금당지, 강당지, 건물지27 남측 건물지11 부근, 동성벽 동측 외곽 등지에서 출토되었다. '午-斯'銘은 원형의 도장에 음각으로 원형 테두리와 '午-斯'를 반대로 새겨 기와면에는 우서·양각으로 나타난다. 인각의 직경은 약 2.0cm 정도이다.

午-斯

출처: 국립부여문화재연구소, 2012, p.111.

(8) '午-助'銘

금당지, 동서 석축 배수로와 연결된 서벽 암거, 남북석축1, 동성벽 내측 기와가마터 북측 자연구, 방형 초석 건물지 남편 기와무지 등지에서 출토되었다. '午-助'銘은 원형의 도장에 음각으로 원형 테두리와 '午-助'를 반대로 새겨 기와면에는 우서·양각으로 나타난다. 인각의 직경은 약 1.4~1.9cm 정도이다.

午-助

출처: 국립부여문화재연구소, 1992, p.30.

(9) '午-止'銘

금당지, 동서석축4 남편 기와무지 등지에서 출토되었다. '午-止'銘은 원형의 도장에 음각으로 원형 테두리와 '午-止'를 반대로 새겨 기와면에는 우서·양각으로 나타난다. 인각의 직경은 약 1.5~2.0cm 정도이다.

午-止

출처: 국립부여문화재연구소, 1992, p.30.

(10) '申-斯'銘

서반부, 성 상측 퇴적층, 동서석축 배수로, 건물지14, 금당지 서편 배수로 등지에서 출토되었다. '申-斯'銘은 원형의 도장에 음각으로 원형 테두리와 '申-斯'를 반대로 새겨 기와면에는 우서·양각으로 나타난다. 인각의 직경은 약 1.6~2.2cm 정도이다.

申-斯

출처: 국립부여문화재연구소, 1992, p.31.

(11) '申-市'銘

5층 석탑 남측 석축 서단부, 서성벽, 동서석축3 남편, 고려시대 건물지, 동문지 내측 기와무지층 등지에서 출토되었다. '申-市'銘은 원형의 도장에 음각으로 원형 테두리와 '申-市'를 반대로 새겨 기와면에는 우서·양각으로 나타난다. 인각의 직경은 약 1.7~2.0cm 정도이다.

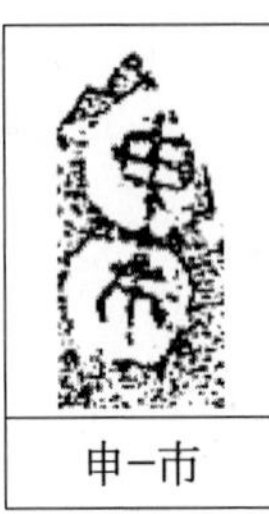
申-市

출처: 국립부여문화재연구소, 2001, p.359.

(12) '未-斯'銘

5층 석탑 하부, 5층 석탑 남측 동서석축, 동서석축3, 동성벽 지표 등지에서 출토되었다. '未-斯'銘은 원형의 도장에 음각으로 원형 테두리와 '未-斯'를 반대로 새겨 기와면에는 우서·양각으로 나타난다. 인각의 직경은 약 1.6~2.2cm 정도이다.

未-斯

출처: 국립부여문화재연구소, 1997, p.138.

(13) '田-毛'銘

서성벽 체성부 내측 부석시설, 동서 석축 배수로와 연결된 서벽 암거, 서벽 내측의 와열 웅덩이, 건물지1 북측, 건물지14 등지에서 출토되었다. '田-毛'銘은 원형의 도장에 음각으로 원형 테두리와 '田-毛'를 반대로 새겨 기와면에는 우서·양각으로 나타난다. 인각의 직경은 약 1.8~2.3cm 정도이다.

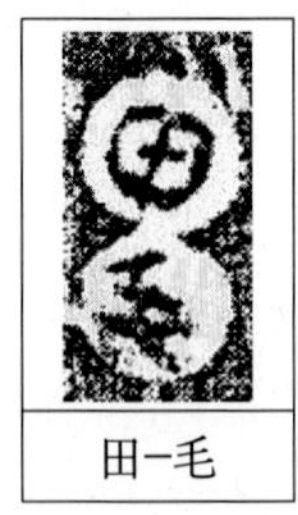

田-毛

출처: 국립부여문화재연구소, 2006, p.91.

(14) '戈-止'銘

서편 성곽, 남성벽, 금당지 서편 배수로 등지에서 출토되었다. '戈-止'銘은 원형의 도장에 음각으로 원형 테두리와 '戈-止'를 반대로 새겨 기와면에는 우서·양각으로 나타난다. 인각의 직경은 약 1.7~2.0cm 정도이다. '戈-止'명의 상단 인각부인 '戈'을 '戊'자의 別字라고 추정하여 '戊'자로 판독하였다(김환희, 2014, p.41). 하지만 別字라는 근거가 명확하지 않아 보이는 그대로 '戈'자라고 판독하는 것이 옳을 듯하다.

戈-止

출처: 국립부여문화재연구소, 1997, p.139.

5) ⅠB가형

(1) '官'銘

남성벽 서반부에서 출토되었다. '官'銘은 방형의 도장에 음각으로 방형 테두리와 '官'을 바로 새겨 기와면에는 좌서·양각으로 나타난다. 인각의 직경은 2.5cm이다.

官

출처: 국립부여문화재연구소, 2001, p.44.

6) I B나형

(1) '首府'銘

금당지, 성 내측, 고려시대 건물지, 동서석축 배수로, 건물지12, 건물지22 북서편, 동서석축4 부근 건물지29, 동서석축4 남측 건물지30, 중앙문지 내측 기와무지층 등지에서 출토되었다. '首府'銘은 세로로 긴 방형의 도장에 양각으로 '首府'를 반대로 새겨 기와면에는 우서·양각으로 나타난다. 또는 그 반대로 세로로 긴 방형의 도장에 양각으로 방형의 테두리를, '首府'를 음각으로 반대로 새겨 기와면에는 우서·음각으로 나타난다. 인각의 크기는 가로 1.9cm, 세로 4.2cm이다.

'首府'銘의 '首府'는 한 나라의 중앙 정부나 임금이 있는 곳을 나타내는 단어로, 이 인각와는 왕궁지로 추정되는 부여의 관북리 백제유적과 부소산성, 그리고 천도설이 분분한 왕궁리 유적에서 발견되어 '首府'는 한정된 사용처를 나타내는 것으로 이해된다(심상육 2005, p.49). 또는 부소산성의 '北舍'銘처럼 관청을 지칭하는 것으로 보기도 한다(윤선태 2008, p.777). 사비시기 백제의 중앙 정부나 관청과 관련짓는 견해와 달리 '首府'銘 인각와가 당이 백제고지를 지배하던 시기에 만들어졌을 가능성을 제시하며, 백제 고지 지배를 위해 당이 설치한 관부, 즉 웅진도독부를 가리킨다는 주장도 있다(박순발 2013, pp.24-26).

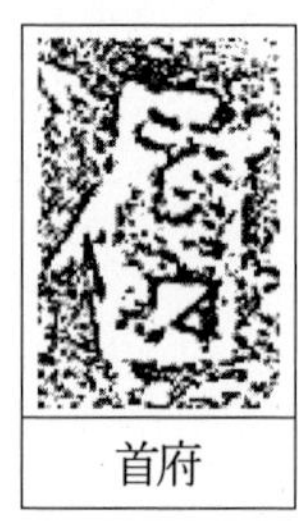
首府

출처: 국립부여문화재연구소, 1997, p.143.

(2) '福巡'銘

금당지, 강당지 일대, 서반부, 성 내측, 고려시대 건물지, 동서석축3 등지에서 출토되었다. '福巡'銘은 세로로 긴 방형의 도장에 양각으로 방형의 테두리와 '福巡'를 반대로 새겨 기와면에는 우서·양각으로 나타난다. 또는 그 반대로 세로로 긴 방형의 도장에 음각으로 '福巡'를 반대로 새겨 기와면에는 우서·음각으로 나타난다. 인각의 크기는 가로 2.1cm 세로 4.9cm이다.

판독에 관해서는 '福世'로 읽기도 한다(노기환 2007, p.30). '福'은 표에서 제시한 중국 북위시기에 사용한 '福'자의 형태를 비교하였을 때 '福'자 그대로 판독하여도 무방할 듯하다. 아래의 글자는 '巡'자로 본다면 고예의 필의가 들어간 해서로 볼 수 있는데, 만약 '世'자로 읽는다면 세 개의 세로획 사이로 가로획이 추가되어야 그 형태가 성립이 된다고 할 수 있겠다. 그러므로 '世'자보다는 '巡'자로 읽는 것이 타당하다.

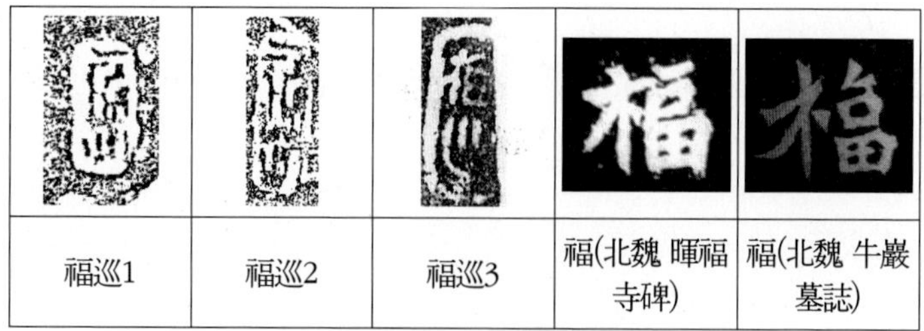

福巡1	福巡2	福巡3	福(北魏 暉福寺碑)	福(北魏 牛巖墓誌)

福巡1 출처: 국립부여문화재연구소, 1992, p.94.

福巡2 출처: 국립부여문화재연구소, 2001, p.46.

福巡3 출처: 국립부여문화재연구소, 2008, p.92.

7) 문양 인각와

(1) 문양1

성 내측, 와열유구 부근, 동서석축4 남편 건물지30 등지에서 출토되었다. 원형의 도장에 음각으로 문양을 새겨 기와면에는 양각으로 나타난다. 인각의 직경은 약 2.0~2.1cm이다.

문양1

출처: 국립부여문화재연구소, 2010, p.180.

(2) 문양2

동성벽 동측 외곽, 남성벽, 동서석축 배수로와 연결된 서벽 암거, 건물지12 등지에서 출토되었다. 원형의 도장에 음각으로 문양을 새겨 기와면에는 양각으로 나타난다. 인각의 직경은 약 2.5cm이다.

문양2

출처: 국립부여문화재연구소, 2008, p.195.

(3) 문양3

동성벽에서 출토되었다. 원형의 도장에 음각으로 문양을 새겨 기와면에는 양각으로 나타난다. 인각의 직경은 1.8cm이다.

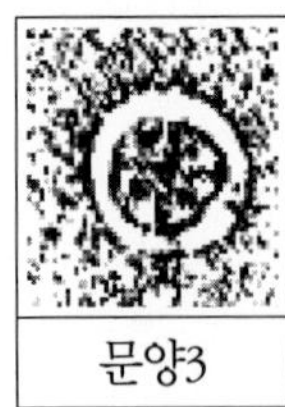

문양3

출처: 국립부여문화재연구소, 1997, p.142.

(4) 문양4

서벽 내측 와열 웅덩이에서 출토되었다. 원형의 도장에 음각으로 문양을 새겨 기와면에는 양각으로 나타난다. 인각의 직경은 3.3cm이다.

문양4

출처: 국립부여문화재연구소, 2006, p.316.

(5) 문양5

왕궁리 유적 서북측 일대에서 출토되었다. 원형의 도장에 음각으로 문양을 새겨 기와면에는 양각으로 나타난다. 인각의 직경은 5.0cm이다.

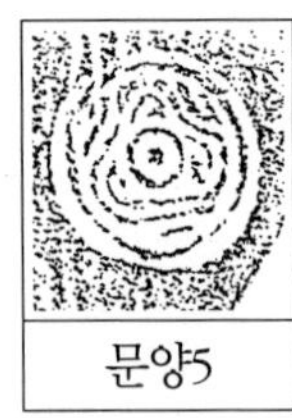

문양5

출처: 국립부여문화재연구소, 1997, p.140.

(6) 문양6

서편 성곽, 사찰 유구 일대에서 출토되었다. 원형의 도장에 음각으로 문양을 새겨 기와면에는 양각으로 나타난다. 인각의 직경은 1.3cm이다.

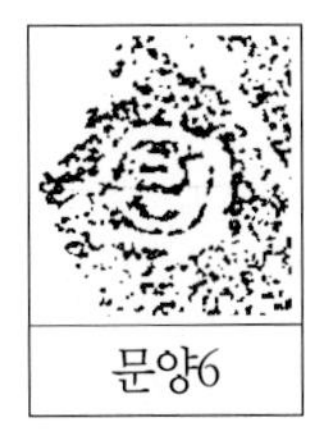

문양6

출처: 국립부여문화재연구소, 1997, p.140.

8) 참고문헌

(1) 보고서 및 자료집

국립부여문화재연구소, 1992, 『王宮里遺蹟發掘中間報告』.

국립부여문화재연구소, 1997, 『王宮里 : 發掘調査 中間報告』.

국립부여문화재연구소, 2001, 『王宮里 : 發掘中間報告 3』.

국립부여문화재연구소, 2002, 『益山 王宮里 : 發掘中間報告 4』.

국립부여문화재연구소, 2006, 『王宮里 : 發掘中間報告 5』.

국립부여문화재연구소, 2008, 『王宮里』.

국립부여문화재연구소, 2010, 『王宮里 : 發掘中間報告 7』.

국립부여문화재연구소, 2012, 『王宮里 : 發掘中間報告 8』.

국립부여문화재연구소, 2013, 『王宮里 : 發掘中間報告 9』.

문화재관리국, 1989, 『彌勒寺 1, 本文篇』.

충청남도역사문화연구원, 2008, 『百濟史資料譯註集 : 韓國篇 1』, 충청남도역사문화원.

(2) 논저류

김선기, 2010, 「益山地域 百濟 寺址 研究」, 동아대학교대학원 박사학위논문.

김영심, 2007, 「백제의 지방통치에 관한 몇 가지 재검토 -木簡, 銘文瓦 등의 문자자료를 통하여-」, 『韓國古代史研究』 48.

김환희, 2014, 「百濟 泗沘期 印章瓦의 변천과 제작공정 체계화」, 충남대학교대학원 석사학위논문.

노기환, 2007, 「彌勒寺址 出土 百濟 印刻瓦 研究」, 전북대학교 대학원석사학위논문.

藤澤一夫, 1976, 「百濟 別都 益山 王宮理 廢寺卽 大官寺考」, 『馬韓·百濟文化』 第2, 圓光大學校 馬韓百濟文化研究所.

박순발, 2013, 「百濟 都城의 始末」, 『중앙고고연구』 13.

심상육, 2005, 「百濟時代 印刻瓦에 關한 研究」, 공주대학교대학원 문학석사학위논문.

이다운, 2007, 「印刻瓦를 통해 본 益山의 기와 연구」, 『고문화』 70.

高正龍, 2007, 「百濟印刻瓦覺書」, 『朝鮮古代研究』 8, 朝鮮古代研究刊行會.
李 タウン, 1999, 「百濟五部名刻印瓦について」, 『古文化談叢』 43.

2. 미륵사지

미륵사지는 전북 익산시 금마면 기양리 32-2에 위치해 있다. 1966년 강당지 부근 일부 지역에서 간단한 발굴조사를 시작으로 1974-1975년에는 동탑지 발굴, 1980-1996년까지 사역에 대한 전체적인 발굴조사가 시행되었다. 미륵사지의 대표적인 유구로는 금당지, 탑, 회랑지, 강당지, 승방지, 수로, 연못지 등이 있는데 인각와는 거의 모든 건물지에서 출토되었다.

출토된 인각와는 1178점 가량이며 '辰'銘, '寅'銘, '丙'銘, '官'銘, '卯'銘, '己丑'銘, '丁巳'銘, '目次'銘, '刀下'銘, '本文'銘, '丁亥'銘, '中卩乙瓦'銘, '申卩甲瓦'銘, '寺卩乙瓦'銘, '右▨▨瓦'銘, '丁卩甲瓦'銘, '巳-古'銘, '巳-刀'銘, '巳-毛'銘, '巳-斯'銘, '巳-助'銘, '巳-止'銘, '午-斯'銘, '午-助'銘, '午-止'銘, '申-斯'銘, '申-市'銘, '未-斯'銘, '田-毛'銘, '兄-斯'銘, '福巡'銘 등이 있다.

1) I A가형

(1) '辰'銘

동원 동승방지, 중원 북회랑지, 서원 서회랑지, 강당, 북승방지, 북승방지 북쪽, 후대 남회랑지, 연못지 등지에서 총 64점 출토되었다. '辰'銘은 원형의 도장에 음각으로 바로 새겨 기와면에는 좌서·양각으로 나타난다. 인각의 직경은 약 2.5cm 정도이다. 十二支에 해당한다.

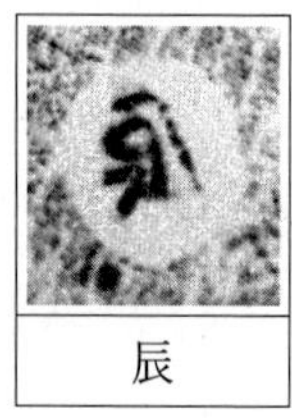

辰

출처: 문화재관리국, 1989, p.254.

(2) '寅'銘

동원 동승방지, 중원 서회랑지, 북승방지에서 총 4점 출토되었다. '寅'銘은 원형의 도장에 음각으로 반대로 새겨 기와면에는 우서·양각으로 나타난다. 인각의 직경은 약 2.8cm 정도이다. '寅'銘 또한 '辰'銘과 마찬가지로 十二支에 해당한다.

寅

출처: 국립부여문화재연구소, 1996, p.605.

(3) '丙'銘

동원 동회랑지·동승방지, 중원 북회랑지, 서원 서회랑지·남회랑지, 강당지 및 집랑지, 북승방지, 북승방 북편, 연못지, 연못지 상층 및 와적층 등지에서 총 60점 출토되었다. '丙'銘은 원형의 도장에 양각으로 원형의 테두리와 '丙'을 반대로 새겨 기와면에는 우서·음각으로 나타난다. 인각의 직경은 약 3.0cm 정도이다. 十干 중 '丙'에 해당한다.

丙

출처: 문화재관리국, 1989, p.254.

(4) '官'銘

강당지 및 집랑지, 북승방지에서 총 2점 출토되었다. '官'銘은 원형의 도장에 음각으로 원형 테두리와 '官'을 바로 새겨 기와면에는 좌서·양각으로 나타난다. 인각의 직경은 약 2.5cm 정도이다. '官'銘은 그 의미를 파악할 근거가 전혀 없으므로 도장의 의미나 기능을 파악할 수 없다는 의견이 있다(심상육 2005, pp.48-49). 하지만 유적 내에 백제의 官衙가 있었을 가능성을 제시하는 의견도 있고(윤선태 2008, p.780), 백제 22부 중 日官部의 '官'자로 추정하는 견해도 있다(김환희 2014, p.27).

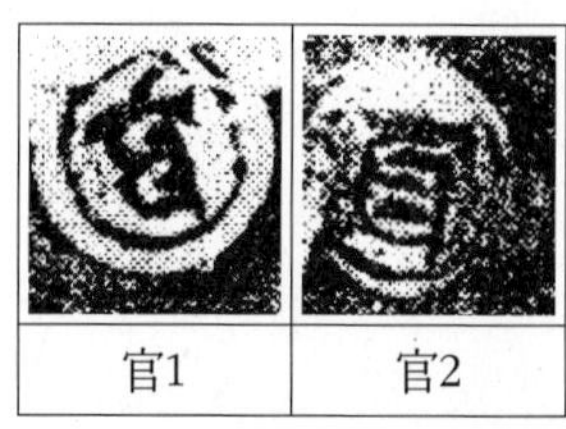

官1	官2

출처: 국립부여문화재연구소, 1996, p.606.

(5) '卯'銘

동원 남회랑지·동승방지, 서원 서회랑지, 강당지 및 접랑지, 북승방지, 북승방 북편, 후대 남회랑지, 사역 북편, 사역 서북편, 연못지 상층 및 와적층 등지에서 총 30점이 출토되었다. '卯'銘은 원형의 도장에 음각으로 문양을 새겨 기와면에는 양각으로 나타난다. 이 인각와는 초기에는 'PB'로 표기하기도 하였으나(노기환 2007, p.29), '卯'자로 판독하는 의견(고정용 2007, pp.74-75; 김선기 2010, p.156)이 있다.

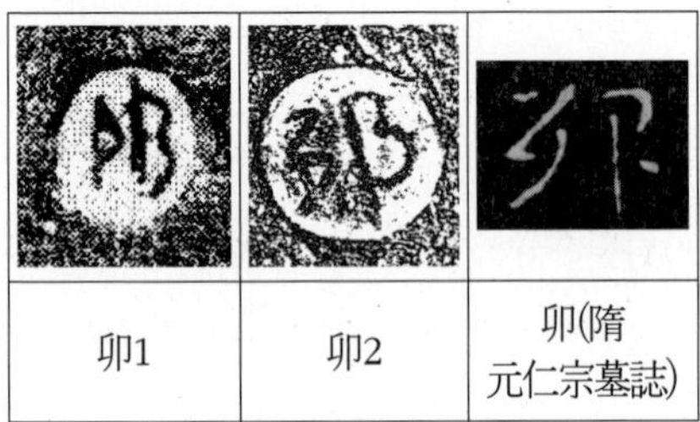

卯1 | 卯2 | 卯(隋元仁宗墓誌)

출처: 국립부여문화재연구소, 1996, p.607.

(6) '▨'銘

동원 동회랑지·동승방지, 중원 동회랑지, 서원 서회랑지, 강당지 및 접랑지, 북승방지, 북승방 북편, 후대 남회랑지, 연못지 상층 및 와적층, 사역 서북편, 서탑 주면 등지에서 총 40여 점이 출토되었다. 원형의 도장에 음각으로 문자를 새겨 기와면에는 양각으로 나타난다. 글자라고 판단은 되나 현재로서는 어떤 글자인지 알기 어려워 미상자로 두겠다.

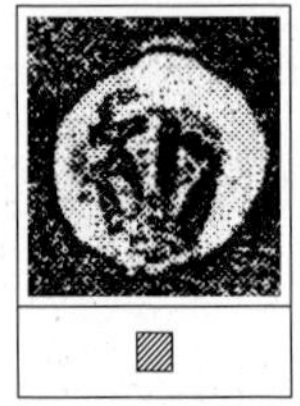

▨

출처: 국립부여문화재연구소, 1996, p.607.

2) ⅠA나형

(1) '己丑'銘

동원 동회랑지·동승방지, 서원 서승방지, 강당지 및 접랑지, 북승방지, 북승방 북편, 후대 남회랑지, 연못지 상층 및 와적층, 사역 북편, 사역 서북편 등지에서 총 60점이 출토되었다. '己丑'명은 원형의 도장에 음각으로 원형의 테두리와 '己丑'을 반대로 새겨 기와면에는 우서·양각으로 나타난다. 인각의 직경은 약 2.7~3.8cm 정도이다.

인각의 명문을 처음에는 '中部'로 추정하기도 하였으나(문화재관리국 1989, p.228) 현재에는 연도를 나타내는 간지로 파악하고 있으며, 대체로 629년으로 비정한다. 기존의 보고서에서는 '己丑'을 '乙丑'으로도 판독하였으나(국립부여문화재연구소 1996, p.256), ⅠA다형의 백제 5부명 인각와 중 '上卩乙瓦'銘이나 '下卩乙瓦'銘의 '乙'과는 다른 형태이므로 '己'로 보는 것이 좋을 듯하다. '丑'에 관한 판독 또한 의문점이 제기되고 있는데, 편년과 상관없이 자형으로는 '申'이나 '田'으로도 볼 수 있겠다.

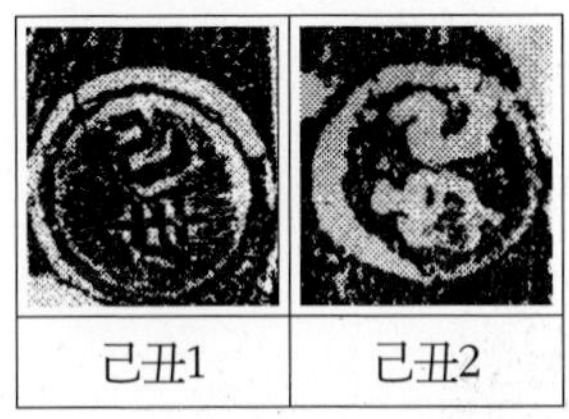

己丑1	己丑2

출처: 국립부여문화재연구소, 1996, p.605.

(2) '丁巳'銘

동원 남회랑지·동회랑지·동승방지, 강당지 및 접랑지, 북승방지, 북승방 북편, 연못지, 연못지 상층 및 와적층 등지에서 총 28점이 출토되었다. '丁巳'銘은 원형의 도장에 음각으로 원형의 테두리와 '丁巳'를 반대로 새겨 기와면에는 우서·양각으로 나타난다. 인각의 직경은 약 3.2~3.5cm이다.

연도를 나타내는 간지로 파악되고 있으며, 편년에 관해서 藤澤一夫, 홍재선, 이다운(2007, p.97), 김선기(2010, p.158)는 597년으로 보는 데 반해 윤덕향(1989, p.250), 윤선태(2008, p.777), 심상육(2005, p.47), 노기환(2007, p.63)은 657년으로 보고 있다.

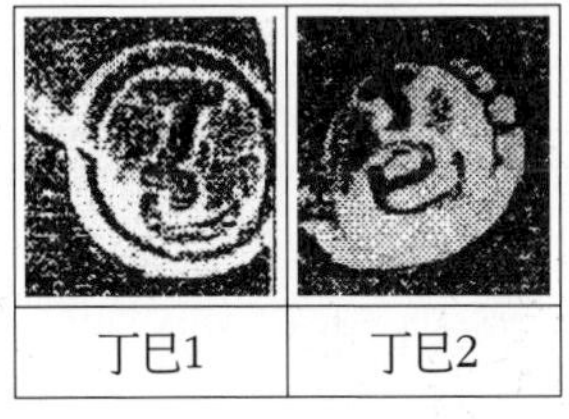

丁巳1	丁巳2

출처: 국립부여문화재연구소, 1996, p.605.

(3) '目次'銘

동원 동승방지, 중원 북회랑지, 서원 서회랑지, 강당지 및 접랑지, 북승방지, 연못지 상층 및 와적층에서 총 17점 출토되었다. '目次'銘은 원형의 도장에 음각으로 원형의 테두리와 '目次'를 반대로 새겨 기와면에는 우서·양각으로 나타난다. 명문의 의미를 파악하기 힘든 인각와로 분류되고 있는데, '目次'는 문서와 관련된 글자로 추정되어 부서와 연관성이 있을 것이라는 의견이 있다(김환희 2014, p.23).

目次

출처: 국립부여문화재연구소, 1996, p.607.

(4) '刀下'銘

동원 동회랑지·동승방지, 중원 동회랑지·북회랑지, 강당지 및 접랑지, 북승방지, 북승방 북편, 연못지, 연못지 상층 및 와적층, 사역 북편 등지에서 총 55점이 출토되었다. '刀下'銘은 원형의 테두리와 '刀下'를 새겨 기와면에는 음각으로 나타난다. '刀下'銘 중에 '刀'는 좌서로 새겨져 있고 '下'는 우서로 새겨져 있는데, 인장에 잘못 새긴 것을 그대로 사용한 것으로 추정된다. 인각의 직경은 약 3.2cm 정도이다.

'刀'를 部(卩)로 보아 5부 아래 소속된 구역이나 부서를 지칭하는 것으로 보기도 하고(국립부여문화재연구소, 1995), 『隨書』와 『北史』의 '部有五巷'이라는 기록에 따라 '五巷'을 뜻하는 것으로 보기도 하였다(이다운 2007, p.105).

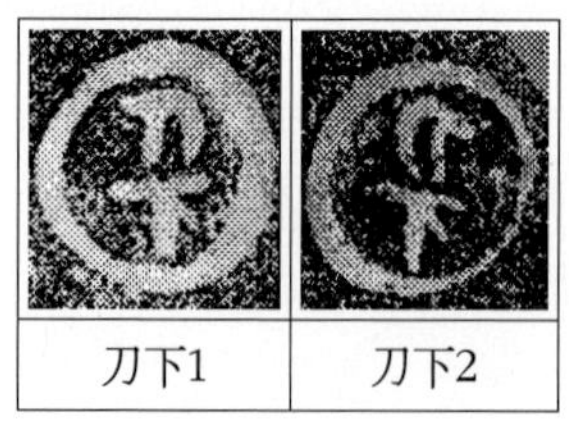

刀下1　刀下2

출처: 국립부여문화재연구소, 1996, p.607.

(5) '本文'銘

동원 동승방지, 강당지 및 접랑지, 북승방지, 연못지 상층 및 와적층 등지에서 총 24점이 출토되었다. '本文'銘은 원형의 도장에 양각으로 원형의 테두리와 '本文'을 반대로 새겨 기와면에는 우서·양각으로 나타난다. 인각의 직경은 약 3.2~5.0cm 정도이다.

초기에 '本文'銘이라 소개된 이 인각와는 명문의 의미를 파악하기 힘든 인각와로 분류되고 있는데, '本文'은 문서와 관련된 글자로 추정되어 부서와 연관성이 있을 것으로 추정하기도 한다(김환희 2014, p.23). '本文'銘에서 '本'에 해당하는 글자의 자형은 여러 가지로 나타나고 있는데, 압인의 정도에 따라 '左'의 이체자로 보이기도 한다. '文'으로 판독되는 글자는 '夫' 또는 '丈', '支' 등으로 보이기도 한다.

本文1	本文2	左(北齊 劉悅 墓誌)	支(北魏 楊胤 墓誌)	支(唐 顔氏家墓碑)

출처: 국립부여문화재연구소, 1996, p.607.

(6) '丁亥'銘

동원 동승방지, 강당지 및 접랑지, 북승방지, 북승방 북편, 후대 남회랑지, 연못지, 연못지 상층 및 와적층 등지에서 총 80여 점이 출토되었다. '丁亥'銘은 원형의 도장에 음각으로 원형의 테두리와 '丁亥'를 반대로 새겨 기와면에는 우서·양각으로 나타난다. 이 인각와는 상하로 '丁亥'라고 새겨져 있고 좌우로도 명문이 새겨져 있어 보이나 훼손되어 내용을 파악하기에는 무리가 있다. '亥'자의 경우 특이한 형태를 보이고 있으나 다른 백제 유물에서 나타나는 '亥'자와 거의 일치하는 것으로 보아 '亥'자로 판독할 수 있겠다. '丁亥'는 627년으로 비정한다.

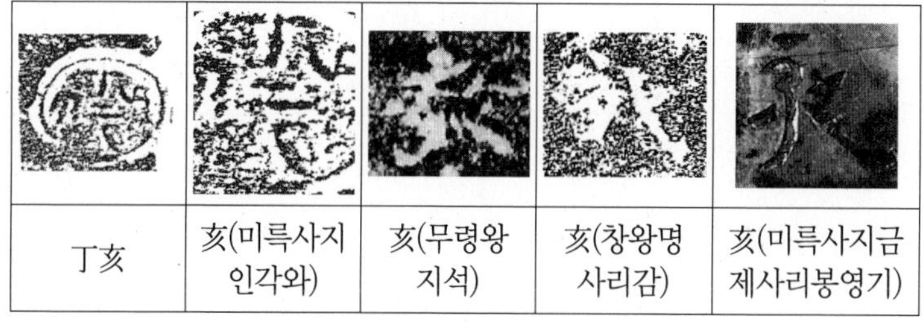

丁亥	亥(미륵사지 인각와)	亥(무령왕 지석)	亥(창왕명 사리감)	亥(미륵사지금 제사리봉영기)

丁亥 출처: 국립부여문화재연구소, 1996, p.605.

3) ⅠA다형

(1) '中卩乙瓦'銘

동원 동승방지, 강당지 및 접랑지, 북승방 북편, 연못지 상층 및 와적층 등지에서 총 10점이 출토되었다. '中卩乙瓦'銘은 원형의 도장에 양각으로 원형의 테두리와 그 안에 '中卩乙瓦'를 반대로 새겨 기와면에는 우서·음각으로 나타난다. 판독순서는 세로 읽기로 우측에서 좌측 순이다. 인각의 직경은 약 3.7cm 정도이다.

中卩乙瓦

출처: 국립부여문화재연구소, 1996, p.606.

(2) '申卩甲瓦'銘

동원 동승방지, 강당지 및 접랑지, 연못지 상층 및 와적층에서 총 4점이 출토되었다. '申卩甲瓦'銘은 원형의 도장에 음각으로 원형의 테두리와 '申卩甲瓦'를 반대로 새겨 기와면에는 우서·양각으로 나타난다. 판독순서는 세로 읽기로 우측에서 좌측 순이다. 인각의 직경은 약 3.5cm 정도이다.

申卩甲瓦

출처: 국립부여문화재연구소, 1996, p.605.

(3) '寺下乙瓦'銘

강당지 북쪽의 축대주변지역에서 총 1점이 출토되었다. '寺下乙瓦'銘은 원형의 도장에 양각으로 원형의 테두리와 그 안에 '寺下乙瓦'를 반대로 새겨 기와면에는 우서·음각으로 나타난다. 판독순서는 세로 읽기로 우측에서 좌측 순이다. 인각의 직경은 약 2.3cm 정도이다. 처음에 '艸木'으로 판독되었으나(문화재관리국 1989, p.233), '寺下乙瓦'로 읽을 수 있으며 백제 5부명 인각와 중 하나로 추측된다.

寺下乙瓦

출처: 국립부여문화재연구소, 1996, p.607.

(4) '右▨▨瓦'銘

강당지 및 접랑지, 연못지 상층 및 와적층에서 총 3점이 출토되었다. '右▨▨瓦'銘은 원형의 도장에 음각으로 원형의 테두리와 '右▨▨瓦'를 새겨 기와면에는 양각으로 나타난다. 첫 글자 '右'銘은 좌서로 새긴 듯하다. 인각의 직경은 약 3.2cm 정도이다. 보고서 상에서 '右▨▨瓦'으로 판독하고 있다(문화재관리국 1989, p.232). 좌측 하단의 글자는 '瓦'라고 볼 수도 있으나, '右'와 '瓦'를 제외한 나머지 두 글자는 판독하는 데 어려움이 있어 미상자로 두겠다.

右▨▨瓦

출처: 문화재관리국, 1989, p.255.

(5) '丁卩甲瓦'銘

동원 동회랑지·동승방지, 연못지 상층 및 와적층에서 총 3점이 출토되었다. '丁卩甲瓦'명은 원형의 도장에 음각으로 원형의 테두리와 그 안에 2줄의 십자형의 선, '丁卩甲瓦'를 반대로 새겨 기와면에는 우서·양각으로 나타난다. 보고서에서는 판독미상자로 두었다(국립부여문화재연구소 1996, p.254). 판독순서는 좌→우→상→하이다.

丁卩甲瓦

출처: 국립부여문화재연구소, 1996, p.607.

4) IIA나형

(1) '巳-古'銘

동원 동승방지, 북승방지, 연못지 상층 및 와적층, 사역 북편에서 총 5점이 출토되었다. '巳-古'銘은 원형의 도장에 음각으로 원형 테두리와 '巳-古'를 반대로 새겨 기와면에는 우서·양각으로 나타난다. 인각의 직경은 약 1.3cm 정도이다. 보고서에서 하단 인각부의 명문을 '右'로 판독하였으나(국립부여문화재연구소 1996, p.250), 두 번째 획인 '丿'획이 분명하지 않아 '右'보다 '古'에 더 가까운 듯하다.

巳-古

출처: 국립부여문화재연구소, 1996, p.606

⑵ '巳-刀'銘

동원 동승방지, 서원 서회랑지·서승방지, 북승방지, 사역 북편, 사역 서북편 등지에서 총 18점이 출토되었다. '巳-刀'銘은 원형의 도장에 양각으로 원형의 테두리와 그 안에 '巳-刀'를 반대로 새겨 기와면에는 우서·음각으로 나타난다. 인각의 직경은 약 2.0cm 정도이다.

巳-刀

출처: 국립부여문화재연구소, 1996, p.605.

⑶ '巳-毛'銘

동원 남회랑지·동회랑지·동승방지, 중원 동회랑지·북회랑지·남회랑지, 서원 남회랑지, 강당지 및 접랑지, 북승방지, 북승방 북편, 연못지 상층 및 와적층, 사역 북편, 사역 서북편 등지에서 총 109점이 출토되었다. '巳-毛'銘은 원형의 도장에 음각 또는 양각으로 원형의 테두리와 그 안에 '巳-毛'를 반대로 새겨 기와면에는 우서·양각 또는 우서·음각으로 나타난다. 인각의 직경은 1.5~2.0cm이다.

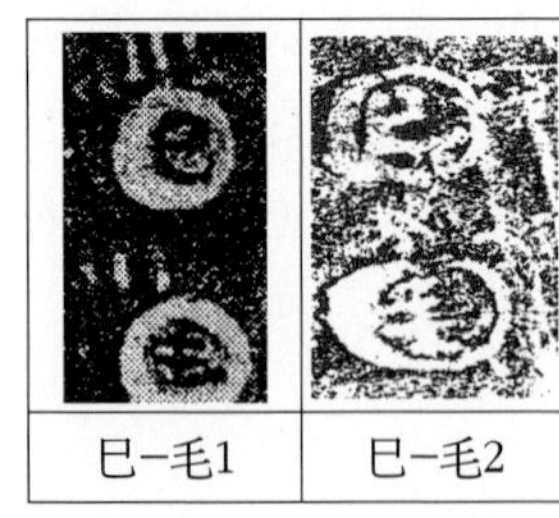

巳-毛1	巳-毛2

출처: 국립부여문화재연구소, 1996, p.605.

(4) '巳-斯'銘

동원 남회랑지·동회랑지·동승방지, 서원 서승방지, 강당지 및 접랑지, 북승방지, 북승방 북편, 연못지 상층 및 와적층 등지에서 총 40점이 출토되었다. '巳-斯'銘은 원형의 도장에 음각으로 원형의 테두리와 그 안에 '巳-斯'를 반대로 새겨 기와면에는 우서·양각으로 나타난다. 인각의 직경은 약 2.2cm 정도이다.

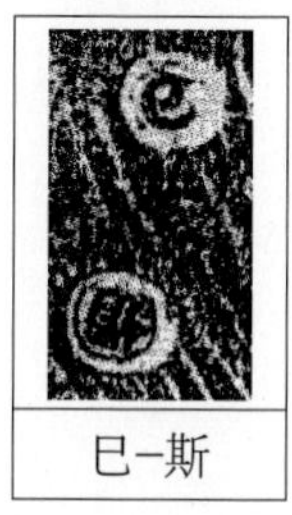

巳-斯

출처: 국립부여문화재연구소, 1996, p.606.

(5) '巳-助'銘

동원 동회랑지·동승방지, 중원 동회랑지·북회랑지, 서원 서회랑지·서승방지, 강당지 및 접랑지, 북승방지, 북승방 북편, 후대 남회랑지, 연못지, 연못지 상층 및 와적층, 사역 북편, 사역 북서편 등지에서 총 217점이 출토되었다. '巳-助'銘은 원형의 도장에 음각으로 원형의 테두리와 그 안에 '巳-助'를 반대로 새겨 기와면에는 우서·양각으로 나타난다. 인각의 직경은 약 1.8cm 정도이다.

巳-助

출처: 국립부여문화재연구소, 1996, p.605.

(6) '巳-止'銘

동원 동회랑지·동승방지, 중원 동회랑지·북회랑지, 서원 서회랑지, 강당지 및 접랑지, 북승방지, 북승방 북편, 연못지 상층 및 와적층, 사역 북편, 사역 북서편 등지에서 총 86점이 출토되었다. '巳-止'銘은 원형의 도장에 양각으로 원형의 테두리와 그 안에 '巳-止'를 반대로 새겨 기와면에는 우서·음각으로 나타난다. 인각의 직경은 2.0cm이다.

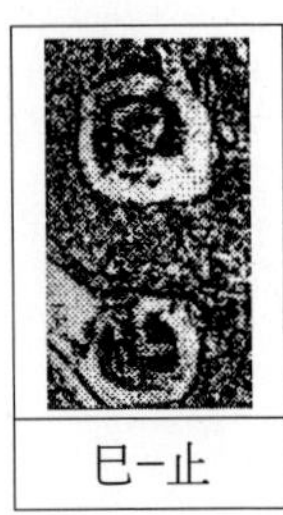

巳-止

출처: 국립부여문화재연구소, 1996, p.605.

(7) '午-斯'銘

북승방 북편에서 총 1점이 출토되었다. '午-斯'銘은 원형의 도장에 음각으로 원형 테두리와 '午-斯'를 반대로 새겨 기와면에는 우서·양각으로 나타난다. 인각의 직경은 1.8cm이다.

午-斯

출처: 국립부여문화재연구소, 1996, p.606.

(8) '午-助'銘

동원 동회랑지·동승방지, 중원 동회랑지, 강당지 및 접랑지, 북승방 북편, 연못지, 연못지 상층 및 와적층 등지에서 총 10점이 출토되었다. '午-助'銘은 원형의 도장에 음각으로 원형 테두리와 '午-助'를 반대로 새겨 기와면에는 우서·양각으로 나타난다. 인각의 직경은 약 1.8cm 정도이다. 보고서에서는 '午'를 '牛'로 판독하였으나(국립부여문화재연구소 1996, p.251), 다른 ⅡA나형 인각와와 마찬가지로 地支를 뜻하는 午로 보는 것이 타당하다.

午-助

출처: 국립부여문화재연구소, 1996, p.606.

(9) '午-止'銘

동원 동승방지, 강당지 및 접랑지, 북승방지에서 총 5점이 출토되었다. '午-止'銘은 원형의 도장에 음각으로 원형 테두리와 '午-止'를 반대로 새겨 기와면에는 우서·양각으로 나타난다. 인각의 직경은 약 1.5cm 정도이다.

午-止

출처: 국립부여문화재연구소, 1996, p.606.

(10) '申-斯'銘

동원 동승방지, 서원 북회랑지, 강당지 및 접랑지, 북승방지, 후대 남회랑지, 연못지, 연못지 상층 및 와적층 등지에서 총 23점이 출토되었다. '申-斯'銘은 원형의 도장에 음각으로 원형 테두리와 '申-斯'를 반대로 새겨 기와면에는 우서·양각으로 나타난다. 인각의 직경은 약 1.8cm 정도이다.

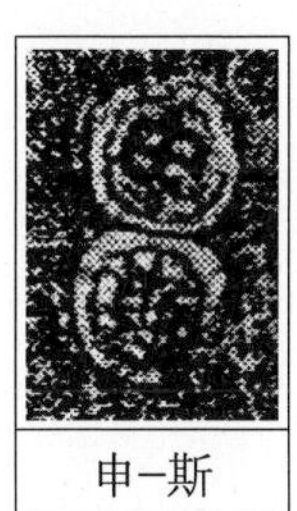

申-斯

출처: 국립부여문화재연구소, 1996, p.606.

(11) '申-市'銘

동원 동승방지, 북승방지, 연못지 상층 및 와적층 등지에서 총 7점이 출토되었다. '申-市'銘은 원형의 도장에 음각으로 '申-市'를 반대로 새겨 기와면에는 우서·양각으로 나타난다. 인각의 직경은 약 1.8cm 정도이다. 보고서에서 하단 인각부의 명문을 '布'로 판독하였으나(국립부여문화재연구소 1996, p.252). 두 번째 획인 '丿'획이 분명하지 않아 '市'에 더 가까운 듯하다.

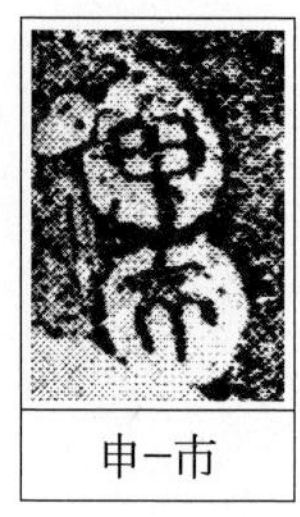

申-市

출처: 국립부여문화재연구소, 1996, p.606.

(12) '未-斯'銘

서원 서회랑지, 강당지 및 접랑지, 연못지 상층 및 와적층 등지에서 총 8점이 출토되었다. '未-斯'銘은 원형의 도장에 음각으로 원형 테두리와 '未-斯'를 반대로 새겨 기와면에는 우서·양각으로 나타난다. 인각의 직경은 약 1.8cm 정도이다.

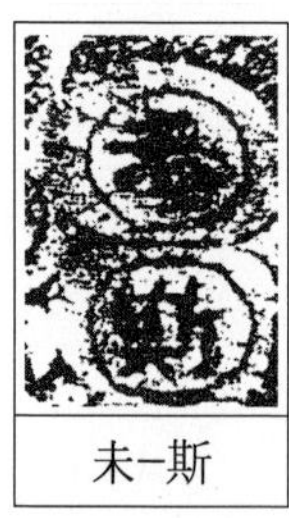

未-斯

출처: 국립부여문화재연구소, 1996, p.606.

(13) '田-毛'銘

북승방지, 연못지 상층 및 와적층에서 총 5점이 출토되었다. '田-毛'銘은 원형의 도장에 음각으로 '田-毛'를 반대로 새겨 기와면에는 우서·양각으로 나타난다. 인각의 직경은 약 2.0cm 정도이다. 상단 인각부의 명문을 보고서에서는 '申'으로 판독하였으나(국립부여문화재연구소 1996, p.252), '申'자의 중앙 세로획이 분명치 않아 '田'으로 판독하는 것이 타당할 듯하다.

田-毛

출처: 국립부여문화재연구소, 1996, p.606.

(14) '兄-斯'銘

동원 동회랑지, 강당지 및 접랑지에서 총 2점이 출토되었다. '兄-斯'銘은 원형의 도장에 음각으로 원형 테두리와 '兄-斯'를 반대로 새겨 기와면에는 우서·양각으로 나타난다. 인각의 직경은 약 2.0cm 정도이다. 상단 인각부의 명문을 처음에는 '辰'을 거꾸로 새긴 것으로 보기도 하고(문화재관리국 1989, pp.228-229), '先-斯'銘으로 보기도 하였으나(국립부여문화재연구소 1996, p.256), 관북리 유적과 능산리 유적의 '兄-斯'銘과 비교해 보았을 때 형태적인 면에서 거의 유사한 것으로 보아 '兄-斯'銘으로 판독하는 데 무리가 없어 보인다.

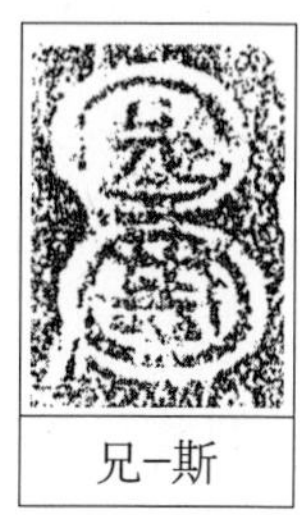

兄-斯

출처: 국립부여문화재연구소, 1996, p.608.

5) I B나형

(1) '福巡'銘

강당지 및 접랑지, 연못지 상층 및 와적층에서 총 4점이 출토되었다. '福巡'銘은 세로로 긴 방형의 도장에 음각으로 '福巡'를 반대로 새겨 기와면에는 우서·음각으로 나타난다. 보고서에서는 명문을 미상자로 처리하였고(국립부여문화재연구소, 1996, p.255), '福世'로 읽는 의견도 있다(노기환 2007, p.30). 첫 번째 글자는 '福'으로 읽어도 무방할 듯하며, 두 번째 글자는 '世'보다는 '巡'으로 봄이 타당할 듯하다. '巡'으로 본다면 책받침변(辶)에 고예의 필의가 들어간 해서로 볼 수 있는데, '世'로 읽는다면 세 개의 세로획 사이로 가로획이 추가되어야 그 형태가 성립이 된다고 할 수 있겠다. 그러므로 '世'보다는 '巡'으로 읽는 것이 타당하다. 명문의 의미는 파악하기 어렵다.

福巡

출처: 국립부여문화재연구소, 1996, p.607.

6) 문양 인각와

(1) 문양1

동원 동승방지, 후대 남회랑지에서 총 6점이 출토되었다. 원형의 도장에 음각으로 문양을 새겨 기와면에는 양각으로 나타난다. 인각의 직경은 1.3cm이다.

문양1

출처: 국립부여문화재연구소, 1996, p.607.

7) 참고문헌

(1) 보고서 및 자료집

문화재관리국, 1989, 『彌勒寺 1, 本文篇』.

국립부여문화재연구소, 1996, 『彌勒寺 : 遺蹟發掘調査報告書 2』.

국립부여문화재연구소, 2001, 『彌勒寺址 石塔 : 周邊發掘調査 報告書』.

충청남도역사문화연구원, 2008, 『百濟史資料譯註集 : 韓國篇 1』, 충청남도역사문화원.

(2) 논저류

김선기, 2010, 「益山地域 百濟 寺址 硏究」, 동아대학교대학원 박사학위논문.

김환희, 2014, 「百濟 泗沘期 印章瓦의 변천과 제작공정 체계화」, 충남대학교대학원 석사학위논문.

노기환, 2007, 「彌勒寺址 出土 百濟 印刻瓦 硏究」, 전북대학교 대학원석사학위논문.

藤澤一夫, 1976, 「百濟 別都 益山 王宮理 廢寺卽 大官寺考」, 『馬韓·百濟文化』 第2, 圓光大學校 馬韓百濟文化硏究所.

심상육, 2005, 「百濟時代 印刻瓦에 關한 硏究」, 공주대학교대학원 문학석사학위논문.

이다운, 2007, 「印刻瓦를 통해 본 益山의 기와 연구」, 『고문화』 70.

高正龍, 2007, 「百濟印刻瓦覺書」, 『朝鮮古代硏究』 8, 朝鮮古代硏究刊行會.

李 タウン, 1999, 「百濟五部名刻印瓦について」, 『古文化談叢』 43.

3. 제석사지

익산 제석사지는 전북 익산시 왕궁면 왕궁리 247-1번지 일대에 위치한다. 백제 무왕의 익산 지역 경영과 관련된 왕실 사찰 터로 주목받아 왔다. 왕궁리 유적이 제석사지 유적으로부터 서쪽으로 1.4km 떨어져 있으며, 북서쪽으로 약 5km 지점에는 미륵사지, 북서로 약 6km 지점에는 사자암 등 관련 유적들이 인근에 자리하고 있다. 제석사의 조영과 관련하여 중국 육조시대 문헌인『觀世音應驗記』에 '枳慕蜜地(익산의 옛 지방)로 천도하여 제석정사를 지었는데, 貞觀 13년(639, 무왕 40년) 뇌우로 인하여 불당과 7층 목탑 및 廊房이 모두 불탔다.'라는 기록이 남아 있어 7층 목탑과 불당을 갖추고 주위를 회랑으로 감싸는 전형적인 백제시대 가람일 가능성을 제시하기도 하였다(김선기 2002, p.2).

제석사지에 대한 조사는 1993년 시굴조사를 통해 시작되었다. 이후 제석사지 폐기장에 대한 시굴조사가 2003~2004년에 이루어졌으며, 본격적인 발굴조사는 국립부여문화재연구소에 의해 2007~2009년에 걸쳐 실시되었다. 수습된 유물들로는 백제 인동당초문암막새 및 연화문수막새, 통일신라시대 명문와, 방형의 塼, 치미 등 다양한 기와류들이 주를 이루고 그 밖에는 청동기물의 파편 등이 다수 출토되었다. 인각와는 '辰'銘 1점, '己▨'銘 1점, '前卩乙瓦'銘 1점, '巳-刀'銘 3점, '午-止'銘 1점, '午-助'銘 1점, '午-▨'銘 1점, '▨-止'銘 1점, '▨-毛'銘 1점이 있다. 출토량이 비교적 적은 편이나 제석사지와 가까운 유적지인 미륵사지와 왕궁리 유적의 인각와와 그 형태가 거의 일치한다.

1) ⅠA가형

(1) '辰'銘

강당지 동편 기단에서 암키와 1점이 출토되었다. '辰'銘은 원형의 도장에 음각으로 바로 새겨 기와면에는 좌서·양각으로 나타난다. 인각의 직경은 2.3cm이다. 十二支에 해당한다.

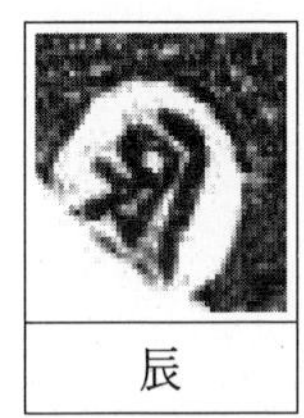

辰

출처: 국립부여문화재연구소, 2011, p.194.

2) ⅠA나형

(1) '己▨'銘

동건물지 동편 기단 외측에서 암키와 파편 1점이 출토되었다. '己▨'銘은 원형의 도장에 음각으로 원형의 테두리와 '己▨'을 반대로 새겨 기와면에는 우서·양각으로 나타난다. 인각의 직경은 4.2cm이다. 기존의 '己丑'銘과 비교하였을 때 인각의 형태와 남아 있는 '己'자가 일치하는 것으로 보아 '己丑'銘이라고 추측할 수 있으나, 잔존 상태를 고려하여 '己▨'銘으로 판독해 두겠다.

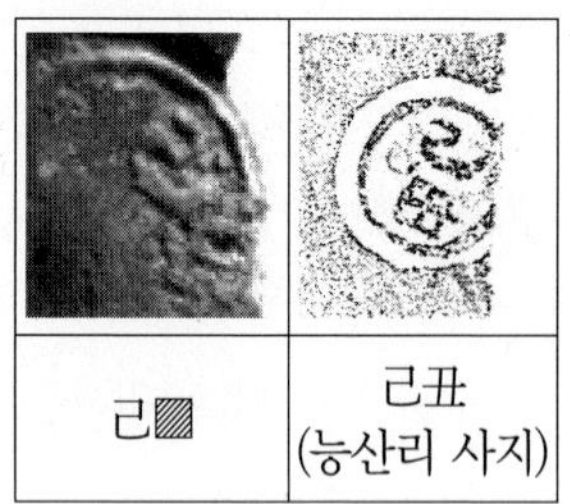

己▨	己丑 (능산리 사지)

출처: 국립부여문화재연구소, 2013, p.113.

3) I A다형

(1) '前卩乙瓦'銘

동건물지 북편에서 일부 잔존해 있는 암키와 1점이 출토되었다. '前卩乙瓦'銘은 원형의 도장에 음각으로 원형의 테두리와 그 안에 '前卩乙瓦'를 반대로 새겨 기와면에는 우서·양각으로 나타난다. 인각의 직경은 3.5cm이다. 인각부 좌측이 파손되어 글자가 반만 잔존한 상태이다. 능산리 사지의 '前卩乙瓦'銘 인각와의 '前'의 형태와 흡사한 점, 잔존하는 '乙' 부분도 일치하는 점으로 미루어 보아 제석사지의 이 인각와의 명문 또한 '前卩乙瓦'로 판독할 수 있겠다.

前卩乙瓦	前卩乙瓦 (능산리사지)

출처: 국립부여문화재연구소, 2013, p.111.

4) IIA나형

(1) '巳-刀'銘

남회랑지에서 수키와 1점, 동회랑지에서 수키와 2점이 출토되었다. '巳-刀'銘은 원형의 도장에 양각으로 원형의 테두리와 그 안에 '巳-刀'를 반대로 새겨 기와면에는 우서·음각으로 나타난다. 인각의 직경은 2.2~2.3cm이다.

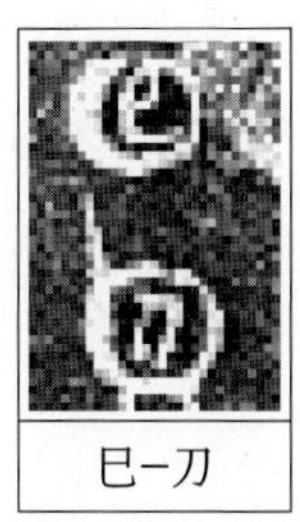

巳-刀

출처: 국립부여문화재연구소, 2013, p.87.

(2) '午-止'銘

강당지 북편 기단 외측에서 1/2 가량 잔존하는 수키와 1점이 출토되었다. '午-止'銘은 원형의 도장에 음각으로 원형 테두리와 '午-止'를 반대로 새겨 기와면에는 우서·양각으로 나타난다. 인각의 직경은 1.9cm이다. 하단 인각부가 약간 훼손되었으나 '止'로 판독할 수 있겠다.

午-止

출처: 국립부여문화재연구소, 2011, p.193.

(3) '午-助'銘

강당지 동편에서 암키와 파편 1점이 출토되었다. '午-助'銘은 원형의 도장에 음각으로 원형 테두리와 '午-助'를 반대로 새겨 기와면에는 우서·양각으로 나타난다. 인각의 직경은 2.0cm이다.

午-助

출처: 국립부여문화재연구소, 2011, p.194.

(4) '午-▨'銘

강당지 승방지 사이구간에서 암키와 1점이 출토되었다. '午-▨'銘은 원형의 도장에 음각으로 원형 테두리와 '午-▨'를 반대로 새겨 기와면에는 우서·양각으로 나타난다. 원형의 테두리는 마모되어 확인하기 힘든 상태이다. 인각의 직경은 2.0cm이다. 남아 있는 상단 인각부의 명문 역시 마모되어 확인이 어려우나, '午'銘과 관련된 다른 상하 인각부와 비교해 볼 때 '午'로 판독 할 수 있겠다.

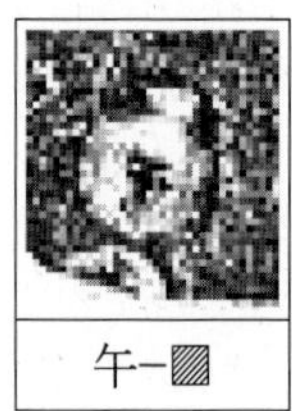

午-▨

출처: 국립부여문화재연구소, 2013, p.171.

(5) '▨-止'銘

동건물지 동편기단 외측에서 암키와 1점이 출토되었다. '▨-止'銘은 원형의 도장에 양각으로 원형의 테두리와 그 안에 '▨-止'를 반대로 새겨 기와면에는 우서·음각으로 나타난다. 인각의 직경은 2.0cm이다. 상단 인각부는 파손되어 일부만 남아 판독할 수 없고, 하단 인각부 또한 훼손이 심하나 '止'로 판독할 수 있겠다.

▨-止

출처: 국립부여문화재연구소, 2013, p.112.

(6) '▨-毛'銘

강당지 북편에서 암키와 1점이 출토되었다. '▨-毛'銘은 원형의 도장에 양각으로 원형의 테두리와 그 안에 '▨-毛'를 반대로 새겨 기와면에는 우서·음각으로 나타난다. 인각의 직경은 1.8cm이다. 상단 인각부는 파손되어 글자를 추측하기 힘들며, 하단 인각부에는 '毛'자가 선명하게 남아 있다.

▨-毛

출처: 국립부여문화재연구소, 2013, p.139.

5) 참고문헌

(1) 보고서 및 자료집

국립부여문화재연구소, 2011, 『帝釋寺址 발굴조사보고서 1』.

국립부여문화재연구소, 2013, 『帝釋寺址 : 발굴조사보고서 2』.

충청남도역사문화연구원, 2008, 『百濟史資料譯註集 : 韓國篇 1』, 충청남도역사문화원.

(2) 논저류

藤澤一夫, 1976, 「百濟 別都 益山 王宮理 廢寺卽 大官寺考」, 『馬韓·百濟文化』第2, 圓光大學校 馬韓百濟文化研究所.

김선기, 2002, 「益山 帝釋寺址 一考察」, 『文物研究』 6, 동아시아문물연구학술재단.

심상육, 2005, 「百濟時代 印刻瓦에 關한 研究」, 공주대학교대학원 문학석사학위논문.

이다운, 2007, 「印刻瓦를 통해 본 益山의 기와 연구」, 『고문화』 70.

李 タウン, 1999, 「百濟五部名刻印瓦について」, 『古文化談叢』 43.

4. 익산 연동리 유적

익산 연동리 유적은 전라북도 익산시 삼기면 연동리 643-18에 위치한다. 이 유적과 연접한 석불사 경내에 보물 제45호인 석조여래좌상이 위치하고 있어 2011년 10월 표본조사를 실시하던 중 가마로로 추정되는 곳에서 연화문 수막새가 수습되었다. 그밖에 삼국시대 기와가마 2기, 수혈유구 1기가 확인되고 수막새, 연목와, 평기와, 인각와 등이 출토되었다. 출토된 인각와는 총 3점으로 '上卩乙瓦'로 추정되는 인각와 1점, 문양 인각와 1점, 인각와로 추정되나 문자 또는 문양이 없는 인각와 1점이 있다.

1) ⅠA다형

(1) '▨▨▨▨'銘

회구부 적갈색 사질점토층에서 출토되었다. 원형의 도장에 양각으로 원형의 테두리와 그 안에 글자를 반대로 새겨 기와면에는 우서·음각으로 나타난다. 인각의 직경은 약 3.0cm 정도이다. 보고서에서는 '上卩乙瓦'로 추독하고 있으나(원광대학교 마한백제문화연구소 2013, pp.36-38), 잔존 상태가 좋지 않아 판독이 어려워 미상자로 두겠다.

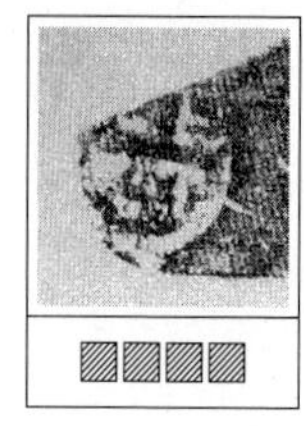

▨▨▨▨

출처: 원광대학교 마한·백제문화연구소, 2013, p.39.

2) 문양 인각와

(1) 문양1

연소실 바닥에서 출토되었다. 원형의 도장에 음각으로 원형 테두리와 문자를 반대로 새겨 기와면에는 우서·양각으로 나타난다. 인각의 직경은 약 2.0cm 정도이다.

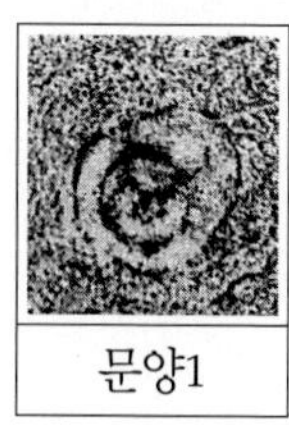

문양1

출처: 원광대학교 마한·백제문화연구소, 2013, p.39.

3) 참고문헌

(1) 보고서 및 자료집

원광대학교 마한백제문화연구소, 2013, 『익산 연동리 유적』, 원광대학교 마한백제문화연구소.

5. 익산 오금산성

익산 오금산성은 '報德城' 혹은 '익산토성'으로 전북 익산시 금마면 서고도리에 있는 오금산에 위치한다. 익산토성은 1980년 12월에 1차, 1984년에 2차 발굴이 이루어졌으며, 유구의 성격은 백제시대, 통일신라시대, 고려시대로 크게 구별된다. 수습된 유물들로는 토기와 기와가 대부분이다. 1차 발굴에서 수습된 인각와는 '毛'銘, '煎'銘, '上-▨'銘, '鮮'銘 등이 있다고 하나, 남아 있는 자료가 없어 확인이 불가능하다. 2차 발굴에서 수습된 인각와는 주로 수구 내 광장 남문지와 동남쪽 樓址에서 출토되었다. 총 13점으로 '斯'銘 1점, '刀下'銘 1점, '福巡'銘 1점, 내용을 알 수 없는 인각와 10점이 출토되었다.

1) ⅠA가형

⑴ '斯'銘

'斯'銘은 원형의 도장에 음각으로 원형 테두리와 '斯'를 반대로 새겨 기와면에는 우서·양각으로 나타난다. 인각의 직경은 2.0cm이다. 기와에 찍힌 '斯'는 공급 혹은 기증집단을 나타내는 것으로 추정한다(심상육 2005, p.45).

斯

출처: 원광대학교 마한·백제문화연구소, 1985, p.51.

⑵ '▨'銘

이 인각와는 원형의 도장에 문자를 새겨 기와면에는 양각으로 나타난다. 인각의 직경은 3.0cm이다. 보고서에서는 '京'자로 추측하였으나(원광대학교 마한·백제문화연구소 1985, p.54), 인각부 훼손이 심하여 '京'자로 판독하기 어려워 보여 미상자로 두겠다.

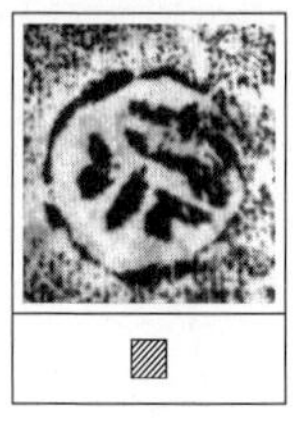

▨

출처: 원광대학교 마한·백제문화연구소, 1985, p.53.

2) ⅠA나형

⑴ '刀下'銘

이 인각와는 보고서에서는 '長'銘이라고 판독하였으나(원광대학교 마한·백제문화연구소, 1985, p.52), 오독으로 보이며 다른 유적과 비교해 보았을 때 '刀下'銘으로 보는 것이 옳을 듯하다. '刀下'銘은 원형의 테두리와 '刀下'를 양각으로 새겨 기와면에는 음각으로 나타난다. '刀下'銘의 '刀'가 좌서로 새겨져 있고 '下'는 우서로 새겨져 있는데, 인장에 잘못 새긴 것을 그대로 사용하는 것으로 추정된다. 인각의 직경은 3.5cm이다.

'刀'를 部(卩)로 보아 5부 아래 소속된 구역이나 부서를 지칭하는 것으로 보기도 하고(국립부여문화재연구소, 1995), 『隨書』와 『北史』의 '部有五巷'이라는 기록에 따라 '五巷'을 뜻하는 것으로 보기도 하였다(이다운 2007, p.105). 하나의 인장 안에 두 문자를 인각하였을 경우, 干支, 首府 등과 같이 두 문자가 합쳐져 하나의 뜻을 나타내기도 하는데, 이것 또한 하나의 뜻이 있는 것으로 추정할 수 있겠다.

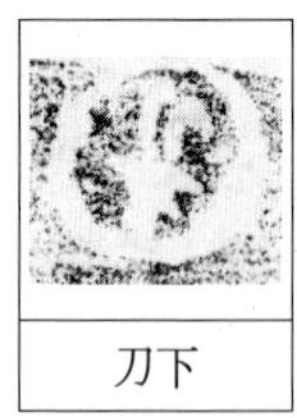

刀下

출처: 원광대학교 마한·백제문화연구소, 1985, p.53.

3) I B나형

(1) '福巡'銘

'福巡'銘은 세로로 긴 방형의 도장에 양각으로 '福巡'를 반대로 새겨 기와면에는 우서·양각으로 나타난다. 인각의 크기는 가로 2.7cm, 세로 5.0cm이다. 명문의 의미를 파악하기 힘든 인각와로 분류되고 있다.

판독에 관해서는 '福世'로 읽기도 한다(노기환 2007, p.30). '福'은 표에서 제시한 중국 북위시기에 사용한 '福'자의 형태를 비교하였을 때 '福'자 그대로 판독하여도 무방할 듯하다. 아래의 글자는 '巡'자로 본다면 고예의 필의가 들어간 해서로 볼 수 있는데, 만약 '世'자로 읽는다면 세 개의 세로획 사이로 가로획이 추가되어야 그 형태가 성립이 된다고 할 수 있겠다. 그러므로 '世'자보다는 '巡'자로 읽는 것이 타당하다.

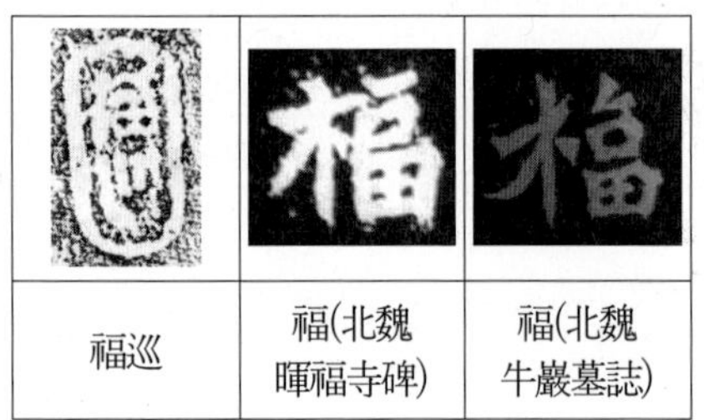

福巡	福(北魏 暉福寺碑)	福(北魏 牛巖墓誌)

출처: 원광대학교 마한·백제문화연구소, 1985, p.51.

4) 참고문헌

(1) 보고서 및 자료집

원광대학교 마한·백제문화연구소, 1985, 『益山 五金山城 發掘調査 報告書』.

국립부여문화재연구소, 1995, 『扶蘇山城 發掘調査 中間報告』.

(2) 논저류

노기환, 2007, 「彌勒寺址 出土 百濟 印刻瓦 硏究」, 전북대학교 대학원석사학위논문.

심상육, 2005, 「百濟時代 印刻瓦에 關한 硏究」, 공주대학교대학원 문학석사학위논문.

이다운, 2007, 「印刻瓦를 통해 본 益山의 기와 연구」, 『고문화』 70.

6. 익산 저토성

익산 저토성 유적은 전라북도 익산시 금마면 서고도리 산 14번지에 위치한다. 이곳은 1991년 10월에 조사를 시작하여 60일간 발굴조사에 착수하였다. 출토유물로는 기와와 도자기류가 대부분이다. 저토성에서 인각와는 주로 서문지 표토층에서 출토되었으며, 총 6점이다. '丙'銘 1점, '卯'銘 2점, '福巡'銘 1점, '巳-助'銘 1점, '▨-止'銘 1점이다.

1) Ⅰ A가형

(1) '丙'銘

'丙'명은 원형의 도장에 양각으로 원형의 테두리와 '丙'을 반대로 새겨 기와면에는 우서·음각으로 나타난다. 인각의 직경은 3.2cm이다. 十干 중 丙에 해당한다.

丙

출처: 원광대학교 마한·백제문화연구소, 2001, p.32.

(2) '卯'銘

'卯'銘은 원형의 도장에 음각으로 '卯'를 바로 새겨 기와면에는 좌서·양각으로 나타난다. 인각의 직경은 2.5cm이다. 이 인각와의 명문은 초기에는 'PB'로 표기하기도 하였으나(노기환 2007), '卯'자로 판독하는 의견이 있다(고정용 2007, pp.74-75; 김선기 2010, p.156).

卯	좌우반전	卯(隋 元仁宗墓誌)

출처: 원광대학교 마한·백제문화연구소, 2001, p.29.

2) IIA나형

(1) '巳-助'銘

'巳-助'銘은 원형의 도장에 양각으로 원형의 테두리와 그 안에 '巳-助'銘을 반대로 새겨 기와면에는 우서·음각으로 나타난다. 인각의 직경은 2.3cm이다. 상단 인각부는 일부 훼손되었으나 '巳'자로 판독할 만하며, 하단 인각부는 보고서에서 '肋'銘으로 판독하였으나(원광대학교 마한·백제문화연구소 2001, p.31), 다른 유적의 사례와 마찬가지로 '助'자로 판독하겠다.

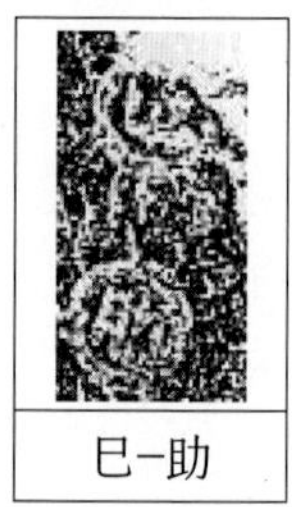

巳-助

출처: 원광대학교 마한·백제문화연구소, 2001, p.32.

(2) '▨-止'銘

'▨-止'명은 원형의 도장에 양각으로 원형의 테두리와 그 안에 '▨-止'銘을 반대로 새겨 기와면에는 우서·음각으로 나타난다. 인각의 직경은 1.7~2.0cm이다. 보고서에서는 '巳-止'銘이라고 추정하였으나(원광대학교 마한·백제문화연구소 2001, p.31), 상단 인각부가 심하게 훼손되어 미상자로 처리하며, 하단 인각부의 글자는 '止'자로 판독하겠다.

▨-止

출처: 원광대학교 마한·백제문화연구소, 2001, p.32.

3) ⅠB나형

⑴ '福巡'銘

'福巡'명은 세로로 긴 방형의 도장에 음각으로 '福巡'를 반대로 새겨 기와면에는 우서·음각으로 나타난다. 인각의 크기는 가로 2.4cm, 세로 5.0cm이다. 보고서에서는 '福巡'으로 판독하고 있다(원광대학교 마한·백제문화연구소 2001, p.30). 명문이 훼손되어 판독하기에 어려움이 있으나 왕궁리에서 출토된 '福巡'銘 인각와와 명문을 비교하면 형태상으로 거의 일치하므로 '福巡'銘으로 판독할 수 있겠다.

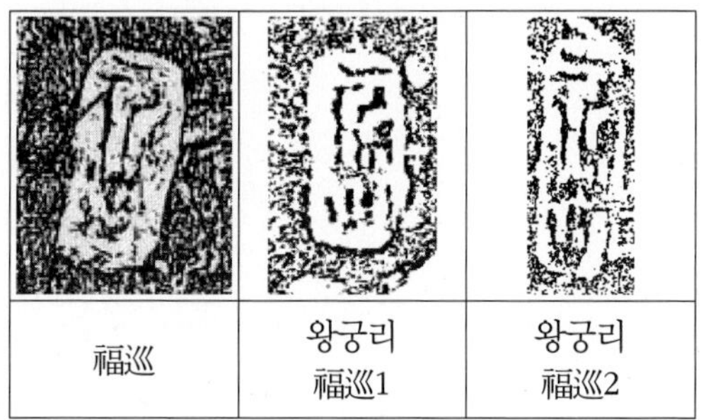

출처: 원광대학교 마한·백제문화연구소, 2001, p.29.

4) 참고문헌

⑴ 보고서 및 자료집

원광대학교 마한·백제문화연구소, 2001,『益山猪土城試掘調查報告書』.

⑵ 논저류

藤澤一夫, 1976,「百濟 別都 益山 王宮理 廢寺卽 大官寺考」,『馬韓·百濟文化』第2, 圓光大學校 馬韓百濟文化研究所.

심상육, 2005,「百濟時代 印刻瓦에 關한 研究」, 공주대학교대학원 문학석사학위논문.

이다운, 2007,「印刻瓦를 통해 본 益山의 기와 연구」,『고문화』70.

高正龍, 2007,「百濟印刻瓦覺書」,『朝鮮古代研究』8, 朝鮮古代研究刊行會.

其他 地域 出土 印刻瓦

이은솔·이재철·최경선

1. 대전 沙井城

대전시 沙井洞에 위치한 백제시대 산성이다. 성의 둘레는 대략 400m 정도이며, 테뫼식 산성이다. 표고 150m의 낮은 산봉우리 위에 있는 석축석으로 거의 다 허물어졌다. 이 성의 주위와 성내에는 많은 백제계 와편과 토기편이 산재해 있다. 1972년 조사에서도 수습되었던 두 종류의 기와와 동일한 명문의 기와가 1974년 조사에서도 수습되었다.

1) '▨▨甲辰'銘

인각이 방형이며, 명문이 네 자이다. 논산 황산성에서 수습된 '黃山戊辰'銘 인각와와 같은 유형으로 생각되는데, '黃山戊辰'銘 인각와의 경우 명문이 좌서로 되어 있는 데 반해 이 경우에는 좌서가 아니다. 아쉽게도 명문을 모사한 삽도만을 확인할 수 있는데, 삽도에서 지명에 해당하는 두 글자는 판독이 되지 않는다. '▨▨甲辰'로 판독할 수 있다.

명문

출처: 成周鐸, 1974,「大田附近 古代城址考」,『百濟硏究』5, p.16.

2) '▨'銘

인각이 원형이며, 한 자 또는 두 자의 명문이 있는 것으로 판단되나 글자를 판독하기 어렵다.

명문

출처: 成周鐸, 1974, 「大田附近 古代城址考」, 『百濟硏究』 5, p.16.

3) 참고문헌

(1) 보고서 및 자료집

成周鐸, 1974, 「大田附近 古代城址考」, 『百濟硏究』 5.

2. 대전 城北里山城

대전시 유성구 성북동에서 대전으로 통하고 儒城과 진잠 간을 통하는 속칭 '성재'의 남쪽 산상에 있는 석축성이다. 성의 형태는 테뫼식도 포곡식도 아닌 변형된 형태로 보고되었다. 내부 건물지로 추정되는 밭에 와편과 토기편이 산재해 있었고, 그중 명문이 있는 와편이 채집되었다.

1) '▨'銘

인각에는 한 자 이상의 글자가 있는 듯도 하나, 논문에 실린 탁본으로는 글자를 판독하기 어렵다. 글자는 양각으로 되어 있다.

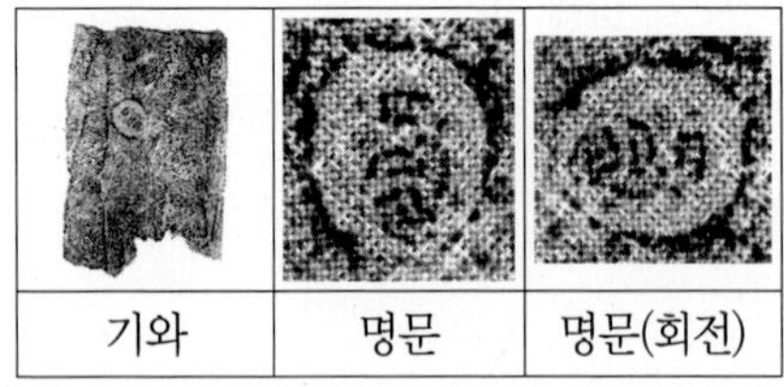

기와	명문	명문(회전)

출처: 成周鐸, 1974, 「大田附近 古代城址考」, 『百濟硏究』 5, p.15.

2) 참고문헌

(1) 보고서 및 자료집

成周鐸, 1974,「大田附近 古代城址考」,『百濟硏究』5.

3. 청주 부모산성

청주 부모산성은 행정구역으로 충청북도 청주시 서쪽 흥덕구 비하동과 지동동의 경계를 이루며, 경부 고속도로 청주 나들목과 중부 고속도로 서청주 나들목 사이에 솟은 부모산에 축조된 산성이다. 부모산성에 대한 발굴조사는 1999년 충북대학교 중원문화연구소에 의해 처음 실시되었고, 북문지 및 수구부와 체성 내·외벽에 대한 조사는 2004년에 이루어졌다. 인각와가 출토된 북문지·수구부 일원에서는 기와, 토기, 석제품, 철제품, 목기 등의 다양한 유물들이 출토되었다. 인각와는 총 54점으로 '前'銘 20점, '北'銘 4점, '六'銘 1점, 문양 인각와 1점, 내용을 알 수 없는 인각와 28점이다. 막새와 같은 2점의 특수 기와를 제외한 나머지는 모두 평기와이다.

1) '前'銘

'前'銘은 원형의 도장에 음각으로 원형 테두리와 '前'을 반대로 새겨 기와면에는 우서·양각으로 나타난다. 인각의 직경은 2.0~24cm 정도이다. '前'銘의 그 기능과 의미는 파악되지 않는다.

前

출처: 중원문화재연구원, 2008, p.306.

2) '北'銘

'北'銘은 원형의 도장에 음각으로 '北'을 반대로 새겨 기와면에는 우서·양각으로 나타난다. 인각의 직경은 1.7~2.4cm 정도이다. '北'銘의 그 기능과 의미는 파악되지 않는다.

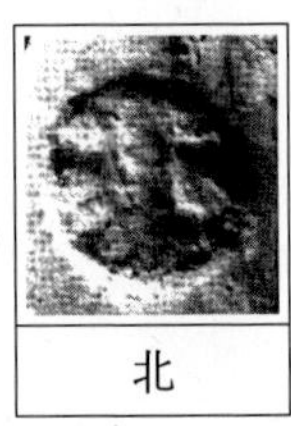
北

출처: 중원문화재연구원, 2008, p.313.

3) '六'銘

'六'銘은 원형의 도장에 음각으로 원형의 테두리와 '六'을 바로 새겨 기와면에는 우서·양각으로 나타난다. 인각의 직경은 2.3cm이다. '六'의 의미는 파악되지 않는다. 보고서 상에는 '大'로 판독하고 있으나(중원문화재연구원 2008, p.79), '大'의 두 번째 획인 丿이 끊어져 나타나 '大'보다는 '六'에 더 가깝다고 볼 수 있다.

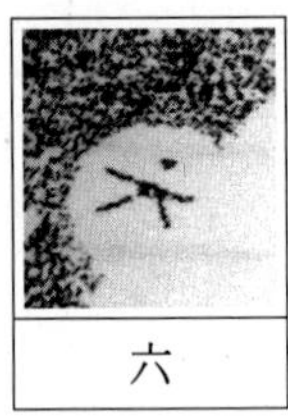
六

출처: 중원문화재연구원, 2008, p.115.

4) 문양 인각와

원형의 도장에 원형의 음각 테두리와 점을 새겨 기와면에는 양각의 테두리와 점으로 나타난다. 인각의 직경은 1.6cm이다.

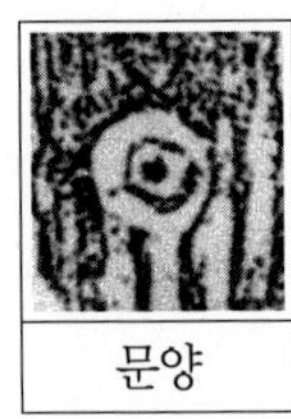
문양

출처: 중원문화재연구원, 2008, p.115.

5) 참고문헌

(1) 보고서 및 자료집

중원문화재연구원, 2008,『청주 부모산성 : 1·2차 발굴조사 종합보고서 : 북문지·수구부 일원 1』.

4. 논산 황산성

충청남도 논산시 연산면 관동리에 위치한 고대 산성으로 논산 지역 산성 중 가장 규모가 크다. 논산 지역은 삼국시대 백제 수도인 웅진과 사비로 연결되는 교통로가 하나로 모이는 중요 지역이었으며, 황산성이 위치한 연산면은 660년 김유신이 이끌었던 신라의 5만 군과 계백의 오천 결사대가 결전을 벌였던 황산벌로 비정되는 곳이다.

2005~2006년 정밀지표조사가 실시되어, 둘레 850m의 석축산성으로 확인되었다. 부대시설로는 문지를 비롯하여 4개소의 건물지, 장대지, 우물지 등이 확인되었으며, 황산성 남쪽 지역의 3개 소의 추정건물지(1, 2, 3)와 남문지가 위치한 곳에 대한 시굴조사가 2011년에 이루어졌고, 그 과정에서 명문 기와가 몇 점 출토되었다.

1) '▨五'銘

남문지 부근의 제3건물지에서 출토된 암회색의 암키와편이다. 제3건물지에는 현재 우물과 배수로가 정비되어 있는데, 시굴조사에서는 성내 저습지에 존재하는 집수정과 수로 등의 유구가 확인되지는 않았다. 장방형의 인각에 아마도 두 글자가 양각되어 있는 것으로 판단되는데, 상부의 글자는 반 정도가 결실되어 글자를 판독할 수 없다. 하단의 글자는 五로 판독된다.

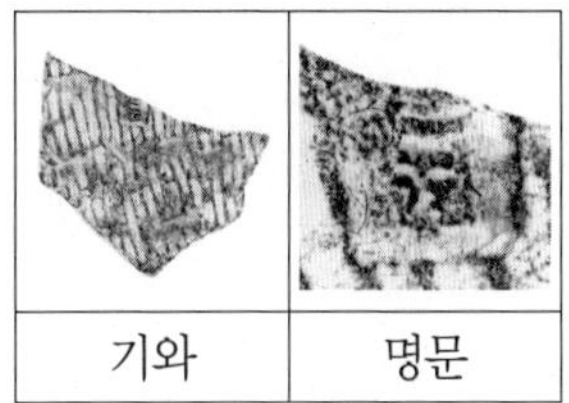

출처: 충청남도 역사문화연구원, 2013, 『論山 黃山城 -시굴조사보고서-』, 도면 28-86, 도판 40-86.

2) '黃山戊辰'銘

1975년 지표조사 과정에서 수습되었다. 조사 당시 건물지로 추정되는 성 안팎의 밭과 논에서 삼국시대와 고려시대의 와편과 토기, 자기편 등이 수습되었다. '黃山寅方'으로 추독하여 산성의 명칭이 '황산성'이며, '寅方'은 곧 東方을 의미하여 백제의 五方制度의 '得安城'과 관련된 것으로 추정되기도 하였다(成周鐸 2002, pp.138-140). 그러나 방형의 인각 내에 명문이 좌서된 것으로 '黃山戊辰'으로 판독된다. 글자는 양각되어 있다. 이와 동일한 인각이 찍힌 기와가 경희대학교 박물관에 소장되어 있으며, 부여에서 채집된 것으로 전한다.

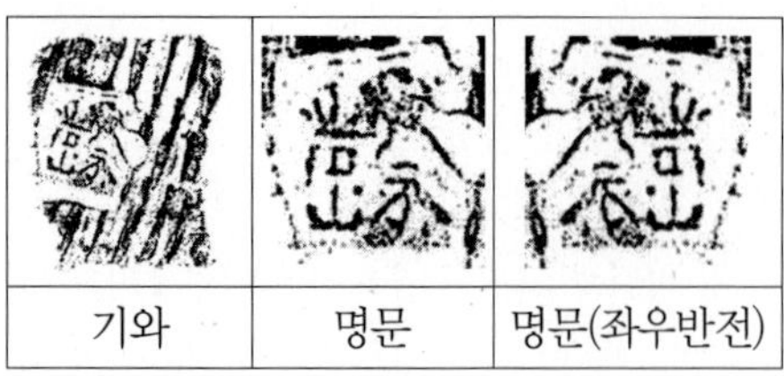

기와	명문	명문(좌우반전)

출처: 成周鐸, 2002, 「百濟山城研究 -黃山城을 中心으로-」, 『백제성지연구』, 서경, p.139.

3) 문양 인각와

한쪽 측면 일부가 남아 있는 인각와편이다. 2005~2006년 정밀지표조사 과정에서 남문 부근에서 수습되었다. 대체로 회황색과 황갈색을 띠며 등면에는 사선방형의 집선문이 타날되어 있다. 양각의 테두리 안에 '※'와 비슷한 문양이 양각되어 있다.

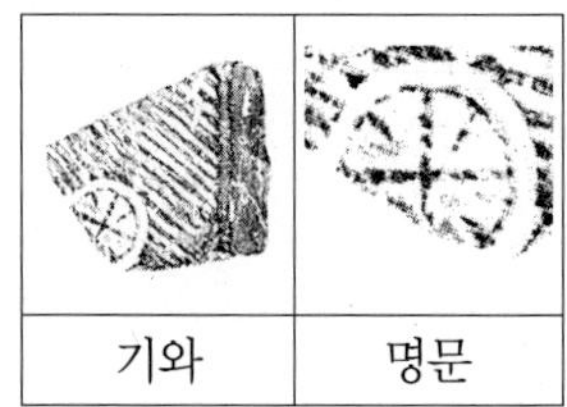

기와	명문

출처: 충청남도역사문화원, 2006, 『論山 黃山城 -精密地表調査 報告書-』, 도면 43-③, 도판 60-⑤, ⑥.

4) 참고문헌

(1) 보고서 및 자료집

충청남도역사문화원, 2006, 『論山 黃山城 -精密地表調査 報告書-』.
충청남도 역사문화연구원, 2013, 『論山 黃山城 -시굴조사보고서-』.

(2) 논저류

成周鐸, 2002, 「百濟山城研究 -黃山城을 中心으로-」, 『백제성지연구』, 서경(원재 1975, 『百濟研究』 6).

5. 논산 황화산성

황화산성은 충남 논산시 등화동에 위치한다. 산은 해발 75m로 낮은 구릉으로 동남향으로 완만한 경사면을 이루고 있다. 산성은 산정을 포함해서 동남의 구릉을 이용하여 축조된 포곡식 산성이며, 산성의 둘레는 약 840m이다. 1970년 이후 1980년까지 여러 차례 산성 조사가 이루어졌다.

1) '葛那城丁巳瓦'銘

암키와로 3점이 발견, 수습되었다.[1] 4.5cm×4.7cm 크기의 인각으로, 외곽에 음각선이 두 번 둘러져 있고, 중앙에도 음각선을 그어 양분하였다. 양분된 내부에는 상, 하 1cm 크기의 글씨가 세 자씩 있다. 오른편에는 '葛那城', 왼편에는 '丁巳瓦'로 판독된다. 이와 동일한 인각와가 일제시기에 부여소학교의 운동장에서 출토된 바 있으며(鄭僑源 編 1934, pp.78-79), 황화산성의 '葛那城丁巳瓦'銘 인각와와 와질뿐 아니라 기와의 색깔, 글자의 크기까지 동일한 것으로 생각된다. '葛那城'이라는 지명은 신라통일기 全州 德殷郡의 영현인 市津縣(지금의 논산시 은진면)의 이전 명칭인 '加知奈' 또는 '加乙乃'와 유사한 것으로 지적된다. '葛那城'은 기와가 발견된 지역과 관련이 있으며, '丁巳'는 기와의 제작시기와 관련된 것으로 이해된다.

기와	명문

출처: 洪再善, 1983,「論山 皇華山城考」,『古文化』23, p.44.

2) 참고문헌

(1) 논저류

洪再善, 1983,「論山 皇華山城考」,『古文化』23.

鄭僑源 編, 1934,『扶餘古蹟名勝案內記』, 扶餘古蹟保存會.

6. 금산 백령산성

금산 백령산성은 테뫼식 형태의 석축산성으로 충청남도 금산군 남이면 역평리와 건천리 사이 栢嶺(잣고개)의 정상부에 위치한다. 또 이 산성은 삼국시대 말기 백제의 東界지역으로 신라와 군사적인 접경지대로 알려져 있다. 백령산성은 2003년 지표·시굴조사 이후 2004~2005년에 1, 2차에 걸쳐 발굴조사가 이루어졌다. 그 결과 현문식의 남문과 북문, 저수용 목곽고, 배수시설, 온돌시설, 석축 성벽 등이 확인되었고 다량의 기와류와 목기류, 철기류 등이 출토되었다. 여기에서 출토된 인각와로는 '丙'銘, '栗峴▨ 丙辰

1) 洪再善, 1983,「論山 皇華山城考」,『古文化』23, pp.43-44에 인각와 사진이 2점 실려 있는데, 똑같은 기와의 사진으로 생각된다. 수습된 기와 중 한 점의 사진만 수록한 것이다.

瓦'銘, '耳停辛 戊午瓦'銘, '耳停辛 丁巳瓦'銘이 있다.

1) '丙'銘

남문지 등지에서 총 2점이 출토되었다. '丙'銘은 원형의 도장에 음각으로 바로 새겨 기와면에는 좌서·양각으로 나타난다. 인각의 직경은 약 2.1cm 정도이다.

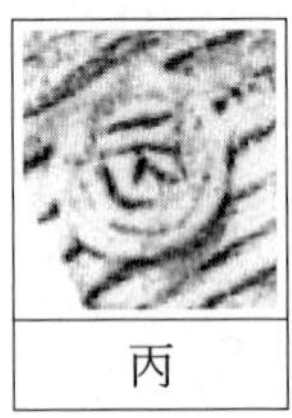

丙

출처: 충청남도역사문화원, 2007, p.149.

2) '栗峴▨ 丙辰瓦'銘

남문, 보도시설, 북벽현황, 치, 토광시설3, 목곽시설 등지에서 총 12점이 출토되었다. '栗峴▨ 丙辰瓦'銘은 방형의 도장에 음각으로 방형의 테두리와 '栗峴▨ 丙辰瓦'를 반대로 새겨 기와면에는 우서·양각으로 나타난다. 인각의 크기는 3.5~5.0cm 정도이다.

'栗峴▨ 丙辰瓦'銘은 '▨' 부분이 '⁝'과 같이 처리되어 문자로 인식하지 않고 전체를 5字로 보는 견해가 있으나(강종원 2009, p.250), 필자는 글자의 흔적이 있는 것으로 보고 미상자로 두겠다. 한편 '栗峴▨'은 '栗峴峴'을 같이 표기한 것으로『三國史記』地理志 4의 有名未詳地名 條에 '○○峴', '○○柵'과 같이 자연지형에서 따온 지명들이 등장하여 지명이라는 견해(이병호 2013, p.73), 백령산성에 위치한 고개의 백제시대 옛 이름이라는 견해(강종원 2009, p.250) 등이 제시되었다.

栗峴▨ 丙辰瓦

출처: 충청남도역사문화원, 2007, p.150.

3) '耳停辛 戊午瓦'銘

목곽시설, 남문, 보도시설, 토광시설2, 북벽현황, 북문, 치 등지에서 총 23점이 출토되었다. '耳停辛 戊午瓦'명은 방형의 도장에 음각으로 방형의 테두리와 '耳停辛 戊午瓦'을 반대로 새겨 기와면에는 우서·양각으로 나타난다. 인각의 크기는 약 3.8~4.6cm 정도이다. '戊午'는 간지로 658년으로 비정하며, '耳停辛'은 '得爾辛'과 같이 '辛'이 지명을 가리키는 접미사로 사용된 사례가 있어 지명으로 보고 있다(이병호

2013, pp.72-73).

戊午瓦 耳停辛

출처: 충청남도역사문화원, 2007, p.157.

4) '耳停辛 丁巳瓦'銘

북벽현황, 치, 남문, 북문, 서북 등지에서 총 18점이 출토되었다. '耳停辛 丁巳瓦'명은 방형의 도장에 음각으로 방형의 테두리와 '耳停辛 丁巳瓦'을 반대로 새겨 기와면에는 우서·양각으로 나타난다. 인각의 크기는 4.2~4.9cm 정도이다. '丁巳'는 간지로 657년으로 비정하며, '戊午瓦 耳停辛'명과 마찬가지로 '耳停辛'은 지명으로 보고 있다(이병호 2013, pp.72-73).

耳停辛 丁巳瓦

출처: 충청남도역사문화원, 2007, p.154.

5) 참고문헌

(1) 보고서 및 자료집

충청남도역사문화원·금산군, 2004, 『錦山 栢領山城: 地表·試掘調査 報告書』, 충청남도역사문화원, 금산군.

충청남도역사문화원·금산군, 2007, 『錦山 栢嶺山城: 1·2次 發掘調査 報告書』, 충청남도역사문화원, 금산군.

(2) 논저류

강종원, 2009, 「扶餘 東南里와 錦山 栢嶺山城 出土 文字資料」, 『목간과 문자』 3, 한국목간학회.

이병호, 2013, 「금산 백령산성 출토 문자기와의 명문에 대하여 -백제 지방통치체제의 한 측면-」, 『백제문화』 49, 공주대학교 백제문화연구소.

7. 보령 聖住寺址(烏含寺址)

충남 보령시 성주면에 있는 성주사는 신라 말의 구산선문 중 하나이며 그 전신이 백제의 烏含寺였던 것으로 전해진다. 사지에는 최치원이 찬술한 성주사 낭혜화상탑비를 비롯하여 오층석탑, 중앙삼층석탑, 서삼층석탑, 동삼층석탑, 석등, 석계단 등이 남아 있다. 1991년부터 이루어진 발굴조사로, 백제시대 유구가 확인되고, 백제시기 와당과 기와편도 다량 출토되었다.

오합사는 『三國史記』와 『三國遺事』에서 백제의 멸망을 예고하는 불길한 징조가 나타나는 곳으로 나온다(『三國史記』 卷28. 義慈王 15年; 『三國遺事』 卷1. 太宗春秋公). 그 위치 비정과 관련하여 여러 의견이 있다가, 金立之가 찬한 「聖住寺碑」 비편과 『崇巖山聖住寺事蹟記』 자료를 바탕으로 백제 혜왕의 아들 법왕이 전쟁에 죽은 원혼을 위로하기 위해 오합사를 지었고, 이 오합사가 성주사임이 뒷받침되고 있다. 오합사 창건기의 가람은 강당과 동서의 방형 건물지, 금당과 회랑, 목탑이 서 있는 비교적 간단한 평면을 가진 것으로 확인된다.

1) 문양 인각와

니질 태토에 회백색 연질로 소성된 암키와편으로 금당 서쪽 계단 바로 아래 폐와무지에서 출토되었다. 등면에는 태선문을 시문하고 정면하였다. 하단부에서 3.2cm 위에 직경 4.3cm의 원형 인각이 얇게 찍혀 있다. 인각의 내용은 정면되어 확실하지 않으나, 중심에서 사방으로 뻗어나가는 葉脈 형태로 부조되어 있고, 외곽의 음각 테두리 안에는 9개의 짧은 縱帶가 있다.

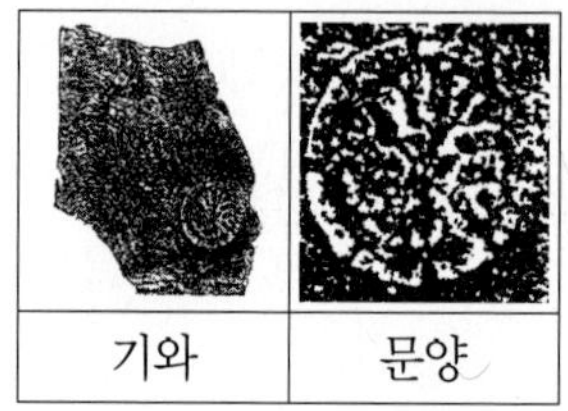

기와	문양

출처: 忠南大學校博物館, 1998, 『聖住寺』, p.320, 도면 37-3.

2) 참고문헌

(1) 보고서 및 자료집

忠南大學校博物館, 1998, 『聖住寺』.

8. 장수 봉서리산성

전북 장수군 산서면 봉서리와 남원시 보절면 성시리의 경계에 위치한 산성이다. 남원시 보절면 성시리 북쪽에 자리한 성산(400m)의 정상부에 축조되어 있다. 2개의 봉우리와 작은 계곡을 포함하고 있는 포곡식의 산성이다. 성벽의 둘레는 약 350m이며, 성벽은 북벽 일부와 남서벽, 남벽 등의 외벽이 남아 있고, 문지 1개소, 치성 2개소, 회곽로 등이 확인되었다. 지표에서 백제시대의 기와편, 회청색 경질토기편 등이 수습되었다

1) '▨'銘

회청색 경질의 암키와편이다. 인각의 지름은 4cm이며, 음각의 테두리가 두 번 둘러져 있고, 그 안에 1.5×1.5cm의 정사각형이 음각으로 찍혀 있다. 글자인지 문양인지 모호하다.

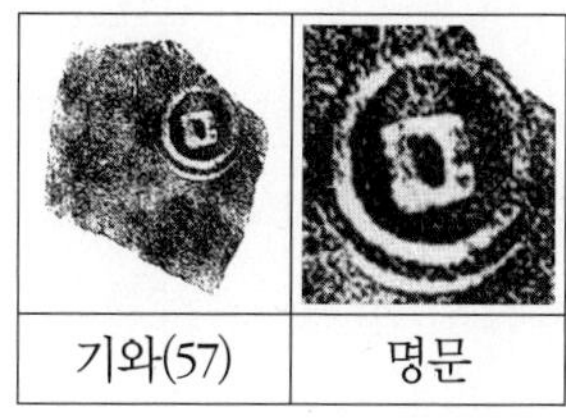

기와(57)	명문

출처: 군산대학교 박물관, 2002, 『長水郡의 山城과 烽燧』, 長水文化院, p.180, 도면 19-①.

2) '▨'銘

회청색 경질의 암키와편이다. 등면에는 1조의 종선문이 시문되어 있고, 하위에는 지름 3cm의 원형 인각이 찍혀 있다. 음각의 테두리가 두 번 둘러져 있고, 그 안에 문양이 새겨져 있는 것인지 글자가 새겨져 있는 것인지 모호하다. 4엽의 인화문이 찍힌 것으로 파악하기도 하였으나, 글자가 음각된 것으로 본다면, '甲'자에 가까워 보인다.

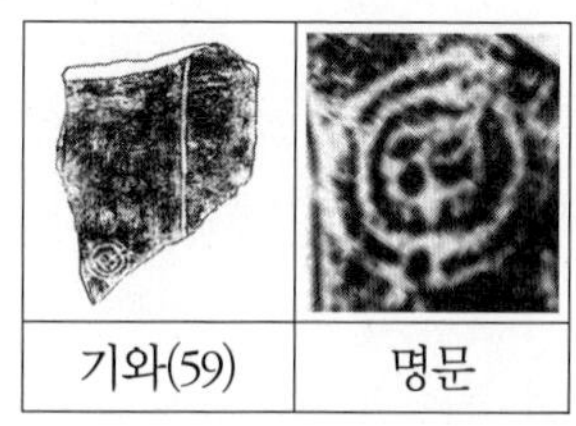

기와(59)	명문

출처: 군산대학교 박물관, 2002, 『長水郡의 山城과 烽燧』, 長水文化院, p.181, 도면 20-①.

3) 참고문헌

(1) 보고서 및 자료집

군산대학교 박물관, 2002, 『長水郡의 山城과 烽燧』, 長水文化院.

9. 고부 구읍성

고부 구읍성은 전라북도 정읍시 고부면 고부리 산 1-1번지의 성황산(해발 133m)에 입지하였다. 성황산과 그 서쪽의 봉우리를 감싸고 있는 포곡식 산성으로 전체 둘레는 1,055m이다.

2005년에 성벽과 북문지, 객사지를 대상으로 실시된 2차 발굴조사에서는 삼국시대~조선시대에 이르는 토기편과 기와편 등이 출토되어 고부 구읍성의 초축시기가 백제시대임이 밝혀졌다. 특히 북문지의 외벽 성토층에서 '上卩▨▨'銘과 '▨卩上巷'銘이 좌서로 찍힌 인각와가 출토되어 주목된다. 五部名 印刻瓦가 관북리 추정왕궁지, 부소산성, 왕궁리유적, 미륵사지 등 왕궁유적과 왕실관계 유적에서 주로 출토된 점을 고려하면, 고부 구읍성이 백제 五方城의 하나인 中方城의 치소에 해당할 가능성이 높다.

1) '十'銘

적갈색의 수키와 편으로 북문지에서 출토되었다. 등면은 문양이 없으며, 원형의 인각 안에 '十'자 모양이 양각으로 찍혀 있다.

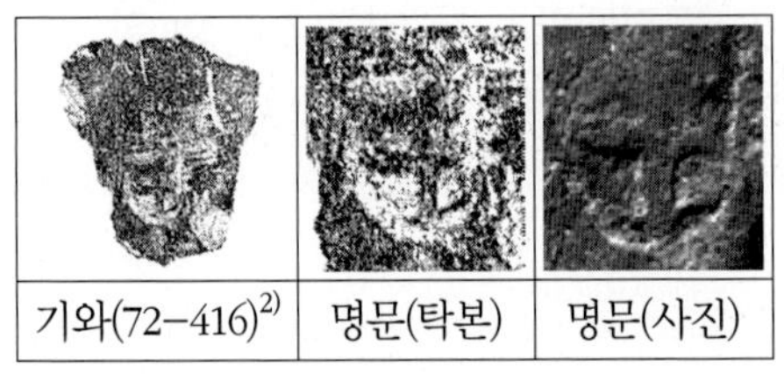

기와(72-416)[2] | 명문(탁본) | 명문(사진)

출처: 백제문화재연구원, 2009, 『井邑 古阜舊邑城』, p.210, 도면 72-416, p.340, 사진 118-416.

2) '井'銘

암회색의 수키와편으로 북문지에서 출토되었다. 등면에는 문양이 없으며, 원형의 인각 안에 '井'이 양각으로 찍혀 있다.

2) 도면번호는 재단법인 백제문화재연구원, 2009, 『井邑 古阜舊邑城』의 것을 따른다.

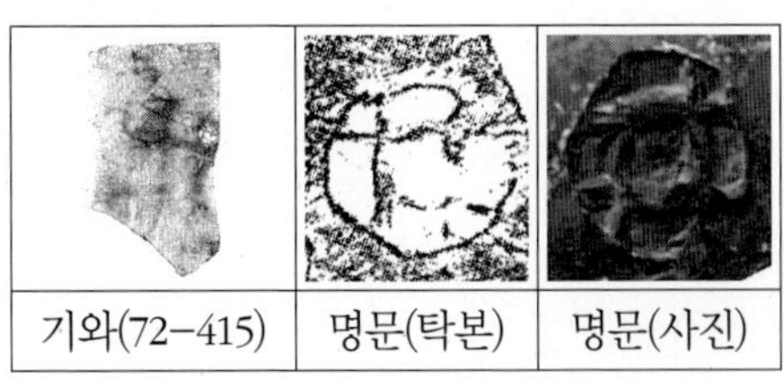

기와(72-415) 명문(탁본) 명문(사진)

출처: 백제문화재연구원, 2009, 『井邑 古阜舊邑城』, p.210, 도면 72-415, p.340, 사진 118-415.

3) '▨卩上巷'銘

회색을 띠는 수키와편으로 북문지의 통로부 북벽쪽 성토층 상면에서 출토되었다. 등면에는 문양이 없으며, 길이 6.5cm(추정), 폭 1.6cm의 장방형의 인각 안에 좌서로 '▨卩上巷'이 양각으로 찍혀 있다. 卩과 上의 세로획이 서로 연결되어 있으며, 巷자는 다른 글자보다 크기가 비교적 크다.

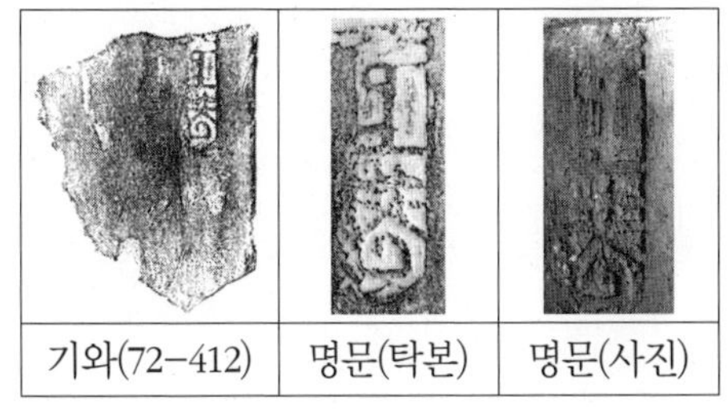

기와(72-412) 명문(탁본) 명문(사진)

출처: 백제문화재연구원, 2009, 『井邑 古阜舊邑城』, p.12, 원색사진 6-③, p.210, 도면 72-412.

4) '上卩▨▨'銘

암회색의 수키와편으로 북문지의 통로부 북벽쪽 성토층 상면에서 출토되었다. 등면에는 문양이 없으며, 장방형의 인각 안에 좌서로 '上卩'이 양각으로 찍혀 있다. '▨卩上巷'銘 인각와와 '上卩▨▨'銘 인각와는 불완전한 형태로 인각의 명문을 온전히 파악할 수 없는데, 두 인각와의 글자형태가 동일한 점으로 보아 완형의 명문은 '上卩上巷'이었을 것으로 추정된다. 이는 백제의 5部 중 上部를 뜻하며, 上部의 5巷 중 上巷을 가리키고 있는 것으로 보인다. 기와의 공급(또는 기진)에 있어서 五部의 하위 단위가 일정한 역할을 한 것으로 추정되고 있다(李 タウン 2007, p.105; 재단법인 백제문화재연구원 2007, p.81). 五部五巷은 『隋書』 백제전에 기록이 보이며, 이외에 五部五巷이 확인되는 문자 자료로는 扶餘 宮南池 출토 '西卩後巷…'木簡이 있다.

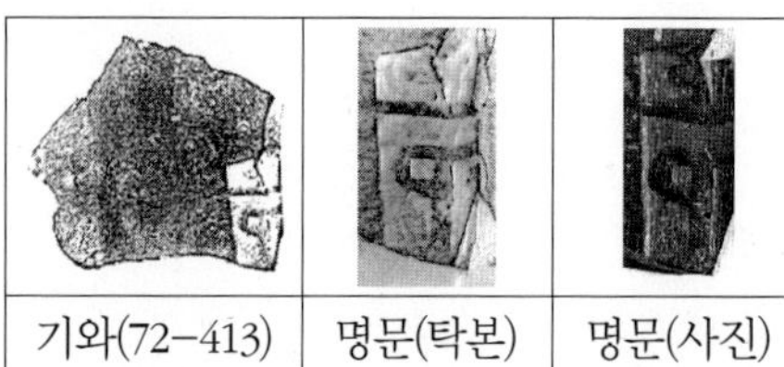

기와(72-413)	명문(탁본)	명문(사진)

출처: 백제문화재연구원, 2009, 『井邑 古阜舊邑城』, p.12, 원색사진 6-②, p.210, 도면 72-413.

5) 참고문헌

(1) 보고서 및 자료집

재단법인 백제문화재연구원, 2007, 『井邑 古阜 舊邑城 Ⅰ』.
재단법인 백제문화재연구원, 2009, 『井邑 古阜舊邑城』.

(2) 논저류

李 タウン, 1999, 「百濟五部銘刻印瓦について」, 『古文化談叢』 43, 九州古文化研究會.

10. 임실 성미산성

임실 성미산성은 전라북도 임실군 관촌면 주천리 성미산(해발 430m) 정상부를 에워싼 둘레 518m의 테뫼식 석축산성이다. 삼국시기 부여와 섬진강 일대를 잇는 종단코스와 신라 왕경과 中方城을 잇는 횡단코스의 교차점에 위치하여 고대부터 교통·군사의 요충지였다.

성미산성에 대해서 2000년에 지표조사가 이루어져 8곳의 테라스와 우물지 등이 확인되었고, 이를 바탕으로 2007년에 성미산성 내 남편 대지와 추정 수구지를 대상으로 발굴조사가 이루어졌다. 그 결과, 성벽 일부와 2기의 원형 석축집수시설, 다수의 구들유구 등이 확인되었다. 유물은 퇴적토를 제거하는 과정에서 인각와를 포함한 다수의 기와류와 철제 삽날, 철부, 철촉 등이 출토되었다.

수습된 기와 110개 가운데 인각와는 총 79개이다. 원형이나 방형의 인각 안에 '上', '下', '中', '前', '五', '中水' 등의 글자가 있다. '上', '下', '中', '前', '五' 등의 명문은 백제 五部와 관련된 것으로 이해된다. 그런데 성미산성에서 출토된 인각와는 부여, 익산 지역에서 출토된 인각와와는 인각의 형태에서 차이가 있다. 방형과 장방형이 많고, 다각형이나 부정형의 형태도 있어, 인각의 형태가 정형화되지 않고 임의로 제작된 듯하다. 또 '中水', '前水', '▨水' 등의 사례도 특징적이다.

1) '上'銘

'上'銘 인각와는 총 19개로 성벽 내외부의 퇴적층에서 출토된 것이 4점, 석축 집수시설 내부에서 출토된 것이 9점, 집수시설 주변부 퇴적층에서 출토된 것이 6점이다. 이 중 수키와는 6점이고, 암키와는 13점이다. 인각의 형태는 방형이 대부분이고, 원형이 2점 있다. 방형은 가로로 긴 장방형, 세로로 긴 장방형 등 다양하다. 음각면 안에 테두리 없이 글자가 양각으로 되어 있으며, 글자가 좌서로 된 경우가 5점 있다. 2, 31, 32, 33번 인각와의 경우에는 '4'자와도 비슷하여 자형이 특이하다.

출처: 재단법인 백제문화재연구원, 2009, 『任實 城嵋山城』, 도면 6-2, 6-4, 15-34, 28-94.

2) '下'銘

모두 10점이 출토되었다. 성벽 내외부의 퇴적층에서 출토된 것이 2점, 석축 집수시설 내부에서 출토된 것이 7점, 집수시설 주변부 퇴적층에서 출토된 것이 1점이다. 수키와가 4점, 암키와가 6점이다. 인각의 형태는 대체로 방형, 장방형 등이며, 40번 인각와의 경우, 보고서에서는 방형으로 보았으나, 원형에 가까워 보인다. 인각의 글자는 양각되어 있다.

출처: 재단법인 백제문화재연구원, 2009, 『任實 城嵋山城』, 도면 6-6, 16-40, 17-44.

3) '中'銘

모두 20점이 출토되었다. 성벽 내외부의 퇴적층에서 출토된 것이 4점, 석축 집수시설 내부에서 출토된 것이 14점, 집수시설 주변부 퇴적층에서 출토된 것이 2점이다. 수키와는 9점, 암키와는 11점이다. 대체로 방형인데, 원형에 가까운 것도 있으며(47번), 방형도 가로로 긴 경우와 세로로 긴 경우가 있다. 이외에 다각형이나 부정형으로 보이는 경우도 있다. 인각의 글자는 양각되어 있다. 대체로 '中'자로 판독하는 데 문제가 없으나, 45, 46번 인각와의 경우 '日'자처럼 보인다.

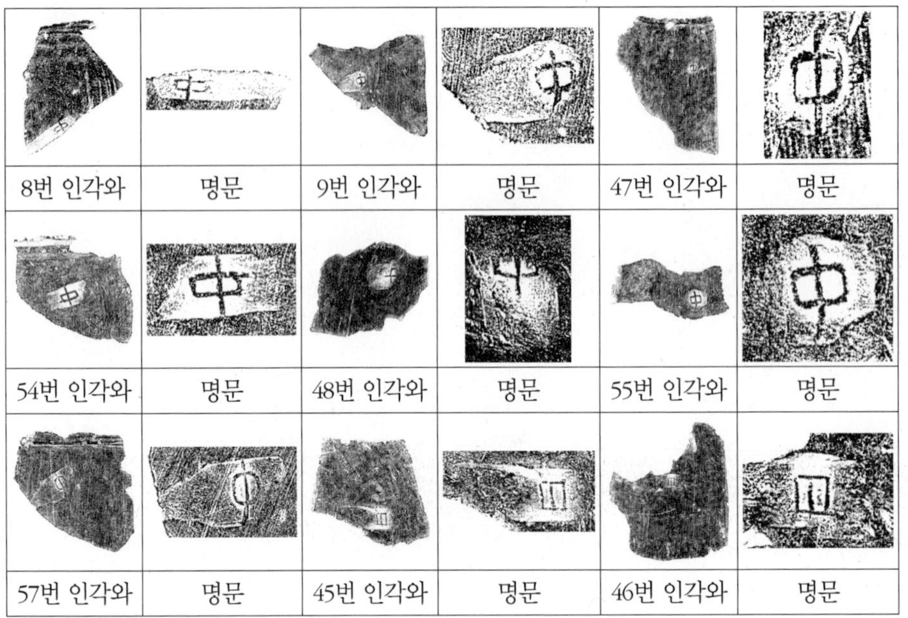

8번 인각와	명문	9번 인각와	명문	47번 인각와	명문
54번 인각와	명문	48번 인각와	명문	55번 인각와	명문
57번 인각와	명문	45번 인각와	명문	46번 인각와	명문

출처: 재단법인 백제문화재연구원, 2009, 『任實 城嵋山城』, 도면 6-8, 7-9, 17-45, 17-46, 18-47, 18-48, 19-54, 19-55, 20-57.

4) '前'銘

모두 19점이 출토되었다. 성벽 내외부의 퇴적층에서 출토된 것이 4점, 석축 집수시설 내부에서 출토된 것이 7점, 집수시설 주변부 퇴적층에서 출토된 것이 8점이다. 수키와가 4점이며, 암키와가 15점이다. 인각의 형태는 대부분 방형인데, 정방형 외에도 세로로 긴 장방형과 가로로 긴 장방형도 있다. 인각의 글자는 양각되어 있으며, 좌서로 된 것이 7점 있다.

106번 인각와	명문	110번 인각와	명문	111번 인각와	명문
14번 인각와	명문(좌서)	62번 인각와	명문(좌서)	63번 인각와	명문(좌서)

출처: 재단법인 백제문화재연구원, 2009,『任實 城嵋山城』, 도면 8-14, 21-62, 21-63, 31-106, 33-110, 33-111.

5) '五'銘

석축 집수시설 내부에서 4점, 집수시설 주변부 퇴적층에서 3점이 출토되었다. 석축 집수시설 내부에서 출토된 것 1점을 제외하고 모두 암키와이다. 인각의 형태는 대체로 방형, 장방형에 가깝다. 음각면 안에 글자가 양각으로 되어 있다.

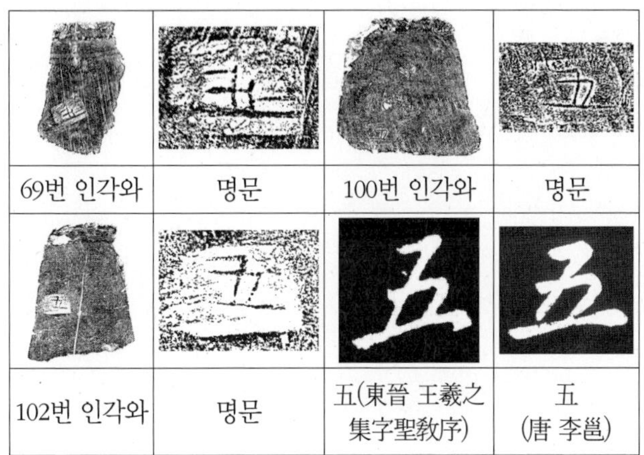

69번 인각와	명문	100번 인각와	명문
102번 인각와	명문	五(東晉 王羲之 集字聖教序)	五 (唐 李邕)

출처: 재단법인 백제문화재연구원, 2009,『任實 城嵋山城』, 도면 22-69, 29-100, 30-102.

6) '中水'銘

석축 집수시설 내부에서 1점이 출토되었다. 수키와이며, 인각은 세로로 긴 장방형이다. 인각의 글자는 양각되어 있다. 하단부의 글자는 반 이상 결실되었으나, 집수시설에서 출토된 '前水', '□水' 등의 사례나 남은 자획을 고려하면 '水'로 판독할 수 있다. 다만 '中水'로 볼 경우, '水'의 자획이 다소 어색해 보인다. 70번 인각와의 '水'와 비교하여 72번 인각와의 남은 자획은 '水'의 하단부로 볼 수도 있어, '水中'일 가능성도 제시해 둔다.

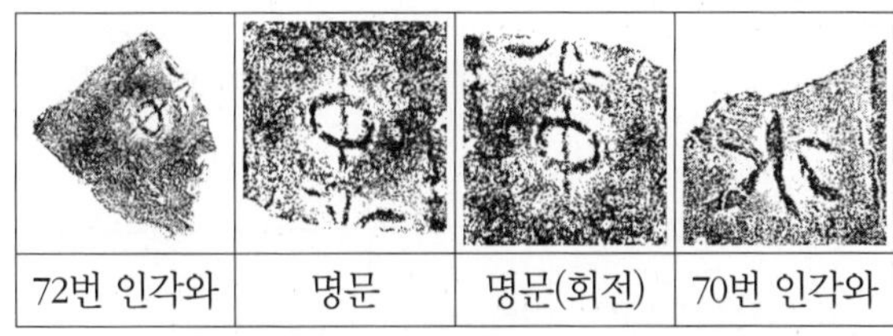

72번 인각와	명문	명문(회전)	70번 인각와

출처: 재단법인 백제문화재연구원, 2009,『任實 城嵋山城』, 도면 22-70.

7) '前水'銘

석축 집수시설 내부에서 2점이 출토되었으며, 2점 모두 암키와이다. 인각은 세로로 긴 장방형이며, 글자가 위아래로 배치되어 있다. 인각의 글자는 양각되어 있으며, 2점 다 글자가 좌서로 되어 있다.

71번 인각와	명문	73번 인각와	명문

출처: 재단법인 백제문화재연구원, 2009, 『任實 城嵋山城』, 도면 22-71, 22-73.

8) '▨水'銘

석축 집수시설 내부에서 1점이 출토되었다. 수키와이며, 세로로 긴 장방형의 인각이 찍혀 있는데, 상단부는 결실되었다. 글자는 양각되어 있다. '水'자가 들어간 인각와는 모두 집수시설 내부에서 출토된 점이 특징이다.

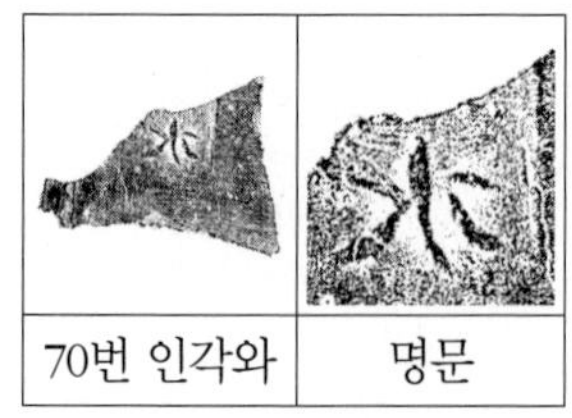

70번 인각와	명문

출처: 재단법인 백제문화재연구원, 2009, 『任實 城嵋山城』, 도면 22-70.

9) 참고문헌

(1) 보고서 및 자료집

재단법인 백제문화재연구원, 2009, 『任實 城嵋山城』.

11. 여수 고락산성

고락산성은 전남 여수시 문수동 산 35번지, 미평동 산 115번지, 둔덕동 산 176번지 일대에 자리 잡고 있다. 본성에 보루가 딸려 있는데, 본성은 고락산의 동쪽에 있는 봉우리(해발 200.9m)를 둘러싸고 있는 테뫼식 성으로 성벽의 총 둘레는 약 354m이다. 보루는 고락산 정상 해발 335m의 봉우리에 위치하고 있는 테뫼식 석성이다. 성벽의 총 둘레는 약 100m이다. 고락산성에 대한 조사는 1998년(정밀지표조사), 1999년(1차), 2001년(2차), 2003년(3차)에 이루어졌고, 성내의 시설로는 문지, 건물지, 집수정 등이 확인되었다.

고락산성에서 출토된 기와 중 인각와는 73점이며, 인각의 외곽 형태가 방형, 원형뿐 아니라 삼각형, 마름모꼴로 다양하며, 대부분 기하학적인 문양이라는 점이 특징이다(순천대학교 박물관 2004, pp.179-180). 기하학적인 문양의 인각은 기와를 만든 瓦匠을 상징하는 마크로 생각된다. 보고서에서는 인각와를 인각의 외곽형태에 따라 크게 4가지(방형, 원형, 삼각형, 마름모꼴)로 분류하고, 다시 세부 문양에 따라 10가지 형식으로 분류하였다. 보고서에는 출토된 73점의 인각와가 모두 수록되어 있지 않는데, 보고서에서 확인할 수 있는 인각와를 보고서의 분류안을 따라 정리하였다.

1) ia형 문양 인각와

보루에서 수습된 황갈색 암키와 편이다(순천대학교 박물관 1998). 2.3×2.4cm 크기의 방형의 음각면 내에 0.2cm 크기의 원이 양각으로 찍혀 있으며, 그 안에 문양이 양각되어 있는데, 그 내용을 파악하기 어렵다. 보고서에서 ia형으로 분류한 인각와와 유사한 것으로 생각된다.

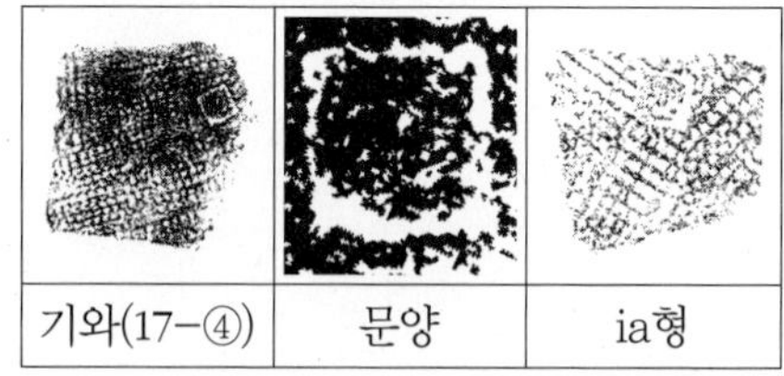

기와(17-④)	문양	ia형

출처: 順天大學校 博物館, 1998,『麗水의 城址 -정밀지표조사 보고서-』, p.45, 도면 17-④; 순천대학교 박물관, 2004,『麗水 鼓樂山城 Ⅱ』, p.179, 도면 95.

2) ib형 문양 인각와

보고서에는 해당 인각와가 수록되어 있지 않다. 분류표에 제시된 탁본을 참고하면, 방형의 인각 내에 원형의 테두리가 양각으로 두 번 둘러져 있고, 그 안에는 십자가 양각되어 있다(⊕).

ib형

출처: 순천대학교 박물관, 2004,『麗水 鼓樂山城 Ⅱ』, p.179, 도면 95.

3) ic형 문양 인각와

본성의 2호 건물지와 보루의 동문지에서 각각 1점씩 출토되었다. 모두 암키와이다. 정방형의 음각 테두리가 둘러져 있으며, 내부의 문양은 파악하기 어렵다.

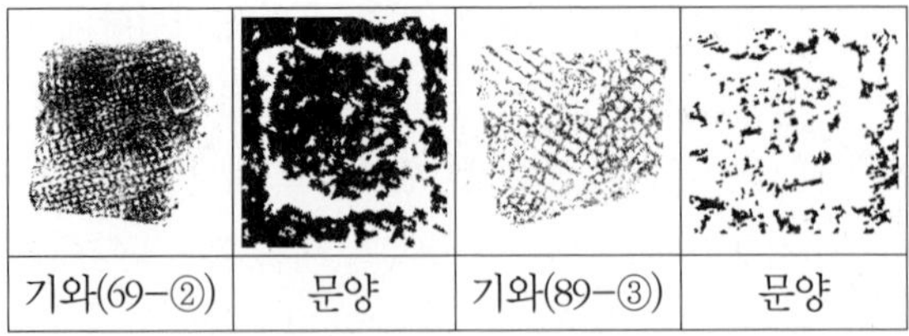

출처: 순천대학교 박물관, 2004, 『麗水 鼓樂山城 Ⅱ』, p.134, 도면 69-②, p.164, 도면 89-③.

4) i형 문양 인각와

본성 4호 건물지에서 출토된 회청색 경질의 암키와편이다. 방형의 음각면에 양각으로 문양이 찍혀 있다. i형식으로 분류할 수 있는데, 반 정도가 결실되어 정확히 알 수 없다.

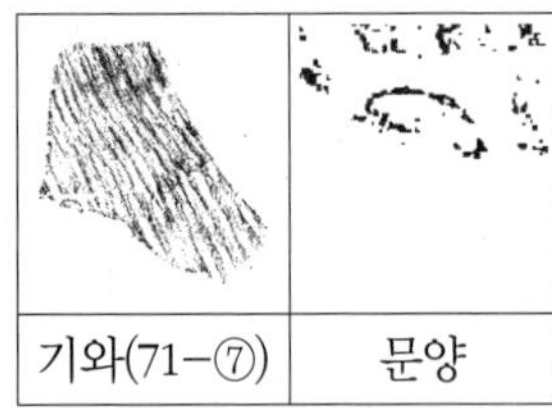

출처: 순천대학교 박물관, 2004, 『麗水 鼓樂山城 Ⅱ』, p.136, 도면 71-⑦.

5) iia형 문양 인각와

본성 5호 건물지, 6호 건물지, 남문지에서 각각 한 점씩 출토되었다. 암키와가 2점, 수키와가 1점이다. 원형의 음각면 내에 'T'와 같은 문양이 양각되어 있다.

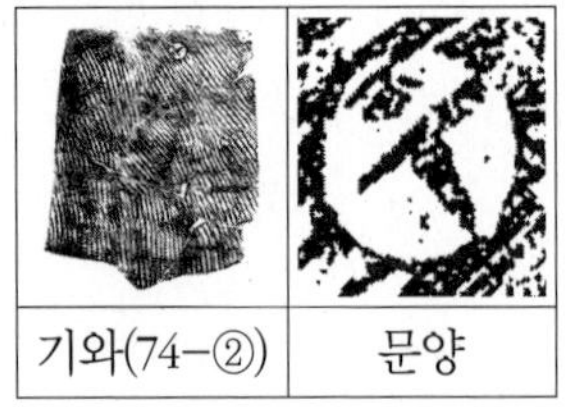

출처: 순천대학교 박물관, 2004, 『麗水 鼓樂山城 Ⅱ』, p.141, 도면 74-②.

6) iib형 문양 인각와

본성 9호 건물지에서 출토된 회청색 경질의 암키와편이다. 지름 1.7cm의 원형 음각원 안에 문양이 양각되어 있다. 문양의 형태는 다소 모호하여 iia형과도 유사하게 보이는데, 보고서에서는 '十'자로 파악한 듯하다.

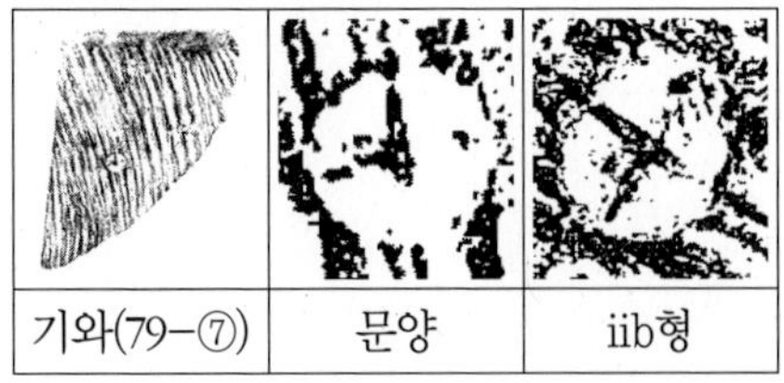

출처: 순천대학교 박물관, 2004, 『麗水 鼓樂山城 Ⅱ』, p.148, 도면 79-⑦, p.179, 도면 95.

7) iic형 문양 인각와

본성 4호 건물지, 남문지, 서문지, 집수정4, 보루의 동문지 등에서 모두 6점이 출토되었다.[3] 암키와가 3점, 수키와가 3점이다. 원형의 양각 테두리 안에 문양이 양각으로 찍혀 있다. 6점 중 한 점만 인각의 지름을 알 수 있는데, 2.5cm이다.

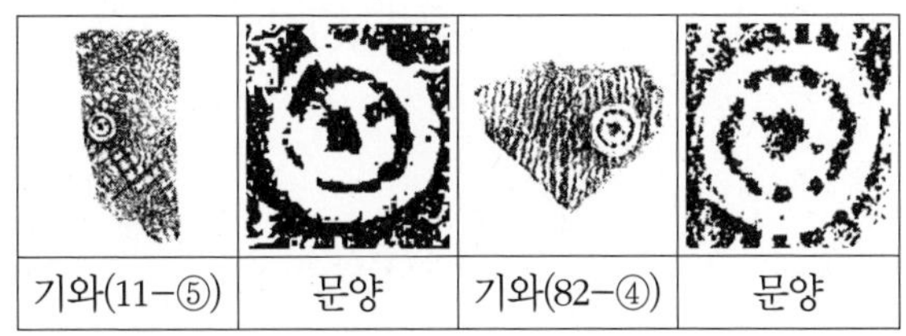

출처: 順天大學校 博物館, 1998, 『麗水의 城址 -정밀지표조사 보고서-』, p.35, 도면 11-⑤; 순천대학교 박물관, 2004, 『麗水 鼓樂山城 Ⅱ』, p.153, 도면 82-④.

8) iid형 문양 인각와

보루의 집수정1에서 출토된 회청색 경질의 암키와편이다. 원형의 양각 테두리 안에 양각의 문양이 있으나 그 형태를 알기 어렵다.

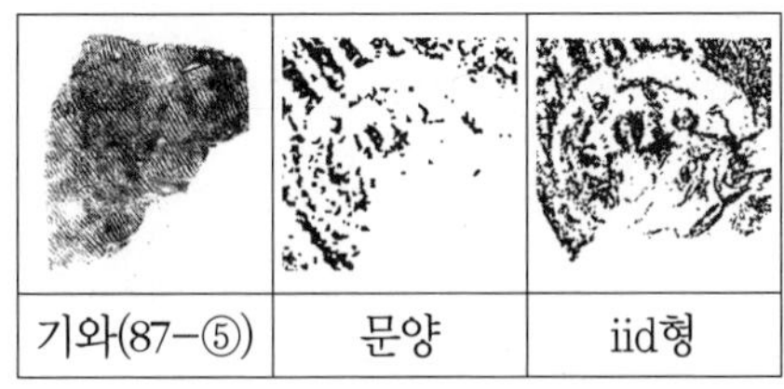

출처: 순천대학교 박물관, 2004, 『麗水 鼓樂山城 Ⅱ』, p.161, 도면 87-⑤, p.179, 도면 95.

3) 1997~1998년 지표조사에서 수습된 인각와(사진 45, 46, 도면 11-⑤)는 본성에서 수습되었다. 상세한 위치는 알 수 없다.

9) iie형 문양 인각와

보고서에는 해당 유형의 인각와가 수록되어 있지 않다. 분류표를 참조하면, 원형의 음각 테두리 안에 음각의 문양이 있다. 내부의 문양은 삼각형에 가까운 것으로 생각된다.

iie형

출처: 순천대학교 박물관, 2004, 『麗水 鼓樂山城 Ⅱ』, p.179, 도면 95.

10) iii형 문양 인각와

본성의 7호 건물지, 남문지, 남서문지, 보루의 집수정1, 동문지에서 모두 6점이 출토되었다. 암키와가 4점, 수키와가 2점이다. 삼각형의 음각면 내부에 'Y'자와 같은 문양이 양각되어 있다.

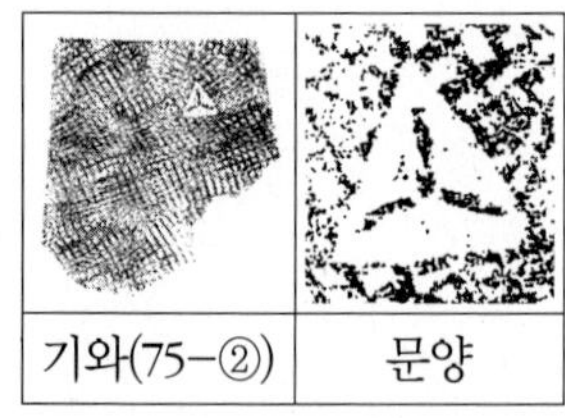

기와(75-②)	문양

출처: 순천대학교 박물관, 2004, 『麗水 鼓樂山城 Ⅱ』, p.142, 도면 75-②.

11) iv형 문양 인각와

본성의 1호 건물지와, 남서문지, 보루의 동문지에서 각각 1점씩 출토되었다. 암키와가 2점, 수키와가 1점이다. 마름모꼴의 음각면 내부에 타원형이 양각되어 있고(◇), 타원형 주위에 양각선이 둘러져 있는 것으로 보인다.

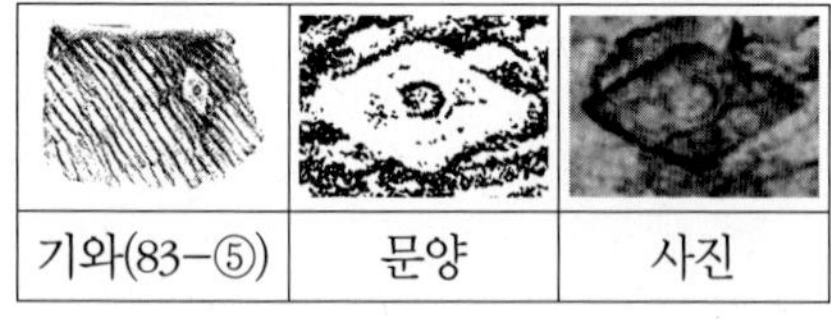

기와(83-⑤)	문양	사진

출처: 순천대학교 박물관, 2004, 『麗水 鼓樂山城 Ⅱ』, p.154, 도면 83-⑤, p.267, 사진 149-⑤.

12) 참고문헌

(1) 보고서 및 자료집

順天大學校 博物館, 1998,『麗水의 城址 -정밀지표조사 보고서-』.

순천대학교 박물관, 2004,『麗水 鼓樂山城 Ⅱ』.

(2) 논저류

崔仁善, 2002,「全南 東部地域의 百濟山城 硏究」,『文化史學』18.

12. 여수 선원동산성

선원동 산성은 전남 여수시 선원동 산128-1 일원으로 해발 135.4m의 협상 정상에 있는 테뫼식 산성이다. 이곳은 여수의 서남부지역과 동부지역에서 내륙으로 가는 교통로 상의 길목에 해당하는 곳이다. 문지 1곳과 추정 건물지 4곳이 조사되었는데, 건물지로 추정되는 평탄지에서는 건물지와 관련된 시설물은 확인되지 않았으며, 다만 다량의 기와가 수습되었다. 6점의 인각와도 그 가운데에서 수습되었을 것이다.

1) '北'銘 인각와

암키와편으로 회청색이며, 소성도는 경질이다. 지름 3.3cm의 양각 테두리 안에 글자가 양각되어 있다. 인각은 기와의 종방향에 맞춰 찍혀 있다.

기와(15-①)	명문

출처: 順天大學校 南道文化硏究所, 2003,『麗水市의 山城』, p.40, 도면 15-①.

2) '前'銘 인각와

총 3점이 출토되었으며, 암키와가 2점, 수키와가 1점이다. 하나는 인각의 일부가 결실되어 원의 지름을 알 수 없고, 나머지 2점은 인각의 지름이 3.8cm이다. 양각의 테두리 안에 글자가 양각으로 찍혀 있다. 인각은 기와의 종방향과 사선이 되게 찍은 것이 1점, 수직으로 찍은 것이 2점이다. 청주 부모산성에서도 이와 형태가 같은 인각이 찍힌 인각와가 출토된 바 있다.

기와	명문	前(부모산성)

출처: 順天大學校 南道文化研究所, 2003, 『麗水市의 山城』, p.40, 도면 15-③.

3) '中'銘 인각와

암키와편 2점이 출토되었다. 하나는 일부가 결실되어 인각의 지름을 알 수 없고, 다른 하나는 지름이 3.7cm이다. 양각의 테두리 안에 글자가 양각되어 있다. 인각은 기와의 종방향에 맞춰 찍거나, 종방향과 수직이 되게 찍었다.

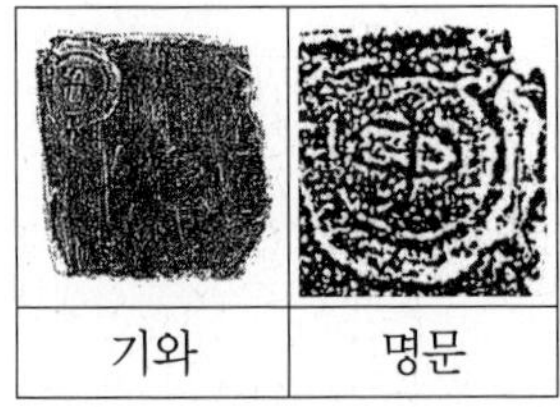

기와	명문

출처: 順天大學校 南道文化研究所, 2003, 『麗水市의 山城』, p.40, 도면 15-⑤.

4) 참고문헌

(1) 보고서 및 자료집

順天大學校 南道文化研究所, 2003, 『麗水市의 山城』.

13. 여수 척산산성

척산산성은 전남 여수시 오림동 척산(해발 100m)의 정상에 위치하고 있으며 성의 둘레는 약 264m이다. 여수에서 순천으로 들어오는 길목에 해당하는 요충지이다.

1) 문양 인각와

기와의 색상은 암갈색이며, 등면에 사격문이 희미하게 시문되어 있으며, 지름 2.4cm의 인각이 찍혀 있다. 원형의 음각면 내에 문양이 양각되어 있다. 문양은 양각의 원 안에 원을 가로지르는 선이 있는 모양(⊖)이다.

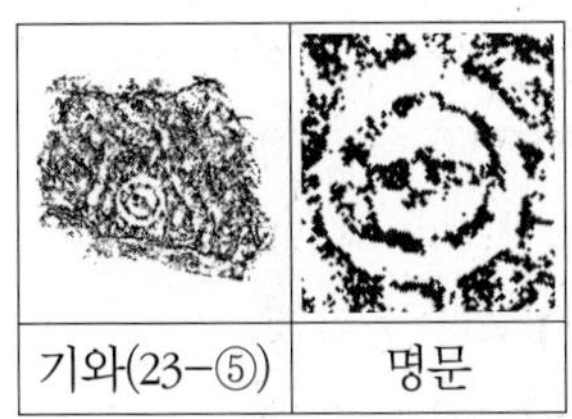

기와(23-⑤)	명문

출처: 順天大學校 博物館·麗水市, 1998,『麗水의 城址 -정밀지표조사 보고서-』, p.62, 도면 23-⑤.

2) 참고문헌

(1) 보고서 및 자료집

順天大學校 博物館·麗水市, 1998,『麗水의 城址 -정밀지표조사 보고서-』.

(2) 논저류

崔仁善, 2002,「全南 東部地域의 百濟山城 硏究」,『文化史學』18.

14. 광양 불암산성

불암산성은 전남 광양시 진상면 비평리에 있다. 섬거마을 뒤쪽에 솟아 있는 표고 231.5m의 산 정상부를 둘러싼 테뫼식 산성이다. 성의 둘레는 약 500m이다.

1) 인각와

회흑색 연질의 암키와로 등면에 원형의 인각이 찍혀 있다. 지름 3.5cm의 원이 음각되어 있고, 그 내부에 지름 1.2cm의 원이 양각되어 있다. 원과 원 사이에는 방사상으로 0.6cm 간격으로 구획되어 있고 그 내부에 '大', '十' 등의 글자가 총 8字 정도 양각되었을 것으로 추정되나 1/3 정도가 파손되어 자세히 알 수 없다.

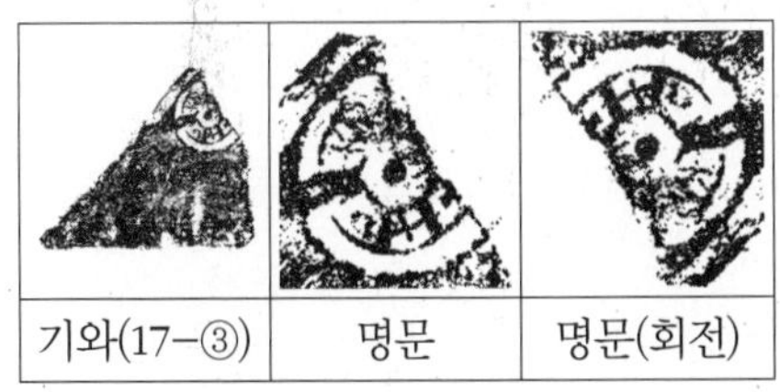

기와(17-③)	명문	명문(회전)

출처: 順天大學校 博物館, 1998,『光陽市의 山城 -정밀 지표조사 보고서-』, p.54, 도면 17-③.

2) 참고문헌

(1) 보고서 및 자료집

順天大學校 博物館, 1998,『光陽市의 山城 -정밀 지표조사 보고서-』.

(2) 논저류

崔仁善, 2002,「全南 東部地域의 百濟山城 硏究」,『文化史學』 18.

15. 순천 성암산성

성암산성은 순천시 황전면 죽내리의 낮은 야산 정상부(해발 195.0m)를 둘러싸고 있다. 성의 둘레는 약 350m이다. 성이 위치한 죽내리는 순천에서 구례로 넘어가는 길목으로 지리상 요충지이다.

1) 문양 인각와

동일한 문양의 인각와가 모두 4점 출토되었다 인각의 지름이 3.0cm인 것은 3점으로 암키와이며, 지름이 2.2cm인 것은 수키와이다. 원형의 음각면 안에 다시 원형이 양각되어 있으며 전체적으로 '十'이 양각되어 있다.

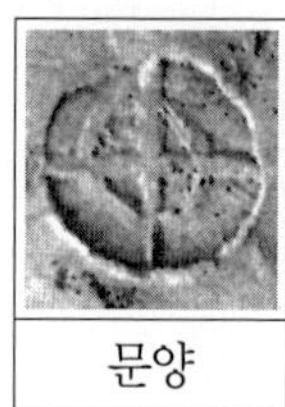

문양

출처: 順天市·順天大學校 博物館, 2000,『순천시의 문화유적(Ⅱ)』, p.301, 사진 20.

2) 참고문헌

(1) 보고서 및 자료집

順天市·順天大學校 博物館, 2000,『순천시의 문화유적(Ⅱ)』.

(2) 논저류

崔仁善, 2002,「全南 東部地域의 百濟山城 硏究」,『文化史學』 18.

16. 경남 산청 하촌리유적

산청 하촌리유적은 산청-수동 간 국도확장공사에 따라 조사가 이루어졌으며, 발굴조사 결과 청동기시대에서 고려시대에 이르는 취락 및 수전 등 다양한 유구가 확인되었다. 수혈유구와 수전층, 구상유구에서 모두 4점의 인각와가 출토되었다. 수혈유구에서는 평기와의 잔편이 소량 발견되었는데, 하촌리에서는 지상 건물지가 확인되지 않았기 때문에 다른 건물지에서 사용된 평기와가 재활용되어 유입된 것으로 추정된다. 아마도 하촌리에 인접한 어외산성에서 폐기된 것으로 짐작된다(慶南發展硏究院 歷史文化센터 2011b, pp.191-192). 가야의 고지이며, 신라의 서부 영역이었던 경남 서부지역에서 인각와가 출토된 것은 드문 사례여서 주목된다. 백제 무왕 25년(624)에 함양, 운봉지역을 공취하고, 더 나아가 의자왕 2년(642)에 대야성을 함락하였던 상황과 관련이 있을 것이다. 인각와의 제작시기는 624년에서 660년 사이로 추정해 볼 수 있다.

1) '▨'銘

삼국시대 수전층에서 출토된 회백색 와질의 암키와편이다. 타원형의 인각이 찍혀 있는데, 음각의 테두리 안에 글자가 음각되어 있다. 자획이 비교적 잘 보이나, 인각의 일부가 깨져서 전체 자획을 파악하기 어렵다. '乍'자와도 비슷하게 보이나, 불확실하므로 미상자로 둔다.

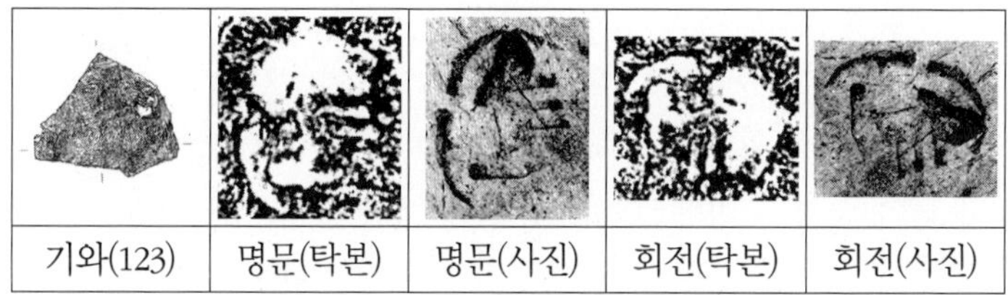

기와(123)	명문(탁본)	명문(사진)	회전(탁본)	회전(사진)

출처: 慶南文化財硏究院, 2010, 『山淸-水東間 道路擴張區間(A地區)內) 山淸 下村里 遺蹟 I』, p.132, 도면 41-123, p.216, 사진 68-123.

2) '古'銘

A-2구역 동단의 수전 북쪽에서 확인된 대형 배수로의 내부퇴적토에서 출토되었다. 회청색 경질의 수키와로 등면에 원형 인각이 찍혀 있다. 음각의 테두리 안에 글자가 음각되어 있다. 가로획이 다소 특이하나, 보고서의 판독대로 '古'자로 판독한다.

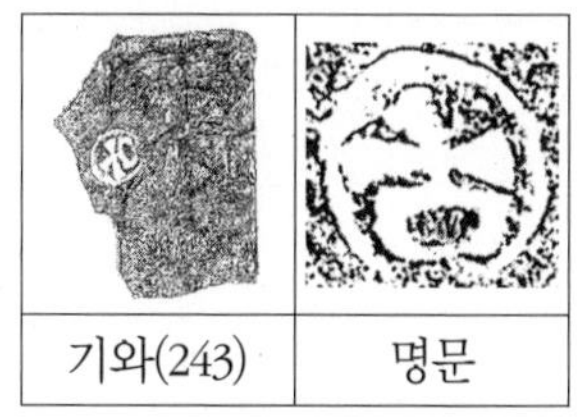

기와(243)	명문

출처: 慶南文化財硏究院, 2010, 『(山淸-水東間 道路擴張區間(A地區)內) 山淸 下村里 遺蹟 I』, p.142, 도면 41-243, p.233, 사진 85-243.

3) '▨'銘

IB-삼국시대 120호 수혈유구의 매몰토 2층에서 다량의 천석과 완 3점, 대부완 1점, 단경호 3점과 함께 인각와 1점이 출토되었다. 회백색의 암키와편이며, 원형의 인각이 하나 찍혀 있다. 음각의 테두리가 둘러져 있고, 글자도 음각되어 있다. 자형상 '毛'자와 가장 유사하나, 첫 획의 방향이 다르며, 'ㄴ'획이 첫 획과 연결되지 않아 '毛'자와는 차이가 있다. 미상자로 둔다.

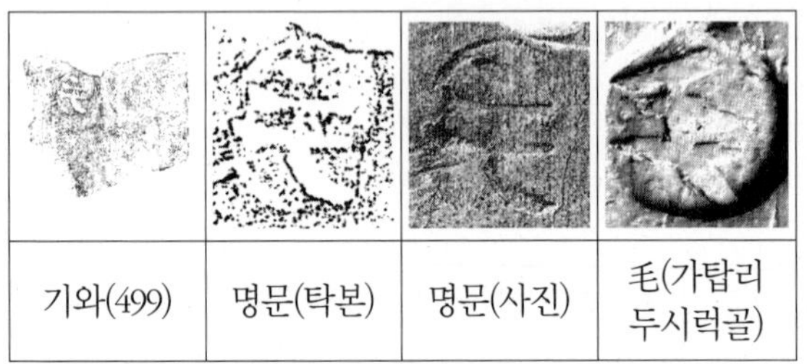

기와(499)	명문(탁본)	명문(사진)	毛(가탑리 두시럭골)

출처: 慶南發展硏究院 歷史文化센터, 2011a, 『(산청-수동 국도건설공사 구간 내) 山淸 下村里遺蹟 -I 지구-』, p.319, 도면 217-499, p.521, 도판 149-499.

4) '▨'銘

IB-삼국시대 150호 수혈유구의 매몰토에서 출토된 회백색 암키와편이다. 인각의 지름은 2.8cm이며, 글자는 양각되어 있다. '辰'자와 비슷한 듯하나, 자획이 다르다. 미상자로 둔다.

기와(521)	명문(탁본)	명문(사진)	辰(가탑리 유적)

출처: 慶南發展硏究院 歷史文化센터, 2011a, 『(산청-수동 국도건설공사 구간 내) 山淸 下村里遺蹟 -I 지구-』, p.336, 도면 229-521, p.523, 도판 151-521.

5) 참고문헌

(1) 보고서 및 자료집

慶南文化財硏究院, 2010, 『(山淸-水東間 道路擴張區間(A地區)內) 山淸 下村里 遺蹟 I』.

慶南發展硏究院 歷史文化센터, 2011a, 『(산청-수동 국도건설공사 구간 내) 山淸 下村里遺蹟 - I 지구-』.
慶南發展硏究院 歷史文化센터, 2011b, 『(산청-수동 국도건설공사 구간 내) 山淸 下村里遺蹟 - Ⅲ 지구-』.

불상 명문

甲申銘金銅釋迦坐像 銘文

甲午銘金銅一光三尊佛像 銘文

甲寅銘金銅光背 銘文

癸未銘金銅三尊佛立像 銘文

癸酉銘三尊千佛碑像 銘文

癸酉銘阿彌陀三尊四面石像 銘文

戊寅銘蓮花寺四面石像 銘文

己丑銘阿彌陀佛石像 銘文

金銅鄭智遠銘釋迦如來三尊立像 銘文

甲申銘金銅釋迦坐像 銘文

임혜경

1. 개관

甲申銘金銅釋迦坐像(이하 갑신년불상)은 1920년대 중반에 일본인 藤谷宗順이 대구의 골동품상으로부터 구입한 것으로 알려져 있으며(譯註), 1933년에 일본에서 논문이 발표되면서 학계에 소개되었다(榧本杜人 1933: 김창호 1994, p.33에서 재인용). 方形 대좌 위에 시무외인·여원인의 수인을 취한 석가여래 좌상으로 높이는 5.5cm이며(김창호 1994), 舟形광배 뒷면에는 해서체로 4행의 명문이 새겨져 있다. 이 불상의 명문을 간략하게 다룬 김창호의 논문(1994)에 실린 광배 뒷면 사진을 통해 광배의 높이 2/3 지점부터 아래로 좌우가 크게 파손되어 있음을 확인할 수 있다. 때문에 1행의 '甲申年' 이하에 2자가 더 있었을 것으로 추정되기도 하였지만(譯註), 확인되지 않는다.

이 불상의 현재 소장처는 다소 불분명한 상태로서 최초 수장가가 일본인이기 때문에 대체로 일본에 존재하고 있을 것으로 추정되지만(김영태 1992, p.19), 한국에 유존하고 있을 가능성을 이야기하는 경우도 있다(김창호 1994, p.34). 한편 藤谷宗順이 소장한 것으로서 충남 부여군 恩山面 角岱里에서 출토되었으며 '甲辰年造釋迦像每[世]値諸佛離苦得樂'이라는 명문이 새겨진 불상의 사진이 부여박물관에 존재한다고 알려져 있는데(黃壽永 1976), 현재 일반적으로 알려진 갑신년불상의 명문과 다소 차이가 있기는 하지만 전체적인 내용이 유사하고 소장자가 같다는 점에서 갑신년불상의 사진일 것으로 추정되기도 한다(譯註).

제작 연대에 대해서는 대구에서 입수하였다는 전언에 기반하여 신라의 작품일 가능성을 내비치면서 7세기 중엽으로 본 견해(中吉功 1971: 김창호 1994, p.34에서 재인용)와 백제에서 무왕 25년(624)에 제작되었다고 보는 견해가 제기된 바 있으며(熊谷宣夫 1960: 김창호 1994, p.34에서 재인용), 국내의 연구자들은 熊谷宣夫의 견해를 따라 무왕 25년에 제작된 것으로 보거나(全文, p.52) 시기를 특정하지는 않은 채 삼국시대에 제작된 것으로 설명하기도 한다(김영태 1992; 譯註).

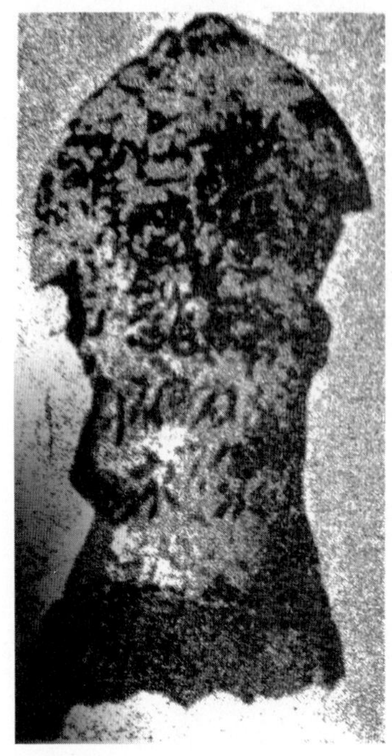

출처 : 김창호, 1994.

2. 판독 및 교감

4	3	2	1	
離	正	施	甲	①
菩	遇	造	申	②
利	諸	釋	年	③
▨	佛	加	▨	④
	不	像	▨	⑤

甲申年, ▨▨施造釋加像, 正遇諸佛, 不離菩利▨.

2–④: 加

∴ 熊谷宣夫·中吉功·허흥식(全文)·김영태는 모두 '迦'로 판독하였으나, 황수영은 '加'로 판독하였고, 서영대(譯註) 역시 '加'로 보면서 榧本杜人이 제시한 도판에서 '加'임이 분명히 확인된다고 하였다. 이에 따라 김창호는 榧本杜人의 판독안을 전재하면서도 이 글자만은 서영대에 따라 '加'로 판독하였다.

2–⑤: 像

∴ 熊谷宣夫은 글자가 없는 것으로 보았으나, 다른 연구자들은 모두 '像'으로 판독함에 이견이 없다.

3–①, ②: 正遇

∴ 허흥식(全文)은 판독이 불가능하다고 하여 '▨▨'으로 표기하였고, 中吉功·황수영·서영대(譯註)·김창호는 '正遇'으로 추정하였다.

3–⑤: 不

∴ 中吉功은 판독안에서 '像'으로 제시하였으나, 다른 연구자들은 모두 '永'으로 보았다. 현재 알려진 사진 상으로는 '永'으로 볼 수 있지만, 해상도가 지극히 떨어지는 흑백사진이기 때문에 자료가 더 보강되지 않는 한 자형을 확정할 수는 없는 상황이며, '永'이라고 볼 경우 뒤이은 글자와 더불어 자연스러운 문장을 이루지 못하는 점이 문제가 된다. 한편 최연식은 본 자료를 소개한 연구모임의 2013년 2월 워크샵에서 이 글자에 대해 문맥을 고려할 때 '不'로 볼 수 있다는 견해를 제시하였다. 이 경우 이어지는 '離菩利'와 어울려 '깨달음(보리)을 여의지 않는다'는 의미로 자연스럽게 해석이 가능하다는 점을 받아들여 본고에서는 최연식의 견해를 따라 '不'로 표기하였다.

4–①: 離

∴ 허흥식(全文)의 경우 판독불가('▨')로 표기하였으나, 다른 연구자들은 모두 '離'로 판독하였다.

4–②: 菩

∴ 허흥식(全文)의 경우 판독불가('▨')로 표기하고 다른 연구자들은 모두 '苦'로 판독하였으나, 최연식은 역시 본 연구모임의 워크샵에서 '菩'로 볼 수 있다는 견해를 제시하였다. 뒤 이은 글자를 현재의 통설에 따라 '利'로 볼 경우 '苦'보다는 '菩'로 판독하는 것이 '菩利(=菩提; 깨달음)'라고 하는 불교용어로서 자연스럽게 해석될 뿐만 아니라, 사진에서 보이는 자형 역시 '菩'에 더 가깝다. 이에 본고에서는 최연식의 견해를 따라 '菩'로 표기하였다. 다만 '깨달음'을 의미하는 불교용어인 '보리'를 '菩利'로 표기한 것으로 보는 것이 전혀 불가능하지는 않지만, 일반적으로는 '菩提'로서 표기되고 있을 뿐만 아니라 현재 알려진 바로는 '菩利'로 쓴 사례가 없다는 점은 문제가 될 수 있다. 더불어 이 글자는 3–⑤ '不'과 4–③ '利'의 자형을 확정하는 데에도 결정적인 단서가 될 수 있기 때문에 '苦'인지 '菩'인지의 여부를 확정하는 것은 실물

혹은 사진자료가 더욱 보강이 되기를 기다려야 할 것으로 생각된다.

4-③: 利

∴ 광배의 좌우 측면이 깨진 탓에 右部 '刂'만이 남은 것으로 판단된다. 이에 대하여 허흥식(全文)은 판독불가('▨')로 표기하였으나, 다른 모든 연구자들은 '利'로 판독하였다. 파손으로 인한 결락 외에도 알려져 있는 사진자료의 해상도가 지극히 떨어지는 문제로 인하여 더 이상의 논의가 불가능한 상황이기 때문에, 현재로서는 최초의 판독자 및 이후 연구자들의 견해를 따라 '利'로 표기하는 것이 최선이라고 하겠다.

4-④: ▨

∴ 본 자료가 학계에 소개된 이래로 줄곧 이 자리에 한 자가 더 있으나 판독은 불가한 것으로('▨') 표기되었다. 그러나 앞서 언급한 것처럼 해당 부분이 파손으로 인하여 결락되어 있으며, 사진의 해상도가 낮아서 남은 획이 있는지를 확인할 수 없기 때문에 애초에 글자가 없었을 가능성도 배제할 수는 없다.

3. 역주

甲申年[1]에 ▨▨[2]이 (재물을) 보시하여 釋迦像을 만드니, 곧장 여러 부처님을 만나서 깨달음[菩利][3]을 여의지 않기를......

---

1) 甲申年: 본 불상의 제작연대로서 624년으로 보는 견해(熊谷宣夫 1960)와 대구에서 출토되었을 것이라는 전제 아래 신라의 작품일 가능성을 조심스럽게 제기하면서 7세기 중엽으로 추정한 견해(中吉功 1071)가 제시되기도 하였으나, 현재는 대체로 연대를 특정하지 않고 있다.

2) ▨▨: 바로 뒤에 석가상을 조성하였다고 하는 행위가 나오므로 이 부분은 행위의 주체, 즉 발원주체를 나타내는 것으로 추정되고 있다(김창호 1994, p.34).

3) 菩利: 일반적으로는 '菩提'로 쓰는데, 산스크리트어·팔리어 'bodhi'의 음사로서 의역하여 覺·智·知·道로도 쓴다. 세간의 번뇌를 끊고 涅槃을 성취한 지혜를 가리키는 것으로서 부처와 緣覺·聲聞 각각에 대하여 3종의 보리로 분류된다. 이 중 부처의 보리는 無上究竟의 깨달음이기 때문에 특별히 '阿耨多羅三藐三菩提'라고 하며, '無上正等正覺', '無上正遍智' '無上正眞道' '無上菩提' 등으로 한역된다(『佛光大辭典』). 갑신명불상 외에도 조상발원문에서 '보리'를 언급한 비슷한 시기의 사례로 고구려의 「永康七年銘金銅光背」(551년)를 들 수 있는데, 돌아가신 어머니와 중생의 깨달음과 죄업의 소멸을 기원하는 가운데 '念究竟必果菩提'(譯註Ⅰ)'라는 구절이 보인다. 또한 시기가 많이 내려가기는 하지만 고려시대에 들어가면 「德山寺禁口」(1143년), 「大定9年銘禁口」(1169년), 「表忠寺青銅含銀香垸」(1177년), 「乙丑銘寶嵓寺銅鍾」(1325년)과 같이 金鼓·香垸·銅鐘 등을 제작하면서 부모나 부부, 중생이 보리를 증득하기를 기원하는 내용의 발원문이 적지 않게 보인다.

4. 참고문헌

1) 보고서 및 자료집

國史編纂委員會, 1995,『韓國古代金石文資料集』Ⅰ, 國史編纂委員會.

星雲大師 監修·慈怡 主編, 1993,『佛光大辭典』, 書目文獻出版社.

許興植, 1984,『韓國金石全文 -古代篇-』, 亞細亞文化社.

韓國古代社會硏究所 編, 1992,『譯註 韓國古代金石文』Ⅰ, 駕洛國史蹟開發硏究院.

2) 논저류

金煐泰, 1992,『三國新羅時代佛敎金石文考證』, 民族社.

金昌鎬, 1994,「甲寅年銘釋迦像光背銘文의 諸問題 -6세기 佛像造像記의 검토와 함께-」,『美術資料』제53호, 國立中央博物館.

熊谷宣夫, 1960,「甲寅年王延孫造光背考」,『美術硏究』209.

中吉功, 1971,『新羅高麗の佛像』, 東京, 二玄社.

榧本杜人, 1933,「有銘佛像の一資料」,『博物館報』.

甲午銘金銅一光三尊佛像 銘文

임혜경

1. 개관

甲午銘金銅一光三尊佛像(이하 갑오명불상)은 2011년에 정영호가 新出 자료로 소개한 것으로서 기존에는 전혀 알려지지 않았던 것으로 보인다. 이에 정영호의 논문(정영호 2011)을 제외하면 이후에 그 존재를 간단히 언급한 경우(박윤선 2014, p.229)가 있을 뿐, 이를 본격적으로 다룬 연구는 확인되지 않는다. 이러한 사정으로 인하여 본고에서는 정영호의 연구성과를 기반으로 주요 내용을 소개하는 수준에서 본 자료를 다루는 데에 그칠 수밖에 없음을 미리 밝혀둔다.

정영호가 제시한 사진자료를 살펴보면, 높직한 원형의 대좌와 그 위에 두 발을 딛고 선 본존상이 일체형으로 주조되었으며, 좌·우 끝에 보살입상이 1구씩 배치된 舟形의 광배가 본존의 배면에 부착된 전형적인 一光三尊佛 형태임을 알 수 있다. 정영호는 이 불상이 충청남도 서산지역에서 수습된 것으로 전해 들었다고 하였으나 현재의 소장처는 밝히지 않았으며, 실측 크기에 대해서는 전체 높이 17cm로서 대좌는 직경 5.3~5.4cm에 높이 3.2cm, 광배는 중앙의 폭이 7cm, 높이 13cm이며, 본존불은 높이 9.3cm에 어깨너비가 약 1.8cm, 좌·우 협시보살은 높이 5.2cm라고 제시하였다.

제작 지역 및 시기와 관련하여 정영호는 본존상의 정제된 눈·콧대·입술 표현, 양쪽 어깨에서 가슴 아래로 타원형으로 흘러내린 通肩法衣와 좌우로 펼쳐진 지느러미 형태의 옷자락, 좌·우협시보살의 큼직한 寶冠과 양쪽 어깨에서부터 흘러내려 무릎 밑에서 교차되는 天衣 표현 등이 삼국시기의 양식을 보여주며, 입가와 양쪽 볼에 어린 은은한 미소 등이 삼국시대 불상 특유의 相好를 잘 표현하고 있다고 하였다. 특히 앙련·복련이 線刻된 원통형의 대좌와 본존불의 상호, 頭光에 표현된 연화문 등을 통해 백제시대의 특징이 잘 나타난다고 평가하였으며, 상호 및 각 부분의 조성 기법이 세련된 것으로 볼 때 6세기 후반, 보다 구체적으로는 '甲午年'에 만들었다고 한 광배 뒷면의 명문에 근거하여 威德王 21년(574년)에 제작된 작품일 것으로 추정하였다.

광배 뒷면에는 5행 36자의 명문이 새겨져 있는데, 그 크기는 0.7cm~1cm라고 하였다. 사진을 보면 첫 행에는 8자가, 나머지 행에는 각각 7자가 새겨져 있으며, 서체는 매우 투박하여 무심하게 그어 새긴 듯한 느낌이다. 파손되어 떨어져나간 부분이 없이 자획이 선명할 것으로 생각되지만, 일반적인 자형과 사뭇 다르게 새긴 글자가 있었던 것인지, 정영호는 판독문을 제시하면서 몇몇 글자에 대해 방점을 찍어 의문을 표시하였다. 실물자료 혹은 해상도가 더 좋은 칼라 도판을 확인해보면 좀 더 세밀한 판독이 가능할 것으로 기대되지만, 현재 공개된 사진 상으로는 해당 글자의 획이 선명하지 못하여 새롭게 판독하기가 쉽지 않다. 이에 본고에서는 본 자료를 직접 실견하였을 것으로 생각되는 정영호의 판독안을 기반으로 필자의 견해를 덧붙여서 아래와 같이 판독문을 제시한다.

출처: 정영호, 2011, p.8.

2. 판독 및 교감

출처: 정영호, 2011, p.13.

5	4	3	2	1	
尊	迦	爲	日	歲	①
衆	文	大	淨	在	②
生	伲	慈•	法	甲	③
成	佛	世	寺	午	④
願	一	尊	和	九	⑤
寶•	切	壽	丘	月	⑥
▨	侍	釋	侍	十	⑦
				六	⑧

* '•'는 정영호가 '?'의 의미로 附記한 것

歲在甲午九月十六日, 淨法寺和丘侍爲大慈世尊, 壽釋迦文伲佛, 一切侍尊衆生, 成願寶▨.

1-①: 歲

∴ 정영호는 의문을 표시한 다른 세 글자('慈'·'寶'·'尊')와 달리 이 글자에 대해서는 별다른 의문표시 없이 '歲'로 판독하였다. 사진 상으로는 자형이 명확하지 않아서 '歲'가 맞는지 확인하기 힘들지만, 문맥을 고려하면 정영호의 판독을 따르는 데에 무리가 없다고 하겠다.

3-③: 慈

∴ 정영호는 '慈'로 제시한 후 방점을 찍어 확실하지 않음을 표시하였다. 사진을 볼 때 받침으로 쓰인 '心'자가 확인되며, 그 위의 자획은 다소 희미하기는 하지만 대체로 '玆'에 가깝다고 볼 수 있겠다. 또한 앞·뒤의 글자와 어울려서 만든 '大慈世尊'이라는 용어는『佛本行集經』,『大寶積經』,『佛說佛頂尊勝陀羅尼經』등 일반적으로 잘 알려진 불경에서도 보이므로 자연스러운 문맥을 이룬다는 점도 고려할 만하다.

3-⑤: 壽

∴ 정영호는 별다른 의문표시 없이 '壽'로 제시하였다. 자형을 볼 때 일반적인 '壽'와 약간 다르기는 하지만, 전반적으로는 비슷하다. 다만 의미상 앞·뒤 구절과 잘 연결되지 않는 문제점이 있다. 대체로 造像발원문에 造像날짜, 발원자, 造像행위, 발원내용 등이 기록되어 있음을 고려하면, 이 글자가 '鑄'의 誤記는 아닐까 조심스럽게 추측해 볼 수도 있겠으나, 사진 상으로는 '金'가 확인되지 않는다.

5-⑥: 寶

∴ 정영호는 '寶'로 제시한 후 확실하지 않음을 표시하였다. 사진을 보면 '宀'와 '貝'는 비교적 분명해 보이지만, 중간부분의 획이 흐려서 '寶'로 확정하기가 망설여진다. 혹은 획수가 많지 않은 것으로 미루어 '實'이 아닐지 의심되기도 하지만, 이 역시 확실하지 않다. 여기에서는 정영호의 판독안을 따르기로 한다.

5-⑦: ▨

∴ 정영호는 '尊'로 제시한 후 방점을 찍어 확실하지 않음을 표시하였다. 그러나 사진을 보면 자형을 거의 확인할 수 없을 정도로 획이 불분명한데다가 앞서서 이미 2번 등장하는 '尊'과도 다르기 때문에 '尊'으로 추정하는 것에 다소 의문이 있다. 즉 3-⑤와 5-①의 '尊'은 모두 '酋' 부분이 크고 선명한 것에 비해 5-⑦은 '酋'의 흔적이 확인되지 않으며, 아랫부분도 '寸'이라고 보기에는 획수가 더 많아 보이는 것이다. 이에 본고에서는 판독이 불가한 것으로 표기하고, 차후에 실물자료 혹은 보다 선명한 사진자료가 공개되기를 기다리고자 한다.

3. 역주

甲午年[1] 9월 16일, 淨法寺[2]의 和丘[3]가 크게 자비로우신[大慈][4] 世尊[5]을 위하여[侍爲] 석가모니불[釋迦文伲佛]을 주조(?)하였다. 모든 세존을 받드는 중생들이 바라는 바[願]를 이루고 寶▨하기를......

1) 甲午年: 앞서 언급한 바와 같이 정영호는 갑오명불상의 표현기법을 바탕으로 6세기 후반에 제작된 것으로 추측하면서 갑오년을 威德王 21년(574년)으로 특정하였다. 현재 갑오명불상에 대한 다른 연구자들의 연구성과가 나와 있지 않기 때문에 이에 대한 별다른 이견 역시 제시된 바 없다.

2) 淨法寺: 갑오명불상이 충남 서산 지역에서 수습된 것이라고 하였기 때문에 서산 부근의 사찰일 가능성도 생각해볼 수 있겠으나, 寺名이 확인되는 사료가 없어 자세한 내용을 알 수 없다.

3) 和丘: 발원자를 가리키는 것으로 추정되는데, 그 형식이 일반인의 성명표기방식과 다른데다가 바로 앞에 '정법사'가 병기된 것으로 볼 때 승려의 법명일 것으로 생각된다.

4) 大慈: 일체의 중생을 구제하는 불·보살의 大慈悲心을 가리키는 것으로서 불·보살이 利他心을 발하여 중생을 포용하고 인도함으로써 고통을 없애고 즐거움을 준다는 뜻을 함축하고 있으며, 일반적으로 '大慈大悲'라고도 쓴다. 『大智度論』 권27에서는 보다 구체적으로 '大慈'는 '일체 중생에게 즐거움을 준다'는 의미이며, '大悲'는 '일체중생의 고통을 없앤다'는 의미라고 구분하였다(『佛光大辭典』).

5) 世尊: '如來 10號'의 하나로서 '세간의 존중을 받는 자', 또는 '세상에서 가장 존귀한 자'를 의미한다. 산스크리트어로는 'bhagavat'라고 쓰는데, 음역하여 '婆伽婆'·'婆言我嚩帝'·'婆伽梵'·'薄伽梵'라고도 쓰며, 의역한 것이 바로 '世尊'이다. 부처에 대한 존칭으로 일찍부터 널리 사용되었으나, 인도에서는 불교에만 한정되지 않고 존귀한 자에 대한 경칭으로서 일반적으로 쓰이는 용어라고 알려져 있다(『佛光大辭典』).

4. 참고문헌

1) 보고서 및 자료집

星雲大師 監修·慈怡 主編, 1993,『佛光大辭典』, 書目文獻出版社.

2) 논저류

박윤선, 2014,「정지원의 불교 신앙생활과 백제의 성씨, 정지원명삼존불상」,『금석문으로 백제를 읽다』, 학연문화사.

정영호, 2011,「百濟와 中國南朝의 金銅一光三尊像에 關한 試論 -百濟 甲午銘 金銅一光三尊佛像의 新出을 계기로-」,『문화사학』35, 한국문화사학회.

甲寅銘金銅光背 銘文

임혜경

1. 개관

甲寅銘金銅光背(이하 갑인명광배)는 1878년에 일본 法隆寺에서 왕실에 헌납한 48體佛 중 하나로서 法隆寺獻納寶物 196호로 지정되어 현재 東京博物館에서 소장하고 있다. 상은 일실되고 광배만이 남아 있으나, 身光의 중앙과 양쪽 끝에 뚫린 4개의 구멍으로 미루어 一光三尊佛像이었을 것으로 추정되고 있다. 그 크기에 대해서 초기에는 높이 25.1cm 또는 25.7cm, 너비 18.1cm 또는 17.9cm, 두께 약 0.5cm로 알려졌으나(全文, p.50; 김창호 1994, p.20), 東京國立博物館에서 출판한 도록에 따라 높이 31cm, 가로 폭 17.8cm로 정정되었으며, 두께는 최근의 연구성과에서 모두 약 0.5cm로 제시되었다(소현숙 2011, p.112; 최성은 2012, p.58). 제작 시기는 명문의 첫 구절인 '甲寅年'에 기반하여 대체로 594년(위덕왕 41년)인 것으로 이해되고 있다.

광배의 뒷면에는 7행 59자의 해서체 명문이 새겨져 있으며, 글자의 획이 뚜렷하여 그 판독에 큰 이견이 없다. 다만 이른 시기의 판독문에서는 5행의 '生生世世' 구절 중 '生'자 하나가 빠진 경우가 다수 있으며(문명대 1980, p.267; 全文; 金煐泰 1992), 역시 5행의 '經'을 '徑'으로 판독한 경우도 있다(全文). 그러나 1990년대 이후 이 광배에 대한 이해가 증진되면서 빠졌던 '生'자가 복구되고 '經'으로 판독되어 근래의 판독안들은 모두 일치하고 있다. 다른 백제의 불상 명문에 비하여 긴 편으로 조성시기, 발원주체, 발원대상, 조상의 재질 및 명칭·수량, 발원내용이 명시되어 있어 삼국시대의 금동불상 조상 명문 중 가장 완비된 내용과 형식을 갖추고 있는 것으로 평가된다(소현숙 2011, p.118). 그 주요 내용은 갑인년에 王延孫이 부모님을 위하여 석가상 1구를 조성하면서 현세의 편안함과 내세의 정토왕생을 기원한 것으로서 해석에 있어서도 연구자들 간에 큰 이견이 없다.

갑인명 광배는 현존하는 다른 삼국시대의 일광삼존불상들에 비하여 크기가 클 뿐만 아니라 그 제작기법이 특히 정치하다는 점에서 주목되며(소현숙 2011, p.112; 최성은 2012, p.58), "동양에서 가장 아름답고 생동감 있는"(강우방 1990, p.3) 광배로 평가되기도 한다. 특히 7구의 화불과 주연부를 둘러싼 주악비천상들은 앞선 시기의 삼국시대 광배들에 비하여 한층 진전된 모습을 보여주는 것으로 이해되고 있다(최성은 2012, p.58-59).

출처 : 東京國立博物館, 1996, p.174.

2. 판독 및 교감

출처: 東京國立博物館, 1996, p.174.

7	6	5	4	3	2	1	
淨	三	身	願	敬	王	甲	①
土	塗	安	父	造	延	寅	②
見	遠	隱	母	金	孫	年	③
仏	離	生	乘	銅	奉	三	④
聞	八	生	此	釋	爲	月	⑤
法	難	世	功	迦	現	廿	⑥
	速	世	德	像	在	六	⑦
	生	不	現	一	父	日	⑧
		經		軀	母	弟	⑨
						子	⑩

甲寅年三月廿六日, 弟子王延孫奉爲現在父母, 敬造金銅釋迦像一軀, 願父母乘此功德, 現身安隱, 生生世世, 不經三塗, 遠離八難, 速生淨土, 見仏聞法.

1-③: 年

갑인명 광배	北魏 皇甫驎墓誌	唐 郭敬墓誌

∴ '⿱𠂉丰'으로 쓰여 있어 일반적인 '年'자와 약간 다르지만, 이미 남북조시대부터 나타나는 보편적인 자형이다.

5-⑨: 經

갑인명 광배	唐 楊汲 楊執一墓地	唐 薛曜夏日 遊石淙詩	高麗 松廣寺 普照國師碑

∴ '徑'으로 표기한 경우도 있으나(全文), 대부분의 경우는 '經'으로 판독하고 있다. 위의 표에서 보는 바와 같이 5-⑨의 글자는 左部의 획이 뚜렷하지 않은 것에 비하여 '徑'의 경우는 '彳'이 명확하게 표기되고 있어 차이가 있으며, 이는 시기가 조금 더 늦기는 하지만 「松廣寺普照國師碑」(1213년)에서 보이는 '徑'자의 '彳'이 뚜렷한 것에서도 확인할 수 있다. 더불어 글자의 전체적인 형태가 唐代의 「楊汲楊執一墓地」에 보이는 글자와 유사하다는 점을 고려해도 '徑'보다는 '經'으로 보는 것이 적절하다고 생각된다.

3. 역주

甲寅年(594년) 3월 26일에 佛弟子[1] 王延孫[2]이 現在[3]의 부모님을 위하여[奉爲][4] 삼가 金銅釋迦像[5] 1軀

1) 佛弟子: 본문에서는 '弟子'라고만 하였으나, 맥락상 '佛弟子'의 의미로 이해된다. '불제자'는 본래 부처의 제자로서 摩訶迦葉, 舍利弗, 目犍連, 阿難 등의 10대 제자 및 부처 在世時의 여러 제자들을 가리켰는데, 후대에는 부처의 敎法을 믿는 자들을 일반적으로 가리키는 용어로 사용되었다(『佛光大辭典』). 갑인명광배 외에도 '불제자'를 칭한 비슷한 시기의 사례로 고구려의 「德興里古墳墓誌銘」(408년)과 「建興五年銘金銅佛」(536년 또는 596년), 신라의 「斷石山神仙寺磨崖佛像群」의 명문을 들 수 있다. 즉, 「덕흥리고분묘지명」에서는 墓主를 소개하면서 '釋加文佛弟子▨▨氏鎮(譯註)'이라고 하였으며, 「건흥오년명금동불」의 명문에서는 발원주체가 '佛弟子淸信女上部兒奄'으로 표기되어 있고(譯註), 「단석산신선사마애불상군」의 동쪽 암벽에 새겨진

를 만드니, 부모님께서 이 공덕에 의하여[乘][6] 현재의 몸이 편안하시며, 태어나시는 世世마다[生生世世][7] 三塗[8]를 거치지 않고 八難[9]을 멀리 여의시며, 속히 淨土에 나셔서 부처님을 뵙고 불법을 들으시기를[見

명문은 마모가 심하기는 하지만 판독이 가능한 부분에 '菩薩戒弟子 岑珠'라는 표현이 보인다(譯註). 더불어 중국의 사례로 520년에 제작된 미국 프리어갤러리소장 「韓▨▨造觀世音像」의 조상기에도 '佛弟子韓▨▨'라는 표현이 있어 참고가 된다(성윤길 2013, p.12).

2) 王延孫: 석가상을 제작한 발원주체로서 백제를 거쳐 일본으로 귀화한 남조인이라는 견해가 일찍이 제기되었으나(熊谷宣夫 1960: 소현숙 2011, p.114 재인용), 국내의 연구자들은 한반도 인물로 보면서 고구려인 혹은 백제인일 가능성을 모두 인정하고 있다. 이미 고구려인으로서 王高德(『海東高僧傳』), 王山岳(『三國史記』 樂志)이라는 이름이, 백제인으로서는 王辯那(『三國史記』 威德王 45년 9월조)라는 이름이 확인된다는 점이 지적되었듯이(譯註), 발원자의 이름만으로 국적을 비정하는 것은 쉽지 않다. 발원자의 국적 문제는 이 광배의 제작국이 어디인가의 문제와 깊이 연관 지어 생각해야 할 문제이다.

3) 現在: 불교용어로서의 現在는 과거세·미래세에 대응한 現在世의 다른 표기이며(『佛光大辭典』; 『佛教語大辭典』), 기존의 역주에서도 대체로 現世의 의미로 이해되고 있다. 더불어 뒷부분에서 부모님의 '현재의 몸[現身]'이 편안하기를 기원하고 있는 점을 고려하면 명문을 새길 당시에 부모가 생존해 있었다고 생각되며, 이 경우 '現在'는 '지금 살아계신' 정도의 의미로도 해석할 수 있겠다. 비슷한 시기의 다른 불상명문들이 죽은 이의 명복을 빌고 있는 것과 달리 현재하는 부모에 대하여 현생에서의 안락과 내세에서의 見佛聞法을 기원하고 있어 주목된다.

4) 奉爲: 발원 내용을 보아 발원의 대상이 확실한 '現在父母'를 수식하고 있으며, 공경의 의미가 강조된 '위하여' 정도로 풀이할 수 있겠다. 일반적으로 발원의 대상을 나타낼 때 '爲'가 주로 사용되지만, 여기에서는 '奉爲'로 표현된 점이 주목되는데, 이 때문에 한국 고대 금석문에서는 국왕과 관련될 경우에만 '奉'이 사용될 뿐, 일반적인 불상 명문에서는 사용되지 않는다는 점을 들어 이 명문이 제작 당시에 한반도에서 새겨진 것이 아니라는 주장도 제기된 바 있다(김창호 1994, pp.37-38). 그러나 최근 들어 중국 남조에서 수·당에 이르는 기간의 조상 명문의 용례를 분석하여 '奉爲'가 남조에서 빈번하게 사용되었으며, 수·당대에는 그 사용례가 더욱 확대되어 다양한 계층에서 다양한 발원대상을 나타내는 용어로 쓰이고 있음을 밝힌 연구가 제시되었다(소현숙 2011, pp.120-128). 앞서 이 광배가 남조의 영향을 받아 백제에서 만들어진 것으로 보는 입장이 대체로 우세함을 언급하였는데, 이러한 정황을 종합적으로 고려하면 백제에서 새겨진 명문에도 '奉爲'라는 표현이 충분히 나타날 수 있다고 보인다.

5) 金銅釋迦像: '奉爲'와 마찬가지로 '金銅' 표현 역시 한반도나 중국에서는 현대적 의미의 '金銅' 용례가 확인되지 않으며, 8세기 후반 일본에서 처음 나타나기 때문에 이 광배의 명문은 9세기, 어쩌면 19세기에 일본에서 추각된 것으로 보아야 한다는 주장이 제기되기도 하였는데(김창호 1994, pp.38-39), 이에 대해 근래에 6세기 남북조시대의 발원문 및 조상 명문에서 '금동상' 혹은 '금동불'의 용례가 보이며, 7세기에 들어서면 그 빈도수가 확연히 증가하고 있기 때문에 '금동'이라는 표현을 근거로 이 광배의 명문이 9세기 이후에 일본에서 새겨졌다고 보기는 힘들다는 반박이 이루어졌다(소현숙 2011, pp.131-132).

6) 乘: '乘'의 기본 의미는 '타다/오르다' 등이므로 '乘此功德'은 '이 공덕을 바탕으로 하여' 또는 '이 공덕에 힘입어' 등의 뜻으로 쓰였다고 할 수 있겠다. 삼국시대의 조상 명문에서는 사용된 예가 없으나(김창호 1994, p.38), 중국에서는 남조에서 사용된 용례가 보이며, 당대에 이르러 그 사용 지역이 점차 확산되는 경향을 보여주는 것으로 알려져 있다(소현숙 p.2011, p.130).

7) 生生世世: '生生世世' 구절은 「建興五年銘金銅佛」 광배 뒷면의 명문에도 보이며 「景4年辛卯銘金銅三尊佛立像」 명문에서는 '生生'으로만 쓰여졌으나 의미는 동일하게 '태어날 때마다'로 이해된다. 일찍이 일본에서 갑인명광배가 삼국시대의 한반도에서 만들어졌을 것으로 추정한 근거 중 하나가 바로 이 구절로서, 건흥5년명·경4년명 명문에서도 공통적으로 사용된다는 점에서 환경적인 유사성이 상정된다는 것이었다(譯註).

8) 三塗: 身·口·意의 여러 악업에 의하여 태어나게 되는 火塗, 刀塗, 血塗를 가리키며, 三惡道를 의미한다. 火塗는 地獄道로서 이곳의 중생들은 끊임없이 끓는 가마솥이나 화로 숯의 열기에 의해 고통을 받기 때문에, 혹은 이곳은 열기[火聚]가 매우 심하다고 하여 火塗라고 부른다. 刀塗는 곧 餓鬼道이며, 끊임없이 칼과 몽둥이에 의한 핍박의 고통을 받기 때문에 刀塗라고 한다. 血塗는 畜生道로서 이곳에서 고통을 받는 중생들은 강한 자가 약한 자를 정복하고 서로 잡아먹으며, 피를 마시고 고기를 먹기 때문에 血塗라고 부른다(『佛光大辭典』). 발원 銘文에서 '三塗'가 언급된 국내의 사례는 「金銅鄭智遠銘釋迦如來三尊立像」(6세기)와 좀 더 늦은 시기의 것으로 706년에 제작된 「皇福寺石塔金銅舍利函記」를 들 수 있다. 「金銅鄭智遠銘釋迦如來三尊立

佛聞法][10] 바랍니다.

4. 연구쟁점

갑인명광배와 관련해서 제기된 이견들은 그 제작시기와 제작국의 문제에 집중되어 있다. 먼저 제작 시기에 대해서는 명문의 첫 구절인 '甲寅年'에 기반하여 594년(위덕왕 41년)인 것으로 이해되고 있다. 그러나 이보다 약 300년 이상 후대의 작품으로 추정한 견해도 제기되었는데, 갑인명광배의 명문 중에 보이는 '金銅'의 용례가 한반도에서는 고려시대까지도 보이지 않는 반면 일본에서는 8세기 후반부터 등장하고 있다는 점을 근거로 이 명문이 834년 혹은 그보다 더 늦은 갑인년에 일본에서 추각된 것이라고 본 견해가 그것이다(김창호 1994). 이 견해에 따른다면 명문을 통해 제작 시기를 추정하는 것은 무의미하다고 할 수 있다. 그러나 이후의 연구에서 '奉'·'金銅'·'仏'이 남북조시대부터 나타나고 있으므로 '金銅'의 표현이 추각의 근거가 될 수 없다는 점이 지적되었고(소현숙 2011), 현재 명문의 추각 가능성은 대체로 고려되지 않고 있다.

像」에서는 발원자인 鄭智遠이 죽은 부인을 위하여 金像을 만들면서 부인이 하루 빨리 三塗에서 벗어나기를 기원하였으며(본 자료집의 金銅鄭智遠銘釋迦如來三尊立像 항목 참조), 「皇福寺石塔金銅舍利函記」에서는 그 발원 내용 중 梵王과 帝釋, 四天王에 대하여 '항상 법륜을 굴려 三塗의 중생들이 어려움에서 벗어나[恒轉法輪 三塗勉難]'기를 기원하고 있다(譯註). 고려시대로 내려가면 내용상 좀 더 비슷한 사례가 보이는데, 「唯願聖上銘青銅淨瓶」에서는 聖上의 萬歲와 더불어 중생들이 '三塗의 고통스러운 윤회[三塗苦輪]'에서 벗어나기를 기원하고 있으며, 「戊辰銘石燈」에서는 내용의 결락이 있기는 하지만 백성들의 평안함을 비는 가운데 '三塗'가 언급되고 있다(全文).

9) 八難: 부처를 만나지 못하고 正法을 들을 수 없는 8가지의 장애를 가리키며, 산스크리트어 'astāv aksanāh', 팔리어 'atthakkhanā'로서 八難處·八難解法·八無暇·八不閑·八非時·八惡·八不聞時節 등으로도 쓴다. 8가지 장애 중 첫째는 지옥에 나는 어려움으로서 중생이 악업으로 인하여 지옥에 떨어지면 끝없이 긴 밤 동안 쉼 없이 고통을 받기 때문에 부처를 만나 불법을 들을 수가 없다. 둘째는 餓鬼로 나는 어려움으로서 영구히 묽은 죽의 이름마저도 들어보지 못하거나 인간 세상에서 피고름과 오물을 닦아내거나 칼과 몽둥이에 의해 핍박을 받으면서 강을 메우고 바다를 막는 무량한 고통을 받게 된다. 셋째는 畜生으로 나는 어려움으로서 항상 채찍질로 죽고 다치거나 혹은 서로 잡아먹히는 등 끝없는 고통을 받는다. 넷째는 수명이 5백겁인 長壽天으로 태어나는 어려움으로서 얼어버린 물고기나 번데기가 된 곤충과 같이 心想이 작동하지 않기 때문에 부처를 뵙고 불법을 듣는 데에 장애가 된다. 다섯째는 변두리의 鬱單越(勝處)에 태어나는 어려움으로서 이곳에 태어난 자는 천 살의 수명을 다 하기 전에 죽는 일이 없으며, 탐착과 향락에 빠져 교화를 받지 않기 때문에 부처를 뵙고 불법을 들을 수 없다. 여섯째는 눈이 멀고 귀가 먹고 벙어리인 어려움으로서 이러한 사람들은 비록 부처를 만나더라도 보고 들을 수가 없다. 일곱째는 세간의 智辯이 뛰어난 어려움으로서 총명하기는 하지만 外道의 經書만을 힘써 익힐 뿐, 세간을 벗어나는 正法을 믿지 않는 것을 가리킨다. 여덟째는 業은 두터우나 緣은 얕아서 부처가 나시기 전 혹은 부처가 입멸하신 후에 태어나 부처를 뵙고 법을 듣지 못하는 어려움이다(『佛光大辭典』).

10) 見佛聞法: '見佛聞法'은 각종 불교전적과 조상 명문 등에 빈번하게 보이는 보편적인 표현으로서 '生生世世'의 경우와 마찬가지로 「건흥오년명금동불」 명문과 「경사년신묘명금동삼존불입상」 명문에서도 공통적으로 나타난다. 다만 「건흥오년명금동불」의 명문에서는 '見佛' 대신 '値佛'로 쓰여 있는데, 이러한 표현은 시기적으로 갑인명광배보다 반세기 가량 앞서는 東魏시대에 특히 많이 사용된 것으로서 이 광배의 제작 연대를 추정하는 데에 시사점을 주는 것으로 평가된다(譯註).

제작국에 대해서는 고구려 제작설과 백제 제작설이 대립되어 있다. 이 광배가 일본에 전하고 있기 때문에 초기에는 일본 내에서 제작된 것으로 여겨졌으나, 20세기 후반에 이르러 양식 및 명문에 대한 연구가 본격화되면서 한반도 제작설이 대두하게 되었으며(소현숙 2011, p.112), 국내에서는 삼국시대에 제작되었음을 인정하면서도 그 지역을 특정하지는 않거나(全文, p.50) 백제의 불상명문 항목에서 소개하면서도 제작국에 대해서는 고구려와 백제 제작설을 함께 소개하기도 하고(譯註), 혹은 명문 중에 판독이 어려운 글자가 전혀 없으며, '奉'·'金銅', 이체자 '仏'과 같이 지금까지 알려진 삼국시대 불상 조상기에서는 보이지 않는 글자가 쓰이고 있다는 점을 들어 한반도에서 제작되었다고 보기 힘들다는 견해도 제기되었다(김창호 1994, pp.37-39). 전반적으로 광배의 형식·양식의 분석을 위주로 한 미술사학계에서는 북위 양식에서 연원한 고구려 제작설이, 명문에 주목한 입장에서는 남조의 영향을 받은 백제 제작설이 일반적으로 인정되고 있다(소현숙 2011, p.112).

먼저 고구려에서 제작되었다고 보는 입장의 주요 견해를 살펴보면, 갑인명광배의 가장 큰 특징으로 꼽히는 도드라지게 새긴 7구의 화불과 周緣部에 투각한 雲氣文·飛天奏樂像이 정제된 가운데서도 율동감·생동감이 있으며, 비천상의 天衣자락이 화염문과 같이 휘날리는 창의성을 보여주고 있어 중국은 물론 백제나 신라에서는 찾아보기 힘든 고구려의 미술양식으로 파악된다는 것이다(강우방 1990, p.31). 특히 약동하는 듯한 雲氣文은 고구려 고분벽화에서 보이는 고구려 미술양식의 전형적인 특징으로 이해되기도 한다(곽동석 1993, p.13). 또는 자세한 논증은 하지 않았지만 발원자인 王延孫의 이름과 명문 형식이 다분히 고구려적인 분위기를 풍긴다고 하여 고구려제작설에 동의하는 경우도 있다(김영태 1992, p.20).

백제 제작설은 일본학계에서 먼저 제기되었는데, 발원주의 이름이 다른 법륭사헌납보물에 보이는 인물들의 이름과 달리 일본인답지 않다는 점과 일광삼존불의 형식이 중국 남북조시대 후기 및 한반도의 삼국시대 금동불을 따르고 있다는 점 등을 종합적으로 고려한 가운데 특히 이 광배 명문에 연호가 사용되지 않았다는 점을 주된 근거로 하고 있다(소현숙 2011, p.114). 근래에는 광배 최상단의 단층탑 조형의 평지붕과 탑신보다 길게 표현된 병렬형 多刹 및 광배 외연의 천인이 들고 있는 깃털형 지물의 계보를 추적하여 이 광배가 중국 남조의 직접적인 영향을 받은 것으로 추론하고, 나아가 백제지역에서 출토된 유물의 단층탑 양식과의 유사성을 근거로 백제에서 제작되었음을 논증하는 연구(소현숙 2009)가 이루어졌으며, 광배의 화염문의 기본 형태와 투조기법을 사용하여 천인상의 천의를 화염문과 같이 장식한 점이 부여에서 출토된 관북리 출토 금동광배와 유사하며, 주악천인상이 들고 있는 악기 중 요고는 「계유명전씨아미타불비상」의 측면 주악천인상의 악기와, 배소는 백제금동대향로의 악사가 들고 있는 악기와 동일하다는 점을 근거로 이들 악기가 백제에서 사용되었던 악기라고 추정한 연구(성윤길 2013)도 나와 있다. 다만 후자의 경우 단층탑의 조형 사례가 북조에서 제작된 불상광배에서도 나타나며, 깃털형 지물 역시 북조 후기에 제작된 용문석굴 연화동의 천인상의 지물과 더 유사하다는 점을 들어 남조보다는 북조의 영향이 보다 강한 것으로 추정하였다. 이처럼 갑인명광배에 영향을 준 것이 남조인가 북조인가의 문제는 아직 합의점을 찾지는 못하고 있지만, 그 제작국이 백제라고 하는 점에서는 일치함으로써 연구가 거듭될수록 백제제작설이 보다 힘을 얻고 있는 상황이다.

5. 참고문헌

1) 보고서 및 자료집

國史編纂委員會, 1995, 『韓國古代金石文資料集』Ⅰ, 國史編纂委員會.

東京國立博物館, 1996, 『(特別展)法隆寺獻納寶物』, 東京國立博物館.

星雲大師 監修·慈怡 主編, 1993, 『佛光大辭典』, 書目文獻出版社.

中村元, 1975, 『佛教語大辭典』, 東京書籍.

許興植, 1984, 『韓國金石全文 －古代－』, 亞細亞文化社.

許興植, 1984, 『韓國金石全文 －中世下－』, 亞細亞文化社.

韓國古代社會研究所 編, 1992, 『譯註 韓國古代金石文』Ⅰ·Ⅱ·Ⅲ, 駕洛國史蹟開發研究院.

2) 논저류

강우방·곽동석·민병찬, 2004, 『한국 미의 재발견 －불교 조각－』, 솔.

강우방, 1990, 「金銅日月飾三山冠思惟像攷(上)」, 『美術資料』 30, 國立中央博物館.

강우방, 1995, 『한국 불교 조각의 흐름』, 대원사.

곽동석, 1993, 「金銅製一光三尊佛의 系譜 －韓國과 中國 山東地方을 中心으로－」, 『美術資料』 51, 國立中央博物館.

金煐泰, 1992, 『三國新羅時代佛教金石文考證』, 民族社.

金昌鎬, 1994, 「甲寅年銘釋迦像光背銘文의 諸問題 －6세기 佛像造像記의 검토와 함께－」, 『美術資料』 제53호, 國立中央博物館.

문명대, 1980, 『韓國彫刻史』, 悅話堂.

성윤길, 2013, 「삼국시대 6세기 금동광배 연구」, 『美術史學研究』 277, 한국미술사학회.

소현숙, 2009, 「法隆寺 獻納寶物 甲寅銘金銅光背 研究」, 『한국고대사연구』 54, 한국고대사학회.

소현숙, 2011, 「法隆寺獻納寶物 甲寅銘金銅光背 銘文 연구」, 『백제문화』 44, 공주대학교 백제문화연구소.

정영호, 2004, 『백제의 불상』, 주류성.

정영호, 2011, 「百濟와 中國南朝의 金銅一光三尊像에 關한 試論 －百濟 甲午銘 金銅一光三尊佛像의 新出을 계기로－」, 『문화사학』 35, 한국문화사학회.

최성은, 2012, 「프리어미술관 소장 金銅光背에 대한 考察」, 『CHINA연구』 12, 부산대학교 중국연구소.

洪思俊, 1954, 「百濟 砂宅智積碑에 對하여」, 『역사학보』 6, 역사학회.

癸未銘金銅三尊佛立像 銘文

임혜경

1. 개관

癸未銘金銅三尊佛立像(이하 계미명불상)은 우리나라의 대표적인 一光三尊佛像의 하나이다. 일광삼존불상은 하나의 광배에 삼존불이 표현된 형식으로서 6세기 후반에 중국 산동지역과 한반도에서 크게 유행하였으며, 이 때문에 삼국시기의 중국, 특히 산동지역과의 불교문화 교류의 측면에서 중요한 의의를 지니는 것으로 평가되고 있다(곽동석 1993, p.1; 최성은 2012, p.45). 한국의 일광삼존불상은 현재 20여 점이 알려져 있는데, 金銅製의 소형 불상이라는 특징을 지니며, 대부분이 고구려 혹은 백제에서 제작된 것으로 이해되고 있다(곽동석 1993, p.1; 김춘실 2004, p.29).

계미명불상 역시 전체 높이 17.5cm, 대좌를 제외한 광배만의 높이 12.5cm로 비교적 소형에 해당하는 금동불상으로서 입수·收藏者가 전하는 말에 따르면 일제강점기에 호남지역에서 출토되어 호남선 열차를 타고 상경하였다고 하였을 뿐(김창호 1994, p.31; 정영호 2011, p.23), 정확한 출토지는 밝혀져 있지 않다. 1962년에 국보 제72호로 지정되어 현재 서울시 성북구의 간송미술관에 소장되어 있다.

밑 부분이 넓게 퍼진 원통형의 대좌는 3겹의 伏蓮이 입체감 짙게 새겨져 있으며, 그 상단의 두툼한 원형 괴임대 위에 본존이 서 있다. 施無畏印·與願印을 한 본존은 火焰文이 가득한 舟形의 광배에 忍冬唐草文으로 장식된 頭光과 身光을 갖추고 있으며, 그 양 옆으로 연꽃 봉오리와 같은 물건을 한쪽 손에 든(간송미술문화재단 공식 설명 참조) 협시보살이 연꽃을 밟고 있다. 겹겹이 흘러내린 본존과 협시보살의 通肩法衣가 좌우로 과장되게 뻗쳐(곽동석 1993, p.11) 지느러미 형태로 마감된(정영호 2011, p.23) 점이 눈에 띄며, 본존의 갸름한 相互와 동그랗게 솟은 球形의 육계에서 東魏시대 불교조각의 영향을 살필 수 있다고 평가되기도 한다(최성은 2012, p.52). 광배 뒷면에는 3행 17자의 명문이 楷書로 새겨져 있는데, '癸未年'에 '寶華'라고 하는 인물이 돌아가신 아버지를 위해 만들었다고 하는 내용으로서 간지로 표기된 제작 연대와 월일, 제작 주체(인명), 제작 목적이 나타나 있으며, 字形이 확인 되지 않는 1자를 포함하고 있기는 하지만, 현재 판독과 해석에 이견은 없다.

제작 연대인 '癸未年'에 대해 威德王 10년(563)이라고 보는 입장과 武王 24년(623)으로 보는 입장이 제기되었으나, 대체로 전자가 우세한 편이다. 이렇게 볼 경우 계미명불상은 현재 전해지는 우리나라의 일광삼존불상 가운데 그 시기가 가장 앞서는 것이 되며(강우방·곽동석·민병찬 2004), 가족을 위하여 조성하였다는 점에서 甲寅銘金銅光背, 金銅鄭智遠銘釋迦如來三尊立像, 甲申銘金銅釋迦像과 더불어 서민적인 분위기를 보여주는 것으로 평가되기도 한다(강우방 1995, p.341).

출처: 문화재청 홈페이지

2. 판독 및 교감

3	2	1	
父	日	癸	①
趙	寶	未	②
▨	華	年	③
人	爲	十	④
造	亡	一	⑤
		月	⑥
		一	⑦

癸未年 十一月一日, 寶華爲亡父趙▨人造.

1-①: 癸

금동계미명 삼존불입상	금동계미명 삼존불입상 (반전)	영일냉수리 신라비	영일냉수리 신라비(탁본)	울주천전리 각석

∴ '美'로 쓰여 있으나 '癸'로 판독하는 데에 이견이 없다. 비슷한 시기의 국내 자료로서 동일한 사례가 迎日冷水里新羅碑(503년-신라)와 蔚州川前里刻石(543년-신라)에 보인다.

1-③: 年

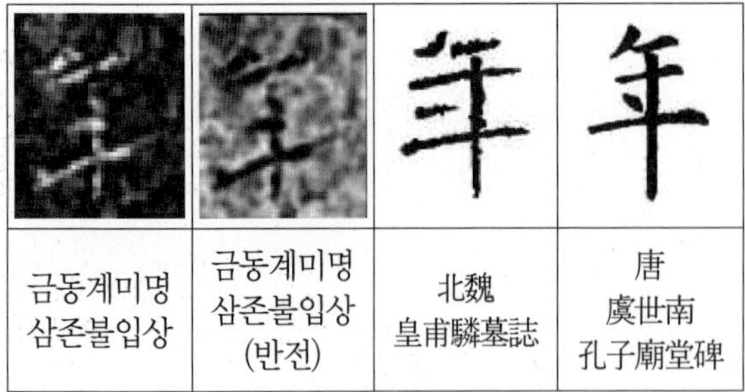

금동계미명 삼존불입상	금동계미명 삼존불입상 (반전)	北魏 皇甫驎墓誌	唐 虞世南 孔子廟堂碑

∴ '年'으로 보는 데에 이견이 없다. 다만 일반적인 '年'의 이체자형에 비해 가로 한 획이 부족하다.

2-③: 華

금동계미명 삼존불입상	금동계미명 삼존불입상 (반전)	西晋 正法華經	漢景君碑陰[1]

∴ '華'의 이체자로 보고 앞의 '寶'와 묶어서 인명으로 이해되고 있다. 그러나 일반적으로 알려진 '華'의 이체자형과 일치하지는 않으며, 가장 유사한 사례가 漢景君碑陰에서 보인다.

3-②: 趙

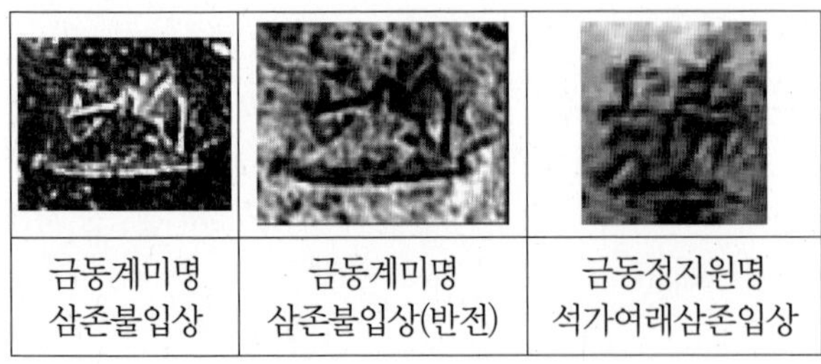

금동계미명 삼존불입상	금동계미명 삼존불입상(반전)	금동정지원명 석가여래삼존입상

∴ 현재 '趙'로 판독하고 있으나 자형이 일반적인 '趙'의 이체자형과 일치하지는 않으며, 비슷한 시기로 추정되는 백제의 일광삼존불상인 金銅鄭智遠銘釋迦如來三尊立像의 '趙'자와도 다르다.

1) 『偏類碑別字』 艸部 華字 「漢景君碑陰」 / 『佛教難字字典』 艸部 (http://140.111.1.40/yitia/fra/fra03503.htm)

3-③: ▨

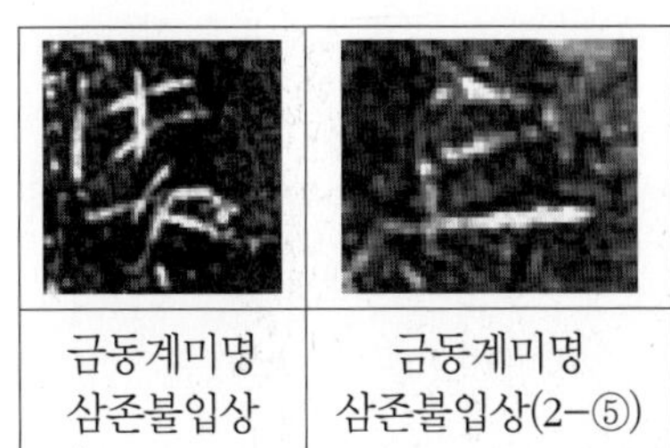

금동계미명 삼존불입상	금동계미명 삼존불입상(2-⑤)

∴ 획은 명확하며, 문맥상 바로 뒤의 '人'과 함께 인명인 것으로 이해되고 있으나 자형을 특정할 수 없어 현재 판독불가 상태로 남아있다. '妄'일 가능성도 이야기되지만(김창호 1994, p.32), 상부의 형태가 2행의 '亡'과 크게 다르기 때문에 의문 제기 수준에 그치고 있다.

3. 역주

癸未年(563)[2] 11월 1일에 寶華가 돌아가신 아버지 趙▨人[3]을 위하여 만들다.

4. 연구쟁점

이 불상의 제작국에 대해서는 고구려와 백제로 그 견해가 나뉘어 있다. 고구려로 보는 입장에서는 주로 양식적인 형태가 전반적으로 延嘉7年銘金銅如來立像과 유사하다는 점에 주목하고 있다. 즉, 둥그렇게 높게 솟은 육계와 길쭉한 相好, 수직으로 올리고 내린 시무외인·여원인, 다소 경직되고 과장되게 좌우로 길게 뻗친 옷자락 등이 연가7년명금동여래입상과 공통되는 고구려불상의 특징을 잘 보여준다고 이해되며(강우방 1995, p.113; 문명대 1980, p.111), 특히 육계와 상호를 통해 東魏의 불교조각으로부터 영향을 받은 것으로 추정되고 있다(강우방 1990, p.26; 1995, p.113; 최성은 2012, p.52). 혹은 황해도에서 출토되어 고구려 불상이라는 데에 이론이 없는 경4년명금동삼존불입상과 비교하여 그 형식이 동일할 뿐만 아

2) 癸未年: 계미명 불상의 제작연대로서 威德王 10년(563)과 武王 24년(623)으로 보는 두 가지 견해가 제시되어 있는데, 본고에서는 보다 우세한 견해인 위덕왕 10년 설을 따랐다. 이에 대한 자세한 내용은 뒤의 연구쟁점에서 소개하였다.

3) 趙▨人: 현재 자형이 확인되지 않은 1자를 포함하여 '趙▨人'을 인명으로 보고 있다. '趙'씨 성을 가진 인명은 金銅鄭智遠銘釋迦如來三尊立像의 명문에서도 등장하고 있는데, 이에 대하여 '趙'나 '鄭'의 성씨가 과연 당시에 존재했는가 하는 의문이 제기되었으며(홍사준 1954, pp.254-255), 이에 따라 정지원명불상의 제작국을 중국으로 보거나 귀화한 중국계 인물로 보기도 한다(곽동석 1993, pp.14-15). 이러한 문제는 계미명 불상의 '趙▨人'에도 그대로 적용되는 것으로서 추가적인 검토와 연구가 이루어질 필요가 있다.

니라 전체적으로 보다 강하고 과장되었다는 점에서 백제의 불상으로 보기 힘들다는 견해도 제시되었다(곽동석 1993, p.11). 더불어 광배의 형태와 두광·신광의 忍冬唐草文, 화염문, 연화문 등은 평양에서 출토된 永康7年銘舟形光背와, 원통형의 대좌는 연가7년명금동여래입상의 대좌와 같은 형식으로 비교되기도 한다(강우방 1995, p.113). 동시에 일광삼존의 형식이나 당당해진 어깨, 규칙적으로 표현되어 보다 정리된 광배의 화염문, 끝부분이 누그러지면서 도식화 된 옷자락, 화려하게 장식된 대좌의 연꽃잎 등은 연가7년명금동여래입상에서 한층 변화된 기법으로서 이를 바탕으로 계미명불상을 연가7년명금동여래입상의 계통을 충실히 따르면서도 새로운 조류를 잘 반영하고 있는 불상으로 평가하고 있다(강우방 1995, p.113; 문명대 1980, p.111).[4]

주로 미술사학계에서 양식적인 측면에 주목하여 계미명불상을 고구려 불상으로 보는 것과 달리 역사학계에서는 백제 불상으로 보는 경향이 강하여, 금석문 자료집들의 경우 그 제작국을 백제로 표기하거나 백제 항목에서 소개하고 있다.[5] 일광삼존 형식과 상호에 살이 붙고 미소가 명랑해진 점 등이 연가7년명금동여래입상에 비해 새로운 전개 모습을 보여준다고 하거나(譯註, pp.161-162) 본존의 양쪽 볼에 나타난 미소가 백제시대 상호의 특징을 보여준다는 견해도 제시되어 있으나(정영호 2004, p.135), 계미명불상을 백제의 불상으로 보는 데에는 백제의 명문들이 일반적으로 年號를 사용하지 않는 특징을 보인다는 점이 주요하게 고려된 것으로 생각된다. 연가7년명금동여래입상, 영강7년명주형광배 외에도 경4년명금동삼존불입상 등 고구려의 불상 명문이 연호를 표기하고 있는 것과 달리 계미명불상은 연호 없이 십이간지만을 사용하고 있기 때문이다. 잘 알려진 바와 같이 사택지적비, 무령왕매지권, 능산리사지 창왕명 사리감, 왕흥사지 목탑지 발견 청동사리함, 미륵사지 서탑 출토 사리봉안기 등 백제의 작품들이 모두 연호를 사용하지 않고 있을 뿐만 아니라(소현숙 2009, p.506) 금동제 일광삼존불의 경우 그 양식과 형식이 유사하고 지역성이 명확하지 않아 고구려와 백제, 나아가 중국 산동지방 사이의 구분이 분명하지 않다는 점을 고려하면(곽동석 1993, p.1) 계미명불상이 백제에서 제작되었다고 하는 입장이 보다 설득력이 높다고 생각된다.

제작 연대인 '癸未年'이 구체적으로 언제인가에 대해서도 두 가지 견해가 제시되어 있는데, 563년(위덕왕 10년)으로 보는 견해가 우세하다(문명대, 김창호, 곽동석, 최성은, 강우방, 全文, 譯註 등). 그 근거로서 고구려 불상으로 보는 입장에서는 고구려 불교가 문화적 기반을 확고히 다지면서 예배 대상으로서 불상이 활발하게 조성되기 시작한 시기가 이 무렵이라는 점을 들기도 하지만(강우방 1995, p.111, p.113), 일반적으로는 광배의 문양이 연가7년명불상(539년)과 경4년신묘명불상(571)의 중간적인 모습이라는 견해에 따른 것이며(譯註, p.162), 일광삼존불 형식이 6세기에 크게 유행하였다는 점도 고려한 것으로 생각

4) 문명대의 경우 계미명불상을 고구려 항목에서 소개하면서 연가7년명금동여래입상의 양식을 충실히 따른 것으로 평가하고 있지만, 연가7년명금동여래입상이 주변국으로 유포되었을 가능성을 고려하여 계미명불상의 제작국을 고구려로 특정하지는 않았다.

5) 金煐泰, 1992, 『三國新羅時代佛敎金石文考證』, 民族社; 全文-古代篇; 譯註; 國史編纂委員會, 1995, 『韓國古代金石文資料集』 Ⅰ, 國史編纂委員會.

된다.

이와는 달리 623년(무왕 24년)으로 보는 견해도 제시되어 있다(김영태, 정영호 등). 이러한 입장에서는 그 양식적인 측면에서 6세기 중반 중국 남조 또는 백제의 것으로 알려진 다른 금동일광삼존불상들에 비해 계미명불상이 보다 후대의 것으로 보인다는 점을 근거로 하고 있다. 즉, 지느러미 형태로 펼쳐진 본존불의 옷자락과 무릎에서 X자 형으로 서로 교차하고 있는 협시보살의 천의, 보살상 대좌의 양식, 광배의 화염문 등이 7세기의 세련된 작풍을 보여주며(정영호 2004, p.138), 다른 6세기의 일광삼존불상들에 비해 대좌와 연화문의 형태 및 상호와 化佛 등의 양식적 생략과 변화가 크다는 것이다(정영호 2011, p.26).

5. 참고문헌

1) 보고서 및 자료집

國史編纂委員會, 1995,『韓國古代金石文資料集』Ⅰ, 國史編纂委員會.

金煐泰, 1992,『三國新羅時代佛敎金石文考證』, 民族社.

韓國古代社會硏究所 編, 1992,『譯註 韓國古代金石文』Ⅰ, 駕洛國史蹟開發硏究院.

許興植, 1984,『韓國金石全文 -古代篇-』, 亞細亞文化社.

2) 논저류

강우방·곽동석·민병찬, 2004,『한국 미의 재발견 -불교 조각-』, 솔.

姜友邦, 1982,「金銅日月飾三山冠思惟像攷(上)」,『美術資料』30, 國立中央博物館.

강우방, 1995,『한국 불교 조각의 흐름』, 대원사.

郭東錫, 1993,「金銅製一光三尊佛의 系譜 -韓國과 中國 山東地方을 中心으로-」,『美術資料』51, 國立中央博物館.

金昌鎬, 1994,「甲寅年銘釋迦像光背銘文의 諸問題 -6세기 佛像造像記의 검토와 함께-」,『美術資料』53, 國立中央博物館.

김춘실, 2004,「中國 山東省 佛像과 三國時代 佛像」,『미술사논단』19, 한국미술연구소.

文明大, 1980,『韓國彫刻史』, 悅話堂.

蘇鉉淑, 2009,「法隆寺 獻納寶物 甲寅銘金銅光背 硏究 -장엄의장을 통한 연원과 제작국 고증-」,『한국고대사연구』54, 한국고대사학회.

蘇鉉淑, 2011,「法隆寺獻納寶物 甲寅銘金銅光背 銘文 연구」,『백제문화』44, 공주대학교 백제문화연구소.

鄭永鎬, 2011,「百濟와 中國南朝의 金銅一光三尊像에 關한 試論 -百濟 甲午銘 金銅一光三尊佛像의 新出을 계기로-」,『문화사학』35, 한국문화사학회.

정영호, 2004,『백제의 불상』, 주류성.

최성은, 2012, 「프리어미술관 소장 金銅光背에 대한 考察 –삼국시대와 남북조시대 불상 광배와의 비교고찰을 중심으로–」, 『CHINA연구』 12, 부산대학교 중국연구소.
洪思俊, 1954, 「百濟 砂宅智積碑에 對하여」, 『歷史學報』 6, 歷史學會.

癸酉銘三尊千佛碑像 銘文

강진원

1. 개관

계유명 삼존천불비상은 1960년 9월부터 이듬해 7월까지 연기 일대에서 수습된 고대 불상 가운데 가장 마지막으로 모습을 드러내었다. 黃壽永·秦弘燮 등에 의해 1961년 7월 瑞光庵에서 발견되었는데, 주지의 말에 따르면 본래 충청남도 연기군 조치원 읍내의 도랑에 있던 것을 근처의 瑞光庵으로 옮겨 놓은 것이라 한다. 읍내에 있기 전에 어디에 있었는지는 확실치 않으나, 무인명 연화사 사면석상과 함께 본래는 碑巖寺에 인접한 古代 寺址에서 운반된 것으로 추정하기도 한다(秦弘燮 1962, p.85; 黃壽永 1998, pp.77-78). 현재는 국립공주박물관에서 보관하고 있으며 국보 제108호이다. 불상을 새긴 석상의 높이는 약 91cm이며, 너비는 하부 20cm, 상부 47.5cm이고, 두께는 하부 15cm, 상부 14.5cm이다. 마모가 심한데 특히 오른편이 많이 훼손되었다. 석상의 前面은 9단으로 나뉘어 각 단마다 22구의 불상이 있고, 양 측면은 14단으로 나뉘어 각 단에 7구의 불상을 새겼다. 후면은 16단으로 나뉘어 각 단 21구씩 小如來坐像이 새겨져 있다. 또 개석이 있는데 상하 2단의 장방형 돌로서 碑身에 맞도록 홈이 파여져 있으며, 하단 주위로 장막이 늘어졌다. 길이와 너비는 하층이 33×64cm이고, 상층이 21×46cm이며 높이는 18.5cm이다. 개석에도 상하 2단의 사면에 각기 1단, 屋裏에도 2단씩 작은 불상이 비신에서와 마찬가지로 새겨져 있다. 그리고 상단 좌우와 중앙 전후 등 여섯 군데에 方孔이 있으니, 아마 이곳에 장신구가 걸렸을 것으로 여겨진다. 이 소불상들은 千佛을 표현한 것이다(譯註, p.186).

삼존불상 좌우측에 각기 4행씩 해서체의 명문이 남아있다. 상하 길이는 21cm쯤 되며, 약 2.5cm 간격으로 줄을 그어 행간을 구획하였다. 글자의 크기는 약 1.12cm 정도이다. 판독해 보면 250인이 香徒를 결성하여 國王·大臣 및 七世父母와 모든 중생의 복을 빌기 위하여 불상을 만들었다는 내용이다. 명문에는 계유명 아미타불삼존석상에서와 마찬가지로 '癸酉年'이란 간지가 새겨져 있다. 이를 통해 양자의 조성 시기가 밀접히 관련되어 있음을 유추할 수 있다. 석상의 조각 수법을 보아도 두 불상은 시기적으로 매우 근접해 있다. 따라서 이 불상 또한 673년(문무왕 13년)에 만들어졌다고 여겨지며, 그 조성 주체 또한 계유명 아미타불삼존석상에서와 같이 백제 유민들로 파악된다(譯註, pp.186-187). 그렇다면 백제 멸망 이후 유민들의 활동을 엿볼 수 있는 자료라 하겠는데, 이른바 삼국통일 직후의 사회상과 불교 신앙을 연구하는 데에도 적지 않은 도움을 줄 것이다.

*

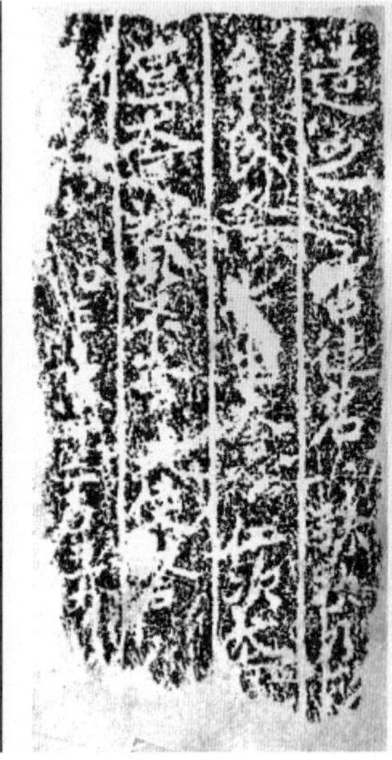

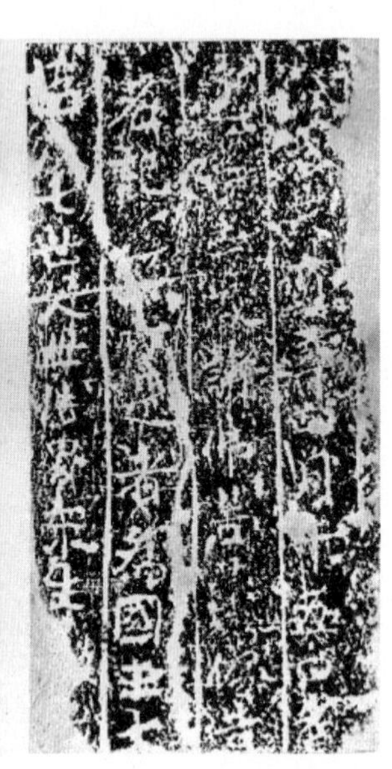

* *

*출처: http://gsm.nricp.go.kr/_third/user/frame.jsp?View=search&No=4&ksmno=2779

* *출처: http://db.history.go.kr/item/level.do?itemId=gskh&setId=249504&position=0

2. 판독 및 교감

좌측면			
8	7	6	5
▨	宣	牟	造
小舍	大舍	氏	之
▨	贊	大舍	
▨	不	上	香
術	小舍	生	徒
二	夫	大舍	名
百	使	▨	弥
五	小舍	仁	次
十	▨	次	乃
[人]	▨	大舍	末
		▨	[眞]

우측면				
4	3	2	1	
臣	石	徒	歲	①
及	記	釋	癸	②
七	▨	迦	酉	③
世	▨	及	年	④
父	是	諸	四	⑤
母	者	佛	月	⑥
法	爲	菩	十	⑦
界	國	薩	五	⑧
衆	王	像	日	⑨
生	大	造	香	⑩
故				⑪
敬				⑫

歲癸酉年四月十五日 香[1]」徒釋迦及諸佛菩薩像造」 石記▨▨是者 爲國王大」臣及七世父母法界衆生 故敬」造之 香徒名 弥次乃末[2] [眞]」牟氏大舍 上生大舍[3] ▨仁次大舍 ▨」宣大舍 贊不小舍 夫[4]使小舍 ▨▨」▨小舍 ▨▨術[5] 二百五十[人]

1-⑩: 香

1-⑩ 사진	1-⑩ 탁본	1-⑩ 탁본 반전	北魏 孫秋生 造像記	隋唐 房山雲居寺石經	唐 褚遂良 伊闕佛龕碑	北宋 蔡襄 謝賜御書詩

1) 香(遺文, 文明大, 全文, 譯註, 국립경주박물관, 충청남도역사문화원, 국립청주박물관), ▨(李蘭英, 中吉功).
2) 末(김주성), 眞(秦弘燮, 李蘭暎, 中吉功, 遺文, 文明大, 全文, 譯註, 국립경주박물관, 충청남도역사문화원, 국립청주박물관).
3) 大舍(秦弘燮, 李蘭英, 中吉功, 遺文, 文明大), 小舍(全文, 譯註, 김주성).
4) 夫(尹善泰), 大(국립청주박물관), 式(李蘭英, 中吉功), 二(秦弘燮, 全文), 貳(遺文, 文明大, 譯註, 국립경주박물관), 武(충청남도역사문화원).
5) 等(秦弘燮, 李蘭暎, 中吉功, 遺文, 文明大, 全文, 譯註, 국립경주박물관, 충청남도역사문화원, 국립청주박물관).

∴ 자체가 조금 기울어지기는 하였으나 이는 작은 글씨를 불상 하단부에 적다 보니 생긴 현상이 아닌가 한다. 상부가 '禾'의 형태를 띠고 있고 하부는 '日'로 보이니, '香'으로 보는 편이 좋을 것이다.

5-⑪ : 末

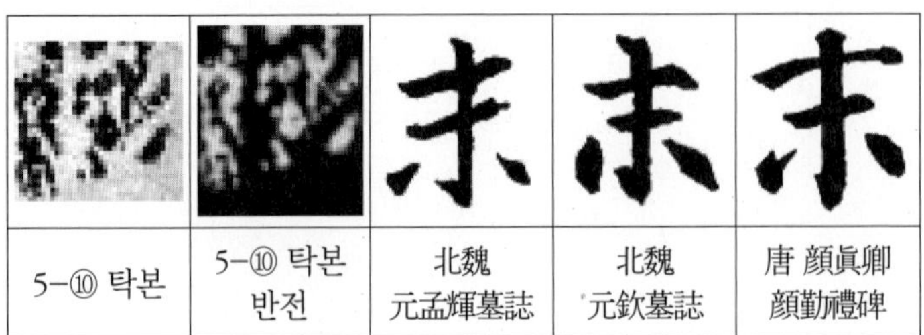

5-⑩ 탁본	5-⑩ 탁본 반전	北魏 元孟輝墓誌	北魏 元欽墓誌	唐 顔眞卿 顔勤禮碑

∴ 좌측에 종으로 그어진 선은 5-⑧ '次'字에서 시작된 훼손의 흔적이므로 그것을 제외하면, 위가 길고 아래가 짧은 두 가로획이 보인다. 따라서 '末'로 볼 수 있을 것이다(김주성 2000, p.68 주17). 5-⑨는 '乃'란 점을 보아도 해당 글자는 '末'로 읽는 편이 합당하지 않을까 한다.

5-⑪ : [眞]

∴ 파손되지 않은 우측면과 비교해보면 5-⑩ 아래에도 글자가 들어갈 공간이 있다(김주성 2000, p.68 주18). Ⅵ-1·2가 '牟氏'음은 이견이 없다. 眞氏가 眞牟氏 혹은 眞慕氏로도 일컬어졌음을 감안하면, 해당 부분에는 애초 '眞'이 새겨져 있던 것이 아닐까 추정해 본다.

6-⑥: 大舍

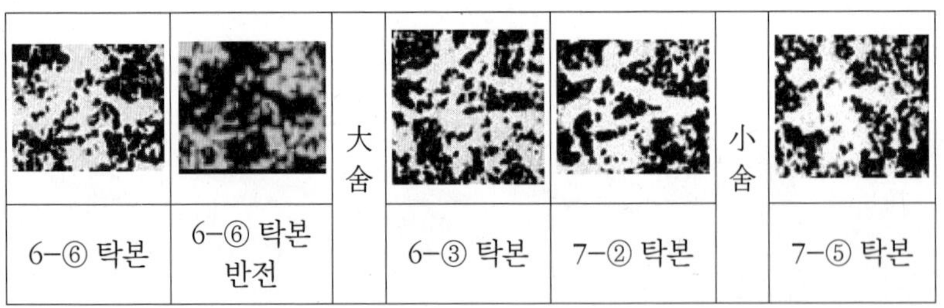

6-⑥ 탁본	6-⑥ 탁본 반전	大 舍	6-③ 탁본	7-② 탁본	小 舍	7-⑤ 탁본

∴ 글자 윗부분이 7-⑤처럼 완연한 '山'字를 드러내고 있다고 보기는 어렵다. 또 6-③이나 7-②에서 보이듯 '大舍'의 '大'字는 비스듬하게 새겨지고 있는데, 해당 글자 또한 윗부분이 기울어진 모양새다. 따라서 '大舍'로 보는 편이 자연스럽지 않을까 한다.

7-⑥: 夫

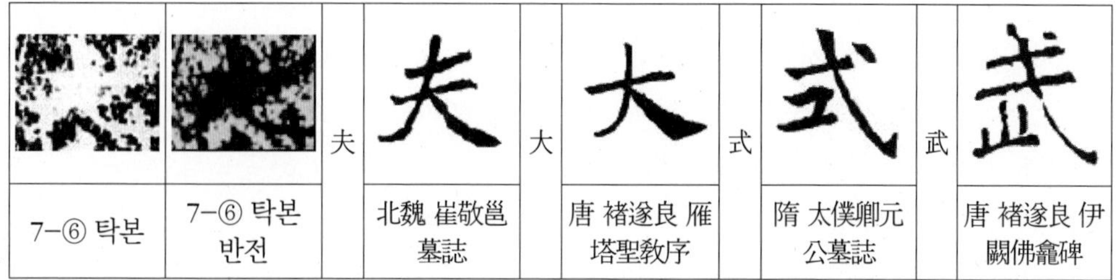

		夫	夫	大	大	式	式	武	武
7-⑥ 탁본	7-⑥ 탁본 반전		北魏 崔敬邕 墓誌		唐 褚遂良 雁塔聖教序		隋 太僕卿元公墓誌		唐 褚遂良 伊闕佛龕碑

∴ '貳'·'式'·'武' 등으로 본 이유는 '弋'획이 있다고 여겨서인 것 같다. 그런데 '武'로 보기에는 자획이 다소 간결하게 다가오고, 우측에 '弋'획이 뚜렷하다고 보기에도 힘들어 '二'·'貳'·'式' 등으로 판독하기에도 주저된다. '㇏'로 여겨지는 부분은 흠집으로 볼 수 있지 않을까 한다. 그렇다면 '大' 혹은 '夫'로 볼 수 있는데, '大'로 보기에는 가로획이 한 개가 아닌 것 같기에 '夫'가 적당하다고 여겨진다.

8-⑤: 朩

8-⑤ 탁본	8-⑤ 탁반전	계유명 아미타삼존 사면석상 정면 3-④ 탁본	계유명 아미타삼존 사면석상 정면 3-④ 탁본 반전

∴ '等'의 古語인 '朩'과 유사하게 보인다.

3. 역주

계유년(673, 문무왕 13) 4월 15일 향도가 석가 및 諸佛菩薩의 상을 만들었다. 돌에 기록하여…是者, 國王과 大臣 및 七世父母와 法界의 중생을 위하는 까닭에 삼가 그것을 만들었다. 향도 이름은 弥次 나마, [眞]牟氏 대사, 上生 대사, ▨仁次 대사, ▨宣 대사, 贊不 소사, 夫使 소사, ▨▨▨ 소사, ▨▨ 등 250인이다.

4. 연구쟁점

계유명 아미타삼존사면석상 우측면 상단에는 “弥次乃▨▨正乃末”란 명문이 있다. 주요 조성 인물들이 언급되는 부분인데, 이 ‘弥次乃’를 지명으로 볼 것인지(全榮來 1994, p.151; 黃壽永 1998, p.103), 아니면 ‘弥次 乃末’로 여겨 인명으로 볼 것인지(金壽泰 1999, p.54; 김주성 2000, p.63 주4; 김수태 2003, p.271; 尹善泰 2005, p.15 주28; 강종원 2012, p.23; 곽동석 2013, p.83)에 대해 의견이 엇갈렸다. 혹은 “弥▨次”로 읽어 신라 관등 及尺干을 의미한다고 보기도 한다(金昌鎬, 1991, p.134 및 p.141). 그런데 계유명 삼존천불비상 우측면에도 “弥次乃…”란 명문이 있어 더욱 궁금증을 불러일으키고 있다. ‘弥次乃’ 다음에는 읽기 힘든 자가 있고, 행이 바뀌어 “牟氏大舍”가 나온다. 만일 이 부분을 “弥次乃末牟氏大舍”로 본다면 “미차 나마·모씨 대사”가 되어, ‘弥次乃’는 기본적으로 인명을 나타내는 것이 되고(尹善泰 2005, p.127 주28; 국립청주박물관 2013, p.27), “弥次乃眞牟氏大舍”로 본다면 “미차내(의) 진모씨 대사”가 되어 ‘弥次乃’는 지명이 된다(秦弘燮 1962, p.92 및 pp.95-96; 全榮來 1994, p.51; 최병식 2003, pp.414-416 및 p.422). 한편으로는 “弥次乃” 다음에 “末”자로 파악할 수 있는 글자가 있음과 아울러, 그 아래 파손된 부분에도 “眞”자가 있다고 보아 “弥次乃末眞牟氏大舍”, 즉 “미차 나마·진모씨 대사”로 읽기도 한다(김주성 2000, p.68 주17·18). 대개 두 불상 명문의 ‘미차내’를 같은 의미로 이해하고 있으므로, 향후 보다 정밀한 분석이 요구된다.

5. 참고문헌

1) 보고서 및 자료집

국립경주박물관 편, 2002,『文字로 본 新羅』, 국립경주박물관.

국립청주박물관 편, 2013,『불비상 염원을 새기다』, 국립청주박물관.

李蘭暎 편, 1968,『韓國金石文追補』, 中央大學校出版部.

충청남도역사문화원 편, 2005,『百濟史資料原文集(Ⅰ) -韓國篇-』, 충청남도역사문화원.

韓國古代社會硏究所 편, 1992,『譯註 韓國古代金石文2 -신라1·가야 편-』, 駕洛國史蹟開發硏究院.

許興植 편, 1984,『韓國金石全文 -古代篇-』, 亞細亞文化社.

黃壽永, 1976,『韓國金石遺文』, 一志社; 1999『黃壽永全集4 -금석유문-』, 혜안.

2) 논저류

강종원, 2012,「백제시대 연기지역의 在地勢力과 眞氏」,『백제와 주변세계』, 진인진.

곽동석, 2013,「연기지방 불비상의 조형미」,『불비상 염원을 새기다』, 국립청주박물관.

金壽泰, 1999,「新羅 文武王代의 對服屬民 政策 -百濟遺民에 대한 官等授與를 中心으로-」,『新羅文化』

16, 東國大學校 新羅文化研究所.

김수태, 2003,「燕岐地方의 百濟復興運動」,『先史와 古代』19, 韓國古代學會.

金貞淑, 1992,「癸酉銘 三尊千佛碑像」,『譯註 韓國古代金石文2 -신라1·가야 편-』, 駕洛國史蹟開發研究院.

김주성, 2000,「연기 불상군 명문을 통해 본 연기지방 백제유민의 동향」,『先史와 古代』15, 韓國古代學會.

金昌鎬, 1991,「癸酉銘阿彌陀三尊佛碑像의 銘文」,『新羅文化』8, 東國大學校 新羅文化研究所.

文明大, 1980,『韓國彫刻史』, 悅話堂.

尹善泰, 2005,「新羅 中代末~下代初의 地方社會와 佛教信仰結社」,『新羅文化』26, 東國大學校 新羅文化研究所.

全榮來, 1994,「燕岐 碑岩寺石佛碑像과 眞牟氏」,『百濟研究』24, 忠南大學校 百濟研究所.

秦弘燮, 1962,「癸酉銘 三尊千佛碑像에 대하여」,『歷史學報』17·18, 歷史學會.

黃壽永, 1964,「忠南燕岐 石像調査 -百濟遺民에 의한 造像활동-」,『藝術院論文集』3, 學術院; 1998,『黃壽永全集1 -한국의 불상(상)-』, 혜안.

癸酉銘阿彌陀三尊四面石像 銘文

강진원

1. 개관

계유명 아미타삼존사면석상은 1960년 7월 당시 동국대 불교대학에 재학 중이던 李在玉의 제보에 의해 존재가 알려졌으며, 같은 해 9월 黃壽永·李弘稙·朴魯春·鄭永鎬 등에 의해 본격적인 조사가 이루어짐에 따라 그 실상이 밝혀지게 되었다(黃壽永 1998, p.73). 이 불상은 기축명 아미타불상 및 미륵보살반가석상과 함께 발견되었으며, 당시 忠南 燕岐郡 全東面 多方里(다방골)의 碑巖寺에 있었다. 불상은 1962년 10월 19일 비암사 측의 동의에 따라 국립중앙박물관으로 옮겼으나 현재는 국립청주박물관에서 보관 중이며, 국보 제106호이다. 屋蓋(덮개돌)·碑身·座臺(받침돌)로 이루어진 佛碑像 가운데 비신에 해당한다. 높이는 43cm, 전면 폭 26.7cm, 측면 폭 17cm이다(譯註, p.179).

아미타불의 극락정토 장면이 잘 표현되어 있는 佛碑像으로 정면은 가장자리에 테두리를 둘러 감실 효과를 내었다. 앉아 있는 작은 부처와 불꽃무늬가 각각 배치된 2개의 커다란 광배를 배경으로, 아미타불을 가운데에 두고 菩薩·仁王 및 여러 天人 등을 가득 채웠다. 그 아래로 머리를 맞댄 두 마리의 사자와 연꽃잎이 장엄함을 더하고 있다. 좌우 측면에는 활기 넘치는 용의 모습과 연꽃 위에서 악기를 연주하는 천인상(奏樂天)이 섬세하게 표현되어 있다. 배면은 4단으로 나뉘는데 각 단에 5구씩 작은 부처를 배치하였다(국립청주박물관 2013, p.10).

정면의 밑 부분과 양 측면, 배면에 해서체로 쓰인 명문이 존재한다(譯註, p.180). 字徑 정면 약 1cm이다(遺文, p.280). 國王·大臣 및 七世父母와 모든 영혼을 위하여 사원을 짓고 불상을 만들었다는 내용이며, 거기에 주도적으로 참여한 이들의 이름이 명기되어 있다. 불상 양 측면에는 '癸酉年'이라는 간지가 보인다. 정면 중앙에 대형의 舟形光背를 지닌 通肩衣의 본존과 군상을 조각하는 형식이 8세기까지 내려가지 않는 점, 그리고 신라 관등인 乃末(奈麻)·大舍와 더불어 백제 관등인 達率이 명기되어 있는 점을 보면, 이 불상은 백제 멸망 이후 오래지 않은 시점에 조성된 것으로 볼 수 있다. 따라서 계유년은 673년(문무왕 13)으로 추정된다(譯註, pp.179-180). 613년으로 보면 백제 당시에 신라 관등 소지자가 함께 있으므로 문제가 되며(金昌鎬 1991, p.140), 733년으로 볼 경우 너무 오랜 뒤라서 그때까지 달솔이란 관등을 칭하는 인물이 살아 있었다거나, 혹은 그가 달솔을 관칭했다고 보기도 힘들기 때문이다(金昌鎬 1991, p.140; 조경철 2004, p.316).

불상 자체가 백제 양식일 뿐더러(鄭恩雨 2003, p.90; 최병식 2003, p.422; 박영민 2010, p.150; 곽동석 2013, p.76), 백제 관등인 달솔을 띤 인물이 나오고 토착세력으로 여겨지는 全氏의 존재가 확인되는 것을 보면, 아마도 이 석상의 조성 주체는 백제 유민들일 가능성이 높다. 그런데 신라 관등도 함께 나오기 때문에, 이를 통하여 백제 유민들이 통일전쟁 후 신라로부터 관등을 수여받으면서 신라의 지배층에 편입되어 간 모습을 엿볼 수 있다. 계유명 삼존천불비상 등 이 불상과 형식이나 연대가 비슷한 불상들이 연기 일대에서 더 나오고 있으므로, 해당 문자자료들을 면밀히 검토한다면 이른바 삼국통일 즈음의 사회상을 파악하는 데 도움이 될 것이다.

출처: 국립청주박물관, 2013, p.11·14·15·13.

출처: http://db.history.go.kr/item/level.do?itemId=gskh&setId=217018&position=2

2. 판독 및 교감

[정면]

14	13	12	11	10	9	8	7	6	5	4	3	2	1	
十	內	此	佛	願	上	▨	世	像	阿	同	二	述	全	①
六	外	石	像	敬	爲	道	至	觀	弥	心	兮	況	氏	②
▨	▨	佛	卄	造	▨	▨	像	音	陀	敬	介	右	▨	③
▨	▨	像	也	化	▨	▨	▨	大	佛	造	術	▨	▨	④

全[1]氏▨▨」述況右[2]▨」二兮介[3]術[4]」同心敬造」阿弥陀佛」像 觀音大」世至像 ▨」▨道▨▨」上爲▨▨」願敬造化[5]」佛像卄[6]也[7]」此石佛像」內外▨▨」十六▨▨

정면 1-①: 全

정면 1-① 사진	정면 1-① 탁본	정면 1-① 탁본 반전	北魏 元延明墓誌	唐 褚遂良 伊闕佛龕碑	唐 顔眞卿 宋璟碑	唐 顔眞卿 自書告身

∴ 상부에 '入'字의 형태가 보이고, 하부는 '王'字로 볼 수 있기에, '全'이 타당할 것 같다.

정면 2-③: 右

정면 2-③ 사진	성재현 2013, p.90 사진1	정면 2-③ 탁본	정면 2-③ 탁본 반전	王羲之 洛神賦十三行	北魏 高貞碑	隋唐 房山雲居寺 石經

1) 全(李蘭英, 中吉功, 遺文, 文明大, 全文, 譯註, 국립경주박물관, 충청남도역사문화원, 국립청주박물관).
2) 右(성재현), ▨(李蘭英, 中吉功, 遺文, 文明大, 全文, 金昌鎬, 譯註, 국립경주박물관, 충청남도역사문화원).
3) 介(金昌鎬, 국립청주박물관), ▨(李蘭英, 中吉功, 遺文, 文明大, 全文, 譯註, 국립경주박물관, 충청남도역사문화원).
4) 等(성재현), 木(李蘭暎, 中吉功, 遺文, 文明大, 全文, 金昌鎬, 譯註, 국립경주박물관, 충청남도역사문화원).
5) 化(성재현), ▨(李蘭暎, 中吉功, 遺文, 文明大, 全文, 金昌鎬, 譯註, 국립경주박물관, 충청남도역사문화원).
6) 卄(성재현), ▨(李蘭暎, 中吉功, 遺文, 文明大, 全文, 金昌鎬, 譯註, 국립경주박물관, 충청남도역사문화원).
7) 也(金昌鎬, 국립청주박물관), ▨(李蘭暎, 中吉功, 遺文, 文明大, 全文, 譯註, 국립경주박물관, 충청남도역사문화원).

∴ RTI 촬영 결과 '右'로 보는 편이 좋다고 여겨진다.[8]

정면 3-③: 介

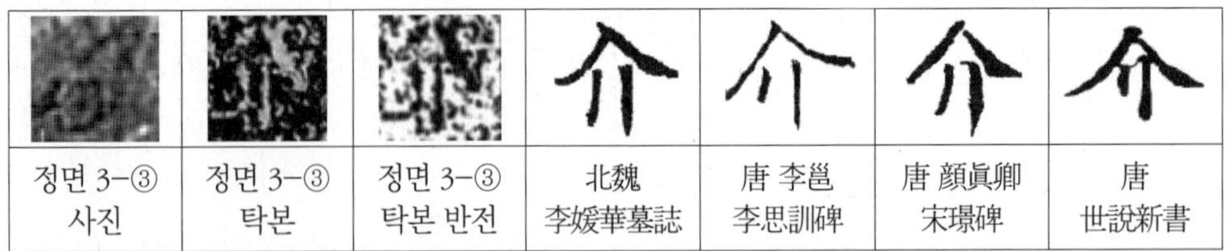

정면 3-③ 사진	정면 3-③ 탁본	정면 3-③ 탁본 반전	北魏 李媛華墓誌	唐 李邕 李思訓碑	唐 顔眞卿 宋璟碑	唐 世說新書

∴ 상부에 '人'字의 형상이 있고, 하부는 'リ'로 보이기에, '介'로 보면 큰 무리가 없을 것으로 여겨진다.

정면 3-④: 朩

정면 3-④ 사진	성재현 2013, p.90 사진2	정면 3-④ 탁본	정면 3-④ 탁본 반전

∴ RTI 촬영 결과 '木' 위에 점이 있는 것으로 보여 '等'의 古字인 '朩'로 볼 수 있다.

정면 10-④: 化

정면 10-④ 사진	성재현 2013, p.90 사진3	정면 10-④ 탁본	정면 10-④ 탁본 반전	東魏 敬史君碑	隋 蘇孝慈錨地	唐 顔眞卿 郭虛己墓誌

∴ 좌측이 '亻'으로 보이고, 우측은 '匕'로 여겨진다.

정면 11-③: 卄

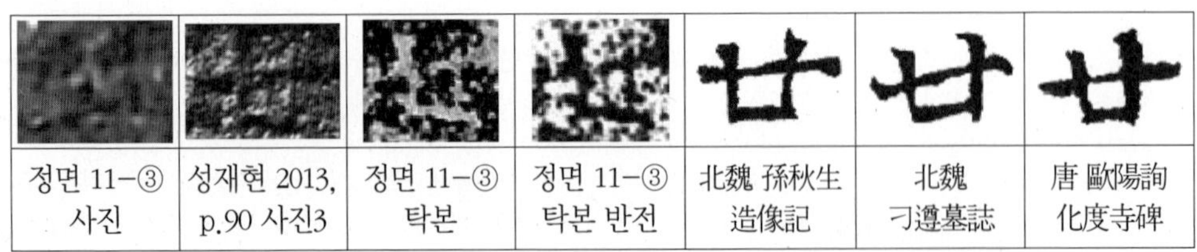

정면 11-③ 사진	성재현 2013, p.90 사진3	정면 11-③ 탁본	정면 11-③ 탁본 반전	北魏 孫秋生 造像記	北魏 刁遵墓誌	唐 歐陽詢 化度寺碑

8) 이하 RTI 촬영 결과는 성재현의 성과에 근거한다.

정면 11–④: 也

정면 11–④ 사진	정면 11–④ 탁본	정면 11–④ 탁본 반전	北魏 鄭道昭 鄭義下碑	隋 龍華寺碑	隋唐 房山雲 居寺石經	唐 叔氏墓誌

∴ 중앙에 'ㅣ'이 있고, 좌측에서 우측으로 선이 곡선으로 이어지고 있으므로, '也'로 보는 편이 좋을 것이다.

[우측면]

左下	右下	左上	右上	中央	上段									
木▨大舍願	眞武大舍	⌈ ⌋願	達率身次願	及七世父母含靈發願敬造寺智識名記	爲國王大臣	十人智識共	▨等▨五	全氏三▨	乃▨止▨乃末	⌈ ⌋弥次	▨發願敬	▨▨道▨	▨▨▨首	▨▨癸酉年四月十五日

(상단) ▨▨癸酉年四月十五日 ▨▨▨首▨▨道▨▨發願敬⌈ ⌋弥次乃▨止▨乃末 全氏三▨▨等▨五十人智識共 爲國王大臣

(중앙) 及七世父母含靈 發願敬造寺 智識名記

(우상) 達率身次願

(좌상) ⌈ ⌋願

(우하) 眞武大舍

(좌하) 木[9)]▨[10)]大舍願

우측면 좌하-①: 木

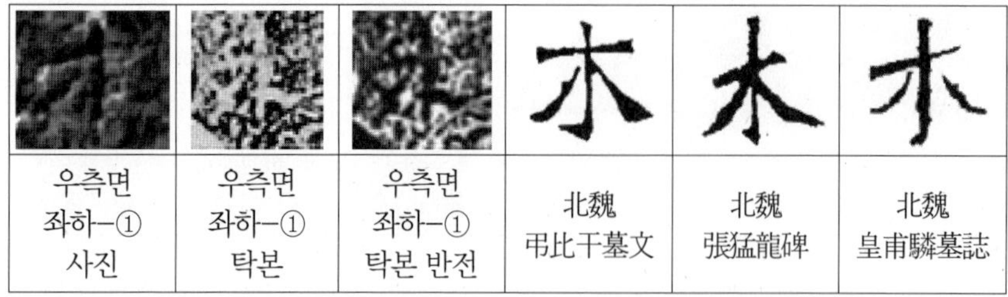

우측면 좌하-① 사진	우측면 좌하-① 탁본	우측면 좌하-① 탁본 반전	北魏 弔比干墓文	北魏 張猛龍碑	北魏 皇甫驎墓誌

우측면 좌하-②: ▨

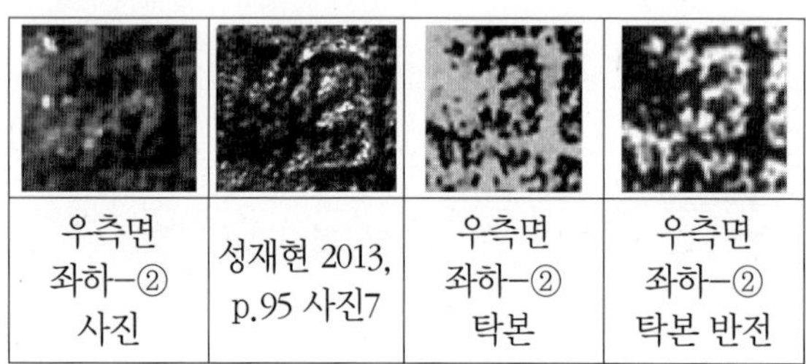

우측면 좌하-② 사진	성재현 2013, p.95 사진7	우측면 좌하-② 탁본	우측면 좌하-② 탁본 반전

∴ 오른쪽은 '目'으로 보이지만 왼쪽의 획을 알기가 어려워 전체적인 판독은 불가능하다.

[좌측면]

좌하	우하	좌상	우상	중앙		
道 作 公 願	使 眞 公 ▨	⊓ ⊔ 願	⊓ ⊔	諸 佛 ⊓ ⊔	日 爲 諸 ▨ 敬 造 此 石	歲 ▨ ▨ 年 ▨ 月 十 五

(중앙) 歲▨▨年▨月十五」日 爲諸▨敬造此石[11]」諸佛

(우상) 「　　」

(좌상) 「　　」願

(우하) 使眞[12]公[13]▨

(좌하) 道作公願

좌측면 중앙–⑯: 石

	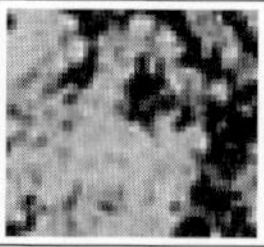					
좌측면 중앙–⑯ 사진	좌측면 중앙–⑯ 탁본	좌측면 중앙–⑯ 탁본 반전	北魏 鄭道昭 論經書詩	北魏 張玄墓誌	北齊 劉碑造像記	隋 龍華寺碑

∴ 사진을 보면 위로 삐져 나온 획을 찾기가 어려워 '右'보다는 '石'으로 판독하는 편이 더 적당할 것 같다.

좌측면 우하–②: 眞

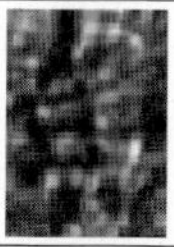		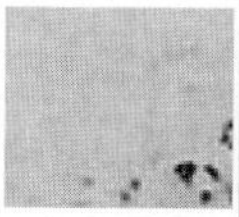					
좌측면 우하–② 사진	성재현 2013, p.95, 사진9	좌측면 우하–② 탁본	좌측면 우하–② 탁본 반전	北魏 鞠彦雲墓誌	隋 曹子建碑	隋 甯贙碑	隋 智永 關中本千字文

∴ RTI 촬영 결과로는 '直'에 가깝지만, 이는 아래에 있는 '八'을 고려하지 않은 결과이다. 그 점을 아울러 생각하면 '眞'으로 보는 편이 합당하다.

좌측면 우하–③: 公

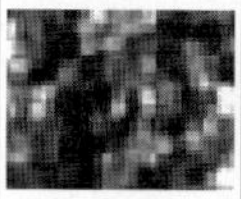		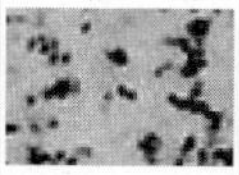		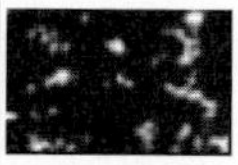			
좌측면 우하–③ 사진	좌측면 좌하–③ 사진	좌측면 우하–③ 탁본	좌측면 좌하–③ 탁본	좌측면 우하–③ 탁본 반전	좌측면 좌하–③ 탁본 반전	北魏 崔敬邕墓誌	隋 智永 眞草千字文

∴ 좌하–③의 '公'과 비슷한 자형으로 생각되기에 '公'이라 판독한다.

9) 木(金昌鎬, 국립청주박물관), 木+□(李蘭英), 扌+□(中吉功), ▨(遺文, 文明大, 全文, 譯註, 국립경주박물관, 충청남도역사문화원).

10) □+目(李蘭英, 中吉功, 성재현), ▨(遺文, 文明大, 全文, 金昌鎬, 譯註, 국립경주박물관, 충청남도역사문화원).

11) 石(李蘭暎, 中吉功, 遺文, 文明大, 全文, 譯註, 국립경주박물관, 충청남도역사문화원), 右(金昌鎬, 국립청주박물관).

12) 眞(李蘭暎, 中吉功, 遺文, 文明大, 全文, 譯註, 국립경주박물관, 충청남도역사문화원), 直(성재현), 三(金昌鎬).

13) 公(李蘭暎, 中吉功, 遺文, 文明大, 全文, 譯註, 국립경주박물관, 충청남도역사문화원), 大舍(金昌鎬, 국립청주박물관).

[배면]

⊓ ⊔	⊓ ⊔	豆兎大舍願	三久知乃末	与次乃末	1단
⊓ ⊔師	⊓ ⊔	⊓ ⊔	夫信大舍願	▨▨大舍願	2단
惠信師	▨久大舍願	⊓ ⊔願	▨久大舍願	▨▨乃末願	3단
⊓ ⊔	▨身道師	惠明法師	林許乃末願	▨夫乃末願	4단

(1단) 与次乃末 三久知乃末 豆兎大舍願 ⊏ ⊐⊏ ⊐

(2단) ▨▨大舍願 夫信大舍願 ⊏ ⊐⊏ ⊐⊏ ⊐師

(3단) ▨▨乃末願 ▨久大舍願 ⊏ ⊐願 ▨久大舍願 惠信師

(4단) ▨夫乃末願 林許乃末願 惠明法師 ▨身道師 ⊏ ⊐

3. 역주

[정면] 全氏…述況…二兮介 등이 마음을 같이 하여 阿彌陀佛像과 觀音大世至像을 삼가 만들었다. …道…上爲…원하여 삼가 化佛[14]像 20구를 만들었다. 이 石佛像이 內外…十六…

14) 化佛: 변화한 부처로 應身佛이나 變化佛이라고도 한다. 중생의 근기와 소질에 따라 갖가지로 형상을 변화하여 나타나는 佛

[우측면] (상단) …계유년(673, 문무왕 13) 4월 15일, …首…道…발원하여 삼가…弥次乃▨止▨ 나마 全氏三▨▨ 등 50인의 智識[15]이 함께 국왕·대신 (중앙) 및 칠세부모와 含靈[16]을 위하여 발원하여 삼가 절을 짓는다. 智識의 이름을 기록한다. (우상) 달솔 身次가 원했다. (좌상) …이 원했다. (우하) 眞武 대사 (좌하) 木▨ 대사가 원했다.

[좌측면] (중앙) ▨▨年 ▨월 15일 諸▨를 위하여 삼가 이 석제 諸佛을 만든다. (우상) … (좌상) …이 원했다. (우하) 使眞公▨ (좌하) 道作公이 원했다.

[배면] (1단) 与次 나마, 三久知 나마, 豆兎 대사가 원했다. …… (2단) ▨▨ 대사가 원했다. 夫信 대사가 원했다. ……師 (3단) ▨▨ 나마가 원했다. ▨久 대사가 원했다. …가 원했다. ▨久 대사가 원했다. 惠信師 (4단) ▨夫 나마가 원했다. 林許 나마가 원했다. 惠明法師, ▨身道師, ……

4. 연구쟁점

1) 판독 순서

계유명 아미타삼존사면석상은 四面에 명문이 남아있기 때문에 글이 시작되는 부분을 어디로 볼 것인지에 대해 의견이 엇갈리고 있다.

먼저 정면을 시작으로 보는 경우이다(李蘭暎 편 1968, pp.50-51; 中吉功 1971, p.416; 遺文, pp.278-280; 文明大 1980, pp.268-270; 全文, pp.78-80; 성재현 2013, pp.97-98). 애초에는 정면을 가장 중요한 부분으로 파악하여 거기서부터 읽어 나갔다. 즉 '정면-우측면-좌측면-배면'의 순서로 명문을 배치하였던 것이다(黃壽永 1998, pp.84-85). 이에 대해 시작을 정면으로 보면서도 우측면이 智識의 이름을 나열하는 데에서 끝난다는 점에 주목하여, 그 다음 면은 인명이 계속해서 이어지고 있는 배면으로 추정, '정면-우측면-배면-좌측면'으로 보아야 한다는 입장이 제기되었다(金周成 1990, p.166 주5). 해당 논자의 경우에는 측면을 시작으로 보는 견해에 대해서도 반대 입장을 표명하였는데, 특별한 의도가 없다면 정면이 첫 번째 면일 것이라는 점, 불상의 명칭을 정면에서 밝히고자 하였을 것이라는 점, 좌측면이 "道作公願"으로 끝나므로 그 다음 면을 정면으로 보기 힘들다는 점 등을 들었다(김주성 2000, p.64).

다음으로 측면을 시작으로 보는 경우이다. 여기서는 '정면-우측면-배면-좌측면'으로 볼 경우 우측면과 배면은 내용상 연결이 되지만, 정면과 우측면, 배면과 좌측면은 그렇지 못한 점을 언급하였다. 이에

身이다.

15) 智識: 불교도와 불승을 일컬음. 여기서의 용례를 檀越로 보는 견해(김주성 2000, p.66)도 있다.

16) 含靈: 衆生을 일컫는다.

중국의 경우 우측면부터 명문이 적힌 사례가 있는 점, 삼존불 조성을 다루는 좌측면·정면보다는 사찰 조영을 다룬 우측면·배면이 더 우선 수위일 것이라는 점, 그리고 정면에 앞서는 면이 좌측면으로 보면 내용상 연결이 자연스럽다는 점을 들어 '우측면-배면-좌측면-정면'으로 파악하였다(金昌鎬 1991, p.131). 이 견해는 이후 다른 연구자들에게도 받아들여지게 된다(譯註, pp.182-183; 충청남도역사문화원 2005, pp.317-319; 곽동석 2013, p.83). 특히 비슷한 시기에 조성된 계유명 삼존천불비상 및 무인명 연화사 사면석상은 측면에, 기축명 아미타불상은 배면에 글자가 새겨져 있는 것을 들어 불상과 명문이 따로 취급되었고 보아, 측면에서부터 글이 시작되었을 가능성이 높다는 의견도 개진되었다(譯註, p.181).

연기 일대의 다른 불상 명문을 보건대 측면을 시작 면으로 보는 것이 타당할 것 같다. 단 이미 언급하였듯이 명문상 우측면과 배면은 '造寺記'이고 좌측면과 정면은 '造像記'이며(金昌鎬 1991, p.131; 조경철 2004, pp.313-314), 양 측면에 모두 간지가 있다. 그렇기에 어느 측면이 먼저인지를 밝혀야 할 필요가 있는데, 일반적으로 사찰이 불상보다 먼저 조성되므로 '우측면-배면'이 먼저일 것이다. 혹시 처음에는 여기까지만 새겨 넣었는데, 그 명문이 새겨진 불상에 대한 기록 또한 남기는 것이 좋다고 여겨져 '좌측면-정면'에까지 기술이 이어졌다고 볼 수도 있지 않을까 한다.[17)]

2) 조성 세력의 실체

계유명 아미타삼존사면석상 명문에는 사찰과 불상 조성에 참여한 이들이 명기되어 있으며, 이는 동일 시기에 만들어진 계유명 삼존천불비상 명문 또한 다르지 않다. 이들 불상을 포함하여 비슷한 시기에 연기 일대에서 집중적으로 나타난 불상들은 백제 양식을 띠고 있으며, 특히 이 불상에서는 백제 관등 소지자 및 大姓八族의 하나인 眞(牟)氏 인물(김주성 2000, p.71; 김수태 2003, p.275; 최병식 2003, p.421; 조경철 2004, p.322; 강종원 2012, p.31) 및 土姓으로 여겨지는 全氏(譯註, p.184; 김수태 2003, p.274; 강종원 2012, p.34)까지 나오고 있다.[18)] 그러므로 이 불상군의 조성 세력을 백제 유민으로 보는 데에는 큰 이견이 없다. 단 이들의 실체를 어떻게 보아야 할지에 대해서는 논의가 분분하였다.

먼저 이들 대부분을 재지세력으로 보는 견해가 있다. 토착 재지세력으로 身次의 가문이나 전씨 등이 존재하였는데, 백제의 南遷에 따라 진씨 가문의 새로운 근거지가 되었으나, 백제 멸망기의 혼란 속에서 진씨는 그 세력이 약해졌고, 신차 가문이나 전씨 등의 힘이 커졌으며 그것이 관등에서도 드러났다고 보았다(강종원 2012, pp.26-34). 전씨는 토성으로 여겨지고 있으며, 진무 또한 백제 관등으로 보자면 신차보다 하위인 은솔 소지자가 되는데, 언젠가부터 家勢가 하락하여 재지세력이 되었을 가능성은 있다(오택현 2013, p.183 주32). 그러나 신차를 토착 재지세력으로 볼 뚜렷한 근거는 없다. 한편으로는 명문에 나오

17) 좌측면과 정면은 명문의 양식이 다소 다르므로, 전체적으로 보면 '우측면-배면', '좌측면', '정면'의 3개 내용으로 나누어진다고 볼 수도 있겠다. 그러나 정면처럼 문장이 시작되는 사례는 드물기에, 역시나 그 앞에 다른 내용이 있었을 것으로 보는 편이 좋다(譯註, p.181).

18) 『世宗莊憲大王實錄』 卷149, 地理志, 燕岐縣, "燕岐縣 土姓五 魏河全耿張".

는 인물들의 직명이 없는 것에 주목하여 이것이 실직 없이 관등만 지닌 탐라 지배층의 사례와 비슷하므로, 이들을 재지세력으로 보기도 한다(강종원 2012, p.30). 하지만 당시는 백제 유민에 대한 관등 수여가 이루어진 초창기인데다가 전시라 상황이 안정되지도 않았기에, 이들에게 직명이 주어지지 않았을 가능성도 충분하다. 설령 직명이 부여되었다 한들, 해당 불상의 조성은 국가적인 사업은 아니기에 굳이 직명까지 언급할 필요는 없을 것이다(譯註, p.180). 어느 경우로 보아도 직명이 나오지 않았다는 것을 통해 이들을 재지세력으로 볼 것까진 없다고 생각한다. 요컨대 이들 모두를 통틀어 재지세력으로 보기에는 무리가 따른다. 재지세력으로 보아도 본래 신라 외위를 수여해야 하는데(金壽泰 1999, p.56), 이들은 경위를 사용하고 있으니 문제가 있다.

다음으로 이들을 중앙귀족으로 보는 입장이다. 이 또한 해당 인물들이 신라 경위를 받았다는 점에서 중앙관으로 보기도 하고(朱甫暾 1989, p.42), 오히려 지방관적 성격을 가졌다고 이해하기도 한다(김주성 2000, pp.71-73). 한편으로는 신라 관등을 받은 백제 유민들이 중앙정계 진출에 한계를 느껴 연기 지역에 은거하고 있었다고 보기도 한다(李基白 1990, pp.173-174). 그런데 이들 모두를 중앙관으로 보기는 의심스러우며 중앙관이 어떻게 연기 지역에 이처럼 대거 웅거하게 되었는지에 대해서도 딱히 설명하기가 쉽지 않다(金壽泰 1999, pp.55-56). 지방관으로 볼 경우에도 고위 관등 소지자들이 특정 지역에 너무 많이 몰려 있는 인상을 준다(강종원 2012, pp.29-30). 즉 郡에는 덕솔 관등의 郡將 3인이 두어지는데,[19] 이들은 673년 이후에는 대사가 된다. 그런데 명문의 인물들을 모두 지방관으로 본다면, 좁은 지역에 너무 많은 지방관이 있을 뿐더러, 그 상위 관등 소지자까지 함께 하고 있는 형국이 되어 부자연스럽다.

계유명 아미타삼존사면석상과 계유명 삼존천불비상 등에 나오는 인물들은 그 이름을 알 수 있는 경우만 셈해도 그 수가 결코 적지 않다. 이들을 재지세력이나 중앙귀족이란 하나의 범주에 넣는 것은 상식적으로도 무리라고 여겨진다. 이에 전씨 등으로 대표되는 재지세력, 중앙귀족 출신 지방관, 재지세력 출신 지방관, 낙향한 중앙귀족 등으로 그 성분을 다각도로 나누어 이해하기도 한다(金壽泰 1999, p.56; 김수태 2003, pp.274-276). 개인적으로도 그렇게 보는 것이 가장 타당하다고 여겨지며, 거기에 흑치상지 가문의 예에서 보이듯 分封이나 기타 사정 등으로 백제 멸망 이전에 이미 해당 지역을 세력 기반으로 삼고 있던 중앙귀족도 함께하였을 가능성이 있다고 여겨진다. 후술하겠으나 현재로서는 신차가 그러한 인물일 가능성이 있지 않을까 한다.

3) 백제 관등 소지의 이유

신라는 670년(문무왕 10) 웅진도독부에 대한 적극적인 공세를 취하였고,[20] 671년(문무왕 11) 소부리주를 설치하면서[21] 옛 백제 지역에 대한 지배권을 공고히 하였으며, 673년(문무왕 13)에는 백제 유민들에게

19) 『周書』 卷49, 百濟, "郡將三人 以德率爲之".
20) 『三國史記』 卷6, 文武王 10年 7月.
21) 『三國史記』 卷7, 文武王 11年 7月.

신라의 京官과 外官을 수여한다. 이때 백제의 달솔(2위)은 신라의 대나마(10위), 은솔(3위)은 나마(11위), 덕솔(4위)은 대사(12위), 한솔(5위)은 사지(13위)에 비정되었다.[22] 명문의 다른 인물들은 신라 관등을 소지하고 있다. 우측면 명문을 보면 계유년, 즉 673년 4월에는 眞武 등을 비롯한 인물들이 신라 관등을 칭하고 있다. 이를 통하여 해당 조치가 673년 4월 이전에 이루어진 것임을 알 수 있다.

명문에 나오는 인물들은 대개 乃末(奈麻)이나 大舍의 관등을 칭하고 있기에, 백제가 존속했을 당시에는 은솔이나 덕솔의 고위 관등 소지자였을 것이다(黃壽永 1998, p.104). 그런데 達率 身次의 경우에는 백제 멸망 후 10년도 더 지난 시점에 만들어진 불상에, 그것도 다른 인물들은 신라 관등을 소지하였음에도, 본인만은 백제 관등을 칭하고 있다. 조치에 따른다면 신차는 그 관등을 '大乃末'(大奈麻)이라 표하였어야 한데, 실상은 그렇지 않은 것이다. 따라서 그가 왜 달솔이란 옛 백제 관등을 내세울 수 있었는지에 대해서 논의가 오갔다.

이에 대해 진무 등은 신라의 회유책에 응한 이들이고, 신차는 그와 달리 멸망한 백제에 대한 미련을 가지고 있었다거나(盧重國 1988, p.152; 김주성 2000, p.75; 조경철 2004, pp.322-323), 福信이나 흑치상지의 예에서 보이듯 달솔이 부흥운동을 실질적으로 이끌어 나갔던 계층이었으므로 신라가 달솔 관등 소지자들을 견제하고자 하였고, 신차는 그에 대한 불만으로 본인의 본래 관등을 칭했다고 여기기도 한다(김수태 2003, p.277). 이를테면 신차가 불만을 품고 독자적으로 그렇게 행동했다는 것이다. 그런데 꼭 그렇게 볼 수 있을지는 모르겠다. 관등 소지자 대부분이 신라의 그것을 띠고 있는 상황에서, 더욱이 신라의 國王과 大臣을 염두에 둔 불사와 관련된 일에서 저항 의식의 발로로 백제 관등을 버젓이 내세우기는 어려운 일일 것 같기 때문이다. 설령 신차가 그러한 마음가짐을 가지고 있었다 해도, 그것을 밖으로 드러내기란 쉽지 않은 일이다.

한편으로는 신라의 관등 수여가 京位와 外位로 구분되어 이루어졌기에, 불만을 품은 백제 유민들이 경위를 칭하거나 혹은 백제 관등을 썼다고 보기도 한다(金壽泰 1999, p.57). 이 또한 넓은 틀에서 보자면 불만으로 인해 그러하였다는 것이다. 그런데 명문에 이름을 남긴 것은 해당 지역에 있던 사람들 중 일부였고, 이들 신라 관등 소지자 대개는 애초 경위를 받은 반면, 외위를 받은 인물들은 명문에 언급되지 않았기에 그러했을 가능성도 있다.

그밖에 신차가 신라의 관등을 받지 못한 것이라 이해하기도 한다(곽동석 2013, p.84). 그러나 만일 신라의 조정에 의해 관등을 받지 못한 것이라면 그러한 인물이 명문 앞부분에 언급되고 있는 현상을 선뜻 이해하기도 쉽지 않다. 신차가 신라 관등을 못 쓴 것이 아니라 안 썼으며, 그 배경이 무엇인지에 대해 생각해보는 편이 실상에 부합하리라 여겨진다. 그 면에서 신차가 자신의 정치적·신분적 위상을 보여주기 위해 달솔 관등을 버리지 않았다고 보는 설(오택현 2013, p.197)도 주목된다. 단 홀로 백제 관등을 외부적으로 드러내는 일이 과연 온전히 자신의 의지로만 가능한 일인지도 의문이다. 다른 이들과 구별되는 본인의 특별한 선택이 허용될 수 있었던 배경 또한 존재했다고 보는 편이 타당하다. 아무리 과거라 하여도

22) 『三國史記』 卷40, 職官下.

보는 눈과 듣는 귀는 있기 때문이다.

백제 유민에 대한 신라 조정의 관등 수여 조치를 보면 제1관등인 좌평에 대한 부분이 없는데, 이는 당의 고위층 압송 조치나 이어지는 전란으로 인하여 해당 관등을 가진 인물이 거의 없었기 때문이다(李鍾旭 1999, p.259). 다시 말해 당시 달솔 관등 소지자는 사실상 백제 유민 가운데 최고의 위상을 가진 인물이라 하겠다. 「흑치상지묘지명」에서도 나오듯 黑齒常之 가문이 흑치 지역에 머문 뒤 대대로 달솔을 역임했던 것을 보면,[23] 신차의 가문 또한 재지 사회에서 그러한 위상을 가졌을 가능성이 있으며, 그것이 신차가 백제 관등을 칭할 수 있던 배경으로 작용하였을 수 있다. 나아가 본래 왕실의 일파로 여겨지는 흑치상지나 계백의 관등이 달솔이었던 점을 보면, 신차 또한 백제 왕실과 모종의 관계를 가지고 있다거나 거기서 分枝化한 집안 출신일 가능성도 있다. 여하튼 달솔이란 관등이 당시 사회에서 가지는 위상은 강고하였을 것이다.

이러한 상황 속에서 673년 1~4월 사이 신라 조정에서는 자국의 관등을 쓸 것을 조치하였다. 당시 연기 지역에서 백제를 부흥하고자 하는 뚜렷한 움직임이 있었다고 보기는 힘들고, 아울러 신라는 670~671년 이후 옛 백제 지역에 대한 통제를 강화해 나갔으리라 여겨진다. 단 당과의 전쟁이 이어지고 있었고, 조치가 취해진 지 오래지 않았을 시점이기에 신라 조정의 명령이 곧바로 일률적으로 이루어지지 못했을 가능성이 크다. 더욱이 신차는 앞서 보았듯이 나름의 세력 기반을 가지고 있었다. 물론 신차가 아무리 강대한 세력을 가졌다 해도 조정의 명령을 함부로 거부하면서, 그 와중에 신라 관등 소지자들과 불상을 함께 조성했다고 보기는 어렵다.

그렇다면 어떻게 이해해야 할까? 아마도 673년 조치 이후 경우에 따라 일정 정도 유예 기간이 두어졌거나, 혹은 특정 계선을 그어 그 아래의 관등 소지자들에 대해서만 우선적으로 신라 관등을 쓰도록 강제되었던 것이 아닌가 한다. 후자라면 백제 존속 당시 덕솔이었을 진무가 대사를 칭하였으니, 달솔을 제외한 나머지 관등이 일차적인 집행 대상이라고 볼 수 있겠다. 좌평과 달솔까진 정해진 인원이 있었으나 은솔부터는 그것이 없다는 것[24]에서도 볼 수 있듯이, 백제 존속 당시에도 달솔과 은솔 사이에는 모종의 사회적 계선이 존재했을 것으로 보이는 점을 생각하면 더욱 그러하다. 단 신라의 옛 백제 지역에 대한 지배력이 강화됨에 따라 종국에는 신차도 달솔 대신 대나마란 관등을 사용할 수밖에 없었을 것이며, 그 시기는 673년 이후 삼국통일이 완료된 676년 전후한 시점 사이로 추정된다.

4) 國王·大臣의 실체

계유명 아미타삼존사면석상은 물론이요, 계유명 삼존천불비상 명문에서도 國王과 大臣을 위하여 사찰 혹은 불상을 만든다는 문구가 나온다. 이 불상들의 조성될 때에는 이미 백제가 멸망하고 웅진도독부 또한 와해된 뒤이다. 단 백제 멸망으로부터 엄청나게 오래된 시점도 아니기에 국왕과 대신은 누구를 지칭

23) "府君諱常之 字恒元 百濟人也 其先出自扶餘氏 封於黑齒 子孫因以爲氏焉" 판독문은 宋基豪 1992, p.507 참조.

24) 『周書』 卷49, 百濟, "左平五人 一品 達率 三十人 二品 …… 自恩率以下 官無常員".

하는지에 대한 궁금증이 증폭되었다. 물론 이것이 불상 명문에 의례적으로 언급되는 형식이기는 하지만(金英美 1994, p.133), 그렇다 해도 어떠한 지칭 대상은 있었다고 보는 편이 자연스러울 것이다. 특정 왕 재위기간에 만들어진 명문에 나오는 국왕이란 호칭이 명목상이라 할지라도 결국에는 그 왕을 지칭하고 있는 것처럼 말이다.

먼저 백제의 국왕과 대신으로 보는 입장으로, 불상이 백제 유민들에 의해 만들어졌다는 점에 주목하여 망국의 군주와 대신의 명복을 빌고 극락왕생을 바라는 것으로 받아들였다(秦弘燮 1962, p.98; 김주성 2000, p.76; 최병식 2003, p.422). 그런데 이미 671년에 소부리주가 설치되었고, 673년에는 신라 관등 수여와 함께 外司正이 두어졌으며,[25] 675년에는 州郡印이 만들어지는 등[26] 신라 조정의 지방 장악은 급속도로 진전되고 있었다. 연기의 상황 또한 크게 다르지는 않았을 것이기에, 그렇게 보기에는 무리가 있지 않을까 한다.

다음으로 신라의 국왕과 대신으로 보는 입장으로, 명문의 백제 유민 대개가 신라 관등을 띠고 있고(金昌鎬 1991, pp.140-141), 위에서 언급하였듯이 당시 신라의 지배력이 강화되고 있던 시기였다는 점에 근거하고 있다(김수태 2003, p.278). 명문에 백제 부흥운동과 관련된 내용이 전혀 없다는 점(곽동석 2013, p.84)을 아울러 생각하면, 국왕과 대신은 신라 조정의 그들이라고 보는 편이 자연스러울 것이다. 계유명 아미타삼존사면석상 우측면의 "含靈"이란 표현이 망자의 영혼이 아니라 法界衆生을 의미하기에(金昌鎬 1991, p.140; 곽동석 2013, p.84), 죽은 이들을 위해 조성했다고 보기 힘들다는 점을 생각하면 더욱 그러하다.

단 표면적으로는 신라의 국왕과 대신들을 위한다고 하였으나 실제로도 그들이 그러했을지는 알 수 없다. 계유명 아미타삼존사면석상을 비롯하여 계유명 삼존천불비상·무인명 연화사 사면석상·기축명 아미타불석상 등 삼국통일 직후에 만들어진 연기 일대 불상군을 보면, 이들은 납석이라는 재료뿐 아니라 표현 양식 면에서도 백제의 옛 유형을 따르고 있다(鄭恩雨 2003, p.90; 최병식 2003, p.422; 박영민 2010, p.150; 곽동석 2013, p.76). 이를 통해 백제계 장인들이 불상 조성에 참여하였고, 발원자들 또한 백제 유민들이었음을 엿볼 수 있다(鄭恩雨 2003, p.90). 아마도 발원자들이 亡國의 현실은 인정하였으나 백제 유민으로서의 정체성을 가지고 있었기에 옛 백제 양식으로 불상을 조성하려 하였던 것이 아닌가 한다(박영민 2010, p.150). 명문에 언급된 백제유민 대개가 신라의 관등을 칭하면서 겉으로는 신라의 권위를 인정한 것 같음에도, 실상은 복잡한 심경이었음을 알 수 있다.

그 면에서 주목되는 것은 이 시기에 조성된 불상들이 아미타신앙에 근거하여 조성되었다는 사실이다. 아미타불은 죽어서 가는 서방정토의 구세주로 죽음과 맞닿아 있는 중생들에게 위안을 주는 존재이다. 따라서 이 불상 명문들이 표면적으로는 신라의 국왕과 대신들을 위한다고 나오지만, 심정적으로는 백제의 국왕과 대신들을 위하는 것이었다고 볼 수도 있다(盧重國 1988, pp.152-153; 조경철 2004, pp.324-326).

25) 『三國史記』 卷7, 文武王 13年.

26) 『三國史記』 卷7, 文武王 15年 正月.

한편으로는 아미타신앙이 현세 도피적이고 염세적이기에 조성 세력이 신라 왕권에 비판적이었다 해도, 실제로는 타협적인 국면을 드러낸 것으로 생각할 수도 있다(김수태 2003, p.279). 어떻게 보든 國王·大臣의 실체가 복합적이라는 것인데 필자 또한 공감한다.

백제가 멸망하고 이제는 '신라인 아닌 신라인'으로서 참담한 삶을 살아가야 하였기에 불사에서도 신라 조정을 언급하게 되었으나, 아미타신앙에 의지한 채 망국의 스타일로 불상을 만들며 사라져간 이들을 마음 한 구석에 담아두는 것. 이것은 시간과 공간만 다를 뿐 어느 경우에나 생길 법한 일들이 아닐까 한다. 뒤집어 보자면 백제에 대한 미련이 있다 해도 신라 관등을 칭할 수밖에 없고 신라 조정의 안녕을 빌 수밖에 없는 상황인데, 이는 신라의 백제 지역 지배가 나름대로는 순조롭게 이루어지고 있었음을 보여주는 하나의 사례이기도 할 것이다. 아마 673년에는 신차가 달솔이라 하였으나 계속 속세에 머물렀다면, 오래지 않아 신라 조정의 새로운 조치가 내려지기도 전에 스스로 대나마임을 인정하였을지도 모른다. 사람도 그대로이고 산수도 그대로인데 사직이 사라지고 凶賊으로 여기던 이들의 신민이 되었을 때의 그 고뇌를 잘 보여주는 것이 바로 이 불상이 아닐까 한다.

5. 참고문헌

1) 보고서 및 자료집

국립경주박물관 편, 2002, 『文字로 본 新羅』, 국립경주박물관.

국립청주박물관 편, 2013, 『불비상 염원을 새기다』, 국립청주박물관.

李蘭暎 편, 1968, 『韓國金石文追補』, 中央大學校出版部.

충청남도역사문화원 편, 2005, 『百濟史資料原文集(Ⅰ) -韓國篇-』, 충청남도역사문화원.

韓國古代社會研究所 편, 1992, 『譯註 韓國古代金石文2 -신라1·가야 편-』, 駕洛國史蹟開發研究院.

許興植 편, 1984, 『韓國金石全文 -古代篇-』, 亞細亞文化社.

黃壽永, 1976, 『韓國金石遺文』, 一志社; 1999, 『黃壽永全集4 -금석유문-』, 혜안.

2) 논저류

강종원, 2012, 「백제시대 연기지역의 在地勢力과 眞氏」, 『백제와 주변세계』, 진인진.

곽동석, 2013, 「연기지방 불비상의 조형미」, 『불비상 염원을 새기다』, 국립청주박물관.

金壽泰, 1999, 「新羅 文武王代의 對服屬民 政策 -百濟遺民에 대한 官等授與를 中心으로-」, 『新羅文化』 16, 東國大學校 新羅文化研究所.

김수태, 2003, 「燕岐地方의 百濟復興運動」, 『先史와 古代』 19, 韓國古代學會.

金英美, 1994, 『新羅 佛教思想史 研究』, 民族社.

金貞淑, 1992, 「癸酉銘 阿彌陀佛三尊四面石像」, 『譯註 韓國古代金石文2 -신라1·가야 편-』, 駕洛國史

蹟開發研究院.
金周成, 1990, 「百濟 泗沘時代 政治史 硏究」, 全南大學校博士學位論文.
김주성, 2000, 「연기 불상군 명문을 통해 본 연기지방 백제유민의 동향」, 『先史와 古代』 15, 韓國古代學會.
金昌鎬, 1991, 「癸酉銘阿彌陀三尊佛碑像의 銘文」, 『新羅文化』 8, 東國大學校 新羅文化硏究所.
盧重國, 1988, 「統一期 新羅의 百濟故地 支配 -《三國史記》 職官志·祭祀志·地理志의 百濟關係記事分析을 中心으로-」, 『韓國古代史硏究』 1, 韓國古代史學會.
文明大, 1980, 『韓國彫刻史』, 悅話堂.
박영민, 2010, 「忠南 燕岐地域 蠟石製 佛像群 硏究」, 『東岳美術史學』 11, 東岳美術史學會.
성재현, 2013, 「계유명전씨아미타불비상 글자의 내용」, 『불비상 염원을 새기다』, 국립청주박물관.
宋基豪, 1992, 「黑齒常之 墓誌銘」, 『譯註 韓國古代金石文1 -고구려·백제·낙랑 편-』, 駕洛國史蹟開發研究院.
오택현, 2013, 「백제 복성(複姓)의 출현과 그 정치적 배경」, 『역사와 현실』 88, 한국역사연구회.
尹善泰, 2005, 「新羅 中代末~下代初의 地方社會와 佛敎信仰結社」, 『新羅文化』 26, 東國大學校 新羅文化研究所.
李基白, 1990, 『新羅思想史硏究』, 一潮閣.
李鍾旭, 1999, 『新羅骨品制硏究』, 一潮閣.
全榮來, 1994, 「燕岐 碑岩寺石佛碑像과 眞牟氏」, 『百濟硏究』 24, 忠南大學校 百濟硏究所.
鄭恩雨, 2003, 「燕岐 佛碑像과 충남지역의 백제계 불상」, 『百濟文化』 32, 公州大學校 百濟文化硏究所.
조경철, 2004, 「백제 유민의 숨결, 계유명아미타불삼존불비상」, 『고대로부터의 통신』, 푸른역사.
朱甫暾, 1989, 「統一期 地方統治體制와 整備와 村落構造의 變化」, 『大邱史學』 37, 大邱史學會.
秦弘燮, 1962, 「癸酉銘 三尊千佛碑像에 대하여」, 『歷史學報』 17·18, 歷史學會.
최병식, 2003, 「癸酉銘三尊千佛碑像에 대한 再檢討」, 『先史와 古代』 19, 韓國古代學會.
홍련희, 2011, 「7世紀 燕岐地域 阿彌陀佛像의 西方淨土圖像 硏究」, 『불교미술사학』 11, 佛敎美術史學會.
洪連禧, 2012, 「7世紀 阿彌陀佛像의 圖像 硏究」, 『韓國古代史探究』 10, 韓國古代史探究學會.
黃壽永, 1960, 「碑巖寺所藏의 新羅在銘石像」, 『考古美術』 1-4, 韓國美術史學會; 1998, 『黃壽永全集1 -한국의 불상(상)-』, 혜안.
黃壽永, 1962, 「燕岐 蓮花寺의 石像」, 『考古美術』 3-5, 韓國美術史學會; 1998, 『黃壽永全集1 -한국의 불상(상)-』, 혜안.
黃壽永, 1964, 「忠南燕岐 石像調査 -百濟遺民에 의한 造像활동-」, 『藝術院論文集』 3, 學術院; 1998, 『黃壽永全集1 -한국의 불상(상)-』, 혜안.

中吉功, 1971, 『新羅·高麗の佛像』, 二玄社.

戊寅銘蓮花寺四面石像 銘文

강진원

1. 개관

충청남도 연기군 서면 月下里 蓮花寺 법당 안 불단 위에 봉안되어 있는 四面佛碑像이다. 碑巖寺 소재 고대 불상들의 존재를 알렸던 李在玉의 선도로 1961년 6월 세상에 모습을 드러냈다. 본래는 다른 곳에 있었던 것이라 하는데, 이재옥의 조사에 따르면 연화사로부터 2㎞ 떨어진 같은 면 雙流里(권터굴) 傳稱 生千寺(?)址에 있었다고 한다(黃壽永 1998, pp.75-76). 보물 제649호이다. 높이 52.4cm, 폭 22.5cm, 두께 16cm의 장방형 석상으로서, 다른 돌에 삽입하기 위한 돌기가 만들어졌다. 측면은 위가 좁고 아래가 넓은 사다리꼴을 이루고 있다. 앞뒤의 넓은 면에는 각각 五尊과 三尊이 있으며, 양 측면 중앙에는 각 4행의 명문이 해서체로 새겨져 있다. 그 상하로는 一軀의 여래상과 '卍'자형 欄干紋이 부각되어 있다. 마모가 심해서 글자를 판독하기 어려우니, 좌측면은 아예 읽을 수 없을 정도이다. 우측면에 '戊寅年'이라는 간지가 보이는데, 구체적으로 어느 시기의 것인가를 알기 위해서는 불상의 양식을 아울러 살펴볼 필요가 있다. 여래상의 通肩衣를 보면 통일기 전후, 보살상의 上裸를 보면 통일신라시대로 추정된다. 따라서 이 명문에 나오는 무인년은 678년(문무왕 18)으로 여겨진다. 단 더 늦어질 가능성도 없지 않다. 불상의 전면에는 아미타불, 후면에는 반가사유상이 새겨져 있기에, 당대의 불교 신앙이 아미타신앙과 미륵신앙이었음을 알 수 있다(譯註, p.190).

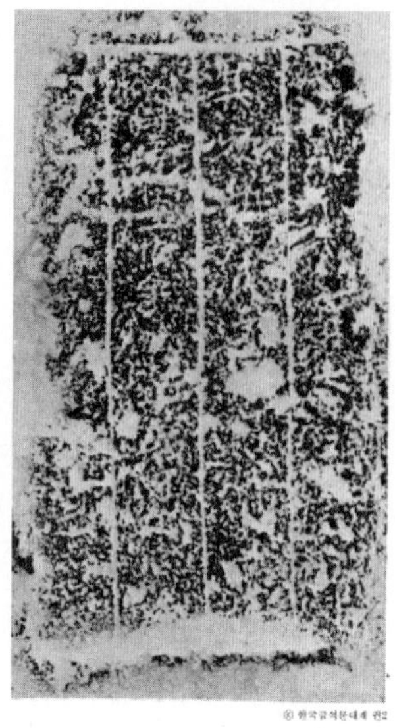

*　　　　　　　　　　　　　　　　　　　* *

*출처: http://gsm.nricp.go.kr/_third/user/frame.jsp?View=search&No=4&ksmno=2828

* *출처: http://db.history.go.kr/item/level.do?itemId=gskh&setId=249504&position=0

2. 판독 및 교감

4	3	2	1	
▨	▨	其	戊	①
▨	▨	家	寅	②
▨	▨	▨	年	③
▨	▨	▨	七	④
	一	▨	月	⑤
	切	▨	七	⑥
	衆		日	⑦
	生		▨	⑧
	▨		▨	⑨
	[阿]		▨	
	[彌]			
	[陀]			
	[彌]			

戊寅年七月七[1]日 ▨▨▨」其家▨▨▨▨」▨▨▨▨一切衆生▨[阿][彌][陀][彌]」▨▨▨▨

1-④·⑤·⑥·⑦: 七月七日

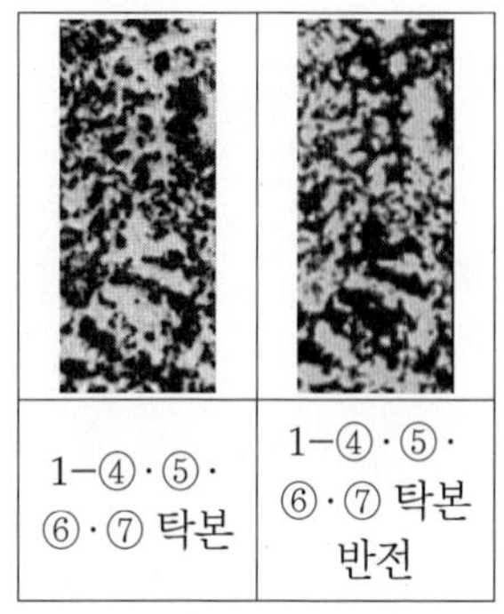

1-④·⑤·⑥·⑦ 탁본	1-④·⑤·⑥·⑦ 탁본 반전

∴ 1-⑥을 '九'로 보기도 하지만, '七'로 판독하는 데에 이견이 없는 1-④와 1-⑥이 같은 자형으로 여겨지므로, '七'로 읽는 것이 합당하지 않을까 한다.

3. 역주

무인년(678, 문무왕 18) 7월 7일…其家……一切衆生(을 위하여) [阿彌陀佛]과 [彌勒]……

4. 참고문헌

1) 보고서 및 자료집

국립경주박물관 편, 2002, 『文字로 본 新羅』, 국립경주박물관.

국립청주박물관 편, 2013, 『불비상 염원을 새기다』, 국립청주박물관.

李蘭暎 편, 1968, 『韓國金石文追補』, 中央大學校出版部.

韓國古代社會研究所, 1992, 『譯註 韓國古代金石文2 -신라1·가야 편-』, 駕洛國史蹟開發研究院.

許興植 편, 1984, 『韓國金石全文 -古代篇-』, 亞細亞文化社.

黃壽永, 1976, 『韓國金石遺文』, 一志社; 1999, 『黃壽永全集4 -금석유문-』, 혜안.

1) 七(李蘭英, 中吉功, 遺文, 文明大, 全文, 譯註, 국립경주박물관), 九(국립청주박물관).

2) 논저류

金貞淑, 1992,「戊寅銘 蓮花寺 四面石像」,『譯註 韓國古代金石文2 -신라1·가야 편-』, 駕洛國史蹟開發研究院.

文明大, 1980,『韓國彫刻史』, 悅話堂.

黃壽永, 1962,「燕岐 蓮花寺의 石像」,『考古美術』 3-5, 韓國美術史學會; 1998,『黃壽永全集1 -한국의 불상(상)-』, 혜안.

黃壽永, 1964,「忠南燕岐 石像調査 -百濟遺民에 의한 造像활동-」,『藝術院論文集』 3, 學術院; 1998,『黃壽永全集1 -한국의 불상(상)-』, 혜안.

中吉功, 1971,『新羅·高麗の佛像』, 二玄社.

8 불상명문 佛像銘文

己丑銘阿彌陀佛石像 銘文

강진원

1. 개관

충청남도 연기군 전의면 多方里 碑巖寺에서 계유명 아미타불삼존석상과 함께 조사되었다. 현재 국립청주박물관에 소장 중이며, 보물 제367호이다. 높이 57.5cm, 아래의 폭 31.5cm이고, 측면의 폭은 아래가 8.5cm로 위로 올라가면서 점차 얇아졌으며, 후면 또한 정상을 향하여 곡변을 이루고 있다. 전면에 불상이 조각되어 있고, 뒷면 상부에 해서체로 쓰인 4행의 명문이 있다. 글자 크기는 2cm이다. 명문에 '己丑'이라는 간지가 보여 조성 연대를 추정해볼 수 있다. 불상 양식을 보면 如來本尊은 蓮花座 위에 結跏趺坐를 하고 있는데, 肉髻가 있고 옷은 通肩衣이다. 오른손은 명확치 않으나 왼손은 가슴 아래로 들었고, 가슴에는 '卍'자가 새겨져 있다. 이는 이 불상이 통일 후 오래지 않은 시기에 만들어졌음을 보여준다. 단 양식상 673년에 만들어졌다고 여겨지는 계유명 아미타삼존사면석상보다는 후대의 산물로 생각되므로, 기축년은 689년(신문왕 9)일 가능성이 크다(譯註, pp.192-193).

*　　　　　　　　　　　　　　* *

*출처: http://gsm.nricp.go.kr/_third/user/frame.jsp?View=search&No=4&ksmno=2829

* *출처: http://db.history.go.kr/item/level.do?itemId=gskh&setId=249504&position=0

2. 판독 및 교감

4	3	2	1	
▨	阿	此	己	①
▨	弥	▨	丑	②
	陁	七	年	③
	佛	世	二	④
	及	父	月	⑤
	諸	母	十	⑥
	佛	及	五	⑦
	菩	▨	日	⑧
	薩	子		⑨
	像	▨		⑩

己丑年二月十五日」此▨七世父母及[1)]▨[2)]子[3)]▨」阿弥陁佛及諸佛菩薩像」▨▨

2-⑦: 及

2-⑦ 사진	2-⑦ 탁본	2-⑦ 탁본 반전	3-⑤ 탁본	3-⑤ 탁본 반전	계유명 아미타삼존사면석상 우측면 중앙-① 탁본	隋 龍華寺碑

∴ 3-⑤ '及'과 자형이 비슷하다고 여겨진다.

2-⑧·⑨: ▨

2-⑧·⑨ 사진	2-⑧·⑨ 탁본	完	北魏 吳瑱墓誌銘	究	唐 歐陽通 道因法師碑	宛	唐 五經文字	子	北魏 楊大眼 造像記

∴ 최근 '宛子'로 읽는 견해가 제기되었다. 2-⑨는 '子'로 판독해도 별 탈이 없을 것 같지만, 2-⑧은 확실치 않다. '宀'이 있는 것은 확인되지만, '完'이나 '究'로도 볼 여지가 있기에 일단은 판독을 유보키로 한다.

3. 역주

기축년(689, 신문왕 9) 2월 15일, 이…七世父母 및 ▨子…阿彌陀佛 및 諸佛菩薩像…

1) 及(遺文, 文明大, 譯註, 국립경주박물관, 국립청주박물관), 大(李蘭英, 中吉功, 全文).
2) 宛(국립청주박물관), ▨(李蘭英, 中吉功, 遺文, 文明大, 全文, 국립경주박물관).
3) 子(국립청주박물관), ▨(李蘭英, 中吉功, 遺文, 文明大, 全文, 국립경주박물관).

4. 참고문헌

1) 보고서 및 자료집

국립경주박물관 편, 2002, 『文字로 본 新羅』, 국립경주박물관.

국립청주박물관 편, 2013, 『불비상 염원을 새기다』, 국립청주박물관.

李蘭暎 편, 1968, 『韓國金石文追補』, 中央大學校出版部.

韓國古代社會研究所 편, 1992, 『譯註 韓國古代金石文2 -신라1·가야 편-』, 駕洛國史蹟開發研究院.

許興植 편, 1984, 『韓國金石全文 -古代篇-』, 亞細亞文化社.

黃壽永, 1976, 『韓國金石遺文』, 一志社; 1999, 『黃壽永全集4 -금석유문-』, 혜안.

2) 논저류

金貞淑, 1992, 「己丑銘 阿彌陀佛石像」, 『譯註 韓國古代金石文2 -신라1·가야 편-』, 駕洛國史蹟開發研究院.

文明大, 1980, 『韓國彫刻史』, 悅話堂.

黃壽永, 1960, 「碑巖寺所藏의 新羅在銘石像」, 『考古美術』 1-4, 韓國美術史學會; 1998, 『黃壽永全集1 -한국의 불상(상)-』, 혜안.

黃壽永, 1964, 「忠南燕岐 石像調査 -百濟遺民에 의한 造像활동-」, 『藝術院論文集』 3, 學術院; 1998, 『黃壽永全集1 -한국의 불상(상)-』, 혜안.

中吉功, 1971, 『新羅·高麗の佛像』, 二玄社.

金銅鄭智遠銘釋迦如來三尊立像 銘文

임혜경

1. 개관

金銅鄭智遠銘釋迦如來三尊立像(이하 정지원명불상)은 1919년에 충남 부여 부소산성의 送月臺(지금의 泗沘樓)에서 출토되었다고 전하며, 전체가 한 번에 주조된 一鑄式 일광삼존 형식으로 舟形의 광배를 갖추고 있다. 높이는 8.5cm로 비교적 소형의 불상이다. 전반적으로는 상태가 양호하지만 본존불 왼쪽 협시보살의 동체가 떨어져 나가 머리 부분만이 남아있으며, 본존불의 머리 바로 위와 허리 높이에서 각각 광배 전체를 가로지르는 금이 나 있다. 협시보살의 동체는 본존불 허리 높이의 가로 금을 따라 가장자리가 깨지면서 떨어져 나간 것으로 보이며, 머리 높이의 가로금으로 인해 광배 뒷면 명문 각 행의 2번째 글자가 일부 훼손되었다. 1932년에 도난당했다가 되찾는 과정에서 광배의 상부와 왼쪽 협시보살의 아랫부분이 잘려나갔다고 하는데(박윤선 2014, p.221), 1939년에 공개된 사진에서는 광배의 상부가 다시 붙어 있었다고 한 것으로 보아(박윤선 2014, p.222) 그 사이 어느 시점에 광배가 수리·복원되었으며, 현재 보이는 본존 머리높이의 금이 그 흔적인 것으로 생각된다. 1963년에 보물 제196호로 지정되어 현재 국립부여박물관에서 소장하고 있다.

광배 뒷면에는 발원주체와 조상 공덕의 회향 대상, 발원내용이 명시된 3행 16자의 명문이 큼직하고 투박한 글씨로 새겨져 있으며, 그 내용은 鄭智遠이 죽은 부인의 명복을 빌기 위해 金像을 제작하였음을 간략하게 기록한 것이다. 2자에 대해 자형을 약간 다르게 보거나 판독이 불가능한 것으로 본 경우가 있으나 전체적인 판독에는 대체로 일치된 견해를 보이고 있으며, 해석 역시 연구자들 간에 별다른 차이가 없다.

이 불상은 백제의 작품이면서도 고구려의 일광삼존불상과 흡사한 양식을 보여준다는 점을 바탕으로 나제동맹이 파기되고 고구려와 백제가 적극적인 연합전선을 구축함에 따라 양국 간의 문화교류도 활발히 전개되었던 6세기 후반의 정세를 잘 반영하는 작품으로 평가되며(문명대 1980, p.126), 왕실이나 국가를 위한 발원 명문과 달리 죽은 부인의 명복을 염원하는 소박한 분위기를 보여준다는 점을 들어 죽은자에 대한 추복이 불교 신앙의 중요한 축으로서 造像의 주요 동기가 되었음이 지적되거나(박윤선 2014, p.230), 당시 불교가 대중 사이에 널리 퍼져있었음을 보여주는 자료로 이해되기도 한다(강우방 1995, p.341).

출처: 김영관 소장
본고를 위하여 직접 찍으신 사진을 제공하여 주신 김영관 선생님께 감사드립니다.

2. 판독 및 교감

3	2	1	
早	趙	鄭	①
離	思	智	②
三	敬	遠	③
塗	造	爲	④
	金	亡	⑤
	像	妻	⑥

출처: 김영관 소장

鄭智遠爲亡妻趙思, 敬造金像. 早離三塗.

1-②: 智

∴ 앞서 언급하였듯이 광배 뒷면을 크게 가로지르는 금 때문에 '知' 부분이 일부 손상되었으나 '口'와 '日' 부분이 비교적 명확하여 '智'로 추정이 가능하며, 현재 모든 연구자들도 동일하게 '智'로 판독하고 있다.

1-③: 遠

정지원명불상	北魏 奚智墓地	北魏 元遥墓地

∴ '辶'의 각이 90도 이상으로 벌어져 있으며 단순하게 내려 그은 형태가 아래 자형비교에서 보이는 북위대의 글자와 유사하지만, '袁' 부분을 바깥으로 점차 벌어지는 모습으로 세 번 내리 그은 형태에 대해서는 비슷한 자형이 확인되지 않는다. 그러나 '遠'으로 판독하는 데에는 이견이 없다.

1-④: 爲

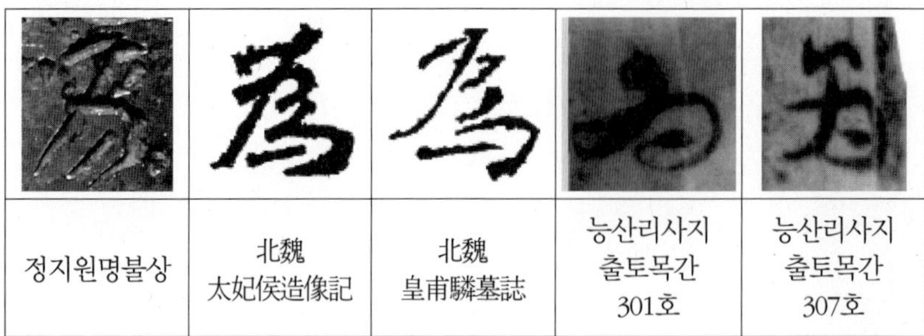

정지원명불상	北魏 太妃侯造像記	北魏 皇甫驎墓誌	능산리사지 출토목간 301호	능산리사지 출토목간 307호

∴ 매우 투박하게 특이한 형태로 새겨서 다른 자료에서 비슷한 자형이 확인되지 않지만, '爲'로 판독하는 데에는 이견이 없다. '爪' 부분과 '丿' 부분의 상단 끝이 거의 붙어 있으며, '灬'을 하나의 선으로 표현한 것 등이 위의 자형비교에서 보이는 북위대의 글자와 비교할 때, 획수 및 '灬'의 형태가 약간 다르지만 대체로 같은 형태를 의도하고 쓴 것으로 볼 수 있겠다. 한편 능산리사지에서 출토된 목간 중 일반적인 '爲'의 자형과 사뭇 다르게 쓴 사례가 확인되는데, 목간은 나무에 붓으로 쓴 것인데 비하여 정지원명불상의 명문은 금동제 판에 새긴 것이라는 점을 고려하면 전반적으로 같은 의도를 가지고 쓴 글자라고 볼 수 있으며, 백제의 다양한 글자생활의 한 측면을 보여주는 사례로도 이해할 수 있을 것이다.

2-①: 趙

정지원명불상	계미명불상

∴ '走'의 아랫부분과 '肖'의 형태가 그림을 그리듯이 특이한 형태로 써서 비슷한 자형이 쉽게 찾아지지 않지만, '趙'로 판독하는 데는 이견이 없다. 앞서 언급했듯이 비슷한 시기의 백제 작품으로 이해되는 계미명불상의 '趙'자와도 크게 다르다.

2-②: 思

∴ 1행의 '智'와 마찬가지로 금이 지나고 있을 뿐만 아니라 이 부분에서 조각이 떨어져 나가 틈이 벌어졌기 때문에 판독이 쉽지 않다. '田'의 윗부분과 '心'의 아랫부분이 남아있어 대체로 '思'로 판독하고 있지만, '▨'로 표기하여 판독이 불가능하다고 본 사례도 있다(김원룡 1968).

3-②: 離

∴ 역시 금이 지나가고 있어 글자 일부가 결락되었다. '隹' 부분은 비교적 그 형태가 잘 남아있는 반면

에 '离' 부분은 명확하지 않지만 모두 '離'로 판독하고 있다.

3-④: 塗

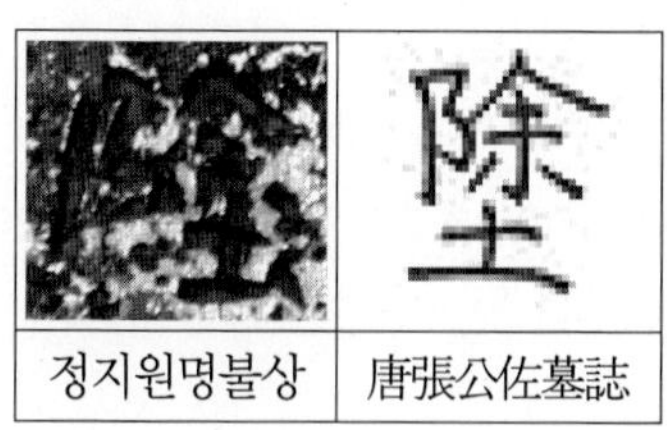

정지원명불상	唐張公佐墓誌

∴ '塗'의 이체자이다. 판독안 자체를 '塗'로 표기한 경우가 많으나(김원룡 1968; 中吉功 1971; 허흥식 1984; 김영태 1992), 자형 자체는 확연하게 '塗'임이 확인된다.

3. 역주

鄭智遠이 죽은 부인 趙思[1]를 위하여 삼가 金像을 만들었다. (부인이) 어서 빨리 三塗[2]에서 벗어나기를.......

1) 鄭智遠·趙思: '鄭智遠'은 불상을 제작한 발원주체, '趙思'는 그의 亡妻로서 불상을 제작한 공덕의 회향 대상이다. 이들 부부는 그 성씨 鄭·趙가 중국계 성씨라는 점에서 일찍부터 중국계 귀화인으로 추정되었는데, 이 불상의 양식을 고구려 계통으로 파악하는 입장에서는 불상의 출토지역이 부여라는 점을 고려하여 정지원이 고구려를 거쳐 백제로 귀화한 인물이라고 파악하기도 하고(곽동석 1993. p.15), 출토지에 크게 의미를 부여하지 않는 입장에서는 중국계임은 분명하지만 고구려로 귀화했는지 백제로 귀화했는지는 알 수 없다는 유보적 견해를 피력하기도 하였다(김창호 1994, p.33). 이미 지적된 것처럼 현재까지 백제의 인물로서 鄭·趙를 성씨로 하는 사례가 확인되지 않고 있기 때문에(譯註) 이 불상의 제작국 문제와 관련하여 추가적인 검토가 지속되어야 할 것으로 생각된다.

2) 三塗: 身·口·意의 여러 악업에 의하여 태어나게 되는 火塗, 刀塗, 血塗, 즉 三惡道를 의미한다. 火塗는 地獄道로서 이곳의 중생들은 끊임없이 끓는 가마솥이나 화로 숯의 열기에 의해 고통을 받기 때문에, 혹은 이곳은 열기[火聚]가 매우 심하다고 하여 火塗라고 부른다. 刀塗는 곧 餓鬼道이며, 끊임없이 칼과 몽둥이에 의한 핍박의 고통을 받기 때문에 刀塗라고 한다. 血塗는 畜生道로서 이곳에서 고통을 받는 중생들은 강한 자가 약한 자를 정복하고 서로 잡아먹으며, 피를 마시고 고기를 먹기 때문에 血塗라고 부른다(『佛光大辭典』). 발원명문에서 '三塗'가 언급된 비슷한 시기의 국내 사례로 「甲寅銘金銅光背」(594년)을 들 수 있으며(본 자료집의 甲寅銘金銅光背 항목 참조), 좀 더 시기가 내려가는 사례로는 통일신라시기의 「皇福寺石塔金銅舍利函記」(706년)를 들 수 있다. 이 명문은 성덕왕이 이미 승하한 신문왕과 신문왕비 및 효소왕을 위하여 황복사 석탑에 사리와 불상, 다라니를 봉안한 사실을 기록한 것으로 명문의 후반부는 先王·先王妃의 깨달음과 더불어 당시의 왕·왕후, 내외 친속들의 장수와 번영 및 중생의 안락을 기원하는 내용으로 이루어져 있는데, 이 가운데 '항상 법륜을 굴려 三塗의 중생들이 어려움에서 벗어나기를[恒轉法輪 三塗勉難]'이라는 구절이 보인다(譯註 Ⅲ 1992). 이밖에도 淨瓶이나 石燈의 명문 가운데 '三塗'가 언급된 고려시대의 자료도 알려져 있다(본 자료집의 甲寅銘金銅光背 항목 참조).

4. 연구쟁점

정지원명 불상을 둘러싼 쟁점은 그 조성시기와 제작국 문제에 집중되어 있다. 먼저 조성시기와 관련하여 살펴보면, 명문에 조성시기가 나타나지 않기 때문에 정확한 제작 연대를 알 수 없어 이른 시기 일본인 학자의 경우 聖王代(523~554)로 추정하기도 하였으나(中吉功 1971: 김창호 1994, p.33에서 재인용), 「景四年辛卯銘金銅三尊佛立像」(571년)과 전체적인 형태나 세부양식이 거의 비슷하고(문명대 1980, p.125), 소박하고 장식적인 성격이 약한 초기의 조각 기법을 보여준다는 점에서 현재는 대체로 6세기 중·후반에 제작된 것으로 추정되고 있다(정영호 2004, p.133; 2011, p.23).

제작국과 관련하여서는 이 불상이 부여 부소산성에서 출토되었기 때문에 대다수의 연구자들이 백제의 작품으로 인정하고 있으며, 양식적인 측면에서도 새의 깃처럼 양쪽으로 뻗친 옷자락과 팽팽한 양 볼 등이 역시 부여에서 출토된 「軍守里金銅彌勒菩薩立像」과 흡사하여(문명대 1980, p.125) "백제의 전형적 양식"(정영호 2004, p.133)을 보여주는 것으로 이해되고 있다. 그러나 이에 대한 이견도 없지 않다. 앞서 간단히 언급하였듯이, 일찍이 그 명문에 보이는 鄭·趙라는 성씨가 당시 백제에 있었는지에 대한 의문을 제기하면서 백제의 불상으로 보기 곤란하다는 점이 지적된 것이다(홍사준 1954, p.254). 이에 대하여 발원주체와 발원대상으로 등장하는 鄭智遠과 趙思가 중국에서부터 귀화한 백제인물일 가능성은 있지만 亡妻의 명복을 비는 불상이 멀리 이국에서 유통되지는 않았을 것이므로 백제에서 제작된 것이 분명하다는 반론이 나오기도 했다(金元龍 1992: 김창호 1994, p.33에서 재인용). 이후 다시 이들이 백제 귀화인인지 확인할 수 없을 뿐더러 투박하고 거친 조각 수법과 명문의 刻法, 세부적인 표현의 심한 생략 등이 정치한 조각기법을 강점으로 하는 백제 불상의 특징에 부합하지 않는다는 점에서 그 제작 지역에 대한 판단을 유보하거나, 고구려에서 제작되었거나 최소한 고구려계 장인에 의해 조성되었을 가능성도 있다고 보는 입장도 제시되었다(곽동석 1993; 김창호 1994). 이처럼 제작국에 대한 견해가 거듭 엇갈리면서, 현재 금석문자료집에서는 정지원명불상을 백제 항목에서 소개하는 경우도 있고(譯註), 제작국을 명시하지 않은 경우도 있다(全文; 『韓國古代金石文資料集』Ⅰ). 한편 최근에는 정지원명불상의 신체비례, 광배형식 및 명문의 내용과 '불상조성자+발원대상+불상명+발원내용'의 순서가 중국 산동성 龍華寺址에서 출토된 금동불상과 유사하며, 특히 崔·盧·鄭·王氏가 唐末까지 山東四姓으로 활약했다는 점을 들어 이 불상이 산동지방에서 제작되어 백제로 전해진 도래불로 추정하는 견해도 제시되었다(성윤길 2013).

5. 참고문헌

1) 보고서 및 자료집

국립가야문화재연구소, 2006, 『韓國의 古代木簡』, 국립가야문화재연구소(舊 국립창원문화재연구소).

國史編纂委員會, 1995, 『韓國古代金石文資料集』Ⅰ, 國史編纂委員會.

星雲大師 監修·慈怡 主編, 1993, 『佛光大辭典』, 書目文獻出版社.

許興植, 1984, 『韓國金石全文 -古代篇-』, 亞細亞文化社.

韓國古代社會研究所 編, 1992, 『譯註 韓國古代金石文』 I · III, 駕洛國史蹟開發研究院.

2) 논저류

강우방·곽동석·민병찬, 2004, 『한국 미의 재발견 -불교 조각-』, 솔.

강우방, 1990, 「金銅日月飾三山冠思惟像攷(上)」, 『미술자료』 30.

강우방, 1995, 『한국 불교 조각의 흐름』, 대원사.

곽동석, 1993, 「金銅製一光三尊佛의 系譜 -韓國과 中國 山東地方을 中心으로-」, 『미술자료』 51.

金煐泰, 1992, 『三國新羅時代佛敎金石文考證』, 民族社.

김원룡, 1968, 『韓國美術史』, 범문사: 『韓國古代金石文資料集』 I 에서 재인용.

金元龍, 1992, 「佛像隨錄」, 『불교미술』 11: 김창호 1994에서 재인용.

金昌鎬, 1994, 「甲寅年銘釋迦像光背銘文의 諸問題 -6세기 佛像造像記의 검토와 함께-」, 『美術資料』 제53호, 국립중앙박물관.

문명대, 1980, 『韓國彫刻史』, 悅話堂.

박윤선, 2014, 「정지원의 불교 신앙생활과 백제의 성씨, 정지원명삼존불상」, 『금석문으로 백제를 읽다』, 학연문화사.

성윤길, 2013, 「삼국시대 6세기 금동광배 연구」, 『美術史學研究』 277, 한국미술사학회.

소현숙, 2009, 「法隆寺 獻納寶物 甲寅銘金銅光背 研究」, 『한국고대사연구』 54, 한국고대사학회.

소현숙, 2011, 「法隆寺獻納寶物 甲寅銘金銅光背 銘文 연구」, 『백제문화』 44, 공주대학교 백제문화연구소.

정영호, 2004, 『백제의 불상』, 주류성.

정영호, 2011, 「百濟와 中國南朝의 金銅一光三尊像에 關한 試論 -百濟 甲午銘 金銅一光三尊佛像의 新出을 계기로-」, 『문화사학』 35.

中吉功, 1971, 『新羅高麗の佛像』, 東京, 二玄社: 『韓國古代金石文資料集』 I 에서 재인용.

최성은, 2012, 「프리어미술관 소장 金銅光背에 대한 考察」, 『CHINA연구』 12.

洪思俊, 1954, 「百濟 砂宅智積碑에 對하여」, 『역사학보』 6, 역사학회.

중국 출토 백제유민 묘지명

扶餘隆 墓誌銘

太妃 扶餘氏 墓誌銘

李濟 墓誌銘

黑齒常之 墓誌銘

黑齒俊 墓誌銘

禰軍 墓誌銘

禰寔進 墓誌銘

禰素士 墓誌銘

禰仁秀 墓誌銘

陳法子 墓誌銘

難元慶 墓誌銘

1

扶餘隆 墓誌銘

안정준

1. 개관

「扶餘隆 墓誌銘」은 1919년 중국 河南省 洛陽의 北邙山에서 출토된 이후,[1] 1920년 조선총독부에서 펴낸 『朝鮮金石總覽』 補遺에 탁본 사진과 판독문이 실렸으며, 京都帝國大學의 內藤湖南이 『藝文』 1921년 1월호를 통해서 소개하였다. 1923년에는 葛城末治가 「百濟扶餘隆の墓誌に就いて」라는 논문을 학계에 발표하면서 본격적인 연구가 진행되었으며, 이 묘지명을 찾아낸 羅振玉은 1937년에 『唐代海東藩閥誌存』 卷1을 통해 연구 결과를 발표하기도 했다.[2] 기존에 『三國史記』와 『舊唐書』, 『新唐書』, 『資治通鑑』 등의 문헌에도 부여융의 행적에 대한 기록들이 남아 있었지만, 이 묘지명의 발견으로 인해 부여융의 入唐 이후 행적에 대한 보다 자세한 내용을 파악할 수 있게 되었다.

묘지석은 세로 56.8cm, 가로 57.8cm로 거의 정사각형 형태이다. 지석에 가로와 세로로 교차시킨 罫線을 긋고 그 안에 글자를 새겼는데, 1행마다 27자씩 26행을 새겨 총 669자가 새겨져 있다. 서체는 주로 楷書體로 당 초기의 서풍을 띠고 있으며, 간간이 隸書를 쓰기도 하였다(梁起錫 1995, p.137). 묘지명의 상태는 매우 양호하며 3, 4자를 제외하고는 판독이 가능한 상태이다. 묘지석은 현재 河南 開封圖書館에 소장되어 있다.

---

1) 「扶餘隆墓誌銘」의 출토 연대는 기존에 1920년으로 알려져 있었으나(葛城末治 1923, p.547), 余扶危·張劍 主編, 2002, p.279에 의거할 때 1919년으로 보는 것이 타당하다고 생각된다(金榮官 2012, p.80 註1 참조).

2) 이 글이 公判된 것은 1982, 『石刻資料新編』 第2輯 15册, 臺灣: 新文豊出版社를 통해서였다고 한다(金榮官 2012, p.80).

誌文에 의하면 부여융은 682년에 68세의 나이로 사망하였고, 그 해 12월에 洛陽의 北芒 淸善里에서 장사지냈는데, 묘지명은 이때 작성된 것으로 보인다. 誌文에 撰者와 書者는 기재되어 있지 않으며, 題額에 해당하는 "大唐故光祿大夫行太常卿使持節熊津都督帶方郡王扶餘君墓誌"라는 문구가 지문의 뒷부분에 기재되어 있는 점이 특징이다. 특히 誌文에는 부여융의 출신과 관련해 "百濟辰朝人"이라고 밝혔으며, 백제 왕실을 河孫(하백의 후손)이라고 언급하고 있다. 또한 고구려·백제를 합쳐서 "兩貊"이라고 하였으며, 㴲水·丸山之域·桂婁와 같이 고구려와 관련한 표현들을 백제 지역에 가탁하여 표현하기도 하였다.

이를 통해 묘지명의 찬자가 兩國을 같은 부여의 別種으로 인식하는 한편, 백제를 중화사상의 테두리 속에서 관념적으로 인식하려 했다고 보기도 한다(梁起錫 1997, pp.37-40). 이러한 墓誌의 출자와 관련한 표현들은 당시 唐人들의 한반도 三國에 대한 인식과 더불어, 唐代에 작성된 다른 고구려·백제인 묘지명 속의 표현들을 이해하는데도 시사하는 바가 클 것으로 생각된다.

2. 판독 및 교감

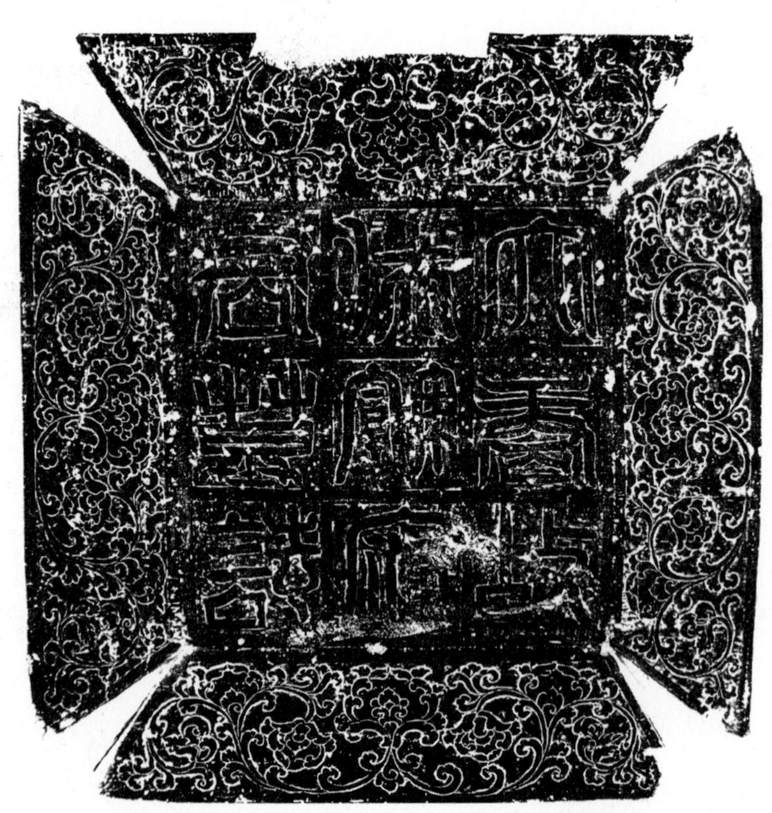

출처: 국립중앙박물관, 2010, pp.202-207.

26	25	24	23	22	21	20	19	18	17	16	15	14	13	12	11	10	9	8	7	6	5	4	3	2	1	
大	奉	威	義	水	海	葬	天	情	有	則	竭	鴻	忽	爲	稟	山	加	逆	發	韓	化	慈	秀	千	公	①
唐		靈	重	威	隅	于	不	獨	八	日	力	恩	若	能		之	位	順	慙	名	績	顯	器	載	諱	②
故		信	迺	稜	開	北	憖	詣	薨	礭	徇	陪	拾	津		域	在	奉	工	馳	著	慶	業	仁	隆	③
光		以	遵	帶	族	芒	遺	遠	于	慙	節	覲	遺	道			列	珍	未	兩	來	年	不	厚	字	④
祿	天	成	王	方	河	淸	人	量	私	德	亡	東	翦	摠	廟		卿	委	學	貊	王	授	羣	成	隆	⑤
大	階	紀	會	餘	孫	善	斯	不	第	雖	私	岳	滅	管	謀		榮	命	孫	孝	登	金	貞	俗	百	⑥
夫	肅	仁	遂	慶	效	里	胥	羈	贈	情	屢	勳	姦	兼	綏	皇	貫	削	吳	以	棘	紫	觀	光	濟	⑦
行	恭	以	膺	不	祥	禮	悼	雅	以	深	獻	庸	匈	馬	撫	赫	蕃	袵	而	成	署	光	年	揚	辰	⑧
太	臣	爲		孤	崇	也	以	好	輔	匪	勤	累	有	韓	之	斯	國	歸	六	性	以	祿		漢	朝	⑨
常	節	經		英	基	司	永	文	國	懈	誠	著	均	道	方	怒	而	仁	奇	愼	開	大		史	人	⑩
卿	南	宣		才	峻	存	淳	詞	大	而	得	寵	沃	安	且	天	馬	去	閒	以	榮	夫		忠	也	⑪
使	山	風	天	繼	峙	有	元	尤	將	美	留	命	雪	撫	資	兵	韓	後	出	立	慶	衛	詔	孝	元	⑫
持	匪	徽	寔	踵	遠	職	年	翫	軍	疢	宿	日	尋	大	人	耀	餘	夫	顯	身	流	尉	授	立	▨	⑬
節	固	塞	桂	執	派	敢	歲	經	謚	維	衛	隆	奉	使	懿	威	燼	之	慶	擇	遺	卿	開	名	▨	⑭
熊	東	侍	婁	尒	靈	作	次	籍	日	幾	比	遷		公	以	上	狼	凶	之	善	胤	果	府	昭	孫	⑮
津	流	躍	初	貞	長	銘	壬	慕		砭	之	祑		信	公	將	心	革	始	而	公	斷	儀	彰	啓	⑯
都	遽	云	擾	慤	家	云	午	賢		藥	秦	太		勇	爲	擁	不	先	王	行	幼	沈	同	晉	祚	⑰
督	閱	亭	遼	載	聲		十	才	公	罕	室	常	明	早	熊	旄	悛	迷	師	聞	彰	深	三	策	暘	⑱
帶	敢	爵	川	其	克		二	如	植	徵	則	卿	詔	孚	津	中	鴟	之	有	義	奇	聲	司	祖	谷	⑲
方	託	超	不	忠	嗣		月	不	操	舟	由	封	脩	威	都	權	張	失	征	能	表	芳	柱	璋	稱	⑳
郡	明	五	寧	勇	代		庚	及	堅	壑	余	王	好	懷	督	奉	遼	款	公	徙	夙	獨	國	百	雄	㉑
王	旌	等	薄	徇	業		寅	比	慤	潛	謝	帶	新	素	封	律	海	誠	遠	不	挺	劭	帶	濟	割	㉒
扶	式	班	言	國	逾		朔	聲	持	徙	美	方	羅	洽	百	呑	之	押	鑒	師	瓌	趨	方	國	據	㉓
餘	昭	參	攜	身	昌		廿	利	身	春	方	郡	俄	招	濟	噬	濱	至	天	蒙	姿	藁	郡	王	一	㉔
君	鴻	九	育	輕	澤		四日	於	謹	秋	之	公	沐	攜	郡	之	蟻	褒	人	衛	氣	街	王	沖	方	㉕
墓	烈	列	寔	亡	流		癸	遊	正	六	漢	事		邑	公	箄	結	賞	深	而	蓋	而	父	撝	跨	㉖
誌		虔	賴	家	派		酉	塵	高	十	朝	君		落	仍	雖	丸	荐	知	▨	三	沐	義	淸	躡	㉗

公諱隆 字隆, 百濟辰朝人也. 元▨[3]▨[4]孫啓祚, 暘谷稱雄, 割據一方, 跨躡千載. 仁厚成俗, 光揚[5]漢史, 忠孝立名, 昭彰晉策. 祖璋 百濟國王, 沖撝淸秀, 器業不羣. 貞觀年 詔授開府儀同三司柱國帶方郡王. 父義慈顯慶年授金紫光祿大夫衛尉卿. 果斷沈[6]深, 聲芳獨劭. 趨藁街而沐化, 績著[7]來王, 登棘署以開榮, 慶流遺胤. 公幼彰奇,表 夙挺瓌[8]姿, 氣蓋[9]三韓, 名馳兩[10]貊. 孝以成性, 愼以立身. 擇善而行, 聞義[11]能徙. 不師蒙衛而▨[12]發慙工, 未學孫吳而六奇閒出. 顯慶之始, 王師有征,[13] 公遠鑒天人, 深知逆順. 奉珍[14]委命, 削

袵[15]歸仁, 去後夫之凶, 革先迷之失. 款誠押至, 褒賞荐加, 位在列卿, 榮貫蕃國. 而馬韓餘燼, 狼心不悛, 鴟張遼海之濱, 蟻結丸山之域. 皇赫斯怒, 天兵耀威, 中權奉律. 呑奉律噬之筭, 雖稟廟謀, 綏撫之方, 且資人懿, 以公爲熊津都督, 封百濟郡公 仍爲熊津道揔[16]管兼馬韓道安撫大使. 公信勇早孚, 威懷素洽, 招[17]攜[18]邑落, 忽若拾遺, 翦滅姦匈, 有均沃雪. 尋奉明詔, 脩好新羅振玉, 俄沐鴻恩, 陪覲東岳. 勳庸累著,[19] 寵命日隆, 遷秩太常卿, 封王帶方郡, 公事君竭力, 徇節亡私, 屢獻勤誠, 得留宿衛. 比之秦室, 則由余謝美, 方之漢朝則日磾慙德. 雖情深匪懈, 而美[疢][20]維幾. 砭藥罕徵, 舟壑潛徙. 春秋六十有八 薨于私第[21] 贈以輔國大將軍, 謚曰. 公[植]操堅慤, 持身謹正, 高情獨詣, 遠量不羈. 雅好文詞, 尤翫經,籍 慕賢才如不,及 比聲利於遊塵. 天不憖遺, 人斯胥悼. 以永淳元年歲次壬午十二月庚寅[22]朔廿四日癸酉葬于北芒淸善里, 禮也. 司存有職 敢作銘云:

海隅開族, 河孫效祥, 崇基峻峙, 遠派靈長. 家聲克嗣, 代業逾昌, 澤流浿[23]水, 威稜帶方. 餘慶不孤, 英才繼踵, 執尒[24]貞慤, 載其忠[勇]. 徇國身輕, 亡家義重, 迺遵王會, 遂膺天寵. 桂婁初擾, 遼川不寧, 薄[言]攜育, 寔頼[25]威靈. 信以成,紀 仁以爲經, 宣風徼塞, 侍蹕云亭. 爵超五等, 班[26]參九列, 虔奉天階 肅恭臣節. 南山匪固, 東流遽閱, 敢託明旌, 式昭鴻烈. 大唐 故光祿大夫行太常卿使持節熊津都督帶方郡王扶餘君墓誌.

---

3) ▨(羅振玉, 許興植, 宋基豪).

4) ▨(羅振玉, 許興植, 宋基豪).

5) 楊(羅振玉), 楊(許興植), 揚(宋基豪).

6) 沉(羅振玉, 許興植), 沈(宋基豪).

7) 着(羅振玉), 着(許興植), 著(宋基豪) / 着자와 유사하나 문맥상 著의 이체자로 보인다.

8) 環(羅振玉, 許興植), 壞(宋基豪).

9) 盖(羅振玉, 許興植), 蓋(宋基豪).

10) 兩(羅振玉, 宋基豪), 雨(許興植).

11) 義(羅振玉, 宋基豪), 羲(許興植).

12) ▨(羅振玉, 許興植, 宋基豪).

13) 征(羅振玉, 許興植), 証(許興植).

14) 珎(羅振玉, 許興植), 珍(宋基豪).

15) 袵(羅振玉, 許興植), 任(宋基豪).

16) 揚(羅振玉, 許興植), 揔(宋基豪).

17) 招(羅振玉, 宋基豪), 柖(許興植).

18) 携(羅振玉, 許興植), 攜(宋基豪).

19) 著(羅振玉, 宋基豪), 着(許興植)

20) 灰(羅振玉, 許興植), 疢(宋基豪) / 厂변 위에 세로획이 하나 더 있음. 실제로 탁본에 厂변의 좌측 두 획은 보이지 않으나 문맥상 疢로 추독하였다.

21) 苐(羅振玉), 第(許興植, 宋基豪) / 苐 형태. 문맥상 第의 이체자로 생각된다.

22) 穴+田+儿(羅振玉), 寅(許興植), 寅(宋基豪).

23) 淠(羅振玉), 滯(許興植), 浿(宋基豪).

24) 尒(羅振玉, 宋基豪), 爾(許興植).

25) 頼(羅振玉), 頼(宋基豪, 許興植).

26) 班(羅振玉, 宋基豪), 斑(許興植).

4–㉓: 趨

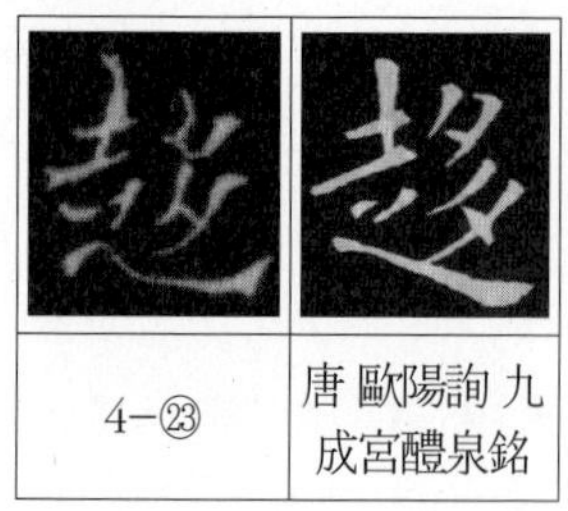

4–㉓	唐 歐陽詢 九成宮醴泉銘

∴ 趨자의 이체자로 보인다.

5–㉓: 瓌

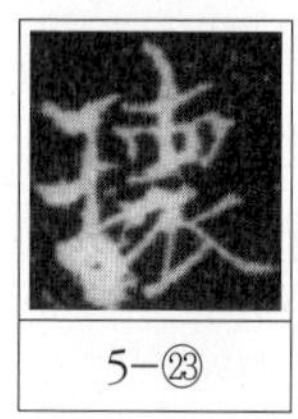

5–㉓

∴ 좌변의 玉부가 분명하게 보인다. 瓌으로 판독하였다.

6–④: 兩

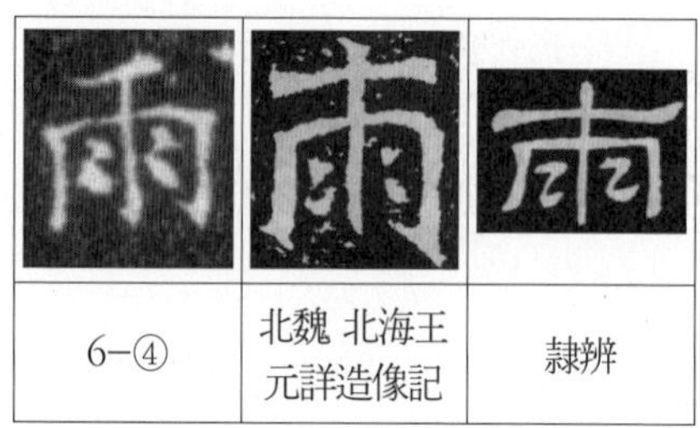

6–④	北魏 北海王元詳造像記	隷辨

∴ 雨자 형태. 문맥상 兩의 이체자로 보인다.

17–⑲: 植

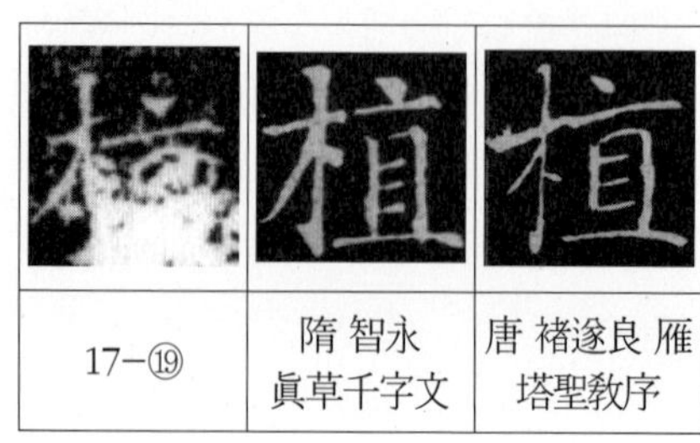

17–⑲	隋 智永 眞草千字文	唐 褚遂良 雁塔聖教序

∴ 木변이 보이며, 우변에 '亠'획이 보임. 植으로 추독하였다.

19-㉕: 日

∴ 四가 24열과 25열 중간에 작게 새겨져 있고, 그 하단에 일부 지워졌으나 네모 획이 보임. 문맥상 日字로 보인다.

22-㉑: 勇

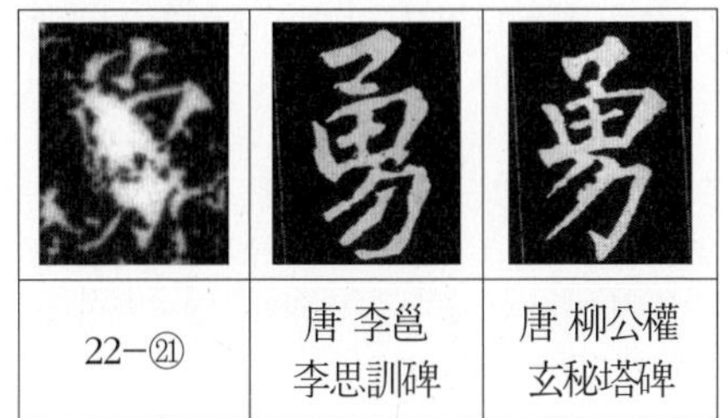

22-㉑	唐 李邕 李思訓碑	唐 柳公權 玄秘塔碑

∴ 두 개의 탁본을 통해 하변에 力변이 분명하게 확인 가능하며, 상부의 남은 자획을 고려할 때 勇으로 추정할 수 있다.

23-㉓: 言

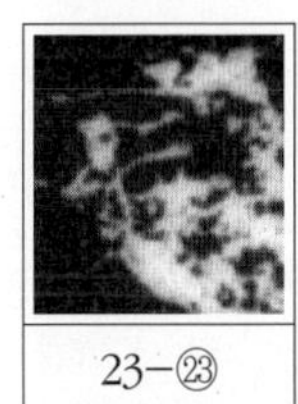

23-㉓

∴ 4개의 가로획 아랫부분이 보이지 않으나 言으로 추독할 수 있다.

3. 역주

공은 휘가 隆이요, 字도 隆이니 百濟 辰朝人이다.[27] 원래 (河伯의) 자손이[28] 王業의 기틀을 열고,[29] 동

27) 辰朝人: 辰朝에 대해서는 백제 이전에 존재했던 辰國으로 보아 백제인들의 辰國 계승관념을 보여준다고 보기도 하며(宋基豪 1992, p.546), 三韓이 옛 辰國의 땅이었다는『後漢書』東夷傳 韓條의 서술과, 백제가 三韓의 하나인 馬韓 땅에서 일어났다는『三國志』東夷傳 韓條의 서술을 바탕으로 형성된 唐人 撰者의 단편적인 인식을 바탕으로 기술되었다고 보기도 한다(梁起錫 1995, p.154).

방에서[30] 무리의 우두머리를 자처하여[31] 一方에 割據한 것이[32] 천 년에 걸쳤다. 仁愛함과 寬厚함으로 風俗을 형성하니[33] 漢史에[34] 빛나게 드러났고,[35] 忠과 孝로써 명성을 세우니[36] 晉策에 환히 드러났다.[37] 祖는 璋으로 百濟國王이었으니 온화하고 겸손하였고, 용모가 깨끗하고 수려하였으며, 재능과 학식에서는[38] 따를 자가 없었다. 貞觀年間(627~649)에 詔하여 開府儀同三司[39] 柱國[40] 帶方郡王을 수여하였다.[41] 父는 義慈로서 顯慶年間(656~660)에 (唐에서) 金紫光祿大夫[42] 衛尉卿을[43] 제수하였다. 과단성이 있으면서도 신중하고 침착하여,[44] 아름다운 명성이[45] 홀로 이어졌다. 藁街에서[46] 趨蹌하여 敎化를 입으니 공적이 드러나 조정의 조회에 참여하게 되었고,[47] 太常寺에[48] 올라 榮華를 얻으니[49] 慶事가 후손들에게[50] 전해졌다. 공은 어려서부터 드러났고 용모가 예사롭지 않았으며,[51] 일찍부터 빼어나고 자태가 아름다웠으니, 氣勢

28) 본 墓誌의 내용을 요약한 것으로 보이는 銘부분에서, "海隅開族 河孫效祥"라는 구절을 감안하여 "▨孫"을 "河孫"으로 추독하기도 한다. 이는 곧 河伯의 子孫(혹은 外孫)이라는 뜻이다. 『三國史記』 百濟本紀의 건국설화에서 비류와 온조의 출신을 고구려로 기재한 것, 그리고 『魏書』·『北史』·『隋書』·『舊唐書』·『新唐書』의 百濟傳에서 그 출자를 고구려와 더불어 부여에서 나온 것으로 인지한 기록과 관련이 있을 것이다(宋基豪 1992, pp.545-546; 양기석 1995, p.155).

29) 啓祚: 상서로운 기운이 열림. 王業의 기틀을 엶(宋 王禹偁 『聖人無名賦』).

30) 暘谷: 해가 뜨는 곳을 지칭함(『書』 堯典).

31) 稱雄: 무력 혹은 세력에 의지하여 지역이나 무리의 위에 거함. 으뜸으로 자처함(宋 陳亮 『上孝宗皇帝第一書』).

32) 跨躡: 양쪽에 걸쳐있다(『三國志』 吳書 呂岱傳).

33) 成俗: 좋은 풍속을 형성하다 (『禮記』 學記).

34) 漢史: 漢代의 史書를 통칭(『後漢書』 蔡邕傳).

35) 光揚: 빛나게 드러남. 영광을 줌(漢 班固 『典引』).

36) 立名: 명성을 세움(『史記』 伯夷傳).

37) 昭彰: 매우 뚜렷함. 또는 환히 드러나게 함(『文心雕龍』 熔裁).

38) 器業: 재능과 학식(晉 葛洪 『抱樸子』 知止).

39) 開府儀同三司: 唐初이래 사용된 從1品의 文散官으로 당대 문산관 중 최고위였다(『通典』 권34 職官16 文散官).

40) 柱國: 종2품의 勳官(『唐六典』 卷2 尙書吏部).

41) 『舊唐書』 卷1 高祖本紀 武德 7년(624) 正月 己酉日에 무왕을 帶方郡王으로 봉하였다고 하였고, 同書 卷199上 百濟傳에는 武德 7년에 帶方郡王·百濟王으로 책봉하였다고 하였으며, 『舊唐書』 卷220 百濟傳에도 武德 年間에 帶方郡王·百濟王으로 책봉하였다고 하였다. 따라서 墓誌에서 貞觀 年間에 책봉하였다는 것은 잘못된 기록이다(羅振玉 1982, pp.10-11).

42) 金紫光祿大夫: 정3품의 文散官. 唐初에는 좌우광록대부가 있었는데 貞觀연간 이후 좌·우의 구분이 없어졌다(『舊唐書』 卷42, 職官1; 『新唐書』 卷46 百官1 尙書省 吏部). 南齊 이래로 金章·紫綬를 더해 준 경우가 있었는데, 이를 金紫光祿大夫라고 칭하였다(『唐六典』 卷2 尙書吏部).

43) 衛尉卿: 衛尉寺의 장관. 종3품 정원 1인의 관직(『唐六典』 卷16 衛尉宗正寺).

44) 沈深: 신중하고 침착하다(『史記』 刺客列傳).

45) 聲芳: 아름다운 명성(『宋書』 王景文傳論).

46) 藁街: 漢代의 街名. 長安城의 南門 내의 거리이름으로, 屬國 외교사절의 館舍가 있던 곳이다(晉 陸機 『飮馬長城窟行』).

47) 來王: 제후가 천자의 조정에 와서 조회에 참여함(『書經』 大禹謨).

48) 棘署: 唐의 禮樂을 관장하는 부서인 太常寺를 가리킴(唐 李商隱 『爲濮陽公祭太常崔丞文』). 부여융은 太常寺의 長인 太常卿에 올랐다. 太常卿은 정3품, 정원 1인의 관직이다(『唐六典』 卷14, 太常寺).

49) 開榮: (草木 등이) 꽃을 피우다(『文選』 顔延之 「應詔宴曲水作詩」).

50) 遺胤: 后嗣. 子孫(唐 駱賓王 『兵部奏姚州道破逆賊諾沒弄楊虔柳露布』)

51) 奇表: 비범한 용모(『後漢書』 李固傳).

가 三韓을 덮을 정도였고 명성은 兩貊에[52] 전해졌다. 孝로써 성품을 이루었고, 신중함으로써 立身하였다. 善을 택하여 행하였고, 義를 들으면 능히 본받았다. 呂蒙과 衛覬를[53] 스승으로 삼지 않았어도 ▨發慙工(?), 孫武와 吳起를[54] 배우지 않았어도 여섯 가지 기묘한 계책이[55] 잠깐 사이에 나왔다. 顯慶年間(656~660)에[56] 황제의 군대가 정벌하니 公은 天子를[57] 멀리 생각하여[58] 事理의 마땅함과 부당함을[59] 분명히 헤아렸다.[60] 善道를 받들어[61] 투항하고[62] 오랑캐의 풍속을 고쳐[63] 仁德의 나라에 귀부하니,[64] 後人들의 재난을 제거하고 先人들의 미혹한 실수를 고치게 되었다. 공의 충성이[65] (황제에게) 잇따라 다다르자 표창과 賞賜가[66] 거듭 더해져, 지위는 卿의 반열에[67] 이르렀고,[68] 榮譽와 寵愛가 갖춰져[69] 蕃國에 이르렀다.

---

52) 兩貊: 고구려와 백제를 합쳐서 칭한 것이다.

53) 蒙衛: 呂蒙과 衛覬를 이른다. 呂蒙은 字가 子明으로, 삼국시대 汝南 富陂人이다. 東吳의 名將으로, 周瑜 등과 함께 曹操를 赤壁에서 격파하고, 南郡에서 曹仁을 포위해서 偏將軍에 오른 바 있으며, 노숙의 뒤를 이어 군사권을 장악하여 관우가 지키던 형주 지역을 탈환하기도 했다. 『三國志』에서 용감하고 지략이 뛰어난 인물로 평가하고 있으며, 그와 관련해 '刮目相對'라는 고사성어도 전해진다(『三國志』 卷54 呂蒙傳). 衛覬는 字가 伯儒이며 삼국시대 위나라 河東 安邑人이다. 어려서부터 조숙했고 재능과 학문으로 칭송받았다. 曹操가 불러 司空掾屬을 삼았다. 위나라가 건국되자 侍中에 오르고, 王粲과 함께 諸道를 관할했으며 尙書의 지위에 올랐다. 魏 明帝 때 閿鄕侯에 봉해졌다. 조서를 받아 저작을 담당하고, 『魏官儀』를 지었으며, 글씨는 고문, 전서, 예서, 초서에 모두 능했다고 전한다(『三國志』 卷21 衛傳; 임종욱 2010, 『중국역대 인명사전』, 이회문화사 참고).

54) 孫吳: 孫武와 吳起를 이른다. 孫武는 春秋시대 齊나라 樂安 山東省 사람이다. 그가 저술했다는(그의 후손 孫臏의 저술이라고도 함) 『孫子兵法』은 최고의 군사 지침서로, 단순한 국지적인 전투의 작전서가 아니라 국가경영의 요지, 승패의 기미와 인사의 성패 등에 이르는 내용을 다루고 있다. 또한 吳起는 春秋시대 衛나라 左氏 사람이다. 魯나라에 가서 曾子에게 배웠는데, 용병에 능했으며, 兵法으로 孫武·孫臏과 이름을 나란히 했다. 저서에 『吳起』가 있었다고 전하지만 현전하지 않는다. 지금 전하는 『吳子』는 후세 사람이 편집한 것이다(임종욱, 2010, 『중국역대 인명사전』, 이회문화사).

55) 六奇: 六出寄計의 준말(『史記』 太史公自序). 漢의 陳平이 漢高祖 劉邦을 위하여 여섯 가지 기묘한 계책을 내어 도운 고사에서 비롯됨(『史記』 陳丞相世家).

56) 顯慶之始: 唐軍이 백제를 침공하여 멸망시킨 것은 660년이다. 顯慶年間은 656년에서 660년이므로, 顯慶의 초기는 맞지 않다(宋基豪 1992, p.549).

57) 天人: 天子를 지칭함(『晉書』 應貞傳).

58) 遠鑒: 멀리 생각하다(『宋書』 王弘傳).

59) 逆順: 逆과 順. 臣民의 順함과 不順함. 情節의 輕과 重. 事理의 마땅함과 부당함 등을 가리킴(『管子 版法解』).

60) 深知: 충분히 이해하다(漢 揚雄 『法言』 問道).

61) 奉珍: 美善之道를 받들다(『禮記』 德行).

62) 委命: 머리를 내놓음. 투항하거나 사형을 당함을 이르는 말(漢 賈誼 『過秦論』).

63) 削衽: 衽은 左衽. 즉 오랑캐의 풍속을 일컫는다(『書經』 周書 畢命篇). 削衽은 곧 오랑캐의 풍속을 고쳤다는 의미일 것이다.

64) 歸仁: 仁德·仁政을 펼치는 곳으로 歸附하다(『孟子』 離婁上).

65) 款誠: 정성, 진심, 충성(『漢書』 匈奴傳下).

66) 褒賞: 표창과 賞賜(『詩經』 大雅 崧高序).

67) 列卿: 九卿을 이른다(漢 楊惲 『報孫會宗書』). 九卿은 古代 中央政府의 9개 고위 관직으로 周·秦·漢代를 거치며 그 관직 명칭에 조금씩 변동이 있었다(『周禮』 考工記 匠人).

68) 부여융이 唐으로부터 司稼卿(司稼正卿)을 제수받은 사실을 가리킨다(『三國史記』 卷28 百濟本紀 義慈王 20年). 司稼卿은 司稼寺의 장관으로서 종3품이다. 司稼寺는 창고의 일을 관장한 司農寺를 唐 高宗 龍朔 2년(662)에 개칭한 것이다(『舊唐書』 卷44 職官3 司農寺). 唐은 660년 11월 경에 의자왕이 죽은 후, 아들인 부여융에게 장례를 치를 수 있도록 배려했고 그에게 司

馬韓의 잔여 세력이[70] 잔인하고 탐욕스러운 마음을[71] 뉘우치지 않았고, 遼海之濱에서[72] 올빼미처럼 凶暴하게 펼쳤으며,[73] 丸山之域에서[74] 개미떼처럼[75] 부산하게 움직였다.[76] 황제께서 크게 노하시니 天兵이 위세를 떨치고,[77] 中軍이[78] 律을 받들었다. 병탄하는 꾀는 비록 조정의 계책을 받는 것이지만, 安定시키고 撫慰하는[79] 방략은 사람의 美德에[80] 의지하는 것이니, 이에 公을 熊津都督으로 삼고[81] 百濟郡公에 봉하

稼卿의 벼슬을 내렸다. 이는 의자왕의 계승자로서 부여융의 지위를 인정한 것으로 생각된다(金榮官 2012, p.84).

69) 榮貫: 榮譽와 寵愛가 갖추어 이르다(『魏書』 卷62 列傳 第50 高道悅).

70) 馬韓餘燼: 餘燼은 타다 남은 재나 불씨. 즉 남아있는 병사나 잔존 세력을 비유한 말(唐 馮贄 『雲仙雜記』 暖香滿室如春). "馬韓"은 일부 묘지명에서 고구려를 지칭하는 표현으로 쓰인 사례도 발견되지만, 본문에서는 문맥상 백제를 가리킨다고 보는 편이 타당할 것이다. 그렇다면 "馬韓餘燼"은 661년 이래로 활동했던 백제 부흥군을 가리킨다고 생각된다(梁起錫 1995, pp.142-143).

71) 狼心: 잔인하고 탐욕스러운 마음을 비유한 말(『後漢書』 南匈奴傳論).

72) 遼海: "遼海"는 『舊唐書』 卷53 李密傳과 唐代에 작성된 「豆善富 墓誌銘」에서 각각 고구려를 가리키는 표현으로 쓰인 사례가 있다(최진열 2012, p.213, p.231 참조). 遼海·遼東 등을 고구려에만 국한해서 볼 여지도 있겠지만, 백제 출신인 「難元慶墓誌銘」에서도 난원경의 가문이 활동했던 지역을 "遼" 혹은 "遼陽"으로 표현하고 있다["仕遼任達率官"(4행), "遼陽鼎貴"(23행)]. 여기서의 "遼"와 "遼陽"은 중국 동북부와 한반도 일원, 그중에서도 백제 지역을 지칭한다고 보는 것이 타당할 것이다(李文基 2000, pp.517-520). 특히 본문의 주어가 "馬韓餘燼" 즉 백제 부흥군을 가리킨다고 본다면, 본 묘지명에서 쓰인 "遼海之濱", "遼川"도 백제 지역을 의미한다고 해석하는 것이 가능하다. 唐代 중국인들이 고구려와 관련된 이 표현들을 백제의 별칭으로 사용한 것은 고구려와 백제 모두 부여에서 갈려져 나왔다는 역사 기록을 기반으로 했다고 보기도 한다(권덕영 2014, p.121).

73) 鴟張: 올빼미가 날개를 활짝 편 모양. 방자하게 굴거나 흉포한 모습을 비유함(『三國志』 吳書 孫堅傳).

74) 丸山: 『翰苑』 蕃夷部 高麗條의 "刊九[丸]都之山 銘不耐之城"에서 나온 '丸都之山'과 「泉男生 墓誌銘」 19行의 "丸山未銘 得來表其先覺"에서 표현된 '丸山'은 내용상 같은 실체로 보인다. 즉 唐의 官人이 작성한 위 텍스트에서 丸山은 곧 丸都之山의 준말로 고구려의 丸都山(城)을 의미하는 것이다.

75) 蟻結: 고대에 관을 덮는 천의 네 귀퉁이에 그려진 개미 무늬. 개미 떼가 부산하게 움직이는 모습(『禮記』 檀弓上).

76) 백제 유민 福信과 道琛이 周留城을 근거로 부흥운동을 벌였던 사실을 가리킨다(宋基豪 1992, p.549). '遼海'와 '丸山'은 각각 고구려 서변의 요하와 고구려 왕도인 환도성을 일컫는 것으로 보이는데, 이는 백제 지역을 고구려의 지명에 가탁하여 상징적으로 표현한 것에 불과하다. 즉 撰者가 中華사상의 테두리 속에서 백제를 관념적으로 인식한 결과라고 생각된다(梁起錫 1995, pp.155-156).

77) 耀威: 위세를 떨치다(『晉書』 禿發利鹿孤載記).

78) 中權: 中軍(『左傳』 宣公十二年). 主將 혹은 主將의 권한(北周 庾信 『周車騎大將軍賀婁公神道碑』). 군대의 사령부(『梁書』 武帝紀 上).

79) 綏撫: 安定시키고 撫慰하다(『漢書』 翟方進傳).

80) 懿: 아름다움 또는 美德(『易經』 小畜).

81) 熊津都督: 唐 고종은 663년 3월 左威衛將軍 孫仁師가 이끄는 唐의 증원군을 웅진성으로 보냈는데, 부여융은 孫仁師 軍의 일원으로 백제에 돌아와서, 백제 유민을 위무하고 백제 부흥군을 토벌하는 임무를 맡은 것으로 보인다. 이때 부여융이 받은 관직에 대해서 본 墓誌에서는 熊津都督이라고 기록하였다. 『資治通鑑』에서는 이에 대해 麟德 元年(664) 겨울 10월조에 유인궤가 이미 熊津都督을 제수받았고, 『實錄』(현전하지 않음)에 의거하면 그 다음해에 부여융의 관직이 熊津都尉로 기록되어 있으므로, 부여융의 관직은 마땅히 熊津都尉로 봐야 한다고 보기도 했다[『資治通鑑』 唐紀 17 高宗 麟德 元年(664) 겨울 10월조; 『資治通鑑考異』(四部叢刊本) 卷10]. 그러나 『資治通鑑』 龍朔 3年 9月條의 기록에는 유인궤가 이미 帶方州刺史에 정식으로 제수되었다고 하였으므로 당시 그가 熊津都督이었다고 단정하기 어렵다. 또한 『舊唐書』 卷84 列傳 第34 劉仁軌條에서 "부여융에게 웅진도독을 수여하고, 보내어 그 남은 무리들을 불러 모으게 했다"는 기록, 그리고 665년 8월 취리산 회맹 당

였으며,[82] 인하여 熊津道摠管 兼馬韓道安撫大使로 삼았다. 공은 信義와 용감함을 일찍이 길렀고, 威力과 恩德이[83] 본래부터 충만하였으니, 邑落을 회유함에[84] 잃어버린 물건을 줍듯이[85] 소중하게 하였고, 姦匈을 제거함에[86] 끓는 물을 눈에 뿌리듯이[87] 쉽게 해결하였다. 이윽고 英明한 詔를[88] 받들어 新羅와 修好하였고,[89] 갑자기 大恩을 입어[90] 東岳에서[91] 황제를 모시고 알현하게 되었다.[92] 功勳이[93] 누차 쌓이고 총애로 인한 벼슬이[94] 나날이 높아져,[95] 太常卿으로[96] 벼슬을 옮겼으며 帶方郡에 왕으로 해졌다.[97] 공은 임금

시에 부여융을 웅진도독으로 삼았다고 전하는 『三國史記』 卷6 新羅本紀 文武王條의 내용들이 비교적 구체적이고 부여융에게 웅진도독을 제수한 저의가 분명하게 드러남을 고려할 때, 부여융이 당으로부터 熊津都督을 수여받았다는 본 묘지명의 내용은 신뢰할 수 있다고 생각된다(黃淸連 2000, pp.295-297). 구체적으로 웅령 회맹(664년 2월) 당시 유인궤가 웅진도독이었고, 부여융은 熊津都尉였는데, 당이 665년 8월 13일의 취리산 회맹을 앞두고 부여융을 웅진도독으로 격상시켜 신라와의 영토문제를 해결하고, 이후 백제 고토에 대한 안정적인 지배를 도모하고자 했던 것으로 추정하기도 한다. 이러한 제안은 664년 10월에 웅진도독부의 유인궤에 의해 上表되었고, 부여융이 당으로부터 熊津都督을 수여받은 것도 上表 이후~취리산 회맹 이전으로 볼 수 있을 것이다(金榮官 2012, pp.91-94).

82) 百濟郡公: 묘지에서는 부여융이 웅진도독과 더불어 百濟郡公에 봉해진 것으로 기재되어 있다. 그러나 이와 관련해 665년 10월 29일 이후 당 고종의 泰山 封禪 행차에 부여융이 동행한 사실을 주목하기도 한다. 이에 따르면 3품 이상으로 태산 봉선에 참여했던 모든 군신들이 爵位를 올려받은 것에 의거해 부여융도 이때 기존 종3품의 司稼卿보다 두 단계 위인 百濟郡公을 받았을 것으로 보기도 한다(金榮官 2012, pp.99-100).

83) 威懷: 威力으로 굴복시키고 恩德으로 感化시킴. 곧 威德을 아울러 사용함(『後漢書』 荀彧傳).

84) 招攜: 아직 진심으로 귀순하지 않은 자들을 회유하다(『左傳』 僖公七年).

85) 拾遺: 잃어버린 물건을 拾取하다(『戰國策』 秦策一).

86) 翦滅: 제거하다. 소멸시키다(『左傳』 成公二年).

87) 沃雪: 끓는 물을 눈에 뿌리다. 일이 쉽게 해결됨을 비유함(『文選』 枚乘 七發).

88) 明詔: 英明한 詔(『史記』 蘇秦列傳).

89) 664년 2월에 唐 유인원의 중재 하에 웅진 관할 하의 熊嶺에서 부여융과 신라 김인문이 최초로 會盟하였고(『三國史記』 新羅本紀 文武王 11년조의 答薛仁貴書), 665년 8월 13일에는 부여융과 신라 文武王이 熊津城 就利山에서 회맹하였다(『三國史記』 卷6 新羅本紀 文武王 5年). 1차 회맹 당시 熊嶺의 위치는 보은 북쪽의 웅현(곰치)으로 보이며(李秉延 1936, p.2), 2차의 취리산은 공주의 금강 북쪽 對岸에 위치한 취리산 또는 연미산에 비정하고 있다. 唐은 이 회맹을 통해 신라와 백제 간의 원한을 풀고, 웅진도독부 설치를 통해 백제를 재건한다는 명분을 내세웠다. 그러나 실제로 당은 이 회맹을 통해 신라와의 疆界를 정하고 백제 故土에 대한 직접 지배를 의도한 것으로 생각된다(金榮官 2009, pp.78-81).

90) 鴻恩: 大恩. 皇恩을 가리킴(『漢書』 匈奴傳下).

91) 東岳: 중국 5嶽의 하나로 岱宗, 岱岳, 혹은 岱라고도 칭한다. 동쪽 鎭山인 泰山을 가리킨다(『詩』 大雅 崧高).

92) 仁德 2년(665년) 10월 29일에 당 고종은 東都 낙양을 출발하여 泰山에 이르러 封禪 儀式을 치렀다. 여기에서 돌궐, 신라, 고구려, 왜 등에서 파견한 사절들과 더불어 백제의 대표자격으로 부여융이 참석하였다(『資治通鑑』 卷201 高宗 仁德 2年 10月 丙寅). 봉선 의식이 끝난 이후 부여융은 다시 백제 고토로 귀환하여 웅진도독의 역할을 수행한 것으로 생각된다(梁起錫 1995, p.145).

93) 勳庸: 勳庸과 같음. 功勳을 말함(『後漢書』 荀彧傳).

94) 寵命: 임금의 특별한 총애에 의해 내려진 벼슬(晉 李密 『陳情事表』).

95) 日隆: 나날이 융성함(『呂氏春秋』 序意).

96) 주48 참조.

97) 『舊唐書』 卷199上 東夷 百濟條에 의하면 당 고종은 儀鳳 2년(677년) 부여융에게 光祿大夫 太常員外卿 兼熊津都督 帶方郡王을 제수하고 백제땅으로 돌아가 그 무리들을 안무하게 했다. 『舊唐書』 卷5 高宗本紀 儀鳳 2年 2月 丁巳와 『資治通鑑』 卷202 高宗本紀 儀鳳 2年 2月 丁巳條에서는 관직이 수여된 것을 儀鳳 2年(677년) 2월 25일의 일로 전하고 있다. 이때 부여융은 백

을 섬김에 힘을 다하였고, 절개를 지킴에[98] 사사로움을 잊었으니, 누누이 근면하고 충성하여[99] 宿衛하는 지위에 머무를 수 있었다. 秦나라 皇室에 비교한 즉 由余가[100] 자신의 美를 사양할 것이요, 漢王朝에 견준 즉 金日磾가[101] 자신의 德을 부끄러워 할 것이다. 비록 자세하고 깊이가 있으면서도 게으르지 않았으며,[102] 올바른 가르침을 좋아하였다.[103] 針과 藥이[104] 효험이 없었으니 부지불식간에[105] 가버렸구나. 春秋 68세에 私第에서 죽었으니[106] 輔國大將軍을[107] 추증하고 謚號를 내렸다. 공은 뜻을 세움에[108] 굳세고 질박했고, 修身함에[109] 신중하고 단정하였으며,[110] 고아한 정취는[111] 홀로 우뚝 섰고,[112] 遠大한 器量은[113] 누구

제의 옛 땅이 황폐해지고 점점 신라의 소유가 되어가는 탓에 끝내 돌아가지 못하고 죽었다고 전한다. 실제로 高宗 咸亨 2년(671년) 7월에 신라는 이미 백제 故地 82城을 점령하고 사비성에 所夫里州를 설치하여 백제 고토에 대한 점령을 사실상 마무리한 상황이었다고 생각된다(池内宏 1960, pp.191-192).

98) 徇節: 절개를 지키기 위해 죽다.

99) 勤誠: 勤勉하고 忠誠함(『隋書』 煬帝紀下).

100) 由余: 春秋時代에 西戎王의 유능한 신하였던 由余가 秦에 사신으로 갔을 당시, 秦 穆公은 그의 재능을 알아보고 客禮로써 후하게 대접하였다. 이후 戎王은 秦 穆公이 보낸 女樂隊에 빠져 정사를 제대로 살피지 않았고, 由余가 귀국하여 수차례 간했으나 듣지 않았다. 이에 由余는 穆公의 초빙을 받아 秦에 歸附하였다. 秦 穆公은 由余를 上卿으로 삼고 그의 전략에 따라 군사를 일으켜 12國을 병합했다(『史記』 卷5 秦本紀 第五篇). 由余는 唐에 歸附한 이민족의 묘지명에 상투적으로 인용되는 인물로 泉獻誠·扶餘隆·禰軍·李他仁의 墓誌銘에서도 보인다.

101) 金日磾(기원전 134년~기원전 86년)는 본래 匈奴 休屠王의 태자이다. 前漢 武帝 때, 金日磾의 아버지는 昆邪王과 몰래 漢에 투항하는 일을 모의하였으나, 결심을 바꾼 昆邪王에게 살해당하여, 그 部衆은 漢에 귀의하게 되었다. 그 후 金日磾는 아우와 함께 沒官되었으나, 나중에 駙馬都尉·光祿大夫가 되어 武帝의 측근에서 벼슬하였다. 霍去病이 休屠王을 포로로 잡아 天金人에 제사를 지냈다 하여 金氏姓을 사여받았다고 한다(『漢書』 卷68 列傳 第38 霍光·金日磾). 金日磾가 남쪽으로 朝謁하였다는 것은 곧 漢에 귀부한 사실을 가리키는 것으로, 위에 거론한 '由余'와 함께 唐에 歸附하여 활동한 이민족 인사의 묘지명에 상투적으로 인용되는 고사이다. 扶餘隆·黑齒常之·禰軍·禰素士·李他仁·李謹行의 묘지명을 비롯해 突厥 출신 執失善光과 啓民可汗의 손자인 阿史那摸末의 묘지명에서도 인용된 바 있다.

102) 匪懈: 게으르지 않음(『詩經』 大雅 烝民).

103) 美疢: "美疢不如惡石"라는 문구에서 유래한 것으로, 맛있는 음식은 오히려 사람을 해치고 藥石은 오히려 질병을 고친다는 의미. 즉 편안함을 좋아하기보다는 올바른 가르침을 좋아하라는 뜻이다(『左傳』 襄公二十三年).

104) 砭藥: 병을 치유하는 針과 藥(南朝 陳 徐陵 『與李那書』).

105) 舟壑: 골짜기에 숨겨둔 배도 한밤중에 지고 가면 모르듯이 세상사도 부지불식간에 변화한다는 의미(『莊子』 大宗師).

106) 부여융이 죽은 것은 68세가 되던 해인 682년이었다. 기록에 의하면 당은 儀鳳 2년(677)에 부여융을 帶方郡王으로 승진시켜 百濟 옛 땅으로 돌려보냈으나, 신라가 이미 차지하고 있어서 돌아가지 못하였다. 이때 부여융이 웅진도독부가 설치되었던 고구려 지역에서 지내다가 죽었다는 기록이 보인다["儀鳳時 進帶方郡王 遣歸藩 是時 新羅彊 隆 不敢入舊國 寄治高麗死"(『新唐書』 卷220 列傳 第145 百濟); "時百濟荒殘 命隆寓居高麗之境"(『資治通鑑』 卷202)]. 부여융은 建安故城에 설치된 웅진도독부에서 백제 유민들을 다스리는 임무를 맡았던 것으로 보인다(『舊唐書』 卷5 本紀 第5 高宗 儀鳳 2年 2月 丁巳). 묘지의 光祿大夫 太常卿 使持節 熊津都督 帶方郡王라는 관작은 이때 역임했을 것이다(金榮官 2012, p.106).

107) 輔國大將軍: 正2品의 武散官.

108) 植操: 뜻을 세움. 지조를 지킴(『文選』 桓溫 「薦譙元彦表」).

109) 持身: 立身. 修身(『列子』 說符).

110) 謹正: 신중하고 단정함(北魏 孝文帝 「以僧顯爲沙門都統詔」).

111) 高情: 고상한 심사. 고아한 정취(唐 楊炯 「爲薛令祭劉少監文」).

112) 獨詣: 학문과 수양이 독자적으로 도달한 경지(明 李東陽 「送喬生宇歸樂平」 詩).

에게도 구속받지 않았다. 文詞를 평소에 愛好하였고,[114] 經籍을 더욱 익혔으니, 賢才를 사모함을 미치지 못하는 듯이 하였고, 명예와 이익은[115] 흩날리는 먼지에[116] 견주었다. 하늘이 마지못해 그를 버리셨으니 사람들이 이에 모두 슬퍼하였도다. 永淳 元年(682) 歲次 壬午年 庚寅日이 초하루인 12月 24일 癸酉에[117] 北芒 淸善里에서 장례를 치렀으니 예에 맞는 것이었다. 有司로서 직임을 맡아 감히 銘을 지어 가로되,

바다 한 귀퉁이에서 一族을 여니 河伯의 자손이 상서로움을 드러냈고,[118] 나라의 기틀을[119] 우뚝 세우니[120] 멀리서 長久하고 면면하게 이어져 왔다.[121] 가문의 명성을[122] 능히 계승하고 대대로 이어진 功績을 더욱 번창시켰으니, 은택이 漉水에 흘렀고 威聲이 帶方에서 성대하였다.[123] (선조들이) 善을 행하고 德을 쌓음이[124] 적지 않아, 재능과 지혜가 있고 걸출한 자손들이[125] 잇따랐으니,[126] 잡은 것은 곧음과 삼감이요, 지닌 것은 충성과 용기로다. 나라를 위해[127] 몸을 가벼이 여겼고, 집안을 잊고 의로움을 중시했으니, 이에 王會篇을[128] 좇아 마침내 皇帝의 총애를[129] 받았도다. 桂婁가 처음에 어지러워지고, 遼川이 평안하지 않았으니, 다급히[130] 백성을 이끌어 神靈한 威力에[131] 의지하였도다. 信으로써 벼리를 이루고 仁으로써 道理를 삼아, 변경에서[132] 風敎를 선양하고[133] 雲雲山과 亭亭山에서[134] 황제를 모셨구나. 封爵은 5等

113) 遠量: 遠大한 器量(晉 陶潛 『晉故征西大將軍長史孟府君傳』).

114) 雅好: 평소에 愛好하다(漢 張衡 『西京賦』).

115) 聲利: 名利, 즉 명예와 이익을 비유한 말(南朝 宋 鮑照 『詠史』).

116) 遊塵: 흩날리는 재와 먼지. 가볍고 천한 사물이나 인물을 비유한 표현(『文選』 劉孝標 廣絕交論).

117) 唐 高宗 永淳 元年은 歲次로 壬午에 해당하지만, 그 해에 장례를 치른 月·日의 표기는 착오가 있는 것 같다. 唐曆에 의하면 永淳 元年 12월에는 庚寅이라는 日辰이 없고, 이 달의 초하루(朔)는 己未이며 24일은 壬午이다(平岡武夫, 1954, 『唐代曆』, 京都 東京大學 人文科學硏究所, p.81 참고). 이 해 11월의 초하루가 庚寅이라는 것을 근거로 12월은 11월의 잘못이고, 11월 24일이 癸丑이므로 본 墓誌의 癸酉는 癸丑의 잘못으로 보기도 한다(宋基豪 1992, p.549).

118) 效祥: 상서로움을 드러내다(南朝 梁簡文帝 『馬寶頌序』).

119) 崇基: 建築物의 높고 큰 基座(北魏 酈道元 『水經注』 濁漳水』).

120) 峻峙: 우뚝 솟다. 곧추 솟다(唐 玄奘 『大唐西域記』 故宮北石柱).

121) 靈長: 廣遠하고 長久하다(晉 袁宏 『後漢紀』 獻帝紀一).

122) 家聲: 가문에서 대대로 전하는 명성(『史記』 李將軍列傳).

123) 威稜: 威聲이 성대하다(『藝文類聚』 卷94).

124) 餘慶: 善을 행하고 德을 쌓아 자손들을 복되게 하다(晉 潘嶽 『西征賦』).

125) 英才: 才·智가 있고 걸출한 사람(『孟子』 盡心上).

126) 繼踵: 잇따르다. 앞뒤로 서로 접하다(『史記』 範雎蔡澤列傳論).

127) 徇國: 國家의 이익을 위해 목숨을 바치다. 徇은 '殉'으로도 통용된다(『後漢書』 種劭傳).

128) 王會: 『逸周書』의 篇名. 周公이 洛邑을 만든 뒤 제후들을 크게 불러 모았다. 이때 朝儀와 貢禮를 제정하여 王會篇에 기록하게 하여 후세에 전하도록 하였다.

129) 天寵: 하늘의 은총(『易經』 師). 皇帝의 총애(南朝 梁 劉孝綽 『侍宴』詩).

130) 薄言: 다급한 모양(『詩』 周南 芣苢).

131) 威靈: 神靈한 威力(唐 劉禹錫 『君山懷古』詩).

132) 徼塞: 邊境을 가리킴(宋 歐陽修 『吉州學記』).

133) 宣風: 風敎를 선양함(『後漢書』 隗囂傳).

134) 雲亭: 雲雲과 亭亭 두 산의 並稱이다. 古代 帝王들이 封禪 의식을 했던 곳(南朝 梁簡文帝 『和武帝宴詩』). 이 글에서는 唐

을[135] 넘었고 반열은 9卿에 나란히 하였으니, 조정을 공손하고 조심스럽게 받들었고,[136] 신하의 節操를[137] 엄숙하고 공손하게 지켰다.[138] 南山은 견고하지 못하였고[139] 동쪽으로 흐르는 물은 분주히 모이니,[140] 감히 銘旌에 의탁하여[141] 큰 功業을[142] 光大하게 밝혀두노라.[143]

大唐의 故光祿大夫[144] 行[145]太常卿 使持節 熊津都督 帶方郡王[146] 扶餘君의 墓誌.

4. 참고문헌

1) 보고서 및 자료집

국립중앙박물관 編, 2010, 『금석문자료(1) −삼국시대−』, 국립중앙박물관.

宋基豪, 1992, 「扶餘隆 墓誌銘」, 『譯註 韓國古代金石文』, 駕洛國史蹟開發硏究院.

李秉延, 1936, 『朝鮮寰與勝覽』 報恩郡 山川, 普文社.

許興植 編著, 1984, 『韓國金石全文(古代)』, 亞細亞文化社.

余扶危·張劍 主編, 2002, 『洛陽出土墓誌卒葬地資料匯編』, 北京圖書館出版社.

陳長安 主編, 1991, 『隋唐五代墓誌彙編(洛陽卷)』(15冊), 天津: 天津古籍出版社.

2) 논저류

권덕영, 2014, 「唐 墓誌의 고대 한반도 삼국 명칭에 대한 검토」, 『한국고대사연구』 75.

高宗의 泰山 封禪 의식에 부여융이 참석한 것을 말한다.

135) 五等: 公, 侯, 伯, 子, 男의 5단계 封爵.

136) 虔奉: 공손하고 조심스럽게 받들다(『晉書』 武帝紀).

137) 臣節: 신하의 節操(『孔子家語』 致思).

138) 肅恭: 엄숙하고 공손함(『書』 微子之命).

139) 南山匪固: 南山은 終南山을 가리키는 것으로, 이 산이 붕괴되지 않는 것 같이 장구하고 견고한 것을 이른다(『詩經』 小雅 天保).

140) 東流: 보통 흐르는 물을 가리키며, 세월이 흘러 사물들이 폐기되는 것을 비유할 때 사용한다. 閱은 모인다는 의미이다. 『文選』 晉 陸士衡 陸機의 歎逝賦에 "川閱水以成川, 水滔滔而日度, 世閱人以爲世, 人冉冉而行暮"라 하였다.

141) 明旌: 銘旌. 喪具의 하나. 죽은 사람의 관직과 성명을 쓴 긴 깃발(『禮記』 檀弓下).

142) 鴻烈: 大功業(『漢書』 揚雄傳下).

143) 式昭: 빛나고 성대하게 하다(『後漢書』 張衡傳).

144) 光祿大夫: 貞觀연간 이후 좌·우의 구분이 없어졌다. 從2品 文散官이다(『舊唐書』 卷42, 職官1; 『新唐書』 卷46 百官1 尙書省 吏部).

145) 行은 行守法에 의해 붙인 것이다. 唐代에는 품계가 관직보다 높을 경우 관직 앞에 '行'자를 붙였고, 반대의 경우에는 '守'字를 붙였다. 부여융의 경우 職事官인 太常卿이 正3品인데 비해 散官인 光祿大夫는 從2品에 해당하여 太常卿 앞에 行字를 붙인 것이다(黃淸連 2000, p.310).

146) 帶方郡王: 從1品의 封爵이다.

金榮官, 2009,「就利山會盟과 唐의 百濟 故土 支配 政策」,『先史와 古代』31.
金榮官, 2012,「百濟 滅亡後 扶餘隆의 行績과 活動에 대한 再考察」,『百濟學報』7.
梁起錫, 1995,「百濟 扶餘隆 墓誌銘에 대한 검토」,『國史館論叢』62.
梁起錫, 1997,「百濟 扶餘隆 墓誌銘의 '百濟 辰朝人'」,『金顯吉敎授定年紀念鄕土史學論叢』.
黃淸連, 1993,「『夫餘隆墓誌』에서 본 當代 中韓關係」,『百濟史의 比較硏究』, 忠南大學校 百濟硏究所.

葛城末治, 1923,「百濟扶餘隆の墓誌に就いて」,『朝鮮』103, 朝鮮總督府.
池內宏, 1960,「百濟滅亡後の動亂及び唐·羅·日三國の關係」,『滿鮮史硏究』上世 第2, 吉川弘文館.

太妃 扶餘氏 墓誌銘

안정준

1. 개관

扶餘氏 墓誌銘은 2004년 봄에 唐 高祖 李淵의 獻陵(陝西省 三原縣 徐木鄕 永合村에 위치)의 陪冢인 嗣虢王 李邕의 묘를 발굴하는 과정에서 발견되었다. 李淵의 獻陵은 三原縣과 富平縣의 경계 일대에 걸쳐 있으며, 지금까지 모두 52개의 陪冢이 있는 것으로 파악되었는데, 嗣虢王 李邕의 묘는 이 배총들 가운데 하나로 富平縣 杜村鎭 呂村鄕 서북쪽의 밀밭 가운데에서 발견되었다. 발견 당시 李邕의 묘는 도굴된 상태였고, 이에 陝西省考古研究所가 긴급 구제발굴을 실시하였다. 발굴 과정에서 길이 60m의 경사진 甬道(羨道)를 찾았는데, 甬道 가운데의 벽돌로 만든 묘실 안에는 돌로 만든 관이 놓여 있었고, 기타 유물들은 도굴당한 상태였다. 前室의 중앙부에서는 두 벌의 묘지석이 발견되었는데, 嗣虢王 李邕의 묘지석이 앞쪽에, 그의 부인인 扶餘氏 墓誌石이 뒤쪽에 놓여 있었던 것으로 보인다.

李邕의 묘지석은 원래 있던 자리에서 원형 그대로 온전하게 발견되었으나, 부여씨의 묘지명은 발견 당시에 도굴범에 의해 前室 서벽 쪽의 도굴 구멍에 메워진 흙더미 위에 옮겨져 있었으며, 묘지 뚜껑은 아래쪽 가장자리가 깨어져 손상되어 있었고, 지석도 세 조각으로 깨져 있었다. 복원하여 지석 조각들을 모아 합칠 수가 있었지만, 깨진 부위의 글자들은 손상되어 일부 字形이 불분명한 상태이다. 두 묘지석은 현재 西安 시내에 있는 陝西省考古研究所의 본관 지하창고에 보관되어 있다.[1)]

1) 이하 발굴 경위 및 묘지명의 현황과 관련한 내용은 張蘊·汪幼軍, 2008b, pp.223-224; 金榮官, 2010, pp.115-123을 참조.

扶餘氏 묘지석은 白玉으로 만든 誌石과 蓋를 모두 갖추고 있다.[2] 묘지석은 장방형으로 상하 두 짝이 한 벌을 이룬다. 음각으로 글자를 새겨 넣었는데, 石質이 세밀하고 견실하며, 표면은 연마된 상태로 花飾圖案이 새겨져 있다. 반면 背面은 끌로 쪼은 흔적이 보이는 등 가공이 정밀하지 않은 상태이다. 묘지석 윗부분의 蓋는 盝頂式이고, 길이는 가로 74cm, 세로 70cm, 두께 13cm이며, 상부의 깎여진 斜面의 길이가 16cm이다.[3] 깎여진 斜面의 위에는 가는 선으로 파도 모양의 말려있는 잎, 모란, 석류 등의 도안이 음각되어 있다. 盝頂 부위는 가로 48cm, 세로 42cm이고 그 위에 고박한 품격의 篆書로 "唐故虢王妃扶餘誌銘"(3行 9字)이라고 음각되어 있다.

誌石은 蓋와 같이 가로 74cm, 세로 70cm이며, 두께는 9cm로 표면을 연마하여 광택을 냈다. 네 변의 가장자리에는 파도 모양의 말려있는 나뭇잎과 모란 모양이 음각되었는데, 지하수에 침식되어 표면이 심하게 얼룩졌고 문양이 선명하게 드러나지 않는다. 묘지명 全文은 30행, 1행당 31字로 총 831자를 楷書體로 음각하여 새겼다. 지석이 세 부분으로 깨진 것을 다시 붙인 까닭에 접합 부분에 있던 글자들이 결실된 것이 2字, 분간하기 어려운 것이 1字 있지만, 나머지 글자들은 대부분 판독이 가능한 상태이다.

誌文에 따르면 부여씨는 738년(개원 26) 8월 9일에 49세로 사망하였고, 같은 해 11월 16일에 남편인 이옹의 무덤에 합장되었다. 묘지명을 새긴 것은 합장하기 하루 전인 11월 15일이었다. 誌文의 첫머리에는 太妃가 扶餘氏이고, 백제의 마지막 왕이었던 金紫光祿大夫 故衛尉卿 帶方郡王 義慈의 曾孫이며, 光祿大夫 太常卿 襲帶方郡王 扶餘隆의 孫이자, 朝請大夫 故渭州刺史 德章의 딸이라고 기록되어 있다. 이를 통해 부여씨가 의자왕의 직계라는 사실을 알 수 있으며, 그의 아버지이자 부여융의 아들인 扶餘德璋의 존재를 새롭게 발견할 수 있다.

기존에 백제 멸망 이후 당에 끌려간 의자왕과 그 자손들의 행적에 대해서는 『舊唐書』, 『資治通鑑』 등의 문헌 기록과 「부여융 묘지명」 등을 통해 일부 알려져 오는 정도였다. 부여씨의 묘지명은 백제 말기의 왕실 가계를 구체화하고, 멸망 이후 唐에서 활동했던 왕실 후손들의 삶을 살펴볼 수 있는 자료로서 주목된다.[4]

2) 2014년 2월 6일 성균관대학교에서 있었던 한국 고대 문자자료 연구 모임(BK21플러스 동아시아학 융합사업단 국내학술회의)에서, 충북대학교 김영관 선생님이 본 묘지석의 재질이 靑石이 아닌 白玉이라는 사실을 알려주셨다.

3) 李邕 묘지석은 가로 87cm, 세로 87cm이다.

4) 張蘊·汪幼軍, 2008b, p.230; 金榮官, 2010, pp.131-140에서 의자왕 이하 후손들의 家系를 복원하기도 하였다.

2. 판독 및 교감

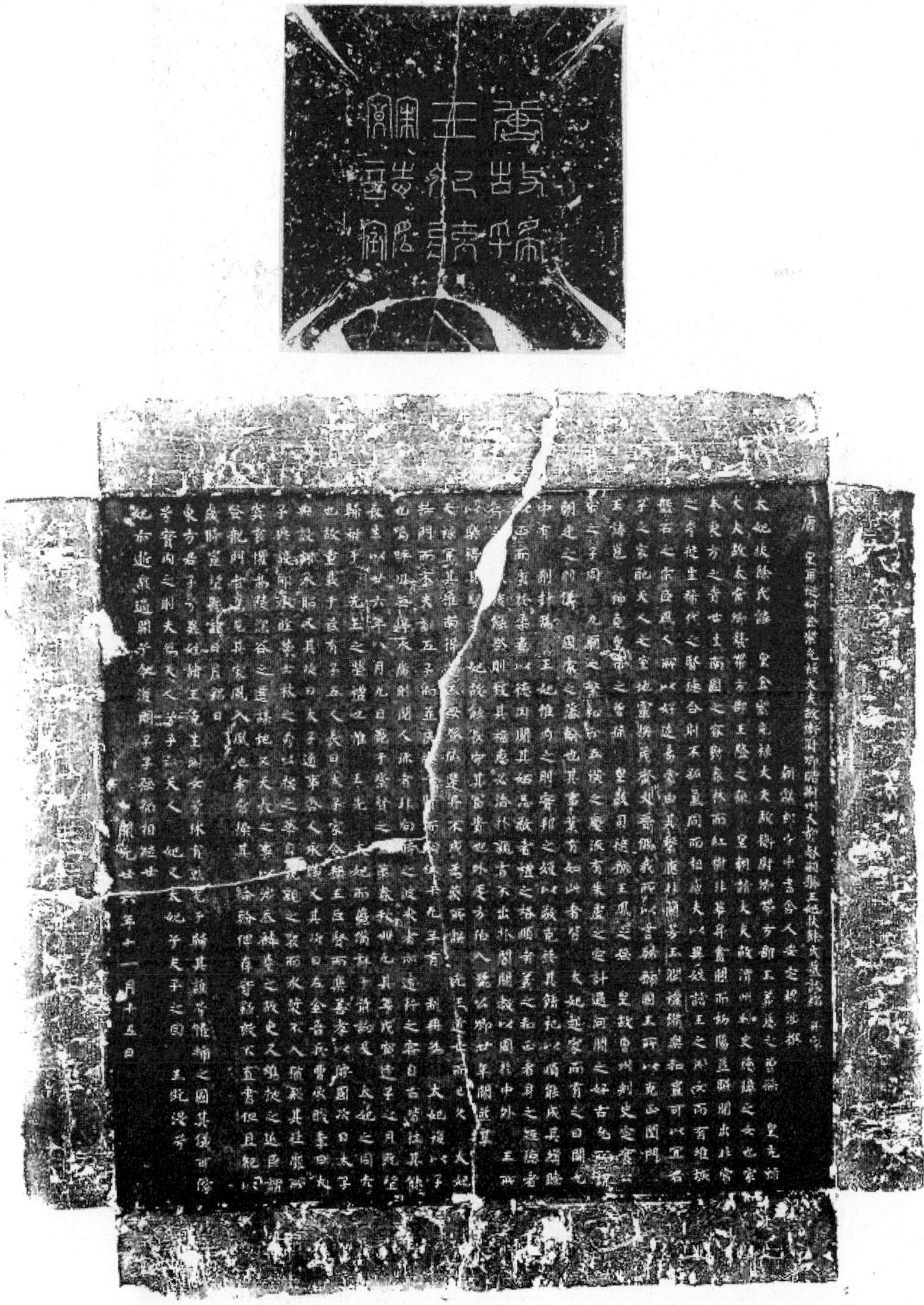

출처: 張蘊·汪幼軍, 2008a, p.104.

30	29	28	27	266	25	24	23	22	21	20	19	18	17	16	15	14	13	12	11	10	9	8	7	6	5	4	3	2	1	
	妃	兮	東	歲	登	寘	子	典	也	歸	長	也	持	天	以	行	以	中	朝	宏	王	子	盤	之	本	大	太		唐 皇再從州金紫光祿大夫故衛尉卿贈荊州大都督嗣號王妃扶餘氏墓誌銘 並序	①
	亦	實	方	時	龍	哀	典	設	故	祔	生	嗚	門	祿	樂	之	正	有	庭	之	諱	之	石	秀	東	夫	妃			②
	逝	內	君	豈	門	懼	設	郎	重	于	以	呼	而	宜	得	▨	而		之	子	邕	家	之	挺	方	故	扶			③
	泉	之	子	望	者	高	郎	承	載		廿	川	不	其	其	▨	秉	制	羽	同		配	宗	生	之	太	餘			④
	適	則	兮	懸	[舊]	陵	承	昭	於	先	六	無	失	淮	賢	後	於	封	儀		神	天	臣	稀	貴	常	氏			⑤
	開	夫	異	諸	見	深	晊	又	玆	王	年	停	訓	南	才	能	柔	爲		九	堯	人	風	代	世	卿	諱			⑥
	兮	爲	姓	日	其	谷	等	其	有	之	八	水	五	得		祭	嘉		國	廟	皇	之	人	之	生	襲				⑦
	今	天	諸	月	家	之	士	次	子	塋	月	歲	子	道	妃	則	以	王	家	之	帝	室	所	賢	南	帶	皇			⑧
	復	人	王	銘	風	遷	林	曰	五	禮	九	則	而	王	故	致	德	妃	之	繁	之	地	以	德	國	方	金			⑨
	閉	兮	克	曰	入	謀	之	太	人	也	日	閱	並	母	能	其	罔	惟	藩	秘	曾	靈	好	合	之	郡	紫			⑩
	子	子	生		鳳	地	秀	子	長	惟	薨	人	良	登	長	福	聞	內	翰	分	孫	挨	述	則	容	王	光			⑪
	子	亦	淑		池	久	公	通	曰		於	流	繼	仙	守	惠	其	之	也	五		茂	易	不	對	隆	祿			⑫
	孫	天	女		者	天	挨	事	太	王	崇	者	一	還	其	必	妬	則	其	潢	皇	齊	象	孤	春	之	大	朝		⑬
	孫	人	兮		常	長	之	舍	子	先	賢	非	賢	丹	富	洽	忌	實	事	之	故	大	由	氣	林	孫	夫	議		⑭
開	相		休		操	之	華	人	家		之	向	而	不	貴	於	敬	邦	業	慶	司	晉	其	同	而		故	郎		⑮
元	繼	妃	有		其	事	自	承	令	太	王	時	嗣	成	也	親	者	之	有	流	徒	偶	繫	而	紅	皇	衛	守		⑯
廿	世	又	烈			以	執	曦	號	妃	第	之	位	爲	外	言	禮	媛	如	有	號	我	應	相	樹	朝	尉	中		⑰
六		太	光		綸	涉	親	又	王	而	春	波	十	藥	受	不	之	以	此	朱	王	所	非	感	非	請	卿	書		⑱
年		妃	于		翰	忝	之	其	巨	薨	秋	來	九	所	方	出	格	敬	者	虛	鳳	以	蘭	夫	華	大	帶	舍		⑲
十		兮	歸		俾	麟	喪	次	賢	備	卌	者	年	誤	伯	於	順	克	皆	之	之	言	芳	以	昇	夫	方	人		⑳
一		夫	其		存	臺	而	曰	而	詳	九	亦	有		入	闈	者	修		定	孫	歸	玉	異	畫	故	郡	安		㉑
月		子	誰		實	之	水	左	樂	于	其	遠		先	爲	閫	義	其	太	計		號	潤	姓	閣	渭	王	定		㉒
十		之	兮		錄	故	漿	金	善	前	年	行	制	王	公	教	之	饋	妃	過	皇	國	禮	諸	而	州	義	梁		㉓
五		因	惟		敢	吏	不	吾	孝	志	戊	之	冊	遺	卿	以	和	祀	起	河	故	王	備	王	初	刺	慈	涉		㉔
日			號		不	又	入	兵	以	及	寅	客	爲	世	廿	周	正	以	家	間	曹	所	樂	之	陽	史	之	撰		㉕
		王	之		直	鵷	猶	曹	傳		建	自		而	年	於	者	順	而	之	州	以	和	淑	並	德	曾			㉖
		既	國		書	掖	疑	承	國	太	子	古	太	已	間	中	身	能	有	好	刺	克	豈	女	照	璋	孫			㉗
		沒	其		但	之	其	晙	次	妃	之	皆	妃	久	並	外	之	成	之	古	史	正	可	而	開	之				㉘
		兮	儀		且	近	往	季	曰	之	月	往	復		亨		經	其	日	允	定	闈	以	有	出	女	皇			㉙
			可		紀	臣	靡	曰	太	同	既	其	以	太		王	德	緝	開	所	襄	門	宜	維	非	也	光			㉚
			像		以	謂	所	太	子	穴	望	能	子	妃		所	者	睦	元	謂	公		君	城	常	家	祿			㉛

唐皇再從州金紫光祿大夫故衛尉卿贈荊州大都督嗣虢王妃扶餘氏墓誌銘並序

朝議郎守中書舍人安定梁涉撰

太妃扶餘氏，諱□.[5] 皇金紫光祿大夫故衛尉卿帶方郡王義慈之曾孫，皇光祿大夫故太常卿襲帶方郡王隆之孫，皇朝請大夫故渭州刺史德璋之女也. 家本東方之貴世. 生南國之容，對春林而紅樹非華. 昇晝閣而初陽並照，間出非常之秀挺. 生稀代之賢，德合則不孤，氣同而相感. 夫以異姓諸王之淑女，而有維城盤石之宗臣風，人所以好逑. 易象由其繫應，非蘭芳玉潤，禮備樂和，豈可以宜君子之家，配天人之室. 地靈挨茂，齊大晉偶，我所以言歸虢國王，所以克正閨門. 王諱邕. 神堯皇帝之曾孫，皇故司徒虢王鳳之孫，皇故曹州刺史定襄公宏之子. 同九廟之繁秘，[分][6]五潢之慶流，有朱虛之定計，過河間之好古. 允所謂朝廷之羽儀，國家之藩翰也. 其事業有如此者，皆太妃起家而有之日[7]. 開元中有制封爲王妃. 惟內之則，實邦之媛，以敬克修其饋祀，以順能成其緝睦，以正而秉於柔嘉，以德罔[8]聞其妬忌，敬者禮之格，順者義之和，正者身之經，德者行之▨. ▨後能祭，則致其福惠，必[9]洽於親言，不出於闈閫，教以周於中外，王所以樂得其賢才[10]，妃故能長守其富貴也. 外受方伯，入爲公,卿 卄年間並亨天祿，宜其淮南得道. 王母登仙，還丹不成，爲藥所誤. 先王遺世而已久，太妃持門而不失訓，五子而並良，繼一賢而嗣位. 十九年有制册爲太妃，復[11]以子也. 嗚呼 川無停水，歲則閱人. 流者非向[時][12]之波，來者亦遠行之客，自古皆往，其能長生. 以卄六年八月九日薨於崇賢之王第，春秋卌[13]九. 其年戊寅建子之月既望歸祔于先王之塋，禮也. 惟王先太妃而薨，備詳于前志，及太妃之同穴也. 故重載於玆. 有子五人，長曰 太子家令虢王巨，賢而樂善 孝以傳國. 次曰 太子典設郎[14]承昭. 又其次曰 太子通事舍人承曦. 又其次曰 左金吾兵曹承晙. 季曰 太子典設郎承虢，等士林之秀，公挨之華. 自執親之喪，而水漿不入，猶疑其往，靡所寘哀. 懼高陵深谷之遷，謀地久天長之事，以涉忝麟臺之故吏，又鵷掖之近臣. 謂登龍門者，[舊][15]見其家風，入鳳池者，常操[16]其綸翰. 俾[17]存實錄，敢不[18]直書. 但且紀以歲,時 豈望懸諸日月. 銘曰:

東方君子兮，異姓諸王，克生淑女兮，休有烈光，于歸其誰兮，惟虢之國，其儀可像兮，實內之則，夫爲天

5) □: 휘에 해당하는 부분이 공백으로 되어 있다.
6) 兮(張蘊·汪幼軍), 分(金榮官).
7) 日(張蘊·汪幼軍, 金榮官).
8) 幫(張蘊·汪幼軍), 邦(金榮官).
9) 比(張蘊·汪幼軍), 必(金榮官).
10) ▨(張蘊·汪幼軍), 才(金榮官).
11) 複(張蘊·汪幼軍), 復(金榮官).
12) 持(張蘊·汪幼軍), 時(金榮官).
13) ▨(張蘊·汪幼軍), 卌(金榮官).
14) 舍(張蘊·汪幼軍), 郎(金榮官).
15) 高(張蘊·汪幼軍), 舊(金榮官).
16) 撰(張蘊·汪幼軍), 操(金榮官).
17) 碑(張蘊·汪幼軍), 俾(金榮官).
18) 不(張蘊·汪幼軍), 下(金榮官).

人兮, 子亦天人, 妃又太妃兮, 夫子之因, 王旣沒兮, 妃亦逝, 泉適開兮, 今復[19]閉, 子子孫孫相繼世
開元卄六年十一月十五日

10-⑪ : 分
∴ 八자 아래가 刀부로 보인다. 分으로 판독 가능하다.

11-㉙ : 曰
∴ 기존에 日로 판독해왔다. 본 묘지명에서 日과 曰이 형태상 분명하게 구별되지는 않으나, 자구 해석상 曰자로 판독하는 것이 더 타당하다고 생각된다.

13-⑩ : 罔

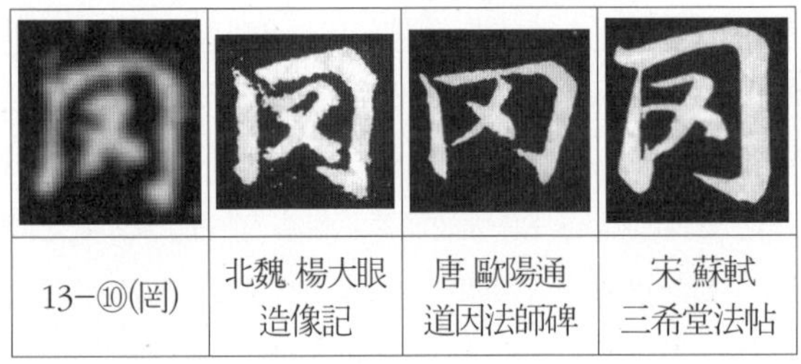

13-⑩(罔)	北魏 楊大眼 造像記	唐 歐陽通 道因法師碑	宋 蘇軾 三希堂法帖

∴ 冂+又의 형태인데 罔의 이체자이다.

15-⑥: 才
∴ 우측의 깨진 자국으로 일부 자획이 보이지 않으나, 才의 좌측면이 분명하게 보인다. 才로 판독.

17-㉙ : 復

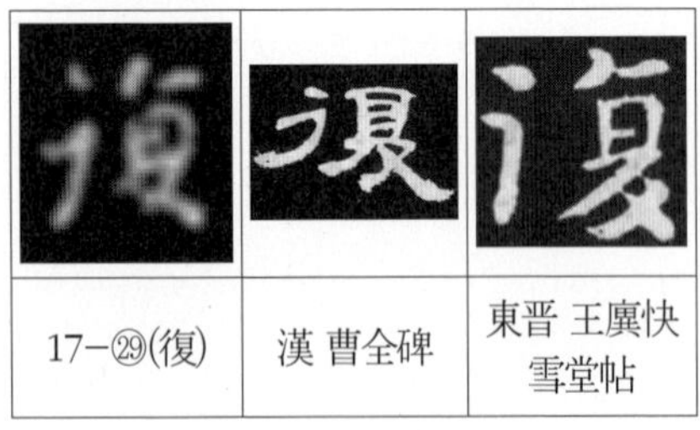

17-㉙(復)	漢 曹全碑	東晉 王廙快 雪堂帖

∴ 좌변이 彳의 이체로 보인다. 復의 이체자로 판독.

19) 複(張蘊·汪幼軍), 復(金榮官).

18-⑯ : 時

∴ 좌변 바로 위에 깨진 자국이 있으나 日부가 분명하게 보인다. 時로 판독.

22-③: 郎

∴ 중간에 일부 갈라진 흔적이 있지만 郎자의 형태가 온전하게 보인다.

25-⑤: 舊

∴ 윗부분의 艹와 隹변이 확인되는데, 아래쪽의 臼변이 다소 불확실해 보인다. 다만 해석상 25-14의 常자와 대응되는 의미로서 舊로 추독해도 무리가 없다고 판단된다.

25-㉕ : 不

∴ 세로획이 구부러진 부분이 보이며, 不자의 좌하변 획이 희미하게 남아있다.

29-⑨: 復

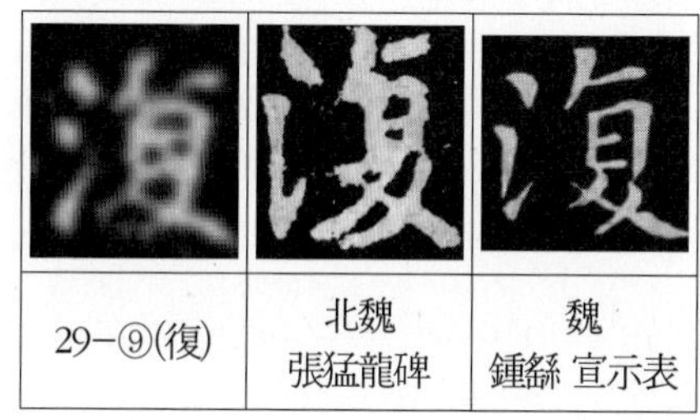

29-⑨(復)	北魏 張猛龍碑	魏 鍾繇 宣示表

∴ 氵+复의 형태이며 復의 이체자로 볼 수 있다.

3. 역주

唐 皇再從州 金紫光祿大夫[20] 故衛尉卿[21] 贈荊州[22]大都督[23] 嗣虢王妃 扶餘氏의 墓誌銘 아울러 序

20) 金紫光祿大夫: 정3품의 文散官. 唐初에는 좌우광록대부가 있었는데 貞觀연간 이후 좌·우의 구분이 없어졌다(『舊唐書』 卷42, 職官1; 『新唐書』 卷46 百官1 尙書省 吏部). 南齊 이래로 金章·紫綬를 더해 준 경우가 있었는데, 이를 金紫光祿大夫라고 칭하였다(『唐六典』 卷2 尙書吏部).

21) 衛尉卿: 衛尉寺의 장관. 종3품 정원 1인의 관직(『唐六典』 卷16 衛尉宗正寺).

22) 荊州: 荊州는 지금의 湖北省 江陵 일대이다.

23) 大都督: 大都督府의 都督은 從2品, 정원 1人의 武官이었다(『唐六典』 卷30 三府督護州縣官吏). 太極年間(712년)에 并·益·荊·揚州을 4大都督府라 하였고, 開元 17년(729)에 潞州를 더하여 5大都督府라 하였다(『通典』 卷32, 職官1).

朝議郎[24] 守中書舍人인[25] 安定坊의 梁涉이[26] 撰하였다.

太妃 扶餘氏의 諱는 □[27]. 皇金紫光祿大夫 故衛尉卿 帶方郡王[28] 義慈의 曾孫이고, 皇光祿大夫 故太常卿[29] 襲帶方郡王 隆의 손녀이며, 皇朝請大夫[30] 故渭州刺史[31] 德璋의[32] 딸이다.[33] 가문은 본시 東方의 貴世였다. 태어나면서부터 南國의 佳人과 같이 아름다워,[34] 봄날의 숲에 마주할 만하며 가을 단풍이 화려함을 잃을 정도였다. 화려한 누각에[35] 오르면 아침햇살이[36] 나란히 비추었고, 한가하게 나가도 유난히 두드러져 보였다.[37] 태어나면서부터 稀代의 어짊으로, 德이 부합한 즉 외롭지 않았고, 氣가 화합한 즉 서로 감응하였다. 대저 異姓諸王의 淑女였으나 皇室의[38] 든든한 宗臣의[39] 풍모가 있었으니, 사람들이 좋은 배필로써[40] 여기는 바이다. 易의 卦에 나타난 형상이[41] 그 잇고 응함으로 말미암아, 蘭香이 풍기는[42] 윤기

---

24) 朝議郎: 정6품상의 文散官(『唐六典』 卷2 尙書吏部).

25) 守中書舍人: 中書省의 판관으로 正5品上, 정원 6인의 供奉官이었다. 唐代에는 中書·門下 兩省 및 御史臺의 관을 供奉官이라 칭하였는데, 이는 조회시에 별도로 하나의 班을 구성하며 황제의 좌우에서 侍奉하는 역할을 담당하였다(『唐六典』 卷16 衛尉宗正寺). 앞에 붙은 守는 行守法에 의해 붙인 것이다. 唐代에는 품계가 관직보다 높을 경우 관직 앞에 '行'자를 붙였고, 반대의 경우에는 '守'字를 붙였다. 이 경우 職事官인 中書舍人이 正5品인데 비해 散官인 朝議郎은 從6品에 해당하여 守字를 관직 앞에 붙인 것이다.

26) 安定梁涉: 본 묘지명의 撰者는 長安 安定坊에 사는 梁涉이다. 梁涉은 酷吏 吉溫에게 미움을 산 일로 李邕의 長子인 李巨와 함께 관직에서 쫓겨난 적이 있다["初 中書舍人梁涉道遇 溫 低帽障面 溫怒 乃諷勣引涉及嗣虢王巨 皆斥逐"(『新唐書』 卷209 列傳 第134 酷吏 吉溫)]. 이를 통해 李巨이 평소 교분이 있던 梁涉에게 부친 이옹의 묘지명을 撰述해줄 것을 부탁했을 것으로 본다. 또 글씨를 쓴 사람도 양섭과 함께 중서성에서 舍人으로 근무하였으며, 글을 잘 짓고 楷書에 능했다고 전해지는 韋陟이란 인물로 추정하기도 한다(金榮官 2010, pp.123-124).

27) □: 공백.

28) 帶方郡王: 郡王은 9등급의 爵位 가운데 두 번째이며, 從1品에 食邑이 5천 호이다(『唐六典』 卷2 尙書吏部). 『舊唐書』 太宗本紀에는 扶餘璋(무왕)이 죽자 사신을 파견해 世子인 義慈가 왕위를 잇게 하고 柱國과 帶方郡王 百濟王을 책봉해 주었다고 기록되어 있다(『舊唐書』 太宗本紀 貞觀15年 5月). 同書 東夷 百濟傳에도 이와 같은 기록이 실려 있다.

29) 太常卿: 太常寺의 장관으로 정3품, 정원 1인의 관직이다(『唐六典』 卷14 太常寺).

30) 朝請大夫: 종5품상의 文散官이다(『唐六典』 卷2 尙書吏部).

31) 渭州刺史: 渭州는 甘肅省 隴西 지역을 가리킨다. 渭州는 戶數가 2만이 되지 않는 下州級으로(『新唐書』 卷40 志 第30 地理4 隴右道 渭州隴西郡), 그 刺史는 정4품하에 해당한다.

32) 德璋: 본 誌文에 의하면 德璋이라는 인물은 義慈王의 손자이자 扶餘隆의 아들이 된다. 이를 통해 부여씨가 의자왕의 직계라는 사실을 알 수 있으며, 그의 아버지이자 부여융의 아들인 扶餘德璋의 존재를 새롭게 발견할 수 있다.

33) 『舊唐書』에서는 장남 李巨의 이모, 즉 부여씨의 여동생이 있었음을 전하고 있다. 이거의 이모는 이름이 전하지 않으나 당 현종 때 酷吏로 유명했던 吉溫의 어머니이다["巨母扶餘氏 吉溫嫡母之妹也"(『舊唐書』 卷112 列傳 第62 李巨子 則之)]. 이를 통해 부여덕장에게 두 명의 딸이 있었음을 알 수 있다(金榮官 2010, p.131).

34) 南國之容: '南國에 佳人이 있는데 용모가 아름다워 桃李와 같다'는 문구에서 인용(魏 曹植 『雜詩』之五).

35) 畫閣: 채색된 화려한 樓閣(南朝 梁 庾肩吾 「詠舞曲應令」).

36) 初陽: 아침 햇살. 동이 터오는 빛(唐 溫庭筠 「正見寺曉別生公」 詩).

37) 秀挺: 우수하고 특출나다. 특히 두드러지다(「祭外兄張長史文」).

38) 維城: 皇子 혹은 皇室의 宗族을 가리키는 말(『後漢書』 孝明八王傳贊).

39) 盤石: 磐石. 分封받은 宗室을 일컫는다(『史記』 孝文本紀).

40) 好逑: 좋은 배필. 훌륭한 배우자(『詩』 周南 關雎).

41) 易象: 易의 괘에 나타난 형상.

나는 얼굴에[43] 禮가 즐겁고 화목함으로[44] 갖추어지지 않고서야 어찌 가히 君子의 집안에 마땅하였겠으며, 天子의[45] 宗室에 짝지어졌겠는가. 土地와 山川의 靈秀한 氣가[46] 다가와 융성하였고, 훌륭한 가문의 딸이 훌륭한 집안의 배필이 되는 것이니,[47] 이는 내가 (부여씨가) 虢國王에게 시집갔음을 말하게 되는 바이며, 閨門을[48] 잘 결정했음을 말하게 되는 바이다.[49] 虢國王의 諱는 邕이다. 神堯皇帝의[50] 曾孫이고, 司徒를 지낸 虢王 鳳의[51] 손자이며, 曹州[52]刺史를 지낸 定襄公 宏의[53] 아들이다. 九廟의[54] 숱한 귀신들에

---

42) 蘭芳: 난꽃의 향기. 賢人을 비유하는 표현으로 자주 사용됨(『楚辭』 招魂).

43) 玉潤: 외모가 윤기 나고 깨끗한 모습을 형용(唐 顧況 「露靑竹杖歌」).

44) 樂和: 즐겁고 화목하다(『後漢書』 崔駰傳).

45) 天人: 天子를 칭하는 것으로 보인다(『晉書』 應貞傳).

46) 地靈: 土地와 山川의 靈秀한 氣(『韓詩外傳』 卷八).

47) 齊大晉偶: 齊大非偶(齊大非耦)의 고사에서 유래한 표현으로 보인다. 春秋時代에 齊의 僖公은 鄭나라의 太子 忽을 마음에 두고 자기 딸 文姜을 그에게 시집보내려고 하였다. 당시 忽은 혼사를 거절하였는데, 그 이유를 묻는 사람들에게 "사람은 저마다 자기에게 맞는 짝이 있는데, 제나라는 대국이어서 나의 짝이 될 수 없다"라고 대답하였다. 이에 유래하여 齊大非偶는 결혼 상대의 신분이 너무 차이가 나서 감히 배우자로 맞이할 수 없음을 비유하는 고사성어로 사용되었다(『春秋左氏傳』 桓公 6年). 본 誌文에는 齊大晉偶라고 표현되었는데, 이는 당시 齊가 존속했던 春秋時代의 五覇 가운데 하나였던 晉을 예로 든 것으로 보인다. 즉 齊나라는 대국이어서 (대국인) 晉이 배필로 삼을 만하다는 의미로서, 본문에 맞게 의역하자면, 좋은 가문의 딸이어야 훌륭한 집안의 배필이 된다는 정도로 풀이할 수 있을 것이다.

48) 閨門: 婦女가 거처하는 곳(『北齊書』 尉瑾傳). 혹은 부인, 妻子를 가리킴(『新五代史』 漢高祖皇後李氏傳).

49) 이옹의 첫째 부인은 中宗의 황후인 韋氏의 여동생인 崇國夫人 馮氏였다. 풍씨는 원래 將軍 馮太和의 아내였으나 그가 죽은 뒤 이옹에게 재가했던 것이다(『舊唐書』 卷183 列傳 133 外戚 韋溫). 그러나 710년에 위황후가 안락공주와 공모하여 중종을 독살하고 새로운 나라를 세우려 하였고, 이에 臨淄王 隆基(예종의 셋째 아들로 후에 현종)가 위황후와 안락공주 등을 죽이고 예종을 복위시키는 사건이 발생했다(누노메 조후·구리하라 마쓰오(임대희 역) 2001, p.106). 당시 이옹은 위황후의 자매이자 자신의 아내였던 馮氏의 머리를 베어 조정에 바쳐서 연좌되는 것을 피하고자 했던 것으로 보인다("及玄宗誅韋后 虢王斬七姨首以獻" 『舊唐書』 卷37 志 17 五行). 이옹의 묘지명에는 이옹의 사망 당시(727년)에 장남인 李巨가 16세(總角)였다고 기록되어 있다. 이옹과 부여씨의 첫 아들이 712년에 태어났다는 점을 고려하여, 부여씨가 이옹의 둘째 부인으로 시집온 것은 711년으로 추정하기도 한다(金榮官 2010, pp.127-129).

50) 神堯皇帝: 唐 高祖 李淵을 말한다. 李淵이 635년에 승하했을 당시 大武黃帝라는 諡號를 올렸는데, 674년에 高宗이 神堯皇帝로 尊號를 바꿨다(『舊唐書』 卷1 本紀 第1 高祖 李淵).

51) 虢王鳳: 李邕의 祖父인 鳳은 李淵의 15번째 아들이며 636년에 虢王에 봉해졌다. 鄧州刺史와 虢州·豫州刺史를 거쳐 664년에 靑州刺史를 지냈고, 674년에 52세를 일기로 사망했다. 死後에 正1品인 司徒 및 종2품 揚州大都督으로 추증되었다(『舊唐書』 卷64 列傳 第14 高祖二十二子 虢王鳳).

52) 曹州: 지금의 山東省 曹縣 일대.

53) 定襄公宏: 定襄公 李宏은 虢王 李鳳의 셋째 아들이다. 원래 李鳳의 死後에는 그의 맏아들인 平陽郡王 翼이 虢王을 이어받았으나 681년에 세상을 떠났다. 이후 翼의 아들인 寓가 虢王의 자리를 이어받았다. 그러나 이후 688년에 측천무후의 황제 즉위에 대항해 韓王 元嘉의 아들 黃國公 譔과 越王 貞의 아들 琅邪王 沖이 주모자가 되어 반란을 일으켰고, 이들이 측천의 군에게 패함으로써 당 황실 일족이 모두 사멸되는 사건이 있었다(『舊唐書』 卷6 本紀 第6 則天皇后 武曌 垂拱 4年 8月·9月). 이 사건과 관련하여 寓가 虢王의 봉작을 削奪당한 것으로 보인다(金榮官 2010, pp.126-127). 李宏의 아들이었던 李邕은 당시 11살의 어린 나이였기에 다른 일족들과 달리 화를 피할 수 있었던 것으로 보인다. 이후 측천무후가 죽고 중종이 즉위한 神龍 初年(705년)에 복권 조치가 이루어지면서 李邕이 李寓의 虢王을 이어받았던 것이다(『舊唐書』 卷64 列傳 第14 高祖二十二子 虢王鳳).

54) 九廟: 아홉 祖宗의 사당. 흔히 帝王이 선조를 제사지내는 宗廟를 이른다. 周代에 太祖 및 三昭·三穆의 7廟였는데, 王莽이 9

같이 하였고, 五潢의[55] 慶流를 분명히 함에, 朱虛侯 劉章의[56] 계책이 있었고,[57] 河間王 劉德의[58] 好古를[59] 뛰어넘었다. 이른바 조정의 輔翼이자[60] 국가의 藩翰이라[61] 하기에 충분했다. 그 성취함이[62] 이와 같았으니 모두 太妃가 가문을 일으키고 이야기한 것이다. (太妃는) 開元年間(713~741)에 王妃로 制封되었다. 생각건대 안으로는 실로 보좌하는 美人이었으니, 공경함으로써 능히 귀신에게 제사함을[63] 베풀었고, 順함으로써 능히 그 화목함을[64] 이루었으며, 바름으로써 온유하고 선함을[65] 지켰고, 德으로써 그 妬忌함을 듣지 않았다. 敬이라는 것은 禮의 격식이요, 順이라는 것은 義의 和함이요, 正이라는 것은 몸의 다스려짐이요, 德이라는 것은 행동함의 ▨이니, ▨ 이후 祭를 잘 지낸 즉 그 복과 이로움을 다하여 親言에 나란히 부합하였으며, 宮室의 門을[66] 나가지 않고서도 가르침으로써 中外에 두루 펼쳤다. 왕이 그 賢才를 기꺼이 얻은 까닭에, 妃는 고로 능히 그 富貴를 오래도록 지킬 수 있었다. (왕은) 밖으로 方伯을 수여받아 公卿에 들어갈 수 있었고, 20년 동안 俸祿을[67] 아울러 누렸으니, 응당 그 淮南王이[68] 道를 얻은 것과 같았다. 西王母가[69] 登仙하시어 還丹이[70] 이루어지지 않았으니, 약에 의해 잘못된 바 되었도다. 先王께서 돌아가신

廟로 늘렸다(『漢書』 王莽傳 下).

55) 五潢: 별이름. 五車라고도 한다. 天庫·獄·天倉·司空·卿星을 가리킨다(『史記』 天官書).

56) 朱虛侯 劉章: 漢高祖 死後에 여씨들이 권력을 멋대로 하고 전횡함에 朱虛侯 劉章은 이에 깊은 불만을 품고 있었다. 기원전 180년 7월 辛巳에 呂后가 죽자, 여씨 일족인 呂祿이 유씨 일족과 주요 대신을 모두 죽이고 여씨의 왕국을 세우려고 계획하였다. 그러나 이를 미리 탐지한 朱虛侯 劉章이 周勃, 승상 陳平 등과 모의하여 여씨 일족을 주멸하고, 文帝 劉恒을 황제로 옹립하였다. 이로써 呂後와 그녀의 일족에 의해 다스려지던 한나라는 다시 劉氏 천하를 회복하게 되었다(『史記』 卷52 齊悼惠王世家).

57) 定計: 견해. 확정한 계획(唐 張籍「襄國別友」詩).

58) 河間: 前漢 景帝의 셋째 아들. 본명은 德. 경제 2년(기원전 155)에 河間王에 봉해졌고, 시호는 獻王이다. 후세에 河間獻王으로 불렸다. 儒學을 좋아했으며, 민간에 좋은 책이 있으면 책을 헌납을 받아 필사한 뒤 원본은 보관하고 상금을 주어 돌려보냈다. 이 때문에 사방의 많은 사람들이 그에게 책을 바쳤다. 그가 구한 先秦 이전의 고서로는 周官과 尙書, 禮記, 孟子, 老子 등이 있으며, 太學을 설치하고 박사를 두어 학생들을 가르치게 했으며, 예악을 重修하여 武帝에게 八佾舞를 바치기도 했다. 한나라 유학의 부흥에 큰 역할을 한 인물로 평가된다(임종욱, 2010, 『중국역대인명사전』, 이회문화사).

59) 好古: 古代의 事物을 좋아함(『論語』 述而).

60) 羽儀: 조정의 輔翼(唐 張九齡「唐故開府儀同三司行尙書左丞相燕國公贈太師張公墓志銘」), 혹은 帝王의 호위대(唐 樊綽 『蠻書』 南蠻條敎).

61) 藩翰: 울타리와 기둥. 왕실을 보위하는 중신을 비유한다(『詩』 大雅 板).

62) 事業: 일의 성취함. 功業(『易經』 坤).

63) 饋祀: 술과 음식으로 귀신을 제사함(『書』 酒誥).

64) 緝睦: 화목하다. 화목하게 하다(『三國志』 蜀志 諸葛亮傳).

65) 柔嘉: 온유하고, 아름답고 선함(『詩』 大雅 烝民).

66) 闈閫: 宮室의 門戶(漢 蔡邕「太傅胡公碑」).

67) 天祿: 俸祿. 祿俸. (『孟子』 萬章下).

68) 淮南: 『神仙傳』 淮南王篇에서 전하는 古事에서 유래한 것으로 보인다. 중국 漢代에 淮南王 劉安이 八公이라고 불리는 신선에게 불로장생의 신선이 된다고 하는 仙丹의 제조법을 배워서 이를 만들어 먹은 뒤 하늘로 올라갔다. 그리고 닭과 개도 이 선단을 먹자 모두 함께 하늘로 올라가 신선이 되었다고 전한다. 이 고사에서 유래하여 淮南鷄犬, 鷄犬昇天이라는 성어도 전해진다.

69) 王母: 西王母를 말한다. 中國 고대 신화 속의 여자 仙人으로 長生不老의 상징이었다(『山海經』 西山經). 『淮南子』 覽冥에서는

지[71] 이미 오래되심에 太妃는 家門을 지키되 遺訓을 잃지 아니하였으니 다섯 아들이 모두 훌륭하였다. 一賢을 이어 지위를 계승하였으니, 19년에 制하시어 책봉하여 太妃를 삼았고, 아들로써 거듭하게 하였다. 오호라! 내는 물을 정체시키지 않고, 세월은 사람을 가리지 않는구나. 흘러가는 것은 從前의[72] 물결이 아니요, 오는 것은 또한 먼 길 떠나갈[73] 客이로다. 예로부터 모두 죽음을 맞으니 그 능히 長壽하였구나. 開元 26년(738) 8월 9일 崇賢坊의 王의 자택에서[74] 薨하시니, 나이가 49세였다. 그 해 戊寅年 11月 16일에[75] 先王의 무덤에 합장하였다. 이미 先王의 무덤에 合葬하기를[76] 바라셨으니 禮에 맞는 것이었다. 생각건대 先王께서는 太妃보다 먼저 돌아가심에 墓誌에 상세한 것을 갖춰두셔서 太妃와 같은 무덤을 쓰게 되었다. 고로 이에 거듭 실어둔 것이다. 다섯 아들이 있으니, 장남은 太子 家令 虢王 巨로 어질고 善을 좋아하였으며,[77] 孝道로써 나라에 알려졌다. 둘째는 太子 典設郎[78] 承昭이다. 셋째는 太子 通事舍人 承曦이다. 넷째는 左金吾兵曹 承晙이다. 막내는 太子典設郎 承晊이다. 이들은 士林의 수재이고 公挨(?)의 華였다. 부모의 喪에 미음도 들지 않았으며, 오히려 그 돌아가심을 헤아려 슬픔을 그치는 바가 없었다. 세월이 흘러 봉분이 사라짐을[79] 두려워하고, 오래도록 모실 것을[80] 도모하여서, 삼가 麒麟閣의 故吏들과[81] 또 宮殿의

羿가 西王母에게 청해 얻은 不老不死藥을 그의 아내인 姮娥가 훔쳐 먹고는 달로 도망갔다는 설화(姮娥奔月)가 기록되어 있다.

70) 還丹: 道家에서 九轉丹과 朱砂를 합하여 만든 丹藥. 복용하면 바로 神仙이 된다고 한다(『抱樸子』 金丹).

71) 遺世: 道敎에서 羽化를 이름. 세상을 떠남(唐 「續唐故中嶽體玄先生潘尊師碑頌」).

72) 向時: 종전, 이전(晉 陸機 『辯亡論』上).

73) 遠行: 멀리 출장을 가다. 먼 길을 떠나다(『孟子』 公孫醜下).

74) 崇賢之王第: 淸 徐松이 찬한 『唐兩京城坊考』에 의하면, 長安城의 皇城 남쪽에 있는 崇賢坊의 서남쪽 모퉁이에 '秘書監嗣虢王李邕宅'이 있었다고 한다(李健超 2006, p.213). 이를 고려할 때 부여씨는 西都인 長安 崇賢坊의 저택에서 사망했음을 알 수 있다. 남편인 이옹은 그의 묘지에 따르면 東都 嘉善里의 私第에서 죽었다고 기록하고 있어 양자가 죽은 곳이 서로 달랐다는 사실도 알 수 있다(金榮官 2010, p.129).

75) 建子之月既望: 夏曆 11月(子月)을 歲首로 삼는 曆法(唐 楊炯 「公卿以下冕服議」). 建子之月은 곧 음력 11월을 가리키며, 望(15일)의 다음날인 既望은 16일이다(『書』 召誥).

76) 歸祔: 合葬하다(唐 白居易 「祭李侍郎文」).

77) 『舊唐書』에서는 이거를 이옹의 둘째 아들로 기록하고 있다("鳳孫邕 嗣虢王 巨卽邕之第二子也"(『舊唐書』 卷113 列傳 제62 李巨 子 則之). 이에 대해 이옹의 첫째부인이었던 馮氏와의 사이에서 낳은 아들이 있었기 때문에 이거가 둘째로 기록된 것으로 보기도 한다(金榮官 2010, p.130). 그러나 이옹과 부여씨와의 사이에서 먼저 낳은 아들이 있었고, 부여씨가 죽기 전에 사망했기 때문에 長子의 지위가 이거에게 넘어갔을 가능성도 배제할 수 없을 것 같다.

78) 太子典設郎: 龍朔 2년(662)에 太子齋帥에서 太子典設郎으로 개칭되었다(『新唐書』 卷49上, 百官4上). 典設局의 관원으로 정원 4인, 從6品下이며, 태자가 제사를 지낼 때 齋戒와 자리 설치 등의 일을 담당한다(『唐六典』 卷26 太子三師三少詹事府左右春坊).

79) 高陵深穀之遷: 세월이 흘러 자연지물이 변하고 봉분이 사라지는 일을 의미함["高岸爲穀 深穀爲陵"(『詩』 小雅 十月之交)].

80) 地久天長: 天長地久와 같은 의미. 하늘과 땅이 오래도록 변하지 않는다는 뜻으로, 사물이 오래오래 지속됨을 이르는 말(漢 張衡 「思玄賦」).

81) 麟臺: 麒麟閣의 별칭(唐 顔眞卿, 「裴將軍詩」). 기린각은 前漢代에 세운 궁전 이름. 武帝가 기린을 얻었을 때, 마침 殿閣이 낙성되어 전각 안에 기린의 畵像을 그려 붙이고 기린각이라 칭했다. 이후 宣帝가 功臣인 霍光, 張安世, 韓增, 趙充國, 魏相, 丙吉, 杜延年, 劉德, 梁丘賀, 蕭望之, 蘇武 등 11명의 초상을 그려 벽에 걸었다고 한다.

近臣들을 더럽혔다.[82] 立身한 자는 그 家風을 오래도록 드러내고, 주요 관직을 맡은 자는[83] 항상 그 詔勅을[84] 다룬다. 하여금 實錄을 보존하게 함에 감히 直書하지 않을 수 있겠는가. 다만 또 歲時로써 기록하였으니 어찌 日月에 괘념하겠는가. 銘하여 가로되,

東方의 君子여, 異姓의 諸王이로다. 능히 숙녀를 낳았구나, 아름다워 맹렬히 빛나도다. 그 누구에게 시집갈까, 오직 虢國王이 있을 뿐이로다. 그 거동이 가히 본받을 만하구나, 실로 아내로 맞이하였도다. 남편이 天人이[85] 되었구나, 아들 또한 天人이 되었도다. 王妃 또한 太妃가 되셨구나, 대저 아들의 因함이로다. 王이 이미 돌아가셨구나, 妃 또한 逝去하셨도다. 黃泉이 맞아들임에 열렸도다, 이제 거듭 닫았노라. 子子孫孫이 서로 계승할지어다.

開元 26年 11月 15日.

4. 참고문헌

金榮官, 2010,「百濟 義慈王 曾孫女 太妃 夫餘氏 墓誌」,『百濟學報』창간호.

김영관, 2013,「百濟 義慈王 外孫 李濟 墓誌銘에 대한 연구」,『百濟文化』49.

누노메 조후·구리하라 마쓰오(임대희 역), 2001,『중국의 역사 -수당오대-』, 혜안.

李健超, 2006,『增訂 唐兩京城坊考』, 三秦出版社.

張蘊·汪幼軍, 2008a,「唐「故虢王妃夫餘氏墓誌」」,『碑林輯刊』13, 陝西人民美術出版社: 2008b,『木簡과 文字』2.

82) 涉忝: 옛 漢代의 功臣들을 이 무덤 벽화에 그려놓음으로써 그들을 욕되게 했다는 謙辭가 아닌가 한다.

83) 綸翰: 皇帝의 詔勅 文書(唐 楊炯「後周青州刺史齊貞公宇文公神道碑」).

84) 鳳池: 鳳凰池의 준말. 禁苑에 있는 연못이다. 위진남북조대에 봉황지 곁에 中書省을 설치하여 기무를 관장한데서 중서성을 이르는 말로 썼다(南朝齊 謝朓「直中書省詩). 본문에서는 주요 관직을 맡은 자로 의역하였다.

85) 天人: 仙人 혹은 神人을 가리키며(晉 葛洪「神仙傳」張道陵), 天子를 비유하기도 한다(『晉書』應貞傳). 이 글에서는 王位를 가리킬 것이다.

李濟 墓誌銘

안정준

1. 개관

중국 陝西省 西安市에 있는 長安博物館에는 北魏에서 淸代에 이르는 181점의 묘지명을 소장하고 있는데, 이 가운데 唐代의 「李濟 墓誌銘」이 있다. 이 묘지명은 1991년에 이미 『隋唐五代墓誌彙編』 陝西 4(天津古籍出版社)에 탁본이 소개되었고, 『唐代墓誌彙編續集』(上海古籍出版社)을 통해 판독문이 제시된 바 있었다. 「이세 묘지명」이 수복받게 된 것은 2004년 봄에 嗣虢王 李邕의 묘(陝西省 富平縣 杜村鎭 呂村鄕에 있던 唐 高祖 李淵의 獻陵의 陪冢) 내부에서 의자왕 증손녀인 太妃 扶餘氏의 墓誌銘이 발견된 이후이다.

「太妃扶餘氏 墓誌銘」의 내용을 통해 義慈王-扶餘隆-扶餘德章-太妃 扶餘氏로 이어지는 의자왕 후손의 가계뿐만 아니라, 태비 부여씨의 남편인 嗣虢王 李邕의 先代와 그의 다섯 아들들(巨·承昭·承曦·承晙·承晊)에 대한 정보를 확인할 수 있다. 「李濟 묘지명」에 기재된 선조에 대한 기록에 의하면, 이옹의 다섯째 아들인 漢州刺史 承晊→工部侍郎 望之→李濟로 이어져 왔으니, 이제는 곧 太妃 扶餘氏와 嗣虢王 李邕의 증손자가 되는 셈이다.

「이제 묘지명」은 묘주의 장례가 치러진 唐 敬宗 元年인 825년 윤7월 19일 이전에 작성된 것으로 볼 수 있다. 현재 長安 박물관에는 지석만 소장하고 있는데, 이는 청석으로 제작되었고 거의 완전한 형태로 남아있다. 형태는 장방형으로 가로 65cm, 세로 65.3cm, 두께 15cm인데(西安市 長安博物館 編 2011, p.250), 이는 唐代 3품 이하의 중하급 관원이 보통 한 변이 45~60cm인 묘지석을 사용한 것과 비교할 때 조금 큰 편이라고 할 수 있다.[1]

誌文은 가로·세로 30행으로 방격을 긋고 단정한 해서체로 새겨 넣었는데, 총 글자수는 749자이며 대부분 판독이 가능하다. 지문의 찬자는 通直郎 守尙書水部郎中 賜緋魚袋 李仍叔으로 기재되어 있으며, 書者도 묘지명의 마지막에 鄕貢進士 周漢賓으로 밝혀놓았다. 銘記하는 과정에서 문장의 내용이 완전히 바뀌거나 황제의 이름이 나올 때는 행을 바꿨고, 묘주의 선조나 묘주에 대한 표기 앞에는 빈칸을 두어 尊崇의 뜻을 표했다.

이제는 唐 高祖 李淵으로부터 이어지는 황실의 후손이자, 혈통상 멀리 의자왕의 外孫에 해당하지만, 묘지명에 나타난 가문에 대한 설명, 그리고 묘지명에서 내세우고 있는 묘주의 주요 행적들을 고려할 때, 백제계 유민 후손으로서의 활동이나 정체성 보다는 당 황실 宗族이자 忠臣으로서의 면모가 강조되고 있는 점이 눈에 띈다. 이제의 활동 시기인 9세기 전반은 당나라 후기에 지방 번진세력들이 당 왕조 체제로의 편입을 거부하고 있던 시점이었다. 誌文에서는 이제 일족과 王武俊 일족과의 혼인 관계, 그리고 이제가 成德軍 절도사의 승계 과정에서 보여주는 모종의 활동을 강조하고 있다. 이는 당시 당조정이 독립적인 성격의 절도사 세력을 조정으로 차츰 귀부시켜 관료화하는 등 당조정과의 유착을 강화하는 방향으로 전환시켜가는 모습을 보여주고 있다. 즉 이제 묘지명은 8세기 후반~9세기 초 당시에 있었던 당조정의 번진 세력에 대한 규제 정책(順地化)과 그 귀결을 보여주는 자료로서 주목할 필요가 있다고 생각된다.

1) 묘지석의 형태에 대해서는 김영관, 2013, p.165-166을 주로 참고하였다.

2. 판독 및 교감

출처: 西安市 長安博物館 編, 2011, p.250.

30	29	28	27	26	25	24	23	22	21	20	19	18	17	16	15	14	13	12	11	10	9	8	7	6	5	4	3	2	1	
	官	朝	公	伍	好	葬	揮	公	而	少	太	鳳	公	太	東	德	事	度	道	二	禦	四	郡	理	秘	神	公			①
	理	天	常	什	古	於	涕	柩	足	卿	師	翔	不	師	夏	宗	修	巡		已	率	年	君	評	書	堯	諱			②
	榮		汲	款	耽	萬	而	焉	也	制	之	節	得	知	撥	文	學	官		下	府	殯	夫	事	監	高	濟			③
	衛		汲	忠	書	年	感	送	及	詞	業	度	離		正	皇	序	轉		五	倉	于	人	贈	嗣	皇	字		唐	④
	疾		星	事	名	縣	之	往	玆	褒	復	僕	去		將	帝	進	殿	公	人	曹	鎭	外	工	封	帝	恕		故	⑤
	生	公	氣	泄	從	義		存	喪	稱	光	射	舊		亂	初	賓	中	初	皆	參	州	祖	部	號	生	躬		宗	⑥
	沉	隨	生	割	軍	善		生	歿	此	僕	公	職	公	自	平	府	爲	任	未	軍	眞	諱	侍	國	元	隴		正	⑦
	然	伯	矐	地	立	鄕		情	僦	績	射	也	而	之	建	寇	也	推	試	字	次	定	瑀	郞	贈	鳳	西	通	少	⑧
	不	姉	下	功	投	舊	公	禮	宇		之		將	賢	殊	賊	貞	官	太	也	同	縣	開	侍	荊	爲	成	直	卿	⑨
	起	乃	應	集	筆	塋	享	皆	莫		名	公	死	邀	庸	歸	元	又	祝	自	師	今	州	郞	州	號	紀	郞	上	⑩
	魂	得	人	疑	論	之	五	備	容		不	竭	者	領	禮	復	中	改	次	同	同	則	刺	卽	大	王	人	守	柱	⑪
	神	生	間	責	功	東	十	豈	伯	公	墮	忠	[數]	賓	加	京		侍	轉	辰	贊	不	史		都	王	也	尙	國	⑫
	鎖	還	王	俾	侯	北	寶	不	姉	自	得	謀	矣	職	寵	邑		御	金	而	同	及	娶		督	生		書	賜	⑬
	離		氏	死	封	維	歷	道	晉	筮	非	潛	元	歲	崇	錄		史	吾	冠	玄	祔	京		都	宏		水	紫	⑭
	嗚		忠	詞	不	刻	元	高	國	仕		咨	和	月	許	定		仍	倉	者	同		兆	公	督	爲	六	部	金	⑮
	呼		烈	拒	及	石	年	人	大	至		伯	歲	淹	婚	功		帶	曹	性	行		府	先	生	定	代	郞	魚	⑯
	已	寵	忽	血	奔	銘	正	倫	夫	于		姉	末	久	宗	德		舊	遷	懷	同		華	考	承	襄	祖	中	袋	⑰
	矣	錫	然	泣	波	墓	月	義	人	登	公	全	鎭	官	族	以		職	監	善	文	公	原	也	晊	郡		賜	李	⑱
鄕		斯	昭	仰	敷	以	十	激	哀		之	賔	有	至		趙		遷	察	良	同	之	縣		皇	公		緋	公	⑲
貢		極	宣	諸	奏	難	日	風	傷		力	王	師	外		帥		戶	御	克	泰	墓	令		漢	郡		魚	墓	⑳
進		擢	僕	鴻	差	朽	寢	俗	生	朝	焉	氏	喪	郞				部	史	奉	同	生	彭	先	州	公		袋	銘	㉑
士		貳	射	翔	池	也	疾	与	疾	曾		之	三	旋	公			外	賜	家	賓	子	城	夫	刺	生		李	并	㉒
周		卿	承	悲	憂	銘	而		徹	無		族	軍	因	從	太		郞	緋	法	同	九	劉	人	史	邕		仍	序	㉓
漢		寺	家	同	悒	日	歿		虛	秉		亟	將		伯	師		轉	魚	哭	訨	人	偃	弘	使	爲		叔		㉔
賓		日	擧	虫	跡		閏		正	月	朝	列	亂		姉	大		爲	袋	泣	女	長	女	農	君	銀		撰		㉕
書		星	族	蟄	爲		七	公	寢	之	廷	忠	欲		得	變		判	爲	之	六	日	先	楊	生	靑				㉖
		半		人	賓		月	游	安	糧	擢	臣	立	太	至	艱		官	成	節	人	同		氏	望	光				㉗
		紀		多	寮		十	者		盡	拜	之	其	師	于	危		皆	德	頗	長	辰	公	贈	之	祿				㉘
		未		閑	道		九	莫		入	宗	家	弟	薨	趙	却		以	軍	見	弟	右	歿	華	皇	大				㉙
		移		閑	皆		日	不		俸	正	使	今	落		立		公	節	孝	廿	司	十	陰	大	夫				㉚

唐故宗正少卿上柱國賜紫金[魚][2]袋李公墓銘并序

通直郎守尚書水部郎中賜緋魚袋李仍叔撰

公諱濟字恕躬, 隴西成紀人也. 六代祖, 神堯高皇帝. 生元鳳, 爲虢王. 王生宏, 爲定襄郡公. 郡公生邕, 爲銀青光祿大夫, 秘書監, 嗣封虢國, 贈荊州大都督. 都督生承晊, 皇漢州刺史. 使君生望之, 皇大理評事, 贈工部侍郎. 侍郎卽公先考也. 先夫人 弘農楊氏, 贈華陰郡君. 夫人外祖諱瑀, 開州刺史, 娶京兆府 華原縣令 彭城劉偃女. 先公歿十四年, 殯于鎭州眞定縣, 今則不及祔公之墓. 生子九人, 長曰同辰, 右司禦率府倉曹參軍, 次同師, 同贊, 同玄, 同行, 同文, 同泰, 同賓, 同証, 女六人, 長弟廿二, 已下五人, 皆未字也. 自同辰而冠者, 性懷善良, 克奉家法, 哭泣之節, 頗見孝道. 公初任試太祝, 次轉金吾倉曹, 遷監察御史. 賜緋魚袋, 爲成德軍節度巡官, 轉殿中爲推官, 又改侍御史, 仍帶舊職. 遷戶部外郎, 轉爲判官, 皆以公事修擧, 序進賓府也. 貞元中, 德宗文皇帝, 初平寇賊, 歸復京邑, 錄定功德. 以趙帥太師, 大變艱危, 却立東夏, 撥正將亂. 自建[3]殊庸, 禮加寵崇, 許婚宗族. 公從伯姉, 得至于趙, 太師知[公][4]之賢, 邀領賓職. 歲月淹久, 官至外郎, 旋因太師薨落, 公不得離去舊職, 而將死者數[5]矣. 元和歲末, 鎭有師喪, 三軍將亂, 欲立其弟, 今鳳翔節度僕射公也. 公竭忠謀, 潛咨伯姉. 全眞王氏之族, 亟列忠臣之家, 使太師之業復光, 僕射之名不墮, 得非公之力焉. 朝廷擢拜宗正少卿, 制詞褒稱此績[6]. 公自筮仕至于登朝, 曾無兼月之糧, 盡入俸而足也. 及玆喪歿, 僦宇莫容, 伯姉晉國大夫人哀傷生疾. 徹虛正寢, 安公柩焉. 送往存生, 情禮皆備[7], 豈不道高人倫, 義激風俗. 与公游者, 莫不揮涕而感之. 公享五十, 寶歷元年正月十日, 寢疾而歿, 閏七月十九日, 葬於萬年縣 義善鄕, 舊塋之東北, 維刻石銘, 墓以難朽也. 銘曰:

好古耽書, 名從軍立. 投筆論功, 侯封不及. 奔波敷奏, 差池憂悒. 跡爲賓寮, 道皆伍什. 款忠事泄, 割地功集. 疑責俾死, 詞拒血泣. 仰諸鴻翔, 悲同虫蟄. 人多閑閑, 公常汲汲. 星氣生躔, 下應人間. 王氏忠烈, 忽然昭宣. 僕射承家, 擧族朝天. 公隨伯姉, 乃得生還. 寵錫斯極, 擢貳卿[8]寺. 日星半紀, 未移官理. 榮衛疾生, 沉然不起. 魂神鎖離, 嗚呼已矣.

鄕貢進士 周漢賓書.

2) 魚(西安市 長安博物館, 周紹良·趙超, 김영관). 자획은 대부분 보이지 않으나 '紫金魚袋'의 魚字로 추독이 가능하다.

3) 建(西安市 長安博物館, 김영관), ▨(周紹良·趙超).

4) 公(西安市 長安博物館, 周紹良·趙超, 김영관).

5) 數(西安市 長安博物館, 周紹良·趙超, 김영관).

6) 績(西安市 長安博物館, 周紹良·趙超), 積(김영관).

7) 備(西安市 長安博物館, 周紹良·趙超), 修(김영관).

8) 卿((西安市 長安博物館, 周紹良·趙超), 鄕(김영관).

7-⑭: 京

7-⑭	唐 歐陽詢 九成宮醴泉銘	唐 歐陽通 道因法師碑	唐 褚遂良 孟法師碑

14-㉖: 變

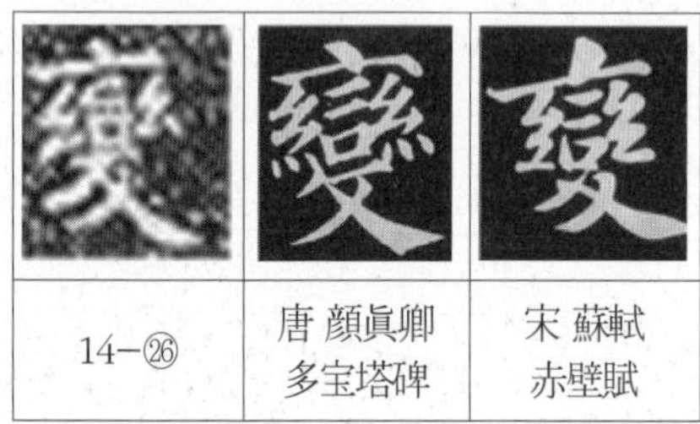

14-㉖	唐 顔眞卿 多宝塔碑	宋 蘇軾 赤壁賦

∴ 變의 이체자.

17-⑫: 數

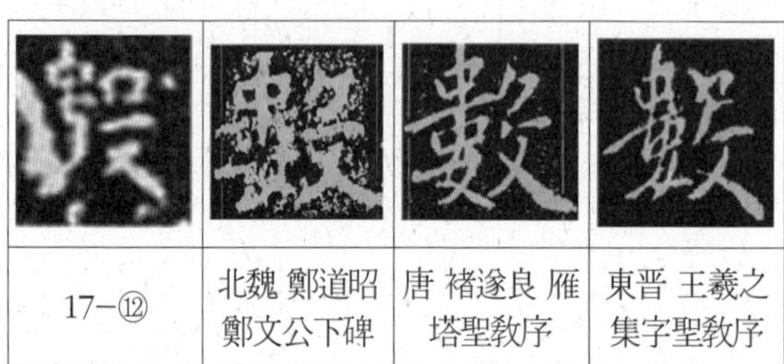

17-⑫	北魏 鄭道昭 鄭文公下碑	唐 褚遂良 雁 塔聖敎序	東晋 王羲之 集字聖敎序

∴ 좌변이 일부 결손된 상태이나, 잔획을 통해 볼 때 數로 판독하는데 큰 무리가 없다.

20-⑧: 績

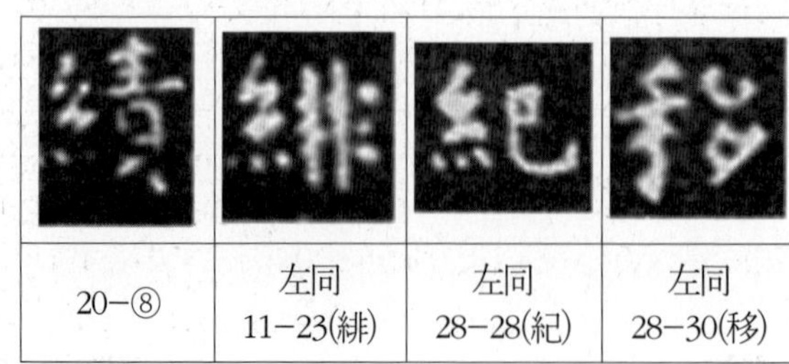

20-⑧	左同 11-23(緋)	左同 28-28(紀)	左同 28-30(移)

∴ 기존 판독은 좌변을 糸部 혹은 禾部로 보는 차이이다. 같은 묘지명의 사례들과 비교해 볼 때, 糸部로 보아도 무방하다.

22-⑪: 備

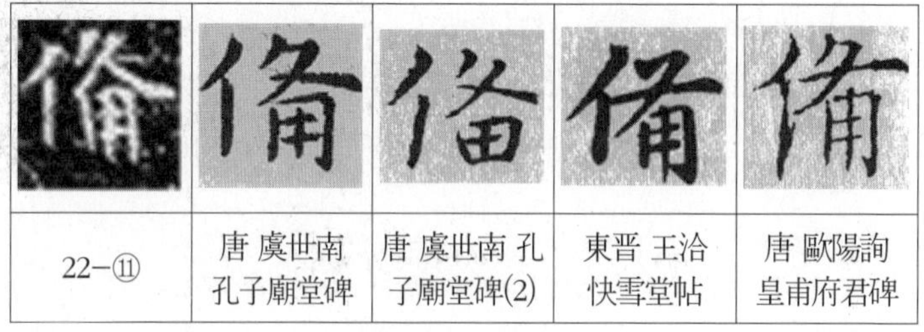

22-⑪	唐 虞世南 孔子廟堂碑	唐 虞世南 孔子廟堂碑(2)	東晋 王洽 快雪堂帖	唐 歐陽詢 皇甫府君碑

∴ 修로 보기도 하지만, 備의 이체자가 분명하다.

28-㉓: 卿

28-㉓	唐 歐陽詢 九成宮醴泉銘	唐 顏眞卿 建中告身帖	唐 褚遂良 孟法師碑

∴ 형태상, 그리고 문맥상 卿자로 보아야할 것이다. "貳卿"이라는 것은 묘주가 역임했던 宗正少卿을 표현한 것으로 보인다.

3. 역주

唐 故宗正少卿[9] 上柱國[10] 賜紫金魚袋[11] 李公의 墓銘 아울러 序.

---

9) 宗正少卿: 9寺 가운데 하나인 宗正寺는 皇宗·皇親을 관장하는 기구이며, 예하 少卿은 정원 2인 종4품상의 통판관(차관)관직이다(『唐六典』 卷18 大理寺鴻臚寺). 宗室 중에서 선발하여 임용하였다.

10) 上柱國: 唐代 정2품 최고위 勳爵.

11) 紫金魚袋: 魚袋는 唐代 이래 公服에 패용하여 官의 等位를 가리던 물고기 모양의 장식물이다. 당 현종대에 이르러 魚袋制가 제도화되었고, 紫金魚袋·緋銀魚袋 등 公服과 魚袋가 합쳐진 용어가 나타났다. 관직명 뒤의 魚袋 표기는 의무화되기도 했는데, 대체로 현종 말년에서 당 말기에 이르는 시기에 紫金魚袋는 官階 4품 이하, 官職 4품 이상인 자가 관직명 뒤에 併記했던 것으로 나타난다(『唐會要』 卷31 輿服上章服品第條; 『通志二十四略』 器服略; 『宋史』 卷152 輿服 5 公服條).

通直郎[12] 守尙書水部郎中[13] 賜緋魚袋[14] 李仍叔이 撰함.

공의 이름은 濟이며 字는 恕躬으로 隴西 成紀사람이다.[15] 6대조는 神堯高皇帝이다.[16] 元鳳을[17] 낳았는데 虢王이 되었다. 괵왕은 宏을[18] 낳았는데 定襄郡公이 되었다. 郡公은 邕을 낳았는데 銀靑光祿大夫[19] 秘書監이[20] 되었고, 承襲하여 虢國에 봉해졌으며,[21] 荊州大都督에 추증되었다. 도독은 承晊을 낳았으니 漢州[22]刺史였다. 使君은[23] 望之를 낳았는데 大理評事였고,[24] 工部侍郎에[25] 추증되었다. 侍郎은 곧 공의 돌아가신 아버지이다. 돌아가신 夫人은[26] 弘農[27] 楊氏로 華陰郡君에[28] 추증되었다. 부인의 외할아버지는

12) 通直郎: 從6品下의 文散官(『唐六典』 卷2 尙書吏部).

13) 尙書水部郎中: 尙書省 工部 소속 水部의 정원 1인 從5品上 관직. 水運과 灌漑에 관한 政令을 관장함(『唐六典』 卷7 尙書工部).

14) 緋魚袋: 본문의 緋魚袋는 곧 緋銀魚袋를 가리키는 것으로 보이며, 官階 6품 이하, 官職 6품 이상인 자가 관직명 뒤에 倂記했다(출처는 각주 11과 같음).

15) 隴西成紀人: 『舊唐書』에 의하면 당 황실 李氏는 隴西 成紀 출신임을 내세운 것으로 나온다("高祖神堯大聖大光孝皇帝 諱淵 字叔德 姓李氏 隴西成紀人也"『舊唐書』 卷1 本紀1 高祖). 앞서 발견된 바 있는 「太妃扶餘氏 墓誌銘」을 통해 義慈王-扶餘隆-扶餘德璋-太妃 扶餘氏로 이어지는 의자왕 후손의 가계, 그리고 태비 부여씨의 남편인 嗣虢王 李邕(唐 高宗의 曾孫)의 先代와 그의 다섯 아들들(巨·承昭·承曦·承晙·承晊)에 대한 정보를 확인할 수 있다(張蘊·汪幼軍 2008, pp.223-224). 본문의 내용에 의하면, 이옹의 다섯째 아들인 漢州刺史 承晊→工部侍郎 望之→李濟로 가계가 이어져 왔으니, 이제는 곧 太妃 扶餘氏와 嗣虢王 李邕의 증손자가 된다. 이제는 神堯高皇帝(唐 高祖)으로부터 이어지는 당 종실의 일원으로서 隴西 成紀人으로 그 출자를 표시했을 것이다. 그가 역임했던 최고위 官인 宗正少卿(종4품상)도 주로 宗室 중에서 선발하여 임용된 관직이었다.

16) 神堯高皇帝: 唐 高祖 李淵을 가리킨다. 정식 시호는 神堯大聖大光孝皇帝였다(上同).

17) 元鳳: 당 고조 李淵의 15번째 아들인 李鳳을 가리킨다. 636년에 처음 虢王에 봉해졌다. 鄧州刺史와 虢州·豫州刺史를 거쳐 664년에 靑州刺史를 지냈고, 674년에 52세를 일기로 사망했다. 死後에는 正1品인 司徒 및 종2품 揚州大都督으로 추증되었다(『舊唐書』 卷64 列傳14 高祖二十二子 虢王鳳).

18) 宏: 李鳳의 셋째 아들이며 虢王을 승습하지 못하고 定襄郡公에 머물렀다.

19) 銀靑光祿大夫: 종3품의 文散官.

20) 秘書監: 圖書管理 官府의 하나인 秘書省의 장관으로 정원 1인 종3품이다.

21) 墓誌에 의하면 李鳳이 봉해졌던 虢王의 작호를 李邕代에 가서 이어받은 것으로 기록되어 있다. 원래 李宏은 李鳳의 셋째아들이었기 때문에 李鳳의 死後에 그의 맏아들인 平陽郡王 翼이 虢王을 이어받았다. 翼은 681년에 세상을 떠났고 이후 翼의 아들인 寓가 虢王의 자리를 다시 이어받았다. 그러나 688년에 측천무후의 황제 즉위에 대항해 韓王 元嘉의 아들 黃國公 譔과 越王 貞의 아들 琅邪王 沖이 주모자가 되어 반란을 일으켰고, 이들이 측천의 군대에 패함으로써 당 황실 일족이 모두 誅滅되는 사건이 발생했다(『舊唐書』 卷6 本紀 第6 則天皇后 武曌 垂拱 4年 8月·9月). 이 사건과 관련하여 寓가 虢王의 봉작을 削奪당한 것으로 추정된다(金榮官 2010, pp.126-127). 李宏의 아들이었던 李邕은 당시 11살의 어린 나이였기에 다른 일족들과 달리 화를 피할 수 있었던 것으로 보인다. 이후 측천무후가 죽고 중종이 즉위한 新龍 初年(705)에 복권 조치가 이루어지면서 李邕이 李寓의 虢王을 이어받았던 것이다(『舊唐書』 卷64 列傳14 高祖二十二子 虢王鳳). 본 墓誌에서 李邕이 虢王을 承襲했다는 것은 이러한 상황을 전한 것이다.

22) 漢州: 지금의 四川省 德陽市 부근.

23) 使君: 漢代 이래 太守 혹은 刺史를 역임한 자에 대한 존칭으로 사용됨. 본문에서는 漢州刺史를 가리킨다.

24) 大理評事: 皇城 내 9寺의 하나로서 나라의 재판을 관장하는 大理寺의 정원 12인 종6품상의 관직이다(『唐六典』 卷38 大理寺).

25) 工部侍郎: 工部侍郎은 정원 1인으로 정4품하의 관직이다(『唐六典』 卷7 尙書工部).

26) 先夫人: 묘주의 모친으로 해석하기도 하는데(김영관 2013, p.168, p.173), 문맥상 먼저 죽은 부인을 가리키는 것으로 보는 것이 타당하다고 생각된다.

27) 弘農: 漢代에 최초 설치되었고 수대에 치폐되는 과정을 거쳐 唐 武德元年(618)에 虢州로 고쳐졌다(『舊唐書』 卷38 志18 地理

諱가 瑀이며 開州刺史였고, 京兆府 華原縣令인[29] 彭城 劉偃의 딸에게 장가들었다. 공보다 14년 먼저 세상을 떠나 鎭州 眞定縣에[30] 장사지냈는데 지금도 공의 무덤에 합장하지 못하였다.[31] 아들 아홉을 낳았는데 장남은 同辰으로 右司禦率府 倉曹參軍이었다.[32] 다음은 同師, 同贊, 同玄, 同行, 同文, 同泰, 同賓, 同証이다. 딸은 여섯을 두었는데 가장 나이가 많은 이가 스물 둘이고, 나머지 다섯은 모두 아직 혼인하지 않았다. 同辰부터 관례를 올린 자식들은 性情이 선량하고 집안의 禮法을 잘 받들어 哭泣之節에[33] 자못 孝道를 드러내었다. 공은 太祝에[34] 처음 임명되었으며, 다음으로 金吾衛의 倉曹參軍事가[35] 되었고, 監察御史로[36] 옮겼다. 緋魚袋를 하사받아 成德軍[37] 節度巡官이[38] 되었다. 옮겨서 殿中省에서[39] 推官이[40] 되었는데, 또 고쳐서 侍御史가[41] 되었으며 예전 職을 그대로 겸하였다. 戶部外郎으로[42] 옮겼으며 判官으로[43] 승진했으니, 모두 公事로써 잘 다스려서 순차적으로 나아가 賓府에[44] 이른 것이었다.[45] 貞元年間(785-804)

1 十道郡國 1 河南道 虢州望). 지금의 河南省 靈寶 일대.

28) 郡君: 4품의 母·妻와 훈관 2품으로서 봉작이 있는 자의 母·妻에게 주는 봉작이다(『唐六典』 卷2 尙書吏部 外命婦之制).

29) 京兆府 華原縣: 華原縣은 貞觀 17년(643)에 雍州에 속하게 되었으며, 大足 元年(701)에 경조부에 예속되었다(『舊唐書』 卷38 志 第18 地理1 十道郡國1 關內道).

30) 鎭州 眞定縣: 지금의 河北省 正定縣 일대.

31) 이제의 부인 弘農楊氏는 이제보다 14년 이른 811년에 세상을 떠났다. 鎭州 眞定縣에 장사지낸 것은 이제가 成德軍 절도순관으로 있을 당시에 죽었기 때문으로 보이며, 이로 인해 萬年縣 義善鄕(장안성 남쪽 지역)에 묻힌 이제의 묘에 합장하지 못했던 것으로 보인다(김영관 2013, p.173).

32) 右司禦率府 倉曹參軍: 右司禦率府는 황태자가 거주하는 東宮의 관속 가운데 10率府의 하나이며, 예하 倉曹參軍은 정원 1인 종8품하의 관직이다(『唐六典』 卷28 太子左右衛及諸率府).

33) 哭泣之節: 부모의 상을 당했을 때를 이르는 것으로 보인다.

34) 太祝: 太常寺에 속한 정원 3인의 정9품상 관직(『唐六典』 卷14 太常寺).

35) 金吾衛 倉曹參軍事: 金吾衛는 16衛의 하나로 京城을 晝夜로 巡警하는 법을 집행하는데, 좌·우로 나누어져 있다. 예하의 倉曹參軍事는 정원 2人의 正8品下 관직이다(『唐六典』 卷25 諸衛府).

36) 監察御史: 御史臺의 속관이며 정원 10인의 정8품상 관직이다. 流外官 令史들을 거느리고 州郡을 巡按하며 刑獄을 糾察하였다(『唐六典』 卷13 監察官府).

37) 成德軍: 成德軍 절도사의 관할 지역. 『舊唐書』 卷38 志18 地理1에는 그 치소가 恒州(河北省 正定縣)이며 恒·趙·翼·深 4州를 관할했다고 한다. 그러나 이전 시기에 成德軍 절도사 李寶臣이 恒州·定州 등 7개 주를 관할했다는 기록도 있어서 시기에 따라 관할범위는 변동이 있었던 것으로 보인다.

38) 節度巡官: 巡官은 절도사부에 속한 문관(『新唐書』 卷49下 百官4下 外官).

39) 殿中: 殿中은 즉 殿中省으로 황제의 御物과 禮物에 관한 政令을 관장한다.

40) 推官: 전중성 예하 속관부의 직책을 통칭한 것으로 보인다.

41) 侍御史: 御史臺의 속관인 殿中侍御史를 말한다. 정원 6인의 종7품상 관직으로, 流外官 令史와 書令史를 거느리고 궁정의 供奉 의식을 관장하였다(『唐六典』 卷13 監察官府).

42) 戶部外郎: 戶部는 尙書省에 속한 6部 중의 하나이다(『新唐書』 卷46, 百官1, 尙書省). 예하 員外郎은 정원 2인 종6품상의 관직으로, 戶口·籍帳·賦役·孝義·優復·蠲免·婚姻·繼嗣·百官·衆庶·園宅·口分·永業 등의 일을 관장하였다(『唐六典』 卷3 尙書禮部).

43) 判官: 원래 당의 전체 관직은 사무 처리의 계통상 長官·通判官·判官·句檢官·主典으로 나누었는데, 본문의 判官은 이어지는 '賓府'라는 표현을 고려할 때, 절도사 예하에서 藩鎭 사무를 총괄하는 문관직을 일컫는 것으로 보인다.

44) 賓府: 府州 長官의 僚屬을 두는 곳. 혹은 그 幕僚.

에 德宗文皇帝가 처음에 寇賊을 평정하고 京邑에 돌아와서 功德을 기록하여 정하였다.[46] 趙州의[47] 절도사인 太師가[48] 큰 재난으로 곤란하고 위급하였을 때에 도리어 東夏를[49] 세웠기에 장차의 난리를 다스리고 바로잡을 수 있었다. 스스로 특출난 공로를[50] 세움에 禮가 더해지고 영예가 높아졌으며 宗族과 혼인하는 것이 許與되었다.[51] 공이 맏누이를 따라 趙州에 오니 太師가 공의 현명함을 알고 맞이하여 賓府의 일을[52] 맡도록 하였다.[53] 세월이 오래 지남에 관직은 外郎에 이르렀으나, 갑자기 태사가 세상을 떠남에 인하여 공은 할 수 없이 舊職을 떠났고, 장차 죽은 자도 여럿이었다. 元和年間(806-820)末 鎭에 師喪이 있자,[54] 三軍이 난을 일으켜 그 아우를 세우고자 하였으니,[55] 지금의 鳳翔節度使 僕射公이다.[56] 공은 충성스러운

45) 이제의 역임 관직들을 순서대로 정리하면, 太祝(종9품 상)→金吾衛의 倉曹參軍事(정8품 상)→監察御史(정8품 상)→成德軍節度巡官(종6품 하)→殿中省 예하 屬官→殿中侍御史(종6품 하)→戶部員外郎(종6품 상)→判官→宗正少卿(종4품 상)의 관직을 역임한 것으로 보인다.

46) 본문의 '寇賊'은 당 왕조의 절도사 억압책에 대응하여 781년부터 天雄·成德·盧龍 절도사를 비롯해 평로, 淮西, 山南西道, 涇原의 화북 번진들이 대거 연합해 반란을 일으킨 사건을 가리킨다. 이 반란은 781년부터 6년간 화북·화중 지역에 걸쳐 지속되었는데, 이때 반란을 일으킨 절도사들은 왕 혹은 황제를 칭하고, 국호를 내세워 당 왕조의 존재 자체를 부정하였다. 이 반란으로 약 6년간에 걸쳐 화북·화중 지역이 전란에 휩싸였으며, 朱泚에 의해 장안이 일시 점령당하고 德宗이 피난을 가기도 했다(『資治通鑑』 卷231 唐紀 47 德宗 興元 元年). 이 반란을 진압하는 과정에서 당조정은 안사의 난 때처럼 함께 반란을 일으킨 유력 번진들을 회유함으로써 반란을 겨우 종식시킬 수 있었는데, 이 당시 반란군에서 황제 측으로 돌아선 자가 바로 成德軍 절도사 王武俊이었다.

47) 趙州: 지금의 河北省 石家庄 부근 趙縣을 가리킴. 王武俊은 당시 成德軍 절도사였는데, 그 치소는 恆州이며 恆·趙·翼·深 4州를 관할했다.

48) 太師: 太師는 王武俊(735~801)이 死後에 추증 받은 직명이다(『舊唐書』 卷13 本紀 13 德宗 李适 下 貞元 17年). 王武俊은 원래 契丹人으로 자는 元英이다. 德宗 建中 3년(782) 4월에 朱泚의 동생 朱滔와 더불어 난을 일으켰으나, 李抱眞 등에게 회유되어 황제 측으로 돌아섰다. 이후 그는 德宗 興元 元年(784년) 정월 19일에 恒·冀·深·趙州 절도사를 제수받았다(『資治通鑑』 卷229 唐紀45 德宗 興元 元年).

49) 東夏: 中國 東部(『書』 微子之命). 본문에서는 成德軍 節度使가 된 것을 이른다.

50) 殊庸: 특출난 功勞(唐 司空圖 『故鹽州防禦使王縱追述碑』).

51) 許婚宗族: 王武俊이 이제의 맏누이와 혼인한 사실을 일컫는다.

52) 賓職: 幕賓의 職位. 州郡 長官의 僚屬이다(宋 王禹偁 「送第三人朱嚴先輩從事和州」詩).

53) 王武俊은 780년대에 있었던 화북 번진세력들의 반란을 진압하는데 일조한 공로로 황실의 일족이었던 이제의 맏누이를 아내로 맞아들이게 되었던 것으로 보인다. 이때 인연으로 이제는 맏누이를 따라 趙州에 가서 王武俊 휘하의 막료로 활동하게 된 것으로 보인다.

54) 鎭有師喪: 원화 15년(820) 겨울 10월 成德軍 절도사인 王承宗이 죽은 사실을 가리킨다. 801년 王武俊이 죽자 아들 王士眞이 이어받아 成德軍 절도사가 되었고, 809년 3월 王士眞이 죽자 그의 아들인 副大使 王承宗이 스스로 留後가 되어 지위를 승계했다(『資治通鑑』 卷237 唐紀 53 憲宗 元和 4년). 782년에 王武俊이 처음 恒·冀州 일대를 차지한 이래로 그의 집안이 30여 년 동안 이 지역을 계속 장악했다.

55) 三軍將亂 欲立其弟: 성덕절도사 王承宗이 죽자, 軍內에서 동생인 王承元이 추대되었는데, 이 과정에서 왕승종의 祖母(王武俊의 처, 이제의 맏누이)인 涼國夫人의 일정한 역할이 있었다. 그러나 왕승원은 결국 成德軍 절도사의 지위를 계승하지 않고, 조정에 은밀히 표문을 올려 다른 인물로 하여금 자리를 대신하게 했다. 이로 인해 穆宗에게 檢校工部尙書 겸 義成軍 절도사를 제수 받았고, 이후에 다시 鳳翔으로 옮겼다. 왕승원은 이후 토번의 침입을 막는 데도 공을 세운 바 있다(『新唐書』 卷148 列傳 第73 王承元 ; 『資治通鑑』 卷237 唐紀 57 憲宗 元和 15년).

56) 鳳翔節度使 僕射公: 왕승원의 직을 가리킨다. 鳳翔節度使 치소는 鳳翔府(陝西省 西安 서쪽의 渭水 인근)이며, 鳳翔府·隴州

謀劃을[57] 다하였고, 몰래 맏누이에게 상의하였다. 왕씨 일족을 온전하게 두고 충신의 가문을 빠르게 세워, 태사의 업적을 거듭 빛나게 하고, 복야의 이름을 실추시키지 않았으니, 공의 힘이 아니겠는가.[58] 조정은 (공을) 발탁하여[59] 宗正少卿을 제수하였고, 制詞는[60] 이 공적을 기리고 칭찬한 것이었다. 공은 관직에 나아가기 전부터[61] 조정에서 등용되기까지[62] 일찍이 달의 헤아림을 더할 수 없었고, 관리로서의 책무를 다하여 충분하였다. 이 喪歿에 미쳐 건물(빈소)을 세내는 것이 용납되지 않았으니, 맏누이인 晉國大夫人이[63] 슬퍼하여 병을 얻었다. (부인의) 정침을 비워 공의 관을 안치하였다. 죽은 자를 떠나보냄에[64] 살아있는 이를 모시듯이 하여 情理와 禮儀가 모두 갖추어졌으니, 어찌 道는 人倫을 높이고 義는 風俗을 떨치는 것이 아니겠는가. 공과 더불어 사귄 사람들은 눈물을 흘리며[65] 원통해하지 않는 이가 없었다. 공은 향년 50세인 寶歷 元年(825) 정월 10일에 병석에 누워서 세상을 떠났고, 閏7월 19일에 萬年縣 義善鄉[66] 舊塋의 동북쪽에 장사를 지내고, 돌에 묘지명을 새기니 무덤이 오래도록 소멸하지 않을 것이다. 銘하여 가로되,

옛 것을 좋아하고[67] 책 읽는 것을 즐겼으며[68] 이름은 종군하여 드날렸도다. 文士의 길을 그만두고[69] 功을 논하니 제후로 봉해짐에는 미치지 못하였구나. 세찬 파도처럼[70] 아뢰었지만,[71] 착오가 있어[72] 우울하

를 관할한다(『舊唐書』 卷 38 志 第18 地理1).

57) 忠謀: 忠誠스러운 謀劃(『荀子』 致士).

58) 이 구문은 나이가 20살에 불과한 왕승원을 成德軍 절도사로 삼는 과정에서 묘주인 이제의 노력이 있었음을 과시한 내용으로 이해하기도 한다(김영관 2013, p.176). 그러나 기록에 따르면 왕승원은 처음부터 성덕군 절도사를 승계할 생각이 없었고, 결국 諸將과 병사들의 요구를 뿌리치고 이를 조정에 반납해버렸다는 점을 주목할 필요가 있다. 지문에서도 묘지명 작성 당시에 왕승원은 이미 당 조정으로부터 성덕군이 아닌 鳳翔節度使 僕射公을 제수받은 것으로 나타난다. 또한 묘지명에서 왕승원에 대해 "忠臣 云云"한 대목이라든가, 당조정이 이제의 공로를 인정해 制詞로 기리고 칭찬하였으며 宗正少卿을 제수하였다는 대목은, 당시 이제의 역할이 당조정의 의도에 부합하였음을 보여주는 것으로 생각된다. 이와 관련한 사세한 논의는 뒷부분에서 별도로 논하겠다.

59) 擢拜: 발탁하여 官을 수여하다(『後漢書』 趙岐傳).

60) 制詞: 制辭라고도 씀. 詔書上의 文詞를 가리킴(唐 王建 「賀楊巨源博士拜虞部員外」詩).

61) 筮仕: 관직에 나아가기 전에 길흉을 점쳐 보다(『左傳』 閔公元年). 혹은 처음 관직에 나가다(宋 王禹偁 「感流亡」詩).

62) 登朝: 朝廷에 나아가 등용됨(『漢書』 敘傳 下).

63) 晉國大夫人: 왕승원의 祖母(王武俊의 처)인 涼國夫人을 가리킴. 문헌에는 나타나지 않으나 이 시기에 晉國大夫人의 爵號를 받았던 것으로 보인다.

64) 送往: 죽은 사람을 떠나보냄(『禮記』 祭義).

65) 揮涕: 눈물을 흩뿌리다(『孔子家語』 曲禮子夏問).

66) 萬年縣 義善鄉: 장안성 남쪽 정문인 明德門 정면 15리에 해당하는 곳. 현재의 陝西省 西安市 섬서사범대학 정문의 서쪽 지역에 해당한다(김영관 2013, p.177).

67) 好古: 古代의 事物을 좋아함(『論語』 述而).

68) 耽書: 書籍을 매우 좋아함(唐 皇甫冉 「送韋山人歸所居鍾山」詩).

69) 投筆: 붓을 던짐. 文士가 길을 그만두고 다른 일에 종사함. 주로 武藝에 종사한다는 뜻으로 많이 쓰인다(唐 魏徵 「述懷」詩).

70) 奔波: 세차게 출렁이는 파도(晉 葛洪 『抱樸子』 正郭).

71) 敷奏: 진술하여 아뢰다. 임금에게 보고하다(『書』 舜典).

72) 差池: 실수. 착오(唐 韓愈 「寄崔二十六立之」詩).

도다.[73] 자취는 賓寮가[74] 되었고 길은 모두 군인이로다. 정성으로 섬기고 충성으로 아뢰었으니, 땅을 分封받음은[75] 공로가 쌓인 것이라. 의심과 시샘은 죽음과 같이 여기고, 찬사는 피눈물로 거절하였다. 기러기가 나는 모습에 우러르고, 슬퍼함은 벌레들이 고요함에 한가지로다. 사람은 많으나 한가로운데 공은 매양 쉬지 않고 골몰하였도다. 星宿와[76] 節氣는 자취를 남기며 人間世에 아래로 응하였도다. 왕씨의 충성스러움은 홀연히 밝게 宣揚되었구나. 복야는 대대로 家業을 이어[77] 온 가족이[78] 천자를 알현하였도다. 공은 맏누이를 따라서 이에 살아 돌아왔다. 천자의 恩賜는[79] 지극하였고, 貳卿寺에 발탁되었도다. 세월은 6년여를 흐름에[80] 아직 官을 옮겨 다스리지 않았도다. 몸에[81] 병이 생겨 오래도록 일어나지 못하였구나. 혼백은 갇히고 기운은 사라져버렸으니, 오호라! 끝났구나.

鄉貢進士[82] 周漢賓이 글씨를 썼다.

4. 연구쟁점

墓誌에 나타난 李濟 일가의 활동을 이해하기 위해서는 8세기 중반~9세기 초 唐 조정의 藩鎭 개입 과정에 대해 살펴볼 필요가 있다. 당 전기의 지방 통치는 중앙-州-縣의 구조로 이루어졌고, 지방관은 귀족이나 과거 출신의 문관이었다. 그러나 安祿山·史思明의 난(755~763) 이래로 당 내지에도 藩鎭이 출현하였다. 안사의 난은 당 왕조가 반란세력을 철저히 타도하여 막을 내린 것이 아니라, 반란 말기에 반란 측의 유력한 무장들이 휘하의 병력을 이끌고 당 왕조 측에 귀부하여 일단락된 것이었다.

이에 여러 번진들이 안사의 난 이후에도 세력을 일정하게 유지할 수 있었는데, 당 왕조는 주로 화북에서 세력을 떨치고 있던 이들에게 절도사직을 주었고, 이렇게 성립된 번진이 있는 지역은 중앙-번진-주-현 형태의 지배 구조가 성립하였다. 안사의 난 이래 8세기 후반까지 당조정은 절도사 이하의 병력을 기반으로 한 번진권력집단을 매개로 해당 지역을 불완전하게 통치하고 있던 상태였다.

이 가운데 중앙에 순종하여 당 왕조 체제에 편입해 들어온 번진('順地')이 존재하는 한편, 명목상으로만 왕조를 받들 뿐, 관리 임면·징세·사법·경찰의 여러 권한을 독자적으로 행사하며, '소왕국'이라 할 정

73) 憂悒: 걱정하고 번민하다. 우울하다(『世說新語』 賞譽 下).

74) 賓寮: 幕僚(唐 白居易 「韋審規可西川節度副使禦使中丞制」).

75) 割地: 田邑을 分封하다(『禮記』 月令).

76) 星氣: 星宿와 節氣. 세월이나 시간을 이르는 표현(晉 陶潛 「飮酒」詩 19).

77) 承家: 家業을 승계하다(『易』 師).

78) 擧族: 온 겨레. 전 가족(唐 元結 「與瀼溪鄰里詩」).

79) 寵錫: 帝皇의 恩賜(唐 白行簡 「李娃傳」).

80) 半紀: 1紀인 12년의 반, 곧 6년(『警世通言』 宋小官團圓破氈笠).

81) 榮衛: 氣血 혹은 身體를 의미함(晉 葛洪 『抱樸子』 道意).

82) 鄉貢進士: 지방 주현에서 추천하여 올려 보낸 貢士 가운데 進士試를 볼 자격이 있거나 혹은 합격한 자를 가리킴.

도의 독립적인 지방 정권 성격을 띠는 번진들도 나타났다.[83] 이들은 주로 안사의 반란군이 석권했던 지역과 그 인접 지역에 근거를 두고, 780년대 이래 당 왕조로의 편입에 시종일관 강하게 저항했다. 그 대표적인 번진 세력은 天雄·成德·盧龍의 3개 번진이었는데, 모두 하북에 존재했기 때문에 일괄하여 '하북 3진'이라고 칭하였다. 이제의 맏누이가 시집간 王武俊 역시 이 하북 3진 가운데 하나인 成德軍 절도사로서 강력한 번진 세력을 이루고 있었다.

이처럼 안사의 난 이래 강고한 번진들이 많은 병력을 거느리고 분권적 성향을 띠고 있던 가운데, 大曆 14년(779) 5월 德宗은 국정을 쇄신하고 토번·회흘과 같은 주변 이민족과 관계를 개선하는 등, 번진 세력을 약화시키기 위한 노력을 다각도로 기울였다(鄭炳俊 2012, pp.134-139). 특히 768~781년에 걸쳐 안사의 난 당시 반란세력이자 강고한 번진이었던 노룡절도사 이회선(768)과 천웅절도사 전승사(779), 성덕절도사 이보신(781)이 차례로 죽음을 맞기도 했는데, 이를 기회로 당 조정은 번진 세력에 대한 규제에 들어갔다. 예컨대 강고한 번진들을 통제 하에 두기 위해 번진 병사의 수와 兵備 상황을 매년 조정에 보고하게 하였고, 절도사 예하 각 州의 병사수를 제한하는 조치를 취하였으며, 780년에 兩稅法을 시행하여 번진의 독자적·자의적 수취를 어렵게 하였던 것이다(누노메 조후·구리하라 마쓰오 2001, pp.276-277 ; 栗原益男 2005, p.321). 또한 번진 할거의 가장 중요한 요소인 절도사 계승권을 회수하려고 시도하기도 하였다.[84]

이에 위협을 느낀 天雄·成德·盧龍 절도사와 平盧, 淮西, 山南西道, 涇原의 화북 번진들이 대거 연합해 반란을 일으켰는데, 墓誌에서는 이 반란 주도세력을 '寇賊'이라고 표현하였다.[85] 이 반란은 781년부터 6년간 화북·화중 지역에 걸쳐 지속되었는데, 이때 반란을 일으킨 절도사들은 왕 혹은 황제를 칭하고, 국호를 내세워 당 왕조의 존재 자체를 부정하기도 하였다. 이에 대해 당조정은 안사의 난 때처럼 함께 반란을 일으킨 유력 번진들을 회유함으로써 반란을 겨우 종식시킬 수 있었는데, 이 당시 반란군에서 황제 측으로 돌아선 자가 바로 成德軍 절도사 王武俊이었다.

王武俊은 784년에 난을 진압할 당시 세운 공로로 德宗으로부터 恒·冀·深·趙州 절도사를 제수받았는데, 이는 그가 원래 있던 成德軍 절도사의 권한을 그대로 인정받은 것이다. 墓誌에 따르면 이때 王武俊은 "스스로 특출난 공로를 세움에 禮가 더해지고 영예가 높아졌으며 宗族과 혼인하는 것이 許與되었다"고 하였다. 즉 반란 진압의 공로로 황실의 일족이었던 이제의 맏누이를 아내로 맞아들이게 되었던 것이다. 이러한 인연으로 이제는 맏누이를 따라 趙州에 가서 王武俊 휘하의 막료로 활동하게 된 것으로 보인다.

王武俊의 成德軍 절도사직은 801년 그의 死後에도 아들 王士眞과 손자 王承宗까지 이어져 820년경까지 승계되었다. 782년에 王武俊이 처음 恒·冀州 일대를 차지한 이래로 그의 집안이 30여 년이나 독자적

83) 이들은 주로 안사의 반란군이 석권했던 지역과 그 인접 지역이었다.

84) "建中二年 鎭州李惟岳·淄靑李納求襲節度 不許"(『新唐書』 卷210 田悅傳); "李納始發喪 奏請襲父位 上不許"(『資治通鑑』 卷227 建中 2年 8月) ; 鄭炳俊 2012, p.162 참조.

85) 구체적으로 장안을 점령하고 황제를 칭한 朱泚의 난에 국한될 가능성도 있다.

으로 같은 지역의 절도사직을 승습하였던 것이다. 당 왕조의 입장에서 보자면 이는 궁극적으로 타도해야 할 대상이었을 것이다. 9세기 초에 당조정은 다시 번진의 세력의 규제를 위해 황제 직속의 禁軍을 강화하기 위한 노력을 기울였으며, 이를 배경으로 憲宗代(805~820)에 들어와 다시 번진들을 토벌하고 위압하는 조치들을 시행하였다(누노메 조후·구리하라 마쓰오 2001, pp.287-288; 栗原益男 2005, p.326). 誌文에서 "元和年間(806~820) 末에 王武俊의 손자인 왕승종이 죽자 成德軍의 병사들이 난을 일으켜 그 아우를 세우고자 하였다"는 대목은 바로 9세기에 들어서면서 당조정이 재차 번진들을 압박하고 있던 시기에 벌어진 사건이다.

당시 하북 지역의 절도사 휘하 병사들은 당 왕조 체제로의 편입에 대해 상위 무인층보다 더 강하게 저항하고 있었다. 번진용병제가 성립된 이후 당 조정에서는 번진 병사가 국가 재정을 압박하는 최대 요인이라 하여 자주 그 수를 삭감할 것을 주장했는데, 병사수가 많은 화북의 번진들은 당 왕조 체제에 편입되게 되면 자연히 다수의 용병들이 생활기반을 잃게 되는 문제에 직면해있었다(누노메 조후·구리하라 마쓰오 2001, p.277). 이는 成德軍도 예외가 아니라서, 왕승원의 후임으로 이곳 절도사가 된 田弘正이 일족을 관료화하여 당왕조와의 유착을 강화한 탓에 병사들에게 살해당하는 일도 발생했던 것이다.[86] 지문에서 成德軍의 諸將·병사들이 절도사 왕승종 死後에 그의 일족인 아우 왕승원을 세우려 했던 사건은 이러한 맥락에서 이해해야 할 것이다.

그렇다면 이제와 왕승원은 이에 어떻게 대응하였을까. 문헌에 따르면 왕승원은 이제의 맏누이이자 王武俊의 처인 양국부인에 의해 成德軍 절도사의 후임으로 추대받았다고 하였으나, 이는 그를 추대한 예하 諸將·병사들을 무마시키기 위한 일시적인 조처였다고 생각된다. 실제로 왕승원은 내심 이를 승계하기를 거부하였고, 조정에 비밀리에 표문을 올려 다른 인물로 대체해주기를 요구했다고 한다.[87] 이는 당 왕조의 하북 번진에 대한 토벌 및 위압 정책에 의한 것으로 추정된다.

墓誌에서 "공(李濟)은 충성스러운 謀劃을 다하였고, 몰래 맏누이에게 상의하였다"고 기술하고 있다. 기존에는 이에 대해 나이가 20살에 불과한 왕승원을 成德軍 절도사로 삼는데 이제의 노력이 있었음을 과시한 대목으로 보기도 했지만(김영관 2013, p.176), 왕승원은 애초에 성덕 절도사를 승계할 생각이 없었고, 결국 諸將과 병사들의 요구를 뿌리치고 이를 조정에 반납해버렸던 것이다. 墓誌 작성 당시에도 왕승원은 이미 당조정으로부터 성덕군이 아닌 鳳翔節度使 僕射公을 제수받은 상황이었다.

墓誌에서 왕승원에 대해 "忠臣 云云"한 대목이라든가, 당조정이 이제의 공로를 인정해 制詞로 기리고 칭찬하였으며 宗正少卿을 제수하였다는 대목은, 당시 이제의 역할이 당조정의 의도에 부합하였음을 보여주는 것으로 생각된다. 즉 成德軍 절도사의 승계 당시, 이제와 맏누이인 양국부인의 노력은 당조정의 成德軍 번진에 대한 '順地化' 정책, 즉 剛藩에 대한 규제정책과 같은 의도였다고 보는 것이 타당할 것이

86) 『新唐書』 卷148 列傳73 田弘正

87) 왕승원은 좌우에 있는 사람들로 하여금 자기를 '留後'라고 부르지 못하게 하고, 일을 參佐들에게 위임한 뒤, 비밀리에 표문을 올려 조정에서 다른 統帥(成德軍 절도사)를 제수해 줄 것을 요구했다고 한다(『資治通鑑』 卷237 唐紀 57 憲宗 元和 15년).

다. 이는 지문에서 병사들이 아우 왕승원에게 절도사직을 승계하도록 요구한 대목을 "三軍將亂 欲立其弟"라고 하여 다소 부정적으로 표현한 것에서도 알 수 있다.

물론 이제는 맏누이가 하북의 번진이었던 成德軍 절도사 王武俊과 혼인한 관계였고, 王武俊의 휘하에서 막료로 종사한 적도 있었다. 따라서 과거에 독립적인 번진으로서 당 조정에 대항했던 王武俊의 행적을 드러내서 비판하고 있지 않다. 다만 스스로 당 宗室의 일원임을 자부하고 있었고, 820년대에는 당조정이 강화된 禁軍을 바탕으로 독립적인 번진에 대한 토벌과 위압을 성공적으로 관철시키고 있다는 사실도 인지하고 있었을 것이다. 이에 이제와 그의 맏누이인 양국부인은 당시 정세 변동에 따라 왕승원 일가의 일족을 조정으로 귀부시켜 관료화하고 당조정과의 유착을 강화하는 방향으로 전환하고자 하였다. 그리고 이러한 행적을 이제의 死後, 그의 묘지명에서 자랑스럽게 내세웠던 것이다.

「이제 묘지명」은 9세기 전반인 당 후기에 일부 藩鎭들이 여전히 세력을 떨치고 있던 모습, 그리고 이후에 중앙 조정이 中央官 사여와 종실과의 혼인 등 다각도의 노력을 통해 독립적인 절도사 세력을 점차 장악해가던 모습 등을 보여준다. 王武俊과 이제 일족의 혼인관계도 독립성이 강한 하북 3진의 절도사가 당 조정과 유착해가는 과정을 보여주는 것으로 해석될 여지가 있다. 이러한 해석 하에서 본 묘지명은 문헌에 드러나지 않는, 당 황실 일족이자 지방 절도사에 대한 조정의 '順地化' 정책에 일조했던 이제의 행적을 드러내주는 자료로서 주목해 보아야 할 것이다.

5. 참고문헌

1) 보고서 및 자료집

西安市 長安博物館 編, 2011,『長安新出墓誌』, 文物出版社.
吳鋼 主編, 1991,『隋唐五代墓誌彙編』陝西 4, 天津古籍出版社.
周紹良·趙超 主編, 2001,『唐代墓誌彙編續集』, 上海古籍出版社.
忠念海 主編, 1996,「唐長安縣, 萬年縣鄉里分布圖」,『西安歷史地圖集』, 西安地圖出版社.

2) 논저류

김영관, 2013,「百濟 義慈王 外孫 李濟 墓誌銘에 대한 연구」,『百濟文化』49.
누노메 조후·구리하라 마쓰오, 2001,『중국의 역사(수당오대)』, 혜안.
栗原益男, 2005,「안사의 난과 번진(藩鎭)체제의 전개」,『세미나 수당오대사』, 서경.
鄭炳俊, 2012,「德宗의 藩鎭改革 政策과 平盧節度使 李正己」,『中國史研究』81.

武伯綸, 1963,「唐萬年, 長安縣 鄉里考」,『考古學報』1963-2 第32册, 文物出版社.

黑齒常之 墓誌銘

오택현

1. 개관

黑齒常之는 백제 멸망 뒤 부흥운동으로 널리 알려진 인물인데, 그에 대한 관심은 중국 河南省 洛陽의 北邙에서 「黑齒常之 墓誌銘」이 발견되면서 더욱 고조되었다. 게다가 흑치상지의 아들인 「黑齒俊墓誌銘」도 함께 발견되어 흑치가문에 대한 연구가 함께 진행되었다.

1929년 10월 중국 河南省 洛陽의 北邙에서 그의 아들 黑齒俊 묘지와 함께 출토된 「흑치상지 묘지명」은 1931년 낙양의 북망산 일대를 遊歷하던 李根源이 이를 구입하여 소장하였고, 구입한 92점의 지석과 함께 蘇州로 옮겨 曲石精廬藏九十三唐志室에 보관되었다. 또 저명한 학자인 章太炎이 묘지명의 탁본을 보고 題跋을 쓰기도 하는 등 관리가 제대로 이루어지고 있었다.

그러나 언제부터인지 확실하지는 않지만 蘇州의 曲石精廬藏九十三唐志室이 아니라 남경박물원에 묘지명이 보관되어 있다고 알려졌으며, 심지어 「흑치준 묘지명」이 현재 남경박물원에 소장되어 있지 않은 상태이다. 1937년 중일전쟁이 발발한 후 이근원이 묘지명을 작은 연못에 숨겼고, 1945년 蘇州市文物保管委員會에 기증해 남경박물원에 소장되는 과정에서 관리가 소홀해진 듯하며, 「흑치준 묘지명」의 행방도 알 수 없게 되었다.

묘지명이 한국학계에 널리 알려지기 시작한 것은 李希泌 1986에 의해서이다. 이 책에 의하면 「흑치상지 묘지명」의 크기는 72×71cm이며, 행마다 41자씩 전체 41행에 걸쳐 1604자가 새겨져 있음이 확인되었다. 撰者와 書者의 이름은 기록되어 있지 않지만, 묘지 내용으로 볼 때, 찬자는 흑치상지와 함께 군대생활을 하면서, 그를 흠모하였었던 인물로 추정된다. 글씨는 歐陽詢體의 단정한 楷書이며, 묘지가 측천무후 즉위기(690~705)에 작성되었기 때문에, 측천무후자도 기록되어 있다.

흑치상지의 생애와 활동에 대해서는 『舊唐書』와 『新唐書』의 列傳 및 『三國史記』의 열전에 실려 있어 대강의 면모를 살펴볼 수 있었지만, 묘지가 발견되면서 문헌에 기록되지 않은 흑치상지의 활동상에 대해서 보완할 수 있게 되었다. 하지만 묘지명에는 흑치상지가 백제부흥운동을 일으킨 이야기가 빠져 있어, 문헌과 묘지명을 동시에 비교·검토해야 흑치상지의 생애를 복원할 수 있다.

630년에 태어나 660년까지 백제의 관료를 지냈고, 660년부터 663년까지 백제부흥운동에 가담하였으며, 664년부터 이듬해까지 웅진성에 돌아와 유민을 按撫하였지만 신라의 압박에 의해 당으로 돌아가 677년경까지 웅진도독부의 관직생활을 역임한 흑치상지는 백제 멸망 후 당으로 이주한 1세대 유민이라고 할 수 있다. 그의 서역지방 오랑캐 평정과 반란 평정 등의 업적, '燕國公'에 봉해진 내용, 억울한 누명으로 사망한 내용들이 그의 묘지명에 기록되어 있어, 흑치상지의 일대기를 복원하는데 묘지명은 큰 도움을 주고 있다.

2. 판독 및 교감

李希泌, 1986, p.25.

大周故左武威[1]衛大將軍檢校左羽林軍贈左玉鈐衛大將軍燕國公黑齒府君墓誌文并序

太淸上冠, 合其道者坤元, 至無[2]高居, 參其用者師律. 不有命世之材傑, 其奚以應斯數哉. 然則求玉榮者, 必遊乎密山之上, 蘊金聲者, 不恨[3]乎魯門之下矣.

府君諱常之, 字恒元, 百濟人也. 其先出自扶餘氏, 封於黑齒, 子孫因以爲氏焉. 其家世相承爲達率, 達率之職, 猶今兵部尙書, 於本國二品官也. 曾祖諱文大, 祖諱德顯, 考諱沙次, 並官至達率.

府君少而雄爽, 機神敏絕, 所輕者嗜欲, 所重者名訓. 府深沈, 淸不見其涯域, 情軌闊達, 遠不形其里數. 加之以謹慤, 重之以溫良. 由是, 親族敬之, 師長憚之.

年甫小學, 卽讀春秋左氏傳, 及班馬兩史. 歎曰, 丘明恥之, 丘亦恥之, 誠吾師也. 過此何足多哉.

未弱冠官[4], 以地籍授達率.

唐顯慶中, 遣邢國公蘇定方, 平其國, 与其主扶餘隆, 俱入朝, 隸爲萬年縣人也.

麟德初, 以人望授折衝都尉, 鎭熊津城, 大爲士衆所悅. 咸亨三年, 以功加忠武將軍行帶方州長史, 尋遷使持節沙泮州諸軍事沙泮州刺史, 授上柱國.

以至公爲己任, 以忘私爲大端. 天子嘉之, 轉左領軍將軍, 兼熊津都督府司馬, 加封浮陽郡開國公, 食邑二千戶. 于時, 德音在物, 朝望日高. 屬蒲海生氛, 蘭河有事, 以府君充洮河道經略副使, 實有寄焉.

府君稟質英毅, 資性明達. 力能翹關, 不以力自處, 智能禦寇, 不以智自聞. 每用晦而明, 以蒙養缶[5]. 故其時行山立, 具瞻在焉.

至於仁不長姦, 威不害物, 賞罰有必, 勸沮無違. 又五校之大經, 三軍之元吉, 故士不敢犯其令, 下不得容其非. 高宗每稱其善, 故以士君子處之也.

及居西道, 大著動[6]庸. 于時, 中書令李敬玄爲河源道經略大使, 諸軍取其節度, 亦水軍大使尙書劉審禮, 旣以敗沒, 諸將莫不憂懼. 府君獨立高崗之功, 以濟其難, 轉左武衛將軍, 代敬玄爲大使, 從風聽也.

府君傍無聲色, 居絕翫好. 枕藉經書, 有祭遵之樽俎, 懷蘊明略, 同杜預之旌旗. 胡塵肅淸而邊馬肥, 漢月昭亮而天狐滅. 出師有頌, 入凱成歌. 遷左鷹揚衛大將軍燕然道副大摠管.

垂拱之季, 天命將革, 骨卒祿狂賊也, 旣不覩其微, 徐敬業逆惡也, 又不量其力. 南靜淮海, 北掃旄頭, 並有力焉, 故威聲大振.

制曰, 局度溫雅, 機神爽晤, 夙踐仁義之途, 聿蹈廉貞之域. 言以昭行, 學以潤躬, 屢摠戎麾, 每申誠效. 可封兼國公, 食邑三千戶. 仍改授右武威衛大將軍神武道經略大使, 餘如故.

於是, 董玆哮勇, 剪彼凶狂, 胡馬無南牧之期, 漢使靜北遊之望, 靈夏衝要, 妖羯是膽, 君之威聲, 無以爲

1) 미판독(東有春·焦正安).

2) 聖(東有春·焦正安).

3) 限(東有春·焦正安).

4) 官(송기호, 윤선태), 冠(東有春·焦正安).

5) [正](東有春·焦正安).

6) 瞳(東有春·焦正安) / 이러한 양상은 39-⑳에서도 보인다.

代. 又轉爲懷遠軍經略大使, 以遏游氛也.

屬禍流群惡, 疊起孤標, 疑似一彰, 玉石斯混. 旣從下獄, 爰隔上穹, 義等絶頏, 哀同仰藥. 春秋六十.

長子俊, 幼丁家難, 志雪遺憤. 誓命虜庭, 投軀漢節, 頻展誠效, 屢振功名.

聖曆元年, 寃滯斯鑒, 爰下制曰, 故左武威衛大將軍檢校左羽林衛上柱國燕國公黑齒常之, 早襲衣冠, 備經駈榮, 亟揔師律, 戴宣績效. 往遘飛言, 爰從訊獄, 幽憤殞命.

疑罪不分.

比加檢察, 曾無反狀, 言念非[專][7), 良深嗟[8)憫. 宜從雪免, 庶慰塋魂, 增以寵章, 式光泉壤. 可贈左玉鈐衛大將軍, 勳封如故.

其男游擊將軍行蘭州廣武鎭將上柱國俊, 自嬰家各, 屢效赤誠, 不避危亡, 捐軀徇國. 宜有裒錄, 以申優獎, 可右豹韜衛翊府左郎將, 勳如故.

粤以聖曆二年壹月卄二日, 勅[9)曰, 燕國公男俊, 所請改葬父者, 贈物一百段, 其葬事幔幕手力一事以上官供, 仍令京官六品一人[10)檢校. 卽用其年二月十七日, 奉遷于邙山南官道北, 禮也.

惟府君, 孤峯偉絶, 材幹之表也, 懸(鏡)虛融, 理會之臺也. 言[直]而意博, 無枝葉之多蔽, 謀動而事成, 有本末之盡美. 夙夜非懈, 心存於事上, 歲寒不移, 志在於爲下. 非君子之所關, 懷必不入於思慮, 非先王之所貽, 訓必不出於企想. 自推轂軍門, 建節邊塞. 善毁者, 不能加惡, 工譽者, 不能增美. 智者見之, 謂之智, 仁者見之, 謂之仁. 至於推財忘己, 重義先物, 雖刎首不顧其利, 傾身不改其道.

由是, 懦夫爲之勇, 貪夫爲之廉. 猶權衡之不言, 而斤兩定其謬, 騊駼之絶足, 而駑駘知其遠.

至於吏能貞幹, 走筆而雙璧自非, 鑒賞人倫, 守黙而千金成價. 固非當世之可效, 盖拔萃之標准也.

榮辱必也, 死生命也. 苟同於歸, 何必終於婦人之手矣. 余嘗在軍, 得參義所, 感其道, 頌其功.

乃爲銘曰, 談五岳者, 不知天台之翠屏也, 觀四瀆者, 不晤雲洲之丹榮也.

恭聞日磾爲漢之鞞, 亦有里奚爲秦之梯. 苟云明哲.

興衆殊絶, 所在成寶, 何往非晰.

惟公之自東兮, 如春之揚風兮. 文物資之以動色, 聲明佇之以成功[11)兮.

悠悠旌旆, 肅肅軒盖. 擊鴻鍾鼓鳴籟云, 誰之榮伊我德聲.

四郊無[12)戎馬之患, 千里捍公侯之城. 勳積[13)旣展矣, 忠義旣顯矣.

物有忌乎貞剛[14), 行有高而則傷. 中峯落其仞, 幽壤淪其光.

---

7) ▨(東有春·焦正安).

8) 差(東有春·焦正安)

9) 綸(東有春·焦正安).

10) 从(東有春·焦正安).

11) 미판독(東有春·焦正安).

12) 미판독(東有春·焦正安).

13) 績(東有春·焦正安).

天下爲之痛, 海內哀其良. 天鑒斯孔, 裒及存亡.

余實感慕, 爲之頌章. 寄言不朽, 風聽無疆.

1-⑥: 威

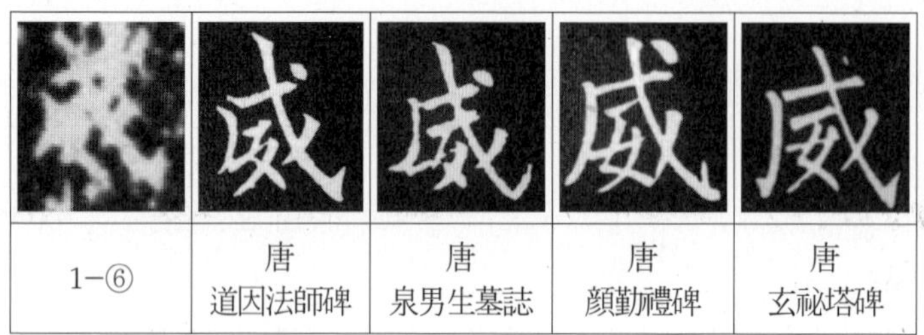

1-⑥	唐 道因法師碑	唐 泉男生墓誌	唐 顔勤禮碑	唐 玄祕塔碑

∴ 이 글자는 남아있는 자획을 통해 '威'로 판독이 가능하다. 파침 및 남아있는 자획의 방향이 비교되는 당대의 자료들과 차이가 없기 때문에 '威'로 판독한다.

2-⑫: 無

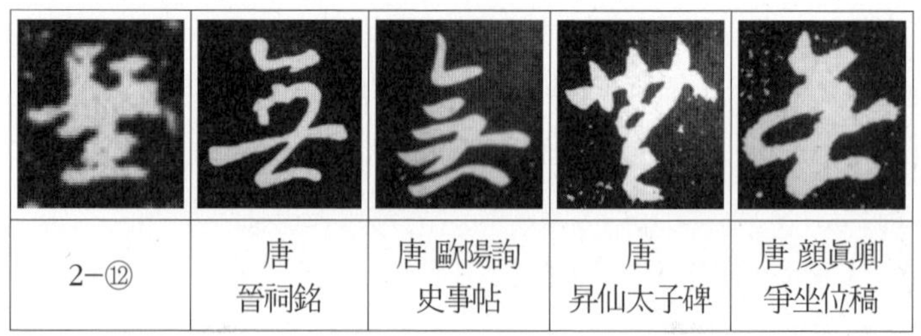

2-⑫	唐 晉祠銘	唐 歐陽詢 史事帖	唐 昇仙太子碑	唐 顔眞卿 爭坐位稿

∴ 이 글자는 '聖'으로도 판독이 되었지만 문맥 및 당대의 자료를 통해 보면 '無'로 판독할 수 있다. 명확하게 일치하는 글자는 없지만 모양이 비슷하기 때문에 '無'로 판독한다.

3-⑫: 恨

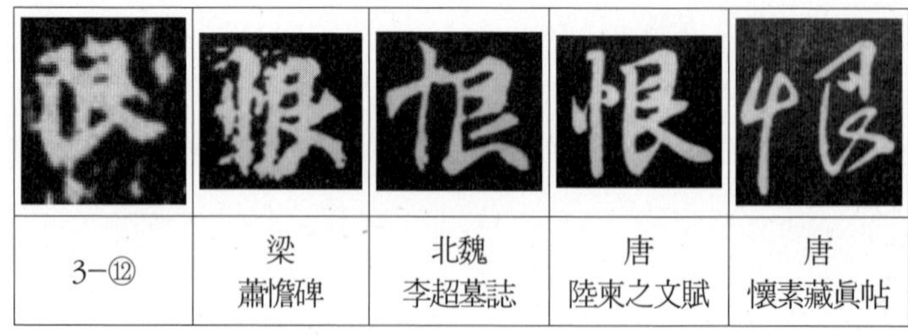

3-⑫	梁 蕭憺碑	北魏 李超墓誌	唐 陸柬之文賦	唐 懷素藏眞帖

14) 剛(東有春·焦正安).

大周故左武威衛大將軍檢校左羽林軍贈左玉鈐衛大將軍燕國公黑齒府君墓誌文并序

太清上冠合其道者坤元至無高居參其用者師律不有命世之材傑其奚以應斯數哉然則求玉榮者必

遊乎密山之上蘊金聲者不恨乎魯門之下矣府君諱常之字恒元百濟人也其先出自扶餘氏封於黑齒

子孫因以爲氏焉其家世相承爲達率達率之職猶今兵部尙書於本國二品官也曾祖諱文大祖諱德顯

考諱沙次並官至達率府君少而雄爽機神敏絕所輕者嗜欲所重者名訓　　府深沈不見涯域情軌

闊達遠不形其里數加之以謹慤重之以溫良由是親族敬之師長憚之年甫小學卽讀春秋左氏傳及班

馬兩史歎曰丘明恥之丘亦恥之誠吾師也過此何足多哉未弱冠以地籍授達率唐顯慶中遣邢國公蘇

定方平其國与其主扶餘隆俱入朝隸爲萬年縣人也麟德初以人望授折衝都尉鎭熊津城大爲士衆所

悅咸亨三年以功加忠武將軍行帶方州長史尋遷使持節沙泮州諸軍事沙泮州刺史授上柱國以至公

爲己任以忘私爲大端　　　天子嘉之轉左領軍將軍兼熊津都督府司馬加封浮陽郡開國公食邑二

千戶于時德音在物朝望日高屬蒲海生氛蘭河有事以府君充洮河道經略副使實有寄焉府君稟質英

毅資性明達力能翹關不以力自處智能禦寇不以智自聞每用晦而明以蒙養缶故其時行山立具瞻在

焉至於仁不長姦威不害物賞罰有必勸沮無違又五校之大經三軍之元吉故士不敢犯其令下不得容

其非　　　高宗每稱其善故以士君子處之也及居西道大著勳庸于時中書令李敬玄爲河源道經略

大使諸軍取其節度亦水軍大使尙書劉審禮既以敗沒諸將莫不憂懼府君獨立高崗之功以濟其難轉

左武衛將軍代敬玄爲大使從風聽也府君傍無聲色居絕甑好枕藉經書有祭遵之樽俎懷蘊明略同杜

預之旌旗胡塵肅清而邊馬肥漢月昭亮而天狐滅出師有頌入凱成歌遷左鷹揚衛大將軍燕然道副大

摠管垂拱之季　　　天命將革骨卒祿狂賊也既不覩其微徐敬業逆惡也又不量其力南靜淮海北掃

旄頭並有力焉故威聲大振　　　制曰局度溫雅機神爽晤夙踐仁義之途聿蹈廉貞之域言以昭行學

以潤躬屢摠戎麾每申誠效可封兼國公食邑三千戶仍改授右武威衛大將軍神武道經略大使餘如故

於是董茲哮勇剪彼凶狂胡馬無南牧之期漢使靜北遊之望靈夏衝要妖羯是瞻君之威聲無以爲代又

轉爲懷遠軍經略大使以遏游氛也屬禍流群惡疊起孤標疑似一彰玉石斯混既從下獄爰隔上穹義等

絕頏哀同仰藥春秋六十長子俊幼丁家難志雪遺憤誓命虜庭投軀漢節頻展誠效屢振功名聖曆元年

寃滯斯　　　鑒爰下　　　制曰故左武威衛大將軍檢校左羽林衛上柱國燕國公黑常之早襲衣

冠備經駈榮亟摠師律戴宣績效往遘飛言爰從訊獄幽憤殞命疑罪不分比加檢察曾無反狀言念非專

良深嗟憫宜從雪免庶慰塋魂增以寵章式光泉壤可贈左玉鈐衛大將軍勳封如故其男游擊將軍行蘭

州廣武鎭將上柱國俊自嬰家各屢效赤誠不避危亡捐軀徇國宜有哀錄以申優獎可右豹韜衛翊府左

郎將勳如故粵以聖曆二年壹月廿二日　　　勅曰燕國公男俊所請改葬父者贈物一百段其葬事幔

幕手力一事以上官供仍令京官六品一人檢校卽用其年二月十七日奉遷于邙山南官道北禮也惟府

君孤峯偉絕材幹之表也懸虛融理會之臺也言直而意愽無枝葉之多蔽謀動而事成有本末之盡美

夙夜非懈心存於事上歲寒不移志在於爲下非君子之所關懷必不入於思慮非先王之所貽訓必不出

於企想自推轂軍門建節邊塞善毀者不能加惡工譽者不能增美智者見之謂之智仁者見之謂之仁至

於推財忘己重義先物雖刎首不顧其利傾身不改其道由是懦夫爲之勇貪夫爲之廉猶權衡之不言而

斤兩定其謬駒駼之絕足而駑駘知其遠至於吏能貞幹走筆而雙璧自非鑒賞人倫守默而千金成價固

非當世之可效蓋拔萃之標准也榮辱必也死生命也苟同於歸何必終於婦人之手矣余嘗在軍得參義

所感其道頌其功乃爲銘曰

談五岳者不知天台之翠屏也觀四瀆者不晤雲洲之丹榮也恭聞日磾爲漢之鞮亦有里奚爲秦之梯苟

云明哲興衆殊絕所在成寶何往非晰惟公之自東兮如春之揚風兮文物資之以動色聲明佇之以成

兮悠悠旌旆肅肅軒蓋擊鴻鍾鼓鳴籟云誰之榮伊我德聲四郊戎馬之患千里捍公侯之城勳積既展

矣忠義既顯矣物有忌乎貞剛行有高而則傷中峯落其仞幽壤淪其光天下爲之痛海內哀其良

天鑒斯孔哀及存亡余實感慕爲之頌章寄言不朽風聽無疆

∴ 이 글자는 좌방변이 무엇인지를 결정하는 것이 가장 중요했다. '忄'인지 '氵'인지를 결정하는 과정에서 다른 자료와 문맥을 고려해 '恨'으로 판독한다.

7-㉖: 冠

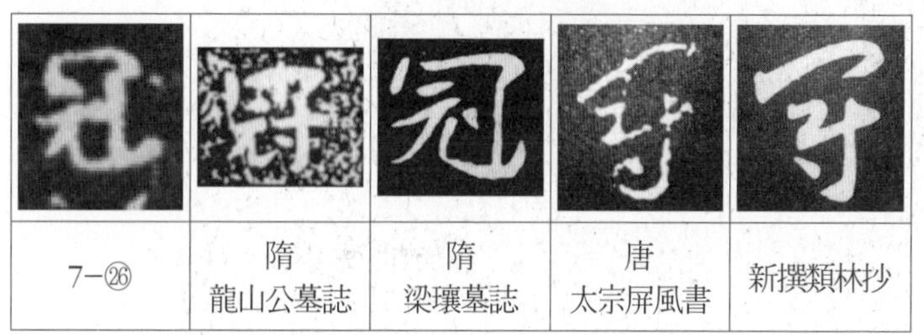

7-㉖	隋 龍山公墓誌	隋 梁瓌墓誌	唐 太宗屏風書	新撰類林抄

∴ 이 글자는 수나라에 만들어진 龍山公墓誌와 자형이 매우 흡사하며, 기타 글자들과의 유관성을 통해 '冠'으로 판독한다.

28-⑳: 勅

28-⑳	唐 孔穎達碑	唐 李靖碑	唐 泉男生墓誌	唐 多寶塔碑

∴ 이 글자는 좌방변이 뭉개져서 정확하게 판독이 어려웠지만, 문맥의 구조상 누군가에 의해 전달되는 문구가 나와야 한다. 묘지명에 '制曰'이라는 글자를 통해 '制'로 판독하고자 했지만 우방변이 '刂'가 아닌 '力'이기 때문에 다른 글자를 찾아보았다. 그 결과 '勅'이라는 글자가 가장 부합한다고 여겨지기 때문에 '勅'으로 판독한다.

29-⑰: 人

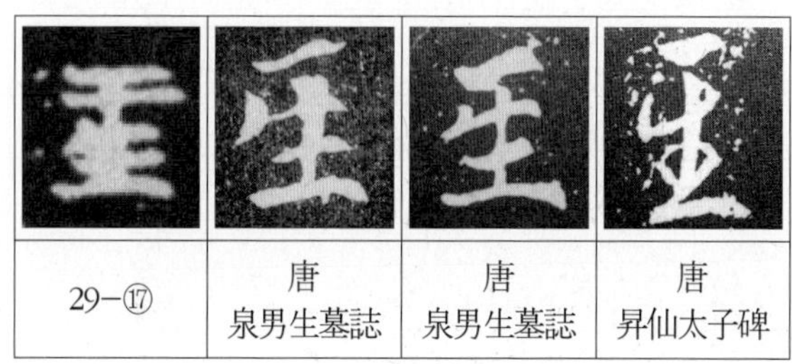

29-⑰	唐 泉男生墓誌	唐 泉男生墓誌	唐 昇仙太子碑

∴ 이 글자는 당대의 묘지명 및 碑에서 확인한 결과 '人'으로 판독된다. 이는 '人'의 이체자이며 '人'의

측천무후자이기 때문이다.

39-㊴: 積

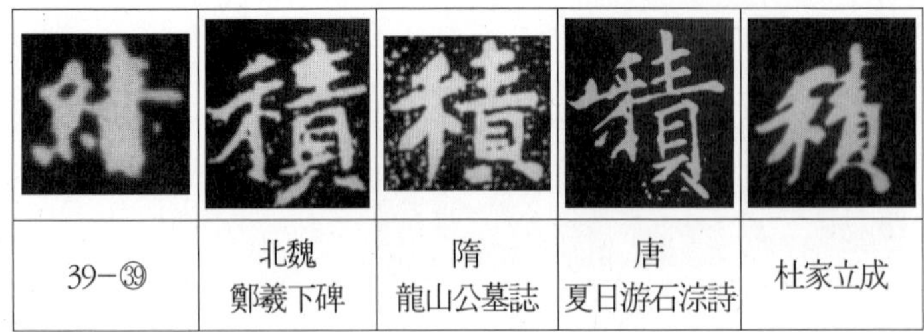

39-㊴	北魏 鄭羲下碑	隋 龍山公墓誌	唐 夏日游石淙詩	杜家立成

∴ 이 글자는 글자가 전체적으로 뭉개졌지만 묘지명의 내용을 토대로 유추한 결과 '積'으로 판독했다. 하지만 좌방변이 불분명하게 나타나 있기 때문에 '績'로도 판독될 여지는 남아있다.

3. 역주

大周[15]의 故人 左武威衛大將軍[16] 檢校[17]左羽林軍[18] 贈左玉鈐衛大將軍[19] 燕國公[20] 黑齒府君 墓誌文 및 序文

하늘을[21] 위로 이고 있으면서 天道에 순응하는 것은 땅이고, 높은 지위에 있지 않은 자라도 쓰일 수 있는 것은 軍律에 의한 것이다. 그러나 세상에 뛰어난 인재가 아니라면 어찌 이러한 운수에 응할 수 있겠는가! 그러므로 아름다운 옥을 구하고자 하는 사람은 반드시 密山에서[22] 노닐어야 하고, 지혜와 덕을 쌓은 사람은[23] 공자의 문하에 들어가야 한탄이 없다.

---

15) 大周: 則天武后가 세운 周(690~705)나라를 가리킨다. 이 비가 만들어진 것이 699년이므로 측천무후 시기이며, 이로 인해 비문에 武后가 만든 글자들(무후자)도 기록되어 있다.

16) 左武威衛大將軍: 左武威衛는 당나라 16衛의 하나이다. 16위는 황제가 직접 통솔하였던 중앙군이다. 左武威衛는 684년에 左驍衛를 개칭한 것으로 705년에 다시 원래의 이름으로 돌아갔다. 이 당시에는 대장군이 최고의 직책으로서 정3품에 해당한다. 대장군 위에 上將軍을 둔 것은 貞元 2년(786) 이후다.

17) 檢校: 두 가지 용법으로 사용되었는데, 하나는 加官의 의미로 사용되었고, 다른 하나는 문서를 검토하는 관직의 의미로 사용되었다. 여기서는 전자를 가리킨다. 唐나라에서는 加官의 일종으로 太師로부터 員外郎에 이르기까지 모두 검교가 있었다.

18) 左羽林軍: 당나라 6軍 중의 하나이다. 여기서는 加官의 형태로 左羽林軍大將軍에 봉해진 것을 의미한다.

19) 贈左玉鈐衛大將軍: 左玉鈐衛는 당나라 16衛의 하나이다. 원래 左領軍衛였는데, 684년에 이 명칭으로 바뀌었다. 이후 705년에 다시 원래 이름으로 돌아갔다. 贈은 사망한 뒤에 추증된 것을 의미한다.

20) 燕國公: 당나라 封爵의 하나로서, 국공은 종1품에 해당한다.

21) 太淸: 하늘을 가리킨다. 하늘이 맑고 가벼운 氣로 이루어졌다는 관념에서 유래한 것이다.

22) 密山: 玉이 나는 곳을 말하며, 여기서는『山海經』西山經에 기록된 峚山을 가리킨다.

府君은 이름이 常之이고 字는 恒元으로 百濟人이다. 그 조상은 扶餘氏로부터 나왔는데 黑齒에[24] 봉해졌기 때문에 자손들이 이를 氏로 삼았다.[25] 그 가문은 대대로 達率을 역임하였으니, 달솔이란 직책은 지금의 兵部尙書와 같으며,[26] 본국에서는 2품 관등에 해당한다.[27] 증조부는 이름이 文大이고, 할아버지는 德顯이며, 아버지는 沙次로서, 모두 관등이 달솔에 이르렀다.[28]

(부군은) 어려서부터 고상하였고, 기질과 정기가 민첩하고 뛰어났다. 가벼이 여기는 것은 기호품과 욕망이었고, 중하게 여기는 것은 명예와 가르침이었다. 가슴 속에는 깊은 마음을 가졌으니[29] 그 끝을 알 수 없을 정도로 맑았고, 정감의 폭은 너무나 넓었으니 그 거리를 알 수 없을 정도로 원대하였다. 여기에 신중함과 성실함을 더하였고, 온화함과 선량함을 포개었다. 이런 까닭으로 친족들이 그를 존경하였으며, 스승과 어른들이 그를 두려워하였다.

나이 어려 소학교에서 공부할 적에도 이미 『春秋左氏傳』 및 班固의 『漢書』와 司馬遷의 『史記』를 읽었다. 이에 탄식하여 "左丘明이 이를 부끄럽다고 하였고, 공자도 역시 부끄럽다 하였으니,[30] 진실로 나의 스승들이다. 이보다 더한 사람들이 이 세상에 어찌 많을 것인가!"라고 말하였다. 20세가 안되어 家門의 신분

---

23) 金聲: 金聲玉振의 줄여 표현하였다. 8音을 합주할 때에 금으로 만든 鐘을 쳐서 시작하고, 옥으로 만든 磬을 쳐서 끝맺었다는 뜻이다. 이는 공자가 사물을 집대성한 것을 칭찬하는 말이기도 하며, 智德을 겸비한 것을 비유하기도 한다.

24) 黑齒: 백제의 지명이지만 구체적인 위치는 불명이다. 이도학은 동남아시아 지역으로 비정하기도 하였으나(李道學 1991), 백제 영역 안의 지명일 가능성이 크다. 흑치에 봉해졌다는 것은 백제에서 봉건제가 시행되었던 사실을 보여준다기보다는 이 지역이 그의 세력 근거지였음을 의미할 것이다(송기호 1992, p.560). 이와 관련해서는 유원재가 언어학적 음운변화를 통해 예산·덕산지역으로 파악하였으며, 백제시대의 今勿縣을 黑齒로 비정한 견해도 있다(유원재 1999, pp.2-5).

25) 봉해졌기 때문에~氏로 삼았다: 이 묘지에 의하면 흑치상지의 선조는 원래 扶餘氏였는데 흑치 지방에 봉해졌기 때문에 흑치씨로 되었다고 한다. 그러나 이는 구절의 흑치씨의 유래를 문자 그대로 볼 것인가, 아니면 흑치 지방의 유력 세력이었다가 중앙 귀족으로 흡수되면서 부여씨의 일파로 윤색된 것으로 볼 것인가에 대해서 앞으로 검토의 여지가 있다. 하지만 흑치 지역을 통치하고 있던 세력이었음은 틀림없으며, 대대로 달솔이라고 하는 신분적 제약이 있다는 것을 통해 지역 유력 세력일 가능성이 높다.

26) 兵部尙書와 같으며: 이 묘지명과 달리 『舊唐書』 흑치상지 열전에는, "達率 겸 郡將이 되었는데, 중국의 刺史와 같다."라고 되어 있고, 『新唐書』 흑치상지 열전에는, "達率 겸 風達郡將이 되었다."라고 되어 있다. 『三國史記』 흑치상지 열전은 『新唐書』의 기록과 같다. 이를 통해 묘지명에 달솔이 병부상서와 같다고 표현한 것이 과장이고 볼 수도 있지만, 『舊唐書』에서 刺史를 거론한 것은 郡將과 刺史를 대응시킨 것이고, 묘지명에서 達率을 兵部尙書에 대응시킨 것은 22부사의 장관 특히 외관 司軍部 등의 장관을 표현한 것으로 볼 수도 있다. 또 외관 司軍部 등의 장관이 달솔일 가능성에 대해서는 김주성의 박사학위논문(pp.53-54)에 언급되어 있기 때문에 여러 가능성을 열어두어야 할 것이다.

27) 達率~해당한다: 묘지에 의하면 흑치상지 가문은 대대로 達率이 되었고, 그도 20살이 안되어 달솔이 되었다. 이로써 가문의 지위에 따라 신분과 관등이 계승되었던 사실을 확인할 수 있다. 이에 의거하여 제1관등인 佐平과 제2관등인 達率 사이에 신라의 골품제와 같은 신분적 한계선이 그어져 있었던 것으로 추정하는 견해도 있다(송기호 1992, p.556).

28) 할아버지는~이르렀다: 이 묘지명과 달리 「黑齒俊 墓誌銘」에는, 흑치상지 할아버지의 이름이 加亥로서 본국에서 刺史를 역임하였고, 아버지는 沙子로서 본국에서 戶部尙書를 역임하였다고 되어 있어 인명과 관직에 차이가 난다. 백제의 표기방식과 중국식 표기방식의 차이라고 주장하는 견해도 있지만, 면밀히 연구가 진행되어야 하는 부분이라고 생각된다.

29) 府자 앞에 한 글자 정도의 빈 공간이 있으나 탁본에는 글자가 드러나 있지 않다. 따라서 3자를 한 문장으로 볼 수밖에 없으며, 府는 襟腑, 胸腑를 의미하는 것으로 보아야 할 것이다.

30) 左丘明이~하였으니: 『論語』 公冶長에 "左丘明恥之, 丘亦恥之."란 구절이 나온다.

에 따라 達率을 받았다.

唐 顯慶(656~660) 중에 당나라에서 邢國公 蘇定方을 보내 그 나라를 평정하자,[31] 그 임금(실제는 태자) 扶餘隆과 함께 천자를 알현하였다. 당에서는 이들을 萬年縣에[32] 예속시켰다.

麟德(664~665) 초년에 人望을 얻어 折衝都尉를[33] 제수받고 熊津城에 鎭守하니 수많은 사람들이 크게 기뻐하였다.[34] 咸亨 3년(672)에는 공적에 따라 忠武將軍, 行帶方州長史를[35] 더하였다. 얼마 안 있어 使持節, 沙泮州[36]諸軍事, 沙泮州刺史로 승진하고 上柱國을[37] 제수 받았다.

(부군은) 지극히 공평한 것을 자기의 소임으로 삼았고, 사사로움을 잊어버리는 것을 커다란 강령으로 삼았다. 천자가 이를 가상히 여겨 左領軍將軍[38] 겸 熊津都督府司馬로 승진시켰고, 浮陽郡[39] 開國公과 食邑 2천호를 더하여 봉하였다. 이때 좋은 평판으로 物望에 오르내렸고, 조정의 인망이 날로 높아졌다. 마침 蒲海에서 재앙이 일어나고 蘭河에서 사변이 벌어져[40] 부군으로 하여금 洮河道經略副使로 삼으니, 실로 그에게 의지하는 바가 있었다.

부군은 품성이 빼어나고 굳셌으며, 자질이 뛰어나 사리에 통달하였다. 힘으로는 능히 무거운 (성문의) 빗장을 들어 올릴 수 있었으나[41] 힘센 것을 자랑하지 않았고, 지혜로는 능히 외적을 방비할 수 있었으나 지혜로움을 떠벌리지 않았다. 매번 자신을 드러내지 않음으로써 오히려 드러나게 하였고, 어리석은 듯이

---

31) 평정하자: 이 이후 흑치상지의 백제부흥군 활동이 의도적으로 생략되어 있다. 660년 의자왕이 항복할 때 흑치상지도 함께 항복하였지만, 나당연합군이 노략질하고 함부로 사람들을 죽이는 것을 보고 임존성을 거점으로 백제부흥운동의 일으켰다. 이후 주류성이 함락된 663년 9월 別部將 沙吒相如와 함께 당군에 항복하였고, 오히려 당군의 선봉이 되어 임존성의 백제부흥군을 궤멸시키는데 큰 공을 세웠다(『資治通鑑』 卷201, 高宗 龍朔 3年 9月).

32) 萬年縣: 당나라 京兆府 京兆郡의 領縣이다. 지금의 西安市 남쪽에 해당한다. 원래 수나라의 大興縣이었으나 당 武德 원년(618)에 만년현으로 개칭하였다(『舊唐書』 卷38, 地理志 참조). 한편, 『舊唐書』 卷4에 의하면 麟德 원년(664) 8월에 만년현에 죄수를 내려주었다고 하였으므로, 이때 흑치상지가 이곳에 소속되었던 것으로 여겨진다.

33) 折衝都尉: 16衛에 소속되어 있었던 府兵은 內府와 外府로 나뉘어 있었는데, 외부가 절충부에 해당한다. 절충도위는 절충부의 규모에 따라 달라서 정4품상에서 정5품하에 이르렀다(『新唐書』 卷49上, 百官志 諸衛折衝都尉府 참조).

34) 麟德~기뻐하였다: 이 묘지명에는 '麟德初'로 되어 있으나, 구체적으로는 664년 부여융이 웅진도독에 임명되어 백제로 돌아올 때 흑치상지도 함께 돌아온 것으로 추정된다(이도학 1996, pp.180-181.). 한편 이 구절은 묘지명의 '鎭熊津城大爲士衆所悅'을 해석한 것인데, 이러한 해석과 달리 '鎭熊津城大'를 職名으로 이해하는 견해도 있다(정병준 2007, p.288.).

35) 帶方州: 본래 백제의 竹軍城으로 당이 백제 옛 땅에 설치한 7개 州의 하나이다(『三國史記』 卷37 참조).

36) 沙泮州: 본래 백제의 古尸伊城으로 당이 백제 옛 땅에 설치한 7개 주의 하나이다(『三國史記』 卷37 참조).

37) 上柱國: 제1급 勳官으로서 정2품에 해당한다.

38) 左領軍將軍: 당 16衛의 하나인 左領軍衛의 將軍을 말한다(종3품). 좌령군장군은 漢族에게 수여되기도 하였지만, 당에 투항한 흑치상지와 같은 이민족 수령에게 종종 수여된 군직이었다. 당시 흑치상지는 좌령군의 '員外將軍'을 수여받았다(劉琴麗 2006, pp.188-189; 정병준 2007, p.288.).

39) 浮陽郡: 河北道 滄州의 속현인 淸池縣의 옛 이름이다. 원래 漢나라 때에 浮陽縣을 두어 渤海郡의 治所로 삼았었으나 수나라 때에 청지현으로 개칭되었다. 현재의 하북성 滄州市 동남쪽 40리 떨어진 곳에 위치하고 있다.

40) 마침~벌어져: 고종 儀鳳 3년(678) 9월에 지금의 티벳과 靑海 지역의 吐蕃이 당을 침공하였고, 洮河道行軍大總管 中書令 李敬玄과 工部尙書 右衛大將軍 劉審禮를 따라 흑치상지도 함께 출격하였다(정병준 2007, p.289).

41) 翹關: 성문의 빗장을 들어 올린다는 뜻으로 힘이 센 것을 비유한다. 측천무후 때에는 武科 시험 과목의 하나였다(『新唐書』 卷44, 選擧志上 참조).

함으로써 인격을 도야하였다. 그러므로 그 때에 행실이 산처럼 똑바로 서게 되어, 모든 사람들이 그를 우러러보게 되었다.

어짊을 추구하여 간사함을 기르지 않았고, 위엄을 갖추되 다른 사람을 해치지 않았다. 상주고 벌주는 것은 반드시 원칙에 따랐고, 선을 권하고 악을 없애는 데에도 어긋남이 없었다. 또한 五校의[42] 커다란 벼리였고, 三軍의 으뜸가는 본보기가 되어, 병사들은 감히 그 명령을 어기지 못하였고, 아랫사람이라고 그 잘못을 용납받을 수 없었다. 高宗이 매번 그의 선함을 칭찬하여 그를 지조와 학식이 있는 士君子로 대우하였다.

(부군은) 西道(靑海 지방)에 있을 때 큰 공훈을 세웠다. 이때 中書令 李敬玄이[43] 河源道經略大使였는데, 모든 군사들이 그의 지휘에 따랐다. (그러나) 水軍大使, 尙書 劉審禮가 이미 패하여 죽자,[44] 장수들 중에 근심하고 두려워하지 않는 자가 없었다. 그런 중에 부군이 홀로 높은 산마루와 같은 공훈을 세우면서 그 곤경을 극복하였고,[45] (이로 인해) 左武衛將軍으로 승진하였고,[46] 이후 이경현을 대신하여 大使가 되었다.[47] 이는 그에 대한 풍문에 따른 것이다.

부군은 곁에 음악과 女色을 두지 않았고, 평상시에도 노리개를 가지고 즐기지 않았다. 經書를 베개 삼았고, 祭遵[48]과 같이 예의를 중시하였다. 뛰어난 지략을 품었으니 杜預[49]가 깃발을 많이 세워 적을 혼란

---

42) 五校: 5敎로서 5倫의 가르침을 의미한다.

43) 李敬玄(615~682): 儀鳳 원년(676)에 劉仁軌를 대신하여 中書令이 되었다. 儀鳳 3년(678)에 吐蕃이 쳐들어오자 高宗이 그를 洮河道行軍大總管 겸 安撫大使로 삼아 토번을 방어하도록 하였다. 그러나 군사들을 제대로 지휘하지 못해 이 일로 좌천되었다(『舊唐書』 및 『新唐書』 이경현 열전 참조). 그런데 이 묘지에서는 河源道經略大使로 적혀 있다.

44) 劉審禮~죽자: 당시 副將 劉審禮는 前軍을 거느리고 깊숙이 들어가 濠所란 곳에 주둔해 있다가 공격을 받았지만, 대총관 이경현은 나약하고 겁이 많아 구원하지 못해 사로잡혀 죽었다(정병준 2007, p.289).

45) 부군이~극복하였고: 대총관 이경현은 유심례가 사로잡혔다는 소식을 듣고 당황하여 달아나 鄯州 서남쪽에 위치한 승풍령이란 고갯마루에 주둔하였다. 토번군이 높은 산언덕에 주둔하며 압박을 가하자 겨우 방어에 급급한 상황이었다. 이때 黑齒常之가 홀로 500인의 결사대를 이끌고 야밤을 틈타 적의 군영을 습격했다. 이로 인해 토번군은 어지럽게 흩어지고 장수 跋地設은 병사들을 버리고 도주하였다. 이에 이경현은 남은 군사들을 겨우 수습하여 무사히 선주로 귀환할 수 있었다(정병준 2007, pp.289-290).

46) 左武衛將軍으로 승진하였고: 고종은 흑치상지의 계략에 탄복하여 儀鳳 3년(678) 9월 좌무위장군 檢校 左羽林軍을 제수해주고 금 500냥과 비단 500필을 하사하여 河源軍副使에 임명해주었다(정병준 2007, p.290). 左武衛는 당나라 16衛의 하나로, 將軍은 大將軍 다음의 지위로서 종3품에 해당한다.

47) 大使가 되었다: 고종 永隆 원년(680) 7월에 토번의 贊婆와 素和貴 등이 3만 군대를 이끌고 하원을 공격하기 위해 靑海 지역의 良非川에 주둔하였다. 흑치상지는 정예기병 3천을 거느리고 적의 군영을 야습하여 수급 2천을 베고 양과 말 수만 마리를 빼앗았고, 찬파 등은 單騎로 달아났다. 고종은 흑치상지의 능력을 다시 한 번 인정하여 河源軍經略大使에 임명하였다. 이후 흑치상지는 주변에 봉수 70여 곳을 설치하여 경계를 강화하고 둔전 5천여 頃을 개간하여 매년 5백여만 石을 수확하는 성과를 올렸다. 이로 인해 하원군의 군사력이 크게 증대되었다. 이러한 면은 흑치상지가 탁월한 전투능력뿐 아니라 군대조직을 관리하고 운영하는 재능까지 두루 갖추었다는 것을 의미한다. 한편 고종 개요 원년(681) 5월에 찬파 등이 다시 양비천 일대에 주둔하였는데, 이번에도 흑치상지가 정예기병 1만을 이끌고 기습하여 격파하고 군량까지 빼앗아 돌아왔다. 흑치상지가 하원군에서 근무하던 7년(678~684) 동안 토번은 그를 매우 두려워하여 감히 변방의 우환이 되지 못하였다. 이로 인해 흑치상지는 684년 좌무위대장군을 제수받았다(정병준 2007, p.290).

48) 祭遵(?~33): 後漢人으로 어려서부터 經書를 좋아하였다. 光武帝를 따라 河北을 평정하여 이 공으로 征虜將軍이 되었다. 그

에 빠뜨린 것과 같은 꾀를 지녔다. 오랑캐의 티끌이 깨끗하게 치워지니 변방의 말이 살쪘다. 중원의 달이 훤하게 비치게 되니 하늘의 여우 기운도 사라졌다. 전쟁터에 출정하면 칭송이 뒤따랐고, 전쟁터에서 개선하면 노래가 절로 나왔다. 이리하여 左鷹揚衛大將軍[50] 燕然道副大摠管으로 벼슬을 옮겼다.

垂拱(685~688) 말년에 天命이 바야흐로 바뀌려 하였다.[51] (그러나) 突厥의 骨卒祿[52]은 미친 도적으로 자신의 미미함을 살피지 않았고, 徐敬業[53]은 반역자로서 또한 자신의 역량을 헤아리지 못하였다. (부군은) 남쪽으로 淮陰과 海陵을 평정하고 북쪽으로 오랑캐 군사를[54] 섬멸하는 데에 모두 큰 힘이 되었다. 이로 인해 그의 위세와 명성이 크게 떨치게 되었다.

이에 천자가 制를 내려 이르기를 "재간과 도량이 온화하고 우아하며, 기질과 정기가 고상하고 밝아, 일찍부터 어질고 의로운 길을 추구하였고, 마침내 깨끗하고 곧은 곳을 밟았도다!! 말한 것은 분명히 행하

는 전쟁 중이라도 俎豆 즉 祭器를 잊지 않을 정도로 禮儀를 중시하였다고 한다(『後漢書』 卷20, 祭遵傳 참조).

49) 杜預(222~284): 西晉 杜陵人으로, 박학하고 지략이 뛰어났다. 그는 太康 원년(280) 정월에 吳의 江陵을 공격할 적에 8백 명의 기습 군대를 보내어 밤에 강을 건너게 한 뒤, 樂鄕을 습격하여 깃발을 많이 세우고 巴山에 불을 질러 적을 혼란에 빠뜨리게 하였다(『晋書』 卷34, 두예전 참조).

50) 左鷹揚衛大將軍: 고종 개요 원년(681) 5월에 찬파 등이 다시 양비천 일대에 주둔하였는데, 이번에도 흑치상지가 정예기병 1만을 이끌고 기습하여 격파하고 군량까지 빼앗아 돌아왔다. 흑치상지가 하원군에서 근무하던 7년(678~684) 동안 토번은 그를 매우 두려워하여 감히 변방의 우환이 되지 못하였다. 이로 인해 흑치상지는 684년 左鷹揚衛大將軍을 제수받았다(정병준 2007, p.290). 묘지명의 '左鷹揚衛'는 당나라 16衛의 하나로서 원래 左武衛였는데, 684년에 이 명칭으로 바뀌었다가 705년에 다시 원래 이름으로 돌아갔다. 대장군은 정3품이다.

51) 垂拱~바뀌려 하였다: 683년 12월에 高宗이 죽고 中宗이 즉위하였으나, 이듬해 2월에 측천무후가 중종을 폐위하고 전권을 장악하였다. 여기서 천명이 장차 바뀌려 하였다는 것은 아마 이를 지칭하는 것 같다는 견해가 있다(윤선태 2008, p.703). 그런데 垂拱 말년(687년 또는 688년)이라는 시기와는 약간의 차이가 발생한다. 오히려 683년은 垂拱 말년보다는 그 이전 시기가 되므로 돌궐의 骨卒祿의 침입을 가리키는 것이 아닌지 고려할 필요가 있다.

52) 骨卒祿(?~693): 骨咄祿, 또는 骨篤祿이라고도 한다. 東突厥의 可汗으로서 당나라를 자주 침범하였고 거란, 九姓鐵勒 등을 공격하였다. 垂拱 3년(687)에 골졸록이 공격해오자 흑치상지가 이를 물리쳤다. 그가 죽은 뒤에 동생 默啜이 왕이 되었다(『舊唐書』 卷194上 돌궐전 및 『新唐書』 卷215上 돌궐전 참조).

53) 徐敬業(?~684): 원래 李敬業으로 李勣의 손자이다. 光宅 원년(684) 9월에 柳州司馬로 좌천되자 揚州에서 난을 일으켜 측천무후에 대항하였다. 이후 세력을 크게 떨쳐 무리가 10여만 명에 이르렀다. 이에 측천무후는 左玉鈐衛大將軍 李孝逸을 揚州道大總管에 임명하여 30만 대군을 이끌고 그를 격파하도록 하였고, 그의 조상들의 관작을 삭탈하여 본래의 성인 徐씨로 되돌렸다. 이때 左鷹揚衛大將軍 흑치상지를 江南道大總管에 임명하여 江南 지방의 군사를 이끌고 이효일을 돕도록 하였다. 결국 서경업은 패하여 海陵 부근으로 도망하였으나 부하에게 죽임을 당하였다(『舊唐書』 卷67 이경업전 및 『新唐書』 卷93 이경업전 참조). 이후 무측천은 酷吏들을 기용하여 공포정치를 행하였는데, 훗날 흑치상지가 몰락하는 것도 이 혹리들 때문이었다(정병준 2007, p.291).

54) 오랑캐 군사를: 묘지명의 '旄頭'를 이렇게 해석한 것이다. 旄頭는 7개의 별로 이루어진 별자리 이름으로 오랑캐와 獄事를 상징한다. 별이 마치 뛰는 것처럼 요동을 치면 오랑캐 군사가 크게 일어날 징조라고 한다(『史記』 卷27, 天官書 西宮 참조). 682년에 부활한 북방의 돌궐은 계속해서 당의 변경을 위협하였고, 686년에 당의 북변을 침공하였다. 무측천은 좌응양위대장군 흑치상지에게 막으라는 명을 내렸다. 그는 기병 200여 기를 이끌고 돌격해 돌궐병 3천명을 격파하였다. 해가 지자 돌궐의 대군이 야습하였다. 흑치상지는 부하들에게 몰래 나무를 벌목하여 군영 안에 불을 피워 烽燧와 같게 하였다. 때마침 동남쪽에서 큰 바람이 일어나고 돌궐병은 당의 구원병이 호응한다고 여겨 놀라 밤중에 달아났다. 이 공으로 흑치상지는 燕國公과 食邑 3천호에 봉해졌다(정병준 2007, p.291).

고 배운 것으로는 자신을 윤택하게 하였다. 더욱이 여러 차례 군사를 통솔하여 매번 충성스러움을 드러냈도다. 가히 (옛 관직에) 兼하여 國公(燕國公)과[55] 食邑 3천 호를 봉할 만하다. 또 (옛 관직을) 고쳐 右武威衛大將軍 神武道經略大使를 제수하고 나머지는 그 전대로 하노라."고 하였다.

이에 (부군은) 이곳의 포효하는 용감한 병사들을 통솔하여 저곳의 흉악하고 미친 무리들을 전멸시킴으로써,[56] 오랑캐는 더 이상 남쪽에서 말을 목축할 기회를 얻지 못하였고, 북쪽으로 가야하는 중국 사신들의 원망도 사라지게 되었다. 靈州와 夏州는[57] 요충지로서 요사스런 오랑캐들이 가득하였으나, 부군의 위세와 명성은 이를 대신할 자가 없었다. 다시 懷遠軍經略大使로 자리를 옮겨 떠도는 요기를 막기도 하였다.

(그러나) 마침내 재앙이 여러 惡에서 흘러나와 고고한 품격을 가진 부군에게 거듭 미치니, 의심이 마치 명백한 사실인 양 되어버려 옥과 돌이 섞여 구분하지 못하기에 이르렀다. 이에 下獄되었다가 이윽고 하늘을 등지게 되니, 의로움은 목을 끊어 죽는 것과 같았고, 애처로움은 독약을 마셔 자살하는 것과 같았다. 이때 나이 60세였다.

맏아들 俊은[58] 어려서 집안이 재난을 당하자 아버지의 분함을 풀어드리려는 뜻을 세웠다. 또 오랑캐의 땅에서 (그들과 싸워) 목숨 바칠 것을 맹세하여, 천자의 使節로 투신하였고, 자못 빈번히 충성스러움을 드러내 여러 번 공명을 떨쳤다.

聖曆 원년(698)에 원한이 응어리져 있었던 부분을 이제야 (천자가) 바르게 살피시고, 制를 내려 말하기를, "故人이 된 左武威衛大將軍 檢校左羽林衛[59] 上柱國 燕國公 黑齒常之는 일찍이 대대로 벼슬을 이어받아 軍陣에서 영예를 두루 쌓았으며, 누차 군대의 軍律을 총괄하여 공훈을 떨쳤도다. (그런데) 지난번 사실 무근의 유언비어에 연루되어 옥에 갇혀 심문을 받았고, 분함을 품고서 세상을 떠났다.

(그러나) 의심받았던 죄는 제대로 판별되지 못하였었는데, 근래에 이를 검토하여 살펴보니 일찍이 모반하였던 증거가 없어, 오로지 그런 것만은 아니라는 생각을 하게 되니, 실로 한탄스럽기 그지없도다. 마땅히 분함을 씻고 죄를 면하게 하여 무덤 속의 영혼을 위로할 수 있기를 바라노니, 더욱 총애한다는 표시로 관작을 더하여 삼가 죽은 이를 영광스럽게 만들고자 하노라. 이에 左玉鈐衛大將軍으로 추증함이 옳으며, 아울러 勳과 封은 옛날 그대로 복구하노라.

(그 아들) 游擊將軍[60] 行蘭州廣武鎭將[61] 上柱國 俊은 어려서부터 집안을 각별히 하였고, 누차 진실한

55) (옛 관직에) 兼하여 國公: 묘지명의 '兼國公'을 이렇게 해석한 것이다. 이 兼을 誤寫로 보아 燕國公으로 추독하는 견해도 있다(송기호 1992, p.562).

56) 전멸시킴으로써: 687년 2월 돌궐의 일테리쉬 카간(즉 쿠틀룩)과 阿史德元珍(즉 톤유쿡)이 유주의 창평을 침략하자, 무측천은 이번에도 좌응양위대장군 흑치상지에게 이들을 토벌하라는 명을 내렸다. 같은 해 7월 쿠틀룩과 톤유쿡이 朔州를 침구하자 무측천이 흑치상지를 燕然道大總管에 임명하고 말갈 추장이었던 좌응양위대장군 李多祚와 王九彦을 부총관에 임명하여 출전하게 하였다. 흑치상지가 이끄는 당군이 황화퇴에서 돌궐병을 대파하고 계속하여 40여 리를 추구하자, 돌궐은 고비사막 이북으로 흩어져 달아났다(정병준 2007, p.292).

57) 靈夏: 靈州와 夏州를 가리킨다. 모두 西安 북쪽 만리장성 부근에 있었다.

58) 맏아들 俊: 黑齒俊을 말한다.

59) 檢校左羽林衛: 묘지명의 표제에는 檢校左羽林軍으로 되어 있으므로, 衛자는 軍의 잘못이다.

충성을 드러냈으며, 위급함과 죽음도 피하지 않았고, 몸을 던져 나라를 위해 목숨을 바쳤도다. 의당 이를 포상하여 기록해둠으로써 크게 칭송함을 보이고자 하노니, 이에 *右豹韜衛翊府左郎將*을 제수함이 마땅하며, 勳과 封은 옛날 그대로 하노라."고 하였다.

아아, 聖曆 2년(699) 壹月[62] 22日에 천자가 칙을 내려 이르기를, "燕國公의 아들 俊이 아버지를 *移葬*하겠다고 요청하였으니, 물건 100 가지를 내리고, 그 장례에 필요한 휘장, 일꾼 등 일체를 관청에서 공급하라. 그리고 6품에 해당하는 京官 1명으로 하여금 가서 살피도록 하라."고 하였다. 그런즉 그 해 2월 17일에 邙山의 남쪽, 官道의 북쪽에 받들어 *移葬*하였다. 이는 예에 맞는 것이다.

생각해보건대, 부군은 외따로 우뚝 솟은 산봉우리처럼 뛰어나기 이를 데 없었으니 재간 있는 사람들 사이에 표상이 되었고, 거울을 걸어 놓은 것처럼 허상과 융화되었으니, 선인의 도리와 합치되는 사람들 사이에 우러름의 대상이 되었다. 말은 곧고 뜻은 넓었으니 지엽적인 일들이 근본적인 것을 가리는 일이 없었고, 계획을 세우면 일이 이루어졌으니 처음의 일들이 마지막과 일치하는 진정한 아름다움을 지녔다. 밤낮으로 나태하지 않았고 마음은 항상 윗사람을 섬기는 데에 두었으며, 곤경에 처하여도 지조를 바꾸지 않았고 뜻은 항상 아랫사람을 생각하는 데에 두었다. 군자가 관여할 바가 아니면 그 생각을 아예 고려도 하지 않았고, 선왕이 물려준 바가 아니면 그 교훈은 아예 마음속에 두지 않았다. 軍門에서 스스로 수레를 밀어 변방에서 절개를 이루었다. 그러니 남을 헐뜯기 좋아하는 사람이라도 더 이상 나쁜 말을 하지 못하였고, 아무리 칭찬을 잘 하는 사람이라도 더 이상 좋은 말을 찾지 못하였다. 지혜 있는 사람이 그를 보면 지혜롭다 하였고, 어진 사람이 그를 보면 어질다 하였다. 재물을 멀리하고 자신을 잊어버렸으며, 의를 중시하고 다른 사람을 우선으로 생각하였다. 그러므로 비록 목이 달아날지라도 이해를 따지지 않았고, 몸이 위태롭게 될지라도 올바른 길을 버리지 않았다.

이런 까닭으로 겁 많은 사람도 그로 인해 용감하게 되었고, 탐욕스런 사람도 그로 인해 청렴하게 되었다. 이것은 굳이 저울을[63] 사용하지 않아도 잘못된 무게를 바로잡는 것과 같았고, 준족을 가진 빠른 말로[64] 인하여 느린 말이 그가 멀리 (뒤쳐져) 있다는 것을 알게 되는 것과 같았다.

---

60) *游擊將軍*: 당의 제도에서 종5품하의 무산관이다.

61) *右豹韜衛翊府左郎將*: *右豹韜衛*에 소속되었던 *府兵*의 하나인 *翊府*의 *左郎將*을 의미한다. *右豹韜衛*는 당나라 16衛의 하나로서 원래 *右威衛*였는데, 684년에 이 명칭으로 바뀌었다가 705년에 다시 원래 이름으로 돌아갔다. 16위에 속하였던 부병은 다시 내부와 외부로 나뉘는데, 내부에는 *親府* 1, *勳府* 2, *翊府* 2개가 있었고, 외부에는 *折衝府*가 있었다. 각 부에는 중랑장이 책임을 맡고 있었고 그 아래에 좌·우의 郎將이 있었으니, 좌·우 낭장은 정5품상에 해당하였다.

62) 壹月: 전통시대에는 1월을 '正月'로 기록하는 것이 일반적인데, 이 묘지명에는 '壹月'로 기록되어 있다. 당시 唐에서는 則天武后가 새롭게 周를 세우고 曆도 周曆을 채택하여, 永昌 元年(689) 11月(子月)을 載初元年 正月로, 12월을 臘月로, 다음해 正月을 壹月(一月)로 변경하였다. 이후 무측천이 실각하는 久視 元年(700) 10월까지의 기간 동안, 기존의 11月은 正月로, 12월은 臘月로, 正月은 一月로 변경하였다(『舊唐書』 권6, 本紀6 則天武后 載初元年 및 久視元年). 이 기간에 작성된 중국의 古文書에도 하나같이 기존의 正月은 모두 '一月'이나 '壹月'로 기록되어 있다(윤선태, 2000, 「신라 통일기 왕실의 촌락지배 -신라 고문서와 목간의 분석을 중심으로-」, 서울대 대학원 국사학과 박사학위논문, p.22). 이 묘지명의 壹月 표기도 그와 관련된 것이며, 이를 통해 이 묘지가 699년 2월 17일 *移葬*할 무렵에 만들어졌음을 보다 분명히 알 수 있다.

63) 權衡: 저울추와 저울대.

관리로서는 마음이 바르고 재간이 있었고, 나는 듯이 글을 쓰니 쌍벽을[65] 이룰 정도로 재주가 뛰어난 사람들도 스스로를 자책하였다. 인륜의 옳고 그름을 판별할 능력을 갖추었으니, 잠자코 있더라도 천금이 그 값어치를 발휘하는 것 같았다. 진실로 지금의 시대에만 본받을 바가 아니고, 대체로 뭇사람으로부터 우뚝 솟은 인물의 표준이라 할 만하다.

영예와 굴욕은 반드시 있게 마련이고 삶과 죽음은 타고난 것인데, 어차피 귀착하는 바가 동일하다면 어찌 부인의 손 안에서 목숨을 마치겠는가![66] 내가 일찍이 군대에 있을 때 參義所에 있었는데, 그의 도리에 감복하였고 그의 공훈을 칭송하였었다.

이에 다음과 같이 명문을 짓는다.

五岳[67]을 말하는 사람은 天台山[68]이 병풍처럼 첩첩이 서 있는 모습을 알지 못한다. 四瀆[69]을 바라보는 사람도 雲洲[70]에 핀 붉은 꽃을 깨닫지 못하네.

삼가 듣건대 金日磾[71]는 한나라의 칼집이 되었고, 百里奚[72]는 진나라의 사다리가 되었도다. 참으로 사리에 밝다 말할 수 있노라.

뭇사람을 즐겁게 할 정도로 뛰어났고, 가는 곳마다 보배가 되었으니 어디에 간들 명석하다 아니할 것인가.

공이 동쪽으로부터 왔도다! 마치 봄바람 불어오듯이. 禮樂 제도가 그로 인해 본색을 드러냈고,[73] 소리와 광채가 그를 기다려 뜻을 이루었도다.[74]

---

64) 빠른 말: 묘지명의 騊駼는 중국 북방에서 난다는 빠른 말을 말한다.

65) 雙璧: 묘지명의 雙璧은 원래 한 쌍의 구슬을 의미하지만, 여기서는 재주가 뛰어난 사람을 가리킨다. 北魏 때에 陸暐가 동생 恭之와 함께 유명하였는데, 洛陽令 賈楨이 그 형제를 보고 탄복하여 "내가 늙어서 다시 쌍벽을 보게 되었다."고 하였다(『魏書』 卷40, 陸凱傳 참조).

66) 부인~마치겠는가: 則天武后에 의해 죽임을 당한 것을 가리킨다는 견해도 있으나, 집 안에서 죽지 않고 밖에서 의롭게 죽은 것을 의미하는 것으로 보아야 할 것이다. 이 묘지가 만들어진 699년은 아직도 측천무후가 집권하고 있던 시기로 그에 대한 원망을 표현하기 어려웠을 것이기 때문이다(송기호 1992, p.562.).

67) 五岳(五嶽): 중국에서 국가의 鎭으로 존숭된 5개의 명산. 천자가 이곳에 순행하기도 하고 제사도 지냈다. 당나라 때의 5악은 東嶽 岱山, 南嶽 衡山, 中嶽 嵩山, 西嶽 華山, 北嶽 恒山이었다(『舊唐書』 卷24, 禮儀志 참조).

68) 天台山: 중국 浙江省 天台縣에 있는 天台山. 천태종의 발상지이다.

69) 四瀆: 4개의 큰 강으로 역시 나라에서 제사를 지내던 곳이다. 당나라 때의 4독은 東瀆 大淮, 南瀆 大江, 西瀆 大河, 北瀆 大濟였다(『舊唐書』 卷24 禮儀志 참조).

70) 雲洲: 중국 江西省에 있는 섬 이름이다. 『明一統志』에 의하면 당나라 賈崇이 虔州刺史로 부임하여 이곳에 배를 타고 갔을 때 5색 구름이 섬 위에 떠 있는 것을 보고 이 이름을 붙였다고 한다.

71) 金日磾(기원전 134~86): 원래 흉노 休屠王의 태자였는데 한나라에 투항하여 武帝에게 중용되었다(『漢書』 卷68, 김일제 열전 참조).

72) 百里奚: 춘추시대 진나라 사람 百里奚를 이른다. 百里溪라고도 한다. 원래 虞人이었는데 나중에 秦 穆公이 그가 현명한 것을 알고 중용하였다. 由余등과 함께 목공을 도와 패업을 이루었다(『史記』 卷5, 秦本紀 참조).

73) 이 귀절에 兮자가 누락되어 있다.

74) 소리와 광채가~이루었도다: 『左傳』 桓公 2년조에 "夫德儉而有度, 登降有數, 文物以紀之, 聲明以發之, 以臨照百官."이라는 구절에서 유래하였다. 여기서 文物의 文은 옷의 문양을 가리키고, 物은 옷에 오색으로 그려 놓은 물건 그림을 가리킨다. 또

끝이 없구나! 군사들의 깃발이여, 가지런하구나! 수레들을 가린 덮개여. 커다란 종을 치니 북이 울고 퉁소가 화답하는구나. 이는 누구의 영화인가 나를 두고 덕이 있다 하는 소리로다.

사방에 걸쳐 오랑캐의 근심을 없앴고, 천리에 걸쳐 公과 侯들의 성을 지켰도다. 공훈을 이미 떨치니 충성과 의로움이 벌써 드러났도다.

그러나 만물에는 곧고 굳건한 것을 꺼리는 일도 있고, 행실이 높으면 도리어 해를 당하는 일도 있구나. 가운데 높은 봉우리가 그 높이를 잃게 되었고, 어두운 무덤 속에는 빛이 사라지게 되었구나.

천하가 그를 위해 애통해 하였고, 四海가 그의 賢良함을 애처롭게 여겼도다. 천자가 이를 깊이 헤아리니, 살아있을 때만 아니라 죽은 뒤에도 포상이 미쳤도다.

내가 실로 감모하여 그를 기리는 글을 짓노라. 그에게 바쳐진 말들이 영원할 것이며, 그의 명성은 끝이 없을 것이로다.

4. 연구쟁점

「흑치상지 묘지명」은 앞서 설명한 것과 같이 문헌자료에 나타나지 않은 흑치상지의 일대기가 기록되어 있고, 백제유민의 삶을 살펴볼 수 있는 자료이기 때문에 중요한 가치를 지닌다. 흑치상지는 백제 멸망 후 당으로 이주한 1세대 유민이다. 그리고 그의 아들인 흑치준은 당으로 이주한 2세대 유민이다. 「흑치준 묘지명」을 통해 보면 흑치준은 667년에 태어났으며, 흑치상지는 이 시기에 당에서 활동하고 있었으므로 흑치준을 당으로 이주한 2세대 유민이라고 할 수 있는 것이다.

낙양에서 발견된 두 개의 흑치가문의 묘지명은 결국 1세대 유민들의 생활과 2세대 유민들의 생활을 비교할 수도 있는 자료를 제공해준 셈이다. 특히 묘지명에 남아있는 백제의 관습과 관직명을 통해서 당으로 이주를 했음에도 불구하고, 백제의 의식이 남아있음을 알 수 있다. 그렇지만 찬자가 백제계였다거나, 전체적인 의식구조가 백제계 사상을 염두에 두고 있었다고 이야기하기에는 무리가 있다. 일부에서 보이는 백제계의 의식 및 사상을 가지고 전반적인 묘지명의 성격을 규정하기에는 회의적이기 때문이다. 다만 「흑치상지 묘지명」에 비해 「흑치준 묘지명」이 백제를 언급하거나 나타내는 표현이 적다는 것을 통해 의식구조의 변화가 있었을 가능성은 유추할 수 있을 것이다.

또 「흑치상지 묘지명」을 통해 주목되는 내용은 흑치상지의 딸과 관련된 내용이다. 「勿部珣功德記」에는 물부순의 부인이 흑치상지의 중녀라고 기록되어 있다. 물부순은 공덕기를 통해 무장이었음이 밝혀졌다. 이는 흑치상지와 마찬가지로 당으로 건너온 유민들이 무력을 사용하여, 군공으로 인해 자신의 세력을 유지하고 있음을 간접적으로 살펴볼 수 있다고 생각된다. 물론 모든 유민들이 무공으로 자신의 세력을 유

聲明의 聲은 방울과 같은 소리로 임금의 德音을 나타낸 것을 가리키고, 明은 해와 달을 그려 하늘의 광명을 나타낸 것을 가리킨다.

지하거나 확대시킨 것은 아니지만, 무력을 통한 군공획득이라는 방법으로 자신의 세력을 유지하는 세력이 있었음은 분명한 듯하다.

비록 2개의 묘지명과 1개의 공덕기지만, 이를 통해 흑치상지 가문의 가계도를 만들 수도 있으며, 당에서 성공적으로 정착한 백제계유민의 일면을 살펴볼 수 있을 것이다.

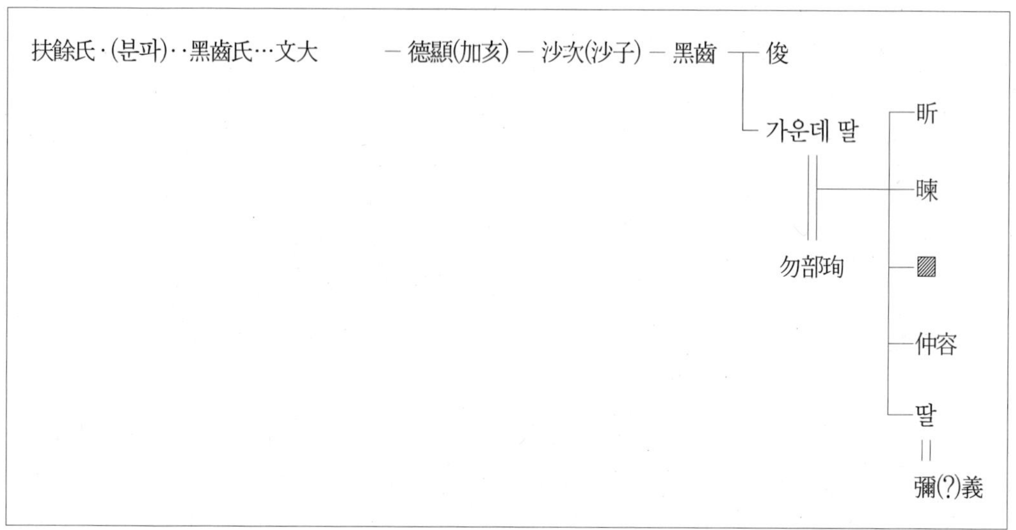

흑치상지가계도(송기호 1992, p.577)

이러한 자료를 가지고 국내에서는 흑치상지의 일대기와 가계도를 통해 흑치가문을 비정하는 노력이 꾸준히 시도되었다. 하지만 중국에서는 1995년과 1996년에 흑치상지와 관련된 연구가 잠시 진행되었을 뿐 그 이후로 뚜렷한 연구성과는 보이지 않는다. 그리고 연구내용도 대부분이 『구당서』와 『신당서』에 기록된 흑치상지의 내용만을 대상으로 삼고 있다. 그러다 보니 해석 및 판독 부분에서 국내연구와는 일부 차이가 나타나기도 한다.

5. 참고문헌

1) 보고서 및 자료집

北京圖書館金石組 編, 1989, 『北京圖書館藏 中國歷代石刻拓本匯編』 18冊.

李希泌, 1986, 『曲石精廬藏唐墓誌』, 齊魯書社.

2) 논저류

강종원, 2003, 「百濟 黑齒家의 成立과 黑齒常之」, 『百濟研究』 38.

강희진·신경철, 2013, 『우리가 몰랐던 예산 문화유산 이야기』, 나무와숲.

權悳永, 1991, 「百濟 黑齒常之 墓誌銘의 檢討」, 『향토문화』 6.

權悳永, 2002, 『韓國古代金石文綜合索引』, 학연문화사.

權悳永, 2005, 『백제 인물사』, 주류성.

權悳永, 2006, 「百濟 復國運動과 遲受信, 그리고 黑齒常之」, 『전통문화논총』 4호.

權悳永, 2010, 『백제 사비성 시대 연구』, 일지사.

李文基, 1991, 「百濟 黑齒常之 父子 墓誌銘의 檢討」, 『한국학보』 64.

문동석, 2008, 「百濟 黑齒常之의 姓氏에 대한 新考察」, 『백제연구』 47호.

문동석, 2009, 「1990년대 백제의 신발견 문자자료와 연구동향」, 『인문논총』 18.

송기호, 1992, 「黑齒常之 墓誌銘」, 『譯註 韓國古代金石文』 Ⅰ.

예산문화원, 2010, 『예산의 인물』, 예산문화원.

유원재, 1999, 「百濟 黑齒氏의 黑齒에 대한 檢討」, 『百濟文化』 28.

윤선태, 2008, 「흑치상지 묘지명」, 『百濟史資料譯註集 −韓國篇 Ⅰ−』, 충남역사문화원.

李道學, 1991, 「백제흑치상지 묘지명의 검토」, 『우리문화』 8.

이도학, 1996, 『백제장군 흑치상지 평전』, 주류성.

정구복, 2006, 『인물로 보는 삼국사』, 시아.

정병준, 2007, 「당에서 활동한 백제유민」, 『百濟 遺民들의 活動』.

지배선, 2006, 『고구려 백제 유민 이야기』, 혜안.

鲁才全, 1994, 「《曲石唐志目》校补」, 『魏晋南北朝隋唐史资料』 1994年00期.

馬　馳, 1997, 「『舊唐書』「黑齒常之傳」의 補闕과 考辨」, 『百濟研究叢書』 第5輯.

束有春, 1996, 「唐代黑齿常之字号及生卒年新考」, 『江海学刊』 1996年 第5期.

束有春·焦正安, 1996, 「唐代百济黑齿常之、黑齿俊父子墓志文解读」, 『东南文化』 1996年 第4期(总第114期).

李之龙, 1996, 「唐代黑齿常之墓志文考释」, 『东南文化』 1996年 第3期(总 第113期).

张乃玄·张成昆, 1995, 「跋洛阳出土的圣历二年黑齿常之墓志」, 『唐史论丛』 第六辑.

黑齒俊 墓誌銘

오택현

1. 개관

「黑齒俊 墓誌銘」은 1929년 10월 중국의 河南省 洛陽의 北邙에서 그의 아버지인 黑齒常之의 墓誌銘과 함께 발견되었다. 묘지명의 출토경위는 최초의 소장자인 李根源의 『曲石唐志目』의 해제에 밝혀져 있다. 그 내용을 살펴보면 발견년도는 앞서 설명한 1929년이며, 2년 뒤인 1931년 낙양의 북망산 일대를 遊歷하던 이근원이 구입·소장하였다고 한다.

하지만 현재 「黑齒俊 墓誌銘」이 어디에 소장되어 있는지 알 수 없다. 그러나 『曲石唐志目』의 해제에 「黑齒常之 墓誌銘」과 함께 「黑齒俊 墓誌銘」이 발견되어 있다고 해서, 「黑齒常之 墓誌銘」이 소장되어 있는 南京博物院에 「黑齒俊 墓誌銘」이 같이 소장되어 있다고 추정하는 견해도 있지만 南京博物院에서는 「黑齒俊 墓誌銘」을 보관하고 있지 않으며, 심지어 「黑齒俊 墓誌銘」이 어디에서 보관하고 있는지도 모르고 있다.[1] 혹시나 하는 마음에 대만의 國立故宮博物院에 「黑齒俊 墓誌銘」이 존재하는지 알아보고자 했으나 확인하지 못했다. 물론 필자의 한계에 의해서 제대로 파악하지 못했을 가능성도 여전히 남아있지만, 확실한 것은 현재 「黑齒俊 墓誌銘」이 남경박물원에 소재되어 있지 않다는 점이다. 그래도 「黑齒俊 墓誌銘」 탁본이 『曲石唐志目』에 남겨져 있어 「黑齒俊 墓誌銘」 연구할 수 있다는 것에 위안을 삼는다.

「黑齒俊 墓誌銘」이 제작된 시기는 정확하게 알 수는 없지만 神龍 2년(706) 8월 13일에 흑치준이 북망에

1) 이와 관련된 내용은 2013년 7월 26~27일에 걸쳐 열린 한국 고대 문자자료 연구모임 하계워크숍 「백제문자자료의 재검토」 학술회의에서 김영관 선생님이 정보를 제공해주셨음을 밝힌다.

묻혔다는 사실이 기록되어 있어 그 무렵에 묘지명이 만들어 진 것으로 생각된다. 묘지를 자세히 살펴보면 가로와 세로에 罫線을 새겨 사각형의 구획을 만들었고, 행마다 26자씩 전체 26행으로 구성되어 전체 642자가 기록되어 있다. 묘지석의 크기는 실물을 확인할 수 없기 때문에 직접적으로 확인은 불가능하지만 탁본을 통해 대강의 크기를 추정해보면 길이 53cm, 너비 52cm이다. 글씨는 楷書로 작성되었고, 글을 지은 사람과 글을 쓴 사람은 기록되지 않아 알 수 없다.

「黑齒俊 墓誌銘」은 「黑齒常之 墓誌銘」과 함께 黑齒 家門을 이해하는 중요한 사료이다. 黑齒常之는 백제에서 넘어간 유이민 1세대이고, 黑齒俊은 유이민 2세대이다. 그래서 서로 가지고 있는 가치의 공통점과 차이점을 묘지명을 통해 추정할 수 있고, 이를 통해 당시의 시대적 상황을 일부 유추할 수 있다. 한 예로 「黑齒俊 墓誌銘」과 「黑齒常之 墓誌銘」에 기록된 家系를 살펴보면 다음과 같은 차이가 보인다.

	黑齒常之 祖		黑齒常之 父	
	이름	官	이름	官
黑齒常之 墓誌銘	德顯	達率	沙次	達率
黑齒俊 墓誌銘	加亥	刺史	沙子	戶部尙書

(송기호 1992, p.569의 표를 인용함)

위의 표를 보면 黑齒常之와 黑齒俊의 墓誌銘에 기록된 가계 조상들의 人名과 職名을 살펴보면 다음과 같은 차이가 나타나는 것을 확인할 수 있다. 기록만을 가지고 검토를 한다면 가계의 조상들이 잘못 기록된 것으로 파악할 수도 있다. 하지만 잘못된 기록이라기보다는 같은 이름을 다르게 표현한, 異名同人일 가능성이 높다. 이러한 현상은 백제의 유민인 흑치가문이 백제 고유의 관습을 지키고 있었기에 나타난 것으로 보인다. 백제의 왕명이 중국사서에 다르게 기록된 것을 보면 흑치가문의 조상들 이름표기에 차이가 발생하는 것은 당시 인명을 기록하는 방식이 백제식 표기법과 중국식 표기법 두 가지가 동시에 존재하고 있었다고 보여지지만 단순히 중국식과 백제식의 인명표기 때문에 이러한 차이가 일어났는지는 세심한 연구가 필요할 것이다.[2)]

이 「黑齒俊 墓誌銘」을 통해 백제의 유민들이 당나라에 적응해 나가는 모습도 살펴볼 수도 있고, 백제계 유민의 생활도 이해할 수도 있다. 黑齒俊은 黑齒常之가 唐에 들어가 활동하던 676년에 태어났기 때문에 백제계 유민 2세대의 생활양상이 「黑齒俊 墓誌銘」에 담겨 있다.

2) 백제의 왕명을 살펴보면 실제로 사용한 이름과 중국의 외교에 사용한 이름이 다르게 기록된 경우가 있다. 그 예로 백제의 무령왕을 살펴보면 중국 사서에는 무령왕의 이름이 '隆'으로 기록되어 있지만, 묘지석에 나타난 무령왕의 이름은 '斯麻'로 기록되어 있다. 즉 같은 이름을 다르게 쓴 경우가 보인다. 이러한 방식대로 흑치상지의 가계를 기록했다고 단정 지을 수는 없다. 하지만 일말의 가능성은 제시해 볼 수 있다고 생각된다.

「黑齒俊 墓誌銘」은 대부분 흑치준의 활동상으로 구성되어 있다. 안타까운 점은 墓誌銘을 제외한 사료에는 黑齒俊을 언급한 내용이 없다는 점이다. 그래서 黑齒俊을 이해하는데 「黑齒常之 墓誌銘」의 기록을 이용할 수 밖에 없다는 한계점도 가지고 있다.

「黑齒常之 墓誌銘」에는 "맏아들 (黑齒)俊이 어려서 집안이 재난을 당하지 아버지의 분함을 풀어드리려는 뜻을 세웠다. 또 오랑캐의 땅에서 (그들과 싸워) 목숨 바칠 것을 맹세하여, 천자의 使節로 투신하였고, 자못 번번이 충성스러움을 드러내 여러 번 공명을 떨쳤다"는 내용이 기록되어 있다. 이와 같이 黑齒俊의 功이 「黑齒常之 墓誌銘」에도 기록되어 있어, 「黑齒俊 墓誌銘」에 기록된 黑齒俊의 활동양상을 보다 객관적으로 이해할 수 있게 되었다.

그렇다면 이제는 「黑齒俊 墓誌銘」의 구성에 대해 살펴보고자 한다. 「黑齒俊 墓誌銘」은 크게 네 개의 단락으로 구분되어 구성되었다. 첫째 단락은 題로서 黑齒俊이 唐 왕조로부터 받은 관직과 훈작에 대한 기록, 둘째 단락은 머리말인 序로 그의 휘와 생애에 대한 총괄적인 평가 및 선대에 대한 내용(「黑齒常之 墓誌銘」과의 家系에 대한 견해 차이가 보이는 단락이기도 하다), 셋째 단락은 그의 품성과 무장으로서의 자질을 칭송하는 부분과 唐 왕조에서의 역할 및 공훈, 사망 및 장례기사에 대한 기록, 넷째 단락은 그의 생애와 공적, 요절한 것을 안타까워하며 다섯으로 나눈 운문 형식의 銘이 기록된 부분이다.

2. 판독 및 교감

李希泌, 1986, p.30.

26	25	24	23	22	21	20	19	18	17	16	15	14	13	12	11	10	9	8	7	6	5	4	3	2	1	
松	傳	何	分	皇	如	於	生	窆	次	苦	呼	名	之	郎	軍	是	公	天	將	日	鄉	立	之	公	大	①
阡	餘	金	闔	考	不	維	金	穸	景	戰	城	以	車	將	功	負	稟	地	軍	域	刺	事	賦	諱	唐	②
一	慶	吾	立	卑	及	后	銘	將	午	而	府	神	服	上	授	鶡	訓	仲	上	風	史	懸	稱	俊	故	③
埋	四其	最	功	勵	片	唐	曰	開	八	數	颯	龍	方	柱	游	領	將	孺	柱	化	祖	名	酋	卽	右	④
白	餘	盛	異	清	善	求		黃	月	奇	焉	二	冀	國	擊	之	門	之	國	大	沙	於	澤	唐	金	⑤
日	慶	美	域	貞	斯	賢		腸	壬	難	邦	年	七	高	將	遠	夙	任	燕	行	子	書	國	左	吾	⑥
永	不	矣	克	孝	紀	以		遽	寅	偶	國	五	葉	踐	軍	略	懷	將	國	撫	任	月	取	領	衛	⑦
壟	延	夫	定	哉	一其	理		掩	朔	竟	殄	月	貽	連	任	挺	武	軍	公	仙	本	之	重	軍	守	⑧
黃	俄	子	禍	今	紀	頹		封	十三	不	瘁	廿	慶	雲	右	猿	略	賞	贈	署	鄉	旗	太	衛	翊	⑨
泉	終	膺	亂	嗣	善	當		崇	日	封	惟	三	以	之	豹	臂	陶	茂	左	於	戶	爲	沖	大	府	⑩
五其	小	玆	掃	無	奚	見		旣	葬	侯	公	日	享	閣	韜	之	謙	山	領	天	部	孝	之	將	中	⑪
	年	寵	除	墜	謂	用		畢	於	奄	志	遘	西	俯	衛	奇	兒	河	軍	涯	尙	爲	詞	軍	郎	⑫
	梁	命	氛	厥	加	秺		翠	北	及	氣	疾	漢	從	翊	工	戲	邵	衛	▨	書	忠	熾	燕	將	⑬
	木	高	慝	聲	之	侯		栢	邙	殲	雄	終	之	秋	府	弱	卽	奭	大	臺	並	紀	種	國	上	⑭
	斯	閣	哥	二其	冠	入		方	山	良	烈	洛	滎	省	左	冠	列	之	將	時	玉	德	落	公	柱	⑮
	壞	連	鍾	厥	纓	仕		深	原	朝	宇	陽	豈	之	郎	以	旌	封	軍	紱	挺	於	於	之	國	⑯
	彼	雲	賞	聲	忠	西		紀	禮	野	量	縣	啚	遊	將	別	旗	燕	材	父	荊	繫	遐	子	黑	⑰
	蒼	華	賢	伊	以	戎		餘	也	痛	高	從	二	珥	俄	奏	李	國	冠	常	山	年	荒	焉	齒	⑱
	者	貂	車	何	立	孤		恨	途	惜	深	善	竪	晉	遷	從	廣	死	孤	之	珠	之	積	分	府	⑲
	天	疊	服	將	勳	▨		於	移	卽	雖	之	▨	代	右	梁	所	而	旺	爲	光	史	衣	邦	君	⑳
	挽	映	表	門	孝	東		▨	楚	以	太	▨	▨	之	金	王	居	可	行	皇	蔚	曾	冠	海	墓	㉑
	悲	享	德	武	以	夷		玉	挽	神	上	春	俄	華	吾	嬖	必	作	光	朝	浦	祖	於	濱	誌	㉒
	蒿	此	三其	德	楊	之		庶	路	龍	立	秋	從	貂	衛	西	圖	褒	金	左	耀	加	中	見	銘	㉓
	里	積	車	受	名	子		碑	引	二	功	卅	北	盛	翊	道	軍	贈	氏	武	錦	亥	國	美	并	㉔
	簫	善	服	命	允	求		字	周	年	劬	一	升	漢	府	行	陣	載	功	衛	衣	任	立	玄	序	㉕
	晹	冀	伊		矣			之	簫	歲	勞	烏	之	年	中	以	由	榮	蓋	大	於	本	功	虛		㉖

大唐故右金吾衛守翊府中郎將 上柱國 黑齒府君墓誌銘[并][序]

公諱俊, 卽唐左領軍衛大將軍燕國公之子焉. 分邦海濱 見美玄虛之賦 稱酋澤國 取重太沖之詞. 熾種落於遐荒 積衣冠於中國. 立[功]立事 懸名於晝月之旗 爲孝爲忠 紀德於繫年之史.

曾祖加亥 任本鄉刺史 祖沙子 任本鄉戶部尙書. 並玉挺荊山 珠光蔚浦 耀錦衣於日域 風化大行 撫仙署於天涯 ▨[3]臺時敍.

父常之 [爲]皇朝左武衛大將軍上柱國燕國公 贈左領軍衛大將軍. 材冠孤旺[4] 行光金氏. 功盖天地 仲孺之任將軍 賞茂山河 邵奭[5]之封燕國. 死而可作 褒贈載榮.

公稟訓將門 夙懷武略. 陶謙[6]兒戲 卽列旌旗 李廣所居 必圖軍陣. 由是 負鸛頷之遠略 挺猿臂之奇工.

弱冠以別奏 從梁王孌[7]西道行. 以軍功 授游擊將軍 任右豹韜衛翊府左郎將 俄遷右金吾衛翊府中郎將 上柱國.

高踐連雲之閣 俯從秋省之遊 珥晉代之華貂 盛漢年之車服. 方冀七葉貽慶 以享西漢之榮 豈啚二豎▨▨. 俄從北升之名 以神龍二年五月廿三日 遘疾終洛陽縣從善之▨. 春秋卅一.

烏呼 城府颯焉 邦國殄瘁. 惟公志氣雄烈 宇量高深. 雖太上立功 劬勞苦戰 而數奇難偶 竟不封侯. 奄及殲良 朝野痛惜. 卽以神龍二年歲次景午八月壬寅朔十三日 葬於北邙山原 禮也.

途移楚挽 路引周簫 窀穸將開 黃腸遽掩. 封崇旣畢[8] 翠栢方深 紀餘恨於▨[9]玉 庶碑字之生金. 銘曰.

於維后唐 求賢以理 頹當見用 秺侯入仕. 西戎孤▨[10] 東夷之子 求如不及 片善斯紀. 其一.

紀善奚謂 加之冠纓 忠以立勳[11] 孝以楊名. 允矣皇考 卑[12]勵淸貞 孝哉今嗣 無墜厥聲. 其二.

厥聲伊何 將門武德 受命分閫 立功異域. 克定禍亂 掃除氛慝 哥鍾賞賢 車服表德. 其三.

車服伊何 金吾最盛 美矣夫子 膺玆寵命. 高閣連雲 華貂疊映 享此積善 冀傳餘慶. 其四.

餘慶不延 俄終小年 梁木斯壞 彼蒼者天. 挽悲蒿里 簫啺[13]松阡 一埋白日 永墨黃泉. 其五.

3) 星(東有春·焦正安).
4) 臣(東有春·焦正安).
5) 畢(東有春·焦正安).
6) 潛(東有春·焦正安).
7) 护(東有春·焦正安).
8) 华{華}(東有春·焦正安).
9) 埋(東有春·焦正安).
10) 臣(東有春·焦正安).
11) 服(東有春·焦正安).
12) 早(東有春·焦正安).
13) 唱(東有春·焦正安).

1-㉔~㉕: [并][序]

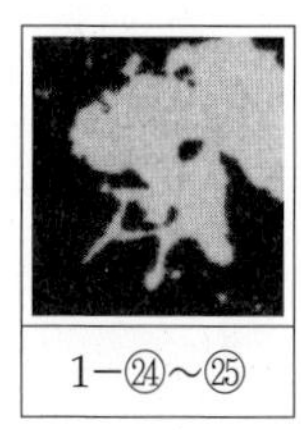

1-㉔~㉕

∴ 다른 글자 크기에 2개의 글자가 같이 기록되어 있다. 아래에는 '序'로 보이는 자획이 보이고 있는데, '并'으로 보이는 자획은 현재의 탁본으로는 확인되지 않는다. 그래서 다른 묘지명의 사례를 토대로 '并'으로 추독하였다.

3-㉖: [功]

3-㉖	8-㉕	11-②	23-④	唐 孟法師碑

∴ 「黑齒俊 墓誌銘」에는 4개의 '功'이 기록되어 있다. 두 글자의 우변은 '刀'로 보이고 있지만 돌에 새겨진 글자이기 때문에 '力'으로도 볼 수 있다. 그리고 이렇게 '力' 대신에 '刀'로 쓰이는 예는 판본상의 오류이긴 해도『日本書紀』에 기록된 '木劦'을 '木刕'로 쓰는 사례가 있기 때문에 통용될 수 있다. 다만 여기에서는 3-㉖의 좌변이 '工'인지를 확인해야 한다. 주변에 많은 부분이 마멸되어 정확하게 파악할 수 없는 점이 난제로 남아있기 때문이다. 이에 대해서는 「黑齒俊 墓誌銘」에 기록된 글자를 토대로 본다면 좌변과 우변이 대체적으로 같은 크기로 쓰였다는 점으로 미루어 보아 3-㉖의 좌변을 '工'으로 보아도 무방할 것이다.

6-⑳: [爲]

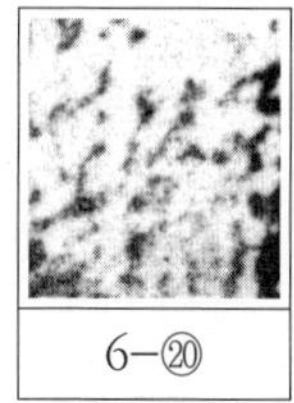

6-⑳

∴ 이 글자는 판독문에 의하면 '爲'로 판독되었다. 하지만 현재의 상태로 보면 글자의 자획이 보이지 않는다. 문맥 상 '爲'로 판독을 한 것으로 추정되지만 현재와 같은 탁본 상태로는 판독을 하지 않는 것이 맞을 것 같아 판독문에서는 미상에 가깝게 판독해 놓았다. 더 좋은 탁본을 통해 자획을 파악할 수 있다면

그때 추후 판독하는 것이 좋을 것이다.

6-⑬, 13-⑳~㉑, 14-㉑, 18-㉑, 20-⑳: ▨

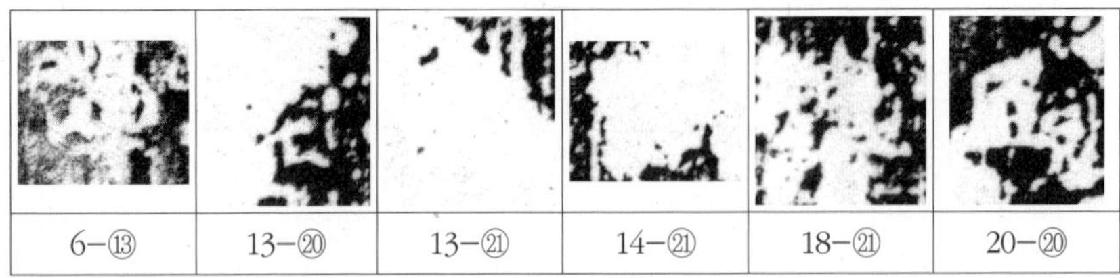

3. 역주

大唐의 故人 右金吾衛 守翊府中郞將[14] 上柱國[15] 黑齒府君 墓誌銘 및 序文.

公의 이름은 俊이니, 즉 唐나라 左領軍衛大將軍 燕國公의[16] 아들이다. (그 조상들은) 바닷가 땅에 서로 나뉘어져 나라를 이루었는데, 玄虛[17]가 지은 「海賦」에서 그 아름다움을 볼 수 있다. 늪지가 많은 나라에서 우두머리를 칭하매, 太沖[18]이 지은 「三都賦」에서도 그 소중함을 얻을 수 있다.[19] 먼 백제의 땅에서 種落을 이루며 번창하였고, 중국에 들어와서도 누차 벼슬을 하였구나.[20] 공을 세우고 일을 이루니 해와 달을 그

14) 右金吾衛 守翊府中郞將: 府兵의 하나인 翊府의 中郞將는 당나라 16衛의 하나인 右金吾衛에 소속되어 있었다. 16위에 속하였던 부병은 다시 내부와 외부로 나뉘며, 내부는 親府 1, 勳府 2, 翊府 2로, 외부에는 折衝府로 구성되어 있었다. 각 부에는 정4품하에 해당하는 중랑장이 책임을 맡고 있었다. 守는 行守法에 의한 것으로, 이 법에 의하면 품계가 관직보다 낮을 경우 관직 앞에 '守'자를 붙였다.

15) 上柱國: 당나라 때 제일 높은 勳官이다(정2품).

16) 左領軍衛大將軍 燕國公: 당 16衛의 하나인 左領軍衛의 將軍을 말한다. 좌령군장군은 漢族에게 수여되기도 하였지만, 당에 투항한 흑치상지와 같은 이민족 수령에게 종종 수여된 군직이기도 하다. 당시 흑치상지는 좌령군의 '員外將軍'을 수여받았다(劉琴麗 2006, pp.188-189; 정병준 2007, p.288).

17) 玄虛: 西晋 廣川人인 木華의 字이다. 그는 일찍이 楊駿府의 主簿가 되었고, 문장이 아주 미려한 것으로 유명하다. 『文選』 卷12에 「海賦」 1편이 실려 있다.

18) 太沖: 晋나라 臨淄人인 左思의 字이다. 그는 용모나 언변이 뛰어나지 못하였으나 문장은 아주 훌륭하였다고 한다. 처음에 「齊都賦」를 1년 만에 지었다가 다시 「三都賦」를 10년 만에 지었는데, 사람들이 서로 베끼려고 하여 낙양에서 종이가 귀하게 되었다고 한다(『晉書』 卷92 左思傳 및 『文選』 卷4·5·6 三都賦 참조).

19) 分邦海濱 見美玄虛之賦 稱酋澤國 取重太沖之詞: 이 구절은 아마도 흑치준의 집안의 민족성(ethnicity)을 표현한 대목으로 생각되기 때문에, 백제나 그 이전 마한의 여러 소국들에 대한 묘사로 이해된다. 이러한 묘지명의 내용으로 볼 때, 흑치준은 당에서 태어난 당으로 이주한 백제계 유민 2세이지만, 흑치씨의 淵源인 백제에 대한 민족성을 여전히 지니고 있었던 것으로 짐작된다.

20) 熾種落於遐荒 積衣冠於中國: 이 구절은 백제에서 흑치씨 집안의 위상과 번창, 그리고 이후 당에 항복한 黑齒常之의 활동을

린 깃발에 그의 명성이 걸렸고, 효성스럽고 충성스러우니 연대순으로 적은 역사책에 그의 덕이 기록되었도다.[21]

증조부는 이름이 加亥로서 본국에서 刺史를 역임하였고,[22] 할아버지는 沙子로서 본국에서 戶部尙書를 역임하였다.[23] 이들은 모두 빼어난 荊山[24]의 玉과 같았고, 蔚浦에서 진주가 빛을 발하는 것 같았다. 해 뜨는 동방에서 출세한 집안으로, 풍속을 교화하여 크게 행하였도다. 머나먼 하늘 끝에서 仙署를 어루만지니 ▨臺가 때맞추어 질서가 잡혔다.

아버지는 常之로서, 당나라의 左武衛大將軍 上柱國 燕國公이 되었고, 左領軍衛大將軍에 추증되었다. 그의 재주는 뛰어난 사람들 중에서도 으뜸이었고, 그의 행동은 훌륭한 씨족들 중에서도 빛이 났다. 공훈은 천지를 덮었으니 仲孺[25]와 같이 장군을 맡았었고, 포상은 山河에 무성하였으니 邵奭[26]과 같이 燕國에 봉해졌었다. 죽어서도 능히 그러하였으니 그를 기려 추증함에 영예가 가득하였다.

公은 장군의 가문에서 가르침을 받아 일찍부터 武略을 품었다. 陶謙[27]처럼 어려서 놀 때에는 깃발을 펼치면서 놀았고, 李廣[28]처럼 평상시에 거처할 때에도 반드시 軍陣을 그리면서 즐겼다. 이런 까닭으로 먼

기술한 것으로 이해된다. 흑치준이 당에서 활동할 수 있던 기반을 흑치상지에게서 찾는 것일 수도 있다고 생각된다.

21) 立功立事 懸名於晝月之旗 爲孝爲忠 紀德於繫年之史: 이 구절은 흑치준 그 자신에 대한 평가 부분이라고 생각된다.

22) 曾祖加亥 任本鄕刺史: 「黑齒常之 墓誌銘」에는 이름이 德顯이고 官이 達率에 이르렀다고 기록되어 있어, 흑치준 묘지명과 차이가 있다. 이름이 서로 다른 것은 아마도 한자 표기로 보아 德顯이 중국식 이름이고 加亥는 백제식 이름인 데에서 기인하는 것으로 여겨지나, 자세한 것은 알 수 없다(송기호 1992, p.569). 다만 백제의 왕족을 살펴보면 중국사서에 기록된 이름과 『三國史記』 및 『日本書紀』에 기록된 이름이 다른 것으로 보아 한자식 이름과 백제식 이름은 존재하고 있었기에 충분히 가능한 추론이라고 생각한다.

23) 祖沙子 任本鄕戶部尙書: 「黑齒常之 墓誌銘」에는 이름이 沙次이고 관이 達率에 이르렀다고 되어 있어, 흑치준 묘지명과 차이가 난다. 그러나 음이 비슷한 것으로 보아 표기상의 차이에 불과할 뿐 異名同人이 분명하다고 생각된다. 흑치씨 조상들이 역임한 벼슬에 대해서도 「黑齒常之 墓誌銘」에서 모두 達率을 역임하였고, 중국의 兵部尙書와 같다고 하였으나, 「黑齒俊 墓誌銘」에서는 증조부는 刺史, 할아버지는 戶部尙書를 역임하였다고 하여 차이를 보이고 있다. 백제의 관직, 관등 그리고 양자의 관계 등에 대해 기존의 기록과는 다른 점들이 보이므로 장차 검토되어야 할 문제이다(송기호 1992, p.569).

24) 荊山: 卞和가 玉을 얻은 곳이라고 하나, 그 위치에 대해서는 여러 설이 있다. '형산의 옥'은 이곳에서 나온 옥을 이르지만, 묘지명에서는 '賢良한 사람', 곧 뛰어난 사람을 가리키는 의미로 사용되었다.

25) 仲孺 : 漢나라 潁陰人 灌夫(?~기원전 131)의 字이다. 그는 吳, 楚의 7國이 반란을 일으켰을 때 아버지와 함께 종군하였는데, 아버지가 전사하자 군법에 따라 喪歸하지 않고 吳나라 군대를 무찔러 원수를 갚았다. 이 공으로 中郎將에 임명되었다(『史記』 卷107 관부전 및 『漢書』 卷52 관부전 참조).

26) 邵奭: 邵公, 召公, 召康公이라고도 한다. 이름은 奭이고 시호는 康이다. 일찍이 武王을 도와 商을 멸망시켰다. 그의 아들이 燕國에 봉해졌었기 때문에 그는 명목상 연국의 시조가 되었다.

27) 陶謙(132~194): 後漢 말기 丹陽人으로 字는 恭祖이다. 『吳書』에 의하면, 14살 때에 비단을 꿰매서 幡을 만들고 竹馬를 타고 놀았는데 동네 아이들이 모두 그를 따랐다고 한다(『後漢書』 卷73 도겸전 및 『三國志』 卷8 도겸전 참조. 특히 『三國志』의 도겸에 관한 註를 참조 바람).

28) 李廣(?~기원전 119): 전한 시대의 名將. 文帝 때에 흉노를 쳐서 공을 세웠고, 景帝, 武帝 때에도 흉노가 그를 무서워하여 감히 침범하지 못하고 그를 가리켜 '飛將軍'이라 불렀다. 그는 상을 받으면 아랫사람들에게 모두 나누어주었고, 다른 사람이 도저히 따를 수 없을 정도로 활을 잘 쏘았다. 또한 어눌하여 말을 적게 하였지만, 다른 사람과 함께 있으면 땅에 그림을 그려 軍陣을 만들고 활쏘기 시합을 하면서 즐겼다고 한다(『史記』 卷109 이광전 및 『漢書』 卷54 이광전 참조).

異域에서 공을 세우려는[29] 원대한 계획을 품었으며, 군대의 進退, 攻守를 자유자재로 하는[30] 기묘한 기술이 뛰어났다.

스무 살의 나이에 別奏[31]로서 梁王[32]을 따라 西道로 종군하였다.[33] 이에 軍功을 세워 游擊將軍[34]에 제수되었고, 右豹韜衛翊府左郎將[35]에 임명되었으며, 곧이어 右金吾衛翊府中郎將 上柱國[36]으로 자리를 옮겼다.

높이 구름에 잇닿아 있는 누각을 밟았고, 고개 숙여 가을의 수렵 놀이를 따랐다. 晉나라 때의 아름다운 담비 꼬리를 꽂았고,[37] 漢나라 때의 수레와 의복을[38] 엄숙히 갖추었다. 바야흐로 7대에 걸쳐 경사스러움을 전하여[39] 西漢의 金日磾와 같은 영광을 향유하고자 하였으나, 어찌 重病[40]이 닥칠 줄 알았겠는가! 얼

29) 鵜頷: '異域에서~세우려는'으로 해석되기도 한다. 이는 燕頷虎頸 또는 燕頷虎頭와 같은 의미로, 후한 班超의 고사에서 유래한 것이다. 張騫과 같이 먼 나라에 가서 공을 세워 封侯가 되는 相을 가리킨다.

30) 猿臂: '進退~하는'으로 해석되기도 한다. 이는 猿臂之勢를 이르는 것으로, 군대의 진퇴, 공수를 자유자재로 하는 것을 가리킨다.

31) 別奏: 별주는 각 軍·鎭의 大使와 副使 이하 관원이 傔人과 함께 두는 使人을 말한다. 대사 등이 개인적 친분에 따라 임용한다(『唐六典』 卷5, 兵部郎中). 즉 고위 군장의 전속 비서와 같은 존재이다. 별주에는 관품을 가진 자와 가지지 못한 자가 있었지만, 이후 공훈으로 游擊將軍에 제수된 것으로 보아 별주였을 당시 흑치준은 이미 관품을 가졌던 것으로 생각된다. 현종 開元 년간에는 별주 출신이 절도사에까지 오르는 예가 있었던 것으로 미루어 볼 때, 별주가 출세의 통로로 이용되었을 수도 있다(정병준 2007, pp.313-314).

32) 梁王: 이 시기에 양왕에 봉해졌던 인물은 측천무후의 조카였던 武三思(?~707)밖에 없으므로(『舊唐書』 卷183 무삼사전 및 『新唐書』 卷206 무삼사전 참조), 이 묘지명의 양왕은 그를 가리킨다고 이해한 견해가 있다(송기호 1992, pp.572-573). 그런데 흑치준이 20세가 된 해는 무측천 證聖 원년(695)이지만, 이 해에 무삼사가 출전하였다는 기록이 보이지 않는다. 그 대신 같은 해 正月 王孝傑이 朔方軍行軍總管에 임명되어 동돌궐과 싸우기 위해 출전하였고, 7월에는 肅邊道行軍大總管에 임명되어 토번과 싸웠던 것이 보인다. 반면 양왕 무삼사의 경우에는 다음 해인 만세통천 원년(696) 7월에 榆關道按撫大使에 임명되어 거란인 이진충의 반란을 진압하기 위해 출전하였다는 기록이 확인된다. 서방으로는 왕효걸을 따라 진출하였거나, 아니면 그 다음해 무삼사를 따라 이진충의 반란을 진압하기 위해 출전하였을 가능성이 없지 않다(이도학 1996, p.253; 정병준 2007, pp.312-313).

33) 弱冠以別奏 從梁王奬西道行: 「黑齒常之 墓誌銘」에 "맏아들 (흑치)준이 어려서 집안이 재난을 당하자 아버지의 분함을 풀어 드리려는 뜻을 세웠다. 또 오랑캐의 땅에서 (그들과 싸워) 목숨 바칠 것을 맹세하여, 천자의 使節로 투신하였고, 자못 빈번히 충성스러움을 드러내 여러 번 공명을 떨쳤다."는 대목이 있는데(이 책의 「黑齒常之 墓誌銘」을 참조바람), 아마도 이 구절과 관련된 것이 아닌가 생각된다.

34) 游擊將軍: 당의 제도에서 종5품하의 무산관이다.

35) 右豹韜衛翊府左郎將: 右豹韜衛에 소속되었던 府兵의 하나인 翊府의 左郎將을 의미한다. 右豹韜衛는 당나라 16衛의 하나로서, 원래 右威衛였는데, 684년에 이 명칭으로 바뀌었다가 705년에 다시 원래 이름으로 돌아갔다. 16위에 속하였던 부병은 다시 내부와 외부로 나뉘는데, 내부에는 親府 1, 勳府 2, 翊府 2개가 있었고, 외부에는 折衝府가 있었다. 각 부에는 중랑장이 책임을 맡고 있었고, 그 아래에 좌·우의 郎將이 있었으니, 이들은 정5품상에 해당하였다. 「黑齒常之 墓誌銘」에 의하면, 이 관직은 聖曆 원년(698) 아버지 흑치상지에 대한 누명이 벗겨진 복권조치와 함께 무측천에 의해 제수된 것으로 制書에 기록되어 있다.

36) 右金吾衛翊府中郎將 上柱國: 右金吾衛翊府中郎將은 정4품하의 무관직이고, 上柱國은 2품의 훈관이다.

37) 華貂: 담비의 꼬리를 의미한다. 漢나라 때 侍中, 常侍의 冠에 담비 꼬리를 꽂고, 금으로 만든 장식을 달고, 또 매미를 붙여 장식을 하였다. 따라서 담비 꼬리를 꽂았다는 말은 흑치준이 높은 지위에 올랐음을 은유한 표현으로 이해된다.

38) 車服: 수레와 의복은 천자가 공신에게 내려주는 물품들이다.

마 뒤 북망산에 오르는 대열을 따르게 되었으니, 神龍 2년(706) 5월 23일에 병환으로 洛陽縣 從善坊에서 사망하였다. 이때 나이가 31세였다.

아아!! 슬프도다. 온 장안에 바람이 스산하게 불고, 온 나라가 병들어 초췌하듯 하였도다. 생각건대, 공은 의지와 기개가 굳세고 맹렬하였으며, 재능과 도량이 크고 깊었다. 비록 더할 나위없는 최상의 공을 세웠고, 힘들여 싸우면서 전장에서 고생하였지만, 불운하기가 이보다 더할 수 없었으니, 마침내 제후에 봉해지지도 못하였다. 갑자기 현량한 사람이 돌아가게 되니 조정에 있는 사람이나 재야에 있는 사람이나 모두 슬퍼하고 아깝게 여겼다. 그런즉 神龍 2년 景午年[41] 8월, 초하루 壬寅(壬申)日[42], 13일에 北邙山 언덕에 장례를 치렀으니, 이것은 예의에 맞는 것이다.

楚나라의 슬픈 상여꾼 노래 소리 길 따라 이어지고 周나라의 퉁소 소리 길게 빼는 가운데, 무덤 속 광중을 문득 열어 관을 넣고 급히 닫기에 이르렀구나.[43] 땅을 높여 봉토 쌓기를 이미 끝내고, 무덤가에 심은 비취색 잣나무가 바야흐로 푸른데, 이제 ▨玉에 餘恨을 기록하고자 하니, 비석의 글자가 마치 황금에 새긴 것과 같기를 바라노라. 명문을 다음과 같이 짓는다.

아아, 堯 임금은[44] 현명한 사람을 구하여 나라를 다스렸으니, 頹當[45]이 쓰이게 되었고 秺侯[46]가 벼슬을 얻었구나. 西戎의 외로운 … 이고 東夷의 자손으로서, 구하기를 마치 미치지 못하는 듯이 끝없이 하였으니, 여기에 그의 조그마한 착한 일들을 기록해두노라. 이것이 첫째이다.

착한 일을 기록함은 무엇을 이름인가? 갓을 쓰고 갓끈을 매게 되니, 충성스러움으로 업적을 이루었고, 효성스러움으로 이름을 떨쳤도다.[47] 미쁘구나! 아버지여, 맑고 곧은 심성을 가지는데 겸손히 힘썼도다. 효성스럽구나! 아들이여, 아버지의 명성을 떨어뜨리지 않았구나. 이것이 둘째이다.

그 명성이란 무엇인가? 장군 가문에서 무장의 덕을 이어받았고, 성 밖에서 장군으로서의[48] 명을 받들

---

39) 七葉貽慶: 前漢의 金日磾가 武帝 때에 侍中, 駙馬都尉, 光祿大夫를 역임하였는데, 그 후손들도 7대에 걸쳐 모두 內侍의 近臣이 되었다. 이로 인하여 후대에는 여러 대에 걸쳐 顯貴해진 것을 찬양하는 문구로 자주 사용되었다.

40) 二豎: 二豎는 질병, 병마를 가리키기 때문에 묘지명에서는 重病으로 해석하였다. 춘추시대 晉나라 景公이 꿈속에서 질병이 두 아이로 변하여 심장과 명치 사이에 숨은 것을 보았다는 고사에서 유래하였다. 그래서 침이나 약으로 고치지 못할 중병의 뜻으로 사용되기도 하며, 이 글에서도 이러한 의미로 사용되었다.

41) 景午: 丙午年을 가리킨다. 『左傳』 昭公 17년조에 의하면, 丙과 午가 모두 火에 해당하므로 병오의 간지를 가진 때에 火氣가 가장 勝하다고 한다. 여기서는 이를 피하기 위하여 景午로 바꾸어 쓴 것이라고 한다(龐朴 1979 참조). 한편 이와는 달리 당의 高祖인 李淵의 아버지 이름이 李昞이어서 이를 避諱하기 위해 丙을 景으로 고쳐 썼다는 사례도 있어('景辰' 등), 전자보다는 후자의 가능성이 더 높다고 생각된다.

42) 壬寅(壬申)日: 706년 8월 초하루는 壬寅이 아니고 壬申이다. 임인이 초하루인 때는 7월과 9월이다. 달이 잘못되었던지 날이 잘못되었을 가능성이 있다고 생각된다. 중국의 장례법을 비교하면 당시 중국의 장례법을 이해할 수도 있을 것으로 생각된다.

43) 黃腸: 잣나무의 黃心으로 만든 外棺을 이른다.

44) 后唐: 堯 임금을 말한다.

45) 頹當: 漢 7國이 반란을 일으켰을 때에 장군이 되었던 사람이다.

46) 秺侯: 漢 무제 때 金日磾를 이른다. 秺侯는 莽何羅를 토벌한 공으로 내린 작호이다(『漢書』 卷68 김일제 열전 참조).

47) 楊名: 묘지명에는 '楊名'으로 되어 있지만, 문맥으로 보면 '揚名'이 옳다고 생각된다. 아마도 誤寫인 것 같다.

48) 分閫: 묘지명에서는 '성 밖에서 장군으로서의'로 해석하였다. 이는 성 밖이라는 뜻이지만, '閫外之任' 즉 군대를 이끌고 출정

어, 異域에서 공을 세웠도다. 재앙과 반란을 능히 평정하였고, 난리를 피운 적들을 깨끗이 쓸어버렸으니, 編鍾 소리는[49] 그의 현명함을 기리는 것이고, 그에게 내려준 수레와 의복은 그의 덕을 드러내는 것이로다. 이것이 셋째이다.

수레와 의복이란 무엇인가? 金吾衛에서 가장 많이 받았으니, 아름답도다! 大夫여, 천자의 총애를 이처럼 받았구나. 높이 누각은 구름에 잇대었고, 관에 꽂은 화려한 담비 꼬리는 거듭 빛났으니, 착한 일을 많이 하여 그 즐거움을 여기에서 누릴 뿐 아니라, 그 응보로 경사가 부디 자손에게까지 전해지기를 바라노라.[50] 이것이 넷째이다.

경사스러움이 이어지지 못해 갑자기 젊은 나이에 세상을 떴으니, 여기 대들보가 무너졌는데도 저기 푸르른 것이 하늘이로다.[51] 쑥이 더부룩하게 자란 무덤에는 상여꾼의 노래 소리 구슬프고, 소나무 심은 무덤길에는 퉁소 소리 울리는데, 밝은 날에 한 번 묻히니, 蒿里(무덤)[52] 속에서 영원히 머물 것이로다. 이것이 다섯째이다.

4. 참고문헌

1) 보고서 및 자료집

國史編纂委員會, 1995, 『韓國古代金石文資料集』Ⅰ.

北京圖書館金石組 編, 1990, 『北京圖書館藏 中國歷代石刻拓本匯編』 20册.

李希泌, 1986, 『曲石精廬藏唐墓誌』, 齊魯書社.

2) 논저류

權悳永, 2002, 『韓國古代金石文綜合索引』, 학연문화사.

송기호, 1992, 「黑齒俊 墓誌銘」, 『譯註 韓國古代金石文』Ⅰ.

劉琴麗, 2006, 『唐代武官選任制度初探』, 社會科學文獻出版社.

하는 장군의 직책을 가리킨다. 古代에 성 안은 천자가 다스리고, 성 밖은 장군이 통제하였던 데에서 유래하였다. 『史記』卷102 馮唐傳에 "曰, 閫以內者, 寡人制之, 閫以外者, 將軍制之."란 말이 나온다.

49) 哥鍾: 악기의 하나인 哥鍾은 編鍾을 가리키는 말이다. 노래의 곡조를 조절하는 데에 사용되었다고 한다.

50) 享此積善 冀傳餘慶: 이 구절은 "積善之家 必有餘慶"이라는 고사에서 인용한 것이다. 내용은 "선한 일을 많이 하면 그 응보로 경사가 자손에게 까지 미친다"는 내용으로 흑치상지 가문을 칭송하기 위해 적은 문구로 생각된다.

51) 彼蒼者天: '저기~하늘이로다'로 해석하였다. 이 구절은 "蒼天曷有極"에서 따온 말인데, 이는 "하늘은 반드시 선한 사람에게 복을 주고, 악한 사람에게 재앙을 내리는 것은 아니다"라는 뜻을 담고 있다.

52) 蒿里: 泰山 남쪽의 산 이름이다. 사람이 죽으면 그 혼백이 와서 머문다는 곳으로 무덤을 가리키기도 한다.

윤선태, 2007, 「흑치준묘지명」, 『百濟史資料譯註集 -韓國篇-』 I , 충남역사문화원.
이도학, 1996, 『백제 흑치상지 평전』, 주류성.
李文基, 1991, 「百濟 黑齒常之 父子 墓誌銘의 檢討」, 『韓國學報』 64.
李文基, 1991, 「百濟 黑齒俊 墓誌銘의 判讀과 紹介」, 『한국고대사연구회 회보』 22.
정병준, 2007, 「당에서 활동한 백제유민」, 『百濟 遺民들의 活動』.
지배선, 2006, 『고구려 백제 유민 이야기』, 혜안.

東有春·焦正安, 1996, 『唐代百济黑齿常之, 黑齿俊父子墓志文解读』, 东南文化.
龐朴, 1979, 「'五月丙午'與'正月丁亥'」, 『文物』 1979-6.

禰軍 墓誌銘*

최상기

1. 개관

「예군 묘지명」은 2011년 7월 吉林大學 古籍研究所의 부교수인 王連龍이 발표한 「百濟人『禰軍墓誌』考論」에 의해 알려졌다(王連龍 2011). 그는 묘지의 개요, 판독문과 내용을 소개했는데, 출토 경위와 현재 상황 등은 언급하지 않고 다만 西安에서 발견되었다고만 서술했다.[1] 일본 학계는 그 해 9월 관련 정보를 입수한 후 2012년 2월 「예군 묘지명」에 대한 국제 심포지엄을 개최하여, 최초 발표자인 왕연룡, 예씨 일족의 묘들을 발굴한 西安市 文物保護考古所의 張全民 및 일본 연구자들 사이의 논의를 진행했다.[2] 한편 한국 학계에서는 2012년 이후 「예군 묘지명」이 소개되면서 관련 연구가 진행 중이다(권덕영 2012; 김영관 2012; 拜根興 2012; 李成市 2013; 김영심 2013). 현재 「예군 묘지명」은 탁본만 확인할 수 있지만 사진에 나타난 형상, 형식 및 다른 백제계 인물의 묘지를 감안하면 위작일 가능성은 낮다(葛繼勇 2012, pp.165–

---

* 필자는 2013년 7월 26일에 개최되었던 한국고대문자자료 연구모임의 하계 워크숍에서 「예군 묘지명」에 대해 발표했다. 이후 발표문을 수정, 보완해 『목간과 문자』 12호에 "「禰軍 墓誌」의 연구 동향과 전망"이라는 제목으로 게재했으며, 다시 형식과 내용을 일부 수정해 본서에 수록했다.

1) 이는 도굴과의 관련성을 암시하며, 근래까지 「예군 묘지명」의 소재는 불명이었다. 그러나 한국목간학회 제16회 정기발표회(2013.4.20.)에서 이에 대해 발표한 李成市 교수에 따르면 2013년 3월 말 현지에서 도굴단이 적발되면서 귀속 문제에 대한 논의가 이루어졌다고 한다.

2) 明治大學古代學研究所·東アジア石刻文物研究所 주최 國際シンポジウム, 百濟人「禰氏(でいし)墓誌」と7世紀東アジアと「日本」(2012.2.25.).

169). 또한 묘지의 서술에서 현대인이 접근하기 어려울 정도로 극히 다양한 古典籍의 문장을 구사한 만큼 위작으로 보기 어렵다는 의견도 있다(李成市 2013, p.235).

「예군 묘지명」을 처음 소개한 왕연룡에 따르면 묘지는 지석과 개석이 하나의 조합을 이루며, 개석에는 전서체로 '大唐故右威衛將軍上柱國禰公墓誌銘'을 세로로 4행에 걸쳐 음각했고 둘레에는 기하 문양을 새겨 장식했다. 지석은 가로세로 59cm, 높이 10cm이며 측면에는 蔓草紋(덩굴 문양)을 음각했다. 지문은 세로쓰기로 31행, 30열로 구성되었고 총 884자이다(王連龍 2012, p.123). 한편 2010년 西安市 文物保護考古所가 長安區 郭杜南村 남쪽 郭杜敎育科學技術産業開發區 華商傳媒産業基地 공사 현장에서 예식진, 예소사, 예인수 3대의 묘를 발굴했는데, 예식진의 무덤에서 북쪽으로 70m 떨어진 지점에 위치한 전실묘가 예군의 무덤일 가능성이 높다고 한다(권덕영 2012, p.5; 拜根興 2012, p.300).

2. 판독 및 교감

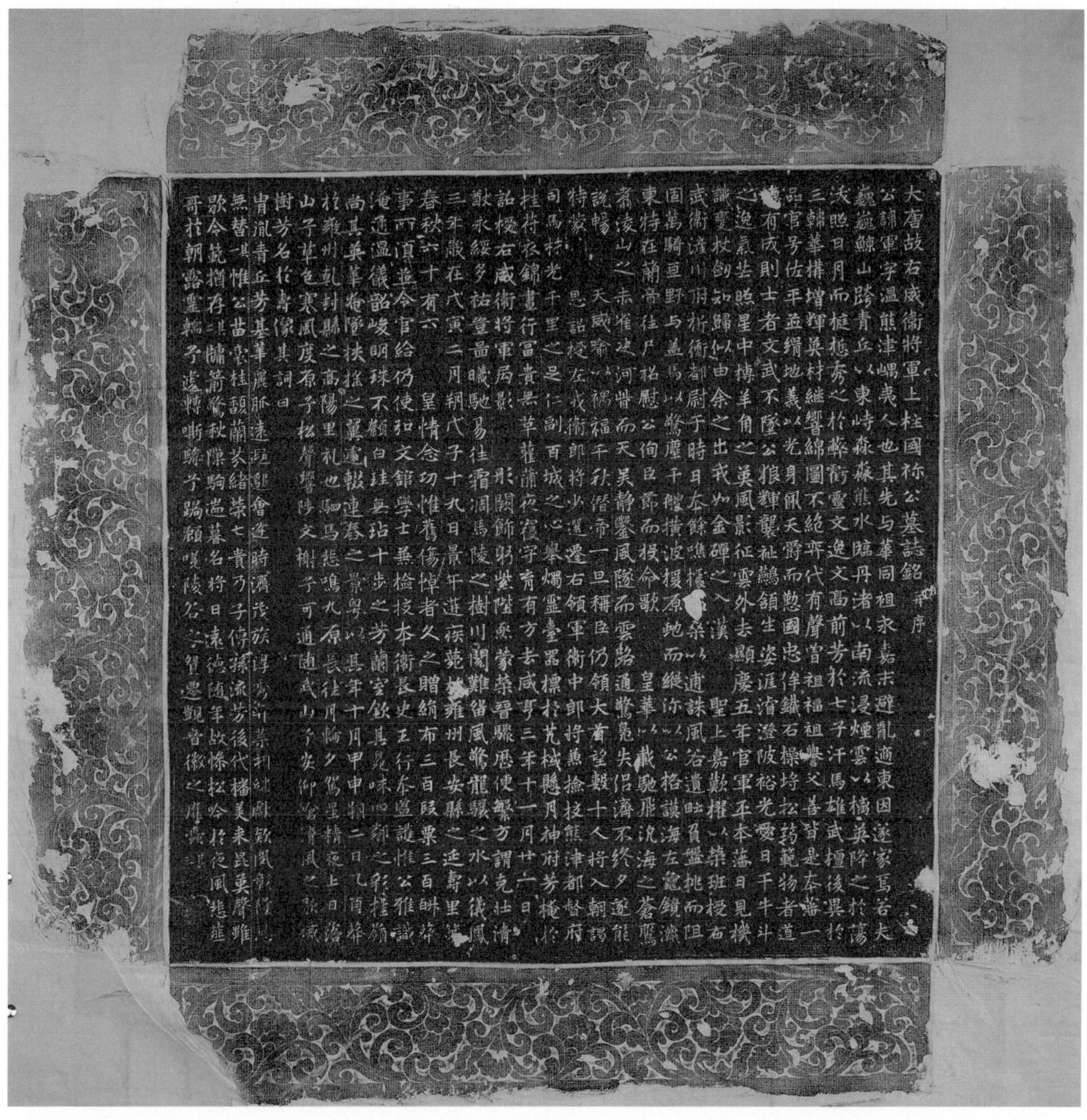

출처: 김영관.

31	30	29	28	27	26	25	24	23	22	21	20	19	18	17	16	15	14	13	12	11	10	9	8	7	6	5	4	3	2	1	
哥	歇	無	胄	樹	山	於	尙	淹	事	春	三	猷	詔	桂	司	特	說	翥	東	固	武	識	之	德	品	三	沃	巍	公	大	①
於	今	替	胤	芳	兮	雍	其	通	所	秋	年	永	授	苻	馬	蒙	暢	淩	特	萬	衛	變	逸	有	官	韓	照	巍	諱	唐	②
朝	範	一其	青	名	草	州	英	溫	須	六	歲	綏	右	衣	材			山	在	騎	滻	杖	氣	成	号	華	日	鯨	軍	故	③
露	猶	惟	丘	於	色	乾	華	儀	並	十	在	多	威	錦	光			之	簡	亘	川	劒	芒	則	佐	構	月	山	字	右	④
靈	存	公	芳	壽	寒	封	奄	韶	令	有	戊	祐	衛	晝	千	恩	天	赤	帝	野	府	知	照	士	平	增	而	跨	溫	威	⑤
轜	二其	苗	基	像	風	縣	墜	峻	官	六	寅	豈	將	行	里	詔	威	雀	往	与	折	歸	星	者	竝	輝	挺	青	熊	衛	⑥
兮	牖	裔	華	其	度	之	扶	明	給		二	啚	軍	富	之	授	喻	決	尸	盖	衡	似	中	文	緝	英	悊	丘	津	將	⑦
遽	箭	桂	麗	詞	原	高	搖	珠	仍		月	曦	局	貴	足	左	以	河	招	馬	都	由	搏	武	地	材	秀	以	嵎	軍	⑧
轉	驚	馥	脈	日	兮	陽	之	不	使	皇	朔	馳	影	無	仁	戎	禍	皆	慰	以	尉	余	羊	不	義	継	之	東	夷	上	⑨
嘶	秋	蘭	遠		松	里	翼	類	弘	情	戊	易		革	副	衛	福	而	公	驚	于	之	角	墜	以	響	於	峙	人	柱	⑩
驂	隟	芬	遐		聲	礼	遽	白	文	念	子	往		藿	百	郎	千	天	侚	塵	時	出	之	公	光	綿	蔽	淼	也	國	⑪
兮	駒	緒	邈		響	也	輟	珪	舘	功	十	霜	彤	蒲	城	將	秋	吳	臣	千	日	戎	英	狼	身	圖	虧	淼	其	祢	⑫
跼	遄	榮	會		陟	駟	連	無	學	惟	九	凋	闕	夜	之	少	僭	靜	節	艘	本	如	風	輝	佩	不	靈	熊	先	公	⑬
顧	暮	七	逢		文	馬	春	玷	士	舊	日	馬	飾	寢	心	選	帝	鑿	而	横	餘	金	影	襲	天	絕	文	水	与	墓	⑭
嗟	名	貴	時		榭	悲	之	十	兼	傷	景	陵	躬	字	擧	遷	一	風	投	波	噍	礴	征	祉	爵	弈	逸	臨	華	誌	⑮
陵	將	乃	濟		兮	鳴	景	步	檢	悼	午	之	紫	育	燭	右	旦	隧	命	援	據	之	雲	鵠	而	代	文	丹	同	銘	⑯
谷	日	子	茂		可	九	粤	之	校	者	遘	樹	陛	有	靈	領	稱	而	歌	原	扶	入	外	領	懃	有	高	渚	祖	并	⑰
之	遠	傳	族		通	原	以	芳	本	久	疾	川	亟	方	臺	軍	臣	雲		蛇	桑	漢	去	生	國	聲	前	以	永	序	⑱
貿	德	孫	淳		隨	長	其	蘭	衛	之	薨	閱	蒙	去	器	衛	仍	路		而	以		顯	姿	忠	曾	芳	南	嘉		⑲
遷	隨	流	秀		武	往	年	室	長	贈	於	難	榮	咸	標	中	領	通	皇	縱	逋		慶	涯	倖	祖	於	流	末		⑳
覬	年	芳	弈		山	月	十	欽	史	絹	雍	留	晉	亨	於	郎	大	驚	華	洂	誅	聖	五	濬	鐵	福	七	浸	避		㉑
音	故	後	葉		兮	輪	月	其	王	布	州	風	驟	三	芃	將	首	鳧	以	以	風	上	年	澄	石	祖	子	煙	亂		㉒
徽	慘	代	相		安	夕	甲	臭	行	三	長	驚	歷	年	棫	兼	望	失	載	公	谷	嘉	官	陂	操	譽	汗	雲	適		㉓
之	松	播	継		仰	駕	申	味	本	百	安	龍	便	十	懸	檢	數	侶	馳	格	遺	歎	軍	裕	埒	父	馬	以	東		㉔
靡	吟	美	獻		愴	星	朔	四	監	段	縣	驤	繁	一	月	校	十	濟	飛	謨	盯	擢	平	光	松	善	雄	摛	因		㉕
蠹	於	來	款		淸	精	二	鄰	護	粟	之	之	方	月	神	熊	人	不	汎	海	負	以	本	愛	筠	皆	武	英	遂		㉖
三其	夜	昆	夙		風	夜	日	之	惟	三	延	水	謂	卄	府	津	將	終	海	左	盤	榮	蓄	日	範	是	擅	降	家		㉗
	風	英	彰		之	上	乙	彩	公	百	壽	以	克	一	芳	都	入	夕	之	龜	桃	班	日	千	物	本	後	之	焉		㉘
	悲	聲	隆		歇	日	酉	桂	雅	硎	里	儀	壯	日	掩	督	朝	遂	蒼	鏡	而	授	見	牛	者	蕃	異	於	若		㉙
	薤	雖	恩		滅	落	葬	嶺	識	葬	第	鳳	淸		於	府	謁	能	鷹	瀛	阻	右	機	斗	道	一	於	蕩	夫		㉚

大唐 故 右威衛將軍 上柱國 祢公 墓誌銘 并序

公諱軍字溫 熊津嵎夷人也 其先与華同祖 永嘉末避亂適東 因遂家焉 若夫巍巍鯨山 跨青[3]丘以東峙 淼淼熊水 臨丹渚以南流 浸煙雲以摛[4]英 降之於蕩沃 照日月而掜[5]悊[6] 秀之於蔽虧 靈文逸文 高前芳於七子 汗馬雄武 擅後異於三韓 華構增輝 英材繼嚮 綿圖不絕 奕代有聲 曾祖福祖譽父善 皆是本藩一品官号佐平 並緝地義以光身 佩天爵而懃國

忠侔鐵石 操埒松筠 範物者道[德][7]有成 則士者文武不墜 公狼輝襲祉 鷰頷生姿 涯濬澄陂 裕光愛日 干牛斗之逸氣 芒照星中 搏羊角之英風 影征雲外 去顯慶五年 官軍平本藩日 見機識變 杖劍知歸 似由余之出戎 如金磾之入漢 聖上嘉歎 擢以榮班 授右武衛滻川府折衝都尉 于時日本餘噍 據[扶][8]桑以逋誅 風谷遺甿 負盤桃而阻固 萬騎亘野 与盖馬以驚塵 千艘橫波 援原蛇而縱沴 以公格謨海左 龜鏡瀛東 特在簡帝 往尸招慰 公徇臣節而投命 歌皇華以載馳 飛汎海之蒼鷹 翥凌山之赤雀 決河眥而天吳靜 鑿風隧而雲路通 驚鳧失侶 濟不終夕 遂能說暢天威 喻以禑福千秋 僭帝一旦稱臣 仍領大首望數十人 將入朝謁 特蒙恩詔 授左戎衛郎將 少選遷右領軍衛中郎將兼檢校熊津都督府司馬 材光千里之足 仁副百城之心 舉燭靈臺 器標於芃棫 懸月神府 芳掩於桂苻 衣錦晝行 富貴無革 雚蒲夜寢 字育有方 去咸亨三年十一月卄一日 詔授右威衛將軍 局影彤闕 飾躬紫陛 亟蒙榮晉 驟歷便繁 方謂克壯清猶 永綏多祐 豈啚曦馳易往 霜凋馬陵之樹 川閱難留 風驚龍驤之水 以儀鳳三年歲在戊寅二月朔戊子十九日景午 遘疾薨[於][9]雍州長安縣之延壽里第 春秋六十有六 皇情念功惟舊 傷悼者久之 贈絹布三百段粟三百斛[10] 葬事所須 並令官給 仍使弘文館學士兼檢校本衛長史王行本監護 惟公雅識淹通 溫儀韶峻 明珠不纇 白珪無玷 十步之芳 蘭室欽其臭味 四鄰之彩 桂嶺尙其英華 奄墜扶搖之翼 遽輟連春之景 粤以其年十月甲申朔二日乙酉 葬於雍州乾封縣之高陽里 禮也 駟馬悲鳴 九原長往 月輪夕駕 星精夜上 日落山兮草色寒 風度原兮松聲嚮 陟文榭兮可通 隨武山兮安仰 愴淸風之歇滅 樹芳名於壽像 其詞曰

胄胤靑丘 芳基華麗 脈遠遐邈 會逢時濟 茂族淳秀 奕葉相繼 獻款夙彰 隆恩無替其一 惟公苗裔 桂馥蘭芬 緒榮七貴 乃子傳孫 流芳後代 播美來昆 英聲雖歇 令範猶存其二 牖箭驚秋 隙駒遄暮 名將日遠 德隨年故 慘松吟於夜風 悲薤哥於朝露 靈轜兮遽轉 嘶驂兮跼顧 嗟陵谷之貿遷 覬音徽之靡蠹其三

3) 靑(葛繼勇, 권덕영, 김영관). 淸(王連龍) / 靑의 좌측 상단에 氵의 흔적으로 볼 수 있는 자국이 있지만, 바로 뒤의 丘로 보아 靑이 타당하다고 생각한다.

4) 摛(葛繼勇), 檎(王連龍, 권덕영, 김영관) / 탁본 사진에서 좌측의 扌를 확인할 수 있다.

5) 掜(葛繼勇), 梴(王連龍, 권덕영, 김영관) / 탁본 사진에서 좌측의 扌를 확인할 수 있다.

6) 悊(葛繼勇), 悊(王連龍, 권덕영, 김영관) / 탁본 사진에서 斤 좌측의 扌를 확인할 수 있다.

7) 德(王連龍, 葛繼勇, 권덕영, 김영관) / 우측 상단만 남아있지만, 남은 획과 바로 앞의 道를 보아 德으로 추정된다.

8) 扶(葛繼勇, 권덕영, 김영관, 王連龍) / 바로 뒤의 桑을 보아 扶로 추정할 수 있지만, 우측에 일부 남은 획으로 보아 단정할 수 없다.

9) 於(葛繼勇, 권덕영, 김영관, 王連龍) / 상단 일부만 남아있지만, 남은 획과 바로 뒤에 지명이 이어지므로 於로 추정된다.

10) 斛(葛繼勇), 升(권덕영, 김영관, 王連龍) / 탁본 사진에서 斛의 이체자인 㪷을 확인할 수 있다.

3. 역주

大唐 故 右威衛將軍[11] 上柱國[12] 祢公[13]의 墓誌銘 더불어 序

공은 휘가 軍이고 자가 溫이며, 熊津嵎夷人[14]이다. 그 선조는 중화와 조상을 같이 하며,[15] 永嘉 말에 난을 피해[16] 동쪽으로 나아가니 이로 인해 마침내 가문을 이루었다. 무릇 저 높고 큰 鯨山[17]은 靑丘[18]를 넘어 동쪽에 솟았고, 아득히 많은 熊水[19]는 丹渚[20]에 임해 남쪽으로 흐른다. 煙雲[21]에 스며들어 재주를 펼치니 蕩沃[22]으로 내려왔고, 해와 달을 비추어 빼어나게 밝으니[23] 어그러진 것들 안에서 아름다웠다.[24]

---

11) 右威衛將軍: 『唐六典』에 따르면 隋 초에 설치한 左·右領軍府를 煬帝가 左·右屯衛로 고쳤는데, 『隋書』에 따르면 이는 武德 3년(620)의 일이었다. 唐으로 이어진 左·右屯衛는 龍朔 2년(662)에 左·右威衛로 고쳐졌고, 光宅 원년(684)에 左·右豹韜衛로 바뀌었다가 神龍 원년(705)에 다시 左·右威衛로 돌아왔다. 그런데 『新唐書』에 따르면 左·右屯衛府를 左·右威衛로 고친 것은 武德 5년(622)이고, 龍朔 2년(662)에는 左·右威衛가 左·右武威衛로 바뀌었다. 그러나 顯慶 원년(656)에도 左屯衛大將軍 楊胄(『新唐書』 卷3, 高宗皇帝 顯慶 元年 是歲), 程知節(『舊唐書』 卷4, 高宗上 顯慶 元年 12月) 등이 등장하므로 『新唐書』의 기록은 착오로 생각된다. 한편 將軍은 각 衛의 부책임자로서 종3품의 군관이다.

12) 上柱國: 『唐六典』에 따르면 12등급의 훈위 중 가장 높은 훈위로 정2품에 비견된다.

13) 祢公: 예씨 일족(예군, 예식진, 예소사, 예인수)의 묘지에서 묘주의 칭호는 조금씩 차이가 있다. 예군과 예식진은 祢公, 예소사는 祢府君, 예인수는 祢君으로 서술되었다. 이는 각자의 관직, 훈위 등에서 기인했을 것이다.

14) 熊津嵎夷人: 熊津은 일반적으로 백제의 두 번째 수도이자, 北方의 치소였던 공주를 가리킨다. 그러나 『三國史記』 지리지의 三國有名未詳地分에 따르면 嵎夷는 사비에 위치한 웅진도독부 예하 현의 명칭이었다(본래 우이는 해가 떠오르는 동방 지역을 가리키는 용어). 또한 『三國史記』 신라본기에서 무열왕이 660년 백제 정벌 시 당에 의해 嵎夷道行軍摠管으로 임명된 사실을 통해 우이가 백제의 중심지를 지칭하는 명칭이었음을 알 수 있다. 아울러 2001년 관북리에서 출토된 286번 목간에서 '嵎夷' 묵서가 확인되었는데 이를 백제 멸망 이전부터 사용된 지명으로 본 견해도 있다. 이러한 사항들을 감안하면, 熊津嵎夷는 웅진도독부의 우이, 즉 사비 지역으로 보는 편이 합리적일 것이다. 한편 예군이 활동하던 시기에는 백제의 영역을 웅진도독부가 관할했으므로 여기에서의 웅진은 백제 전역을 의미한다고 보는 견해도 있다.

15) 그 선조는…같이 하며: 예군 외에 예소사, 예인수의 묘지에서도 모두 예씨가 중국에서 기원했다고 서술했지만 그 내용이 조금씩 다르다. 「예군 묘지명」에서는 永嘉 말, 즉 4세기 초에 동쪽으로 이주했다고 서술했고, 「예소사 묘지명」에서는 東晋이 북방 세력과 충돌하던 4세기 말~5세기 초에 건너왔다고 했다. 반면 「예인수 묘지명」에서는 隋 말, 즉 7세기 초에 백제로 왔다고 했다. 예씨 일족의 출자에 대해서는 아직 논의가 진행 중이지만, 후대로 갈수록 백제로의 이주 시기가 늦어지는 현상은 이들의 백제 관련 정체성 약화와 관련이 있을 것이다. 한편 「예군 묘지명」의 말미에는 일족의 기반이 華麗였다고 서술한 구절이 있다. 이는 중국과의 관련성을 강조하고자 사용한 수식일 수도 있으나, 예씨 일족이 낙랑계 이주민이었을 가능성도 있다.

16) 永嘉 말…피해: 西晉 懷帝의 永嘉 연간(307~313) 말 흉노 등 북방 민족의 침공으로 발생한 永嘉의 난을 피한 것을 의미한다.

17) 鯨山: 고래와 같은 큰 산을 의미한다. 다만 이 구절 후반부의 熊水가 熊川을 가리키는 고유명사라면 鯨山 또한 특정한 산을 지칭할 가능성도 있다.

18) 靑丘: 중국의 변경, 특히 동방 지역을 가리킨다. 한편 여기에서 사용된 靑은 이 구절 후반부의 丹渚에서 사용된 丹과 색채, 방위 측면에서 대비를 이룬다.

19) 熊水: 『三國史記』 백제본기 등에서 등장하는 熊川(금강)의 동의어일 가능성이 있다.

20) 丹渚: 渚는 하천의 삼각주, 모래섬 등을 의미한다. 여기에서 사용된 丹이 이 구절 전반부의 靑丘에서 사용된 靑과 대비를 이루듯이 渚는 丘에 대응할 것이다.

21) 煙雲: 세상으로부터 떨어진 산림과 같은 먼 곳을 의미한다. 중국으로부터 멀리 떨어진 백제로 이주한 상황을 반영하는 표현이라고 보는 견해도 있다.

신령스럽고 뛰어난 문장은 높이기 전에 七子[25]보다 향기로웠고, 汗馬[26]의 웅혼하고 강건함은 뜻대로 한 후에도 三韓[27]에서 남달랐다. 화려한 건물이 더욱 빛나며[28], 빼어난 재능이 계속 울려 퍼졌다. 면면히 헤아림이 끊어지지 않으니, 대대로[29] 명성이 있었다. 증조 福[30], 조부 譽[31], 부친 善[32]은 모두 本藩[33]의 1품관으로 佐平[34]이라 불렸다. 모두 地義[35]를 모아 몸을 빛냈고, 天爵[36]을 지녀 나라에 근면했다. 충성은 쇠와 돌에 비겼고 지조는 소나무와 대나무의 모습이니, 만물의 모범으로 도덕이 이루어졌고 士의 표본으로 문무가 떨어지지 않았다. 공은 狼星[37]이 빛나듯이 복을 계승했고, 鷰頷[38]과 같이 아름다운 모습을 드러냈다. 물가의 깊음이 못을 맑게 했고, 넉넉한 빛이 은혜롭고 덕스러웠다.[39] 牛斗를 꿰뚫는 뛰어난 기개[40]는 별들 속에서 널리 빛났고, 羊角을 탄[41] 빼어난 기개[42]는 흔적이 구름 밖[43]까지 나타났다. 지난 顯慶[44] 5

---

22) 蕩沃: 蕩과 沃은 움직임, 흐름 등을 의미한다. 이 구절은 예군의 조상이 중국에서 이주한 사실을 서술한 부분에 포함되므로 蕩沃은 백제 지역으로 이동한 일을 표현했을 가능성이 높다.

23) 빼어나게 밝으니: 擬은 이루다, 이기다 등의 뜻이며, 悊은 밝음, 슬기로움을 의미한다. 擬悊은 밝음을 이루다, 아주 밝다는 의미일 것이다.

24) 어그러진…아름다웠다: 蔽는 가려진 모습을 의미하며, 虧는 이지러짐, 부족함 등을 뜻한다. 蔽虧에서 빼어나다고 한 이 구절은 다른 이들에 비해 탁월한 예군을 묘사한 표현일 것이다.

25) 七子: 後漢 建安 연간(196~220)에 활동했던 孔融, 陣琳, 王粲, 徐幹, 阮禹, 應瑒, 劉楨 등 7명의 문인(建安七子)을 의미한다고 생각한다.

26) 汗馬: 좋은 말을 의미한다.

27) 三韓: 현재 삼한은 마한, 진한, 변한의 총칭이지만, 7세기 무렵에는 중국 왕조가 삼국을 통칭할 때 삼한이라고 표현했다. 여기에서도 중국과 대비되는 遼河 동편 및 한반도 지역(특히 백제)을 의미할 것이다.

28) 화려한…빛나며: 가문이 점점 더 융성하는 것을 의미한다고 보는 견해가 있다.

29) 대대로: 奕代는 대를 이어 계속되는 것을 의미한다.

30) 福: 다른 예씨 일족(예식진, 예소사, 예인수)의 묘지에서는 확인되지 않는 인물이다.

31) 譽: 「예식진 묘지명」에서는 譽多, 「예소사 묘지명」에서는 眞으로 서술했다.

32) 善: 「예식진 묘지명」에서는 思善, 「예소사 묘지명」에서는 善, 「예인수 묘지명」에서는 善으로 서술했다.

33) 本藩: 백제를 가리킨다. 예군은 백제 멸망 이후 당으로 이주하여 생활하면서 고위 관직을 역임했으므로 백제를 당의 입장에서 (本)藩이라고 표현했을 것이다.

34) 佐平: 백제의 최고 관등이다. 「예식진 묘지명」에서도 선대(조부, 부친)가 좌평이었다고 서술했다. 다만 예씨 일족의 묘지 외에 좌평과 연결할 수 있는 예씨 관련 기록이 없고 백제의 대성 8족에도 예씨가 포함되지 않으므로, 아직 여기에서의 서술처럼 예씨를 백제의 좌평 가문으로 단정하기 어렵다.

35) 地義: 天經地義는 하늘과 땅 사이에 존재하는 불변의 도리를 의미하므로, 地義는 인간세상의 원칙을 가리킬 것이다.

36) 天爵: 고상한 도덕, 높은 수양을 의미한다. 덕이 높아 사람들로부터 존경을 받으면 작위를 갖는 것보다 더 훌륭하므로 하늘의 작위라고 표현한다.

37) 狼星: 침략을 주관한다고 알려진 天狼星을 가리킨다. 큰개자리를 구성하는 시리우스로 밤하늘에서 가장 밝은 별이다.

38) 鷰頷: 後漢의 명장 班超의 관상에서 비롯된 용어로, 이역에서 군공을 세우려는 것을 의미한다.

39) 넉넉한…덕스러웠다: 愛日은 시일을 아쉬워함, 자식이 부모를 공양하는 때, 恩德 등을 의미한다. 여기에서는 恩德을 의미한다고 보았다.

40) 牛斗를…기개: 『晉書』 卷36, 張華傳에 따르면, 晉이 吳를 멸망시킬 무렵 牛宿와 斗宿 사이에서 자색 기운이 뻗쳤고 그 기운이 솟은 곳에서 두 자루의 명검을 얻었다는 고사가 있다.

41) 羊角을 탄: 羊角은 양의 뿔처럼 말린 회오리바람을 의미한다. 搏風은 비상한다는 뜻이므로, 搏羊角은 회오리바람을 타고 날아오른다는 의미일 것이다.

년(660) 官軍[45]이 本藩을 평정하던 날, 일의 조짐을 보고 변화를 알아 검을 지니고[46] 귀의할 곳을 깨달으니, 由余[47]가 戎에서 나온 것과 비슷했고 金磾[48]가 漢으로 들어온 것과 같았다. 성상께서 찬탄하셔서 영예로운 반열로 발탁하여 右武衛 滻川府의 折衝都尉[49]로 제수했다. 이때 日本[50]의 잔당들이 扶桑[51]에 근거해 토벌로부터 달아났고, 風谷[52]의 유민들이 盤桃[53]를 의지해 견고했다. 1만의 기병이 들판에 펼쳐지니 盖馬[54]와 함께 먼지가 어지러이 올라왔고, 1천의 배가 파도를 가로지르니 原蛇[55]를 도와 막혔던 물길이 풀

---

42) 빼어난 기개: 英風은 걸출하고 굳센 기개를 의미한다.

43) 구름 밖: 雲外는 높은 하늘, 높은 산, 세외 등을 의미한다.

44) 顯慶: 唐 高宗의 연호로 656년부터 661년까지 사용했다.

45) 官軍: 앞에서 등장했던 本蕃과 마찬가지로 예군이 백제 멸망 이후 당으로 이주하여 생활하면서 고위 관직을 역임했으므로 백제를 평정한 당의 군대를 官軍으로 표현했을 것이다.

46) 검을 지니고: 杖劍은 杖劒과 동일하게 거병하여 일을 일으킨다는 의미이다. 의자왕의 항복에는 예군의 동생인 예식진이 깊이 개입했다고 보는 것이 일반적이지만, 이 표현을 감안하면 예군도 예식진과 함께 물리력 행사에 관여했을 가능성이 있다.

47) 由余: 『韓非子』에 따르면, 由余는 戎王의 사신으로 秦에 왔으나 秦 穆公의 계책에 의해 秦에 귀순한 인물이다.

48) 金磾: 『漢書』에 따르면, 金磾(金日磾)는 흉노 休屠王의 아들이었지만 漢 武帝의 흉노 토벌 시기 霍去病에게 포로로 잡힌 후 漢에 귀순한 인물이다.

49) 右武衛 滻川府의 折衝都尉: 『唐六典』에 따르면, 左·右武衛는 隋에서 설치되어 唐까지 이어졌고, 光宅 원년(684)에 左·右鷹揚衛로 바뀌었다가 神龍 원년(705)에 左·右武衛로 돌아왔다. 한편 滻川府는 『舊唐書』, 『新唐書』 등 사서에서는 보이지 않고 다만 「高元珪 墓誌」에 등장하는데, 이를 萬年縣 예하 滻川鄕에 설치된 절충부로 보는 견해가 있다. 折衝都尉는 각 지역에 설치된 折衝府의 책임자로 상급 절충부에서는 정4품상, 중급 절충부에서는 종4품하, 하급 절충부에서는 정5품하이다. 『新唐書』에 따르면 절충부의 상중하 등급은 垂拱 연간(685~688)에 병력의 수에 따라 정해졌다.

50) 日本: 「예군 묘지명」의 소개 직후에는 이것을 국호로 보는 견해가 많았으나, 당시에는 日本이 고구려, 신라를 가리키는 日東, 日域과 마찬가지로 일반명사였고 「예군 묘지명」 내에서 어떤 나라의 국호도 언급한 경우가 없으므로 국호가 아니라는 반론이 제기되었다. 이 구절 및 백제 멸망 이후 다수의 유민이 왜로 이주하고 왜 조정이 백제를 지원한 당시의 정황을 감안하면 여기에서 제시된 日本은 백제를 지칭한다고 보아야 할 것이다.

51) 扶桑: 전통적으로 일본을 가리키는 용어이다. 扶桑은 본래 동방의 일출 경계를 일컫는 명칭으로 漢人의 지리 지식이 내지로 제한되었을 때에는 산동 동부를 그 지역으로 여겼지만 이후 한반도 국가들과 통교하고 나아가 왜와 왕래하면서 지칭 대상이 한반도 삼국으로, 다시 왜로 옮겨졌다.

52) 風谷: 바람이 불어오는 골짜기라고 해석하면서 風이 風伯을 의미하며 風伯은 다시 箕伯이라고도 불리므로, 이를 箕子와 연결시켜 기자조선의 수도인 왕검성 즉 평양 및 여기에 도읍한 고구려를 가리킨다고 본 견해가 있다. 그러나 묘지에서 예군과 고구려의 관련성은 전혀 찾아볼 수 없으므로 갑자기 이 부분에서 고구려를 언급하는 것은 어색하다. 風谷이 이 구절의 앞부분에서 등장한 日本과 대구를 이룬다는 점을 감안하면 日本이 가리킬 가능성이 높은 백제를 다르게 표현한 것이라고 볼 수 있다.

53) 盤桃: 중국의 전설에서 3,000년에 1번 열매를 맺는다고 하는 蟠桃를 가리킨다. 이 나무는 동방에 있다고 하므로 앞에서 등장하는 日本, 扶桑, 風谷 등과 더불어 중국의 동쪽 지역에 있는 국가를 의미할 가능성이 높다. 風谷을 고구려로 보아 그 유민이 의탁한 盤桃를 신라로 보는 견해도 있지만, 위에서 서술했듯이 風谷을 백제로 해석한다면 盤桃는 일본을 의미할 것이다.

54) 盖馬: 몸의 대부분을 갑주로 두른 말을 의미한다. 盖馬는 중장기병의 핵심 요소이므로 고구려를 연상하기 쉽다. 그러나 여기에서는 후반부의 수군 표현(1천의 배)과 대구를 이루고 있으므로 663년 백강 전투에서 등장하는 신라 및 백제 부흥군의 기병을 묘사한다고 보아야 할 것이다.

55) 原蛇: 일반적으로 부대나 선단의 행렬을 뱀에 비유하는 경우가 많다(蛇行). 또한 준마를 原馬라고도 표현하므로, 原蛇는 앞의 구절에서 등장한 盖馬(기병)에 대응하는 대형 선박들(전함)의 행렬을 비유한 표현으로 볼 수 있다.

어졌다. 공이 海左[56]에서 계책에 뛰어나고 瀛東[57]에서 귀감이 되니, 특별히 황제에게 뽑혀 가서[58] 招慰를 주관했다. 공은 신하의 절조를 외치며 목숨을 던졌고, 皇華[59]를 노래하며 수레가 달려갔다. 바다를 건너 날아가는 푸른 매, 산을 넘어 날아가는 赤雀[60]과 같았다. 하천이 모이는 곳[61]을 터뜨리니 天吳[62]가 조용해졌고, 바람의 휘몰아침을 뚫으니 雲路[63]가 통했다. 놀란 오리가 짝을 잃으니 저녁이 끝나기 전에 물을 건너가는 것과 같았다. 마침내 하늘의 위엄을 펼쳐 얘기할 수 있었으니, 千秋[64]의 복으로 깨우쳤다. 僭帝[65]가 하루아침에 신하임을 칭하니, 이에 大首望[66] 수십 명을 이끌고 입조하여 알현했다. 특별히 은혜로운 조서를 받아 左戎衛郎將[67]에 제수되었고, 얼마 후 右領軍衛中郎將[68] 겸 檢校熊津都督府司馬[69]로 발탁되어 옮겼다. 재주는 천리마[70]와 같이 빛났고, 어짊은 百城[71]의 마음에 부합했다. 靈臺[72]에 촛불을 드니

56) 海左: 고대 중국의 지리에서 左는 東을 의미하므로 海東을 가리킬 것이다.

57) 瀛東: 瀛은 호수, 바다, 물 등을 의미하므로 여기에서는 海東을 가리킬 것이다.

58) 특별히…가서: 簡在는 存在와 같은 뜻으로 누군가의 심중에 있다는 표현에서 자주 사용된다. 또한 簡에는 선발한다는 의미가 있으므로 여기에서는 황제의 마음에 들어 뽑혔다고 해석할 수 있을 것이다.

59) 皇華: 명을 받고 가는 사행 및 그 사신을 찬양하는 의미이다.

60) 赤雀: 전설에서 등장하는 상서로운 새(봉황)를 의미한다. 한편 北周 庾信의 「哀江南賦」에서 전함의 명칭으로 蒼鷹과 赤雀이 등장했으므로, 여기에서도 사신으로 가는 예군의 위세를 드러내기 위해 蒼鷹과 赤雀을 사용했을 가능성이 있다.

61) 하천이 모이는 곳: 眥가 눈꺼풀, 옷깃 등의 접합부를 의미하므로 河眥는 하천이 합류하는 곳으로 볼 수 있다.

62) 天吳: 水神의 이름이다. 『山海經』 大荒東經篇 에 따르면 사람 얼굴의 머리가 8개이고 몸은 호랑이이며 10개의 꼬리가 있다고 한다.

63) 雲路: 아주 먼 길을 가리킨다.

64) 千秋: 오랜 시간, 영원함을 의미한다.

65) 僭帝: 당의 관료였던 예군의 입장에서 당과 대립하던 국가의 군주를 지칭할 것이다. 7세기 중후반 동북아시아에서는 고구려, 신라, 백제, 왜가 모두 당과 긴장 상황에 있었다. 그러나 고구려 관련 서사가 전무한 「예군 묘지명」에서 갑자기 고구려왕이 등장했다고는 보기 어렵고, 신라 문무왕이 비록 안승을 책봉한 사례가 있어 당 입장에서 僭帝로 보일 수 있지만 이 구절은 예군이 웅진도독부 사마가 되어 신라를 방문하기 이전의 일을 서술한 것이므로 신라(문무왕)와 관련이 없다. 백제의 멸망 이후 의자왕이 대신들과 함께 당으로 끌려갔으므로 僭帝를 백제왕으로 보는 견해가 많지만, 이 구절에서 서술한 일의 공적으로 예군이 左戎衛郎將이 되었는데 左戎衛의 연혁을 감안하면 이는 662년 이후의 일이므로 660년 의자왕의 항복과는 거리가 있다. 僭帝는 豊璋에게 織冠을 수여하여 백제의 왕위를 잇게 했을 뿐만 아니라 다수의 백제 유민을 수용하고, 665년 예군과의 교섭 이후 황족으로 추정되는 인물을 당에 사신으로 보내 복종을 표방한 왜왕으로 보아야 할 것이다.

66) 大首望: 首望은 명망이 높은 최상급의 가문을 의미한다. 여기에서는 다시 그 앞에 大를 붙였으므로 나라에서 가장 유력한 세력을 가리킬 것이다.

67) 左戎衛郎將: 『唐六典』에 따르면 左戎衛는 본래 左領軍衛이다. 唐은 漢 이래 사용되던 領軍의 명칭을 따서 左·右領軍衛를 설치했는데(『隋書』, 『新唐書』에 따르면, 武德 3년에 설치된 左·右禦衛가 武德 5년에 左·右領軍衛로 변화), 龍朔 2년(662)에 左·右戎衛로 바뀌었다가 咸亨 원년(670)에 左·右領軍衛로 돌아왔고, 다시 光宅 원년(684)에 左·右玉鈐衛로 바뀌었다가 神龍 원년(705)에 左·右領軍衛로 복구되었다. 한편 郎將은 정5품상의 군관이다.

68) 右領軍衛中郎將: 右領軍衛에 대해서는 위의 左戎衛에 대한 주석을 참조할 것. 한편 中郎將은 정4품하의 군관이다.

69) 檢校熊津都督府司馬: 「흑치상지 묘지명」에 따르면 흑치상지는 咸亨 3년(672)에 웅진도독부 사마를 겸하게 되었는데 이 해는 웅진도독부 사마 신분으로 신라를 방문했다가 억류된 예군이 풀려난 해였다.

70) 천리마: 千里之足은 천리마를 의미하는 千里足의 동의어일 것이다.

71) 百城: 당시 예군이 활동하던 웅진도독부를 가리킬 것이다.

72) 靈臺: 周 文王이 세운 누대를 의미하며, 文王은 군주의 이상적인 모습을 상징하므로 황제의 조정을 가리킬 것이다.

무성한 나무들 사이에서 재능이 드러났고, 神府[73]에 달을 거니 계수나무 수풀에 향기가 덮였다. 비단옷을 입고 낮에 다니니 부귀가 바뀜이 없었고, 萑蒲[74]도 밤에 잠드니 키우고 가르침에 도리가 있었다. 지난 咸亨[75] 3년(672) 11월 21일 조서를 내려 右威衛將軍에 제수했다. 彤闕[76]을 엄중히 경계했고, 紫陛[77]를 예에 맞게 지켰다. 영예로운 승진을 누차 입었으니, 여러 관직을 맡는 것이 빈번했다. 바야흐로 방대한 좋은 계책으로 영원히 편안하도록 크게 도왔다고 일컫는다. 어찌 태양이 달려 변해가자 馬陵[78]의 나무에 서리가 내리고, 합쳐진 강물이 머무르기 어려우니 바람이 龍驤[79]의 물을 솟구치게 하는 것을 생각할 수 있었을까. 儀鳳[80] 3년(678) 戊寅 2월 朔 甲子 19일 景午[81]에 병으로 雍州 長安縣 延壽里[82]의 저택에서 사망하니 나이는 66세[83]였다. 황제의 마음이 공적을 회고하고 옛일을 생각하니 비통함이 오래되었다. 絹布 300段과 粟 300斛[84]을 보내주고, 장사에 필요한 것은 모두 관에서 지급하도록 했다. 또한 弘文館學士[85] 겸檢校本衛長史[86] 王行本[87]으로 하여금 감독하도록 했다. 공의 고명한 식견이 두루 통달함과 온화한 모습

73) 神府: 靈府라고도 하며 혼이 머무는 곳을 의미한다. 靈臺와 함께 궁궐, 조정을 가리킬 것이다.

74) 萑蒲: 수초를 의미하며, 도적이 출몰하는 곳 및 도적을 비유할 때 사용한다.

75) 咸亨: 唐 高宗의 연호로 670년부터 674년까지 사용했다.

76) 彤闕: 붉게 칠한 궁궐로 황제가 있는 곳을 가리킨다.

77) 紫陛: 보라색은 황제를 의미하므로 앞의 彤闕과 동일하게 황제가 있는 곳을 가리킨다.

78) 馬陵: 지금의 河北省 大名縣의 남동쪽 지역이다. 기원전 341년 魏의 장군이었던 龐涓이 이곳에서 齊의 軍師였던 孫臏의 매복에 당해 자살했다. 다음 구절에서 서술한 예군의 갑작스러운 사망을 龐涓의 자살과 관련된 馬陵을 통해 비유했다고 생각된다.

79) 龍驤: 용이 솟구쳐 오르는 것처럼 강력한 기세를 의미한다. 한편 晉의 龍驤將軍 王濬이 단기간에 吳를 멸망시킨 고사로부터 예군의 돌연한 사망을 묘사한 표현으로 보는 견해도 있다.

80) 儀鳳: 唐 高宗의 연호로 676년부터 679년까지 사용했다.

81) 景午: 본래 丙午이지만, 唐 高祖 李淵의 부친 이름(李昞)을 피해 丙 대신 景을 사용했다.

82) 雍州 長安縣 延壽里: 雍州는 본래 隋의 京兆郡으로서 唐 高祖 武德 원년(618)에 雍州로 바뀌었고, 그 아래에 長安縣과 萬年縣을 시작으로 하는 23개의 현을 관할했다. 長安縣은 황성 남쪽에 있는 주작문가 서쪽의 54개 坊과 西市를 포함하며 縣治는 懷眞坊이었다. 乾封 원년(666)에 분할되어 乾封縣을 두었고 長安 3년(703)에 乾封縣은 폐지되어 다시 長安縣으로 편입되었다. 延壽里는 주작문가 서쪽에서 세 번째 거리, 즉 황성 서측에서 첫 번째 거리이고, 거리의 서쪽에서 북쪽으로 다섯 번째의 방이 延壽坊(리)이다.

83) 66세: 예군은 비록 백제 출신이었으나 백제 멸망 전후 및 당에서의 행적을 감안하면, 사망 당시의 행정 절차는 당인 신분으로 진행되었을 것이다. 또한 예군은 당의 관료로서 里坊制가 엄격히 운용된 장안에 거주했으므로 호적이 작성되었을 것이고, 장례를 주관한 당 조정이 그 기록을 참고했다면 그의 연령은 중국 방식으로 산출되었을 가능성이 높으므로 儀鳳 3년(678) 66세로 사망한 예군은 613년에 출생한 것이 된다. 만약 이 연령이 백제 방식으로 산출된 것이라면, 그는 612년에 출생했다고 보아야 한다.

84) 絹布 300段과 粟 300斛: 『唐令拾遺補』에 따르면 開元 7年令에서는 右威衛將軍과 같은 3품의 직사관이 사망했을 경우 物百段粟百石을 지급하도록 규정되어 있었다(『通典』에도 동일한 규정이 존재). 예군은 사망 당시의 규정보다 많은 물품을 받았을 가능성이 높은데, 이는 그가 백제 멸망 전후부터 세운 공적을 감안해 취해진 조치였을 것이다.

85) 弘文館學士: 『唐六典』에 따르면 弘文館은 門下省 아래에 설치된 기구로서, 賢良한 인물을 뽑아 學士로 임명한다. 學士는 5품 이상으로 담당 업무는 서적의 교정, 심사 및 생도의 교육이며, 조정에서는 제도의 연혁, 의례의 경중을 논의할 때 참여했다. 한편 『唐令拾遺補』에 따르면 開元 7年令에서는 3품에 해당하는 자가 사망했을 경우 鴻臚寺의 丞(종6품상)이 의식을 감독하도록 규정했다.

이 높음을 생각하니, 明珠[88]가 비길 바 없었고 白珪[89]에 이지러짐이 없었다. 十步之芳[90]에 蘭室[91]도 그 향기를 삼갔고, 사방의 빛에 桂嶺[92]도 그 아름다움을 숭상했다. 갑자기 떠오르는 날개에서 떨어지니, 황급히 이어지던 절구질의 모습을 멈췄다.[93] 이에 그 해 10월 甲申 朔 2일 乙酉에 雍州 乾封縣 高陽里[94]에 장사지내니 예의에 맞는 일이었다. 수레를 끄는 말이 슬프게 울며 九原[95]으로 영원히 가버렸다.[96] 달이 저녁에 지나갔고, 별이 밤에 올라왔다. 해가 산에 떨어지니 풀빛이 차갑고, 바람이 들판을 건너가니 소나무 소리가 울린다. 文榭[97]에 오르니 소통할 수 있고, 武山[98]을 따라가며 편안히 우러른다. 맑은 바람이 다하여 사라지는 것을 슬퍼하여 壽像[99]에 향기로운 이름을 세웠다. 그 詞에서 말한다.

胄胤[100]은 靑丘, 향기로운 기반은 華麗[101]였다. 혈통이 장구하게 이어져, 때를 만나 건너왔다. 번성한 일족이 매우 빼어나니, 奕葉[102]이 대대로 이어졌다. 獻款[103]을 일찍이 밝히니, 두터운 은혜가 다함이 없었다. 그 첫 번째. 공의 후예를 생각하니, 계수나무와 난의 향기와 같았다. 시작이 七貴[104]처럼 영예로우니,

---

86) 檢校本衛長史: 本衛는 예군이 장군으로 근무한 右威衛일 것이다. 長史는 『唐六典』에 따르면, 종6품상의 관료로 右威衛에서는 각 조의 사무 판정 및 兵仗, 羽儀, 車馬의 검열 등을 포함해 각종 행정 업무를 처리했다.

87) 王行本: 여기에서 등장한 王行本은 678년에 사망한 예군의 장례를 감독했으므로, 『舊唐書』, 『新唐書』에서 隋말 唐초에 등장하는 王行本과는 다른 인물일 것이다.

88) 明珠: 광택이 있는 진주로서, 충량하고 뛰어난 사람을 비유할 때 사용한다.

89) 白珪: 白圭라고도 한다. 백옥으로 만든 禮器로서, 청백한 사람을 비유할 때 사용한다.

90) 十步之芳: 어디라도 인물이 있다는 비유(『說苑』, "十步之澤 必有香草, 十室之邑 必有忠士")에서 유래한 것으로 생각되며, 예군의 뛰어남을 가리킨다고 보인다.

91) 蘭室: 향기로운 방으로 여성의 방을 가리키는 경우가 많다. 여기에서는 예군의 재능(十步之芳)이 더 뛰어남을 보여주기 위한 비유로 사용되었다.

92) 桂嶺: 앞 부분의 蘭室과 마찬가지로 예군의 재능(四鄰之彩)에 대비되어 사용되었다.

93) 황급히…멈췄다: 輟舂는 죽은 이를 애도할 때 사용하는 표현이며, 連은 절구질이 이어지는 것을 의미한다고 볼 수 있다.

94) 雍州 乾封縣 高陽里: 다른 예씨 일족(예식진, 예소사, 예인수)의 묘지에서는 장사지낸 곳을 각각 高陽原(예식진), 雍州高陽原(예소사), 長安縣之高陽原(예인수)으로 서술했다. 2010년에 이루어진 발굴을 통해 이들이 묻힌 高陽原(里)의 위치가 현재 西安市 長安區 郭杜鎭南村의 남쪽임이 밝혀졌다.

95) 九原: 춘추시대 晉 卿大夫들이 매장된 곳으로 일반적인 묘지를 가리킬 때 사용한다.

96) 영원히 가버렸다: 長往은 떠나서 돌아오지 않는다는 뜻으로 사망을 순화시킨 표현이다.

97) 文榭: 채색 그림으로 장식한 누대, 정자 등을 의미한다.

98) 武山: 文榭와 더불어 文과 武의 대구를 이룬다. 한편 武山은 四川省의 한 지명(武山縣)으로 巫峽으로도 불리는데 여기에는 楚 襄王과 巫山神女의 고사가 전해진다.

99) 壽像: 壽器가 棺材 혹은 생전에 미리 만들어 놓은 관을 의미하므로 壽像 또한 장례와 관련된 물품(피장자의 생전 모습을 한 조형물이나 그림, 혹은 묘지)일 가능성이 있다.

100) 胄胤: (직계) 자손을 의미한다.

101) 華麗: 화려하다는 의미의 수식어로 볼 수도 있으나 앞부분의 靑丘를 감안하면 어떠한 지역을 가리킬 수 있다. 『漢書』 地理志에서 華麗가 낙랑군의 영현으로 등장하므로, 예군의 선조가 중국에서 왔다는 앞에서의 서술과 함께 생각하면 예군은 낙랑군의 중국계 유이민의 후손이었을 가능성도 있다.

102) 奕葉: 대대로 영화를 누린다는 의미이다.

103) 獻款: 귀순한다는 의미이다.

104) 七貴: 前漢 시기 조정을 장악했던 7개의 외척 가문, 隋 말 7명의 권력자(段達, 王世充, 元文都, 盧楚, 皇甫無逸, 郭文懿, 趙

이에 아들에서 손자로 전해졌다. 좋은 향기가 후대로 흐르니, 아름다운 이름을 來昆[105]에게 널리 전했다. 빼어난 명성은 비록 다했지만, 令範[106]은 여전히 남아있다. 그 두 번째. 창밖의 화살처럼 어느새 가을이 왔고, 창틈의 말처럼 빠르게 해가 저물었다. 명성은 나날이 멀어지고, 덕은 해가 지날수록 옛것이 된다. 소나무가 밤바람에 탄식하는 것이 애처롭고, 薤가 아침이슬에 노래하는 것이 슬프다. 靈轜[107]가 서둘러 움직이려 하지만, 울고 있는 말은 바라만 보며 나아가지 않는다. 산과 계곡의 변화를 탄식하며, 音徽[108]가 사라지지 않기를 바란다. 그 세 번째.

4. 연구쟁점

1) 예군의 인적정보

「예군 묘지명」이 발견되기 전에도 문헌에서 예군의 존재를 확인할 수 있었지만, 정보가 단편적이고 백제사의 전개 과정에서 '禰(祢)'라는 성이 등장하지 않아 큰 관심을 받지 못했다.[109] 하지만 「예군 묘지명」을 통해 그의 생애와 관련된 기본정보들을 복원할 수 있다.

묘지에서 예군이 儀鳳 3년(678) 66세로 사망했다고 서술했으므로, 이를 근거로 그가 613년(백제 무왕 14년, 隋 大業 9년)에 출생했다고 보는 것이 일반적이다(김영관 2012, p.136). 그런데 당시 당과 백제의 연령 계산 방식에 차이가 있었으므로, 출생 연도를 정밀히 검토할 필요가 있다. 『舊唐書』에 따르면, 唐 高祖는 天和 원년(566)에 출생해 貞觀 9년(635) 70세의 나이로 사망했다.[110] 반면 백제 무령왕은 『日本書紀』, 『三國史記』, 「武寧王 墓誌」의 기록을 종합하면 雄略 5년(461)에 태어나 523년 62세로 사망했다.[111] 만약 당의 방식을 따른다면 예군은 613년에 출생한 것이 되지만, 백제 방식에 의하면 출생 연도는 612년이다.

長文), 權貴 등을 의미한다. 한편 建安七子를 가리킨다는 견해도 있다.

105) 來昆: 후대, 자손을 의미한다.

106) 令範: 본받을 만한 좋은 미덕, 전범을 의미한다.

107) 靈轜: 관을 실은 수레를 의미한다.

108) 音徽: 아름다운 소리, 음성과 용모 등을 의미한다.

109) 『日本書紀』, 『善隣國寶記』 등에서 예군이 등장하는데, 이에 대해서는 웅진도독부 체제에서의 예군의 활동을 정리하면서 다시 서술하겠다.

110) 『舊唐書』 卷1, 高祖, "高祖以周天和元年生於長安", "(貞觀 九年) 崩於太安宮之垂拱前殿 年七十"

111) 『日本書紀』 卷14, 雄略天皇 5年 6月, "孕婦果如加須利君言 於筑紫各羅嶋産兒 仍名此兒曰嶋君"
『三國史記』 卷26, 武寧王 23年 5月, "王薨 謚曰武寧"
「武寧王 墓誌」, "寧東大將軍 百濟 斯麻王 年六十二歲 癸卯年 五月 丙戌朔 七日 壬辰 崩"
세 종류의 사료를 조합하여 생몰 연대와 연령을 산출하는 것은 부정확하다고 볼 수도 있다. 그러나 『三國史記』의 무령왕 23년(523)이 계묘년인 사실과 5월에 사망했다는 서술이 「무령왕 묘지명」의 내용과 완전히 일치하므로, 사망 관련 사항은 백제 본래의 전승임을 인정할 수 있다. 또한 『日本書紀』의 해당 기사는 『百濟新撰』을 인용한 것이므로 출생 연대도 이미 백제에서 공인된 내용으로부터 유래했을 가능성이 높다. 결국 세 사료가 모두 백제 본래의 전승에서 비롯되었다면, 이들을 연결하여 생몰 연대, 연령을 계산하는 것도 큰 무리는 없을 것이다.

「예군 묘지명」의 사망 연령은 어떤 방식을 따랐을까. 묘지는 묘주의 의향을 반영하는데, 예군이 자신이 성장한 백제에서의 방식에 근거한 연령을 표방했을 수도 있다. 그러나 백제 멸망 전후 및 당에서의 행적을 감안하면, 사망 당시 예군은 당인으로서의 정체성이 보다 컸다고 생각된다. 게다가 그는 당의 관료로서 里坊制가 엄격히 운용된 장안에 거주했으므로 호적이 작성되었을 것이고, 장례를 주관한 당 조정이 그 기록을 참고했다면 묘지의 연령은 중국 방식으로 산출되었을 가능성이 더 높다. 결국 예군은 613년에 출생했다고 보는 편이 합리적이다.

묘지에 따르면 예군의 부친은 禰善, 조부는 禰譽, 증조는 禰福이다. 이와 관련해 예식진, 예소사 부자의 묘지에 나타난 표현을 살필 필요가 있다. 예식진은 부친이 禰思善, 조부는 禰譽多이며, 그의 아들 예소사는 부친이 禰寔進, 조부가 禰善, 증조는 禰眞이다.[112] 예군, 예식진의 부친과 조부의 이름이 유사하므로 양자의 관련성을 짐작할 수 있는데, 예식진의 아들 예소사의 조부가 禰善이라고 했으므로 결국 禰善과 禰思善은 동일인을 다르게 표현한 것이라고 할 수 있다.[113] 「예식진 묘지명」에 따르면 예식진은 咸亨 3년(672) 58세로 사망하여 615년에 출생한 것이 되므로,[114] 부친이 동일한 예군과 예식진은 두 살 터울의 형제였음을 알 수 있다.

한편 예군은 熊津嵎夷人으로 서술되었다. 일반적으로 웅진은 백제의 두 번째 수도이자 北方의 치소였던 공주를 가리킨다. 그러나 우이는 사비에 위치한 웅진도독부 예하 현의 명칭이었을 뿐만 아니라 멸망 이전부터 백제의 중심지를 가리키는 용어로 사용되었으므로,[115] 「예군 묘지명」의 웅진우이는 웅진도독부의 우이, 즉 사비 지역에 해당한다. 이는 예군이 표방한 출생지가 사비였음을 의미한다. 반면 예군의 동생인 예식진은 묘지에서 百濟熊川人으로 기술되었다.[116] 백제웅천은 백제의 웅진을 의미하는 것이 분명하므로[117] 나이 차이가 크지 않은 형제가 각각 다른 곳에서 출생한 것인데, 현재로서는 그 이유를 알기 어렵다. 다만 뒤에서 논의하겠지만 백제 멸망 이후에도 예군은 사비, 예식진은 웅진을 활동 무대로 삼은 것이 확인되므로, 두 형제와 각 지역 사이의 연고를 어느 정도 짐작할 수 있다.

---

112) 「예식진 묘지명」, "祖佐平譽多父佐平思善"
「예소사 묘지명」, "曾祖眞帶方州刺史祖善隨任萊州刺史父寔進入朝爲歸德將軍東明州刺史左威衛大將軍"

113) 예소사의 아들 예인수의 묘지에서도 선조의 관력을 서술하면서 예선-예식진-예소사의 계보를 언급했다. 이와 관련하여 田中俊明은 예소사의 휘가 素士, 자가 素인 점에 착안하여 휘와 자의 관계를 단정할 수 없지만 思善과 善, 譽多와 譽도 동일한 관계로 볼 가능성이 있다고 했다(田中俊明 2012, p.48).

114) 「예식진 묘지명」, "咸亨三年五月卄五日因行薨於來州黃縣春秋五十有八"

115) 『三國史記』 卷37, 雜志 三國有名未詳地分, "都督府一十三縣 嵎夷縣 神丘縣 … (下略)"
『三國史記』 卷5, 太宗武烈王 7年 3月, "勅王爲嵎夷道行軍摠管 使將兵 爲之聲援"
이와 더불어 2001년 관북리에서 출토된 286번 목간에서 '嵎夷' 묵서가 확인되었는데, 이를 백제 멸망 이전부터 사용된 지명으로 보는 견해가 있다(윤선태 2006, pp.250-256).

116) 「예식진 묘지명」, "公諱寔進百濟熊川人也"

117) 『日本書紀』 卷17, 繼體天皇 23年 기사에서는 경상남도 창원을 가리키는 熊川이 등장한다. 그러나 후술하듯이 예식진은 웅진(공주)에서 활동한 것이 확실하므로 百濟熊川을 창원 지역으로 보기는 어렵다.

2) 예씨 일족의 출자

「예군 묘지명」 및 다른 예씨 일족(예식진, 예소사, 예인수)의 묘지에서는 본인 및 일족의 출자를 언급했다. 그런데 서술한 내용이 모두 조금씩 다르므로, 가계의 내력을 파악하기 위해서는 이들을 종합적으로 비교, 검토할 필요가 있다. 각 묘지에서 본인 및 선조와 관련된 부분을 발췌, 정리하면 다음의 표와 같다.

묘주	본인	선조	이주 시점
예군	熊津嵎夷人	① 其先与華同祖 ② 永嘉末避亂適東 因遂家焉 ③ 曾祖福祖譽父善皆是本藩一品官号佐平 ④ 胄胤靑丘 芳基華麗	4세기 초
예식진	百濟熊川人	① 祖左平譽多父左平思善並蕃官正一品	–
예소사	楚國瑯琊人	① 七代祖禰嵩自淮泗浮於遼陽爲熊川人也 ② 曾祖眞帶方州刺史 祖善隨任萊州刺史 ③ 赫赫我祖 奄營南土 令尹稱功 開封建宇	4세기 말 ~ 5세기 초
예인수	–	① 隨末有萊州刺史祢善者 盖東漢平原處士之後也 ② 知天猒隨德 乘桴竄海 遂至百濟	7세기 초

위의 표를 살피면 세대가 내려올수록 선조의 출신이 구체화되고 백제로의 이주 시기가 늦어지는 점을 알 수 있다(권덕영 2012, pp.16-17). 이러한 현상을 어떻게 해석해야 할까. 백제의 지배층을 구성한 대성 8족에 예씨가 포함되지 않으므로 예씨를 중국에서 이주한 일족으로 보는 견해가 있다(張全民 2012, pp.16-18). 여기에서는 묘지들의 내용을 최대한 긍정하는 방향으로 논지를 전개했다. 즉, 예소사가 楚國琅琊人이므로 그 시원은 楚가 瑯琊(현재의 산동 지역)를 점유했던 춘추전국시대로 올라가며, 예소사의 7대조 예숭이 거주한 淮泗와 예인수의 선조 禰衡(東漢平原處士)이 거주한 平原이 모두 산동 일대이므로 예씨 일족은 산동 지역에서 기원했다는 것이다.

그러나 이러한 논리에는 재고의 여지가 있다. 낭야를 제의 영역으로 보는 통설과 달리 초가 이 지역을 점령했던 사실이 있으므로 초국낭야인이라는 표현은 사용할 수 있다. 그러나 올바른 지역 정보를 사용했다고 그곳을 출자지로 단정할 수는 없다. 예소사는 묘지에 사망 당시 연령을 기록하지 않았지만 관련 기록을 통해 656~658년 사이 백제에서 태어났음을 알 수 있기 때문이다.[118] 또한 예소사, 예인수의 묘지에서 예선(예군, 예식진의 부친)이 隋 말 萊州刺史였다고 했으나, 현재까지 사서에서 확인되는 隋대 이 지

118) 「예소사 묘지명」에서는 그가 15세에 부친의 음덕으로 遊擊將軍을 받았다고 서술했다. 이는 그의 부친 예식진이 左威衛大將軍으로 근무할 때의 일이었을 것이다. 예식진은 671년에 東明州刺史로 재직하던 백제고지에서 돌아와 左威衛大將軍이 되었고 672년에 사망했다. 결국 예소사가 15세였던 해는 671 혹은 672년이므로, 이로부터 역산하면 출생 시점은 656~658년 사이가 된다.

역의 지방관은 宇文愷, 麥鐵杖, 牛方裕, 淳於에 불과하며 그 칭호도 隋 말에는 東萊郡守였다(拜根興 2012, p.307). 게다가 예선이 내주자사였다면 그 선대인 예승의 단계에 백제로 이주했다가 다시 중국으로 돌아간 것이 된다. 隋 煬帝의 고구려 원정에 백제가 협조 의사를 표명했으므로 중국계 백제 관료인 예선을 당시 출병 거점인 내주의 자사로 삼았다고 보는 견해도 있지만(김영관 2012, p.110), 이미 백제를 의심하던 상황에서,[119] 타국의 사신에게 군사적 중요성이 높은 지역을 관할케 했다고 보기는 어렵다.

묘지는 당대의 기록이므로 역사적 가치가 매우 높지만, 동시에 해당 시점에 묘주가 처한 상황을 반영한다. 후술하겠지만 예군, 예식진은 백제 멸망 과정에서 당에 협력한 이후 당인으로서의 정체성을 인정받고자 노력했을 것이다. 그러나 당시 당에는 의자왕의 태자이자 웅진도독인 부여융, 백제 부흥군의 수장이었던 흑치상지 등 다양한 계통의 백제 유민들이 존재했고, 예군 등이 비록 당의 고관을 역임했지만 이들과의 연관성을 부정하기 어려웠을 것이다. 예군, 예식진 단계에서는 중국과의 관련성이 극히 소략한 대신 직계 선조가 백제의 좌평이었음을 강조한 반면, 후대로 갈수록 백제에 대한 언급이 줄어들고 중국과의 관련성을 구체적으로 언급한 양상은 이러한 상황을 반영한다고 생각한다. 또한 예군, 예식진의 장례는 예소사, 예인수의 경우와 달리 당 조정이 주관했으므로 묘지도 그 과정에서 공식적으로 작성했을 가능성이 높다.[120] 그렇다면 백제를 언급한 부분의 신빙성도 상대적으로 높을 것이다. 결국 현재로서는 예씨 일족의 출자를 중국보다 웅진으로 보는 편이 합리적이다.[121]

3) 예군의 백제 정계 진출

예군이 백제 정계에서 두각을 나타낸 것은 언제부터일까. 고대 국가에서 왕실을 제외한 지배층은 각자의 지역 기반을 갖는 경우가 많았고, 특히 백제는 웅진 천도 이후 지배층 내에서 신진 세력의 비중이 증가하는 것을 확인할 수 있다(김영심 1997, p.116). 예씨는 『宋書』, 『南齊書』 등에 등장하는 王侯號를 칭한 백제측 인사나 『隋書』, 『通典』 등에서 제시한 대성 8족에 포함되지 않았으므로,[122] 비록 웅진 지역에 연고가 있더라도 최정상급 지역 세력으로는 여겨지지 않는다. 그러나 후술하듯이 예식진이 백제 멸망 당시 웅진방령이었으므로, 예씨 세력이 어느 시점에 백제 정계에 등장한 것은 분명하다. 예씨가 沙氏, 苩氏 등 유력 성씨들에 비해 그 세력에 부족함이 있었다면, 정계 진출은 왕실과의 결탁을 통해 이루어졌을 가능성이 높다.

---

119) 『隋書』 卷81, 百濟, "璋亦嚴兵於境 聲言助軍 實持兩端"

120) 「예식진 묘지명」, "恩加詔葬禮洽飾終以其年十一月卄一日葬於高陽原爰命典司爲其銘曰 … (下略)"

121) 「예군 묘지명」에서는 일족의 기반을 華麗로 서술한 구절이 있다(胄胤靑丘 芳基華麗). 이는 중국과의 관련성을 표현한 수식의 하나일 수도 있지만, 예씨 일족이 낙랑계 이주민이었을 가능성도 있다.
한편 禰를 '니'로 읽으면 『日本書紀』에서 가야계 성씨로 추정되는 爾와 통하므로 예씨를 가야계 이주민과 연결시킨 견해가 있다(강종원 2012, pp.297-301). 그러나 여기에서 제시한 두 인물 중 한 명은 왜인으로 보이며, 『日本書紀』에서 한반도 계통 인물의 이름은 대개 음차로 표기했으므로 禰와 爾를 곧바로 연결시키기는 어렵다. 또한 예군 등 예씨 4인의 묘지가 모두 중국과의 관련성만을 표방한 이상 예씨가 가야 지역에서 유래했을 가능성은 낮다.

122) 『北史』, 『新唐書』, 『通典』, 『翰苑』 등에서 제시한 대성 8족은 각각 조금씩 차이가 있지만 예씨가 포함된 경우는 없다.

이와 관련하여 예씨의 등장이 무왕 28년(627) 신라 공격을 위해 군대를 일으켜 웅진성에 주둔했던 일과 무왕 31년(630) 사비성 중수로 국왕이 웅진성에 머물렀던 일에서 비롯되었다고 본 견해가 있다(이도학 2007, p.72). 당시 예군은 15~18세였다. 고대에 15세는 노동력 제공의 기준 연령이었고, 군사적으로도 한 명의 몫을 할 수 있는 나이였다.[123] 예군의 조카인 예소사가 15세에 당에서 첫 공직을 시작한 것[124]도 고대의 정계 입문 연령이 10대 중반이었음을 보여주는 좋은 예이다. 「예군 묘지명」, 「예식진 묘지명」 모두 그들의 조부, 부친이 좌평이었다고 서술했으므로, 좌평을 세습한 가문을 배경으로 예군이 정계에 나아갔을 수도 있다. 예군의 조부, 부친은 세대를 감안하면 6세기 중, 후반에 활동했을 것이다. 그런데 묘지 외에 좌평과 연결할 수 있는 예씨 관련 기록이 아직 발견되지 않은 이상, 묘지의 내용만으로 예씨를 백제의 좌평 가문으로 단정하기는 어렵다. 관산성 전투에서 좌평 4명이 사망하면서 생긴 공백을 예씨 가문이 차지했다고 보는 견해도 있지만(김영관 2012, pp.149-150), 패전 이후 왕권이 귀족세력에 의해 극히 약화된 상태에서 예씨 일족이 기존 유력 가문들의 견제를 극복하고 좌평 가문으로 성장하기는 어려웠을 것이다.

무왕은 성왕의 전사 이후 한동안 위축되었던 왕권을 강화했고, 국력도 신라에 공세를 취할 수 있을 만큼 회복되었다. 이 과정에서 지배구조 역시 변화했을 텐데, 『三國史記』, 『日本書紀』에서 무왕 시기 전후부터 기존의 유력 성씨가 아닌 인물들이 좌평으로 등장하는 현상[125]은 무왕과 새로운 정치세력의 관계를 암시한다. 특히 6좌평-18부 체제의 구축을 위해 당 관제를 도입한 시점이 630년대일 것이라는 견해(정동준 2008, pp.189-193)는 신진 세력들이 제도권에 편입된 시점에 시사하는 바가 크다. 결국 이상의 추론을 종합하면, 예군은 630년 전후 무왕이 웅진 지역과 맺은 모종의 관계 속에서 10대 중반에 정계에 입문했고, 예씨 일족의 대두도 그와 비슷한 시기에 이루어졌다고 보아야 한다.

이러한 추정이 타당하다면, 백제 멸망 당시 예군 등의 행적도 어느 정도 이해할 수 있다. 후술하겠지만 예군, 예식진은 의자왕의 항복에 직접 영향을 미쳤다고 보인다. 왕실과의 결탁을 통해 상당히 높은 지위까지 오른 그들이 한순간에 반역에 가까운 행동을 한 이유는 아직 불분명하다. 그러나 그들이 비교적 늦

---

123) 『三國史記』 卷23, 始祖溫祚王 41年 2月, "發漢水東北諸部落人年十五歲以上 修營慰禮城"
『三國史記』 卷25, 辰斯王 2年, "春 發國內人年十五歲已上 設關防"
『三國史記』 卷25, 腆支王 13年 7月, "徵東北二部人年十五已上 築沙口城"
『三國史記』 卷26, 東城王 12年 7月, "秋七月 徵北部人年十五歲已上 築沙峴耳山二城"
『三國史記』 卷26, 武寧王 23年 2月, "春二月 王幸漢城 命佐平因友達率沙烏等 徵漢北州郡民年十五歲已上 築雙峴城"
『三國史記』 卷5, 太宗武烈王 7年 7月, "左將軍品日 喚子官狀 一云官昌 立於馬前 指諸將曰 吾兒年十六纔 志氣頗勇 今日之役 能爲三軍標的乎"
『三國史記』 卷41, 金庾信上, "公年十五歲爲花郎"
『三國史記』 卷44, 斯多含, "時斯多含年十五六 請從軍 王以幼少不許 其請勤而志確 遂命爲貴幢裨將"

124) 「예소사 묘지명」, "年十五授遊擊將軍 長上父宿衛近侍"

125) 좌평은 6세기까지 대성 8족에 속한 인물들이 독점하는 경향이 강했다. 欽明天皇 4년(543) 임나 관련 회의에서 등장하는 상좌평 沙宅己婁, 중좌평 木刕麻那, 하좌평 木尹貴 등이 대표적이다. 그러나 좌평 王孝隣(무왕 8년, 607년)을 시작으로 7세기 이후 다른 성씨를 갖는 좌평들이 다수 등장하며, 의자왕 17년(657) 왕의 서자 41명을 좌평으로 임명한 단계에서는 이미 관작화되었다고 보인다.

은 시기 정계에 입문하여 기존 지배층과 충분히 융합할 시간적 여유가 없었던 점은 무시할 수 없다. 무왕 말기부터 백제 조정 내에서 다양한 정치세력들이 각축을 벌였고, 특히 의자왕 시기 당, 왜와의 관계를 둘러싼 극심한 갈등은 결국 백제 멸망의 한 원인이 되었다(장미애 2012, pp.247-254). 그리고 신진 세력이었던 예씨 일족은 왕실의 구심력이 약화된 상황에서 당으로부터 충격이 가해지자 백제로부터의 이탈을 쉽게 선택했던 것이다.[126)]

4) 백제 멸망 전후 예군의 활동

예군, 예식진의 묘지는 백제 멸망 시기 그들의 행적을 구체적으로 보여줄 뿐만 아니라 기존 문헌의 내용과도 연결되었으므로 연구자들의 많은 관심을 받았다. 『삼국사기』에 따르면 신·당 연합군의 공세에 직면한 의자왕은 도성을 탈출해 웅진으로 피신했지만 곧 항복했다.[127)] 그런데 『舊唐書』, 『新唐書』에서는 그와 관련하여 보다 상세한 모습이 나타난다.

> [A-1] 其大將禰植又將義慈來降 (『舊唐書』 卷83, 蘇定方)
> [A-2] 其將禰植與義慈降 (『新唐書』 卷111, 蘇定方)

「예군 묘지명」에 앞서 「예식진 묘지명」이 소개되자,[128)] 예식과 예식진을 동일인으로 보는 견해가 제기되었다. 양자의 명칭이 유사하며, 대장 예식의 사례와 유사한 모습을 「예식진 묘지명」에서 확인할 수 있기 때문이다(김영관 2007, p.375; 拜根興 2008, pp.66-67). 여기에서는 예식진을 웅진의 대장, 즉 웅진방령으로 보면서 조부, 부친 모두 좌평이었다는 「예식진 묘지명」의 서술에 근거해 예식진도 좌평일 가능성을 제기했다. 반면, '大將'이라는 표현으로 보아 두 사람을 동일인으로 볼 수 없다는 의견도 존재한다. 대장은 한 나라의 총사령관을 가리키므로 달솔급인 웅진방령과 예식은 별개의 존재라는 것이다(이도학 2007, p.80). 그러나 대장을 백제의 특정 관직으로 보기는 어려우므로 이 견해를 따를 수 없다.[129)]

한편 「예군 묘지명」이 알려진 직후에는 軍과 植의 의미가 통하므로 예군과 예식을 동일인으로 보기도 했다(王連龍 2011, p.126). 이는 지나친 추정이라고 생각하지만, 여기에서 양자를 동일시한 것은 「예군 묘

---

126) 이러한 양상은 고구려에서도 확인할 수 있다. 645년 안시성 앞에서 벌어진 회전에서 고구려군 15만 명을 지휘한 고연수, 고혜진의 관등은 병력 규모에 어울리지 않는 5품 위두대형, 7품 대형에 불과했다. 이들은 연개소문의 정변에 참여한 공으로 발탁된 인물로 추정되는데(노태돈 2009, p.217), 항복 직후 태종에게 새로운 공격 루트를 제안하는 등 전향적 태도를 보였다. 특히 중간에 화병으로 사망한 고연수와 달리 고혜진은 태종과 함께 장안으로 돌아갔다.

127) 『三國史記』 卷5, 太宗武烈王 7年 7月, "十三日 義慈率左右 夜遁走 保熊津城 … (中略) … 十八日 義慈率太子及熊津方領軍等 自熊津城來降"

128) 「예식진 묘지명」은 董延壽·趙振華, 2007, 「洛陽, 魯山, 西安出土的唐代百濟人墓志探索」, 『東北史地』 2007年 第2期에 의해 처음 소개되었다. 한국 학계에는 김영관, 2007, 「百濟遺民 禰寔進 墓誌 소개」, 『신라사학보』 10을 통해 알려졌다.

129) 이 견해는 백제 부흥군 수뇌부의 일원인 도침이 스스로를 일국의 대장이라고 불렀다는 『三國史記』 백제본기의 서술을 근거로 한다. 그러나 당시 도침의 직책은 비록 자칭이지만 領軍將軍이었다.

지명」에서도 의자왕을 데리고 항복하는 것을 연상시키는 모습이 보이기 때문이다. 예군, 예식진 묘지에서 백제 멸망 시기의 모습을 묘사한 부분을 옮기면 다음과 같다.

[B-1] 去顯慶五年 官軍平本蕃日 見機識變 杖劍知歸 似由余之出戎 如金磾之入漢 (「예군 묘지명」)

[B-2] 占風異域 就日長安 式奉文棍 爰陪武帳 腰鞬玤鶡 紆紫懷黃 駈十影於香街 翊九旗於綺禁 豈与夫日磾之輩 由余之儔 議其誠績 較其優劣者矣 (「예식진 묘지명」)

양자 모두 사태의 변화를 살펴 당에 항복했다는 식으로 서술했고, 특히 由余, 金磾(金日磾)의 비유를 동일하게 사용했으므로 이것만으로는 누가 예식인지 확정하기 어렵다. 하지만 2010년 예씨 묘역 발굴 과정에서 발견된 「예인수 묘지명」에 따르면 예식진을 예식으로 보아야 한다.

[B-3] 子寔進世官象賢也 有唐受命東討不庭 卽引其王 歸義于高宗皇帝 (「예인수 묘지명」)

여기에서 그 왕을 데리고 고종에게 귀의했다는 표현은 [A-1]과 합치한다. 결국 예식진이 의자왕과 함께 항복한 대장 예식이자 웅진방령이었고, 예군은 앞에서 언급했듯이 사비에서 출생, 활동하다 의자왕과 함께 웅진으로 피신했을 가능성이 높다. 그런데 『삼국사기』의 "義慈率太子及熊津方領軍等"에서 웅진방령군을 '웅진방령의 군사'가 아니라 '웅진방령인 군(예군)'으로 해석하는 견해가 있다(권덕영 2012, pp.22-23). 여기에서는 예식과 예식진을 동일인으로 인정하되 항복의 주역은 웅진방령 예군으로 이해했다. 그러나 태자의 이름도 표기하지 않으면서 방령의 이름을 기술했다고 보기 어렵고(김영심 2013, p.17), 웅진방령군은 웅진방령의 직할 병력으로 이해하는 편이 합리적이다.[130]

예군과 예식진의 관계에서 연구자들의 관심이 집중된 부분은 누가 항복에 주도적인 역할을 했느냐이다. 의자왕은 마지막까지 당군의 공세를 늦추고자 노력했고,[131] 군사적 역량이 우수한 웅진성으로 피신한 점에서 재기 의도가 엿보이므로 항복은 의자왕의 의지에 반한다고 추정된다. 이에 대해 [A-1], [B-3]에서 예식진(예식)이 의자왕을 '데리고(將, 引)' 항복했다는 표현을 근거로 웅진방령 예식진이 군사력을 배

130) 웅진성의 군사라면 熊津方軍, 熊津城軍으로 표기하는 편이 적합하다고 본 견해(권덕영 2012, pp.22-23)도 있으나 고대 국가의 전쟁 수행 방식을 감안하면 熊津方軍은 유사시 方 예하 각급 행정단위에 주둔하던 병력을 전부 결집시켰을 때 사용하는 표현이다. 또한 반역과도 같은 긴급 상황에서 의자왕의 호송은 웅진방령의 직할 병력이 수행했을 텐데, 熊津城軍으로 표기한다면 문맥에서 웅진방령의 역할이 사라진다. 당시 예식진이 웅진방 예하 군, 성들의 책임자와 병력 전체를 동원하기는 어려웠을 것이므로, 熊津方領軍은 예식진이 가까이에서 부린 직할 군사들을 의미한다고 생각된다.

131) 『三國史記』 卷5, 太宗武烈王 7年 7月, "百濟王子 使佐平覺伽 移書於唐將軍 哀乞退兵 十二日 唐羅軍△△△圍義慈都城 進於所夫里之原 定方有所忌不能前 庾信說之 二軍勇敢 四道齊振 百濟王子 又使上佐平致饔餼豊腆 定方却之 王庶子躬與佐平六人 詣前乞罪 又揮之"

경으로 의자왕을 협박했다고 보는 것이 일반적이다. 예식진이 左威衛大將軍이라는 고위 관직을 받은 것도 그 대가로 해석한다.

물론 예식진이 의자왕의 항복 과정에서 전면에 부각되었음은 분명하다. 다만 이는 상세히 살필 필요가 있다. 「예소사 묘지명」에 따르면 항복 직후 예식진이 받은 관직은 좌위위대장군이 아니라 歸德將軍이었기 때문이다.[132] 물론 귀덕장군(종3품하)이 당시 예군이 받은 右武衛滻川府 折衝都尉(정5품하)보다 품계가 높으므로 예식진의 공이 더 컸다고 보는 견해도 있다(김영관 2012, p.131). 하지만 귀덕장군은 투항한 이민족 수령들에게 주는 武散官인 반면 예군은 京師에 가깝고 관내도에 속한 중요 지역인 산천부의 절충도위로 임명되었으므로, 품계만으로 누가 더 주도적이었는지 판단하기 어렵다(권덕영 2012, p.23). 게다가 將, 引의 사용이 예식진의 주도적 위치를 보여주는 것은 아니다. 한편 [B-1]에서 보이는 '杖劍'은 거병하여 일을 일으키는 것을 비유할 때 사용하는 용어이다. 이는 예군이 의자왕의 항복 과정에서 있었을 물리력 행사에 개입한 것을 암시하는 표현이 아닐까. 다만 당시 동원한 군사력은 웅진방령 예식진 휘하의 병력이었을 것이므로, 억측에 불과하지만 사비에서부터 의자왕의 곁에 있었을 예군이 '거사'를 기획하고 예식진이 자신의 군사력을 이용해 형의 기획을 실행에 옮겼을 가능성도 있다고 생각한다.[133]

5) 웅진도독부 시기 예군의 활동

당은 백제 멸망 이후 기미지배를 위해 백제 전역을 1도호부 5도독부로 개편했으나 직후부터 이어진 백제 부흥군의 공세로 그 시도는 실패했고, 백제 고지에 대한 지배 형태는 1도독부(웅진도독부) 7주 51현 체제로 귀결되었다(박지현 2012, pp.30-40). 이는 비록 최초 기획과는 달랐으나, 백제 고지를 안정적으로 확보, 통치함으로써 한반도 남쪽에 거점을 확보하고 이를 통해 고구려 정벌을 달성하려는 당 조정의 의도는 유지되었다. 특히 신라와의 대립이 심화되면서 웅진도독부는 백제 고지 안정화, 고구려 정벌 준비, 신라에 대한 대처 등 막중한 임무를 수행해야 했다. 당은 원활한 통치를 위해 다른 지역에서의 기미지배와 마찬가지로 기존 백제 지배층의 일부를 포섭했고, 예군도 문헌에 그 활동 흔적이 남아 있다.

---

132) 「예소사 묘지명」 "父寔進入朝爲歸德將軍東明州刺史左威衛大將軍"
예식진의 관력에 대해 「예식진 묘지명」에서는 개석에 새겨진 左威衛大將軍을 제외하면 그가 당에서 역임한 관직을 전혀 언급하지 않았고, 「예인수 묘지명」에서는 예식진이 의자왕을 데리고 귀순한 공로로 左威衛大將軍이 되었다고 서술했다(子寔進世官象賢也 有唐受命東討不庭 卽引其王 歸義于高宗皇帝 由是拜左威衛大將軍). 예식진은 백제 멸망에 공이 컸으므로 660년 소정방이 의자왕, 대신들을 이끌고 귀환할 때 동행했을 것이다. 그런데 『唐六典』, 『舊唐書』 등에 따르면, 隋에서부터 유지된 左屯衛府가 龍朔 2년(662)에 비로소 左威衛로 바뀌었다. 즉, 660년에 입조한 예식진을 左威衛大將軍으로 임명하는 것은 불가능하다. 반면 歸德將軍은 『舊唐書』에 따르면 顯慶 3년(657)에 설치되었으므로 예식진에게 제수할 수 있다.

133) 한편, 예식진이 이러한 행동을 할 수 있었던 것은 당시 그가 군관구 성격이 강한 方(김영심 1997, pp.135-137)의 책임자였기 때문일 것이다. 백제 말기 좌평이 관작화되던 상황에서 달솔은 실질적 최고 관등이었을 가능성이 높고 「흑치상지 묘지명」에서도 달솔과 병부상서가 같다고 했으므로, 달솔이 임명되는 방령은 兵籍 관리 등을 통해 인력 동원 권한을 가졌다고 생각한다.

[C-1] 王疑百濟殘衆反覆 遣大阿飡儒敦於熊津都督府 請和 不從 乃遣司馬禰軍窺覘 王知謀我 止禰軍不送 擧兵討百濟 (『三國史記』 卷6, 文武王 10年 7月)

[C-2] 至咸亨元年六月 高麗謀叛 摠殺漢官 新羅即欲發兵 先報熊津云 高麗旣叛 不可不伐 彼此俱是帝臣 理須同討凶賊 發兵之事 須有平章 請遣官人來此 共相計會 百濟司馬禰軍來此 遂共平章云 發兵已後 即恐彼此相疑 宜令兩處官人 互相交質 即遣金儒敦及府城百濟主簿首彌長貴等 向府 平論交質之事 (『三國史記』 卷7, 文武王 11年)

[C-3] 由是 獲罪大朝 遂遣級飡原川 奈麻邊山 及所留兵船郎將鉗耳大侯 萊州司馬王藝 本烈州長史王益 熊州都督府司馬禰軍 曾山司馬法聰 軍士一百七十人 (『三國史記』 卷7, 文武王 12年 9月)

위의 기록들을 통해 예군이 670년 전후 웅진도독부의 사마로 활동했고, 간첩 혐의로 신라에 억류된 후 당에 보내졌음을 알 수 있다.[134] 당시 웅진도독부는 도독 부여융이 665년 당으로 돌아갔고, 鎭將 유인원마저 고구려 정벌에 종군하다 668년 유배되었으므로[135] 司馬였던 예군이 실질적 책임자였을 것이다. 비록 체포의 명분은 간첩 행위였지만, 그 직후 신라가 백제 고지의 82개 성을 함락시킨 것을 감안할 때 오히려 신라가 예군을 억류하여 웅진도독부 통수체계의 교란을 노렸다고 보는 견해(이도학 1987, pp.93-94)도 웅진도독부에서 그가 차지하는 비중을 잘 보여준다.

그렇다면 예군은 언제부터 백제 고지에서 활동했을까. 일본 측 문헌에서 관련 기사를 확인할 수 있다.

[C-4] 百濟鎮將劉仁願遣朝散大夫郭務悰等進表函與獻物 (『日本書紀』 卷27, 天智天皇 3年 5月)

[C-5] 海外國記日 天智天皇三年四月 大唐客來朝 大使朝散大夫上柱國郭務悰等卅人 百濟佐平禰軍等百餘人 到對馬島 (『善隣國寶記』 卷上, 天智天皇 3年)

[C-6] 唐國遣朝散大夫沂州司馬馬上柱國劉德高等 等謂右戎衛郎將上柱國百濟禰軍 朝散大夫上柱國郭務悰 凡二百五十四人 七月廿八日至于對馬 九月廿日至于筑紫 廿二日進表函焉 (『日本書紀』 卷27, 天智天皇 4年 9月)

이에 따르면 예군은 664년 백제 고지를 실질적으로 책임진 유인원의 사신으로 일본에 파견되었으므로 그가 660년 입당 이후 곧 다시 돌아왔음을 알 수 있다. 첫 번째 방일이 부여융의 웅진도독 임명, 취임보다

134) 한편 「흑치상지 묘지명」에 따르면 흑치상지는 咸亨 3년(672)에 웅진도독부 사마를 겸했다. 이는 예군이 당으로 보내진 해이므로 그가 예군의 후임자였을 것이다.

135) 『舊唐書』 卷199上, 百濟國, "仁願仁軌等既還 隆懼新羅 尋歸京師"
『三國史記』 卷28 麟德 2年, "仁願等還 隆畏衆攜散 亦歸京師"
『新唐書』 卷220 高麗, "劉仁願與勣會 後期 召還當誅 赦流姚州"

이르다는 점,[136] 당시 [C-6]처럼 당의 공식 직함(右戎衛郎將)이 아닌 百濟佐平으로 불린 점으로 미루어 예군은 웅진도독부 체제가 확립되기 이전부터 현지에서 당 지배 정책의 핵심 인물로 활동했다고 생각한다. 그 구체적인 시점은 663년 백강 전투 이후일 것이다. [C-4]~[C-6]의 파견은 백강 전투의 사후처리를 위한 것이며(西本昌弘 2013, p.88), 「예군 묘지명」에서도 예군이 그러한 목적에서 사신으로 발탁되었음을 암시하는 부분이 보이기 때문이다.[137] 예군은 사행에서의 공로로 左戎衛郎將, 이어서 右領軍衛中郎將 겸 檢校熊津都督府司馬에 임명되었고 이후의 전개는 [C-1]~[C-3]과 같을 것이다.[138]

한편 예식진도 백제 고지 지배에 참여했다. 앞에서 살폈듯이 그는 귀덕장군에 이어 동명주자사를 역임했는데 동명주는 웅진도독부 예하 7주의 하나였다. 동명주는 예하의 현들(웅진현, 노신현, 구지현, 부림현)이 모두 공주 일대로 비정되므로,[139] 웅진성을 치소로 하는 北方과 지리적으로 밀접한 관계이다. 예식진은 자신이 방령이었던 지역에 다시 한번 부임한 것이다.[140] 그가 귀덕장군에 이어 곧바로 동명주자사에 임명된 사실과 예군의 경우를 감안하면 예식진도 형과 비슷한 시기에 백제 고지로 돌아왔다고 추정된다(권덕영 2012, pp.27-28). 백제 고지 지배의 핵심 기구인 웅진도독부와 그를 뒷받침하는 군사 거점인 동명주에서 각각 활동한 예군, 예식진은 당시 당의 동북아시아 전략에서 중요한 역할을 수행한 존재였다고 할 수 있다.

6) '日本'의 해석

「예군 묘지명」에는 '日本'을 명시한 다음의 구절이 있다.

> [D-1] 于時日本餘噍 據扶桑以逋誅 風谷遺甿 負盤桃而阻固

'일본'을 표기한 실물자료인 「杜嗣先 묘지명」(713), 「井眞誠 묘지명」(734)보다 4~50년 이른 자료의 발견은 당연히 학계의 관심 대상이 되었고, 「예군 묘지명」의 소개 직후 묘지의 일본 표현이 국호를 지칭한다고 보는 견해들도 많이 등장했다(王連龍 2011; 氣賀澤保規 2012; 王連龍 2012; 小林敏男 2012). 그러나 당시 日本은 국호가 아니라 신라, 고구려를 가리킬 때 사용한 日東, 日域 등과 같은 일반명사였고, 「예군 묘지명」에서 고유한 국호는 한 번도 언급하지 않았으므로, [D-1]의 日本 또한 국호(고유명사)로 볼 수 없

136) 부여융은 665년의 취리산 회맹에 참가하기 이전 664년 10월 유인궤의 추천에 의해 웅진도독으로 임명되었다(박지현 2012, p.27).

137) 「예군 묘지명」의 해당 부분은 '日本'에 대한 논의를 검토하면서 다시 언급하겠다.

138) [C-6]에서 예군은 右戎衛郎將 직책으로 방일했다. 반면 「예군 묘지명」에 따르면 그는 항복 과정에서의 공으로 右武衛滻川府 折衝都尉를 받은 이후 左戎衛郎將으로 승진했다. 이에 대해 예군이 右戎衛郎將으로 갔던 사행의 공으로 左戎衛郎將으로 승진했다는 견해(王連龍 2011, p.128)와 右戎衛郎將은 左戎衛郎將의 오기로 보는 견해(권덕영 2012, p.25)가 있다.

139) 『三國史記』 卷37, 雜志 三國有名未詳地分, "東明州四縣 熊津縣 本熊津村 鹵辛縣 本阿老谷 久遲縣 本仇知 富林縣 本伐音村"

140) 예식진이 자신의 연고지에 부임한 사실은 웅진도독부 사마로 임명된 예군도 사비에 연고가 있었음을 암시한다.

다는 반론이 제기되었다(東野治之 2012, pp.3-4). 이는 묘지의 내용 전체를 감안해 내린 결론이며, 현재 「예군 묘지명」의 '일본' 표현만으로 국호 제정 시점을 판단하기는 어렵다는 의견이 일반적이다(西本昌弘 2013, p.89).

근래 묘지의 내용과 당시 웅진도독부와 신라, 왜, 당 사이에서 벌어졌던 사건들을 함께 고려하여 [D-1]의 日本, 扶桑, 風谷, 盤桃가 각각 백제, 왜, 고구려, 신라를 의미한다고 보는 견해가 제기되었다(李成市 2013, pp.242-248). 묘지가 비록 압축적으로 서술되었지만, 일관된 서사 구조를 갖는 이상 전체 맥락을 감안하며 분석한 위 견해의 검토 방식은 타당하다고 생각한다. [D-1]에 이어지는 구절을 문맥에 맞춰 구분하면 다음과 같다.

[D-2] 萬騎亘野 与盖馬以驚塵 千艘横波 援原蛇而縦沵
[D-3] 以公格謨海左 龜鏡瀛東 特在簡帝 往尸招慰
[D-4] 公佝臣節而投命 歌皇華以載馳 飛汎海之蒼鷹 翥凌山之赤雀 決河眥而天吳靜 鑿風隧而雲路通 驚鳧失侶 濟不終夕
[D-5] 遂能說暢天威 喻以禑福千秋
[D-6] 僭帝一旦稱臣 仍領大首望數十人 將入朝謁
[D-7] 特蒙恩詔 授左戎衛郎將 少選遷右領軍衛中郎將兼檢校熊津都督府司馬

[D-3]~[D-6]은 예군이 招慰를 위한 사신으로 활동한 과정을 말해준다. 위의 견해는 이 부분이 670년 예군이 웅진도독부 사마로서 신라로 갔던 사건을 표현했다고 보았다. [D-6]의 僭帝를 예군 파견 시점에 안승을 고구려왕으로 책봉한 문무왕으로 간주했기 때문이다.[141] 또한 [D-6]의 大首望 수십 명은 예군이 풀려나 당으로 귀환할 때 동행했던 급찬 원천, 나마 변산 등[142]을 지칭한다고 추정했다. 이렇게 본다면 [D-1]은 [D-3]~[D-6]의 전제가 되는 일이므로 670년 당시의 국제정세를 감안하면 왜(扶桑)와 연계한 백제(日本) 유민과 신라(盤桃)에 의지한 고구려(風谷) 유민을 가리킨다고 할 수 있다.

扶桑은 전통적으로 일본을 가리키는 용어이고,[143] 백제 멸망 이후 다수의 유민들이 일본 열도로 이주했을 뿐만 아니라 실제로 백강 전투가 있었던 만큼 "일본의 남은 무리가 부상에 근거해 주벌을 피한다"는 표현은 백제 유민과 왜 조정을 의미한다고 보아야 한다. 그러나 이어지는 구절의 해석은 재검토의 여지가 있다. 670년 신라 방문 시점에 예군은 이미 웅진도독부 사마였다.[144] 그런데 묘지의 서술에 따르면 예

141) 『三國史記』 卷6, 文武王 10年 7月, "遣沙湌須彌山 封安勝爲高句麗王"

142) 『三國史記』 卷7, 文武王 12年 9月, "遂遣級湌原川 奈麻邊山 及所留兵船郎將鉗耳大侯 萊州司馬王藝 本烈州長史王益 熊州都督府司馬禰軍 曾山司馬法聰 軍士一百七十人"

143) 白鳥庫吉은 扶桑이 동방의 일출 경계를 일컫는 명칭으로 漢人의 지리 지식이 내지로 제한되었을 때에는 산동 동부를 그 지역으로 여겼지만 이후 한반도와 통교하고 나아가 왜국과 왕래하면서 지칭 대상이 한반도 삼국으로, 다시 왜국으로 옮겨졌다고 했다(西本昌弘 2013, p.90).

군이 웅진도독부 사마가 된 것([D-7])은 [D-3]~[D-6] 이후이다. 예군의 招慰가 그가 사마가 되기 전의 일이었던 이상, 문무왕과의 관련성은 단정할 수 없다.[145] 그렇다면 [D-1]~[D-6]은 어떤 장면을 서술한 것일까.

이를 위해서는 예군이 '招慰' 사신으로 발탁된 배경과 '僭帝'의 대상을 밝혀야 한다. 우선 전자와 관련하여 「예군 묘지명」에는 대구 표현이 자주 등장한다. 이들을 살피면 대부분 하나의 대상을 두 측면에서 서술했고 전혀 관계없는 소재를 대구로 엮은 경우는 찾기 어렵다. [D-2]에서는 기병과 함대를 묘사했는데, 보통 '盖馬'라는 표현으로부터 고구려를 연상하기 쉽다. 그러나 대구 표현 방식을 고려하면 양자는 하나의 전장을 묘사했을 가능성이 높다. 예군이 활동하던 시기 묘지의 표현처럼 대규모 기병과 수군이 함께 확인되는 전투는 663년의 백강 전투이다. 백강 전투는 당과 왜의 수전으로 유명하지만, 신라 기병과 백제 부흥군의 교전도 당시 전투의 향방을 결정한 중요한 요소였다.[146] 이렇게 [D-2]를 백강 전투의 묘사로 본다면 [D-3]~[D-6]에서 묘사한 招慰의 대상국은 왜였을 가능성이 높다. 앞에서 검토했듯이 예군은 664, 665년 두 차례 왜 조정을 방문했으므로 시간적으로도 부합한다.

한편 '僭帝'는 당시 당과 대립하던 국가의 군주를 지칭할 것이다. 고구려와 당의 갈등은 연원이 깊었고, 백제는 신·당 연합군에 의해 멸망했다. 신라는 당의 동맹국이었지만 백제 고지의 지배권을 두고 양국의 이견이 첨예하게 대립했고, 왜는 백제의 우방으로서 백강 전투에서 신·당 연합군과 격돌했다. 묘지의 참제는 이들 중 어느 나라의 군주였을까. 우선 고구려는 「광개토왕릉비」, 「牟頭婁 묘지명」 등을 통해 5세기에 이미 독자적인 천하관, 연호 등을 가졌음을 알 수 있고, 남북조의 여러 왕조들로부터 책봉을 받았지만 이는 형식적인 것에 불과했다(노태돈 1999, pp.356-391). 그러나 고구려 관련 서사가 전무한 「예군 묘지명」에서 갑자기 고구려왕이 등장했다고는 보기 어렵다. 한편 신라왕(문무왕)은 670년 안승을 책봉했으므로 참제로 불렸을 가능성이 높다. 하지만 위에서 살폈듯이 시간 순서를 감안하면 참제 관련 부분은 웅진도독부 사마 예군과 신라 사이의 일이 아니다. 게다가 672년 문무왕이 당에 보낸 사신들을 묘지의 大首望으로 보기에는 그 관등(급찬, 나마)이 지나치게 낮고, 당시 예군은 신라에 억류되었다가 풀려난 상당히 치욕스러운 처지였으므로 이 사건을 묘지에 남겼을지 의심스럽다.

상당수의 연구자들은 참제를 백제왕으로 추정한다. 소정방이 장안으로 끌고 간 의자왕, 태자 및 수많은 대신들의 모습이 [D-6]과 통하기 때문이다.[147] 그러나 이 660년의 사건으로 예군은 이미 右武衛滻川

144) 『三國史記』 卷6, 文武王 10年 7月, "王疑百濟殘衆反覆 遣大阿湌儒敦於熊津都督府 請和 不從 乃遣司馬禰軍窺覘"

145) 이 구절을 670년의 일로 볼 경우 시간 순서에 오류가 발생한다는 점을 지적하면서도, 문무왕의 안승 책봉 및 672년 사죄사를 파견할 때 문무왕이 칭신한 점에 더 비중을 두어 僭帝가 문무왕일 가능성이 높다고 본 견해도 있다(古代東アジア史ゼミナール 2012, pp.174-175).

146) 『三國史記』 卷7 文武王 11年, "此時 倭國船兵 來助百濟 倭船千艘 停在白江 百濟精騎 岸上守船 新羅驍騎 爲漢前鋒 先破岸陣 周留失膽 遂卽降下"

147) 이러한 견해에서는 [D-6] 전체의 주어를 참제로 설정하여 僭帝(의자왕)가 大首望 수십 인을 이끌고 입조했다고 해석한다. 그러나 이 경우 이어지는 [D-7]의 포상 대상에 혼동을 초래할 수 있고, 의자왕은 포로의 한 명으로서 다른 이들을 이끌 수 있는 입장이 아니었다. 여기에서는 [D-6]의 '僭帝一旦稱臣'을 제외한 나머지 구절의 주어를 예군으로 보고 해석했다.

府 折衝都尉를 받았다. 무엇보다 [D-7]에서 예군이 참제에 대한 招慰의 공으로 받은 左戎衛郎將은 左戎威의 연혁을 생각하면 662년부터 사용할 수 있는 명칭이다.[148] 참제를 의자왕으로 간주해 [D-1]~[D-7]을 백제 멸망 당시의 일로 본다면 예군은 660년에 세운 공으로 최소 2년이 지난 후 비로소 포상을 받은 것이 되는데, 이는 극히 어색하다.

결국 참제로 볼 수 있는 대상 중 남은 것은 왜왕뿐이다. 왜는 이미 수대에 천자국을 칭했고,[149] 당도 이를 인식하고 있었을 것이다. 661년 齊明이 사망한 후 天智는 황태자 신분으로 稱制를 시작했다. 그는 백강 전투 이전에 豊璋에게 織冠[150]을 수여하고 그가 백제의 왕위를 잇도록 했을 뿐만 아니라, 백강 전투 이후에는 훗날 백제왕으로 賜姓된 善光王 등을 難波에 안치시켰고 귀족을 포함한 다수의 백제인들을 중앙, 지방에 수용했다.[151] 당의 입장에서는 이러한 일련의 행위들을 취한 天智를 참제로 보았을 가능성이 다분하다. 또한 665년 예군의 2차 방일에서 大使 劉德高의 送使로 당에 보낸 小錦守君大石 등을 大首望으로 상정할 수 있다.[152] 이상의 추론을 인정할 수 있다면 [D-2]~[D-7]은 백강 전투와 그 사후처리 과정에서 활약한 예군을 묘사한 것이 되고 그 시점에서 고구려는 아직 멸망하지 않았으므로, [D-1]의 후반부도 백제 유민과 왜의 관계를 언급한 것으로 추정된다. 결국 日本과 風谷은 백제, 扶桑과 盤桃는 왜를 가리키는 용어로 보아야 할 것이다. 또한 이를 통해 예군 본인에게 왜와의 교섭은 백제 멸망 과정 및 웅진도독부 사마로서의 활동과 함께 묘지에 기록될 정도로 생애에서 큰 비중을 차지한 일이었음을 알 수 있다.[153]

---

148) 左戎威의 연혁은 3. 역주의 각주 67번을 참조할 것.

149) 『隋書』 卷81, 倭國, "大業三年 其王多利思比孤遣使朝貢 … (中略) … 其國書曰 日出處天子致書日沒處天子無恙云云 帝覽之不悅"

150) 大化 4년(648) 2월에 제정된 冠19階의 첫 번째 大織 혹은 두 번째 小織과 관련된 것으로 보인다.

151) 『日本書紀』 卷27, 天智天皇 即位前紀, "(九月)以織冠授於百濟王子豐璋"
『日本書紀』 卷27, 天智天皇 元年 5月, "宣勅以豐璋等使繼其位"
『日本書紀』 卷27, 天智天皇 3年 3月, "以百濟王善光王等居于難波"
『日本書紀』 卷27, 天智天皇 4年 是月, "勘校百濟國官位階級 仍以佐平福信之功 授鬼室集斯小錦下 其本位達率 復以百濟百姓男女四百餘人居于近江國神前郡"

152) 『日本書紀』 卷27, 天智天皇 4年 是歲, "遣小錦守君大石等於大唐云云 等謂小山坂合部連石積 大小乙吉士岐彌 吉士針間 蓋送唐使人乎"
이와 관련하여 小錦守君大石 이하 왜의 사신단이 666년 고종의 태산 봉선에 참여했을 것으로 보는 견해가 있다. 『舊唐書』에 따르면 유인궤는 태산 봉선에 신라, 백제, 탐라, 왜 4국의 우두머리를 이끌고 참여했다(『舊唐書』 卷84, 劉仁軌, "麟德二年 封泰山 仁軌領新羅及百濟耽羅倭四國酋長赴會 高宗甚悅 擢拜大司憲"). 유인궤가 인솔한 왜의 우두머리가 바로 이들이었다면, 이는 왜 조정이 고종에 대한 순종을 강력히 표방한 것이 된다(吉川眞司 2011, p.99). 또한 守君大石의 관위인 小錦은 天智 3년 2월에 새로 공포한 冠26階의 10~12위에 해당하는데(小錦上, 小錦中, 小錦下), 岩波書店刊 『日本書紀』의 주석에 따르면 당시 그들이 고종의 태산 봉선에 참가한다는 목적도 가졌으므로 守君大石의 관위가 送使에 걸맞지 않게 높았다고 한다. 守君大石 본인도 661년 편성된 백제구원군의 後軍 지휘부의 일원이었을 뿐만 아니라(『日本書紀』 卷27, 天智天皇 即位前紀 8月), 그 시조는 왜왕 景行의 장자인 大碓皇子였다(『日本書紀』 卷7, 景行天皇 40年 7月). 이는 씨족 전승에 의거한 것이겠지만, 守君大石이 일반 관인이 아니라 皇別氏族에 속했을 가능성도 있다.

153) 그동안 백강 전투는 중앙집권적 율령체제의 형성 동인이라는 점에서 일본 학계에 의해 높이 평가되었다. 그러나 이는 신라, 당 입장에서 별로 큰 비중을 차지하는 전투가 아니었다. 백강 전투를 과도하게 강조할 경우 백제 부흥전쟁의 주전장이

5. 참고문헌

강종원, 2012, 『백제 국가권력의 확산과 지방』, 서경문화사.

권덕영, 2012, 「백제 유민 禰氏一族묘지명에 대한 斷想」, 『사학연구』 105, 한국사학회.

김영관, 2007, 「百濟遺民 禰寔進 墓誌 소개」, 『신라사학보』 10, 신라사학회.

김영관, 2012, 「中國 發見 百濟 遺民 禰氏 家族 墓誌銘 檢討」, 『신라사학보』 24, 신라사학회.

김영심, 1997, 「百濟 地方統治體制 硏究」, 서울대학교 대학원 국사학과 박사학위논문.

김영심, 2013, 「백제 사비기 왕권과 귀족세력 -沙氏·禰氏 관련 신출자료에 의한 재해석-」, 한국사연구회 제293차 월례 연구발표회.

노태돈, 1999, 『고구려사 연구』, 사계절.

노태돈, 2009, 『삼국통일전쟁사』, 서울대학교출판부.

노태돈, 2009, 『한국고대사의 이론과 쟁점』, 집문당.

박지현, 2012, 「熊津都督府의 성립과 운영」, 서울대학교 대학원 국사학과 석사학위논문.

拜根興, 2008, 「百濟와 唐 관계에 관련한 두 문제」, 『백제연구』 47, 충남대학교 백제연구소.

拜根興, 2012, 「당대 백제유민 禰씨가족 묘지에 관한 고찰」, 『한국고대사연구』 66, 한국고대사학회.

윤선태, 2006, 「百濟泗沘都城과 嵎夷 -木簡으로 본 泗沘都城의 안과 밖-」, 『동아고고논단』 2, 충청문화재연구원.

이도학, 1987, 「熊津都督府의 支配 조직과 對日本政策」, 『백산학보』 34, 백산학회.

이도학, 2007, 「『禰寔進墓誌銘』을 통해 본 百濟 禰氏 家門」, 『전통문화논총』 5, 한국전통문화학교.

李成市, 2013, 「禰軍 묘지 연구 -禰軍의 외교상 사적을 중심으로-」, 『목간과 문자』 10, 한국목간학회.

장미애, 2012, 「의자왕대 정치세력의 변화와 대외정책」, 『역사와 현실』 85, 한국역사연구회.

정동준, 2008, 「6佐平-18部體制와 唐制」, 『백제연구』 50, 충남대학교 백제연구소.

董延壽·趙振華, 2007, 「洛陽, 魯山, 西安出土的唐代百濟人墓志探索」, 『東北史地』 2007年 第2期, 吉林省社會科學院.

王連龍, 2011, 「百濟人『禰軍墓誌』考論」, 『社會科學戰線』 2011年 第7期, 吉林人民出版社.

葛繼勇, 2012, 「『禰軍墓地』についての覺書」, 『東アジア世界史研究センター年報』 6, 專修大學社會知性開

주류성 공략전이었던 점을 홀시하거나 신라의 역할을 피동적으로 파악할 위험이 있다(노태돈 2009, pp.190-191). 다만 예군은 백제 멸망 이후 주로 왜와의 교섭에 종사했고 그 공으로 중앙 관계에 진출할 수 있었던 만큼, 백강 전투와 그 사후처리를 위한 왜 조정과의 교섭은 그의 개인 생애에서 매우 중요한 일로 여겨졌을 것이다. 당 조정도 왜와의 교섭을 경시하지 않았음은 664년 예군을 포함한 1차 방일이 유인원의 개인 사절이라는 이유로 거부되자 곧바로 다음 해에 공식 사절단을 보낸 사실을 통해 짐작할 수 있다.

發研究センター.

古代東アジア史ゼミナール, 2012,「祢軍墓誌譯註」,『史滴』34, 早稻田大學東洋史懇話會.

氣賀澤保規, 2012,「百濟人禰氏墓誌の全容とその意義·課題」,『新發見百濟人「禰氏(でいし)墓誌」と7世紀東アジアと「日本」』, 明治大學古代學硏究所·東アジア石刻文物硏究所 主催 國際シンポジウム.

吉川眞司, 2011,『飛鳥の都』, 岩波書店.

東野治之, 2012,「百濟人禰軍墓誌の「日本」」,『圖書』75, 岩波書店.

西本昌弘, 2013,「禰軍墓誌の『日本』と『風俗』」,『日本歷史』779, 日本歷史學會.

小林敏男, 2012,「白村江以後の「日本」國號問題 –「禰軍墓誌」の發見に寄せて–」,『新發見百濟人「禰氏(でいし)墓誌」と7世紀東アジアと「日本」』, 明治大學古代學硏究所·東アジア石刻文物硏究所 主催 國際シンポジウム.

王連龍, 2012,「「禰軍墓誌」與"日本"國號問題」,『新發見百濟人「禰氏(でいし)墓誌」と7世紀東アジアと「日本」』, 明治大學古代學硏究所·東アジア石刻文物硏究所 主催 國際シンポジウム.

張全民, 2012,「唐代百濟禰氏家族墓葬的發見與世系考証」,『新發見百濟人「禰氏(でいし)墓誌」と7世紀東アジアと「日本」』, 明治大學古代學硏究所·東アジア石刻文物硏究所 主催 國際シンポジウム.

田中俊明, 2012,「百濟·朝鮮史における禰氏の位置」,『新發見百濟人「禰氏(でいし)墓誌」と7世紀東アジアと「日本」』, 明治大學古代學硏究所·東アジア石刻文物硏究所 主催 國際シンポジウム.

禰寔進 墓誌銘

최상기

1. 개관

「예식진 묘지명」은 2007년 洛陽大學(현재의 洛陽理工學院) 교수인 董延壽와 洛陽古代藝術館 부연구원인 趙振華가 공동으로 발표한 「洛陽, 魯山, 西安出土的唐代百濟人墓志探索」을 통해 알려졌다(董延壽·趙振華 2007a). 한국 학계에는 그해 8월 김영관의 「百濟遺民 禰寔進 墓誌 소개」를 통해 소개된 후 한동안 「예식진 묘지명」 자체에 대한 연구가 진행되었고(김영관 2007; 이도학 2007; 拜根興 2008a),[1] 현재는 예씨 일족 전체를 검토하는 차원에서 예군 등과 함께 예식진에 대한 분석이 이루어지고 있다.

「예식진 묘지명」은 靑石으로 제작된 지석과 개석이 하나의 조합을 이룬다. 개석은 지붕 모양의 방형(盝頂, 方形)으로 한 변이 57cm, 두께는 15cm이고, 전서체로 "大唐故左威衛大將軍祢寔進墓誌之銘"을 세로로 4행에 걸쳐 음각했다. 지석은 방형으로 한 변이 58.5cm, 두께는 13cm이며, 둘레에는 12지신(12生肖)을 음각했다.[2] 지문은 세로쓰기로 18행, 18열로 구성되었고, 총 289자이다.[3] 「예식진 묘지명」은 발굴 과

1) 이 외에도 2007년 이후 백제 후기를 다룬 많은 연구들이 「예식진 묘지명」을 언급했다. 위에서 제시한 논문들은 「예식진 묘지명」 자체를 검토한 글들이다.

2) 지석의 둘레에 12지신이 아니라 花草를 새겼다고 보는 견해도 있다(이도학 2007, p.67). 그러나 김영관도 지석 둘레에는 12지신을 새겼고 蔓草紋을 개석 둘레에 음각했다고 했으므로(김영관 2012, p.97) 위의 견해에는 착오가 있다고 생각한다.

3) 본래 董延壽·趙振華가 「예식진 묘지명」을 처음 발표했을 때에는 묘지의 글자가 총 288자라고 했으나(董延壽·趙振華 2007a, p.8), 이는 새로 조합한 글자(판독표 7-⑮)를 편집 과정에서 컴퓨터가 인식하지 못해 누락시킨 결과였다(董延壽·趙振華 2007b, p.63).

정을 감안하면 西安에서 출토되었을 텐데, 처음 묘지를 소개한 글에서는 묘지가 洛陽의 상점가에서 발견되었다고만 언급했다. 이는 「예식진 묘지명」이 도굴을 통해 등장했음을 암시한다. 예식진을 비롯한 예씨 일족의 묘지들이 위치한 지역은 서안의 유명한 大學城(다수의 대학들이 모여 있는 구역)으로 2000년대 이후 조영 과정에서 陝西省 考古研究所 등 많은 관련 기관들이 발굴에 참여했고, 당시 출토된 「예식진 묘지명」이 비공식 루트를 통해 낙양으로 옮겨졌다고 보인다(拜根興 2008b, pp.28-29). 한동안 소재가 확인되지 않았던 「예식진 묘지명」은 현재 洛陽理工學院 도서관에 있음이 밝혀졌다(김영관 2012, p.93).

2. 판독 및 교감

출처: 김영관, 2012, p.95.

18	17	16	15	14	13	12	11	10	9	8	7	6	5	4	3	2	1	
古	恩	榮	溟	一	恩	因	浮	較	於	帳	標	沉	爲	祖	公	公	大	①
樹	光	簪	海	日	加	行	生	其	綺	腰	義	幹	姿	左	諱	墓	唐	②
霜	屢	紱	之	葬		薨	奄	優	禁	鞬	節	略	忠	平	寔	誌	故	③
落	洽	接	東	於		於	塵	劣	豈	玤	占	宏	厚	譽	進	銘	左	④
寒	寵	釆	遠	高		來	飄	者	与	鶡	風	遠	成	多	百	并	威	⑤
叢	服	鵷	截	陽	詔	州	於	矣	夫	紆	異	虛	性	父	濟	序	衛	⑥
唯	方	鴻		原	葬	黃	一	方	日	紫	域	弦	馳	左	熊		大	⑦
天	隆	星		爰	禮	縣	瞬	承	磾	懷	就	落	聲	平	川		將	⑧
地	逝	搖	皇	命	洽	春	以	休	之	黃	日	雁	滄	思	人		軍	⑨
兮	川	寶	風	典	飾	秋	咸	寵	輩	駈	長	挺	海	善	也		來	⑩
長	遽	劒	殞	司	終	五	亨	荷	由	十	安	劒	効	並			遠	⑪
久	遠	月	和	爲	以	十	三	日	余	影	式	飛	節	蓄			縣	⑫
与	悲	滿	飲	其	其	有	年	用	之	於	奉	猨	青	官			開	⑬
蘭	谷	雕	化	銘	年	八	五	於	儔	香	文	夙	丘	正			國	⑭
菊	俄	弓	抱	日	十		月	百	議	街	櫬	稟	公	一			子	⑮
兮	窮		義		一		卄	年	其	翊	爰	貞	器	品			主	⑯
無	烟		志		月		五	遽	誠	九	陪	規	宇	雄			國	⑰
終	含		承		卄		日	促	績	旗	武	早	深	毅			祢	⑱

大唐 故 左威衛大將軍 來遠縣開國子 柱國 祢公 墓誌銘 并序

公諱寔進 百濟熊川人也 祖佐平譽多 父佐平思善 并蕃官正一品 雄毅爲姿 忠厚成性 馳聲滄海 效節青丘 公器宇[深][4]沉 幹略宏遠 虛弦落雁 挺劍飛猨 夙稟貞規 早表義節 占風異域 就日長安 式奉文櫬[5] 爰陪武帳[6] 腰鞬玤鶡 紆紫懷黃 駈十影於香街 翊九旗於綺禁 豈与夫日磾之輩由余之儔 議其誠[績][7] 較其優劣者矣 方承休寵 荷日用於百年 遽促浮生 奄塵飄於一瞬 以咸亨三年五月廿五日 因行薨於來州黃縣 春秋五十有八 恩加詔葬 禮洽飾終 以其年十一月廿一日 葬於高陽原 爰命典司爲其銘曰

溟海之東 遠截皇風 殞和飲化 抱義志承 榮簪紱 接釆鵷鴻 星搖寶劍 月滿雕弓 恩光屢洽 寵服方隆 [逝][8]

4) 深(董延壽·趙振華, 김영관) / 현재 남은 획 및 바로 뒤의 沉을 보아 深으로 추정된다.

5) 櫬(董延壽·趙振華), 棍(김영관) / 董延壽·趙振華는 묘지의 棍을 櫬의 오자로 보았다.

6) 帳(董延壽·趙振華), 悵(김영관) / 바로 앞의 武를 보아 帳으로 추정된다.

7) 績(董延壽·趙振華, 김영관) / 우측 일부가 파손되었지만, 현재 남은 획으로 보아 績으로 추정된다.

8) 逝(董延壽·趙振華, 김영관) / 현재 남은 획으로 보아 逝로 추정된다.

川遙遠 悲谷俄窮 烟含[古][9]樹 霜落寒叢 唯天地兮長久 与蘭菊兮無終

3. 역주

大唐 故 左威衛大將軍[10] 來遠縣開國子[11] 柱國[12] 祢公의 墓誌銘 더불어 序

공은 휘가 寔進이고, 百濟熊川人[13]이다. 조부는 좌평 譽多[14]이고, 부친은 좌평 思善[15]이다. 모두 蕃官[16]으로 정1품[17]이다. 용맹함과 굳건함이 자질이 되었고, 성실함과 관대함이 성품을 이루었다. 滄海[18]에 명성을 전했고,[19] 靑丘[20]에 절의를 드러냈다. 공의 器宇[21]는 매우 깊었고, 幹略[22]은 넓고 아득했다. 빈 시

9) 古(董延壽·趙振華, 김영관) / 하단 일부가 파손되었지만, 현재 남은 획으로 보아 古로 추정된다.

10) 左威衛大將軍: 唐 16衛의 하나로 궁궐의 경비를 담당하는 左威衛의 책임자(정3품)이다. 다만 여기에서 서술한 것처럼 예식진이 660년 의자왕을 데리고 귀의한 공으로 곧바로 左威衛大將軍에 임명되었다고는 보기 어렵다. 『唐六典』 등에 따르면 左威衛는 左屯衛府가 바뀐 것인데, 그 개칭 시점이 龍朔 2년(662)이기 때문이다. 예식진의 관력은 「예소사 묘지명」에서 서술한 것처럼 660년 입조하여 歸德將軍을 받은 후 한동안 백제 고지에서 東明州刺史로 활동하다가 다시 당으로 돌아와 左威衛大將軍이 되었다고 보아야 할 것이다.

11) 來遠縣開國子: 『舊唐書』 지리지에 따르면 河北道에 속한 瑞州 예하에 來遠縣이 존재했다. 來遠縣은 營州 변경에 접해 있었는데 거란이 營州를 함락시키자 그 여파로 良鄕縣(幽州大都督府 예하)의 廣陽城으로 옮겨졌다. 『新唐書』를 통해 당시 영주를 함락시킨 거란은 李盡忠의 무리였음을 알 수 있다. 한편 「예소사 묘지명」과 「예인수 묘지명」에서는 예식진을 각각 來遠郡公, 來遠郡開國公으로 서술했다. 『唐六典』에 따르면 郡公은 정2품 및 식읍 2천호이고 縣子는 정5품(『通典』에 따르면 정5품상) 및 식읍 5백 호인데, 예식진의 사망 후 그의 작위가 추증으로 승급되었을 가능성이 있다.

12) 柱國: 『唐六典』에 따르면 12등급의 훈위 중 上柱國 다음의 훈위로 종2품에 비견된다.

13) 百濟熊川人: 熊川은 웅진, 즉 현재의 충청남도 공주 지역으로 보인다. 웅진은 문주왕이 475년 천도한 이후 한동안 백제의 수도였고 성왕이 538년 천도한 이후에는 백제의 5方 중 北方의 치소가 되었다. 『삼국사기』 지리지에 따르면 문무왕 11년(671) 이 지역에 웅천군을 설치했고, 신문왕 6년(686)에 웅천주를 설치했다. 한편 예식진의 형으로 추정되는 예군은 그의 묘지에서 熊津嵎夷人이라고 했는데 熊津嵎夷는 사비 지역을 가리킨다고 보인다. 형제의 출신 지역이 각각 다른 이유는 아직 불확실하다.

14) 譽多: 「예군 묘지명」에서는 譽, 「예소사 묘지명」에서는 眞으로 서술했다.

15) 思善: 「예군 묘지명」에서는 善, 「예소사 묘지명」에서는 善, 「예인수 묘지명」에서는 善으로 서술했다.

16) 蕃官: 이 부분은 좌평에 대한 설명이므로 蕃은 백제를 가리킬 것이다. 예식진은 백제 멸망 이후 당으로 이주하여 생활하면서 고위 관직을 역임했으므로 당의 입장에서 藩이라고 표현했다고 생각된다.

17) 정1품: 여기에서는 조부와 부친이 모두 좌평이라고 했으므로 정1품이라고 할 수 있다. 또한 「예군 묘지명」에서도 조부, 부친이 좌평이었다고 서술했다. 다만 예씨 일족의 묘지 외에 좌평과 연결할 수 있는 예씨 관련 기록이 없고 백제의 대성 8족에도 예씨가 포함되지 않으므로, 아직은 예씨를 백제의 좌평 가문이라고 단정하기 어렵다.

18) 滄海: 중국 입장에서 동쪽에 위치한 바다를 가리킨다. 『史記』에 따르면 漢 武帝 元朔 元年(기원전 128) 한반도 방면에 滄(蒼)海郡을 설치한 바 있다. 또한 滄은 이어지는 靑丘의 靑과도 통한다.

19) 명성을 전했고: 馳聲은 명성이 널리 퍼지는 것을 의미한다.

20) 靑丘: 중국의 변경, 특히 동방 지역을 가리킨다. 앞부분의 滄海와 색채, 방위 측면에서 통한다.

21) 器宇: 도량, 기개 등을 의미한다.

22) 幹略: 일을 처리하는 재능을 의미한다.

위로 기러기를 떨어뜨렸고,[23] 검을 빼어 원숭이가 달아나게 했다.[24] 본래 夙稟[25]이 정직했고, 일찍이 절의를 드러냈다. 異域[26]을 살펴[27] 태양을 향해 나아가니[28] 오래도록 평안했다. 삼가 文棍[29]을 받들었고, 武帳[30]을 모셨다. 허리에는 동개, 系璧, 멧닭의 깃을 걸쳤고, 紫綬를 늘어뜨리고[31] 金印을 품었다.[32] 香街[33]에서 十影[34]이 달렸고, 綺禁[35]에서 九旗[36]를 지켰다. 어찌 저 日磾[37]의 무리, 由余[38]의 집단과 더불어 그 참된 업적을 논하고 그 우열을 비교하겠는가. 바야흐로 休寵[39]을 받으니 태양을 짊어지고[40] 백년을 쓰이고자 했다. 갑자기 浮生[41]을 재촉하고, 돌연 일순간에 속세를 떠나갔다.[42] 咸亨[43] 3년(672) 5월 25일 行으로 인해[44] 來州 黃縣[45]에서 사망하니, 나이는 58세[46]였다. 은혜가 더해져 장례를 명하니, 예가 死者의

23) 빈 시위로…떨어뜨렸고: 虛弦落雁은 『戰國策』에서 趙의 魏加가 楚의 春申君에게 언급한 更羸의 일화에서 유래했다.

24) 검을 빼어…달아나게 했다: 挺劍飛猨에서 飛猿은 활을 실제로 쏘지 않았음에도 원숭이를 도망쳐 울부짖게 했다는 『淮南子』 養由基의 일화에서 유래했다. 여기에서는 활이 아니라 劍으로 표현했지만 앞부분의 빈 시위와 더불어 예식진의 무용을 묘사한 것으로 보인다.

25) 夙稟: 본래부터 갖고 있는 천성을 의미한다.

26) 異域: 당의 입장에서 백제를 가리킬 것이다.

27) 살펴: 占風은 기회를 살펴 사태에 처신하는 것을 의미한다.

28) 태양을…나아가니: 就日은 『史記』 帝堯本紀에 따르면 천자에 대한 숭앙, 사모를 의미한다.

29) 文棍: 의미가 불확실하지만, 이어지는 武帳을 감안하면 문관을 상징할 것이다.

30) 武帳: 『史記』 汲鄭列傳에 따르면 武帳은 천자의 병기를 두는 장막이다. 李世民의 「幸武功慶善宮」에는 "單于陪武帳 日逐衛文棍"라는 구절이 있다. 文棍와 武帳의 대구는 천자의 전당을 의미한다.

31) 紫綬를 늘어뜨리고: 紆紫에서 紫는 고관을 상징하는 紫綬를 의미한다고 보인다.

32) 金印을 품었다: 懷黃은 금인을 품고 있는 관료, 즉 고관을 가리킨다.

33) 香街: 『資治通鑒』 梁紀에 따르면 漢 高祖가 태상황묘를 세운 곳이자 당 장안성의 중요 구역을 가리키므로 황궁을 의미할 것이다.

34) 十影: 준마가 빠르게 달리는 모습을 의미한다.

35) 綺禁: 제왕의 화려한 궁전을 의미한다.

36) 九旗: 천자가 세우는 9종류의 기치를 의미한다.

37) 日磾: 『漢書』에 따르면, 金磾(金日磾)는 흉노 休屠王의 아들이었지만 漢 武帝의 흉노 토벌 시기 霍去病에게 포로로 잡힌 후 漢에 귀순한 인물이다.

38) 由余: 『韓非子』에 따르면, 由余는 戎王의 사신으로 秦에 왔으나 秦 穆公의 계책에 의해 秦에 귀순한 인물이다.

39) 休寵: 영예와 은총을 의미한다.

40) 태양을 짊어지고: 荷日의 의미는 불확실하지만, 日이 천자를 상징한다면 천자를 모시는 것을 의미할 것이다.

41) 浮生: 『莊子』에 따르면 인생을 의미한다.

42) 돌연…떠나갔다: 塵飄는 먼지가 돌풍에 흩어진다는 뜻이므로, 앞부분의 浮生과 마찬가지로 도교적 가치관에서 사망하는 것을 의미할 것이다.

43) 咸亨: 唐 高宗의 연호로 670년부터 674년까지 사용했다.

44) 行으로 인해: 因行의 의미가 불확실하지만, 여기에서의 行을 行軍, 行營 등 군사적 의미로 보는 견해가 제기되었다.

45) 來州 黃縣: 현재의 산동 지역이다. 來州는 萊州일 텐데, 『舊唐書』 지리지에 따르면 漢의 東萊郡으로서 隋에서 처음 萊州를 설치하여 이어졌다. 黃縣은 본래 隋代에는 牟州에 속했으나 牟州가 폐지되면서 貞觀 원년(627)에 萊州에 속하게 되었다. 이후 如意 원년(692)에 분리되어 登州에 속하게 되었다.

46) 58세: 예식진은 비록 백제 출신이었으나 백제 멸망 전후 및 당에서의 행적을 감안하면, 사망 당시 당인으로서의 정체성이 보다 컸다고 보인다. 또한 그는 당의 관료로서 里坊制가 엄격히 운용된 장안에 거주했으므로 호적이 작성되었을 것이고, 장

마지막을 꾸밈에 두루 미쳤다. 그해 11월 21일 高陽原[47]에 장사지내고, 이에 典司에게 명해 그 銘을 짓게 하여 이른다.

溟海[48]의 동쪽, 멀리 천자의 덕화가 끊어졌다. 저녁밥과 마실 것이 전부 이루어지니,[49] 의로움을 품고 뜻이 이어졌다. 빛나는 簪紱[50]가 鵷鴻[51]을 이어 장식했다. 별이 보검에서 흔들리고, 달이 雕弓에 가득 찼다.[52] 은혜로운 빛이 누차 두루 미치니, 寵服[53]하여 바야흐로 현달했다. 흐르는 냇물[54]이 갑자기 멀어지니 悲谷[55]이 돌연 끝났다. 연기가 오래된 나무를 덮었고,[56] 서리가 차가운 수풀에 내렸다.[57] 오로지 천지만 장구하여, 蘭菊[58]과 더불어 끝이 없다.

례를 주관한 당 조정이 그 기록을 참고했다면 그의 연령은 중국 방식으로 산출되었을 가능성이 높으므로 咸亨 3년(672) 58세로 사망한 예식진은 615년에 출생한 것이 된다. 만약 이 연령이 백제 방식으로 산출된 것이라면, 그는 614년에 출생했다고 보아야 한다.

47) 高陽原: 다른 예씨 일족(예소사, 예인수, 예군)의 묘지에서는 장사지낸 곳을 각각 雍州高陽原(예소사), 長安縣之高陽原(예인수), 雍州乾封縣之高陽里(예군)로 서술했다. 2010년에 이루어진 발굴을 통해 이들이 묻힌 高陽原(里)의 위치가 현재 西安市 長安區 郭杜鎭南村의 남쪽임이 밝혀졌다. 『長安志』에 따르면 高陽原은 장안에서 서남쪽으로 20리 떨어져 있다고 한다.

48) 溟海: 중국의 전설에서 등장하는 바다로 『列子』에 따르면 세상의 가장 북쪽에 있다고 한다. 溟海는 『海內十洲記』에서 蓬萊山을 둘러싼 바다로 등장하므로 동방을 상징한다고 보는 견해도 있다. 한편 『三國史記』에서는 隋 煬帝가 大業 8년(612) 고구려를 침공할 때 출정군의 루트 중 하나로 溟海가 등장한다. 이는 海冥의 오기로 생각되는데, 海冥은 漢이 설치한 낙랑군의 영현 중 하나이다(황해도 지역). 溟海와 海冥이 통한다고 인정할 경우, 이 표현은 보다 구체적으로 한반도 지역을 가리킨다고 볼 수 있다.

49) 저녁밥과…이루어지니: 飧和飮化를 천자의 교화를 받는다는 의미로 해석하는 견해가 있다.

50) 簪紱: 관료의 예복을 가리키는 말로 관료 자체를 가리키기도 한다. 예식진이 당의 고관이었으므로 이러한 표현을 사용했을 것이다.

51) 鵷鴻: 鵷雛(봉황), 鴻鴈(기러기)들이 날아갈 때 서열이 있다는 점으로부터 朝官의 행렬을 비유할 때 사용한다. 앞부분과 더불어 예식진이 당의 고관 중의 한 명이었음을 드러내기 위해 이러한 표현을 사용했을 것이다.

52) 달이…찼다: 雕弓은 여러 장식을 새긴 활로 앞부분의 보검과 함께 예식진의 무관으로서의 모습을 보여준다. 한편 蘇軾의 「密州出獵」에서는 시위를 당겨 둥글게 휜 활을 보름달(滿月)로 묘사했다.

53) 寵服: 승진하여 관직이 올라가는 것을 의미한다.

54) 흐르는 냇물: 逝川은 한번 흘러가면 돌아오지 못하는 강물을 의미하며, 흘러가는 세월을 비유할 때 사용한다.

55) 悲谷: 중국의 전설에서 등장하는 골짜기로, 『淮南子』에 대한 高誘의 주석에 따르면 서남쪽에 있으며 그 깊이가 매우 깊어 사람이 悲感을 갖게 하므로 悲谷으로 불린다고 했다.

56) 연기가…덮었고: 시간이 흘러 예식진과 그의 묘가 점차 잊혀가는 것을 의미한다고 본 견해가 있다.

57) 서리가…내렸다: 앞부분과 마찬가지로 시간이 지나간 것을 비유한 표현일 수 있다.

58) 蘭菊: 난초, 국화는 모두 좋은 향기를 가졌으므로 인물의 명성을 비유할 때 자주 사용한다. 예식진의 명성이 잊히지 않기를 바라는 마음에서 이러한 표현을 사용했을 것이다.

4. 연구쟁점

1) 예식진의 인적사항과 예씨 일족

「예식진 묘지명」에서는 그의 사망 시점과 연령을 咸亨 3년(672), 58세로 서술했다. 이를 근거로 예식진이 615년(무왕 16년)에 출생했다고 보는 것이 일반적이다(김영관 2007, p.378; 이도학 2007, p.72; 김영관 2012, p.110). 그런데 당시 중국 왕조와 백제의 연령 계산 방식에 차이가 있었으므로 그의 출생 연도는 정밀히 검토할 필요가 있다. 『舊唐書』에 따르면 唐 高祖는 天和 원년(566)에 출생해 貞觀 9년(635)에 사망했고 당시 나이는 70세였다.[59] 반면 백제 무령왕은 『三國史記』, 『日本書紀』, 「무령왕 묘지명」의 기록을 종합하면 雄略 5년(461)에 출생해 523년 사망했고 당시 62세였다.[60] 만약 중국 왕조의 방식을 따른다면 예식진은 615년에 출생한 것이 되지만, 백제 방식에 의하면 출생 연도는 614년이다. 그렇다면 「예식진 묘지명」의 사망 연령은 어떤 방식을 따른 것일까. 그가 백제 출신이므로 여전히 백제에서와 같은 방식으로 연령을 계산했을 수도 있다. 그러나 예식진은 백제 멸망 과정에서의 행동 및 당에서 역임한 관직을 감안하면 당인으로서의 정체성이 보다 컸다고 생각될 뿐만 아니라, 당 조정이 그의 장례를 주관했으므로 묘지의 연령도 중국 방식으로 산출했을 가능성이 더 높다. 결국 예식진은 615년에 출생했다고 보는 편이 합리적이다.

묘지에서는 예식진이 百濟熊川人이며 부친은 思善, 조부는 譽多라고 서술했다. 이들은 예군의 부친 善, 조부 譽와 동일인이라고 추정되므로,[61] 예식진과 예군은 형제였다고 할 수 있다.[62] 그런데 예군은 묘지에서 熊津嵎夷人이라고 했으므로 출신지가 사비였다고 생각된다.[63] 현재 두 살 터울 형제의 출신이 웅진과 사비로 다르게 나타나는 이유를 밝히기는 어렵다. 다만 예씨 일족과 웅진 지역의 연관성은 예식진의 아들인 예소사의 묘지에서도 나타난다. 즉 「예소사 묘지명」에서는 그의 7대조 禰嵩이 淮泗(현재의 산

---

59) 『舊唐書』 卷1, 高祖, "高祖以周天和元年生於長安", "(貞觀 九年) 崩於太安宮之垂拱前殿 年七十"

60) 『日本書紀』 卷14, 雄略天皇 5年 6月, "孕婦果如加須利君言 於筑紫各羅嶋産兒 仍名此兒曰嶋君"

『三國史記』 卷26, 武寧王 23年 5月, "王薨 諡曰武寧"

「武寧王 墓誌」, "寧東大將軍 百濟 斯麻王 年六十二歲 癸卯年 五月 丙戌朔 七日 壬辰 崩"

세 종류의 사료를 조합하여 생몰 연대와 연령을 산출하는 것은 부정확하다고 볼 수도 있다. 그러나 『三國史記』의 무령왕 23년(523)이 계묘년인 사실과 5월에 사망했다는 서술이 「무령왕 묘지명」의 내용과 완전히 일치하므로, 사망 관련 사항은 백제 본래의 전승임을 인정할 수 있다. 또한 『日本書紀』의 해당 기사는 『百濟新撰』을 인용한 것이므로 출생 연대도 이미 백제에서 공인된 내용으로부터 유래했을 가능성이 높다. 결국 세 사료가 모두 백제 본래의 전승에서 비롯되었다면, 이들을 연결하여 생몰 연대, 연령을 계산하는 것도 큰 무리는 없을 것이다.

61) 「예소사 묘지명」에서 예소사의 조부(예식진의 부친)를 禰善이라고 했으므로 禰思善과 禰善이 동일인임을 인정할 수 있다. 예식진의 손자인 예인수의 묘지에서도 禰善-禰寔進-禰素士의 계보를 언급했다.

62) 「예군 묘지명」에 따르면 예군은 儀鳳 3년(678) 66세로 사망했으므로 613년(무왕 14년)에 출생한 것이 된다. 615년에 출생한 예식진은 예군의 2살 아래 동생이라고 할 수 있다.

63) 우이는 사비에 위치했던 웅진도독부 예하 현의 명칭이었을 뿐만 아니라 멸망 이전에도 백제의 중심지(사비)를 가리키는 용어로 사용되었으므로 웅진우이는 웅진도독부의 우이, 즉 사비 지역을 가리킨다고 할 수 있다.

동 지역)로부터 遼陽으로 건너와 熊川人이 되었다고 했다.[64] 遼陽을 고구려의 지명으로 생각하기 쉽지만 「부여융 묘지명」, 「난원경 묘지명」에서의 용례를 감안하면 백제를 가리키는 용어로도 사용되었으므로(이문기 2000, pp.518-519), 위 구절은 예소사의 7대조가 백제로 와서 웅천인이 되었음을 밝힌 것이다. 현재 예씨 일족의 출자는 각 묘지에서 언급한 내용이 모두 다르므로 판단하기 어렵지만 종착점은 백제의 웅진으로 귀결되므로, 예식진이 예씨 일족과 관련이 있는 웅진에서 출생했음은 인정할 수 있다.

사실 「예식진 묘지명」은 일족의 출자를 언급하지 않았고, 단지 부친, 조부가 蕃國(백제)의 좌평이었다고만 서술했다. 그러나 예식진, 예군의 묘지를 통해 예씨가 백제 후기 주요 세력의 하나였음이 밝혀졌고, 예식진을 제외한 나머지 3인(예소사, 예인수, 예군)의 묘지는 모두 선조를 중국과 연결시켰으므로 예씨 일족의 출자를 살필 필요가 있다. 각 묘지에서 본인 및 선조의 출자와 관련된 부분을 발췌, 정리하면 다음과 같다.[65]

묘주	본인	선조	이주 시점
예식진	百濟熊川人	① 祖左平譽多父左平思善並蕃官正一品	-
예소사	楚國琅琊人	① 七代祖禰嵩自淮泗浮於遼陽爲熊川人也 ② 曾祖眞帶方州刺史 祖善隨任萊州刺史 ③ 赫赫我祖 奄營南土 令尹稱功 開封建宇	4세기 말 ~ 5세기 초
예인수	-	① 隨末有萊州刺史祢善者 盖東漢平原處士之後也 ② 知天猒隨德 乘桴竄海 遂至百濟	7세기 초
예군	熊津嵎夷人	① 其先与華同祖 ② 永嘉末避亂適東 因遂家焉 ③ 曾祖福祖譽父善皆是本藩一品官号佐平 ④ 冑胤青丘 芳基華麗	4세기 초

위의 기록들을 모두 사실로 인정하면서 예씨를 중국계 성씨로 보는 견해도 있다. 그러나 이주민의 묘지일수록 중국과의 관련성을 강조하는 경향이 강할 뿐만 아니라, 각 묘지의 기록이 서로 충돌하고 있으므로[66] 묘지의 내용들을 그대로 수용할 수는 없다. 특히 예소사, 예인수와 달리 당 조정이 장례를 주관한 예식진, 예군의 묘지에서 중국에 대한 언급이 없거나 극히 소략한 것은 시사하는 바가 크다. 현재로서는 예씨 일족과 웅진 지역의 연관성을 넘어 그들의 발원지가 중국이었다고 구체적으로 단정하기 어렵다고

64) 「예소사 묘지명」, "七代祖禰嵩自淮泗浮於遼陽爲熊川人也"

65) 禰를 '니'로 읽으면 가야계 인물의 성씨로 등장하는 爾의 음과 통하므로 예씨를 가야계 이주민으로 보는 의견(강종원 2012, pp.297-301)도 있지만, 묘지들이 모두 중국으로부터의 전래만을 언급하므로 이 견해는 제외한다.

66) 예소사의 조부(예인수의 증조)인 예선이 수의 내주자사였다고 했으나 그 이전(예소사의 7대조 예숭)에 이미 백제로 이주한 상황이었다. 또한 예소사가 초국낭야인이라고 했지만 묘지의 기록에 따르면 그는 646~658년 사이 백제에서 태어났다(김영관 2012, pp.114-115).

생각한다.[67]

2) 백제 멸망 전후 예식진의 활동

예식진이 백제 정계에 등장한 것은 언제일까. 고대 국가에서 왕실을 제외한 지배층은 각자의 지역 기반을 갖는 경우가 많고, 특히 백제는 웅진, 사비 천도 이후 해당 지역의 유력 세력이 부상하는 것을 확인할 수 있다(김영심 1997, p.116). 예씨는 중국 사서(『宋書』, 『南齊書』 등)에 등장하는 王侯號를 관칭한 백제측 인사나 『隋書』, 『通典』 등에서 제시한 대성 8족에 포함되지 않았으므로 비록 웅진 지역에 연고가 있어도 최정상급의 지역 세력으로는 여겨지지 않는다. 그러나 후술하듯이 예식진은 백제 멸망 당시 웅진방령이었으므로 어느 시점에 백제 정계에 포섭되었음은 분명하다. 예씨가 沙氏, 苩氏 등 유력 성씨들에 비해 그 세력에 부족함이 있다면, 왕실과의 결탁을 통해 정계에 진출했을 가능성이 높다.

이와 관련하여 예씨의 등장이 무왕 28년(627) 신라 공격을 위해 군대를 일으켜 웅진성에 주둔했던 일과 무왕 31년(630) 사비성 중수로 국왕이 웅진성에 머물렀던 일에서 비롯되었다고 본 견해가 있다(이도학 2007, p.72). 이 시점에서 예식진은 13~16세였다. 당시 노동력 제공의 연령 기준은 15세였다고 생각되며, 군사적으로도 15, 16세는 한 명의 몫을 할 수 있는 나이였다.[68] 예식진의 아들인 예소사가 당에서 15세에 첫 공직을 시작한 것[69]도 고대의 정계 입문 연령이 10대 중반이었음을 보여주는 좋은 예이다. 한편 「예식진 묘지명」과 「예군 묘지명」 모두 그들의 조부, 부친이 좌평이었다고 했으므로 좌평을 세습한 가문을 배경으로 예식진이 고위 관직을 획득했다고 볼 수도 있다. 예식진의 조부, 부친은 좌평의 실질적인 권력이 유지되던 6세기 중, 후반에 활동했을 것이다. 그런데 묘지 외에 좌평과 연결할 수 있는 예씨 관련 기록이 아직 발견되지 않은 이상 묘지의 기록만으로 예씨가 백제의 좌평 가문이었다고 단정하기는 어렵다. 또한 관산성 전투에서 좌평 4명이 사망하면서 생긴 공백을 예씨 가문이 차지했다고 보는 견해도 있지만(김영관 2012, pp.149-150), 패전 이후 왕권이 귀족세력에 의해 극히 위축된 상태에서 예씨 일족이 기존 유력 가문들의 견제를 극복하고 좌평 가문으로 성장했다고 볼 수는 없다. 결국 예식진, 예군은 630년 전후 무왕이 웅진 지역과 맺은 모종의 관계 속에서 10대 중반의 나이에 정계에 입문했고, 예씨 일족의 대두

67) 단, 「예군 묘지명」에서는 예군의 기반을 華麗라고 서술한 구절이 있다. 이것은 중국과의 관련성을 모호하게 처리하기 위한 수식일 수도 있지만 예씨 일족이 낙랑계 이주민이었을 가능성도 있다.

68) 『三國史記』 卷23, 始祖溫祚王 41年 2月, "發漢水東北諸部落人年十五歲以上 修營慰禮城"
『三國史記』 卷25, 辰斯王 2年, "春 發國內人年十五歲已上 設關防"
『三國史記』 卷25, 腆支王 13年 7月, "徵東北二部人年十五已上 築沙口城"
『三國史記』 卷26, 東城王 12年 7月, "秋七月 徵北部人年十五歲已上 築沙峴耳山二城"
『三國史記』 卷26, 武寧王 23年 2月, "春二月 王幸漢城 命佐平因友達率沙烏等 徵漢北州郡民年十五歲已上 築雙峴城"
『三國史記』 卷5, 太宗武烈王 7年 7月, "左將軍品日 喚子官狀 一云官昌 立於馬前 指諸將曰 吾兒年十六纔 志氣頗勇 今日之役 能爲三軍標的乎"
『三國史記』 卷41, 金庾信上, "公年十五歲爲花郎"
『三國史記』 卷44, 斯多含, "時斯多含年十五六 請從軍 王以幼少不許 其請勤而志確 遂命爲貴幢裨將"

69) 「예소사 묘지명」, "年十五授遊擊將軍 長上父宿衛近侍"

도 그와 비슷한 시기에 이루어졌을 것이다.[70)]

「예식진 묘지명」에서는 그가 백제 정계에서 구체적으로 어떤 활동을 했는지 전혀 서술하지 않았다. 그러나 중국 사서와 묘지의 기록을 결합함으로써 예식진이 백제 멸망 당시 웅진방령이었고 반역에 가까운 행동을 보였음을 알 수 있다.[71)] 즉, 『舊唐書』, 『新唐書』에서 대장 예식이 의자왕을 이끌고 항복한 것은 묘지에서 예식진이 동향을 점쳐 천자에게 향했다는 구절 및 그를 金日磾와 由余에 비유한 것에 대응하며 이름도 극히 유사한 양자는 동일인일 가능성이 높다. 그렇다면 웅진이 세력 기반이었을 예식진은 웅진의 대장, 즉 웅진방령에 해당한다.[72)]

기존 연구들의 대부분은 예식진이 의자왕의 항복을 주도했다고 보았다. 백제 유민 출신인 그가 정3품의 고관인 左威衛大將軍을 역임했다면 특별한 공이 있었을 텐데, 그와 예식을 같은 인물로 본다면 당 조정 입장에서 예식진은 의자왕을 헌상한 최대의 공로자가 되기 때문이다. 게다가 「예인수 묘지명」에서 그러한 내용을 명시한 이상,[73)] 이는 부정하기 쉽지 않다. 하지만 의자왕의 항복은 문헌에 서술된 것처럼 예식진이 단독으로 실행한 것은 아니었다고 생각한다. 「예군 묘지명」에서도 멸망 당시 예군의 행동을 예식진과 흡사하게 묘사했기 때문이다.[74)] 특히 해당 구절의 일부 표현(杖劒)은 예군 역시 물리력 행사에 개입했을 가능성을 암시하므로,[75)] 이 사건은 예식진, 예군 형제가 함께 일으켰을 가능성이 높다.

한편, 위에서 언급한 「예군 묘지명」의 '杖劒' 표현 및 『삼국사기』에서 의자왕이 항복하면서 인솔했다는 '熊津方領軍'[76)]을 '웅진방령의 군사'가 아니라 '웅진방령인 군(예군)'으로 해석하는 것을 근거로 웅진방령을 예군으로 보는 견해가 있다(권덕영 2012, pp.21-23). 그러나 '웅진방(령)의 군사'라면 '熊津方軍'이라고 서술해야 한다는 견해와 달리, 고대 국가의 전쟁 수행 방식을 감안하면 유사시 方 영역 내 각급 행정단위에 주둔하던 병력을 전부 결집시켰을 때에만 熊津方軍이라는 표현이 가능하다. 긴급하던 당시 상황에서 예식진이 웅진방 예하 군, 성들의 책임자와 병력 전체를 거사에 동참시키기는 어려웠을 것이므로, 위 표

70) 예식진, 예군의 정계 진출 시점은 그들이 백제 멸망 과정에서 보인 모습과도 관련이 있을 것이다. 구심력이 충분치 않은 상황에서 신진 세력들이 쉽게 이탈하는 모습은 연개소문의 쿠데타로 갑자기 등장한 고연수, 고혜진이 당군에 항복한 이후 향도를 자청하는 모습에서도 확인할 수 있다.

71) 『舊唐書』 卷83, 蘇定方, "其大將禰植又將義慈來降"
『新唐書』 卷111, 蘇定方, "其將禰植與義慈降"

72) 대장은 한 나라의 총사령관을 가리키므로 달솔급인 웅진방령과 예식을 별개로 보는 견해도 있다(이도학 2007, p.80). 그러나 대장을 특정 관직으로 보기는 어렵다.

73) 「예인수 묘지명」, "子寔進世官象賢也 有唐受命東討不庭 卽引其王 歸義于高宗皇帝 由是拜左威衛大將軍 封來遠郡開國公"
예인수가 조부인 예식진의 공을 현창하기 위해 예군의 행적은 서술 과정에서 배제했을 수 있다. 그러나 묘지의 특성상 과장은 있을 수 있지만 예식진이 左威衛大將軍이 된 것은 분명하며, 예식진과 예식을 동일인으로 보는 것이 합리적인 이상 예식진이 의자왕을 데리고 항복한 것은 사실로 여겨진다.

74) 「예군 묘지명」, "去顯慶五年 官軍平本蕃日 見機識變 杖劒知歸 似由余之出戎 如金磾之入漢"

75) 『漢語大辭典』에 따르면 杖劍(杖劒)은 거병하여 일을 일으키는 것을 비유할 때 사용한다. 다만 당시 동원한 군사력은 웅진방령 예식진 휘하의 병력이었을 것이므로, 예군은 거사의 기획, 예식진은 그 실행을 맡았을지도 모른다.

76) 『三國史記』 卷5, 太宗武烈王 7年 7月, "義慈率太子及熊津方領軍等 自熊津城來降"

현은 웅진성에 주둔한 방령 직할의 군사들을 의미한다고 이해하는 편이 합리적이다.

3) 당에서의 예식진의 활동과 사망

「예식진 묘지명」에서는 개석에 새겨진 左威衛大將軍을 제외하면 예식진이 당에서 역임한 관직을 전혀 언급하지 않았고, 「예인수 묘지명」에서도 그가 의자왕을 데리고 귀순한 공로로 左威衛大將軍이 되었다고 했다. 그런데 「예소사 묘지명」에서는 예식진이 입조하여 歸德將軍, 東明州刺史, 左威衛大將軍이 되었다고 서술했다.[77] 예식진은 공이 컸던 만큼 소정방이 의자왕, 대신들을 이끌고 귀환할 때 동행했을 텐데, 과연 당에서 어떤 관직을 받았을까. 左威衛의 전신은 隋 煬帝가 左領軍府를 고쳐 설치한 左屯衛府였는데 龍朔 2년(662)에 左威衛로 개칭되었다.[78] 그렇다면 660년에 입조한 예식진을 左威衛大將軍으로 임명하는 것은 시기적으로 불가능하다. 반면 歸德將軍은 『舊唐書』에 따르면 顯慶 3년(657)에 설치되었으므로 예식진에게 제수할 수 있다.[79] 또한 東明州刺史는 웅진도독부 예하 동명주의 책임자이므로 웅진도독부 체제(1도독부 7주 51현)가 확립된 664~665년 무렵에 등장한 직책이다. 결국 예식진은 당에 입조하여 우선 歸德將軍에 제수된 후 660년대 중반 백제 고지에 설치된 동명주의 자사로 활동했고, 웅진도독부의 소멸로 다시 당으로 돌아온 후에 비로소 左威衛大將軍이 되었다고 할 수 있다.

비록 예식진이 동명주에서 어떤 활동을 했는지 알 수 없지만, 귀국 후 左威衛大將軍으로 승진한 것을 감안하면 재임 중 큰 문제없이 임무를 수행했다고 추정된다.[80] 이는 동명주가 본래 그가 방령이던 웅진지역에 설치되었던 점[81]에서 기인할 것이다. 이후 예식진은 左威衛大將軍으로서 궁정의 警衛에 종사했을 텐데,[82] 묘지에서 이를 당에 항복한 일과 더불어 가장 중요한 행적으로 서술한 것을 고려하면 역시 성공적으로 임무를 완수했다고 생각한다. 그런데 예식진은 咸亨 3년(672) 현재의 산동 지역에 위치한 來州 黃

---

77) 「예소사 묘지명」, "父寔進入朝爲歸德將軍東明州刺史左威衛大將軍"

78) 『舊唐書』 卷42, 志 職官1, "龍朔二年二月甲子 改百司及官名 … (中略) … 左右屯衛府爲左右威衛"
『唐六典』 卷24, 諸衛府, "隋初 置左右領軍府 煬帝改爲左右屯衛 皇朝因之 至龍朔二年 改爲左右威衛"
반면 『新唐書』에서는 左右屯衛府를 左右威衛로 고친 것은 武德 5년(622)이고 龍朔 2년(662)에는 左右威衛를 左右武威衛로 바꿨다고 했다(『新唐書』 卷49上 志 百官4上 十六衛, "武德五年 … (中略) … 左右屯衛曰左右威衛 … (中略) … 顯慶五年 … (中略) … 左右威衛曰左右武威衛". 그러나 顯慶 원년(656)에도 左屯衛大將軍 楊胄(『新唐書』 卷3, 高宗皇帝 顯慶 元年 是歲), 程知節(『舊唐書』 卷4, 高宗上 顯慶 元年 12月) 등이 등장하므로 『新唐書』의 기록은 착오라고 생각한다.

79) 『舊唐書』 卷42, 志 職官1, "歸德將軍 顯慶三年置 以授初附首領 仍隸諸衛也"
단, 『唐會要』에서는 顯慶 3년(658)에 설치된 것은 歸化將軍이며, 歸德將軍은 貞元 11년(795)에 설치되었다고 보았다.
『唐會要』 卷100, 歸降官位, "顯慶三年八月十四日 置懷德大將軍 正三品 歸化將軍 從三品 以授初投首領 仍隸屬諸衛 不置員數及月俸料 … (中略) … 貞元十一年正月十九日 置懷化大將軍 正三品 每月料錢四十五千文 雜料三十五千文 歸德將軍 從三品 料錢四十千文"

80) 당의 관제에서 上州의 刺史가 종3품인 반면 左威衛大將軍은 정3품이다.

81) 『三國史記』에 따르면 동명주 예하의 현들(웅진현, 노신현, 구지현, 부림현)은 모두 웅진 일대로 비정된다(『三國史記』 卷37, 雜志 三國有名未詳地分, "東明州四縣 熊津縣 本熊津村 鹵辛縣 本阿老谷 久遲縣 本仇知 富林縣 本伐音村").

82) 『唐六典』에 따르면 左右威衛의 직임은 궁정의 경위를 담당한 左右衛와 동일하며, 다만 大朝會에서의 복장 및 위치에 차이가 있다(『唐六典』 卷24, 諸衛府).

縣에서 사망했다. 궁정 경위의 책임자가 장안에서 멀리 떨어진 곳에서 사망한 이유는 무엇일까. 처음 「예식진 묘지명」을 소개한 董延壽와 趙振華는 總章 2년(669) 萊州 일대에 이주된 고구려 유민들을 안무하기 위해 이미 당에 귀순했고 언어도 통하는 예식진을 이 지역에 파견했을 가능성을 제시했다(董延壽·趙振華 2007a, p.11). 이외에 예식진이 사망한 672년 마침 신라에 억류되었던 그의 형 예군이 풀려난 사실에 착안해 예식진이 형을 영접하기 위해 이 지역으로 왔다고 보는 의견도 있다(王連龍 2011, p.129). 그러나 669년에 이주한 유민들을 위무하기 위해 3년이나 지난 후 정3품의 대장군을 파견하는 것은 현실성이 떨어지며(拜根興 2008a, p.70), 예군이 풀려난 것은 『삼국사기』에 따르면 672년 9월인데 그해 5월에 사망한 예식진이 장안에서 미리 그 사실을 알고 이동하는 것은 불가능하다.

예식진의 사망은 그가 백제 출신으로 左威衛大將軍이라는 고위 무관이었고 당시가 신·당 전쟁이 치열하게 전개되던 시점이었다는 점과 함께 생각해야 한다. 신라군과 당군의 첫 교전은 670년에 발생했지만,[83] 신라의 백제 고지 공략은 669년 초반에 이미 시작되었다(노태돈 2009, pp.239-241). 당 조정은 이에 대응해 咸亨 원년(670) 左監門衛大將軍 高偘을 東州道行軍總管, 右領軍衛大將軍 李謹行을 燕山道行軍總管으로 임명해 육로로 파견했고, 薛仁貴를 671년 鷄林道行軍總管으로 임명해 웅진도독부를 지원하도록 했다.[84] 그러나 그 해 10월 신라군이 당군의 수송선단을 괴멸시킴으로써, 웅진도독부는 물론 육, 해로를 통해 파견된 당의 출정군은 일단 퇴각할 수밖에 없었다.[85] 하지만 고간, 이근행이 672년 황해도 일대까지 진출한 사실을 통해 당군의 공세가 이어졌음을 알 수 있다.[86] 그렇다면 東州道行軍(高偘), 燕山道行軍(李謹行)과 달리 사료에 나타나지 않지만 鷄林道行軍도 유지되었던 것이 아닐까. 당시 고간, 이근행의 병력이 신라보다 우위에 있었지만, 보급은 불안정한 요동, 한반도 북부보다 해로를 이용하는 편이 유리했을 것이고 계림도행군이 그 역할을 담당했을 가능성이 있다. 咸亨 3년(672) 11월 華陰縣에서 사망한 楊福延의 묘지에서 그가 그 해에 鷄林道行軍長史에 임명되었다고 서술한 것은 672년에도 계림도행군이 기능하고 있었음을 보여준다(권덕영 2012, p.29). 이러한 점들을 감안하면 같은 해에 당군의 출병 거점이던 萊州에서 사망한 左威衛大將軍 예식진은 鷄林道行軍과 밀접한 관련이 있었다고 추정된다. 어쩌면 鷄林道行軍總管에서 해임된 설인귀를 대신할 인물로 선발되었을지도 모른다.[87]

---

83) 『三國史記』 卷6, 文武王 10年 3月, "沙飡薛烏儒與高句麗太大兄高延武 各率精兵一萬 度鴨淥江 至屋骨△△△靺鞨兵 先至皆敦壤待之 夏四月四日 對戰 我兵大克之 斬獲不可勝計 唐兵繼至 我兵退保白城"

84) 『新唐書』 卷3, 高宗皇帝 咸亨 元年 4月, "高麗酋長鉗牟岑叛 寇邊 左監門衛大將軍高偘爲東州道行軍總管 右領軍衛大將軍李謹行爲燕山道行軍總管 以伐之"
한편, 『新唐書』 東夷傳에서는 이 일이 總章 2년(669)에 일어난 것으로 서술했지만 여기에서는 본기의 기록을 따른다.
『舊唐書』 卷83, 薛仁貴, "尋而高麗衆相率復叛 詔起仁貴爲雞林道總管以經略之"

85) 이 해(671)에 신라가 所夫里州를 설치한 것으로 보아 백제 고지의 웅진도독부 및 설인귀가 지휘하는 鷄林道行軍은 축출되었다고 생각한다.

86) 『三國史記』 卷7, 文武王 12年 7月, "唐將高偘率兵一萬 李謹行率兵三萬 一時至平壤 作八營留屯 八月 攻韓始城馬邑城 克之 進兵距白水城五百許步 作營 我兵與高句麗兵逆戰 斬首數千級 高偘等退 追至石門戰之 我兵敗績"

87) 당 고종의 치세 중기에는 태종대 활약하던 명장들 다수가 노쇠, 사망하여 인재부족을 겪고 있었다(拜根興 2008a, p.58). 또한 671년 백제 고지에서 돌아온 설인귀는 673년까지 낙양에 머물며 재기를 꾀하고 있었다(노태돈 2009, p.266).

이와 관련하여 예식진이 사망하고 6개월이 지난 후 장안 인근에 매장된 사실을 검토할 필요가 있다. 이는 그의 시신이 萊州에서 장안까지 운구되었음을 의미한다. 일본『養老令』의 軍防令에는 행군 구성원이 도중에 사망했을 경우 그 지역에서 화장하되, 副將軍 이상은 본적지로 돌려보낸다는 항목이 있다.[88] 현재 이와 연결되는 중국 율령으로『開元 25年令』의 조문이 있는데 여기에서는 모든 시신을 다 돌려보내도록 규정했다.[89] 하지만 이것은 開元 25년(737) 당시 화장을 금하는 풍조가 반영된 것이며,『養老令』은『大寶令』을 계수했고『大寶律令』은『永徽律令』을 참조했음이 인정되므로(和田萃 1995, pp.44-46) 예식진이 사망했을 때에는 부장군 이상의 시신만을 돌려보낸다는『養老令』의 조항과 비슷한 규정이 시행 중이었을 가능성이 있다. 위에서 논의했듯이 예식진이 鷄林道行軍의 일원이었다면 평시 그의 직책으로 보아 행군 내에서 부장군(副總管) 이상의 직위였을 것이므로 그의 시신이 장안으로 운구된 것은 이 규정에 따른 것으로 생각한다. 결국「예식진 묘지명」에서는 예식진의 사인을 단지 '因行'으로만 서술했지만,[90] 당시의 정세 및 관련 사항들을 분석하면 그가 신·당 전쟁의 와중에 당 원정군의 핵심 구성원으로 활동하다 사망했음을 추론할 수 있다.

5. 참고문헌

강종원, 2012,『백제 국가권력의 확산과 지방』, 서경문화사.

권덕영, 2012,「백제 유민 禰氏一族묘지명에 대한 斷想」,『사학연구』105, 한국사학회.

김영관, 2007,「百濟遺民 禰寔進 墓誌 소개」,『신라사학보』10, 신라사학회.

김영관, 2012,「中國 發見 百濟 遺民 禰氏 家族 墓誌銘 檢討」,『신라사학보』24, 신라사학회.

김영심, 1997,「百濟 地方統治體制 硏究」, 서울대학교 대학원 국사학과 박사학위논문.

拜根興, 2008a,「百濟와 唐 관계에 관련한 두 문제」,『백제연구』47, 충남대학교 백제연구소.

拜根興, 2012,「당대 백제유민 禰씨가족 묘지에 관한 고찰」,『한국고대사연구』66, 한국고대사학회.

이도학, 2007,「『禰寔進墓誌銘』을 통해 본 百濟 禰氏 家門」,『전통문화논총』5, 한국전통문화학교.

이문기, 2000,「百濟 遺民 難元慶 墓誌의 紹介」,『경북사학』23, 경북사학회.

董延壽·趙振華, 2007a,「洛陽, 魯山, 西安出土的唐代百濟人墓志探索」,『東北史地』2007年 第2期, 吉林省社會科學院.

88)『養老令』軍防令 第17 行軍兵士條, "凡行軍兵士以上 若有身病及死者 行軍具録随身資財 付本郷人将還 其屍者 当処焼埋 但副将軍以上 将還本土"

89)『開元 25年令』, "諸征行衛士以上身死 行軍具錄隨身資財及屍 付本府人將還 無本府人者 付隨近州縣遞送"(仁井田陞 저, 池田溫 편, 1997, pp.1163-1164)

90) 拜根興도 여기의 '行'이 行軍, 行營 등을 의미한다고 보았다(拜根興 2008b, p.31).

董延壽·趙振華, 2007b, 「補正『洛陽, 魯山, 西安出土的唐代百濟人墓志探索』中的掉字和錯字」, 『東北史地』 2007年 第4期, 吉林省社會科學院.
拜根興, 2008b, 「百濟遺民『祢寔進墓志銘』關聯問題考釋」, 『東北史地』 2008年 第2期, 吉林省社會科學院.
王連龍, 2011, 「百濟人『禰軍墓誌』考論」, 『社會科學戰線』 2011年 第7期, 吉林人民出版社.

古代東アジア史ゼミナール, 2013, 「祢寔進墓誌譯註」, 『史滴』 35, 早稻田大學東洋史懇話會.
仁井田陞 저, 池田溫 편, 1997, 『唐令拾遺補』, 東京大學出版會.
井上光貞 외 校註, 1976, 『律令』, 岩波書店.
和田萃, 1995, 「殯の基礎的考察」, 『日本古代の儀禮と祭祀·信仰』 上, 塙書房.

禰素士 墓誌銘

최상기

1. 개관

2010년 西安市 文物保護考古所가 西安市 長安區 郭杜鎭南村의 郭杜教育科學技術産業開發區 華商傳媒産業基地 건설 현장에서 발굴한 당나라 무덤 3기 중 한 곳에서 「예소사 묘지명」이 출토되었다(권덕영 2012, p.8). 예소사의 묘는 경사진 墓道, 3개의 천장을 갖는 남북 길이 20.66m의 單室 土洞墓이다. 내부는 거의 도굴되었지만 묘지와 도용, 등잔, 동전 등이 출토되었다(김영관 2012, pp.101-104). 출토 당시 예소사의 묘지는 묘실 입구에 세워진 상태로 발견되었는데 그 이유는 도굴로 짐작된다(권덕영 2012, p.8; 김영관 2012, pp.101-104; 拜根興 2012, pp.292-294).

「예소사 묘지명」은 靑石으로 제작된 지석과 개석이 하나의 조합을 이룬다. 개석은 지붕 모양의 방형(盝頂, 方形)으로 위쪽 한 변이 38.5cm, 아래쪽 한 변이 60cm이고 전체 두께는 23.1cm이다. 윗면에 가는 선을 음각해 공간을 나눈 후 전서체로 '大唐故祢府君墓誌銘'을 세로로 3행에 걸쳐 새겼고 옆면에는 蔓草紋을 새겨 장식했다. 지석은 방형으로 한 변이 15cm, 두께는 15cm이며 둘레에 개석과 동일하게 蔓草紋을 음각했다. 지문은 세로쓰기로 30행, 31열로 구성되었고, 총 923자이다.

2. 판독 및 교감

출처: 김영관, 2012, p.103.

30	29	28	27	26	25	24	23	22	21	20	19	18	17	16	15	14	13	12	11	10	9	8	7	6	5	4	3	2	1	
泉	纏	鬱	違	魏	錫	文	痛	早	謂	丹	忘	原	月	出	月	幼	輔	朗	左	成	戰	大	帶	海	隕	國	於	莫	大	①
戸	宰	傾	秦	氏	胤	遂	涙	成	斯	墀	於	禮	廿	錢	奉	年	國	長	果	行	之	將	方	內	彗	有	萬	敖	唐	②
東	輔	朝	背	雄	英	鏤	栢	公	人	階	忠	也	九	方	使	俄	加	安	毅	陣	功	軍	州	崩	龍	其	葉	以	故	③
望	痛	望	亂	飛	賢	蔡	摧	候	邦	戟	誠	將	日	冀	徐	聞	來	三	臨	年	登	時	刺	離	馬	材	靈	獨	雲	④
玄	澈	學	猷	宋	接	邕	心	之	之	奸	言	軍	卒	便	兗	奬	遠	年	漳	十	壇	稱	史	賢	浮	家	基	啓	麾	⑤
覇		劒	爲	公	武	之	恐	資	良	臣	談	舊	於	宜	等	擢	郡		府	五	應	忠	祖	達	江	稱	積	山	將	⑥
西	宸	從	觀	居	遂	石	陵	必	也	畏	不	壘	徐	入	卌	羽	公	制	折	授	三	讜	善	違	拓	代	派	林	軍	⑦
連	闈	軍	風	攝	啓	銘	谷	復	子	威	逾	忽	州	奏	九	林	餘	充	衝	遊	軍	家	隨	邦	拔	祿	海	掩	左	⑧
下	地	昇	識	郊	宗	日	潛	彩	仁	而	於	變	之	對	州	淸	悉	淸	加	擊	之	擅	任	而	以	存	島	經	武	⑨
杜	逈	壇	眞	原	祊		移	衣	秀	寢	禮	新	官	漢	存	禁	如	夷	三	將	選	勳	萊	遠	勁	諸	之	江	衛	⑩
楸	墳	拜	千	版	始		蔓	推	仁	謀	義	塋	舍	制	撫	上	古	軍	品	軍	公	門	州	逝	騎	史	達	漢	將	⑪
隴	出	將	年	蕩	傳		山	孝	徽	紫	童	天	呼	而	絲	懸	神	副	左	長	以	剖	刺	七	南	册	荊	子	軍	⑫
雲	田	入	聖	賢	王		之	未	仁	塞	年	子	嗚	推	綸	郎	龍	使	豹	上	父	竹	史	代	侵	可	巫	文	上	⑬
愁	荒	侍	主	人	父	赫	爲	極	傑	揚	結	臨	哀	多	滿	將	元	塹	韜	父	資	爲	父	祖	宋	略	玉	以	柱	⑭
松	路		累	利	⿰一其	赫	漢	萊	仁	麾	綬	朝	哉	豈	路	之	年	迂	衛	宿	入	符	寔	嵩	公	詳	潤	三	國	⑮
庭	微	皇	葉	涉	蘭	我	水	氏	彦	黠	不	猶	卽	謂	邦	星	授	鳴	左	衛	侍	昔	進	自	以	言	珠	登	來	⑯
月	榮	極	名	⿰二其	閣	祖	陰	之	仁	虜	以	思	以	夢	守	高	左	玉	郎	近	貴	時	入	淮	强	公	明	令	遠	⑰
苦	華	出	臣	東	披	奄	陽	歡	俊	聞	地	大	其	寐	負	閣	武	求	將	侍	族	專	朝	泗	兵	諱	卞	尹	郡	⑱
空	共	平	⿰三其	浮	圖	營	遷	石	等	名	勢	樹	年	成	弩	連	衛	蔣	又	改	推	寄	爲	浮	北	素	巖	遂	開	⑲
昔	盡	夷	晈	鯨	儒	南	質	墎	錤	而	嬌	公	十	灾	以	雲	將	濟	授	授	賢	馳	歸	於	討	士	之	覇	國	⑳
輔	今	障	晈	海	林	土	海	開	鎡	遁	人	自	一	召	先	側	軍	而	右	龍	談	軒	德	遼	乹	字	接	諸	公	㉑
漢	古	⿰四其	童	北	振	令	島	銘	克	去	壯	幼	月	秦	駈	佇	曺	從	鷹	泉	笑	問	將	陽	坤	素	隨	侯	祢	㉒
永	同	使	年	有	葉	尹	之	忽	業	爪	室	及	二	豎	軒	虎	文	軍	揚	府	而	瘨	軍	遂	墋	楚	肆	人	府	㉓
埋	歸	車	沉	雄	永	稱	變	見	幹	牙	傳	長	日	而	盖	憤	重	始	衛	右	坐	是	東	爲	黷	國	忠	物	君	㉔
征	⿰五其	東	沉	津	嘉	功	桑	藤	蟲	是	封	揚	遷	不	盈	之	戚	賀	右	果	得	賴	明	熊	君	瑯	爲	雄	墓	㉕
虜	寂	邁	美	休	中	開	田	公	承	託	不	名	窆	救	衢	直	首	執	郎	毅	軍	仁	州	川	子	琊	國	於	誌	㉖
⿰六其	寂	凶	量	屠	圮	封	庶	之	家	蕃	以	愛	於	景	王	景	應	金	將	又	謨	明	刺	人	滅	人	寶	一	銘	㉗
	山	旒	是	侍	名	建	憑	兆	書	扞	動	親	雍	龍	公	龍	嘉	寵	左	改	指	鑿	史	也	跡	也	孝	方	并	㉘
	門	西	標	漢	流	宇	崔	茄	劒	攸	容	寢	州	二	傾	二	招	伏	監	龍	麾	門	左	曾	於	自	實	錫	序	㉙
	幽	飛	代	角	喪	子	瓊	茶	之	歸	傲	息	高	年	城	年	荀	兒	門	原	而	申	威	祖	屯	鯨	天	胤		㉚
	幽	悲	冑	里	業	孫	之	均	術	所	物	無	陽	八	而	六	羨	而	中	府	暗	百	衛	眞	蒙	魚	資	昌		㉛

大唐 故 [雲][1]麾將軍 左武衛將軍 上柱國 來遠郡開國公 祢府君 墓誌銘 并序

莫敖以獨啓山林 掩經江漢 子文以三登令尹 遂覇諸侯 人物雄於一方 錫胤昌於萬葉 靈基積派海島之達 荊巫玉潤 珠明卞巖之接 隨肆忠爲國寶 孝實天資 國有其材 家稱代祿 存諸史册 可略詳言 公諱素士字素 楚國瑯琊人也 自鯨魚隕彗 龍馬浮江 拓拔以勁騎南侵 宋公以强兵北討 乹坤墋黷 君子滅跡於屯蒙 [海][2]內崩離 賢達違邦而遠逝 七代祖嵩自淮泗浮於遼陽 遂爲熊川人也 曾祖眞帶方州刺史 祖善隨任萊州刺史 父寔進入朝爲歸德將軍東明州刺史左威衛大將軍 時稱忠讜 家擅勳門 剖竹爲符 昔時專寄 馳軒問瘼 是賴仁明 鑿門申[百][3]戰之功 登壇應三軍之選 公以父資入侍 貴族推賢 談笑而坐得軍謨 指麾而暗成行陣 年十五授遊擊將軍長上父宿衛近侍 改授龍泉府右果毅 又改龍原府左果毅 臨漳府折衝 加三品左豹韜衛左郎將 又授右鷹揚衛右郎將 左監門中朗 長安三年 制充淸夷軍副使 蹔迂鳴玉 求蔣濟而從軍 始賀執金寵伏兒而輔國 加來遠郡公餘悉如古 神龍元年 授左武衛將軍 曺文重戚 首應嘉招 荀羡幼年俄聞獎擢羽林 淸禁上懸郎將之星 高閣連雲側佇虎憤之直 景龍二年六月 奉使徐兗等卌九州存撫 絲綸滿路 邦守負弩 以先駈軒盖盈衢 王公傾城而出餞方冀便宜入奏對漢制而推多 豈謂夢寐成灾 召秦毉而不救 景龍二年八月廿九日 卒於徐州之官舍 呼嗚哀哉卽以其年十一月二日遷窆於雍州高陽原 禮也 將軍舊壘忽變新塋 天子臨朝猶思大樹 公自幼及長揚名愛親 寢息無忘於忠誠 言談不逾於禮義 童年結綬 不以地勢嬌人 壯室傳封 不以勳容傲物 丹墀陪戟 奸臣畏威而寢謀紫塞揚麾 黠虜聞名而遁去 爪牙是託 蕃扞攸歸 所謂斯人邦之良也 子仁秀仁[徽][4]仁傑仁彦仁俊等 錤鎡克業幹蠱承家 書劍之術 早成公侯之資 必復彩衣 推孝未[極][5] 萊氏之歡 石槨開銘 忽見藤公之兆 茹荼均痛 淚栢摧心 恐陵谷潛移 蔓山之爲漢水 陰陽遷質 海島之變桑田 庶憑崔瑗之文 遂鏤蔡邕之石 銘曰 赫赫我祖 奄營南土 令尹稱功 開封建宇 子孫錫胤 英賢接武 遂啓宗祊 始傳王父 其一 蘭閣披圖 儒林振葉 永嘉中圮 名流喪業 魏氏雄飛 宋公居攝 郊原版蕩 賢人利涉 其二 東浮鯨海 北有雄津 休屠侍漢 角里違秦 背亂猷爲 觀風識眞千年聖主 累葉名臣 其三 晈晈童年 沉沉美量 是標代胄[6] 鬱傾朝望 學劒從軍 昇壇拜將 入侍皇極 出平夷障其四 使車東邁 凶旐西飛 悲纏宰輔 痛澈宸闈 地[逈][7]墳出 田荒路微 榮華共盡 今古同歸 其五 寂寂山門 幽幽泉戶 東望玄覇 西連下杜 楸隴雲愁 松庭月苦 空昔輔漢 永埋征虜 其六

1) 雲(권덕영, 김영관) / 현재 남은 획과 그 뒤의 '麾將軍'으로 보아 '雲'으로 추정된다.
2) 海(권덕영, 김영관) / 현재 남은 획과 그 뒤의 '內'로 보아 '海'로 추정된다.
3) 百(권덕영, 김영관) / 현재 남은 획과 그 뒤의 '戰之功'으로 보아 '百'으로 추정된다.
4) 徽(권덕영, 김영관) / 현재 남은 획으로 보아 '徽'로 추정된다.
5) 極(권덕영, 김영관) / 현재 남은 획과 그 앞의 '未'로 보아 '極'으로 추정된다.
6) 胃(권덕영, 김영관) / 기존의 판독문에서는 '胃'로 보았지만 '胄'로 볼 가능성도 있다.
7) 逈(권덕영, 김영관) / 현재 남은 획으로 보아 '逈(迥)'으로 추정된다.

3. 역주

大唐 故 雲麾將軍[8] 左武衛將軍[9] 上柱國[10] 來遠郡開國公[11] 祢府君의 墓誌銘 더불어 序

莫敖[12]는 홀로 산림을 열어 江漢[13]을 다스렸고, 子文[14]은 3번 令尹[15]에 올라 마침내 제후들을 제패했다. 인물됨이 한 나라에서 뛰어나 姓을 내려주니[16] 만대에 창성했고, 靈基[17]가 海島의 곳곳에 두루 퍼졌다. 荊巫[18]의 옥이 빛나니, 구슬이 卞巖[19]의 이어짐을 밝혔다. 충성됨을 펴 나라의 보배가 되었고, 효성스러움은 실로 타고난 것이었다. 나라에 그러한 재목이 있어 가문이 대대로 祿을 주었음을 칭한 것은 여러 史册에 있으니 자세한 말은 줄일 수 있다. 공은 휘가 素士, 자는 素이며 楚國瑯琊人[20]이다. 鯨魚가 죽고 살별이 떨어진 이래[21], 龍馬가 강을 떠내려갔다.[22] 拓拔이 굳센 기병으로 남쪽을 침공하고[23], 宋公이 강

---

8) 雲麾將軍: 종3품의 武散官이다.

9) 左武衛將軍: 唐은 隋의 제도를 따라 左·右武衛를 설치했다. 左武衛는 光宅 원년(684) 左鷹揚衛로 개칭되었다가 神龍 원년(705) 左武衛로 복구되었고, 궁정의 경호를 담당했다. 장군은 左武衛의 부책임자로 정원은 2명이고 종3품이다.

10) 上柱國: 『唐六典』에 따르면 12등급의 훈위 중 가장 높은 훈위로 정2품에 비견된다.

11) 來遠郡開國公: 『舊唐書』, 『新唐書』에 따르면 河北道에 속한 瑞州 예하에 來遠縣이 존재했다. 營州 변경에 접해 있었는데 거란이 營州를 함락시키자 그 여파로 良鄉縣(幽州大都督府 예하)의 廣陽城으로 옮겨졌다. 『新唐書』를 통해 당시 영주를 함락시킨 거란은 李盡忠의 무리였음을 알 수 있다. 한편 「예식진 묘지명」의 개석에는 來遠縣開國子로 표기되었다. 「예소사 묘지명」에서부터 '子'가 아니라 '公'으로 표현되었는데 예식진의 사망 후 그의 작위가 추증으로 승급되었고 그것을 예소사가 물려받았을 가능성도 있다. 『唐六典』에 따르면 郡公은 정2품 및 식읍 2천호, 縣子는 정5품 및 식읍 5백호이다(『通典』에 따르면 縣子는 정5품상).

12) 莫敖: 춘추전국시대 楚의 官名이다. 국왕과 令尹을 보좌해 군사, 재정, 의례 및 왕실 사무 등 다양한 국정 업무를 총괄했다. 屈氏가 전국시대까지 독점적으로 승계했다. 여기에서는 楚 武王의 아들로 莫敖를 역임했고 屈 지역에 봉해진 屈瑕를 가리킨다고 보인다.

13) 江漢: 長江과 漢水를 가리킨다. 『左傳』에 따르면 楚侯 雄通(楚 武王)이 隨를 공격했을 때 교전 지역이 長江과 漢水 유역 일대였다. 이 전쟁에 屈瑕도 종군했다.

14) 子文: 楚의 大夫로 성은 鬬, 이름은 穀이고 자가 子文이다. 어려서 호랑이 젖을 먹고 자랐으므로 於菟乳라고도 한다. 『論語』 公冶長篇에 그가 3번 令尹이 되었다는 구절이 있다.

15) 令尹: 춘추전국시대 楚의 官名이다. 중원 국가들의 재상에 해당하지만 권한은 더 높아 전국시대에는 국왕과 함께 '二王'으로 칭해질 정도로 강력한 권력을 행사했다.

16) 姓을 내려주니: 錫胤은 賜姓을 의미한다.

17) 靈基: 王業, 舍利佛塔, 佛寺 등의 뜻이 있다. 여기에서는 王業을 의미할 것이다.

18) 荊巫: 荊楚의 주술, 荊山과 巫山 등의 뜻이 있다. 여기에서는 荊山과 巫山을 가리킬 것이다.

19) 卞巖: 앞부분의 荊巫와 동일하게 중국의 어느 산을 가리킬 텐데 확실하지 않다. 卞은 魯의 지명으로 『論語』 憲問編에서는 勇의 대표적인 인물로 卞莊子가 등장한다.

20) 楚國瑯琊人: 현재의 山東省 諸城市 남동쪽 일대이다. 춘추전국시대 楚는 湖北省에 중심지를 두었으므로 이 지역과는 관계가 없어 보인다. 그러나 『史記』에 따르면 楚 威王 7년(B.C. 333) 초가 이 지역의 越을 복속시켰으므로 楚國瑯琊人이라는 표현은 사용할 수 있다.

21) 鯨魚가…이래: 鯨魚隕彗는 『淮南子』 天文訓의 '鯨魚死而彗星出'를 달리 표현했다고 추정된다.

22) 龍馬가…떠내려갔다: 龍馬浮江은 '五馬渡江'이라고도 하는데, 西晉 말 司馬氏의 琅琊王, 汝南王, 西陽王, 南頓王, 彭城王 등 다섯 왕이 전란을 피해 남쪽으로 장강을 건넌 사건을 의미한다.

한 군사로 북쪽을 토벌했다.[24] 하늘과 땅이 혼란스러우니 군자가 屯蒙[25]한 상황에서 자취를 감추었고, 온 나라가 무너지고 흩어지니 현명한 자들이 나라를 떠나 멀리 가버렸다. 7대조 嵩은 淮泗[26]로부터 遼陽[27]에 떠내려 와, 마침내 熊川人[28]이 되었다. 증조 眞[29]은 帶方州刺史[30]였고, 조부 善[31]은 이어서 萊州刺史[32]를 맡았다. 부친 寔進은 입조하여[33] 歸德將軍[34], 東明州刺史[35], 左威衛大將軍[36]이 되었다. 당시 충성스럽고 정직하다고 칭했으니, 가문이 번성하여 勳門이 되었다. 대나무를 쪼개 징표로 삼았으니 과거에 기탁한 것이었고, 수레를 달려 위문했으니 이는 어질고 밝음에 힘입은 것이었다. 필사의 결심[37]으로 수많은 싸움의 공을 고했고, 단에 올라 전군 중의 선발에 응했다. 공은 부친의 음덕으로 궁에 들어가 황제를 모셨고, 존귀한 일족으로 현자로 추천되었다. 담소하는 중에 앉아서 전략을 얻었고 지휘하는 중에 은밀히 진영을 이루었다. 15세에 遊擊將軍[38]을 내려주었고 오랫동안 상번하며[39] 숙위, 근시했다. 고쳐서 龍泉府[40] 右果毅[41]를 내려주었고, 다시 고쳐 龍原府[42] 左果毅[43], 臨漳府[44] 折衝[45]을 내려주었다. 3품을 더해 左豹韜衛[46]

---

23) 拓拔이…침공하고: 이어지는 宋公以强兵北討를 감안하면 선비족이 산동, 강소, 안휘 지역으로 진출한 것을 의미한다.

24) 宋公이…토벌했다: 훗날 宋을 건국한 劉裕가 東晋 조정의 명에 의해 남하하는 선비족 세력을 요격한 것을 의미한다.

25) 屯蒙: 『周易』의 屯괘와 蒙괘의 병칭으로 만물이 처음 등장했을 때의 약한 모습, 괴로움 및 곤핍함 등의 뜻이 있다. 여기에서는 곤핍한 상황을 의미한다.

26) 淮泗: 淮水와 泗水를 가리킨다. 현재의 山東省 중남부 일대이다. 전국시대 楚가 越을 복속시킨 후 이 지역을 차지했다.

27) 遼陽: 「부여융 묘지명」, 「난원경 묘지명」에서의 용례를 감안하면 백제를 의미한다고 보인다.

28) 熊川人: 熊津 지역을 흐르는 금강의 옛 이름이다. 예소사의 부친 예식진의 묘지에서도 예식진을 '百濟熊川人'으로 서술했다.

29) 眞: 예소사의 부친인 예식진 및 예군의 묘지에서는 이 인물의 이름을 譽多, 譽로 서술했다.

30) 帶方州刺史: 帶方州는 웅진도독부 예하 7주의 하나로 현재의 전라남도 나주 일대로 비정된다. 한편 예식진, 예군의 묘지에서는 그들의 조부(예소사의 증조)가 좌평이었다고 서술했다.

31) 善: 예소사의 부친인 예식진 및 예군의 묘지에서는 이 인물의 이름을 思善, 善으로 서술했다.

32) 萊州刺史: 萊州는 현재의 山東省 북서부 일대이다. 한편 예식진, 예군의 묘지에서는 그들의 부친(예소사의 조부)이 좌평이었다고 서술했다.

33) 부친…입조하여: 백제 멸망에 공을 세운 예식진은 소정방이 백제를 평정한 후 돌아갈 때 동행했다고 생각되므로 그의 입조 시점은 660년일 것이다.

34) 歸德將軍: 투항한 외국의 수령들에게 주는 종3품의 武散官이다.

35) 東明州刺史: 東明州는 웅진도독부 예하 7주의 하나로 현재의 충청남도 공주 일대로 비정된다.

36) 左威衛大將軍: 16衛의 하나로 궁정 경비를 담당하는 左威衛의 책임자(정3품)이다. 한편 예식진 및 예소사의 아들 예인수의 묘지에서는 예식진이 역임한 관직으로 左威衛大將軍만을 서술했지만, 예식진의 입조 시점과 左威衛의 연혁을 감안하면 歸德將軍, 東明州刺史를 거친 이후 비로소 左威衛大將軍을 맡은 것으로 보인다.

37) 필사의 결심: 鑿門은 凶門을 뚫고 필사의 결심을 보이는 것을 의미한다. 고대에 장군이 출정할 때 북향으로 문을 열고 나아간 일에서 유래했다.

38) 遊擊將軍: 종5품하의 武散官이다.

39) 오랫동안 상번하며: 長上은 교대 없이 장기 번상하는 것을 의미한다. 한편 묘지에서는 長上의 뒤에 '父'가 이어졌는데 의미는 불확실하다. 이를 衍字 혹은 부친의 임무를 대신한다는 뜻으로 보는 견해가 있다.

40) 龍泉府: 『舊唐書』에 따르면 關內道에 속한 綏州 및 江南道(江南東道)에 속한 括州 예하에 각각 龍泉縣이 있었다.

41) 右果毅: 정식 명칭은 右果毅都尉로 左果毅都尉와 함께 折衝府의 차관이다. 절충부가 상부이면 종5품, 중부이면 정6품상, 하부이면 종6품하이다.

42) 龍原府: 『舊唐書』에 따르면 江南道에 속한 기미주인 殷州 예하에 龍原縣이 있었다.

左郎將[47]이 되었고, 또 右鷹揚衛[48] 右郎將[49], 左監門[50] 中郎[51]을 내려주었다. 長安[52] 3년(703) 制에 따라 淸夷軍[53] 副使에 임명되었다. 잠시 멀리 출사하여[54] 蔣濟[55]를 구하고 종군했고, 始賀執金寵伏兒而輔國.[56] 來遠郡公을 더하고 나머지는 모두 이전과 같도록 했다. 神龍[57] 원년(705) 左武衛將軍을 내려주었다. 曺文重戚[58] 嘉招[59]에 가장 먼저 응했고, 荀羨는 어렸을 때에 문득 칭찬을 듣고 羽林[60]에 뽑혔다. 淸禁[61]의 위에 郎將의 별을 걸었고, 높은 전각들이 구름과 이어지니 虎賁[62]의 임무를 갈망했다.[63] 景龍[64] 2년(708) 6월 명을 받들어 사신이 되어 徐, 兗 등 49주를 존무했다. 絲綸[65]이 길에 가득 찼는데 邦守[66]가 영접하여[67] 앞으로 달려가 길을 여니 수레의 덮개가 길을 채웠다. 왕공들은 성을 기울여 돈을 내어, 바야흐로 마음껏

---

43) 左果毅: 정식 명칭은 左果毅都尉로 右果毅都尉와 함께 折衝府의 차관이다. 절충부가 상부이면 종5품, 중부이면 정6품상, 하부이면 종6품하이다.

44) 臨漳府: 『舊唐書』에 따르면 河北道에 속한 相州 예하에 臨漳縣이 있었다.

45) 折衝: 정식 명칭은 折衝都尉로 折衝府의 장관이다. 절충부가 상부이면 정4품상, 중부이면 종4품하, 하부이면 정5품하이다.

46) 左豹韜衛: 光宅 원년(684) 左威衛를 左豹韜衛로 개칭했다.

47) 左郎將: 右郎將과 함께 정5품상의 군관이다.

48) 右鷹揚衛: 光宅 원년(684) 右武衛를 右鷹揚衛로 개칭했다.

49) 右郎將: 左郎將과 함께 정5품상의 군관이다.

50) 左監門: 정식 명칭은 左監門衛이다. 隋대에 설치된 左(右)監門府를 唐도 이어받았고 龍朔 2년(662)에 府가 衛로 바뀌었다. 궁문 출입 및 출입증 관리를 담당했다.

51) 中郎: 정식 명칭은 中郎將이다. 정4품하의 군관이다.

52) 長安: 則天武后의 연호로 701년부터 704년까지 사용되었다.

53) 淸夷軍: 『舊唐書』에 따르면 주로 奚, 거란 등을 통제하는 역할을 담당한 范陽節度使 휘하의 군진으로 垂拱 연간(685~688)에 설치되었다. 10,000명의 병력과 300필의 말이 주둔했고, 현재 河北省 懷來縣 남동쪽 일대에 있었다. 長安 2년(702) 嬀州 懷來縣의 치소가 되었다가 후에 폐치되었다.

54) 멀리 출사하여: 鳴玉은 옛사람이 허리에 차던 옥 장식, 패옥, 조정에 출사하는 것, 옛 악기의 이름, 風磬 등의 뜻이 있다. 여기에서는 出仕를 의미할 것이다.

55) 蔣濟: 삼국시대 魏의 관료로 조조에게 등용되어 조비, 조예를 섬겼다. 훗날 사마의의 쿠데타에 기여했으나 자신이 설득하여 수도로 돌아온 조상과 그 일족을 사마의가 몰살시키자 그 죄책감으로 병이 생겨 사망했다.

56) 始賀執金寵伏兒而輔國: 이 부분에 대한 해석은 불확실하다.

57) 神龍: 唐 中宗의 연호로 705년부터 707년까지 사용되었다.

58) 曺文重戚: 이 부분에 대한 해석은 불확실하다.

59) 嘉招: 조정의 부름, 요청의 미칭 등의 뜻이 있다. 여기에서는 조정의 부름을 의미할 것이다.

60) 羽林: 별의 명칭, 금위군의 명칭, 많은 깃털, 羽陵 등의 뜻이 있다. 여기에서는 금위군을 의미할 것이다.

61) 淸禁: 황궁, 궁원의 청소 등의 뜻이 있다. 여기에서는 황궁을 의미할 것이다.

62) 虎賁: 용사, 근위를 담당하는 官名, 별의 명칭 등의 뜻이 있다. 여기에서는 근위병을 의미할 것이다.

63) 갈망했다: 側佇는 갈망을 의미한다.

64) 景龍: 唐 中宗의 연호로 707년부터 710년까지 사용되었다.

65) 絲綸: 제왕의 조서, 낚싯줄, 실의 종류 등의 뜻이 있다. 여기에서는 천자의 조서를 의미할 것이다.

66) 邦守: 지방관을 의미한다.

67) 영접하여: 負弩는 弩, 箭 등을 짊어지는 형태의 고대 귀빈을 영접하는 의례 혹은 고대 亭長의 별칭 등의 뜻이 있다. 여기에서는 영접 의례를 의미할 것이다.

중국의 제도에 대해 조정에 아뢰기를 원하여 내세우는 것이 많았다. 어찌 꿈속에서 병이 생겨[68] 秦醫[69]를 불렀으나 구하지 못함을 이르겠는가. 景龍 2년(708) 8월 29일 徐州의 관사에서 사망했다. 아아, 슬프구나. 곧 그해 11월 2일에 雍州高陽原[70]에 옮겨 하관했으니 예에 맞았다. 장군의 옛 성채가 홀연히 새로운 무덤으로 바뀌었고, 천자가 조정에 임해 大樹[71]를 생각하는 것과 같았다. 공은 어렸을 때부터 장성함에 이르러 이름을 드날리고 부모를 사랑하여 누워 쉼에 충성됨을 잊지 않았고 말을 함에 예의를 넘어서지 않았다. 어렸을 때 관직에 나아갔지만[72] 地勢[73]로 다른 이를 무시[74]하지 않았고, 성인이 되어 봉작을 이었으나 勳容[75]으로 다른 이를 경시[76]하지 않았다. 丹墀[77]에서 극을 쥐고 시위하니[78] 간신들이 위엄을 두려워하여 모략을 그쳤고[79], 紫塞[80]에서 대장의 깃발을 흩날리니 교활한 오랑캐들이 명성을 듣고 달아나 가버렸다. 爪牙[81]는 이에 의탁한 것이고 蕃扞[82]이 돌아갈 곳이었으니 이른바 이 사람이 나라의 인재라고 하는 것이었다. 아들 仁秀[83], 仁徽, 仁傑, 仁彦, 仁俊 등은 錤鎡[84]가 공적을 능히 세울 수 있었고 부친의 뜻을 이어[85] 가업을 승계했다. 書劒[86]의 재주가 일찍이 公侯의 자질을 이루었고, 기필코 부모에 대한 효양[87]을 회복하니 효를 좇아 멈추지 않았다.[88] 萊氏의 즐거움이 돌로 만든 성에 銘을 여니 홀연히 藤公의

68) 꿈속에서…생겨: 夢寐成災와 관련하여 『左傳』에 따르면 晉侯가 꿈에서 아픈 후 병이 생기자 秦伯이 의원(扁鵲)을 보냈으나 결국 치료하지 못했다고 한다.

69) 秦醫: 扁鵲, 좋은 의사의 비유 등의 뜻이 있다. 여기에서는 편작을 의미할 것이다.

70) 雍州高陽原: 현재의 西安市 남쪽 일대로 당시 행정단위로는 雍州乾封縣高陽里였다. 2010년 발굴을 통해 이곳에 예식진, 예인수 및 예군의 묘도 함께 조영되었음이 알려졌고, 예소사의 묘지도 발굴 과정에서 출토되었다.

71) 大樹: 후한의 장군이었던 馮異의 별명이다. 그는 사람됨이 겸손하고 자기 공을 자랑하지 않았다. 전쟁터에서 다른 장수들이 모여앉아 전공을 논의할 때 홀로 나무 아래에 앉아 대책을 궁리했기 때문에 '大樹將軍'이란 별호를 얻었다.

72) 관직에 나아갔지만: 結綬는 인장의 끈을 매어 관직에 나아가는 것을 의미한다.

73) 地勢: 토지와 산천의 형세, 지위와 권세, 지방의 형편 등의 뜻이 있다. 여기에서는 지위와 권세를 의미할 것이다.

74) 다른 이를 무시: 嬌人에서 嬌는 驕와 통하므로 여기에서는 다른 이를 무시하는 것을 의미한다.

75) 勳容: 容에 威儀의 뜻이 있으므로 공적과 위세를 의미한다.

76) 다른 이를 경시: 傲物은 자만심으로 남을 경시하는 것을 의미한다.

77) 丹墀: 궁궐의 적색 계단 혹은 붉은 칠을 한 바닥, 궁궐이나 사묘의 계단 등의 뜻이 있다. 여기에서는 궁궐을 의미할 것이다.

78) 극을 쥐고 시위하니: 陪戟은 궁궐의 계단 양옆에서 극을 쥐고 시위하는 것을 의미한다.

79) 모략을 그쳤고: 寢謀는 모략을 그치는 것을 의미한다.

80) 紫塞: 북방 변경의 요새를 의미한다. 秦의 장성이 보랏빛으로 보인 것에서 유래했다.

81) 爪牙: 사람의 손톱과 치아, 동물의 날카로운 발톱과 이빨, 용사, 무신, 용맹함, 악한 무리 등의 뜻이 있다. 여기에서는 황제를 지키는 용맹한 신하를 의미할 것이다.

82) 蕃扞: 藩屏, 호위 등을 의미한다.

83) 仁秀: 예식진의 장자인 예인수의 무덤이 2010년 발굴되었고 그 과정에서 그의 묘지도 발견되었다.

84) 錤鎡: 鎡基의 다른 표현이다. 호미와 가래, 가업, 재략 등의 뜻이 있다. 여기에서는 자질을 의미할 것이다.

85) 부친의 뜻을 이어: 幹蠱는 幹父之蠱의 줄임말로 자식이 아버지의 뜻을 이어 부친이 완수하지 못한 일을 완성함, 일 처리, 수련하여 재능을 쌓음, 당대 설치했던 制科 중 하나의 명칭 등의 뜻이 있다. 여기에서는 부친의 뜻을 잇는 것을 의미할 것이다.

86) 書劒: 책과 검, 文武의 학습 등의 뜻이 있다. 여기에서는 文武를 의미할 것이다.

87) 부모에 대한 효양: 彩衣는 부모에 대한 효도와 봉양, 희곡에서의 복장 등의 뜻이 있다. 여기에서는 부모에 대한 효양을 의미할 것이다.

조짐을 보였다. 茹와 荼가 모두 괴로워하고, 눈물 흘리는 잣나무가 마음을 아프게 한다.[89] 구릉과 골짜기가 어느새 변해 덩굴로 우거졌던 산이 漢水[90]가 되고 음양이 본성을 바꾸어 바다의 섬이 뽕밭이 되는 것이 두렵다. 崔瑗[91]의 문장을 두루 전거로 삼고, 蔡邕[92]의 비석을 마침내 새겼으니 銘에서 이른다. 빛나는 우리 조상이 크게 남쪽 땅을 다스리니 영윤이 공적을 칭송해 분봉하여 거처를 지었다. 자손들이 성을 받아 슬기롭고 뛰어난 이들이 앞뒤로 이어지니[93] 마침내 宗祊[94]을 열어 비로소 王父[95]들을 전했다. 그 첫 번째. 蘭閣[96]에 도서들을 펼치니[97] 儒林이 잎을 털어냈다. 永嘉[98] 중에 쇠퇴하여[99] 名士들이 터전을 잃었다. 魏氏[100]가 기세 좋게 날아오르고 宋公이 섭정[101]을 맡으니 들판이 어지러워지고 현명한 자들이 건너갔다. 그 두 번째. 동쪽으로 鯨海[102]를 떠내려가니 북쪽에 좋은 나루가 있었다. 休屠[103]가 漢을 모셨고 角

88) 멈추지 않았다: 未極은 기한이 없음, 극점에 도달하지 못함, 멈추지 않음, 지치지 않음 등의 뜻이 있다. 여기에서는 멈추지 않는 것을 의미할 것이다.

89) 마음을 아프게 한다: 摧心은 극도로 상심한 것을 의미한다.

90) 漢水: 山西省 남서쪽에서 발원한 강으로 장강의 지류이다.

91) 崔瑗: 後漢 涿郡 安平 사람으로 자는 子玉이다. 어릴 때 아버지 崔駰을 잃었지만 학문에 매진하여 賈逵에게 배워 天文曆算에 정통했다. 順帝 때 茂才로 천거를 받아 40살이 넘어 汲縣令을 지냈다. 이때 稻田 수백 頃을 개간하여 주민들의 생활을 발전시켰다. 漢安 연간에 濟北相으로 옮겼다. 뇌물을 받았다는 이유로 탄핵을 받아 잡혀갔는데, 논변을 통해 억울함을 따져 석방되었다. 馬融, 張衡 등과 절친했다. 저서에『草書勢』가 있다.

92) 蔡邕: 後漢 陳留 圉縣 사람으로 자는 伯喈이다. 젊어서부터 박학하기로 이름이 높았고 문장, 數術, 천문, 음률에 뛰어났다. 靈帝 때 司徒 橋玄을 통해 建寧 3년(170) 郎中이 되었고, 東觀에서 교정에 종사한 뒤 議郎으로 옮겼다. 熹平 4년(175) 堂溪典 등과 六經의 文字平定을 주청하여 스스로 碑에 써서 새긴 뒤 太學의 문 밖에 세웠으니 이것이 '熹平石經'이다. 나중에 글을 올려 조정의 득실을 논하다가 中常侍 程璜의 모함에 빠져 朔方으로 쫓겨났다. 사면을 받은 뒤에도 다시 환관들의 핍박을 받아 江海에서 10여 년 동안 칩거했다. 中平 6년(189) 董卓이 집권하자 발탁되어 祭酒가 되고, 尙書를 거쳐 左中郎將까지 승진해 高陽鄕侯에 봉해졌다. 동탁이 죽임을 당한 뒤 司徒 王允에게 체포되었는데, 자청하여 黥刑과 刖刑을 받고『漢史』를 마칠 것을 요청했지만 거부당해 옥사했다. 저서에 조정의 제도와 칭호에 대하여 기록한『獨斷』과 시문집『蔡中郎集』이 있다. 飛字體를 창시했다.

93) 앞뒤로 이어지니: 接武는 조금씩 앞으로 나아감, 춤이 이어짐, 사람들이 밀고 당김, 가까워짐, 전후로 이어짐, 승계 등의 뜻이 있다. 여기에서는 앞뒤로 이어짐을 의미할 것이다.

94) 宗祊: 종묘, 가묘를 의미한다.

95) 王父: 조부, 노인에 대한 존칭, 신선의 이름(東王父) 등의 뜻이 있다. 여기에서는 조상을 의미할 것이다.

96) 蘭閣: 초나라의 臺 혹은 장서각을 의미하는 蘭臺와 같은 표현으로 보인다.

97) 도서들을 펼치니: 披圖는 도서류를 늘어놓는 것을 의미한다.

98) 永嘉: 西晉 懷帝의 연호(307~313)로 이 무렵을 전후해서 西晉이 쇠퇴하기 시작했다.

99) 쇠퇴하여: 中圮는 중도에 쇠퇴하는 것을 의미한다.

100) 魏氏: 묘지의 전반부 내용을 감안하면 선비족이 세운 북조 계통의 국가를 의미한다.

101) 섭정: 居攝은 劉裕가 송을 건국하기 이전 東晉 安帝, 恭帝 시기 都督諸軍事, 相國 등이 되어 정권을 장악한 상태를 의미한다.

102) 鯨海: 큰 바다를 의미한다.

103) 休屠: 흉노의 지배자 중 하나였던 休屠王을 의미한다.『漢書』에 따르면 곽거병의 공격으로 흉노가 수세에 처하자 伊穉斜單于가 休屠王, 渾邪王(昆邪王)을 문책하여 죽이려 했다. 두 왕은 이를 피해 한에 항복하려 했으나 休屠王이 곧 후회하자 渾邪王이 그를 죽이고 한에 귀순했다. 한편 休屠王의 아들인 金日磾는 일족과 함께 곽거병에게 포로로 잡혔으나 이후 武帝의 신임을 받아 漢 조정에서 중용되었다.

里[104)]가 秦을 떠났다. 난을 등지고 은거했지만 백성들을 살펴[105)] 진실한 모습을 알았다.[106)] 천년의 聖主[107)]이자 누대의 명신이었다. 그 세 번째. 달처럼 밝은 어린 시절, 깊고 깊은 아름다운 재능. 이는 胃[108)]를 대신한 표식이니 朝望[109)]이 크게 기울었다. 검을 익혀 종군하니 단에 올라 장군에 임명되었다. 안에 들어가 皇極[110)]을 모시고 밖에 나와 오랑캐를 평정했다. 그 네 번째. 사신의 수레가 동쪽으로 나아가고 凶旐[111)]가 서쪽으로 날아갔다. 슬픔이 재상들을 휘감았고 아픔이 천자[112)]를 꿰뚫었다. 땅에서 크게 무덤이 솟으니 밭은 황폐해지고 길은 사라졌다. 영화로움이 모두 다하니 지금과 옛날의 행적이 모두 돌아갔다. 그 다섯 번째. 고요한 山門[113)], 아득한 泉戶[114)]. 동쪽으로 玄覇[115)]를 바라보고 서쪽으로 下柱[116)]를 잇는다. 오동나무 언덕에 구름이 슬퍼하고 소나무 정원에 달이 괴로워한다. 오랜 옛날 한을 도와 정벌한 오랑캐들을 영원히 묻었다. 그 여섯 번째.

4. 연구쟁점

1) 예소사의 인적정보

「예소사 묘지명」에서는 그가 景龍 2년(708) 8월 29일 徐州에서 사망했다고 서술했을 뿐 사망 당시 연령이나 이를 추론할 수 있는 다른 정보는 제시하지 않았다. 하지만 그가 15세에 武散官인 遊擊將軍을 받은 일과 부친 예식진의 관력을 함께 고려하면 그의 출생 연도를 어느 정도 추정할 수 있다. 현재 예식진의

---

104) 角里: 江蘇省 吳縣의 옛 지명 혹은 角里先生 등의 뜻이 있다. 여기에서는 角里先生을 의미할 것이다. 『史記』에 따르면 그는 한나라의 유명한 隱士였던 四皓의 한 명으로 진시황 시기의 전란을 피해 은거했다. 漢 高祖가 초빙하려 했으나 실패했고 이후 惠帝의 태자 시절 스승이 되었다.

105) 백성들을 살펴: 觀風은 시기를 살핌, 좋은 명망을 바라봄, 민정을 살핌, 풍채를 살핌, 풍광을 감상함 등의 뜻이 있다. 여기에서는 백성들을 살피는 것을 의미할 것이다.

106) 진실한…알았다: 識眞은 진상을 식별함, 자연의 도를 깨달음 등의 뜻이 있다. 여기에서는 진상을 알아챘음을 의미할 것이다.

107) 聖主: 과거 품덕과 행위가 보통 사람과 다른 이들은 중요한 별자리가 되어 전해진다고 했으므로 그런 이들을 聖主로 불렀다. 여기에서는 뛰어난 인물을 의미한다.

108) 胃: 28宿의 하나인 胃宿을 의미한다.

109) 朝望: 조정의 인망, 조정에서 위세와 명망이 있는 대신 등의 뜻이 있다. 여기에서는 조정의 인망을 의미할 것이다.

110) 皇極: 황제가 천하를 통치하는 준칙, 황위, 황제, 황실, 고대 천문, 역산, 오행 등의 전문 방술, 고대 궁전의 명칭, 고대 종교의 명칭 등의 뜻이 있다. 여기에서는 황제를 의미할 것이다.

111) 凶旐: 흉사를 나타내는 깃발, 즉 사망을 알리는 깃발을 의미한다.

112) 천자: 宸闈에서 宸, 闈 모두 대궐을 의미하고 앞 구절의 재상(宰輔)과 대구를 이루므로 천자를 의미한다.

113) 山門: 墓門, 사찰의 바깥문, 도관의 바깥문, 사찰 등의 뜻이 있다. 여기에서는 다음 구절의 泉戶와 함께 墓門을 의미할 것이다.

114) 泉戶: 墓門을 의미한다.

115) 玄覇: 覇는 陝西省 藍田縣에서 발원한 灞水를 의미할 수 있다.

116) 下柱: 다락집이나 누각의 마루 아래를 바치는 기둥 혹은 大箜篌의 공명통에 연결된 아래 부분을 의미한다. 여기에서는 어떠한 누각을 가리킨다고 보인다.

官歷으로 歸德將軍, 東明州刺史, 左威衛大將軍이 확인된다. 예소사는 부친의 음덕으로 遊擊將軍을 받았고, 이는 예식진이 左威衛大將軍이었을 때의 일일 것이다. 예식진은 左威衛大將軍이 되기 전 東明州刺史로서 660년대 중반부터 백제 고지에서 활동했는데,[117] 그가 당으로 돌아온 시점은 언제일까. 671년 신라가 所夫里州를 설치한 이후 웅진도독부 및 예하의 州들은 정상적으로 유지되기 어려웠을 것이므로 예식진도 이 무렵에는 당으로 귀환했을 것이다.[118] 그리고 그가 672년에 사망했으므로, 결국 예소사가 遊擊將軍을 받고 출사한 시점은 부친 예식진이 左威衛大將軍으로 재직하던 671~672년 사이일 것이다. 이러한 추정이 타당하다면 그의 출생 시점은 656~658년 사이이고, 50대 초반에 사망했음을 알 수 있다. 이와 더불어 그가 각지의 절충부 근무에서 돌아온 이후 처음으로 받은 관직이 左豹韜衛 左郎將이다. 左豹韜衛는 左威衛가 光宅 원년(684)에 바뀐 것이므로 예소사가 주로 측천무후의 치세에 당 조정의 상급 관료로 활동했다고 할 수 있다.

2) 예씨 일족의 출자

「예소사 묘지명」에서는 그의 직계 존속으로 부친 寔進, 조부 善, 증조 眞, 7대조 嵩을 제시했다. 그런데 부친과 조부의 경우 「예식진 묘지명」과 「예군 묘지명」의 서술과 일치하지만, 증조 眞(예식진, 예군의 조부)은 譽多(譽)와 차이를 보이고 7대조 嵩은 다른 예씨 일족의 묘지에서 확인할 수 없다. 眞이 譽多를 漢式으로 고친 것일 수도 있지만, 현재로서는 예소사의 증조를 譽多(譽)로 보는 것이 보다 타당할 것이다. 한편 묘지에 따르면 7대조 嵩은 永嘉의 난을 피해 백제로 건너왔다고 한다. 그러나 이 경우 묘지 후반부에서 조부 善이 萊州刺史를 역임했다고 서술한 부분과 자연스럽게 연결되지 않으며, 다른 예씨 일족의 묘지에서 출자를 서술한 부분과도 어긋난다. 또한 단순 계산에 불과하지만, 「예식진 묘지명」에 따르면 예식진은 614~615년 사이에 출생했으므로 40년 간격으로 계산하면 7대조 嵩은 4세기 말에 생존, 활동한 것이 되어 永嘉의 난이 한창이던 4세기 초와는 시간적으로 거리가 발생한다. 묘지의 서술만으로 예씨 일족의 출자를 중국에서 찾기는 아직 어렵다고 생각한다.

3) 楚와의 관련성

「예소사 묘지명」에서는 춘추전국시대 楚와 관련된 표현들이 여러 차례 등장한다. 묘지의 첫 문장에서 이미 莫敖, 令尹 등 楚의 관직과 관련 고사들을 언급했을 뿐만 아니라 예소사 본인을 楚國瑯琊人으로 소개했다. 묘지에 등장하는 지명으로 長江, 漢水만이 아니라 瑯琊, 淮水, 泗水 등도 楚가 한때 영유했던 만큼 관련성을 인정할 수 있으며, 정확한 맥락을 알기 어렵지만 荊山, 巫山, 蘭閣 등의 용어도 楚와 연결된다. 이러한 현상의 원인으로 예소사 본인의 표방, 묘지 작성자의 의사 등을 생각할 수 있는데, 楚國瑯琊人이라는 표현에는 묘주의 의도(혹은 그가 급사했으므로 가족의 의향)가 반영되었을 것이므로 전자가 더

117) 이는 예식진이 웅진도독부 사마로 활동한 예군과 함께 백제 고지로 돌아왔다는 가정에서 산출한 시점이다.

118) 한편 671년 예군이 신라에 억류된 사건도 예식진의 귀환 시점에 시사점을 준다.

타당하다고 생각한다.

5. 참고문헌

권덕영, 2012, 「백제 유민 禰氏一族묘지명에 대한 斷想」, 『사학연구』 105, 한국사학회.

김영관, 2012, 「中國 發見 百濟 遺民 禰氏 家族 墓誌銘 檢討」, 『신라사학보』 24, 신라사학회.

拜根興, 2012, 「당대 백제유민 禰씨가족 묘지에 관한 고찰」, 『한국고대사연구』 66, 한국고대사학회.

董延壽·趙振華, 2007, 「洛陽, 魯山, 西安出土的唐代百濟人墓志探索」, 『東北史地』 2007年 第2期, 吉林省社會科學院.

王連龍, 2011, 「百濟人『禰軍墓誌』考論」, 『社會科學戰線』 2011年 第7期, 吉林人民出版社.

禰仁秀 墓誌銘

최상기

1. 개관

2010년 西安市 文物保護考古所가 西安市 長安區 郭杜鎭南村의 郭杜教育科學技術産業開發區 華商傳媒産業基地 건설 현장에서 唐대의 고분 3기를 발굴했다. 이들은 남쪽에 2기, 북쪽에 1기가 위치한 '品'자 형태였는데, 이 중 남서쪽에 위치한 무덤에서 「예인수 묘지명」이 발견되었다(권덕영 2012, pp.11-12). 이 묘는 單室 土洞墓로서 길고 경사진 墓道, 過洞, 4개의 天井, 甬道, 墓室(남북 3.4m, 동서 3.1m) 등 5부분으로 구성되었다. 묘의 방향은 남향이며, 남북 전체 길이는 19.8m이다. 주변의 예식진, 예소사의 묘와 마찬가지로 거의 도굴된 상태였지만, 「예인수 묘지명」을 포함해 鎭墓獸, 天王俑, 12支神俑(12生肖俑), 小男·小女俑, 銅鏡, 開元通寶 등이 출토되었다(拜根興 2012, pp.295-300). 출토 당시 예인수의 묘지는 묘실 앞쪽의 甬道 입구에 놓여 있었는데, 도굴 과정에서 원래 위치로부터 옮겨졌을 것으로 짐작된다.

「예인수 묘지명」은 青石으로 제작된 지석과 개석이 하나의 조합을 이룬다. 개석은 지붕 모양의 방형(盝頂, 方形)으로 위쪽 한 변이 32cm, 아래쪽 한 변이 52cm이고 전체 두께는 6.5cm이다. 개석의 윗면에 두 줄의 선을 음각해 공간을 나눈 후 해서체로 '大唐故祢府君墓誌銘'을 세로로 3행에 걸쳐 새겼고(3×3), 주변에는 幾何紋, 옆면에는 蔓草紋을 음각해 장식했다. 지석은 방형으로 한 변이 52cm, 두께는 16cm이며 옆면에 개석과 동일하게 蔓草紋을 새겼다. 총 434자의 지문은 해서체로 작성되었는데, 지석의 윗면에 계선을 그어 23행을 만들었지만 마지막 두 행에는 글씨를 쓰지 않았으므로 세로쓰기 방식의 21행, 23열로 구성되었다고 할 수 있다(김영관 2012, p.116).

묘지는 天寶 9년(750) 예인수와 그 부인을 합장할 때 작성되었다고 보인다. 撰者, 書者, 刻子는 밝히지 않았고, 다만 지문 중에 등장하는 예인수의 아들 禰適이 찬술했다고 추정된다. 묘지의 내용은 전체적으로 선조(증조, 조부, 부친)들의 내력과 중국 및 백제에서의 활동, 예인수의 관력 및 생애, 예인수 부인의 행적, 예인수와 부인의 합장, 명문 등으로 이루어졌다. 부인의 행적에 대한 서술은 다른 예씨 일족의 묘지에서는 찾아볼 수 없는 특이한 점이다.

2. 판독 및 교감

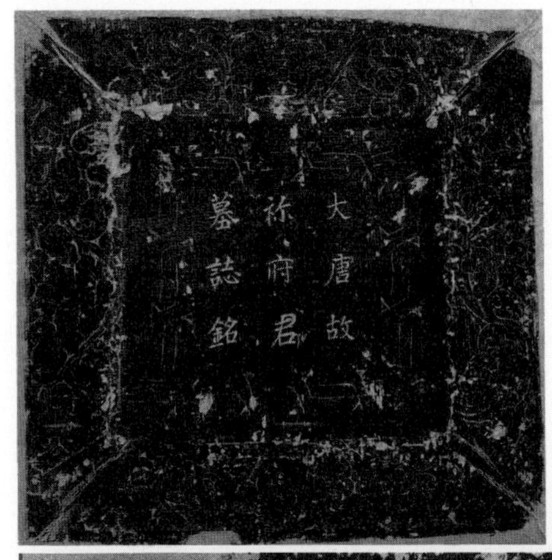

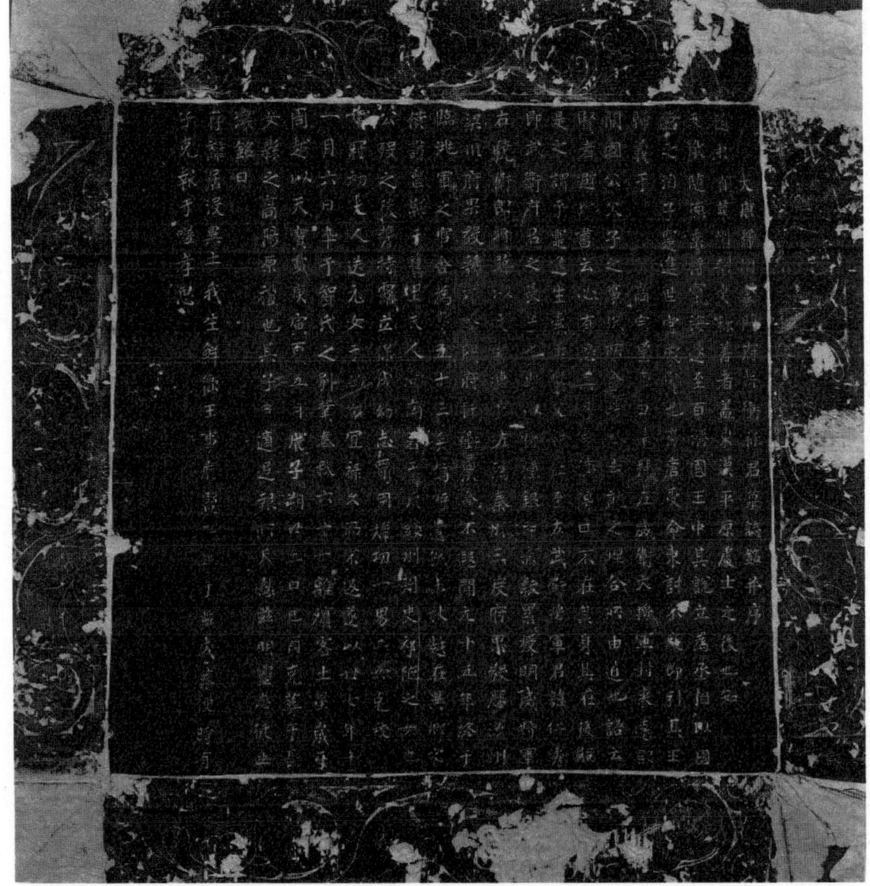

출처: 김영관, 2012, p.118.

21	20	19	18	17	16	15	14	13	12	11	10	9	8	7	6	5	4	3	2	1	
子	存	壤	安	周	一	婚	公	僕	臨	梁	右	卽	是	賢	開	歸	聽	天	隨		①
克	離	銘	縣	越	月	冠	歿	護	洮	川	驍	武	之	者	國	義	之	猒	末		②
報	居	曰	之	以	六	初	之	喪	軍	府	衛	衛	謂	避	公	于	洎	隨	有	大	③
于	沒		高	天	日	夫	後	歸	之	果	郎	府	乎	地	父		子	德	萊	唐	④
嗟	異		陽	寶	卒	人	携	于	官	毅	將	君	寔	書	子		寔	乘	州	虢	⑤
孝	土		原	載	于	送	持	舊	舍	號	尋	之	進	云	之		進	桴	刺	州	⑥
思	我		禮	庚	豳	元	露	里	爲	州	以	長	生	必	事	高	世	竄	史	金	⑦
	生		也	寅	氏	女	立	夫	壽	金	元	子	素	有	殊	宗	官	海	祢	門	⑧
	鮮		其	夏	之	于	保	人	五	門	帥	也	士	忍	所	皇	象	遂	善	府	⑨
	歡		子	五	別	豳	成	河	十	府	連	少	襲	其	會	帝	賢	至	者	折	⑩
	王		曰	月	業	州	幼	南	三	折	坐	以	父	乃	時	由	也	百	蓋	衝	⑪
	事		適	戊	春	宜	志	若	矣	衝	左	將	封	有	也	是	有	濟	東	祢	⑫
	靡		追	子	秋	祿	買	干	嗚	稟	爲	種	仕	濟	去	拜	唐	國	漢	君	⑬
	監		報	朔	六	久	用	氏	呼	命	秦	銀	至	傳	就	左	受	王	平	墓	⑭
	二		所	廿	十	而	婦	綏	遺	不	州	印	右	曰	之	威	命	中	原	誌	⑮
	紀		天	二	一	不	功	州	孤	遐	三	赤	武	不	理	衛	東	其	處	銘	⑯
	于		慰	日	離	返	一	刺	未	開	度	紱	衛	在	合	大	討	說	士	并	⑰
	茲		茲	己	殯	遂	男	史	杖	元	府	累	將	其	所	將	不	立	之	序	⑱
	成		名	酉	客	以	二	祁	越	十	果	授	軍	身	由	軍	庭	爲	後		⑲
	葬		靈	克	土	廿	女	陁	在	五	毅	明	君	其	道	封	卽	丞	也		⑳
	便		志	葬	星	七	克	之	異	年	歷	威	諱	在	也	來	引	相	知		㉑
	時		彼	于	歲	年	致	女	鄉	終	汝	將	仁	後	語	遠	其	以			㉒
	有		幽	長	再	十		也	家	于	州	軍	秀	嗣	云	郡	王	國			㉓

大唐 虢州金門府折衝 祢君 墓誌銘 并序

隨末 有萊州刺史祢善者 蓋東漢平原處士之後也 知天猒隨德 乘桴竄海 遂至百濟國 王中其說 立爲丞相以國聽之 洎子寔進 世官象賢也 有唐受命 東討不[庭][1] 卽引其王 歸義于高宗皇帝 由是拜左威衛大將軍 封來遠郡開國公 父子之事 [殊][2]所會時也 去就之理 合所由道也 語云賢者避地 書云必有忍其乃有濟 傳曰不在

1) 庭(권덕영, 김영관) / 중앙이 파손되었지만, 남은 획 및 그 앞의 不로 보아 庭으로 추정된다.

2) 殊(권덕영, 김영관) / 탁본 상태가 좋지 않지만, 남은 획으로 보아 殊로 추정된다.

其身其在後嗣 是之謂乎 寔進生素士 [襲][3]父封 仕至左武衛將軍 君諱仁秀 卽武衛府君之長子也 少以將種 銀印赤紱 累授明威將軍右驍衛郎將 尋以元帥連[坐][4] 左爲秦州三度府果毅 歷汝州梁川府果毅虢州金門府折衝 稟命不遐 開元十五年終于臨洮軍之官舍 爲壽五十三矣 嗚呼 遺孤未杖 越在異鄉 家僕護喪 歸于舊里 夫人河南[若][5]干氏 綏州刺史祁陁之女也 公歿之後 携持露立 保成幼志 賈用婦功 一男二女 克致[婚][6]冠 初夫人送元女于豳州宜祿 久而不返 遂以廿七年十一月六日卒于壻氏之別業 春秋六十一 離殯客土 星歲再周越以天寶載庚寅夏五月戊子朔廿二日己酉克葬于長安縣之高陽原 禮也 其子曰適 追報所天慰 玆明靈志 彼幽壤銘曰

存離居沒異土 我生鮮歡 王事靡監二紀 于玆成葬 便時有子克報 于嗟孝思

3. 역주

大唐 虢州金門府折衝[7] 祢君의 墓誌銘 더불어 序[8]

隨[9] 말에 萊州刺史[10] 祢善[11]이라는 사람이 있었는데, 대저 東漢 平原處士[12]의 후예이다. 하늘이 隨德[13]을 싫어함을 알고 작은 뗏목을 타고[14] 바다를 건너 도망가 마침내 백제국에 이르렀다. 王[15]이 그 말을 흡족히 여겨 세워서 丞相[16]으로 삼으니, 나라 전체가 그의 말을 들었다. 아들 寔進[17]에 이르기까지 대대

3) 襲(권덕영, 김영관) / 탁본 상태가 좋지 않지만, 전후 문맥으로 보아 襲으로 추정된다.

4) 坐(권덕영, 김영관) / 탁본 상태가 좋지 않지만, 그 앞의 連으로 보아 坐로 추정된다.

5) 若(권덕영, 김영관) / 상단 일부가 파손되었지만, 남은 획 및 그 뒤의 干으로 보아 若으로 생각된다.

6) 婚(권덕영, 김영관) / 우측 하단 일부가 파손되었지만, 남은 획으로 보아 婚으로 생각된다.

7) 虢州金門府折衝: 虢州는 河南道에 속한 지역으로 현재의 하남성 盧氏縣 일대이다. 金門府는『新唐書』에 따르면 虢州 弘農郡에 설치된 4개의 절충부 중 하나이다(『新唐書』 본문에는 金明으로 서술되었으나 이는 金門의 잘못). 折衝의 정식 명칭은 折衝都尉로 절충부의 책임자이다. 절충부가 상부이면 정4품상, 중부이면 종4품하, 하부이면 정5품하이다.

8) 더불어 序: 다른 예씩 일족(예군, 예식진, 예소사)의 묘지와는 달리 '并序'를 본문과 같은 크기로 썼다.

9) 隨: 隋의 오자로 생각된다. 한편 현재 湖北省 隨縣에 있었던 周의 제후국 및 현재 山西省 介休縣 지역의 명칭이 隨였다. 후자의 경우『左傳』에 따르면 隨는 춘추시대의 晉이다.

10) 萊州刺史: 萊州는 현재의 산동 반도에 위치했다. 한편 隨末을 隋末로 본다면 煬帝 시기(大業 연간)에 해당할 텐데, 당시 이 지역은 東萊, 지방관은 郡守로 불렸다.

11) 祢善: 동일 인물을 「예군 묘지명」, 「예소사 묘지명」에서는 (祢)善, 「예식진 묘지명」에서는 (祢)思善으로 표기했다. 예군, 예식진 형제의 부친이자 예인수의 증조이다.

12) 東漢 平原處士: 後漢 시기 문인이었던 禰衡(173~198)으로 생각된다. 『後漢書』 禰衡傳에 따르면 字는 正平이고 平原 般縣 사람이다. 어렸을 때부터 말재주가 있었으나 성격이 강직하고 거만하여 조조, 유표 등의 미움을 샀고, 결국 유표의 부하 황조에게 살해되었다.

13) 隨德: 隨를 隋로 본다면 隋의 國運을 의미할 것이다.

14) 뗏목을 타고: 乘桴는 세상을 피해 은거하는 것을 비유할 때 사용한다.

15) 王: 예씨 일족의 세대를 감안하면 백제 무왕으로 생각된다.

16) 丞相: 백제에서 승상에 해당하는 관직 혹은 관등은 좌평일 것이다. 현재까지 좌평을 맡았던 백제 인물 중 '禰' 성을 가진 자

로 관직을 세습하며 선대의 어진 덕행을 본받았다.[18] 唐이 천명을 받아 王庭에 나아가지 않는 나라[19]를 동쪽으로 토벌하니, 곧 그 왕[20]을 끌어 高宗 황제에게 귀의했다. 이로 말미암아 左威衛大將軍[21]을 배수했고, 來遠郡 開國公[22]으로 봉했다. 父子의 일[23]이 특별히 때에 맞은 바였고, 거취의 理[24]가 도를 행하는 바에 부합했다. 論語에서 현명한 자는 어지러운 나라를 피한다고 했고[25], 書經에서 반드시 인내함이 있어야 성공이 있을 것이라고 했다.[26] 左傳에서 그 자신에게 있지 않고 후대에게 있다고 했으니[27], 이를 일컬은 것인가. 寔進이 素士[28]를 낳으니, 아버지의 봉작을 이었고[29] 벼슬이 左武衛將軍[30]에 이르렀다. 君은 휘가 仁秀이고, 즉 武衛府君의 長子[31]이다. 어려서부터 무장 가문의 후예로서 銀印과 赤韍[32]을 찼고, 거듭 明威將軍[33], 右驍衛郎將[34]에 제수되었다. 곧 元帥[35](의 일)에 연좌되어 秦州三度府果毅[36]로 좌천되었고, 汝州

는 확인되지 않는다.

17) 寔進: 예인수의 조부인 예식진(615~672)을 가리킨다. 백제의 웅진방령이었고, 백제 멸망 과정에서 세운 공으로 당에서 歸德將軍, 東明州刺史, 左威衛大將軍을 역임했다.

18) 선대의…본받았다: 象賢은 선인들의 賢德을 본받을 수 있음을 의미한다.

19) 王庭에…나라: 不庭은 王庭에 朝會하지 않는 자, 無道 및 반역 등을 의미한다.

20) 그 왕: 의자왕을 가리킨다. 예식진이 의자왕을 끌고 항복한 사실은 『舊唐書』, 『新唐書』의 소정방 열전 및 「예식진 묘지명」, 「예소사 묘지명」 등에서 관련 내용을 확인할 수 있다.

21) 左威衛大將軍: 唐 16衛의 하나로 궁궐의 경비를 담당하는 左威衛의 책임자(정3품)이다. 다만 여기에서 서술한 것처럼 예식진이 660년 의자왕을 데리고 귀의한 공으로 左威衛大將軍을 받았다고 보기는 어렵다. 『唐六典』 등에 따르면 左威衛는 左屯衛府가 바뀐 것인데, 그 개칭 시점이 龍朔 2년(662)이기 때문이다. 예식진은 「예소사 묘지명」에서 서술한 것처럼 660년 입조하여 歸德將軍을 받은 후 한동안 백제 고지에서 東明州刺史로 활동하다가 다시 唐으로 돌아와 左威衛大將軍이 되었다고 보인다.

22) 來遠郡 開國公: 『舊唐書』, 『新唐書』에 따르면 河北道에 속한 瑞州 예하에 來遠縣이 존재했다. 營州 변경에 접해 있었는데 거란이 營州를 함락시키자 그 여파로 良鄕縣(幽州大都督府 예하)의 廣陽城으로 옮겨졌다. 『新唐書』를 통해 당시 영주를 함락시킨 거란은 李盡忠의 무리였음을 알 수 있다. 한편 「예식진 묘지명」의 개석에는 來遠縣開國子로 표기되었다. 「예소사 묘지명」에서부터 '子'가 아니라 '公'으로 표현되었는데 예식진의 사망 후 그의 작위가 추증으로 승급되었을 가능성이 있다. 『唐六典』에 따르면 郡公은 정2품 및 식읍 2천호, 縣子는 정5품 및 식읍 5백호이다(『通典』에 따르면 縣子는 정5품상).

23) 父子의 일: 예선과 그의 아들 예식진이 백제에서 활약한 일을 가리킨다고 생각된다.

24) 거취의 理: 예식진이 백제 멸망 과정에서 당에 귀의한 일을 가리킨다고 생각된다.

25) 論語에서…했고: 『論語』 憲問篇에 "子曰 賢者避世 其次避地 其次避色 其次避言"의 구절이 있다.

26) 書經에서…했다: 『書經』 君陳第23에 "必有忍 其乃有濟 有容 德乃大"의 구절이 있다.

27) 左傳에서…했으니: 『左傳』 莊公22年에 "此其代陳有國乎 不在此其在異國 非此其身在其子孫"의 구절이 있다.

28) 素士: 예인수의 부친인 예소사(?~708)를 가리킨다.

29) 아버지의…이었고: 「예소사 묘지명」에 따르면 예소사는 來遠縣開國子였던 부친 예식진을 이어 來遠君公이 되었다.

30) 左武衛將軍: 「예소사 묘지명」에 따르면 예소사는 神龍 원년(705) 左武衛將軍이 되었다. 左武衛는 唐 16衛의 하나로 궁궐의 경비를 담당하며, 장군은 부책임자로 종3품이다.

31) 武衛府君의 長子: 武衛府君은 左武衛將軍을 역임한 예소사이며, 「예소사 묘지명」에 따르면 그에게는 仁秀, 仁徽, 仁傑, 仁彦, 仁俊 등 다섯 아들이 있었다.

32) 銀印과 赤韍: 銀印은 秦, 漢 시기 秩 2,000석 이상 관리의 인장으로 이후 고급 관료의 별칭으로 사용되었다. 韍은 蔽膝, 印綬 등을 의미하는데, 여기에서는 앞의 銀印과 대응시켜 印綬로 해석했다.

33) 明威將軍: 『唐六典』에 따르면 종4품하의 무산관이다. 이는 예인수가 처음 출사하여 받은 산직일 텐데, 부친 예소사는 「예소사 묘지명」에 따르면 종5품하 유격장군을 받았다. 한편 고구려, 백제계 인물들은 당에서 처음 출사할 때 대부분 유격장군을

梁川府果毅[37], 虢州金門府折衝을 역임했다. 하늘로부터 받은 수명[38]이 다 지나지도 않았는데 開元[39] 15년(727) 臨洮軍[40]의 관사에서 사망하니, 53세[41]였다. 오호, 遺孤[42]는 아직 喪棒을 잡지도[43] 않았는데, 다른 고을을 넘어 家僕이 운구를 호송하여[44] 옛 마을로 돌아왔다. 부인인 河南의 若干氏[45]는 綏州刺史 祁陁[46]의 딸이다. 공이 사망한 후 겨우 유지하며[47] 거처도 없었으나[48], 어렸을 때의 뜻을 지켜 이루어 婦功[49]을 팔아 1남 2녀가 혼례와 관례를 모두 행했다. 처음에 부인이 장녀를 豳州 宜祿[50]으로 시집보내면서 따라갔는데[51], 오래도록 돌아오지 않았다. 마침내 27년[52](739) 11월 6일 사위의 집 별채에서 사망했으니, 나이

받았고, 명위장군을 받은 인물로는 高質(高性文), 高足酉 및 예인수가 있다.

34) 右驍衛郎將: 右驍衛는 唐 16衛의 하나로 左右衛, 左右武衛 등과 함께 궁궐의 경비를 담당한다. 한편 郎將은 左郎將, 右郎將이 있었는데 모두 정5품상의 군관이다.

35) 元帥: 일반적으로 출정군의 총책임자를 의미한다. 唐 전 시기에 걸쳐 확인되지만 대부분 안사의 난 이후 등장하며, 주로 황태자, 친왕 등이 맡았다.

36) 秦州三度府果毅: 秦州는 隴右道에 속한 지역으로 현재의 甘肅省 天水市 일대이다. 三度府는 『新唐書』에 따르면 秦州 天水郡에 설치된 6개의 절충부 중 하나이다. 果毅의 정식 명칭은 果毅都尉로 절충부의 차관이며 정원은 2명(左·右果毅都尉)이다. 절충부가 상부이면 종5품, 중부이면 정6품상, 하부이면 종6품하이다.

37) 汝州梁川府果毅: 汝州는 河南道에 속한 지역으로 현재의 河南省 汝州市 일대이다. 梁川府는 『新唐書』에 따르면 汝州 臨汝郡에 설치된 4개의 절충부 중 하나이다. 果毅에 대해서는 위의 주30을 참조할 것.

38) 하늘로부터 받은 수명: 稟命은 명령 수행, 하늘로부터 받은 운명이나 성품 등의 뜻이 있는데, 여기에서는 하늘로부터 받은 수명을 의미할 것이다.

39) 開元: 唐 玄宗의 연호로 713년부터 741년까지 사용되었다.

40) 臨洮軍: 『新唐書』에 따르면 隴右道 예하 臨州 狄道郡에 위치한 軍鎭이다. 久視 元年(700)에 설치되었고, 寶應 元年(762) 토번이 함락시켰다.

41) 53세: 이를 통해 예인수가 上元 2년(675)에 출생했음을 알 수 있다.

42) 遺孤: 사망한 사람이 남긴 자식을 의미한다.

43) 喪棒을 잡지도: 杖은 상중에 쥐는 喪棒 혹은 그 행위 등을 의미한다.

44) 운구를 호송하여: 護喪은 喪事 처리 혹은 喪事 처리를 맡은 사람, 운구의 호송 등의 뜻이 있는데 여기에서는 운구의 호송을 의미할 것이다.

45) 若干氏: 『魏書』 官氏志에 따르면, 北魏의 始祖神元帝 拓拔力微 시기(3세기 초, 중반?)에 선비 諸部의 씨 중 하나였던 若干氏가 내지로 들어온 후 苟氏로 바뀌었다고 한다. 다만 『北史』에 따르면 西魏 恭帝의 황후가 若干氏였다고 하므로, 改姓 시점은 비교적 후대일 것이다.

46) 綏州刺史 祁陁: 綏州는 關內道에 속한 지역으로 현재의 陝西省 북부 일대이다. 사서에 등장하는 綏州刺史 중 祁陁의 이름은 확인할 수 없다.

47) 겨우 유지하며: 携持는 간신히 명맥을 유지하는 것을 의미한다.

48) 거처도 없었으나: 露立은 거처가 없음을 의미한다.

49) 婦功: 부녀자의 바느질을 의미하는데, 여기에서는 부인이 삯바느질한 것으로 보인다.

50) 豳州 宜祿: 豳州는 關內道에 속한 지역으로 현재의 陝西省 북부 일대이다. 『舊唐書』에 따르면, 義寧 2년(618) 설치한 隋의 新平郡을 武德 원년(618) 豳州로 바꾸었고, 開元 13년(725)에 邠州로 바뀌었다. 宜祿은 豳州 예하의 현이다. 한편 『新唐書』 兵志에 따르면, 당은 말 706,000마리를 관리하기 위해 陝西省 일대 8곳에 관리소(坊)를 두었는데 그중 일곱 번째가 宜祿坊이다.

51) 시집보내면서 따라갔는데: 送은 送親(신부를 보낼 때 친족이 따라가는 일)을 의미한다.

52) 27년: 앞에서 예인수가 開元 15년(727)에 사망했다고 했으므로, 이는 開元 27년(739)을 가리킬 것이다. 또한 唐의 연호 중

61세였다. 사망한 타향을 떠나서 歲星이 두 바퀴 지나[53], 天寶 庚寅(750)[54] 여름 5월 戊子朔 22일 己酉에 長安縣高陽原[55]에 장사를 행했으니, 예에 맞았다. 그 아들을 適이라고 하는데 하늘이 위로하는 바에 응답하여[56], 이에 靈志[57]를 밝혀 저 幽壤[58]에 銘하여 이른다.

離居[59]에 계시다가 타향에서 돌아가시니, 我生[60]에게 즐거움은 드물었다. 王事로 二紀[61] 동안 살피지 않다가, 여기에 장례를 이루었다. 便時[62]에 아들이 보답을 다 하니, 孝思[63]에 찬탄한다.

4. 참고문헌

권덕영, 2012, 「백제 유민 禰氏一族묘지명에 대한 斷想」, 『사학연구』 105, 한국사학회.

김영관, 2012, 「中國 發見 百濟 遺民 禰氏 家族 墓誌銘 檢討」, 『신라사학보』 24, 신라사학회.

拜根興, 2009, 「高句麗 遺民 高性文, 高慈 父子 墓誌의 考證」, 『충북사학』 22, 충북대학교 사학회.

拜根興, 2012, 「당대 백제유민 禰씨가족 묘지에 관한 고찰」, 『한국고대사연구』 66, 한국고대사학회.

이문기, 2000, 「고구려 유민 高足酉 묘지의 검토」, 『역사교육논집』 26, 역사교육학회.

27년을 셀 수 있는 것은 오직 開元뿐이다.

53) 星歲는 세월, 歲星(목성) 등의 뜻이 있는데, 여기에서는 두 바퀴 지났다고 했으므로(再周越), 歲星을 의미할 것이다.

54) 天寶 庚寅(750): 天寶 연간 중 庚寅年은 750년(天寶 9)이다. 이는 예인수가 사망한 開元 15년(727)으로부터 歲星이 두 바퀴 지나간 24년째 해에 해당한다. 한편 天寶는 唐 玄宗의 연호로 742년부터 756년까지 사용되었다.

55) 長安縣高陽原: 高陽原은 예군 및 예식진 3대가 매장된 곳이다. 「예군 묘지명」에서는 雍州乾封縣高陽里, 「예식진 묘지명」에서는 高陽原, 「예소사 묘지명」에서는 雍州高陽原이라고 서술했다. 현재의 西安市 長安區 郭杜鎭南村 남쪽 일대이다.

56) 응답하여: 追報는 (망자에게) 답하는 것을 의미하므로 여기에서는 응답한다고 해석했다.

57) 靈志: 하늘의 뜻(天意)를 의미한다.

58) 幽壤: 지하, 九泉之下 등을 의미한다.

59) 離居: 거처로부터의 離散, 분거, 별채, 포기, 은거자 등의 뜻이 있는데, 예인수가 타향(臨洮軍 관사)에서 사망한 것을 감안하면 (고향이 아닌) 다른 곳으로 해석된다.

60) 我生: 나의 행실, 모친 등의 뜻이 있는데, 앞에서 모친의 사망을 언급한 것을 감안하면 모친을 의미할 것이다.

61) 二紀: 日月, 24년, 20여 년 등의 뜻이 있는데, 예인수의 부인을 예인수와 합장한 天寶 庚寅年(750)이 예인수가 사망한 해(727)로부터 24년째에 해당하므로 24년을 의미할 것이다.

62) 便時: 좋은 시간, 편한 시간 혹은 그러한 시간을 잡는 행위 등의 뜻이 있는데, 예인수와 그 부인의 합장을 감안하면 좋은 날을 잡았다고 해석된다.

63) 孝思: 부모에 대한 효심(孝親之思)을 의미한다.

陳法子 墓誌銘

정동준

1. 개관

최근 들어 국내에서는 목간 자료가 속속 출토되고 있고, 해외에서는 유민들의 묘지명이 속속 발견되고 있어서, 부족한 백제사 관련 사료의 공백을 메우는 데에 일조하고 있다. 이러한 현상은 추정에 의존할 수 밖에 없었던 백제사 연구의 실증성을 높여줄 수 있는 계기가 되는 것은 물론, 내용상으로도 백제사의 연구분야를 보다 다양하게 하고, 연구의 깊이 또한 이전보다 깊게 할 것이라고 기대된다. 특히 최근에 사료가 거의 없어서 그야말로 추정을 중심으로 연구되어 오던 백제 관제 분야에 6~7세기 백제 관제의 실상을 보여주는 사료가 새로이 등장하여 주목받게 되었는데, 그것이 바로 백제 유민의 묘지명인 「陳法子 墓誌銘」이다.

陳法子 墓誌銘은 2012년에 소장처에서 도록을 발간하면서 그 존재가 알려져서(도록[1], pp.270-271), 2013년에 논문 1편, 2014년에 논문 3편이 간행되었고(拜根兴 2013; 김영관 2014; 정동준 2014; 陈玮 2014), 3편의 논문에서 부분적으로 언급된 상황이다(권덕영 2014; 이성제 2014; 김영심 2014). 구체적인 내용과 출토경위 등은 본론에서 소개할 것이므로 생략한다. 지금까지의 연구에서 다루어진 내용은 진법자의 생몰년과 출자, 陳氏 일족의 백제 이주시기, 선조들 및 진법자가 백제에서 역임한 관직·관등과 그 의미, 진법자와 아들이 唐에서 역임한 관직·품계와 그 의미 등이다. 이와 관련하여 연구자 간 의견이 일치된 부분도 있지만, 아직은 의견이 엇갈리는 부분이 많다(자세한 내용은 연구쟁점에서 소개).

1) 이하 胡戟·荣新江 主編, 2012, 『大唐西市博物馆藏墓志』, 北京大学出版社를 '도록'이라고 약칭한다.

陳法子 墓誌銘은 2007년 陝西省 西安市의 大唐西市博物館에 소장되었으나(도록, p.270), 묘지가 언제 어디서 출토되었는지는 알 수 없다. 진법자는 洛陽縣 毓財里 자택에서 죽어서 洛陽 邙山에 매장되었으므로, 묘지명의 출토지는 洛陽일 것이다(拜根兴 2013, p.3). 묘지명의 입수경위는 大唐西市博物館의 구입에 의한 것으로 추정되고(김영관 2014, p.106), 정규 발굴조사를 거친 것으로 확인되지 않았으므로, 구입 이전에는 다른 백제유민 묘지명처럼 도굴당한 후 세상에 모습을 드러냈다고 생각된다(拜根兴 2013, p.4).

묘지명은 지석이 가로 45cm, 세로 45cm, 두께 10cm이고 명문이 25자24행의 해서이며 4면에 12지신상을 3개씩 배치하였고, 개석이 가로 44cm, 세로 44cm, 두께 11cm이고 명문이 3자3행의 전서이며 4면에 사신문을 하나씩 배치하였다고 한다(도록, p.270). 그러나 실측을 해 보면 지석은 가로 44.8cm, 두께 8.7~9.6cm로 바닥면은 대충 다듬고 정면하지 않아 두께의 차이가 나고 요철이 심하며, 글씨 크기는 대략 1.0~1.5cm 정도이고 모두 594자라고도 한다(김영관 2014, p.107).

	照	天	地	日
측천문자	曌	𠀘	埊	𡆠
	月	星	君	臣
측천문자	𠥱	〇	𠺞	𢘑
	載	初	年	正
측천문자	𡕀	𡔈	𠡦	𠀑

	授	證	聖	國	人
측천문자	𥠢	𧗟	𨲢	圀	𤯔

출처: 「네이버 지식백과」 측천문자 (『두산백과』)

특히 이 묘지명이 武周 건국(690) 이후인 天授 2년(691)에 작성되었기 때문에 則天文字가 나타나고 있는데, 이에 대해 天·地·年·正·月·日·授·載·初의 9종29자라고 한 견해가 있었고(김영관 2014, p.107·p.112), 탁본을 검토한 결과 타당함을 확인하였다.

묘지명에는 진법자가 載初元年에 76세로 사망한 것으로 되어 있는데, 이에 대해 재초원년을 689년으로 파악하여 614년에 출생하였다고 보기도 하고(도록, p.270), 690년으로 파악하여 615년에 출생하였다고 보기도 한다(拜根兴 2013, p.4; 김영관 2014, pp.112-113). 이러한 혼란은 재초원년에 연호를 개정하면서 역법까지 바꾸어서 생긴 것이다.

〈표 1〉에서 보이듯이 재초원년의 시작은 689년이 맞지만, 본래 그 해의 연호가 永昌이던 것을 11월에 載初로 바꾸면서 기존의 11월을 정월, 12월을 臘月, 정월을 1월로 하는 역법의 개정을 하였다.[2)] 그 결과

〈표 1〉 載初元年 전후의 연대와 역법 정리

서력	689												690											
월	1	2	3	4	5	6	7	8	9	10	11	12	1	2	3	4	5	6	7	8	9	10	11	12
연호	永昌元										載初元										天授元		天授2	
역법	정	2	3	4	5	6	7	8	9	10	정	납	1	2	3	4	5	6	7	8	9	10	정	납
왕조	唐																				周			

진법자가 사망한 2월 13일은 기존 역법대로라면 해가 바뀌어 재초 2년이 되어야 하지만 역법의 개정으로 여전히 재초원년에 속하게 되었던 것이다. 따라서 진법자의 사망시점인 2월13일은 재초원년인 동시에 690년이 맞다. 참고로 재초원년은 690년 9월에 武周가 건국되고 연호가 천수로 바뀌면서[3] 더 이상 사용되지 않으므로, 재초 2년은 역사상 존재하지 않는다.[4] 따라서 진법자의 생몰년은 615년 출생, 690년 사망으로 보는 것이 타당하다.

지금까지는 진법자 묘지명에 보이는 기본적인 사항에 대하여 소개해 보았다. 다음으로는 구체적인 내용을 볼 차례이다. 먼저 사진자료부터 본 후 판독문과 판독안을 제시하겠다.

---

2) 『舊唐書』 卷6, 本紀6 則天皇后 "載初元年春正月, 神皇親享明堂, 大赦天下. 依周制建子月爲正月, 改永昌元年十一月爲載初元年正月, 十二月爲臘月, 改舊正月爲一月, 大酺三日." 『新唐書』 卷4, 本紀4 則天順聖武皇后 "天授元年正月庚辰, 大赦, 改元日載初, 以十一月爲正月, 十二月爲臘月, 來歲正月爲一月."

3) 『舊唐書』 卷6, 本紀6 則天皇后 "(載初元年)九月九日壬午, 革唐命, 改國號爲周. 改元爲天授, 大赦天下, 賜酺七日." 『新唐書』 卷4, 本紀4 則天順聖武皇后 "(天授元年九月)壬午, 改國號周. 大赦, 改元, 賜酺七日."

4) 다만 주2·3의 사료처럼 『舊唐書』는 최초의 載初元年만 기년 모두에 명시하고 도중에 바뀐 天授元年을 기년 모두에 명시하지 않아서 천수 2년이 재초 2년인 듯한 착각을 불러일으키고 있고, 『新唐書』는 최초의 재초원년을 기년 모두에 명시하지 않아서 載初라는 연호가 없었던 듯한 인상을 주고 있다. 그 결과 臺灣中央硏究院 漢籍電子文獻資料庫에서는 『舊唐書』의 경우 천수 2년·3년을 재초 2년·3년으로, 『新唐書』의 경우 재초원년을 도중에 바뀐 천수원년, 천수 3년을 도중에 바뀐 長壽元年으로 기록해 놓았다. 이것은 『舊唐書』가 그 해 최초의 연호를 모두에 명시하는 반면, 『新唐書』가 그 해의 최종 연호를 기년 모두에 명시하기 때문에 생긴 현상으로 보인다.

2. 판독 및 교감

개석 탁본
출처: 2013.10. 3. 연합뉴스

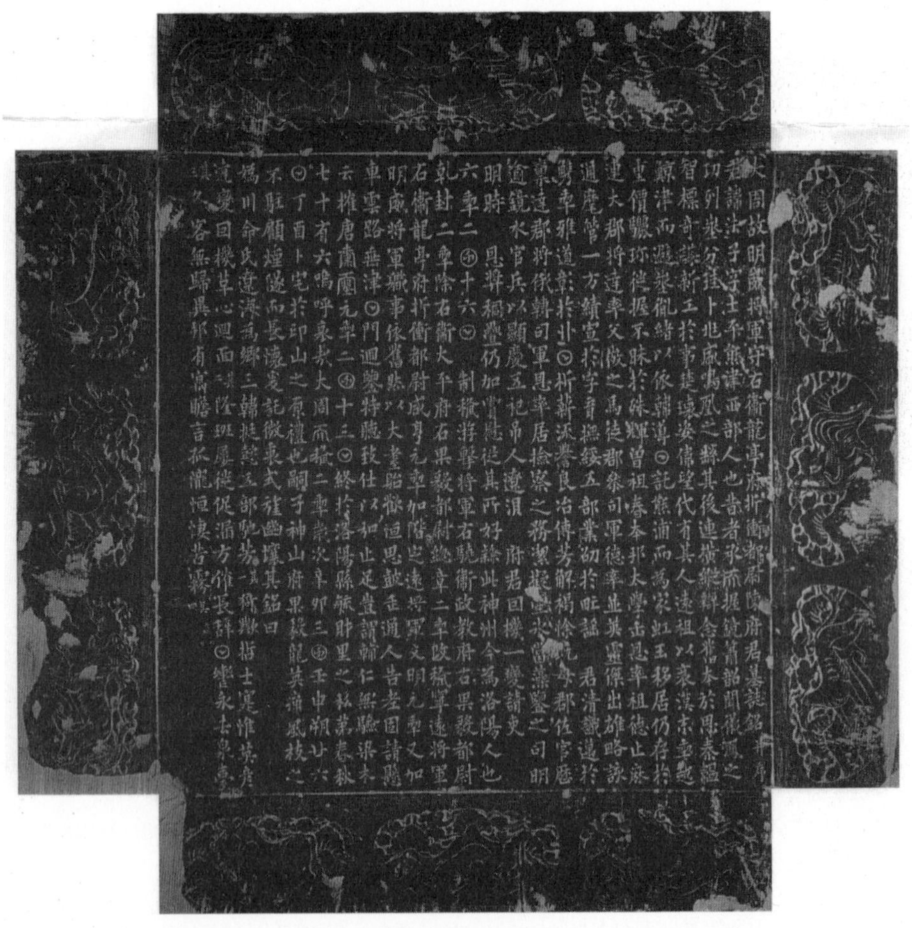

지석 탁본
출처: 도록, p.270

판독문과 판독안을 소개하면 아래와 같다. 도록, p.270의 석문을 탁본과 대조하여 검토하였으나 이상이 없어 그대로 게재한다. 측천문자는 판독문에는 원문에 가까운 형태로 제시하고 판독안에는 이해의 편의를 위해 전부 통용자로 고쳤다.

〈표 2〉「진법자묘지명」 판독문

24	23	22	21	20	19	18	17	16	15	14	13	12	11	10	9	8	7	6	5	4	3	2	1	
三其	達	嫣	不	𠥱	七	云	車	明	右	乾	六	明	逾	稟	觿	通	連	重	鯨	智	功	君	大	①
久	變	川	駐	丁	十	摧	雲	威	衛	封	𠡦	時	鏡	達	𠡦	麾	大	價	津	標	列	諱	周	②
客	因	命	顧	酉	有	唐	路	將	龍	二	二		水	郡	雅	管	郡	驪	而	奇	埊	法	故	③
無	機	氏	煙	卜	六	𡕀	垂	軍	亭	𠡦	囝	恩	官	將	道	一	將	珍	避	謀	分	子	明	④
歸	革	遼	隧	宅	嗚	𡔈	津	職	府	除	十	獎	兵	俄	彰	方	達	從	埊	新	珪	字	威	⑤
異	心	海	而	於	呼	元	𠥱	事	折	右	六	裯	以	轉	於	績	率	握	胤	工	卜	士	將	⑥
邦	迴	爲	長	邙	哀	𠡦	門	依	衝	衛	𠥱	疊	顯	司	卝	宣	父	不	緒	於	兆	平	軍	⑦
有	面	鄕	懷	山	哉	二	迴	舊	都	大		仍	慶	軍	𠥱	於	微	昧	以	事	盛	熊	守	⑧
寓	二其	三	爰	之	大	囝	鑒	然	尉	平	制	加	五	恩	析	字	之	於	依	楚	鳴	津	右	⑨
瞻	隆	韓	託	原	周	十	特	以	咸	府	稐	賞	祀	率	薪	育	馬	殊	韓	瓌	凰	西	衛	⑩
言	班	挺	微	禮	𠀑	三	聽	大	亨	右	游	慰	弔	居	流	撫	徒	輝	導	姿	之	部	龍	⑪
孤	屢	懿	衷	也	稐	𠥱	致	耋	元	果	擊	從	人	檢	譽	綏	郡	曾	𠥱	偉	緜	人	亭	⑫
隴	徙	五	式	嗣	二	終	仕	貽	𠡦	毅	將	其	遼	察	良	五	參	祖	託	望	其	也	府	⑬
恒	促	部	旌	子	𠡦	於	以	歡	加	都	軍	所	涓	之	冶	部	司	春	熊	代	後	昔	折	⑭
悽	漏	馳	幽	神	歲	洛	弘	恒	階	尉	右	好		務	傳	業	軍	本	浦	有	連	者	衝	⑮
苦	方	芳	壤	山	次	陽	止	思	定	總	驍	隸	府	潔	芳	劭	德	邦	而	其	橫	承	都	⑯
霧	催	一其	其	府	辛	縣	足	鼓	遠	章	衛	此	君	擬	解	於	率	太	爲	人	縱	𠀑	尉	⑰
四其	長	猗	銘	果	卯	毓	豈	缶	將	二	政	神	因	壺	褐	町	並	學	家	遠	辯	握	陳	⑱
	辭	歟	日	毅	三	財	謂	通	軍	𠡦	敎	州	機	氷	除	謠	英	𤯔	虹	祖	念	鏡	府	⑲
	𠥱	哲		龍	囝	里	輔	人	文	改	府	今	一	當	旣		靈	恩	玉	以	舊	簫	君	⑳
	轡	士		英	壬	之	仁	告	明	稐	右	爲	變	藻	母	君	傑	率	移	袞	本	韶	墓	㉑
	永	寔		痛	申	私	無	老	元	寧	果	洛	請	鑒	郡	淸	出	祖	居	漢	於	聞	誌	㉒
	去	惟		風	朔	第	驗	固	𠡦	遠	毅	陽	吏	之	佐	識	雄	德	仍	末	思	儀	銘	㉓
	泉	英		枝	廿	春	梁	請	又	將	都	人		司	官	邁	略	止	存	𠡦	秦	鳳	并	㉔
	臺	彥		之	六	秋	木	懸	加	軍	尉	也		明	歷	於	該	庥	於	越	韞	之	序	㉕

大周 故明威將軍守右衛龍亭府折衝都尉 陳府君墓誌銘并序

君諱法子 字士平 熊津西部人也 昔者 承天握鏡 簫韶聞儀鳳之功 列地分珪 卜兆盛鳴凰之繇 其後 連横縱辯 念舊本於思秦 韞智標奇 謀新工於事楚 瓌姿偉望 代有其人 遠祖以衰漢末年 越鯨津而避地胤緒以依韓導日 託熊浦而爲家 虹玉移居 仍存於重價 驪珍從握 不昧於殊輝 曾祖春 本邦太學正 恩率 祖德止 麻連大郡將達率 父微之 馬徒郡參司軍 德率 並英靈傑出 雄略該通 麾管一方 績宣於字育 撫綏五部 業劭於甿謠

君淸識邁於觿年 雅道彰於丱日 析薪流譽 良冶傳芳 解褐 除旣母郡佐官 歷稟達郡將 俄轉司軍 恩率 居檢察之務 潔擬壺氷 當藻鑒之司 明逾鏡水 官兵以顯慶五祀 弔人遼浿 府君因機一變 請吏明時 恩奬稠疊[5]仍加賞慰 從其所好 隷此神州 今爲洛陽人也 六年二月十六日 制授游擊將軍右驍衛政敎府右果毅都尉 乾封二年除右衛大平府右果毅都尉 總章二年 改授寧遠將軍右衛龍亭府折衝都尉 咸亨元年 加階定遠將軍 文明元年 又加明威將軍 職事依舊 然以大耋貽歡 恒思鼓缶 通人告老 固請懸車 雲路垂津 日門迴鑒 特聽致仕 以弘止足

豈謂輔仁無驗 梁木云摧 唐載初元年二月十三日 終於洛陽縣毓財里之私第 春秋七十有六 嗚呼哀哉 大周天授二年歲次辛卯三月壬申朔卄六日丁酉 卜宅於邙山之原 禮也 嗣子神山府果毅龍英 痛風枝之不駐 顧煙隧而長懷 爰託微衷 式旌幽壤 其銘曰

嫣川命氏 遼海爲鄕 三韓挺懿 五部馳芳 其一 猗歟哲士 寔惟英彦 達變因機 革心迴面 其二 隆班屢徙 促漏方催 長辭日轡 永去泉臺 其三 久客無歸 異邦有寓 瞻言孤隴 恒悽苦霧 其四

※ 참고로 필자는 2014년 2월12일에 묘지명의 소장처인 西安市의 大唐西市博物館을 방문하여 陝西師範大學 拜根兴 교수의 안내로 지하 특별전시실에 있는 실물을 직접 볼 수 있었다. 그러나 묘지명이 옅은 회색 계열의 밝은 색 석질로 되어 있어, 탁본 없이 육안만으로는 판독이 불가능하였다. 따라서 탁본을 기초로 한 현재의 판독문을 육안 관찰에 의거해 수정할 필요는 없어 보인다.

3. 역주

내용 파악을 위해 표점하고 단락을 구분한 원문을 제시하고, 그에 대한 해석과 역주를 시도하면 다음과 같다. 표점은 도록, p.271에 의거하여 필자가 일부 수정하였다. 단락 구분은 김영관 2014만 유일하게 되어 있어, 그것을 참고하여 필자가 일부 수정하였다. 또 역주에서 백제의 관직 관련 내용은 전부 정동준 2014를 바탕으로 작성하였기에, 일일이 주기하지 않았다.

1-1. 大周 故明威將軍·守右衛龍亭府折衝都尉 陳府君墓誌銘并序

大周[6] 故明威將軍[7]·守右衛龍亭府折衝都尉[8] 陳府君[9]墓誌銘 및 序

5) 迭(拜根兴 2013): 疊과 迭은 중국어상에서 dié로 발음·성조가 같아서 한자로 변환하는 과정에서 생긴 실수라고 생각된다.

해설: 묘지명의 제목에 해당하는 부분이다.

1-2. 君諱法子, 字士平, 熊津西部人也.

君의 諱는 法子이고, 字는 士平이며, 熊津 西部人이다.[10)]

해설: 묘주의 출신에 대한 간략한 소개이다.

1-3. 昔者, 承天握鏡, 簫韶聞儀鳳之功; 列地分珪, 卜兆盛鳴凰之繇. 其後連橫縱辯, 念舊本於思秦; 韞智標奇, 謀新工於事楚. 瓌姿偉望, 代有其人.

옛날에 天命을 받들어 明鏡을 잡으니[承天握鏡][11)], 簫韶는 봉황이 날아오는 공적을 들리게 하였고[簫韶聞儀鳳之功],[12)] 토지를 분봉하여 관작을 하사하니[列地分珪],[13)] 점친 점괘는 봉황 우는 노

6) 大周: 則天武后가 세운 왕조의 국명. 690~705년. 앞서 설명한 대로 天授 元年(690) 9월에 則天武后가 唐에서 국명을 周로 바꾸었고, 이 묘지명은 天授 2년(691) 2월에 작성되었다. 이에 따라 唐이 아닌 周로 국명을 기록한 것이다.

7) 明威將軍: 唐/周의 종4품하 武散階.

8) 守右衛龍亭府折衝都尉: 守는 행수법에 따라 관직이 관계보다 높을 때 사용한다. 右衛는 16衛 중 하나로서 궁성 경비를 맡았고, 龍亭府는 河中府 소속이며, 折衝都尉는 折衝府의 장관이다(陈玮 2014, p.247). 龍亭府가 上府이므로 折衝都尉는 정4품상이 되기 때문에, 관직이 관계보다 높아서 守가 된 것이다.

9) 府君: ① 漢代 郡太守·國相의 경칭. ② 이미 죽은 사람에 대한 경칭. 여기서는 ②의 의미로, 주로 금석문에서 많이 쓰인다.

10) 熊津 西部人: 「黑齒常之墓誌銘」에 '百濟西部人'이 그 출신으로 나오는 것으로 보아, 이것도 熊津城의 西部가 아니라 백제 전체의 西部일 가능성이 높다. 따라서 熊津도 熊津城이 아니라 1都督府 체제로 전환된 후의 熊津都督府 관할지역 즉 백제 전체를 가리킨다고 생각된다(拜根兴 2013, pp.4-5; 김영관 2014, pp.122-124; 陈玮 2014, p.238). 이와 같은 "熊津"의 용례는 「禰軍墓誌銘」의 '熊津嵎夷人'에서도 볼 수 있다.

이러한 사례들은 突厥人 「阿史那施 墓誌銘」에서 출신을 '雲中部人'이라고 하여 唐이 突厥故地에 설치한 雲中都督府와 연결시킨 것과 유사성을 찾을 수 있는데, 출신지를 귀부 이전이 아니라 唐의 都督府 설치와 함께 개편된 지방에서 구하였다는 점에서 그러하다고 한다. 그것은 출신지의 출자 기록조차 묘주나 가족들이 唐의 백성으로 자리매김하는 데에 이용되었다는 의미이다(이성제 2014, pp.159-161).

11) 天命을 받들어 明鏡을 잡으니[承天握鏡]: 承天은 天命을 받든다는 뜻. 『後漢書』 郎顗傳에 "求賢者, 上以承天, 下以爲人."이라는 용례가 있다. 握鏡은 明鏡을 잡는다는 뜻으로, 제왕이 天命을 받아 明道를 품는 것을 비유한다. 『文選』 劉孝標 「廣絶交論」에 "蓋聖人握金鏡, 闡風烈. 龍驤蠖屈, 從道汙隆."라는 용례가 있고, 해당 부분의 李善注에 "春秋孔錄法曰: 「有人卯金刀, 握天鏡.」 雒書曰: 「秦失金鏡.」 鄭玄曰: 「金鏡, 喻明道也.」"라고 되어 있다.

12) 簫韶는 봉황이 날아오는 공적을 들리게 하였고[簫韶聞儀鳳之功]: 簫韶는 舜의 음악 이름. 아름다운 仙樂을 가리키기도 한다. 儀鳳은 봉황의 별칭. 『書經』 益稷篇에 "簫韶九成, 鳳凰來儀."라고 되어 있는 것에서 따온 문장인 듯하다. 周 武王의 맏사위로서 처음으로 陳公에 봉해진 胡公 嬀滿이 舜의 후예로 알려져 있기 때문에 등장한 구절이라고 생각된다(陈玮 2014, p.239 참조).

13) 토지를 분봉하여 관작을 하사하니[列地分珪]: 列地는 토지를 분봉한다는 뜻. 『管子』 小匡篇에 "列地分民者若一, 何故獨寡功? 何以不及人?"라는 용례가 있다. 分珪는 分圭라고도 한다. 제왕이 토지를 분봉받는 자에게 圭(珪)를 나누어준다는 뜻으로, 나중에는 제왕이 관작을 하사하는 것을 가리키게 되었다. 梁 江淹 「爲蕭太尉三讓揚州表」에 "古之馭教, 當有道焉, 量能而受賞, 撰智而錫位, 深乃裂組, 遠故分珪."라는 용례가 있다. 胡公 嬀滿이 周 武王에 의해 처음으로 陳公에 봉해진 것을 뜻한다고 생각된다. 참고로 陳이 멸망한(B.C.478) 후 그 왕실 후예들은 다른 분파인 田氏가 세운 齊(田齊)에 망명하여 陳氏를 칭하게 되었다고 한다.

래소리가 무성하다 하였다. 그 후에 合縱連橫을 주장하여[連橫縱辯][14] 秦을 마음에 두고 옛 근본을 생각하였고[念舊本於思秦],[15] 지혜를 숨기고 기묘한 계책을 나타내어[韞智標奇][16] 楚를 섬기며 새로운 공적을 꾀하였다[謀新工於事楚].[17] 고운 용모와 매우 큰 명망[瓌姿偉望]은[18] 대대로 그에 맞는 사람이 있었다.

해설: 중국대륙에서 陳氏의 유래와 활동에 대하여 서술한 부분이다. '昔者~卜兆盛鳴凰之繇'에서는 舜의 후예인 嬀滿이 周 武王의 맏사위로서 陳公으로 봉해져 춘추시대 제후국인 陳의 시조가 되기까지의 과정을 서술하였고, '其後連橫縱辯~謀新工於事楚'에서는 대표적인 선조로서 전국시대 종횡가인 陳軫의 행적을 묘사하였다. '瓌姿偉望, 代有其人'에서는 이후 가문이 번성하였음을 나타내고 있다.

1-4. 遠祖以衰漢末年, 越鯨津而避地; 胤緖以依韓導日, 託熊浦而爲家. 虹玉移居, 仍存於重價; 驪珍從握, 不昧於殊輝.

오래 전의 조상은 漢이 쇠약해진 말년[衰漢末年]에[19] 큰 바다를 뛰어넘어 거주지를 옮겨서 재앙을 피하였고[越鯨津而避地],[20] 후손[胤緖]은[21] 韓에 의지하여 이끌었던 때[依韓導日][22] 熊浦(熊

14) 合縱連橫을 주장하여[連橫縱辯]: 連橫은 전국시대 張儀가 秦을 제외한 6국에게 각각 秦을 받들 것을 유세한 것에서 유래한다. 일반적으로 맹약을 맺는 것을 의미한다. 『戰國策』 齊策1에 "張儀爲秦連橫."이라는 용례가 있다. 縱辯은 같은 시기 蘇秦이 6국에게 연합하여 秦에 대항하자고 했던 合縱(合從)에서 유래하여 '合縱을 주장한다'는 뜻으로 파악된다. 秦은 서쪽에 있고 6국은 남북으로 뻗어 있기에 合從이라고 한 것이다. 『戰國策』 秦策3에 "天下之士合從, 相聚於趙, 而欲攻秦."이라는 용례가 있다.

15) 秦을 마음에 두고 옛 근본을 생각하였고[念舊本於思秦]: 전국시대 종횡가 陳軫의 행적을 묘사한 부분이다(『史記』 卷70, 張儀列傳10 陳軫 참조). 그는 秦 惠文王(재위 B.C.338~311)을 섬기다가 連橫策으로 유명한 張儀에게 모함을 당하여 쫓겨나자, 楚로 망명하였다가 환영받지 못하고 도리어 秦에 사신으로 파견되었다. 사신으로 파견되었을 때, 陳軫은 자신이 비록 楚에 있어도 마음으로는 秦을 섬기고 있어서 여전히 秦의 언어를 쓴다고 惠文王에게 유세하였다.

16) 지혜를 숨기고 기묘한 계책을 나타내어[韞智標奇]: 韞奇에서 유래한 말로 보인다. 韞奇는 기묘한 계책을 숨긴다는 뜻. 『周書』 皇后傳의 論贊에 "於時, 高祖雖受制於人, 未親庶政, 而謀士韞奇, 直臣鉗口."라는 용례가 있다. 주10의 내용을 참고하면, 陳軫이 楚의 사신으로서는 지혜를 숨기고 秦의 옛 신하로서는 기묘한 계책을 내었다는 의미로 파악된다.

17) 楚를 섬기며 새로운 공적을 꾀하였다[謀新工於事楚]: 역시 陳軫의 행적을 묘사한 부분이다. 자세한 내용은 주10 참조.

18) 고운 용모와 매우 큰 명망[瓌姿偉望]은: 瓌姿는 瑰姿라고도 하며, 고운 용모를 뜻한다. 戰國楚 宋玉 「神女賦」에 "瓌姿瑋態, 不可勝贊."이라는 용례가 있다. 偉望은 매우 큰 명망이라는 뜻. 唐 黃滔 「呈西川高相啓」에 "相公嶽降宏才, 神資偉望."이라는 용례가 있다. 가문의 번성을 서술한 것으로 생각된다.

19) 漢이 쇠약해진 말년[衰漢末年]에: 황건적이 봉기한 靈帝 中平 연간(184~189)부터 각지에서 지방세력이 할거하게 된 獻帝 建安 연간(196~220)을 가리키는 것으로 보인다. 다만 이 이상 정확한 시점은 알 수 없다.

20) 큰 바다를 뛰어넘어 거주지를 옮겨서 재앙을 피하였고[越鯨津而避地]: 鯨津은 용례를 찾기가 어렵지만 유사한 단어로 '鯨浦'가 있다. 鯨浦는 큰 바다라는 뜻이다. 唐 王勃 「乾元殿頌」 序에 "天街五裂, 截鯨浦而飛芒. 地紐三分, 觸鼇山而按節."이라고 되어 있는데, 해당 부분에 대한 蔣清翊의 集注에 "鯨浦, 謂海."라고 한다. 避地는 避墜라고도 하며 ①거주지를 옮겨서 재앙을 피함, ②세상을 피하여 은거함의 뜻이 있는데, 여기서는 ①의 뜻으로 파악된다. 전후 맥락상으로는 後漢 말의 혼란기에 중국대륙에서 한반도로 건너온 것을 뜻하는 것으로 보인다.

21) 후손[胤緖]은: 胤緖는 후대, 후손이라는 뜻. 唐 吳兢 『貞觀政要』 忠義篇에 "每覽前賢佐時, 忠臣徇國, 何嘗不想見其人, 廢書欽歎! 至於近代以來, 年歲非遠, 然其胤緖, 或當見存."라는 용례가 있다.

22) 韓에 의지하여 이끌었던 때[依韓導日]: 衰漢末年과 대구로 구성된 문장이다. 구체적으로 어느 시기를 가리키는지는 알 수

津)에[23] 의탁하여 가문을 이루었다. 채색한 아름다운 옥[虹玉]이[24] 거주지를 옮기니 인하여 중요한 가치가 있었고, 진귀한 인물[驪珍]은[25] 종속되고 장악되어도 특별히 빛나서 어둡지 않았다.

해설: 오래 전의 조상들 이래로 중국대륙에서 한반도로 옮겨와서 자리잡는 과정을 서술한 부분이다. '遠祖以衰漢末年, 越鯨津而避地'는 중국대륙에서 한반도로 이주하는 과정을, '胤緖以依韓導日, 託熊浦而爲家'는 한반도에서 백제 지역에 정착하는 과정을 묘사하였고, '虹玉移居~不昧於殊輝'는 이주의 의미를 서술하였다. 특히 중국대륙에서 한반도로 이주하는 과정이 직접이 아니라 중간경유지를 거쳐 이루어졌음을 엿볼 수 있는 대목이다.

1-5. 曾祖春, 本邦太學正, 恩率. 祖德止, 麻連大郡將, 達率. 父微之, 馬徒郡參司軍, 德率. 並英靈傑出, 雄略該通. 麾管一方, 績宣於字育; 撫綏五部, 業劭於甿謠.

曾祖 春은 本邦의[26] 太學正[27]·恩率이었다. 祖 德止는 麻連大郡將[28]·達率이었다. 父 微之는 馬徒郡參

없지만, 뒤의 熊浦(熊津)와 연결시켜 백제의 남천 즉 熊津 천도와 관련해서 파악할 수 있는 가능성도 있어 보이는데, 三韓 중 백제와 연관된 馬韓 지역으로의 이주시점을 가리키는 것은 분명해 보인다.

23) 熊浦: 熊浦라는 지명은 여러 지역에 있으나 고대에도 熊浦라고 불리었는지는 알 수 없어서, 고대에 존재하는 지명으로서는 熊津의 별명으로 볼 수도 있다(김영관 2014, pp.115-116). 여기서도 따르고자 한다.

24) 채색한 아름다운 옥[虹玉]이: 虹玉은 채색한 아름다운 옥. 宋 劉克莊「水龍吟·辛亥安晚生朝」의 詞에 "喜動龍顔, 瑞班虹玉, 歸功元老."라는 용례가 있다.

25) 진귀한 인물[驪珍]은: 驪珍은 용례를 찾기가 어렵지만 유사한 단어로 '驪珠'가 있다. 驪珠는 ① 보주. 전설에는 驪龍의 턱 아래에서 나왔다고 하여 붙은 이름, ② 진귀한 사람 또는 물건의 비유이다. 여기서는 ②의 뜻으로, 『南齊書』 倖臣傳의 論에 "長主君世, 振裘持領, 賞罰事殷, 能不踰漏, 宮省咳唾, 義必先知. 故能窺盈縮於望景, 獲驪珠於龍睡."라는 용례가 있다.

26) 本邦: 本邦은 백제를 가리킨다. 유사한 용례로는 「黑齒常之墓誌銘」의 '本國', 「黑齒俊墓誌銘」의 '本鄕', 「禰軍墓誌銘」의 '本藩' 등이 있다.

27) 太學正: 이 묘지명에서 처음으로 발견된 백제의 관직인데, 현재까지는 太學이 司徒部의 屬司이고 정이 행정책임자로서 長官으로 보는 것이 일반적이다(김영관 2014, p.119; 陈玮 2014, p.241; 김영심 2014, pp.197-199). 6세기 이전 중국왕조에서 관부의 장관이 正이라는 칭호를 사용하는 경우가 드물고, 정은 『周禮』·『左傳』 등에서는 장관의 통칭으로 사용되나, 戰國時代~秦漢 이후 장관으로서 나타나지 않기 때문에 중국왕조의 관직으로 보기는 어렵다. 특히 漢代 이후에 정은 주로 廷尉의 속관으로 사용되고 있다. 역대 중국왕조의 태학 장관과 廷尉 속관으로서의 정의 품계를 비교하면 〈표 3〉과 같다.

〈표 3〉 역대 중국왕조의 太學 장관과 廷尉 속관으로서의 正

	後漢	曹魏	晉·劉宋·南齊	梁	陳	北魏	北齊·隋	唐
太學 장관	太常 博士祭酒 (六百石)	太常 國子祭酒 (第5品)	→ (第3品?)	→ (13班)	→ (第3品)	→ (從3品)	國子祭酒 →	→
廷尉 속관	廷尉正 (千石)	→ (第6品)	→	→ (6班)	→ (第7品)	→ (第6品下)	大理正 (正6品下)	→ (從5品下)

〈표 3〉에서 보이는 것처럼 後漢에서는 廷尉 속관으로서의 정 쪽이 품계가 높았으나, 曹魏 때 역전된 이후 점차 격차가 벌어지는 것을 볼 수 있다. 따라서 廷尉 속관으로서의 정에서 영향을 받아 태학정이 설치되었을 가능성이 낮다고 할 수 있다. 한편 진춘은 陳法子의 출생년도인 615년을 기준으로 60~90세 연상이라고 추정하면, 525~555년 출생이 된다. 따라서 태학정에 임명된 시기는 은솔 같은 고위 관등에 오른 40대 전후로 보아야 할 것이므로, 565~595년 즉 威德王代(554~598)를 벗

司軍[29]·德率이었다. 모두 자질이 현명하고 빼어나서[英靈][30] 남보다 뛰어났고, 비범한 모략은 두루 통하였다[雄略該通].[31] 一方을[32] 지휘하고 관장함에 공적은 백성들을 정성들여 키움으로써 드러내었고, 五部를 안무함[撫綏五部]에[33] 업적은 백성들이 태평성대를 노래할 수 있도록 하는 데에 힘썼다.

해설: 증조부, 조부, 부친의 관력과 인물에 대한 서술이다.

2-1. 君淸識邁於髗年, 雅道彰於丱日. 析薪流譽, 良冶傳芳. 解褐, 除旣母郡佐官, 歷稟達郡將, 俄轉司軍, 恩率. 居檢察之務, 潔擬壺氷; 當藻鑒之司, 明逾鏡水.

君은 높고 탁월한 견식이 어려서부터 뛰어났고[淸識邁於髗年][34], 충후한 도리가 일찍부터 뚜렷

어나지 않는다고 볼 수 있을 것이다.

28) 麻連大郡將: 이것을 위치를 알 수 없는 '麻連大'의 郡將으로 파악하기도 하지만(拜根兴 2013, pp.7-8), '麻連'은 『梁職貢圖』에 '旁小國'으로 등장하고 있으므로, 武寧王代에는 영역화되지 않았다가 聖王代에 영역화된 지역으로 추정되는데, '馬老縣' 즉 광양 일대가 유력하다(김영관 2014, pp.119-121; 김영심 2014, p.202). '麻連大郡將'은 '麻連大郡의 郡將'으로 보기도 하지만(김영관 2014, pp.119-121), '麻連郡의 大郡將'일 가능성도 존재한다. 전자의 경우 백제의 군에 등급제가 있음을 증명해야 한다. 후자의 경우 '郡將 3인'의 실체와 관련될 것으로 판단된다(김영심 2014, pp.200-204). 현재로서는 양쪽 다 논증된 단계가 아니기에 가능성을 열어두고 검토해야 할 것이다.

진덕지가 마련대군장에 임명된 시기는 555~575년 출생으로서 달솔 같은 고위 관등에 오른 40대 전후로 보아야 할 것이므로, 595~615년 즉 위덕왕대 말기~武王代(600~641) 초반이라고 볼 수 있을 것이다. 580년대에 임명된 것으로 파악한 견해도 있으나(拜根兴 2013, pp.7-8), 진씨 가문의 정치적 입지를 고려하면 임명시기가 너무 이르다고 생각된다.

29) 馬徒郡參司軍: '馬徒郡'은 '馬突' 즉 진안군 마령면 일대일 가능성이 높다(拜根兴 2013, pp.7-8; 김영관 2014, p.120; 陈玮 2014, p.243). '參司軍'은 이 묘지명에 처음 등장하는 관직명인데 구체적인 직무 등은 알 수 없고, 중국왕조의 '參軍'·'司馬'에서 모두 영향을 받았을 것으로 추정된다(김영심 2014, pp.208-209). 22부사에 보이는 '司軍部'가 『周禮』에 보이는 '司馬'를 백제식으로 고친 것이라는 점에서 '參司軍' 또한 참군으로서의 '司馬參軍事(司軍參軍事)' 또는 지방정부의 차관급인 司馬와 관련성이 있다고 볼 수 있을 것이다. '司軍'이라는 명칭이 들어 있으므로 군사 관련 직무에 종사하였음은 분명한데, 이에 대하여 郡에 파견된 군사고문 내지 감독관으로 보기도 하고(김영관 2014, p.121), 군의 군사 관련 차관급 내지는 보좌관으로 파악하기도 한다(김영심 2014, pp.208-209).

진미지가 마도군참사군에 임명된 시기는 585~595년 출생으로서 덕솔 같은 고위 관등에 오른 것은 40대 전후로 보아야 할 것이므로, 625~635년 즉 무왕대 후반이라고 볼 수 있을 것이다.

30) 자질이 현명하고 빼어나서[英靈]: 英靈은 ①자질이 현명하고 빼어나다, ②뛰어난 인재, ③정령 또는 신령, ④英魂이라고도 하며, 죽은 자에 대한 미칭 등의 뜻이 있다. 여기에서는 ①의 뜻이다. 『後漢書』 王劉張李等傳의 論에 "觀其智略, 固無足以惲漢祖, 發其英靈者也."라는 용례가 있다.

31) 비범한 모략은 두루 통하였다[雄略該通]: 雄略은 비범한 모략. 『後漢書』 荀彧傳에 "時操在東郡, 或聞操有雄略, 而度紹不能定大業."이라는 용례가 있다. 該通은 두루 통한다는 뜻. 漢 蔡邕 「翟先生碑」에 "該通五經, 兼洞墳籍."이라는 용례가 있다.

32) 一方: 이 '一方'을 백제 5방제의 1개 방이라는 뜻이라고 볼 수 있다면, 이 부분은 지방관으로서의 공적을 이야기하는 것이다.

33) 五部를 안무함[撫綏五部]에: 撫綏는 어루만져 안심시키다, 평정하여 편안하고 무사하게 한다는 뜻. 『書經』 太甲上에 "天監厥德, 用集大命, 撫綏萬方"이라는 용례가 있고, 해당 부분의 傳에 "撫安天下"라고 되어 있다. 五部는 주5 '西部'의 사례로 보아, '熊津'처럼 백제 전체를 가리키는 뜻이라고 볼 수 있다. 이와 달리 이 五部를 수도의 행정구획으로 파악하기도 한다(권덕영 2014, p.124). 어느 쪽이건 이 부분은 중앙관으로서의 업적을 이야기하는 것이다.

34) 높고 탁월한 견식이 어려서부터 뛰어났고[淸識邁於髗年]: 淸識은 높고 탁월한 견식. 『後漢書』 鍾皓傳에 "荀君淸識難尙, 鍾君至德可師."라는 용례가 있다. 髗年은 觿年이라고도 하며 본래는 『詩經』 衛風 「芄蘭」의 "芄蘭之支, 童子佩觿."에서 유래하였는데, 나중에 이로 인하여 "髗年"을 어린 나이라는 뜻으로 사용하게 되었다. 唐 駱賓王 「上兗州崔長史啓」에 "偉龍章之秀

하였다[雅道彰於丱日].[35] 아버지를 계승하여 좋은 평판과 훌륭한 이름을 후세에 남겼다[析薪流譽, 良冶傳芳].[36] 관직에 취임하고 나서[解褐][37] 旣母郡佐官에[38] 제수되었고, 稟達郡將을[39] 거쳐

質, 騰孔雀於觿年."이라는 용례가 있다.

35) 충후한 도리가 일찍부터 뚜렷하였다[雅道彰於丱日]: 雅道는 ①바른 도리, 충후한 도리, ②시서화 등을 창작·감상하는 고상하고 멋진 일, ③고상하여 속되지 않음이라는 뜻이 있는데, 여기서는 ①의 뜻이다. 『三國志』 蜀書 龐統傳에 "當今天下大亂, 雅道陵遲, 善人少而惡人多."라는 용례가 있다. 丱日은 어린 나이. 『陳書』 鄱陽王伯山傳에 "發睿德於齠年, 表岐姿於丱日."이라는 용례가 있다.

36) 아버지를 계승하여 좋은 평판과 훌륭한 이름을 후세에 남겼다[析薪流譽, 良冶傳芳]: 析薪은 ①장작을 패다, ②중매하다, ③아버지의 업을 계승하다의 뜻이 있는데, 여기서는 ③의 뜻이다. ③은 『春秋左氏傳』 昭公 7年에 "古人有言曰 : 其父析薪, 其子弗克負荷. 施(豊施)將懼不能任其先人之祿."에서 유래한 것이다. 『三國志』 魏書 王肅傳의 論에 "王朗文博富贍 … 王肅亮直多聞, 能析薪哉!"라는 용례가 있다. 流譽는 ①그 실제에 맞지 않는 명예, ②좋은 평판을 전함의 뜻이다. 여기서는 ②의 뜻인데, 『史記』 淮南王安傳에 "欲以行陰德拊循百姓, 流譽天下"라는 용례가 있다. 良冶는 ①훌륭한 대장장이, ②자식을 가르치는 요령이 있는 현명한 아버지의 뜻이 있는데, 여기서는 ②의 뜻이다. ②는 본래 『禮記』 學記篇의 "良冶之子, 必學爲裘."에서 유래한 것이다. 해당 부분의 孔穎達疏에는 "言積世善冶之家, 其子弟見其父兄世業鍧鑄金鐵, 使之柔合以補冶破器, 皆令全好, 故此子弟仍能學爲袍裘, 補續獸皮, 片片相合, 以至完全也."라고 되어 있다. 傳芳은 훌륭한 이름을 후세에 남긴다는 뜻. 流芳이라고도 한다. 『晉書』 元帝紀의 論에 "豈武宣餘化猶暢于琅邪, 文景垂仁傳芳於南頓."이라는 용례가 있다. 같은 의미의 중복에 가까운 대구의 문장이므로 적절히 섞어서 번역하였다.

37) 관직에 취임하고 나서[解褐]: 解褐은 布衣를 벗고 관직을 맡는다는 뜻. 『晉書』 曹毗傳에 "安期解褐於秀林, 漁父罷鉤於長川."이라는 용례가 있다. 묘지명에 관직 취임의 지표로서 자주 사용되는 상투어이다. 이에 대하여 府官 혹은 중앙관이 될 때부터 起家·解褐이라는 단어를 사용하다가, 劉宋 이후로 州의 관료가 되는 것에도 사용하면서 郡의 관료가 되는 것도 解褐이라고 하는 경우가 생겼다고 한다(宮崎市定/임대희 등 옮김 2002, p.214).

38) 旣母郡佐官: 旣母郡에 대해서는 熊津都督府 魯山州 6縣 중 支牟縣(拜根兴 2013, pp.7-8), 支牟縣, 其買縣, 基郡 중 하나(김영관 2014, pp.124-125) 등 몇 가지 견해가 제시되어 있으나, 한자음의 유사성 이외에 확실하게 논증된 것은 없다. 佐官은 「佐官貸食記」 목간 이외에 유일한 용례이다. 「佐官貸食記」 목간에서는 佐官이 중앙관일 가능성이 높았다면, 여기에서는 郡에 소속된 지방관으로서 등장하고 있어서 중앙과 지방에 모두 존재하는 것으로 파악된다. 또 佐官은 복암리 4호 목간의 '郡佐'와도 연결되어, 方의 方佐와 같은 郡의 관직(陈玮 2014, p.244), 郡司의 주요 구성원인 僚佐로서, 지방장관이 임명하는 하급 관인인 屬吏와 달리 중앙에서 파견되는 상급 관인으로(김영심 2014, pp.206-209) 파악하기도 한다.
그 관등에 대해서는 상위의 덕계 관등(將德·施德)으로 보기도 하고, 德率과 그다지 차이가 나지 않는 관등으로 추정하기도 한다(김영관 2014, pp.125-126; 김영심 2014, pp.206-207). 그러나 기모군좌관과 稟達郡將 사이에 시간 차이를 그다지 인정하지 않고 두 관직 사이의 관등 차이가 거의 없다고 하는 견해는 문제가 있다. 첫째, 묘주가 20세 전후에 관직에 진출하였다고 볼 경우 백제에서만 25년 전후 동안 겨우 3개 관직만 역임했다고 보기가 어렵기 때문에 기록되지 않은 관직이 있었을 가능성이 높다. 이 경우 稟達郡將과 司軍은 "俄轉司軍"이라고 하여 곧바로 또는 거의 비슷한 시기에 임명된 것으로 보이기 때문에, 기록되지 않은 관직은 기모군좌관과 품달군장 사이에 있었을 것이다. 둘째, 기록되지 않은 관직이 없었다 하더라도 전후 맥락으로 보아 초직인 기모군좌관의 재임기간이 10년 이상으로 매우 길었다는 의미가 되기 때문에, 그 사이에 관등의 승진이 이루어졌을 가능성이 높다. 따라서 임명 당시를 기준으로 하면 역시 기모군좌관과 품달군장 사이에는 상당한 관등 차이가 있었을 것으로 보인다. 또 군장이 은솔, 참사군이 덕솔인 7세기의 상황에서는 좌관의 관등도 6세기의 장덕·시덕보다 높은 奈率로 승격되었을 가능성이 있다.
묘주가 기모군좌관에 임명된 시기는 출생년도가 615년이고 기모군좌관이 '解褐' 후 첫 관직이라는 점에서 20세 전후에 임명된 것으로 파악되므로, 635년 전후 즉 무왕대 후반이라고 볼 수 있을 것이다.

39) 稟達郡將: 『三國史記』 黑齒常之傳에 등장하는 '風達郡將'과 동일한 실체로 파악하는 것이 일반적이지만, 그 위치비정에 대해서는 몇가지 견해가 제시되어 있을 뿐, 아직 확실한 것을 알 수 없는 상황이다. 또 黑齒常之는 650년대에 達率로서 風達郡將이 되었던 반면, 묘주는 각주 40·41에 서술하듯이 650년 즈음에 恩率 또는 德率로서 稟達郡將이 된 것으로 추정되어

서 얼마 후에 司軍[40]·恩率로[41] 옮겼다. 감찰하는 직무[檢察之務]에[42] 있으면서는 청렴결백함이 얼음 담은 옥항아리에 비기었고[潔擬壺氷],[43] 인재를 평가하고 감별하는 관사에 취임해서는[當藻鑒之司][44] 분명함이 고요하고 깨끗한 물[鏡水]을[45] 뛰어넘었다.

관등의 차이에 대하여 여러 견해가 제시되어 있다. 가문의 격에 따른 차이로 보기도 하고(김영관 2014, p.126), 1관등 복수 관등제의 가능성을 제시하기도 한다(김영심 2014, pp.204-205).

묘주가 품달군장에 임명된 시기는 35세 전후인 650년 즈음 즉 義慈王代(641~660)가 아닐까 한다. 즉 백제 멸망 당시에 풍달군장이었던 黑齒常之의 전임으로 추정되는 것이다.

40) 司軍: 백제에서의 마지막 관직이라는 점에서 唐에 투항할 당시의 것일 가능성이 높다. 백제 22부사 중 司軍部에 소속된 차관급의 중앙관(김영관 2014, p.127), 侍衛軍의 부대장(김영심 2014, pp.209-211) 등으로 파악되어 왔다. 그러나 "居檢察之務, 潔擬壺氷; 當藻鑒之司, 明逾鏡水"와 연결하여 각주 44를 참고할 때, 司軍部의 장관으로서 무관의 인사권을 가진 존재로 볼 수 있을 것이다.

이 경우 관등이 達率이 아닌 恩率인 것이 문제가 되는데, ①은솔과 달솔의 관등 차이가 한 등급에 불과하므로, 行守法 등의 타국 사례를 감안하면 은솔로서 달솔이 원칙인 관직에 취임하는 유사한 관행이 있었을 가능성이 충분하고, 임명시기인 의자왕대 말기에는 달솔의 '정원 30인'이 폐지되어 은솔과 달솔 사이의 '장벽'도 모호해졌을 가능성이 높은 데다가, 왕의 측근들이 신임을 바탕으로 파격적으로 출세하는 경우가 보이며, ②6좌평제의 정비로 兵官佐平에게 軍政權이 집중되면서 사군부와 그 장관의 위상이 낮아졌을 가능성이 높기 때문에 사군부의 장관으로 파악해도 무방할 것이다.

41) 恩率: 은솔이 묘주가 백제에서 승진한 최고 관등이고, 맨 마지막 관직인 司軍이 은솔일 때 임명된 것임은 분명하다. 그러나 묘지명의 문장이 다소 모호하게 되어 있어, 그 전의 稟達郡將이 은솔일 때 임명된 관직인지 덕솔 또는 그 이하일 때 임명된 관직인지를 두고 논란이 있다. 이 경우 바로 앞의 "俄轉司軍"에서 '轉'이 어떤 의미인가가 문제일 것이다. 『舊唐書』 등에서 관직의 이동과 관련된 '轉'의 용례를 보면, 승진인 경우가 더 많기는 해도 같은 품계로의 수평이동이나 품계상의 하락도 적지 않으므로, 현재의 상황에서는 단정하기 어렵다.

42) 감찰하는 직무[檢察之務]: 檢察은 ①고발·조사하다, ②고발된 범죄사실을 심사하다, ③찾다의 뜻이 있는데, 여기서는 ①의 뜻이다. ①의 뜻으로는 『後漢書』 百官志5에 "什主十家, 伍主五家, 以相檢察. 民有善事惡事, 以告監官."이라는 용례가 있다. 실제 『舊唐書』에서 특정 관직과 관련하여 등장하는 '檢察'의 용례를 찾으면 6군데에 나오는데, 그것을 맡은 관직은 監察御史가 2회(卷24 禮儀志4 汾陰后土之祀, 卷187下 忠義傳下 李憕), 勸農使가 2회(卷97 張說傳, 卷105 宇文融傳), 採訪使가 1회(卷38 地理志1), 刺史가 1회(卷105 楊愼矜傳)여서 지방에 대한 감찰이 주된 것임을 알 수 있다. 한편 『舊唐書』 卷199上 東夷傳 倭國에는 "置一大率, 檢察諸國, 皆畏附之.", 『新唐書』 卷220 東夷傳 日本에는 "置本率一人, 檢察諸部.", 『三國志』 卷30 魏書 東夷傳 倭에는 "自女王國以北, 特置一大率, 檢察諸國, 諸國畏憚之."라고 하여 역시 지방에 대한 감찰이 강조되고 있다. 이밖에 唐代에 편찬된 『晉書』에는 3회 중 刺史 2회(卷6 元帝紀 太興元年, 卷80 王羲之傳) 司隸校尉 1회(卷90 良吏傳 王宏)이고, 唐代 이전에 편찬된 『後漢書』에는 州郡이 1회(卷7 桓帝紀 建和三年), 『三國志』에는 太守·國相이 1회(卷1 武帝紀) 등으로 전부 지방관과 관련하여 사용되고 있다.

특히 백제의 郡將은 唐의 刺史에 해당하는 것으로 인식되었는데(『舊唐書』 卷109 黑齒常之傳, 『新唐書』 卷110 諸夷蕃將傳 黑齒常之), 刺史의 직무에는 "京兆·河南·太原牧及都督·刺史掌清肅邦畿, 考覈官吏, 宣布德化, 撫和齊人, 勸課農桑, 敦敷五教."(『舊唐書』 卷44 職官志3 州縣官員)라고 하듯이 '考覈官吏' 즉 관리에 대한 감찰이 포함되어 있다. 따라서 이 부분은 주로 稟達郡將에 대한 서술이라고 볼 수 있다.

43) 청렴결백함이 얼음 담은 옥항아리에 비기었고[潔擬壺氷]: 壺氷은 용례를 찾기 어려웠으나, 유사한 것으로 氷壺가 있었다. 氷壺는 ①얼음을 담은 옥항아리, 품성이 청렴결백함을 비유함, ②달 또는 달빛의 뜻이 있는데, 여기서는 ①의 뜻이다. ①은 본래 『文選』 鮑照 「白頭吟」의 "直如朱絲繩, 清如玉壺冰."에서 유래한 것이다. 해당 부분의 李周翰注에는 "玉壺冰, 取其絜淨也."라고 되어 있다. 唐 姚崇 「冰壺誡序」 "冰壺者, 清潔之至也. 君子對之, 示不忘清也 … 內懷冰清, 外涵玉潤, 此君子冰壺之德也."라는 용례가 있다.

44) 인재를 평가하고 감별하는 관사에 취임해서는[當藻鑒之司]: 藻鑒은 藻鑑이라고도 하며, ①인재를 품평하고 감별하다, ②①

해설: 묘주가 백제에서 태어나 관직생활을 하던 시기까지의 행적을 서술하고 있다. '君淸識邁於髫年, 雅道彰於丱日'은 어려서부터 자질이 뛰어났음을, '析薪流譽, 良冶傳芳'은 집안의 좋은 분위기 속에서 성장하였음을, '解褐~恩率'은 백제에서의 관직 경력을 서술하였다. '居檢察之務~明逾鏡水'는 백제에서의 관직생활에 대하여 청렴결백하고 분명하였다고 평가하고 있다.

2-2. 官兵以顯慶五祀, 弔人遼浿. 府君因機一變, 請吏明時. 恩奬稠疊, 仍加賞慰. 從其所好, 隸此神州, 今爲洛陽人也.

官兵이[46] 顯慶 5년(660)에 동방 지역에서 죄 있는 자를 토벌하자[弔人遼浿],[47] 府君은 기회를 타고 확 바뀌어, 정치가 깨끗하고 투명한 시대에 신하가 되기를 청하였다[請吏明時].[48] 은혜를 더하여 권장하고 격려함이 중첩되어[恩奬稠疊],[49] 인하여 칭찬하고 위로함[賞慰]이[50] 더해졌다. 좋

에서 파생되어 인재를 품평하고 감별하는 직무의 뜻이 있는데, 여기서는 ②의 뜻이다. ②의 용례로는 唐 杜牧 「崔璵除刑部尙書制」에 "擢任藻鑑, 旋職牢籠, 材皆適宜, 官無逋事."라는 용례가 있다.

실제 『舊唐書』에서 '藻鑑'의 용례를 찾으면 3군데에 나오는데(卷77 韋挺傳 子待價, 卷82 李義府傳, 卷189上 儒學傳上 許叔牙 子子儒), '藻鑑'을 할 당시의 관직이 天官尙書·司列太常伯(둘 다 吏部尙書의 개칭)·天官侍郞(吏部侍郞의 개칭)이다. 그리고 『新唐書』에서는 '藻鑑'의 용례가 없는 대신 같은 구절을 각각 '銓總'(卷98 韋挺傳 子待價)·'品鑒'(卷223上 姦臣傳上 李義府)·'選事'(卷198 儒學傳上 許叔牙 子子儒)라고 하고 있어, 吏部尙書·侍郞의 직무인 "尙書·侍郞之職, 掌天下官吏選授·勳封·考課之政令."(『舊唐書』 卷43 職官志2 吏部) 중 '選授'와 일치한다. 그런데 兵部尙書·侍郞의 직무도 "尙書·侍郞之職, 掌天下武官選授及地圖與甲仗之政令."(『舊唐書』 卷43 職官志2 兵部)이라고 하여 '武官의 選授'가 포함되어 있었다. 그렇다면 묘지명의 작성자는 백제의 兵部尙書·侍郞에 해당하는 司軍部의 장관 또는 차관이 무관의 '藻鑑'에 해당하는 일을 맡았다고 인식하였을 가능성이 높고, 그에 해당하는 관직은 역시 司軍이 될 것이다.

45) 鏡水: ①고요하고 깨끗한 물, ②鏡湖(지명)의 뜻이 있는데, 여기서는 ①의 뜻이다. ①의 용례로는 唐 溫庭筠 「荷葉杯」의 詞에 "鏡水夜來秋月, 如雪. 采蓮時, 小娘紅粉對寒浪."이라는 용례가 있다.

46) 官兵: 唐軍을 의미한다.

47) 동방 지역에서 죄 있는 자를 토벌하자[弔人遼浿]: 弔人은 弔民의 避諱인 것으로 보이고, 弔民은 弔民伐罪의 약칭이라고 생각되는데, 吊民伐罪라고도 한다. 피해를 입은 백성을 위문하여 죄 있는 자를 토벌한다는 뜻이다. 『宋書』 索虜傳에 "興雲散雨, 慰大旱之思; 弔民伐罪, 積後己之情."이라는 용례가 있다. 遼浿는 遼 지역과 浿 지역의 병칭이고, 지금의 중국 遼東과 한반도 서북부 청천강 일대이다. 唐 無名氏 「故銀靑光祿大夫贈潤州刺史馬公墓志銘序」에 "貞觀中, 以有事遼浿, 策名勳府."라는 용례가 있다. 遼浿는 주로 고구려를 가리키지만, 백제와 관련되는 용례로 이 묘지명을 들 수 있다(권덕영 2014, pp.119-121). 여기서는 명문의 '遼海'와 마찬가지로 동방 지역에 대한 범칭으로 쓰인 것으로 파악된다.

48) 정치가 깨끗하고 투명한 시대에 신하가 되기를 청하였다[請吏明時]: 請吏는 신하가 되기를 청한다는 뜻이고, 신하로서 복종하기를 바란다는 것을 말한다. 『文選』 沈約 「齊故安陸昭王碑文」에 "迴首請吏, 曾何足云."이라는 용례가 있고, 해당 부분의 李周翰注에 "迴首請吏, 謂願歸帝命以爲臣也."라고 되어 있다. 明時는 ①천명의 변화를 밝히다 ②정치가 깨끗하고 투명한 시대를 가리킴. 옛날에는 항상 현재의 왕조를 칭송하는 말로 사용함의 뜻이 있다. 여기서는 ②의 뜻인데, 曹魏 曹植 「求自試表」에 "志欲自效於明時, 立功於聖世."라는 용례가 있다.

49) 은혜를 더하여 권장하고 격려함이 중첩되어[恩奬稠疊]: 恩奬은 ①은혜를 더하여 권장하고 격려함, ②은정을 가지고 도움의 뜻. 여기서는 ①의 뜻인데, 梁 江淹 「爲蕭驃騎讓太尉增封第三表」에 "不能曲流慈炤, 遂乃徒治恩奬."이라는 용례가 있다. 稠疊은 자주 겹침, 중첩의 뜻. 東晉 謝靈運 「過始寧墅詩」에 "巖峭嶺稠疊, 洲縈渚連綿"이라는 용례가 있다.

50) 칭찬하고 위로함[賞慰]이: 賞慰는 칭찬하고 위로함, 褒慰의 뜻. 唐 盧照鄰 「酬張少甫東之詩」에 "十年睽賞慰, 萬里隔招尋."이라는 용례가 있다.

아하는 바를 따라서 이곳 中原 지역[神州]에[51] 도착하였고, 지금은 洛陽 사람이 되었다.

해설: 묘주가 백제에서 唐으로 귀순하여 이주하는 과정을 서술하고 있다. 철저하게 唐의 입장에서 서술하고 있고 洛陽에 정착하기까지의 과정이 순탄한 것으로 되어 있다.

2-3. 六年二月十六日, 制授游擊將軍·右驍衛政敎府右果毅都尉. 乾封二年, 除右衛大平府右果毅都尉. 總章二年, 改授寧遠將軍·右衛龍亭府折衝都尉. 咸亨元年, 加階定遠將軍. 文明元年, 又加明威將軍, 職事依舊.

顯慶6년(661) 2월16일에 游擊將軍[52]·右驍衛政敎府右果毅都尉에[53] 제수되었다. 乾封 2년(667)에 右衛大平府[54]右果毅都尉에 제수되었다. 總章 2년(669)에 다시 寧遠將軍[55]·右衛龍亭府折衝都尉에 제수되었다. 咸亨 元年(670)에 품계를 定遠將軍으로[56] 올렸다. 文明元年(684)에 또 明威將軍으로 승진하였고, 職事는 예전과 같았다.

해설: 唐에서 묘주의 관력을 서술하고 있다.

2-4. 然以大耋貽歡, 恒思鼓缶; 通人告老, 固請懸車. 雲路垂津, 日門迴鑒. 特聽致仕, 以弘止足.

그러나 노년이 되어 자손에게 기쁨을 남기면서도[大耋貽歡][57] 항상 鼓缶를[58] 생각하였고, 사람을 통하여 퇴직하겠다고[告老][59] 懸車를[60] 간청하였다. 높은 산 위의 통로가 산 아래의 나루터에 드

51) 中原 지역[神州]에: ①中原 지역을 가리킴, ②수도, ③중국의 별칭, ④고대 신화전설 속 신선의 활동처를 가리킴, 神洲라고도 함의 뜻. 여기서는 ①의 뜻인데, 劉宋 劉義慶『世說新語』言語篇에 "王丞相愀然變色曰:「當共戮力王室, 克復神州, 何至作楚囚相對!」"라는 용례가 있다.

52) 游擊將軍: 唐/周의 종5품하 武散階.

53) 右驍衛政敎府右果毅都尉: 右驍衛는 16衛 중 하나로서 궁성 경비를 맡았고, 政敎府는 河南府 소속이며, 右果毅都尉는 折衝府의 차관이다(陈玮 2014, p.246). 政敎府가 上府이므로 右果毅都尉는 종5품하가 되기 때문에, 官職이 官階와 일치한다.

54) 大平府: 大平府는 絳州 소속 上府이다(陈玮 2014, p.246).

55) 寧遠將軍: 唐/周의 정5품하 武散階.

56) 定遠將軍: 唐/周의 정5품상 武散階.

57) 노년이 되어 자손에게 기쁨을 남기면서도[大耋貽歡]: 大耋은 옛날에 80세 또는 70세를 耋이라고 하였으므로, 노년 또는 고령을 가리킨다. 唐 孟郊「晚雪吟」에 "小兒擊玉指, 大耋歌聖朝."라는 용례가 있다. 貽歡은 용례를 찾을 수 없으나, 유사한 것으로 貽福이 있다. 貽福은 쌓은 복덕을 자손에게 남긴다는 뜻이다. 明 李東陽「陸孝子詩序」에 "鳳之祖庭玉君履善貽福, 而仁甫續學弗試, 猶有待於後."라는 용례가 있다.

58) 鼓缶: ①일종의 와질악기를 두들기며 연주하다, ②아내를 잃다의 뜻. 여기서는 ①의 뜻이다. ①의 뜻으로는『易經』離에 "日昃之離, 不鼓缶而歌, 則大耋之嗟, 凶."이라는 용례가 있다. 앞 구절의 '大耋'까지도 들어 있어 이 부분에서 전후의 구절을 따온 것으로 보인다.

59) 퇴직하겠다고[告老]: 관리가 연로하여 퇴직한다는 뜻.『春秋左氏傳』襄公 7년에 "韓獻子告老."라는 용례가 있다.

60) 懸車: ①험준하고 다니기 어려움을 묘사함, ②황혼 전의 시간을 가리키는 말, ③관직에서 물러나다, ④70세, ⑤은거하여 벼슬하지 않음의 뜻. 여기서는 ③의 뜻으로, 옛날에는 일반적으로 70세에 관직을 떠나 집에 머무르게 되어서 수레를 사용하지 않음에서 유래하였다. ③의 뜻으로는 漢 班固『白虎通』致仕篇에 "臣年七十懸車致仕者, 臣以執事趨走爲職, 七十陽道極, 耳目不聰明, 跂踦之屬, 是以退老去避賢者 … 懸車, 示不用也."라는 용례가 있다.

리우니[雲路垂津],[61] 노을 지는 시간이 되었다[日門迴鑒].[62] 특별히 致仕를[63] 허락하여 그치고 만족할 줄 아는 것[止足]을[64] 크게 하였다.

해설: 묘주의 퇴직에 대하여 서술한 부분이다.

3-1. 豈謂輔仁無驗, 梁木云摧. 唐載初元年二月十三日, 終於洛陽縣毓財里之私第, 春秋七十有六. 嗚呼哀哉! 大周天授二年歲次辛卯三月壬申朔廿六日丁酉, 卜宅於邙山之原, 禮也.

어찌 인덕을 기른 것[輔仁]도[65] 효험이 없이 대들보가 꺾였다고 하겠는가[梁木云摧]?[66] 唐 載初元年(690) 2월13일에 洛陽縣 毓財里의[67] 私第에서 생을 마치니, 春秋는 76세이다. 아! 슬프도다. 大周 天授 2년(691) 辛卯年, 壬申이 초하루인 3월의 26일 丁酉日에 邙山[68] 벌판에 묘지를 점쳐서 선택[卜宅]하니[69], 禮에 합치된다[禮也].[70]

---

61) 높은 산 위의 통로가 산 아래의 나루터에 드리우니[雲路垂津]: 雲路는 ①구름 사이, 하늘 위, ②하늘에 오르는 길, 신선이 되는 길, ③높은 산 위의 통로, ④먼 여정, ⑤벼슬길에 비유하여 고위직의 뜻. 여기서는 ③의 뜻인데, 唐 儲光羲의 詩「遊茅山」2에 "巾車入雲路, 理棹瑤溪行."이라는 용례가 있다. 日門迴鑒과 대구로서 높은 지위에서 내려올 때가 되었다는 비유가 아닐까 생각된다.

62) 노을 지는 시간이 되었다[日門迴鑒]: 日門은 태양을 말한다. 梁 元帝「揚州梁安寺碑」에 "日門見羲和之色, 月殿望奔娥之象."이라는 용례가 있다. 迴鑒은 용례를 찾을 수 없으나 鑑에는 '照'의 뜻이 있어,『文選』阮籍「詠懷詩十七首」1에 "薄帷鑑明月, 淸風吹我衿."이라는 용례가 있고, 해당 부분의 張銑注에 "鑑, 照也."라고 되어 있다. 특히 이 묘지명은 則天武后가 황제에 즉위한 후에 작성된 것이어서, 則天武后의 본명인 '照'자의 사용이 금지되어 있었다. 따라서 迴鑒을 迴照라고 볼 수 있다면, 迴照는 '廻照'라고도 하는데, ①저녁 햇빛을 가리킴, ②저녁놀을 가리킴의 뜻이 있다. 여기서는 ②의 뜻인데, 唐 李商隱의 詩「燈」에 "固應留半燄, 迴照下幃羞."라는 용례가 있다. 雲路垂津과 대구로서 시간이 흘러 은퇴할 시기가 되었음을 의미하는 것으로 생각된다.

63) 致仕: ①관직을 그만두다, ②致仕官의 약칭의 뜻. 여기서는 ①의 뜻. ①의 뜻으로는『春秋公羊傳』宣公 원년에 "退而致仕."라는 용례가 있고, 해당 부분의 何休注에 "致仕, 還祿位於君."이라고 되어 있다.

64) 그치고 만족할 줄 아는 것[止足]: 止足은 평범한 일에 그치고 만족할 줄 알아서, 탐욕이 끝없을 필요가 없다는 뜻.『老子』의 "知足不辱, 知止不殆, 可以長久"에서 유래한 말이다.『漢書』雋疏於薛等傳의 贊에 "疏廣行止足之計, 免辱殆之絫."라는 용례가 있다.

65) 인덕을 기른 것[輔仁]: 輔仁은 인덕을 기른다는 뜻.『論語』顔淵篇에 "曾子曰:「君子以文會友, 以友輔仁.」"이라는 용례가 있고, 何晏集解에서 孔安國을 인용하여 "友相切磋之道, 所以輔成己之仁."이라고 되어 있다.

66) 대들보가 꺾였다고 하겠는가[梁木云摧]: 梁木은 대들보. 또한 중임을 맡을 수 있는 인재를 비유한다. 晉 潘嶽「楊仲武誄」에 "魂兮往矣, 梁木實摧."라는 용례가 있다.

67) 洛陽縣 毓財里: 洛陽縣은 河南府의 속현 중 하나. 光宅 원년(684)~神龍 원년(705)에는 神都라고 하여 唐 및 周의 수도였다. 毓財里는 洛陽城의 毓財坊에 해당되는데, 동문 안에 있고 남쪽으로 洛水에 임해 있으며, 黑齒俊이 거주하였던 從善里(坊)과는 洛水를 사이에 두고 마주 보고 있다고 한다(陈玮 2014, p.247). 구체적인 위치에 대해서는 이미 지도로 예시한 논문이 있다(김영관 2014, p.128).

68) 邙山: 洛陽 북쪽의 공동묘지가 있는 곳. 邙山에 장례를 지낸 경우는 묘주 이외에도 義慈王·扶餘隆·黑齒俊 등이 있다.

69) 묘지를 점쳐서 선택[卜宅]하니: 卜宅은 ①도읍을 세울 지역을 점쳐서 결정하다, ②거주지를 선택하다, ③묘지를 점쳐서 선택하다의 뜻. 여기서는 ③의 뜻. ③의 뜻으로는『禮記』雜記上에 "大夫卜宅與葬日, 有司麻衣 … 占者皮弁."이라는 용례가 있고, 해당 부분의 孔穎達疏에 "宅謂葬地."라고 되어 있다.

70) 禮에 합치된다[禮也]: 예에 규정된 대로 장례를 치루었다는 뜻이다. 이 묘지명에서는 장례품이나 장례를 담당하는 관리의

해설: 묘주의 장례에 대하여 서술한 부분이다.

3-2. 嗣子神山府果毅龍英, 痛風枝之不駐, 顧煙壟隧而長懷. 爰託微衷, 式旌幽壤. 其銘曰:

嗣子[71] 神山府果毅[72] 龍英은 부모가 사망하여 봉양할 수 없음[風枝之不駐]을[73] 아파하고, 안개 낀 무덤을 마음에 두고 오래 생각하였다[顧煙壟隧而長懷].[74] 이에 자그마한 성의[微衷]를[75] 부쳐서, 무덤[幽壤]에[76] 표시한다. 그 銘에는,

해설: 묘주의 후손과 묘지의 작성에 대하여 서술한 부분이다.

4-1. 嬀川命氏, 遼海爲鄕. 三韓挺懿, 五部馳芳. 其一

嬀川을[77] 성으로 하고[命氏][78], 遼海를[79] 고향으로 삼았다. 三韓에서 남달리 뛰어나고[挺懿][80],

---

파견 등이 기록되어 있지 않아서 구체적으로 예에 합치되는 장례였는지는 확인할 수 없다.

71) 嗣子: ①제왕 또는 제후의 지위를 계승할 아들(대체로 적장자), ②적장자, ③ 아들이 없는 경우 후사로 삼은 가까운 형제 또는 다른 사람의 아들의 뜻인데, 여기서는 ②의 뜻으로 보인다. 唐 韓愈「唐故檢校尙書左僕射右龍武軍統軍劉公墓志銘」에 "子四人 : 嗣子光祿主簿縱, 學於樊宗師, 士大夫多稱之; 長子元一 … 次子景陽·景長, 皆擧進士."라는 용례가 있다.

72) 神山府果毅: 神山縣이 晋州 소속의 中縣이므로 神山府는 中府에 해당되고, 따라서 果毅都尉의 품계는 정6품상이다(陈玮 2014, p.248).

73) 부모가 사망하여 봉양할 수 없음[風枝之不駐]: 風枝는 ①부모가 사망하여 봉양할 수 없음을 비유함, ②바람이 스쳐지나가는 나뭇가지의 뜻. 여기서는 ①의 뜻. 유사한 단어로 風樹가 있는데, 둘 다『韓詩外傳』卷9의 "皐魚曰:「 … 樹欲靜而風不止, 子欲養而親不待也.」"에서 유래한 것이다. 北周 庾信의「周大將軍司馬裔神道碑」에 "慟甚風枝, 悲深霜露."라는 용례가 있다.

74) 안개 낀 무덤을 마음에 두고 오래 생각하였다[顧煙壟隧而長懷]: 煙은 연기 모양의 물질, 안개 등을 가리킴이라는 뜻이 있어, 曹魏 曹操「氣出唱」2에 "從西北來時, 仙道多駕煙."이라는 용례가 있다. 隧는 墓道라는 뜻이 있다.『周禮』春官 塚人에 "及竁, 以度爲丘隧, 共喪之窆器."라는 용례가 있고, 해당 부분의 鄭玄注에 "隧, 羨道也."라고 되어 있다. 長懷는 ①끝없이 상상하다, 오래 생각하다, ②영원히 돌아가다, 한번 떠나고 돌아오지 않다의 뜻. 여기서는 ①의 뜻인데, 梁 江淹「恨賦」에 "齎志沒地, 長懷無已."라는 용례가 있다. 후술하는 4-4의 '恒悽苦霧'와 연결되는 내용이다.

75) 자그마한 성의[微衷]를: ①자그마한 성의라는 뜻으로 겸사로 쓰임, ②드러나지 않은 속마음의 뜻. 여기서는 ①의 뜻인데, 唐 俞簡의 詩「行不由徑」에 "一示遵途意, 微衷益自精."라는 용례가 있다.

76) 무덤[幽壤]에: 지하, 저승의 뜻.『晉書』禮志上에 "若埋之幽壤, 於情理未必咸盡."이라는 용례가 있다. 여기서는 묘지명의 작성과 관련하여 무덤을 가리키는 것으로 보인다.

77) 嬀川: 嬀水를 가리키는 것으로 보인다. 嬀水는 山西省 永濟縣 남쪽에 있는데, 曆山에서 시작되어 서쪽으로 黃河에 들어간다. 참고로 嬀는 舜의 姓으로, 舜이 嬀汭 즉 嬀水가 굽이치는 곳에 거주하여 그 후에 嬀를 성으로 삼았다고 하고, 春秋時代에는 陳國이 嬀氏였다(『史記』陳杞世家 참조).

78) 성으로 하고[命氏]: 命氏는 성을 하사받는다는 뜻.『文選』陸倕「新刻漏銘」에 "挈壺命氏, 遠哉義用."이라는 용례가 있고, 해당 부분의 李善注에『周禮』를 인용하여 "挈壺氏下士六人."이라고 되어 있다.

79) 遼海: ①遼東, 대체로 遼河 이동의 연해지구를 가리킴, ②渤海 遼東灣을 가리킴의 뜻. 여기서는 ①의 뜻인데,『魏書』庫莫奚傳에 "及開遼海, 置戍和龍, 諸夷震懼, 各獻方物."이라는 용례가 있다.「扶餘隆墓誌銘」에도 '遼海之濱'이라는 구절이 등장하는데, 이것은 ②의 뜻으로 보인다. 遼海는 주로 고구려를 가리키지만, 백제와 관련되는 용례로 이 묘지명을 들 수 있다(권덕영 2014, pp.119-121). 그런 점에서 여기서는 遼東 자체보다는 동방 지역을 가리키는 것으로 보인다.

80) 남달리 뛰어나고[挺懿]: 挺懿는 용례를 찾기 어려우나, 유사한 것으로 挺秀가 있다. 挺秀는 남달리 뛰어나다, 굳세고 수려하다의 뜻. 晉 潘尼「釋奠頌」에 "篤生上嗣, 繼期挺秀."라는 용례가 있다.

五部에 훌륭한 이름을 알렸다[馳芳][81]. 그 첫 번째이다.

해설: 시조부터 아버지까지의 역대 선조에 대하여 압축하여 표현한 부분이다.

4-2. 猗歟哲士, 寔惟英彦. 達變因機, 革心迴面. 其二

아름답구나, 현명한 사람[哲士]이여[82]! 참으로 재능이 출중한 사람[英彦]이다[83]. 변화에 통달하고 적응하여[達變][84] 기회를 타고, 생각을 고쳐서 귀순하였다[革心迴面].[85] 그 두 번째이다.

해설: 백제에서의 활약과 唐에의 귀순에 대하여 압축하여 표현한 부분이다.

4-3. 隆班屢徙, 促漏方催. 長辭日轡, 永去泉臺. 其三

품계를 높이고 관직을 여러 차례 옮겼으나, 급박한 물시계 소리[促漏]는[86] 바야흐로 재촉한다. 日御와 영원히 이별하니[長辭日轡],[87] 영영 저승[泉臺]으로[88] 가버렸다. 그 세 번째이다.

해설: 唐에서의 활약과 묘주의 사망에 대하여 압축하여 표현한 부분이다.

---

81) 훌륭한 이름을 알렸다[馳芳]: 馳芳은 향기를 퍼뜨린다는 뜻. 唐 駱賓王 「上郭贊府啓」에 "松秋表勁, 翊楨霞而挿極; 菊晩馳芳, 涵清露而泫沼."라는 용례가 있다. 여기서는 단순한 향기가 아니라 芳名 즉 훌륭한 이름을 알렸다는 뜻으로 생각된다. 주31의 '良冶傳芳'을 압축한 것으로 보인다.

82) 현명한 사람[哲士]이여: 哲士는 喆士라고도 한다. ①哲人, 현명한 사람, ②지혜와 계략이 있는 사람의 뜻. 여기서는 ①의 뜻인데, 『東觀漢記』 田邑傳에 "愚聞丈夫不釋故而改圖, 哲士不徼幸而出危."라는 용례가 있다.

83) 재능이 출중한 사람[英彦]이다: 英彦은 재능이 출중한 사람, 재능과 지혜가 탁월한 사람의 뜻. 晉 袁宏 『後漢紀』 光武帝紀2에 "願陛下更選英彦, 以充廊廟."라는 용례가 있다.

84) 변화에 통달하고 적응하여[達變]: 達變은 사물의 변화에 통달하고 그것에 적응할 수 있다는 뜻. 晉 陸機 「文賦」에 "苟達變而識次, 猶開流以納泉."이라는 용례가 있다.

85) 생각을 고쳐서 귀순하였다[革心迴面]: 革心은 잘못된 생각을 고친다는 뜻. 晉 袁宏 『後漢紀』 安帝紀上에 "苌不殺無辜, 以譴訶爲非, 無赫赫大惡, 可裁削奪, 損其租賦, 令得改過自新, 革心向道."라는 용례가 있다. 迴面은 ①얼굴을 돌리다, ②방향을 바꾸다, 귀순을 비유함의 뜻. 여기서는 ②의 뜻인데, 『三國志』 吳書 孫權傳의 "權終不聽" 부분에 있는 裴松之注에서 晉 虞溥의 「江表傳」을 인용하여 "君宣導休風, 懷保邊遠, 遠人迴面, 莫不影附, 是用錫君朱戶以居."라고 한 용례가 있다. 마찬가지 뜻으로 回面이 있는데, 『文選』 揚雄 「劇秦美新」에 "海外遐方, 信延頸企踵, 回面內嚮, 喁喁如也."이라는 용례가 있고, 해당 부분의 李周翰注에 "回面內向, 謂順服於君."이라고 되어 있다.

86) 급박한 물시계 소리[促漏]는: 促漏는 급박한 물시계 소리. 唐 李商隱의 詩 「促漏」에 "促漏遙鐘動靜聞, 報章重疊杳難分."이라는 용례가 있다.

87) 日御와 영원히 이별하니[長辭日轡]: 長辭는 ①영원히 이별하다, ②사망의 완곡한 말의 뜻. 여기서는 의미상으로는 ②에 해당하나, 대구의 구조상으로는 ①의 뜻에 가깝다. 漢 王褒 「洞簫賦」에 "頹唐遂往, 長辭遠逝, 漂不還兮."라는 용례가 있다. 日轡는 日御와 같고, 또한 제왕의 수레를 가리킨다. 北周 庾信 「周譙國公夫人步陸孤氏墓志銘」에 "星機北轉, 日轡西迴."라는 용례가 있고, 해당 부분의 倪璠注에 "日轡, 日御也."라고 되어 있다. 참고로 日御는 ①고대 천문과 역법을 맡은 관직, ②고대 신화 속에서 태양을 수레처럼 모는 신으로 이름은 羲和, ③태양을 가리킴, ④제왕의 수레를 가리킴의 뜻. 여기서는 ②의 뜻으로 생각되는데, 劉宋 顔延之 「赤槿頌」에 "日御北至, 夏德南宣."이라는 용례가 있다. 태양을 모는 신과 영원히 이별한다는 의미는 결국 시간과 작별한다는 죽음의 완곡한 표현으로 생각된다.

88) 저승[泉臺]으로: ①臺의 이름으로 春秋時代 魯 莊公이 축조하였고 泉宮에 있었음, ②무덤 구덩이, 저승을 가리키기도 함의 뜻. 여기서는 ②의 뜻. 唐 駱賓王 「樂大夫挽辭」 五에 "忽見泉臺路, 猶疑水鏡懸."이라는 용례가 있다.

4-4. 久客無歸, 異邦有寓. 瞻言孤隴, 恒悽苦霧. 其四

타향에 오래 거주한 사람[久客]이[89] 고향으로 돌아가지 않고, 외국[異邦]에[90] 거처가 있었다. 외로운 무덤을 바라보니[瞻言孤隴],[91] 항상 짙은 안개가 슬프게 낀다[恒悽苦霧].[92] 그 네 번째이다.

해설: 묘주의 장례에 대하여 압축하여 표현한 부분이다.

4. 연구쟁점

陳法子 墓誌銘에서 쟁점이 되었던 부분과 내용을 정리하면 다음과 같다.

첫째, 陳法子의 생몰년이다. 이에 대해서는 이미 〈표 1〉을 통하여 정리하였으므로 생략한다.

둘째, 묘지명에 나타나는 則天文字의 숫자이다. 이에 대해서도 앞에서 정리하였으므로 생략한다.

셋째, 陳氏 일족의 한반도 이주와 관련하여 拜根兴·陈玮는 後漢 말에 중국대륙에서 한반도로 직접 건너온 것으로 추정하면서도 언제 어디서 출발했는지 어디로 도착했는지는 구체적으로 제시하지 않고, 樂浪郡·帶方郡과의 관련성도 제기한다(拜根兴 2013, pp.5-6; 陈玮 2014, p.240). 김영관은 北京 북쪽의 嬀州에서 출발하여 熊津으로 건너온 것으로 추정하면서 도착한 시기를 2세기 말로 보고 있다(김영관 2014, pp.115-116). 정동준은 기존의 연구에서는 陳氏 일족의 한반도 이주시기와 백제 이주시기를 동일시하는 경향이 있었으나, 묘지명의 내용으로 보아 둘을 구분해야 한다고 하였다(정동준 2014, p.209).

넷째, 조부 陳德止의 관직인 '麻連大郡將'의 해석이다. 이것을 위치를 알 수 없는 '麻連大'라는 郡의 郡將으로 파악하기도 하지만(拜根兴 2013, pp.7-8), '馬老縣' 즉 지금의 전라남도 광양에 비정되는 '麻連'의 군장으로 보는 것이 일반적이다(김영관 2014, pp.119-121; 정동준 2014, p.193; 김영심 2014, pp.200-201). 다만 '大郡將'에 대해서는 '大郡'의 군장으로 파악하기도 하지만(김영관 2014, pp.119-121), 郡將 3인 중의 '大郡將'일 가능성에 주목하는 견해도 있다(윤선태 2013, p.59; 김영심 2014, pp.200-204).

다섯째, 부친 陳微之의 관직인 '馬徒郡參司軍'의 해석이다. 먼저 '馬徒郡'에 대해서는 대체로 '馬突縣' 즉 지금의 진안군 마령면 일대로 파악하고 있으나, 參司軍의 직무 등에 대한 해석에는 이견이 존재한다. 拜根兴은 參司軍에 대하여 언급하지 않았고(拜根兴 2013, pp.7-8), 陈玮는 魏晉南朝의 參軍에서 영향을 받은 것으로 보았다(陈玮 2014, pp.243-244). 김영관은 郡에 파견된 군사고문 내지 감독관일 가능성을

89) 타향에 오래 거주한 사람[久客]이: ①오랫동안 밖에 거주함, ②타향에 오래 거주한 사람, ③臘梅, 음력12월 전후에 피는 매화의 뜻. 여기서는 ②의 뜻인데, 宋 陸遊의 詩「宴西樓」에 "萬里因循成久客, 一年容易又秋風."이라는 용례가 있다.

90) 외국[異邦]에: 異邦은 외국. 『論語』 季氏篇에 "邦人稱之曰君夫人 … 異邦人稱之亦曰君夫人."이라는 용례가 있다.

91) 외로운 무덤을 바라보니[瞻言孤隴]: 言은 허사로 파악되고, 隴은 '壟'과 통하여 무덤의 뜻이다. 『淮南子』 說林訓에 "或謂塚, 或謂隴. 名異實同也."라고 하였고, 唐 駱賓王「爲李總管祭趙郎將文」에 "因原爲隴, 即壤成棺."이라는 용례가 있다.

92) 항상 짙은 안개가 슬프게 낀다[恒悽苦霧]: 苦霧는 짙은 안개. 劉宋 鮑照「舞鶴賦」에 "涼沙振野, 箕風動天, 嚴嚴苦霧, 皎皎悲泉."이라는 용례가 있다. 주69의 '顧烟鄧遂而長懷'와 연결되는 부분이다.

제시하였지만, 확실한 근거를 제시하거나 단정하지는 않았다(김영관 2014, pp.120-121). 정동준은 군의 군사 관련 차관급으로 해석하였고(정동준 2014, pp.194-195), 김영심은 중국왕조의 '參軍'·'司馬'에서 모두 영향을 받았을 것으로 추정한 후, 군의 군사 관련 차관급 내지는 보좌관으로 파악하였다(김영심 2014, pp.208-209).

여섯째, 陳法子의 관직인 '旣母郡佐官'의 해석이다. 먼저 '旣母郡'에 대해서는 지역 비정을 각각 달리하고, 佐官에 대해서도 의견이 일치되지 않는다. 拜根兴은 旣母郡을 熊津都督府 魯山州 6縣 중 支牟縣에 비정하면서 佐官에 대해서는 언급하지 않았다(拜根兴 2013, pp.7-8). 陈玮는 佐官을 方의 方佐와 같은 郡의 관직으로 파악하였다(陈玮 2014, p.244). 김영관은 旣母郡이 支牟縣, 其買縣, 基郡 중 하나이고, 佐官은 덕솔과 같은 고위 관등을 지녔을 가능성을 지적하였다(김영관 2014, pp.124-126). 정동준은 좌관이 본래 상위 덕계 관등(將德·施德)이었으나, 7세기에는 奈率로 승격되었다고 파악하였다(정동준 2014, pp.195-197). 김영심은 佐官을 郡司의 주요 구성원인 僚佐로서, 지방장관이 임명하는 하급 관인인 屬吏와 달리 德率과 그다지 차이가 나지 않는 관등을 가지고 중앙에서 파견되는 상급 관인으로 파악하였다(김영심 2014, pp.206-209).

일곱째, 진법자의 관직인 '司軍'의 해석이다. 이것은 중앙관으로서 백제 22부사 중 司軍部에 소속된 차관급(김영관 2014, p.127)이나 장관(정동준 2014, pp.197-200) 또는 侍衛軍의 부대장(김영심 2014, pp.209-211)으로 파악한다.

여덟째, 진법자가 唐에서 받은 군관직과 무산계의 관계에 대한 것이다. 어떤 과정으로 승진하고 있고, 군관직과 무산계의 품계가 일치하는지 그렇지 않은지, 또 군관직에 보이는 折衝府의 지역이 대체로 어느 지역인지에 대한 이견이 있다(拜根兴 2013, p.7; 김영관 2014, pp.128-129; 陈玮 2014, pp.246-247). 折衝府의 위치비정이나 관직의 품계에 대해서는 陈玮가 가장 자세하다.

아홉째, 진법자의 아들인 陳龍英의 관직에 대한 것이다. 진용영의 관직이 품계상 어느 정도에 해당되고 파견된 지역은 어디이며 그러한 관직에 임명된 의미에 대해서 이견이 있다(拜根兴 2013, pp.9-10; 김영관 2014, p.129; 陈玮 2014, p.248). 이 중 折衝府의 위치비정이나 관직의 품계에 대해서는 陈玮가 가장 자세하다. 折衝府의 위치비정에 대해서는 拜根兴·陈玮 모두 张沛 编著 2003을 참고하고 있다.

이 중에서 여덟째, 아홉째는 가장 잘 정리된 연구성과가 있어(陈玮 2014, pp.246-248) 그에 따라도 무방할 것으로 생각된다. 그 연구성과에 따르면, 진법자는 游擊將軍·右驍衛政敎府右果毅都尉(政敎府가 河南府 소속이어서 上府이므로 둘 다 종5품하)에서 右衛大平府右果毅都尉(大平府가 絳州 소속 上府이므로 종5품하)를 거쳐 寧遠將軍(정5품하)·右衛龍亭府折衝都尉(龍亭府는 河中府 소속이고 묘지명에 明威將軍과 '守'의 관계로 표기되었으므로 上府의 정4품상)로 승진하였다가, 다시 관직은 그대로인 채 定遠將軍(정5품상)·明威將軍(종4품하)로 승진하였다고 한다. 또 아들인 진용영의 神山府果毅에 대해서는 神山縣이 晋州 소속의 中縣이므로 神山府는 中府에 해당되고, 따라서 果毅都尉의 품계는 정6품상이라고 한다. 이것은 결국 묘지명 작성 당시 진용영이 진법자의 初職보다도 낮은 대우를 받았음을 보여준다.

추기: 탁본사진과 『大明宮研究』 8을 제공해 주신 李成市 선생님과 제자 우에다 기헤이나리치카[植田喜兵成智] 씨(이상 早稻田大學), 陈玮 씨의 발표문과 이후 출간된 논문집의 서지정보를 제공해 주신 가네코 슈이치[金子修一] 선생님(國學院大學)께 감사드린다.

5. 참고문헌

1) 보고서 및 자료집

胡戟·荣新江 主編, 2012, 『大唐西市博物馆藏墓志』, 北京大学出版社. (약칭: 도록)

2) 논저류

宮崎市定/임대희 등 옮김, 2002, 『구품관인법의 연구』, 소나무.

권덕영, 2014, 「唐 墓誌의 고대 한반도 삼국에 대한 표기 검토」, 『韓國古代史研究』 75.

김영관, 2014, 「百濟 遺民 陳法子 墓誌銘 研究」, 『百濟文化』 50.

김영심, 2014, 「遺民墓誌로 본 고구려, 백제의 官制」, 『韓國古代史研究』 75.

윤선태, 2013, 「新出資料로 본 百濟의 方과 郡」, 『韓國史研究』 163.

이성제, 2014, 「고구려, 백제유민의 系譜認識」, 『韓國古代史研究』 75.

정동준, 2013, 『동아시아 속의 백제 정치제도』, 일지사.

정동준, 2014, 「「陳法子 墓誌銘」의 검토와 백제 관제」, 『韓國古代史研究』 74.

龔延明, 2006, 『中国歷代职官别名大辞典』, 上海辞书出版社.

拜根兴, 2013, 「入唐百济移民陈法子墓志涉及地名及关联问题考释」, 『大明宫研究』 8.

张沛 编著, 2003, 『唐折冲府滙考』, 三秦出版社.

陈玮, 2014, 「新见武周百济移民陈法子墓志研究」, 『武则天与广元』, 文物出版社.

難元慶 墓誌銘

최경선

1. 개관

「難元慶 墓誌銘」은 1960년에 中國 河南省 魯山縣 張店鄉 張飛溝村에서 출토되었다(中國文物研究所·河南省文物研究所 編 1994, p.231; 충청남도역사문화원 백제사연구소 편집 2008, pp.714-715). 誌石은 가로 56cm, 세로 56cm이며, 두께는 9cm이다. 정방형의 靑石에 글자가 구양순풍의 단정한 해서로 정서되어 있으며, 모두 29행으로 1행당 30자가 새겨져 있다. 황제를 높이기 위해 띄어쓰기한 平闕을 제외하면 새겨진 총 글자수는 836자이다. 묘지명의 탁본은 『隋唐五代墓誌彙編: 河南卷 第1册』과 『新中國出土墓誌: 河南 壹, 上册』에 수록되어 있는데, 탁본의 상태가 제각기 달라 판독할 수 있는 글자가 차이가 있다(郝本性 主編 1991, p.64; 中國文物研究所·河南省文物研究所 編 1994, p.231). 1행과 29행의 경우 글자의 일부분만이 보이며, 각 행의 첫 글자와 마지막 글자도 제대로 보이지 않고 비면이 일부 마멸되어 글자의 판독이 쉽지 않다.

난원경은 開元 11년(723) 6월 28일에 61세로 사망하였고, 그로부터 11년 뒤인 개원 22년(734) 5월 18일에 부인 甘氏도 죽어, 그해 11월 4일에 汝州 魯山縣 東北原에 합장하였다. 묘지명은 합장하기 하루 전날인 개원 22년 11월 3일에 찬술된 것이다. 묘지명의 撰者와 書者는 미상이다.

묘지명은 현재 묘지명이 출토된 노산현에 소재한 魯山縣文化館에 소장되어 있다. 2000년에 있었던 馬馳와 卞麟錫의 조사에 의하면, 노산현문화관에서는 그때까지 묘지명이 어디에 있는지 알지 못하였다가, 2000년 4월 중순에서야 그 소재를 파악하였다(卞麟錫 2008, pp.497-498). 卞麟錫의 현지 조사에 따르면 묘지명은 노산현문화관 안뜰에 설치되어 있는 임시 전시벽에 박혀 있으며, 훼손이 심하여 글자를 알아보기 어려운 상태였다고 한다. 묘지명의 蓋石 또한 남아 있는데, 탁본은 전해지고 있지 않다. 본래 魯山縣 小河張에 소장되어 있다가 민간에 흘러들어가 그 행방을 알 수 없었는데, 마을 민가의 건축물에 사용된 것으로 파악된다(卞麟錫 2008, pp.499-500).

묘지명의 탁본과 판독문은 90년대에 이미 책자로 정리되어 나왔으나(中國文物研究所·河南省文物研究所 編 1994, pp.219-220; 陝西省古籍整理辦公室 編 1999, pp.420-421), 학계의 조사와 연구는 이루어지지 않았다. 2000년에야 「난원경 묘지명」에 대한 연구가 비로소 이루어지고, 국내에 묘지명이 본격적으로 소개되었다(馬馳 2000; 李文基 2000). 묘지명에는 난원경 집안의 종족과 성씨의 유래, 조상의 관력, 난원경의 생애, 관직과 활동, 사망시기와 葬地, 부인 등에 대해 서술되어 있다. 기왕의 연구는 「난원경 묘지명」의 전반적인 내용을 소개하면서 난원경 집안의 종족 문제를 주로 분석하였다.

2. 판독 및 교감

출처: 郝本性 主編, 1991, p.64.

15	14	13	12	11	10	9	8	7	6	5	4	3	2	1	
人	情	馬	▨	入	方	參	朔	游	郎	武	高	政	君	大	①
所	神	十	屬	高	軍	師	府	擊	將	中	祖	爰	諱	唐	②
利	道	物	羌	會	摠	律	左	將	并	大	珇	國	元	故	③
▨	德	一	戎	星	管	文	果	軍	仁	夫	仕	臣	慶	宣	④
惠	▨	百	▨	樓	君	乃	毅	行	明	使	遼	韓	其	威	⑤
▨	▨	匹	▨		以	▨	都	檀	識	持	任	妙	先	將	⑥
▨	官	受	河		受	▨	尉	州	遠	節	達	以	卽	軍	⑦
永	賞	宣	西			▨	直	白	在	支	率	治	黃	左	⑧
▨	恒	威	胡	天		▨	中	檀	政	潯	官	民	帝	衛	⑨
積	懷	將	亡	子		▨	書	府	▨	州	亦	之	之	汾	⑩
善	耿	軍	俾	以	命	▨	省	右	聞	諸	猶	難	宗	州	⑪
無	潔	遷	君	祿	▨	▨	內	果	德	軍	今	因	也	淸	⑫
徵	恐	汾	招	不	▨	▨	供	毅	治	事	宗	爲	扶	勝	⑬
奠	量	州	征	足	奇	軍	奉	直	詞	守	正	姓	餘	府	⑭
楹	不	淸	降	以	討	▨	屬	中	宏	支	卿	矣	之	折	⑮
遄	剋	勝	如	酬	九	弓	邊	書	邦	潯	焉	孔	尒	衝	⑯
効	位	府	雨	能	姓	旌	塵	省	家	州	祖	丘	類	都	⑰
露	能	折	集	特	於	▨	屢	雖	共	刺	汗	序	焉	尉	⑱
晞	不	衝	▨	賜	是	重	起	司	達	史	入	舜	昔	上	⑲
朝	濟	都	俘	紫	殲	要	烽	雄	君	遷	唐	典	伯	柱	⑳
薤	時	尉	操	金	夷	之	火	衛	幼	忠	爲	所	仲	國	㉑
魂	坐	勳	袂	魚	三	綏	時	恒	而	武	熊	謂	枝	難	㉒
斂	必	各	內	袋	軍	撫	驚	理	聰	將	津	歷	分	君	㉓
夜	儼	如	宴	衣	晏	倒	以	文	敏	軍	州	試	位	墓	㉔
臺	然	故	褒	一	然	載	君	軒	無	行	都	諸	居	誌	㉕
以	目	君	功	襲	無	干	宿	俄	所	右	督	難	東	銘	㉖
開	以	植	特	物	事	戈	善	轉	不	衛	府	卽	表	并	㉗
元	定	性	賜	一	凱	遂	帷	夏	精	翊	長	其	兄	序	㉘
十	體	溫	口	百	歌	授	籌	州	尋	府	史	義	弟		㉙
一	▨	恭	六	匹	旋	朔	早	寧	授	中	父	也	▨		㉚

29		28	27	26	25	24	23	22	21	20	19	18	17	16	
		陽	置	▨	▨	▨	玄	▨	十	七	桂	▨	左	年	①
		揮	黃	筵	執	衝	黃	俄	一	男	月	色	玉	六	②
		戈	川	陪	節	尉	肇	合	四	▨	▨	開	鈐	月	③
		唐	七其	嬉	掃	二其	泮	同	日	▨	▨	顔	衛	卄	④
		堯	夫	鴛	孽	氣	家	墳	合	▨	以	寫	大	八	⑤
		立	貴	沼	邊	蓋	邦	揮	葬	▨	開	文	將	日	⑥
		祀	妻	賞	亭	千	遂	日	於	極	元	章	軍	薨	⑦
		九其	尊	錫	四其	古	興	之	汝	昊	卄	於	羅	於	⑧
以		烟	鸞	雖	振	譽	四	郊	州	天	二	錦	之	汝	⑨
開		雲	潛	多	旅	重	方	乃	魯	哀	年	緒	長	州	⑩
元		共	鳳	酬	猶	三	岳	爲	山	深	五	作	女	龍	⑪
卄		暗	奔		飢	韓	立	銘	縣	觸	月	配	也	興	⑫
二		山	楹		摧	子	萬	曰	東	地	十	君	婉	縣	⑬
年	한행띄움	川	間	恩	凶	孫	物		北	屠	八	子	娩	之	⑭
歲		俱	徹	不	如	孝	陶		原	心	日	宜	冲	私	⑮
次		夕	尊	少	渴	養	蒸		禮	叩	終	其	華	第	⑯
甲		輒	松	六其	以	恭	一其		也	臆	於	室	柔	春	⑰
戌		慕	下	日	寡	惟	達		嗚	若	汝	家	閑	秋	⑱
十		清	埋	月	當	色	率		呼	壞	州	禮	輔	六	⑲
一		風	魂	徒	衆	難	騰		楚	墻	魯	甚	態	十	⑳
月		敢	八其	懸	志	三其	華		劍	然	山	梁	柳	有	㉑
戊		銘	君	金	不	國	遼		雙	粤	縣	妻	花	一	㉒
午		玄	子	玉	可	籍	陽		飛	以	之	賢	浮	夫	㉓
朔		石	所	俱	奪	英	鼎		俱	大	私	踰	吹	人	㉔
三		十其	居	捐	五其	靈	貴		沒	唐	第	班	駐	丹	㉕
日			賢	痛	還	作	德		沉	開	春	女	琴	徒	㉖
庚			人	纓	宴	固	邁		碑	元	秋	庒	瑟	縣	㉗
申			之	紫		邦	將		之	卄	六	樓	而	君	㉘
書			里	綬		寧	軍		水	二	十	遽	題	甘	㉙
			魯	永		自	汾		殷	年	有	掩	篇	氏	㉚

大唐 故宣威將軍 左衛 汾州 淸勝府 折衝都尉 上柱國 難君 墓誌銘 并[1]序[2]

君諱元慶, 其先卽黃帝之宗也, 扶[3]餘之尒[4]類焉. 昔伯仲枝分, 位居東表. 兄弟▨[5][政][6], 爰國臣韓. 妙以治民之難, [因][7][爲][8]姓矣. 孔[9]丘序舜典, 所謂歷試諸難, 卽其義也. 高[10]祖珇, 仕遼任[11]達率官, 亦猶今宗正卿焉. 祖汗, 入唐爲熊津州都督府長史 父[12][武][13]中大夫, 使持節支潯州諸軍事, 守支潯州刺史, 遷忠武將軍, 行右衛翊府中[14]郎將. 並仁明識遠, 在政▨聞[15], 德[16][治][17]詞宏, 邦家共達. 君幼而聰敏, 無所不精. 尋授[18]游擊將軍, 行檀州白檀[19]府右果毅, 直中書省. 雖司雄衛, 恒[20]理文軒. 俄轉夏州寧[21]朔府左果毅[22]都尉, 直中書省內供奉. 屬邊塵屢起, 烽火時驚. 以君宿善帷[23]籌, 早[24][參][25]師律. 文乃▨▨▨▨▨▨▨▨軍▨弓旌▨重, 要[26]之綏[27]撫, 倒載干戈. 遂授朔方[28]軍摠[29]管, 君[30]以[31][受][32]∨∨∨[33]命[34], ▨▨[35]奇[討][36]九姓,

---

1) 序(이문기, 원문), 并(墓誌, 馬馳, 양종국, 拜根兴).

馬馳의 「≪難元慶墓誌≫簡釋」은 『(春史卞麟錫敎授)停年紀念論叢』(2000)과 『洛陽出土墓誌硏究文集』(2002)에 수록되어 있는데, 제시된 판독문에 다소 차이가 있다. 여기에서는 2002년 글의 판독문을 정리하였다.

『全唐文補遺』는 '補遺', 『新中國出土墓誌』는 '墓誌', 『백제사자료원문집』은 '원문', 『백제사자료역주집』은 '역주'로 약표기한다.

2) 并(이문기, 원문), 序(墓誌, 馬馳, 양종국, 拜根兴), 『全唐文補遺』에는 1행 전체가 누락되어 있다.

3) 扶(墓誌, 馬馳, 이문기, 원문, 양종국, 拜根兴), ▨(補遺).

4) 爾(補遺), 尒(墓誌, 馬馳, 이문기, 원문, 양종국, 拜根兴).

5) 同(墓誌, 馬馳, 이문기, 원문, 양종국, 拜根兴), ▨(補遺).

6) 政(墓誌, 馬馳, 이문기, 원문, 양종국, 拜根兴), ▨(補遺).

7) 因(墓誌, 馬馳, 이문기, 원문, 양종국, 拜根兴), ▨(補遺).

8) 爲(墓誌, 馬馳, 이문기, 원문, 양종국, 拜根兴), ▨(補遺).

9) 孔(墓誌, 馬馳, 이문기, 원문, 양종국, 拜根兴), ▨(補遺).

10) 高(墓誌, 馬馳, 역주, 拜根兴), [高](양종국), [曾](이문기, 원문), ▨(補遺).

11) 任(補遺, 墓誌, 馬馳, 拜根兴), 爲(이문기, 원문, 양종국).

12) 父(墓誌, 馬馳, 이문기, 원문, 양종국, 拜根兴), ▨(補遺).

13) 武(墓誌, 馬馳, 이문기, 원문, 양종국, 拜根兴), ▨(補遺).

14) 中(墓誌, 馬馳, 이문기, 원문, 양종국, 拜根兴), ▨(補遺).

15) 聞(墓誌, 馬馳, 이문기, 양종국, 拜根兴), ▨(補遺).

16) 德(墓誌, 馬馳, 이문기, 원문, 양종국, 拜根兴), ▨(補遺).

17) [治](이문기, 원문, 양종국), ▨(補遺, 墓誌, 馬馳, 拜根兴).

18) 授(墓誌, 馬馳, 이문기, 원문, 양종국, 拜根兴), ▨(補遺).

19) 檀(墓誌, 馬馳, 이문기, 원문, 양종국, 拜根兴), ▨(補遺).

20) 恒(補遺, 墓誌, 馬馳, 拜根兴), [恒](이문기, 원문, 양종국).

21) 寧(墓誌, 馬馳, 이문기, 원문, 양종국, 拜根兴), ▨(補遺).

22) 毅(補遺, 墓誌, 馬馳, 역주, 拜根兴), 懿(이문기, 원문, 양종국).

23) 帷(補遺, 墓誌, 馬馳, 拜根兴), 惟(이문기, 원문, 양종국).

24) 早(墓誌, 馬馳, 이문기, 원문, 양종국, 拜根兴), ▨(補遺).

25) 參(墓誌, 馬馳, 이문기, 원문, 양종국, 拜根兴), ▨(補遺).

26) 妻(補遺), 要(墓誌, 馬馳, 이문기, 원문, 양종국, 拜根兴).

27) 媛(원문), 綏(補遺, 墓誌, 馬馳, 拜根兴), 緩(이문기, 역주, 양종국).

28) 方(墓誌, 馬馳, 이문기, 원문, 양종국, 拜根兴), ▨(補遺).

29) 總(補遺, 墓誌, 馬馳, 拜根兴), 摠(이문기, 원문, 양종국).

於[是][37]殲夷, 三軍晏[38]然無事. 凱歌旋[入][39], 高[40]會[41]星[樓][42], ∨∨∨[43]天子以祿不足以酬[能][44], 特賜紫金魚袋, 衣一襲, 物一百匹[45]. ▨[46]屬[47]羌[戎][48]▨[49]▨, 河西[50]胡亡. 俾君招征, 降如雨集. ▨俘操袂, 內宴褒功. 特賜[51]口[52]六[53], 馬[54]十, 物一[55]百[56]匹[57], 受[58]宣[59]威將軍, 遷汾州淸勝府折衝都尉, 勳各如故. 君植性[60]溫恭[61], [情][62]神道德. ▨[63]▨官[64][賞][65] 恒[66]懷耿[潔][67]. 恐量不剋[68]位[69], 能不濟[70]時. 坐必儼然, 目以定體.

---

30) 君(墓誌, 馬馳, 이문기, 원문, 양종국, 拜根兴), ▨(補遺).
31) 以(墓誌, 馬馳, 이문기, 원문, 양종국, 拜根兴), ▨(補遺).
32) ▨(墓誌, 馬馳, 이문기, 원문, 양종국, 拜根兴).
33) ▨▨▨(補遺, 墓誌, 馬馳, 拜根兴), ∨∨∨(이문기).
34) 令(墓誌), 命(拜根兴), [命](馬馳, 이문기, 원문, 양종국), ▨(補遺).
35) 建(墓誌, 馬馳, 이문기, 원문, 양종국, 拜根兴), ▨(補遺).
36) [討](이문기, 양종국), 討(원문), ▨(補遺, 墓誌, 馬馳, 拜根兴).
37) 是(補遺), ▨(墓誌, 馬馳, 이문기, 원문, 양종국, 拜根兴).
38) 晏(補遺, 馬馳, 원문, 拜根兴), 宴(墓誌, 이문기, 양종국).
39) 入(墓誌, 馬馳, 이문기, 원문, 양종국, 拜根兴), ▨(補遺).
40) 高(墓誌, 馬馳, 이문기, 원문, 양종국, 拜根兴), ▨(補遺).
41) 會(墓誌, 馬馳, 이문기, 원문, 양종국, 拜根兴), ▨(補遺).
42) 於(補遺), 樓(墓誌, 馬馳, 이문기, 원문, 양종국, 拜根兴).
43) ▨▨(補遺), ∨∨∨(이문기).
44) 能(補遺, 拜根兴), [能](馬馳, 이문기, 원문, 양종국), ▨(墓誌).
45) 匹(墓誌, 馬馳, 이문기, 원문, 양종국, 拜根兴), ▨(補遺).
46) 俄(拜根兴), [俄](馬馳, 이문기), ▨(補遺, 墓誌, 원문, 양종국).
47) 屬(墓誌, 馬馳, 이문기, 원문, 양종국, 拜根兴), ▨(補遺).
48) 戎(墓誌, 拜根兴), [戎](이문기, 원문), [氏](馬馳), [戒](양종국), ▨(補遺).
49) 氏(墓誌), [氏](이문기, 원문, 양종국), ▨(補遺, 馬馳, 拜根兴).
50) 西(墓誌, 馬馳, 이문기, 원문, 양종국, 拜根兴), ▨(補遺).
51) 惕(補遺), 賜(墓誌, 馬馳, 이문기, 원문, 양종국, 拜根兴).
52) 口(墓誌, 馬馳, 이문기, 원문, 양종국, 拜根兴), ▨(補遺).
53) 六(墓誌, 馬馳, 이문기, 원문, 양종국, 拜根兴), ▨(補遺).
54) 馬(墓誌, 馬馳, 이문기, 양종국, 拜根兴), ▨(補遺).
55) 一(墓誌, 馬馳, 이문기, 원문, 양종국, 拜根兴), ▨(補遺).
56) 百(墓誌, 馬馳, 이문기, 원문, 양종국, 拜根兴), ▨(補遺).
57) 匹(墓誌, 馬馳, 이문기, 원문, 양종국, 拜根兴), ▨(補遺).
58) 授(補遺, 墓誌, 馬馳, 이문기, 원문, 양종국, 拜根兴).
59) 宣(墓誌, 馬馳, 이문기, 원문, 양종국, 拜根兴), ▨(補遺).
60) 性(補遺, 墓誌, 이문기, 원문, 양종국), 姓(馬馳, 拜根兴).
61) 恭(墓誌, 馬馳, 이문기, 원문, 양종국, 拜根兴), ▨(補遺).
62) [精](역주), ▨(補遺, 墓誌, 馬馳, 이문기, 원문, 양종국, 拜根兴).
63) 無(墓誌, 馬馳, 이문기, 원문, 양종국, 拜根兴), ▨(補遺).
64) 官(墓誌, 馬馳, 이문기, 원문, 양종국, 拜根兴), ▨(補遺).
65) 賞(拜根兴), [賞](馬馳, 이문기, 원문, 양종국), ▨(補遺, 墓誌).
66) 恒(補遺, 墓誌, 馬馳, 拜根兴), [恒](이문기, 원문, 양종국).

▨人[71]所利, ▨惠[72]▨▨[永][73]▨[74], 積善無[75]徵[76], 奠楹遄効[77]. 露晞[78]朝薤, 魂斂夜臺. 以開元十[一][79]年六月卄[80]八日, [薨][81]於汝[82]州龍興縣之私第, 春秋六十有一. 夫人丹徒縣君甘[氏][83], 左[84]玉鈐衛大將軍羅之長女也. 婉[85]娩冲[86]華, 柔閑輔態. 柳花浮吹, 駐琴瑟而題[篇][87], ▨色[88]開[89]顔, 寫文章於[90]錦緒. 作配君子, 宜其室家. 禮甚梁妻, 賢踰班女. 妵[91]樓遽[掩][92], 桂[93]月[94]▨▨. 以開元卄二年五月十八日, 終於汝州[95]魯山縣之私第, 春秋六十有[96][七][97]. 男▨▨▨▨[98]極[99]昊天, 哀[深][100]觸地. 屠[101]心叩臆, 若壞墻[102]然. 粤[103]以大唐

---

67) 潔(補遺, 拜根兴), [潔](馬馳, 이문기, 원문, 양종국), ▨(墓誌).
68) 充(補遺, 拜根兴), 剋(墓誌, 馬馳, 이문기, 원문, 양종국).
69) 位(補遺, 拜根兴), [位](馬馳, 이문기, 원문, 양종국), 往(墓誌).
70) 濟(墓誌, 馬馳, 이문기, 원문, 양종국, 拜根兴), ▨(補遺).
71) 人(墓誌, 馬馳, 이문기, 원문, 양종국, 拜根兴), ▨(補遺).
72) 惠(墓誌, 馬馳, 이문기, 원문, 양종국, 拜根兴), ▨(補遺).
73) 永(墓誌, 馬馳, 이문기, 원문, 양종국, 拜根兴), ▨(補遺).
74) 于(補遺), 乎(墓誌, 馬馳, 이문기, 원문, 양종국, 拜根兴).
75) 無(墓誌, 馬馳, 이문기, 원문, 양종국, 拜根兴), ▨(補遺).
76) 徵(墓誌, 馬馳, 이문기, 원문, 양종국, 拜根兴), ▨(補遺).
77) 效(補遺, 馬馳, 이문기, 원문, 양종국, 拜根兴), 効(墓誌).
78) 晞(補遺, 墓誌, 拜根兴), 稀(馬馳, 원문), [稀](이문기, 양종국).
79) 八(補遺, 拜根兴), 一(墓誌, 馬馳, 이문기, 원문, 양종국).
80) 十(墓誌), [卄](馬馳), 卄(補遺, 이문기, 원문, 양종국, 拜根兴).
81) 終(墓誌, 馬馳, 이문기, 원문, 양종국, 拜根兴), ▨(補遺).
82) 汝(墓誌, 馬馳, 이문기, 원문, 양종국, 拜根兴), ▨(補遺).
83) 氏(補遺, 墓誌, 馬馳, 이문기, 원문, 양종국, 拜根兴).
84) 左(墓誌, 馬馳, 이문기, 원문, 양종국, 拜根兴), ▨(補遺).
85) 媛(원문), 婉(補遺, 墓誌, 馬馳, 이문기, 양종국, 拜根兴).
86) 沖(원문), 冲(補遺, 墓誌, 馬馳, 이문기, 양종국, 拜根兴).
87) 篇(墓誌, 馬馳, 이문기, 원문, 양종국, 拜根兴), ▨(補遺).
88) 色(墓誌, 馬馳, 이문기, 원문, 양종국, 拜根兴), ▨(補遺).
89) 潤(補遺), 開(墓誌, 馬馳, 이문기, 원문, 양종국, 拜根兴).
90) 於(補遺, 墓誌, 馬馳, 拜根兴), [於](이문기, 원문, 양종국).
91) 莊(補遺, 원문), 妝(墓誌, 馬馳, 拜根兴), [莊](이문기, 양종국).
92) 掩(墓誌, 馬馳, 이문기, 원문, 양종국, 拜根兴), ▨(補遺).
93) 桂(墓誌, 馬馳, 이문기, 원문, 양종국, 拜根兴), ▨(補遺).
94) 月(墓誌, 馬馳, 이문기, 원문, 양종국, 拜根兴), ▨(補遺).
95) 馬馳의 판독문에서는 汝州가 누락되어 있다.
96) 『全唐文補遺』에서는 해당 글자가 누락되어 있다.
97) 七(墓誌, 馬馳, 이문기, 원문, 양종국, 拜根兴), ▨(補遺).
98) [罔](이문기, 원문, 양종국), ▨(補遺, 墓誌, 馬馳, 拜根兴).
99) 極(墓誌, 馬馳, 이문기, 원문, 양종국, 拜根兴), ▨(補遺).
100) 深(墓誌, 馬馳, 이문기, 역주, 양종국, 拜根兴), ▨(補遺).
101) 屠(墓誌, 馬馳, 이문기, 원문, 양종국, 拜根兴), ▨(補遺).
102) 墻(補遺, 馬馳, 拜根兴), 牆(墓誌, 이문기, 원문, 양종국).

開元卄二年十[104]一[105]四日, 合葬於汝州魯山縣東北原, 禮也, 嗚呼![106] 楚劍雙飛, 倶沒沉碑之水, [殷][107]▨[俄][108]合, 同墳揮[109]日[110]之郊[111]. 乃爲銘曰:

[玄][112]黃肇泮, 家邦遂興. 四方岳立, 萬物陶蒸. 其一; 達率騰華, 遼陽鼎貴. 德邁將軍, 汾[113]▨[114]衝尉. 其二; 氣蓋千古, 譽重三韓. 子孫孝養, 恭惟[115]色難. 其三; 國籍[116]英靈, 作固邦寧. 自[117]▨[118][執][119]節, 掃孽[120]邊亭. 其四; 振旅猶飢, 摧兇[121]如渴. 以寡當衆, 志不可奪. 其五; 還宴▨[122]筵, 陪嬉[123]鴛沼. 賞錫雖多, 酬∨∨恩不少. 其六; 日月徒懸, 金玉倶捐[124]. 痛纓紫綬, [永][125][置][126]黃泉. 其七; 夫貴妻尊, 鸞潛鳳奔. 楹間徹奠, 松下埋魂. 其八; 君子所居, 賢人之里. 魯[127]陽[128]揮戈, 唐堯立祀. 其九; 烟雲共暗, 山川倶夕. 輒慕淸風, 敢銘玄石. 其十

(한 행 띄움)

以開元卄二年歲次甲戌十[一]月戊午朔三日庚申書[129]

---

103) 粤(補遺, 墓誌, 馬馳, 역주, 拜根兴), 奥(이문기, 원문, 양종국).
104) 十一(墓誌, 馬馳, 이문기, 원문, 拜根兴), [十][一](양종국), ▨▨(補遺).
105) 一(補遺), 月(墓誌, 馬馳, 이문기, 원문, 양종국), [月](拜根兴).
106) 『백제사자료원문집』에는 '嗚呼'가 누락되어 있다.
107) 殷(墓誌, 馬馳, 이문기, 원문, 양종국, 拜根兴), ▨(補遺).
108) 俄(墓誌, 馬馳, 이문기, 원문, 양종국, 拜根兴), ▨(補遺).
109) 揮(墓誌, 馬馳, 이문기, 원문, 양종국, 拜根兴), ▨(補遺).
110) 日(墓誌, 馬馳, 이문기, 원문, 양종국, 拜根兴), ▨(補遺).
111) 效(원문), 郊(補遺, 墓誌, 馬馳, 이문기, 양종국, 拜根兴).
112) 玄(墓誌, 馬馳, 이문기, 원문, 양종국, 拜根兴), ▨(補遺).
113) 汾(墓誌, 馬馳, 이문기, 원문, 양종국, 拜根兴), ▨(補遺).
114) 州(墓誌, 馬馳, 이문기, 원문, 양종국, 拜根兴), ▨(補遺).
115) 惟(補遺, 원문), 維(墓誌, 馬馳, 이문기, 역주, 양종국, 拜根兴).
116) 藉(墓誌, 馬馳), 籍(補遺, 이문기, 원문, 양종국, 拜根兴).
117) 自(墓誌, 馬馳, 이문기, 원문, 양종국, 拜根兴), ▨(補遺).
118) 君(墓誌, 馬馳, 이문기, 원문, 양종국, 拜根兴), ▨(補遺).
119) 抗(補遺), 執(墓誌, 馬馳, 이문기, 원문, 양종국, 拜根兴).
120) 孽(원문), 蘖(墓誌), 孽(補遺, 馬馳, 이문기, 양종국, 拜根兴).
121) 凶(補遺, 墓誌, 이문기, 원문, 양종국), 兇(馬馳, 拜根兴).
122) 龍(墓誌, 馬馳, 이문기, 원문, 양종국, 拜根兴), ▨(補遺).
123) 爲(원문, 양종국), 嬉(補遺, 墓誌, 馬馳, 이문기, 역주, 拜根兴).
124) 損(원문, 양종국), 捐(補遺, 墓誌, 馬馳, 이문기, 역주, 拜根兴).
125) 永(墓誌, 馬馳, 이문기, 원문, 양종국, 拜根兴), ▨(補遺).
126) 置(墓誌, 馬馳, 이문기, 원문, 양종국, 拜根兴), ▨(補遺).
127) 魯(墓誌, 馬馳, 이문기, 원문, 양종국, 拜根兴), ▨(補遺).
128) 陽(墓誌, 馬馳, 이문기, 원문, 양종국, 拜根兴), ▨(補遺).
129) 『全唐文補遺』, 拜根兴의 판독문에는 29행이 누락되어 있다.

1-㉗, ㉘: 并序

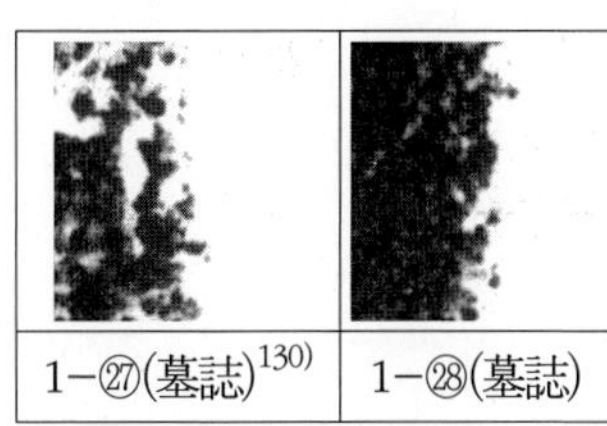

1-㉗(墓誌)[130] 1-㉘(墓誌)

∴ 반 이상이 결실되어 글자의 자획을 확인하기 어렵다. 1-㉘의 왼쪽 공간에 자획이 안 보이는 것으로 보아, 아마도 글자를 작게 오른편에 치우쳐 쓰지 않았나 생각된다. 序并으로 판독한 경우도 있으나, 대개의 묘지명에서 并序로 씀을 고려하면, 여기에서도 并序로 새겼을 것으로 추측된다.

2-⑬: 扶

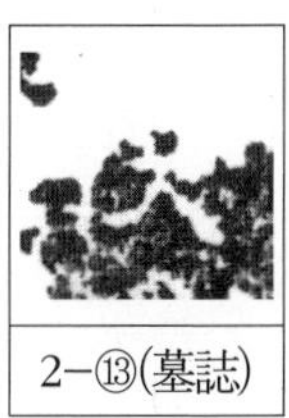

2-⑬(墓誌)

∴ 상단부가 거의 결실되어 보이지 않으나, 문맥이나 자형상 '扶'자로 볼 수 있다.

2-㉚: ▨

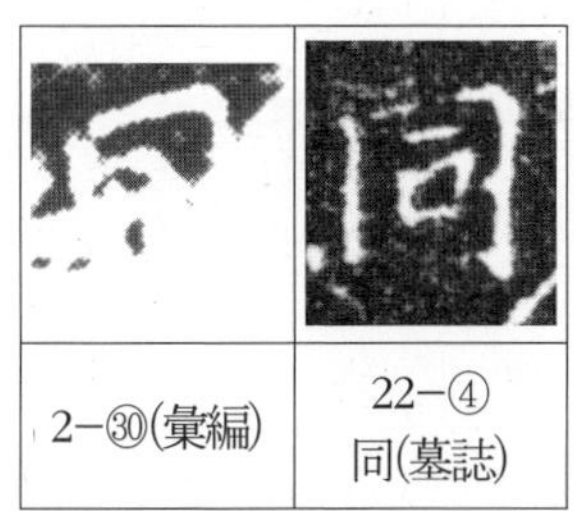

2-㉚(彙編) 22-④ 同(墓誌)

∴ 상단부 일부 획이 보이는데, 내부의 가로획이 왼편에 치우쳐 있어서 22-④의 '同'자와 비교하여 '同'자인지 불확실하다. 미상자로 둔다.

130) 탁본은 『隋唐五代墓誌彙編: 河南卷 第1冊』과 『新中國出土墓誌: 河南 壹, 上冊』에 수록되어 있는 것을 사용하였고, 『隋唐五代墓誌彙編: 河南卷 第1冊』의 탁본은 '彙編'으로, 『新中國出土墓誌: 河南 壹, 上冊』의 탁본은 '墓誌'로 표시하였다.

3-①: [政]

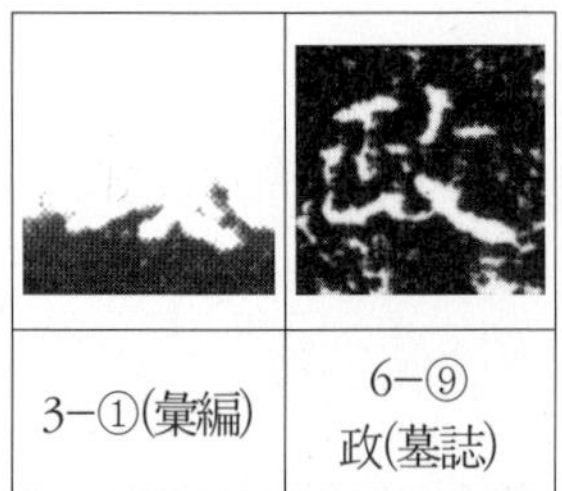

3-①(彙編) | 6-⑨ 政(墓誌)

∴ 하단부의 일부 획만 확인되는데, '政'자일 가능성을 남겨둔다.

3-⑫: [因]

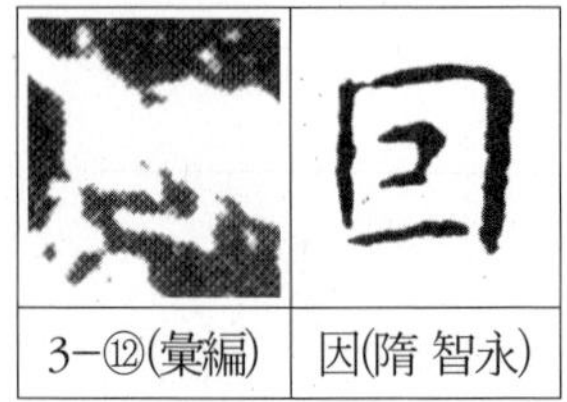

3-⑫(彙編) | 因(隋 智永)

∴ 비면의 결락으로 인하여 口의 내부획이 잘 보이지 않으나, 因의 이체자일 가능성이 있다.

3-⑬: [爲]

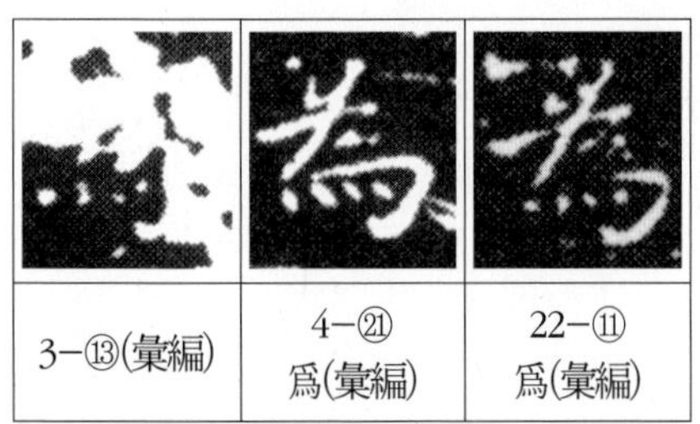

3-⑬(彙編) | 4-㉑ 爲(彙編) | 22-⑪ 爲(彙編)

∴ 하단부의 획만 확인된다. 4-㉑이나 22-⑪의 '爲'와 비교하여 하단부의 자획이 다소 달라 보이나, 문맥상 '爲'자일 가능성을 남겨놓는다.

3-⑯: 孔

3-⑯(彙編)

∴ 왼편에 '子'자 획이 보이며, 3-⑰자가 丘이므로 孔으로 볼 수 있다.

4-①: 高

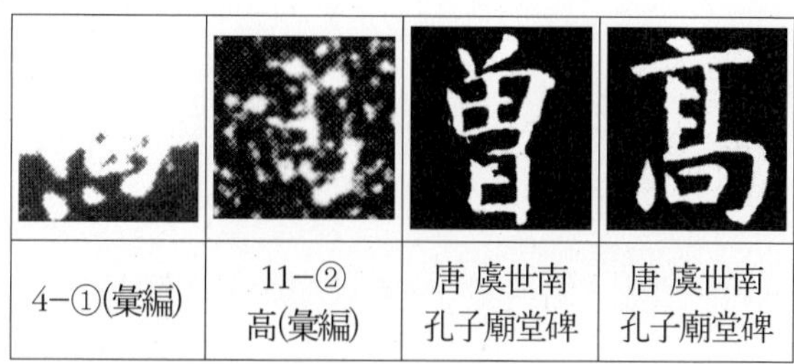

4-①(彙編)	11-② 高(彙編)	唐 虞世南 孔子廟堂碑	唐 虞世南 孔子廟堂碑

∴ 하단부 획 일부만 보인다. 기존에는 묘지명에서 보통 '曾祖-祖-父'의 내력을 밝힌다고 보아 해당자를 '曾'자로 보는 견해도 있으나, 하단부의 자획은 '高'자의 하단부의 획에 가까워 보이므로 高로 판독한다.

4-⑥: 任

4-⑥(墓誌)

∴ 기존에 '爲'자로 보기도 하였으나, 탁본으로는 '任'자가 뚜렷하다.

4-㉚: 父

4-㉚(墓誌)

∴ 자획이 반 정도만 보이며, 그나마도 상태가 좋지 않아 자획을 확인하기 어렵다. 문맥상 '父'로 판독할 수 있을 것이다.

5-①: [武]

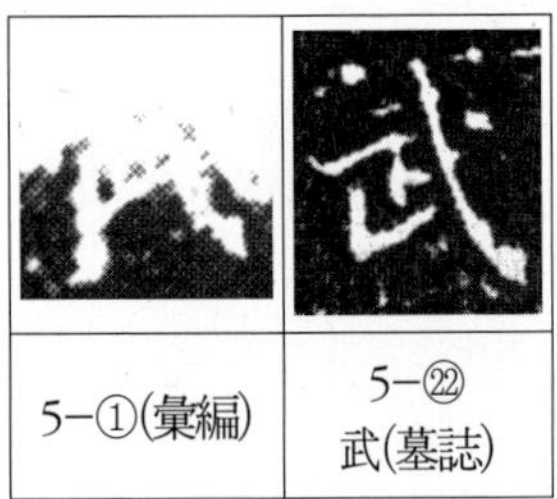

5-①(彙編) | 5-㉒ 武(墓誌)

∴ 하단부 획 일부만 확인되어 글자를 판독하기 어렵다. 기존의 판독에 따라 '武'로 추정해 둔다.

5-㉚: 中

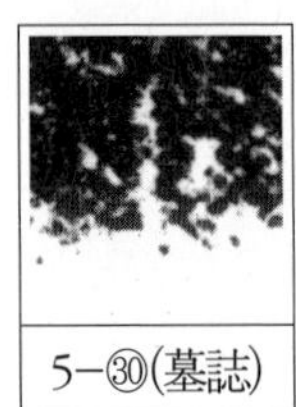

5-㉚(墓誌)

∴ 획이 뚜렷하지 않으나, '中'으로 충분히 볼 수 있다.

6-⑪: 聞

6-⑪(墓誌)

∴ 비면이 훼손되어 획이 뚜렷하지 않지만 내부에 '耳'자로 볼 수 있는 획이 보이므로, '聞'으로 볼 수 있을 듯하다.

6-⑫: 德

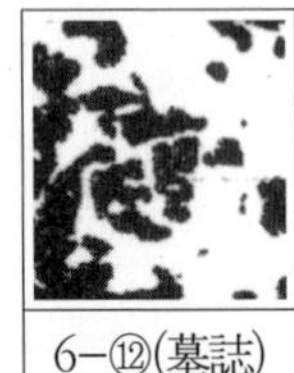

6-⑫(墓誌)

∴ 반 정도가 제대로 보이지는 않으나 나머지 획으로 '德'으로 보는 데 무리가 없다고 생각된다.

6-⑬: [治]

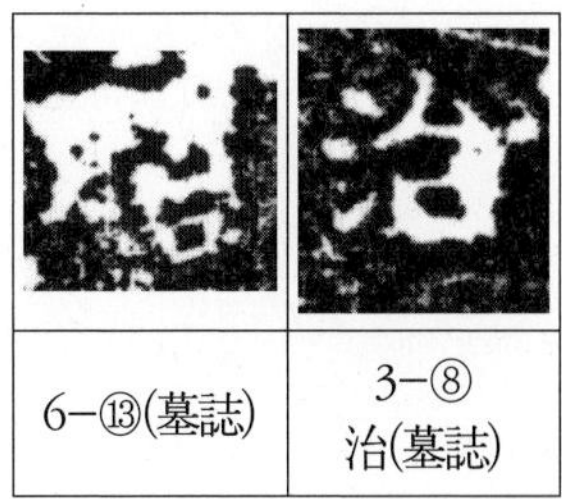

6-⑬(墓誌) | 3-⑧ 治(墓誌)

∴ 획이 다소 불분명하나 '治'자로 추정해 볼 수 있다.

7-⑨: 檀

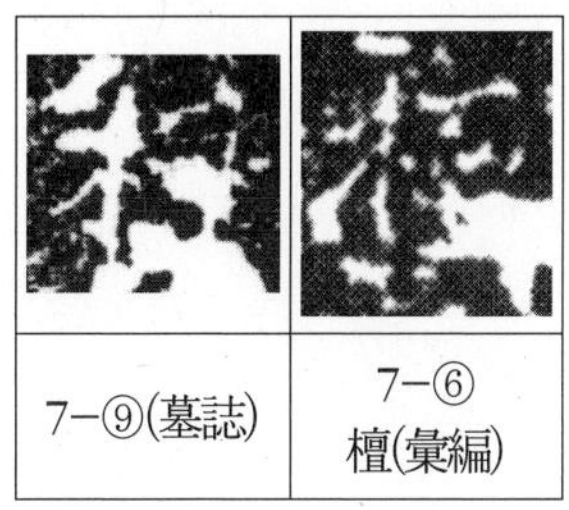

7-⑨(墓誌) | 7-⑥ 檀(彙編)

∴ 우변의 상단부 일부만 보이지만, 檀州 하의 절충부로서 白檀府를 고려하면 '檀'자로 보는 데 무리가 없다.

7-㉒: 恒

7-㉒(墓誌)

∴ '恒'자가 뚜렷하다.

7-㉚: 寧

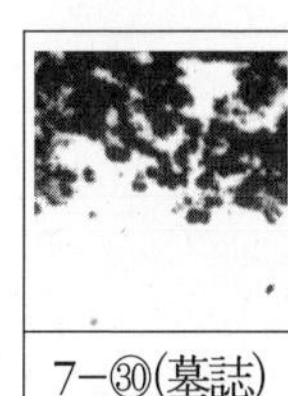

7-㉚(墓誌)

∴ 탁본으로는 자획을 확인하기 어려우나 '寧朔府'의 '寧'으로 추정할 수 있다.

8-㉘: 帷

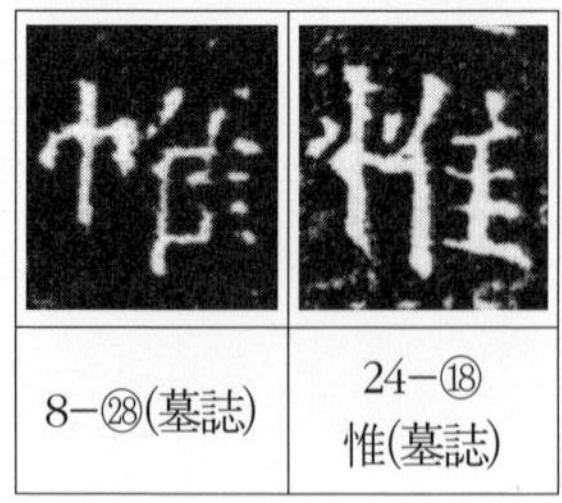

8-㉘(墓誌)	24-⑱ 惟(墓誌)

∴ 왼쪽 자획이 '忄'보다는 '巾'자에 가까워 보인다. '帷'로 판독한다.

8-㉚: 早

8-㉚(墓誌)

∴ 글자가 2/3 정도 보이는데, 기존 판독에 따라 '早'로 판독해 둔다.

9-①: [參]

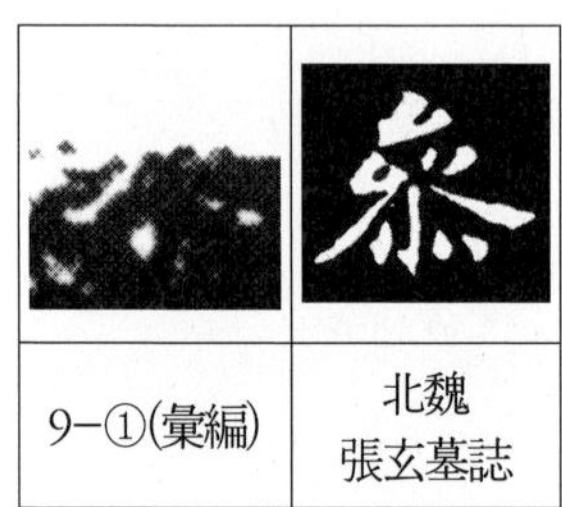

9-①(彙編)	北魏 張玄墓誌

∴ 하단부의 일부 획만 보여 불확실하나, 기존 판독에 따라 '參'으로 추정해 둔다.

9-⑳: 要

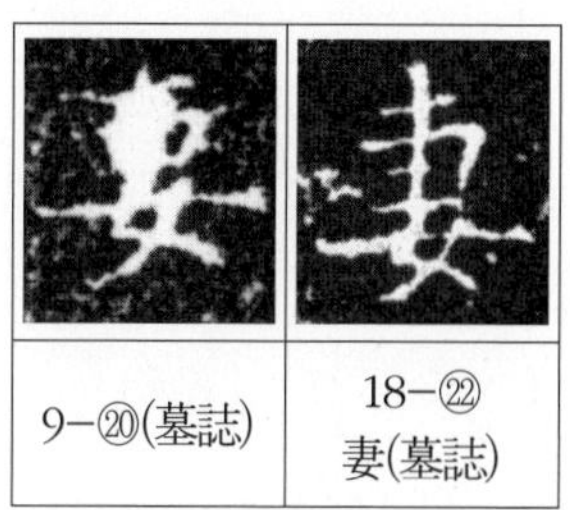

9-⑳(墓誌)	18-㉒ 妻(墓誌)

∴ '妻'로 본 견해도 있으나, 18-㉒의 '妻'자와는 상단부의 자획이 다르다. 또한 '要'로 보는 것이 문맥상 타당하리라 생각된다.

9-㉒: 綏

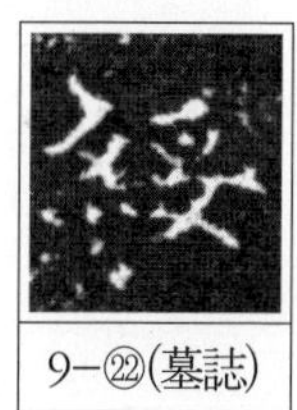

9-㉒(墓誌)

∴ '媛'이나 '緩'으로 본 견해가 있으나 좌변의 '糸'가 뚜렷하며, 우변도 '妥'가 분명하다. '綏'로 판독한다.

10-①: 方

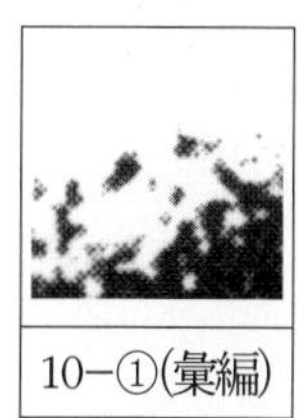

10-①(彙編)

∴ '方'의 하단부로 보이는 획이 희미하지만 보이며, 문맥상으로도 '方'자로 추정할 수 있다.

10-③: 摠

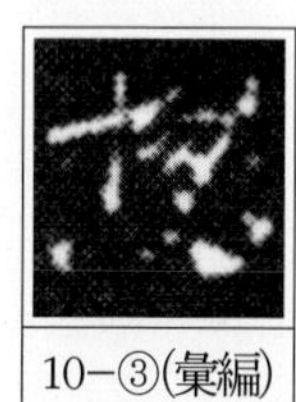

10-③(彙編)

∴ '總'으로 판독하기도 하였으나 좌변이 '扌'자로 '摠'자가 분명하다. 의미는 서로 통한다.

10-⑦: [受]

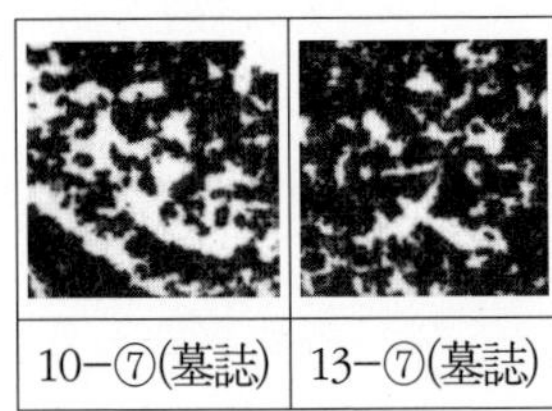

10-⑦(墓誌)	13-⑦(墓誌)

∴ 상단부에 '爫'로 볼 수 있는 획이 보이며, 하단부에는 '又'로 보이는 획이 있어 '受'자로 추정된다.

10-⑪: 命

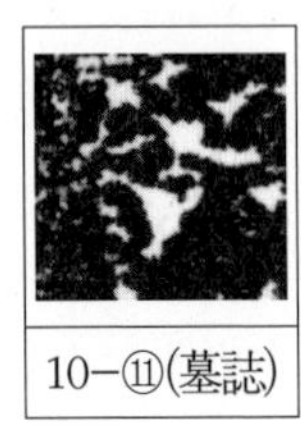

10-⑪(墓誌)

∴ '令'으로 본 견해도 있으나, '吅'와 같은 획이 보여 '命'자로 볼 수 있다. '受命', 즉 황제의 명을 받았다는 의미로, '受'와 '命' 사이(10-⑧~⑩)를 비운 것으로 보인다.

10-⑬: ▨

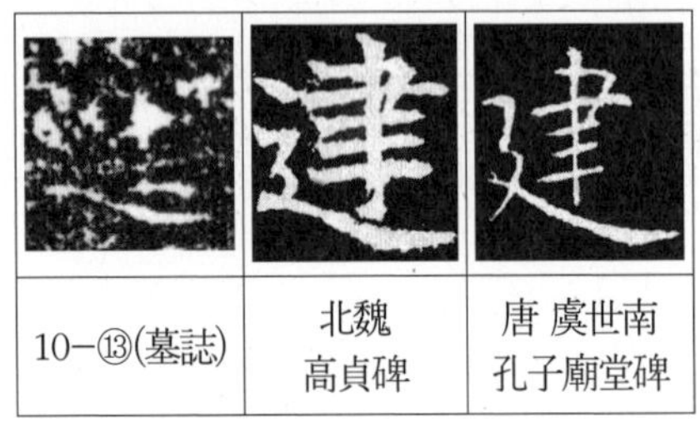

10-⑬(墓誌)	北魏 高貞碑	唐 虞世南 孔子廟堂碑

∴ '廴'에 해당하는 획은 보이나, '建'자인지는 분명하지 않다. 미상자로 둔다.

10-⑮: [討]

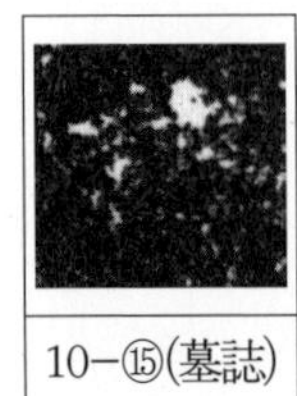

10-⑮(墓誌)

∴ 획이 희미하게 보인다. 좌변은 '言'자로 볼 수 있으나, 우변의 획은 거의 보이지 않는다. 일단 기존

판독에 따라 '討'자로 추정해 둔다.

10-⑱: 於

10-⑱(墓誌)

∴ 우변의 획이 일부 보이지 않으나 '於'로 판독할 수 있다.

10-⑲: [是]

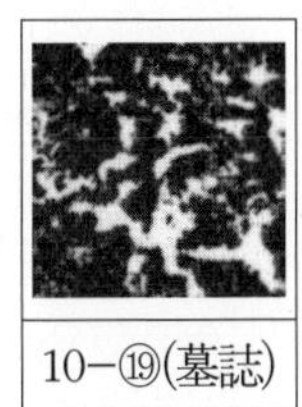

10-⑲(墓誌)

∴ 대부분 미상자로 보았는데, '是'자로 본 견해가 있다. 남아 있는 자획으로 보아 '是'자로 추정해 둔다.

10-㉔: 晏

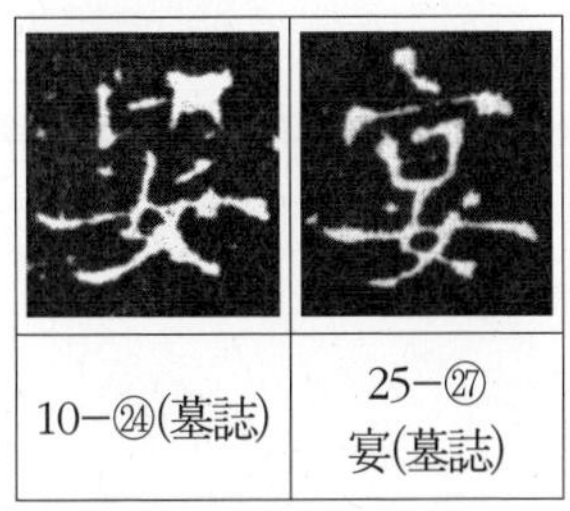

10-㉔(墓誌)	25-㉗ 宴(墓誌)

∴ '宴'으로 본 견해도 있으나, '女'자 상단부에는 '日'자만 보이므로 '晏'이 맞다.

11-①: [入]

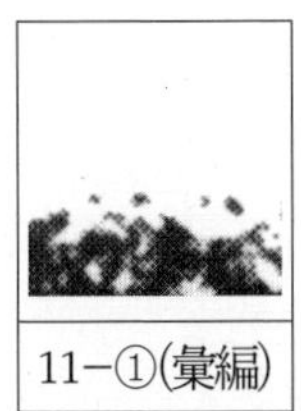

11-①(彙編)

∴ 아래 획 일부만이 보이는데, '入'일 가능성이 있다. 기존 판독에 따라 '入'으로 추정해 둔다.

11-⑤: [樓]

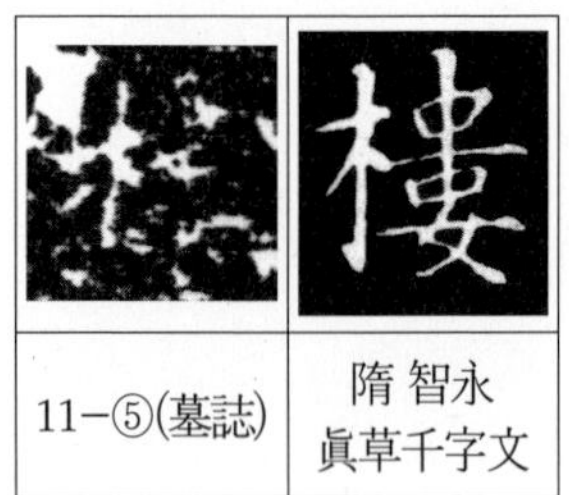
11-⑤(墓誌) | 隋 智永 眞草千字文

∴ '木'자만 뚜렷하고, 그 오른쪽의 자획은 '婁'인지 '令'인지 불분명하다. '令'보다는 자획이 복잡해 보이며, 하단부에 '女'자로 볼 수 있는 획이 일부 보이므로 '樓'로 추정해둔다.

11-⑥~⑧: 『全唐文補遺』에서는 11행 5자 아래에 미상자가 두 자 있는 것으로 표시하였으나, 11-⑨, ⑩의 '天子' 위에 세 칸을 비운 것으로 보인다.

11-⑰: [能]

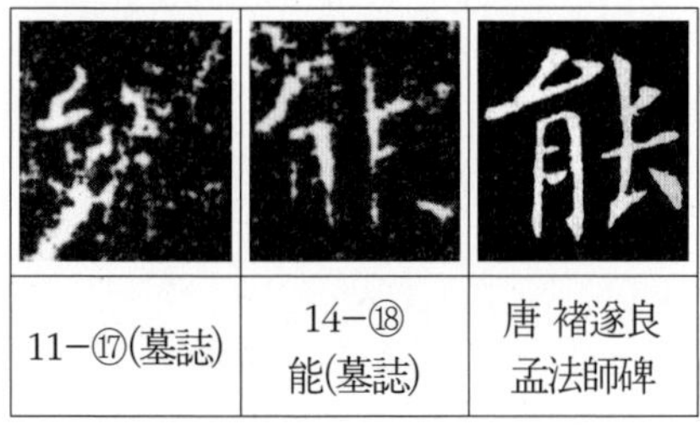
11-⑰(墓誌) | 14-⑱ 能(墓誌) | 唐 褚遂良 孟法師碑

∴ 자획이 전체적으로 불분명하다. 기존 판독에 따라 '能'자로 추정해 둔다.

12-①: ▨

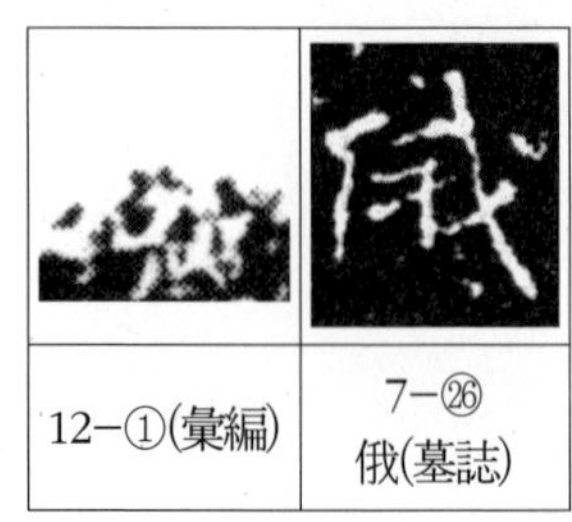
12-①(彙編) | 7-㉖ 俄(墓誌)

∴ '俄'로 추정하기도 한다. 7-㉖의 俄와 비교해서는 하단부의 획이 차이가 있는 것으로 보인다. 미상자로 둔다.

12-④: [戎]

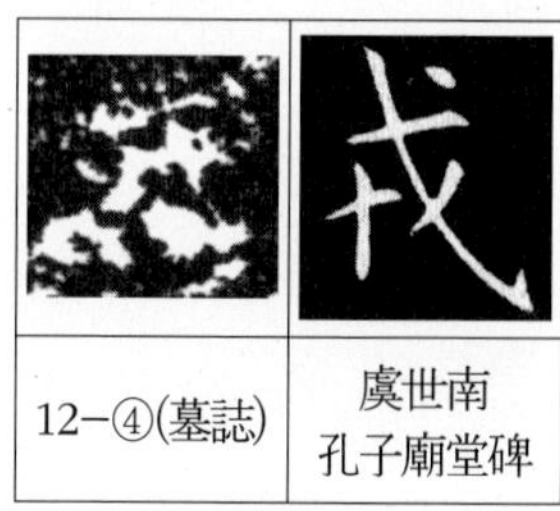

12-④(墓誌)	虞世南 孔子廟堂碑

∴ '戈'보다는 '弋'획으로 보이며, 그 내부획도 다소 불분명하나, 기존 판독대로 '戎'자로 추정해 둔다.

12-⑤: ▨

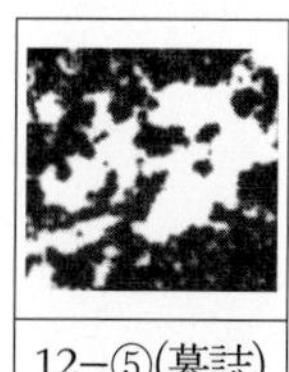

12-⑤(墓誌)

∴ 비면이 훼손되어 '氏'인지 불분명하다. 미상자로 둔다.

12-㉘: 賜

12-㉘(墓誌)

∴ '惕'으로 판독한 경우도 있으나, 좌변의 '貝'자가 뚜렷하다.

13-①: 馬

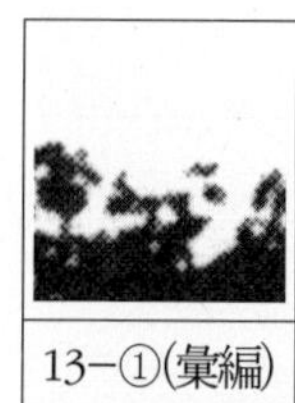

13-①(彙編)

∴ 하단부의 획만 확인되는데, 남은 자획이나 문맥을 고려하여 '馬'로 볼 수 있다.

13-⑦: 受

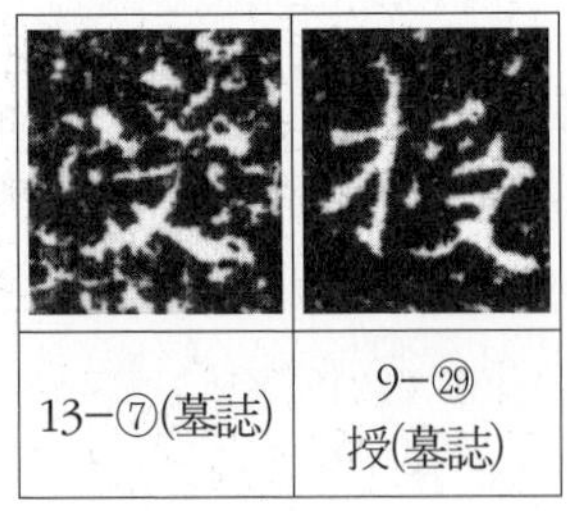

13-⑦(墓誌)	9-㉙ 授(墓誌)

∴ 기존에는 '授'로 판독하였는데, '扌'가 없으므로 '受'가 맞다.

13-㉘: 性

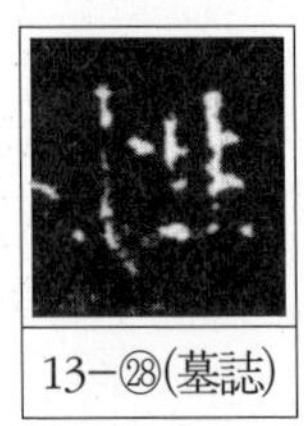

13-㉘(墓誌)

∴ '姓'으로 보기도 하였으나 좌변을 '女'자로 볼 수 없으며, 문맥상으로도 '性'이 맞다.

14-①: [情]

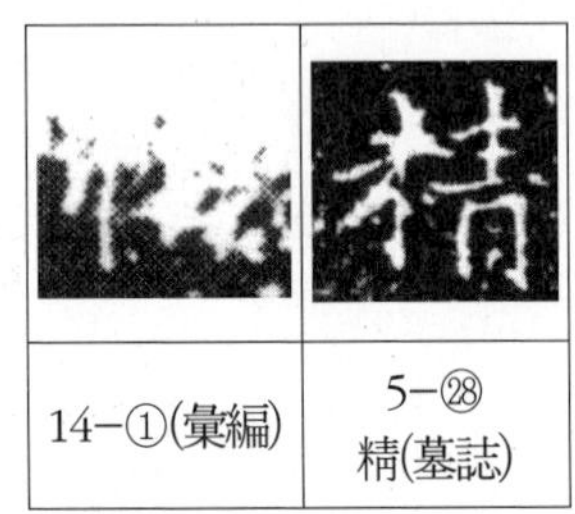

14-①(彙編)	5-㉘ 精(墓誌)

∴ '精'으로 추정한 견해도 있으나, 좌변은 '米'보다는 '忄'에 가까워 보인다. 뒤에 '神道德'이 나오므로 '情'자도 가능할 것이다. 情神은 의미상 精神과 통한다.

14-⑤: ▨

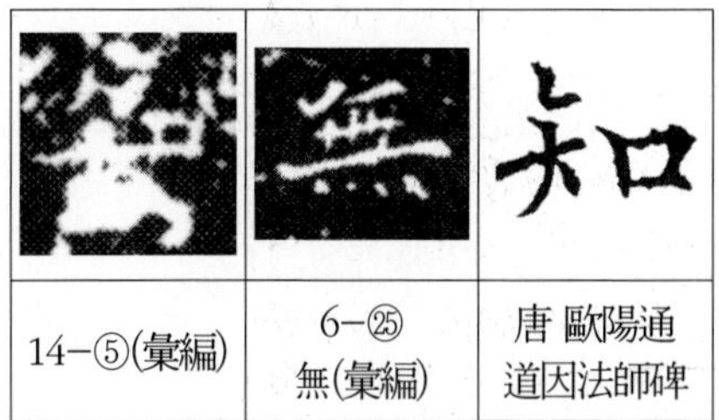

14-⑤(彙編)	6-㉕ 無(彙編)	唐 歐陽通 道因法師碑

∴ 대부분 '無'자로 본 글자이나, 6-㉕의 '無'와 비교하면 자획이 다르다. '知'자와 비슷하게 보이기도 하나, 획이 어색한 점이 있어 미상자로 둔다.

14-⑧: [賞]

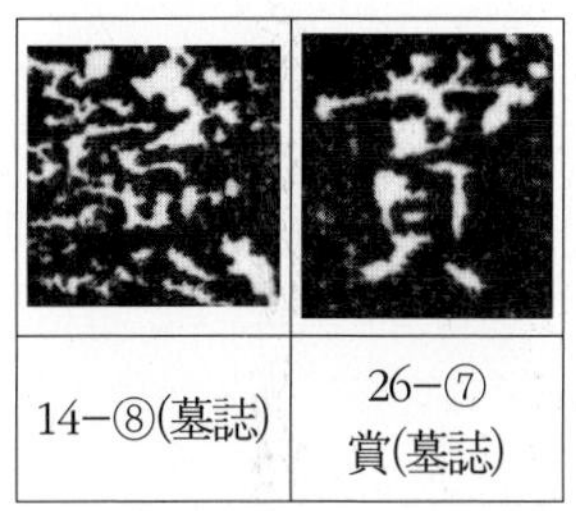

14-⑧(墓誌)	26-⑦ 賞(墓誌)

∴ 26-⑦의 '賞'자와 비교하여 하단부의 '貝'자가 분명하지 하지 않지만, 기존 판독대로 '賞'으로 추정해 둔다.

14-⑨: 恒

14-⑨(墓誌)

∴ '恒'자로 보는 데 무리가 없다.

14-⑫: [潔]

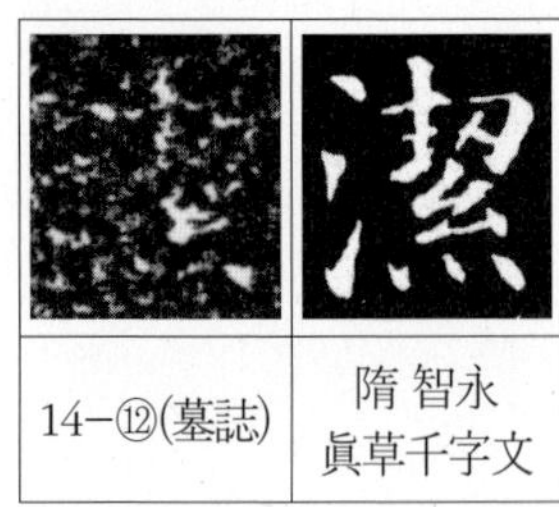

14-⑫(墓誌)	隋 智永 眞草千字文

∴ 희미하지만 '絜'에 해당하는 획 일부가 보인다. '潔'자로 추정해 둔다.

14-⑯: 刻

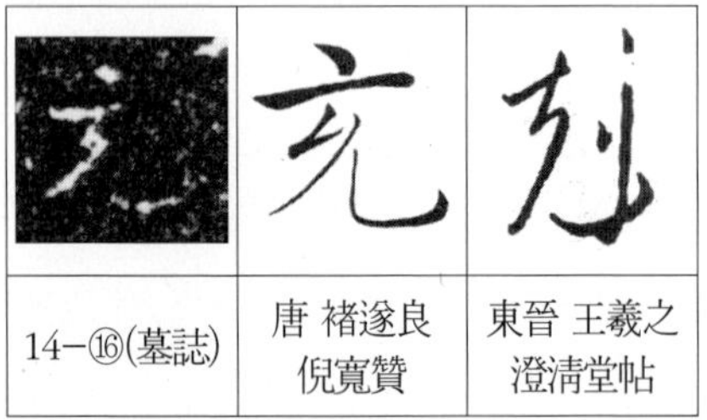

14-⑯(墓誌)	唐 褚遂良 倪寬贊	東晉 王羲之 澄淸堂帖

∴ '充'으로 보는 견해도 있으나, 자획이 왼편에 치우쳐 있으므로 '刻'으로 볼 수 있다.

14-⑰: 位

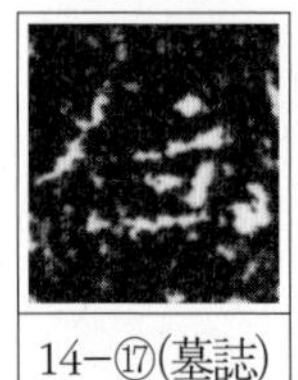

14-⑰(墓誌)

∴ 이를 '往'으로 판독한 견해도 있으나, '位'자가 비교적 뚜렷하다.

15-⑧: [永]

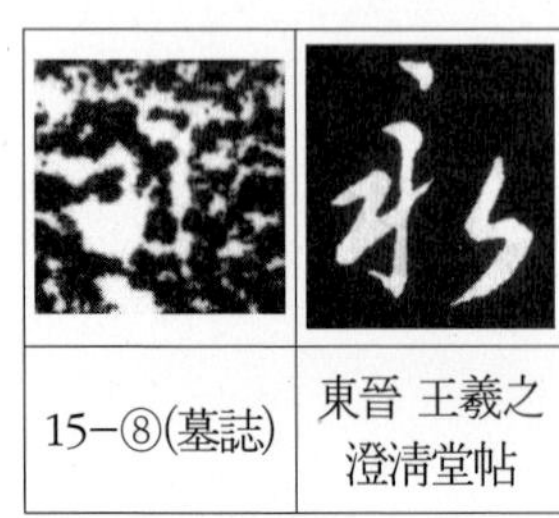

15-⑧(墓誌)	東晉 王羲之 澄淸堂帖

∴ 가운데 획 외에는 자획이 분명하지 않아, '永'자인지 모호하다. 기존 판독에 따라 '永'으로 추정해둔다.

15-⑨: ▨

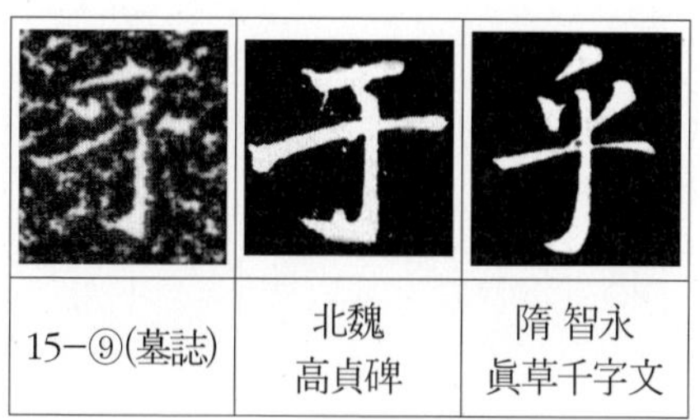

15-⑨(墓誌)	北魏 高貞碑	隋 智永 眞草千字文

∴ '于'나 '乎'로 판독한 글자이다. '乎'로 보기에는 상단의 획이 삐침(丿)과는 다르게 보인다. '于'자로 볼 경우, 두 번째 가로획이 휘어 보여 '于'자와는 다르다. 미상자로 둔다.

15-⑰: 効

15-⑰(墓誌)

∴ '効'자로 판독되며, 이는 '效'와 통하는 글자이다.

15-⑲: 晞

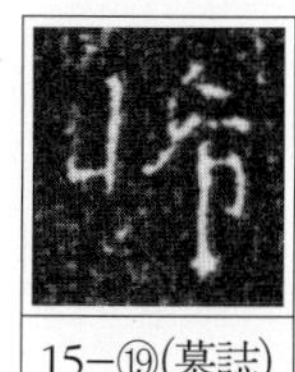

15-⑲(墓誌)

∴ '稀'로 판독하기도 하나, 좌변은 '禾'보다는 '日'로 보인다. '晞'로 판독한다.

15-㉚: [一]

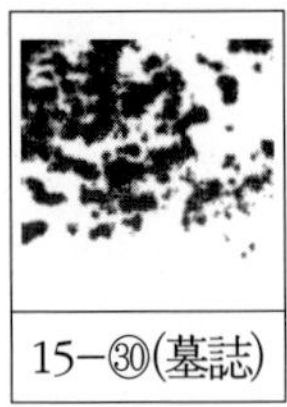

15-㉚(墓誌)

∴ '八'로 판독한 경우도 있으나, '八'에 해당하는 획을 찾기는 어렵다. 기존 판독에 따라 '一'로 추정해 둔다.

16-④: 卄

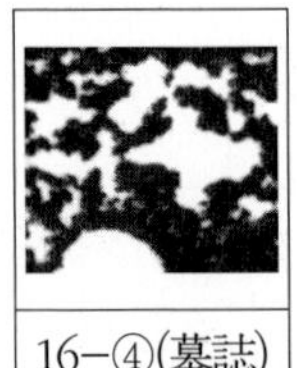

16-④(墓誌)

∴ 이를 '十'으로 판독한 경우도 있으나, 세로획이 두 개 보이므로 충분히 '卄'자로 볼 수 있다.

16-⑦: [薨]

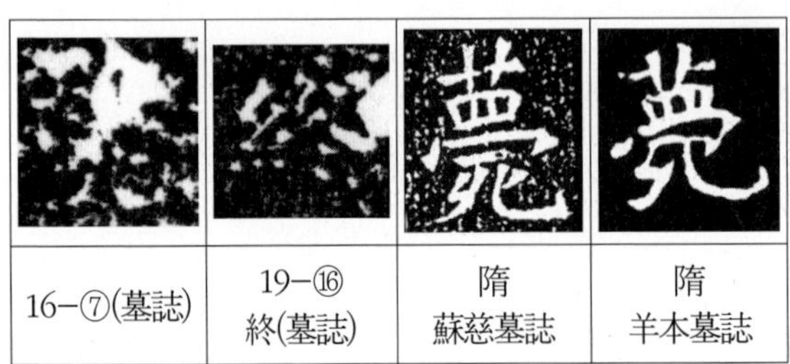

16-⑦(墓誌)	19-⑯ 終(墓誌)	隋 蘇慈墓誌	隋 羊本墓誌

∴ 대부분 '終'자로 판독하였으나, 19-⑯의 終과는 획이 달라 보인다. 하단부에 '死'와 비슷한 획이 보여, '薨'자일 가능성을 제시해 본다.[131]

131) 北魏와 唐代에는 '薨'자를 3품 이상 高官 혹은 그 부인에게만 허용하였는데, 자격이 없는 사람들이 '薨'자를 사용하는 경우가 있었다고 한다(박한제 2014, pp.49-50). 난원경의 경우에도 宣威將軍, 즉 종4품상 무산관이었음에도 '薨'자를 사용한 셈이다.

16-㉚: [氏]

16-㉚(彙編)

∴ 탁본에 보이는 자획으로는 '氏'인지 불분명하나, 문맥상 '氏'로 추정된다.

17-⑬: 婉

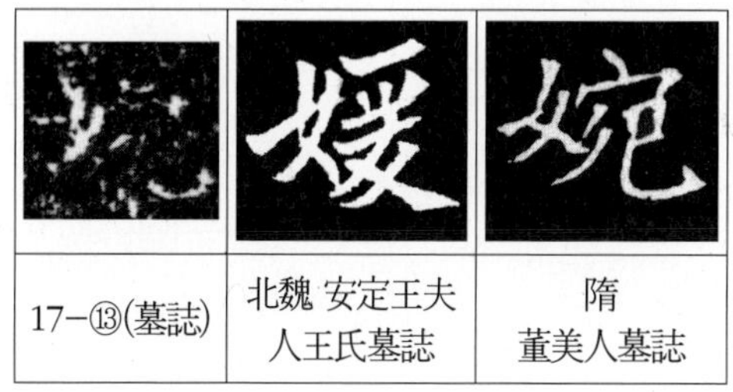

17-⑬(墓誌)	北魏 安定王夫人王氏墓誌	隋 董美人墓誌

∴ '媛'으로 판독한 견해도 있으나, 우변을 '爰'으로 보기는 어렵다. '婉'으로 판독한 것을 따른다.

17-⑮: 冲

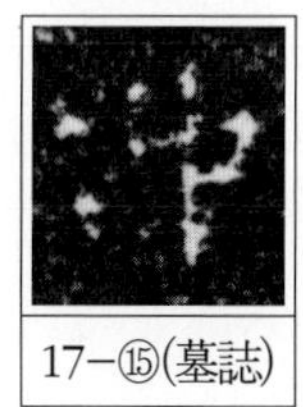

17-⑮(墓誌)

∴ 좌변이 '氵'이 아니라 '冫'이므로 '冲'으로 표기한다.

17-㉚: [篇]

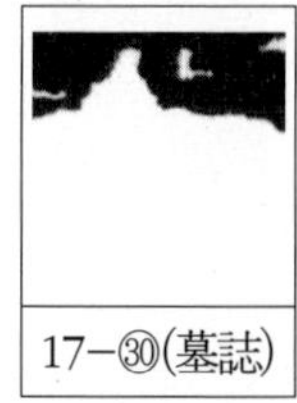

17-㉚(墓誌)

∴ 해당 글자의 획이 거의 보이지 않는다. '竹'에 해당할 획 일부만이 보이는데, 기존 판독에 따라 '篇'으로 추정해 둔다.

18-③: 開

18-③(彙編)

∴ '潤'으로 판독한 견해도 있으나, 왼편에 '氵'의 자획이 보이지 않으며, '門' 내부의 자획은 '开'로 보인다.

18-⑧: 於

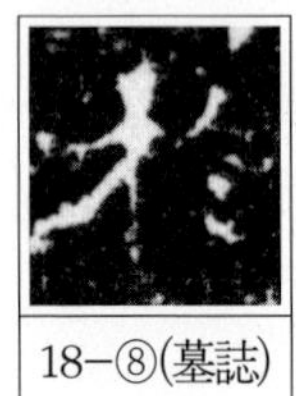

18-⑧(墓誌)

∴ '於'자가 뚜렷하다.

18-㉗: 疰

18-㉗(墓誌)

∴ 이 글자를 '粧'으로 판독한 경우도 있으나, '疰'자임이 뚜렷하며, 이는 莊에 해당한다.

18-㉚: [掩]

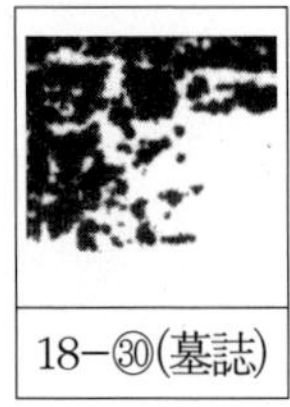

18-㉚(墓誌)

∴ 해당 자획이 거의 보이지 않으나, 기존 판독에 따라 '掩'으로 추정해 둔다.

20-①: [七]

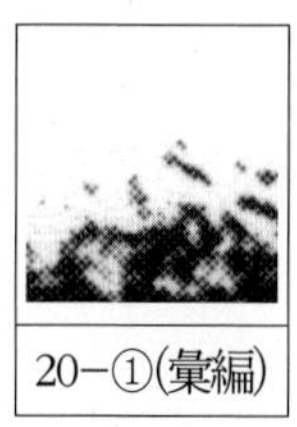
20-①(彙編)

∴ 자획을 판별하기 어렵다. 기존 판독에 따라 '七'로 추정해 둔다.

20-⑥: ▨

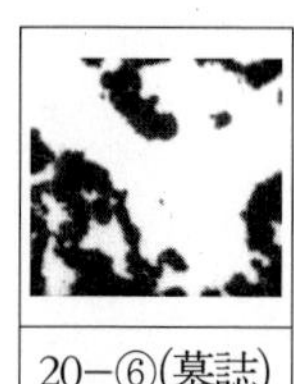
20-⑥(墓誌)

∴ 비면의 결락으로 글자가 거의 보이지 않는다. 그 다음의 '極'자와 연관 지어 의미상 '罔'자로 추정된 것으로 보인다. 미상자로 둔다.

20-⑪: [深]

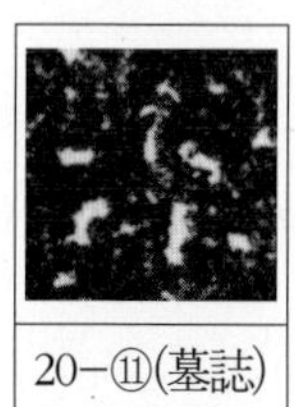
20-⑪(墓誌)

∴ 자획이 거의 보이지 않는다. 기존 판독에 따라 '深'으로 일단 추정해 둔다.

20-⑳: 墻

20-⑳(墓誌)

∴ 좌변의 '土'자가 뚜렷하다. '墻'으로 표기해 둔다.

20-㉒: 粤

20-㉒(墓誌)

∴ 이 글자는 '奧'로 읽거나 '粤'로 보았다. 하단부의 자획으로 보아 '粤'로 판독한다.

21-①: 十

21-①(彙編)

∴ 대부분 21-①에 '十一' 두 자가 새겨져 있는 것으로 보았지만, 21-②에 '一'자가 분명하므로, 21-①에는 '十'자 한 자만 있을 것이다.

21-②: 一

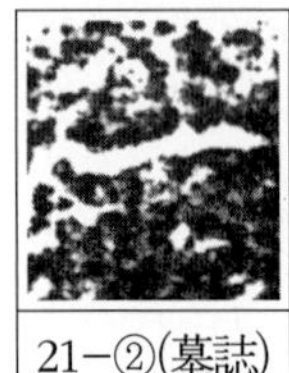
21-②(墓誌)

∴ '月'로 추정하기도 하나, '一'이 분명하다. 21-②의 '一'과 21-③의 '四' 사이에는 '月'자가 들어가야 마땅하나 누락된 것으로 보인다.

21-㉚: [殷]

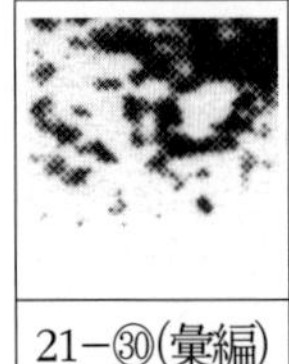
21-㉚(彙編)

∴ 대부분 '殷'으로 판독하였으나, 탁본으로는 획이 분명하지 않다. 기존 견해를 따라 '殷'으로 추정해

둔다.

22-②: [俄]

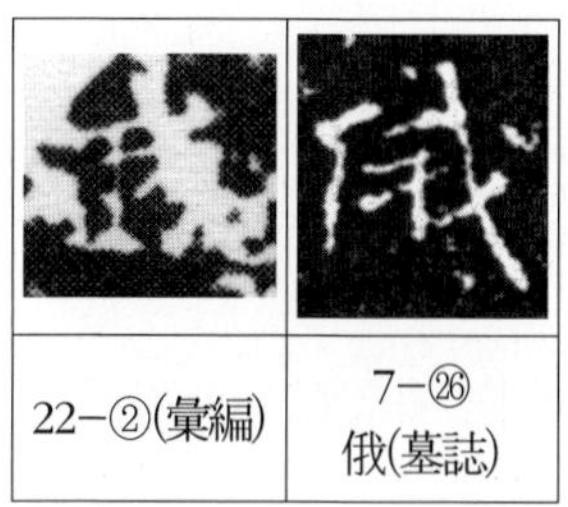

22-②(彙編) | 7-㉖ 俄(墓誌)

∴ 7-㉖의 '俄'와 비교하여 자획이 다소 차이가 있으나, 기존 판독에 따라 '俄'자로 추정해 둔다.

22-⑨: 郊

22-⑨(墓誌)

∴ '效'로 판독한 경우가 있으나 우변의 '阝'자가 분명하다. '郊'로 볼 수 있다.

23-①: [玄]

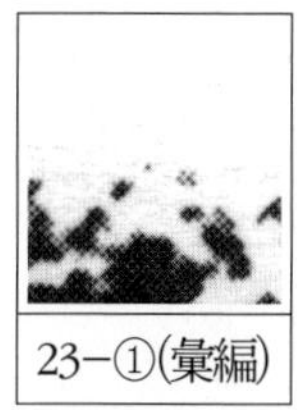

23-①(彙編)

∴ 탁본으로는 자획을 거의 확인할 수 없다. 기존 판독에 따라 '玄'으로 추정해 둔다.

24-①: ▨

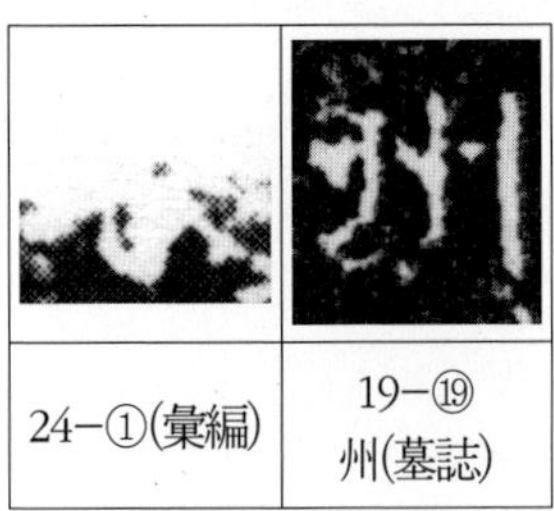

24-①(彙編)	19-⑲ 州(墓誌)

∴ 23-㉚의 '汾'과 연결 지어 보통 '州'로 판독한다. 그러나 탁본에서 보이는 획으로는 19-⑲의 '州'자와는 획이 달라 보인다. 미상자로 둔다.

24-⑱: 惟

24-⑱(墓誌)

∴ '維'로 판독하는 견해가 많으나, '惟'자가 분명하다.

24-㉓: 籍

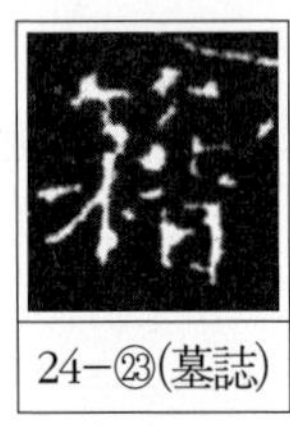

24-㉓(墓誌)

∴ '藉'로 판독한 경우가 있으나, 상단부의 '竹'자 획이 분명하다.

25-①: ▨

25-①(彙編)

∴ 대부분 '君'자로 판독하고 있으나, 자획을 확인하기는 어렵다.

25-②: [執]

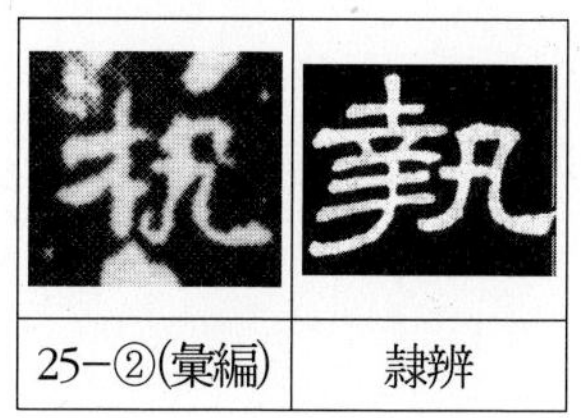

25-②(彙編)	隸辨

∴ 이를 '抗'자로 판독한 경우도 있으나, 이와는 자형이 다르다. 좌변은 '扌'이나 '木'으로 보이며, 우변은 '冖'와 '九'가 결합된 듯하다. 기존 판독에 따라 '執'자로 추정해 둔다.

25-⑤: 孽

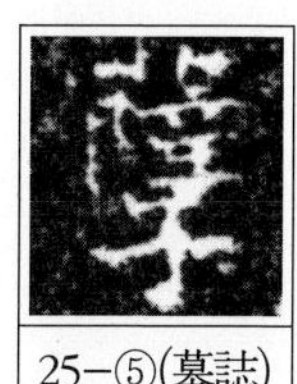

25-⑤(墓誌)

∴ 상단부에는 '艹'가, 하단부에는 '子'자가 뚜렷하다. '孽'로 판독된다.

25-⑱: 寡

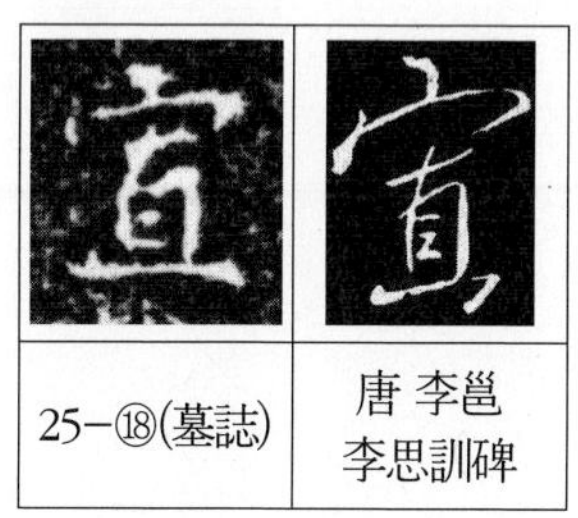

25-⑱(墓誌)	唐 李邕 李思訓碑

∴ '宀'와 '直'자가 결합한 형태로 표기되어 있다. 寡의 이체자이다.

26-①: ▨

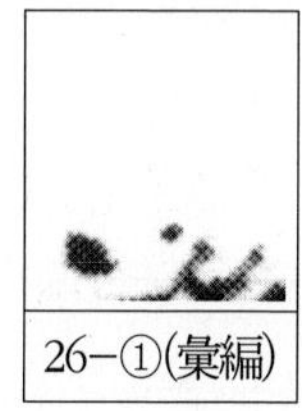

26-①(彙編)

∴ 기존에는 대부분 '龍'자로 보았으나, 탁본으로는 자획을 확인할 수 없다. 미상자로 둔다.

26-④: 嬉

26-④(墓誌)

∴ '爲'로 판독한 경우가 있으나 '嬉'자가 뚜렷하다.

26-㉕: 捐

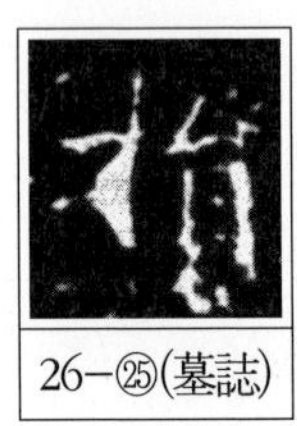
26-㉕(墓誌)

∴ '損'으로 판독하기도 한다. 우변의 하단부를 '月'로 볼지, '貝'로 볼지 다소 모호한데, '貝'로 보기에는 하단부의 점이 분명하지 않으므로 '月'로 보아 '捐'으로 판독한다.

26-㉚: [永]

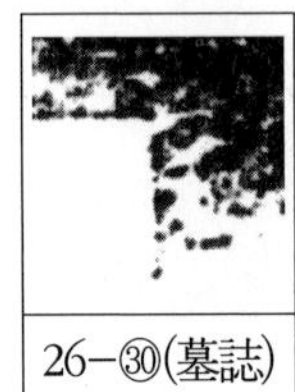
26-㉚(墓誌)

∴ 오른쪽에 획이 일부 보이나. '永'인지는 분명하지 않다. 기존 판독에 따라 '永'으로 추정해 둔다.

27-①: [置]

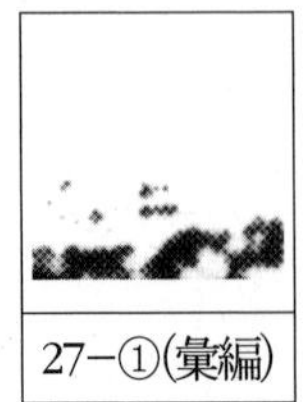
27-①(彙編)

∴ 하단부 일부만 획이 보이는데, '置'에 해당하는 획일 가능성이 있다. 기존 판독에 따라 '置'로 추정해 둔다.

28-①: 陽

28-①(彙編)

∴ 하단부만 보이는데, '陽'으로 본 기존 판독을 따른다.

29-⑳: [一]

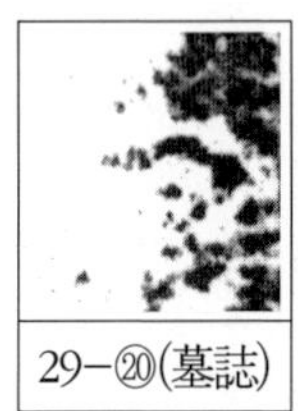
29-⑳(墓誌)

∴ 탁본의 상태가 좋지 않아 획이 분명하지 않다. 기존의 판독대로 '一'로 추정해 둔다.

3. 역주

唐나라의 故 宣威將軍[132] 左衛 汾州[133] 淸勝府 折衝都尉[134] 上主國 難君 墓誌의 銘과 아울러 쓴 序文이다.

君의 諱는 元慶이다. 그 선조는 皇帝의 종족이며,[135] 扶餘와 가까운 族類였다.[136] 옛날 형제가 갈라져,[137] 海東[東表]에 자리 잡고, 형제가 …… 정치하였다. 이에 나라를 세우고 韓을 신하로 삼았다.[138] (난

132) 宣衛將軍: 종4품상의 무산관.

133) 汾州: 汾州의 치소는 지금의 山西省 隰縣에 해당한다.

134) 折衝都尉: 절충부의 장관이며, 정원은 1인이다. 품계는 절충부의 등급에 따라 다른데, 上府는 정4품상, 中府는 종4품하, 下府는 정5품하이다.

135) 黃帝之宗: 신라 왕실이 少昊金天氏에서 나왔다고 표방한 것처럼 난씨 가문도 새롭게 중국과 관련된 출자관념을 내세운 것으로 이해된다(이문기 2000, p.524).

136) 扶餘之尒類: 「黑齒常之墓誌銘」의 '其先出自扶餘氏 封於黑齒 子孫因以爲氏焉'과 같이 왕족인 부여씨와의 관련성을 서술한 것으로 보인다. 실제로 난씨가 부여씨로부터 분파된 것인지는 분명하지 않다.

137) 伯仲枝分: 뒤의 형제와 대구를 이루고 있기 때문에 伯仲은 형제로, 枝分은 혈족이 갈라진 것으로 해석된다(윤선태 2008, p.715 각주 367번).

138) 爰國臣韓: 臣韓을 辰韓으로 보고 신한이라는 나라를 세운 것으로 해석하기도 하나(이문기 2000, p.523), 韓을 신하로 삼았다고 해석할 수 있으며, 백제를 건국한 이후 마한을 정복한 일을 일컫는 것으로 이해할 수 있다. '昔伯仲枝分-爰國臣韓'까지의 내용은 졸본부여에서 남하한 沸流와 溫祚 형제가 백제를 건국하고 마한을 정복하였다는 백제의 건국설화와 유사하

원경의 선조가) 백성을 다스리는 어려움을 절묘하게 처리하였으므로, 이로 인하여 (難을) 姓으로 삼았다.[139] 孔子가 「舜典」의 序를 쓰면서 이른바 '여러 어려움으로 차례로 그를 시험하였다.'[140]는 것이 바로 그 뜻이다.

高祖[141]인 珇는 백제[遼]에서[142] 벼슬하여 達率의 官에 임명되었으니, 지금의 宗正卿과 같다.[143] 祖父인 汗은 入唐하여[144] 熊津州都督府 長史[145]가 되었다. 아버지 武는 中大夫[146]로 使持節支潯州諸軍事 守支潯州刺使였다가,[147] 忠武將軍[148] 行右衛翊府[149] 中郎將[150]으로 옮겼다. (조상들은) 모두 어질고 명석하며 識

고, 이러한 백제건국설화가 묘지명에 기록된 점을 보면, 『三國史記』에 채록된 백제건국신화의 생성 시점을 백제 당시로 올려 볼 수 있을 것이다(윤선태 2008, p.715 각주 368번). 그리고 당으로 망명한 백제 귀족들 가운데 백제건국설화를 묘지명에 기록하며 백제인으로서의 정체성을 유지하였던 사례로 주목된다.

139) 難: 韓致奫의 『海東繹史』에서는 중국문헌에서 확인되는 우리나라의 역대 성씨들을 정리하여, 백제의 성씨로 왕족인 夫餘氏와 眞氏, 沙氏, 劦氏, 解氏, 木氏, 燕氏, 國氏, 苩氏 등의 大姓八族과 黑齒氏, 沙吒氏 등을 열거하면서 難氏도 백제의 성씨로 기록하였다. 이는 宋代 王應麟의 『急就篇姓氏注』을 인용한 것으로, 王應麟이 찬한 『姓氏急就篇』 卷上에서 관련 기사가 확인된다(이문기 2000, pp.493-494).

140) 歷試諸難: 虞舜이 庶人이었을 때, 堯는 그가 총명하다는 소문을 듣고, 장차 그로 하여금 帝位를 잇게 하고자 하여 여러 어려운 일들을 시켜 일일이 시험하였다(『尙書』 虞夏書 舜典).

141) 高祖: 唐代 묘지명에서 가문 내력을 밝힐 때 일반적으로 曾祖-祖-父의 내력을 밝히기 때문에 '曾祖'로 추정하기도 한다(이문기 2000, pp.499-500). 그러나 자획상 '曾祖'가 아니라 '高祖'로 판단된다.

142) 仕遼: 遼나 遼陽(遼陽鼎貴)을 백제의 요서 점령이나 백제와 북조의 전투기사와 연관시켜 해석하면서, 난원경의 가계를 後漢 시기에 요서지역에 이주한 烏桓 難樓部와 관련지어 해석하기도 하였다(馬馳 2002, pp.293-295). 그러나 이러한 주장에 대해서는 『姓氏急就篇』에서 난씨가 백제의 성씨임이 전해지고 있다는 점, 遼나 遼陽 등의 표현이 한반도 일원을 가리키는 용어로 사용된다는 점, 백제의 요서진출설이 불확실하다는 점, 오환 난루부가 요서지역으로 옮겨갔다는 확증이 없다는 점 등의 문제점이 지적되었다(이문기 2000, pp.512-522). 고조가 달솔의 관에 임명된 遼는 백제로 해석되어야 할 것이다.

143) 宗正卿: 宗正寺의 장관직으로 종3품이며, 그 직무는 9족 6친의 屬籍을 관장하고, 昭穆의 차례를 분별하며, 친소원근의 배열을 紀律하고, 崇玄署를 통령하는 것이었다(『唐六典』 卷16, 宗正寺). 「흑치상지묘지명」에서는 달솔의 직을 兵部尙書(정3품)와 비교하고 있으며, 본국(백제)에서는 2품관에 해당한다고 서술하고 있다. 달솔로서 취임할 수 있는 관직의 종류는 여러 가지였을 것이며, 그 가운데 당의 종정경과 같은 역할을 하는 관직도 있었을 가능성을 고려해 볼 수 있겠다.

144) 入唐: 그 의미를 당에 투항하였다는 의미로 해석하기도 하지만(정병준 2007, p.306), 예군의 사례와 같이 당에 들어갔다가 백제고지에 파견되는 상황도 충분히 가능할 것이다. 이 경우에 입당한 시점이 문제인데, 난원경의 할아버지인 난한이 입당한 시기는 백제가 멸망당한 직후인 660년 9월 의자왕과 여러 왕자, 大臣, 將士, 일반 백성 등 약 1만 3천 명이 당의 포로가 되어 입당했던 시점이거나, 그보다 3년 후인 663년 9월 백제부흥군의 항쟁이 실패로 끝난 후 항복한 黑齒常之, 사타상여, 부여충승 등 부흥운동에 참여했다가 당에 투항했던 존재들이 입당했던 시점으로 좁혀 볼 수 있을 것이다. 「난원경 묘지명」에서 난한이 부흥운동에 참여했다는 기록이 없다는 점에서 입당시점을 660년 9월로 추론하기도 하지만(이문기 2000, p.508), 「흑치상지묘지명」에서는 흑치상지가 백제부흥운동에 참여했던 일이 의도적으로 누락되어 있기 때문에, 묘지명의 기록만으로는 입당시점을 판단하기 곤란하다(윤선태 2008, p.716 각주 373번).

145) 長史: 장사는 도독의 부관으로 도독이 부재할 시에는 장사가 도독부의 사무를 총괄하였다(馬馳 2002, p.297 참조).

146) 中大夫: 종4품의 문산관.

147) 支潯州: 당이 백제 옛 땅에 설치한 7개 주의 하나로, 州治인 支潯縣(충남 예산군 대흥면)을 포함한 9개 縣을 거느리고 있었다(『三國史記』 卷37, 地理4 참조).

148) 忠武將軍: 정4품상의 무산관.

149) 右衛: 당의 수도에 설치되었던 16위의 하나.

見이 심원하였다. 政事에서 ……로 유명하였으며, 덕을 잘 닦고 문장은 광대하여 국가와 집안에서 모두 현달하였다.

君은 어려서[151] 총명하여 정통하지 않은 바가 없었다. 이윽고 游擊將軍[152] 行檀州 白檀府[153] 右果毅[154]와 直中書省[155]을 제수 받았다. 비록 무관직[雄衛][156]을 맡았지만, 항상 문관직[文軒][157]을 잘 다스렸다. 얼마 뒤에 夏州 寧朔府[158] 左果毅都尉와 直中書省 內供奉으로 관직을 옮겼다.[159]

마침 변방에 전쟁이 여러 번 일어나고,[160] 봉화가 올라 때때로 (백성을) 놀라게 하였다. 君은 평소에 전략을 세우는 데 능하여[161] 일찍 군사에 참여하였다. 文乃▨▨▨▨▨▨▨▨▨軍▨弓旌▨重하였다. (백성들

150) 中郎將: 정4품하, 중견간부급의 군장직이다. 산관보다 관직이 낮으므로 行을 표시하였다.

151) 난원경은 723년에 61세를 일기로 사망했으므로, 그가 태어난 해는 백제 멸망 후 약 3년간 지속되어 온 백제부흥운동이 종말을 고하였던 663년 무렵이다. 다만 조부가 입당한 시기가 분명하지 않아 출생지가 백제인지 당인지는 불분명하지만, 청소년기를 당에서 보낸 것은 확실해 보인다(이문기 2000, pp.505-508).

152) 游擊將軍: 유격장군은 종5품하의 무산계이므로 游擊將軍 行檀州 白檀府 右果毅가 난원경의 초사직이라고 보기는 어렵다고 보고 하급 무관직을 역임한 이후에 유격장군 행단주 백단부 우과의에 올랐을 것으로 추정하기도 한다(이문기 2000, p.509). 조부나 부친의 蔭敍에 의해 이러한 무관직을 얻었을 가능성도 있으며(정병준 2007, p.307), 예식진의 아들인 禰素士가 15세에 유격장군에 제수된 사례도 참조된다.

153) 檀州 白檀府: 단주(치소는 지금의 北京市 密雲縣)에는 절충부가 2개 있었는데, 백단부는 그중 하나이며, 密雲縣 東北 지역으로 비정된다(張沛 2003, p.214).

154) 右果毅: 절충부의 수장인 折衝都尉의 副職인 果毅都尉이다. 절충부마다 2인이 있으며, 左果毅都尉, 右果毅都尉가 그것이다. 절충부의 등급에 따라 과의도위의 관품은 종5품하, 정6품상, 종6품하로 나뉜다(沈起炜·徐光烈 編著 1992, p.204). 과의도위의 주요 임무는 절충도위가 부병을 훈련시키거나, 부병을 이끌고 숙위에 대비하고 전쟁에 나가는 것 등을 보좌하는 일이다(馬馳 2002, p.300).

155) 直中書省: 중서성의 直官을 말한다. '直'은 정규 관원이 아니면서 다른 관청에 차견되었을 경우에 칭해지는 직함이다. 당대 중앙관의 정원은 무관을 포함하여 모두 2,621인이지만, 그 5분의 1에 해당하는 465인이 직관이었다. 당조가 직관제도를 운영한 이유는 경력과 출신에 구애받지 않고 기술인 등 재능 있는 인재를 자유롭게 기용하기 위한 것이었다. 당시 중서성 직관의 일은 ①明法, ②能書, ③裝制勅(황제의 제칙을 표구하는 기술자), ④飜書譯語, ⑤乘驛(兵法 등 武才에 능한 무관) 등이었다(李錦繡 1998, pp.13-16, p.46; 정병준 2007, pp.308-309). 난원경은 이민족에 보내는 문서의 번역이나 이민족과의 통역 등의 직무나 군사 관련 직무를 담당하였을 텐데, 이 가운데 후자일 가능성이 높다고 보기도 한다(정병준 2007, pp.308-309). '雖司雄衛 恒理文軒'이라는 다음 구절을 고려한다면, 무관임에도 중서성 직관으로 차출된 것은 학문적 소양을 갖추었기 때문으로 생각할 수 있다(이문기 2000, p.509).

156) 雄衛: 당나라의 16위를 가리키는 것으로, 전하여 무관직을 말한다.

157) 文軒: 화려하게 장식된 수레나 채색하고 새겨 꾸민 난간과 문·창이 있는 회랑을 의미한다. 이를 文獻과 의미가 통하는 것으로 해석하거나, '軒'을 文의 모범, 즉 문장을 잘 지었다는 뜻으로 해석하기도 하였다(윤선태 2008, p.717 각주 382번). 앞의 '雖司雄衛'와 대구를 이르는 문장으로 文軒은 문관직을 가리키는 것으로 이해할 수도 있다.

158) 夏州 寧朔府: 하주에 설치된 절충부는 영삭부, 순화부 등 2개가 있었다. 하주의 치소는 현재의 陝西省 靖邊縣 동북의 白城子이며, 영삭부는 정변현의 동쪽에 있었다.

159) 直中書省 內供奉: 供奉이란 황제 주변에 대기하며 시봉하는 것을 말하며, 중서성과 문하성의 관원과 어사대의 상급 관원은 거의 공봉관에 속하였다(『唐六典』 卷2, 吏部郎中). 供奉官 중 正員 외의 員外官을 內供奉이라고 하였다. 난원경은 하주 영삭부 좌과의도위에 임명되면서, 동시에 파견의 형식으로 직중서성 내공봉에 임명되어 황제의 近臣으로 근무하였음을 알 수 있다(정병준 2007, p.310).

160) 邊塵: 변방지역에서 일어난 전쟁을 이르는 말.

을) 안정시키고, 위무하는 것을 중요시하였고,[162] 전쟁을 끝내 방패와 창은 거꾸로 두게 하였다.[163]

마침내 朔方軍[164]總管에 제수되었다. 君은 황명을 받들어 …… 九姓을 토벌하여[165] 이에 오랑캐를 섬멸하였으니, 三軍은 편안하고 무사히 개선하였다. 星樓에서 크게 연회를 열었고, 천자는 祿이 (난원경의) 능력에 대한 대가로 부족하다고 여겨, 특별히 紫金魚袋와 옷 한 벌 그리고 비단(物) 100필을 하사하였다.

마침 羌戎氏가 ▨하자, 河西의 오랑캐가 도망하거늘,[166] 君으로 하여금 초무하고 정벌하게 하니, 비가 쏟아지듯 무수히 많이[167] 항복하였고, 개선하여 포로를 바쳤다.[168] 內庭에서 잔치를 열어 공을 기리고 특별히 노비 6명, 말 10필, 비단 100필을 하사하였다. 또 宣威將軍을 제수 받고 汾州 淸勝府 折衝都尉로 관직을 옮겼다. 勳은 각각 전과 같게 하였다.

君은 천성이 온화하고 공손하였고, [情]神과 道德이 관작과 상을 더하여 주는 데에 (부족함이) 없었다. 항상 청렴결백한 마음을 품었고,[169] 局量이 官位에 맞지 않고, 능력이 세상을 구제할 수 없을까 염려하였다. 앉아 있을 때에는 반드시 엄숙하였고 시선대로 몸을 움직였으며,[170] 사람들이 이롭게 여기는 바이고 …… 영원하기를!

그러나 積善은 드러나지 않고, 두 기둥 사이에서 設尊하는 꿈은 죽음을 재촉하였다.[171] 염교 위의 아침 이슬은 쉬이 사라지고,[172] 영혼은 어두운 무덤[夜臺] 속으로 거두어졌다. 開元 11년(723) 6월 28일 汝州

161) 宿善帷籌: 宿善은 관용구로는 선행을 바로 행하지 않고 미루는 일, 또는 불교용어로 전에 행한 선행의 공덕 등을 의미하나, 문맥상 매끄럽지 않아 각각의 의미를 따로 새겼다. 그리고 籌帷가 군막에서 전략을 세운다는 뜻이 있어, 帷籌 또한 비슷한 의미로 추정하였다.

162) 綏撫: 편안하게 어루만져 달램.

163) 倒載干戈: 무기를 거꾸로 놓는다는 뜻으로, 세상이 평화로워졌음을 이르는 말(『禮記』 樂記, "倒載干戈, 包之以虎皮, 將帥之士, 使爲諸侯, 名之曰建櫜, 然後天下知, 武王之不復用兵也.").

164) 朔方軍: 하주 朔方縣(夏州의 치소로, 지금의 靖邊 동북의 白城子)에 설치되었으며, 唐初에 河東道에 설치하였던 朔方經略軍 또는 후에 朔方行軍大總管을 대치한 朔方 藩鎭과는 별개이다(馬馳 2002, p.301; 정병준 2007, p.311).

165) 당에 귀화하여 河曲에 살고 있던 九姓鐵勒部落이 현종 개원 4년(716) 8월에 반란을 일으켰고, 이를 같은 해 10월 朔方軍大總管 薛訥과 并州刺史 王晙 등이 진압하였다(馬馳 2002, pp.300-301). 이때에 난원경은 삭방군총관으로 임명되어 공을 세운 것으로 볼 수 있다.

166) 개원 9년(721) 3월 蘭池州의 소그드인인 康特賓이 같은 降戶들과 함께 반란을 일으켜 부근 六胡州를 모두 휩쓸고, 이에 7월에 王毛仲, 王晙, 張說 등이 진압하였다. 이때 난원경이 최후로 정벌활동을 하였을 것으로 추정된다(馬馳 2002, pp.301-302).

167) 雨集: 비가 내리듯 많이 모이는 모양.

168) 操袂: 포로를 종묘에 바칠 때 포로의 오른쪽 옷소매를 잡아 異心을 품지 못하게 하는 일을 일컫는다. 뒤에 개선하거나 포로와 전리품을 바치는 것을 이르는 말로 쓰였다(『禮記』 曲禮 上, "獻民虜者, 操右袂.").

169) 耿潔: 청렴결백함 또는 그러한 사람.

170) 目以定體: 定體는 몸을 지배한다는 의미이다(『國語』 周語 下, "夫君子目以定體 足以從之, 是以觀其容而知其心矣.").

171) 奠楹: 공자가 돌아가시기 전에 두 기둥 사이에서 設奠하는 꿈을 꾸었던 故事에서 따온 것으로, 죽음을 완곡하게 표현한 말이다(『禮記』 檀弓 上, "予疇昔之夜夢, 坐奠於兩楹之間, 而天下其孰能宗予. 予殆將死也. 蓋寢疾七日而沒").

172) 露晞朝薤: 人命이 '아침에 염교(백합과에 속하는 여러해살이 풀) 위의 이슬처럼 쉽게 사라진다.'는 의미로 흔히 輓詞나 輓歌에 주로 쓰이는 말로, '죽음'을 뜻한다.

龍興縣[173)]의 私第에서 돌아가셨으니, 춘추가 61세였다.

부인은 丹徒縣君 甘氏로 左玉鈐衛大將軍[174)] 甘羅의 長女이다. 말씨와 태도가 유순하고,[175)] 온화하고 아름다운 덕을 지녔으며, 부드럽고 여유로움은 아리따운 자태를 도왔다. 柳花가 물에 뜨고 하늘에 날리니, 琴瑟에 멈추어 시문을 짓고, ▨色이 얼굴에 피어나니 비단 매듭에 무늬를 수놓았다. 군자의 배필이 됨에 그 집안에 어울렸으니, 禮는 梁鴻의 아내보다 훌륭하였고,[176)] 어짊은 班女를 뛰어넘었다.[177)] 그러나 장중한 누각이 갑자기 가려지고 아름다운 달이 ▨▨하였다. 開元 22년(734) 5월 18일 汝州 魯山縣의 사저에서 돌아가셨으니, 춘추가 67세였다.

아들 ▨▨가 (부모의 은혜는) 망극함이 넓디넓은 하늘과 같아,[178)] 애통함이 깊이 땅을 울리고, 마음을 도려내고 가슴을 두드려 담장이 무너지는 것 같았다. 大唐 開元 22년 11월 4일 汝州 魯山縣 東北 쪽의 언덕에[179)] 합장하니, 예에 맞는 것이었다.

아, 날카로운 검[180)]이 나란히 날아다니다 紀功碑[沈碑][181)]가 가라앉은 강물에 모두 잠겼고, 殷▨가 순식간에 합쳐져, 魯 陽公이 창을 휘둘러 지는 해를 되돌렸던[182)] 그 들판에 함께 묻혔다. 이에 銘을 지었다.

검은 하늘[玄]과 누런 땅[黃]이 처음으로 나누어지자 집안[家]과 나라[邦]가 드디어 흥기하였고, 사방이 우뚝 솟자 만물이 빚어지도다. 이것이 그 하나이다.

達率公이 영화로운 관직에 오르니, 遼陽의 존귀한 집안이라네.[183)] 덕이 크신 장군은 汾州의 折衝都尉가 되셨네. 이것이 그 둘이다.

---

173) 龍興縣: 지금의 하남성 寶豊, 魯山縣의 접경 지방.

174) 左玉鈐衛大將軍: 좌옥검위는 당의 16위의 하나이다. 본래 左領軍衛였는데, 684년에 이 명칭으로 바뀌었다가 705년에 다시 원래 이름으로 돌아갔다. 대장군은 1인으로 정3품이다(『唐六典』 卷24, 諸衛府 左右領軍衛).

175) 婉娩: 말이나 태도가 온순함. 婉은 말이 부드럽고 온순한 것을, 娩은 용모가 貞靜한 것을 뜻한다(『禮記』 內則, "女子十年, 不出, 姆教婉娩聽從. 〈鄭玄註〉 婉謂言語也, 娩之言媚也. 媚謂容貌也").

176) 梁妻: 梁鴻의 아내 孟光를 말한다. 『後漢書』 逸民傳 梁鴻 열전에서 그녀의 예절과 현명함을 전한다.

177) 班女: 班固의 여동생 班昭를 가리킨다. 반고가 『漢書』를 완성하지 못하고 죽자, 뛰어난 재주로 학문의 세계도 넓었던 그녀가 이를 이어 완성하였다. 후에 입궁하여 황후가 되었으며, 『女誡』 등을 저술하였다.

178) ▨極昊天: 昊天罔極과 의미가 같은 말로 추측된다. 昊天罔極은 하늘이 광대하여 끝이 없다는 뜻으로 부모가 자식을 생육한 은혜가 크고 끝이 없음을 이르는 말이다(『詩經』 小雅 蓼莪, "父兮生我, 母兮鞠我 …… 欲報之德, 昊天罔極.").

179) 魯山縣東北原: 묘지명이 출토된 魯山縣 張店鄉 張飛溝村 일대이다.

180) 楚劍: 고대 초나라의 철검, 날카로운 검의 범칭이다.

181) 沉碑: 晉 杜預의 고사에서 유래하여, 紀功碑를 가리키는 말이다(『晉書』 杜預傳, "預好爲後世名, 常言, 爲谷深, 谷爲陵. 刻石爲二碑, 紀其勳績, 一沈萬山之下, 一立峴山之上, 曰焉知此後不爲陵谷乎.").

182) 揮日: 揮戈回日의 준말로, 魯 陽公이 韓과의 전투에서 창을 휘둘러서 지는 해를 되돌려 놓았다는 고사에서 유래한 말이다(『淮南子』 覽冥訓, "魯陽公, 與韓搆難, 戰酣, 日暮, 援戈而撝之, 日爲之反三舍"). 위태로운 판세를 힘써 만회한다는 뜻이기도 하나, 여기에서는 난원경이 묻힌 魯山縣과 관련된 고사 그 자체를 말하는 것으로 이해된다.

183) 達率騰華 遼陽鼎貴: '達率騰華'는 난원경의 고조부에 관한 서술로 보고, '遼陽鼎貴'는 난원경의 조부가 당에 망명하여 웅진도독부가 교치된 建安故城의 鼎貴가 되었던 사실을 기록했을 가능성을 제기하기도 하였다(윤선태 2008, p.721 407번). 난원경의 조부가 입당한 시점과 요양이 가리키는 바가 문제가 될 텐데, 난원경의 조부와 부친 모두 백제고지의 웅진도독부에서 관직을 맡은 것으로 이해하기도 한다(馬馳 2002, pp.297-299; 이문기 2000, p.508).

氣像이 千古를 덮을 만하고, 명예는 三韓에서 중하였으며, 자손은 효를 행하고 절의를 지키며, 삼가 생각하고,[184] 얼굴빛을 좋게 하였네.[185] 이것이 그 셋이다.

나라의 바탕(國籍)이 뛰어나고 신령스러워 나라가 굳건하고 편안하게 되었으며, 스스로 …… 절개를 지켜 변방의 사악한 무리를 깨끗이 제거하였네. 이것이 그 넷이다.

군세를 떨치고 돌아오기를[186] 배고프듯이 하고, 흉적을 쳐부수기를 목마르듯이 하여, 적은 군사로 많은 적을 대적하여도 그 뜻을 빼앗을 수 없었네. 이것이 그 다섯이다.

개선하여 황제가 연회를 베풀고 황제를 수행하며 원앙이 노니는 연못에서 즐거워하였다.[187] 賞賜가 비록 많았지만 은혜에 보답함도 적지 않았네. 이것이 그 여섯이다.

해와 달이 거꾸로 걸리자 금과 옥을 모두 버리고 애통하게도 紫色 印綬를 하고서[188] 영원히 황천에 묻혔네. 이것이 그 일곱이다.

지아비가 높아지고 지어미가 귀해지자 난새가 숨고 봉황이 분주히 떠났으며, 기둥 사이에 차려 놓은 尊이 철거되자 소나무 아래에 영혼이 묻혔네. 이것이 그 여덟이다.

君子가 사는 곳이자 賢人이 사는 동리이며, 魯 陽公이 창을 휘두르고[189] (劉累가) 堯 임금이 제사를 세웠다.[190] 이것이 그 아홉이다.

안개와 구름으로 모두가 어두워지고 산과 개울에 모두 석양이 지자, 문득 맑은 바람이 그리워 감히 검은 빗돌에다 명문을 남기노라. 이것이 그 열이다.

開元 22년 歲次 甲戌 11월 戊午朔 3일 庚申에 쓰다.

---

184) 恭惟: 윗사람에게 쓰는 경어, 삼가 생각함을 의미함(=恭維).

185) 色難: 자식이 항상 온화한 낯빛으로 부모를 모시기 어렵다는 의미이다(『論語』 爲政). 전하여 부모님 앞에서 항상 얼굴빛을 좋게 하였다는 뜻으로 사용되었다.

186) 振旅: 대오를 정비하여 군대를 철수한다는 의미(『詩經』 小雅 采芑, "伐鼓淵淵 振旅闐闐")와 군대를 정돈하여 士兵을 조련한다는 의미가 있다.

187) 鴛沼: 鴛池, 鴛省과 통하는 글자로 생각된다. 鴛省은 中書省을 비유하여 일컫는 말인데, 위진남북조 시기에 중서성이 禁苑에 설치되었던 데에서 비롯된 것이다. 여기에서 鴛沼는 중서성을 가리킨다기보다는 황제의 禁苑을 뜻하는 것으로 이해된다.

188) 痛纓紫綬: 관직에 재직하는 도중에 죽었다는 의미를 포함한다(윤선태 2008, p.722 각주 413번).

189) 揮戈: 揮戈回日의 준말.

190) 唐堯立祀: 이 구절은 '堯 임금이 제사를 세웠다.'로 해석되나, 지금의 魯山縣에 요 임금의 후예인 御龍氏 劉累가 夏代에 은거하면서 堯山에 堯祠를 세웠다고 전해지므로(『水經注』 卷31, "堯之末孫劉累 以龍食帝孔甲 孔甲又求之 不得 累懼而遷于魯縣 立堯祠于西山 謂之堯山"), 내용상 劉累가 堯祠를 세운 일을 가리키는 것으로 추측된다.

4. 연구쟁점

난원경의 조부인 難汗에 대해서는 '入唐爲熊津都督府長史'로 기록되어 있다. 난한이 입당한 시기가 언제인지, 그리고 어느 지역의 웅진도독부 장사가 되었는지에 대해서는 연구자마다 다소 이견이 있다. 이에 대한 해석에 따라 난원경의 조부와 부친의 官歷을 당의 백제고지 지배의 사례로서 활용할 수 있을지를 판단할 수 있을 것이다.

난원경 묘지명에서 난원경 선조의 활동지역은 '遼'와 '遼陽'으로 나타나며, 이는 각각 '高祖珇 仕遼任達率官', '達率騰華 遼陽鼎貴'라는 구절에 보인다. '遼'와 '遼陽'을 그대로 중국의 지명, 특히 676년에 웅진도독부가 교치된 建安古城으로 이해하기도 하는데, 이 경우 몇 가지 문제가 있다. 우선, 난원경의 고조부가 달솔의 관등에 오른 곳은 당연히 건안고성이 될 수 없을 것이다. 백제가 요서지역에 진출하였을 가능성을 고려하더라도 고조부의 나이를 계산하였을 때, 그의 주된 활동시기는 6세기 후반에서 7세기 전반으로 중국 北周·隋代이다(馬馳 2002, pp.296-297). 백제가 요서지역에 진출한 사실을 인정할 경우, 그 시기는 대체로 4세기 중·후반으로 추정되며(김성한 2013, pp.17-19), 백제가 요서지역을 장기간 차지하였을 가능성을 고려하더라도 난원경의 고조부가 활동하던 시기까지 연결되기는 어려울 것이다. 즉, '高祖珇 仕遼任達率官'에서 '遼'는 중국이 아닌 백제로 이해해야 타당할 것이다.

銘의 '達率騰華 遼陽鼎貴'라는 구절에서 앞구절은 고조부에 관한 것으로, 뒷구절은 조부와 부친에 관한 것으로 이해하기도 한다. 즉, 중국의 요양지역에서 난원경의 조부와 부친대에 존귀한 가문이 되었음을 의미하는 것으로 보는 것이다. 이는 난원경의 조부 난한이 건안고성에 교치된 웅진도독부에서 장사직에 임명된 것으로 보는 것이기도 하다. 그런데 웅진도독부가 건안고성에 교치된 676년에 난원경의 나이는 14세였다. 세대 간의 나이 차이를 대략 25~30년으로 가정할 경우, 난원경의 부친은 676년에 39~44세이고, 조부는 64~74세이다. 흑치상지가 좌령군장군 겸 웅진도독부 사마가 된 시기는 672년 이후에서 676년 사이로 짐작되는데, 그의 나이 43~47세 무렵이었다. 비슷한 나이대에 비슷한 관직에 나아갔다고 가정하는 것은 무리하겠지만, 676년에 난원경의 조부는 비교적 고령으로, 그가 웅진도독부 장사가 된 시기는 웅진도독부가 건안고성으로 교치되기 이전일 가능성이 더 크지 않을까 생각된다.

아울러 銘은 대개 誌의 내용을 바탕으로 작성되는 것으로 보인다. 誌에서 '遼'를 백제를 가리키는 것으로 사용하였다면, 銘의 '遼陽'도 동일한 의미로 사용되었을 가능성이 클 것이다. 또 唐代의 고구려·백제 유민 묘지명에서 '遼', '遼陽' 등은 대체로 고구려를 가리키며, 백제지역을 가리키기도 하는 등 한반도 지역을 가리키는 용어로 사용된 사례가 있기 때문에(권덕영 2014, pp.119-121), '遼陽鼎貴'라는 구절은 조부, 부친대에 백제고지에서 웅진도독부 장사나 使持節支潯州諸軍事 守支潯州刺史 등의 관직에 임명된 사실을 가리키는 것이라고 생각된다.

다음으로 난원경의 조부인 난한이 웅진도독부 장사가 된 시기를 검토해 보겠다. 난한은 입당한 이후 웅진도독부 장사가 된 것으로 기록되어 있는데, 백제 유민들이 당으로 들어간 시기는 백제가 멸망한 이후 적어도 4차례 이상 있었던 것으로 파악된다(김영관 2012, p.233). 첫 번째 시기는 660년 9월로, 나당연합군에 의해서 백제가 멸망하고 의자왕을 비롯한 왕족과 신료, 백성 등이 전쟁포로로 당에 끌려갔다. 두 번째 시기는 백제부흥군을 완전히 진압한 664년 3월 이후로 당군이 귀환하면서 포로로 잡은 백제부흥군과 당군에 투항하여 부흥군 진압에 앞장선 黑齒常之, 沙吒相如 등을 데리고 돌아갔다. 세 번째 시기는 668년 9월 고구려 평양성이 함락된 후 그 해 10월이다. 고구려로 망명한 백제 유민들과 663년 8월 백강구 전투 패배 후 고구려로 달아난 扶餘豊 등이 고구려 보장왕과 고구려 백성들과 함께 당군의 포로가 되어 이때 끌려갔다. 네 번째 시기는 당이 백제고토에 설치한 웅진도독부가 해체된 이후였다. 신라에 의해 사비에 소부리주가 설치된 671년 무렵부터[191] 웅진도독부가 요동반도의 건안고성에 교치되는 676년 사이에 웅진도독부의 백제 유민들은 당으로 들어갔다. 이 가운데 난한이 입당한 시기로는 첫 번째 시기, 두 번째 시기를 고려해 볼 수 있을 것이다.

만일 난한이 백제부흥운동에 참여하였다면, 입당 시기는 흑치상지가 입당한 시기(664년 3월 이후)와 비슷할 것이다. 그런데 난한이 백제부흥운동에 참여했다고 볼 만한 기록이 없기 때문에 단정 짓기 어렵다. 물론 묘지명에서는 백제부흥운동에 참여한 사실을 의도적으로 누락하였을 수도 있으나(윤선태 2008, p.716), 만일 그러했다면『三國史記』든 중국 쪽 문헌에 관련 기록이 남았을 법도 하다(이문기 2000, p.508). 664년 3월 이후보다는 660년 9월 의자왕과 더불어 포로로 당에 끌려갔을 가능성이 더 크지 않을까 생각된다.

당은 백제를 평정한 뒤 5도독부 37주 250현을 설정하면서 渠長을 뽑아 都督, 刺史, 縣令으로 삼아 주민을 다스리게 하였다(『三國史記』 卷28, 義慈王 20年). 그러나 곧 백제부흥운동이 일어나고 당이 실제로 장악하고 있던 지역은 사비와 웅진 부근에 한정되었기 때문에 당의 지배정책이 제대로 작동했다고 보기는 어렵다. 다만 웅진은 당군이 장악하고 있었으므로 웅진도독부가 설치, 운영되었을 가능성이 있는데, 660년에 王文度가 웅진도독으로 파견되었던 사실에서 짐작해 볼 수 있다. 당의 장수가 도독을 맡고, 그 휘하에는 일부 백제인 관료가 등용되었을 가능성이 있으나, 난한이 이 시기에 웅진도독부 장사가 되었을지는 의문이다.[192]

백제가 당에 항복하는 데 공을 세운 예군의 경우, 670년 무렵에 이르러서 웅진도독부의 司馬로 활동하였던 점이나(『三國史記』 卷6, 文武王 10年 7月), 흑치상지가 주의 장사와 자사를 거쳐서 웅진도독부의 사마가 되었던 점을 고려하면, 전쟁과정에서 두드러지는 활동이 보이지 않고, 집안이 흑치상지의 가문과 비슷한 수준이었던 난한이 입당한 이후 바로 웅진도독부의 장사가 되기는 어려웠을 것으로 추측된다. 그가 입당하였다가 백제고지로 돌아온 시기를 분명하게 알 수는 없지만, 웅진도독부 장사가 된 시기는 664년 10월 부여융이 웅진도독으로 추천되고 웅진도독부를 중심으로 백제 고지에 대한 당의 지배가 정비되

191) 소부리주 설치 시기는『삼국사기』신라본기에는 671년으로, 지리지에는 672년으로 기록되어 있다. 대체로 671년으로 보기도 하나, 672년으로 보는 견해도 있다(이도학 1987, pp.109-111).

192) 馬馳, 2002, p.297에서는 왕문도가 웅진도독으로 파견된 무렵에 난한이 웅진도독부 장사가 되었을 것으로 추정하였다. 그리고 난원경의 아버지 難武가 지심주자사가 된 시기는 664년 부여융이 웅진도독이 된 시기로 보았다.

는 시기가 유력하지 않을까 생각된다.

난한은 아마도 백제가 멸망하면서 의자왕과 더불어 포로로 당에 끌려갔다가 부여융이 웅진도독으로 임명된 무렵에 백제고지로 다시 돌아와 웅진도독부 장사에 임명되었고, 그의 아들 난무는 아버지의 관력을 바탕으로 당으로부터 산관을 받고 관료로서 활동하다가 백제고지의 웅진도독부가 해체된 이후 중국으로 건너가 무관으로 활동했던 것으로 생각된다. 난원경은 이렇게 조부와 부친이 웅진도독부 하의 관료로서 당이 백제고지를 지배하는 데 기여한 것을 바탕으로 당에서 활동할 수 있었을 것이다.

5. 참고문헌

1) 보고서 및 자료집

충청남도역사문화원 백제사연구소 편집, 2005, 『百濟史資料原文集（Ⅰ）韓國篇』, 충청남도역사문화원.

충청남도역사문화원 백제사연구소 편집, 2008, 『百濟史資料譯註集, 韓國篇 1』, 충청남도역사문화원.

沈起炜·徐光烈 編著, 1992, 『中國歷代職官詞典』, 上海辭書出版社.

中國文物研究所·河南省文物研究所 編, 1994, 『新中國出土墓誌: 河南 壹, 上册』, 文物出版社.

中國文物研究所·河南省文物研究所 編, 1994, 『新中國出土墓誌: 河南 壹, 下册』, 文物出版社.

郝本性 主編, 1991, 『隋唐五代墓誌彙編: 河南卷 第1册』 天津: 天津古籍出版社.

陝西省古籍整理辦公室 編, 1999, 『全唐文輔遺 6』, 三秦出版社.

2) 논저류

권덕영, 2014, 「唐 墓誌의 고대 한반도 삼국 명칭에 대한 검토」, 『韓國古代史研究』 75.

김성한, 2013, 「百濟 遼西 영유와 '百濟郡'」, 『歷史學研究』 50, 호남사학회.

金榮官, 2012, 「百濟 遺民들의 唐 移住와 活動」, 『韓國史研究』 158.

박한제, 2014, 「魏晋南北朝-隋唐時代 葬俗·葬具의 變化와 墓誌銘 -그 資料的 性格-」, 『韓國古代史研究』 75.

양종국, 2008, 『의자왕과 백제부흥운동 엿보기』, 서경문화사.

李道學, 1987, 「熊津都督府의 支配 조직과 對日本政策」, 『白山學 報』 34.

李文基, 2000, 「百濟 遺民 難元慶 墓誌의 紹介」, 『慶北史學』 23.

정병준, 2007, 「당에서 활동한 백제유민」, 『백제유민들의 활동』, 충청남도역사문화연구원.

董延壽·趙振華, 2007, 「洛陽, 魯山, 西安出土的唐代百濟人墓誌探索」, 『東北史地』 2007년 2월호.

馬馳, 2000, 「《難元慶墓誌》簡釋」, 『(春史卞麟錫教授)停年紀念論叢』, 성진(2002, 『洛陽出土墓誌研究文集』, 朝華出版社에 재수록).

拜根兴, 2012,『唐代高丽百济移民研究: 以西安洛阳出土墓志为中心』, 中国社会科学出版社.
李錦繡, 1998,「唐代直官制」,『唐代制度史略論稿, 中』, 國政法大學出版社.
張沛, 2003,『唐折衝府彙考』, 三秦出版社.

국내 소재 중국계 자료

大唐平百濟國碑銘

劉仁願紀功碑

大唐平百濟國碑銘

박지현

1. 개관

이른바 '唐平濟碑'라고 불리는 이 비명은 소정방이 당군을 이끌고 신라군과 함께 백제를 멸망시킨 후 새긴 명문이다. 지금의 충청남도 부여군 정림사지에 있는 5층 석탑에 새겨진 것과 현재 국립박물관에서 소장하고 있는 부여석조각자에 새겨진 것이 있다. 또한 석탑에는 본 명문이 새겨진 1층 탑신부 바로 위의 楣石에도 명문이 남아 있다.

본 비명이 새겨진 정림사지 5층석탑 1층의 탑신은 높이 136.4㎝, 폭 218.2㎝의 크기이다. 제 1면(南面)은 24행, 제 2면(西面)은 28행, 제 3면은 28행(北面), 제 4면은 36행(東面)으로 이루어져 있다. 1면은 題額이 있는 부분이 포함되어 있어서 행이 다른 면에 비하여 적다. 대략적인 구성은 아래와 같다.

<table>
<tr><td colspan="4">東面</td><td colspan="4">北面</td><td colspan="4">西面</td><td colspan="4">南面</td><td></td></tr>
<tr><td>8</td><td>10</td><td>10</td><td>8</td><td>6</td><td>8</td><td>8</td><td>6</td><td>6</td><td>8</td><td>8</td><td>6</td><td>6</td><td>8</td><td>8</td><td rowspan="2">題額</td><td>행</td></tr>
<tr><td>20</td><td>20</td><td>20</td><td>20</td><td>16</td><td>16</td><td>16</td><td>16</td><td>16</td><td>16</td><td>16</td><td>16</td><td>16</td><td>16</td><td>16</td><td>자수</td></tr>
</table>

원래는 한 면당 6-8-8-6의 행수를 맞추려고 계획했던 것으로 추정되나, 이후 공간이 부족하다는 것을 인지하고 마지막 면인 동면은 8-10-10-8으로 행수를 맞추고, 1행의 글자수도 다른 면보다 4자 많은 20자로 구성하였다. 題額은 '大唐平百濟國碑銘'의 8자를 2행으로 썼고, 그 아래에 총 3행으로 비문을 새긴 일시와 書者를 밝히고 있다.

題額은 篆書體이고, 본문은 楷書體이다. 글씨가 단정하여 일단 탁본에 글자가 나타나면 판독이 어렵지 않다. 字徑은 4.5㎝라고 하나, 동면에는 다른 면에 비해 많은 글자가 새겨져 있으므로 동면의 글자가 남·서·북면 글자보다 작을 것으로 추정된다.

南面의 제액 아래에 "顯慶五年歲在庚申八月己巳朔十五日癸未建"이라고 새겨져 있어 비문이 새겨진 시기를 짐작할 수 있으며, 이와 함께 唐 學士 權懷素가 글을 썼다는 내용이 새겨져 있다. 글을 지은 이는 賀遂亮으로, 본문에서 확인된다.

출처: 국립중앙박물관, 2010,『금석문자료』Ⅰ, p.181.

2. 판독 및 교감

『장서각소장탁본자료집』Ⅰ, 국립중앙박물관에서 출판된『금석문자료』Ⅰ, 그리고 한국금석문종합영상정보시스템에서 제공하는 탁본들을 기본 자료로 하고, 지금까지 정리된 판독문들을 종합하여 정리하였다.[1)]

南面 4						南面 3								南面 2								南面 1						
28	27	26	25	24	23	22	21	20	19	18	17	16	15	14	13	12	11	10	9	8	7	6	5	4	3	2	1	
伐	危	裒	天	輝	皇	悲	良	況	親	九	不	狼	騎	鑿	緬	邃	載	驟	馭	舉	原	大唐平百濟國碑銘						①
先	卯	鳳	柱	揖	體	我	寵	外	隣	夷	傳	山	則	門	惟	戮	勞	殊	遐	天	夫							②
命	於	紀	於	五	二		任	棄	近	懸	方	之	勒	禮	萬	洞	神	塗	荒	維	皇							③
元	傾	懸	西	瑞	居		所	直	違	隔	書	封	石	崇	古	庭	武	揖	耀	宅	王							④
戎	巢	金	北	而	尊		加	臣		萬	莫	豕	燕	推	當	構	未	讓	五	寰	所							⑤
使	哀	鏡	迴	朝	通		必	內		里	紀	況	然	轂	塗	逆	戢	之	兵	中	以							⑥
持	此	齊	地	百	三		先	信	明	恃	蠢	丘	竟	馬	代	三	佳	與	而	而	朝	洛				己	顯	⑦
節	遺	玉	紐	神	表		諂	祆	詔	斯	玆	樹	不	伏	漢	苗	兵	干	肅	恢	萬	州				巳	慶	⑧
神	盳	燭	於	妙	極		倖	婦	北	險	卉	磨	能	波	典	已	是	戈	邊	地	國	河				朔	五	⑨
丘	憒	拔	東	萬	珠		標	刑	連	阨	服	滅	覆	則	午	誅	知	受	徼	絡	制	南				十	年	⑩
嵎	斯	窮	南	物	衡		梅	罰	逆	敢	竊	聲	鯷	鑄	承	若	洶	終	雖	莫	百	權				五	歲	⑪
夷	兇	鱗	若	而	毓		結	所	豎	亂	命	塵	海	銅	曺	乃	水	之	質	不	靈	懷				日	在	⑫
馬	醜	於	夫	乘	慶		怨	及	遠	天	鳥	寂	之	交	至	式	挺	與	文	揚	清	素				癸	庚	⑬
韓	未	涸	席	六	日		杼	唯	應	常	洲	寥	奔	阯	於	鑒	祆	革	異	七	海	書				未	申	⑭
熊	親	轍	龍	辯	角		軸	在	梟	東	襟	圓	鯨	竇	任	千	九	命	軌	德	外					建	八	⑮
津	吊	拯	圖	正	騰		銜	忠	聲	伐	帶	鼎	絕	車	重	齡	嬰	皆	步	以	而						月	⑯

1)『三韓金石錄』: 三韓.
국립중앙박물관, 2010,『금석문자료』1. 삼국시대, 예맥: 博物館.

西面 4						西面 3								西面 2								西面 1						
28	27	26	25	24	23	22	21	20	19	18	17	16	15	14	13	12	11	10	9	8	7	6	5	4	3	2	1	
▨	▨	▨	舍	高	溫	忘	眞	飄	事	筞	尺	蘭	器	▨	▨	▨	▨	潔	▨	▨	▨	軀	膽	▨	▨	[國]	等	①
▨	▨	道	人	風	雅	寒	梅	擧	隴	口	璧	績	言	▨	▨	▨	▨	▨	▨	形	▨	殉	勇	霍	委	[邢]	一	②
太	九	光	梁	武	器	副	能	雄	州	未	於	著	爲	▨	▨	▨	矩	霜	撫	質	▨	國	冠	而	水	國	十	③
傅	流	雅	行	旣	識	大	令	圖	刺	涉	寸	旗	物	▨	衛	咸	將	栢	邊	邁	▨	之	三	不	叶	公	四	④
之	於	俗	儀	止	沉	摠	魏	傑	史	言	陰	常	範	▨	將	有	白	以	夷	松	而	志	軍	追	英	蘇	道	⑤
深	學	鑒	雲	戈	毅	管	軍	立	上	副	破	調	行	風	軍	塹	雲	凝	愼	筠	難	冒	關	俯	圖	定	大	⑥
謀	海	淸	翹	文	無	左	止	蓺	杜	大	隗	諧	▨	▨	上	德	而	貞	四	風	奪	流	羽	彭	於	方	摠	⑦
未	詞	許	吐	亦	小	領	渴	包	國	摠	之	鍾	士	負	柱	副	共	不	知	霜	心	鏑	萬	韓	武	壘	官	⑧
堪	條	郭	秀	柔	人	軍	無	三	安	管	動	律	則	廊	國	大	爽	言	去	不	懸	而	人	而	帳	遠	左	⑨
捧	發	望	日	遠	之	將	勞	略	夷	使	常	重	詞	廟	下	摠	与	而	三	能	冰	逾	之	高	標	構	武	⑩
轡	穎	重	鏡	行	細	軍	實	策	公	持	似	平	溫	之	博	管	靑	合	或	改	鏡	堅	敵	視	秀	於	衛	⑪
杜	掩	荀	揚	軍	行	金	纘	運	董	節	不	生	布	才	公	冠	松	詩	顧	其	鬼	輕	聲	趙	氣	曾	大	⑫
鎭	七	裴	輝	長	有	仁	▨	後	寶	隴	足	於	帛	懷	劉	軍	而	書	冰	色	神	生	雄	雲	於	城	將	⑬
南	澤	辯	風	史	君	問	▨	▨	德	州	平	▨	▨	將	伯	大	競	不	泉	至	無	重	百	一	文	派	軍	⑭
之	於	箭	偃	中	子	▨	▨	▨	▨	諸	▨	▨	馥	相	英	將	高	行	以	於	以	義	代	身	昌	長	上	⑮
遠	文	騰	搢	書	之	▨	▨	▨	志	軍	▨	輕	芝	之	上	軍	遠	而	表	養	祕	之	捐	之	架	瀾	杜	⑯

北面 4						北面 3								北面 2								北面 1						
28	27	26	25	24	23	22	21	20	19	18	17	16	15	14	13	12	11	10	9	8	7	6	5	4	3	2	1	
摠	羊	聖	邢	孫	資	宣	於	風	史	險	郎	咤	壯	國	阿	衝	沴	奔	飇	危	窮	狼	類	公	曉	運	▨	①
管	而	旨	國	吳	孝	威	南	籥	岐	異	將	則	氣	于	▨	棚	氣	雷	擧	壓	險	滿	短	咸	星	秘	▨	②
使	莫	委	公	之	爲	將	溟	電	州	廉	上	風	乘	元	右	左	祅	競	而	之	不	道	狐	會	之	策	▨	③
持	顧	以	奉	書	忠	軍	驥	騁	司	頗	杜	雷	冀	嗣	一	▨	氛	震	殺	以	知	結	之	於	氣	縱	▨	④
節	右	斑	緣	旣	自	行	足	逸	馬	之	國	絕	北	地	軍	軍	掃	命	氣	九	懸	陣	含	神	龍	驍	▨	⑤
沂	武	條		負	家	左	旣	轡	杜	强	曹	響	之	處	摠	摠	之	豊	嚴	鼎	縷	則	沙	用	韜	雄	▨	⑥
州	衛	欲		英	形	驍	申	於	爽	飯	繼	嵎	浮	開	管	管	以	隆	逸	于	將	梟	似	況	豹	陰	▨	⑦
刺	中	令		勇	國	衛	鳳	西	質	同	叔	夷	雲	河	使	右	戈	而	足	時	絕	鏡	長	乎	鈐	羽	鳳	⑧
史	郎	金		之	早	郎	池	海	耀	充	久	道	呼	材	持	屯	戟	後	與	秋	墜	弥	虵	稽	必	開	池	⑨
上	將	如		才	聞	將	可	排	璿	國	預	副	吸	包	節	衛	崇	殿	流	草	之	山	之	天	表	偃	式	⑩
柱	金	粟		仍	周	上	奪	雲	峯	之		摠	則	文	淄	郎	墉	控	電	衰	以	以	吐	蟻	於	月	淸	⑪
國	良	而		兼	孔	柱	右	擊	芳	老	經	管	江	武	州	將	峻	列	爭	而	千	此	霧	聚	情	之	鯨	⑫
馬	圖	不		文	之	國	一	水	流	臣	綸	右	海	挾	刺	上	堞	缺	飛	寒	鈞	兇	連	迊	源	圖	壑	⑬
延	左	窺		吏	敎	劉	軍	搏	桂	行	備	武	停	山	史	柱	碎	以	壘	山	累	徒	營	地	玄	陽	邢	⑭
卿	一	馬		之	晩	仁	摠	勁	畹	軍	嘗	候	波	西	上	國	之	前	鼓	淨	碁	守	則	蜂	女	文	國	⑮
俱	軍	如		道	習	願	管	翮	追	長	艱	中	嘯	之	杜	▨	以	驅	共	凉	先	斯	豺	飛	黃	含	公	⑯

東面 4								東面 3										東面 2										東面 1								
36	35	34	33	32	31	30	29	28	27	26	25	24	23	22	21	20	19	18	17	16	15	14	13	12	11	10	9	8	7	6	5	4	3	2	1	
▨	▨	▨	▨	▨	扶	月	三	遠	奥	下	爰	殼	悠	永	▨	▨	▨	風	判	所	口	於	鮮	淸	以	成	王	之	再	肅	英	之	神	之	懷	①
▨	▨	▨	▨	▨	枽	影	光	徼	我	均	及	飮	悠	久	筆	庭	衡	雲	兵	以	六	卓	製	廟	牛	以	餘	飛	捷	之	聲	奇	謀	良	鐵	②
▨	▨	▨	▨	府	冰	劍	叛	遐		九	三	鶉	逡	洲	▨	九	不	軄	曺	旌	百	魯	錦	仍	車	下	孝	箭	而	以	載	千	下	家	石	③
固	▨	▨	戟	齊	銷	動	換	哉		土	五	居	古	移	書	摧	以	号	賀	其	廿	凡	必	變	佇	七	一	則	㝎	秋	路	變	專	邢	之	④
横	▨	▨	前	軍	夏	星	澤	大	聖	屢	代	以	茫	鬱	成	逋	衰	將	逡	善	萬	置	選	斯	薦	百	十	萬	三	霜		萬	節	國	心	⑤
地	▨	▨	驅	政	日	芒	國	荒	皇	擾	非	結	茫	島	事	▨	容	軍	亮	勒	各	五	賢	獷	司	餘	三	里	韓	▨	邢	化	度	公	各	⑥
軸	▨	嘉	吳	風	葉	貔	憑	咸	道	干	一	以	厥	與	無	翁	猶	願	濫	彝	齊	都	良	俗	勳	人	人	銜	降	順	國	致	或	上	勵	⑦
以	梵	樹	鉤	嚴	碎	貅	凌	稟	叶	戈	主	刻	初	日	取	歸	懷	與	以	鼎	編	督	庶	令	式	旣	并	恩	劉	者	公	遠	中	奉	鷹	⑧
無	晨	不	後	草	秋	百	水	正	穹	式	揖	或	人	月	浮	之	壯	廉	庸	銘	戶	卅	使	沐	獻	入	大	其	弘	則	仁	鉤	權		鸇	⑨
窮	▨	翦	勁	衰	霜	萬	鄕	朔	蒼	淸	讓	畋	倫	而	華	▨	節	頗	才	景	咸	七	剖	玄		重	首	王	之	涵	同	深	陷		之	⑩
	刊	甘	巨	日	赳	電	天	並	榮	區	唐	或	草	長	俾	▨	提	▨	謬	鍾	變	州	符	猷		闡	領	扶	尺	之	轉	之	陣		志	⑪
	玆	棠	猾	寒	赳	擧	降	預	鏡	宇	虞	漁	昧	懸	夫	欲	戈	列	司	所	夷	二	績	露		並	大	餘	書	以	扇	妙	或		擁	⑫
	寶	在	授	江	五	風	飛	封	千	未	革	淳	造	其	海	居	海	官	文	以	風	百	邁	冕		就	佐	義	則	春	恩	電	後		三	⑬
	刹	詠	首	浄	營	揚	將	疆	古	漸	命	源	化	▨	變	中	外	稱	翰	表	夫	五	於	褰		擒	平	慈	千	露	甚	發	勁		河	⑭
	用	花	逋	霜	明	前	豹	▨	窂	西	湯	旣	權	曰	枽	乃	冀	博	學	其	書	十	龔	帷		獲	沙	及	城	一	投	風	先		之	⑮
	紀	臺	誅	戈	明	誅	蔚	▨	籠	掖	武	往	輿		田	弃	效	士	輕	功	東	縣	黃	▨		捨	吒	太	仰	擧	醪	行	鋒		勁	⑯
	殊	望	請	夜	三	蟠	龍	▨	百	豈	上	大	冬		同	餘	涓	羞	俎	陵	觀	戶	▨	▨		之	千	子	德	而	逆	星	出		卒	⑰
	功	月	命	動	令	木	驤	種	王	覃	齊	道	巢		天	詞	塵	共	豆	州	紀	廿	紘	▨		馬	福	隆	發	平	命	▨	天		▨	⑱
	拒	貝	威	雲	仰	却	弓	獨	逖	東	七	淪	夏		地	敬	▨	賈	氣	長	南	四	名	款		革	國	自	魯	九	者	▨	入		六	⑲
	天	殿	惠	旗	申	翦	含	隔	矣	戶	政	胥	穴		之	▨	載	誼	重	史	宮	萬	高	▨		載	辯	外	連	種	則	移	地		郡	⑳

顯慶五年歲在庚申 八月己巳朔十五日癸未 建. 洛州河南 權懷素書.

原夫皇王所以朝萬國制百靈 淸海外而擧天維 宅寰中而恢地絡 莫不揚七德以馭[2]遐荒 耀五兵而肅邊徼. 雖質文異軌 步驟殊塗 揖讓之與干戈 受終之與革命 皆載勞神武 未戢佳兵. 是知汹水挺[袄][3] 九嬰[4]遂戮 洞庭[5]構逆 三苗已[6]誅. 若乃式鑒千齡 緬惟萬古 當塗代漢 典午承曺 至於任重鑿門 禮崇推轂. 馬伏波則鑄銅交阯 竇車騎則勒石燕然 竟不能覆鯷海之奔鯨 絕狼山之封豕. 況丘樹磨滅 聲塵寂寥 圓鼎不傳 方書莫紀. 蠢玆卉服 竊命鳥[7]洲 襟帶九夷 懸隔萬里 恃斯險阨 敢亂天常 東伐親隣 近違明詔 北連逆豎 遠應梟[8]聲. 況外棄

2) 馭(海東, 三韓, 總覽, 全文), 御(譯註) / 자획은 '馭'가 확실하다. '御'는 입력상 오류가 아닐까 싶다.

3) 袄(海東, 三韓, 譯註, 博物館), 祓(總覽, 全文).

4) 비문에는 '嬰' 위에 '宀'가 있는 글자로 씌여 있다. 두 글자는 同字이다.

5) 庭(海東, 三韓, 譯註, 博物館), 底(總覽, 全文).

6) 已(三韓, 總覽, 全文, 譯註), 以(海東) / 자획은 '已'가 확실하다.

7) 鳥(海東, 總覽, 全文), 島(三韓, 譯註, 博物館).

直臣 內信[祆][9]婦 刑罰所及 唯在忠良 寵任所加 必先諂倖 標梅結怨 杼軸銜悲. 我皇 體二居尊 通三表極 珠衡毓慶 日角騰輝. 揖五瑞而朝百神 妙萬物而乘六辯 正天柱於西北 廻[10]地紐於東南. 若夫席龍圖裒鳳紀 懸金鏡齊玉燭. 拔窮鱗於涸轍 拯危卵於傾巢 哀此遺甿 憤斯兇醜 未親吊伐 先命元戎. 使持節 神丘嵎夷馬韓熊津等一十四道大捴[11]官 左武衛大將軍 上柱[國][12] [邢][13]國公 蘇定方 疊遠構於曾城 派長瀾▨[14]委水 叶英圖於武帳[15] 標秀氣於文昌 架▨[16]霍而不追 俯[17]彭韓而高視. 趙雲一身之膽 勇冠三軍 關羽萬人之敵 聲雄百代 捐軀殉國之志 冒流鏑而逾堅 輕生重義之▨ ▨▨▨[18]而難奪. 心懸冰鏡 鬼神無以[祕][19]▨[20]形 質邁松筠 風霜不能改其色. 至於養▨▨[21]撫邊夷 愼四知去三惑 願冰泉以表潔 ▨[22]霜栢以凝貞 不言而合詩書 不行而▨▨[23]矩. 將白雲而共爽 与青松而競高 遠▨▨▨[24] 咸有慙德. 副大捴管 冠軍大將軍 ▨▨▨衛將軍 上柱國 下博公 劉伯英 上▨▨▨ ▨▨風▨[25] 負廊廟之才 懷將相之器. 言爲物範 行▨[26]士則 詞溫布帛 ▨[27]馥芝蘭.

---

8) 梟(海東), 梟(三韓, 總覽, 全文, 譯註) / '鳥' 안의 점4 개를 '一'로 연결하여 새겼다.

9) 祆(海東, 譯註), 祓(三韓, 總覽, 全文).

10) 廻(三韓, 總覽, 全文, 譯註), 迴(海東) / '廻'와 '迴'는 같은 자이다.

11) 捴(三韓, 總覽, 譯註, 博物館), 總(海東, 全文) / 〈海東〉에서는 이후 본 비문에 쓰인 "총관"의 총을 모두 '總'으로 처리하였다. 그러나 자형은 摠의 이형자인 捴이 확실하다. 따라서 이후에 나오는 捴에 따로 주석을 달지 않았다. 다만 〈全文〉에서는 總과 捴을 섞어 쓰고 있어서, '總'으로 쓴 경우에만 각주로 표기하였다.

12) 탁본에서는 자획이 거의 보이지 않으나, 소정방의 직위를 서술한 부분이므로 '上柱國'의 마지막 글자인 '國'일 것으로 추정된다.

13) 탁본에서는 자획이 거의 보이지 않으나 소정방의 직위를 서술한 부분이므로 '邢國公'의 앞 글자인 '邢'일 것으로 추정된다.

14) ▨(海東, 總覽, 全文), 於(三韓, 譯註) / 비문에서 가장 위쪽에 있는 글자로, 이 부분이 연하게 탁본되었고 자획도 희미하여 판독이 불가능하다.

15) 帳(海東, 三韓, 譯註), 悵(總覽, 全文).

16) ▨(總覽), 衛(全文, 譯註), 李(海東, 三韓) / 자획이 거의 보이지 않아 현재로서는 판독 불가능한 글자로 두는 것이 맞을 듯하다. 衛로 판독한 것은 다음의 霍과 함께 쓰여 衛霍이 위청과 곽거병을 의미하는 표현으로 사용되는 사례가 많기 때문일 것이다. 그러나 초기의 판독문에서는 흉노를 정벌한 李廣을 의미하는 것으로 보아 李로 판독하고 있다는 점도 유의된다.

17) 俯(海東, 三韓, 總覽, 全文), 府(譯註, 博物館) / 자형은 '俯'가 확실하다.

18) 憂趁▨▨(海東), 心蹈前鋒(三韓, 全文, 譯註) / 이 4개 글자는 탁본 가장자리에 위치하고 있어 자획이 거의 보이지 않아서 판독이 불가능하다.

19) 祕(海東), 秘(三韓, 總覽, 全文, 譯註).

20) ▨(海東, 總覽, 博物館), 其(三韓, 全文, 譯註) / 비문에서 가장 위쪽에 있는 글자로, 이 부분이 연하게 탁본되었고 자획도 희미하여 판독이 불가능하다.

21) ▨▨(海東, 博物館), 士卒(三韓, 總覽, 全文, 譯註) / 비문에서 가장 위쪽에 있는 글자로, 이 부분이 연하게 탁본되었고 자획도 희미하여 판독이 불가능하다.

22) 含(三韓, 全文, 譯註).

23) ▨▨(海東, 博物館), 中規(總覽, 全文, 譯註) / 비문에서 가장 위쪽에 있는 글자로, 이 부분이 연하게 탁본되었고 자획도 희미하여 판독이 불가능하다.

24) ▨▨▨(海東, 總覽, 博物館), 懷前人(三韓, 全文, 譯註) / 자획이 거의 보이지 않아 판독이 불가능하다.

25) 雲(海東, 總覽, 全文, 譯註, 博物館), 姿(三韓) / 자획이 거의 보이지 않아 판독이 불가능하다.

26) 成(海東, 三韓) / 자획이 거의 보이지 않아 판독이 불가능하다.

27) 氣(海東, 三韓, 全文, 譯註) / 자획이 거의 보이지 않아 판독이 불가능하다.

績著旗常 調諧鍾律 重平生於▨▨[28] 輕尺璧於寸陰 破隗之勳 常似不足 平▨▨[29][策][30] 口未涉言. 副大捴管使持節 隴州諸軍事 隴州刺史 上柱國 安夷公 董寶德 ▨志飄擧 雄圖傑立 蓺包[31]三略 策運後▨. ▨▨眞[梅][32] 能令魏軍止渴 無勞實纊 ▨[33]▨▨▨[34]忘寒. 副大捴[35]管 左領軍將軍 金[仁][問][36] ▨▨[37]溫雅 器識沉毅 無小人之細行 有君子之高風 武旣止戈 文亦柔遠. 行軍長史 中書舍人 梁行儀 雲翹吐秀 日鏡揚輝 風偃搢▨[38] 道光雅俗 鑒淸許郭 望重荀裴. 辯箭騰▨[39] ▨[40]九流於學海 詞條發穎 掩七澤於[41]文▨[42]. ▨太傅之深謀 未堪捧轡 杜鎭南之遠▨[43] ▨[44]▨▨▨[45] ▨▨[46]鳳池 式淸鯨壑. 邢國公 運秘策 縱[47]驍雄 陰羽開偃月之圖 陽文含曉星之氣. 龍韜豹鈐 必表於情源 玄女黃公 咸會於神用 況乎稽天蟻聚 迊地蜂飛. 類短狐之含沙似長蛇之吐霧 連營則豺狼滿道 結陣則梟鏡[48]弥山 以此兇徒 守斯窮險 不知懸縷將絕 墜之以千鈞 累碁先危壓之以九鼎. 于時 秋草衰而寒山淨 凉飇擧而殺氣嚴 逸足與流電爭飛 疊鼓共奔雷競震. 命豊隆而後殿 控列缺以前驅 沴氣[祆][49]氛[50] 掃之以戈戟 崇墉峻堞 碎之以衝棚. 左▨[51]軍捴管 右[52]屯衛郎將 上柱國 ▨[53]阿

---

28) ▨▨(海東, 總覽, 博物館), 晩節(三韓, 全文, 譯註) / 자획이 거의 보이지 않아 판독이 불가능하다.

29) ▨之(海東), 趙之(三韓), 策縱(全文) / 자획이 거의 보이지 않아 판독이 불가능하다.

30) 筞(海東), 事(三韓), 策(總覽, 全文, 譯註, 博物館).

31) 包(三韓, 總覽, 譯註), 通(海東, 全文).

32) 梅(海東, 三韓, 總覽, 譯註, 博物館), 海(全文).

33) 終(全文), 維(總覽) / 자획이 거의 보이지 않아 판독이 불가능하다.

34) 使楚卒(三韓, 全文, 譯註) / 자획이 거의 보이지 않아 판독이 불가능하다.

35) 總(全文).

36) 仁問(三韓, 總覽, 全文, 譯註) / 자획이 거의 보이지 않아 판독이 불가능하다. 다만 앞에 '金'이 보이고 해당 부분이 행군에서 부대총관을 맡은 인물의 인명이므로 '仁問'으로 읽어 당시 행군에 참여했던 '金仁問'일 것으로 추정된다.

37) 氣度(三韓, 全文, 譯註) / 자획이 거의 보이지 않아 판독이 불가능하다.

38) 紳(海東, 三韓, 全文, 譯註) / 자획이 거의 보이지 않아 판독이 불가능하다.

39) 波(全文, 譯註) / 자획이 거의 보이지 않아 판독이 불가능하다.

40) 控(三韓, 總覽, 全文, 譯註) / 자획이 거의 보이지 않아 판독이 불가능하다.

41) 於(海東, 總覽, 全文, 譯註), 之(三韓).

42) 亮(全文, 譯註), 峰(三韓) / 자획이 거의 보이지 않아 판독이 불가능하다.

43) 略(海東, 全文, 譯註, 博物館) / 주 41~44까지 총 7자는 탁본 가장자리에 있는 글자들로 남아있는 자획으로는 판독이 불가능하다.

44) 何(海東, 全文, 譯註), 僅(三韓).

45) 可扶輪(海東, 全文, 譯註).

46) 暫遊(全文, 譯註).

47) 縱(三韓, 全文, 譯註), 總(海東), 超(總覽).

48) 鏡(海東, 三韓, 總覽), 獍(全文, 譯註, 博物館).

49) 祓(三韓), 妖(海東, 全文, 譯註, 博物館), 秡(總覽).

50) 氛(海東, 總覽, 譯註, 博物館), 氣(全文).

51) 將(三韓, 全文, 譯註, 博物館) / 자획이 거의 보이지 않아 판독이 불가능하다.

52) 右(海東, 三韓, 總覽, 譯註, 博物館) 沴(全文) / 자획이 선명하여 '右'로 읽을 수 있다.

53) 祝(海東, 三韓, 全文, 譯註, 博物館) / 자획이 거의 보이지 않아 판독이 불가능하다.

▨[54] 右一軍捴管 使持節 淄州刺史 上柱國 于元嗣 地處[開][55]河 材包文武 挾山西之壯氣 乘冀北之浮雲 呼吸則江海停波 嘯咤則風雷絕響. 嵎夷道副捴管 右武候中郎將 上柱國 曹繼叔 久預經綸 備嘗艱險 異廉頗之强飯 同充國之老臣. 行軍長史 岐[56]州司馬 杜爽 質耀璿峯 芳流桂畹. 追風籋電 騁逸轡於西海 排雲擊水 搏勁翮於南溟 驥足旣申 鳳池可奪. 右一軍捴管 宣威將軍 行左驍衛郎將 上柱國 劉仁願 資孝爲忠 自家形國 早聞周孔之敎 晩習孫吳之書 旣負英勇之才 仍兼文吏之道. 邢國公 奉緣聖旨 委以斑條 欲令金如粟而不窺 馬如羊而莫顧. 右武衛中郎將 金良圖 左一軍[捴][管][57] 使持節 沂州刺史 上柱國 馬延卿 俱懷鐵石之心 各勵鷹鸇之志 擁三河之勁卒 ▨[58]六郡之良家. 邢國公 上奉神謀 [下][59]專節度 或中權陷陣 或後勁先鋒 出天入地之奇 千變萬化 致遠鉤深之妙 電發風行 星▨▨[60]移 英聲載路. 邢國公 仁同轉扇 恩甚投醪 逆命者則肅之以秋霜 ▨[61]順者則涵之以春露. 一擧而平九種 再捷而定三韓 降劉弘之尺書則千城仰德 發魯連之飛箭則萬里銜恩. 其王扶餘義慈及太子隆 自外王餘孝一十三人 并[62]大首領 大佐平 沙吒千福 國辯成以下七百餘人 旣入重闈 並就擒獲 捨之馬革 載以牛車 佇薦司勳 式獻淸廟. 仍變斯獷俗 令沐玄猷 露冕褰帷[63] ▨▨▨[64]款▨[65]鮮製錦 必[66]選賢良 庶使剖[67]符績邁於龔黃 ▨[68]紘名高於卓魯. 凡置五都督 卅七州 二百五十縣 戶卄四萬 口六百卄萬 各齊編戶 咸變夷風. 夫書東觀紀南宮 所以旌其善 勒彛鼎銘景鍾 所以表其功. 陵州長史 [判][69]兵曺 賀遂亮 濫以庸才 謬司文翰 學輕俎豆 氣重風雲 職号將軍 願與廉頗▨[70]列 官稱博士 羞共賈[誼]▨[71]衡. 不以[衰][72]容 猶懷壯節 提戈海外 冀效涓[73]塵 ▨[74]載▨[75]庭 九摧逋▨[76]. 翁[77]歸之▨[78] ▨[79]欲居中

54) 師(三韓, 全文, 譯註, 博物館) / 자획이 거의 보이지 않아 판독이 불가능하다.

55) 開(全文, 譯註), 闕(海東).

56) 岐(海東, 三韓, 總覽, 全文), 沂(譯註, 博物館).

57) 글자가 명확하지는 않으나 앞의 '左一軍'으로 미루어보아 捴管일 것으로 추정된다. 기존의 판독도 대개 동일하나, 〈總覽〉과 〈全文〉에서는 總管으로 판독하였다.

58) 捴(三韓, 總覽, 全文, 譯註), 控(海東) / 자획이 거의 보이지 않아 판독이 불가능하다.

59) 下(三韓, 全文, 譯註, 博物館) / 자획이 거의 보이지 않으나 대구를 이루는 앞 구절로 미루어보아 '下'로 추정할 수 있다.

60) 紀未(海東, 全文, 譯註), 口律(三韓) / 자획이 거의 보이지 않아 판독이 불가능하다.

61) 歸(三韓, 海東, 全文, 譯註, 博物館) / 자획이 거의 보이지 않아 판독이 불가능하다.

62) 并(幷)(三韓, 總覽, 全文, 譯註, 博物館), 並(海東).

63) 帷(三韓, 全文, 總覽, 譯註, 博物館), 惟(海東).

64) 先擇忠(海東, 三韓, 總覽, 全文, 譯註, 博物館) / 자획이 거의 보이지 않아 판독이 불가능하다.

65) 烹(總覽, 譯註), 亨(海東, 全文), 享(三韓) / 기존 판독안들을 보면 모양이 유사한 글자들로 읽고 있으나 현재 탁본으로는 자획이 희미하여 확정하기 어렵다.

66) 必(海東, 三韓, 總覽, 譯註, 博物館), 心(全文) / '心'을 가로질러 통과하는 세로획이 확실히 보이므로 '必'로 읽어야 한다.

67) 剖(海東, 總覽, 譯註, 博物館), 部(三韓, 全文).

68) 鳴(三韓, 總覽, 全文, 譯註) / 자획이 거의 보이지 않아 판독이 불가능하다.

69) 判(海東, 三韓, 全文, 譯註, 博物館), 制(總覽).

70) 之(海東, 全文), 并(譯註, 博物館), 並(三韓) / 비면의 마멸로 인해 글자가 거의 사라져 있어서 판독이 불가능하다.

71) 誼爭(三韓, 全文, 譯註, 博物館) / 자획이 거의 보이지 않아 판독이 불가능하다. 다만 '賈誼'라는 前漢 시기의 유명한 문신이 있으므로, 앞의 글자는 문맥상 '誼'로 추정할 수 있을 듯하다.

72) 衰(海東, 三韓, 總覽, 譯註, 博物館), 衺(全文).

乃弃餘詞 敬▨▨[80]筆 ▨[81]書成事 無取浮華 俾夫海變桒田 同天地之永久洲移鬱島 與日月而長懸. 其▨[82]日 悠悠邃古 茫茫厥初 人倫草味 造化權輿. 冬巢夏穴 殼飲鶉居 以結以刻 或畋或漁. 淳源既往 大道淪胥 爰及[83] 三五 代非一主 揖讓唐虞 革命湯武. 上齊七政 下均九土 屢擾干戈 式淸區宇 未漸西掖 豈覃東戶. 奧我 聖皇道叶穹蒼 [榮][84]鏡千古 [牢][85]籠百王 逖矣遠徼 遐哉大荒 咸稟正朔 並預封疆. ▨▨▨[86]種 獨隔三光 叛換澤國 憑凌水鄉 天降飛將 豹蔚龍驤 弓含月影 劍動星芒. 貔貅百萬 電擧風揚 前誅蟠木[87] 却翦扶桒 冰銷夏日葉碎秋霜. 赳赳五營 明明三令 仰申▨▨[88] 府齊軍政 風嚴草衰 日寒江淨. 霜戈夜動 雲旗▨▨[89] ▨戟前驅 吳鉤後勁 巨猾授首 逋誅請命. 威惠▨▨ ▨▨[90]▨▨[91] 嘉樹不翦 甘棠在詠. 花臺望月 貝殿▨▨[92] ▨▨▨▨[93] ▨[94]梵晨▨[95] 刊玆寶刹 用紀殊功 拒天▨▨[96]▨[97]固[98] 橫地 軸以無窮.

73) 涓(三韓, 總覽, 譯註, 博物館), 淸(海東, 全文).
74) 六(總覽, 全文, 譯註, 博物館), 十(海東), 三(三韓) / 남아있는 자획으로는 판단하기 어렵다.
75) 賊(三韓, 全文, 譯註, 博物館).
76) 寇(三韓, 全文, 譯註, 博物館).
77) 翁(海東, 三韓, 總覽), 窮(譯註, 博物館).
78) 立(總覽), 隘(三韓, 全文, 譯註, 博物館) / 자획이 거의 보이지 않아 판단하기 어렵다.
79) 意(三韓, 全文, 譯註, 博物館) / 자획이 거의 보이지 않아 판단하기 어렵다.
80) 搖直(三韓, 全文, 譯註).
81) 但(三韓, 譯註, 博物館), 作(總覽, 全文).
82) 詞(全文), 銘(譯註, 博物館).
83) 及(海東, 總覽, 譯註, 博物館), 皮(全文) / 탁본상으로는 '及'의 자형이 거의 확실해 보인다.
84) 榮(海東, 全文), 瑩(總覽, 譯註, 博物館).
85) 牢(海東, 三韓), 牢(總覽, 全文, 譯註, 博物館).
86) 蠢玆九(三韓, 全文, 譯註) / 주 84부터 96까지는 자획이 거의 보이지 않아 판독이 어려운 글자들이다. 미상자로 하고 주에서 기존 판독안들만 제시해 두었다.
87) 木(海東, 總覽, 譯註, 博物館), 永(三韓, 全文).
88) 廟略(海東, 三韓, 全文, 譯註, 博物館).
89) 曉暎(三韓, 全文, 譯註, 博物館).
90) 邊隅(海東, 三韓, 全文, 譯註, 博物館).
91) 已定(三韓, 全文, 譯註, 博物館).
92) 浮空(三韓, 全文, 譯註, 博物館).
93) 疎鍾夜鏗(三韓, 全文, 譯註, 博物館).
94) 淸(三韓, 總覽, 全文, 譯註, 博物館).
95) 通(三韓, 全文, 譯註, 博物館).
96) 關以(三韓, 全文, 譯註, 博物館).
97) 永(海東, 三韓, 全文, 譯註, 博物館).
98) 固(海東, 三韓, 全文, 譯註, 博物館), 圖(總覽).

남면 11-⑭, 남면 20-⑧, 북면 11-③: [祅]

			祅		祓	
남면 11-⑭	남면 20-⑧	북면 11-③		唐 歐陽詢 道因法師碑		唐 五經文字

∴ 이 세 글자는 모두 '示'와 '犮'으로 구성되어 있다고 판단된다. 남면 11-⑭의 글자는 자획이 희미하긴 하지만, 오른쪽 아랫부분에서 삐침의 흔적을 확인할 수 있다. 그러나 이러한 글자는 현재로서는 찾을 수 없었다. 모양이 비슷한 글자로 '祅'와 '祓'을 생각해 볼 수 있다. 이 중 '祅'는 ①재앙, ②괴이하다, ③요염하다의 뜻이 있고, '祓'은 ①푸닥거리하다, ②(부정을) 제거하다 등의 뜻이 있다. 따라서 문맥으로 보아 '祅'가 더 알맞다고 할 수 있겠다.

남면 12-④: 庭

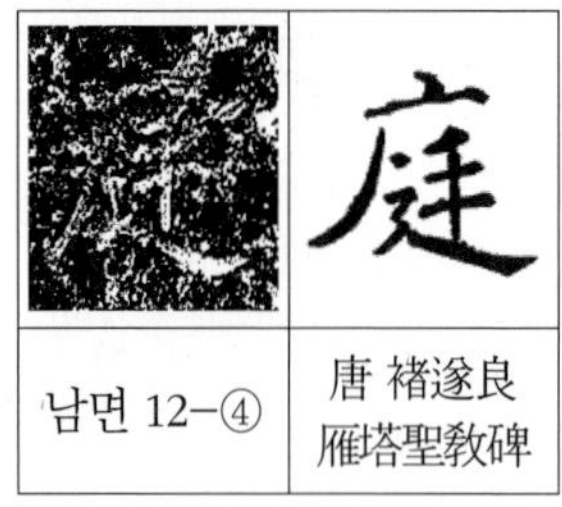

남면 12-④	唐 褚遂良 雁塔聖教碑

∴ '壬'의 가장 아래 가로획은 없으나, 근거로 든 글자와 같이 쓰는 경우도 있으므로 '庭'으로 읽기에 문제가 없다.

남면 17-⑬: 鳥

남면 17-⑬

∴ '馬'처럼 보이기도 하지만, '馬'로 보기에는 글자 윗부분의 폭이 좁다. 글자 아랫부분에 '灬'가 보이므로 '島'로 읽기보다는 '鳥'로 읽는 것이 적합하다.

남면 19-⑮: 梟

남면 19-⑮	唐 顔眞卿 干祿字書

∴ '梟'의 이형자로 추정되는데, '鳥' 아랫부분의 점 4개를 하나로 이어 쓴 것으로 여겨진다. 현재는 대체로 '梟'로 쓰는 글자이다.

남면 25-⑥: 逥

남면 25-⑥

∴ '迴'의 이체자이다.

서면 3-⑨: 帳

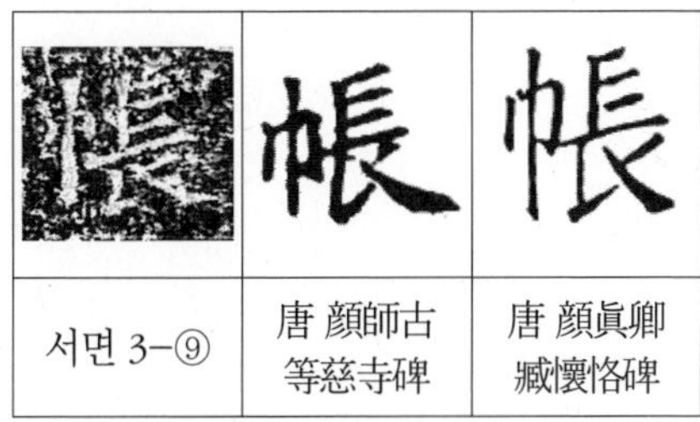

서면 3-⑨	唐 顔師古 等慈寺碑	唐 顔眞卿 臧懷恪碑

∴ 글자의 왼쪽 부수를 '忄'으로 보기도 하지만, 가로획이 있는 것으로 판단된다. 문맥상으로도 '帳'으로 보아야 더 자연스럽게 해석된다.

서면 7-⑯: [祕]

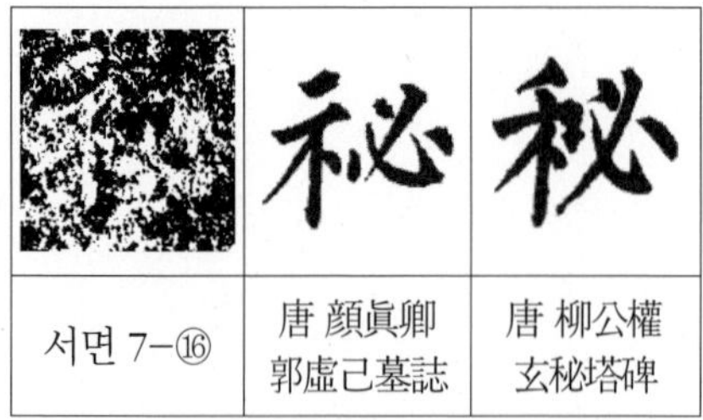

서면 7-⑯	唐 顔眞卿 郭虛己墓誌	唐 柳公權 玄秘塔碑

∴ '祕' 또는 '秘'로 읽어왔던 글자이다. 글자 오른쪽 부분은 자획이 흐릿하여 '必'로 단정하기는 어렵지만, 지금으로써는 '必'이 가장 가능성이 높은 판독이라 하겠다. 그리고 글자 왼쪽 부분은 '示'로 볼 수 있으므로 '祕'로 읽는 것이 가장 온당할 것이다. '示'는 '禾'로 쓰기도 하므로 의미상 기존의 판독안인 '祕'와 '秘'가 상충하는 것은 아니며, 본고에서는 자형에 따라 '祕'로 판독하였다.

서면 10-⑪: 合

서면 10-⑪

∴ '合'이 확실하다.

서면 18-①: [筞]

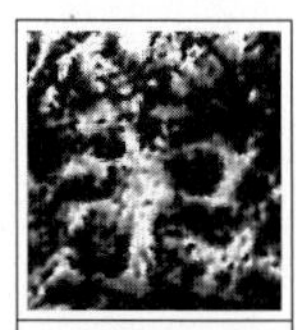

서면 18-①

∴ 글자 아랫부분의 자획은 '宋'이 거의 확실해 보인다. 윗부분은 흐릿하여 단정하기는 어렵지만 '筞' 또는 '策'으로 읽는 것은 무리가 없을 듯하다. '筞'은 '策'의 이체자이다.

서면 20-⑧: 包

서면 20-⑧

∴ 자형은 '包'가 확실하다.

서면 21-②: [梅]

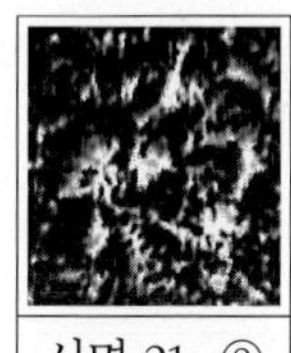

서면 21-②

∴ '梅' 또는 '海'로 읽어왔던 글자이다. 글자의 왼쪽 윗부분에 희미하게 가로획이 보이므로, '氵'보다는 '木'에 가깝다고 생각된다. 문맥상으로도 '梅'가 적당하다.

서면 27-⑮: 於

서면 27-⑮	唐 褚遂良 倪寬伝贊	唐 暢整 程知節碑	唐 徐浩 不空和尙碑

∴ 글자의 오른쪽 부분의 자획이 명확하지는 않지만 '於'로 읽기엔 무리가 없다.

북면 2-④: 縱

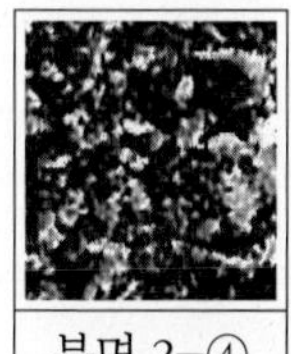

북면 2-④

∴ 기존에는 '縱', '總', '超'로 읽어왔던 글자이다. 글자의 오른쪽 부분에 '從'으로 읽을 수 있는 획들이

보이며, 왼쪽 부분 역시 '糸'로 추정할 수 있으므로 '縱'으로 읽는 것이 가장 타당하다.

북면 6-⑧: 鏡

북면 6-⑧

∴ 글자 왼쪽 부수 부분에 '金'이 확실히 보인다. 그런데 '獍'로 읽은 판독안도 존재한다. 바로 앞의 글자인 梟를 고려하여 그렇게 읽은 것이나, '梟鏡'과 '梟獍'은 혼용되는 표현이다. 따라서 굳이 원래의 글자를 바꾸어 '獍'으로 읽기보다는 '鏡'으로 읽는 것이 좋을 것이다.

북면 11-①: 沴

북면 11-①	劉宋 明曇憘墓誌	北魏 元欽墓誌	唐 褚遂良

∴ '沴'의 이체자이다.

북면 11-④: 氛

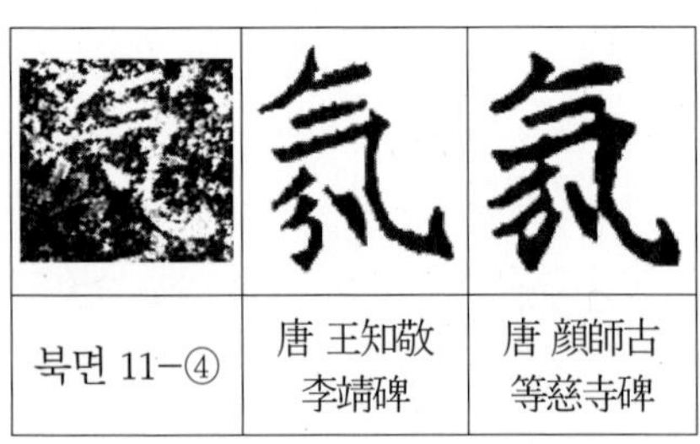

북면 11-④	唐 王知敬 李靖碑	唐 顔師古 等慈寺碑

∴ 자형으로 보아 '氛'으로 읽을 수 있다.

북면 14-⑦: [開]

북면 14-⑦	隋唐 房山雲居寺石經	唐 五經文字

∴ '門' 안쪽의 글자의 윗부분에 세로획이 있을 가능성이 높다고 판단된다. 그렇다면 '關'의 이체자로 쓰인 '開'로 볼 수 있다. 문맥상 '關河'가 들어가는 것이 자연스럽다는 것도 이와 같이 판단한 근거이다.

북면 19-②: 岐

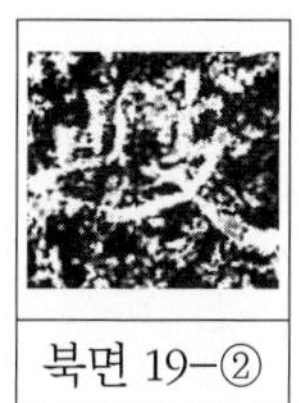

북면 19-②

∴ 자형으로 보아 '岐'가 확실하다.

동면 9-⑧: 并

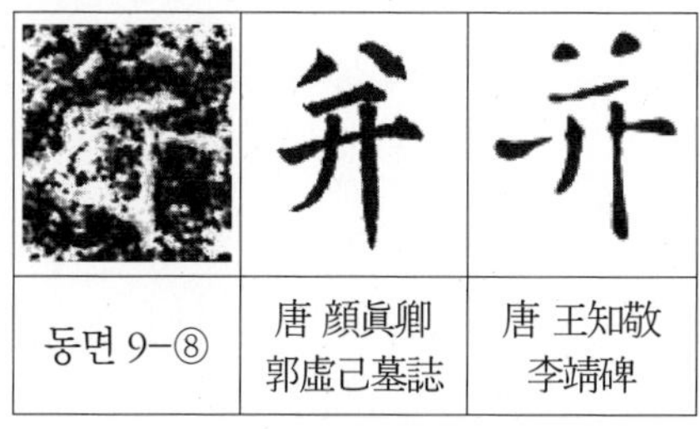

동면 9-⑧	唐 顔眞卿 郭虛己墓誌	唐 王知敬 李靖碑

∴ 가장 아래쪽의 가로획이 일직선이 아니기는 하지만 李靖碑의 사례를 볼 때 '并'으로 읽는 것은 문제가 없을 듯하다.

동면 12-⑮: 帷

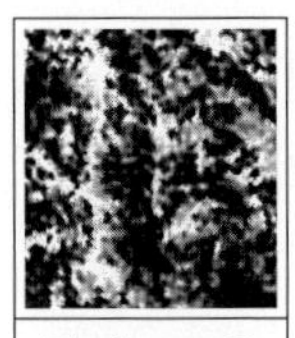
동면 12-⑮

∴ 글자의 오른쪽 부분에는 '隹'로 읽을 수 있는 자획들이 보이며, 기존의 판독도 일치한다. 글자의 왼쪽 부분은 '巾' 또는 '忄'으로 판독되고 있는데, 희미하게 가로획이 보이는 것으로 보아 '巾'으로 읽는 것이 옳을 듯하다.

동면 13-⑩: 剖

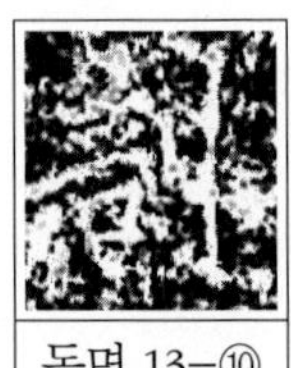
동면 13-⑩

∴ 기존에는 '部' 혹은 '剖'로 읽어왔던 글자이다. 글자 오른쪽에 선명하게 '刂'가 보이므로 '剖'로 읽는 것이 타당하다.

동면 17-①: [判]

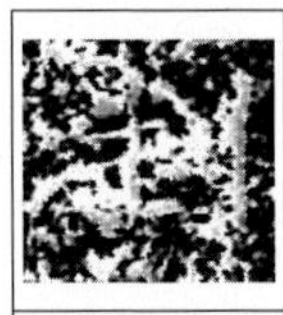
동면 17-①

∴ '制'로 보는 견해도 있으나 글자 왼쪽 부분에서 '巾'로 읽을 수 있는 자획을 찾기 어렵고, 문맥상으로도 '判'으로 읽는 것이 자연스럽다.

동면 19-⑤: [衰]

동면 19-⑤	唐 昭仁寺碑	唐 王知敬 李靖碑	唐 顔眞卿 干祿字書

∴ 글자의 아랫부분이 명확하지는 않지만 '衰'의 이체자로 생각된다.

동면 19-⑰: 涓

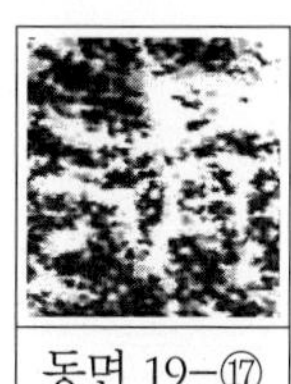

동면 19-⑰

∴ '涓' 혹은 '淸'으로 읽어온 글자이다. 글자를 확정할 수 있는 오른쪽 윗부분이 잘 보이지는 않지만, 남아있는 흔적으로는 '涓'에 가까울 듯하다. 이 경우 문맥에서도 자연스럽게 이어진다.

동면 20-⑦: 翁

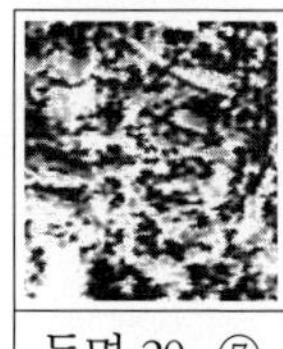

동면 20-⑦

∴ 글자 윗부분에 '公'으로 읽을 수 있는 자획이 보이며, 아랫부분도 '羽'로 읽기에 크게 문제가 되지는 않을 것으로 생각된다.

동면 27-⑪: [榮]

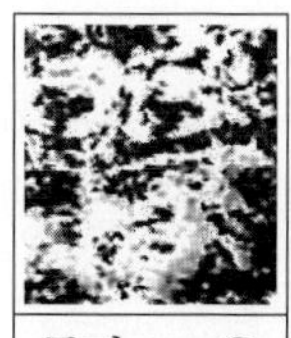

동면 27-⑪

∴ 기존에는 '瑩' 또는 '榮'으로 읽어왔다. 글자의 아랫부분에 '木'으로 읽을 수 있는 자획이 보이므로 '榮'으로 읽은 견해를 따랐다.

동면 27-⑮: [窂]

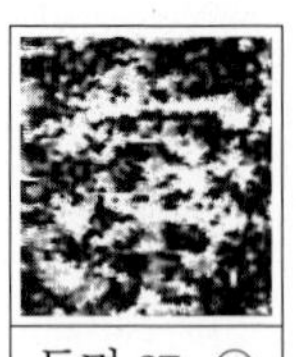
동면 27-⑮

∴ '宀' 아래에 있는 획 두 개로 보아 글자 윗부분은 '穴'으로 읽을 수 있다. 따라서 '窂'로 읽은 견해를 따랐다.

3. 역주

顯慶 5년(660) 庚申 8월 己巳朔 15日 癸未에 세운다. 洛州 河南縣[99]의 權懷素가 썼다.

대저 天子가 萬國에게서 조회를 받고 百靈을 지배하는 까닭은 나라 밖을 맑게 하여 天維[100]를 일으키고 寰中[101]에 자리를 잡아 地絡[102]을 넓히기 때문이니, 七德[103]을 드날려 먼 오랑캐의 땅을 부리고 五兵[104]을 빛내 변방을 고요하게 하지 않음이 없다.

비록 質과 文[105]이 軌를 달리하고, 걷는 것과 달리는 것이 길을 달리한다 해도 揖讓[106]이 干戈[107]인 바이고 受終[108]이 革命인 바이니 모두 武勇를 거듭 수고롭게 하는 것이요, 훌륭한 병사를 거두지 않는 것이다. 이는 洶水[109]에서 재앙을 끼치다 九嬰[110]은 마침내 죽임을 당하였고, 洞庭胡[111]에서 반역을 꾸미다가

99) 洛州 河南縣: 『舊唐書』 券38 志18 地理1 十道郡國1 河南府 "河南府 隋河南郡. 武德四年 討平王世充 置洛州總管府. 領洛·鄭·熊·穀·嵩·管·伊·汝·魯 九州. 洛州領河南·洛陽·偃師·鞏·陽城·緱氏·嵩陽·陸渾·伊闕等九縣" 洛州는 河南府 산하의 州로서 河南縣 등을 領한다는 기록이 보인다.

100) 天維: 天의 綱維. 綱維는 나라의 법도라는 뜻. 하늘의 법도로 풀이할 수 있다.

101) 寰中: 畿內 中. 봉건시대에 天子가 직할하던 領地 전체라는 뜻으로 天下 또는 世界를 이르는 말.

102) 地絡: 疆界.

103) 七德: 武의 일곱가지 덕. 곧 禁暴·戢兵·保大·定功·安民·和衆·豐財.

104) 五兵: 다섯 가지의 무기. 戈·殳·戟·酋矛·夷矛 혹은 弓·殳·矛·戈·戟 또는 刀·劍·矛·戟·矢.

105) 質文 : 質은 조금도 꾸미지 아니한 실상의 바탕. 文은 참이 아닌 것을 그럴 듯하게 만든 것(『史記』 "君子有過則謝以質 小人有過則謝以文").

106) 揖讓: 禪讓과 같은 뜻. 천자의 지위를 서로 양여하는 일.

107) 干戈: 방패와 창, 전쟁에 쓰는 兵仗器의 총칭으로 여기서는 전쟁을 의미한다.

108) 受終: 先帝가 끝마친 뒤를 계승한다는 뜻으로 帝位에 오르는 것을 이름(『書經』 舜典 "正月上日 受終於文祖").

三苗[112]가 이미 베어진 것에서 알겠다. 이에 천년을 거울로 삼고 먼 옛날을 생각함에, 曹魏[113]가 한나라를 대신하고, 司馬[114]가 曹를 계승하니, 임무로서 鑿門[115]을 중히 여기고, 예로서 推轂[116]을 숭상하였다. 馬伏波[117]는 交阯(趾)[118]에서 구리기둥을 만들어 세우고, 竇車騎[119]는 燕然[120]에서 돌에 (공을) 새겼으나 끝내 鯷海[121]의 奔鯨[122]을 뒤집어엎지 못했고 狼山[123]의 封豕[124]을 죽이지 못했다. 하물며 丘樹[125]가 다 닳아져 명성[126]이 적막해지며, 圓鼎[127]이 전해지지 않아 문서에도 기록되지 않음에랴! 어리석은 이 오랑캐[128]들이 섬에서 몰래 숨어살면서 九夷[129]를 襟帶[130]로 삼고 만 리나 떨어져 있어서 지세가 험준한 것에 기대어 감히 하늘의 도리를 어지럽히니, 동쪽으로는 가까운 이웃을 쳐서 가까이 (중국의) 밝은 詔勅을 어기고 북쪽으로는 逆豎[131]과 연계되어 멀리 사나운 소리에 호응하였다. 하물며 밖으로 곧은 신하를 버리고 안으

---

109) 洶水: 凶水를 의미하는 듯 하다. 凶水는 중국 북방에 있었다고 하는 옛 강의 이름으로, 九嬰이 살던 강이라고 한다.

110) 九嬰: 머리가 아홉 개 달린 괴물로 중국 북방의 凶水에 살며 입에서 불을 뿜어 화재를 일으키거나 물을 뿜어 홍수를 일으켜서 사람들을 해쳤다고 한다. 중국 고대의 영웅인 羿가 퇴치했다고 전해진다.

111) 洞庭: 湖南省의 경계에 있는 중국 제일의 淡水湖(『戰國策』 魏策 "昔者 三苗之居 *左有彭蠡之波 右有洞庭之水*").

112) 三苗: 堯舜시대에 있던 남방의 오랑캐이다. 삼묘가 동정호 일대에서 반란을 일으켰다가 요 임금에 의해 정벌된 사건을 이르는 듯하다.

113) 曹魏: 원문의 當塗는 곧 曹魏를 가리키는 말이다.

114) 典午: 司馬를 가리키는 隱語이다. 여기서는 曹操의 魏를 계승한 司馬氏의 晉을 가리킨다.

115) 鑿門: 凶門(고대의 北門)을 뚫는 것을 이름. 고대에 장군이 출정할 때 북향의 문을 뚫어서 나감으로써 *必死*의 결심을 보였다.

116) 推轂: 수레를 뒤에서 민다는 뜻. 고대의 제왕이 장수를 임명할 때 예우를 무겁고 높게 하는 것을 뜻한다.

117) 馬伏波: 後漢 馬援. 馬援은 後漢의 장군으로 太中大夫, 隴西太守를 지내며 이민족을 토벌하였다. 伏波將軍에 임명되어 交阯(交趾: 북베트남) 지방의 반란을 평정하였다.

118) 交阯: 漢의 郡名. 지금의 베트남 북부 통킹·하노이 지방.

119) 竇車騎: 後漢 竇憲. 두헌은 後漢 章帝의 황후 두씨의 오라비로 후에 車騎將軍에 배수되었다. 北單于를 大破한 공으로 황제의 명을 받아 班固가 作銘하여 碑를 燕然山에 세우고서 한의 威德을 기록하고 돌아와 大將軍이 되었다. 그 위세가 조정에 떨쳤는데 당시 竇氏의 一族이 조정에서 득세하여 驕縱한 까닭에 황제가 鄭衆과 의논하여 竇憲의 印을 몰수해서 자살케 했다고 한다(『後漢書』).

120) 燕然: 燕然山. 지금의 杭愛山으로, 몽고인민공화국에 위치한다.

121) 鯷海: 지금의 절강성 소흥현의 外海. 東鯷人이 20여개의 소국을 세웠다고 하여 붙여진 이름이다. 東鯷는 고대 중국에서 일본을 지칭하던 말이다(『漢書』 地理志).

122) 奔鯨: 치닫는 고래. 불의하고 흉폭한 사람을 이른다.

123) 狼山: 河北省 淸苑縣城의 西北에 있는 郎山의 또 다른 이름.

124) 封豕: 큰 돼지라는 뜻. 큰 돼지와 긴 뱀을 뜻하는 표현으로 '封豨長蛇'라는 말이 있다. 이것은 잔인하고 탐욕스러운 사람을 비유한 말이다. 따라서 앞의 '奔鯨'이라는 표현을 염두에 둔다면, '封豕'도 그와 비슷하게 잔인한 사람을 가리키는 표현으로 사용되었다고 생각된다.

125) 丘樹: 무덤 곁에 심어 묘역을 보호하던 나무.

126) 聲塵: 名聲.

127) 圓鼎: 둥근 솥. 옛날에 공을 기록할 때 솥에다 새겼다고 한다.

128) 卉服: ①풀로 만든 옷. ②변경 소수민족 혹은 섬에 사는 사람들을 가리킨다. 여기서는 ②의 뜻이다.

129) 九夷: 고대 中國에서 동쪽의 아홉 이민족을 가리켰던 말. 畎夷, 于夷, 方夷, 黃夷, 白夷, 赤夷, 玄夷, 風夷, 陽夷.

130) 襟帶: 깃은 목을 두르고 띠는 허리를 두른다는 뜻으로 山川으로 둘러싸인 환경을 뜻한다.

131) 逆豎: ①도에 어긋난 행동을 하는 나쁜 사람. ②도리에 어긋난 짓을 하는 어린아이. 여기서는 ①의 뜻이다.

로 요망한 계집을 믿어 형벌이 미치는 바는 오직 충성되고 어진 사람한테만 있고, 총애와 신임이 더해지는 바는 반드시 아첨하는 자이니, 標梅[132]가 원망을 품고 杼軸[133]이 슬픔을 머금었다. 우리 황제께서는 두 사람을 본받아서[134] 높은 자리에 있으시고 세 가지에 능통함이[135] 매우 뛰어나시며, 聖賢의 용모[136]로 慶事를 쌓고, 貴人의 相[137]으로 빛을 드날리셨다. 五瑞[138]을 모아 百神을 조알하고 만물을 신묘하게 하여 六辯[139]을 헤아렸으며, 서북쪽에서는 天柱[140]를 곧게 하고 동남쪽에서는 地紐[141]를 돌리셨다. 대저 龍圖[142]를 진열하고 鳳紀[143]를 모으며 金鏡[144]을 매달고 玉燭[145]을 가지런히 하셨도다. 수레바퀴 자국에 괴인 물[146]에서 궁지에 몰린 고기를 빼내주고, 기울어진 새집에서 위태로운 새알을 건져 주시듯이 이 남겨진 백성을 불쌍히 여기고 저 흉악한 무리를 분히 여겨서, 친히 弔伐[147]하지 않고 먼저 장군들에게 명하셨다.

使持節 神丘·嵎夷·馬韓·熊津 等 十四道[148] 大摠管[149] 左武衛大將軍[150] 上柱國[151] 邢國公[152] 蘇定方은

---

132) 標梅: 결혼한 연령에 도달한 여자를 가리킨다.

133) 杼軸: ①베틀의 북. 베틀에서 날실의 틈으로 오가며 씨실을 푸는 기구. ②紡織. ③工商의 일을 가리킴. ④詩文의 조직을 비유한 말. 베틀이 여자들이 사용하는 기구라는 점을 고려한다면, 앞서 '標梅'와 더불어 여자를 의미하는 말일 가능성이 높다.

134) 體二: 성인과 현인을 본받는 것을 의미한다. 성인과 현인은 顔淵와 冉有을 가리킨다.

135) 通三: 백성을 기본으로 하는 것, 사람을 가려 쓰는 것, 시대를 따르는 것의 3가지 일에 능통한 것을 가리킨다. 훌륭한 군주를 판단하는 하나의 기준이라고 한다.

136) 珠衡: "衡中有骨 表如連珠 象玉衡星 謂聖賢之相也"에서 온 것으로 눈두덩(衡, 눈썹과 속눈썹 사이)이 구슬을 늘어놓은 것과 같은 骨相. 聖賢의 相을 가리키는 표현이다.

137) 日角: 이마의 중앙의 뼈가 융기한 것으로 貴人의 相을 이른다(『隋書』 "龍顔日角之奇 玉理珠衡之異").

138) 五瑞: 天子가 公·侯·伯·子·男 5等의 제후에게 封爵의 증거로 주는 笏. 곧 桓圭·信圭·躬圭·穀璧·蒲璧을 이르며, 五玉이라고도 한다.

139) 六辯: 혹시 六法이 아닐까. 六法은 규준으로 삼을 여섯 가지로, 곧 規·矩·權·衡·準·繩을 가리킨다. 六府로 해석하는 경우도 있는데(한국고전번역원), 이 경우 六府는 水·火·金·木·土·穀을 가리킨다.

140) 天柱: 고대 신화 속에서 하늘을 떠받치던 기둥.

141) 地紐 : 地紀 혹은 地維라고도 함. 대지를 버티어 받든다고 하는 상상의 밧줄.

142) 龍圖: 伏羲氏 때에 黃河에서 용마가 지고 나왔다는 55점의 그림. 우 임금 때의 낙서와 함께 周易의 이치의 기본이 되었다.

143) 鳳紀: 鳳曆과 같음. 책력을 달리 일컫는 말로 봉황새가 天時를 잘 안다 하여 나온 말.

144) 金鏡: ①銅鏡. ②月亮의 비유. ③현명한 正道의 비유. 여기서는 ③의 뜻이다.

145) 玉燭: 사시의 기운이 화창함을 이름. 태평성세를 형용하는 말.

146) 涸轍: 수레바퀴가 지나간 곳에 물이 괸 것. 涸轍鮒漁는 수레바퀴 자국에 괸 물 속에 있는 붕어라는 뜻으로, 매우 위급한 상황에 처한 사람을 이르는 말이다.

147) 弔罰: 弔民罰罪. 백성을 위로하고 죄인을 징벌한다는 뜻이다.

148) 神丘·嵎夷·馬韓·熊津 等 十四道: 隋·唐代에는 行軍의 명칭을 정할 때, 목적지와 연고가 있는 표현을 사용했다. 馬韓이나 熊津이 백제와 관련되어 있는 것은 명백하다. 嵎夷의 경우, 당시 백제의 수도였던 부여 관북리에서 '嵎夷'명 목간이 출토됨으로서 그 관련성이 밝혀졌다. 따라서 神丘 역시 백제와 관련된 표현일 것이다. 또한 백제부흥운동이 진압된 이후 실시된 웅진도독부 체제에서 도독부 속현으로 嵎夷縣과 神丘縣이 있다는 것도 주목된다.

149) 大摠管: 행군의 총책임자.

150) 左武衛大將軍: 隋代에 左·右武衛府를 설치하여 각각 대장군 1인과 장군 2인이 있었는데, 唐은 이 제도를 따랐다. 대장군은 각각 1인으로 正3品이다.

151) 上柱國: 唐의 正2品 勳官으로 최고위 훈관이다.

曾城[153]에서 멀리 보루를 쌓고 委水[154]에서 긴 물결을 일으켰으며,[155] 뛰어난 계획은 武帳[156]에서 맞추었고 빼어난 기개는 文昌星[157]에 나타냈으니, ▨霍을 넘어섰으나 따라잡지 않았고 彭韓[158]을 굽어보면서도 높게 여겼다. 趙雲[159]이 一身의 담력으로 용맹이 三軍의 으뜸이 되었고 關羽[160]는 萬人을 대적할 만한 능력으로 명성이 百代에 떨쳤듯이, 의를 위하여 자신을 버리고[161] 순국할 뜻은 흐르는 화살을 무릅쓰면서 더욱 견고해졌고 목숨을 가벼이 하고 義를 중히 여기는 ▨은 ▨▨▨ 하여 빼앗기 어려웠다. 마음은 氷鏡[162]을 매달고 있어 귀신도 ▨形을 감출 수 없고, 바탕은 松筠[163]에 힘써 바람과 서리도 그 색깔을 고칠 수 없었다. ▨▨을 길러 변방 오랑캐를 어루만짐에 이르러서는 四知[164]를 삼가고 三惑[165]을 제거하였으며, 氷泉을 돌아보고 깨끗함을 드러내고 서리맞은 잣나무를 ▨하고 정절을 굳게 하니 말하지 않아도 『詩經』·『書經』에 부합하고 행하지 않아도 ▨▨矩했다. 흰 구름을 거느리고서 상쾌함을 함께 하고, 푸른 소나무와 더불어서 고고함을 다투면서도 遠▨▨▨ 하니 모두 덕이 미치지 못하는 것을 부끄러워함이 있었다.

副大摠管[166] 冠軍大將軍[167] ▨▨▨衛將軍 上柱國 下博公 劉伯英[168]은 위로는 ▨▨▨▨▨風▨으로 정치를 할 만한[169] 재주를 가졌고 將相의 그릇을 품었다. 말은 다른 사람의 모범이 되고 행동은 군대의 법칙

---

152) 國公: 唐의 작위에는 9등급이 있는데, 이 중 國公은 3등급 從1品에 해당한다.

153) 曾城: 전설 속의 지명. 『淮南子』에서 "곤륜산에 증성이 있는데 9층으로 높이가 12000리이며…"라는 구절이 있다. 層城으로 쓰기도 한다. 소정방이 貞觀 초에 이정을 따라 돌궐을 토벌한 일을 가리키는 것이라는 해석도 있다(한국고전번역원).

154) 委水: 婑水의 잘못일 가능성이 있다는 해석이 있다(한국고전번역원).

155) 委水에서 … 일으켰으며: 원문은 '派長瀾▨委水'으로 한 글자가 미상이다. 대구를 이루는 앞 구절의 구조를 참고하여 '委水에서'로 해석하였다.

156) 武帳: 帳中에 무기를 두는 방. 제왕 혹은 대신이 사용한다.

157) 文昌: ①북두칠성 중 학문을 맡은 여섯째 별을 가리킴. ②文昌省(상서성의 별칭)을 가리킴. 여기서는 ①의 뜻이다.

158) 彭韓: 전한 창업의 무장인 彭越과 韓信. 팽월은 山東 昌邑 사람으로 처음에는 項羽 밑에 있었으나 뒤에 漢 高祖를 좇아 楚나라를 멸하는 데 많은 공을 세웠으므로 梁王으로 被封되었다. 한신은 고조의 大將으로서 趙·燕·齊 등을 차례로 공략하여 천하통일의 기초를 확립, 齊王으로 被封되었다.

159) 趙雲: 蜀漢의 武將. 字는 子龍. 劉備가 曹操에게 패주할 때 그의 처자를 무사히 구출하였다. 대담하고 전략에 뛰어나기로 일세에 이름을 떨쳤다.

160) 關羽: 촉한의 名將. 字는 雲長. 張飛와 더불어 유비를 도와 전공이 뛰어났고 후에 荊州의 싸움에서 呂蒙의 장수 馬忠에게 피살되었다.

161) 捐軀: ①義를 위하여 몸을 버림. ②정의를 위하여 죽음.

162) 氷鏡: 얼음과 같이 맑고 밝은 달을 의미. '心懸氷鏡'은 결백한 인물을 의미하는 것으로 생각된다.

163) 松筠: 소나무와 대나무를 이르는 말로, 여기서는 소나무 · 대나무와 같은 절개를 의미한다.

164) 四知: 비밀은 은폐할 수 없다는 말. 後漢 때 王密이 楊震에게 금을 바치면서 "어두운 밤이라 아무도 아는 사람이 없다." 하자, 양진이 "하늘이 알고 땅이 알고 내가 알고 그대가 아는데, 어찌하여 아무도 아는 사람이 없다고 하는가." 하니, 왕밀이 부끄러워하면서 나갔다고 한다(『後漢書』 卷54 楊震列傳).

165) 三惑: 사람을 미혹시키는 酒·色(여색)·財을 가리킴.

166) 副大摠管: 행군의 부책임자.

167) 冠軍大將軍: 正3品 무산관. 한 무제는 곽거병의 공훈이 삼군에서 으뜸이라는 뜻에서 冠軍侯에 봉하였는데, 관군이라는 명칭이 여기에서 기인하였다.

168) 劉伯英: 660년 당의 백제정벌군과 고구려정벌군에 참여하였다.

이 되었으며,[170] 말씀(詞)은 布帛을 따뜻하게 하고 ▨는 연꽃과 난초의 향을 내었다. 공적은 旗常에 드러나고 조리는 鍾律[171]에 맞았으며, ▨▨보다 平生을 중히 여기고 짧은 시간보다 1척이나 되는 옥을 가벼이 여기며, 매우 높은 공적[172]도 항상 부족한 듯이 여겨 平▨▨策을 입에 올리지 않았다.

副大摠管 使持節 隴州諸軍事 隴州刺史[173] 上柱國 安夷公 董寶德은 ▨志는 드날리고 웅대한 계획[174]은 뛰어났으며, 재주는 三略[175]을 아우르고 계책은 後▨를 움직였다. ▨▨眞梅하여 능히 魏나라 군사로 하여금 목마름을 그치게 하고,[176] 수고로움 없이 솜옷을 채워 ▨▨▨▨ 추위를 잊게 했다.

副大摠管 左領軍將軍 金仁問[177]은 ▨▨溫雅하고, 도량과 견식이 침착하고 굳세어서 소인배의 자잘한 행위는 없고 군자의 고매한 풍모만 있었으며, 그의 武는 전쟁을 멈추었으며 文 또한 먼 곳의 백성들을 포용하였다.

行軍長史[178] 中書舍人[179] 梁行儀는 고운 빛깔의 구름[180]처럼 정기를 토해내고 태양처럼 빛을 드날리며, 풍모는 搢▨을 쓰러지게 하고 道는 雅俗에 빛났으며, 생각은 許郭[181]보다 맑고 덕망은 荀裴[182]보다 무거

---

169) 정치를 할 만한: 廊廟은 ①朝廷의 大政을 보살피는 殿舍, ②議政府의 뜻이 있어서 본문과 같이 의역하였다.

170) 행동은 … 되었으며: 원문은 '行▨士則'으로 한 글자가 미상이다. 대구를 이루는 앞 구절로 미루어 본문과 같이 해석하였다.

171) 鍾律: 鐘律, 즉 鐘의 音律(『漢書』 京房傳 "好鍾律 知音聲").

172) 破隗之勳: 험준한 데 웅거해 있으면서 굳게 지키고 있는 군사를 깨트린 정도의 높은 공을 말하는 듯하다. 隗는 후한 때 사람 隗囂로, 王莽의 新 말기에 隴西에서 기병하여 한나라에 호응하였으나, 그 뒤에 公孫述에게 붙어서 漢에 대항하였다. 외효의 장수였던 王元이 외효에게 "제가 대왕을 위하여 한 덩이의 진흙으로 동쪽으로 函谷關을 봉쇄하겠습니다." 하였다(『東觀漢記』 隗囂載記).

173) 刺史: 唐代 州의 행정장관. 上州의 자사일 경우 종3품, 中州의 자사일 경우 정4품상, 下州의 자사일 경우 정4품하의 품계를 지녔다. 上州·中州·下州는 戶의 수를 기준으로 결정되었다.

174) 웅대한 계획: 크고 뛰어난 계획과 포부.

175) 三略: 고대 중국의 병서. 漢初에 黃石公이 지었다고도 하고 周의 태공망이 저술했다는 설도 있다. 총 上略·中略·下略의 세 권으로, 대개 『六韜』와 병칭하여 사용된다.

176) 魏나라 군사로 하여금 목마름을 그치게 하고: 위나라 武帝가 목마른 군사들에게 前方에 매화나무 숲이 있으니 그곳까지 가면 갈증을 풀 수있다고 호령하고 전진하게 한 故事로 臨機應變의 계책을 말한다.

177) 金▨▨: 이름 부분이 확실히 보이지는 않다. 그러나 『三國史記』 卷44 金仁問傳에 김인문이 당에 가서 숙위하니 고종이 左領軍衛將軍의 직을 내렸고, 660년 백제를 정벌할 때 神丘道副大摠管으로 삼아 길안내를 맡겼다는 내용이 있다는 것을 미루어보아 김인문을 가리킨 것으로 생각된다.

178) 行軍長史: 長史는 秦 이래 중국의 역대왕조에서 사용되어 내려온 官名으로, 唐代의 長史는 소속 官府에 따라 업무와 품계가 각기 다르다. 행군장사의 경우, 『新唐書』「百官志」 外官條에서 '天下兵馬元帥·副元帥 都統·副都統 行軍長史 行軍司馬 …… '라고 하여 戰時에는 元帥를 보좌하는 일을 맡았던 것을 알 수 있으나 그 품계나 職責에 대해서는 기록하고 있지 않다. 行軍長史의 하위직인 행군사마의 직책이 '掌弼戎政 居則習蒐狩 有役則申戰守之法 器械·糧糒·軍籍·賜予皆專焉'이라는 것을 보면 그 상위직인 행군장사의 職責은 戰地에서 매우 중요하였던 것으로 추측된다.

179) 中書舍人: 中書省 소속의 관직으로 품계는 正5品上이다. 『唐六典』에 따르면 중서사인은 궁중에서 上奏 문서를 올리고, 表와 章의 내용을 의논하는데 참여하는 것을 관장하였다고 한다.

180) 雲翹: ①樂舞의 이름. ②彩雲. ③높이 솟은 상투. 다음 구절의 日鏡(태양)으로 미루어보아 彩雲의 뜻으로 여겨진다.

181) 許郭: 후한의 許劭와 郭泰("天下言拔士者 咸稱許郭"). 許劭는 후한 말기의 은둔자·학자로 字는 子將. 鄕黨의 인물을 평론하기 좋아했는데 당시 曹操를 보고 "너는 평시의 姦賊, 亂世의 姦雄"이라고 평하였으며 종형 許靖과 더불어 즐겨 인물 평론을 함에 매월 그 品題를 바꾸었으므로 이를 일러 月旦評이라 하였다. 郭泰는 後漢의 학자로 字는 林宗이고 호는 有道.

웠다. 辯箭▨▨ 하여 학문의 바다에서 九流[183]를 ▨하고, 문장의 조리가 빼어나 文▨에게서 七澤[184]을 가리웠다. ▨太傅의 심오한 계책으로도 그의 말고삐를 잡는 것을 감당하지 못했고, 杜鎭南[185]의 遠▨으로도 ▨▨▨▨,[186] ▨▨鳳池[187] 고래의 개울이 맑게 하였다.

邢國公은 秘策을 운용하고 驍雄을 놓아주며, 陰羽는 偃月[188]의 계책을 열고 陽文은 샛별의 기운을 머금었다.[189] 龍韜와 豹鈐[190]은 반드시 본성의 근원에 드러나고 玄女[191]와 黃公[192]은 신묘한 쓰임에 모두 모였으며, 하물며 하늘에 닿도록 개미처럼 모여들고 땅을 삥 둘러 벌떼처럼 날아들었다. 短狐[193]가 모래를 머금은 것과 유사하고 長蛇[194]가 안개를 토해내는 것과 비슷하여 營을 서로 합치면 豺狼[195]이 길에 꽉 차고 陣을 맺으면 梟獍[196]이 산에 가득하니, 이 때문에 흉악한 무리들이 이 궁벽지고 험한 곳을 지키고서는 매달린 줄이 장차 끊어짐에 대단히 무거워서[197] 떨어지고, 쌓아올린 바둑돌[198]이 먼저 위태해져 九鼎[199]

正人君子로 덕행이 훌륭하였고, 旅舍를 거쳐 갈 때는 반드시 깨끗하게 청소해 놓고 가기로 유명했다.

182) 荀裴: 荀彧과 裴□□로 보는 견해(역주한국고대금석문)와 荀淑과 裴度로 보는 견해(한국고전번역원)이 있다. 그러나 裴度는 당 헌종(778년 출생, 805~820년 재위) 때의 인물로 본 비문이 새겨진 660년에는 존재하지 않았던 인물이다. 荀을 후한 말 조조의 책사였던 荀彧이라고 본다면, 그와 짝지어질 만한 당시의 인물로는 裴潛을 생각해볼 수 있다. 裴潛은 魏의 정치가로, 『三國志』 魏書 列傳에 입전되어 있으며, 절조가 고상하고 재능이 탁월했다는 진수의 평이 있다. 裴潛의 아우인 裴徽의 6세손이 『三國志』에 주를 달은 裴松之이다.

183) 九流: 班固의 『漢書』 「藝文志」에서 분류한 儒家·道家·陰陽家·法家·名家·墨家·縱橫家·雜家·農家의 9학파를 말한다. 여기에다 小說家를 더하여 十家라고도 한다.

184) 七澤: 옛날 楚에 있었다고 전해지는 雲夢澤 등의 7개 沼澤.

185) 杜鎭南: 晉의 鎭南大將軍 杜預를 가리킨다. 두예는 羊祜의 뒤를 이어 군대를 맡고서는 양호가 한 것처럼 갑옷을 입지 않은 채 항상 가벼운 옷을 입고 허리띠를 느슨히 풀어 놓고 있었다. 그런데도 군사들이 整齊되어 吳를 평정하였다(『晉書』 卷34 杜預列傳).

186) 何可扶輪을 何可并輪으로 보고 해석하기도 하나(한국고전번역원) 이 부분은 탁본상 글자가 거의 보이지 않기 때문에 어느 쪽이 옳은지는 알 수 없다. 이 글에서는 '譯註'의 해석을 따르고 있다.

187) 鳳池: 흔히 中書省의 별칭으로 쓰이지만, 우리나라나 일본을 지칭할 때 쓰이기도 한다고 한다(한국고전번역원). 백제정벌의 상황에서 쓰인 표현이므로 후자가 맞는 듯하다.

188) 偃月: ①활 모양으로 된 달. 초승달. ②骨相學上으로 이마에 나타난 富貴의 相. 여기서는 ①의 뜻이다.

189) 陰羽는 … 머금었다.: 이 부분은 '陰羽'와 '陽文', '偃月'과 '曉星'이 대구를 이루는 구절이다. 邢國公의 뛰어난 재능을 묘사하는 수사적 표현으로 생각된다.

190) 龍韜豹鈐: 태공망의 병법을 말한다.

191) 玄女: 중국 上古 때의 女神의 이름으로 황제에게 六壬과 遁甲法을 가르쳤다 한다.

192) 黃公: 秦 말기에 장량에게 병법서를 준 黃石公을 가리킨다.

193) 短狐: 短弧. 날도래과에 속하는 곤충의 유충. 물여우.

194) 長蛇: 긴 뱀. 잔인하고 탐욕스런 寇賊의 비유로 쓰인다.

195) 豺狼: 승냥이와 이리. 잔인하고 무정한 자, 큰 해독을 끼치는 간악한 자의 비유.

196) 梟獍: 梟와 破獍. 梟는 어미새를 잡아먹는 올빼미, 破獍은 아비 짐승을 잡아먹는 짐승으로 모두 惡人을 비유하는 표현이다. 비문에는 '梟鏡'으로 되어 있으나 『漢語大詞典』에 따르면 '梟獍'과 '梟鏡'은 같은 뜻으로 쓰인다고 한다.

197) 대단히 무거워서: 원문의 '千鈞'에 해당하는 해석이다. '鈞'은 30근을 나타내는 표현이므로 '千鈞'은 30000근이 된다. 정확히 30000근을 표현하고자 한 것이라기보다는 엄청난 무게를 나타내기 위해 쓰인 표현이므로 본문과 같이 의역하였다.

198) 累碁: 쌓아올린 바둑돌이라는 뜻으로 몹시 위태로운 상황을 가리키는 말이다.

으로 누르게 될 것은 알지 못하였다. 이때 가을 풀이 시드니 寒山[200]이 고요해지고 서늘한 바람이 일어나니 殺氣가 엄해졌으며, 빠른 걸음과 흐르는 번개가 다투어 날고 疊鼓[201]와 奔雷가 다투어 진동하였다. 豊隆[202]에게 명하여 후방에 서게 하고 列缺[203]에게 앞장서게 하며, 간사한 기운과 요망한 기운은 칼과 창으로 쓸어버리고 높은 담과 가파른 성가퀴는 衝棚[204]으로 부숴버렸다.

左▨軍摠管 右屯衛郎將 上柱國 ▨阿▨와 右一軍摠管 使持節 淄州刺史 上柱國 于元嗣는 지역은 關河[205]에 처하고 재주는 文武를 아울렀으며 山西[206]의 장엄한 기운을 끼고 冀北[207]의 뜬 구름을 탔으니, 호흡을 하면 강과 바다가 파도를 멈추고 휘파람을 불고 꾸짖으면 바람과 천둥이 소리를 끊었다.

嵎夷道副摠管 右武候中郎將[208] 上柱國 曹繼叔은 오랫동안 정치에 참여하여 어렵고 험한 것을 두루 겪었으니, 廉頗[209]가 억지로 힘써 먹었던 것[210]과는 다르고 充國[211]이 늙은 신하였던 것과 같다.

行軍長史 岐州司馬[212] 杜爽은 바탕은 아름다운 봉우리에 빛나고 향기는 계수나무밭에 흘렀다. 바람을 따르고 번개를 밟아 西海에서 마차를 빨리 달리고, 구름을 밀치고 물을 쳐 南海에서 굳센 깃촉을 쥐니 驥足[213]이 이미 펼쳐져 鳳池를 가히 빼앗을 만하였다.

右一軍摠管 宣威將軍[214] 行左驍衛郎將[215] 上柱國 劉仁願[216]은 효성을 바탕삼아 충성을 하고 집에서 비

199) 九鼎: 禹王 때 주조한 9개의 솥으로 아주 무거운 것을 의미한다.

200) 寒山: ①전설 속 북방의 항상 추운 산. ②적막하고 정숙한 산. 여기서는 ①의 뜻이다.

201) 疊鼓: 入直하는 군사를 모으기 위해 대궐 안에서 북을 치는 일.

202) 豊隆: 고대 전설 속의 뇌신의 이름.

203) 列缺: 대기 중의 전기가 방전할 때 번쩍이는 빛. '빛' 혹은 '섬광'으로 이해하면 될 듯하다.

204) 衝棚: 적의 城을 돌파하는 望樓가 있는 兵車.

205) 關河: 函谷關과 黃河.

206) 山西: 한자 그대로의 뜻은 '산의 서쪽'이다. 그러나 戰國·秦·漢 시기에 山西는 崤山과 華山 서쪽의 지역, 또는 關西지역을 가리키는 말이었으며, 이후 黃河의 동쪽에서 太行山 서쪽에 이르는 지역을 칭하기도 했다. 바로 앞에 보이는 '關河'로 보아 여기서는 關西지역을 가리키는 표현일 가능성이 높다.

207) 冀北: 冀州의 북쪽 지역으로 유목을 하는 지역이다. 좋은 말이 산출되는 지역으로, '冀北의 바람'을 탔다는 것은 이 지역의 빠르고 좋은 말을 탔다는 뜻으로 해석할 수 있을 것이다.

208) 右武候中郎將: 이 직명은 『新唐書』, 『舊唐書』뿐만 아니라 『唐六典』, 『通典』 등에서도 확인되지 않는다. 혹 右武衛中郎將의 실수가 아닐까 생각되기도 한다. 右武衛中郎將에 관해서는 각주 221번을 참고.

209) 廉頗: 전국시대 趙의 名臣인 藺相如와 함께 刎頸之交를 맺고 함께 조나라를 흥성하게 하였다.

210) 强飯: 强食. 몸을 조리하기 위하여 억지로 음식을 먹음.

211) 充國: 趙充國을 의미하는 듯. 조충국은 한나라 때의 명장으로, 한나라 선제(宣帝) 때 서강(西羌)이 반란을 일으키자 70세의 70세의 늙은 나이로 나가 싸워서 이를 평정한 다음 屯田을 설치하고 군사를 정돈하여 돌아왔다(『漢書』 卷69 趙充國傳).

212) 司馬: 唐代의 지방관직으로, 府와 州의 次官이다. 府와 州의 등급에 따라 司馬의 품계도 달라진다. 여기서 岐州는 개편이 있기는 하였으나 그 戶가 5만 이상이므로 上州에 해당하고, 따라서 岐州司馬는 從5品下이다.

213) 驥足: 준마의 발이란 뜻으로, 뛰어난 재능을 가진 사람을 비유하는 말이다.

214) 宣威將軍: 唐의 從4品上 무산관.

215) 行左驍衛郎將: '行'은 行守法에서 품계가 관직보다 높은 경우를 나타내는 표현이다. 左驍衛郎將은 좌효위의 郎將으로 품계는 正5品上이므로, 무산관인 宣威將軍이 從4品上으로 더 높다. 『삼국사기』와 『일본서기』 등에서도 유인원이 郎將의 관직을 지니고 있었음이 보인다.

롯해서 나라를 이루었으며, 일찍이 周公과 公子[217]의 가르침을 듣고 나중에는 孫子와 吳子[218]의 책을 익혔으며 이미 英勇한 재주를 띠고 아울러 文吏의 道를 겸하였다.

邢國公은 聖旨를 받들어 따르고 斑條[219]로서 위임받아 金이 조(粟)와 같아도[220] 엿보지 않고 말이 양과 같아도 돌아보지 않으려 했다.

右武衛中郎將[221] 金良圖[222]와 左一軍摠管 使持節 沂州刺史 上柱國 馬延卿은 모두 굳은 마음을 품고 각기 맹위를 떨치고자[223] 힘써서, 三河[224]의 굳센 군사를 끼고 六郡[225]의 지체있는 집안을 ▨했다.

邢國公은 위로는 뛰어난 계략을 받들고 아래로는 節度를 전담하였는데, 혹은 中權[226]으로 군대를 함락시키기도 하고 혹은 後勁[227]으로 선봉이 되게도 하여, 하늘에서 솟아나고 땅으로 꺼지는 기이함으로 천번 만번 변화하고, 멀리까지 이르고 깊은 데까지 끌어당기는 신묘함으로 번개같이 일어나고 바람처럼 가서, 星▨▨移 하고 훌륭한 명성이 길에 가득 찼다. 邢國公은 仁은 轉扇과 같고 은혜는 投醪[228]보다 심하였으며, 명을 거스르는 자는 가을 서리와 같은 위엄으로 숙청하고, 귀순하는 자는 봄 이슬과 같은 은택으로 ▨했다. 한 번 군대를 일으켜 九種[229]을 평정하고 두 번 승전해서 三韓을 평정하였으며, 劉弘[230]의 간단한

---

216) 劉仁願: 소정방은 의자왕 등 백제 지배층을 데리고 백제 땅을 떠나 장안으로 돌아가면서 유인원과 만 명의 군대를 남겨 사비성을 진수하게 하였다. 이후 유인원은 백제 고지에서 백제부흥군을 진압하고, 문무왕과 부여융의 취리산 회맹을 주도하는 등 여러 활동을 하였다. 본서의 「劉仁願紀功碑」 부분을 참고.

217) 周孔: 주공과 공자. 성인과 현인을 가리킴.

218) 孫吳: 춘추시대의 兵法의 大家인 孫武와 吳起.

219) 斑條: 條敎를 만들어 父老, 師帥, 伍長 등이 있는 곳에 두어 민간에 시행하게 하는 것을 말한다. 한나라 때의 循吏인 黃霸가 潁川太守로 있으면서 황제가 백성들을 잘 살게 하려고 하는 뜻을 받들어서 班條하였다(『漢書』 卷89 黃霸傳).

220) 조와 같아도: 원문은 金如粟이지만 문맥상 조(粟)와 같이 많다는 뜻으로 해석하였다.

221) 右武衛中郎將: 右武衛의 中郎將으로 품계는 正4品下이다. 『唐六典』에 따르면, 중랑장은 해당 부의 校尉·旅帥·親衛·勳衛·翊衛 등을 거느려 숙위하고 해당 부의 사무를 총괄하는 일을 관장했다고 한다.

222) 金良圖: 신라의 진골 귀족이다. 태종무열왕 7년(660) 당군과 함께 백제를 공격하여 공을 세웠고, 다음 해(661) 2월에 大阿飡으로서 大幢將軍 品日을 도와 백제 부흥군의 사비 공격을 막기 위해 출정하였으나, 공을 세우지 못하였다. 그해 12월에는 평양을 포위하고 있던 蘇定方에게 군량을 갖다 주기 위한 임무를 수행한 김유신을 보좌하기도 하였다. 669년에는 신라가 당군과 싸우게 된 것을 변명하기 위하여 金欽純과 함께 당에 갔으나, 흠순은 돌아오고 그는 감옥에 갇혀 그 안에서 사망하였다. 당나라에 마지막으로 사신으로 갈 때 그의 관등은 波珍飡이었다.

223) 맹위를 떨치고자: 鷹鸇之志. 매나 새매가 새를 잡듯이 맹위를 떨치고자 하는 뜻.

224) 三河: ①黃河·淮河·洛河. ②漢代의 河內·河南·河東의 세 郡을 가리키는 말. 여기서는 ②의 뜻으로 보는 것이 옳을 듯하다.

225) 六郡: 漢의 隴西·天水·安定·北地·上郡·西河의 여섯 군을 말한다. 이 지방은 융적(戎狄)들과 가까이 있는 탓에 사람들이 무예를 숭상하였다고 한다.

226) 中權: 中軍. 上·中·下 三軍의 중앙의 군대로 主將이 거느리는 精銳한 군대를 가리킨다.

227) 後勁: 後備의 精兵.

228) 投醪: 옛날 良將이 한 동이의 술을 내에 흘려서 衆士에게 마시게 해 은혜를 베풀었던 고사에서 나온 말로 부하를 위로하는 것의 비유(『晉書』 劉弘傳).

229) 九種: 9개의 種族. 앞서 살펴본 九夷와 같은 뜻이다.

230) 劉弘: 晉人. 字는 和季, 諡는 元으로 少時에 武帝와 함께 永安里에 거하였으며 侍中·荊州都督이 되어 오로지 江漢을 다스렸다. 늘 친필로 군국(郡國)에 글을 내리는데 그 글이 은근하고 간곡하여 모두 감격했으며, 누구나 말하기를 '유공의 한 장

글을 내리니 천성이 덕을 우러르고 魯連의 飛箭[231]을 쏘니 萬里가 은혜를 머금었다. 그 왕 扶餘義慈 및 太子 隆 이외 王(子) 餘孝[232] 등 13인, 아울러 大首領 大佐平인 沙吒千福과 國辯成[233] 이하 700여 인이 이미 궁궐[234]에 들어가 있다가 모두 사로잡히니 말고삐를 버리게 하고 牛車에 실었다가, 司勳[235]에 올리고 淸廟[236]에 바쳤다. 인하여 이 사나운 풍습을 바꾸어서 현묘한 꾀에 젖게끔 하였는데, 면류관을 나타내고 휘장을 걷음에는[237] ▨▨▨款하고, 생선을 ▨하고 비단을 만듦에는 반드시 현량한 사람을 선택해야 하니, 符節을 나눔에[238] 공적이 龔黃[239]보다 뛰어나고 絃을 ▨함에[240] 이름이 卓魯[241]보다 높게 할 수 있을 것이다. 무릇 5都督府 37州 250縣을 두고 戶 24만, 口 620만을 각각 編戶로 정리하여 모두 오랑캐의 풍속을 바꾸게 했다.[242]

대저 東觀[243]에 쓰고 南宮[244]에 기록하는 것은 그 선함을 드러내기 위함이요, 彝鼎[245]에 새기고 景鍾[246]

글월을 얻는 것이 십부종사(十部從事)보다 더 낫다.'고 하였다.

231) 魯連之飛箭: 싸우지 않고도 이기는 것을 말한다. 魯連은 魯仲連으로, 齊의 장수이다. 제의 田單이 燕의 聊城을 오래도록 공격하였으나 함락시키지 못하였다. 그러자 노중련이 글을 써서 화살에 묶어 성안으로 쏘아 보냈다. 연의 장수가 노중련의 글을 읽고는 이러지도 저러지도 못하고 있다가 자살하자, 성안에 내분이 일어나 전단이 성을 함락시킬 수가 있었다(『史記』 卷83 魯仲連列傳).

232) 餘孝: 『三國史記』 卷28 義慈王 20年條에는 太子가 孝, 次子가 泰, 제3왕자가 隆으로 되어 있다. 唐兵이 육박해옴에 의자왕은 태자 효와 함께 북변으로 도망하고 次子인 태가 왕이 되어서 성을 지키다가 소정방의 군대가 성가퀴에까지 올라오니 泰가 항복을 하고 왕과 태자 孝도 모두 항복하였다고 한다. 그리하여 소정방이 왕 및 태자 孝, 왕자 泰·隆·演 및 大臣·將士 88명과 백성 12807명을 당나라 수도로 보내었다고 한다.

233) 沙吒千福·國辯成: 『日本書紀』 齊明 6년조에 같은 사건이 기록되어 있는데, 沙宅千福과 國弁成의 이름이 확인된다.

234) 重闈: 여러 겹으로 세운 宮門이란 뜻으로 깊숙한 궁전, 深宮을 의미한다.

235) 司勳: 주나라 때 功賞의 일을 맡은 관직. 唐에서는 尙書吏部 소속 司勳郎中을 가리킨다.

236) 淸廟: 周 文王의 宗廟. 널리 제왕의 종묘인 태묘를 뜻하기도 한다.

237) 면류관을 나타내고 휘장을 걷음에는: 露冕褰帷. 한국고전번역원에서는 "휘장은 걷어 면복을 보임"이라고 해석하였다. 漢의 郭賀가 荊州刺史가 되어 잘 다스렸다. 明帝가 南陽 지방을 순시하다가 이곳에 이르러서는 三公의 의복을 하사한 다음, 勅命을 내려 함께 지방을 순시하게 하였는데, 그때 "수레의 휘장을 벗겨서 백성들로 하여금 면복을 입은 모습을 보게 하라." 하여 덕이 있음을 드러내고, 총애하는 뜻을 표하였다(『後漢書』 卷26 郭賀列傳).

238) 符節을 나눔에: 옛날에 천자가 제후를 봉할 때 符節을 양분하여 반쪽은 제후한테 주고 반쪽은 보관하였다가 후일의 信標로 삼았다.

239) 龔黃: 한나라의 循吏인 龔遂와 黃霸. 훌륭한 수령의 대명사이다.

240) 鳴絃: 관리가 정사를 함에 있어서 법도가 있어 백성들이 안락한 것을 말한다. 魯의 子遊가 武城의 수령으로 있으면서 禮樂으로 가르쳤으므로 고을 사람들이 모두 현을 울리면서 노래하였다고 한다(『論語』 陽貨).

241) 卓魯: 漢의 循吏인 卓茂와 魯恭. 어질고 재능이 있는 수령의 대명사로 쓰이게 되었다.

242) 『三國史記』 卷28 百濟本紀6 義慈王20年 기사에서는 본래 5部 37郡 200城 76萬戶가 있었는데 이 때에 그 지역을 나누어 熊津·馬韓·東明·金漣·德安의 5都督府를 설치하고 각기 州縣을 통할하게 하였다고 한다.

243) 東觀: 後漢 때 洛陽의 南宮 안에 있던 觀의 이름으로, 班固 등이 이곳에서 『東觀漢記』를 수찬하였다. 후대에는 國史를 수찬하는 곳을 가리키게 되었다.

244) 南宮: 당나라의 官制로 禮部를 가리키는 표현이다.

245) 彝鼎: 고대의 제사용 鼎. 宗廟에서 神酒를 따라두는 鐘鼎으로 옛날 공로가 있는 신하의 이름을 이 祭器에 새겨서 오래도록 전하게 했다.

에 새기는 것은 그 功을 나타내기 위함이다. 陵州長史 判兵曹 賀遂亮이 외람되이 용렬한 재주를 가지고 잘못 文翰을 맡았는데, 학문은 俎豆[247]를 가벼이 여기고 기운은 風雲[248]을 중히 여겼으며, 직책은 將軍이라 불리워 廉頗와 함께 ▨列하기를 원하고 벼슬은 博士라 칭해져 賈誼[249]와 함께 ▨衡하기를 바랐다. 쇠약한 용모라 여기지 않고 오히려 장한 절개를 품어 海外에서 창을 들고 작은 것[250]이라도 본받기를 바라고, ▨載▨庭 아홉 번 逋▨을 꺾었다. 翁歸之▨하나 ▨은 가운데에 머무르고자 하니, 이에 다른 말은 버리고 敬▨▨筆 ▨書成事하고 浮華[251]는 취하지 않았으며, 저 바다가 뽕밭으로 변하여도 天地가 영구한 것과 같이 하고, 물가가 우거진 섬으로 바뀌어도 日月과 더불어 길이 매달리게 하고자 한다.

그 ▨에 이르기를

아득히 먼 옛날, 어둡고 아득한 그 처음에 人倫은 아직 혼돈하여 어두웠으나[252] 천지 자연의 이치는 비롯되었다. 겨울에는 움집 여름에는 굴로 새들처럼 거처를 옮겨다니니[253] (집을) 짓기도 하고 새기기도 하며, 혹은 사냥, 혹은 고기잡이도 하였다. 청정한 근원이 이미 지나갔고 큰 道가 빠져 없어졌다. 순박한 근원이 이미 지나가고 大道는 몰락하였다. 이에 三皇五帝[254]에 미쳐 대대로 한 주인이 아니니, 禪讓을 한 것은 唐堯와 虞舜[255]이요, 革命을 한 것은 湯王·武王[256]이다. 위로는 七政[257]을 가지런히 하고 아래로는 천하[258]를 고르게 하며, 여러 번 무기를 들어 이에 천하를 맑게 하였으나 西掖을 적시지 못했으니 어찌 東戶에 미치겠는가? 아! 우리 황제께서는 道가 穹蒼[259]에 들어맞고 榮譽는 千古에 본보기가 되어 뭇 왕을 다루니 멀고 먼 변방과 아득히 먼 大荒[260]에게 모두 正朔[261]을 내려주고 아울러 封疆[262]을 맡겼다. ▨▨▨種

246) 景鍾: 景鐘. 경종은 춘추 시대 때 晉의 景公이 만든 종으로, 경공은 이 종에 공훈을 새겼다고 한다. 중국 전설의 黃帝 시대 五鍾 중 하나라는 뜻도 있다.

247) 俎豆: 祭器. 제사지내는 법식, 곧 예법을 가리키는 표현이다.

248) 風雲: ①地勢의 高遠한 비유. ②高位의 비유. ③용이 비바람을 얻어 하늘에 올라가는 것 같이 영웅이 때를 만나 세상에 나오는 비유. ④변화가 헤아릴 수 없는 모양. 여기서는 ③의 뜻으로 사용된 것으로 추정된다.

249) 賈誼: 전한 文帝 때의 문신으로 洛陽 사람. 문제 때 博士에서 太中大夫가 되었으며, 뒤에 長沙王의 太傅로 좌천되었다가 다시 梁王의 太傅가 되었다. 저서에 『新書』, 『賈長沙集』이 있는데 「治安策」, 「過秦論」 등의 글이 가장 유명하다. 당시 사람들은 그를 賈太傅, 또 연소한 수재라 하여 賈生이라 불렀다. 33세에 요절하였다.

250) 작은 것: 涓塵. 근소한 것.

251) 浮華: 천박하고 화려함. 겉만 꾸미고 성실하지 않음을 의미한다.

252) 혼돈하여 어두웠으나: 草昧. ①천지가 개벽하던 어두운 세상. ②혼돈하여 어두움. 여기서는 ②의 뜻이다.

253) 새들처럼 거처를 옮겨다니니: 鶉居. 메추라기가 집이 없는 것처럼 居所가 일정치 않음을 가리킨다.

254) 三五: 三皇五帝를 이름. 三皇은 중국 고대의 천자인 伏羲氏·神農氏·黃帝(또는 燧人氏), 五帝는 少昊·顓頊·帝嚳·堯·舜.

255) 唐虞: 帝堯 陶唐氏와 帝舜 有虞氏.

256) 湯武: 殷의 湯王과 周의 武王.

257) 七政: 日·月과 金·木·水·火·土의 다섯 별을 가리키기도 하고, 天·地·人과 春·夏·秋·冬을 가리키기도 한다.

258) 九土: 九州와 같은 말로 천하를 가리킨다.

259) 穹蒼: 높고 푸른 하늘.

260) 大荒: 지극히 먼 곳. 一說에는 세계의 동쪽 끝의 거친 바다.

261) 正朔: 正은 1년의 시작을, 朔은 한 달의 시작을 의미하는데, 전하여 달력이나 역수(曆數)를 지칭한다. 제왕이 건국하면 달력을 고쳐 천하에 반포하여 통치 지역 내에서는 모두 그 달력을 행하였다.

홀로 三光[263]을 멀리하고 은혜를 베푼 나라를 배반하고 水鄕을 능멸하니, 하늘이 飛將을 내려 날랜 군사[264]를 용처럼 날뛰게 하매 활은 달그림자를 머금고 칼은 별빛을 움직인다. 용맹스런 군대[265] 백만이 번개처럼 일어나고 바람같이 드날려 앞에서는 蟠木[266]을 베다가도, 물러나서는 扶桑[267]을 베어버리매, 얼음은 여름해에 녹고 잎은 가을서리에 부서졌다. 헌걸찬 五營과 밝고 밝은 三令[268]으로 仰申▨▨ 하고 굽어서는 軍政을 가지런히 하니, 바람은 풀잎이 시들 때보다 엄하고 태양은 강물이 맑을 때보다 차도다. 서리같이 매서운 창은 밤에 움직이고 구름깃발이 ▨▨하니 ▨戟[269]이 앞장서고 吳의 갈고리가 뒤를 막으매 간교한 자는 머리를 바치고, 도망쳐 죄를 피한 자는 목숨을 청한다. 威惠▨▨, ▨▨▨▨, 아름다운 나무가 베어지지 않아 甘棠[270]에는 노랫소리가 울렸다. 花臺에서 달을 바라보니 貝殿[271]이 ▨▨하고, ▨▨▨▨ ▨梵晨▨. 이 寶刹[272]을 깎아 특별한 공을 기록하니 拒天▨▨▨固, 地軸을 가로질러서 끝이 없으리라.

4. 연구쟁점

1) 관북리 출토 石槽 碑銘과의 관계

앞서 밝혔듯이, 이 비문은 비석이라는 일반적인 형태가 아니라 탑에 새겨졌다. 또한 이 비문과 같은 내용이 새겨진 석조 유물이 옛 부여군아 부지에서 발견되면서 두 비문의 관계에 대한 의문도 제기되었다. 이에 더하여 『신증동국여지승람』에는 "蘇定方碑 : 在縣西二里 唐高宗遣定方 與新羅金庾信伐百濟滅之 立石紀功"이라는 기록이 남아 있다. 만약 이 기록에서 말하는 소정방비가 석탑과 석조에 새겨진 비문을 말하는 것이 아니라면 제 3의 비가 존재하는 것이 된다. 『부여군현지』에서는 앞의 『신증동국여지승람』의 기록을 인용하면서, 지금은 현의 남쪽 2리에 있다고 기록하고 석탑의 비문에 관하여 설명하고 있다. 이처럼 비문에 관해 혼재하는 기록과 동일한 비문이 새겨진 2개의 유물로 인해 비문의 새겨진 배경에 대해 여러

262) 封彊: 제후를 봉한 땅.

263) 三光: 日·月·星의 세 빛. 三精.

264) 날랜 군사: 豹. 앞의 飛將으로 미루어 보아 군대로 짐작된다.

265) 용맹스런 군대: 貔貅. 貔는 수컷, 貅는 암컷의 맹수의 이름으로 용맹한 군대를 의미한다.

266) 蟠木: 몸이 휘감겨진 나무라는 뜻으로 좋지 않은 나무를 의미한다.

267) 扶桑: 동쪽 바다의 해돋는 곳에 있다는 神木 또는 그 신목이 있는 곳. 동쪽의 백제를 가리킨 듯하다.

268) 三令: 三令五申을 이르는 듯. 세 번 호령하고 다섯 번 거듭 일러준다는 뜻으로, 옛 군대에서 여러 차례 되풀이하여 자세히 명령함을 이르는 말이다.

269) ▨戟: 뒤의 '吳鉤'로 미루어보아 미상자가 越일 것으로 보고 越戟으로 해석한 견해가 있다(한국고전번역원).

270) 甘棠: 팥배나무. 여기서는 당나라의 파견관들이 정사를 잘한다는 뜻으로 쓰였다. 周의 召公이 北燕에 봉해져서 감당나무 아래에서 어진 정사를 펼쳤는데, 소공이 죽은 뒤에 백성들이 소공을 그리워하여 감당나무를 감히 베지 못하면서 시를 지어 기렸다고 한다(『史記』 卷34 燕召公世家).

271) 貝殿: 조개로 장식한 궁궐인 貝闕로, 河伯이 사는 龍宮을 가리킨다.

272) 寶刹: 절을 높여 이르는 말이다.

가지 의문이 제기되고 있다. 각각의 경우를 정리해보면 다음과 같다.

a)『신증동국여지승람』의 소정방비가 존재.

→ ① 지금 남아 있는 2개의 비문과 같은 내용. 최초의 비

→ 복각 순서가 ㉠최초 소정방비–석탑–석조 ㉡최초의 소정방비–석조–석탑

→ ② 지금 남아 있는 2개의 비문과 다른 내용

b)『신증동국여지승람』의 소정방비는 존재하지 않았음. 현재 남은 2개가 전부.

→ ① 석탑 비문이 원본, 석조 비문은 복각본 ② 석조 비문이 원본, 석탑 비문이 복각본

그러나 현재 석탑의 제액이 일반적인 비석에 적용되기 어려운 형식이라는 점을 고려한다면 a)–①의 경우는 제외할 수 있을 것으로 생각된다. 또한 동면에서 글자 크기가 이전과 달라진 것도 고려할 점이다. a)–②의 경우는 지금으로서는 관련 사항을 알 수 없다. b)의 경우는 새긴 순서를 확인해야 해결할 수 있는 의문이다. 현재 석조에 남아 있는 비문의 상태는 매우 좋지 못하지만, 다행히 제액 부분은 확인이 가능하다. 그런데 석조에는 "大唐平百濟國碑銘"이라고 1행으로 새긴 후 바로 본문이 시작되고 있다. 따라서 새긴 일시와 書者까지 쓰여 있는 석탑의 비문이 보다 자세하다. 따라서 새긴 순서는 석탑–석조가 맞을 듯하다.

이에 더하여 또 하나 고려해야 할 사항은 이 석탑이 해당 비문을 새기기 위해 건립한 것인지, 아니면 이미 세워져 있던 탑에 새긴 것인지의 문제이다. 앞서 언급했듯이 비문에는 "顯慶五年歲在庚申八月己巳朔十五日癸未建"이라고 되어 있다. 문제가 되는 것은 '建'의 해석일 것이다.『삼국사기』에 따르면 소정방이 사비성을 함락시키고 전승축하연을 연 시기가 660년 8월 2일이고, 9월 3일 이전에 소정방은 의자왕 등 포로를 데리고 당으로 돌아갔다. 명문에서 8월 己巳朔 15일에 세웠다고 되어 있으므로, 비문을 새기기 위해 탑을 세우기에는 물리적인 시간이 부족하다. 또한 또 하나의 당평제비가 석조에 새겨져 있다는 점도 유의해야 한다. 당시 소정방은 의자왕의 항복을 받은 후 바로 귀국하였기 때문에, 따로 비석을 세울 만한 여유가 없었고, 이에 탑과 석조에 비문을 새겼던 것으로 이해하는 것이 합리적이라고 생각된다.

같은 내용이 새겨진 석조는 백제 하대의 것으로 추정되는 원형 석조이다. 석조의 외구경은 1.65m, 전체 높이는 1.6m이며, 새겨진 글자의 자경은 3.9㎝이다. 석조의 1/4는 파손되었고 남은 부분도 표면이 마멸되어 글자를 알아보기 힘들다. 만약 석조 전체에 글자를 새겼다고 가정하면 모두 72행(매행 11자)를 상정할 수 있지만, 현재 확인되는 것은 1행~18행, 끝부분에서 3행 정도가 확인된다고 한다. 이 경우 석조에 새겨질 수 있는 글자는 1행의 비명을 제외하면 781자이다. 그런데 국립중앙박물관이 발간한『금석문자료』에 실린 탁본에서는 72행에서도 글자의 흔적이 보인다.『한국고대금석문』에서는 석탑각자 남면 22행 첫 번째 글자까지 새겨져 있다고 보았으나, 그렇다면 석조각자 72행까지가 아니라 그 앞에서 이미 명문이 끝났을 것이다. 그런데 72행에도 글자의 흔적이 보이고 있다는 것은 석탑각자의 내용이 더 새겨져 있었거나 다른 내용이 새겨졌을 가능성을 시사한다. 만약 석탑각자의 내용을 완전히 그대로 옮겼다고 한

19	18	17	16	15	14	13	12	11	10	9	8	7	6	5	4	3	2	1	72	71	70	69	68	
▨	▨	자	자	자	▨	則	任	▨	己	▨	▨	▨	文	▨	而	靈	原	大	▨	▨	▨	▨	▨	①
▨	▨	면	면	면	▨	▨	▨	▨	誅	九	武	戈	▨	▨	恢	▨	夫	唐	▨	▨	▨	▨	▨	②
▨	▨	박	박	박	▨	▨	鑿	▨	若	▨	未	▨	▨	▨	地	▨	皇	平	▨	▨	▨	▨	▨	③
▨	▨	락	락	락	▨	▨	門	▨	乃	▨	▨	▨	▨	五	▨	外	王	百	▨	▨	▨	▨	▨	④
▨	▨				▨	▨	▨	▨	式	▨	佳	之	▨	兵	莫	而	▨	濟	▨	▨	▨	▨	▨	⑤
▨	▨				▨	▨	▨	典	▨	洞	兵	▨	▨	而	不	▨	▨	國	▨	▨	▨	▨	▨	⑥
▨	▨				▨	▨	惟	午	▨	▨	▨	▨	▨	▨	▨	天	以	碑	▨	▨	▨	▨	▨	⑦
▨	▨				▨	▨	▨	承	▨	▨	知	▨	▨	▨	七	▨	朝	銘	▨	▨	▨	▨	▨	⑧
▨	▨				▨	▨	馬	曹	▨	逆	▨	▨	▨	▨	▨	▨	▨	▨	▨	▨	▨	▨	▨	⑨
▨	▨				▨	▨	▨	至	▨	三	▨	▨	▨	▨	▨	▨	▨	▨	▨	▨	▨	▨	▨	⑩
▨	▨				▨	▨	▨	▨	▨	▨	▨	▨	▨	▨	▨	▨	▨	▨	▨	▨	▨	▨	▨	⑪

다면, 공간이 부족하기 때문에 전체 비문이 다 새겨졌을 것이라고 보기 어렵다. 그렇다면 본 비문의 어떤 지점에서 글을 마무리하였는지를 확인해야 할 것이지만, 현재 남아있는 탁본으로는 거의 글자를 확인하기 어렵다. 석탑각자의 비문을 내용의 맥락에 따라 적정한 지점까지만 새기고, 글을 마무리하는 문장을 새겨넣지 않았을까 추정해 본다.

2) 정벌군 장수들의 직위 문제

「大唐平百濟國碑銘」에는 소정방을 필두로 하여 정벌군 장수들의 이름이 기록되어 있다. 『三國史記』와 『舊唐書』·『新唐書』 등에서도 정벌군에 참여한 인물들이 확인되는데, 정벌군 내에서의 직책이 각기 달리 기록되어 있어 주목된다. 소정방은 「大唐平百濟國碑銘」에서는 '神丘·嵎夷·馬韓·熊津 等 十四道大摠管'이라고 하였으나, 『三國史記』 新羅本紀와 百濟本紀 및 『舊唐書』와 『新唐書』에서는 '神丘道行軍大摠管'라고만 기록하였다. 그 외 여러 직명 중 학계의 주목을 받은 것은 '嵎夷道行軍摠管'이다. 『三國史記』 新羅本紀와 百濟本紀 및 『新唐書』에서는 무열왕 김춘추가 '嵎夷道行軍摠管'이었다고 하였는데, 『舊唐書』에서는 劉伯英을 '禺(嵎)夷道摠管'이라고 기록하고 있다. 또한 「大唐平百濟國碑銘」에서는 曺繼叔을 '嵎夷道副摠管'이라고 하고, 「劉仁願紀功碑」에서는 유인원이 '嵎夷道行軍子摠管'이었다고 쓰고 있다. 이와 관련하여 당이 정벌군단의 명칭을 작명할 때 정벌지와 관련된 지명을 사용한다는 점, 본래 '嵎夷'는 동쪽과 관련된 의미로서 백제의 동쪽에서 출병한 무열왕이 嵎夷道摠管에 임명되었다는 점, 『삼국사기』 지리지에서 도독부 휘하 속현 중 '嵎夷縣'이 있다는 점과 관북리에서 출토된 목간 중 '嵎夷'가 쓰여진 것이 있다는 점 등을 근거로 '嵎夷'를 백제의 고유 지명으로 보는 견해가 제기되기도 하였다(윤선태 2006, pp.253-256).

3) 정림사지 5층석탑 옥개받침돌(楣石)의 명문

「大唐平百濟國碑銘」이 새겨져 있는 정림사지 5층석탑에는 이 비명과 관련된 또 다른 명문이 새겨져 있다. 명문이 새겨진 위치는 석탑 1층의 楣石 부분으로, 탑신의 세로로 세워진 돌 위에 가로로 얹혀 있는 돌에 1행당 3字가 새겨져 있다. 탁본을 확인할 수 없어서 실물조사를 시도하였으나, 글자가 새겨진 위치가 상당히 높아 명문을 자세히 살필 수는 없었다. 사진상으로도 글자가 희미하게 보이기는 하나, 확인 가능한 글자는 많지 않다. 탑신부에 새겨진 비명과 같은 순서로 새겨졌다면, 남면에서 시작하여 동면에서 명문이 끝나야 하며, 현재 글자의 흔적이 확인되는 부분은 서면과 북면 부분이다. 『金石遺文』(황수영 1972)에서 읽은 글자도 매우 적은 편이다. 다음은 조사 때 촬영한 사진 중 희미하게나마 획이 남아 있는 사진들을 제시한 것이다.

옥개받침돌 서면 일부(출처: ⓒ이재환)

옥개받침돌 북면 일부(출처: ⓒ이재환)

북면 사진의 중간 윗부분에 '洲'로 읽을 수 있는 획들이 희미하게 보인다. 『金石遺文』과 『역주한국고대금석문』의 판독문을 참고해보면 북면 19-①의 '洲'가 아닐까 싶다. 앞으로 정밀한 조사와 검토가 이루어진다면 보다 많은 글자들이 판독될 가능성이 높을 것이라 기대해 본다. 아래의 판독문은 『金石遺文』과 『역주한국고대금석문』의 판독문을 정리한 것이다.

〈서면〉

32	31	30	29	28	27	26	25	24	23	22	21	20	19	18	17	16	15	14	13	12	11	10	9	8	7	6	5	4	3	2	1
▨	▨	▨	同	▨	▨	長	▨	▨	君	▨	▨	▨	▨	▨	▨	▨	▨	▨	▨	▨	衝	▨	通	爲	國	衝	長	▨	▨	上	內
▨	▨	▨	▨	▨	州	▨	▨	▨	恪	▨	▨	▨	▨	▨	▨	▨	▨	▨	▨	▨	▨	▨	▨	▨	▨	上	▨	▨	道	▨	給
▨	▨	▨	▨	▨	府	▨	▨	府	▨	▨	▨	▨	長	▨	▨	▨	▨	▨	▨	▨	▨	▨	▨	▨	▨	柱	▨	▨	▨	▨	事

〈북면〉

32	31	30	29	28	27	26	25	24	23	22	21	20	19	18	17	16	15	14	13	12	11	10	9	8	7	6	5	4	3	2	1
▨	▨	▨	▨	▨	▨	▨	▨	▨	曹	▨	鎧	李	州	鎧	▨	曹	▨	▨	▨	農	▨	陰	州	▨	李	州	▨	▨	▨	▨	▨
▨	▨	▨	▨	▨	▨	▨	▨	▨	李	府	▨	思	司	▨	▨	▨	▨	▨	▨	▨	曹	▨	司	曹	▨	司	▨	▨	▨	▨	▨
▨	▨	▨	▨	▨	▨	▨	▨	▨	▨	兵	▨	約	▨	▨	▨	▨	▨	▨	▨	▨	司	▨	▨	▨	▨	馬	▨	▨	▨	▨	▨

내용이 거의 연결되지 않아 명문의 내용은 파악하기 어렵다. 다만 "▨州司馬 李▨…"와 같은 부분으로 미루어 짐작해 보면 660년 백제정벌군에 속해 있던 당의 장수 혹은 관인들의 명단을 기록한 것일 가능성이 있다.

5. 참고문헌

1) 보고서 및 자료집

국립중앙박물관, 2010, 『금석문자료』 1. 삼국시대, 예맥.

국사편찬위원회, 1995, 『韓國古代金石文資料集』, 국사편찬위원회.

동북아역사재단, 2009, 『譯註 中國正史 外國傳』 2. 漢書 外國傳 譯註, 동북아역사재단.

동북아역사재단, 2009, 『譯註 中國正史 外國傳』 3. 後漢書 外國傳 譯註, 동북아역사재단.

동북아역사재단, 2011, 『譯註 中國正史 外國傳』 10. 舊唐書 外國傳 譯註, 동북아역사재단.

동북아역사재단, 2011, 『譯註 中國正史 外國傳』 11. 新唐書 外國傳 譯註, 동북아역사재단.

조선총독부, 1914, 『朝鮮古蹟圖譜』 4책, 조선총독부.

조선총독부, 1919, 『朝鮮金石總覽』, 조선총독부; 1976, 『朝鮮金石總覽』, 亞細亞文化社(재간행).

한국고대사회연구소, 1992, 『譯註 韓國古代金石文』 Ⅰ. 고구려·백제·낙랑편, 가락국사적개발원.

한국정신문화연구원, 1979, 『藏書閣所藏拓本資料集』 Ⅰ. 古代·高麗篇, 한국정신문화연구원.

황수영, 1972, 『金石遺文』 3, 한국미술사학회.

허흥식, 1984, 『韓國金石全文』, 亞細亞文化社.

2) 논저류

노중국, 2003, 『백제부흥운동사』, 일조각.

박한제, 2006, 「수당 세계제국과 고구려」, 『한국고대국가와 중국왕조의 조공 책봉관계』, 고구려연구재단.

方香淑, 1994, 「百濟故土에 대한 唐의 支配體制」, 『李基白先生古稀紀念 韓國史學論叢(上)』, 일조각.

배근흥, 2008, 「『大唐平百濟國碑銘』 문제에 대한 고찰」, 『忠北史學』 20, 충북대학교 사학회.

윤선태, 2006, 「百濟 泗沘都城과 '嵎夷' －木簡으로 본 泗沘都城의 안과 밖－」, 『東亞考古論壇』 2, (財)忠

清文化財研究院.

이도학, 1997,『새로 쓰는 백제사』, 푸른역사.

千寬宇, 1979,「馬韓諸國의 位置 試論」『東洋學』9.

韋慶遠·柏樺, 2001,『中國官制史』, 東方出版中心.

胡口靖夫, 1979,「鬼室福信と劉仁願紀功碑」,『古代文化』241, 古代學協會.

劉仁願紀功碑

박지현

1. 개관

본 비는 소정방과 함께 백제정벌군에 참여했으며 백제 멸망 후 그 땅에 설치된 당의 지배기구인 熊津都督府의 都督까지 역임했던 당의 관료인 劉仁願의 공적을 새긴 비석이다. 夫餘縣志에서는 北三里에 유인원기공비가 있다고 기록되어 있고, 본 비의 명문을 소개하고 있는 『海東金石苑』에서도 이 기록을 인용하고 있다. 그런데 明治 42년(1909)에 시행된 조선총독부의 조사 시에는 본 비가 충청남도 부여군 부여읍 官北里에 소재한 扶蘇山의 山城內에 있었다고 기록되었다(朝鮮總督府 1914, pp.467-468). 또한 『海東金石苑』에서는 본 비석이 앞의 절반만 남아 있다고 기록하고 있어 일찍이 세로로 쪼개졌던 것으로 추정된다. 1909년의 조사 시에도 마찬가지의 상태였던 것으로 보이며 이후 大正 5년(1916)에 보수작업을 통해 재건하였다고 한다. 『朝鮮古蹟圖譜』에는 1909년 조사 당시의 사진이 실려 있는데, 螭首와 碑身 및 碑片을 확인할 수 있다. 현재 본 비는 비신이 접합된 상태로 국립부여박물관 내 비각에 보존되고 있다.

본 비의 건립 시기에 관해서는 약간의 이견이 있는 듯하다. 『海東金石存攷』는 현재 정림사지 5층석탑에 새겨진 당평제비와 같은 시기인 660년에 세워졌다고 기록하고 있는 반면, 『大東金石目』에서는 唐 高宗 龍朔 3년으로 기록하였고 『朝鮮金石總覽』은 문무왕 3년으로 추정하였는데 모두 663년이다. 조선사편수회에서 편찬한 『朝鮮史』에는 본 비가 麟德 元年조에서 언급되는데, 이때는 664년이다. 胡口靖夫는 664년 설에 동의하고 있다. 그 근거로서 먼저 유인원이 663년 백제부흥군과의 전쟁을 마무리하고 그해 겨울에 당으로 개선하였기 때문에 663년에 비를 건립할 만한 시간적인 여유가 없었다는 점을 들고 있다. 당평제비(소정방비)가 비석으로 만들어지지 못하고 탑에 새겨진 이유로 짧은 기간 안에 마땅한 재료를 구하기 어려웠기 때문이라는 견해가 있다는 점에서 유인원은 소정방의 사례를 참고로 하여 기공비 건립을 시간적 여유를 두고 기획하였을 가능성이 높다는 것이다. 또한 664년에 유인원이 사비산성의 백제부흥군 잔여 세력을 소탕하면서 백제 영역을 완전히 장악하고 이후에는 외부로 눈을 돌려 일본과의 관계 개선에 노력하였다는 점에서 기공비를 세울 시기로는 664년이 보다 적당하다는 것이다(胡口靖夫 1979, pp.23-29). 현재 한국학계에서는 비의 건립연대를 대체로 663년으로 보고 있다.

비신의 높이는 237.9cm, 두께 30.9cm이며 이수는 높이 113.6cm, 비 전체의 폭은 133.3cm이다. 碑文은 字徑 2.42cm의 楷書로, 題額은 字徑 6cm의 篆書로 陽刻되었다. 비문은 오른쪽 과반이 남아 있지만 닳아져 없어진 정도가 심하다. 총 34행에 1행은 대체로 69자로 되어 있는데 현재 제20행까지는 거의 판독이 가능하나 제21행은 18자 정도가 판독이 되며 22행부터는 대부분 판독이 불가능한 상태이다.

본 비문은 내용의 절반 정도가 확인되지 않는데, 아쉽게도 660년 이후 유인원의 행적에 관한 부분이다. 앞부분에서는 유인원 선조의 계보, 유인원의 자질 및 유인원이 백제정벌 이전에 당에서 세운 공적들을 서술하고 있다. 유인원은 『舊唐書』·『新唐

출처: 한국정신문화연구원, 1979, 『藏書閣所藏拓本資料集』 古代·高麗篇, p.48.

書』 열전에 입전되어 있지 않을 뿐만 아니라 本紀에서도 그 이름이 잘 나타나지 않는다. 본 비문에서 유인원이 참여했다고 서술하고 있는 薛延陀 경략이나 賀魯 정벌에 관한 기록들에서도 유인원은 보이지 않는다. 645년의 고구려 정벌에서도 마찬가지인데, 이것은 유인원이 行軍에서 子總管이라는 부관직을 맡고 있었던 것에서 기인했다고 볼 수도 있을 것이다. 게다가 유인원은 668년 고구려 정벌에서 군기를 어겨 요주로 유배되었기 때문에 열전에 입전되지 못했을 가능성도 있다. 따라서 본 비문은 유인원의 행적에 관하여 가장 상세한 내용을 전하고 있는 자료라고 볼 수 있으며, 이러한 측면에서 중요한 의의를 지닌다고 하겠다.

2. 판독 및 교감

『장서각소장탁본자료집』Ⅰ, 국립중앙박물관에서 출판된 『금석문자료』Ⅰ, 그리고 한국금석문종합영상정보시스템에서 제공하는 탁본들을 기본 자료로 하고, 지금까지 정리된 판독문들을 종합하여 정리하였다. 현재 전하는 탁본에는 비면 중 일부가 남아 있지 않은데, 『全唐文』이나 『三韓金石錄』에서 이 사라진 부분의 판독문을 제시하고 있다. 현재 보이지 않는 부분이기 때문에 필자가 판독하기 어려우므로, 이 판독문들을 그대로 제시하고 해당 부분에 밑줄을 그어 표시해 두었다.[1] 교감에서의 범례는 다음과 같다.

『三韓金石錄』: 三韓

국립중앙박물관, 2010, 『금석문자료』 1. 삼국시대, 예맥: 博物館

濱田耕策, 2011, 「劉仁願紀功碑の復元と碑の史料價值」: 濱田

1) 『三韓金石錄』: 三韓.

국립중앙박물관, 2010, 『금석문자료』 1. 삼국시대, 예맥: 博物館.

濱田耕策, 2011, 「劉仁願紀功碑の復元と碑の史料價值」, 『年報 朝鮮學』 14, 九州大學朝鮮學研究會: 濱田.

盖聞 龍躍天衢 必藉風雲之力 聖人膺運 亦待將帥之功 方▨▨▨▨▨▨ 衛霍▨▨於强漢. 其能繼▨歌詠者 惟在劉將軍乎. 君名仁願字士元 雕陰大斌人也. ▨土開家 ▨▨建旆於東國 分茅錫壤[2] 王孫杖[3]節於北疆. 三楚盛其衣▨[4] 六郡▨其軒冕 ▨枝▨▨可略而言. 高祖▨▨ 散騎常侍 寧[遠][5]將軍 徐州大中正 彭城穆公. 屬魏室不綱 尒朱陵虐 東京▨[6]喪 ▨▨西遷 陪奉鑾輿 徙居開內. 尋除鎭北大將軍 持節都督 河北諸軍事 綏州刺史 因官食封. 仍代居之 ▨鼓▨▨▨[7] ▨北州之望. 曾祖 平 鎭北大將軍 朔方郡守 綏州刺史 上開府[儀]同三司 襲爵彭城郡開國公. 祖 懿 周驃騎大將軍 儀同三司 隨使持節綏州諸軍事 綏州揔[8]管 ▨州刺史 [雕][陰][9]郡開國公. 父 大俱 皇朝使持節[同][10]綏二州揔[11]管 卄四州諸軍事 綏州刺史 尋遷都督左武衛將軍 右驍衛大將軍 勝夏二州道行軍揔管 冠軍大將軍 鎭軍[12]大將軍 上柱國 別封彭城郡開國公. 並桂馥蘭芬 金貞玉潤 名高大樹 譽[滿][13]詞林 珪璋閥閱 見於斯矣. 君 稟度河基 資靈嶽瀆 墻[14]宇凝峻 孝敬日躋. 命偶昌期 逢時遇主 欽明啓運 光宅普天. 太宗文皇帝 乃聖乃神乃文乃武 并[15]呑六合 席卷八荒. 博訪羣材 用康大▨[16] 英髦特達 幽顯必臻. 君 以地蔭膏腴 門承勳業 令問[17]之譽僉議攸歸. 起家爲▨文館學生 ▨▨[18]右親衛▨▨▨▨▨▨▨▨. 旅力▨健 膽氣過人 甞[19]從出遊 手格猛獸 太宗深歎異之 特加賞賜. 卽降恩詔 入仗內供奉. 貞觀十九年 太宗 親[馭][20]六軍 省方遼碣 千乘雷動 萬騎雲屯. ▨▨▨▨▨▨▨[21]集 而高麗賊臣蓋蘇文 獨生携貳[22] 鳩聚亡命 招納姦回 囚其君長 擧兵稱亂 ▨▨[23]蟻衆 敢抗王師. 皇赫斯怒 龔行弔[24]伐 兵鋒[所][25]到 若

2) 壤(海東, 濱田), 讓(三韓, 譯註, 博物館).
3) 授(總覽, 全文, 濱田), 杖(海東, 三韓, 博物館).
4) 簪(海東, 全文, 譯註, 濱田).
5) 遠(海東, 總覽, 濱田), 東(三韓, 全文, 譯註).
6) 淪(海東, 全文, 譯註, 濱田).
7) 之(總覽, 全文, 譯註, 博物館, 濱田), 更(海東).
8) 揔(總覽, 全文, 譯註, 博物館, 濱田), 總(海東) / '海東'에는 탁본이 없는 부분의 揔만 제외하고 나머지 揚은 모두 總으로 되어 있다. 字形은 揔이 맞다.
9) 앞의 글자가 '雕'로 추정된다면 이 글자는 '陰'일 가능성이 높다. 앞에서 劉仁願의 출자를 '雕陰'이라 밝히고 있기 때문이다.
10) 曰(濱田), 同(海東, 譯註, 博物館), 因(總覽, 全文).
11) 揔(總覽, 全文, 譯註, 博物館, 濱田), 總(海東).
12) 軍(海東, 總覽, 全文, 濱田), 北(譯註) / 현재 획으로 보아 '軍'으로 추정된다.
13) 滿(海東, 全文), 播(總覽, 濱田).
14) 牆(海東, 全文), 墻(總覽, 濱田).
15) 并(海東), 併(總覽, 全文).
16) 夏(海東), 寶(全文, 譯註).
17) 問(海東, 總覽). 聞(全文, 譯註).
18) 進(海東, 全文) / 탁본상으로는 자획을 확인하기 어려워 미상자로 두었다.
19) 嘗(海東), 甞(總覽, 全文) / 자획은 명확하다. '甞'은 '嘗'의 이체자이다.
20) 馭(海東), 駈(全文).
21) 畢(全文, 譯註, 博物館) / 자획이 거의 보이지 않아 미상자로 하였다.
22) '全文'에서는 携로 읽었는데 자형은 확실히 '貳'이다. 바로 위 글자가 '携'이므로 입력상의 오류가 아닐까 한다.
23) 率(海東, 全文, 譯註, 博物館) / 자획이 거의 보이지 않아 미상자로 하였다.
24) 天(海東), 吊(總覽, 全文, 濱田), 弔(譯註, 博物館).

破▨▨ ▨其遼東盖牟▨▨▨十城 ▨[26)]▨▨▨新城安地等三▨. 虜其大將延壽惠眞 俘其甲卒一十六万. 君 身預戎旃 ▨奉▨▨[27)] 前茅後殿 每陣先登. 摧强陷堅 同於拉朽 戰勝攻取 ▨▨▨▨. ▨賜物 乘馬一疋 ▨▨▨▨▨▨▨弓二張 大箭三百隻 並是供奉御仗 特加褒異. 遼東行還 累前後戰▨[28)] 超拜上柱國 別封黎陽縣開國公. 擢授右武衛鳳鳴府 左果毅都尉 壓領飛騎於北門長上. 卄一年 任行軍子[29)]揔[30)]管 隨英國公李勣 經略延陀 并[31)]迎接車鼻 安撫九姓鐵勒. 行還 改授右▨衛郎將 依舊▨[內][32)]供奉. 卄二年 又任子揔[33)]管 向遼東經略 以公事除名. 其年 更授右武衛神通府 左果毅都尉. 卄三年 太宗宮車晏駕. 宗廟社稷 不可一日無▨ 儲皇諒闇 纂戎▨▨ 周邦雖舊 厥政惟新. 凡百庶寮[34)] 勉修其職. 君 以[勇][略][見]知[35)]材明 被用未踰朞月 又蒙今上駈使. 永徽二年 更入鐵勒撫慰 行▨[36)]▨. 勅簡折衝果毅 强明堪[37)]統領者. 隨機處分[38)] 君受▨經略 頻[度][39)]遼東. 五年 授葱山道行軍子揔[40)]管 隨盧國公程知節 討▨[41)]賀魯 行還 從[幸][42)]洛陽. 顯慶元年 遷左驍衛郎將. 二年 應詔擧文武高第 ▨進三階. [復][43)]入鐵勒安撫. 四年 入吐谷渾及吐藩宣勞. 五年 授嵎夷道行軍子揔[44)]管 隨邢國公蘇定方 平破百濟. 執其王扶餘義慈并[45)]太子隆及佐平達[46)][率][47)]以下七百餘人. 自外首領古魯都▨奉武▨扶[48)]餘生受延介普羅等 並見機而作 立功歸順 或入[趍][49)]絳闕 或入▨▨▨. 合境遺黎 安

---

25) 所(總覽, 全文, 譯註, 博物館, 濱田), 初(海東).

26) 駐(全文, 譯註, 博物館) / 자획이 거의 보이지 않아 미상자로 하였다.

27) 手奉羈靮(全文, 譯註, 博物館), 口奉羈靮(海東).

28) 勳(海東, 全文, 濱田), 功(三韓, 總覽, 譯註, 博物館).

29) 大(譯註, 博物館) / '譯註'에서는 "모든 판독에는 '子'로 되어 있으나 '大'가 타당할 듯하다. 이하 '子摠管'으로 되어 있는 것은 모두 '大摠管'으로 판독하였다."고 하였다. 그러나 글자는 명확하게 '子'이며, '子摠管'이라는 직명도 문맥상 적당하다. '博物館'은 '譯註'의 견해를 따랐으나, 나머지 판독안은 모두 '子'로 읽고 있다.

30) 揔(總覽, 全文, 譯註, 博物館, 濱田), 總(海東).

31) 并(濱田). 並(總覽, 全文), 竝(譯註, 博物館).

32) 앞서 유인원이 '內供奉'을 지냈다 하였고, 본 구절 앞부분에 '依舊'가 있으므로 이 글자는 '內'일 가능성이 높다.

33) 揔(總覽, 全文, 譯註, 博物館, 濱田), 總(海東).

34) 寮(總覽, 全文, 譯註, 博物館, 濱田), 官(海東).

35) 勇略見知(濱田), 沐浴聖智(全文, 譯註, 博物館), 沐浴聖知(總覽).

36) 隨(全文).

37) 其(總覽, 濱田).

38) 分(總覽, 譯註, 博物館, 濱田), 兮(全文, 海東).

39) 度(海東, 全文, 譯註, 博物館), 慶(總覽, 濱田).

40) 揔(總覽, 全文, 譯註, 博物館, 濱田), 總(海東).

41) 元(全文), 辶(海東) / 남아있는 자획으로는 판독이 불가능하다.

42) 幸(海東, 全文, 三韓), 行(譯註, 博物館).

43) 後(海東, 全文, 譯註, 博物館), 復(三韓).

44) 揔(總覽, 全文, 譯註, 博物館, 濱田), 總(海東).

45) 并(海東, 全文, 濱田), 並(總覽), 竝(譯註, 博物館).

46) 扦(濱田).

47) 率(海東, 全文, 譯註, 博物館, 濱田), 公(總覽).

48) 扶(海東, 全文, 譯註, 博物館), 伏(總覽, 濱田).

堵如舊. 設官分職 各有司存. 卽以君爲都護兼知留鎭. 新羅王金春秋 亦遣少子金泰 同城固守. 雖夷夏有殊 長幼懸隔 君綏和接待 恩若弟兄. 功業克就 盖由於▨. 然[昔][50)]周武平殷 商奄續叛漢定[51)]西域疏勒被圍 餘風未殄[52)]人[53)]懷 草竊蠻貊之俗 易[54)]動[55)]難安 況北方逋寇 元來未附 旣見雕戈 東邁錦纜 西浮妖孼 侏張. 仍圖反逆 卽有僞僧道琛僞扞率鬼室福信. 出自閭巷 爲其魁首 招集狂狡 堡據任存 蜂屯蝟起 彌山滿谷. 假名盜位 並[56)]▨將軍 隳城破邑. 漸入中部 堙井刋木 壞宅焚廬 [所]過殘滅 略無遺噍. 凶威旣逞 人皆脅從. 布柵連營 攻圍留連.[57)] 雲梯俯瞰 地道旁[58)]通 擊石飛矢 星奔雨落. [晝][59)]夜連戰 朝夕憑陵. 自謂興亡繼絕 ▨▨▨▨▨ ▨. 閑然高枕 不與爭鋒 堅甲利兵 以▨其弊賊等 曠日持久 力竭氣衰. 君乃陰行間諜 ▨其卒墮 構▨▨▨ ▨釁待時 鑿門開穴[60)] 縱兵掩襲. ...... 柵二▨[61)]時屬窮▨[62)]........

2-⑨: 壤

2-⑨	唐 殷玄祚 契必明碑	唐 段志玄碑

∴ 글자의 오른쪽 부분은 오히려 판독하기 어려운 감이 있으나, 왼쪽의 部首는 '土'가 확실하여 '言'으로 보기 어렵다. 따라서 '讓'보다는 '壤'으로 읽는 것이 온당하다.

49) 趍(海東, 總覽, 全文, 濱田), 移(譯註, 博物館).
50) 昔(總覽, 全文, 譯註, 博物館), 若(海東).
51) 定(海東, 總覽, 譯註, 博物館, 濱田), 亡(全文).
52) 殊(博物館, 譯註), 弥(濱田), 殄(全文, 海東).
53) 人(海東), 久(總覽, 全文, 譯註, 博物館, 濱田).
54) 易(海東, 全文, 譯註, 博物館), 當(總覽, 濱田) / 자획이 거의 보이지 않아 다수의 판독안을 따랐다.
55) 動(海東, 全文, 譯註, 博物館, 濱田), 難(總覽) / 자획이 거의 보이지 않아 다수의 판독안을 따랐다.
56) 並(海東, 全文, 譯註, 博物館, 濱田), 單(總覽).
57) 連(總覽, 全文, 譯註, 博物館, 濱田), 鎭(海東).
58) 旁(海東, 總覽, 譯註, 博物館, 濱田), 瞰(全文) / 자획은 '旁'이 명확하다.
59) 晝(全文, 譯註, 博物館), 朝(海東, 總覽, 濱田).
60) 穴(譯註, 博物館), 冗(海東).
61) 城(總覽, 全文, 譯註, 濱田) / 탁본의 끝 부분이라 자획이 명확하게 보이지 않아서 미상자로 하였다.
62) 冬(總覽, 全文, 譯註, 濱田) / 탁본의 끝 부분이라 자획이 명확하게 보이지 않아서 미상자로 하였다.

21	20	19	18	17	16	15	14	13	12	11	10	9	8	7	6	5	4	3	2	1	
	地	首	西	職	餘	洛	今	太	并	御	其	招	太	▨	閡	事	府	喪	建	蓋	①
	道	招	域	各	義	陽	上	宗	迎	仗	甲	納	宗	英	閡	綏	儀	▨	旆	聞	②
	旁	集	踈	有	慈	顯	駈	宮	接	特	卒	姦	深	髦	見	州	同	▨	於	龍	③
	通	狂	勒	司	并	慶	使	車	車	加	一	回	歎	特	於	刺	三	西	東	躍	④
爨	擊	狡	被	存	太	元	永	晏	鼻	褒	十	囚	異	達	斯	史	司	遷	國	天	⑤
待	石	堡	園	卽	子	年	徽	駕	安	異	六	其	之	幽	矣	尋	襲	陪	分	衢	⑥
時	飛	據	餘	以	隆	遷	二		撫	遼	万	君	特	顯	君	遷	爵	奉	茅	必	⑦
鑿	矢	任	風	君	及	左	年		九	東	君	長	加	必	稟	都	彭	鑾	錫	藉	⑧
門	星	存	未	爲	佐	驍	更	宗	姓	行	身	擧	賞	臻	度	督	城	輿	壤	風	⑨
開	奔	蜂	殄	都	平	衛	入	廟	鐵	還	預	兵	賜	君	河	左	郡	徙	王	雲	⑩
亢	雨	屯	人	護	達	郎	鐵	社	勒	累	戎	稱	卽	以	基	武	開	居	孫	之	⑪
縱	落	蝟	懷	兼	率	將	勒	稷	行	前	旃	亂	降	地	資	衛	國	開	扙	力	⑫
兵	晝	起	草	知	以	二	撫	不	還	後	▨	▨		蔭	靈	將	公	內	節	聖	⑬
掩	夜	弥	竊	留	下	年	慰	可	改	戰	奉	▨	恩	膏	嶽	軍	祖	尋	於	人	⑭
襲	連	山	蠻	鎭	七	應	行	一	授	▨	▨	蟻	詔	腴	瀆	右	懿	除	北	膺	⑮
	戰	滿	貊	新	百		▨	日	右	超	▨	衆	入	門	墻	驍	周	鎭	疆	運	⑯
	朝	谷	之	羅	餘	詔	▨	無	▨	拜	前	敢	仗	承	宇	衛	驃	北	三	亦	⑰
	夕	假	俗	王	人	擧		▨	衛	上	茅	抗	內	勳	凝	大	騎	大	楚	待	⑱
	憑	名	易	金	自	文	勅		郎	柱	後	王	供	業	峻	將	大	將	盛	將	⑲
	陵	盜	動	春	外	武	簡		將	國	殿	師	奉	令	孝	軍	將	軍	其	帥	⑳
	自	位	難	秋	首	高	折	儲	依	別	每		貞	問	敬	勝	軍	持	衣	之	㉑
	謂	並	安	亦	領	第	衝	皇	舊	封	陣		觀	之	日	夏	儀	節	▨	功	㉒
	興	▨	況	遣	古	▨	果	諒	▨	黎	先	皇	十	譽	躋	二	同	都	六	方	㉓
	亡	將	北	少	魯	進	毅	闍	內	陽	登	赫	九	僉	命	州	三	督	郡	▨	㉔
	繼	軍	方	子	都	三	强	纂	供	縣	摧	斯	年	議	偶	道	司	河	▨	▨	㉕
	絕	隳	逋	金	▨	階	明	戎	奉	開	强	怒		攸	昌	行	隨	北	其	▨	㉖
	▨	城	寇	泰	奉	復	堪	▨	廿	國	陷	龔		歸	期	軍	使	諸	軒	▨	㉗
	▨	破	元	同	武	入	統	▨	二	公	堅	行	太	起	逢	摠	持	軍	冕	▨	㉘
	▨	邑	來	城	▨	鐵	領	周	年	擢	同	弔	宗	家	時	管	節	事	▨	▨	㉙
	▨	漸	未	固	扶	勒	者	邦	又	授	於	伐	親	爲	遇	冠	綏	綏	枝	衛	㉚
	▨	入	附	守	餘	安	隨	雖	任	右	拉	兵	馭	▨	主	軍	州	州	▨	霍	㉛
	▨	中	旣	雖	生	撫	機	舊	子	武	朽	鋒	六	文	欽	大	諸	刺	▨	▨	㉜
	閑	部	見	夷	受	四	處	厥	摠	衛	戰	所	軍	館	明	將	軍	史	可	▨	㉝
	然	堙	雕	夏	延	年	分	政	管	鳳	勝	到	省	學	啓	軍	事	因	略	於	㉞
	高	井	戈	有	尒	入	君	惟	向	鳴	攻	若	方	生	運	鎭	綏	官	而	强	㉟
	枕	刋	東	殊	普	吐	受	新	遼	府	取	破	遼	▨	光	軍	州	食	言	漢	㊱
	不	木	邁	長	羅	谷	▨	凡	東	左	▨	▨	碣	▨	宅	大	摠	封	高	其	㊲
	與	壞	錦	幼	等	渾	經	百	經	果	▨	▨	千	右	普	將	管	仍	祖	能	㊳
	爭	宅	纜	懸	並	及	略	庶	略	毅	▨	▨	乘	親	天	軍	▨	代	▨	繼	㊴
	鋒	焚	西	隔	見	吐	頻	寮	以	都	▨	其	雷	衛		上	州	居	▨	▨	㊵
	堅	廬	浮	君	機	藩	度	勉	公	尉	▨	遼	動	▨		柱	刺	之	散	歌	㊶
	甲	所	妖	綏	而	宣	遼	修	事	壓	賜	東	萬	▨	太	國	史	▨	騎	詠	㊷
	利	過	孼	和	作	勞	東	其	除	領	物	盖	騎	▨	宗	別	雕	鼓	常	者	㊸
	兵	殘	侏	接	立	五	五	職	名	飛	乘	牟	雲	▨	文	封	陰	▨	侍	惟	㊹
	以	滅	張	待	功	年	年	君	其	騎	馬	▨	屯	▨	皇	彭	郡	▨	寧	在	㊺
	▨	略	仍	恩	歸	授	授	以	年	於	一	▨	▨	▨	帝	城	開	▨	遠	劉	㊻
	其	無	圖	若	順	嵎	葱	勇	更	北	疋	▨	▨	▨	乃	郡	國	▨	將	將	㊼
	弊	遺	反	弟	或	夷	山	略	授	門	▨	十	▨	▨	聖	開	公	北	軍	軍	㊽
	賊	噍	逆	兄	入	道	道	見	右	長	▨	城	▨	旅	乃	國	父	州	徐	乎	㊾
	等	凶	卽	功	趁	行	行	知	武	上	▨	▨	▨	力	神	公	大	之	州		㊿
	曠	威	有	業		軍	軍	材	衛	卄	▨	▨	▨	▨	乃	並	俱	望	大	君	(51)
	日	旣	僞	克	絳	子	子	明	神	一	▨	▨	▨	健	文	桂		曾	中	名	(52)
	持	逞	僭	就	闞	摠	摠	被	通	年	▨	▨	集	膽	乃	馥		祖	正	仁	(53)
	久	人	道	盖	或	管	管	用	府	任	▨	新	而	氣	武	蘭	皇	平	彭	願	(54)
	力	皆	琛	由	入	隨	隨	未	左	行	弓	城	高	過	并	芬	朝	鎭	城	字	(55)
	竭	脅	僞	於	▨	邢	盧	踰	果	軍	二	安	麗	人	呑	金	使	北	穆	士	(56)
柵	氣	從	扞	▨	▨	國	國	朞	毅	子	張	地	賊	嘗	六	貞	持	大	公	元	(57)
二	衰	布	率	然	▨	公	公	月	都	摠	大	等	臣	從	合	玉	節	將	屬	雕	(58)
▨	君	柵	鬼	昔	合	蘇	程	又	尉	管	箭	三	蓋	出	席	潤	同	軍	魏	陰	(59)
時	乃	連	室	周	境	定	知	蒙	卄	隨	三	▨	蘇	遊	卷	名	綏	朔	室	大	(60)
屬	陰	營	福	武	遺	方	節		三	英	百	虜	文	手	八	高	二	方	不	斌	(61)
窮	行	攻	信	平	黎	平	討		年	國	隻	其	獨	格	荒	大	州	郡	綱	人	(62)
▨	開	圍	出	殷	安	破	▨			公	並	大	生	猛	博	樹	摠	守	尒	也	(63)
	諜	留	自	商	堵	百	賀			李	是	將	携	獸	訪	譽	管	綏	朱	▨	(64)
	▨	連	閭	奄	如	濟	魯			勣	供	延	貳		羣	滿	卄	州	陵	土	(65)
	其	雲	巷	續	舊	執	行			經	奉	壽	鳩		材	詞	四	刺	虐	開	(66)
	卒	梯	爲	叛	設	其	還			略		惠	聚		用	林	州	史	東	家	(67)
	墮	俯	其	漢	官	王	從			延		眞	亡		康	珪	諸	上	京	▨	(68)
	構	瞰	魁	定	分	扶	幸			陀		俘	命		大	璋	軍	開	▨	▨	(69)

▨ : 현존 탁본에는 남아있지 않은 부분이지만, 『全唐文』이나 『三韓金石錄』을 통해 복원가능한 글자(원문에서는 밑줄을 그어 표시)

2-⑫: 扙

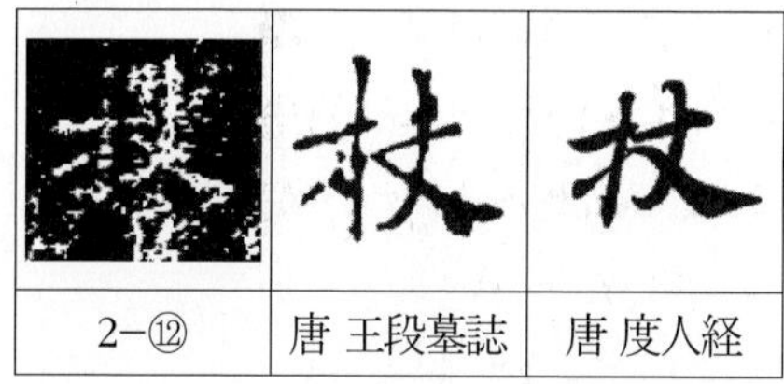

2-⑫	唐 王段墓誌	唐 度人経

∴ '授'로 읽는 경우도 있으나 그렇게 보기에는 글자의 오른쪽 부분의 획이 부족하며, 남아있는 자획으로 보아 '扙'로 읽을 수 있다.

2-㊻: [遠]

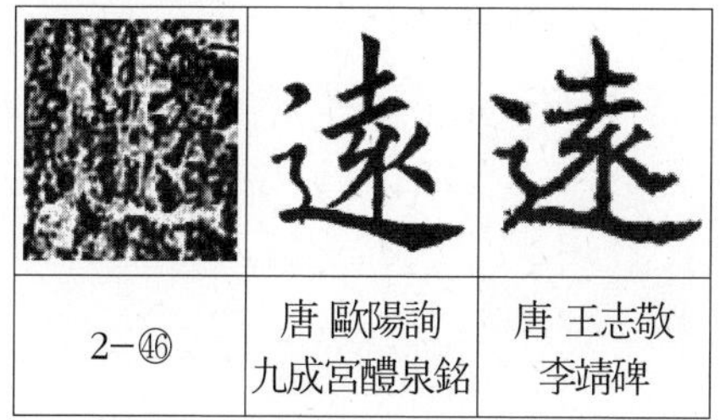

2-㊻	唐 歐陽詢 九成宮醴泉銘	唐 王志敬 李靖碑

∴ 글자 아랫부분을 '辶'으로 볼 수 있다. 따라서 '東'으로 읽는 견해는 받아들이기 어려우며, 남아있는 자획으로 보아 '遠'으로 추독할 수 있을 것이다.

3-㊻: ▨

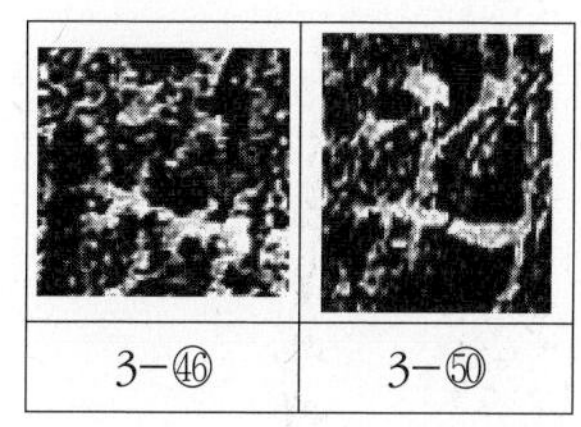

3-㊻	3-㊿

∴ 대부분의 판독자들이 '之'로 읽었으나, 비문에 쓰인 다른 '之'를 보면 아랫부분의 모양이 조금 다르다. '海東'은 '更'으로 읽었는데, 글자 윗부분이 남아 있지 않아 확정하기 어려우므로 미상자로 두는 것이 옳을 듯하다.

4-②: [儀]

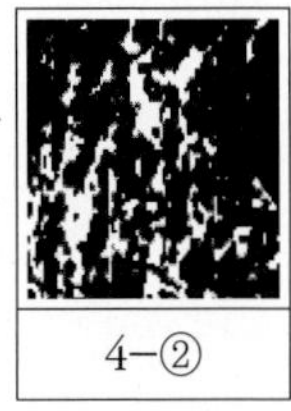
4-②

∴ 글자는 거의 보이지 않는다. 그러나 앞에는 '開府'가, 뒤에는 '同三司'가 보이므로 '開府儀同三司'를 썼던 것으로 추정할 수 있다. 해당 글자의 왼편에 '亻'으로 읽을 수 있는 부분은 남아 있어서 '儀'로 보기에 무리가 없을 것으로 생각된다.

4-㊲: 揔

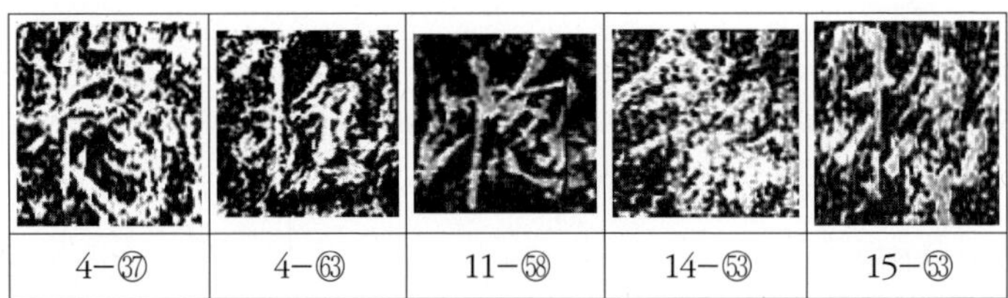

4-㊲	4-63	11-58	14-53	15-53

∴ 비문에서는 여러 차례 '揔'자가 쓰이는데, 가장 확실하게 보이는 것은 11-58의 '揔'이다. 다른 글자들은 획이 명확하게 보이지 않지만 11-58의 글자로 미루어보아 모두 같은 형태로 '摠'의 이체자인 '揔'이 사용된 것으로 생각된다.

4-㊸: [雕]

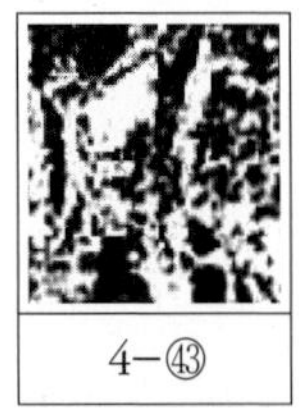
4-㊸

∴ 앞에서 유인원이 雕陰 출신이라 하였고, '雕'의 앞부분인 '周'는 확인되므로 '雕'로 추정할 수 있다.

4-㊾: [同]

4-㊾	因	隋 龍華寺碑	同	唐 歐陽通 道因法師碑	唐 裴休 圭峰禪師碑

∴ 글자 모양으로는 '因'의 이체자인 '囙'처럼 보인다. 그러나 글자 안쪽의 획이 명확한 것은 아니며 문맥상으로는 '同'이 들어가는 것이 더 자연스러우므로 이에 따라 일단 '同'으로 읽어두겠다('역주'에서 상세히 다룸).

5-㊱: 軍

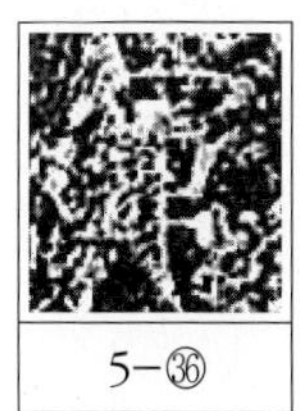

5-㊱

∴ 남아있는 자형으로 보아 '軍'으로 읽을 수 있다.

5-㊺: [滿]

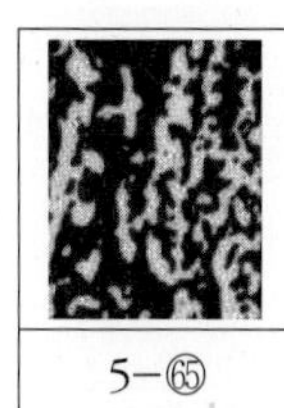

5-㊺

∴ 이 글자는 '海東'과 '全文'은 滿으로, '總覽'과 濱田은 '播'으로 읽었다. 왼쪽은 '扌'가 아니라 '氵'인 것이 확실하므로 '滿'으로 읽는 견해를 따랐다. 문맥상으로도 '滿'이 적당하다.

6-⑯: 墻

	牆		墻			
6-⑯		唐 顔眞卿 干祿字書		唐 魏栖梧 善才寺碑	隋 太僕卿元公墓誌	唐 殷玄祚 契必明碑

∴ 왼쪽 부수 부분이 '土'인지 '爿(丬)'인지 확정하기는 어렵다. 그러나 '牆'과 '墻'은 같은 의미이므로 비문의 해석에는 문제가 없다. 왼쪽 부수 아랫부분을 세로획으로 인정한다면 '牆'일 것이나, 일직선으로 뻗어내려온 것이 아니라 휘어져 있다는 것이 문제가 된다. 부수 아랫부분을 획으로 보지 않는다면 오히려 부수가 '土'일 가능성이 높다. 획이 휘어져 있다는 점을 중시한다면 '墻'으로 보는 것이 맞을 것이다.

6-55: 并

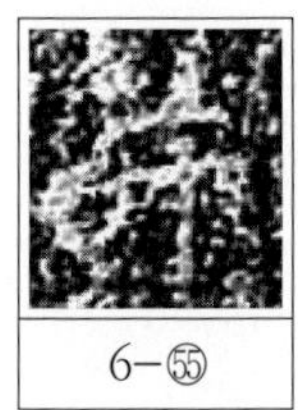

6-55

∴ '併'으로 읽는 견해가 있으나(總覽, 全文), 왼편에 '亻'이 보이지 않으므로 '并'으로 읽는 것이 맞다.

7-①: ▨

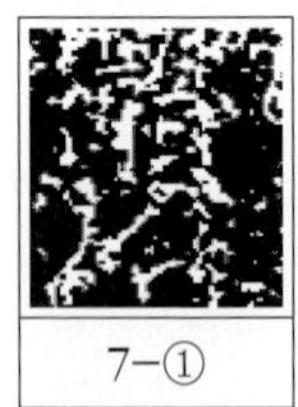

7-①

∴ '夏'로 읽기도 하고(海東), '實'로 읽기도 하지만(全文, 譯註), 현재로서는 확정하기 어렵다.

7-㉑: 問

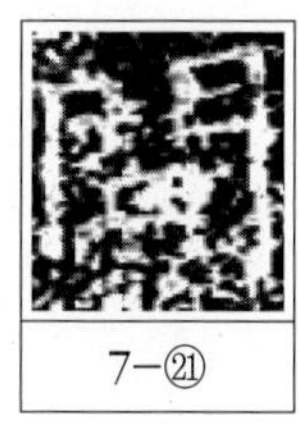
7-㉑

∴ '問'으로 읽는 견해(海東, 總覽)와 '聞'으로 읽는 견해(全文, 譯註)가 있다. 그런데 '門' 안의 부분을 '耳'로 보기엔 자획이 부족하다. '口'로 보고 '問'으로 읽어야 할 것이다.

8-㉛: [馭]

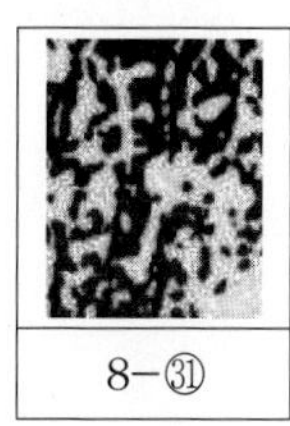
8-㉛

∴ '全文'에서는 '駈'로, '海東'에서는 '馭'로 읽었다. 왼쪽의 '馬'는 확인할 수 있다. 이 글자가 탁본의 결락부분에 걸쳐진 지점에 위치하고 있어 오른편의 글자는 거의 보이지 않는데, 貞觀 19년 당 태종의 고구려 정벌에 관한 내용이라는 점을 고려한다면 '駈(驅)'나 '馭' 모두 문맥상 적당하다. 본 글에서는 보다 이른 시기의 판독인 '海東'을 따랐다.

9-㉙: 弔

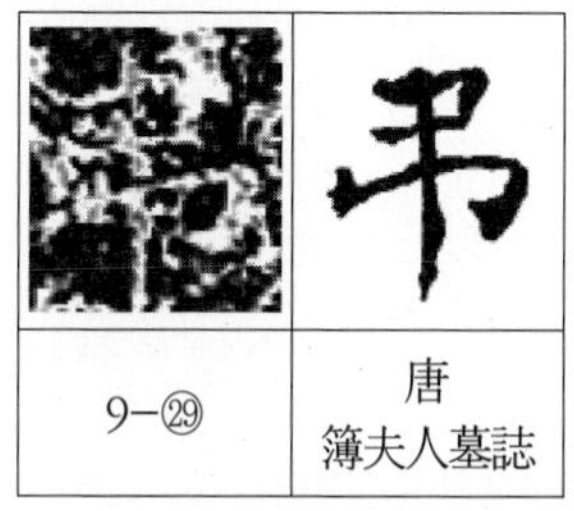
9-㉙ | 唐 簿夫人墓誌

∴ '天'으로 읽는 견해(海東), '吊'로 읽는 견해(總覽, 全文, 濱田), '弔'로 읽는 견해(譯註, 博物館)가 있다. 자획의 형태로 보아 '天'으로 읽는 것은 어렵다. '吊'는 '弔'와 같은 글자이다. 본 비문에 쓰인 '弔'는 위에 제시한 이체자의 형태인 듯하다.

9-㉝: [所]

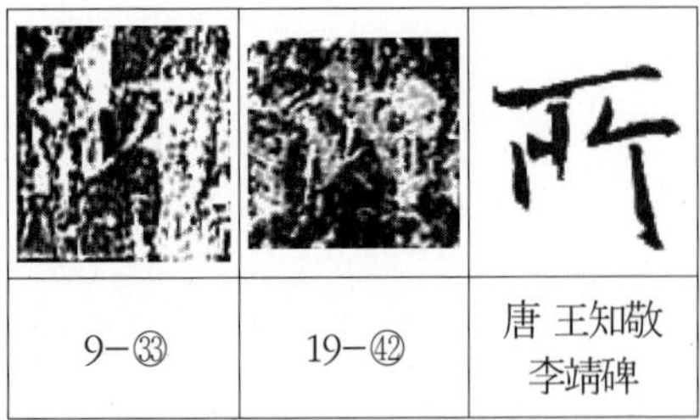

9-㉝	19-㊷	唐 王知敬 李靖碑

∴ 9-㉝는 '海東'을 제외하고는 모두 '所'로 읽은 글자이다. 비문 중 19-㊷도 '所'로 읽히는데, 탁본상으로는 확신하기 어렵다. 다만 대부분의 연구자들이 '所'로 읽는 것에 동의하고 있으며, '所'로 읽어서 문맥에 어색함이 없으므로 본 글에서는 기존의 견해에 따라 '所'로 읽었다.

10-⑭: 奉

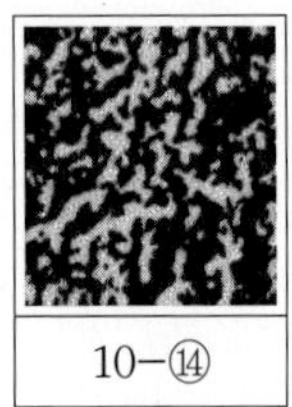

10-⑭

∴ 기존의 판독안들에서 '奉'으로 의견이 일치하고 있으며 남아있는 자획으로도 '奉'으로 보기에 무리가 없다.

11-⑮: ▨

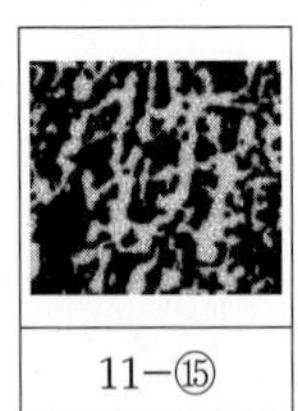

11-⑮

∴ 기존 판독안들에서는 '勳' 또는 '功'으로 보았다. 둘 중 어느 글자라도 문맥에는 적당하다. 그러나 오른쪽 부분의 '力'은 확인되나 왼쪽 부분은 자획이 희미하여 글자를 확정하기 어렵다. 따라서 미상자로 두었다.

12-①: 并

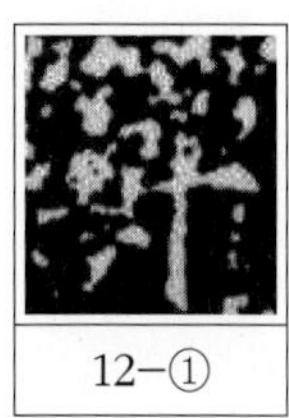

12-①

∴ 기존 판독안에서 '并' 혹은 '竝'으로 읽어왔던 글자이다. 글자 아랫부분의 세로획을 보아 '并'으로 읽는 것이 타당하다.

13-㊵: 寮

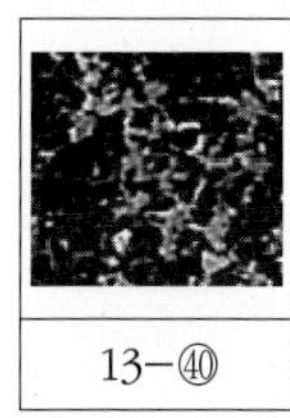

13-㊵

∴ 기존에는 '寮' 또는 '官'으로 읽어왔던 글자이다. '宀' 아래에 '大'로 읽을 수 있는 획들이 보인다. 따라서 '寮'로 읽는 것이 적당하다.

13-㊼: [勇]

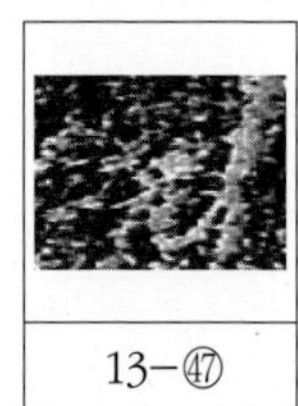

13-㊼

∴ 글자 아랫부분에 '力'으로 볼 수 있는 획이 보인다. '勇'의 아랫부분으로 추정된다. 13-㊼에서 13-㊾까지는 濱田의 판독과 문맥에 의존하여 글자를 추정한 것이다.

13-㊽: [略]

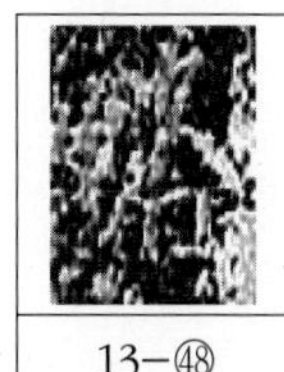

13-㊽

∴ '略'의 왼쪽 부분인 '各'이 보인다.

13-㊾: [見]

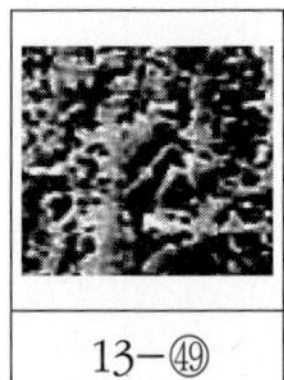

13-㊾

∴ '見'의 아랫부분인 '儿'이 보인다.

14-⑯: ▨

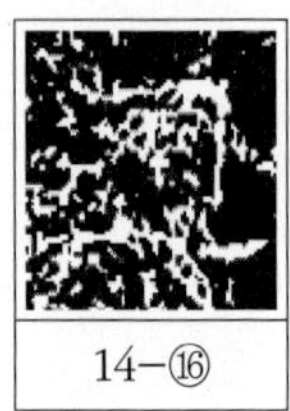

14-⑯

∴ '隨'로 읽는 견해도 있으나(全文) 글자를 확정하기에는 보이는 획이 부족하여 미상자로 하였다.

14-㉗: 堪

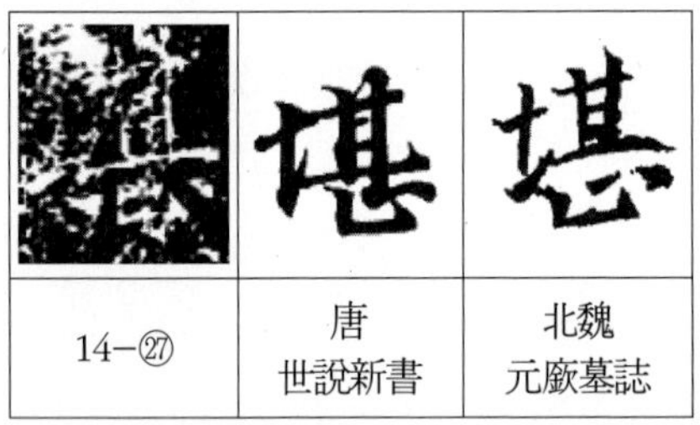

14-㉗	唐 世說新書	北魏 元廞墓誌

∴ 글자 왼쪽 부분은 '土'로 볼 수 있다. 오른쪽 부분도 '甚'으로 볼 수 있어서 '堪'으로 판독하였으나, '土'와 '甚' 사이에 보이는 흔적이 글자의 획일 가능성도 존재한다.

14-㉞, 16-(69): 分

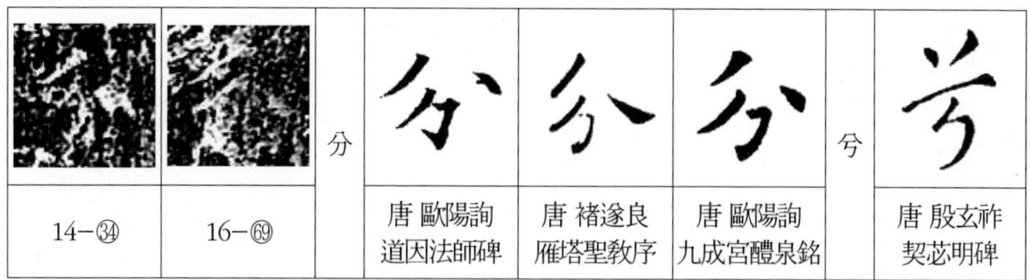

		分				兮	
14-㉞	16-(69)		唐 歐陽詢 道因法師碑	唐 褚遂良 雁塔聖敎序	唐 歐陽詢 九成宮醴泉銘		唐 殷玄祚 契苾明碑

∴ '兮'로 보는 견해도 있으나, 탁본에서 보이는 글자는 '兮'로 읽기 어려우며, '分'과 모양이 유사하다. 또한 '分'으로 읽는 것이 문맥상 자연스럽다.

14-㊶: [度]

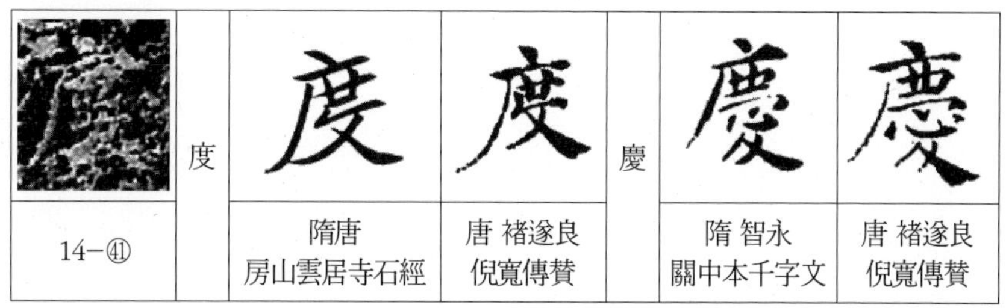

	度			慶		
14-㊶		隋唐 房山雲居寺石經	唐 褚遂良 倪寬傳贊		隋 智永 關中本千字文	唐 褚遂良 倪寬傳贊

∴ 이 글자는 기존에 '度'나 '慶'으로 읽어왔다. 그러나 '度'로 보기에는 획이 너무 많고, 반대로 '慶'으로 보기에는 획이 적고 '广' 안 왼쪽 부분이 비어 있다. 본 글에서는 문맥과 다수의 견해를 고려하여 '度'로 읽었으나, '度'나 '慶'이 아닌 다른 글자일 가능성도 배제할 수는 없을 것이다.

14-(69): [幸]

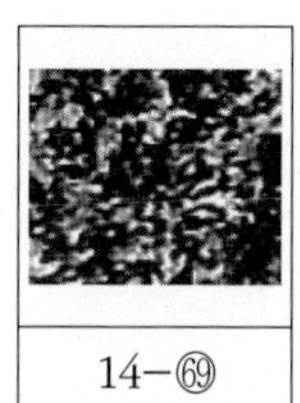

14-(69)

∴ '行' 혹은 '幸'으로 읽는데, 문맥상으로는 두 글자 모두 적당하다. 남아 있는 자획이 희미하지만, '幸'의 윗부분이 보이고 글자 중앙을 지나는 세로획이 보이는 것을 근거로 '幸'으로 읽었다.

15-㉗: [復]

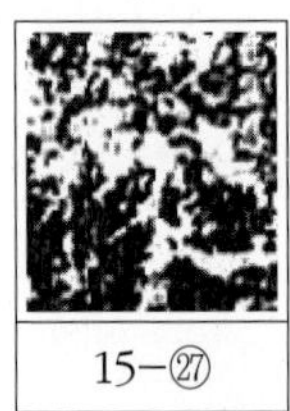
15-㉗

∴ 지금까지 '復' 또는 '後'으로 읽었던 글자이다. 글자의 오른쪽 아랫부분의 '夂'가 보이고, 왼쪽에는 '彳'으로 읽을 수 있는 자획도 보인다. 따라서 두 글자 모두 가능성이 있지만, 나머지 부분의 자획이 보이지 않아 확정하기 어렵다. 다만 '復'로 보는 것이 문맥상 좀더 자연스러우므로 '復'로 추정해둔다.

16-④: 并

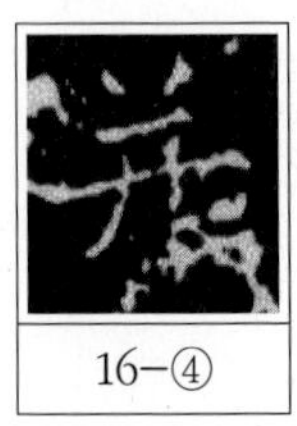
16-④

∴ 자획이 확실하여 정확하게 '并'이 보인다.

16-⑪: 達

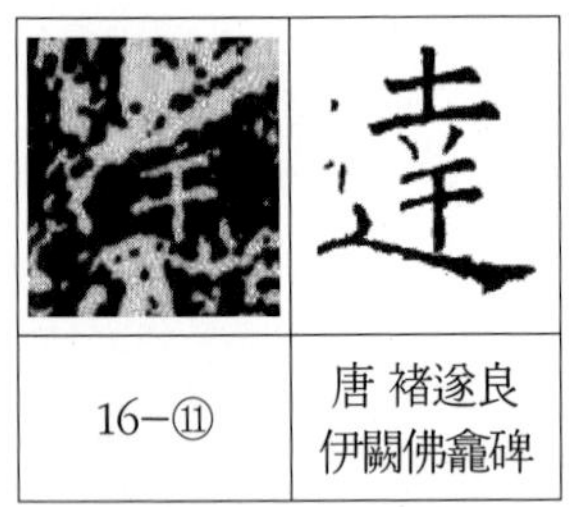

16-⑪	唐 褚遂良 伊闕佛龕碑

∴ 글자 아랫부분을 '辶'으로 볼 수 있으며, 伊闕佛龕碑의 '達'에서 볼 수 있듯이 '幸'이 위 아래 두 부분으로 나뉘어져 쓰이기도 한다. 또한 바로 앞에 '太子隆及佐平'이 있으므로 佐平 다음 관등인 達率로 이어지는 것이 자연스럽다.

16-⑫: [率]

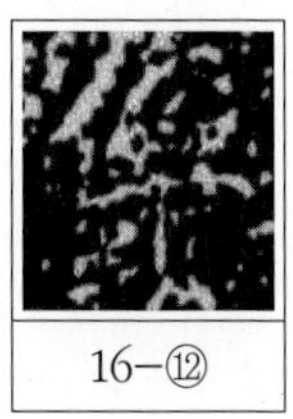

16-⑫

∴ 자획은 거의 보이지 않지만 아랫부분에 '十'으로 볼 수 있는 획이 있고 바로 앞 글자가 '達'이라는 점을 고려한다면 '率'로 읽는 것은 무리가 없을 것이다.

16-㉚: 扶

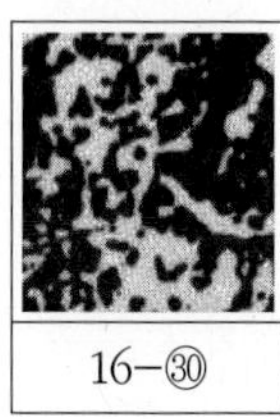

16-㉚

∴ 글자의 오른쪽 부분은 '夫'로 읽을 수 있으며, 왼쪽 부분도 '扌'로 읽기에 큰 무리가 없다. '扶餘生受'라는 인명 중 한 글자라는 점도 '扶'로 읽는 근거이다.

16-㊿: [趍]

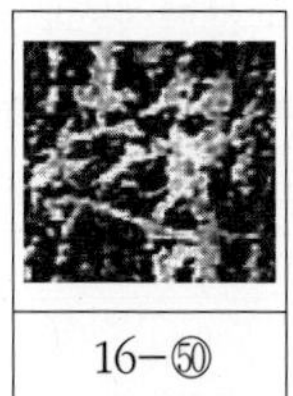

16-㊿

∴ 글자 왼쪽 부분은 '赱(走)'로 읽을 수 있으며, 오른쪽 부분은 자획이 명확하지는 않으나 '多'로 볼 수 있을 듯하다. 따라서 '趍'로 읽었다.

17-㊾: [昔]

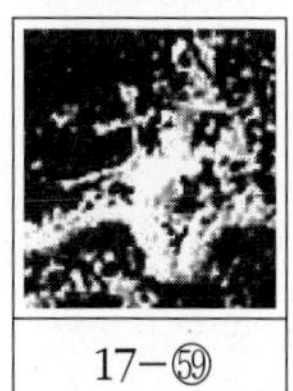

17-㊾

∴ '昔' 또는 '若'으로 읽어왔는데, 글자 윗부분만 보여서 판단이 어렵다. 다만 문맥상으로 '然昔周武平殷'이 되는 것이 자연스러우므로 '昔'으로 읽었다.

17-㊾: 定

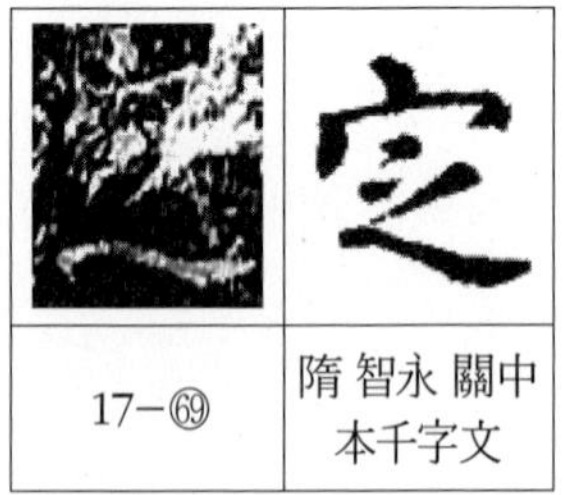

17-㊾	隋 智永 關中本千字文

∴ '定'을 '𡨋'로 쓴 것으로 생각된다.

18-⑩: 瓕

18-⑩	瓕	唐 顔眞卿 爭坐位稿	東晋 王劭	弥	唐 顔眞卿 郭虛己墓誌

∴ 이 글자는 언뜻 보기에는 '弥'로 보이기도 한다. 그러나 예시로 든 顔眞卿의 글자를 보면 '瓕'과 '弥'을 확실하게 구분하고 있다. 또한 '弓'을 '劉仁願紀功碑'의 글자처럼 쓰는 확인되지 않는다. 따라서 이 글자는 '瓕'으로 읽는 것이 옳다고 여겨진다.

18-⑪: 人

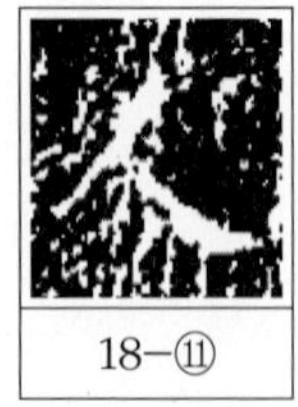

18-⑪

∴ '久' 또는 '人'으로 읽어온 글자이다. 글자는 명확하게 '人'이다.

19-㉒: 並

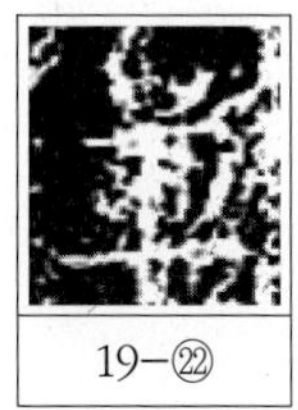
19-㉒

∴ '總覽'을 제외하면 모두 '並'으로 판독하였으며, 자형으로 보아 '並'으로 읽기에 큰 무리가 없을 듯하다.

19-㊿: 連

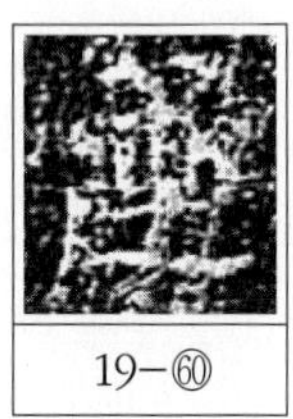
19-㊿

∴ '辶'으로 읽을 수 있는 자획이 보이고, 그 위쪽에 '車'의 중앙 세로획과 아랫부분의 가로획이 보이는 등 '連'으로 읽을 수 있는 특징들이 보인다.

20-⑬: [書]

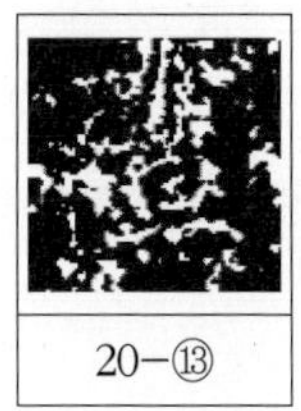
20-⑬

∴ 글자 윗부분의 자획은 알아보기 어렵지만 아랫부분에 '曰'이 보인다. 기존의 견해들과 종합하면 '書'로 읽어도 무리가 없을 것이다.

21-⑪: 穴

21-⑪	冗	唐 五經文字	穴	隋 蘇孝慈墓碑

∴ '穴' 혹은 '冗'으로 읽어왔다. 자료로 삼은 탁본은 글자의 왼쪽 부분이 일부 탁본되지 않은 것인데,

글자 모양은 파악할 수 있다. 그런데 '穴'과 '宂'은 글자 모양으로는 구분하기 어려우므로 문맥을 통해 어떤 글자인지 확정해야 한다. 앞의 문을 뚫는다는 의미의 '鑿門'이 있는 것으로 보아 '穴'로 읽어서 '開穴', 즉 '구멍(굴)을 열다'로 해석하는 것이 옳을 것이다.

3. 역주

대저 듣건대 용이 하늘에서 솟구침에[63] 반드시 風雲의 힘을 빌리고, 聖人이 하늘의 뜻에 응함에 또한 將帥의 공을 기다린다 하였으니, 方叔과 召虎는[64] ...., 衛青과 霍去病은[65] 강한 漢에서 ▨▨하였다. 그 능히 이어서 ▨歌詠者는 오직 劉將軍이도다. 君의 이름은 仁願, 字는 士元으로 雕陰 大斌[66]사람이다. ▨土開家하여 ▨▨가 東國에 깃발을 세웠고, 분봉을 받으니[67] 왕손이 北疆에 旌節을 짚었다. 초나라에서[68] 그 의관[69]을 장하게 여기고 6군[70]이 그 수레와 의복[71]을 칭찬하였으니, 갈라져 나간 가지와 퍼진 잎사귀를 대략 말할 수 있다. 고조부 ▨▨는 散騎常侍[72] 寧遠將軍[73] 徐州[74]大中正[75] 彭城[76]穆公이다. 마침 魏室이 잘 다스리지 못하여 尒朱[77]가 포악하게 행동하니 東京[78]이 ▨喪하였기에, ▨▨西遷하여 천자의 가마

---

63) 天衢: 天空의 광활함이 세상의 넓은 거리와 같아서 天衢라 칭한다.

64) 方邵: 西周 宣王대 荊蠻을 평정한 賢臣 方叔과 邵虎. 나라의 중신을 이른다.

65) 衛霍: 西漢의 명장인 衛青과 霍去病. 武帝 때 흉노를 정벌한 장군들이다.

66) 雕陰大斌人: 『舊唐書』 卷38 志 第18 地理 1 綏州下條에 따르면, 綏州는 본래 隋의 雕陰郡이라고 하였고 그 속현 중 大斌縣이 보인다(『隋書』 卷29 志24 地理上 雍州 雕陰郡에도 大斌縣이 보인다. 유인원이 唐代의 인물이므로 『舊唐書』를 1차적으로 언급하였다). 지금의 섬서성 일대.

67) 分茅錫壤: 王이나 侯로 分封하고 토지를 내리는 것을 의미한다.

68) 三楚: 전국시대 광활하였던 楚의 강역이 진한시대에 나뉘어져 西楚, 東楚, 南楚가 되었는데 합하여 三楚라고 하였다.

69) 衣簪: 衣冠簪纓. 고대 관리의 복장을 이르는 말이다.

70) 六郡: 漢의 隴西·天水·安定·北地·上郡·西河 등 서북 변경지역의 6개 군을 이른다.

71) 軒冕: 고대에 大夫 이상의 관원들이 사용하던 車乘과 冕服.

72) 散騎常侍: 관직명. 秦漢대에 설치된 散騎와 中常侍가 삼국의 魏에 이르러 합쳐져 散騎常侍가 되었다. 황제의 곁에서 과실을 規諫하고 자문하는 일을 맡았다. 晉 이후 인원이 증가하여 추가된 관원을 員外散騎常侍, 혹은 通直散騎常侍라 하였다. 남북조시대에는 集書省으로, 隋代에는 門下省으로 이어졌다가 唐代에 門下省과 中書省으로 나누어져서 문하성에는 左散騎常侍가, 중서성에는 右散騎常侍가 있게 되었는데, 실제 職權은 없고 높은 관직의 의미를 지니거나 겸직에 사용되었다.

73) 寧遠將軍: 『魏書』에 여러 차례 등장하는 것으로 보아 北魏 때 존재한 장군호로 보인다.

74) 徐州: 지금의 산동성 남부 및 강소성과 안휘성 북부.

75) 大中正: 위·진·남북조시대에는 이른바 九品中正制라는 관리등용제도가 있었다. 이때 州에는 大中正, 郡과 國에는 小中正을 두어 인재를 천거하게 하였는데, 유인원의 고조는 北魏의 徐州에서 大中正을 역임했던 것으로 보인다.

76) 彭城: 『魏書』 地形志에 徐州 彭城郡이 있다.

77) 爾朱榮: 北魏 北秀容川 사람. 孝明帝 正光 연간에 병란을 진압한 공으로 使持節安北將軍을 제수받고 都督桓朔討虜諸軍을 거쳐 博陵郡公에 봉해졌다. 후에 호태후 일파가 효명제를 독살하고 幼主 元釗를 세우자 孝莊帝를 옹립하여 洛陽으로 진군한 뒤 河陰에서 호태후와 나이 어린 군주를 강에 빠뜨려 죽이고 丞相 高陽王 이하 조정의 신하 2천여 명을 학살했다. 이후 권력을 장악하고 晉陽에 자신의 본거지를 두고 조정을 좌우하다가 주살되었다.

를 받들어 모시고 關內에 옮겨 거하였다. 이윽고 鎭北大將軍 持節 都督河北諸軍事 綏州[79]刺史를 제수받고, 관직으로 인하여 食邑을 받았다. 이에 대대로 그곳에 거하며 ▨▨鼓▨▨▨ ▨北州之望하였다. 증조부 平은 鎭北大將軍 朔方郡守[80] 綏州刺史[81] 上開府儀同三司[82]이고, 관작을 세습하여 彭城郡開國公이 되었다. 조부 懿는 周[83]의 驃騎大將軍[84] 儀同三司[85]로 隋의 使持節 綏州諸軍事 綏州摠管 ▨州刺史 雕▨郡開國公이다. 父 大俱는 皇朝(唐)의 使持節 同綏二州[86]摠管 卅四州諸軍事 綏州刺史였는데 이윽고 都督 左武衛將軍[87] 右驍衛大將軍[88] 勝夏二州[89]道行軍摠管 冠軍大將軍[90] 鎭軍大將軍[91] 上柱國[92]으로 옮기고 따로이 彭城郡開國公에 봉해졌다. 모두 계수나무와 난꽃의 향기가 있었고 쇠처럼 곧고 옥처럼 윤이 났으며, 명성이 大樹將軍[93]만큼 높았고 명예가 翰林[94]에 가득하였으니, 훌륭한 인품[95]과 높은 공이 많은 집안임이

78) 東京: 洛陽을 가리킨다. 지금의 하남성 낙양시.

79) 綏州: 『隋書』 卷29 志24 地理上 雍州 雕陰郡條에 보면, 雕陰郡이 西魏의 綏州가 두어졌던 곳이라고 되어 있다. 北魏가 동서로 분열되었을 때, 長安을 도읍으로 하여 宇文泰가 통치했던 나라가 西魏이다. 지금의 섬서성 북부이다.

80) 朔方郡守: 『魏書』 地形志에 東夏州 朔方郡이 보인다. 郡守는 太守와 동일한 직책으로, 『魏書』 官氏志에 따르면 北魏 太和 23년에 개정된 품계에서는 上郡太守가 正4品下, 中郡太守가 正5品下, 下郡太守가 正6品下였다.

81) 刺史: 『魏書』 官氏志에 따르면 北魏 太和 23년에 개정된 품계에서는 上州刺史가 正3品, 中州刺史가 從3品, 下州刺史가 正4品下였다.

82) 開府儀同三司: 三司와 마찬가지로 開府할 수 있는 최고 品階. 後漢 殤帝 延平 원년(106)에 鄧騭이 車騎將軍·儀同三司가 되었는데 '儀同'이라는 명칭은 이로부터 시작되었다. 또 여포가 동탁을 평정한 공훈이 있어 부를 열었는데 三司와 같았다. 魏 黃初 3년(222)에 황권이 車騎將軍·開府儀同三司가 되었는데 '開府'라는 명칭은 이로부터 시작되었다. 北周에서는 上開府儀同三司·開府儀同三司·上儀同三司·儀同三司 등 11호를 두었고, 隋는 이를 따랐다. 唐 초에는 오직 開府儀同三司만 두고 散官品으로 하였다.

83) 周: 北魏에서 갈라진 西魏가 北周가 되는데, 이 北周를 의미하는 것으로 보인다.

84) 驃騎大將軍: 『北史』 周本紀에서 그 명칭이 확인된다. 후에 唐의 종 1품 무산관이 된다. 표기대장군은 北魏에서는 從1品, 北周에서는 第9命(2번째 관품)에 해당하는 고위 관직이었다. 후에 唐의 무산관 중 최고위인 從1品이 된다.

85) 儀同三司: '開府儀同三司'의 역주 참조.

86) 同綏二州: 당의 지방행정구역 중 關內道에 속한 同州와 綏州를 말한다. 유인원의 부친인 劉大俱가 綏州刺史를 역임한 것은 『新唐書』에서 확인할 수 있다(『新唐書』 卷1 高祖 武德7年 8月 '戊寅 突厥寇綏州 刺史劉大俱敗之.'). '同'자는 비문의 마멸로 인해 명확하게 판독되지는 않는 글자로, '回'과 '同'으로 글자 판독에서 견해가 갈리고 있다. 그러나 劉大俱가 唐에서 綏州刺史를 지낸 것이 확실하고 唐의 同州와 綏州가 함께 關內道에 속해 있었으므로 이 글자는 '同'으로 읽고 同州로 이해하는 것이 옳을 것이다.

87) 左武衛將軍: 隋代에 左·右武衛府를 설치했는데 각각 대장군 1인과 장군 2인이 있었으며 唐은 이 제도를 따랐다. 장군은 각각 2인으로 從3品이다.

88) 右驍衛大將軍: 唐은 右·右驍衛府를 설치하고 각각 대장군 1인을 두었는데 正3品이다.

89) 勝夏二州: 당의 지방행정구역 중 關內道에 속한 勝州와 夏州.

90) 冠軍大將軍: 正3品의 장군직. 한 무제는 곽거병의 공훈이 삼군에서 으뜸이라는 뜻에서 冠軍侯에 봉하였는데, 관군이라는 명칭이 여기에서 기인하였다.

91) 鎭軍大將軍: 唐의 從2品 武散官.

92) 上柱國: 唐의 正2品 勳官으로 勳官 중 최고위이다.

93) 大樹: 후한의 장군이었던 馮異의 별명이다. 그는 사람됨이 겸손하고 자기 공을 자랑하지 않았다. 전쟁터에서 다른 장수들이 모여앉아 전공을 논의할 때 홀로 나무 아래에 앉아 대책을 궁리했기 때문에 '大樹將軍'이라는 별호를 얻었다.

94) 詞林: ①시문 또는 문필의 모임. ②翰林 혹은 翰林院의 별칭. 두 의미 모두 본문에서의 문맥에 어긋나지 않으며, 학문과 문

여기에서 드러난다. 君(유인원)은 타고난 도량이 황하의 근본[96]과 같고 자질의 신령스러움이 嶽瀆[97]과 같았으며, 기운[98]이 장중하고 엄준하며 효성과 공경심이 나날이 높아졌다. 운명이 창성한 시기를 짝하고 좋은 시기를 만나고 좋은 군주를 만났으며, 삼가고 살펴서 세상의 운을 열고 하늘 아래 온 세상을 비추고 안정시켰다. 太宗 文皇帝[99]는 성스럽고 영묘하고 文武를 갖추어서, 天地 四方[100]을 병탄하고 八方의 먼 지역을 석권하였다. 널리 여러 인재를 찾아 등용하여 大▨[101]를 편안하게 하니 준수하고 걸출한 인재[102]가 특별히 이르고 숨은 인재도 반드시 이르렀다. 君이 지위의 풍요로움에 힘입으니 가문이 공적을 이었고, 아름다운 명성을 기림이 여러 사람의 의견이 합치되는 바였다. 관직에 천거되어[103] 홍문관 학생[104]이 되었고, ▨▨右親衛▨▨▨▨▨▨▨▨. 旅力▨健 담력이 남보다 뛰어나, 일찍이 出遊를 수행함에 맨손으로 맹수에 맞서니 태종이 뛰어남에 깊이 기뻐하여 특별히 더하여 칭찬하고 상을 내렸다. 곧 은혜로운 조칙을 내려 內供奉[105]으로 들였다. 貞觀 19년(645) 태종이 친히 六軍[106]을 몰아 遼東과 碣石[107]을 巡狩하니 천 개의 수레가 천둥처럼 격동하고 만 마리의 말이 구름처럼 모였다. ▨▨▨▨▨▨▨集하였으나 고구려의 불충한 신하인 개소문이 홀로 두 마음을 품고, 도망한 자들을 모으고 간사한 자들을 불러들여서 그 군장[108]을 가두고, 병사를 들어 난을 일으켜서 보잘것없는 무리를 ▨▨하여 감히 왕의 군대에 대적하였다. 황제가 매우 성을 내어 弔伐[109]을 행하니, 군대가 이르는 곳마다 ▨▨을 깨트리는 것과 같아서 그 遼東[110]·

장에 뛰어났다는 의미로 쓰인 듯하다.

95) 珪璋: '옥으로 만든 귀중한 그릇' 또는 '예식 때 장식으로 쓰는 구슬'이라는 뜻으로 훌륭한 인품을 이른다.

96) 황하의 근본: '河'는 黃河를 의미한다. 따라서 '河基'는 '황하의 근본' 혹은 '황하의 바탕' 정도로 해석할 수 있다.

97) 嶽瀆: 五嶽과 四瀆.

98) 牆(墻)宇: 몸에 흐르는 기운.

99) 太宗文皇帝: 唐 太宗 李世民.

100) 六合: 天地와 四方(東西南北)을 가리킨다.

101) 大▨: 이것을 大寶로 판독할 경우, 大寶는 임금의 옥새를 의미하므로 '나라'를 나타내는 표현으로 사용되었다고 볼 수 있다.

102) 英髦: 우수하고 걸출한 인재를 가리킨다.

103) 起家: ①기울어져 가는 집안을 다시 일으킴. ②벼슬자리에 천거되어 입신출세함. 여기서는 ②의 뜻이다.

104) 弘文館學生: 홍문관은 서적의 교감과 정리를 담당하고 찬술을 관장하고 생도들을 가르치는 직임을 맡았다. 唐은 자격을 갖춘 자를 홍문관 학생으로 뽑아 가르쳤는데, 정원은 30인이었다.

105) 內供奉: 황제의 좌우에서 봉사하는 관직. 供奉은 대개 다른 관함을 가지고 임무를 수행하지만 바로 그 관함의 정식 관직은 아니고 또한 그 관함의 직무만을 수행하는 것은 아니다.

106) 六軍: 周의 군대 편제로, 천자가 통솔한 6개의 軍을 이른다. 여기서는 태종이 직접 군대를 이끌었다는 의미로 사용한 것으로 여겨진다.

107) 遼碣: 요동지역과 갈석산 인근을 가리킨다. 碣石山은 현재 하북성 창려현 북쪽에 있다.

108) 其君長: 고구려 영류왕.

109) 弔伐: 弔民伐罪. 피해를 입은 백성을 위문하고 죄지은 자들을 토벌하는 것을 말한다.

110) 遼東城: 『三國史記』 卷37 雜志6 地理4 高句麗·百濟 三國有名未詳地分條의 鴨淥水以北 未降十一城 중에 보인다. 遼東城이 고구려의 영토로 편입된 시기는 정확치 않으나, 늦어도 5세기 초 이후로 慕容氏의 침략을 막는 역할을 하였다. 그 후에도 요동성은 고구려의 서방 요새로서 隋唐軍을 막는 전진 기지였으나, 고구려 보장왕 4년(645)에 당 태종이 친히 이끄는 李世勣 등의 군대에 의해 함락되어 당의 遼州로 편입되기도 하였다.

蓋牟[111]·▨▨▨ 10성을 ▨하고, ▨▨·新城[112]·安地[113] 등 3▨에 ▨▨했다. 대장인 延壽[114]와 惠眞[115]을 사로잡고 그 병사 16만 명을 노획하였다. 君은 몸소 전투에 참여하여 ▨奉▨▨하고 척후병과 후군이 되어 모든 진에 먼저 올랐다. 강한 것을 꺾고 견고한 것을 함락시키는 것을 썩은 것을 부수는 것과 같이 하였고, 싸워서 이기고 공격하여 빼앗는 것을 ▨▨▨▨하였다. ▨賜物함에 수레 끄는 말 1필[116], ▨▨▨▨▨▨▨ 큭 2개, 큰 화살 300개인데 모두 供奉으로서 황제를 호위함에 사용되는 것이니 특별히 더하여 포상하고 우대한 것이다. 요동에서 돌아와 앞뒤의 戰▨을 묶어 정한 등급을 넘겨[117] 上柱國에 배수하고 따로 黎陽縣[118]開國公으로 봉하였다. 발탁하여 右武衛 鳳鳴府[119]의 左果毅都尉[120]를 제수하였고, 북문에서 장기 번상하며[121] 날랜 기병을 총괄하여 거느렸다. 21년(647) 行軍子摠管[122]에 임명되어 英國公 李勣[123]를 따라

111) 蓋牟城: 『資治通鑑』 권197 唐紀 貞觀 19년 기사의 註에는 '蓋牟城在遼東城東北'이라 하였다. 『三國史記』 卷21 高句麗本紀9 보장왕 4년(645) 4월 기사에 의하면, 당나라 李世勣과 道宗이 蓋牟城을 함락하고 蓋州로 고쳤으며, 그 후 당 태종이 遼河를 건너 회군할 때 遼州와 蓋州의 戶口를 골라 데리고 갔다. 賈耽의 『道里記』를 보면, 蓋牟는 요동성(=요양시)의 동북에 위치하여 요동성으로부터 발해의 國都(=寧安縣 東京城)에 이르는 교통로 상에 있다고 하였다.

112) 新城: 고구려 북방의 군사적 요충지로서 고구려 수도에서 渾河 유역을 통해 서쪽 방면으로 나가는 통로를 통제하였던 것으로 여겨진다. 『三國史記』 卷22 寶藏王 26年(667)조에 가을 9월에 李勣이 신성을 함락시키고 契苾何力으로 하여금 지키게 하였다는 기사가 보인다. 당이 고구려에 설치한 안동도호부의 치소는 원래 요동성에 있었으나 677년 신성으로 옮겨졌다. 『삼국사기』 지리지에서는 '有名未詳地分條'에 포함되어 있지만, 遼寧省 撫順市 渾河 北岸의 高爾山 위의 성지(高爾山山城)가 신성으로 비정된다.

113) 安地: 安市城. 현재의 중국 遼寧省 海城市 동남 英城子로 비정된다. 『三國史記』 卷37 雜志6 地理4 高句麗·百濟 三國有名未詳地分條에 그 이름이 보인다. 645년의 고구려정벌에서 당은 안시성을 함락시키지 못하고 돌아갔다.

114) 延壽: 고연수. 고구려의 大城의 장관인 褥薩 직위에 있던 인물이다. 『冊府元龜』 帝王 來遠部에 '高麗位頭大兄理大夫後部軍主高延壽'라 한 데서 그의 당시의 관등이 位頭大兄이었음을 알 수 있다. 당 태종이 安市城을 공격하자 이를 구원하기 위해 고혜진과 함께 성 외곽에서 당군과 싸웠으나 패하고 결국 당에 항복하였고 鴻臚卿의 벼슬을 받았다. 그러나 항복한 후로 항상 분개하고 한탄하다가 홧병으로 사망하였다.

115) 惠眞: 고혜진. 고구려의 大城의 장관인 褥薩 직위에 있던 인물이다. 『冊府元龜』 帝王 來遠部에 '大兄前部軍主高惠眞'라 하였으므로 그의 당시 관등은 大兄이었음을 알 수 있다. 당 태종이 安市城을 공격하자 이를 구원하기 위해 고연수와 함께 성 외곽에서 당군과 싸웠으나 패하고 결국 당에 항복하여 司農卿의 벼슬을 받았다. 함께 항복했던 고연수는 울분을 이기지 못하고 홧병으로 사망하였으나 고혜진은 당군과 함께 장안에 도착하였다.

116) 乘馬一疋: 乘馬는 4필의 말이 끄는 수레 혹은 4필의 말을 일컫는다. 그런데 수레로 해석할 경우 뒤의 '一疋'과 어울리지 않는다(疋은 말을 세는 단위이므로 말 一疋은 말 한필의 의미가 된다). 4필의 말을 받았을 가능성도 있으나, 이 경우도 마찬가지로 一疋과 어울리지 않는다. 그 외에 乘馬를 끄는 말 1필을 받았다고 해석할 수도 있으며, 乘馬가 말의 등급을 나타내는 것일 가능성도 있다. 여기에서는 뒤의 一疋을 고려하여 수레를 끄는 말 1필로 해석하였다.

117) 등급을 넘겨: 上柱國은 正2品의 최고위 훈관으로 유인원이 지니고 있던 果毅都尉 등의 관직과 품계 차이가 매우 크므로 "超拜"라는 표현이 붙은 것으로 여겨진다.

118) 黎陽縣: 『舊唐書』 지리지에서 河北道 衛州의 속현 중 黎陽縣이 보인다.

119) 右武衛 鳳鳴府 : 뒤에 나오는 좌과의도위라는 관직명으로 보아 절충부의 이름으로 생각되지만 『舊唐書』나 『新唐書』에는 그 이름이 보이지 않는다.

120) 左果毅都尉: 右果毅都尉와 함께 절충부의 차관이다. 절충부가 상부이면 從5品下, 중부이면 正6品上, 하부이면 從6品下이다.

121) 長上: 교대 없이 장기 번상하는 것을 의미한다.

122) 行軍子摠管: 행군의 총수가 行軍總管일 때에는 자총관이 총수 이하 제 1급의 장군이 되고, 행군의 총수가 元帥나 大總管일 때에는 자총관이 총수 이하 제 2급의 장군이 된다. 『通鑑』 卷177 開皇 10년(590) 11월 기사에 '子總管'이 보이는데, 注에

薛延陀[124]를 경략하고 아울러 車鼻[125]를 영접하고 九姓鐵勒[126]을 안무하였다. 돌아와서 右▨衛郎將을 다시 제수받고 예전과 같이 ▨▨供奉하였다. 22년(648) 다시 行軍子摠管으로 임명되어 요동을 경략하러 나아가는데, 공적인 일로서 이름이 제외되었다. 그 해에 다시 右武衛 神通府[127]의 左果毅都尉를 제수받았다.[128] 23년(649) 태종이 붕어하였다.[129] 종묘와 사직은 하루도 ▨가 없을 수 없으니, 황태자가 纂戎▨▨[130]하였으니 '주나라가 비록 오래되었으나 그 정치는 새롭다'는 것이다.[131] 모든 관리가 그 직임을 힘써 행하였다. 君은 용기와 지략으로서 재주가 밝음을 보여 등용된 지 한 달이 지나지 않아 다시 금상(고종)의 부림을 받았다. 永徽 2년(651) 다시 철륵에 들어가 위무하고 가서 ▨▨을 행하였다. 칙으로써 折衝果毅[132]로 뽑으니 굳세고 밝아서 통솔을 감당할 만한 자였다. 상황에 맞춰 처분하니, 君이 受▨經略[133]하여

서 '子總管 裨將也. 領兵屬總管.'이라고 설명하고 있다.

123) 李勣: 山東省 曹州 출생. 본성이 徐氏였으나 고조 李淵에게 이씨 성을 하사받았다. 이름도 본래 世勣이었으나 태종의 이름인 世民의 '世'자를 피휘하여 李勣이 되었다. 태종에게 등용되어 하북·하남을 통일하는 데 공을 세웠다. 李靖과 함께 돌궐을 격파하고 薛延陀를 평정하여 당나라 대제국 건설에 공헌하였다. 그런데 이적의 설연타 정벌은 『舊唐書』에는 貞觀 20년(646)의 일로 기록되어 있어서, 기록상 차이를 보인다. 『資治通鑑』에서도 646년에 조정에서 이적을 보내어 9성철륵과 설연타를 도모하게 하였다고 기록하고 있다.

124) 延陀: 薛延陀. 고대 투르크계 유목민인 鐵勒의 하나. 본래 서돌궐에 복속되어 있었는데 그 과정에서 철륵 중에서 비교적 강력한 집단의 하나로 성장했다. 貞觀 2년(628)에 추장 夷男이 부락 7만여 가를 이끌고 동돌궐에 귀부했다. 이듬해 夷男은 태종에게 可汗으로 책봉되었다. 동돌궐이 멸망하자 옛 동돌궐의 막북 고지를 모두 점령했고, 薛延陀汗國을 세웠다. 이후 당 제국과 끊임없이 마찰을 빚었고 貞觀 20년(646)에 당이 설연타의 내란을 이용해 回紇 등과 연합해 그들을 멸망시키고 그 거주지에 羈縻府州를 설치했다.

125) 車鼻: 車鼻可汗. 당 태종 때 西突厥의 可汗으로 姓은 阿史那, 名은 斛勃이다. 頡利可汗이 패망한 후 여러 부족들에 의해 大可汗으로 추대되었으나 마침 薛延陀가 가한을 칭하자 그에 복속하였다. 후에 설연타의 핍박을 받아 부락을 이끌고 도망하여 금산의 북쪽에 근거하면서 葛邏祿·結骨을 통솔했다. 貞觀 21년(647)에 당에 입조하고자 하여 태종이 雲麾將軍 韓華으로 하여금 맞이하게 하였는데 차비가 입조하려는 뜻을 번복하고 따르지 않았다. 이에 태종이 노하여 貞觀 23년(649) 高侃을 보내어 쳐서 그를 사로잡았고, 고종은 左武衛將軍을 제수하고 長安에 머무르게 하였다.

126) 九姓鐵勒: 몽골 초원에 살던 투르크 연합체라는 의미로서 고대 투르크 비문에서는 이들을 "토쿠즈 오구즈(Toquz Oghuz)"라고 기록하고 있는데, 이것은 '아홉 개의 부락으로 구성된 오구즈'라는 의미이다. 하지만 실제 鐵勒을 구성하는 부락의 숫자가 아홉이 넘고 또한 아홉이 실수라기보다는 많다는 의미로도 해석된다는 점에서 이를 '많은 투르크계 부족들'이라고 보는 것이 타당할 것이다.

127) 右武衛 神通府: 뒤의 左果毅都尉라는 관직명으로 보아 절충부의 이름으로 생각되지만 『舊唐書』나 『新唐書』에는 그 이름이 보이지 않는다.

128) 그 해에…제수받았다.: 당은 648년에 재차 고구려를 공격한다. 『資治通鑑』에 따르면 정월 병오일에 설만철을 淸丘道行軍大總管, 배행방을 부관으로 삼아서 萊州(산동)에서 배를 띄워 고구려를 치게 하였다고 한다. 또 이해 4월 갑자일에 烏胡(발해만 황성도)의 鎭將인 古神感이 군사를 거느리고 바다로 가서 고려를 쳤는데, 고려의 보병과 기병 5천을 만나서 역산에서 싸워 그들을 격파하였다는 기록이 있다. 그러나 이때의 기록에 유인원의 이름은 보이지 않는다. 이름이 제외되었기 때문일지도 모르겠다.

129) 宮車晏駕: 崩御. 황제의 죽음을 의미.

130) 纂戎▨▨: 纂戎은 크고 빛나는 선인의 업적을 계승한다는 뜻이다. 뒤이은 보이지 않는 두 글자와 함께 태종을 이어 황위에 올랐음을 의미하는 것으로 여겨진다.

131) 주나라가…것이다: 『詩經』 大雅 文王之什 "周雖舊邦 其命維新". 文王이 이미 죽었으나 그 신령은 위에 있어 하늘을 밝게 비추고 있으니 주나라가 비록 后稷이 처음 봉해진 이후 천여 년이 되었으나 그 천명을 받은 것은 지금부터 시작된다는 뜻.

요동에 자주 갔다. 5년(654) 蔥山道行軍子摠管을 제수받고 盧國公 程知節[134]을 따라 討▨賀魯[135]하고 돌아와 洛陽에 나아갔다. 顯慶 元年 左驍衛郎將[136]으로 옮겼다. 2년 조서를 받들어 文武의 우수한 관리를 천거함에 3관등을 ▨進하였다. 다시 철륵에 들어가 안무하였다. 4년 吐谷渾[137] 및 吐藩[138]에 들어가 공을 떨쳤다. 5년(660) 嵎夷道行軍子摠管을 제수받고 邢國公 蘇定方[139]을 따라 백제를 평정했다. 그 왕 扶餘義慈, 아울러 태자 隆 및 佐平 達率 이하 700여인을 사로잡았다. 이외에 수령 古魯都▨奉武▨, 扶餘生受, 延尒普羅 등은 모두 낌새를 보아 미리 변통하여 공을 세우고 귀순하니, 혹은 궁궐로 달려 들어가고 혹은

132) 折衝果毅: 절충부의 과의를 의미하는 듯하다.

133) 經略: 『通典』에 따르면, 開元 21년(733)에 변방에 절도사와 경략사를 두었다고 하였다. 따라서 이때 유인원이 경략사의 관직을 받았다고 보기는 어려우며, 변방의 경략과 관련된 직임을 맡았다고 보는 것이 자연스러울 것이다.

134) 程知節: 수말당초의 명장으로 咬金이라고도 한다. 濟洲 東阿縣(지금의 산동성)사람. 수 말에 李密에 참가해 內驃騎로 임명되었다. 이밀이 패하자 王世充에게 귀의했다가 당조에 들어온 이후에는 秦王府左三統軍에 임명되었다. 李世民을 따라 竇建德, 王世充을 격파해 叔國公에 봉해졌고, 玄武門의 변에 참가해서 太子右衛率, 左武衛大將軍에 임명되었다. 瀘州都督, 左領軍大將軍 등에 임명되고 盧國公에 봉해졌다. 고종시기 서돌궐 원정에 갔다가 공을 세우지 못하고 돌아와 면직되었다. 죽은 다음에 驃騎大將軍, 益州大都督으로 추증되었고 昭陵에 배장되었다. 그런데 『新唐書』 本紀에 따르면 정지절이 蔥山道行軍大總管으로 임명되어 하로를 토벌하러 간 것은 永徽 6년(655)이라고 하고 있으며, 突厥列傳에서는 永徽 4년이라고도 하고 있어 차이를 보인다.

135) 賀魯: 阿史那賀魯. 서돌궐의 가한. 貞觀 22년(648)에 부락을 이끌고 내부하여 左驍衛將軍 瑤池都督이 되었다. 그러나 그 이듬해 그의 아들과 함께 서쪽으로 도망가서 咄陸부락의 고지를 차지하고 十姓과 오아시스 도시들을 점거한 다음 沙鉢羅可汗이라고 칭했다. 이후 庭州 등을 공격하나 顯慶 2년(657)에 소정방에게 사로잡혀 장안으로 이송되었다.

136) 左驍衛郎將: 좌효위의 郎將. 품계는 正5品上이다. 『三國史記』와 『日本書紀』 등에서도 유인원이 郎將의 관직을 지니고 있었음이 보인다.

137) 吐谷渾: 종족명칭으로 음은 '토욕혼'이다. 달리 '吐渾', '退渾'이라고도 한다. 遼東 鮮卑 徒河部 慕容氏에서 나왔다고 전한다. 4세기 초 수령 吐谷渾이 무리를 이끌고 서쪽으로 이동해 지금 淸海省과 甘肅省 일대에 이르러 羌族과 섞였다. 손자 葉延의 시기에 처음으로 吐谷渾을 姓氏와 族名 혹은 國號로 삼았다. 정치적 중심지는 伏俟城(지금 淸海湖 서쪽)에 있었다. 목축업에 종사했으며 수렵과 농업도 겸했다. 땅이 지금 청해성 황하 이남에 위치해 누차 남조로부터 河南王에 봉해졌기 때문에 그 종족을 '河南'이라고도 칭했다. 북위 태무제 태평진군 6년(445) 서쪽으로 鄯善과 于闐 일대를 점거했다. 13대 군주 夸呂에 이르러 처음으로 可汗을 칭했다. 隋 양제의 공격을 받아 약화되었다가 唐代에 이르러 부락이 분산되면서 소멸하였다.

138) 吐藩: 7~9세기에 티베트고원에 존재했던 나라. 隋代에 雅隆 부락연맹이 발전해 나라가 되었다. 贊普 松贊干布시기에 티베트 고원을 통일해 라싸에 도읍을 정했다. 貞觀 14년(640) 당에서 文成公主를 松贊干布에게 시집보냈고, 景龍 3년(709)에 金成公主를 贊普 棄隸蹜贊에게 시집보내 양국 간 우호관계가 맺어졌다. 안사의 난이 발생한 이후 토번은 당의 변방이 공허해진 틈을 타서 농우 등지를 공격했다. 贊普 赤松德贊 시기에 서역과 하롱 지역을 지배했으며, 당과 불시에 충돌해 한차례 수도 장안을 점령하기도 하였다. 9세기 중기 贊普 達摩가 죽은 이후 통치 집단이 분열하면서 와해되었다.

139) 蘇定方: 冀州 武邑縣(지금의 하북성 무읍현) 출신. 이름은 烈, 字는 定方이다. 어려서 아버지를 따라 수 말기의 농민군을 진압했으며, 후에 竇建德에게 항복해 두건덕을 따라 성읍을 공략하는데 공을 세웠다. 貞觀 초에 匡道府折衝都尉에 임명되었다. 貞觀 4년(630)에 李靖을 따라 동돌궐의 頡利可汗을 격파해 左武侯中郎將에 제수되었다. 顯慶 2년(657)에 서돌궐의 鼠尼施 등을 격파했다. 이듬해 伊麗道行軍大總管에 배수되어 西征하고, 서돌궐의 가한 阿史那賀魯를 사로잡은 공으로 左驍衛大將軍으로 승진하고 邢國公에 봉해졌다. 顯慶 4년(659)에 철륵의 思結部 수령 都曼 등이 반란을 일으키자 재차 西征하여 都曼을 투항하게 하고 당의 파미르 이서 지역의 통치를 유지했다. 이 공으로 左武衛大將軍에 임명되었다. 이듬해 神丘道行軍大總管이 되어 백제를 정벌하고 의자왕을 사로잡았다. 사후 幽州都督에 추증되었으며 시호는 '莊'이었다.

▨▨▨들어갔다. 전 영토의 유민이 편안히 지내는 것이 옛날과 같았다. 관직을 설치하고 직분을 나누니 각기 맡은 바가 있었다. 곧 君을 都護[140] 겸 知留鎭으로 삼았다. 신라왕 김춘추가 또한 少者 金泰[141]를 보내어 함께 성을 굳게 지키게 하였다. 비록 오랑캐와 중국이 다름이 있고, 어른과 아이는 현격한 차이가 있으나 君이 편안하고 온화하게 접대하니 은혜가 형제와 같았다. 공로와 업적이 능히 이루어지니 모두 ▨에서 말미암았다. 그러나 옛날 주 무왕이 은나라를 평정하였으나 商奄[142]은 계속 반란하였고, 漢이 서역을 평정하였으나 踈勒[143]에게 포위를 당한 바 되었으니 남은 풍속이 인심을 아직 다하지 않은 것이다. 초적과 오랑캐의 습속은 동요하기는 쉽고 안정되기는 어려운데, 하물며 북방의 도망간 도적들은 원래 귀부하지 않았고, 이미 雕戈를 보여 동쪽에서는 錦纜이 빼어났고 서쪽에서는 妖孽이 넘쳐서[144] 왜소하였던 것이 기세가 올랐다. 이에 반역을 도모하였으니 곧 僞僧 道琛과 僞扞率 鬼室福信[145]이 있었다. 민간에서 나와 무리의 우두머리가 되어 사납고 교활한 무리를 불러모아 任存[146]을 보전하여 근거로 하여, 벌떼처럼 둔치고 고슴도치의 털처럼 일어나서 산을 메우고 골짜기를 채웠다. 이름을 빌리고 지위를 훔쳐서 모두 將軍을 ▨하고, 성을 무너뜨리고 고을을 깨트렸다. 점차 중심부로 들어와서 우물을 덮고 나무를 베어냈으며 집을 무너뜨리고 농막집을 태워버려서 지나는 곳은 남은 것이 없으니 남은 무리가 거의 없었다. 흉악한 기세가 이미 왕성하니 사람들이 모두 위협에 눌려 복종하였다. 목책을 벌리고 진영을 늘여세워서 공격하고 포위함이 계속 이어졌다. 높은 사다리[147]에서 구부려 굽어보고 지하통로가 널리 통하였으며, 돌을 치고 화살을 날리는 것이 별이 달리고 비가 떨어지는 듯했다. 낮과 밤을 연달아 싸우고 아침 저녁으로 침범하였다. 스스로 이르기를 망한 것을 흥하게 하고 끊어진 것을 계승한다고 하였으며, ▨▨▨▨▨▨▨. 무심

---

140) 都護: 前漢의 宣帝 때부터 唐代에 걸쳐서 邊境의 여러 蕃族의 慰撫나 征伐의 일을 맡아보던 벼슬. 당은 이민족 지배방식으로서 이민족의 본래 지배질서를 유지하되, 都護府를 설치하여 이들을 간접적으로 통제하는 羈縻支配방식을 채택하고 있었다.

141) 少者 金泰: 무열왕의 아들 金仁泰를 가리킨다. 『三國史記』 卷5 太宗武烈王 7年조에 따르면 사비성이 함락된 후 유인원이 당군 1만 명을 이끌고 남았고, 무열왕은 왕자 인태에게 沙湌 日原, 級湌 吉那 등과 함께 군사 7천 명을 이끌고 유인원을 돕게 하였다.

142) 商奄: 周의 成王이 周公 姬旦의 맏아들인 姬禽父에게 商奄의 땅과 殷民 6족을 주고, 노나라에 봉하였는데, 희금보가 봉해진 후 3년 뒤부터 성왕에게 치적을 보고하였다. 이에 성왕이 그 이유를 묻자 "세속을 바꾸고 예의를 고치는데 3년이 지나서야 없앨 수 있었다.(變世俗 革其禮 喪三年然後除之)"라고 답하였다고 한다. 본 비문에서는 이 고사를 활용하여 이전 풍속이 사라지기 어려움을 표현한 것으로 여겨진다.

143) 踈勒: 商奄과 같은 류의 고사가 있을 것으로 생각되나 『漢書』 및 『後漢書』 외국전에서는 이것으로 추정할 만한 사건을 찾지 못했다.

144) 동쪽에서는 … 넘쳐서: 부흥군의 기세가 강성하였고, 그것이 당에게는 재앙의 조짐이 되었다는 의미로 해석된다.

145) 僞僧道琛僞扞率鬼室福信: 백제부흥군을 이끌었던 도침과 복신을 이른다. 『三國史記』에는 복신의 성이 보이지 않으나, 본비에서 '鬼室'씨임이 확인되었다. 또한 『日本書紀』에서도 鬼室씨를 지닌 백제인이 보인다. 그런데 복신의 관등은 『日本書紀』에서는 達率로 나타나고 있어 본 비와 차이를 보인다.

146) 任存: 백제부흥군의 근거지 중 하나였던 임존성을 가리킨다. 지금의 충청남도 예산군 대흥면에 위치한 鳳首山城으로 비정된다.

147) 雲梯: 고대에 성을 공격할 때, 성벽을 오르기 위해 사용하던 높은 사다리.

한 듯 베개를 높이고 더불어 창끝을 다투지 않아, 갑옷을 견고하게 하고 병기를 날카롭게 하여 그 폐단을 ▨하여서 적들은 긴 세월을 헛되이 보내어 힘이 다하고 기운이 쇠하였다. 君은 이에 몰래 간첩을 보내어 그 병사들의 태만함을 ▨하고는 構▨▨▨하고 틈을 ▨하고 때를 기다려서 문을 뚫고 구멍을 파서 병사를 놓아 엄습하였다.[148] (하략)

4. 연구쟁점

본 비문에서 한국사와 관련하여 가장 주목을 받았던 부분은 백제 멸망 직후 유인원이 역임했던 관직으로 여겨지는 "都護及知留鎭"이 확인되는 부분이다. 이것은 당이 백제를 멸망시킨 후 그 땅에 都護府를 설치했는지의 여부와 관련이 있기 때문이다. 즉 유인원이 백제고지에서 "都護"를 맡았다는 사실을 都護府의 설치와 연결시키고, 당이 사비시기 백제의 지방행정단위였던 5방을 5도독부로 전환하면서 수도인 사비에는 이 5도독부를 총괄하는 도호부를 설치하여 백제의 옛 땅을 지배하려 하였다는 입장이다. 실제 사료에서 그 실체가 명확하지 않은 "百濟府城"이 등장하고 있다는 점도 이러한 견해를 뒷받침한다(방향숙 1994). 그러나 도호부의 설치를 명확하게 언급하고 있는 사료가 없다는 점, 도호라는 직함이 드러나는 자료도 본 비문과 『三國史記』 新羅本紀 중의 「答薛仁貴書」에 불과하다는 점과 함께 이 자료들에서 관직표기의 오류가 확인된다는 점을 들어 기록의 신빙성에 의문이 제기되기도 하였다. 최근에는 유인원이 백제정벌군에 소속되기 전의 관직이 折衝府 果毅였다는 점을 근거로 사비에 설치되었던 府가 折衝府였다는 견해(김수미 2006)와 당의 이민족 지배정책에 초점을 맞추어 도호부의 설치 가능성을 높게 보는 견해(최현화 2006; 박지현 2012)도 제기되었다.

5. 참고문헌

1) 보고서 및 자료집

국립중앙박물관, 2010, 『금석문자료』 1. 삼국시대, 예맥.

국사편찬위원회, 1995, 『韓國古代金石文資料集』, 국사편찬위원회.

동북아역사재단, 2009, 『譯註 中國正史 外國傳』 2. 漢書 外國傳 譯註, 동북아역사재단.

148) 본 비문에서는 이때의 전투가 언제 어디서 발생하였는지는 확실히 언급하고 있지 않다. 뒷부분에 있을지 모르겠지만 지금으로서는 알 수 없다. 『三國史記』, 『舊唐書』·『新唐書』, 『資治通鑑』 등에서 이 시기 전투 기사들을 확인해보면 '엄습'의 성격을 지닌 전투는 眞峴城 전투이다. 진현성 전투에서 당군이 승리하면서 신라의 군량운반로가 연결되었고, 이후 기세가 오른 당군은 백제부흥군을 진압하게 된다.

동북아역사재단, 2009, 『譯註 中國正史 外國傳』 3. 後漢書 外國傳 譯註, 동북아역사재단.
동북아역사재단, 2011, 『譯註 中國正史 外國傳』 10. 舊唐書 外國傳 譯註, 동북아역사재단.
동북아역사재단, 2011, 『譯註 中國正史 外國傳』 11. 新唐書 外國傳 譯註., 동북아역사재단.
조선총독부, 1914, 『朝鮮古蹟圖譜』 4책, 조선총독부.
조선총독부, 1919, 『朝鮮金石總覽』, 조선총독부; 1976, 『朝鮮金石總覽』, 亞細亞文化社(재간행).
한국고대사회연구소, 1992, 『譯註 韓國古代金石文』 Ⅰ. 고구려·백제·낙랑편, 가락국사적개발원.
한국정신문화연구원, 1979, 『藏書閣所藏拓本資料集』 Ⅰ. 古代·高麗篇, 한국정신문화연구원.
허흥식, 1984, 『韓國金石全文』, 亞細亞文化社.

2) 논저류

김수미, 2006, 「百濟府城의 실체와 熊津都督府 체제로의 전환」, 『역사학연구』 28, 전북대학교 사학회.
金秀美, 2007, 『熊津都督府 硏究』, 전남대학교 대학원 박사학위논문.
노중국, 2003, 『백제부흥운동사』, 일조각.
박지현, 2012, 「熊津都督府의 성립과 운영」, 서울대학교 대학원 석사학위논문.
박한제, 2006, 「수당 세계제국과 고구려」, 『한국고대국가와 중국왕조의 조공 책봉관계』, 고구려연구재단.
方香淑, 1994, 「百濟故土에 대한 唐의 支配體制」, 『李基白先生古稀紀念 韓國史學論叢(上)』, 일조각.
정병준 등 역, 2011, 「당대 기미부주 연구(1)」, 『新羅史學報』 23, 신라사학회
千寬宇, 1979, 「馬韓諸國의 位置 試論」, 『東洋學』 9, 단국대학교 동양학연구소.
최현화, 2006, 「7세기 중엽 당(唐)의 한반도(韓半島) 지배전략(支配戰略)」, 『역사와 현실』 61, 한국역사연구회.

劉統, 1998, 『唐代羈縻府州硏究』, 西北大學出版社.
韋慶遠·柏樺, 2001, 『中國官制史』, 東方出版中心.

大原利武, 1928, 「百濟故地に於ける唐の州縣考」, 『朝鮮』 159.
末松保和, 1935, 「百濟の故地に置かれた唐の州縣のついて」, 『青丘學叢』 19, 青丘學會.
濱田耕策, 2011, 「劉仁願紀功碑の復元と碑の史料價値」, 『年報 朝鮮學』 14, 九州大學朝鮮學硏究會.
栗原益男, 1979, 「七·八世紀の東アシア世界」, 『隋唐帝國と東アジア世界』, 汲古書院.
池內宏, 1934, 「百濟滅亡後の動亂及び唐·羅·日三國の關係」, 『滿鮮地理歷史硏究報告』 14, 東京帝國大學文學部.
胡口靖夫, 1979, 「鬼室福信と劉仁願紀功碑」, 『古代文化』 241, 古代學協會.

기타 해외 자료

七支刀

勿部珣將軍功德記

洛陽 龍門石窟 所在 百濟 關聯 銘文資料

1
七支刀

오택현

1. 개관

칠지도는 1874년 石上神宮에서 발견되어 현재는 해당 신궁의 신전에 소장되어 있다. 유물의 길이는 약 74cm이며, 하나의 본체에 양쪽으로 세 개씩 어긋나게 솟은 6개의 가지로 이루어진 칼로서, 그 독특한 형태로도 많은 관심을 받아왔다. 그러나 칠지도가 한·일 양국의 학자들에게 관심을 받게 된 이유는 무엇보다도 검신 앞뒤에 상감기법으로 새겨진 61자의 명문 때문인데, 명문은 당시 百濟와 倭의 관계를 반영하고 있기 때문이다. 때문에 이는 고대 한일 관계를 규명하는데 매우 중요한 유물로 인식되어 왔고, 양국의 연구자들의 주목과 관심을 한 몸에 받게 되었다.

일본의 신전은 기본적으로 손뼉을 치면서 기원하는 拜殿과 신사의 제신과 神體(제신을 상징하는 예배대상물)가 모셔져 있는 本殿(=神殿=正殿)으로 구성되어 있다. 배전은 많은 사람들이 쉽게 접근할 수 있지만 본전은 신체를 모셨기 때문에 일반 참배자는 특수한 상황이 아니면 출입금지이다(박규태 2005, p.7). 그리고 현재 칠지도는 본전에 모셔져 있기 때문에 일반관람은 불가능하다.

하지만 1874년 菅政友가 칠지도를 발견한 장소인 창고는 관람이 가능하다. 그렇지만 막상 발견된 장소에 가면 창고를 소개하는 글을 확인할 수 있는데 창고의 소개 글에는 칠지도가 발견되었다는 언급이 없고, 단순히 국보가 발견된 장소라는 언급만이 남아있다. 이 점은 의문으로 남는다.

칠지도는 石上神宮의 신물이기 때문에 연구 초창기에 직접적인 조사가 불가능했다. 또 칠지도의 모양의 특이성과 발견 당시 완전한 형태가 아닌 부러진 형태로 발견되어 정확한 형태를 파악하지 못했다. 그 결과 石上神宮의 물품 목록에는 六叉鉾라고 기록된 쇠가 6개 달린 투겁창이 있다고 기록되고 칠지도가 있다는 기록이 보이지 않는다.

일반적으로 투겁창은 창날의 아래쪽 끝이 나무 봉을 감싸면서 끼울 수 있게 만들어진 창인데 칠지도는 엄밀하게 말하면 투겁창의 형식이 아니다(김태식 2004, p.62). 다만 손잡이 부분이 끼워 넣는 방식이기 때문에 石上神宮에 기록된 육차모가 칠지도일 것이라고 추정했다. 그래서인지는 몰라도 石上神宮에서 발행한 도록에서는 육차모와 칠지도를 동일한 유물로 파악하고 있다. 물론 손잡이에 한정되었다고 하지만 끼워 넣는 방식이 동일하며, 두 종류의 칼이 石上神宮에 존재하지 않기 때문에 육차모와 칠지도를 동일하게 보는 것이 일반적이다. 물론 앞서 언급한 것과 같이 육차모와 칠지도가 다른 종류일 가능성도 존재한다. 하지만 육차모가 발견되지 않는 한 이러한 논의는 무의미할 것이다.

게다가 1907년『菅政友 全集』에 실린 '石上神宮 보고 소장 육차도명'이라는 제목의 메모가 일부 변형되어 연구의 혼란을 불러오기도 하였다. 이후 칠지도의 대한 관심이 고조되면서[1] 菅政友는 石上神宮의 궁사가 현장을 지켜보는 가운데 상감글자를 다 보이도록 칠지도의 연마작업을 실시하게 된다. 그 과정에서 몇몇 글자는 훼손되기도 했지만, 칠지도가 세상 밖으로 완전한 모습을 보이는 결과를 얻게 되었다(김태식 2004, pp.63-65).

칠지도의 명문이 세상에 공개되자 명문을 통해서 다양한 의견이 개진되기 시작했다. 칠지도 사여의 주체와 관련된 내용, 칠지도의 제작연대, 명문에 보이는 연호 등 다양한 문제들이 제기되었고, 이와 관련된 무수히 많은 논고가 발표되기에 이르렀다(宮崎市定 1983; 연민수 1998; 吉田晶 2001; 張八鉉 2001). 그러나 많은 성과가 제시되었음에도 불구하고 현재까지 칠지도 명문에 대한 판독은 여전히 논란이 되고 있다. 다만 칠지도가 백제에서 일본에 전해진 물건이라는 원론적인 사실에만 諸家의 동의가 있을 뿐이다. 즉 칠지도를 백제가 일본에 전해준 배경이나 그 목적이 무엇인지에 대해서는 아직까지도 논란이 되고 있다.

발견 직후부터 고대 한일 관계사를 거론함에 있어 하나의 화두가 되어 왔던 칠지도의 61자 명문은 百濟와 倭의 관계를 파악하는데 매우 중요한 자료임에는 틀림없다. 즉 칠지도의 명문을 정확하게 검토 및 판독하는 작업은 고대 한일 관계사와 관련된 지난한 문제들을 해결하는 가운데 우선적으로 행해져야만 하는 기초 작업이라 할 수 있다.

---

1) 칠지도는 고대 한일 관계를 규명하고자 하는 많은 연구자들의 관심을 받게 되었다. 그 결과 1892년 東京帝國大學 星野恒는 菅政友의 메모를 신궁으로부터 입수받아 칠지도 연구를『史學雜志』에 발표하면서 칠지도 명문의 판독이 공개적으로 제시된다. 비록 14자(미상자 3자)에 불과하지만 칠지도의 명문이 공개되었으며, 칠지도가 파손되었다는 사실을 확인시켜주었다.

2. 판독 및 교감

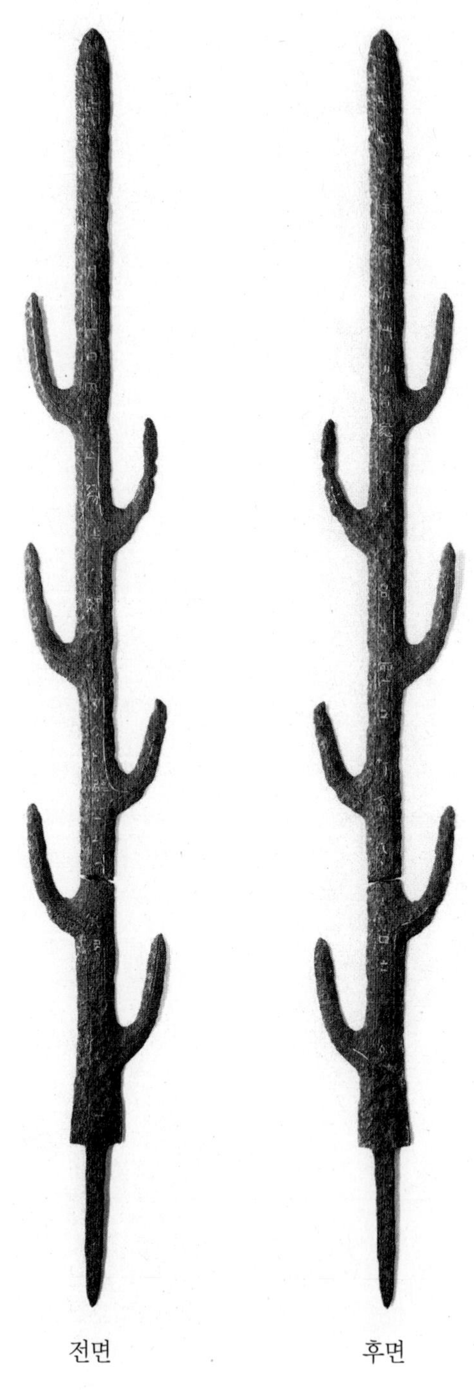

전면　　　　후면

村山正雄, 1996, pp.1-2

村山正雄, 1996, p.40

村山正雄, 1996, p.41

	앞면	뒷면
①	泰	先
②	和	世
③	四	以
④	年	來
⑤	▨	未
⑥	▨	有
⑦	月	此
⑧	十	刀
⑨	六	百
⑩	日	濟
⑪	丙	王
⑫	午	世
⑬	正	一
⑭	陽	奇
⑮	造	生
⑯	百	聖
⑰	練	音
⑱	銕	故
⑲	七	爲
⑳	支	倭
㉑	刀	王
㉒	▨	旨
㉓	辟	造
㉔	百	傳
㉕	兵	示
㉖	宜	後
㉗	供	世
㉘	供	
㉙	侯	
㉚	王	
㉛	▨	
㉜	▨	
㉝	▨	
㉞	▨	
㉟	作	

앞면: 泰和[2]四年▨▨[3]月十六日丙午正陽造百練銕七支刀▨[4]辟百兵宜供[5]供侯王▨▨▨▨[6]作[7]

뒷면: 先世以來未有此刀百濟[8]王世−[9]奇生聖音[10]故爲倭王旨造傳示[11]後[12]世

앞면-①: 泰

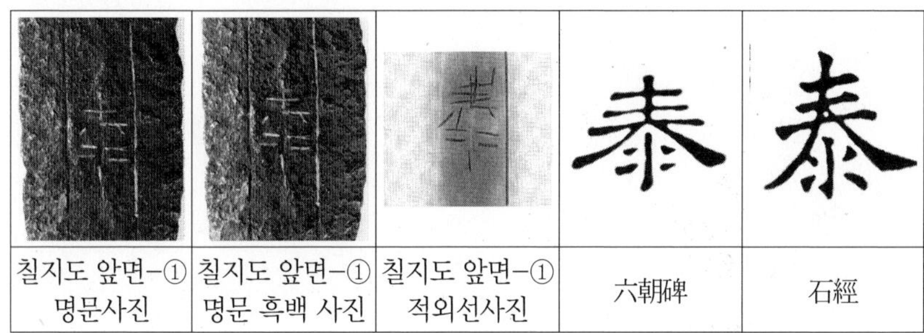

칠지도 앞면-① 명문사진	칠지도 앞면-① 명문 흑백 사진	칠지도 앞면-① 적외선사진	六朝碑	石經

∴ 대부분의 학자들이 '泰'로 파악하고 있다. 그러나 이에 대해서 연민수는 다른 의견을 개진하였다. 그는 초기 칠지도 연구자들의 見取圖를 통해 銘文의 첫 번째 글자 하부 자획이 가로로 놓인 점을 들어 '泰'가 아닌 '奉'이라고 주장하였다. 하지만 실물사진과 적외선사진을 통해보면 연민수의 의견인 하부자획이 가로로 새겨져있다는데 동의할 수 있다. 하지만 두 획이 연결되어 있다고 보기에는 무리가 있다. 확연하게 획이 떨어져 있는 것이 육안으로도 판독이 가능하며, 하부자획의 2개가 모두 일정한 간격을 두고 떨

2) 始(菅政友, 三品彰英), 和(金錫亨, 佐伯有清, 鈴木靖民, 山尾幸久, 村山正雄, 김영심, 木村誠), ▨(李丙燾, 연민수, 김태식, 주보돈).

3) ▨(菅政友 , 李丙燾, 山尾幸久, 村山正雄), 六(三品彰英), 五(金錫亨, 佐伯有清, 鈴木靖民, 김영심, 연민수, 김태식), 十一(木村誠).

4) 生(三品彰英, 金錫亨, 鈴木靖民, 山尾幸久, 村山正雄, 김영심, 木村誠, 김태식, 주보돈), 出(佐伯有清), 世(연민수), 미판독(菅政友).

5) 供(李丙燾, 佐伯有清, 山尾幸久, 村山正雄, 김영심, 木村誠, 김태식, 주보돈), 復(鈴木靖民, 연민수), 글자없음(三品彰英, 金錫亨), 미판독(菅政友).

6) 미판독(菅政友), ▨(三品彰英, 金錫亨, 李丙燾, 佐伯有清, 鈴木靖民, 山尾幸久, 村山正雄, 김영심, 연민수, 木村誠, 김태식, 주보돈).

7) 作(三品彰英, 金錫亨, 李丙燾, 佐伯有清, 鈴木靖民, 山尾幸久, 村山正雄, 김영심, 연민수, 木村誠, 주보돈), 祥(김태식), 미판독(菅政友).

8) 濟{済}(金錫亨, 李丙燾, 山尾幸久, 김영심, 木村誠, 김태식, 주보돈), 慈(三品彰英, 佐伯有清, 鈴木靖民, 연민수), 滋(村山正雄), 미판독(菅政友).

9) 子(三品彰英, 佐伯有清, 김영심, 연민수, 木村誠, 김태식, 주보돈), 글자없음(金錫亨), ▨(李丙燾, 鈴木靖民, 山尾幸久, 村山正雄), 미판독(菅政友).

10) 音(三品彰英, 李丙燾, 佐伯有清, 鈴木靖民, 山尾幸久, 村山正雄, 김영심, 연민수, 木村誠, 김태식, 주보돈), 晋(金錫亨).

11) 示(金錫亨, 李丙燾, 佐伯有清, 김영심, 연민수, 木村誠, 김태식, 주보돈), 不(三品彰英, 村山正雄), ▨(鈴木靖民, 山尾幸久), 미판독(菅政友).

12) 後(李丙燾, 佐伯有清, 山尾幸久, 김영심, 木村誠, 김태식, 주보돈), 倭(三品彰), ▨(金錫亨, 鈴木靖民, 村山正雄), 미판독(菅政友).

어져있기 때문에 하나의 획으로 보기는 어렵다. 그래서 '奉'이라는 판독안은 받아들이기 힘들기 때문에 첫 번째 글자는 '泰'로 판독하고자 한다.

앞면-②: 和

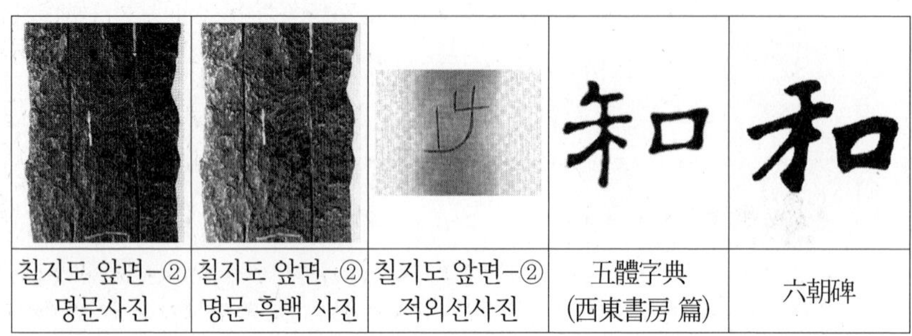

칠지도 앞면-② 명문사진	칠지도 앞면-② 명문 흑백 사진	칠지도 앞면-② 적외선사진	五體字典 (西東書房 篇)	六朝碑

∴ 앞면-②는 정확하게 판독이 되지 않기 때문에 많은 학자들이 여러 가지 각도에서 남아있는 획을 이용해 글자를 유추하였다. 특히 칠지도의 첫 번째에 등장하는 명문이기 때문에 연호로 파악해 중국 측의 연호와 비교하는 작업을 진행하였다. 그 결과 초기 연구자들은 '始'로 보는 경향이 강하였다. '始'로 보게 되면 칠지도에 첫 부분에 나타난 연호는 '泰始'가 되며, 이는 西晋에서 사용한 연호로 밑의 글자인 '四年'과 연결했을 때 268년으로 비정할 수 있게 된다.

그러나 적외선 사진을 자세히 보면 남아있는 상감부분이 '女'보다는 '禾'의 형태로 음각되어 있음을 확인할 수 있다. 그래서 '始'로 보는 것은 상감이 현재 'I' 형태로 남아있기 때문에 어렵다고 생각되며, 유독 상감 주위에 마멸된 부분이 많이 보이는 것으로 보아 글자가 훼손되었을 가능성도 높다고 판단된다. 그래서 '和'로 판독하고자 한다.

만약 '泰和'라고 판독이 된다면 일부 연구에서는 백제에서 독자적으로 사용한 연호일 가능성이 높다고 판단했다. 비록 7세기 중엽 편찬된 『翰苑』에는 백제가 독자적인 연호를 사용하지 않고, 年干支를 사용하였다고 기술하고 있지만(『翰苑』 卷30 蕃夷部 百濟條), 이는 사비기의 백제의 상황을 설명한 것이다. 또 웅진기나 사비기에 제작된 금석문에 年干支가 표시되었을 뿐 한성기에도 年干支를 사용했다는 증거는 어디에도 없다. 그래서 한성기에는 독자적인 연호를 사용했을 가능성이 높다고 생각된다. 이와 관련해서 주변국인 고구려와 신라를 보면 처음부터 중국의 연호를 사용하기보다는 독자적인 연호를 사용하였으며,[13] 중국왕조와 교류하는 중에도 이러한 독자적인 연호사용을 고수한 흔적이 『삼국사기』에 보이고 있다.[14] 그렇기 때문에 '泰和'라고 하는 판독이 맞다면 '泰和'는 백제가 사용한 독자적인 연호가 되는 것이

13) 고구려의 연호사용은 「廣開土王碑」의 永樂, 신라의 경우는 『三國史記』 卷4 新羅本紀 4 法興王 23년(536)에 建元, 「磨雲嶺碑」(568)의 太昌으로 각각 확인할 수 있다.

14) 신라 선덕여왕의 경우 즉위 3년에 새로이 연호를 사용하고 있는 흔적이 보이고 있기 때문에 백제에서도 상황에 맞게 연호를 사용하였을 가능성도 있다고 생각된다.

며, 주변국과의 동일한 양상을 보이게 된다고 한다.

하지만 동아시아의 질서 속에서 백제의 독자적인 연호를 사용했을 가능성은 매우 낮다. 아마도 중국의 연호를 받아들였을 가능성을 상정하는 것이 옳으며, 동진의 연호를 취할 경우 369년이기 때문에 칠지도의 제작시기인 근초고왕대이므로 큰 무리는 없어 보인다.

앞면-⑤: ▨

칠지도 앞면-⑤ 명문사진	칠지도 앞면-⑤ 명문 흑백 사진	칠지도 앞면-⑤ 적외선사진

∴ 앞면-①~④가 '泰和四年'이고, 앞면-⑥~⑨가 '月十六日'이기 때문에 앞과 뒤를 연결시켜 보면 제작시기를 나타내는 문구로 파악할 수 있다. 그래서 연구자들은 앞면-⑤를 '五', '六', '十', '十一', '十二'로 보는 등 다양한 견해를 주장하였다.[15] 그러나 앞면-⑤는 판독이 어려울 만큼 훼손이 심각하다. 실물사진과 적외선사진으로도 윤곽이 잡히지 않기 때문이다. 木村誠과 주보돈은 『石上神宮七支刀銘文圖錄』이 출판된 이후 가로 획 '一'과 '年' 사이에 '十'의 일부라 생각되는 금상감이 확인되어 '十一'이라는 판독안을 제시하였지만 현 상태로는 정확하게 판독하는 것이 불가능하다고 생각된다. 그래서 이 부분은 판독을 유보하는 것이 좋을 듯하다.

앞면-㉒: ▨

칠지도 앞면-㉒ 명문사진	칠지도 앞면-㉒ 명문 흑백 사진	칠지도 앞면-㉒ 적외선사진

∴ '칠지도'라고 하는 명문 다음으로 오는 글자로 '生' 혹은 '出'로 판독하기도 한다. 이는 아마도 칠지도가 나왔다는 의미를 부여하기 위함으로써 칠지도가 만들어짐을 표현하고 싶은 의도에서 판독을 시행한

15) 조경철, 2010, p.7에 의하면 대부분의 학자들은 5월에, 村山正雄은 11월과 12월, 木村誠은 11월로 파악하고 있다고 한다.

듯하다. 물론 남아있는 자획으로 이러한 유추가 가능하지만 현재로써 명확한 글자를 판독할 수 없고, 기존의 판독인 '生' 혹은 '出'로도 의미가 통하기 때문에 판독을 유보한다.

앞면-㉗: 供

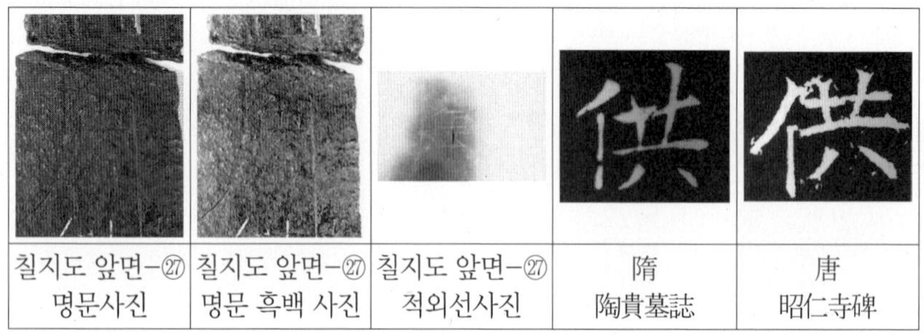

칠지도 앞면-㉗ 명문사진	칠지도 앞면-㉗ 명문 흑백 사진	칠지도 앞면-㉗ 적외선사진	隋 陶貴墓誌	唐 昭仁寺碑

∴ 길상구로서 '供'으로 해석하는 경향이 강하다. 그리고 상감이 남아있지는 않지만 파여진 홈의 모양으로 자획을 추적하면 '供'으로 볼 수도 있다.

앞면-㉛~㉞: ▨▨▨▨

칠지도 앞면-㉛ 사진	칠지도 앞면-㉜ 사진	칠지도 앞면-㉝ 사진	칠지도 앞면-㉞ 사진

∴ 인물로 추정되는 부분이다. 이름이 기록되었을 것으로 추정되지만 상감 및 홈, 적외선 사진 등을 통해 볼 때 글자로 판독할 수 있는 부분이 없다. 그래서 판독불가로 남겨둔다.

앞면-㉟: 作

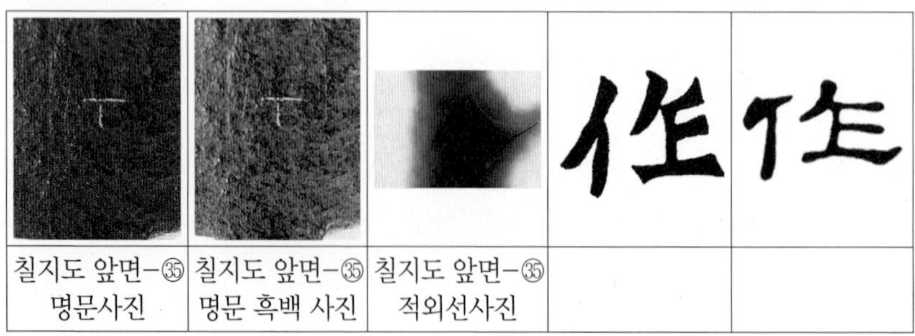

칠지도 앞면-㉟ 명문사진	칠지도 앞면-㉟ 명문 흑백 사진	칠지도 앞면-㉟ 적외선사진		

∴ 이 글자에 대해서는 '作'으로 판독하는데 별다른 이견이 없었지만, 김태식에 의해 '祥'으로 보는 견해가 제기되었다. 김태식은 왼쪽에 'ㅜ'자 형태의 새김이 보이고, 오른쪽에 '丁'모양의 상감이 남아있어 '祥'일 가능성을 제기하였다(김태식 2005, p.66). 하지만 위의 자료에서 보이듯이 왼쪽의 새김은 'ㅜ'보다는 '亻'에 더 가깝다. 그래서 기존의 견해대로 '作'으로 해석하는 게 옳을 듯하다. 그리고 문맥상 '作'이 된다면 앞에 판독이 되지 않는 미상字는 칠지도를 제작한 사람들의 이름을 기록한 것으로 추론되기 때문에 자연스럽게 문맥이 구성된다. 그래서 이 글자는 '作'으로 판독하는 것이 옳다고 생각된다.

뒷면-⑩: 濟

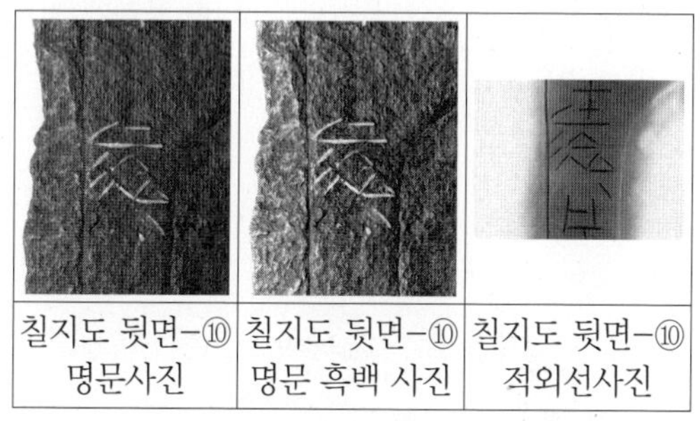

칠지도 뒷면-⑩ 명문사진	칠지도 뒷면-⑩ 명문 흑백 사진	칠지도 뒷면-⑩ 적외선사진

∴ 이 글자는 크게 '濟'와 '滋'로 판독이 되고 있다(이도학 1990, p.67; 김택균 1998, p.85; 연민수 1998, p.143). 이러한 해석은 '百滋'가 백제 스스로 높이기 위해 사용한 표현이라는 점에서 착안된 것이다. 이외에도 倭王의 이름을 피휘하기 위해 사용한 것(宮崎市定 1982, p.12), 좋은 글자로 새겨 넣기 위한 표기라는 의견(鈴木靖民 1983, p.202)도 제기되었다. 하지만 실물과 적외선사진을 보면 '滋'로 보기에 무리가 있다. 위의 '艹'변이 보이지 않으며, '幺'으로 보기에도 애매한 부분이 많기 때문이다.

뒷면-⑬: -

칠지도 뒷면-⑬ 명문사진	칠지도 뒷면-⑬ 명문 흑백 사진	칠지도 뒷면-⑬ 적외선사진

∴ 뒷면-⑬은 실물사진과 적외선사진으로 보아도 정확한 글자를 파악할 수 없다. 우측 상단에 깊게 파여 있는 부분에 일부 남아있는 상감만이 확인되는 게 전부이다. 하지만 뒷면-⑬ 앞에 있는 ⑪번과 ⑫ 글자를 통해 판독을 추론하기도 한다. 뒷면-⑪·⑫는 '王世'이다. 그래서 '子'로 판독하는 경우가 많다. 하지만 백제에서 太子라는 단어는 사용했지만 世子라는 용어는 사용한 용례가 없다.[16] 백제가 일본에 전해

준 칠지도에 太子가 아닌 世子로 표현했다는 것과 '世子'의 용례가 없다는 점으로 이루어보아 뒷면-은 '子'가 아닐 것이다. 또 뒤이어 표현되는 '기생성음'을 세자인 근구수로 본다면 왕자를 표현하는 단어가 2번 중복되어 나올 필요는 없다고 생각된다.

그렇다면 이는 재판독을 실시해야한다고 생각된다. 우선 남아있는 상감부분과 적외선 사진을 살펴보면 '–'만이 보임을 알 수 있다. 기존의 판독은 '世子'에 염두에 두고 있었기 때문에 '–'이 '子'의 자획 중 하나로 판단했을 것이다. 그러나 이외의 자획이 상감부분 및 적외선에서 보이지 않기 때문에 이러한 판단은 유보해야 할 것이다. 오히려 '–'이라는 그 자체로 보는 것이 타당하다.

'–'이라는 용례는 경전 및 금석문에서 '同'으로 쓰이는 용례가 보인다. '同'은 앞의 글자와 같다는 뜻으로, 앞의 글자와 뒤의 글자가 같을 경우 간단하게 처리하기 위해 '–'을 사용한다. 이러한 용례에 비추어 본다는 '王世世'가 되는 것이며, 해석을 하는 것에도 무리가 없으므로 '–'로 판독한다.

뒷면-⑰: 音

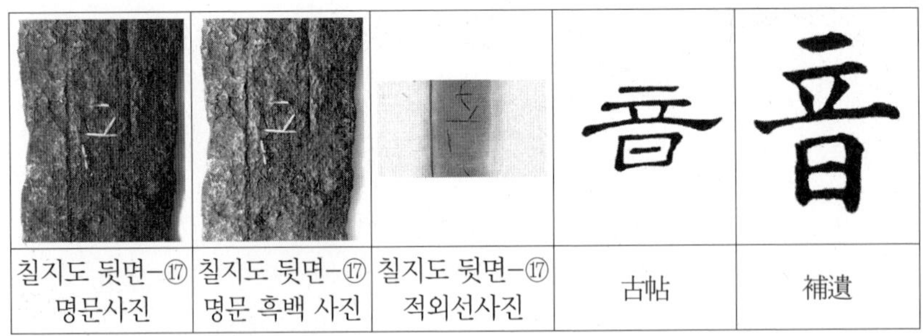

칠지도 뒷면-⑰ 명문사진	칠지도 뒷면-⑰ 명문 흑백 사진	칠지도 뒷면-⑰ 적외선사진	古帖	補遺

∴ 이 글자는 일반적으로 '音'으로 판독되고 있는 글자이다. 다만 동진과의 연관성에 주목해 '晉'으로 판독하는 사례가 일본에 있었다. 하지만 福山敏男이 '聖音'으로 판독한 이후 대체로 '音'으로 판독하는 것이 일반적이다. 비록 '聖音'이 무엇을 지칭하는 것인지 정확하게는 알 수 없지만 동진과의 연관성 속에서 '晉'으로 판독하는 것은 무리한 판독인 것이다. 아마도 앞면-①·②에 나타난 연호를 의식해 판독한 결과가 아닌가 생각된다.

16) 백제에서 '世子'를 사용한 예가 보이지 않는다. 하지만 '太子'와 '世子'에 대한 개념은 『三國史記』를 통해서 확인되는데, 이는 고려의 인식 및 관념이 투영된 것이다. 그래서 백제의 근초고왕 시기에 '太子'와 '世子'의 개념을 분리해서 사용했는지에 대해서는 확인이 되지 않는다. 「광개토왕비」에도 '世子'의 용례가 확인되는 것을 통해보면 '太子'와 '世子'는 동일하게 사용되었을 가능성이 높다. 다만 칠지도에 왜 '世子'가 적혀 있는지에 대해서는 검증이 필요할 것이다.

뒷면-㉕: 示

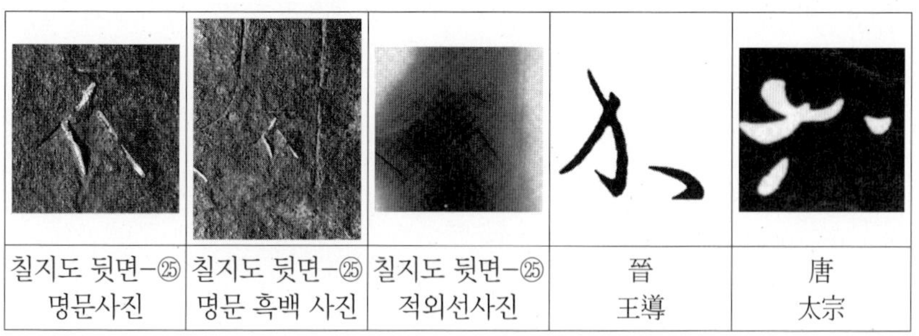

칠지도 뒷면-㉕ 명문사진	칠지도 뒷면-㉕ 명문 흑백 사진	칠지도 뒷면-㉕ 적외선사진	晉 王導	唐 太宗

∴ 이 글자는 '衣'의 자획과 비슷하며, 초서체에서도 비슷한 자형이 보이기 때문에 '示'로 판독하였다.

뒷면-㉖: 後

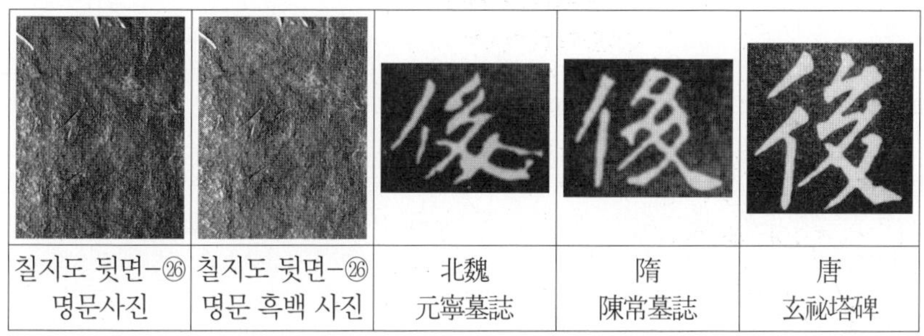

칠지도 뒷면-㉖ 명문사진	칠지도 뒷면-㉖ 명문 흑백 사진	北魏 元寧墓誌	隋 陳常墓誌	唐 玄祕塔碑

∴ 뒷면-㉖은 여러 판독안이 있는 것은 아니다. 다만 유보한 경우가 많은 글자이다. 사진으로 볼 수 있듯이 상감이 남아있지 않다. 그래서 파여 있는 흔적을 통해 글자를 유추해야한다. 그래서 초창기 연구자들은 글자를 유보한 것으로 보인다. 하지만 이 글자는 현재 '後'로 판독되고 있다. 우선 좌측에 '彳'으로 파악되지는 않지만 '亻'이 확실하게 새겨져 있음을 알 수 있다. 그리고 바로 옆 우측에는 '/'이 있어 '幺'의 일부임을 알 수 있다. 마지막으로 하단부 중간에 '夂'의 왼쪽 획이 보이고 있기 때문에 이 글자를 '後'로 판독한 것이다.

3. 역주

앞면: 태화[17] 4년 ▨월[18] 16일 병오일 한낮에 백번이나 제련한 철로 된 칠지도를 만들었다. 병해를 물

17) 泰和: 泰和에서 和는 잘 보이지 않는다. 그렇지만 태화는 연호를 지칭하고 있어 많은 연구자들이 판독을 진행하고자 노력했다. 그 결과 '泰初'로 판독하여 칠지도의 제작연대를 '泰始' 4년인 268년으로 보는 견해가 처음으로 등장했다. 그리고 1951년에는『日本書紀』신공기 기사에 등장하는 泰和와 연결시켜 동진 태화 4년인 369년으로 보는 견해가 일본에서 통설로 받아들

리칠 수 있으리라. 후왕[19]에서 주기 알맞다. ▨▨▨▨가[20] 만들었다.

뒷면: 선세 이래 이런 칼이 없었는데 백제왕이 세세토록[21] 기이한 성음을 가지고 있어[22] 왜왕을 위하여 정교하게 만들었다. 후세에 전하여 보이도록 하여라.

여지게 되었다. 이에 한국학자들은 백제가 중국의 연호를 받아들인 예가 적다는 점에 착안하여 백제의 근초고왕 때의 독자적인 연호라고 보는 것이 대다수의 견해이다. 그렇지만 『翰苑』과 왕흥사지 출토 사리감, 부여에서 출토된 목간을 통해보면 백제에서 연호를 표기하는 방법은 60甲子로 사용함이 일반적이었음을 알 수 있다. 백제에서 독자적인 연호를 사용하지 않았다고 단정할 수는 없지만, 칠지도가 4세기 후반인 근초고왕 혹은 근구수왕대에 만들어졌다고 한다면 372년 근초고왕이 처음으로 책봉호를 받은 상황에서 스스로 독자적인 연호를 썼을 가능성은 희박하다고 생각된다. 이는 백제가 동아시아의 질서 속에 편입되어가는 과정 속에서 스스로의 연호사용보다는 중국의 연호를 사용했다고 하는 편이 더욱 자연스럽기 때문이다. 따라서 '泰和'는 동진의 연호로 보고, 칠지도에 기록된 명문을 통해 칠지도가 만들어진 시점은 泰和 4년인 369년이 된다고 볼 수 있다.

18) ▨月: 칠지도의 작성연대를 年月日로 표기했다면 이 부분은 月에 해당하는 부분이 될 것이다. 그렇지만 정확한 시점을 알기에는 자료 정보가 매우 부족하다. 우선 이에 대해서는 '五', '六', '十', '十一'로 보는 견해가 있다. 이를 토대로 뒤에 이어지는 369년 모월 16일 병오일이 언제인지를 파악해 정확한 월을 찾아보려는 연구도 있었다(조경철 2010). 하지만 칠지도의 명문이 종교적인 어구, 혹은 길상구가 많이 있기 때문에 정확한 月을 찾기에는 쉽지 않은 상황이다.

19) 侯王: 후왕에 대한 기록은 문자 그대로 판독할 경우 그 의미를 제대로 이해할 수 없다. 이는 한 대에 많이 등장하는 길상구에 등장하는 어구이기 때문이다. 한 대의 칼이나 거울의 명문에는 '宜侯王'이라는 문구가 많이 등장해 여기에서 차용한 것이 분명이다. 그렇다면 사이에 삽입되어 있는 '供供'이 무엇을 뜻하는지가 중요하다. '供供'은 '恭恭'과 의미가 통하며, 이는 '공송하고 예의바르다'라는 형용사로 풀이될 수 있다. 그리고 이 역시 길상구로서 무리가 없는 구절이다. 그러나 '供'과 '侯王'을 가지고 하사 및 헌사의 개념으로 이 구절을 해석하려는 경향이 강해 칠지도의 정확한 해석이 불가능한 실정이다. 칠지도가 만들어졌을 당시 백제가 王侯制로서 일본과의 관계를 맺고 있지 않았고, 오히려 중국의 질서 속에 편입되어가는 과정 속에서 중국의 길상구를 삽입하여 일본에 전달해준 성격이 강하다고 생각되기 때문이다. 侯王이 일본왕을 가르킬 수도 있고, 아니면 길상구로서 들어갔을 수도 있지만 이 구절에서 나타나는 侯王이 王侯制의 개념으로 사용된 용어가 아님은 분명하다.

20) ▨▨▨▨: 내용 상 칠지도를 만든 장인의 이름이 쓰여져 있을 것이다. 무령왕에서 발견된 은제팔찌에서도 팔찌를 만든 장인의 이름이 쓰여져 있기 때문에 충분히 가능성은 있다. 그리고 전면의 마지막 글자가 '作'이기 때문에 이러한 추론은 더욱 신빙성을 얻는다고 할 수 있다.

21) 王世世: 일반적으로 '王世子'로 많이 판독하였다. 그러나 여기에 대해서는 '백제에서는 세자라고 불리운 사례가 없다', '뒤에 이어지는 성음이 왕자를 경칭하는 의미로 본다면 왕자라는 표현을 두 번 쓸 이유는 무엇인가' 등에 대한 의구심이 있어왔지만 뚜렷한 답을 내지 못하고 있는 실정이다. 그러나 칠지도의 사진 및 적외선으로 본다면 '子'로 볼 수 있는 여지가 없다. 오히려 문맥에 맞춰 世子라고 판독할 뿐이다. 물론 백제에서는 세자라고 지칭한 경우는 없지만 「광개토왕비」에 세자라는 단어가 있어 세자로 칭했을 수도 있다. 하지만 칠지도를 통해보면 '子'로 볼 여지가 아무 것도 없다. 그래서 '〲'은 앞의 말을 그대로 받는 '同'과 같으며, 그렇게 될 경우 王世世가 될 수 있을 것이다. 이러한 용례는 경전 및 금석문에서도 보이기 때문에 '왕이 세세토록'으로 해석하였다.

22) 奇生聖音: 기생성음에 대해서는 '聖恩', '불교와 관련해서 보는 경우', '도교신앙과 연결해 신선의 가르침으로 보는 입장'이 있다(김영심 2013). 이 구절도 길상구 내지는 신앙생활을 보여준다고 생각되며 백제왕의 기이함을 나타내고자 쓴 구절로 풀이된다.

4. 연구쟁점

칠지도에 대해서는 여러 가지 논의가 있어 왔다. 대표적으로는 칠지도의 제작시기, 후왕의 존재, 기생성음의 해석논쟁, 칠지도의 모델이 무엇인가 등 다양한 관점에서 칠지도를 해석하고자 하였다. 하지만 이는 명확하게 판독되지 않을 글자를 어떻게 판독하느냐에 따라 내용이 달라지기 때문에 쉽게 합의되지 못하고 여전히 논란이 되고 있는 것이다. 이러한 논란이 계속되자 새로운 관점에서 칠지도를 바라보는 연구가 나타나기 시작했다. 그래서 날짜에 관한 논의 및 종교적인 색채에 주목하여 칠지도를 바라보는 시각도 대두되었다.

기본적으로 칠지도는 일본에서 발견된 유물이다. 여기에 백제라는 명칭이 쓰여 있어 한일관계사 측면에서 매우 주목을 받게 된 것이다. 그러나 칠지도는 고고학적 산물이다. 무엇 때문에 백제와 왜라는 글자가 칠지도에 명기되어 있고, 이 유물이 일본에 남겨지게 되었는지 해결하려면 무엇보다도 판독을 완벽히 진행해야 진전된 논의를 이끌어낼 수 있을 것이다.

칠지도의 제작에 대해서 대외교류의 산물이라는 측면은 상당히 설득력이 있다(주보돈 2011). 백제의 대외교류의 흔적은 『晉書』와 『日本書紀』에 등장하기 때문에 이 시기 백제의 대외팽창 양상을 확실하게 보여준다. 그리고 이러한 과정 속에서 369년 칠지도가 만들어졌다면 칠지도는 대외교류의 산물로 전해졌을 가능성이 크다.

위와 같이 본다면 백제의 왕세자인 근구수와 일본 왜왕이 교역을 했다고 하는 것은 의문이 든다. 그리고 왕세자에 대한 판독이 확실하지 않은 상황에서 백제가 일본보다 우위에 있었다는 해석은 쉽게 이해되지 않는다. 오히려 백제의 왕인 근초고왕과 일본 왜왕과의 교역의 산물로 칠지도가 만들어졌고, 이를 백제가 일본에 선물로 줌으로써 일본에 칠지도가 남겨진 것이 아닌가 생각된다. 이에 대해서는 여러 방면으로 주변국과의 상황을 살펴봐야 하기 때문에 추후 보완해야 할 것으로 생각된다.

5. 참고문헌

1) 보고서 및 자료집

村山正雄, 1996, 『石上神宮七支刀銘文圖錄』, 吉川弘文館.

2) 논저류

金錫亨, 1963, 「삼한, 삼국의 일본열도 내 분국에 대하여」, 『력사과학』 1.
김영심, 1992, 「칠지도명」, 『역주한국고대금석문』 제1권.
김영심, 2013, 「칠지도의 성격과 제작배경」, 『한국고대사연구』 69.
김정배, 1980, 「칠지도 연구의 새로운 방향」, 『동양학』 10.

김태식, 2004, 「고대 한일 관계사의 민감한 화두, 칠지도」, 『고대로 부터의 통신』.
김택균, 1998, 「七支刀 銘文에 대한 一考」, 『江原史學』 13.
노중국, 2010, 『백제사회사상사』, 지식산업사.
木村誠, 2000, 「百濟史料로서의 七支刀 銘文」, 『서강인문논총』 12.
박규태, 2005, 『일본의 신사』, 살림.
손영종, 1983, 「백제 7지도의 명문 해석에서 제기되는 몇 가지 문제(1)」, 『력사과학』 1983-4.
손영종, 1984, 「백제 7지도의 명문 해석에서 제기되는 몇 가지 문제(2)」, 『력사과학』 1984-1.
연민수, 1998, 「칠지도명문(七支刀銘文)의 재검토」, 『고대한일관계사』.
이도학, 1990, 「百濟 七支刀 銘文의 再解釋」, 『한국학보』 16.
李丙燾, 1974, 「百濟七支刀考」, 『震檀學報』 38.
조경철, 2008, 「백제 칠지도의 상징과 명협」, 『한국사상사학』 31
조경철, 2010, 「백제 칠지도의 제작 연대 재론」, 『백제문화』 42.
주보돈, 2011, 「百濟 七支刀의 의미」, 『한국고대사연구』 62.

菅政友, 1907, 「任那考」, 『菅政友全集』, 國書刊行會.
宮崎市定, 1982, 「七支刀銘文試釋」, 『東方學』 64.
吉田晶, 2001, 『七支刀の謎を解く-四世紀後半の百濟と倭』, 新日本出版社.
鈴木靖民, 1983, 「石上神宮七支刀銘についての一試論」, 『坂本太郎頌壽記念日本史學論集』上.
山尾幸久, 1989, 『古代の日朝關係』, 塙書房.
三品彰英, 1962, 『日本書紀朝鮮関係記事考証』 上巻, 吉川弘文館.
張八鉉, 2001, 「金石文の見る四世紀から六世紀頃の日韓官階」, 立命館大學校 博士學位論文.
佐伯有清, 1977, 『七支刀と廣開土王碑』, 吉川弘文館.

勿部珣將軍功德記

오택현

1. 개관

「勿部珣功德記」가 발견된 곳은 중국 山西省 太原市 남서쪽으로 40km 떨어진 天龍山 天龍寺 부근이다. 이곳은 해발 1,500m의 고지대로 東魏 시대부터 五代까지 조성된 석굴 25개가 위치하고 있는데, 그중 상당수는 당나라 때에 만들어졌다. 오늘날까지도 대부분의 석굴에 많은 불교 조각들이 전해지고 있어 불교사 및 미술사적으로도 의미가 깊은 곳이다. 이곳에서 발견된 「勿部珣功德記」에는 707년경 불상헌납을 둘러싼 역사적 사실이 기재되어 있어 주목이 된다. 이를 통해 공덕기의 제작연대와 비문 작성 배경 및 이유를 파악할 수 있기 때문이다. 또 「勿部珣功德記」는 절대연대를 가지고 있어, 주변 석굴에 대한 편년 추정을 통해 당시의 여러 불교 조각들의 비교연구를 하는데 귀중한 역할을 한다.

「勿部珣功德記」의 위치에 대해서는 미국학자 Marylin M. Rhie가 천룡산 석굴 불상의 조각 양식을 상호 비교하며 勿部珣 부부가 조성한 석굴이 21굴이라고 고증한 바 있다(Marylin M. Rhie 1974-75, pp.6-33; 文明大 譯 1980, pp.77-109). 그리고 이러한 연구성과가 국내에 받아들여졌다(東國大學校篇 1993.9, pp.254-259; 이도학 2003a, pp.254-259; 이도학 2003b, pp.641-644; KBS 역사스페셜 2000년 10월 21일자; 연합뉴스 2003년 10월 16일자; 불교신문 2004년 10월 24일자). 하지만 최근에 「勿部珣功德記」가 있는 천룡산에 산악도로가 개설되고 포장 공사가 완료되어 차량으로 약 30분 정도면 입구에 도달할 수 있게 되면서 천룡산 석굴에 대한 전면적인 재조사가 이루어지게 되었다. 그 결과 중국학자 李裕群과 李鋼이 勿部珣 부부가 조성한 석굴은 21굴이 아니라 15굴이라는 주장을 펼쳤고(박현규 2009, pp.57-63), 박현규는 실제로 15굴의 동편에 비신 홈이 있는데, 홈의 크기가 비석의 크기와 부합해 15굴이 勿部

珣 부부가 조성한 석굴로 보인다는 주장을 펼쳤다. 이러한 주장들이 나오게 된 것은 교통의 발달로 인해 천룡산 석굴의 접근이 용이해져 자세한 관찰이 가능해졌기 때문이다. 앞으로 勿部珣 부부가 조성한 석굴의 실체를 담고 있는 새로운 단서들이 지속적으로 발견될 것으로 기대되며, 이를 통해 더욱 많은 연구성과가 축적될 것이다.

「勿部珣功德記」의 크기는 높이 96cm, 너비 64cm이며, 제액의 篆書體를 제외하고는 모두 隸書體로 기록되어 있고, 전체 18행의 글자가 기록되어 있다. 판독문에 의하면 「勿部珣功德記」는 707년 10월 18일에 건립되었으며, 郭謙光이 글을 짓고 글씨를 썼다는 사실도 확인된다.

이 「勿部珣功德記」가 국내에 널리 알려지게 된 것은 송기호에 의해서이다(宋基豪 1992, pp.577-582). 물론 송기호 이전에도 「勿部珣功德記」에 대한 연구는 있었지만 전문적인 연구이기보다는 외국의 연구성과를 번역해서 소개하는 정도의 수준이었다. 따라서 송기호에 의한 역주작업은 「勿部珣功德記」를 심도 있게 이해하는 발판이 되었다고 생각된다. 하지만 여기에도 몇 가지 문제점이 있다.

우선 초창기의 연구와 마찬가지로 탁본을 중심으로 분석명을 했다는 점이다. 그러다 보니 碑의 現狀에 대해서 언급하지 못했다. 「勿部珣功德記」가 위치하고 있는 天龍山 석굴은 20세기 초부터 수 차례 盜掘로 수난을 당했고, 1988년에 이르러서야 제대로 된 학술조사가 이루어졌기 때문에 당시까지 「勿部珣功德記」는 정상적인 상태로 관리될 수 없었다고 생각된다.

또 「勿部珣功德記」를 「珣將軍功德記」라고 했다고 하는 점도 연구의 한계로 지적될 수 있다. 송기호의 역주가 공개되고 한참 뒤인 2003년에 이르러서야 체계적인 발굴조사도 이루어졌으므로 유물에 대한 정확한 정보를 접할 수 없었던 것이다. 하지만 현재는 중국에서 발행된 보고서를 이전보다는 쉽게 확인할 수 있게 되었고, 그 결과 윤용구에 의해 「勿部珣功德記」의 殘片이 天龍山文物管理所에 보관되어 있다는 사실이 확인되었으며(李裕群·李剛 編 2003, pp.166-175), 또한 탁본도 재차 국내에 소개된 것이다(윤용구 2005, p.310). 탁본의 검토 결과 80여 자가 더 판독되었고, 순장군의 성씨도 '勿部'임이 확인되었다. 물론 기존의 탁본이나 현존 碑片이 마모되어 논란의 여지는 존재하지만, 北宋代에 간행된 『文苑英華』(986)와 『唐代詔令集』(1070)에서 '勿部珣'이라는 동일인을 찾을 수 있어 '물부'가 성일 가능성이 매우 높다.[1)]

정확한 내용에 대해서는 더욱 많은 연구가 진행되어야 할 것이며, 이를 위해 여기서도 면밀한 판독작업을 진행하도록 한다.

1) 윤용구는 電子版 四庫全書를 이용해 이 같은 내용을 밝혀냈다(윤용구, 2005, p.313). 또 김영관도 2006년 신라사학회 56차 발표회장에서 '물부'(勿部)는 백제에서는 도대체 보이지 않는 성씨인 반면, 고대 일본에서 보이는 '물부'(物部), 즉, 모노노베씨(物部氏)를 지칭할 가능성이 농후하다고 지적하기도 했다.

2. 판독 및 교감

「勿部珣功德記」의 역주는 윤용구가 殘片을 발견하고 전체적인 원문을 기재하였기 때문에 이를 기초로 하고자 한다(윤용구 2003, pp.312-313). 여기에 송기호의 글과 박현규의 글을 통해 원문교감을 진행하고, 역주에서는 『백제사료역주집』에 게재된 윤선태의 역주를 기본으로 진행하고자 한다(충청남도역사문화연구원 2008, pp.672-676). 판독문과 다른 경우 다음과 같은 범례로 구분하였음을 밝힌다(송기호 1992).

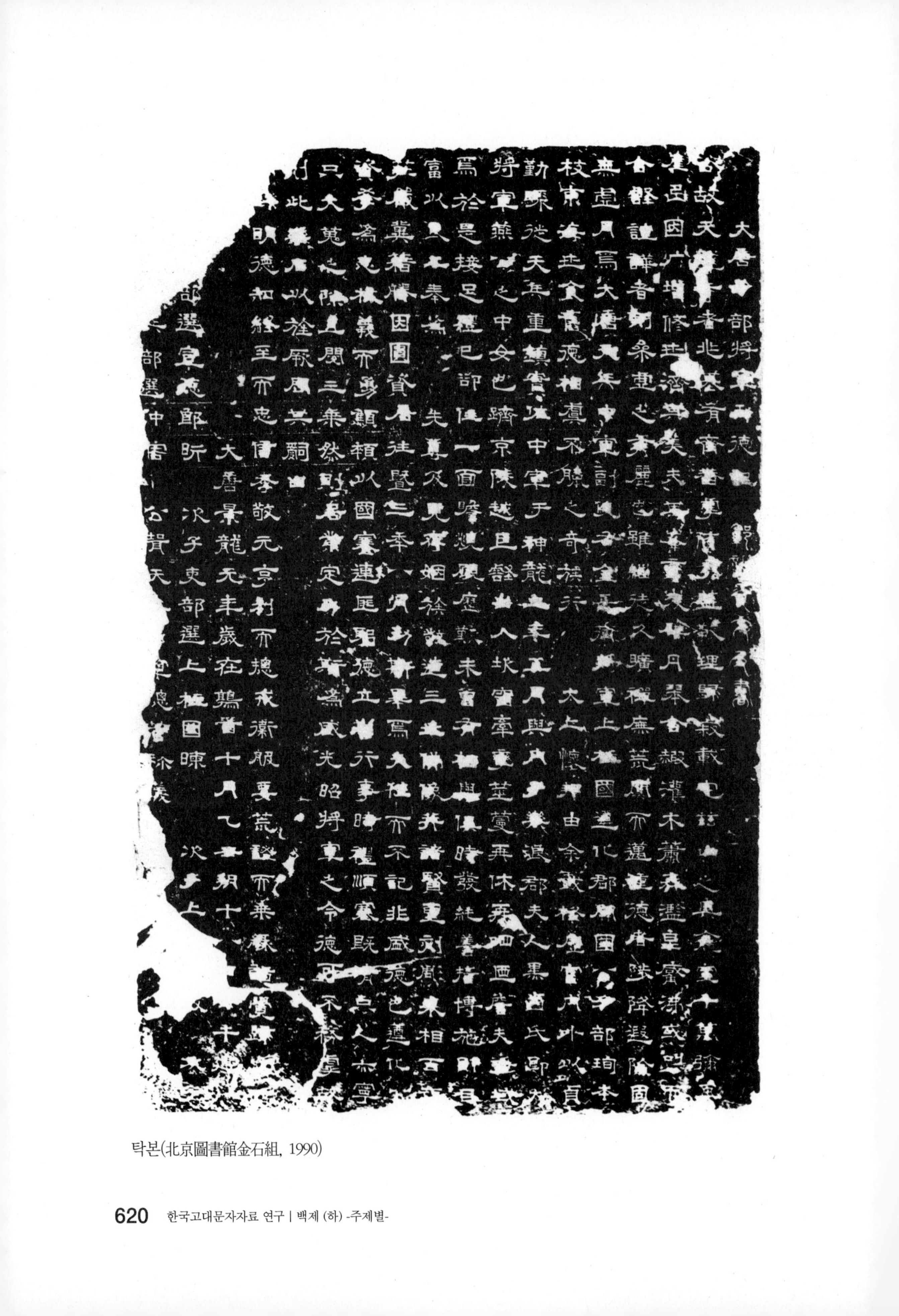

탁본(北京圖書館金石組, 1990)

실물사진(李裕群·李剛, 2003, p.171)

탁본(李裕群·李剛, 2003, p.170)

▤ :「勿部珣功德記」 잔편에 의해 판독된 글자

▩ : 남아있는 자획을 통해 비교 가능한 글자를 통해 판독한 글자

▨ : 판독이 불가능한 글자

18	17	16	15	14	13	12	11	10	9	8	7	6	5	4	3	2	1	
▨	▨		▨	[刻]	只	資	莊	富	焉	將	勤	枝	無	合	崖	咨		①
▨	▨		[鑠]	此	大	孝	嚴	以	於	軍	驟	東	虛	壑	呂	故		②
▨	▨		明	[樂]	蒐	爲	冀	▨	是	燕	徙	海	月	諠	因	天	大	③
▨	▨		德	石	之	忠	籍	上	接	公	天	世	焉	譁	广	[龍]	唐	④
▨	部		知	以	隙	▨	[勝]	奉	足	之	兵	食	大	者	增	[寺]	[勿]	⑤
兵	選		終	旌	且	義	因	爲	禮	中	重	舊	唐	[則]	修	者	部	⑥
部	宣		至	厥	閱	而	圓		巳	女	鎭	德	天	參	世	兆	將	⑦
選	德		而	[問]	三	勇	資		郤	也	實	相	兵	虛	濟	基	軍	⑧
仲	郞		忠	其	乘	顚	居	先	住	躋	佐	虞	中	之	其	有	功	⑨
容	昕	大	信	辭	然	頳	往	尊	一	京	中	不	軍	秀	美	齊	德	⑩
		唐	孝	[曰]	則	以	曁	及	面	陵		[臘]	副	麗	夫	替	記	⑪
公	次	景	敬		居	國	三	見	瞻	越	于	之	[使]	也	其	虖		⑫
[聲]	子	龍	元		業	蹇	年	存	覞	巨	神	奇	右	雖	峯	隋	郭	⑬
天	吏	元	亨		定	連	八	姻	▨	壑	龍	族	金	緇	[巒]	季	謙	⑭
[中]	部	年	利		功	匪	月	族	歷	出	二	行	吾	徒	岌	蓋	光	⑮
[兵]	選	歲	而		於	躬	功	敬	歎	入	年		[衛]	久	[磼]	敎	文	⑯
軍	上	在	摠		斯	德	斯	造	未	坎	三		將	曠	丹	理	及	⑰
摠	柱	鶉	戎		爲	立	畢	三	曾	[窗]	月	太	軍	禪	翠	歸	書	⑱
管	國	首	衛		[盛]	▨	焉	[世]	有	牽	與	上	上	廡	含	寂		⑲
彌	暕	十	服		光	行	夫	佛	相	[攣]	內	懷	柱	荒	椵	載		⑳
義		月	要		昭	事	[作]	像	與	莖	子	邦	國	闤	灌	宅		㉑
		乙	荒		將	時	而	并	俱	蔓	樂	由	遵	而	木	玆		㉒
	次	丑	謐		軍	禮	不	諸	時	再	浪	余	化	邁	蕭	山		㉓
	子	朔	而		之	順	記	賢	發	休	郡	載	郡	種	森	之		㉔
	上	十	乘		令	塞	非	[聖]	純	再	夫	格	開	德	濫	奧		㉕
	▨	八	緣		德	旣	盛	刻	羨	呬	人	歷	國	者	[泉]	龕		㉖
	▨	日	詣		可	[淸]	德	彫	誓	洒	黑	官	公	陟	霽	室		㉗
	▨	[壬]	覺		不	只	也	▨	博	詹	齒	內	▨	降	沸	千		㉘
	次	[午]	歸		務	人	遵	相	施	夫	氏	外	部	遐	或	萬		㉙
	子	建	▨		虖	亦	化	百	財	[淨]	卽	以	珣	險	叫	彌		㉚
			▨		故	寧	公	[福]	具	域	大	貞	本	固	而	亘		㉛

大唐勿[2]部將軍功德記 郭謙光文及書

咨故天龍寺者 兆基有齊 替虖隋季. 蓋敎理歸寂 載宅玆山之奧 龕室千萬 彌亘崖岊. 因广增修 世濟其美.

夫其峰巒岌礏 丹翠含赮 灌木蕭森 濫泉觱沸 或叫而合壑諠譁者 則參虛之秀麗也. 雖緇徒久曠 禪廡荒闃 而邁種德者 陟降遐險 固無虛月焉.

大唐天兵中軍副使 右金吾衛將軍 上柱國 遵化郡開國公勿[3]部珣 本枝東海 世食舊德. 相虞不臘 之奇族行. 太上懷邦 由余載格. 歷官內外 以貞勤駿徙天兵重鎭 實佐中軍.

于神龍二年三月 與內子樂浪郡夫人黑齒氏 卽大將軍燕公之中女也. 躋京陵 越巨壑 出入坎窞 牽攣莖蔓 再休再呬 迺詹夫淨域焉. 於是接足禮巳 卻住一面 瞻覥履[4]歷 嘆[5]未曾有. 相與俱時發純善[6]誓博施財具 富以▨上.

奉爲先尊及見存姻族 敬造三世佛像 并諸賢聖 刻彫衆[7]相 百福莊嚴. 冀籍勝因 圓資居往. 曁三年八月 功斯畢焉. 夫作而不記 非盛德也.

遵化公資孝爲忠 仗[8]義而勇. 顒頏以國 蹇連匪躬. 德立▨行 事時禮順. 塞旣淸只 人亦寧只. 大蒐之隙 且閱三乘. 然則居業定功 於斯爲盛 光昭將軍之令德 可不務虖 故刻此樂石 以旌厥問.

其辭曰 ▨鑠明德知終至 而忠信孝敬元亨利 而摠戎衛服要荒謐 而乘緣詣覺歸▨▨.

大唐景龍元年 歲在鶉首十月乙丑朔十八日▨[9]午建 (缺)[10] 部選宣德郎昕 次子吏部選上柱國暕 次子上▨▨[11] 次子(缺)[12] 兵部選仲容 公聲天兵中軍摠管彌義.

2) ▨(譯註).

3) ▨(譯註).

4) ▨(譯註).

5) 歎(譯註).

6) 羨(譯註).

7) ▨(譯註).

8) ▨(譯註).

9) 壬(譯註).

10) ▨▨▨▨(譯註).

11) 次子上▨▨▨(譯註).

12) ▨▨▨▨▨(譯註).

1-⑤: 勿

1-⑤	잔편 1-⑤	漢 熹平石經	魏 曹眞殘碑	北齊 天柱山銘

∴ 이 글자는 초기의 탁본으로는 전혀 자획을 알 수 없었다. 하지만 최근에 발견된 잔편과 탁본에 의해 일부의 자획이 확인되었고, 그 결과 '勿'이라는 것을 알 수 있게 되었다. 그래서 성씨가 '勿部'임이 밝혀졌다. '勿部'는 왜계 성씨인 '物部'와 음이 상통하고, 백제의 유이민인 黑齒常之와 관련이 있는 것으로 보아 勿部珣은 백제에서 중국으로 넘어간 유이민으로 보인다.

1-⑧: 軍

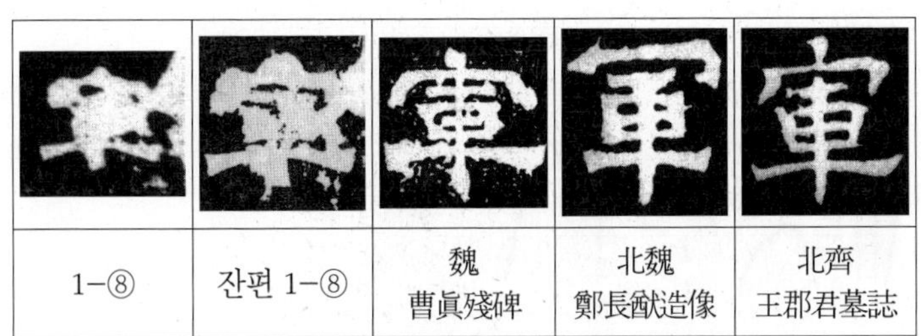

1-⑧	잔편 1-⑧	魏 曹眞殘碑	北魏 鄭長猷造像	北齊 王郡君墓誌

∴ 이 글자는 초기의 탁본으로는 전혀 자획을 알 수 없었다. 하지만 최근에 발견된 잔편과 탁본에 의해 일부 자획이 확인되었고, 그 결과 '軍'이라는 것을 알 수 있게 되었다. '軍'의 윗부분은 '冖' 자획이지만 탁본으로 보면 '宀'처럼 보인다. 비가 마멸되어 생겨난 흠일 가능성도 있지만 '軍'에도 '宀'를 쓴 예가 보이기 때문에 '軍'으로 보는 것에 무리가 없다.

2-④: 龍

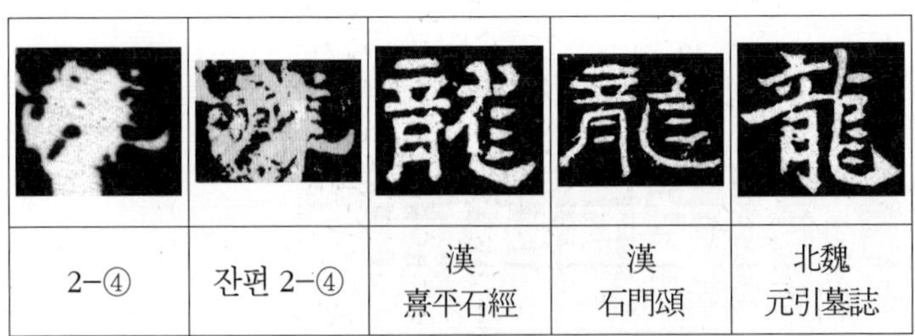

2-④	잔편 2-④	漢 熹平石經	漢 石門頌	北魏 元引墓誌

∴ 이 글자는 초기의 탁본에서 전혀 자획을 알 수 없었다. 하지만 최근에 발견된 잔편과 탁본에 의해 일부 자획이 확인되었고, 그 결과 '龍'이라는 것을 알 수 있게 되었다. 비편이 많이 마멸되었지만 '龍'의 자

변이 보이고 있고, 우변의 자획도 일부 보이고 있기 때문에 '龍'으로 판독하고자 한다.

2-⑤: 寺

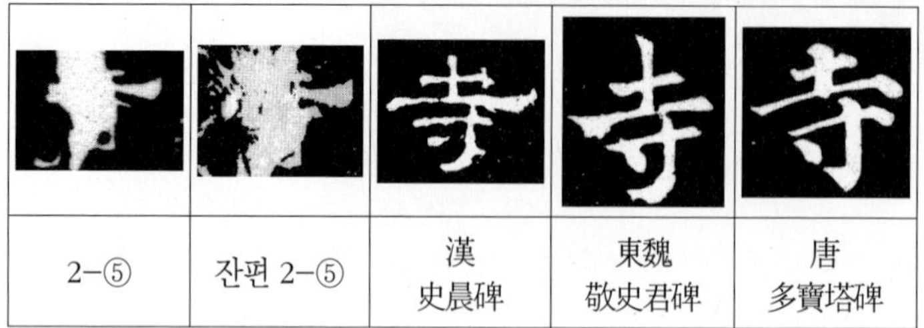

2-⑤	잔편 2-⑤	漢 史晨碑	東魏 敬史君碑	唐 多寶塔碑

∴ 이 글자는 초기의 탁본으로는 전혀 자획을 알 수 없었다. 하지만 최근에 발견된 잔편과 탁본에 의해 일부 자획이 확인되었고, 그 결과 '寺'라는 것을 알 수 있게 되었다. 글자의 우변과 밑변의 내림획(파침)이 정확하게 보이기 때문에 '寺'로 보는 것에 무리가 없다. 이를 통해 '天龍寺'라고 하는 지명을 확인할 수 있게 되었다.

3-㉖: 泉

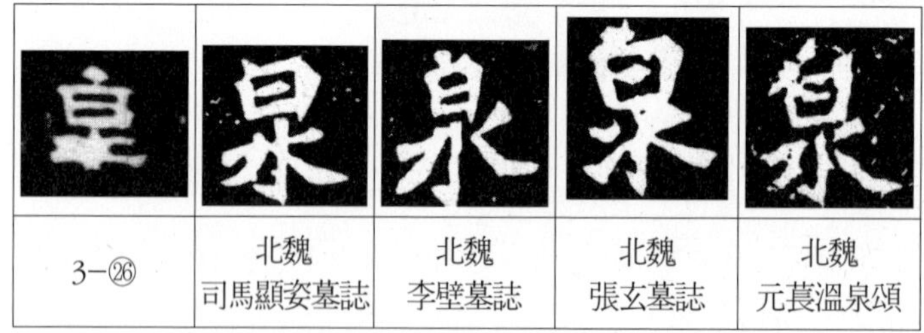

3-㉖	北魏 司馬顯姿墓誌	北魏 李壁墓誌	北魏 張玄墓誌	北魏 元萇溫泉頌

∴ 이 글자는 자칫 皇으로도 읽힐 수 있지만 앞뒤의 문맥을 살펴보면 자연의 아름다움을 노래하고 있기 때문에 샘을 뜻하는 泉으로 보는 것이 타당할 것이다. 비록 '白' 아래에 위치한 '水'의 좌변이 제대로 보이지 않지만 현재 남아있는 자획만으로 본다면 '水'가 될 여지는 충분하다. 따라서 이 글자는 앞뒤의 문맥에 맞춰 '泉'으로 판독한다.

4-⑥: 則

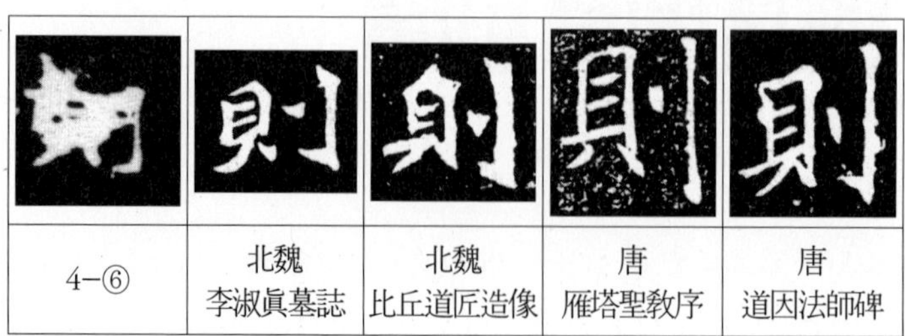

4-⑥	北魏 李淑眞墓誌	北魏 比丘道匠造像	唐 雁塔聖教序	唐 道因法師碑

∴ 문맥 상 이 글자를 두고 앞과 뒤의 문장으로 나눌 수 있다. 그리고 아래의 문단은 앞의 문단을 받아서 서술하는 구절이 나오고 있기 때문에 이는 접속사일 가능성이 높다. 접속사를 염두에 두고 글자를 판독해보면 글자의 우측에 '刂'변이 보이고 있고, 좌측에는 '貝'변이 보이고 있다. 가장 좌측 상단은 글자의 크기를 비교해볼 때 비문이 파손되면서 생긴 부분으로 글자는 아니라고 생각된다. 이러한 판독을 근거로 '則'으로 판독하는 것이 자획으로도, 접속사로서도 적절하다.

4-㉑: 闃

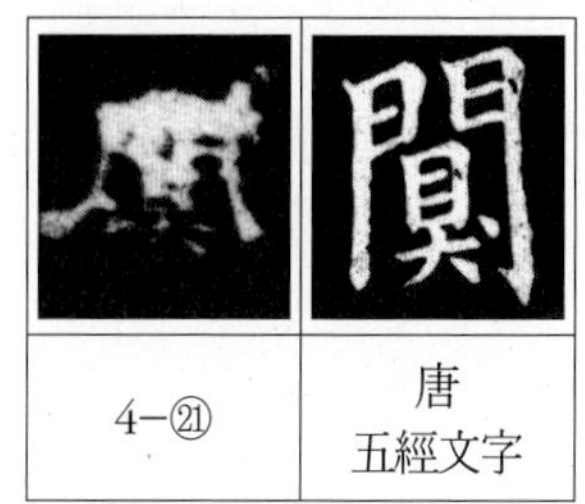

4-㉑	唐 五經文字

∴ '門' 사이에 있는 글자는 '昊'로도 보이지만, 이러한 글자는 존재하지 않는다. 하지만 '狊'으로 본다면 '闃'이라는 글자가 되며, 앞뒤의 문맥으로 보아도 황폐 혹은 적막을 뜻하는 단어로 볼 수 있다. 따라서 이 글자는 '闃'으로 판독한다.

5-⑯: 衛

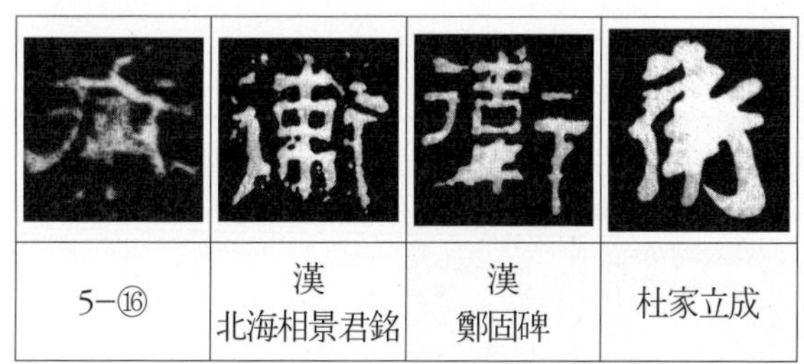

5-⑯	漢 北海相景君銘	漢 鄭固碑	杜家立成

∴ 글자의 자획이 많이 뭉개져서 정확하게 판독하기 어렵지만 우변과 좌변에 존재하는 '行'을 확인할 수 있다. 이를 근거로 하여 글자를 확인한 결과 '衛'가 가장 가능성이 높다고 생각되어 '衛'로 판독하였다.

5-㉒: 遵

5-㉒	北魏 中岳嵩 高靈廟碑	東魏 王令媛墓誌	東魏 敬史君碑	隋 元公墓誌

∴ 이 글자는 '辶'변은 확실한데 위의 글자가 불명확했다. 그러나 남아있는 자획을 토대로 글자를 추론한 결과 尊으로 판독되었다. 물론 위에 '艹'변이 보여 혼동할 수 있지만 '尊'의 다른 사례를 보면 윗변을 '艹'와 같이 쓰는 경우가 많기 때문에 큰 문제가 되지 않는다.

6-⑪: 臘

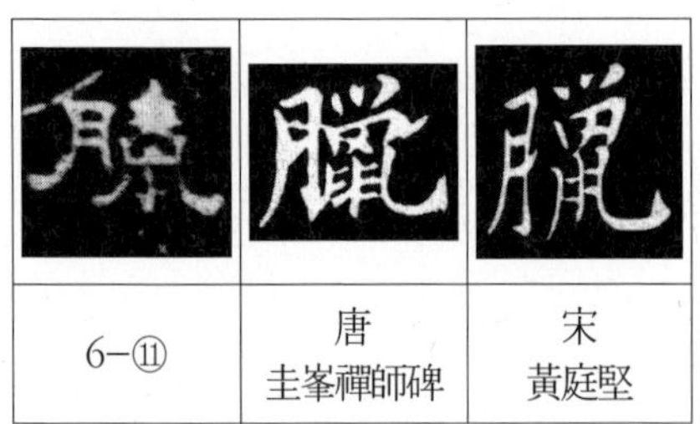

6-⑪	唐 圭峯禪師碑	宋 黃庭堅

∴ 이 글자는 좌편 윗부분이 보이지 않았지만 기타 사례를 통해 '臘'으로 판독하였다.

10-㉕: 聖

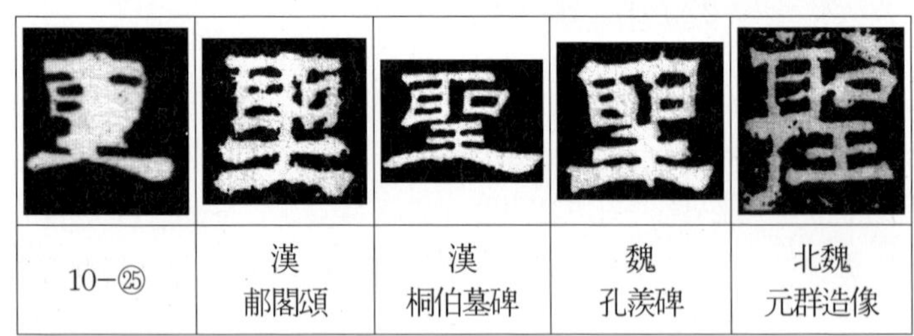

10-㉕	漢 郙閣頌	漢 桐伯墓碑	魏 孔羨碑	北魏 元群造像

∴ 이 글자를 보면 '更'처럼도 보이기도 한다. 하지만 '聖'의 여타 사례를 살펴보면 현재 남아있는 자획으로 '聖'으로 보는 것이 가능하다. 그리고 문맥상 '聖'으로 보는 것이 비문을 판독하는데 무리가 없기에 '聖'으로 판독한다.

11-⑤: 勝

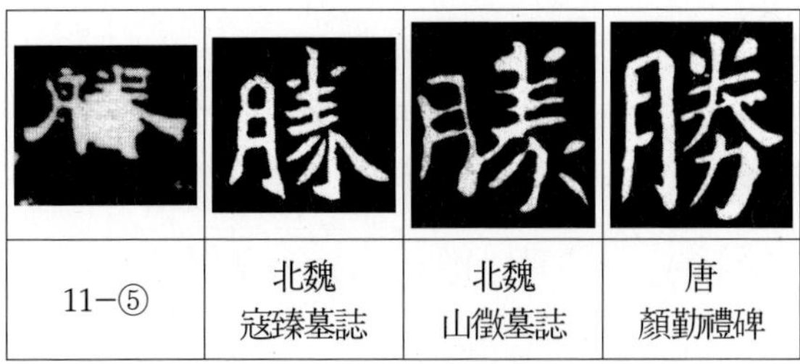

11-⑤	北魏 寇臻墓誌	北魏 山徽墓誌	唐 顔勤禮碑

∴ 이 글자는 좌측 하단의 '力'이 보이지 않아 판독이 어려웠지만 문맥과 남아있는 자획을 통해서 글자를 추론하면 '勝'으로 보는 것에 무리가 없다.

16-㉙: 午

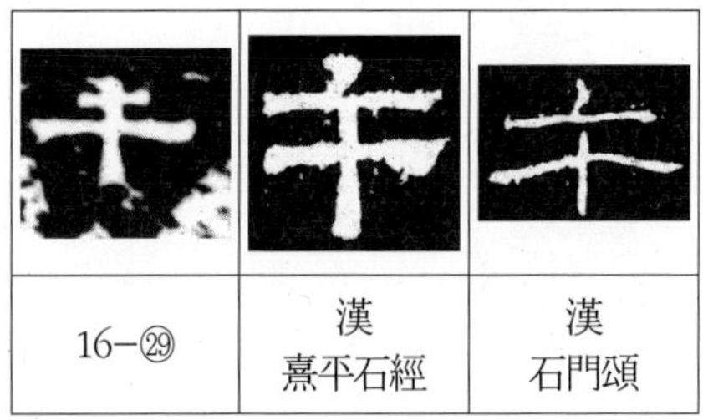

16-㉙	漢 熹平石經	漢 石門頌

∴ 이 글자는 처음에 좌측 상단의 삐침이 없어 '午'로 보는 것이 맞는지 의심스러웠지만 다른 사례를 통해보면 '午'로 보는데 무리가 없다. 그리고 이 글자 뒤에는 날짜가 나오고 있는 것으로 보아 간지일 가능성이 높아 '午'로 판독한다.

* 남아있는 자획과 앞뒤 문맥으로 판독이 가능한 글자

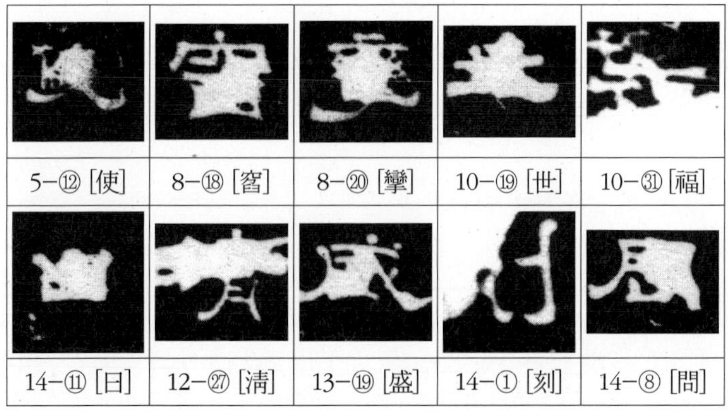

5-⑫ [使]	8-⑱ [窖]	8-⑳ [攀]	10-⑲ [世]	10-㉛ [福]
14-⑪ [日]	12-㉗ [淸]	13-⑲ [盛]	14-① [刻]	14-⑧ [問]

* 판독이 불가능한 글자

3-⑭ [巒]	3-⑯ [石業]	8-㉚ [淨]	11-㉑ [作]	14-③ [樂]
15-② [鑠]	16-㉘ [壬]	18-⑬ [聲]	18-⑮~⑯ [兵中]	

∴ 기존의 판독문에서는 대부분의 글자를 판독하였는데, 이는 앞뒤의 문맥을 가지고 판독하는 경우가 많았다. 그렇기 때문에 문맥상 맞는 글자라고 하더라도 정확하다고 단정할 수 없다고 생각된다. 다만 자획의 일부가 모인다면 글자의 정확한 판독이 어려운 상황이더라도 문맥상 맞는 글자로 해석을 하는 것에는 동의한다. 하지만 자획을 전혀 판독할 수 없다면 문맥으로 미루어 짐작하여 판독하는 것은 위험하다고 판단되었다. 때문에 판독할 수 없는 글자를 따로 정리하며 이 부분에 대한 판독은 각자 연구자의 몫으로 남겨두는 것이 옳을 것이다.

3. 역주

大唐 勿部將軍[13]의 功德記. 郭謙光[14]이 글을 짓고 쓰다.

13) 勿部將軍: 충남문화재연구원 2008, p.303에는 '▨部將軍'으로 되어 있다. 勿部氏는 비문에 '東海 한 가문의 출신'으로 기록되어 있어, 古代日本의 '物部(모노노베)' 집안일 가능성이 제기되고 있다. 모노노베씨는 백제멸망 이전부터 倭系 백제관료로 활동한 바 있고, 또 백제부흥군을 지원하기 위해 풍왕과 함께 건너왔을 가능성도 있다(윤용구 2003, p.315). 이 두 가지 가능성 중에서 勿部珣의 부인이 백제 멸망 후 당으로 망명한 黑齒常之의 中女라는 점에서, 勿部珣 집안이 백제멸망 이전부터 왜계 백제관료로 활동하였을 가능성이 보다 높다고 생각된다. 왜냐하면 후자의 경우라면 勿部珣이 흑치상지 집안의 사위가 될 가능성이 극히 적기 때문이다.

아아, 옛날 天龍寺[15]란 절은 北齊 때에 비로소 터를 잡았고, 隋나라 말기에 쇠락하였도다. 대체로 불교 교리는 고요한 곳을 찾게 되어 있어, 이 산 깊은 곳에 자리를 잡게 되었다. 이로 인해 감실이 수천, 수만을 이루어 산 절벽을 따라 가득히 널려 있다. 그리고 건물도 증수됨에 따라 대대로 그 아름다움을 전할 수 있게 되었다.[16]

무릇 산봉우리는 높이 솟아 붉은 듯 푸른 듯 아침노을을 머금었고, 떨기나무들이 우거진 곳에 샘물이 용솟음치고 있다. 혹 새나 짐승 소리 들리면 이에 화답하여 그 소리가 온 골짜기에 시끄럽게 가득 차니, 參과 虛 같은 별자리들의 수려함을 보는 듯하다. 비록 승려들이 오랫동안 자리를 비워 절이 황폐해지고 적막하게 되었지만, 덕을 심는 데에 힘쓰는 사람들이 멀고 험한 길을 오르내렸으니, 허송세월만 한 것은 아니었다.

大唐의 天兵中軍[17] 副使 右金吾衛將軍[18] 上柱國[19] 遵化郡[20]開國公[21] 勿部珣[22]은 본래 일본(東海)[23]의 한 가문으로 선조의 공덕으로 대대로 벼슬을 하였지만,[24] 마치 "虞나라는 망하여 연말의 臘日 제사를 지내지 못할 것이다"라고 하면서 宮之奇[25]가 가족을 이끌고 떠나버린 것과 같이 고국(백제)을 떠나 당나라로 들어왔다. 천자는 이들을 어루만져 分封하니, 마치 由余[26]가 처음 중국에 이르렀을 때 받았던 대우와 같았다. 그는 중앙과 지방의 관직을 두루 역임하면서도 곧고 근면하였기 때문에 빨리 승진하였다. 天兵軍이 있는 곳은 중요한 요해처인데, 그는 이곳에서 中軍을 보좌하기에 이르렀다.

---

14) 郭謙光: 開元 6년(718)에 國子博士를 역임하였던 인물이다(『舊唐書』 卷102, 褚无量傳 참조).

15) 天龍寺: 중국 山西省 가운데에 있는 太原市의 남서쪽 天龍山에 있던 절로, 北齊 皇建 원년(560)에 세워졌다.

16) 兆基有齊~世濟其美: 『山西通誌』에도 천룡사가 북제 때인 560년에 절이 세웠다고 기록되어 있다. 또한 이곳 석굴에는 수나라 말기에서 8세기까지에 이르는 시기의 조각품들이 희소하며, 勿部珣이 이곳에 이르러 불상 조각의 후원자가 되면서, 천룡사가 중흥기를 맞이하였던 것으로 짐작된다(譯註, p.578). 그리고 이 구절 중에서 '世濟其美'라고 하는 것은 『左傳』 文公 18년 조에 "此十八族也 世濟其美 不隕其名 以至於堯."라는 기록에서 인용한 것이다.

17) 天兵中軍: 太原府의 성 안에 두었던 군대로서 開元 11년(723)에 폐지되었다(『新唐書』 卷39, 地理志 太原府條 참조).

18) 右金吾衛將軍: 右金吾衛는 당나라 16衛의 하나이다. 將軍은 大將軍 다음의 지위로서 종3품에 해당한다.

19) 上柱國: 당나라 때 제일 높은 勳官이다(정2품).

20) 遵化郡: 당시에 遵化란 이름을 가진 지명은 현재의 廣東省 靈山縣의 서남쪽에 두었던 遵化縣 밖에 없다. 이 현은 당시에 嶺南道 欽州에 소속되어 있었다(『舊唐書』 卷40, 嶺南道 欽州 참조).

21) 開國公: 郡公은 당나라 때의 封爵으로 정2품에 해당한다.

22) 勿部珣: 충남문화재연구원 2008, p.303에는 '▨部珣'으로 되어 있다.

23) 東海: Marylin M. Rhie는 한국이라고 하였고, 송기호는 단순하게 동방을 가리킨다고 하였다. 그리고 윤선태는 日本이라고 하였다. 이에 대해 勿部가 倭姓인 物部와 관련이 있다는 윤용구의 견해를 취신하면, 동해는 일본이 될 것이다.

24) 食舊德: 선조의 공로에 의해 자손이 작위를 받는 것을 가리킨다.

25) 宮之奇: 춘추시대 虞나라의 大夫였다. 晉나라가 다른 나라를 치기 위에 우나라에 길을 빌려달라고 했을 때에 허락하지 말도록 간청하였으나, 임금이 이를 듣지 않자 가족을 이끌고 西山으로 도망하였다. 결국 3년 뒤에 진나라가 우나라를 멸망시켰다(『左傳』 僖公 5년조 참조).

26) 由余: 춘추시대 사람으로 원래 戎의 신하로서 秦나라에 사신으로 가서 穆公에게 당시에 중원이 어지러웠던데 비해 융적이 잘 다스려졌던 원인에 대해 강론하였다. 나중에 진나라로 들어가 목공에게 중용되어 西戎을 정벌하는데 크게 공헌하였다(『史記』 卷5 및 卷110 참조).

神龍 2년(706) 3월에 아내(內子)인 樂浪郡夫人[27] 黑齒氏 즉 大將軍 燕國公[28]의 둘째 따님과 함께, 높은 언덕을 오르고 커다란 산골짜기를 건넜고, 구덩이에 빠졌다 나오기도 하고 나무줄기와 덩굴을 잡아당기기도 하였으며, 힘들면 거듭 휴식을 취하면서 마침내 이 청정한 사원에 이르게 되었다. 接足禮[29]를 마치고 한 쪽으로 물러 나와서, 두루 올려다보면서 일찍이 볼 수 없었던 광경에 감탄하였다. 두 사람이 모두 동시에 진심에서 우러나는 선한 마음이 일어나니, 널리 은혜를 베풀 것을 서약하여 財와 富를 바치게 되었다.

돌아가신 천자[30]와 살아 있는 姻戚들을 받들기 위하여 삼가 三世佛像[31]과 여러 聖賢들의 상을 만들었으니, 衆相[32]과 百福莊嚴相[33]을 조각하여,[34] 아주 좋은 인연[35]을 쌓음으로써 往生하는 데에 두루 바탕이 되고자 하였다. 신룡 3년 8월에 이르러 이제 功德이 끝나게 되었으니, 무릇 공덕을 쌓은 사람이 있는데도 이를 기록하지 않는다면 그것은 덕이 많다고 할 수 없을 것이다.

遵化郡 開國公 珣은 자질이 효성스럽고 충성스러웠으며, 의롭고 용맹스러웠다. 나라 일에 힘써 몸이 야위었으나, 자신을 돌보는 데에는 힘쓰지 않았다. 德을 세워 힘써 행하고, 윗사람을 모실 때에는 예의와 공손함으로 행하였다. 변방을 이미 조용하게 만들어 사람들 역시 평안하게 되었다. 봄에 크게 수렵을 행할 즈음에도 三乘[36]을 살폈다. 그런즉, 본업에 종사하여 공을 세운 것이 이에 무성하였고 또한 빛났으니, 장군의 아름다운 덕을 어찌 알리지 않을 수 있겠는가? 이에 樂石(비석)[37]에 새겨 그 명성[38]을 드러내고자 하노라.

그 辭는 다음과 같다.

---

27) 樂浪郡夫人: 흑치상지의 둘째 딸이 夫人의 칭호를 얻은 것은 勿部珣이 3품 이상의 지위에 올랐기 때문이다(『唐六典』 卷2, 司封郎中).

28) 大將軍 燕國公: 백제 멸망 후 당으로 망명한 黑齒常之를 말한다. 그는 聖曆 원년(698)에 복권되어 左玉鈐衛大將軍으로 추증되고 燕國公으로 복구되었다.

29) 接足禮: 고대 인도 예법의 하나. 두 손을 펴서 손바닥으로 상대방의 다리를 잡고 여기에 자신의 머리를 숙여 갖다 붙이듯이 하는 예배.

30) 先尊: 앞에 두 자 정도 칸을 비우고 있으므로 先代의 천자를 가리킨다.

31) 三世佛像: 迦葉佛(과거불), 석가모니불(현세불), 미륵불(미래불)을 의미한다.

32) 衆相: 충남문화재연구원 2008, p.303에는 '▨相'으로 되어 있다.

33) 百福莊嚴: 百福莊嚴相으로서, 부처의 32상 하나 하나에 100가지 福德이 갖추어져 있는 것을 이른다.

34) 三世佛像 并諸賢聖 刻彫衆相: 勿部珣 부부가 707년에 헌납한 불상들은 Marylin M. Rhie의 견해에 따른다면 천룡산 제21굴에 보존되어 있는 것들을 가리킨다고 한다(Marylin M. Rhie 著·文明大譯 1980).

35) 勝因: 아주 좋은 인연을 말한다.

36) 三乘: 사람들을 각기 능력과 소질에 따라 깨달음으로 이끄는 가르침을 사물에 비유한 것으로, 聲聞乘, 緣覺乘, 菩薩乘의 三乘을 말한다.

37) 樂石: 원래 악기를 만드는 데에 사용하는 돌을 가리킨다. 그러나 진시황이 嶧山의 刻石에 이 말을 사용함으로써 후세에는 碑碣을 지칭하는 말로 되었다.

38) 問: 聞과 같은 것으로 명성을 가리킨다.

밝은 덕을 갈고 닦아 마침내 이를 곳을 알았고, 충성스럽고 신의 있으며 효성스럽고 공경스러워 네 가지 덕을 갖추었도다.[39] 衛服[40]에서 군대를 총괄하니 변방(要荒)[41]이 고요하였고, 인연을 따라 깨달음에 나아가고자 ▨▨에 귀의하였도다.

大唐 景龍 元年(707) 丁未(鶉首[42])年 10月 18日 壬午日에 세우다.

[맏아들 ▨]部選 宣德郎[43] 昕.
둘째 아들 吏部選[44] 上柱國 暕.
셋째 아들 上▨▨ ▨.
[넷째 아들 …] 兵部選[45] 仲容.
公의 사위(婿) 天[兵中]軍 摠管 珍義.

4. 연구쟁점

국내에서는 「勿部珣功德記」에 대한 유물소개가 늦었고, 국내가 아닌 국외(중국)에 존재하는 자료이기 때문에 심층적인 연구보다는 일부에 한정된 연구가 진행되었기 때문에 별다른 진전이 없었다. 그렇지만 이후 윤용구에 의해 공덕기의 잔편이 발견되면서 판독이 진척되기도 했다. 하지만 「勿部珣功德記」의 명문을 판독하기 위해 탁본과 관련 서적을 살펴보면 기존의 판독이 일부 잘못되었음을 확인할 수 있었다.

우선 「勿部珣功德記」를 판독하기 위해 사용된 기본 탁본은 1990년에 北京圖書館金石組에서 발간한 『北京圖書館藏 中國歷代石刻拓本匯編』 20冊의 자료이다. 이를 통해 대부분의 판독이 진행되었다. 이를 기본으로 해서 윤용구는 李裕群·李剛 編 2003을 이용해 기존에 판독되지 못한 글자를 찾아내었다(1행 5번째 글자, 1행 8번째 글자, 2행 4번째 글자, 2행 5번째 글자). 하지만 李裕群·李剛 編 2003에는 3행의 11번째 글자부터 4행의 12번째 글자, 11행 20번째 글자부터 15행 31번째 글자, 17행과 18행의 해석이 누락되어

39) 元亨利: 元亨利貞으로서, 이것은 易에서 乾(하늘)의 괘가 가진 네 가지 덕을 가리킨다.
40) 衛服: 周나라 때에 王畿를 사방 1000리로 하고, 그 주위를 500리 단위로 1畿(服)를 삼아 9畿까지 설정하였는데, 衛服은 다섯 번째를 가리킨다. 服은 천자에게 복종한다는 뜻이다.
41) 要荒: 要服과 荒服으로 서울에서 멀리 떨어진 곳을 가리킨다.
42) 鶉首: 원래 별자리 이름인데, 옛 甲子에 의하면 未를 가리킨다.
43) ▨部選 宣德郎: 宣德郎은 정7품하에 해당하는 文散階이다. 따라서 ▨部選은 吏部選으로 추정된다(정병준 2007, p.317).
44) 吏部選: 吏部에서 치루는 임용시험인 전전을 받을 자격이 있거나, 아니면 전선을 거쳤으나 아직 관직을 받지 못한 사람을 가리키는 일종의 관함과도 같은 것이다(정병준 2007, p.317).
45) 兵部選: 兵部에서 치루는 임용시험인 전전을 받을 자격이 있거나, 아니면 전선을 거쳤으나 아직 관직을 받지 못한 사람을 가리키는 일종의 관함과도 같은 것이다(정병준 2007, p.317).

있다. 여기에 대해서는 송기호가 판독한 판독문을 인용해서 판독을 진행하였다.

그러나 탁본을 확인해본 결과 16행의 1번과 30번과 31번 글자, 18행의 15번과 16번 글자는 마멸되어 판독이 불가능한 상태였다. 물론 앞뒤 문맥에 의해 추독하는 것은 가능할 수 있어도 전혀 보이지 않는 상태에서 판독을 진행한다는 것은 무리한 추정일 가능성이 높다. 그리고 마멸되어 판독이 불가능함에도 불구하고 방금 언급된 5글자는 어떤 근거로 판독을 한 것인지 확인이 안 된다. 전체적인 문맥에 이상이 없기 때문에 문제제기를 안했을 수 있지만 탁본을 실견한 이상 이 부분은 미상자로 처리하고 넘어가는 것이 옳다고 생각된다.

다음으로는 「勿部珣功德記」가 갖는 의의에 대해 살펴보겠다. 우선 「勿部珣功德記」가 주목된 이유는 黑齒常之와 연결되었기 때문이다. 내용을 살펴보면 勿部珣의 부인이 흑치상지의 中女라고 기록되어 있다. 그래서 「勿部珣功德記」를 통해 백제 유민의 활동상을 이해하고자 하였다. 즉 흑치상지 가문이 백제 유민으로써 唐에서 활약을 하고 있었기 때문에 그 연장선 상에서 勿部珣을 이해하고자 한 것이다. 그러다 보니 흑치상지와 勿部珣이 唐에서 어떠한 활약을 펼쳤는지에 대해 조망되었다. 그 결과 흑치상지와 흑치준은 武將 가문임이 묘지명을 통해서 밝혀졌다. 그런데 흑치상지의 사위인 勿部珣도 무장이라고 「勿部珣功德記」에 기록되어 있다. 흑치상지와 연결된 사람들에 한정되어 있을지 몰라도 백제 유민들이 唐에서 활동할 때 무장으로 활동한 예가 있었음을 보여주는 것이다. 전체적인 백제 유민들의 양상은 아니지만 유이민들이 唐에서 어떻게 적응하며 살아갔는가를 이해할 수 있으며, 그들이 무장과 관련된 집단이었다고 추론을 할 수 있게 된 것이다(송기호 1992, p.577).

그리고 흑치씨는 백제계 유민임이 묘지명을 통해 알려져 있지만 물부씨는 백제와 어떤 관련이 있는지 명확하게 밝혀진 게 없다. 이는 백제에 물부씨가 있었다는 기록이 보이지 않기 때문이다. 심지어 '물부'라는 성씨는 漢姓에서도 찾아 볼 수 없는 성씨다. 물론 「勿部珣功德記」의 내용을 통해 백제계 인물로 파악되지만 '물부'씨를 백제계 성씨로 이해해야 하는가의 문제는 별도의 문제이다. '물부'씨가 어디서 등장했는지를 밝혀내는 일이 '물부'씨의 성격을 규명하는데 매우 중요한 과제인 것이다. 이에 대해 윤용구는 '勿部'를 倭姓인 '物部氏'로 추론하였다. '勿'과 '物'이라는 자획의 차이가 있으나 음상사하기 때문에 通用될 수 있다고 생각한 것이다.[46]

게다가 백제에는 왜계백제관료라고 해서 왜에서 넘어와 백제에서 생활한 인물들이 다수 존재한다. 그들이 언제 왔다가 갔는지, 어느 시기에 두드러진 활동을 했는지에 대해서는 자세하게 살펴봐야하지만, 백제 내에서 혼인관계를 맺고 백제에서 살았을 가능성은 충분하다. 그럼 왜 勿部珣이 백제에 들어오게 되었을까. 「勿部珣功德記」에 보이는 것과 같이 勿部珣이 장수로서 이름을 알리고 있기 때문에 백제에서도 장수로 활약했을 가능성이 높다. 그리고 백제에 勿部珣과 같이 왜계의 장수가 유입될 수 있었던 이유는 백제가 왜에 병력을 요청했기 때문에 가능했던 것으로 보인다. 물론 정확하게 물부씨가 언제 백제에

46) 이러한 예는 고대에서 많이 보인다. 성씨뿐만 아니라 지명에서도 음상사하는 사례가 다수 보이기 때문에 이러한 추론은 타당하다고 생각된다.

들어왔는지는 확정할 수 없지만 6세기 야마토 정권부터 백제의 멸망기까지 다양한 시간적 스펙트럼 속에서 '물부'씨가 백제에 유입되었다는 것을 염두에 둘 수 있을 것이다.

또 「勿部珣功德記」가 주목되는 이유는 아내를 일컬어 '內子'라고 표현하고 있고, 말미에 勿部珣의 아들과 사위가 기록되어 있기 때문이다. 일반적으로 묘지명에는 이러한 표현이 등장하지 않는다. 「勿部珣功德記」는 묘지명이 아니라 공덕을 기록한 공덕기이다. 비문에 쓰여져 있고, 흑치가와 연관이 있다고 해서 「勿部珣功德記」를 묘지명의 형식과 같을 것이라고 이해하면 안 된다. 이는 묘지명과 다른 방식으로 비문을 구성하고 있는 것이다. 공덕기이기 때문에 문체에 얽매이지 않고, 勿部珣과 관련된 모든 내용이 기록되기도 하며, 찬양하는 문구가 쓰이는 것은 어찌 보면 당연하다고 여겨진다.

아직까지 「勿部珣功德記」는 그 의미와 배경에 대해서 설명해야하는 부분이 많다고 생각된다. 흑치상지 가문과의 연결 배경, 중국에서의 활동양상, 공덕기를 쓴 목적, 물부씨와 백제계의 결합 등 다양한 분야에서 다각도로 활용될 수 있기 때문이다. 앞으로 「勿部珣功德記」를 통해 왜계와 백제의 연결성, 나아가 중국으로 건너간 유민들의 생활상의 일면이 밝혀지기를 기대해본다.

5. 참고문헌

1) 보고서 및 자료집

國史編纂委員會, 1995, 『韓國古代金石文資料集』 I, 國史編纂委員會.
權悳永, 2002, 『韓國古代金石文綜合索引』, 학연문화사.
충남문화재연구원, 2008, 『百濟史資料原文集(I) -韓國篇-』.

北京圖書館金石組, 1990, 『北京圖書館藏 中國歷代石刻拓本匯編』 20冊, 中州古籍出版社.
李裕群·李剛 編, 2003, 『天龍山石屈』, 科學出版社.

2) 논저류

文明大 譯, 1980, 「天龍山 第21石窟과 唐代碑銘의 研究」, 『佛教美術』 5.
박현규, 2009, 「天龍山石窟 제15굴과 勿部珣將軍功德記」, 『서강인문논총』 25.
宋基豪, 1992, 「珣將軍功德碑」, 『譯註 韓國古代金石文』 제1권.
윤용구, 2003, 「중국출토의 韓國古代 遺民資料 몇 가지」, 『한국고대사연구』 32.
이도학, 2003, 『백제장군 흑치상지 평전』, 주류성.
이도학, 2003, 『살아있는 백제사』, 휴머니스터.
정병준, 2007, 「당에서 활동한 백제유민」, 『百濟 遺民들의 活動』.

東國大學校篇, 1993.9, 『실크로드의 문화: 太原·天龍山石窟』, 한국언론자료간행회.

KBS 역사스페셜, 2000년 10월 21일자, 「흑치상지 묘지석 1604자의 비밀」.

연합뉴스, 2003년 10월 16일자, 「창원문화재연구소 『중국의 석굴』 발간」.

불교신문, 2004년 10월 24일자, 「정주 지나 태원 '천룡사 석굴'로, 고구려, 백제 유민이 21굴 개착 … 심한 훼손」.

Marylin M. Rhie, 1974-75, 「A Tang Period Stele Inscripion and Cave XXI at Tien-lung Shan」 『Archives Asian Art』 28.

洛陽 龍門石窟 所在 百濟 關聯 銘文資料

오택현

1. 개관

중국에 소재하고 있는 석굴 중의 하나인 龍門石窟은 伊河를 사이에 두고 龍文山과 香山의 斷崖面을 따라 조성된 동굴로 이곳에는 1,352개의 석굴에 10만여 구의 불상, 40여 개의 불탑이 빽빽하게 조영되어 있다.

龍門石窟은 북위시기부터 당나라까지 조영시기가 걸쳐있기 때문에 다양한 문화양식을 확인할 수 있는 매우 귀중한 자료군이다.[1] 그리고 다른 동굴의 재질은 사암인 반면 龍門石窟은 석회암이기 때문에 조영시기가 다른 동굴에 비해 오래 걸렸을지는 몰라도 정교하고 예리한 불상을 만들기에는 안성맞춤이다. 그래서 미술사에서는 관능적이고 육감적인 아름다움을 표현하기보다는 고요하고 우아한 정신적인 아름다움을 표현했다고 한다(문명대 1997, p.103).

1991년 중국에서는 2,000여 개에 달하는 龍門石窟 감실에 대한 번호부여 작업을 완성하였고 1994년에는 『龍門石窟窟龕編 圖冊』이 국내에 소개되었다. 이를 통해 백제인과 신라인이 조성한 불상이 용문석굴에 존재함이 알려지게 되었고, 이로 인해 龍門石窟이 한국인들에게 관심을 받게 되었다. 특히 용문석굴에는 200여 종에 가까운 조상기가 기록되어 있으며, 조상기에 승속의 남녀 모두가 등장하고 있어 북위시대 이후 조상기가 성행하고 있음을 알 수 있다.[2] 이러한 배경 속에서 용문석굴에 신라와 백제의 석굴이 남겨진 것이다.[3]

1) 천득염·김준오·Liu Zheng 2011년 2월, p.45에 의하면 북위시대에 축조된 석굴과 당대에 축조된 석굴이 용문석굴의 어디에 축조된 것인지 구역을 정리한 표를 참고하면 좋을 듯하다.

통일신라시대의 석굴은 484호의 번호를 부여받았다.[4] 그리고 상대적이지만 백제의 불상에 비하면 규모 및 체계가 잘 갖추어져 있다. 아마도 통일신라의 국력이 불상조영에도 반영된 것이 아닌가 생각된다. 하지만 외부에 '新羅像龕'이라는 글자만이 흐릿하게 남아있을 뿐 내부의 불상은 남아있지 않아 정확한 실상은 파악할 수 없고, 현재 남아있는 자료를 통해 7개의 불상이 내부에 있었을 것으로 추정할 수 있다. 또 지금은 금지팻말로 석굴로 가는 길이 막혀있어 실견할 수는 없다는 아쉬움도 남는다.

다음은 백제인이 조영한 석굴을 살펴보고자 한다. 백제인이 조영한 것으로 추정되는 석굴은 너무 작아서 번호조차 부여받지 못했다. 그렇지만 이 석굴에는 백제인이 새긴 것으로 보이는 12자의 명문이 남겨져 있다. 신라인이 조영한 석굴에도 명문이 남아 있지만 4글자 밖에 남아있지 않아 그 내용을 파악하기에는 부족하다. 그러나 백제인이 조영한 것으로 추정되는 석굴에는 12자의 글자가 남겨졌기 때문에 당시의 상황을 이해하는데 있어 중요한 자료로 파악된다.

ⓒ오택현

2. 판독 및 교감

6	5	4	3	2	1	
兩	敬	餘	妻	郎	一	①
區	造	氏	扶	將	文	②

一文郎將妻 扶餘氏 敬造兩區

1-①: 一

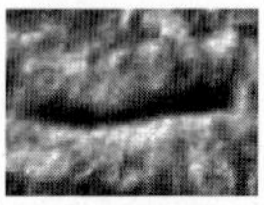		
1-①	六朝碑	唐 顏師古 等慈寺碑

1-②: 文

1-②	六朝碑	唐 顏師古 等慈寺碑	懷素

∴ '文'의 경우 획의 파침을 정확하게 확인하기 어렵기 때문에 '夕'으로 보이기도 한다. 그러나 오른쪽 아래 파침이 흐릿하게나마 남아 있어 '夕'은 될 수 없다. 그렇다고 '文'으로 보기에도 오른편 상단이 연결

2) 용문석굴의 조상기에 대해서는 水野清一·長廣敏雄 1943에 대부분이 기록되어 있다. 여기에 대해서는 문무왕 2008, pp.138-145에 자세하게 기록해 놓았다. 그러나 여기에는 신라와 백제의 조상기가 기록되지 않았으며, 이는 북위시대의 조상기를 기준으로 연구를 진행했기 때문으로 판단된다.

3) 일반적으로 484번의 번호를 부여받은 신라감실과 번호를 부여받지 못했지만 '扶餘氏'가 기록된 백제감실이 우리나라와 관련 있는 것으로 알려졌다. 그러나 梁銀景·崔德卿 2007에 의하면 고구려와 관련된 감실도 존재한다고 하는 연구가 있다. 여기에 대해서는 朴現圭 2013에서 반대의 의견을 피력하고 있기 때문에 신중을 요하고 있다.

4) 신라와 관련된 감실은 신라 원측대사를 다비한 장소로 알려진 곳 등 하나만 존재하는 것이 아니다. 물론 이와 관련해서는 다양한 측면에서 연구가 되어야 하며, 이에 대해서 朴現圭 2013에서 검토되었다.

되어 글자가 형성되는 '文'자의 사례가 없어 정확하게 확정짓기는 어렵다. 그러나 여기에서는 '夕'으로 보기에는 불가능하기 때문에 '文'으로 판독하였다.

2-①: 郎

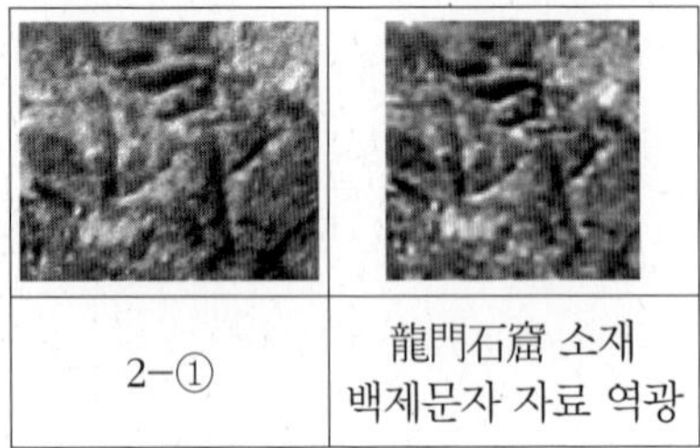

2-①	龍門石窟 소재 백제문자 자료 역광

2-②: 將

2-②	李邕	六朝碑	唐 歐陽詢 九成宮醴泉銘

3-①: 妻

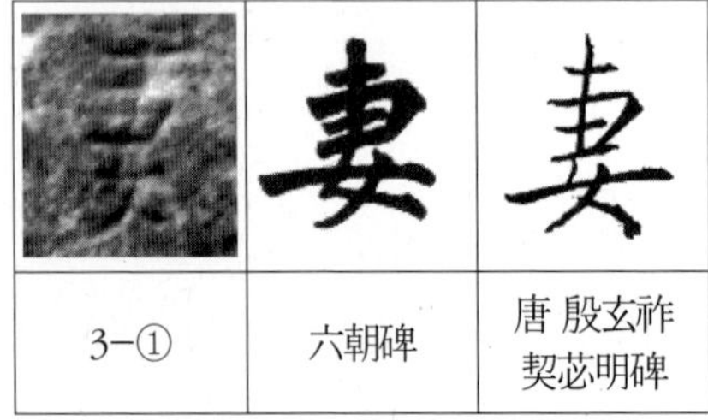

3-①	六朝碑	唐 殷玄祚 契苾明碑

3-②: 扶

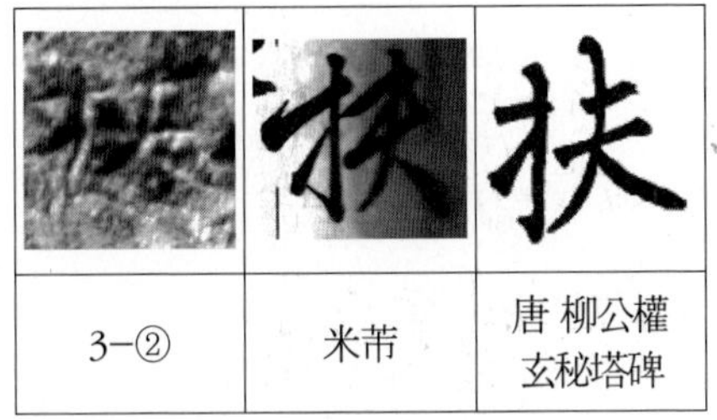		
3-②	米芾	唐 柳公權 玄秘塔碑

4-①: 餘

4-①	唐碑	石經	唐 柳公權 神策軍碑

4-②: 氏

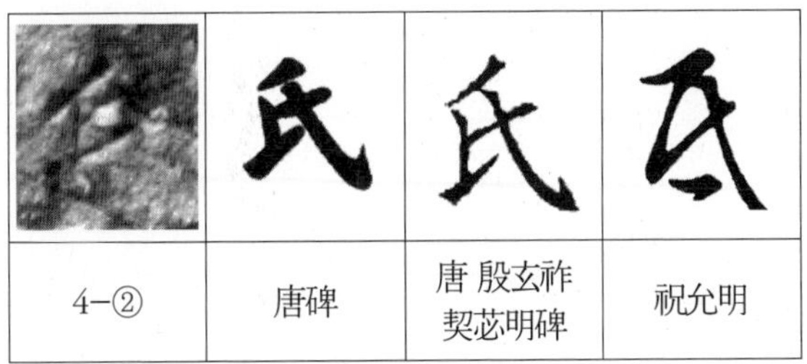			
4-②	唐碑	唐 殷玄祚 契苾明碑	祝允明

∴ 글자의 첫 획이 삐침으로 나와 있어 '氏'가 아닌 다른 글자일 가능성을 상정하기도 한다. 하지만 자획 상 '氏'에 가장 가깝고, 여타 글자로 판독하기 어렵기 때문에 '氏'로 판독하였다. 그리고 앞서 언급되는 '扶餘'와도 '氏'가 순조롭게 연결되기에 '氏'로 판독하였다.

5-①: 敬

5-① | 龍門石窟 소재 백제문자 자료 역광 | 六朝碑 | 唐 柳公權 金剛經刻石

5-②: 造

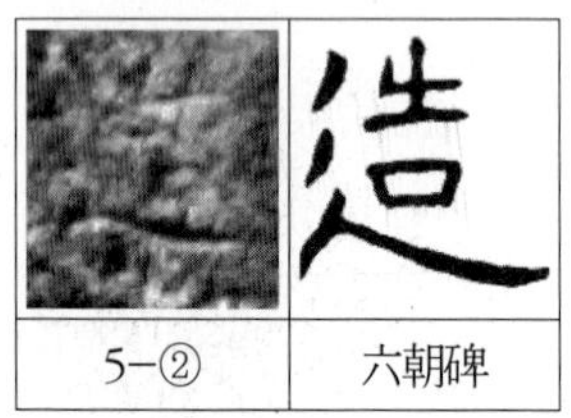

5-② | 六朝碑

6-①: 兩

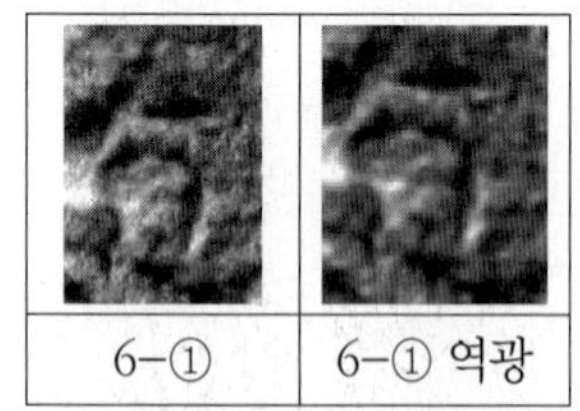

6-① | 6-① 역광

∴ '兩'은 마모가 심해 정확하게 판독되지 않는다. 마치 'ㄱ' 위에 '一'이 있는 형상만 남아있기 때문이다. 때문에 보통은 미상자로 두고 '敬造▨區'로 판독한다. 결과적으로 몇 구를 만들었는가의 문제인데, 전체 불감의 모양을 보면 2개의 불감이 존재함을 알 수 있다. 그래서 '二'를 생각했지만, 남아있는 자획 상 '兩'이 더 타당하다 생각된다. 실제로 2개를 뜻하는 한자로 '兩'이 자주 쓰이고 있기 때문에 '敬造兩區'로 판독하는 것이 가장 자연스럽다.

6-②: 區

6-② | 五經文字 | 六朝碑

3. 역주

一文郎將[5]의 처 扶餘氏가 (부처님을 진심으로) 공경하는 마음으로 삼가 불상 2구를 조성했다.

4. 연구쟁점

북위시대부터 조영되기 시작한 용문석굴은 불교를 신봉하고 있던 당시 사람들의 의식을 반영하고 있다. 그 결과 용문석굴에는 동·서산에 1,352개의 굴에 10만여 구의 불상이 만들어진 것이다. 더욱이 승속의 남녀 구분 없이 조영에 참여하고 있다는 점은 당시 불교를 신봉하던 시대적 상황을 반영한다고 볼 수 있다. 이 중 877번 석굴 불상 왼쪽에 작은 좌불 2개가 조영되어 있다. 그리고 그 아래에 '扶餘氏'가 새겨진 명문이 있다. 10cm 내외의 석불 2구 아래쪽에는 扶餘氏가 조성했다는 명문이 남아 있으며, 명문은 두 줄로 모두 12자의 조성문이 새겨져 있다. 명문의 내용은 불상을 조성하는 이유를 기록한 것으로 보인다.[6]

12자의 글자만이 남겨져 있어 정확한 분석은 어렵지만, 불상과 불감의 조성 양식으로 보면 680년 이후에 조성되었을 것으로 추정된다(楊超傑, 1999,『龍門石窟 總錄』, 中國大百科全書出版社). 蓮花洞區는 北魏 後期에 조성된 중·대형의 석굴이 집중되어 있는 곳으로 十四洞이라고도 불리는 곳이다. 이곳에는 중·대형의 불상이 밀집해 있지만 扶餘氏가 기록된 불상구는 매우 작은 불상이 안치되어 있다. 그리고 중·대형 불상구와는 확연하게 제작 기법에서도 차이를 보이고 있다.

그래서 扶餘氏가 기록된 불상의 제작 시기를 추정하기 위해서 조형양상이 비슷한 불상을 살펴보면 불상이 제작된 시기를 680년 이후로 상정할 수 있다. 그리고 이 시점은 660년 백제가 멸망한 후로, 이는 유이민으로 중국에서 생활하던 백제 유민들이 조성했던 것으로도 볼 수 있다.

또 명문으로 기록된 인물이 扶餘氏라는 것도 의미가 있다. 660년 백제가 멸망한 뒤 백제의 의자왕과 왕족들은 중국의 낙양으로 포로로 끌려갔다. 그리고 그들은 낙양에서 중국의 감시 아래 생활했을 것이다. 이러한 상황 속에서 낙양 용문석굴의 불상은 중국으로 이주해간 백제 유민 혹은 포로로 끌려간 扶餘氏가 만들었을 가능성이 충분하다고 생각된다. 비록 불상의 크기와 석굴의 크기가 여타 석굴에 비해 작아 번호조차 부여받지 못했지만, 용문석굴에 불상을 만들려면 일정 수준의 세력 및 재력이 되어야 할 것이다. 게다가 扶餘氏는 멸망한 백제 왕족의 성씨여서 왕족과 관련된 유력한 가문의 성씨일 가능성이 높

---

5) 一文郎將: 一文郎將에 대해서는 정확하게 파악할 수 있는 근거자료가 없는 상황이다. 그래서 一文郎을 이름으로 보기도 하고, 이름을 알 수 없는 郎將으로 파악하는 경우도 있다. 이러한 논의는 한국전통문화학교에서 열린 '동아시아국제학술포럼'에서 논의되었는데 중국 낙양문물화공작대의 조진화에 의해 주장되었다. 하지만 김영관은 一文이라는 글자에 어떤 의미가 담겨있는지 알 수 없기 때문에 더 이상의 논의는 의미가 없으며, 다만 백제인이 불상을 조성했다는데 의의가 있다고 했다.

6) 일반 관광객들은 불상이 조성되어 있는 위치를 정확히 찾기 어렵다. 그리고 아직 용문석굴에서 번호조차 부여받지 못한 실정이다. 필자도 위치를 파악한 뒤 겨우 찾을 수 있었다.

다. 그렇기 때문에 작지만 불상을 조성할 수 있었던 것이 아닌가 조심스레 추정해보고자 한다. 특히 고대 사회에서는 불상을 조성하려면 지위와 재력이 뒷받침되어야 한다는 것을 쉽게 확인할 수 있다. 그래서 용문석굴에 불상을 조성한 인물들은 비록 백제가 멸망했음에도 불구하고 백제왕족과 관련을 맺고 있던 유력 귀족 가문이었을 것이다.

용문석굴 소재 扶餘氏 명문자료(ⓒ오택현)

그렇다면 명문을 통해 확인할 수 있는 부분을 살펴보자. 명문을 살펴보면 12자의 글자만이 새겨져 있어 판독에 큰 이견은 없다. 다만 불상을 조성하는 정황에 대해 약간의 이견을 보이고 있다. 첫 번째 견해는 백제의 기혼 여성인 扶餘氏씨가 불교도로서 불상을 조성했다는 의견이고, 두 번째 견해는 고구려인인 一文郎이 부인인 扶餘氏를 위해 불감을 조성했다는 의견이다. 두 의견은 모두 扶餘氏라고 하는 부인이 등장한다는 점은 동의하지만 불상을 만든 주체가 扶餘氏 부인 본인인지, 扶餘氏의 남편인지에 대해서는 정확한 판단을 내리기 어렵다. 12자의 간략한 문장만이 남아있기 때문에 정확한 해석이 어렵기 때문이다.

그런데 문맥을 보면 一文郎이 주체가 되기 위해서는 문맥상 동사인 '爲'가 있어야 한다. 그렇지만 여기에는 '爲'가 없으며, '爲'가 아니더라도 동사가 있어야 매끄러운 문장이 되겠지만 없기 때문에 첫 번째 견해인 백제의 기혼 여성인 扶餘氏씨가 불교도로서 불상을 조성했다는 의견이 좀 더 타당하다고 생각된다. 물론 12글자를 빠듯하게 새겨놓았기 때문에 자리가 협소하다는 이유로 동사가 생략되었을 가능성도 있어 단정해서 결론을 내리기 어렵다. 그러나 개인적으로는 첫 번째 의견이 자연스럽다고 생각된다.[7)]

이처럼 본다면 부여씨는 백제의 귀족이라는 추론이 가능할 것이다. 하지만 앞서 언급한 바와 같이 매우 작은 석굴에 문자를 남겨놓았기 때문에 번호조차 부여받지 못했고, 번호도 부여받지 못할 정도의 작은 크기이기 때문에 그 이유는 분명 있을 것으로 생각된다. 신라불감은 7개의 불대가 마련될 정도로 넓은 공간을 사용한 반면 '扶餘氏'와 관련된 불감은 몰래한 것 마냥 매우 좁은 공간만을 활용하고 있기 때문이다.

또 용문석굴을 조사하다보니 재미난 내용이 발견되었다. 번호도 부여받지 못한 작은 석굴 중에서 큰 석굴 옆에 조영된 석굴은 큰 석굴과 관련된 가족들이 만들어 놓는 경우가 많다는 점이다. 이러한 관념이 '扶餘氏'와 관련된 불감에 적용되었다면, '扶餘氏'와 관련된 불감 옆에 있는 877번 불감도 '扶餘氏'와 관련된 불감으로 볼 수 있다. 우선 '扶餘氏'와 관련된 불감에 기록된 一文郎將이 정확하게 어떤 관직인지는 모르지만 당나라의 관직을 가지고 있는 것으로 보인다. 그리고 '扶餘氏'는 비록 멸망한 국가이기는 하지만 백제 왕족의 후손으로 볼 수 있다. 일반 유이민 백성이라고 보기에는 신분이 높기에 877번 불감도 '扶餘氏'와 관련된 불감으로 볼 수도 있는 것이다.

하지만 추정만 할 뿐 단정하기는 매우 어려운 것도 사실이다. 877번 불감에는 왼쪽에 '扶餘氏'와 관련된 불감이 있을 뿐이지만, 그 왼쪽 꺾이는 부분에는 상당수의 불감이 자리를 잡아 체계적으로 배열되어 있는 모습이 보인다. 물론 이 석굴은 '扶餘氏' 석굴보다는 크지만 877번과의 연관성이 없다는 것을 밝혀내야 877번과 '扶餘氏' 석굴의 연관관계의 고리가 단단해질 수 있을 것이다. 이러한 점은 유사 사례를 검토하고, 이를 통해 정확한 내용을 파악해야 할 것이다. 이와 관련해서는 다양한 미술학적 연구성과 및 용문석굴 관련 보고서를 통해 체계적으로 접근해야 정확한 실상을 파악할 수 있을 것으로 보인다.[8)]

5. 참고문헌

1) 보고서 및 자료집

劉景龍·李玉昆 主編, 1998, 『龍門石窟碑刻題記彙錄』, 中國大百科全書出版社.

2) 논저류

문명대, 1997, 『한국불교미술사』, 한국언론자료간행회.

7) 두 가지 논의에 대해서 모두 주체가 扶餘氏라고 하는 부인이라는 점이 중요하지 판독이 되지 않는 부분에 대해서는 판단을 유보하자는 의견도 있다.

8) 미술사에서는 부여씨라고 기록되어 있어도 백제의 유이민으로 확정하지 않는다. 실제로 부여씨는 오래 전부터 중국의 동쪽에 존재하고 있던 성씨이기 때문에 미술사에서 주장하는 바를 정면으로 반박할 수는 없다. 다만 주변의 불감이 당나라 시기이고, 이 시기에 백제의 유이민이 다수 중국으로 유입되었다는 사실을 토대로 파악한다면 부여씨를 백제의 유이민으로 보아도 무리는 없을 것이다.

문무왕, 2008, 「북위시대 용문석굴 개착에 나타난 신앙적 특색」, 『불교연구』 28.
朴現圭, 2013, 「洛陽 龍門石窟 중 고대 한국 관련 佛龕 고증에 관한 문제점」, 『신라문화』 42.
梁銀景 · 崔德卿, 2007, 「용문석굴 빈양남동 文昭皇后 高氏와 고구려」, 『강좌미술사』 27호.
천득염 · 김준오 · Liu Zheng, 2011, 「龍門石窟의 塔形浮彫 研究」, 『건축역사연구』.

水野清一 · 長廣敏雄, 1943, 『龍門石窟の研究』, 座右寶刊行會.